Ulrich Schmilewski

Der schlesische Adel bis zum Ende des 13. Jahrhunderts

WISSENSCHAFTLICHE SCHRIFTEN DES VEREINS FÜR GESCHICHTE SCHLESIENS

Band 5

Verein für Geschichte Schlesiens e.V.

Würzburg 2001

Ulrich Schmilewski

Der schlesische Adel bis zum Ende des 13. Jahrhunderts

Herkunft, Zusammensetzung
und
politisch-gesellschaftliche Rolle

Verein für Geschichte Schlesiens e.V.

Würzburg 2001

Die vorliegende Arbeit wurde vom Fachbereich 16 Geschichtswissenschaft der Johannes Gutenberg-Universität Mainz 1995 als Dissertation zur Erlangung des akademischen Grades eines Doktors der Philosophie (Dr. phil.) angenommen.

Gedruckt mit Unterstützung der Historischen Kommission für Schlesien (Mainz) und der Arbeitsgemeinschaft ostdeutscher Familienforscher e. V. (Herne) aus Mitteln der Erbschaft Dr. Werner Emil Maaß.

Einbandillustrationen:

Vorderseite: Von dem Adligen Theoderich von Baruth als Kastellan von Herrnstadt ausgestellte und besiegelte Urkunde vom 4. Dezember 1292 (SUb VI, 80).

Rückseite: Siegel Theoderich von Baruths an obiger Urkunde.
[Beide Aufnahmen von und mit freundlicher Genehmigung des Staatsarchivs Breslau, Zeichen 531-233/95]

ISBN 3-931889-04-1

© Verein für Geschichte Schlesiens e.V.
  Berliner Ring 37
  D-97753 Karlstadt (Main)

Layout: Klaus Krug
Druck: Main-Rundschau, Friedrich-Bergius-Ring 44, D-97076 Würzburg

Alle Rechte vorbehalten
Printed in Germany

PATRI MATRIQVE

Inhalt

Vorwort	9
Verzeichnis der Abkürzungen	11
Quellen- und Literaturverzeichnis	12
Verzeichnis der nicht im 'Schlesischen Urkundenbuch' enthaltenen, aber benutzten Urkunden	32

I. Grundlagen, Vorgehen und Ziele

1. Zur Bestimmung von Zeit und Raum sowie des Begriffs Adel	35
2. Die Quellen	38
3. Zur Vorgehensweise	40
4. Die Ziele der Arbeit	44
5. Bisherige Forschungen zum Thema	49

II. Die Herkunft des schlesischen Adels

1. Kriterien zur Herkunftsbestimmung	63
2. Der eingesessene Adel	65
3. Der zugewanderte Adel	71
4. Der abwandernde Adel	96
5. Auswärtige Beziehungen des schlesischen Adels	98
6. Zusammenfassung	100

III. Die Zusammensetzung des schlesischen Adels

1. Titulaturen	103
dominus 103 - miles 105 - baro 107 - comes 108 - nobilis 111	
2. Die Standesverhältnisse des schlesischen Adels	115
3. Gruppierungen innerhalb des schlesischen Adels	124
4. Das Verhältnis zwischen eingesessenem und zugewandertem Adel	132
5. Zusammenfassung	137

IV. Die politisch-gesellschaftliche Rolle des schlesischen Adels

1. Die rechtliche Stellung des schlesischen Adels	139
a) Das polnische Ritterrecht	139
b) Lehensrecht und Lehenswesen	147
c) Zusammenfassung	156

2.	Die wirtschaftlichen Grundlagen des schlesischen Adels	157
a)	Der Grundbesitz des Adels	157
b)	Nutzung und Besiedlung des Grundbesitzes	173
c)	Zusammenfassung	194
3.	Adel und Kirche in Schlesien	197
a)	Adlige Geistliche und ihre Rolle in der Kirche	197
b)	Adlige Herren und ihre Beziehungen zur Kirche	218
c)	Zusammenfassung	246
4.	Die politische Rolle des schlesischen Adels	251
a)	Adlige Zeugen in Herzogsurkunden	251
b)	Adlige als Inhaber von Landes- und Hofämtern	254

Kanzleiämter 254 - Palatin 266 - Kastellan 270 - Richter 289 - Kämmerer 297 -Truchseß 305- Schenk 310 - Marschall 315 - Schatzmeister 318 - Bannerträger 320 - Schwertträger 322 - Jäger 322 - claviger 325 - Amtsinhaber im przemyslidischen Schlesien, in Böhmen und Mähren 340

c)	Die Gruppe der Barone	343
d)	Adel als Opposition	348
e)	Zusammenfassung	353

V. Die Entwicklung des schlesischen Adels bis zum Ende des 13. Jahrhunderts im Überblick 359

In polnischer Sprache/W języku polskim 367
In tschechischer Sprache/Ve češtině 376

VI. Personenverzeichnis

1.	Der Adel des piastischen Schlesien bis 1300	385
2.	Zum Adel des przemyslidischen Schlesien bis 1300	588

VII. Register

1.	Personenregister	600
2.	Ortsregister	620

Vorwort

In der vorliegenden Studie über den Adel Schlesiens bis zum Ende des 13. Jahrhunderts wird ein in der schlesischen Landesgeschichtsschreibung bisher recht vernachlässigtes Thema behandelt. In der deutschsprachigen Historiographie ist es in seiner Komplexität noch überhaupt nicht dargestellt, lediglich in verschiedenen Einzelaspekten wissenschaftlich untersucht worden[1]. Die zu diesem Thema 1980 in polnischer Sprache erschienene Arbeit von Marek Cetwiński[2] wurde heftig kritisiert wegen ihrer das deutsche Element negierenden Ausrichtung, wegen einer „ungenauen Benutzung der Quellen" und vor allem wegen des Rückgriffs auf veraltete Quelleneditionen[3]. Die vorliegende Studie demgegenüber fußt insbesondere auf den nach modernen quellenkritischen Gesichtspunkten edierten Urkunden als der umfangreichsten und ergiebigsten Quellengruppe zum Thema, wie sie in den sechs Bänden des 'Schlesischen Urkundenbuchs'[4] unlängst veröffentlicht worden sind, und damit auf einer zuverlässig abgesicherten Quellenbasis.

Die Untersuchung geht auf eine erste Beschäftigung mit dem Thema in meiner schriftlichen Hausarbeit zum Examen für das Lehramt an Gymnasien zurück, damals freilich nur den Zeitraum bis 1250 umfassend. Danach wurde sie bis zum Ende des 13. Jahrhunderts fortgeführt, zunächst unterstützt durch ein halbjähriges Förderungsstipendium der Johannes Gutenberg-Universität Mainz, dann neben meiner beruflichen Tätigkeit als Wissenschaftlicher Mitarbeiter, erst am Gerhard Möbus-Institut für Schlesienforschung an der Universität Würzburg e. V., dann in gleicher Stellung bei der Stiftung Kulturwerk Schlesien in Würzburg. Die Arbeit entstand so zum größten Teil neben Beruf und Familie.

Die Druckfassung der 1995 vom Fachbereich 16 Geschichtswissenschaft der Johannes Gutenberg-Universität Mainz angenommenen Dissertation wurde überarbeitet und gekürzt. Die wissenschaftliche Aktualität des Themas zeigt sich unter anderem darin, daß während der Überarbeitung das Buch von Tomasz Jurek über die nach Schlesien eingewanderten Ritter bis zur Mitte des 14. Jahrhunderts[5] erschien, das jedoch nicht mehr eingearbeitet werden konnte und das im wesentlichen die hier gewonnenen Resultate zu diesem Themenbereich bestätigt[6].

---

1) Vgl. I.5. Bisherige Forschungen zum Thema, S. 49-62.
2) CETWIŃSKI
3) KUHN, Rez., Zitat S. 412.
4) SUb
5) TOMASZ JUREK: Obce rycerstwo na Śląsku do połowy XIV wieku [Das fremde Rittertum in Schlesien bis zur Mitte des 14. Jahrhunderts] (Poznańskie Towarzystwo Przyjaciół Nauk. Wydział Historii i Nauk Społecznych. Prace Komisji Historycznej. T. 54) Poznań 1996.
6) Vgl. meine Rezension in Herold-Jahrbuch N. F. 4, 1999, S. 239-242.

Zu Dank verpflichtet bin ich Herrn Universitäts-Professor Dr. Josef Joachim Menzel (Mainz) für die Anregung und dauerhafte Betreuung dieser Arbeit. Ihm und Herrn Dr. Winfried Irgang (Marburg/Lahn) sei für die Erlaubnis zur Einsichtnahme in die Urkunden-Fotosammlung der Historischen Kommission für Schlesien gedankt. Herr Universitäts-Professor Dr. Dr. Gundolf Keil (Würzburg) gewährte mir während meiner Beschäftigung beim Gerhard Möbus-Institut für Schlesienforschung in großzügiger Weise die notwendigen zeitlichen Freiräume zur Weiterarbeit an meiner Dissertation, wofür ich ihm danke. Die Reinzeichnungen der Karten fertigte Frau Dr. Regine Blättler (Würzburg). Mein Dank gilt schließlich auch meinen polnischen und tschechischen Kollegen, Herrn Dr. Tomasz Jurek (Posen) und Herrn Dr. Martin Wihoda (Brünn), für die Übersetzung des zusammenfassenden fünften Teils meiner Arbeit in ihre jeweilige Muttersprache. Mit ihnen weiß ich mich im Interesse an der mittelalterlichen Geschichte Schlesiens verbunden.

Karlstadt, Silvester 1999

Verzeichnis der Abkürzungen

Neben den allgemein üblichen werden die folgenden Abkürzungen verwandt:

ADB	=	Allgemeine Deutsche Biographie
APH	=	Acta Poloniae Historica
ASKG	=	Archiv für schlesische Kirchengeschichte
AUF	=	Archiv für Urkundenforschung
CDS	=	Codex Diplomaticus Silesiae
DQ	=	Darstellungen und Quellen zur schlesischen Geschichte
HJb	=	Historisches Jahrbuch
HZ	=	Historische Zeitschrift
JGMO	=	Jahrbuch für Geschichte Mittel- und Ostdeutschlands
JSFUB	=	Jahrbuch der Schlesischen Friedrich-Wilhelms-Universität zu Breslau
JSKG	=	Jahrbuch für Schlesische Kirchengeschichte
KH	=	Kwartalnik Historyczny
LexMA	=	Lexikon des Mittelalters
MGH	=	Monumenta Germaniae Historica
MIÖG	=	Mitteilungen des Instituts für österreichische Geschichtsforschung
MPH	=	Monumenta Poloniae Historica
ND	=	Nachdruck (der Ausgabe)
NDB	=	Neue Deutsche Biographie
NS	=	Nova Series
QD	=	Quellen und Darstellungen zur schlesischen Geschichte
SGbll	=	Schlesische Geschichtsblätter
SN	=	Series Nova
SS	=	Scriptores
VSWG	=	Vierteljahrsschrift für Sozial- und Wirtschaftsgeschichte
ZfG	=	Zeitschrift für Geschichtswissenschaft
ZfO	=	Zeitschrift für Ostforschung
ZRG GA	=	Zeitschrift der Savigny-Stiftung für Rechtsgeschichte. Germanistische Abteilung
ZRG KA	=	Zeitschrift der Savigny-Stiftung für Rechtsgeschichte. Kanonistische Abteilung
ZVGS	=	Zeitschrift des Vereins für Geschichte (und Alterthum) Schlesiens

Quellen- und Literaturverzeichnis

I. Quellen

Zitiert wird nach den Titeln der Quellen oder nach den angegebenen Siglen beziehungsweise Zitiertiteln.

I.1. Ungedruckte Quellen

Fotosammlung der Historischen Kommission für Schlesien, Depositum im Johann Gottfried Herder-Institut Marburg/Lahn (zit.als: Fotosammlung)

I.2. Gedruckte Quellen

Annales Capituli Cracoviensis. Ed. Richard Röpell und Wilhelm Arndt, in: MGH SS XIX. Stuttgart, New York 1963, ND Hannover 1866, S. 582-607

Annales Cracovienses Breves. Ed. Richard Röpell und Wilhelm Arndt, in: MGH SS XIX. Stuttgart, New York 1963, ND Hannover 1866, S. 663-666

Annales Cracovienses Compilati. Ed. Richard Röpell und Wilhelm Arndt, in: MGH SS XIX. Stuttgart, New York 1963, ND Hannover 1866, S. 582-606

Annales Grissowienses Maiores. Ed. Wilhelm Arndt, in: MGH SS XIX. Stuttgart, New York 1963, ND Hannover 1866, S. 541-542

Annales Magdeburgenses. Ed. Georg Heinrich Pertz, in: MGH SS XVI. Leipzig 1925, ND Hannover 1859, S. 105-196

Annales Mansionariorum Cracoviensium. Ed. Wojciech Kętrzyński, in: MPH V. Warszawa 1961, ND Lwów 1888, S. 890-896

Annales Mechovienses. Ed. Richard Röpell und Wilhelm Arndt, in: MGH SS XIX. Stuttgart, New York 1963, ND Hannover 1866, S. 666-677

Annales Polonorum. Ed. Richard Röpell und Wilhelm Arndt, in: MGH SS XIX. Stuttgart, New York 1963, ND Hannover 1866, S. 609-663

Annales Sanctae Crucis Polonici. Ed. Richard Röpell und Wilhelm Arndt, in: MGH SS XIX. Stuttgart, New York 1963, ND Hannover 1866, S. 677-687

Annales Silesiaci Compilati. Ed. Wilhelm Arndt, in: MGH SS XIX. Stuttgart, New York 1963, ND Hannover 1866, S. 536-540

Annales Wratislavienses Maiores. Ed. Wilhelm Arndt, in: MGH SS XIX. Stuttgart, New York 1963, ND Hannover 1866, S. 531-533

Der Hedwigs-Codex von 1353. Sammlung Ludwig. Hg. v. Wolfgang Braunfels. 1. Bd.: Faksimile der vollständigen Handschrift. 2. Bd.: Texte und Kommentare. Berlin 1972

Breslauer Urkundenbuch. Erster Theil. Hg. v. Georg Korn. Breslau 1870 (zit. als: Breslauer Ub)

Böhmisch-Schlesisches Nekrologium. Hg. v. Wilhelm Wattenbach, in: ZVGS 5, 1863, S. 107-115

Catalogus Episcoporum Cracoviensium. Ed. Richard Röpell und Wilhelm Arndt, in: MGH SS XIX. Stuttgart, New York 1963, ND Hannover 1866, S. 608

Chronica Polonorum s. Kronika polska

Chronicon Polono-Silesiacum. Ed. Wilhelm Arndt, in: MGH SS XIX. Stuttgart, New York 1963, ND Hannover 1866, S. 553-570 (zit. als: CPS)
CPP s. Kronika xiążąt polskich
CPS s. Chronicon Polono-Silesiacum
Cronica Petri comitis Poloniae accedunt Carminis Mauri Fragmenta. Ed. Marian Plezia. (MPH. NS. T. III) Kraków 1951 (zit. als: Cronica Petri comitis)
Dopełnienia. Bearb. v. Wojciech Kętrzyński, in: MPH III. Warszawa 1961, ND Lwów 1878, S. 791-806
Das urkundliche Formelbuch des königl. Notars Heinricus Italicus aus der Zeit der Könige Ottokar II. und Wenzel II. von Böhmen. Hg. v. Johannes Voigt, in: Archiv für Kunde österreichischer Geschichts-Quellen 29, 1863, S. 1-184 (zit. als: Voigt)
Galli Anonymi Cronicae et Gesta Ducum sive Principum Polonorum. Ed. Karol Maleczyński. (MPH. NS. T. II) Cracoviae 1952 (zit. als: Gallus Anonymus)
GB s. Księga Henrykowska
Das Gründungsbuch des Klosters Heinrichau. Aus dem Lateinischen übertragen und mit Einführung und Erläuterungen versehen v. Paul Bretschneider. (DQ 29) Breslau 1927
Haeusler s. Urkundensammlung zur Geschichte des Fürstenthums Oels ...
Hedwig s. Vita Sanctae Hedwigis
Herbordi Vita Ottonis Episcopi Babenbergensis. Ed. August Bielowski, in: MPH II. Warszawa 1961, ND Lwów 1872, S. 71-127 (zit. als: Herbord Vita Ottonis)
Katalogi Biskupów Krakowskich. Bearb.v.Wojciech Kętrzyński, in: MPH III. Warszawa 1961, ND Lwów 1878, S. 313-376
Katalogi Biskupów Wrocławskich. Ed. Wojciech Kętrzyński, in: MPH VI. Warszawa 1961, ND Kraków 1893, S. 534-585
KBGP s. Kronika Boguchwała i Godysława Paska
Kronika Boguchwała i Godysława Paska. Ed. Wacław Alexander Maciejowski, in: MPH II. Warszawa 1961, ND Lwów 1872, S. 454-598 (zit. als: KBGP)
Kronika polska (Chronica Polonorum). Bearb. v. Ludwik Ćwikliński, in: MPH III. Warszawa 1961, ND Lwów 1878, S. 578-656 (zit. als: Chronica Polonorum)
Kronika xiążąt polskich (Chronica principum Poloniae). Bearb. v. Zygmunt Węclewski, in: MPH III. Warszawa 1961, ND Lwów 1878, S. 423-578 (zit. als: CPP)
Księga Henrykowska. [Heinrichauer Gründungsbuch]. Hg. u. übers. v. Roman Grodecki. (Biblioteka Tekstów Historycznych. T. II) Poznań, Wrocław 1949 (zit. als: GB)
LBU s. Lehns- und Besitzurkunden
Lehns- und Besitzurkunden Schlesiens und seiner einzelnen Fürstenthümer im Mittelalter. 2. Theil. Hg. v. Colmar Grünhagen und Hermann Markgraf. (Publicationen aus den K. Preußischen Staatsarchiven. Bd. 16) Leipzig 1883 (zit. als: LBU)
Liber fraternitatis et liber mortuorum abbatiae Sanctae Mariae Lubinensis. Ed. Zbigniew Perzanowski. (MPH. SN. T. IX. Fasc. 2) Warszawa 1976 (zit. als: Liber fraternitatis Lubinensis/Lib. mor. Lubinensis)
Liber mortuorum monasterii Strzelnensis Ordinis Praemonstratensis. Ed. Wojciech Kętrzyński, in: MPH V. Warszawa 1961, ND Lwów 1888, S. 719-767 (zit. als: Lib. mor. Strzelnensis)
Liber mortuorum Abbatiae S. Vincentii Wratislaviensis. Ed. Karol Maleczyński. (MPH. SN. T. IX. Fasc. 1) Warszawa 1971 (zit. als: Lib. mor. Vincentii)

Magistri Vincentii Chronicon Polonorum. Ed. August Bielowski, in: MPH II. Warszawa 1961, ND Lwów 1872, S. 191-453

Meitzen s. Urkunden schlesischer Dörfer

Mors et Miracula beati Verneri, episcopi Plocensis. Auctore Johanne, decano Plocensi. Ed. Wojciech Kętrzyński, in: MPH IV. Warszawa 1961, ND Lwów 1884, S. 748-754 (zit. als: Miracula beati Verneri)

Necrolog des Klosters Czarnowanz. Von Wilhelm Wattenbach, in: ZVGS 1, 1855, S. 226-228 (zit. als: Nekr. Czarnowanz)

Necrologium Doxanense. Von Josef Emler, in: Sitzungsberichte der kgl. böhmischen Gesellschaft der Wissenschaften in Prag. Klasse für Philosophie, Geschichte und Philologie, Jg. 1884, S. 83-144

Nekr. Heinrichau s. Schlesische Nekrologien 1

Nekr. Kamenz s. Schlesische Nekrologien 2

Necrologium Lubense. Ed. Wilhelm Wattenbach, in: Monumenta Lubensia. Breslau 1861, S. 35-59 (zit. als: Nekr. Lubense)

Ortliebi Zwifaltensis Chronicon. Ed. August Bielowski, in: MPH II. Warszawa 1961, ND Lwów 1872, S. 1-5

Pfotenhauer s. Urkunden des Klosters Kamenz

Quellen zur Geschichte der ostdeutschen Kolonisation im 12. bis 14. Jahrhundert. Hg. v. Rudolf Kötzschke. Leipzig, Berlin ²1931

Rocznik Małopolski. Ed. August Bielowski, in: MPH III. Warszawa 1961, ND Lwów 1878, S. 135-202

Rocznik Miechowski. Ed. August Bielowski, in: MPH II. Warszawa 1961, ND Lwów 1872, S. 880-896

Rocznik Sędziwoja. Ed. August Bielowski, in: MPH II. Warszawa 1961, ND Lwów 1872, S. 871-880

Rocznik Świętokrzyski. Ed. August Bielowski, in: MPH III. Warszawa 1961, ND Lwów 1878, S. 53-87

Rocznik Traski. Ed. August Bielowski, in: MPH II. Warszawa 1961, ND Lwów 1872, S. 826-861

Rocznik Wielkopolski. Ed. August Bielowski, in: MPH III. Warszawa 1961, ND Lwów 1878, S. 1-42

Regesten zur schlesischen Geschichte. 3 Teile. Hg. v. Colmar Grünhagen. (CDS 7) Breslau 1868-1886 (zit. als: SR)

Schlesische Nekrologien. 1. Nekrologium des Stiftes Heinrichau. Hg. v. Wilhelm Wattenbach, in: ZVGS 4, 1862, S. 278-307 (zit. als: Nekr. Heinrichau)

Schlesische Nekrologien. 2. Nekrologium des Stiftes Kamenz. Hg. v. Wilhelm Wattenbach, in: ZVGS 4, 1862, S. 307-337 (zit. als: Nekr. Kamenz)

Schlesisches Urkundenbuch. 6 Bde.: 971-1300. Bearb. v. Heinrich Appelt (Bd. 1) und Winfried Irgang (Bd. 2-6). Köln, Weimar, Wien 1963-1998 (zit. als: SUb)

Scriptores rerum Silesiacarum. Bd. 2. Hg. v. Gustav Adolf Stenzel. Breslau 1839 (zit. als: Stenzel)

SR s. Regesten zur schlesischen Geschichte

Stenzel s. Scriptores rerum Silesiacarum

SUb s. Schlesisches Urkundenbuch

Tzschoppe/Stenzel s. Urkundensammlung zur Geschichte des Ursprungs der Städte…
Ub Liegnitz s. Urkunden-Buch der Stadt Liegnitz
Urkunden der Klöster Rauden und Himmelwitz, der Dominicaner und Dominicanerinnen in der Stadt Ratibor. Hg. v. Wilhelm Wattenbach. (CDS 2) Breslau 1859 (zit. als: Wattenbach)
Urkunden des Klosters Kamenz. Hg. v. Paul Pfotenhauer. (CDS 10) Breslau 1881 (zit. als: Pfotenhauer)
Urkunden schlesischer Dörfer, zur Geschichte der ländlichen Verhältnisse und der Flureintheilung insbesondere. Von August Meitzen. (CDS 4) Breslau 1863 (zit. als: Meitzen)
Urkunden und erzählende Quellen zur deutschen Ostsiedlung mit Mittelalter. 2. Teil. Schlesien, Böhmen-Mähren, Österreich, Ungarn-Siebenbürgen. Hg. v. Herbert Helbig und Lorenz Weinrich. (Ausgewählte Quellen zur deutschen Geschichte des Mittelalters. Freiherr vom Stein-Gedächtnisausgabe Bd. XXVI b) Darmstadt 1970
Urkundensammlung zur Geschichte des Fürstenthums Oels bis zum Aussterben der piastischen Herzogslinie. Hg. v. Wilhelm Haeusler. Breslau 1883 (zit. als: Haeusler)
Urkundensammlung zur Geschichte des Ursprungs der Städte und der Einführung und Verbreitung Deutscher Kolonisten und Rechte in Schlesien und der Ober-Lausitz. Von Gustav Adolf Tzschoppe und Gustav Adolf Stenzel. Hamburg 1832 (zit. als: Tzschoppe/Stenzel)
Urkunden-Buch der Stadt Liegnitz und ihres Weichbildes bis zum Jahre 1455. Von Friedrich Wilhelm Schirrmacher. Liegnitz 1866 (zit. als: Ub Liegnitz)
Vita Sanctae Hedwigis. Ed. Aleksander Semkowicz, in: MPH IV. Warszawa 1961, ND Lwów 1884, S. 501-655 (zit. als: Hedwig)
Vita Sanctae Salomeae Regine Haliciensis Auctore Stanislao Franciscano. Bearb. v. Wojciech Kętrzyński, in: MPH IV. Warszawa 1961, ND Lwów 1884, S. 770-796 (zit. als: Vita Sanctae Salomeae)
De Vita et Miraculis Sancti Iacchonis (Hyacinthi) Ordinis Fratrum Praedicatorum. Bearb.v. Ludwik Ćwikliński, in: MPH IV. Warszawa 1961, ND Lwów 1884, S. 818-894 (zit. als: Vita Sancti Hyacinthi)
Voigt s. Das urkundliche Formelbuch …
Wattenbach s. Urkunden der Klöster Rauden und Himmelwitz …
Zapiski historyczne. Bearb. v. Aleksander Semkowicz, in: MPH III. Warszawa 1961, ND Lwów 1878, S. 716-745
Zdarzenia godne pamięci. Bearb.v. Antoni Lorkiewicz, in: MPH III. Warszawa 1961, ND Lwów 1878, S. 296-313

II. Literatur

Zitiert wird nach den Verfassernamen oder nach den angegebenen Zitiertiteln.

-: Adel, in: Brockhaus Enzyklopädie in zwanzig Bänden. Erster Bd.: A-ATE. Wiesbaden [17]1966, S. 116-119
-: Adel, in: Meyers Enzyklopädisches Lexikon. Bd.1: A-Alu. Mannheim, Wien, Zürich [9]1971, korr. ND 1980, S. 261-267
-: Wappenfibel. Handbuch der Heraldik. Neustadt a.d.Aisch [16]1970
Anders, Joachim: Der Übergang vom polnischen zum deutschen Recht in den Herzogtümern Oppeln, Cosel-Beuthen und Ratibor im 13. und 14. Jahrhundert. Jur. Diss., Greifswald 1940

Appelt, Heinrich: Klosterpatronat und landesherrliche Kirchenhoheit der schlesischen Herzoge im 13. Jahrhundert, in: MIÖG 14. Erg. Bd., 1939, S. 303-322 (zit. als: Appelt, Klosterpatronat)
-: Zur Siedlungsgeschichte der Kastellanei Lähn. (Vorarbeiten zum Schlesischen Urkundenbuch), in: ZVGS 73, 1939, S. 1-10
Bandtke, Georg Samuel: Über die gräfliche Würde in Schlesien. Eine Erörterung, was die in den alten Urkunden Schlesiens und Polens vorkommenden Grafen, Comites und Barone bedeuten, nebst der Erklärung der meisten in den alten Urkunden des 12., 13. und 14. Jahrhunderts vorkommenden Würden und Ämter. Breslau 1810
Barański, Marek: Rezension von: Cetwiński, Marek: Rycerstwo śląskie do końca XIII wieku. Bd. 1, in: APH 44, 1981, S. 223f. (zit. als: Barański, Rez.)
Bartels, Karl: Deutsche Krieger in polnischen Diensten von Misika I. bis Kasimir dem Großen, c. 963-1370. (Historische Studien. Heft 150) Berlin 1955, ND Berlin 1922
Bauch, Alfred: Die Kanzlei Herzog Heinrichs V. von Breslau, in: ZVGS 16, 1882, S. 253-265
Benl, Rudolf: Deutschland und Polen im Mittelalter. Anmerkungen zu einem Sammelband, in: ZfO 40, 1991, S. 398-412
Berg, Arnold: Die Herren von Hackeborn, in: Genealogie und Heraldik. Zeitschrift für Familiengeschichtsforschung und Wappenwesen 2, 1949/50, S. 65-70, 78
Bieniak, Janusz: Clans de chevalerie en Pologne du XIIIe au XVe siècle, in: Famille et Parenté dans l'Occidente Medieval. (Collection de l'Ecole Française de Rome 30) Rom, Paris 1977, S. 321-333
-: Polska elita polityczna XII w. (Część III A. Arbitrzy książąt - Krąg rodzinny Piotra Włostowica) [Die politische Elite Polens im 12. Jahrhundert. (Teil 3 A: Die Schiedsrichter der Herrscher - Die Rolle des Geschlechts des Peter Wlast), in: Społeczeństwo Polski średniowiecznej 4, 1990, S. 13-107 (zit. als: Bieniak: Piotr Włostowic)
Bieniek, Stanisław: Piotr Włostowic. Postać z dziejów średniowiecznego Śląska. [Peter Wlast. Eine Gestalt aus der Geschichte des mittelalterlichen Schlesien] (Wiedza o Ziemi Naszej 9) Wrocław, Warszawa, Kraków 1965
Birke, Ernst: Schlesien, in: Sante, Georg Wilhelm (Hg.): Geschichte der deutschen Länder. „Territorien-Ploetz". Bd.1: Die Territorien bis zum Ende des alten Reiches. Würzburg 1964, S. 582-619
Birkenmajerowa, Zofja: Śląskie sprawy Gryfitów płockich XIII stulecia [Schlesische Fragen bezüglich der Familie Gryf aus Plozk während des 13. Jahrhunderts], in: Roczniki Towarzystwa Przyjaciół Nauk na Śląsku 1938, Heft 6, S. 244-266
Bode, Georg: Die Herrschaft Hohenbüchen und ihre Besitzer. Eine geschichtliche und familiengeschichtliche Studie, in: Jahrbuch des Geschichtsvereins für das Herzogtum Braunschweig 6, 1907, S. 79-158; 7, 1908, S. 22-79
Boelcke, Willi A.: Verfassungswandel und Wirtschaftsstruktur. (Beihefte zum Jahrbuch der Schlesischen Friedrich-Wilhelms-Universität zu Breslau 8) Würzburg 1969
Bogucki, Ambroży: Komes w polskich źródłach średniowiecznych. [Komes in mittelalterlichen polnischen Quellen] (Roczniki Towarzystwa Naukowego w Toruniu 76, 1971) Warszawa, Poznań 1972 (zit. als: Bogucki, Komes)
-: Komornik i podkomorzy w Polsce piastowskiej [Kämmerer und Unterkämmerer im piastischen Polen], in: Społeczeństwo Polski średniowiecznej 3, 1985, S. 75-133 (zit. als: Bogucki, Komornik)

-: Termin miles w źródłach śląskich XIII i XIV w. [Der Terminus miles in schlesischen Quellen des 13. und 14. Jahrhunderts], in: Ebd. 1, 1981, S. 222-263 (zit. als: Bogucki, Miles)

-: O starszeństwie, komasacji i podzielności urzędów śląskich w XIII wieku [Über Vorrang, Zusammenlegbarkeit und Teilbarkeit schlesischer Ämter im 13. Jahrhundert], in: Sobótka 40, 1985, S. 471-490 (zit. als: Bogucki, O starszeństwie urzędów)

-: Rezension von: Cetwiński, Marek: Rycerstwo śląskie do końca XIII wieku. Bd. 1, in: Czasopismo Prawno-Historyczne 35, 1983, S. 271-274 (zit. als: Bogucki, Rez.)

-: Studia nad urzędnikami śląskimi w XIII wieku [Studien über schlesische Beamte im 13. Jahrhundert], in: Ebd. 36, 1984, S. 1-27 (zit. als: Bogucki, Studia)

Bosl, Karl: Adel, in: Rössler, Hellmuth und Günther Franz: Sachwörterbuch zur deutschen Geschichte. Erster Band: A-L. Nendeln 1970, ND München 1958, S. 10-13

-: Dienstrecht und Lehnrecht im deutschen Mittelalter, in: Studien zum mittelalterlichen Lehenswesen. (Vorträge und Forschungen 5) Lindau, Konstanz 1960, S. 51-94

-: Die Reichsministerialität der Salier und Staufer. Ein Beitrag zur Geschichte des hochmittelalterlichen deutschen Volkes, Staates und Reiches. (Schriften der Monumenta Germaniae Historica 10) 2 Bde. Stuttgart 1951

Braune, Hans: Der Feldzug Friedrich Barbarossas gegen Polen (1157) in der Darstellung der deutschen, böhmischen und polnischen Quellen, in: Zeitschrift der Historischen Gesellschaft für die Provinz Posen 21, 1906, S. 43-63

Bretschneider, Paul: Studien und Bemerkungen über epigraphische und heraldische Denkmäler Schlesiens aus dem 13. und 14. Jahrhundert, in: ZVGS 64, 1930, S. 1-38; 65, 1931, S. 239-271; 67, 1933, S. 1-31

Brunner, Otto: Adeliges Landleben und europäischer Geist. Leben und Werk Wolf Helmhards von Hohberg 1612-1688. Salzburg 1949

Bumke, Joachim: Studien zum Ritterbegriff im 12. und 13. Jahrhundert. (Beihefte zum Euphorion 1) Heidelberg ²1977

Cetwiński, Marek: Kasztelanowie i kasztelanie na Śląsku w XIII i XIV wieku [Kastellaneien und Kastellane in Schlesien im 13. und 14. Jahrhundert], in: Studia z dziejów średniowiecza polskiego i powszechnego. (Acta Universitatis Wratislaviensis No. 979, Historia 69) Wrocław 1989, S. 3-20 (zit. als: Cetwiński, Kasztelanowie)

-: Piotr Włostowic czy Piotr Rusin ? [Peter Wlast oder Piotr Rusin ?], in: Sobótka 29, 1974, S. 429-443 (zit. als: Cetwiński, Piotr Włostowic)

-: Pochodzenie etniczne i więzy krwi rycerstwa śląskiego [Ethnische Herkunft und verwandtschaftliche Bindungen der schlesischen Ritterschaft], in: Społeczeństwo Polski średniowiecznej 1, 1981, S. 40-85 (zit. als: Cetwiński, Pochodzenie etniczne)

-: Polak Albert i niemiec Mroczko. Zarys przemian etnicznych i kulturnych rycerstwa śląskiego do połowy XIV w. [Der Pole Albert und der Deutsche Mroczko. Ein Abriß der ethnischen und kulturellen Veränderungen in der schlesischen Ritterschaft bis zur Mitte des 14. Jahrhunderts], in: Strzelczyk, Jerzy (Red.): Niemcy - Polska w średniowieczu. Materiały z konferencji naukowej zorganizowanej przez Instytut Historii UAM z dniach 14-16 XI 1983 roku. (Uniwersytet im. Adama Mickiewicza w Poznaniu. Seria Historia Nr. 126) Poznań 1986, S. 157-169 (zit. als: Cetwiński, Polak Albert)

-: Rycerstwo śląskie do końca XIII.w. [Die schlesische Ritterschaft bis zum Ausgang des 13. Jahrhunderts]. T.1.: Pochodzenie-Gospodarka-Polityka [Herkunft, Wirtschaft, Politik]. T.2.: Biogramy i rodowody [Biogramme und Stammtafeln] (Prace Wrocławskiego Towarzystwa Naukowego. Travaux de la Société des Sciences et des Lettres de Wrocław. Seria A nr. 210, 229) Wrocław 1980, 1982 (zit. als: Cetwiński)

-: Rycerstwo śląskie [Die schlesische Ritterschaft], in: Kalendarz Wrocławski 26, 1985, S. 319-323 (zit. als: Cetwiński, Rycerstwo śląskie)

-: Żywoty świętych jako źródło do genealogii rycerstwa śląskiego w XIII w. [Hagiographien als Quelle zur Genealogie der schlesischen Ritterschaft im 13. Jahrhundert], in: Acta Universitatis Wratislaviensis No. 499. Historia 33. Wrocław 1980, S. 51-75 (zit. als: Cetwiński, Żywoty świętych)

Chrząszcz, Johannes: Geschichte der Toster Burg und der Herrschaft Tost-Peiskretscham in Oberschlesien bis zum Anfange des 16. Jh., in: ZVGS 34, 1900, S. 181-196

Conze, Werner und Christian Meier: Adel, Aristokratie, in: Brunner, Otto, Werner Conze und Reinhart Koselleck (Hg.): Geschichtliche Grundbegriffe. Lexikon zur politischsozialen Sprache in Deutschland. Bd. 1: A-D. Stuttgart 1972, S. 1-48

Diels, Paul und Richard Koebner: Das Zaudengericht in Böhmen, Mähren und Schlesien. (Historische Untersuchungen 17) Breslau 1935

Dobbertin, Hans: Wer gründete das Pfarrdorf Lichtenberg bei Grottkau?, in: ASKG 17, 1959, S. 48-68 (zit. als: Dobbertin, Lichtenberg)

-: Westdeutsche Burg-, Städte- und Ritternamen wurden zu ostdeutschen Ortsnamen, in: Jahrbuch für Volkskunde der Heimatvertriebenen 5, 1959/60, S. 120-160 (zit. als: Dobbertin, Ortsnamen)

-: Stammte die Hildesheimer Ritterfamilie Svaf (Suevi) aus Schlesien?, in: ASKG 19, 1961, S. 62-90 (zit. als: Dobbertin, Ritterfamilie Svaf)

-: Zur Herkunft des Breslauer Kanzlers und Domscholasters Walter (1288-1338), in: Stasiewski, Bernhard (Hg.): Beiträge zur schlesischen Kirchengeschichte. Gedenkschrift für Kurt Engelbert. (Forschungen und Quellen zur Kirchen- und Kulturgeschichte Ostdeutschlands 6) Köln, Wien 1969, S. 197-213 (zit. als: Dobbertin, Walter)

Doroszewska, Anna: Otoczenie Henryka Brodatego i Jadwigi jako środowisko społeczne. [Die Umgebung Heinrichs des Bärtigen und Hedwigs als gesellschaftliches Milieu] (Prace Instytut Historycznego Uniwersytetu Warszawskiego 7) Warszawa 1978

Dowiat, Jerzy: Kilka uwag o słownictwie Galla Anonyma w związku z zagadnieniem organizacji sił zbrojnych za Bolesława Krzywoustego [Einige Bemerkungen zum Wortschatz des Gallus Anonymus in Zusammenhang mit dem Problem der Organisation der Streitkräfte zur Zeit Boleslaws Schiefmund], in: KH 66, 1959, S. 29-51

Dungern, Otto Frhr. v.: Adelsherrschaft im Mittelalter. München 1927

-: Comes, liber, nobilis in Urkunden des 11. bis 13. Jahrhunderts, in: AUF 12, 1932, S. 181-205

Dyhrn, Alexandra Gräfin v.: Der schlesische Adel im Laufe der Zeiten (Vom Standpunkt der Ahnenforschung aus betrachtet), in: SGbll 1940, S. 33-42

-: Beiträge zur schlesischen Familienkunde. 25. Ein Beitrag zur Dyhrnschen Familiengeschichte, in: Ebd., S. 13f. (zit. als: Dyhrn, Beiträge)

Ebel, Wilhelm: Über den Leihegedanken in der deutschen Rechtsgeschichte, in: Studien zum mittelalterlichen Lehenswesen. (Vorträge und Forschungen 5) Lindau, Konstanz 1960, S. 11-36

Ehrenkreutz, Stefan: Beiträge zur sozialen Geschichte Polens im 13. Jahrhundert. Diss.

[Leipzig], Warschau 1911

Eisler, Max: Geschichte Brunos von Schauenburg, in: Zeitschrift des Deutschen Vereins für die Geschichte Mährens und Schlesiens 8, 1904, S. 239-295; 9, 1905, S. 335-384; 10, 1906, S. 337-393; 11, 1907, S. 95-116, 344-380; 12, 1908, S. 187-196

Eistert, Karl: Die Anfänge des Klarenklosters in Strehlen, in: ASKG 15, 1957, S. 98-123 (zit. als: Eistert, Anfänge des Klarenklosters)

-: Beiträge zur Genealogie des Breslauer Bischofs Preczlaus von Pogarell (1299-1376), in: Ebd. 20, 1962, S. 226-290 (zit. als: Eistert, Beiträge)

-: Berichtigungen und Ergänzungen zum Liber fundationis, in: ZVGS 72, 1938, S. 347-351

-: Die Bedeutung der Ritter Czambor für die frühmittelalterliche schlesische Kirchengeschichte, in: ASKG 4, 1939, S. 46-69 (zit. als: Eistert, Czambor)

-: Zur Geschichte des Strehlener Klarenklosters, in: Ebd. 17, 1959, S. 69-83

-: Der Liegnitzer Archidiakon Heinrich von Steine (†1303), das Rittergeschlecht der Suevi und ihre Familienkirche in Odersteine, Kr.Ohlau, in: Ebd. 3, 1938, S. 58-86 (zit. als: Eistert, Heinrich v. Steine)

-: Die angebliche Kirche von Kobelau (Kr. Frankenstein), in: Ebd. 2, 1937, S. 57-68

-: Der Kreis Kreuzburg nach dem registrum Wratislaviense und dem Anhang G. des Liber fundationis, in: ZVGS 74, 1940, S. 118-125

-: Peter Wlast, Vinzenzstift und Wallonen in Stadt und Kreis Ohlau, in: Ebd. 76, 1942, S. 10-39 (zit. als: Eistert, Ohlau)

-: Peter Wlast und die Ohlauer Blasiuskirche, in: ASKG 13, 1955, S. 1-16 (zit. als: Eistert, Peter Wlast)

-: Die Ritter Poduska, in: JSFUB 9, 1964, S. 14-21 (zit. als: Eistert, Poduska)

Engelbert, Kurt: Starb Herzog Heinrich I. am 19. März 1238 im Banne?, in: ASKG 18, 1960, S. 28-35

Ernst, Viktor: Die Entstehung des niederen Adels. Aalen 1965, ND Stuttgart 1916

Fenske, Lutz: Probleme der gegenwärtigen Adelsforschung, in: Mittelalterforschung (Forschung und Information 29) Berlin 1981, S. 93-103

Fleckenstein, Josef: Die Entstehung des niederen Adels und das Rittertum, in: Ders. (Hg.): Herrschaft und Stand. Untersuchungen zur Sozialgeschichte im 13. Jahrhundert. (Veröffentlichungen des Max-Planck-Instituts für Geschichte 51) Göttingen 1977, S. 17-39

Friedberg, Marjan: Ród Łabędziów w wiekach średnich [Das Geschlecht der Schwäne im Mittelalter], in: Rocznik Towarzystwa Heraldycznego we Lwowie 7, 1924/25, S. 1-100

Frömrich, Gregor: Kurze Geschichte der ehemaligen Cistercienser Abtey Kamenz in Schlesien. Glatz 1817

Gebhardt, Peter v.: Kundmanns Stammtafeln adeliger und bürgerlicher Geschlechter Schlesiens, in: Familiengeschichtliche Blätter 25, 1927, Sp. 7-12

Geschichte Schlesiens. Bd. 1: Von der Urzeit bis zum Jahre 1526. Hg. v. Hermann Aubin, Ludwig Petry und Herbert Schlenger. Sigmaringen ⁵1988

Gieysztor, Aleksander: Adel. Westslaven, in: LexMA. Bd. 1. München, Zürich 1977, Sp. 137f.

Girke, Herbert: Die Ritter von Gerlachsheim, in: JSKG 62, 1983, S. 79-86

Goetting, Hans: Urkundenstudien zur Frühgeschichte des Klosters Heinrichau, in: ZVGS 73, 1939, S. 59-86

Görlich, Paul: Zur Frage des Nationalbewußtseins in ostdeutschen Quellen des 12. bis 14. Jahrhunderts. (Wissenschaftliche Beiträge zur Geschichte und Landeskunde Ost-Mitteleuropas 66) Marburg/Lahn 1964

Görlitz, Walter: Die Junker. Adel und Bauer im deutschen Osten. Geschichtliche Bilanz von 7 Jahrhunderten. Glücksburg/Ostsee 1956

Górski, Karol: Les structures sociales de la noblesse polonaise au moyen âge, in: Le Moyen Age 73, 1967, S. 73-85

Gottschalk, Joseph: Der „Bruderzwist" unter den Söhnen der hl. Hedwig, in: ASKG 9, 1951, S. 45-58

-: Die Grabstätten der Breslauer Bischöfe, in: Ebd. 37, 1979, S. 185-214

-: Kastellanei und Kreis Militsch, in: SGbll 1924, S. 17-28

-: St. Hedwig Herzogin von Schlesien. (Forschungen und Quellen zur Kirchen- und Kulturgeschichte Ostdeutschlands 2) Köln, Graz 1964

-: Der historische Wert der Legenda maior de beata Hedwigi, in: ASKG 20, 1962, S. 84-125

Gröger, Theodor: Geschichtliche Mitteilungen über Füllstein und dessen Burgruine, in: ZVGS 35, 1901, S. 258-270

Größler, Hermann: Geschlechtskunde der Edelherren von Hakeborn, in: Mansfelder Blätter 4, 1890, S. 31-84

Grüger, Heinrich: Breslau, St. Vinzenz. Benediktiner-, dann Prämonstratenserabtei (Schlesisches Klosterbuch), in: JSFUB 24, 1983, S. 67-96 (zit. als: Grüger, Breslau)

-: Czarnowanz. Prämonstratenserinnenkloster (Schlesisches Klosterbuch), in: Ebd. 25, 1984, S. 25-44 (zit. als: Grüger, Czarnowanz)

-: Heinrichau. Zisterzienserabtei (Schlesisches Klosterbuch), in: Ebd. 23, 1982, S. 27-54 (zit. als: Grüger, Heinrichau)

-: Himmelwitz. Zisterzienserabtei (Schlesisches Klosterbuch), in: Ebd. 22, 1981, S. 50-61 (zit. als: Grüger, Himmelwitz)

-: Kamenz. Augustiner-Propstei, dann Zisterzienserstift (Schlesisches Klosterbuch), in: Ebd. 21, 1980, S. 84-109 (zit. als: Grüger, Kamenz)

-: Leubus. Zisterzienserabtei (Schlesisches Klosterbuch), in: Ebd. 22, 1981, S. 1-32 (zit. als: Grüger, Leubus)

-: Liebenthal. Benediktinerinnenkloster (Schlesisches Klosterbuch), in: Ebd. 27, 1986, S. 1-17 (zit. als: Grüger, Liebenthal)

-: Die slavische Besiedlung und der Beginn der deutschen Kolonisation im Weichbilde Münsterberg (Ein Beitrag zur schlesischen Siedlungsgeschichte), in: ASKG 21, 1963, S. 1-37 (zit. als: Grüger, Münsterberg)

-: Der Nekrolog des Klosters Heinrichau (ca. 1280-1550), in: Ebd. 31, 1973, S. 36-69; 32, 1974, S. 45-80; 33, 1975, S. 9-27 (zit. als: Grüger, Nekr. Heinrichau)

-: Neumarkt. Hospital der aussätzigen Frauen, dann Propstei der Benediktiner (Schlesisches Klosterbuch), in: JSFUB 29, 1988, S. 1-6 (zit. als: Grüger, Neumarkt)

-: Das Patronatsrecht von Heinrichau, in: Cîteaux. Commentarii Cistercienses 28, 1977, S. 26-47 (zit. als: Grüger, Patronatsrecht)

-: Rauden. Zisterzienserabtei (Schlesisches Klosterbuch), in: JSFUB 22, 1981, S. 33-49 (zit. als: Grüger, Rauden)

-: Trebnitz. Zisterzienserinnenabtei (Schlesisches Klosterbuch), in: Ebd. 32, 1982, S. 55-83 (zit. als: Grüger, Trebnitz)

-: Das Volkstum der Bevölkerung in den Dörfern des Zisterzienserklosters Heinrichau im mittelschlesischen Vorgebirgslande vom 13. - 15. Jahrhundert, in: ZfO 27, 1978, S. 241-261 (zit. als: Grüger, Volkstum)

Grünhagen, Colmar: Die Vertreibung Wladyslaws II. von Polen und die Blendung Peter Wlasts, in: ZVGS 12, 1874/75, S. 77-97

Grünert, Horst: Herkunftsnamen und mittelalterliche deutsche Ostsiedlung, in: Giessener Abhandlungen zur Agrar- und Wirtschaftsforschung des europäischen Ostens. Bd. 3. Gießen 1957, S. 139-167

Grydnyk-Przondo, Barbara: Uwagi o kasztelanii Świny i początkach rodu Świnków [Bemerkungen über die Kastellanei Schweinhaus und die Anfänge des Geschlechts Schwein(ichen)], in: Sobótka 22, 1967, S. 283-290

Gumowski, Marian: Handbuch der polnischen Heraldik. Graz 1969 (zit. als: Gumowski)

-: Rycerstwo śląskie w dobie piastowskiej. [Die schlesische Ritterschaft zur Zeit der Piasten] (Śląska Biblioteka Historyczna dla Młodzieży) Katowice 1937 (zit. als: Gumowski, Rycerstwo)

Haugwitz, Eberhard Graf: Die Geschichte der Familie von Haugwitz. 2 Bde. Leipzig 1910

Hawranek, Franciszek: Nowe badania nad genealogią szlachty śląskiej [Neue Forschungen zur Genealogie des schlesischen Adels], in: Kwartalnik Opolski 8, 1962, S. 111f.

Heck, Roman: The main lines of development of silesian mediaeval historiography, in: Quaestiones medii aevi 2, 1977, S. 63-87

Heinisch, Klaus J.: Bruno von Schaumburg, Bischof von Olmütz (1245-1281). Kolonisator und Staatsmann, in: JSFUB 20, 1979, S. 13-50 (zit. als: Heinisch)

-: Probleme der Südwestgrenze des Herzogtums Oppeln, in: Ebd. 21, 1980, S. 14-73 (zit. als: Heinisch, Südwestgrenze)

Helbig, Herbert: Die Oberlausitz im 13. Jahrhundert. Herrschaften und Zuwanderung des Adels, in: JGMO 5, 1956, S. 59-128 (zit. als: Helbig, Oberlausitz)

-: Der wettinische Ständestaat. Untersuchungen zur Geschichte des Ständewesens und der landständischen Verfassung in Mitteldeutschland bis 1485. (Mitteldeutsche Forschungen 4) Münster, Köln 1955

Hensel, Johann Daniel: Historisch-Topographische Beschreibung der Stadt Hirschberg in Schlesien, seit ihrem Ursprunge bis auf das Jahr 1797. Hirschberg 1797

Hertel, Jacek: Rezension von: Cetwiński, Marek: Rycerstwo śląskie do końca XIII. w. Bd. 1, in: KH 89, 1982, S. 484-486 (zit. als: Hertel, Rez.)

Hettwer, Josef: Untersuchungen zu Urkunden des Klosters Kamenz. 3. Teil, in: ASKG 16, 1958, S. 137-157

Heydebrand und der Lasa, Fedor v.: Die Herkunft der Breslauer Bischöfe Thomas I. und Thomas II., in: ZVGS 51, 1917, S. 134-163 (zit. als: Heydebrand, Herkunft)

-: Peter Wlast und die nordgermanischen Beziehungen der Slaven, in: Ebd. 61, 1927, S. 247-278 (zit. als: Heydebrand, Peter Wlast)

-: Die Methodik der Sippenkunde als Hilfswissenschaft der schlesischen Geschichtsforschung im 13. Jahrhundert, erläutert an den schlesischen Geschlechtern Odrowons, Zaremba und Nałęcz-Jelen, in: Ebd. 75, 1941, S. 35-78 (zit. als: Heydebrand, Sippenkunde)

-: Die staatsrechtliche Stellung des „comes nomine Magnus Wratislawiensis" im Jahre 1093, in: Ebd. 74, 1940, S. 19-68 (zit. als: Heydebrand, Stellung)

-: Der schlesische Uradel, in: Der Sippenforscher 1938, Heft 2, S. 36-41 (zit. als: Heydebrand, Uradel)

Heyne, Johann: Dokumentierte Geschichte des Bistums und Hochstifts Breslau. Aus Urkunden, Aktenstücken, älteren Chronisten und neueren Geschichtsschreibern. Bd. 1: Denkwürdigkeiten aus der Kirchen- und Diözesan-Geschichte Schlesiens. Aalen 1969, ND Breslau 1860

Hirtz, Albert: Urkundliche Beiträge zur Geschichte der edlen Herren von Biberstein und ihrer Güter. Reichenberg 1911

Historia Polski [Geschichte Polens]. T. I: Do roku 1764. Cz.1: Do połowy XV w. Unter der Red. v. Tadeusz Manteuffl. Warszawa 1960

Hoensch, Jörg K.: Geschichte Polens. (Uni-Taschenbücher 1251) Stuttgart 1983

Hötzsch, Otto: Adel und Lehenswesen in Rußland und Polen und ihr Verhältnis zur deutschen Entwicklung, in: HZ 108, 1912, S. 541-592

Igàlffy von Igàly, Ludwig: Neue Stammtafeln des Geschlechts Würben, in: Neues Jahrbuch der Heraldisch-Genealogischen Gesellschaft „Adler". 3. Folge. 4. Bd. Jg. 1955/60, S. 37-88

Irgang, Winfried: Die Jugendjahre Herzog Heinrichs IV. von Schlesien (+1290). Quellenkritische Untersuchungen, in: ZfO 35, 1986, S. 321-345 (zit. als: Irgang, Jugendjahre)

-: Das Urkunden- und Kanzleiwesen Herzog Heinrichs IV. von Schlesien (1270-1290), in: Ebd. 36, 1987, S. 1-51 (zit. als: Irgang, Kanzleiwesen)

-: Rezension von: Mularczyk, Jerzy: Dobór i rola świadków w dokumentach śląskich do końca XIII wieku, in: Ebd. 27, 1978, S. 356f. (zit. als: Irgang, Rez.)

-: Die Statuten der Breslauer Synode vom 10. Oktober 1248, in: ASKG 34, 1976, S. 21-30

-: Das Urkundenwesen Herzog Heinrichs III. von Schlesien (1248-1266), in: ZfO 31, 1982, S. 1-47 (zit. als: Irgang, Urkundenwesen)

-: Das Urkunden- und Kanzleiwesen Herzog Heinrichs III. (I.) von Glogau (+1309) bis 1300. Zu einer Untersuchung von Rościsław Żerelik, in: JSFUB 28, 1987, S. 51-67 (zit. als: Irgang, Urkundenwesen Glogau)

Jäkel, Hugo: Zur Geschichte Hedwigs von Breslau und der Landgrafen Heinrich von Altenburg und Friedrich ohne Land, in: ZVGS 21, 1887, S. 219-238

-: Die Kanzlei Herzog Heinrichs IV. von Breslau, in: Ebd. 14, 1878/79, S. 124-155 (zit. als: Jäkel, Kanzlei)

Jasiński, Kazimierz: Działalność czeskich Dypoldowiców na Śląsku w pierwszej połowie XIII w. [Das Wirken der böhmischen Theobalde in Schlesien in der ersten Hälfte des 13. Jahrhunderts], in: Społeczeństwo Polski średniowiecznej 4, 1990, S. 171-203

-: Rodowód Piastów śląskich. [Genealogie der schlesischen Piasten] 3 Bde. Wrocław 1973-1977 (zit. als: Jasiński, Rodowód)

Jungandreas, Wolfgang: Beiträge zur Erforschung der Besiedlung Schlesiens und zur Entwicklungsgeschichte der schlesischen Mundart. (Wort und Brauch 17) Breslau 1928 (zit. als: Jungandreas)

-: Westdeutsche Zeugnisse für oberschlesische Adlige des 13. Jhdt. vor der Auswanderung, in: Der Oberschlesier 20, 1938, S. 335-340 (zit. als: Jungandreas, Zeugnisse)

Jurek, Tomasz: Die Familie von Pannewitz. Aufstieg und Karriere einer deutschen Adelsfamilie in Schlesien im 13. und 14. Jahrhundert, in: JSFUB 33, 1992, S. 229-233 (zit. als: Jurek, Die Familie von Pannewitz)

-: Rodzina von Pannewitz. Awans i kariera niemców na Śląsku w XIII-XIV w. [Die Familie von Pannewitz. Aufstieg und Karriere von Deutschen in Schlesien im 13. - 14. Jahrhundert], in: Sobótka 45, 1990, S. 439-457 (zit. als: Jurek, Rodzina von Pannewitz)

Kętrzyński, Wojciech: Die Kataloge der Breslauer Bischöfe, in: ZVGS 28, 1894, S. 259-293

Kłoczowski, Jerzy: Kler katolicki w Polsce średniowiecznej: problem pochodzenia i dróg awansu [Der katholische Klerus im mittelalterlichen Polen: Das Problem der Herkunft und des Aufstiegsweges], in: KH 88, 1981, S. 923-938

Knothe, Hermann: Geschichte der Herren von Kamenz, in: Neues Lausitzisches Magazin 43, 1866, S. 81-111 (zit. als: Knothe, Kamenz)

-: Bernhard v. Kamenz, in: ADB 2, Berlin 1875, S. 426f.

-: Geschichte des Oberlausitzer Adels und seiner Güter vom XIII. bis gegen Ende des XVI. Jahrhunderts. Leipzig 1879 (zit. als: Knothe, Oberlausitzer Adel)

-: Das ritterliche Geschlecht der Schaff im Meißnischen und in der Oberlausitz, in: Neues Lausitzisches Magazin 44, 1867/68, S. 19-26 (zit. als: Knothe, Schaff)

Koebner, Richard: Deutsches Recht und deutsche Kolonisation in den Piastenländern, in: VSWG 25, 1932, S. 313-352

Korta, Wacław: Studien über die Ritterurkunden in Polen bis zum Ende des XIII. Jahrhunderts, in: Folia diplomatica 2. Brünn 1976, S. 39-49 (zit. als: Korta, Ritterurkunden)

-: Rozwój średniej i drobnej świeckiej własności feudalnej na Śląsku do połowy XIII wieku [Die Entwicklung des mittleren und kleinen weltlichen Feudalbesitzes in Schlesien bis zur Mitte des 13. Jahrhunderts], in: Sobótka 19, 1964, S. 18-38 (zit. als: Korta, Średnia i drobna własność na Śląsku)

-: Rozwój terytorialny wielkiej świeckiej własności feudalnej w Polsce do połowy XIII wieku [Die Territorialentwicklung des großen weltlichen Feudalbesitzes in Polen bis zur Mitte des 13. Jahrhunderts], in: Ebd. 16, 1961, S. 528-566 (zit. als: Korta, Wielka własność w Polsce)

-: Rozwój wielkiej własności feudalnej na Śląsku do połowy XIII wieku. [Die Entwicklung des großen Feudalbesitzes in Schlesien bis zur Mitte des 13. Jahrhunderts] (Monografie Śląskie Ossolineum 8) Wrocław, Warszawa, Kraków 1964 (zit. als: Korta, Wielka własność na Śląsku)

Kossmann, Eugen Oskar: Die Anfänge des Zehntrechts in Polen, in: ZRG KA 55, 1969, S. 207-237

-: Bauern und Freie im Heinrichauer Gründungsbuch und in der „Elbinger Handschrift", in: ZfO 19, 1970, S. 263-302 (zit. als: Kossmann, Bauern und Freie)

-: Polen im Mittelalter. Marburg 1971

Kötzschke, Rudolf und Wolfgang Ebert: Geschichte der ostdeutschen Kolonisation. Leipzig 1937

Kramarek, Janusz: Rezension von Cetwiński, Marek: Rycerstwo śląskie do końca XIII wieku. Bd. 2, in: Silesia Antiqua 26, 1984, S. 195f. (zit. als: Kramarek, Rez.)

Krollmann, Conrad: Die erste Niederlassung der Dohnas in Schlesien, in: Familiengeschichtliche Blätter 12, 1914, Sp. 48-53 (zit. als: Krollmann, Dohna)

-: Die Herkunft der deutschen Ansiedler in Preussen, in: Zeitschrift des Westpreussischen Geschichtsvereins 54, 1912, S. 1-103 (zit. als: Krollmann)

Kuchendorf, Cäcilie: Das Breslauer Kreuzstift in seiner persönlichen Zusammensetzung von der Gründung (1288) bis 1456. (Zur schlesischen Kirchengeschichte 29) Breslau 1937

Kuhn, Walter: Die Besiedlung des Auraser Waldlandes, in: ZfO 27, 1978, S. 207-220 (zit. als: Kuhn, Auras)
-: Die Erschließung des Frankensteiner Gebietes in Niederschlesien im 13. Jahrhundert, in: Beumann, Helmut (Hg.): Festschrift für Walter Schlesinger. (Mitteldeutsche Forschungen 74/I) Köln, Wien 1973, S. 159-196 (zit. als: Kuhn, Frankenstein)
-: Grenzort Schnellewalde, in: JSFUB 23, 1982, S. 1-14 (zit. als: Kuhn, Schnellewalde)
-: Die Gründung der Stadt Guhrau, in: Ders.: Beiträge zur schlesischen Siedlungsgeschichte. (Silesia 8) München 1971, S. 131-138 (zit. als: Kuhn, Guhrau)
-: Herzogs- und Adelssiedlung im Neisser Bistumsland, in: Schlesien 20, 1975, S. 147-156 (zit. als: Kuhn, Siedlung im Bistumsland)
-: Kastellaneigrenzen und Zehntgrenzen in Schlesien, in: ZfO 21, 1972, S. 201-247 (zit. als: Kuhn, Kastellaneigrenzen)
-: Die zweimalige Lokation von Oppeln, in: Ebd. 26, 1977, S. 244-270 (zit. als: Kuhn, Lokation von Oppeln)
-: Notar Arnold, ein Mitschöpfer des Beskidendeutschtums, in: Schlesien 21, 1976, S. 200-205 (zit. als: Kuhn, Notar Arnold)
-: Rezension von: Cetwiński, Marek: Rycerstwo śląskie do końca XIII wieku. Bd. 1, in: ZfO 30, 1981, S. 408-412 (zit. als: Kuhn, Rez.)
-: Die deutschrechtlichen Städte in Schlesien und Polen in der ersten Hälfte des 13. Jahrhunderts, in: Ebd. 15, 1966, S. 278-337, 457-510, 704-743 (zit. als: Kuhn, Deutschrechtliche Städte)
-: Die Städtegründungspolitik der schlesischen Piasten im 13. Jahrhundert, vor allem gegenüber Kirche und Adel, in: ASKG 29, 1971, S. 32-67; 30, 1972, S. 33-69; 31, 1973, S. 1-35; 32, 1974, S. 1-20 (zit. als: Kuhn, Städtegründungspolitik)
Lamay, Georg: Die Standesverhältnisse des Hildesheimer Domkapitels im Mittelalter. Phil.Diss., Bonn 1909
Łaszczyńska, Olga: Ród Herburtów w wiekach średnich. [Das Geschlecht der Füllstein im Mittelalter] (Poznański Towarzystwo Przyjaciół Nauk. Prace Komisji Historycznej. T. 14. Ze. 4) Poznań 1948
Ligęza, Elżbieta: Dwór i otoczenie Henryka IV Prawego 1270-1290 (na podstawie list świadków w dokumentach) [Hof und Umgebung Heinrichs IV., des Gerechten, 1270-1290 (auf Grund der Zeugenlisten der Urkunden)] [Nur in Form einer Zusammenfassung angezeigt in: Sprawozdania z Posiedzeń Komisji Naukowych. Polska Akademia Nauk oddział w Krakowie 19, 1975, S. 334f.] (zit. als: Ligęza, Dwór)
-: Udział możnowładców wrocławskich w zamachu stanu na Henryka IV Prawego w 1277 r. [Die Beteiligung der Breslauer Magnaten am Staatsstreich gegen Heinrich IV., den Gerechten, im Jahre 1277], in: Sobótka 31, 1976, S. 549-554 (zit. als: Ligęza)
Loesch, Heinrich v.: Zum Chronicon Polono-Silesiacum, in: ZVGS 65, 1931, S. 218-238
-: Rezension von: Pfitzner, Josef: Besiedlungs-, Verfassungs- und Verwaltunsgeschichte des Breslauer Bistumslandes, in: ZRG GA 48, 1928, S. 572-589 (zit. als: Loesch, Rez.)
Ludat, Herbert: Legenden um Jaxa von Köpenick. Deutsche und slawische Fürsten im Kampf um Brandenburg in der Mitte des 12. Jahrhunderts (Deutschland und der Osten. Quellen und Forschungen zur Geschichte ihrer Beziehungen 2) Leipzig 1936
Maetschke, Ernst: Polnischer Chauvinismus in Schlesien im 13. und 14. Jahrhundert, in: SGbll 1940, S. 4-9

-: Das Chronicon Polono-Silesiacum, in: ZVGS 59, 1925, S. 137-152
-: Wann wurde Heinrich IV. von Breslau geboren?, in: Ebd. 66, 1932, S. 58-67 (zit. als: Maetschke, Heinrich IV.)
Marschall, Werner: Gorkau. Augustiner-Chorherren-Abtei, dann Propstei (Schlesisches Klosterbuch), in: JSFUB 26, 1985, S. 3-7
Matzen-Stöckert, Sigrid: Die mittelalterliche ländliche Besiedlung der Kreise Breslau und Neumarkt. Diss., Hamburg 1976
Menzel, Josef Joachim: Jura ducalia. Die mittelalterlichen Grundlagen der Dominialverfassung in Schlesien. (QD 11) Würzburg 1964
-: Die schlesischen Lokationsurkunden des 13. Jahrhunderts. Studien zum Urkundenwesen, zur Siedlungs-, Rechts- und Wirtschaftsgeschichte einer ostdeutschen Landschaft im Mittelalter. (QD 19) Würzburg 1977 (zit. als: Menzel)
-: Quellen und Literatur zur schlesischen Geschichte in der ehemaligen Bibliothek der Grafen Kottulinsky auf Neudau/Steiermark, in: ZfO 14, 1965, S. 465-484 (zit. als: Menzel, Quellen)
-: Renzension von: Korta, Wacław: Rozwój wielkiej własności feudalnej na Śląsku do połowy XIII wieku, in: Ebd. 15, 1966, S. 760-763 (zit. als: Menzel, Rez.)
-: Schlesiens Trennung von Polen und Anschluß an Böhmen im Mittelalter, in: Ebd. 27, 1978, S. 262-274
Michael, Edmund: Die schlesische Kirche und ihr Patronat. 1. Teil: Die schlesische Kirche und ihr Patronat im Mittelalter unter polnischem Recht. Beiträge zur ältesten schlesischen Kirchengeschichte. Görlitz 1926
Minsberg, Ferdinand: Geschichte der Stadt und Festung Groß-Glogau. 1. Bd. Glogau 1853
Modzelewski, Karol: Jurysdykcja kasztelańska i pobór danin prawa książęcego w świetle dokumentów XIII w. [Die Kastellansjurisdiktion und die Tributerhebung nach Herzogsrecht im Lichte der Urkunden des 13. Jahrhunderts], in: KH 87, 1980, S. 149-173
Moepert, Adolf: Besitz und Verwandtschaft des Grafen Willcho aus dem Hause Tschammer (1257), in: ZVGS 75, 1941, S. 79-88 (zit. als: Moepert, Willcho)
-: Zur ältesten Bistumsurkunde von 1155, in: ASKG 2, 1937, S. 1-32
-: Die Echtheit der Leubuser Stiftungsurkunde in sprachwissenschaftlicher Beleuchtung, in: ZVGS 73, 1939, S. 42-58
-: Graf Andreas Ranzki und Propst Johann von Ruda, ihr Besitz und ihr Geschlecht. Ein Beitrag zur Herkunftsfrage der von Borcke, Brauchitsch und Rheinbaben, in: Ebd. 74, S. 69-94 (zit. als: Moepert, Andreas Ranzki)
-: Deutsche Grundbesitzer im Schlesien des 12. Jahrhunderts, in: Schlesische Heimat 5, 1940, S. 56-61 (zit. als: Moepert, Grundbesitzer)
-: Zur Gründungsgeschichte der Stadt Kanth, in: ZVGS 72, 1938, S. 185-205
-: Peter Wlast und die Stiftung des Augustiner-Klosters auf dem Zobten, in: ASKG 4, 1939, S. 1-45 (zit. als: Moepert, Peter Wlast)
Moraw, Peter: Das Mittelalter (bis 1469), in: Conrads, Norbert (Hg.): Schlesien. (Deutsche Geschichte im Osten Europas) Berlin 1994, S. 37-176
Mosbach, August: Ueber den Zunamen des Peter Wlast, in: ZVGS 6, 1864/65, S. 138-148
Mosch, Hans v. (Bearb.): Urkunden und Regesten zur Geschichte und Genealogie der Familie von Mosch. Einführung: Name, Herkunft, Wappen. 1. Teil: 1245-1400. München 1981, 1986

Mularczyk, Jerzy: Dwa bunty rycerstwa śląskiego przeciw książętom wrocławskim w drugiej połowie XIII wieku [Zwei Empörungen der schlesischen Ritterschaft gegen die Breslauer Herzöge in der zweiten Hälfte des 13. Jahrhunderts], in: Sobótka 33, 1978, S. 1-18 (zit. als: Mularczyk, Dwa bunty)

-: Dobór i rola świadków w dokumentach śląskich do końca XIII wieku. [Auswahl und Rolle der Zeugen in schlesischen Urkunden bis zum Ende des 13. Jahrhunderts] (Prace Wrocławskiego Towarzystwa Naukowego, Seria A, Nr. 189) Wrocław 1977 (zit. als: Mularczyk, Dobór i rola świadków)

-: Jeszcze o świadkach w dokumentach XIII wieku [Nochmals über Zeugen in Dokumenten des 13. Jahrhunderts], in: Sobótka 39, 1984, S. 37-60 (zit. als: Mularczyk, Jeszcze o świadkach)

-: Ze studiów nad prawem patronatu na Śląsku w wiekach średnich [Aus Studien über das Patronatsrecht in Schlesien im Mittelalter], in: Ebd. 32, 1977, S. 133-148 (zit. als: Mularczyk, Prawo patronatu)

-: O urzędach i urzędnikach śląskich XIII w. [Über schlesische Ämter und Beamte im 13. Jahrhundert], in: Ebd. 38, 1983, S. 153-172 (zit. als: Mularczyk, O urzędach)

-: O wiecach Gallowych [Über die 'Versammlungen' bei Gallus Anonymus], in: KH 90, 1983, S. 515-526 (zit. als: Mularczyk, O wiecach Gallowych)

-: Władza książęca na Śląsku w XIII wieku. [Die Fürstengewalt in Schlesien im 13. Jahrhundert] (Acta Univesitatis Wratislaviensis Nr. 603, Historia 40) Wrocław 1984 (zit. als: Mularczyk, Władza książęca)

Müller, August: Magister Wilhelm von Neisse, Bischof von Lebus, in: ASKG 8, 1950, S. 57-76 (zit. als: Müller, Mag. Wilhelm)

-: Neunz. Ein Beitrag zur Geschichte des Neißer Landes. Breslau 1922

-: Westdeutsche als Siedler in Schlesien, in: ASKG 7, 1949, S. 38-60 (zit. als: Müller, Westdeutsche)

Nentwig, Heinrich: Von der Familie Schaffgotsch (Aeltere Zeit bis 1742), in: Schlesien 1, 1908, S. 359-361, 401-404; 3, 1910, S. 47f.

Neuling, Hermann: Die schlesischen Kastellaneien bis zum Jahre 1250, in: ZVGS 10, 1870, S. 96-107 (zit. als: Neuling, Kastellaneien bis 1250)

-: Die schlesischen Kastellaneien vom Jahre 1251-1280, in: Ebd. 14, 1878, S. 208-214 (zit. als: Neuling, Kastellaneien von 1251)

-: Schlesische Kirchorte und ihre kirchlichen Stiftungen bis zum Ausgange des Mittelalters. Breslau ²1902

Neumann-Reppert, Rolf: Das Liegnitzer Patriziergeschlecht der Heseler, in: Der schlesische Familienforscher 2, 1939, S. 178-182, 240-244

Oelsner, Ludwig: Der Hof Heinrichs V. von Breslau, in: ZVGS 1, 1855/56, S. 145-150

Orłowski, Tomasz Hubert: Rezension von: Cetwiński, Marek: Rycerstwo śląskie do końca XIII wieku. Bd.1, in: Sobótka 37, 1982, S. 104-108 (zit. als: Orłowski, Rez.)

Panic, Idzi: Lista świadków na dokumentach księcia opolskiego Władysława (1246-1281) [Die Zeugenliste in den Dokumenten Herzog Wladislaus' von Oppeln (1246-1281)], in: Ebd. 42, 1987, S. 171-183 (zit. als: Panic, Lista świadków)

-: Raciborskie otoczenie księcia Władysława Opolskiego (1246-1281) [Die Ratiborer Umgebung Herzog Wladislaus' von Oppeln (1246-1281)], in: Zeszyty Raciborskie 4, 1984, S. 5-16 (zit. als: Panic, Raciborskie otoczenie)

Panzram, Bernhard: Die schlesischen Archidiakonate und Archipresbyteriate bis zur Mitte des 14. Jahrhunderts. Breslau 1937
Perlbach, Max: Die Anfänge der polnischen Annalistik, in: Neues Archiv der Gesellschaft für ältere deutsche Geschichtskunde 24, 1899, S. 231-285
Pfeiffer, Gerhard: Das Breslauer Patriziat im Mittelalter. (DQ 30) Aalen 1973, ND Breslau 1929
Pfitzner, Josef: Zur Abstammung und Verwandtschaft der Bischöfe Thomas I. und Thomas II. von Breslau, in: SGbll 1926, S. 19-21 (zit. als: Pfitzner, Abstammung)
-: Besiedlungs-, Verfassungs- und Verwaltungsgeschichte des Breslauer Bistumslandes. 1.Teil: Bis zum Beginn der böhmischen Herrschaft (Prager Studien 18) Reichenberg in Böhmen 1926 (zit. als: Pfitzner)
-: Die mittelalterliche Verfassungsgeschichte Schlesiens im Lichte polnischer Forschung, in: Deutsche Hefte für Volk- und Kulturbodenforschung 3, 1933, S. 2-22
Pfotenhauer, Paul: Die fünfzig Ritter von 1294, in: ZVGS 16, 1882, S. 157-179
Piekosiński, Franciszek: Rycerstwo polskie wieków średnich. [Die polnische Ritterschaft im Mittelalter] Kraków 1896-1902
Pietsch, Theophila: Zur Geschichte des Breslauer Klarenstiftes, des jetzigen Ursulinenklosters. (Zur schlesischen Kirchengeschichte 27) Breslau 1937
Plezia, Marian: Palatyn Piotr Włostowicz. Sylwetka z dziejów Śląska w XII wieku. [Der Palatin Peter Wlast. Eine Gestalt in der Geschichte Schlesiens im 12. Jahrhundert] Warszawa 1947
Polaczkówna, Helena: Ród Wezenborgów w Polsce i jego pierwotne gniazdo [Das Geschlecht der Wisenburg in Polen und sein ursprünglicher Sitz], in: Rocznik Towarzystwa Heraldycznego we Lwowie 7, 1924/25, S. 131-174
Popiołek, Kazimierz: Die Arbeiten polnischer Historiker zur Geschichte Schlesiens, in: ZfG 7, 1959, S. 880-888
Rachfahl, Felix: Zur Geschichte der Grundherrschaft in Schlesien: in: ZRG GA 16, 1895, S. 108-199
Radler, Leonhard: Beiträge zur Geschichte der Grafen von Würben, in: ASKG 17, 1959, S. 84-117; 18, 1960, S. 36-69 (zit. als: Radler, Würben)
-: Beiträge zur Geschichte von Peterwitz, Kreis Schweidnitz, in: Ebd. 16, 1958, S. 265-302
-: Das Franziskanerkloster zu Schweidnitz im Mittelalter, in: Ebd. 27, 1969, S. 53-74 (zit. als: Radler, Franziskanerkloster)
-: Hatte Graf Peter Wlast auch im Kreise Striegau Besitz?, in: Ebd. 21, 1963, S. 301-305 (zit. als: Radler, Peter Wlast)
Rausch, Renate: Die verfassungsgeschichtliche Stellung des schlesischen Adels bis zum Jahre 1241. Phil. Diss., Masch., Wien 1970
Reiche, Friedrich: Die Herkunft des Peter Wlast, in: ZVGS 60, 1926, S. 127-132
Rhode, Gotthold: Geschichte Polens. Ein Überblick. Darmstadt ³1980
Richtsteig, Eberhard: Peter Wlast, in: ASKG 18, 1960, S. 1-27; 19, 1961, S. 1-24; 20, 1962, S. 1-28
Rose, Ambrosius: Grüssau. Benediktiner-, dann Zisterzienserabtei (Schlesisches Klosterbuch), in: JSFUB 24, 1983, S. 97-125
Rutkowska-Płachcińska, Anna: „Comes" w źródłach polskich wcześniejszego średniowiecza i niektórych innych słowiańskich [„Comes" in polnischen und einigen anderen

slavischen Quellen des Frühmittelalters], in: Spawozdanie z Czynności Wydawnictwo Polskiej Akademii Umiejętności 51, 1950, S. 676-688

Rybandt, Stanisław: Średniowieczne opactwo Cystersów w Rudach. [Die mittelalterliche Zisterzienserabtei in Raudten] (Prace Wrocławskiego Towarzystwa Naukowego. Travaux de la société des sciences et lettres de Wrocław. Seria A, Nr. 195) Wrocław 1977

Samulski, Robert: Untersuchungen über die persönliche Zusammensetzung des Breslauer Domkapitels im Mittelalter bis zum Tode des Bischofs Nanker (1341). Teil 1 (Historisch-Diplomatische Forschungen 6) Weimar 1940

Santifaller, Leo: Die Beziehungen zwischen Ständewesen und Kirche in Schlesien bis zum Ausgang des Mittelalters, in: ZRG KA 27, 1938, S. 398-413

Schaube, Adolf: Kanonikus Peter Bitschen und die Tendenz seiner Fürstenchronik (Cronica principum Poloniae), in: ZVGS 61, 1927, S. 12-43

Schieckel, Harald: Herrschaftsbereich und Ministerialität der Markgrafen von Meißen im 12. und 13. Jahrhundert. Untersuchungen über Stand und Stammort der Zeugen markgräflicher Urkunden (Mitteldeutsche Forschungen 7) Köln, Graz 1956

Schilling, Friedrich: Ursprung und Frühzeit des Deutschtums in Schlesien und im Lande Lebus. Forschungen zu den Urkunden der Landnahmezeit. 2 Bde. (Ostdeutsche Forschungen 4/5) Leipzig 1938

Schlesinger, Walter: Bernhard von Kamenz, in: NDB 2, Berlin 1955, S. 111f.

Schmid, Heinrich Felix: Die sozialgeschichtliche Erforschung der mittelalterlichen deutschrechtlichen Siedlung auf polnischem Boden, in: VSWG 20, 1928, S. 301-355

-: Die rechtlichen Grundlagen der Pfarrorganisation auf westslavischem Boden und ihre Entwicklung während des Mittelalters. Weimar 1938 (zit. als: Schmid, Pfarrorganisation)

-: Rezension von: Wojciechowski, Zygmunt: Das Ritterrecht in Polen vor den Statuten Kasimirs des Großen, in: ZRG GA 53, 1933, S. 459-476 (zit. als: Schmid, Rez.)

Schuch, Heinrich: Die Kastellanei Sandewalde und ihre Germanisierung, in: ZVGS 14, 1878/79, S. 486-520

Schulte, Fr. Lambert: Kostenblut. Eine rechtsgeschichtliche Untersuchung, in: Ebd. 47, 1913, S. 209-266

Schulte, Wilhelm: Beiträge zur Geschichte der ältesten deutschen Besiedlung in Schlesien. I. Löwenberg, in: Ebd. 34, 1900, S. 289-314

-: Das Ende des Kirchenstreites zwischen dem Breslauer Bischof Thomas II. und dem Herzog Heinrich IV., in: Ebd. 39, 1905, S. 199-225

-: Das Heinrichauer Gründungsbuch nach seiner Bedeutung für die Geschichte des Urkundenwesens in Schlesien, in: Ebd. 34, 1900, S. 343-370

-: Die Kastellanei Suini, in: Ebd. 28, 1894, S. 421-432

-: Die Protektionsbulle des Papstes Hadrian IV. für die Breslauer Kirche, in: Ebd. 29, 1895, S. 58-112

Schulze, Hans K.: Adelsherrschaft und Landesherrschaft. Studien zur Verfassungs- und Besitzgeschichte der Altmark, des ostsächsischen Raumes und des hannoverschen Wendlandes im hohen Mittelalter (Mitteldeutsche Forschungen 29) Köln, Graz 1963 (zit. als: Schulze, Adelsherrschaft und Landesherrschaft)

-: Territorienbildung und soziale Strukturen in der Mark Brandenburg im hohen Mittelalter, in: Fleckenstein, Josef (Hg.): Herrschaft und Stand. Untersuchungen zur Sozialgeschichte im 13. Jahrhundert (Veröffentlichungen des Max-Planck-Institutes für Geschichte 51) Göttingen 1977, S. 254-276

Schweinichen, Constantin v.: Zur Geschichte des Geschlechts derer von Schweinichen. Breslau 1904

Sczaniecki, Michał: Nadania ziemi na rzecz rycerzy w Polsce do końca XIII wieku. [Landvergabe an Ritter in Polen bis zum Ende des 13. Jahrhunderts] (Poznańskie Towarzystwo Przyjaciół Nauk. Prace Komisji Historycznej. T. 11. Ze. 3) Poznań 1938 (zit. als: Sczaniecki, Nadania ziemi)

-: Les origines et la formation de la noblesse polonaise au Moyen Age, in: APH 36, 1977, S. 101-108 (zit. als: Sczaniecki, Origines)

Seeliger, Ernst A.: Die Herren von Biberstein, in: Sudentendeutsche Lebensbilder. Bd. 2. Reichenberg 1930, S. 31-41

Semkowicz, Władysław: Historja Śląska od najdawniejszych czasów do roku 1400. [Geschichte Schlesiens von den frühesten Zeiten bis zum Jahre 1400] 3 Bde. Kraków 1933-1936

-: Ród Awdańców w wiekach średnich [Das Geschlecht der Awdance im Mittelalter], in: Roczniki Towarzystwa Przyjaciół Nauk Poznańskiego 44, 1917, S. 153-293; 45, 1918, S. 161-310; 46, 1919, S. 111-239 (zit. als: Semkowicz)

Seydlitz-Kurzbach, Frhr. Rudolf: Beiträge zur Geschichte des Geschlechts von Seydlitz, in: Deutsche geschichtliche Zeitschrift 1912, Heft 1, S. 7-9

Śliwiński, Błażej: Kasztelan wrocławski Jaksa. Pochodzenie i kariera [Der Breslauer Kastellan Jaxa. Herkunft und Karriere], in: Sobótka 44, 1989, S. 543-556

Spangenberg, Hans: Hof- und Zentralverwaltung der Mark Brandenburg. (Veröffentlichungen des Vereins für Geschichte der Mark Brandenburg) Leipzig 1908

Stasiewski, Bernhard: Deutschland und Polen im Mittelalter, in: HJb 54, 1934, S. 294-316

Steller, Georg: Die Gründung der deutschen Stadt Naumburg am Bober, in: JSFUB 16, 1971, S. 41-65 (zit. als: Steller, Naumburg)

-: Kastellanei und Stadt Sagan, in: ZVGS 72, 1938, S. 136-160

Stenzel, Gustav Adolph Harald: Beiträge zur Geschichte des alten einheimischen schlesischen (polnischen) Adels, in: Übersicht der Arbeiten und Veränderungen der schlesischen Gesellschaft für vaterländische Cultur 19, 1841, S. 134-143 (zit. als: Stenzel, Adel)

-: Beiträge zur Geschichte des alten Ritterrechts in Schlesien, in: Ebd. S. 144-153 (zit. als: Stenzel, Ritterrecht)

Swientek, Horst-Oskar: Das Kanzlei- und Urkundenwesen Herzog Heinrichs III. von Schlesien (1248-1266), in: ZVGS 69, 1935, S. 40-69

Tarnas-Tomczyk, Agata: Ród Wierzbnów do końca XIV wieku. Genealogia i rozsiedlenie [Das Geschlecht der Würben bis zum Ende des 14. Jahrhunderts. Genealogie und Ausbreitung] (Acta Universitatis Wratislaviensis No. 1540, Historia 113) Wrocław 1993

Teichmann, Lucius: Glatz. Franziskanerkloster (Schlesisches Klosterbuch), in: JSFUB 28, 1987, S. 15-34

-: Goldberg. Franziskanerkloster (Schlesisches Klosterbuch), in: Ebd. 30, 1989, S. 1-10

-: Neisse. Franziskanerkloster (Schlesisches Klosterbuch), in: Ebd. 27, 1986, S. 19-38

Třeštík, Dušan und Barbara Krzemieńska: Zur Problematik der Dienstleute im frühmittelalterlichen Böhmen (mit Diskussion), in: Graus, František und Herbert Ludat (Hg.): Siedlung und Verfassung Böhmens in der Frühzeit. Wiesbaden 1967, S. 70-98 (98-103)

Tymieniecki, Kazimierz: Napływ Niemców na ziemie polskie i znaczenie prawa niemieckiego w średnich wiekach w Polsce [Der Zustrom der Deutschen in die polnischen Lande und die Bedeutung des deutschen Rechts im Mittelalter in Polen], in: Roczniki Historyczne 10, 1934, Heft 2, S. 226-244

Uhtenwoldt, Hermann: Die Burgverfassung in der Vorgeschichte und Geschichte Schlesiens. (Breslauer Historische Forschungen 10) Breslau 1938 (zit. als: Uhtenwoldt, Burgverfassung)

-: Peter Wlast. Graf von Breslau. Ein Wikinger auf ostdeutschem Boden (Ostmark du Erbe meiner Väter 8) Breslau 1940 (zit. als: Uhtenwoldt, Peter Wlast)

-: Peter Wlast, der Siling (Zobten) und Breslau, in: Beiträge zur Geschichte der Stadt Breslau 2, 1936, S. 32-102 (zit. als: Uhtenwoldt, Breslau)

Unruh, Conrad Max v.: Die Unrugher. Versuch eines Anfangs zur Stoffsammlung für die Unruh'sche Familiengeschichte (Bibliothek familiengeschichtlicher Arbeiten 39) Neustadt a.d.Aisch 1977, ergänzter ND o.O. 1906

V[aniček], V[ratislav]: Rezension von: Cetwiński, Marek: Rycerstwo śląskie do końca XIII wieku. Bd. 2, in: Československý časopisy historicky 31, 1983, S. 761f. (zit. als: Vaniček, Rez.)

Walter, Ewald: Zur ältesten Baugeschichte der Breslauer Kirchen St. Ägidi, St. Maria auf dem Sande und St. Peter und Paul, in: ASKG 27, 1969, S. 1-29

Weczerka, Hugo: Rothkirch, in: Ders. (Hg.): Schlesien (Handbuch der historischen Stätten) Stuttgart 1977, S. 448f. (zit. als: Weczerka)

- (Hg.): Schlesien (Handbuch der historischen Stätten) Stuttgart 1977 (zit. als: Weczerka, Schlesien)

Weigelt, Carl: Die Grafen von Hochberg vom Fürstenstein. Ein Beitrag zur vaterländischen Culturgeschichte. Breslau 1896

Weinhold, Karl: Die Verbreitung und die Herkunft der Deutschen in Schlesien. (Forschungen zur deutschen Landes- und Volkskunde Bd. 2 Heft 3) Stuttgart 1887

Weizsäcker, Wilhelm: Über die Bedeutung des Lehenswesens in den Sudetenländern, in: Studien zum mittelalterlichen Lehenswesen (Vorträge und Forschungen 5) Lindau, Konstanz 1960, S. 229-234

-: Olmützer Lehenwesen unter Bischof Bruno, in: Zeitschrift des Deutschen Vereins für die Geschichte Mährens und Schlesiens 20, 1916, S. 32-56 (zit. als: Weizsäcker)

Werner, Karl Ferdinand: Adel. Fränkisches Reich, Imperium, in: LexMA. Bd. 1. München, Zürich 1977, Sp. 118-124

Wernicke, Ewald: Die Herren von Talkenberg in Schlesien und in der Oberlausitz, in: Vierteljahrsschrift für Wappen-, Siegel- und Familienkunde 36, 1908, S. 242-321

Wiedermann, Fritz: Der Burgenbau und die Ritterschaft in Schlesien, in: Der Schlesier 30, 1977, Nr. 8, S. 4f.

Winter, Georg: Die Ministerialität in Brandenburg. Untersuchungen zur Geschichte der Ministerialität und zum Sachsenspiegel (Veröffentlichungen des Vereins für Geschichte der Mark Brandenburg) München, Berlin 1922

Witzendorff-Rehdiger, Hans Jürgen v.: Der ritterliche Adel und der Stadtadel in Schlesien, in: JSFUB 6, 1961, S. 193-212

-: Herkunft und Verbleib Breslauer Ratsfamilien im Mittelalter, eine genealogische Studie, in: Ebd. 3, 1958, S. 111-135

-: Die Schaffgotsch, eine genealogische Studie, in: Ebd. 4, 1959, S. 104-123 (zit. als: Witzendorff, Schaffgotsch)
-: Stadt- und Diplomadel in Breslau, in: Ostdeutsche Familienkunde. Bd.2, Jg. 9, 1961, S. 298f.
-: Die Tschammer und die Stosch, in: JSFUB 8, 1963, S. 7-30 (zit. als: Witzendorff, Tschammer und Stosch)
Wojciechowski, Zygmunt: La condition des nobles et le problème de la féodalité en Pologne au moyen-âge. Paris 1936/37
-: Das Ritterrecht in Polen vor den Statuten Kasimirs des Großen. Aus dem polnischen, vom Verfasser wesentlich veränderten Texte ins Deutsche übertragen von Dr. H. Bellée (Bibliothek geschichtlicher Werke aus den Literaturen Osteuropas 5) Breslau 1930 (zit. als: Wojciechowski)
Wojtecki, Dieter: Studien zur Personengeschichte des Deutschen Ordens (Quellen und Studien zur Geschichte des östlichen Europa 3) Wiesbaden 1971
Wutke, Konrad: Über die Bedeutung von famulus ducis in älteren schlesischen Urkunden, in: SGbll 1911, S. 20-24
-: Zur ältesten Geschichte von Brieg und Verwandtes, in: ZVGS 75, 1941, S. 12-16
-: Zur Geschichte des Geschlechts der Gallici (Walch) und ihres Grundbesitzes in Schlesien im 13./16.Jahrhundert, in: Ebd. 61, 1927, S. 279-311 (zit. als: Wutke, Gallici)
-: Zur Geschichte von Würben bei Schweidnitz, in: Ebd. 25, 1891, S. 236-273 (zit. als: Wutke, Würben)
-: Eine rätselhafte Siegelumschrift v. J. 1300 (Siegel des Bresl. Domkanzlers Walter Ebrardi a.d. Geschlecht der Gallici), in: SGbll 1926, S. 25-28
-: Schlesische Wallfahrten nach dem heiligen Lande, in: Studien zur schlesischen Kirchengeschichte (DQ 3) Breslau 1907, S. 137-170
-: Stamm- und Übersichtstafeln der schlesischen Piasten. Breslau 1910/11 (zit. als: Wutke, Stammtafeln)
-: Zur Urk.v.3./9.Sept. 1240 betr. die Aussetzung von Sablath, Kr. Neumarkt, zu deutschem Rechte, Schles.Reg. Nr. 553, in: ZVGS 49, 1915, S. 337-340
Zedlitz und Neukirch, Robert Frhr.v.: Das Geschlecht der Herren, Freiherren und Grafen von Zedlitz in Stammtafeln vom ersten Auftreten bis zur Gegenwart. Berlin 1938
Zeissberg, Heinrich: Die polnische Geschichtsschreibung des Mittelalters (Preisschriften gekrönt und herausgegeben von der Fürstlich Jablonowski'schen Gesellschaft zu Leipzig. Bd.17) Leipzig 1873
Żerelik, Rościsław: Biogramy rycerstwa śląskiego. Uzepełnienia [Biogramme der schlesischen Ritterschaft. Ergänzungen], in: Sobótka 44, 1989, S. 459-473
Zientara, Benedykt: Preußische Fragen in der Politik Heinrichs des Bärtigen, in: Arnold, Udo und Marian Biskup (Hg.): Der Deutschordensstaat Preußen in der polnischen Geschichtsschreibung der Gegenwart (Quellen und Studien zur Geschichte des Deutschen Ordens 30) Marburg 1982, S. 86-102
Zobel, Arthur: Ortsnamenübertragung im Zuge der deutschen Besiedlung Schlesiens im Mittelalter, in: Jahrbuch für Volkskunde der Heimatvertriebenen 4, 1958, S. 148-162

Verzeichnis der nicht im 'Schlesischen Urkundenbuch' enthaltenen, aber benutzten Urkunden

Abkürzungen siehe Quellen- und Literaturverzeichnis

SR

764	nur in SR überliefert	1557	SR
852	Stenzel, Nr. 3	1562	SR
1247	Stenzel, Nr. 7	1566	Stenzel, Nr. 18
1293	Fotosammlung	1575	SR
1319	SR	1581	SR
1349	Voigt, Nr. 52	1592	SR
1378a	Fotosammlung	1593	Stenzel, S. 488-490
1391	SR	1596	SR
1428	Fotosammlung	1600	SR
1435	Stenzel, Nr. 6	1613	SR
1438	SR	1619	SR
1451	SR	1623	SR
1465	Stenzel, Nr. 8	1648	Voigt, Nr. 66
1466	Stenzel, Nr. 9	1649	Voigt, Nr. 65
1493	SR	1650	SR
1500	SR	1671	SR
1510	Stenzel, Nr. 11	1682	Fotosammlung
1522	Stenzel, Nr. 14	1694	Fotosammlung
1523	Voigt, Nr. 49	1727	SR
1524	Voigt, Nr. 47	1735	SR
1525	Voigt, Nr. 44	1762	Fotosammlung
1526	SR	1763	Fotosammlung
1528	Voigt, Nr. 38	1777	SR
1531	Stenzel, Nr. 15	1785	Voigt, Nr. 97
1532	Stenzel, Nr. 16	1792	SR
1533	Stenzel, Nr. 17	1946	SR
1534	Voigt, Nr. 58	1949	Voigt, Nr. 64
1535	Voigt, Nr. 54	1958	SR
1536	Voigt, Nr. 57	2030	SR
1537	Stenzel, Nr. 17	2033	SR
1538	SR	2049	SR
1539	Stenzel, Nr. 12	2069	SR
1540	Stenzel, Nr. 13	2086	SR
1541	Voigt, Nr. 50	2094	Voigt, Nr. 149
1554	Voigt, Nr. 55	2096	SR

2098	SR	2372	Fotosammlung
2124	SR	2445	Voigt, Nr. 66
2130	SR	2446	Voigt, Nr. 65
2139	SR	2486	Voigt, Nr. 102
2142	SR	2487	Voigt, Nr. 149
2148	Voigt, Nr. 73	2489	SR
2175	Fotosammlung	2521	Fotosammlung
2177	Fotosammlung	2522	Fotosammlung
2191	Fotosammlung	2531	Fotosammlung
2223	Fotosammlung	2566	Angeführt in Wattenbach, S. 112, Nr. 9 und S. 117, Nr. 11
2235	Fotosammlung		
2259	Minsberg, Nr. 8	2577	Fotosammlung
2340	Fotosammlung	2584	Breslauer Ub, Nr. 68

I. Grundlagen, Vorgehen und Ziele

In das hellere Licht der Geschichte tritt Schlesien erst um die Mitte des 12. Jahrhunderts mit der Zunahme der bis dahin dürftigen schriftlichen Überlieferung. Bereits im folgenden Saeculum erlebt es den wohl dynamischsten Zeitabschnitt seiner Entwicklung überhaupt. Staatsrechtlich-politisch steht Schlesien zu dieser Zeit zwischen Polen, dessen Gesamtstaatsverband sich gegen Ende des 12. Jahrhunderts auflöste, und Böhmen, dem sich das Land seit etwa Ende des 13. Jahrhunderts verstärkt zuwendet, und somit in der einzigen Phase von territorialer Unabhängigkeit und Selbständigkeit in seiner über 800jährigen Geschichte. Im innerstaatlichen Bereich kommt es auf Grund häufiger Teilungen und Erbauseinandersetzungen zu einer fortschreitenden Zersplitterung in zahlreiche, immer kleiner werdende Herrschaftsgebiete. Zudem - und dies ist insgesamt am folgenreichsten - gewinnt das bis dahin slavisch geprägte Land im Verlauf des 13. Jahrhunderts im Zuge der deutschen Ostsiedlung den Anschluß an den zivilisatorisch und kulturell entwickelteren Westen Europas. Verbunden ist all dies mit grundlegenden Veränderungen in nahezu jedem Bereich staatlichen und gesellschaftlichen Lebens. In ihren Auswirkungen betreffen diese Änderungen die gesamte schlesische Bevölkerung, darunter natürlich auch den Adel.

I.1. Zur Bestimmung von Zeit und Raum sowie des Begriffs Adel

Die Zeitgrenze 1300 ergibt sich vornehmlich auf Grund der allgemeinen Ansicht, daß die deutsche Ostsiedlung zu Ende dieses Saeculums im wesentlichen abgeschlossen sei und damit auch die sich aus ihr ergebenden Veränderungen innerhalb des Adels. In der Folge würden sich die bestehenden Verhältnisse stabilisieren und verfestigen. Das 'Ende des 13. Jahrhunderts' - genauer: der Ausgang des Jahres 1300 bei erzählenden Quellen, das Ausstellungsdatum 31. Dezember 1300 bei Urkunden - bietet sich auch in Hinblick auf die Menge des auszuwertenden Quellenmaterials an, das mit fast 3.000 Urkunden und 46 erzählenden Quellen noch zu bewältigen ist. Für die Zeit danach steigt allein schon das Urkundenmaterial überproportional an, bis zur Mitte des 14. Jahrhunderts auf mehr als das Dreifache. Geben die Urkunden hauptsächlich zum 13. Jahrhundert Auskunft, so reichen die Nachrichten in Annalen und Chroniken bis zu den Anfängen Polens um 960 und weiter zurück. Deren Angaben ermöglichen es, den Adel in seinen Grundstrukturen bereits in der Frühphase der polnischen Geschichte zumindest umrißartig erkennen zu können. Auf diese Gegebenheiten wird in der vorliegenden Arbeit Bezug genommen, doch liegt ihr eigentlicher Beginn später, nämlich an der Wende vom 11. zum 12. Jahrhundert. Zu dieser Zeit tritt nämlich erstmals im schlesischen Raum eine Einzelpersönlichkeit aus der sonst namenlosen Gruppe des Adels hervor, nämlich der zwischen 1085 und 1109 erwähnte Graf von Breslau Magnus. Der Adel wird damit in seinen Individuen faßbar.

Aus: Schlesisches Urkundenbuch. 1. Bd.: 971-1230. Bearb. von Heinrich Appelt. Wien, Köln, Graz 1971, S. VIII.

Unter Schlesien wird hier der Raum rechts und links der oberen und mittleren Oder - im Südwesten begrenzt durch den Gebirgszug der Sudeten, im Nordosten auslaufend in die Kleinpolnische Ebene und den Polnischen Jura - verstanden, und zwar so, wie er durch die im 'Schlesischen Urkundenbuch' und in den 'Schlesischen Regesten' getroffene Auswahl der Urkunden festgelegt und im 'Schlesischen Urkundenbuch' kartographisch dargestellt ist[1]. Dabei kann zwischen einem piastischen und einem przemyslidischen Schlesien unterschieden werden. Zu letztem sind zu rechnen die Grafschaft Glatz, die bis 1278 zu Böhmen, und das Fürstentum Troppau-Jägerndorf, das bis 1348 zu Mähren gehört[2]. Diese von den Quellenwerken vorgegebene räumliche Festlegung gilt auch für die vorliegende Arbeit. Inhaltlich beschränkt sie sich allerdings nahezu ausschließlich auf das piastische Schlesien. Der Adel des przemyslidischen Teils wird - obwohl die Urkunden in den

---

1) Vgl. Abb. oben.
2) Zu den Grenzen Schlesiens s. WECZERKA, Schlesien, S.XVI-XXI.

genannten Publikationen enthalten sind - lediglich additiv und nur in seinen Einzelpersonen berücksichtigt. In seiner Gesamtheit nimmt er nämlich an der Entwicklung dieser Gesellschaftsschicht in Böhmen und Mähren teil, gehört also diesbezüglich zum böhmisch-mährischen und nicht zum schlesischen Adel.

Adel als universalgeschichtliches Phänomen wird gemeinhin definiert als ein „aufgrund von Geburt, Besitz oder Leistung ... sozial und politisch privilegierter Stand (Klasse, Kaste) mit charakteristischem Ethos und besonderen Lebensformen."[3] Diese und ähnliche in Enzyklopädien und Nachschlagewerken - selbst in historischen Fachlexika[4] - gegebenen Begriffsbestimmungen sind allgemein und abstrakt gehalten, müssen sie doch die gesamte geschichtliche Entwicklung berücksichtigen. Für die konkrete Arbeit an den dieser Untersuchung zugrundeliegenden historischen Texten sind sie daher wenig geeignet. Eine offensichtlich quellenbezogene und auf die mittelalterlichen Verhältnisse im mittleren Europa eingehende Definition bietet Lutz Fenske. Er sieht im mittelalterlichen Adel „eine durch Eigenschaften wie Macht und Reichtum gekennzeichnete Oberschicht", die im Konnubium „die möglichen Eheverbindungen auf die Gruppe der Standesgleichen - der Ebenbürtigen - ein(ge)schränkt. Nur den aus solchen Ehen hervorgegangenen Nachkommen kann adlige Standesqualität als Summe aller Eigenschaften, die die Zugehörigkeit zum Adel begründen, weitergegeben werden. Diese adlige Standesqualität beinhaltet die Fähigkeit zur Ausübung von Herrschaft über Land und darauf lebenden und arbeitenden Personen, die Befähigung, Ämter zu bekleiden und über Funktionen zu verfügen, mit deren Besitz ebenfalls Herrschaftsausübung verbunden ist (war), und schließlich manifestiert sie sich auch in

---

3) Adel, in: Meyers Enzyklopädisches Lexikon, S. 261.
4) Im historischen Lexikon 'Geschichtliche Grundbegriffe' definiert CONZE, S. 1 - zwar auf Deutschland bezogen, aber für Mittelalter und Neuzeit bis 1918 geltend - 'Adel, Aristokratie' als „die durch Vorrang der Rechte und Pflichten vor dem Volk ... hervorgehobene Herrenschicht, deren Stand erblich und demgemäß stets darauf gerichtet war, sich durch geschlossenes Konnubium vom Volk abzuschließen. Kennzeichen des Adels waren: Landsässigkeit mit Herrschaft über landarbeitende Menschen und, darauf beruhend, Freisein zum Waffen- und Kriegsdienst, alsdann zu den Führungsstellen in der Kirche sowie später zum Hof- und Staatsdienst. Zur rechtlichen, wirtschaftlichen und gesellschaftlichen Machtstellung des Adels gehörten ein anspruchsvolles Selbstbewußtsein, Typusstilisierung und „Tugend"-Ethos sowie die Anerkennung des adligen Status und Prestiges durch das Volk." - Im 'Lexikon des Mittelalters' wird Adel von WERNER, Sp. 119 ganz allgemein bestimmt: „Adel ..., in zahlreichen Kulturen auftretende Aussonderung erblich bevorrechteter Familien, die gegebenenfalls einen (meist untergliederten) Adelsstand bilden. Da es mehrfach zu Neubildung von „Adel" kommen kann, bezeichnet der Begriff zu verschiedenen Zeitaltern jeweils abweichend strukturierte Gruppen, bezieht sich jedoch stets auf Familien: A.(del), in Auseinandersetzungen mit dem Königtum, existiert (und denkt) synchron. in Sippen, diachron. in Geschlechtern ...; „persönlicher Adel", eine Erscheinung der Verfallszeit, ist ein Widerspruch in sich." - CETWIŃSKI, Bd. I, S. 5 sieht im schlesischen Rittertum (!) einfach den „weltlichen Teil der schlesischen Feudalklasse" („świecki odłam śląskiej klasy feudałów").

einer dem Adligen durch Geburt anhaftenden ... blutsmäßigen Qualität."⁵ Seine Herrschaftsbefähigung erlangt der Adel in der Regel durch Geburt. Die rechtlichen und gesellschaftlichen Merkmale des Adels werden in dessen Sonderstellung durch die Zeitgenossen anerkannt.

Diese von Lutz Fenske formulierte Definition erscheint eingängig und zutreffend. Vor allem enthält sie Kriterien, die es ermöglichen, Angehörige des Adels in den Quellen als solche zu erkennen. Vor allem aus diesem Grund wird sie für die vorliegende Arbeit in zusammengefaßter Form übernommen. Adel wird somit definiert als die allgemein anerkannte, durch das Konnubium verbundene Oberschicht, die über gemeinsame Standesqualitäten - Herrschaftsbefähigung durch Geburt, Herrschaft über Land und Leute, Befähigung zu Ämtern und Funktionen zur Herrschaftsausübung - verfügt⁶.

I.2. Die Quellen

Die vorliegende Arbeit beruht in erster Linie auf der Auswertung der einschlägigen schlesischen schriftlichen Quellen, nämlich der Urkunden, Annalen, Chroniken, Viten, Nekrologe, Bruderschaftsbücher, Bischofskataloge und weiterer Zeugnisse. Sekundäre Bedeutung kommt der Literatur zu⁷.

Die Anzahl der Schlesien betreffenden, bis einschließlich 1300 ausgestellten Urkunden beläuft sich auf nahezu 3000 verschiedene Dokumente. Nach modernen diplomatischen Gesichtspunkten wurden bisher 2865 Urkunden untersucht und in den ersten sechs Bänden des 'Schlesischen Urkundenbuches' ediert, wobei die als Fälschung erkannten Stücke in der vorliegenden Arbeit mit einem Kreuz '†' vor der Urkundennummer kenntlich gemacht werden. Die noch nicht edierten Urkunden sind als Regesten in den im vorigen Jahrhundert erschienenen 'Schlesischen Regesten' veröffentlicht. Da diese den Inhalt zusammengefaßt wiedergeben und besonders die Zeugenreihen nicht immer fehlerfrei sind, wurde nach Möglichkeit der originale Urkundentext herangezogen und ausgewertet⁸. Eine kritische diplomatische Untersuchung dieser Urkunden steht noch aus und bleibt dem 'Schlesischen Urkundenbuch' vorbehalten.

Die Annalen, Chroniken, Viten und Bischofskataloge liegen in den 'Monumenta Germaniae Historica' und den 'Monumenta Poloniae Historica' in älteren und zum Teil in der 'Series nova' der 'Monumenta Poloniae Historica' sowie Einzelwerken in modernen Editionen vor. Auch das 'Bruderschaftsbuch des Klosters

---

5) FENSKE, S. 96.
6) Zur praktischen Anwendung dieser Definition vgl. S. 40-42.
7) Die Literatur beschäftigte sich bisher nur mit der Genealogie und Detailfragen des schlesischen Adels, dem bisher auch nur eine einzige monographische Behandlung zuteil wurde. Vgl. I.5. Bisherige Forschungen zum Thema.
8) Vgl. Verzeichnis der nicht im 'Schlesischen Urkundenbuch' enthaltenen, aber benutzten Urkunden.

Lubiń' und die Ausgabe zweier Nekrologe erschienen in der 'Series nova'; die anderen Nekrologe wurden in den sechziger und siebziger Jahren des vorigen Jahrhunderts herausgegeben[9].

Nicht berücksichtigt wurden Quellen späterer Zeit, der 'Liber fundationis episcopatus Vratislaviensis' und die 'Die Curiositäten des schlesischen Adels' des Johannes Sinapius. Der 'Liber fundationis'[10], kurz nach 1300 entstanden[11], gibt zwar auch Zustände des 13. Jahrhunderts wieder, doch verbindet er sie im Text ununterscheidbar mit Zusätzen späterer Zeit. Auch die 'Curiositäten'[12] enthalten zwar vereinzelt zutreffende Angaben verwandtschaftlicher Art und Mitteilungen aus Urkunden, doch ist über sie der Schleier barocker Mythologie gelegt, zumal es an einer kritischen Ausgabe bisher fehlt.

Die Ergiebigkeit der Quellengruppen zum Thema dieser Arbeit ist sehr unterschiedlich. Annalen und Chroniken berichten ganz überwiegend von den Taten der Fürsten oder von kirchlichen Ereignissen. Adlige werden nur vereinzelt auf Grund ihrer überragenden Stellung, z.B. Peter [11][13] Wlast, oder wegen besonderer Heldentaten, z.B. Peregrin von Wisenburg, genannt. In Viten bezeugen sie gelegentlich Wunder, z.B. Nikossius von Moschwitz, oder werden selbst eines Wunders teilhaftig wie Witoslaus de Borech. Nekrologe bieten ein reichhaltiges, aber ungeordnetes Namenmaterial, das wegen summarischer Nennung, fehlender Verwandtschaftsangaben und ungenauer Daten nur selten einer einzelnen Person sicher zugewiesen werden kann. Allerdings ist stets von einer besonderen Beziehung zwischen dem Genannten und dem das Totenbuch führenden Kloster auszugehen. So kann etwa bei Nennung mehrerer Generationen einer Familie im Nekrolog eines bestimmten Klosters vermutet werden, daß es sich um das Hauskloster dieses Geschlechtes handelt. Am ergiebigsten sind die Urkunden, die jedoch nicht in gleichbleibender, vielmehr in zum Ende des 13. Jahrhunderts ansteigender

---

9) Vgl. dazu im einzelnen das Quellen- und Literaturverzeichnis I.2. Gedruckte Quellen.
10) Liber fundationis episcopatus Vratislaviensis. Ed. H. Markgraf und J. W. Schulte. (Codex Diplomaticus Silesiae. Bd. 14) Breslau 1889.
11) Nach Ebd., S. LXXVIII-LXXXVII im Kern entstanden um 1305, jedoch mit Zusätzen aus der Zeit bis zur Mitte des 14. Jahrhunderts. Die Entstehungszeit des im 'Liber fundationis' enthaltenen „Registrum Wratislaviense" wird Ebd., S. LXXXf. auf die Zeit zwischen dem 3. Oktober 1303 und dem 3. Juni 1304 angesetzt, was von der Siedlungsgeschichte her durch KUHN, Auras, S. 216 jüngst bestätigt wurde.
12) SINAPIUS, Johannes: Schlesischer Curiositäten erste Vorstellung, darinnen die ansehnlichen Geschlechter des Schlesischen Adels, mit Erzehlung des Ursprungs, der Wappen ... beschrieben, etc. (Des Schlesischen Adels anderer Theil, oder Fortsetzung Schlesischer Curiositäten, etc.) Leipzig 1720-28. (Zit. nach: British Museum General Catalogue of Printed Books. Photolithographic edition to 1955. Volume 222. London 1964, Sp. 897).
13) Die Zahl hinter einem Vornamen verweist auf die Position des betreffenden Adligen in der Folge gleichnamiger Personen im Personenverzeichnis. Im übrigen erfolgt die Einordnung alphabetisch nach dem Adelsnamen.

Zahl - gemäß der zunehmenden Schriftlichkeit - überliefert sind[14]. In ihnen werden in den Zeugenreihen nicht nur viele Adlige genannt, sondern es wird auch Auskunft gegeben über deren verwandtschaftliche Beziehungen, deren Ämter und Würden, über das Verhältnis des Adels zum Landesherrn, seinen Besitz und vieles mehr. Die Urkunden als umfangreichste und zuverlässigste Quelle bilden somit das breite Fundament dieser Arbeit.

I.3. Zur Vorgehensweise

Da der Adel in Schlesien bis zum Ende des 13. Jahrhunderts noch kein abgeschlossener oder gar korporativer, in seiner Gesamtheit auftretender Stand ist, war es notwendig, ihn in seinen Einzelpersonen und sich daraus ergebend in Geschlechtern zu erfassen. Ausgeschlossen wurden dabei von vornherein die Piasten und der Bischof von Breslau, denen auf Grund ihrer Stellung als Landesherren beziehungsweise als Kirchenfürst auf dem Wege zur Landesherrschaft[15] Ausnahmepositionen innerhalb des Adels zukommen. Dies zeigt sich bei den Piasten auch in genealogischer Hinsicht, gehen sie doch Eheverbindungen nahezu ausschließlich mit landesherrlichen respektive Fürstenfamilien[16], nicht jedoch mit Angehörigen anderer schlesischer Adelsgeschlechter ein, die sie demnach offensichtlich nicht als ebenbürtig betrachteten. Da die Breslauer Bischöfe bis zur Mitte des 15. Jahrhunderts aus dem schlesischen Adel hervorgehen, wurden sie bis zum Zeitpunkt ihrer Wahl mitberücksichtigt. Einbezogen in die Untersuchung wurden auch die Geistlichen adliger Herkunft und im Zusammenhang mit den Landes- und Hofämtern ebenfalls die Mitglieder der herzoglichen und bischöflichen Kanzleien, handelt es sich bei ihnen doch zum größten Teil um Geistliche adliger Abstammung.

Bei der Auswertung der Quellen trat die Schwierigkeit auf, Adlige in den Texten als solche zu erkennen. Anhaltspunkte boten hier die Kriterien der Definition des Begriffs 'Adel'. Als Angehörige dieser allgemein anerkannten, durch Geburt zur Herrschaft befähigten Oberschicht nehmen Adlige im öffentlichen Leben, be-

---

14) Überliefert sind für den Zeitraum 971-1199 77 Urkunden (darunter 9 Fälschungen), 1200-1210 69 (15), 1211-1220 85 (7), 1221-1230 142 (21), 1231-1240 213 (16), 1241-1250 230 (10), 1251-1260 364 (23), 1261-1270 354 (21), 1271-1280 300 (17), 1281-1290 551 (22), 1291-1300 480 (20), nicht hinreichend datierbar 93: insgesamt 2958 Urkunden.

15) Der Bischof von Breslau erlangt für das Land Neisse-Ottmachau 1290 (SUb V, 452) die beschränkte, 1333 (SR 5263) die volle Landeshoheit.

16) Eine Ausnahme ist die nicht sicher belegte, um 1268 (?) geschlossene Ehe einer der Töchter Herzog Boleslaus' II. von Liegnitz (Elisabeth?) mit Ludwig von Hakeborn (vgl. WUTKE, Stammtafeln, Tafel 2 und JASIŃSKI, Rodowód, Bd. I, S. 156-159). Dieser erscheint als Zeuge von 1293 bis 1299 in den Urkunden, in denen er als vir nobilis und als Schwager (sororius) Herzog Bolkos I. von Jauer bezeichnet wird. - Die Familie Hakeborn stammt aus der Gegend von Halberstadt. Laut SCHULZE, Adelsherrschaft und Landesherrschaft, S. 127-129 standen die Hakeborn in höherem Ansehen als ihre Standesgenossen; auch zeigte sich bei ihnen eine Tendenz zur Landesherrschaft, die sie jedoch nicht behaupten konnten.

sonders in Politik, Kirche und Verwaltung sowie im militärischen Bereich, führende Positionen ein. In diesen Eigenschaften werden sie - in der Regel mit den entsprechenden Titeln - in den Quellen erwähnt. Ihre militärischen Leistungen werden dabei vor allem in den Chroniken geschildert, ihr übriges Wirken findet seinen Niederschlag hauptsächlich in den Urkunden, sei es durch die Nennung als Zeugen oder als Teilnehmer an Landtagen oder in Erfüllung ihrer Aufgaben und Ämter. Die Herrschaft des Adels über Land und Leute zeigt sich direkt in seiner Verfügungsgewalt über beides, etwa in Verkauf oder Verschenkung von Dörfern und ihren Einwohnern, in der Ausstellung von Urkunden für Neusiedler auf eigenem Grund, in der Festlegung der Siedler-Abgaben und Leistungen, und indirekt in der Teilhabe an der Herrschaft des Herzogs durch Beratung des Landesherrn während der Landtage und im Herzogsrat sowie im Wirken in den Landesämtern. Auf Grund seiner besonderen Befähigung zu Ämtern und Funktionen zur Herrschaftsausübung sind dem Adel die mit Herrschaft verbundenen Landesämter und die durch Herzogsnähe ausgezeichneten Hofämter nahezu gänzlich vorbehalten. Ausnahmen finden sich im Bereich der Kanzlei, in der auch Geistliche nichtadliger Herkunft tätig sein können, und bei den Unterhofämtern, sofern diese mit tatsächlicher, physischer Arbeit verbunden sind[17]. Vom Konnubium schließlich zeugen die in den Quellen enthaltenen diesbezüglichen Verwandtschaftsangaben, wobei allerdings zu beachten ist, daß der Adel als Stand bis zum Ende des 13. Jahrhunderts eben noch nicht fest abgeschlossen ist, es also auch zu Eheverbindungen mit nicht unbedingt Ebenbürtigen kommen kann.

Einen weiteren und sicheren Anhaltspunkt zum Erkennen eines Adligen stellt dessen Bezeichnung mit den Titeln miles, baro, comes und nobilis dar. Nicht dem Adel allein vorbehalten ist dagegen die Titulatur dominus, die auch für Vögte und gelegentlich für Bürger gebraucht wird[18]. Herausragendes Merkmal des Adels gemäß polnischem Ritterrecht ist sein frei verfügbarer, besonders auch an seine weiblichen Angehörigen frei vererbbarer Besitz an Grund und Boden[19]. Jede Veräußerung von Grundbesitz - sei es Verkauf, Verschenkung, Tausch oder Vererbung - ohne Erwähnung des Herzogs weist daher auf einen adligen Vorbesitzer. Gleiches gilt auch bei mitgeteiltem Einverständnis des Landesherrn, sofern es sich um Lehensgut handelt. Lediglich einen Hinweis auf mögliche adlige Qualität gibt bei Personennamen die Präposition 'de' in Verbindung mit einem Ortsnamen. Sie ist in der Regel eine Herkunftsbezeichnung in der Bedeutung von 'aus', weniger eine Benennung nach dem Besitz im Sinne des Adelsprädikates 'von'. Hier, wie auch bei den meisten der aufgeführten Merkmale und Anhaltspunkte, ist eine sichere Identifizierung einer Person als zum Adel gehörig erst dann möglich, wenn meh-

---

17) Vgl. hier bei den einzelnen Ämtern Kapitel IV. 4.b) Adlige als Inhaber von Landes- und Hofämtern.
18) Vgl. hierzu im einzelnen III.1. Titulaturen (S. 103-115).
19) Vgl. hierzu IV.1.a) Das polnische Ritterrecht (S. 139-147, besonders S. 140f.).

rere der genannten Kriterien zutreffen. Letztlich ergibt sich die Zuordnung zum Adel jedoch zumeist aus dem Textzusammenhang der Quelle.

Das bisher Angeführte gilt in erster Linie für die männlichen Angehörigen des Adels. Adlige Frauen werden in den Quellen vorwiegend als Töchter, Ehefrauen, Mütter oder Witwen erwähnt. Ihre Zugehörigkeit zum Adel ergibt sich somit auf Grund der Verwandtschaftsangaben, nur selten in anderer Form.

Anders vorgegangen wurde bei der Bestimmung der Adligen unter den Geistlichen. Von den Fällen abgesehen, in denen der Übertritt vom einen in den anderen Stand mitgeteilt wird, wurde hier nach der Mitgliedschaft in kirchlichen Anstalten entschieden. Allerdings sind bisher nur wenige dieser Einrichtungen auf ihre ständische Zusammensetzung hin untersucht worden[20]. Danach gelten nur das Domkapitel bis zum Ende des 13. Jahrhunderts[21] und das Klarenstift zu Breslau bis 1336[22] als rein adlige Institute. Im 1288 gegründeten Breslauer Kreuzstift herrschen Adlige und Bürgerliche vor[23], doch ist es bis zum Ende des 13. Jahrhunderts als adlig anzusehen[24]. Bei anderen kirchlichen Einrichtungen und Klöstern lassen sich ständische Tendenzen nur selten feststellen und wenn ja, dann sind letztere ganz vorwiegend gemeinständisch[25] oder bürgerlich[26]. Dies geht allerdings nur aus allgemeinen Aussagen hervor; entsprechende prosopographische Arbeiten fehlen. Da somit keine sichere Grundlage gegeben ist, werden in die vorliegende Untersuchung lediglich die Mitglieder des Domkapitels und der beiden genannten Stifte einbezogen[27].

In einigen wenigen Fällen, vor allem bei besonders umfangreichen Zeugenreihen, halfen auch diese Anhaltspunkte nicht weiter. Dann wurde nach dem Prinzip der Ausschließung entschieden: Ausgesondert wurden jene Personen, die eindeutig nicht dem Adel im Sinne des eben Dargestellten zuzurechnen waren; die dann verbleibenden Personen wurden als adlig erachtet.

---

20) Leo Santifaller hat in den 30er Jahren Referate und Staatsexamensarbeiten, die jedoch nicht veröffentlicht wurden, sowie Dissertationen zu diesem Thema angeregt. Auf Grund dieser Arbeiten und der bis 1938 erschienenen Literatur hat er einen zusammenfassenden Überblick gegeben: s. SANTIFALLER.
21) SAMULSKI, S. 80-85, besonders die Tabelle S. 83; SANTIFALLER, S. 404.
22) PIETSCH, S. 16-18; SANTIFALLER, S. 405f.
23) KUCHENDORF, S. 24-27; SANTIFALLER, S. 404f.
24) KUCHENDORF, S. 25: „Luthold von Kremsier ist wohl der erste Kreuzstiftsherr, bei dem wir auf bürgerliche Zugehörigkeit schließen können." Erstmals als Kreuzstiftsherr erwähnt wird er am 19. Feb. 1304 (KUCHENDORF, S. 59, 100f.).
25) Dies gilt u.a. für Trebnitz (GRÜGER, Trebnitz, S. 57), Breslau, St.Vinzenz (GRÜGER, Breslau, S. 71) und Liebenthal (GRÜGER, Liebenthal, S. 3).
26) Dies gilt u.a. für Leubus (GRÜGER, Leubus, S. 3), Rauden (GRÜGER, Rauden, S. 35) und Himmelwitz (GRÜGER, Himmelwitz, S. 52).
27) Für die übrigen geistlichen Institute fehlen noch entsprechende Untersuchungen.

Bei der Auswertung der Quellen wurde mit den Urkunden begonnen. Wurden Adlige im Urkundentext genannt, so waren sie auf Grund der oben angeführten Kriterien als solche zu erkennen. Bei Personen, die in den Adel aufsteigen, war dies erst mit vollzogenem Aufstieg möglich. Ihre früheren Nennungen in den Urkunden wurden dann nachträglich in ihre Biographie einbezogen[28].

Da der überwiegende Teil der Adligen nur mit Vornamen genannt wird, war es mitunter nicht einfach festzustellen, ob es sich bei Namensgleichen um eine oder verschiedene Personen handelt. Hier galt es, unter verschiedenen Aspekten wie der zeitlichen Einordnung, des Urkundenausstellers, des bekleideten Amtes, des erwähnten Besitzes und Ähnlichem sorgfältig abzuwägen, ohne daß jedoch hinsichtlich dieser Frage stets eindeutige und endgültige Entscheidungen getroffen werden konnten. Grundsätzlich wurde dabei von zwei Überlegungen ausgegangen: Einerseits kann die Zahl der Adligen nicht allzu groß gewesen sein, weshalb bei Namensgleichheit in der Regel auf nur eine Person zu schließen wäre. Andererseits würde die Zusammenfassung mehrerer Personen gleichen Namens womöglich zu einer generellen Verdichtung in allen Themenbereichen dieser Arbeit führen sowie etwa zu einer zeitlichen Kontinuität und zur Konstruktion einer Ämterlaufbahn, die es so beide vielleicht gar nicht gegeben hat. Um hier den Unsicherheitsfaktor möglichst niedrig zu halten, wurde auf die Zusammenfassung mehrerer Personen zweifelhafter Identität[29] verzichtet und lieber das Risiko in Kauf genommen, 'eine Existenz zuviel' zu schaffen[30].

Sofern es möglich war, wurden die Familien beziehungsweise Geschlechter rekonstruiert. Dabei wurde den quellenmäßig belegten Verwandtschaftsangaben Priorität gegenüber hypothetischen und zum Teil fragwürdigen Annahmen, wie sie sich in der Literatur finden, eingeräumt. Dies gilt insbesondere für genealogische Schlußfolgerungen, die auf Wappengleichheit beruhen, zumal gerade in der polnischen Heraldik mehrere, jedoch nicht miteinander verwandte Familien das gleiche Wappen führen[31]. Im Unterschied zu Cetwiński, der die Adligen einzeln und al-

---

28) So wird z.B. Konrad von Reichenbach erst 1284 (SUb V, 118) als Hofrichter und damit erstmals in adliger Position genannt; zuvor erscheint er 1282 (SUb V, 20) nur als Erbvogt.
29) Zweifel wurden etwa erregt, wenn ein Name erst nach längerer Zeit - etwa 10 Jahren - wieder genannt wird, wenn ein Adliger abwechselnd mal in diesem, mal in jenem Gefolge verschiedener, zur gleichen Zeit herrschender Fürsten angeführt wird, wenn Personen länger als 50 Jahre erwähnt werden, wenn sich ein zu rascher Ämterwechsel ergeben würde.
30) CETWIŃSKI, Bd. I, S.6f. dagegen bemühte sich, „keine Existenz zuviel" zu schaffen, wobei für ihn auch längere Pausen bei der Erwähnung von Personen kein Hinderungsgrund sind, Identität anzunehmen.
31) Wappengleichheit wurde in der älteren polnischen und deutschen genealogischen Literatur über den Adel Polens als Beweis für Verwandtschaft angesehen, so noch in dem methodischen Aufsatz von HEYDEBRAND, Sippenkunde, S. 43-51. Dagegen wird in neueren heraldischen Handbüchern und der spezielleren Literatur gerade auf die polnische Besonderheit, daß Wappengleichheit eben nicht zwangsläufig Verwandtschaft bedeutet, hingewiesen: vgl. Wappenfibel,

phabetisch nach ihren Vornamen geordnet hat, werden im Personenverzeichnis der vorliegenden Arbeit alle Mitglieder einer Familie unter deren Namen zusammengefaßt. Dies entspricht zum einen dem adligen Denken in Verwandtschaftsbeziehungen und ermöglicht zum anderen dem Leser einen schnellen Überblick über die Gesamtfamilie.

Die solcherweise erstellten Biographien der Adligen wurden als Anhang der Arbeit beigefügt. Zur Unterscheidung verschiedener Personen mit gleichen Vornamen wurde dabei dem Namen eine Zahl beigefügt - zum Beispiel Peter [1], Peter [2] ... -, wogegen Personen mit Adelsnamen unter diesen verzeichnet sind. Das so entstandene, alphabetisch geordnete Personenverzeichnis aller in den Quellen genannter Adligen bildet Grundlage und Ausgangspunkt der vorliegenden Untersuchung!

Nach Erstellung des Personenverzeichnisses wurde die wissenschaftliche Literatur kritisch ausgewertet. Dabei wurde versucht, das deutschsprachige Schrifttum möglichst vollständig zu erfassen. Bei den polnischsprachigen Werken mußte auf einige, vor allem ältere Titel verzichtet werden, da sie auch über Fernleihe nicht zu erreichen waren. Ihr Inhalt findet sich jedoch in den neueren Arbeiten wieder, besonders jener von Marek Cetwiński über die schlesische Ritterschaft. Die Aussagen dieser Arbeit wurden allerdings zunächst nicht berücksichtigt, galt es doch unter anderem, ihre stark angezweifelten[32] Resultate zu überprüfen.

An das gewonnene Material - in erster Linie an die Quellen selbst - wurden verschiedene Fragen zu den Themenbereichen Herkunft, Zusammensetzung und Rolle des schlesischen Adels gestellt. Die dabei gewonnenen Erkenntnisse wurden kapitelweise zusammengefaßt und erst dann in den Anmerkungen mit Cetwińskis Ausführungen verglichen.

I.4. Die Ziele der Arbeit

Absicht der vorliegenden Untersuchung ist es, ein Bild des schlesischen Adels im 12. und 13. Jahrhundert zu zeichnen. Dabei ist - analog zur historisch-politischen Entwicklung Schlesiens - zunächst von einem von seinen polnischen Ursprüngen und den polnischen Gegebenheiten bestimmten, eingesessenen Adel auszugehen, dem Besonderheiten in seiner Entwicklung und Struktur sowie in rechtlicher und wirtschaftlicher Hinsicht eigen sind. Erweitert wird der eingesessene Adel durch adlige Zuwanderer, vor allem aus dem deutschen Reich, deren Stellung und Rolle in den Herkunftsgebieten nicht den polnischen, sondern anderen, westeuropäisch-deutschen Verhältnissen entsprach, die vor allem durch das Lehenswesen be-

---

S. 172f.; SCZANIECKI, Origines, S. 106-108; GUMOWSKI, S. 40-52, der auf S. 47 die Wappen mit mehr als 100 Familien anführt (dem Wappen Jastrzebiec gehören die meisten Familien, nämlich 563 (!) an).

32) Vgl. S. 59-61.

stimmt sind. Neben der zahlenmäßigen Relation interessiert besonders, wie sich diese Unterschiede auf den Gesamtadel Schlesiens auswirken, ob die Zuwanderer assimiliert werden, ob sich vor dem Hintergrund der deutschen Ostsiedlung das Lehenswesen durchsetzt oder ob es zu einer Symbiose kommt. Nach Klärung der Herkunft des gesamten schlesischen Adels werden seine Zusammensetzung und seine Rolle in rechtlicher, wirtschaftlicher, kirchlicher und politisch-staatlicher Hinsicht untersucht.

Im ersten Kapitel ist zunächst die Herkunft des schlesischen Gesamtadels zu klären. Hierzu werden als erstes entsprechende Kriterien aufgestellt, bei deren kritischer Betrachtung sich jedoch ergibt, daß sie für sich allein häufig als nicht hinreichend sicher gelten müssen. Um zu möglichst verläßlichen Aussagen zu gelangen, müssen daher mehrere Anhaltspunkte auf eine Person zutreffen. Mit Hilfe der festgelegten Kriterien wird dann die Herkunft des schlesischen Adels bestimmt, wobei es sich allerdings als einfacher erweist, die Zuwanderer denn die Eingesessenen als solche zu erkennen. Die Zuordnung einzelner Adliger oder von Adelsfamilien zur Gruppe der Eingesessenen oder der Zugewanderten erlaubt es sodann, die zahlenmäßige Stärke und das prozentuale Verhältnis der beiden Gruppen festzustellen. Zugleich wird damit die Grundlage geschaffen, um Anteil, Einfluß und Wirkung beider Gruppen in Relation zu ihrer Stärke zu setzen.

Beim eingesessenen Adel interessiert des weiteren dessen Genese, wobei auch der Frage nachgegangen wird, ab wann überhaupt von einem schlesischen Adel gesprochen werden kann. Von Interesse sind auch die Verbindungen des eingesessenen Adels über Schlesien hinaus. Zahlreicher sind die Fragen zur Gruppe der Zuwanderer. So ist zu klären, aus welchen Gebieten die Zuwanderer kommen und in welcher Zahl, ab wann und in welcher Intensität die Zuwanderung erfolgt, in welchem Umfang in welche schlesischen Herzogtümer eingewandert wird, wann durch den Erwerb von Grundbesitz oder die Übernahme eines Amtes die Seßhaftwerdung erfolgt, aus welchen Gründen es zur Abwanderung kam und ob die verwandtschaftlichen und besitzmäßigen Beziehungen zu den Herkunftsgebieten aufrechterhalten werden. Beachtung findet schließlich auch die Adelsabwanderung aus dem schlesischen Raum.

Im folgenden Kapitel wird die Zusammensetzung des schlesischen Adels in verschiedener Hinsicht untersucht. Dabei geht es zunächst um die Frage, ob der Adel nach polnischem Vorbild aus einer gleichberechtigten Gruppe besteht oder ob er sich unter deutschem Einfluß differenziert, nach westeuropäisch-deutschem Vorbild in einen höheren und niederen Adel gliedert. Eventuelle Rangunterschiede fänden ihren Ausdruck in unterschiedlichen, streng abgegrenzten Titulaturen, die deshalb näher betrachtet werden. Die innere Struktur des Adels ist insbesondere für die Einordnung der Zuwanderer von Bedeutung.

Hinsichtlich des Adels als Geburtsstand ist von Interesse, ob und gegebenenfalls wann er sich als solcher abschließt. Herauszufinden ist auch, für wen und unter welchen Voraussetzungen es möglich ist, in den Adel aufzusteigen, wie aus ihm auszuscheiden.

Ein weiterer zu behandelnder Aspekt sind die Gruppierungen innerhalb des Adels, wobei es sich um Gefolgschaften, politische Interessengemeinschaften 'staatstragender' oder oppositioneller Art sowie Freundeskreise handeln kann. Sie sind - soweit möglich - in ihrer persönlichen Zusammensetzung, ihrer zeitlichen Dauer sowie in ihren Absichten und Wirkungen zu analysieren. Zu betrachten ist schließlich das Verhältnis zwischen eingesessenem und zugewandertem Adel, ob die Gruppen sich gegnerisch, konkurrierend oder freundschaftlich gegenüberstehen, ob sie Eheverbindungen miteinander eingehen, ob es zu national motivierten Spannungen oder Konflikten kommt.

Im letzten, umfangreichsten Kapitel wird die Rolle des Adels in rechtlicher, wirtschaftlicher, kirchlicher und politisch-staatlicher Hinsicht dargestellt.

Die rechtliche Stellung des Adels beruht in Schlesien auf dem polnischen Ritterrecht und dem westeuropäischen Lehensrecht. Zu klären ist, wann Ritterrecht und Lehensrecht erstmals in Schlesien in den Quellen erwähnt werden und in welcher Ausprägung. Wichtig ist die Entwicklung der Rechte bis zum Ende des 13. Jahrhunderts, wobei der Frage nachzugehen ist, ob beide Rechtsformen nebeneinander existieren oder sich miteinander und wie vermischen. Besondere Beachtung verdient das Vordringen des Lehenswesens, wobei nach den Ausstellern und der Art der Lehensurkunden zu fragen ist, schließlich auch nach dem Bestreben des Adels, Lehensgut erblich werden zu lassen.

Um zu Aussagen über die wirtschaftliche Rolle des Adels zu gelangen, ist so weit wie möglich sein Grundbesitz zu erfassen, um so das zahlenmäßige Verhältnis zwischen Großgrundbesitzern und Eigentümern von mittlerem und kleinem Grundbesitz feststellen zu können und die im Laufe der Zeit erfolgenden Veränderungen in der Besitzstruktur. Von generellem Interesse ist zudem die unterschiedliche Herkunft des Besitzes bei eingesessenem und zugewandertem Adel.

Ein weiterer Themenkomplex ist die Teilnahme des Adels an der wirtschaftlichen Entwicklung Schlesiens, d.h. vor allem seine Beteiligung an der deutschen Siedlung. Wie verhält sich der Adel hier? Wenn er sich die Vorteile der Siedlung zu Nutze macht, ist zu fragen, wie dies geschieht. Dabei ist an die Tätigkeit von Adligen als Lokatoren und an die Aus- oder Umsetzung des eigenen Besitzes zu deutschem Recht zu denken. Das dabei entstehende Spannungsverhältnis zwischen dem Adel und dem Landesherrn einerseits sowie dem Adel und den Siedlern andererseits ist näher zu untersuchen. Einzugehen ist auch auf die Vorteile, die die Aus- oder Umsetzung dem einzelnen Adligen bringt. Schließlich ist der Umfang der Siedeltätigkeit des Adels abzuschätzen.

Bei Stadtgründungen durch den Adel ist festzustellen, wie viele Städte gegründet werden und von Angehörigen welcher Familien. Zu fragen ist auch nach den rechtlichen und räumlichen Voraussetzungen für ein solches Unternehmen sowie nach der Bedeutung des Besitzes einer Stadt für einen Adligen. Wissenswert ist ebenfalls, wie sich der Landesherr gegenüber diesen Städten in der Folge verhält und ob es zu Eingriffen in Adelsbesitz bei Stadtgründungen seinerseits kommt.

Da Aus- und Umsetzungen in der Regel der Schriftform bedürfen, treten mit Zunahme der Siedeltätigkeit verstärkt Adlige als Aussteller von Urkunden in Erscheinung. Diese Ritterurkunden werden hinsichtlich ihrer Anzahl und Art genauer betrachtet zudem in bezug auf die Aussteller und deren Verwendung von Siegeln.

In seiner Beziehung zur Kirche sind innerhalb des Adels zwei Gruppen zu unterscheiden, Geistliche adliger Herkunft und weltliche Adlige. Zu klären ist, wie viele Adlige in den geistlichen Stand übertreten und aus welchen Familien sie stammen. Daraus ergibt sich der Einfluß einzelner Adelsfamilien auf bestimmte kirchliche Einrichtungen, von denen besonders das als Diözesanregierung und Bistumsverwaltung wirkende Breslauer Domkapitel von Interesse ist. Kommt es hier zu verwandtschaftlichen Gruppenbildungen oder gar zu Vetternwirtschaft? Damit verbunden ist die Frage nach den kirchlichen Karrieren der aus dem Adel stammenden Geistlichen, nach den Voraussetzungen, den Wechselwirkungen zwischen weltlicher - als Schreiber, Notar oder ähnlichem - und kirchlicher Karriere eines Geistlichen sowie nach womöglichen Ämterhäufungen. Einige Geistliche adliger Herkunft bringen es gar zur Bischofswürde, was bezüglich Bedeutung und Auswirkung auf deren Familien zu betrachten ist, vor allem wenn es sich um den Breslauer Bischofsstuhl handelt. Aufmerksamkeit zu schenken ist schließlich den Mitgliedschaften schlesischer Geistlicher adliger Abstammung in fremden kirchlichen Einrichtungen und ihren eventuellen besonderen Beziehungen zu einheimischen kirchlichen Institutionen.

Die weltlichen Herren veräußern als Grundeigentümer ihren Besitz auch an die Kirche, wobei nach den näheren Umständen zu fragen ist. Bestehenden kirchlichen Einrichtungen gewährt der Adel Hilfe und Schutz, was im Detail genauer untersucht werden soll, insbesondere in Hinblick auf die engeren Beziehungen zwischen einem Adligen oder einem Adelsgeschlecht und einer bestimmten kirchlichen Institution, die Zugehörigkeit zu einer Bruderschaft, die Nennung als Freund oder Wohltäter, die Aufnahme in einen Nekrolog. Wallfahrten sind hinsichtlich ihrer Motive und Ziele zu betrachten. Der Adel beteiligt sich mit der Gründung von Kirchen und Klöstern aber auch am Auf- und Ausbau der Kirchenorganisation. Hier sind die Adligen oder Adelsfamilien namhaft zu machen, sowie die von ihnen gegründeten Kirchen und Klöster zu benennen. Unter welchen Voraussetzungen sind solche Gründungen überhaupt möglich, welche Vorteile bringen sie dem Adel und wie verhält sich die Kirche dazu?

Die staatlich-politische Rolle des Adels wird vor allem in vier Bereichen deutlich: in der Bezeugung herzoglicher Urkunden, in der Bekleidung von Landes- und Hofämtern, im Part der Barone und im Wirken des Adels als Opposition. Zu klären ist, wann und in welchem Umfang Adlige als Zeugen in Herzogsurkunden genannt werden und welche Bedeutung ihre Zeugenschaft hat. Unter den adligen Zeugen dürften die Beamten vorherrschen, deren Anteil genauer zu bestimmen ist. Schließlich wird es bei Herrscherwechsel und Landesteilung zu näher zu erfassenden Veränderungen im Bereich der adligen Zeugen kommen.

Die Ämter sind zunächst - soweit möglich - in Landes- und Hofämter zu unterscheiden und in ihrem Rang untereinander zu bestimmen. Sodann werden die einzelnen Ämter in ihrer historischen Entwicklung und in ihren Funktionen vorgestellt sowie die jeweiligen Amtsinhaber - nach Herzogtümern gruppiert - aufgeführt. Diese Listen bilden die Grundlage zur Beantwortung verschiedener Fragen. So gilt es festzustellen, wie viele Adlige überhaupt ein Amt bekleiden, wie groß dabei der Anteil der Zuwanderer ist und in welchen schlesischen Fürstentümern die Zuwanderer in welche Positionen gelangen. Auf den einzelnen Adligen bezogen ist zu ermitteln, welche Voraussetzungen er zur Berufung in ein Amt erfüllen muß, wie er berufen und abberufen wird, wie viele Ämter er bekleidet und wie lange. Sind bestimmte Ämter bestimmten Adligen oder Adelsfamilien vorbehalten und gibt es eine Ämterlaufbahn? Zu klären ist, ob alle Ämter auch tatsächlich ausgeübt werden oder ob es sich zumindest bei einigen um Titularämter handelt. Auch für die einzelnen Herzogtümer sind die Ämter zu betrachten, wann sie erstmals, wann zum letzten Mal erwähnt werden, ob alle Ämter besetzt werden und dies durchgängig oder mit zeitlichen Unterbrechungen. Die Gesamtheit der Amtsträger bildet den 'Hofstaat', der in jedem Herzogtum vorhanden sein müßte. Hier interessieren vor allem Umfang und Zusammensetzung sowie Veränderungen bei Herrscherwechseln.

Die Barone werden in den Urkunden recht häufig genannt, und zwar vornehmlich als Gruppe. Es ist daher zunächst zu klären, ob ihnen als Einzelpersönlichkeiten oder als Gruppe eine politisch-staatliche Bedeutung zukommt. Ihre diesbezügliche Rolle ist sodann näher zu untersuchen, vor allem hinsichtlich ihrer Kompetenzen und Funktionen. Dabei geht es in erster Linie um das Verhältnis der Barone zum Landesherrn, aber auch um eine mögliche Mittlerstellung zwischen Landesherr und Adel.

Das oppositionelle Verhalten des Adels ist nach dem Grad seiner Beteiligung und den Formen des Widerstandes zu unterscheiden. Zu fragen ist nach den Gründen, Zielen und Ergebnissen adliger Opposition sowie nach den überregionalen Grundbedingungen.

Neben diesen thematischen Zielen wird mit der vorliegenden Arbeit die Absicht verfolgt, eine Lücke in der bisherigen deutschsprachigen, auf Schlesien bezogenen Historiographie zu schließen. Zudem sollen spekulative genealogische Folgerungen auf das quellenmäßig Gesicherte zurückgeführt und die Ergebnisse Cetwińskis bezüglich des schlesischen Adels überprüft beziehungsweise korrigiert werden[33].

---

33) Aus diesem Grunde wurden zuerst Quellen und Literatur ausgewertet und die im Laufe der Untersuchung gewonnenen Ergebnisse erst in den jeweiligen Zusammenfassungen den Resultaten Cetwińskis gegenübergestellt.

I.5. Bisherige Forschungen zum Thema

Beiträge zur Kenntnis über den mittelalterlichen Adel Schlesiens bieten in erster Linie landesgeschichtliche Werke, ferner Untersuchungen über den polnischen Adel im Mittelalter, da Schlesien zur Zeit der Ausbildung seiner frühen Gesellschaftsstruktur zu Polen gehörte. Wenig beigetragen hat dagegen die Forschung über den mittelalterlichen deutschen beziehungsweise böhmischen Adel. Dies gilt insbesondere für die Zeitspanne bis zum Ende des 13. Jahrhunderts. Hinsichtlich Böhmens ist dies verständlich, wenden sich doch die schlesischen Fürstentümer politisch erst seit dem Ausgang des 13. Jahrhunderts nach und nach dem Königreich Böhmen zu. Die Forschungen über den deutschen Adel des Hochmittelalters sind dagegen unergiebiger, als dies für eine Region zu erwarten ist, die sich gerade im 13. Jahrhundert so stark an deutschen Verhältnissen orientiert und schließlich deutschen Charakter annimmt.

Gesamtdarstellungen zur Geschichte des mittelalterlichen Adels Schlesiens in Form von Monographien[34] oder umfangreicheren Aufsätzen fehlen bis heute. Mitbehandelt wird dieser Themenbereich freilich in den großen Übersichtswerken wie etwa der 'Geschichte Schlesiens', deren erster, bis 1526 reichender Band 1938 erstmals erschien. Der Adel wird dabei nicht selbständig, sondern im Zusammenhang vor allem mit der Verfassung durch Heinrich von Loesch und mit der Wirtschaft durch Hermann Aubin behandelt. Ihre Aussagen beruhen vor allem auf eigenen Beobachtungen an den Quellen sowie auf der Literatur zu Einzelaspekten des Themas, erweisen sich aber im großen und ganzen als erstaunlich zutreffend. Darstellungen solcher Art, die mehr einen Eindruck als abgesicherte Erkenntnisse wiedergeben[35], entsprechen allerdings nicht streng wissenschaftlichen Forderungen.

Die beschriebene Situation galt bis 1980 auch für den hier interessierenden Zeitraum. Im genannten Jahr erschien dann als erste umfassende Arbeit über den schlesischen Adel bis zum Ende des 13. Jahrhunderts die Dissertation von Marek Cetwiński, die jedoch zum Teil heftig kritisiert wurde[36]. Cetwińskis Untersuchung ist bis heute die einzige ihrer Art geblieben. Daß das Thema bisher in seiner Gesamtheit gerade für die Zeit bis zum Ende des 13. Jahrhunderts nicht aufgenommen wurde, ist um so erstaunlicher, als gerade das 13. Jahrhundert mit der deutschen Besiedlung des Landes das am besten erforschte der mittelalterlichen Ge-

---

34) Nicht berücksichtigt wird hier die nicht wissenschaftliche, in der Reihe „Schlesische Historische Bibliothek für Jugendliche" erschienene, 46 Seiten umfassende Arbeit von GUMOWSKI, Rycerstwo.
35) In etwa gilt dies auch für die aus der Anfangszeit der kritischen schlesischen Landesgeschichtsschreibung - aus den Jahren 1810 und 1841 - stammenden Beiträge von Bandtke über die gräfliche Würde in Schlesien sowie von Stenzel über den polnischen Adel Schlesiens und über das Ritterrecht in Schlesien.
36) Vgl. S. 59-61.

schichte Schlesiens ist. Die wichtigsten Quellen, nämlich die Urkunden, liegen jedenfalls seit 1886 in hinreichend aufbereiteter Weise in den 'Schlesischen Regesten' vor.

Die Erforschung des mittelalterlichen schlesischen Adels bis zum Ende des 13. Jahrhunderts erfolgte also bisher nicht in seiner Gesamtheit, wohl aber in verschiedenen thematischen Einzelbereichen[37]. Im Vordergrund stand dabei ganz eindeutig das genealogisch-biographische Interesse.

Mit der Genealogie oberlausitzer Adelsgeschlechter befaßte sich in der zweiten Hälfte des 19. Jahrhunderts[38] Hermann Knothe, wobei er in einigen Fällen - wie den Kamenz und Schaff[39] - auch die schlesischen Zweige dieser Familien mitbehandelte. Er lieferte somit die ersten wissenschaftlichen Beiträge zu familiären Verbindungen schlesischer Adelsfamilien. Auch in der zeitlich folgenden Arbeit, Hermann Größlers Aufsatz über die Hakeborn von 1890[40], geht es in erster Linie um ein auswärtiges Geschlecht, doch werden auch die nach Schlesien ausgewanderten Angehörigen berücksichtigt. Das Augenmerk der schlesischen wissenschaftlichen Genealogie hatte bis dahin ausschließlich den schlesischen Piasten gegolten. Erst 1891 erschien die erste Arbeit eines schlesischen Landeshistorikers über ein eingesessenes und zudem bedeutendes Adelsgeschlecht, nämlich die Würben[41]. Bei diesem Zeitschriftenaufsatz von Konrad Wutke handelt es sich bezeichnenderweise nicht um eine rein genealogische, sondern um eine landeskundliche Arbeit, werden in ihr doch die Geschichte des Ortes Würben und der aus ihm stammenden und sich nach ihm nennenden Familie dargestellt. Primär um familienkundliche Werke, jedoch wissenschaftlicher Art, handelt es sich bei den vornehmlich bis zum Ersten Weltkrieg veröffentlichten großen Familiengeschichten einzelner bedeutender schlesischer Adelsgeschlechter[42], die häufig von diesen selbst finanziert wurden. Zu diesem Typus sind auch die erst später herausgegebenen Monographien über die Familien Zedlitz und Mosch zu zählen[43]. Bis zum Jahre 1930 sind es ganz überwiegend Wissenschaftler, die unter besitzgeschichtlichem und genealogischem Aspekt Adelsfamilien wie die Schaffgotsch und die Gallici untersuchen sowie Abstammung und Verwandtschaft der Breslauer Bischö-

---

37) Im Folgenden wird ein nur grober und nicht auf Vollständigkeit zielender Überblick zu den einzelnen Themenbereichen gegeben. Ein wissenschaftshistorischer Abriß des Forschungsganges zu den einzelnen Themen ist nicht beabsichtigt.
38) Bei den in Anm. 39 bis 98 genannten Titeln werden die Erscheinungsdaten in Klammern beigefügt.
39) KNOTHE, Kamenz (1866); KNOTHE, Schaff (1867/8).
40) GRÖSSLER (1890).
41) WUTKE, Würben (1891).
42) WEIGELT, Hochberg (1896); SCHWEINICHEN (1904); UNRUH, Unrugher (1906); HAUGWITZ (1910); HIRTZ, Biberstein (1911).
43) ZEDLITZ (1938); MOSCH (1981, 1986).

fe Thomas I. und Thomas II. sowie Peter [11] Wlasts[44]. Polnischerseits wurden zu dieser Zeit in Posen und Lemberg ganze Geschlechter mit ihren landschaftlichen Zweigen erforscht, darunter - für Schlesien relevant - die Awdańce, Łabędzie (Schwäne), Wisenburg und - erst nach Kriegsende publiziert - die Füllstein[45]. Einen ideologisch bedingten Aufschwung erlebten Genealogie und Familienforschung während der Zeit des Nationalsozialismus, allerdings mit der Folge, daß sich nun viele nicht berufsmäßig wissenschaftlich Tätige entsprechender Themen annahmen. Dies gilt bezüglich Schlesiens für den Lehrer Karl Eistert und den Geistlichen Adolph Moepert, die - wissenschaftlich häufig nicht einwandfrei - in kühnen Hypothesen verwandtschaftliche Verbindungen und besitzgeschichtliche Zusammenhänge konstruieren, sei es für die Swab oder Tschammer oder einzelne Personen und ihren familiären Umkreis[46]. Eistert kommt immerhin das Verdienst zu, das Verhältnis des einzelnen Adligen beziehungsweise seiner Familie zur Kirche thematisiert zu haben, wogegen Moepert in besonderem Maße sprachwissenschaftlich argumentiert. Ein Aufsatz Moeperts über den Grafen Andreas Ranzki, seinen Besitz und sein Geschlecht war allerdings Anlaß für Fedor von Heydebrand und der Lasa „Die Methodik der Sippenkunde als Hilfswissenschaft der schlesischen Geschichtsforschung im 13. Jahrhundert, erläutert an den schlesischen Geschlechtern Odrowons, Zaremba und Nałęcz-Jelen"[47] darzustellen. Jedoch neigt auch Heydebrand in seinen Arbeiten zu vagen Kombinationen und zahlreichen 'vergleichenden Schlüssen'; als Verfechter der Warägertheorie dürfte er zudem dem Gedankengut der Zeit allzu nahegestanden haben[48]. Auch nach dem Ende des Zweiten Weltkrieges hielt sich die historische Wissenschaft weitgehend von der Genealogie zurück; Amateure beherrschten bis in die Mitte der 80er Jahre das Feld. Mit Schwerpunkt in den 60er Jahren veröffentlichten sie Aufsätze über Peter [11] Wlast und seine Familie, über die Schaffgotsch, Würben, Swab, Pogarell, Tschammer, Stosch, Gallici und Gerlachsheim sowie über den Ritter Poduska und seine Verwandtschaft[49]. In ernstzunehmenden genealogischen Arbeiten wurden die Hakeborn und Würben behandelt[50]. Seitens der Wissenschaft liefertern nur pol-

---

44) NENTWIG, Schaffgotsch (1908/10); SEYDLITZ-KURZBACH, Seydlitz (1912); KROLLMANN, Dohna (1914); HEYDEBRAND, Herkunft (1917); PFITZNER, Abstammung (1926); WUTKE, Gallici (1927); HEYDEBRAND, Peter Wlast (1927).
45) SEMKOWICZ (1917/19); FRIEDBERG (1924/25); POLACZKÓWNA (1924/25); ŁASZCZYŃSKA (1948).
46) EISTERT, Heinrich v. Steine (1938); EISTERT, Czambor (1939); MOEPERT, Andreas Ranzki (1940); MOEPERT, Willcho (1941); EISTERT, Ohlau (1942).
47) HEYDEBRAND, Sippenkunde (1941).
48) Vermutet werden kann dies auf Grund seiner Aufsätze „Peter Wlast" und vor allem dem ersten Teil von „Uradel".
49) EISTERT, Peter Wlast (1955); WITZENDORFF, Schaffgotsch (1959); RADLER, Würben (1959/60); DOBBERTIN, Ritterfamilie Svaf (1961); EISTERT, Beiträge [Pogarell] (1962); WITZENDORFF, Tschammer und Stosch (1963); EISTERT, Poduska (1964); DOBBERTIN, Walter [Gallici] (1969); GIRKE [Gerlachsheim] (1983).
50) BERG [Hakeborn] (1949/50); IGÀLFFY VON IGÀLY [Würben] (1955/60).

nischsprachige Autoren einschlägige Beiträge, und zwar über die Schweinichen, das Geschlecht des Peter [11] Wlast, die Pannwitz und zuletzt - in Form einer Dissertation - über die Würben[51]. Polnischerseits setzt Ende der 80er Jahre ein verstärktes Interesse an der Genealogie schlesischer Adelsgeschlechter ein. Insgesamt gilt, daß die Zahl der rein genealogischen Veröffentlichungen gering ist; vornehmlich wird genealogisch-besitzgeschichtlich gearbeitet.

Das biographische Interesse konzentrierte sich auf einige wenige schlesische oder mit Schlesien in Verbindung stehende Adlige. Die Anfänge liegen auch hier außerhalb Schlesiens, diesmal bei der sudetendeutschen Geschichtsschreibung. Von 1904 bis 1908 veröffentlichte Max Eisler einen umfangreichen, sechsteiligen Aufsatz über Bruno von Schauenburg, 1245 bis 1281 Bischof von Olmütz, dessen Wirken sich auch auf Schlesien, vornehmlich den przemyslidischen Teil, erstreckte[52]. Zuletzt wurde Bruno als Kolonisator und Staatsmann behandelt[53]. Reichlich Stoff für Interpretationen und Vermutungen geben die Quellen zum Leben des Peter [11] Wlast, der interessantesten Figur Schlesiens im 12. Jahrhundert. Seit 1926 befassen sich deutsch- und polnischsprachige Autoren in Aufsätzen und Monographien besonders intensiv mit dieser Person, ihrem Schicksal und ihrer Zeit[54]. Bezüglich der Herkunft des Peter [11] Wlast gelangte Friedrich Reiche 1926 zu der Auffassung, daß er kleinrussischer Herkunft und skandinavischer Abstammung sei; Marek Cetwiński hält ihn - nicht unumstritten - für einen Sohn des Fürsten Svjatoslav Davidovič von Černigov. Die beste Übersicht über die Quellen zu Peter [11] Wlast und eine gute Zusammenfassung des damaligen Forschungsstandes bietet Eberhard Richtsteig in einer mehrteiligen Abhandlung. Gegenstand häufiger Verwechslung sind immer wieder die verschiedenen Personen namens Jaxa, obwohl Herbert Ludat 1936 in einem guten Forschungsüberblick die Auffassung bestätigte, daß die Jaxas selbst der polnischen Quellen nicht miteinander gleichgesetzt werden können, der Schwiegersohn des Peter [11] Wlast also nicht mit Jaxa von Köpenick identisch ist[55]. Mit dem zweiten Jaxa der schlesischen Quellen, dem Breslauer Kastellan Jaxa von Schnellewalde, befaßte sich jüngst Błażej Śliwiński, wobei er auf dessen Karriere und Herkunft einging[56]. Ähnliches gilt auch für die

---

51) GRYDNYK-PRZONDO [Schweinichen] (1967); BIENIAK, Piotr Włostowic (1990); JUREK, Rodzina von Pannewitz (1990); JUREK, Die Familie von Pannewitz (1992); TARNAS-TOMCZYK [Würben] (1993).
52) EISLER, Bruno von Schauenburg (1904-1908).
53) HEINISCH (1979).
54) MOSBACH (1864/65); REICHE, Peter Wlast (1926); HEYDEBRAND, Peter Wlast (1927); UHTENWOLDT, Breslau (1936); MOEPERT, Peter Wlast (1939); UHTENWOLDT, Peter Wlast (1940); PLEZIA (1947); RICHTSTEIG, Peter Wlast (1960-1962); RADLER, Peter Wlast (1963); BIENIEK (1965); CETWIŃSKI, Piotr Włostowic (1974).
55) LUDAT (1936).
56) ŚLIWIŃSKI (1989).

Arbeiten über den Liegnitzer Diakon Heinrich von Steine[57], den Ritter Czambor[58], den Lebuser Bischof Wilhelm[59] und den Ritter Poduska[60]. Ebenfalls biographisch angelegt ist die Untersuchung Paul Pfotenhauers über die fünfzig als Bürgen genannten Ritter im Sühnevertrag Herzog Heinrichs V. von Liegnitz-Breslau[61].

Die Stellung des Adels im Verfassungs- und Verwaltungsaufbau Schlesiens geht in die Zeiten des polnischen Gesamtstaates zurück. Die unterschiedlichen Lehrmeinungen bis 1910 zu Herkunft, Entstehung und Lage des Adels in Polen stellt Stefan Ehrenkreutz in seiner Leipziger Dissertation dar[62]. Verschiedene seiner Ansichten, etwa zur Art des Grundbesitzes und der Beziehungen zum Landesherrn, gelten heute als nicht mehr zutreffend. Die herrschende Meinung gibt Michał Sczaniecki wieder, wenn er ausführt, daß der polnische Adel des Mittelalters im Grundsatz kein Lehensgut, keine Vasallität und keine Feudalhierarchie kannte; seinen Grund und Boden besaß er als Allod zu Erbrecht[63]. Aspekte des Lehenswesens wurden von außen in die Randgebiete der Polonia, unter anderem nach Schlesien, hereingetragen. Unter diesen Umständen ist es notwendig, die verschiedenen Titel - comes, baro, miles - der Adligen zu erklären. Hier versuchten sich bereits 1810 Georg Samuel Bandtke für Schlesien[64], dann Anna Rutkowska-Płachcińska und Ambroży Bogucki über den comes-Titel im mittelalterlichen Polen[65] sowie letzterer auch über die Bezeichnung 'miles' in schlesischen Quellen des 13. und 14. Jahrhunderts[66]. Recht früh erregte das Amt des Kastellans und seiner Inhaber prosopographisches Interesse[67], erst später ging es dann um die Kastellaneiverfassung und die Aufgaben des Kastellans überhaupt[68]. Schon zuvor wurde die Rolle des Adels in Verwaltung und Verfassung des Breslauer Bistumslandes durch Josef Pfitzner untersucht[69], doch nimmt dieser Herrschaftsbereich auf Grund seines fortgeschrittenen Entwicklungsstandes und seiner intensiveren Herrschaftsdurchdringung eine Ausnahmestellung unter den schlesischen Fürstentümern ein. Auf ganz Schlesien bezogen, aber auf den Zeitraum bis 1241 beschränkt, ist die 1970 verfaßte Dissertation von Renate Rausch[70]. Sie bestimmt die verfassungsgeschichtliche Stellung des schlesischen Adels an Hand seines Ursprungs, des Rit-

---

57) EISTERT, Heinrich v. Steine (1938).
58) EISTERT, Czambor (1939).
59) MÜLLER, Mag. Wilhelm (1950).
60) EISTERT, Poduska (1964).
61) PFOTENHAUER (1882).
62) EHRENKREUTZ (1911).
63) SCZANIECKI, Origines (1977).
64) BANDTKE (1810).
65) RUTKOWSKA (1950); BOGUCKI, Komes (1971).
66) BOGUCKI, Miles, (1981).
67) NEULING, Kastellaneien bis 1250 (1870); NEULING, Kastellaneien von 1251 (1878).
68) UHTENWOLDT, Burgverfassung (1938).
69) PFITZNER (1926).
70) RAUSCH (1970).

terrechts und seiner sozialen Gliederung sowie der Aufgaben der von den Adligen bekleideten Hof- und Staatsämter und der daraus resultierenden Amtskompetenzen. Dabei ergibt sich für diese Zeit, wie zu erwarten, eine starke polnische Prägung. Rauschs Arbeit ist nahezu unbekannt und wurde bisher von der Wissenschaft auch kaum zur Kenntnis genommen, da sie nur in maschinenschriftlicher Form vorliegt. Ämter und Beamte im Schlesien des 13. Jahrhunderts waren das Thema zweier fast gleichzeitig erscheinender Aufsätze von Jerzy Mularczyk und Ambroży Bogucki[71]. Letzterer unterscheidet zwei Gruppen von Ämtern, die Landesämter als höhere und die Hofämter als niedere Positionen, und dementsprechend zwei Gruppen von Beamten. In den Hofämtern sieht er Titularwürden; die tatsächliche Arbeit wurde von Unterbeamten ausgeführt. Mularczyks Hauptergebnis besagte, daß Ämter geteilt aber auch vereinigt werden könnten und daß es möglich sei, mehrere Ämter gleichzeitig und in verschiedenen Fürstentümern zu bekleiden. In einer Gegendarstellung widerlegte Bogucki[72] die Ansichten Mularczyks, der zu viele verschiedene Personen für identisch erachtete. Einem einzelnen Amt, dem des Kämmerers, wandte sich Bogucki in einer weiteren Arbeit[73] besonders zu, wobei er die verschiedenen Bedeutungsinhalte dieser Bezeichnung treffend herausarbeitete.

Unter dem Begriff 'Ritterrecht' (ius militare) werden die verschiedenen Vorrechte des mittelalterlichen polnischen Adels zusammengefaßt. Bereits 1841 beschäftigte sich Gustav Adolph Harald Stenzel mit einem von ihnen, der freien Zehntleistung in Schlesien[74]. Die grundlegende und bis heute nicht überholte Darstellung des gesamten Ritterrechts verfaßte 1928 Zygmunt Wojciechowski. Zwei Jahre später erschien die deutsche Übersetzung[75], die Heinrich Felix Schmid in einer umfangreichen Rezension vorstellte und auf Grund seiner eigenen Forschungen bestätigte[76]. Das Thema gilt seitdem als nahezu abgeschlossen.

Das Verhältnis Adel - Kirche wurde bisher hauptsächlich unter den Aspekten Patronatswesen und ständische Repräsentanz betrachtet. Die Untersuchungen gingen dabei stets von kirchengeschichtlichen Fragestellungen aus. So beschäftigte sich 1926 Edmund Michael mit der schlesischen Kirche und ihrem Patronat im Mittelalter[77]. Für den Patronatsherrn - auch den einzelnen Adligen - ergeben sich Pflichten und Rechte, aber auch Vorteile vor allem wirtschaftlicher Art aus dem Kirchenpatronat. Die größten Patronatsherren sind die Herzöge und die Kirche selbst, nämlich Bischöfe und Klöster; ein Fünftel aller Kirchen steht jedoch unter 'privatgrundherrlichem', d.h. adligem Patronat. Speziell auf das Klosterpatronat

---

71) MULARCZYK, O urzędach (1983); BOGUCKI, Studia (1984).
72) BOGUCKI, O starszeństwie urzędów (1985).
73) BOGUCKI, Komornik (1985).
74) STENZEL, Ritterrecht (1841).
75) WOJCIECHOWSKI (1930).
76) SCHMID, Rez. (1933).
77) MICHAEL (1926).

ging 1939 Heinrich Appelt ein[78]. Grundsätzlich übte es der Landesherr aus, doch reduzierte es sich bei adligen Klostergründungen auf eine Art 'Oberpatronat'. Jerzy Mularczyk interessierte sich besonders für den Übergang vom Eigenkirchenwesen zum Patronatsrecht, den die Kirche in Schlesien nach seinen Ausführungen im 13. Jahrhundert zwar theoretisch-terminologisch, nicht aber in der Praxis durchsetzen konnte[79]. - Die Untersuchungen zur ständischen Zusammensetzung kirchlicher Einrichtungen gehen im Wesentlichen auf Leo Santifaller und seine Schüler zurück, die er in den 30er Jahren zu entsprechenden Seminar- und Staatsexamensarbeiten sowie Dissertationen anregte. Demnach gelten zumindest bis Ende des 13. Jahrhunderts das Breslauer Kreuzstift[80], das Breslauer Klarenstift[81] und das Domkapitel[82] als adlig. Ansonsten war die Zusammensetzung der Geistlichkeit Schlesiens gemeinständisch, wie Santifaller in einem auch die unveröffentlichten Arbeiten auswertenden, zusammenfassenden Aufsatz feststellte[83].

Nahezu unerforscht ist noch das städtische Patriziat im mittelalterlichen Schlesien. Eine bemerkenswerte Ausnahme stellt hier die 1929 erschienene, umfangreiche Arbeit von Gerhard Pfeiffer über das Breslauer Patriziat im Mittelalter dar[84]. In ihr wird festgestellt, daß sich Adel und Patriziat, vor allem das ältere, einander als ebenbürtig erachteten[85]. Mehr genealogisch ausgerichtet und erst im 14. Jahrhundert richtig beginnend ist der Aufsatz von Rolf Neumann-Reppert über das Liegnitzer Patriziergeschlecht der Heseler[86].

Zum adligen Grundbesitz in Schlesien liegen umfassende Abhandlungen von Michał Sczaniecki und Wacław Korta vor. Für Sczaniecki geht es vor allem um die Herkunft des Besitzes, genauer um die nachweisbaren Landvergabungen an Ritter bis zum Ende des 13. Jahrhunderts[87]. Seine Arbeit bezieht sich auf die gesamte Polonia, unterscheidet jedoch in regionaler Hinsicht, so daß die schlesischen Besonderheiten - verhältnismäßig viele Vergabungen kleiner, zu erschließender Besitzungen - deutlich zutage treten. Korta dagegen klassifiziert den Grundbesitz nach seiner Größe, fragt nach der regionalen Verteilung und seiner Entwicklung bis zur Mitte des 13. Jahrhunderts[88]. Dabei zeigt sich für Schlesien ein Verschwinden des Großgrundbesitzes und ein leichter Zerfall des mittleren Grundbesitzes. Auch er

---

78) APPELT, Klosterpatronat (1939).
79) MULARCZYK, Prawo patronatu (1977).
80) KUCHENDORF (1937).
81) PIETSCH (1937).
82) SAMULSKI (1940).
83) SANTIFALLER (1938), bes. S. 411.
84) PFEIFFER (1929).
85) PFEIFFER, S. 249f., 308, 321.
86) NEUMANN-REPPERT (1939).
87) SCZANIECKI, Nadania ziemi (1938).
88) KORTA, Wielka własność w Polsce (1961); KORTA, Wielka własność na Śląsku (1964); KORTA, Średnia i drobna własność na Śląsku (1964).

vergleicht Lage und Entwicklung des Grundbesitzes in Schlesien mit jenem in den anderen Teilgebieten der Polonia und stellt ebenfalls gewisse Eigenheiten fest. Sehr skeptisch ist dagegen der mehr sprachwissenschaftliche Aufsatz von Adolf Moepert über deutsche Grundbesitzer im Schlesien des 12. Jahrhunderts zu betrachten[89], dessen Resultate wohl kaum zutreffen.

Die Besiedlung Schlesiens ist häufig Gegenstand wissenschaftlicher Publikationen gewesen, ohne daß man sich jedoch speziell der Rolle des Adels dabei, sei es als Beförderer der Besiedlung, sei es als Besitzer des zu besiedelnden Bodens, angenommen hätte. Eine Ausnahme stellen hier verschiedene Arbeiten Walter Kuhns dar, vor allem jene, die die Besiedlung eines eng umgrenzten Raumes zum Thema haben[90]. Aus ihnen ergibt sich allgemein, daß der Anteil des Adels am Landesausbau größer zu sein scheint als aus den Urkunden ersichtlich. Besonders deutlich zeigt dies die mustergültige Studie Kuhns über die Aufsiedlung des Gebietes um den Grenzort Schnellewalde. Kuhn lieferte mit seiner Untersuchung der Städtegründungspolitik der schlesischen Piasten im 13. Jahrhundert[91] aber auch - gleichsam nebenbei - die grundlegende Arbeit zu den Stadtgründungen des Adels in diesem Zeitraum. Dabei stellte er ebenfalls die Eingriffe des Landesherrn in die Rechte und in den Grundbesitz von Adligen dar, die diese bei der Gründung von Städten durch den Herzog hinnehmen mußten.

Die personale Zusammensetzung einiger schlesischer Herzogshöfe war Gegenstand verschiedener polnischer Arbeiten der 70er und 80er Jahre. Grundlage hierzu waren die Zeugenlisten in den Urkunden, die Elżbieta Ligęza in ihrer unveröffentlichten Abhandlung für den Hof Herzog Heinrichs IV. von Breslau, Anna Doroszewska für jenen Herzog Heinrichs I. von Schlesien und Idzi Panic für die Ratiborer Umgebung Herzog Wladislaus' I. von Oppeln auswerteten[92]. Je nach Quellenlage sind die Arbeiten in ihren Ergebnissen sehr unterschiedlich; für das Mittelalter haben sie keine Fortsetzung gefunden.

Die Rolle des Adels als Opposition fand bisher nur wenig Beachtung. Lediglich die beiden Empörungen von 1266 und 1277 gegen die Breslauer Herzöge wurden untersucht, und zwar von Elżbieta Ligęza und Jerzy Mularczyk[93]. Behandelt wurde damit eine extreme Form von Widerstand, nicht jedoch die legale, im Rahmen der Landesverfassung mögliche Opposition.

Die sich im Rahmen der deutschen Ostsiedlung ergebenden Beziehungen verschiedener westdeutscher Regionen zu Schlesien - vor allem personaler, aber auch ortsnamenkundlicher Art - stehen schließlich im Vordergrund weiterer Ansätze.

---

89) MOEPERT, Grundbesitzer (1940).
90) KUHN, Frankenstein (1973); KUHN, Siedlung im Bistumsland (1975); KUHN, Notar Arnold (1976); KUHN, Lokation von Oppeln (1977); KUHN, Schnellewalde (1982).
91) KUHN, Städtegründungspolitik (1971/74).
92) LIGĘZA, Dwór (1975); DOROSZEWSKA (1978); PANIC, Raciborskie otoczenie (1984); PANIC, Lista świadków (1987).
93) LIGĘZA (1976); MULARCZYK, Dwa bunty (1978).

Schon 1938 suchte Wolfgang Jungandreas nach westdeutschen Zeugnissen für oberschlesische Adlige des 13. Jahrhunderts[94], doch ist dies eher eine Fragestellung der Nachkriegszeit. August Müller etwa gelangte als Flüchtling in den Rheingau und traf in dessen weiterer Umgebung, am Mittelrhein und in Mainfranken, auf mehrere ihm aus Schlesien bekannte Namen von Adelsfamilien, als deren ursprüngliche Heimat er nun diese Gebiete ansah[95]. Seriöser sind die Arbeiten zur mittelalterlichen Übertragung westdeutscher Ortsnamen in die östlichen Siedlungsgebiete von Arthur Zobel und Hans Dobbertin[96]. Letzterer widmete sich hauptsächlich den Beziehungen zwischen Schlesien und Niedersachsen, besonders Hildesheim, von wo Angehörige der Familie der Gallici nach Schlesien ausgewandert sein sollen; den umgekehrten Weg wären die Swab gegangen[97].

Die gebotene Übersicht zeigt, daß zu zahlreichen Teilaspekten des Themas Untersuchungen vorliegen, es an einer Gesamtdarstellung jedoch bislang fehlte. Diese legte - um eigene Forschungsergebnisse erweitert, jedoch auf den weltlichen Teil des Adels reduziert - Marek Cetwiński in seiner 1977 an der Breslauer Universität verteidigten Dissertation über die schlesische Ritterschaft bis zum Ausgang des 13. Jahrhunderts vor[98]. Publiziert wurde die Arbeit 1980 und 1982 in zwei Teilbänden, einem Darstellungsband und einem mit 'Biogramme und Stammtafeln' betitelten Personenverzeichnis.

Auf Grundlage der ihm zur Verfügung stehenden Quellen identifizierte Cetwiński zunächst die einzelnen Adligen. In jeweils eigenen, als 'Biogramme' bezeichneten Personenartikeln trug er alle Erwähnungen eines Ritters in den Quellen zusammen und ergänzte dieses Material um entsprechende personenbezogene Angaben aus der Literatur. Dabei legte er drei Verzeichnisse an, eines zur schlesischen Ritterschaft des 12. Jahrhunderts sowie für das 13. Jahrhundert jeweils eines für die Oppelner und die niederschlesische Ritterschaft. Die familiären Zusammenhänge der bedeutendsten Geschlechter stellte er, soweit dies die Quellen zuließen, in fünfzehn Stammtafeln dar. Beides ist in dem zweiten Teilband enthalten.

Die Identifizierung der einzelnen Personen bildet die Voraussetzung für die eigentliche Darstellung, in der Cetwiński in vier Kapiteln Herkunft, wirtschaftliche Tätigkeit, Kultur und Politik der schlesischen Ritterschaft untersucht. Im ersten Kapitel widmet er sich der ethnischen Zusammensetzung der schlesischen Ritterschaft, die zum ganz überwiegenden Teil aus Einheimischen besteht. Bei der Bestimmung der Zuwanderer verwirft er die bisherige Vornamendeutung, orientiert sich dagegen in erster Linie an den von außerschlesischen Ortsbezeichnungen ab-

---

94) JUNGANDREAS, Zeugnisse (1938).
95) MÜLLER, Westdeutsche (1949).
96) ZOBEL (1958); DOBBERTIN, Ortsnamen (1959/60).
97) DOBBERTIN, Lichtenberg (1959); DOBBERTIN, Ritterfamilie Svaf (1961); DOBBERTIN, Walter (1969).
98) CETWIŃSKI (1980/82).

geleiteten Adelsnamen. Dies führt zu der Feststellung, daß der Zuzug fremder Ritter gering ist. Doch auch für die aus der polnischen Historiographie bekannten Adelsgeschlechter findet Cetwiński in den Quellen kaum Beweise einer tatsächlichen Anwesenheit in Schlesien. Unter Rückgriff auf die Quellen, vor allem das 'Heinrichauer Gründungsbuch', deckt er jedoch auf fiktive Verwandtschaft gestützte ritterliche Gruppierungen auf, die wohl erst Anfang des 13. Jahrhunderts entstanden sein dürften. Die meisten Zuwanderer stammen aus den sorbisch-slavisch- und deutschsprechenden Gebieten Lausitz und Meißen. Die Zuwanderung wurde nicht von den Herzögen, sondern vom eingesessenen Adel gefördert, in dessen Gefolgschaft die Fremden traten. Ihr Aufstieg war ein Verdienst der Gegner der Herzöge, besonders des Bischofs von Breslau.

Den wirtschaftlichen Verhältnissen und der wirtschaftlichen Tätigkeit der Ritterschaft mißt Cetwiński entscheidende Bedeutung bei. Die ökonomische Grundlage der Ritter sieht er in deren Grundbesitz und im Verkauf des erzielten Produktionsüberschusses. Die ältesten Landgüter in ritterlichem Besitz lokalisiert Cetwiński an den wichtigen Land- und Handelswegen. Hier werden die landwirtschaftlichen Produkte verkauft, werden Erträge aus dem Besitz von Furten, Brücken und Gasthäusern sowie aus der Warenbeförderung erzielt. Die Ritter versorgen zudem die städtischen Siedlungen mit Lebensmitteln, auf die deren Bevölkerung angewiesen ist. Diese Abhängigkeit hat zur Folge, daß die Ritter die führende Gruppe in den frühstädtischen Siedlungen des 12. Jahrhunderts bilden. Mit der Gründung der zahlreichen Städte westlichen Typs steigt die Nachfrage nach landwirtschaftlichen Produkten, was in Zusammenhang mit der deutschen Besiedlung des Landes zum Entstehen großer ritterlicher Güterkomplexe in den Randgebieten Schlesiens führt. Die Güter in Stadtnähe werden dagegen in der zweiten Hälfte des 13. Jahrhunderts vom erstarkenden Bürgertum aufgekauft. Die Ritterschaft beteiligt sich an der Kolonisation neuen Bodens, den sie von den Herzögen geschenkt erhält; sie gründet auch Städte. Die Großgrundbesitzer und mittleren Grundbesitzer arbeiten nicht selbst, halten sich vielmehr an den Höfen auf, wo sie Ämter bekleiden können. Die kleinen Grundbesitzer bestellen ihr Land selbst. Sie und vor allem besitzlose Adlige bilden die Gefolgschaft der vermögenderen Grundbesitzer, wobei Gefolgsherr und Gefolgschaft sich in Abhängigkeit voneinander befinden. Die enge Verbindung der Ritterschaft mit der Wirtschaft deutet darauf hin, daß diese Schicht sich auf Grund ökonomischer Prozesse entwickelt hat. Insgesamt führt die wirtschaftliche Übermacht der Ritter nach Cetwiński zu deren politischer und rechtlicher Bevorzugung.

Die Kultur der schlesischen Ritterschaft zeigt sich vor allem im kirchlich-religiösen Bereich. So geht die Gründung mehrerer Klöster und zahlreicher Dorfkirchen auf die Ritter zurück, die auch verschiedene Ordensgemeinschaften ins Land rufen. Die Ritter nehmen an Wallfahrten teil, einzelne auch an Kreuzzügen nach Preußen und gar ins Heilige Land. Der Ritterschaft entstammen zahlreiche hohe geistliche Würdenträger, darunter mehrere Bischöfe von Breslau. Religiöse Motive finden sich auch in den mit den Turnieren in Schlesien aufkommenden Wappen der Ritter und wiederholen sich in deren Siegel. In den Vornamen der Ritter spiegeln sich schließlich häufig ritterlich-christliche Tugenden. Der Beitrag der Ritterschaft zur damaligen Kultur Schlesiens besteht somit vor allem in der Förderung und Festigung des Christentums sowie in der bewußten Hinwendung zur europäischen Kultur in ihrer deutschen Version.

Die eigentlich bestimmende politische Kraft Schlesiens im 12. und 13. Jahrhundert ist nach Ansicht Cetwińskis die Ritterschaft, allerdings nicht in ihrer Gesamtheit, sondern in wechselnden Gruppierungen. Die Gruppenbildung geht auf die Volksversammlungen des 12. Jahrhunderts zurück. Sie erlaubte den Herzögen, in gewissem Maße eigene politische Vorstellungen durchzusetzen, jedoch nicht gegen die Ritterschaft, sondern stets nur mit Teilen von ihr. Auch soll der Verwaltungsapparat weniger ein herzogliches Vollzugsorgan, eher Ausdruck einer ritterlichen Selbstverwaltung gewesen sein, zumal die Landes- und Hofämter den Rittern vorbehalten waren. In Ämterneubesetzungen werden daher Anzeichen für Machtverschiebungen innerhalb der dominierenden Rittergruppierungen gesehen. Für die innerschlesische Geschichte sollen Auseinandersetzungen rivalisierender Rittergruppierungen bestimmend gewesen sein. So wird beispielsweise die Niederlage von Wahlstatt 1241 gegen die Mongolen auf Zwistigkeiten innerhalb der Ritterschaft zurückgeführt. Eine Gruppe von Rittern soll die Kontrolle über die schlesische Kirche erlangt und das Bischofsamt nahezu erblich gemacht haben. Ihre Gegner formierten sich um die Herzöge, vor allem Heinrich IV. von Breslau, so daß auch der Konflikt zwischen den Landesherren und dem Bischof von Breslau eigentlich einer zwischen zwei Gruppen von Rittern gewesen sei. Am folgenschwersten sei die Niederlage der Partei des Simon Gallicus im Jahre 1290 gewesen, als Herzog Heinrich I. von Glogau nicht auch das Herzogtum Breslau erlangte. Dies ließ einerseits die Pläne des Glogauers zur Vereinigung Polens scheitern - weshalb Schlesien im Endeffekt außerhalb des späteren Königreichs Polen blieb - und beendete andererseits die politische Dominanz der polnisch geprägten Ritterschaft. Diese fiel nun an das Bürgertum der Städte, auf das sich die Herzöge schon früher zur Durchsetzung ihrer eigenen Politik in immer stärkerem Maße gestützt hatten. Die politische Vorherrschaft des deutschen Bürgertums soll schließlich zur 'Germanisierung' Niederschlesiens geführt haben.

Die Arbeit Cetwińskis, vor allem der zuerst erschienene Textband, ist in mehreren Rezensionen besprochen und zum Teil heftig kritisiert worden. Der zweite, mit 'Biogramme und Stammtafeln' betitelte Band wurde von Rościsław Żerelik ergänzt und korrigiert[99] sowie in den für Archäologen interessanten Aspekten von Janusz Kramarek betrachtet[100]. In einer Kurzanzeige bezeichnete ihn Vratislav Va-

---

99) Vgl. ŻERELIK.
100) Vgl. KRAMAREK, Rez.

niček auf Grund der biographischen Angaben gar als „Handbuch" des schlesischen Adels[101]. Eigentlich rezensiert oder kritisiert wurde er allerdings nicht, obwohl doch gerade bei der Identifikation von Personen in verschiedenen Urkunden die Ansichten auseinandergehen können, eine letzte Sicherheit nicht gegeben ist.

Einen größeren wissenschaftlichen Wiederhall fand dagegen der Textband. Bei den meisten Rezensionen steht die Wiedergabe des Inhalts im Vordergrund, doch wird auch bei den mehrheitlich positiven Würdigungen deutlich Kritik geübt. So wird darauf hingewiesen, daß die Arbeit zahlreiche Hypothesen[102] sowie interessante, allerdings diskussionsbedürftige Thesen[103] enthält. Unter Schlesien versteht Cetwiński die Diözese Breslau ohne Glatz und das Oppelner Land, er behandelte jedoch die im Bistum Krakau gelegenen Gebiete von Siewierz, Beuthen O.S. und Auschwitz[104] mit. Ambroży Bogucki hält die Ansicht Cetwińskis, Personen als identisch zu erachten, solange es keinen, diese Möglichkeit ausschließenden Grund gibt, für problematisch, da so der Eindruck einer sicheren statt einer wahrscheinlichen Identifikation entstehe[104]. So sei denn auch laut Tomasz Hubert Orłowski die Identifikation der bedeutenden Adligen Jaxa und Swentoslaus, letzterer Sohn des Peter [11] Wlast, fraglich[105]. Auch die Annahme der russischen Herkunft des Peter [11] Wlast steht im Gegensatz zu der hierzu am höchsten einzuschätzenden Quelle[106]. Falsch bzw. zweifelhaft seien einige Angaben zu den Landes- und Hofämtern sowie zu den Beamten[107], auch hätten die Vornamen der Adligen eine stärkere Beachtung verdient[108]. Nach Auffassung von Jacek Hertel wird das kulturelle Niveau der damaligen schlesischen Ritterschaft überschätzt[109]. Insgesamt wird Cetwiński allerdings bescheinigt, daß er seine Schlüsse sehr behutsam ziehe[110] und daß insbesondere die Bestimmung der ethnischen Zusammensetzung der schlesischen Ritterschaft sehr überzeugend - da methodisch präzise - sei[104].

Die umfassendste und seitenmäßig umfangreichste Kritik am Textband Cetwińskis stammt von Walter Kuhn[111], der seinen Rezensionsartikel jedoch auch als einen Beitrag zu der von Cetwiński gewünschten Diskussion verstanden wissen möchte. Nach einer kurzen Inhaltsangabe weist Kuhn darauf hin, daß Cetwiński veraltete Quelleneditionen - konkret nicht Band 1 und 2 des 'Schlesischen Urkun-

---

101) Vgl. VANIĆEK, Rez.
102) BARAŃSKI, Rez., S. 224.
103) ORŁOWSKI, Rez., S. 205.
104) BOGUCKI, Rez., S. 271.
105) ORŁOWSKI, Rez., S. 106-108.
106) HERTEL, Rez., S. 486.
107) BOGUCKI, Rez., S. 272-274.
108) HERTEL, Rez., S. 484f.
109) HERTEL, Rez., S. 485.
110) ORŁOWSKI, Rez., S. 104.
111) KUHN, Rez.

denbuches'[112] - benutzt habe. Im Unterschied zu bedeutenden polnischen Mediävisten bezweifelte Cetwiński die starke Machtstellung der schlesischen Herzöge, was mit dazu führe, die Rolle des schlesischen Adels zu überschätzen: Das Ausmaß seiner politischen Mitwirkung müsse Vermutung bleiben, sein Anteil an Kirchengründungen sei doch eher bescheiden, jener an Stadtgründungen einfach gering, die herzoglichen Eingriffe in Adelsbesitz in diesem Zusammenhang jedenfalls zahlreicher. Eine generelle, abwägend zu betrachtende Erscheinung sei, daß der polnischstämmige Adel eingesessen ist, mithin bereits über Grundbesitz verfügt, daher Kirchen und Klöster ausstatten sowie Siedlungsunternehmen durchführen kann, und die wichtigsten Ämter seit langem bekleidet, wohingegen die deutschen Zuwanderer erst Besitz, Stellung und Einfluß erwerben müssen.

Heftigst kritisiert Kuhn die von Cetwiński angeführten Zahlen der deutschen Zuwanderer (99 Personen, etwa 11 % aller Adligen). Hierzu wertet Kuhn die Urkunden Herzog Boleslaus' II. von Liegnitz im Zeitraum von 1251 bis 1260 aus und benennt 34 Deutsche aus 27 Familien, das heißt doppelt so viele Personen, wie Cetwiński bis zum Jahre 1270 insgesamt angibt. Die völlig andersartigen Angaben Cetwińskis erklärt Kuhn mit dessen Bestimmungskriterien: So reicht nach Cetwiński der Vorname allein zur Feststellung der Herkunft nicht aus, werden von Ortsnamen abgeleitete Familiennamen nur dann anerkannt, wenn es keine gleichnamigen Orte in Schlesien gibt, gelten aus den böhmischen Ländern Ausgewanderte ausnahmslos als Tschechen und werden alle jene Adligen aus der Gesamtbetrachtung ausgeschlossen, die in den schlesischen Quellen nur einmal genannt werden, sich in Schlesien nicht länger nachweisbar aufhalten oder nicht als Grundbesitzer ebenda belegt sind. Dies alles reiche jedoch nicht aus, um die Abweichungen Cetwińskis von den Quellen zu erklären - zumal Kuhn nahezu stets schlagende Gegenbeispiele anführt -, so daß Kuhn Cetwiński letztlich eine „ungenaue Benutzung der Quellen" vorwirft.

Marek Cetwiński ist in einem Aufsatz auf die Kritik Kuhns eingegangen[113], ohne sie jedoch nach Meinung des Rezensenten zu entkräften[114]. In verschiedenen Beiträgen populärer und wissenschaftlicher Art hat er seine Ergebnisse bekannt gemacht und seine Studien in Einzelbereichen fortgeführt[115], ohne daß sich jedoch an seinen Grundaussagen etwas geändert hätte.

Für die vorliegende Untersuchung wird die Kritik an der Arbeit Cetwińskis weitestgehend - sofern sie berechtigt erscheint - berücksichtigt. Insbesondere gilt dies hinsichtlich der Quellen. So wird bei den Urkunden, der umfangreichsten und

---

112) Bd.1 des 'Schlesischen Urkundenbuches' erschien 1971, Bd.2 im Jahre 1977. Cetwiński verteidigte seine Dissertation im Oktober 1977, gedruckt lag der Textband 1980 vor.
113) CETWIŃSKI, Polak Albert.
114) BENL, S. 401f.
115) CETWIŃSKI, Żywoty świętych; CETWIŃSKI, Pochodzenie etniczne; CETWIŃSKI, Rycerstwo śląskie; CETWIŃSKI, Kasztelanowie.

ergiebigsten Quellengruppe, das nach modernen quellenkritischen Gesichtspunkten erarbeitete 'Schlesische Urkundenbuch' zugrundegelegt. Im Unterschied zu den 'Schlesischen Regesten', die die Urkunden im wesentlichen nur zusammenfassend ihrem Inhalt nach wiedergeben, ist somit die Heranziehung des vollständigen und gesicherten Quellentextes möglich. Ferner wird kein in den Quellen genannter Adliger von der Betrachtung ausgeschlossen, und bei der Identifizierung der Personen wird mit größerer Zurückhaltung vorgegangen, auch auf die Gefahr hin, 'eine Existenz zuviel' zu schaffen. Da Cetwiński eine „ungenaue Benutzung der Quellen"[116] vorgeworfen wird, werden seine Ergebnisse erst nach Gewinnung eigener Resultate - vorwiegend aus den Quellen - mit diesen in den Zusammenfassungen verglichen. So dürfte ein zutreffenderes Bild der schlesischen Adelsgesellschaft bis zum Ende des 13. Jahrhunderts entstehen.

---

116) KUHN, Rez., S. 412.

II. Die Herkunft des schlesischen Adels

II.1. Kriterien zur Herkunftsbestimmung

Um zu Aussagen über die Herkunft des schlesischen Adels zu gelangen, bedarf es einiger Anhaltspunkte, die Rückschlüsse zu dieser Frage zulassen. Bisher sah man in den Vornamen der einzelnen Adligen ein mehr oder minder verläßliches Herkunftskriterium, ohne daß die Wissenschaft jedoch zu einhelligen Aussagen gelangt wäre. Der größte Teil der Vornamen ist nämlich christlichen Ursprungs und erlaubt somit keine Rückschlüsse. Eine zusätzliche Erschwerung liegt dann vor, wenn sowohl ein deutscher als auch ein polnischer Vorname für ein und dieselbe Person in den Urkunden gebraucht wird[1]. Der verbleibende Rest typisch polnischer oder deutscher Vornamen ist zu gering, um zu allgemeinen Aussagen zu berechtigen. Des weiteren ändern sich die Vornamen zum Teil in den verschiedenen Generationen derselben Familie[2] und es können selbst in einer Generation deutsche und polnische Vornamen vertreten sein[3]. Dies berechtigt zu der Annahme, daß auch damals die Namensgebung modisch beeinflußt gewesen sein dürfte[4]. All dies zeigt, daß Vornamen allein nicht als Ausdruck einer ethnischen Zugehörigkeit gewertet werden können.

Nun führt eine ganze Reihe von Adligen Beinamen der unterschiedlichsten Art. So entspricht es slavischer Sitte, dem Vornamen den Vatersnamen hinzuzufügen. In den Urkunden wird jedoch schon früh die Ausdrucksweise 'Jaroslaus Yarachouich' durch die dem Lateinischen adäquatere Form 'Jaroslaus filius Yarachii' ersetzt. Dieses Kennzeichen des eingesessenen Adels kommt also nur in der Frühzeit zum Tragen. Einen recht sicheren Anhaltspunkt stellen landschaftsbezogene Beinamen, wie Bawarus, Thuringus, Bohemus etc., dar, besonders dann, wenn sie auf dazu passende Vornamen folgen. Spitznamen dagegen sind fremdbestimmt und sagen eher etwas über die menschliche Umgebung ihres Trägers als über dessen Herkunft aus. So wird zum Beispiel Albert von Tepliwoda, Sohn eines Deutschen und einer Wallonin[5], mit dem polnischen Spitznamen Lyka bedacht[6]. Spitz-

---

1) Z.B. Albert/Woytech von Schmollen.
2) Z.B. von zwei polnischen Vornamen (Sdizlaus, Streso) in der ersten zu einem christlichen (Vinzenz) in der vermutlich zweiten sowie jeweils zwei christlichen (Jakob, Peter) und polnischen Vornamen (Predslaus, Dirsco) in der vermutlich dritten Generation (vgl. Personenverzeichnis unter Sdizlaus [1]); von Peregrin zu Gebhard und Thymo von Wisenburg, auf die in der dritten Generation deutsche und polnische Vornamen folgen (vgl. Personenverzeichnis unter Wisenburg).
3) Z.B. Godislaus und sein Bruder Albrecht (vgl. Personenverzeichnis unter Godislaus); Bronislaus und seine Brüder Nikolaus und Theoderich (vgl. Personenverzeichnis unter Bronislaus [3]); Adam von Jassonas Söhne Adeko, Gotthard, Pridewoyus, Theoderich und Heinrich.
4) Dieser Meinung ist auch CETWIŃSKI, Bd. I, S. 22.
5) GB, S. 260.
6) GB, S. 256.

namen können aber auch 'erheiratet' werden, wie das Beispiel des Peter Kotchowiz[7] zeigt. Peter heiratete Pauline, die Tochter des Stephan Kotka von Kobelau, dessen Beiname in der Form des Vatersnamen Kotchowiz dabei auf ihn überging. Stephans Sohn Paul dagegen führt den unveränderten Beinamen seines Vaters[8].

Eine weitere Kategorie bilden die Leitnamen, also die in einer Familie besonders beliebten und von Generation zu Generation immer wiederkehrenden Namen[9]. Diese erleichtern zwar die Erstellung von Stammtafeln, geben jedoch auf Grund ihrer Traditionsgebundenheit keinen Aufschluß zur hier interessierenden Frage.

Die zugewanderten Adligen aus dem deutschen Reich brachten ihre heimatlichen Namen mit, die sich aus dem Vornamen und einer Ortsbezeichnung zusammensetzten. In der Regel nannten sie sich nach ihren Besitzungen in den östlichen Teilen des deutschen Reiches, die dann lokalisiert werden können und somit ein sicheres Herkunftskriterium bilden. In dem besonderen Fall der Schenken von Apolda hatte sich sogar schon die Amtsbezeichnung vom Amte gelöst und war zum festen Namensbestandteil geworden. Allerdings verliert dieses Merkmal an Sicherheit, wenn es einen gleichnamigen Ort auch in Schlesien gibt. Dann kann es sich um die Gründung eines zugewanderten Adligen handeln, der dem Ort seinen Namen gab, oder einen eingesessenen Adligen, der sich nach seinem schlesischen Dorf nannte. Bei den eingesessenen Familien, die diesem Brauch folgten, hat der auf den Besitz bezogene Ortsname infolge Erbteilung noch keine allzugroße Beständigkeit[10].

Von diesen Ortsnamen sind noch die reinen Herkunftsnamen zu unterscheiden, die sich meist nur auf eine einzelne Person beziehen, die *aus* einer bestimmten Stadt oder einem Dorf kam. Aus dieser Herkunftsangabe lassen sich jedoch keine sicheren Schlüsse ziehen, wie das Beispiel des Jakob aus Skarischau[11] zeigt. Er

---

7) Vgl. Personenverzeichnis unter Peter [39].
8) Vgl. Personenverzeichnis unter Kobelau.
9) Vgl. den Wechsel von Michael und Daleborius (vgl. Personenverzeichnis unter Daleborius [2]), von Ylicus und Wilschek (Wilcho) (vgl. Personenverzeichnis unter Poseritz), die Wiederholung von Zbron (vgl. Personenverzeichnis unter Zernitz).
10) Einige Beispiele: Von den Würben, deren Name 1214 (SUb I, 142) zum ersten Mal genannt und in der Folgezeit selten (1228 [SUb I, 290], 1234 [SUb II, 73], 1239 [SUb II, 170] …) gebraucht wird, spalten sich in der dritten Generation 1282 (SUb V, 14) die Moschwitz ab. Ein Zweig der Goslawitz nennt sich ab der dritten Generation von Prerichim (1247 [SUb II, 329]), ein anderer ab der vierten Generation von Prausnitz (1287 [SUb V, 362]). Auch die Swab (1250 [SUb II, 404]) ändern den Namen in der dritten Generation 1290 (SUb V, 493) in Nemil und 1294 (SUb VI, 159) in Curow. Der Name Strehlen erscheint in der ersten echten Urkunde 1251 (SUb III, 22). Bei den Pogarell, deren Name erst ab 1276 (SUb IV, 281) überliefert ist, kommt es in der vierten Generation zur Umbenennung in Michelau (1251 ! [SUb III, 11]) und Habendorf (1290 [SUb V, 452]); der Sohn des Jaroslaus, der sich erst von Habendorf und dann von Michelau nennt, führt den Namen Rosenbach (1292 [SUb VI, 81])!
11) Vgl. Personenverzeichnis unter Jakob [6].

stammt zwar aus dieser Stadt südlich Radom, seine Eltern waren aber hospites[12], also sehr wahrscheinlich zugewanderte Deutsche.

Ein weiterer Anhaltspunkt, Aufschluß über die Herkunft des Adels zu erlangen, könnte sich aus dessen unterschiedlichen Vorstellungen über sein Verfügungsrecht an Grundbesitz ergeben. Der eingesessene Adel besaß seinen Boden nämlich noch aus der Frühzeit zu vollem Eigentum, über das er im Rahmen seiner Sippe frei verfügen konnte, wogegen der zugewanderte Adel Grundbesitz erst durch Kauf, Schenkung oder herzogliche Verleihung erwerben mußte[13]. Der aus dem Reich zugewanderte Adel wird seine lehensrechtlichen Vorstellungen auf die neu erworbenen Güter übertragen haben, so daß bei Verkauf oder Tausch des Besitzes um Einverständnis beziehungsweise Bestätigung durch den Herzog nachgesucht wurde. Da dies mit der Zeit auch der eingesessene Adel tat, sagen Einverständnis und Bestätigung durch den Herzog eigentlich mehr über das Vordringen des Lehenswesens als über die Herkunft der Adligen etwas aus. Schließlich konnten die Herzöge Güter auch noch zu anderem Recht als zu Lehensrecht vergeben. Somit ermöglicht zwar die Art des Erwerbes, nicht aber unbedingt die der Verfügung über den Grundbesitz eine verhältnismäßig sichere Aussage zur Herkunft der Adligen.

Direkte und damit sichere Hinweise auf die Herkunft einzelner Adliger sind sehr selten. So wird in nur einer einzigen Urkunde[14] der Ausdruck „comites Polonici" gebraucht, wobei die Grafen auch namentlich genannt werden. Die Urkunde wurde jedoch 1149 ausgestellt, also vor Beginn der eigenständigen Entwicklung Schlesiens. Zahlreicher, aber dennoch sehr gering sind direkte Angaben in den erzählenden Quellen, wie zum Beispiel im Heinrichauer Gründungsbuch.

Dieser Überblick zeigt, daß die Herkunft des schlesischen Adels nur schwer zu bestimmen sein wird. Dabei wird es einfacher sein, den zugewanderten Adel zu erkennen und namhaft zu machen als den eingesessenen. Nur wenige Kriterien können als sicher angesehen werden, die meisten bedürfen der gegenseitigen Ergänzung.

II.2. Der eingesessene Adel

Polen[15] tritt mit der ersten Erwähnung als „Land des Mieszko" 963 in die Geschichte. Es erscheint dabei sogleich als ein Ganzes, nicht aus 'Stämmen' entstandenes Staatsgebilde, dessen Vorgeschichte im Dunkeln bleibt. Durch die Annahme des Christentums 966/67 wurde Polen zu einem Glied der christlichen Staatengemeinschaft. Die schon im Jahre 1000 erfolgte Gründung des Erzbistums Gnesen mit den Suffraganbistümern Kolberg, Breslau, Krakau und Posen, führte

---

12) Annales Capituli Cracoviensis, S. 603.
13) Vgl. IV.1. Die rechtliche Stellung des schlesischen Adels und IV.2. Die wirtschaftlichen Grundlagen des schlesischen Adels.
14) SUb I, 19.
15) Die allgemeinen Ausführungen zur Geschichte Polens nach RHODE, S. 1-66, 87-106.

zur Verselbständigung der polnischen Kirche. Die Politik des Landes wurde von seiner Lage zwischen dem deutschen Reich, Böhmen und Kiev bestimmt. So lehnte es sich in den folgenden 138 Jahren erst stark an das Reich an, geriet dann in dessen Lehensabhängigkeit, aus der es sich jedoch wieder lösen konnte, griff in die inneren Verhältnisse Böhmens und Kievs ein und expandierte in nicht immer erfolgreichen Kriegen auf Kosten seiner Nachbarn.

Trotz innerer Aufstände blieb Polen zunächst als Einheit bestehen, bis Herzog Boleslaw III. 1138 testamentarisch die Senioratsverfassung einführte. Aus den dabei als Versorgungsgebiete für seine Söhne geplanten Teilen entwickelten sich bald Einzelfürstentümer. Der Senior Wladislaus, der Schlesien und Krakau erhalten hatte, bemühte sich erfolgreich, seine Position auszubauen und eine Vormachtstellung gegenüber seinen Brüdern zu erringen. Als er jedoch den mächtigen schlesischen Palatin Peter [11] Wlast als Verräter bestrafen ließ, verlor er dessen Anhängerschaft und mußte 1146 nach Deutschland fliehen. Kaiser Konrad III., der Halbbruder von Wladislaus' Gemahlin Agnes von Österreich, gewährte ihm Asyl und Hilfe. Des Kaisers Feldzug im Spätsommer desselben Jahres blieb allerdings erfolglos. Ein weiterer Zug Kaiser Friedrichs I. verlief 1157 zwar erfolgreich, aber erst sechs Jahre später konnten Wladislaus' in Deutschland aufgewachsene Söhne nach Schlesien zurückkehren und ihr Erbe antreten. Somit kann man das Jahr 1163 als den Beginn der eigenständigen Entwicklung Schlesiens betrachten, das allerdings formell bis zur Aufhebung der Senioratsverfassung 1180 beziehungsweise 1202 im polnischen Staatsverband verblieb.

Der Adel ist beim Eintritt Polens in die Geschichte schon vorhanden, tritt aber nicht besonders in Erscheinung. Seine Entstehung ist unbekannt und somit Gegenstand verschiedener Theorien, die besonders in der Zeit zwischen 1880 und 1910 diskutiert wurden[16]. Nach heutiger allgemeiner Auffassung[17] stützte sich Mieszko I. auf seine Gefolgschaft, die drużyna, die zum Teil wohl aus Landfremden bestand. Diese Gefolgschaft unterstand ihm direkt und war von ihm abhängig. Offenbar schon unter seinem Nachfolger vermischte sich die Gefolgschaft mit einer Schicht von Grundbesitzern. So entstand als neue Oberschicht ein wehrhafter Landadel, der sich durch Kriegsdienst und Grundbesitz auszeichnete. Diese Entwicklung wurde dadurch fortgeführt, daß der dem Fürsten zu leistende Kriegsdienst in der

---

16) Die damals wichtigsten Theorien - von Stenzel (1832), Röpell (1840), Smolka (1881), Bobrzyński (1880), Piekosiński (1880), Rachfahl (1894), Kutrzeba (1905) und Niessen (1905) - stellt EHRENKREUTZ, S. 8-11 dar und fügt als Ergebnis seiner 1910 abgeschlossenen Dissertation seine eigene Theorie bei (S. 65f.). 1933 stehen sich nach PFITZNER, Verfassungsgeschichte, S. 12f. im wesentlichen noch zwei Hauptauffassungen gegenüber, als deren Exponenten er Heinrich Felix Schmid und Roman Grodecki nennt. - Der polnische Forschungsgang bis 1960 in Historia Polska, Bd. I, S. 262. - Zusammenfassende Darstellung zur Entwicklung des polnischen Adels bietet 1912 HÖTZSCH, S. 571-586 (bis ins 16. Jahrhundert reichend) und mehr auf die Forschungslage um 1930 eingehend SCHMID, Rez., S. 462-467.

17) Vgl. RHODE, S. 35f., 95-97; HOENSCH, S. 15f., 28; SCZANIECKI, Origines, S. 101-106.

Folgezeit mit der Vergabe von Land auch an zugewanderte Ritter belohnt wurde. Diese fremden und wohl rasch assimilierten Ritter ergänzten den Landadel, der eine homogene Schicht bildete. Deutliche Abstufungen innerhalb des Adels gab es nicht, wohl aber durch Grundbesitz bedingte Vermögensunterschiede. Einzelne Geschlechter traten erst im 12. Jahrhundert hervor. Die Landes- und Hofämter wurden vom Adel besetzt, dessen Bedeutung und Einfluß seit dem zweiten Viertel des 11. Jahrhunderts stetig und besonders mit dem Übergang des Landes in Teilfürstentümer zunahm. Als Stand schloß der Adel sich erst in der zweiten Hälfte des 14. Jahrhunderts ab.

Als einflußreichste Bevölkerungsschicht tritt der Adel dann besonders hervor, wenn er sich in Opposition zum Herrscher befindet. Dies ist zum ersten Mal unter Mieszko II. der Fall, dessen Stellung die Großen des Landes 1031 so stark erschüttern, daß er fliehen muß. Nach der Ermordung seines Nachfolgers 1032 kehrt er nach Polen zurück, muß sich aber die Herrschaft anfänglich mit zwei Verwandten teilen. Nach seinem Tode 1034 vertreibt die Opposition unter Führung des Mundschenks Masław erst die Witwe des Mieszko und schließlich 1037 auch dessen Sohn Kasimir. Dieser kann erst mit Hilfe Kaiser Heinrichs III. zurückkehren und den Staat erneuern.

Unter Boleslaw II. bildet sich abermals eine Adelsopposition, die seinen jüngeren Bruder Wladislaw Herman auf dem Thron sehen möchte. Die 1079 vollzogene grausame Todesstrafe an dem vielleicht in diese Verschwörung verstrickten Krakauer Bischof Stanislaus stärkt die Opposition, die in dem folgenden Aufstand Boleslaw stürzt. Wladislaw Herman steht in der Folgezeit unter dem Einfluß der alten Opposition mit dem Palatin Siecieh an der Spitze. Gegen diesen zu einflußreich und mächtig werdenden Standesgenossen richtet sich mit der Zeit die Unzufriedenheit von Teilen des Adels.

Die polnischen Herrscher hatten in dem zwischen Polen und Böhmen umkämpften Schlesien die alte Landesorganisation durch die Kastellaneiverfassung ersetzt. In die schlesischen Burgen wurden polnische Besatzungen gelegt, die führenden Positionen im Lande anscheinend zum Teil an Landfremde vergeben. Gegen diese Bemühungen, Schlesien enger an den polnischen Gesamtstaat zu binden[18], scheint ein latenter Unmut der einheimischen Großen vorhanden gewesen zu sein. Diese Stimmung und die Unzufriedenheit mit Siecieh nutzen dessen von Böhmen unterstützte Gegner. Sie befreien den von dem Palatin in ein Kloster abgeschobenen ältesten Sohn Wladislaws Zbigniew und fordern dessen Legitimierung. An den Grafen von Breslau Magnus schicken sie 1093 eine Gesandtschaft, um den schlesischen Adel für ihre Sache zu gewinnen. Nach anfänglichem Zögern stellen sich die Schlesier auf die Seite der Gegner des Siecieh, der flieht, aber kurz darauf in seine alte Position zurückgelangt. Erst 1099 gelingt es der anhaltenden

---

18) So auch CETWIŃSKI, Bd. I, S. 15.

Opposition, die Entfernung Sieciehs aus seinem Amt und die Beteiligung Zbigniews und seines Bruders Boleslaw III. an der Herrschaft zu erringen.

Diese Vorgänge in Schlesien sind mehrfach überliefert[19], am ausführlichsten bei Gallus Anonymus[20], und lassen einige Rückschlüsse zur Person des Magnus, seiner Stellung[21] und über die Verfassungsstruktur Schlesiens am Ende des 11. Jahrhunderts[22] zu.

Die Herkunft des Magnus ist in der Literatur umstritten. Heydebrand[23] und Uhtenwoldt[24] halten ihn wegen des Namens für einen Wikinger. Grodecki, Semkowicz und Piekosiński sehen in ihm einen Kleinpolen[25], wogegen Cetwiński[26] in ihm einen Schlesier vermutet, was bei fehlenden Quellenaussagen zu dieser Frage wohl am wahrscheinlichsten ist. Über seine verwandtschaftlichen Beziehungen geben die Quellen ebenfalls keine Auskunft. Heydebrand[27] und Uhtenwoldt[24] vermuten in ihm einen Sohn des norwegischen Königs Magnus Haraldson und rechnen ihn zum Geschlecht der Schwäne (Łabędź). Grodecki[27] sieht in ihm einen Verwandten des heiligen Stanislaus. Nach Piekosiński[25] und Semkowicz[25] gehört er zur Sippe Powała, nach anderer polnischer Überlieferung zum Geschlecht der Zaremba[28]. Da die Stellung des späteren Peter [11] Wlast der des Magnus ähnlich ist, wird gerne eine Verwandtschaft zwischen beiden hergestellt. Dabei möchte man in Magnus den Großvater des Peter [11] mütterlicher-[29] beziehungsweise väterlicherseits[30] sehen. Dies sind jedoch Hypothesen, die der konkreten Quellengrundlage entbehren.

Magnus wird in der Zeit zwischen 1085 und 1109 in herausgehobener Stellung erwähnt. Auf Grund dieser Stellung, die ein Fremder nur schwer aus eigener Kraft hätte erlangen können, kann er als Einheimischer angesehen werden. Er ist der erste namentlich bekannte Adlige, der in Zusammenhang mit Schlesien genannt wird, auch wenn ein selbständiges Schlesien damals noch nicht existierte.

Unter den Vertrauten Boleslaws III., der sich gegenüber seinem Bruder durchsetzte, tritt besonders Peter [11] Wlast hervor. Er nimmt in einem abenteuerlichen

---

19) CPS, S. 560; Magistri Vincentii Chronicon Polonorum, S. 305f.; CPP, S. 453; KBGP, S. 491f.
20) Gallus Anonymus, S. 69f.
21) Vgl. III. Die Zusammensetzung des schlesischen Adels.
22) Vgl. IV.4. Die politische Rolle des schlesischen Adels.
23) HEYDEBRAND, Peter Wlast, S. 257-261.
24) UHTENWOLDT, Breslau, S. 101.
25) GRODECKI, R., Zbigniew książę polski, in: Studia staropolskie, księga ku czci A.Brücknera. Kraków 1928, S. 71-105, hier S. 80; SEMKOWICZ, W., Ród Powałów (Sprawozd. PAU 1914, XIX, nr. 3) (beide Titel zitiert nach: Gallus Anonymus, S. 69 Anm. 3); PIEKOSIŃSKI, Bd. II, S. 218.
26) CETWIŃSKI, Bd. I, S. 16.
27) HEYDEBRAND, Peter Wlast, S. 257-261. In einem später erschienenen Aufsatz zählt ihn HEYDEBRAND, Stellung, S. 49f. Anm. 39 zum Geschlecht Prawda-Zaremba.
28) Diese Angabe findet sich bei RICHTSTEIG, Peter Wlast, 19, S. 14.
29) HEYDEBRAND, Stellung, S. 49f. Anm. 39.
30) EISTERT, Ohlau, S. 11 (einfach Großvater); EISTERT, Peter Wlast, S. 2f. und RICHTSTEIG, Peter Wlast, 18, S. 11f. (Großvater väterlicherseits).

Unternehmen 1120 den mit den feindlichen Pomoranen verbündeten Fürsten Volodar' von Przemyśl durch List gefangen. Peter [11] erlangt unter Boleslaw eine ähnlich herausgehobene Stellung wie Magnus, die er auch nach des Herzogs Tod 1138 unter dem Senior Wladislaw behaupten kann. Mit der Bestrafung von Peter [11] als Verräter durch den Senior verliert Wladislaw die Unterstützung der Anhänger Peters [11] in seinem Kampf um die Vorherrschaft in Polen und muß 1146 das Land verlassen. Die mit der Rückkehr seiner Söhne einsetzende eigenständige Entwicklung Schlesiens geht somit unter anderem auf den Konflikt zwischen Wladislaw und diesen Adligen zurück.

Über Peter [11] Wlast berichten eine ganze Anzahl von Quellen, sogar eine eigene Chronik[31], aber dennoch - oder vielleicht gerade deswegen - sind weder seine Herkunft noch seine Abstammung eindeutig geklärt. Nach den Angaben der Quellen stammt er aus Böhmen[32] oder Dänemark[33]. In der deutschen Literatur wird er einhellig als Nordgermane[34] kleinrussischer[35], russischer[36] oder dänischer[37] Herkunft angesehen. Dänische Herkunft nimmt auch Friedberg[38] an, böhmische dagegen Stadnicki[39]. Die neuere polnische Literatur sieht in ihm einen Einheimischen[40]. Cetwiński[41] dagegen zieht Rückschlüsse aus Peters [11] wenig gebräuchlichem Beinamen „de Dacia"[42], den er mit der Angabe „Dacia sive Russia" auf der Karte des Heinrich von Mainz in Verbindung bringt[43]. Er folgert daraus, daß Peter [11] russischer Herkunft und wohl der Sohn des Fürsten Svjatoslav Davidovič von Černigov sei[44]. Peters Zugehörigkeit zum Geschlecht der Schwäne (Łabędź)[45] wird von Cetwiński zu Recht abgelehnt[46].

---

31) Cronica Petri comitis.
32) Cronica Petri comitis, S. 7.
33) KBGP, S. 506.
34) REICHE, Peter Wlast, S. 129; EISTERT, Ohlau, S. 10; RICHTSTEIG, Peter Wlast, 19, S. 10.
35) REICHE, Peter Wlast, S. 129.
36) HEYDEBRAND, Peter Wlast, S. 253.
37) RICHTSTEIG, Peter Wlast, 19, S. 10.
38) FRIEDBERG, S. 16.
39) STADNICKI, K., Przyczynek do heraldyki polskiej w średnich wiekach. Lwów 1879, S. 174f. (zitiert nach CETWIŃSKI, Piotr Włostowic, S. 429 Anm. 2).
40) PLEZIA, S. 3f.; BIENIEK, S. 31-38.
41) CETWIŃSKI, Piotr Włostowic, S. 432.
42) KBGP, S. 506, 520; als Petrus Donin wird er bezeichnet in: Lib. mor. Strzelnensis, S. 734 (17. April).
43) Sicherlich angeregt von BIENIEK, S. 26-29, wo auch ein Teil der Karte wiedergegeben ist (Abb. 2).
44) CETWIŃSKI, Piotr Włostowic, S. 440-442 und CETWIŃSKI, Bd. II, S. 16. - HERTEL, S. 486: „Teza ta stoj jednak w wyraźnej sprzeczności z najpoważniejszym źródłem do tego zagadnienia - kroniką Mistrza Wincentego." [Diese These steht indessen in deutlichem Gegensatz zu der bei diesem Problem am höchsten einzuschätzenden Quelle - dem Chronicon Magistri Vincentii.]
45) HEYDEBRAND, Herkunft, S. 148f. rechnet ihn hier noch zu den Herren von Skaryssow-Cechow, später jedoch - Stellung, S. 49f. Anm. 39 - ebenfalls zu den Schwänen; EISTERT, Ohlau, S. 11; PLEZIA, S. 3; BIENIEK, S. 23f., 31-38.
46) CETWIŃSKI, Piotr Włostowic, S. 431f.

In einer Urkunde Papst Coelestins III. aus dem Jahre 1193, also 40 Jahre nach Peters [11] Tod, wird erwähnt, daß Peter [11] in Schlesien Ländereien „ex parte avi et patris sui iure hereditario"[47] besessen habe. Folgt man dieser Angabe, so war Peters [11] Geschlecht in der dritten Generation in Schlesien begütert und er erscheint als Einheimischer. Er wird jedoch ebenfalls als „Petrus de Skrzyn"[48] (Skrzynno) bezeichnet, verfügte also gleichfalls in Kleinpolen über Grundbesitz[49]. Er ist somit weniger als schlesischer denn als polnischer Einheimischer anzusprechen, wie er ja auch in einer zu seinen Lebzeiten ausgestellten Urkunde als „comes polonicus"[50] bezeichnet wird. Diese Annahme wird einerseits durch seine besondere Stellung bestätigt, die er, auf sich allein gestellt, sogar mit Hilfe des angeblich gewonnenen dänischen/russischen Königschatzes[51] wohl nicht hätte erlangen können. Andererseits ist seine Stellung derart exponiert, daß er in deutschen Quellen „princeps Poloniae"[52] und „princeps Poloniorum"[53] genannt wird, er also durchaus der Sohn eines fremden Fürsten sein könnte. Eine eindeutige Klärung seiner Herkunft ist auch deshalb nicht möglich, weil sich bei Peter [11] Wlast Geschichte und Legende untrennbar miteinander vermischen.

Als polnischer Einheimischer ist der vermutlich mit Peter [11] verwandte[54] Nichora anzusehen, der verschiedenen Klöstern umfangreichen Grundbesitz in Schlesien und Kleinpolen schenkt. Umstrittener ist die Herkunft von Peters [11] Schwiegersohn Iaxa, der nach Cetwiński[55] mit dem Fürsten Iaxa von Köpenick identisch sein soll, wogegen Ludat[56] eine Gleichsetzung der in den Quellen erwähnten Personen dieses Namens ablehnt. Fest steht somit nur, daß Iaxa Slave war, vielleicht Sorbe oder Pole.

Neben Peter [11] Wlast werden noch weitere Schenker meist schlesischer Dörfer als „comites polonici"[50] bezeichnet: Andreas [25], Bronisius [2], Cragec, Diui, Jordanus [2], Pachoslaus [2], Rathimirus, Sandivoi [1], Sulislaus [7], Witoslaus [3]. Wegen seines Grundbesitzes bei Kalisch gilt Tedleuus, wegen seiner Verwandtschaft Woislaus [6] als polnischer Einheimischer.

Alle bisher aufgezählten Adligen werden vor dem Jahr 1163 genannt. Sie sind Einheimische, können aber, da Schlesiens eigenständige Entwicklung noch nicht eingesetzt hat, nur als polnische Adlige bezeichnet werden.

---

47) SUb I, 61.
48) Katalogi Biskupów Krakowskich, S. 348f.
49) Karte seines Grundbesitzes in Historia Polski, Bd. I, 3, Karte 3.
50) SUb I, 19.
51) KBGP, S. 507, 520.
52) Annales Magdeburgenses, S. 187.
53) Ortliebi Zwifaltensis Chronicon, S. 2.
54) Cronica comitis Petri, S. 23. - Kritisch dazu Cetwiński, Bd. II, S. 14f.
55) Cetwiński, Bd. II, S. 10-12.
56) Ludat, S. 12, 38-40, 43.

Dem eingesessenen schlesischen Adel gehört der ganz überwiegende Teil der im Personenverzeichnis aufgeführten Adligen an. Auf seine namentliche Nennung kann verzichtet werden, weil zu ihm grundsätzlich alle diejenigen zu zählen sind, die nicht beim zugewanderten Adel genannt werden. Damit gehören von den bedeutenderen Familien dem eingesessenen Adel an: die Briese, Dirsicraiowitz, Dambiscin, Goslawitz mit Prausnitz und Prerichim, Mironowitz, Moschwitz, Nossen, Pogarell, Poseritz, Schessici, Schnellewalde, Strehlen, Wildschütz, Würben und Zesselwitz sowie die Familie der Bozechna, des Daleborius [2], Peter [40] und Radozlaus [1].

Die Wurzeln des eingesessenen schlesischen Adels reichen weit zurück. Er entwickelte sich wie der polnische Adel, zu dem er ursprünglich gehörte. In der Frühzeit treten einzelne Adlige nur selten hervor und wenn, dann stets in sehr herausgehobener Position. Seine Besonderheit erlangt der schlesische Adel durch die Verbindung des eingesessenen, ursprünglich polnischen Adels mit den zugewanderten, überwiegend deutschen Adligen.

II.3. Der zugewanderte Adel

Der zugewanderte Adel stammt ganz überwiegend aus den Nachbargebieten Schlesiens, aus dem Osten des deutschen Reiches, den polnischen Gebieten und Böhmen sowie vereinzelt aus anderen Regionen. So wird 1255 Gibert, Sohn eines Bürgers von Parma[57], durch Papst Alexander II. in das Breslauer Domkapitel eingesetzt[58]. Gibert folgt seinem verstorbenen, gleichnamigen Onkel in dessen Amt nach und soll auch dessen oder eine andere Kapitelspfründe erhalten. Der zwei Jahre später um die Pfründe entstehende Streit mit einem anderen Breslauer Domherrn wird zugunsten Giberts entschieden[59]. Ob die beiden 'Italiener' jemals in Breslau weilten und dort residierten, ist ungewiß, da sie nur in Zusammenhang mit der Stellenbesetzung und dem Pfründenstreit erwähnt werden. Dies wird auch für den Breslauer Domherrn Egidius [3] gelten, dessen Herkunftsname 'de Benevento' nach Italien weist.

Auf preußische Herkunft deutet der Beiname des 1283 genannten Tammo Pruss, auf mährische der des 1298 erwähnten Palvus Morauus. Beide werden allerdings nur je einmal als Zeugen genannt.

Um Wallonen handelt es sich bei der Familie der Gallici, die vermutlich über Hildesheim[60] nach Schlesien gelangte. Zum ersten Mal wird sie 1250 mit dem ser-

---

57) SUb III, 248.
58) SUb III, 154.
59) SUb III, 244, 248.
60) Vgl. DOBBERTIN, Walter, S. 210. - In diesem Aufsatz hält Dobbertin einzelne Personen der schlesischen Gallici für identisch mit Angehörigen der Hildesheimer Bürgerfamilie Galle des 13.- 15. Jhs., ohne jedoch in der Argumentation zu überzeugen; dort S. 207 Anm. 92 weitere Literaturangaben speziell zu dieser Frage.

viens Eberhard Gallicus[61] erwähnt, der zehn Jahre später zusammen mit seinem Bruder Simon die Dörfer Kattern und Pleischwitz (südöstlich Breslau) kauft[62]. Im Herzogsdienst steigen die beiden Brüder bis zu den höchsten Ämtern auf. In der zweiten Generation stellt die Familie bereits zwei Breslauer Domherren, von denen einer sogar bischöflicher Kanzler wird. Eine Verwandtschaft mit den in Breslau angesiedelten wallonischen Wollwebern ist unwahrscheinlich.

Nicht so eindeutig ist die Herkunft Alberts des Älteren von Tepliwoda zu bestimmen. Er stammt mütterlicherseits von den Wallonen in Breslau ab, aber „ex parte patris de genere Czurbanorum a Thetonia"[63]. Er heiratet in erster Ehe die Tochter eines eingesessenen Adligen, in zweiter eine Deutsche. Albert, der als „miles satis potens"[64] bezeichnet wird, ist jedenfalls kein Einheimischer, vielleicht ein Deutschwallone.

Mehrere Adlige sind zum Teil schon recht früh aus Böhmen zugewandert. So kommt Bogvalus von Taschenberg zur Zeit Herzog Boleslaus' I. (1163-1201) nach Schlesien und erhält vom Herzog, der damals „diversis in locis nobilibus et mediocribus hereditates et predia"[65] verteilt, Grundbesitz in Brukalitz, dem späteren Taschenberg. Auch die Familie von Reumen stammt aus Böhmen[66]. Sie verfügt schon um 1230[67] über Grundbesitz in Reumen und schenkt einen Teil davon 1233 dem Kloster Heinrichau[68]. Ein Familienmitglied, Nikolaus von Reumen, war damals Pfarrer von Alt-Heinrichau[69]. Ebenfalls um Böhmen handelt es sich bei den Herren von Baitzen[70]. Ihr erster bekannter Vertreter Dirislaus von Baitzen wird 1272 urkundlich - allerdings in einer Fälschung - erwähnt[71], könnte jedoch mit dem schon 1251 genannten Dirsislaus [1] identisch sein[72]. Auch sie haben in der Nähe des Klosters Heinrichau Grundbesitz, nämlich Frömsdorf und Moschwitz, sind aber mehr mit dem ihnen benachbarten Kloster Kamenz verbunden. Diese auffällige Häufung böhmischer Familien in der Umgebung des Klosters Heinrichau, die Nachricht über die Landvergabe Herzog Boleslaus' I. an die Taschenberg in dieser

---

61) SUb II, 404.
62) SUb III, 327.
63) GB, S. 256.
64) GB, S. 260. - Bretschneider gibt dies in seiner Übersetzung des GB mit „von Vaters Seite her von dem deutschen Geschlecht der Czurban" (S. 28) wieder, was nach GRÜGER, Volkstum, S. 250 falsch ist, der es mit „von Vaters Seite her aus einem adligen Geschlecht im Lande der Sorben in Deutschland" übersetzt.
65) GB, S. 299.
66) Hedwig, S. 617.
67) GB, S. 264: „In diebus illis, cum conventus primo in Heinrichov esset transmissus .." - also nach 1229.
68) GB, S. 264f.
69) GB, S. 264.
70) GB, S. 320f.
71) SUb IV, †448.
72) Auf diese Möglichkeit weist CETWIŃSKI, Bd. II, S. 92f. hin.

Gegend und die geringen, wohl durch die Überlieferung bedingten zeitlichen Differenzen lassen vermuten, daß alle drei Familien um die Wende des 12. Jahrhunderts nach Schlesien gelangten und von Herzog Boleslaus I. in einem geschlossenen Gebiet mit Grundbesitz ausgestattet wurden. Dann könnte aber noch eine weitere Familie aus Böhmen stammen. Die von Bobolitz werden nämlich zur Zeit der beiden Heinriche (1201-1241) als Erben des gleichnamigen Dorfes nordwestlich des Klosters genannt[73], die Erblasser müssen also schon früher in Bobolitz ansässig gewesen sein. Böhmische Herkunft wäre auch auf Grund der Vornamen der Bobolitz möglich.

Den Beinamen Bohemus tragen drei Personen: der von 1283 bis 1295 erwähnte Ritter Heinrich [26], der 1291 in Herrmannsdorf bei Jauer 25 Lehenshufen verkaufte[74], der 1297 genannte Ritter Heinrich [27] sowie der für 1299 und 1300 belegte Geistliche Johannes [8]. Nach Petschau bei Eger nennen sich Hermann und Heinrich von Betsow[75], die jeweils nur einmal 1283 beziehungsweise 1291 namentlich aufgeführt werden.

Vermutlich aus Böhmen stammten der 1285 bis 1291 genannte Hermann von Brounov und der 1298 erwähnte Konrad von Brounov (Braunau?), die 1295 Grundbesitz tauschenden Wenzel und Sambor von Bunkau wegen ihrer Vornamen sowie Johannes [62], der 1289 beim König von Böhmen[76] und dann später bei Heinrich V. von Liegnitz-Breslau[77] als Zeuge angeführt wird.

Die Anzahl der bekannten, aus Böhmen zugewanderten Adligen ist also recht gering. Eine umfangreichere Zuwanderung scheint Ende des 12., Anfang des 13. Jahrhunderts stattgefunden zu haben, ohne sich allzu deutlich in den Quellen niederzuschlagen. Zu vereinzelten Einwanderungen kommt es in den beiden letzten Jahrzehnten des 13. Jahrhunderts.

Eine größere Gruppe bilden die zugewanderten Polen. Direkte Angaben zu ihrer polnischen Herkunft finden sich bei Johannes [68] und seinem Bruder Nikolaus[78], dem Initiator der Gründung des Klosters Heinrichau, bei Otto [12] und seinem Bruder Segota[79] sowie bei der Familie von Rätsch[80]. Über Grundbesitz in Polen verfügen Zantoslaus und seine Familie[81], Cresslauus und sein Bruder Sudo sowie Pribigneus von Bauchwitz, der sich nach einem Ort in Großpolen nennt. Zu-

---

73) GB, S. 260.
74) SUb VI, 13.
75) JUNGANDREAS, S. 114.
76) SR 2114; in SUb V, 426 unter den namentlich nicht genannten, nichtschlesischen Zeugen.
77) SUb VI, 140, 148.
78) GB, S. 238.
79) Annales Sanctae Crucis Polonici, S. 682; Rocznik Świętokrzyski, S. 75.
80) GB, S. 341.
81) Nähere Angaben finden sich jeweils im Personenverzeichnis, das immer dann heranzuziehen ist, wenn im folgenden aus Raumgründen auf nicht unbedingt notwendige Anmerkungen verzichtet werden mußte.

sätzlich zum Grundbesitz weisen bei Clemens [2] sein Amt als Kastellan von Krakau und seine Verwandtschaft auf polnische Abstammung hin, bei Andreas [12] und seinem Bruder Paul auch die Bezeichnung „servitores"[82] des Herzogs von Polen sowie bei Crisko ebenfalls die Namen seiner Söhne Crisek und Levos. Auch die Bekleidung nichtschlesischer Ämter ist ein Indiz für polnische Herkunft. So war Pachoslaus [1] Palatin von Sandomir und Krakau, aber auch Zeuge bei Herzog Heinrich I. von Schlesien. Servatius war Kastellan von Nakel, Bronisius [1] Schatzmeister in Chon (Großpolen) und Wlodimir [2] Kastellan von Siewierz. Sulco ist als Kastellan von Chrzanów in Kleinpolen belegt, doch könnte es sich bei ihm und seinem Bruder Hemerammus [1] auch um schlesische Adlige handeln. Als Zeugen auch bei polnischen Herzögen werden Obeslaus und Pribislaus [5] genannt, die somit auch wegen ihrer Vornamen polnischer Herkunft sein dürften. Bei einer Reihe von ebenfalls als Zeugen angeführten Adligen - Boguslaus [17], Ivan [1], Boguchual [2] und [3], Bogumil [3], Domarathus [1] und Poznanus - ist die Zuwanderung ungewiß, aber nicht auszuschließen. Diese Zeugen werden nämlich selten und wenn, dann nur in Urkunden erwähnt, die zwar Schlesien betreffen, aber von Fremden ausgestellt wurden. Slavische Vornamen führen in zwei Generationen nacheinander die Familie des Bogdan [1] und die von Strehlen, weshalb auch sie polnischer Herkunft sein können. Bei den Strehlen finden sich in der zweiten Generation vier slavische Vornamen[83] und ein christlicher[84], dessen Träger jedoch bezeichnenderweise Geistlicher ist. Bogdans Sohn Razon führt ebenfalls einen slavischen Vornamen. Wollte man der in einer Fälschung[85] enthaltenen Mitteilung Glauben schenken, daß Bogdan [1] Herzog Wladislaus I. auch in dessen Exil die Treue hielt, so wäre seine Familie zum eingesessenen und nicht zum zugewanderten Adel zu rechnen. Bogdan wird sonst aber erst 1202 erwähnt, so daß eine Zuwanderung wahrscheinlicher ist. Nach polnischen Orten nennen sich Andreas [19] Cracovianus, Peter von Krakau und Heinrich von Sagor (wohl Zagorze bei Tschenstochau). Ein Einzelfall ist Peter von Liebenau, der als Sohn eines Schulzen Polenrichter war. Da dies detaillierte Kenntnisse des polnischen Rechts voraussetzt, kann man bei ihm ebenfalls auf polnische Herkunft schließen.

Die folgende Liste gibt Aufschluß über die Herkunftsgebiete der zugewanderten polnischen Adligen, ihre erste Erwähnung in Schlesien betreffenden Urkunden und ihre Seßhaftwerdung, d.h. den Zeitpunkt des Erwerbs von Grundbesitz oder der erstmaligen Nennung in einer amtlichen Funktion.

---

82) SR 2177.
83) Boguslaus, Boguchuala, Radozlaus und Woytech.
84) Thomas, der zweite Breslauer Bischof dieses Namens. - Ob der Breslauer Domherr Peter zur zweiten oder dritten Generation gehört, ist nicht zu klären.
85) SUb I, †332.

Name	Herkunftsgebiet	Erste Erwähnung	Seßhaftwerdung
Zantoslaus	Kleinpolen	1166	1193
Obeslaus	Großpolen	1175	—
Pribislaus [5]	Großpolen	1177	—
Bogdan [1]	?	1202	vor 1202
Boguslaus [17]	Großpolen	1208	—
Ivan [1]	Großpolen	1208	—
Boguchual [2]	Großpolen	1211	—
Boguchual [3]	Großpolen	1211	—
Bogumil [3]	Großpolen	1211	—
Domarathus [1]	Großpolen	1211	—
Johannes [68]	Kleinpolen	1220	1225
Poznanus	Kleinpolen	1220	—
Pachoslaus [1]	Kleinpolen	1224	—
Clemens [2]	Kleinpolen	1228	1228
Strehlen	?	1228	1232
Servatius	Großpolen	1233	—
Bronisius [1]	Kleinpolen	1234	—
Cresslauus	Kleinpolen	1235	—
Bauchwitz	Großpolen	1236	—
Crisko	Kleinpolen	1238	—
Wlodimir [2]	Kleinpolen	1250	—
Sagor	Kleinpolen	1253	1253
Hemerammus [1]	Kleinpolen	1258	—
Otto [12]	Kleinpolen	1270	—
Andreas [19]	Kleinpolen	1274	—
Krakau	Kleinpolen	1283	1283
Rätsch	?	vor 1290	vor 1290 (ca. 1230)
Andreas [12]	?	1291	1291
Liebenau	?	1291	nach 1278 (ca. 1250)

Demnach sind 14 Familien in Kleinpolen und 10 in Großpolen beheimatet; bei fünf Familien läßt sich das Herkunftsgebiet nicht feststellen. Wie in Abb. 3a dargestellt[86], bleibt die Anzahl der im Laufe der Zeit zuwandernden Adligen gering. Die Familien kommen überwiegend einzeln nach Schlesien. Die Zuwanderung setzt in den 60er und 70er Jahren des 12. Jahrhunderts ein. Ihre Hauptphase erstreckt sich mit zum Teil langen zeitlichen Unterbrechungen vom Beginn des 13. Jahrhunderts bis zum Ende der 30er Jahre, in denen es zu einer geringen Häufung

---

86) Siehe S. 90.

kommt, die sich in den 50er Jahren wiederholt. Bis zum Ende des Jahrhunderts kommt es nur noch zu vereinzelten Zuwanderungen mit großen zeitlichen Abständen. Diese chronologischen Besonderheiten sind wohl damit zu erklären, daß die schlesischen Piasten bis 1241 Teile von Groß- und Kleinpolen beherrschten, danach ihr Einfluß auf die polnischen Nachbargebiete jedoch abnahm.

Vergleicht man nun Herkunftsgebiet und Zeitpunkt der ersten Erwähnung, so fällt auf, daß Adlige aus Großpolen von 1175 bis 1236 genannt werden, Kleinpolen dagegen von 1220 bis 1283, ohne daß sich dies einleuchtend erklären läßt. Die geographische Nähe Kleinpolens zu den Oppelner Herzogtümern spielt dabei keine Rolle, denn von allen aufgeführten polnischen Adligen wandern nur die Familie des Hemerammus [1] und des Otto [12] in dieses Gebiet ein.

Die Anzahl der in Schlesien nachweislich seßhaft gewordenen und aus den polnischen Gebieten zugewanderten Adligen ist mit 10 Familien (34,4 %) recht gering, was wohl mit daran liegt, daß man über den Erwerb von Grundbesitz nichts erfährt[87], lediglich von dessen Verschenkung durch Bogdan [1][88]. Der Familie von Rätsch wird ihr Erbgut gerichtlich zugesprochen[89]. Als Patronatsherren des Vinzenzstiftes werden die Söhne des Zantoslaus erwähnt, deren Familie also sicherlich an der Ausstattung des Stiftes mit Grundbesitz beteiligt war[90]. Alle anderen Adligen werden als Inhaber hoher Ämter (Palatin, Kastellan, Kanzler) genannt, wobei der Aufstieg des Kanzlers Nikolaus[91] genauer verfolgt werden kann[92]. Nicht so hohe Ämter bekleiden Andreas [12] als Marschall, Heinrich von Sagor als Unterschenk und Peter von Liebenau als Polenrichter. Die Adligen wurden durchschnittlich nach 3,6 Jahren in Schlesien ansässig.

Über die Auswanderungsgründe ist nur in zwei Fällen etwas bekannt. Für den nahezu mittellos[92] nach Schlesien kommenden Geistlichen Nikolaus[91] bestand die Möglichkeit, Karriere zu machen. Er fängt als Schreiber an, wird Notar Herzog Heinrichs I., Breslauer Domherr und vielleicht herzoglicher Kaplan. Er erwirbt viel Grundbesitz und kann schließlich mit des Herzogs Unterstützung das Kloster Heinrichau gründen. Anders verhält es sich bei Otto [12] und seinem Bruder Segota. Diese hatten den Bischof von Krakau entführt und eingekerkert. Nach Verbüßung ihrer Strafe verkaufen sie wegen ihres nun schlechten Rufes ihre Erbgüter im Krakauischen und wandern in das Herzogtum Oppeln ab[79]. Allgemeinere Bedeutung kann natürlich nur dem Auswanderungsmotiv des Nikolaus[91] zugebilligt werden.

---

87) Eine Ausnahme bildet die schon erwähnte Fälschung SUb I, †332, in der berichtet wird, daß Bogdan [1] für die Herzog Wladislaw I. im Exil erwiesene Treue ein Dorf erhielt.
88) SUb I, 77, †333.
89) SUb V, 469.
90) SUb I, 59.
91) Vgl. Personenverzeichnis unter Johannes [68].
92) Vgl. GB, S. 238.

Die Gruppe der aus Polen zugewanderten Adligen besteht somit aus 29 Familien, die zu etwa gleichen Teilen aus Groß- und Kleinpolen (10/14/5 unbestimmt; 34,4 %/48,3 %/17,3 %) stammen. Der Zuzug erfolgt in zum Teil großen zeitlichen Abständen und überwiegend in einzelnen Familien. Auffällig sind dabei die verschiedenen Zeitphasen für die Zuwanderung aus den beiden Gebieten. Zehn Familien werden in Schlesien heimisch und gelangen überwiegend in hohe Ämter.

Die meisten Adligen wandern aus den östlichen Teilen des deutschen Reiches zu. Da ein großer Teil von ihnen Adelsnamen führt, die von Orten dieser Gegend abgeleitet sind, kann man ihre Herkunft sicher bestimmen. Dies gilt auf Grund des Beinamens auch für den Breslauer Domherrn Adalbert [8], der als Albertus Saxo erwähnt wird[93]. Den Beinamen Bawarus führen Heinrich [13] und Gottfried [4][94]; ein Adliger heißt nur Bawarus. Heinrich [29] wird mit dem Beinamen Cattus erwähnt, Gottfried [5] als Haustralus. Nach seiner Heimat Thüringen wird auch Hermann [9] benannt. Die folgende Liste gibt Auskunft über Herkunftsgebiet, erste Erwähnung und Seßhaftwerdung.

Name[95]	Herkunfts-gebiet	Erste Erwähnung	Seßhaft-werdung
Kittlitz[96]	Oberlausitz	1203	1223/90
Heinrich [13]	Bayern	1217	1217
Adalbert [8]	Sachsen	1219	1219
Wisenburg[97]	Oberlausitz	1227	1242
Gottfried [4]	Bayern	1233	—
Heinrich [29]	Hessen	ca. 1238	—
Hohenbüchen[98]	Westfalen	1242	vor 1242
Biberstein[99]	Meißen	1243	1247

93) SUb I,190.
94) SUb II, 49. Weitere Lesarten: Balbarus, Balbatus.
95) In den Anm. 96 bis 224 wird an erster Stelle der wahrscheinlich namengebende Stammort des Geschlechtes angeführt; dann folgen in der Literatur genannte mögliche Varianten. - Besondere Skepsis ist gegenüber MÜLLER, Westdeutsche angebracht, der das Mittelrheingebiet und Mainfranken nach Namen durchforschte, die sich im schlesischen Adel finden, ohne jedoch Verbindungen nachweisen zu können.
96) Kittlitz n. Löbau: KNOTHE, Oberlausitzer Adel, S. 293; HELBIG, Oberlausitz, S.70; CETWIŃSKI, Bd. II, S. 117.
97) Weißenberg n. Löbau: POLACZKÓWNA, S. 134; HELBIG, Oberlausitz, S.85.
98) Hohenbüchen sö. Hameln: EISLER, Bruno von Schauenburg, Bd. 11, S. 379; LAMAY, S. 67; DOBBERTIN, Lichtenberg, S. 53; DOBBERTIN, Ortsnamen, S. 131; SUb II, S. 318. - Hohenbuch/Württemberg: JUNGANDREAS, S. 211. - Houmbouch bei Mersch/Luxemburg: JUNGANDREAS, S. 211. - Gegen Hohenbuch bei Wunsiedel/Oberfranken und Hohenbocka bei Hoyerswerda/Oberlausitz: DOBBERTIN, Lichtenberg, S. 52f.
99) Bieberstein s. Nossen: KNOTHE, Oberlausitzer Adel, S. 116; PFOTENHAUER, 50, S. 164 Anm. 2; SCHIECKEL, S. 101; HELBIG, Oberlausitz, S. 117; DOBBERTIN, Ortsnamen, S. 138; KUHN, Guhrau, S. 135 Anm. 27; SUb II, S. 305. - Biberstein im Bistum Fulda: MÜLLER, Westdeutsche, S. 46.

Muschov[100]	Sachsen	1245	—
Baruth[101]	Oberlausitz	1247	1278
Barby[102]	Sachsen	1249	—
Dahme[103]	Niederlausitz	1249	—
Falkenberg[104]	Meißen	1249	—
Forst[105]	Niederlausitz	1249	—
Gusik[106]	Oberlausitz	1249	1289
Indagine[107]	Thüringen	1249	1299
Kamenz[108]	Oberlausitz	1249	1279
Lapide[109]	Sachsen	1249	—
Neudeck[110]	Meißen	1249	—
Rabenswald[111]	Thüringen	1249	—
Strehla[112]	Meißen	1249	—
Donin[113]	Meißen	1251	—

---

100) Wohl Muschau bei Döbeln: JUNGANDREAS, S. 211. - Meuschau bei Merseburg/Sachsen: SUb II, S. 329. - Muschau/Mähren: JUNGANDREAS, S. 211. - MOSCH, S. 239-270 führt neun verschiedene, ähnlich wie Muschov lautende Ortsnamen als mögliche Herkunftsorte an, hält S. 244 das mährische Muschau für nicht in Betracht kommend und entscheidet sich S. 338 für „den mitteldeutschen Raum" als Herkunftsgebiet seiner Familie.
101) Baruth nö. Bautzen: KNOTHE, Oberlausitzer Adel, S. 106; HELBIG, Oberlausitz, S. 103; SUb II, S. 305; CETWIŃSKI, Bd. II, S. 71. - Baruth ö. Wittenberg/Sachsen: SCHIECKEL, S. 101.
102) Barby sö. Magdeburg: JUNGANDREAS S. 182; SUb II, S. 304; CETWIŃSKI, Bd. II, S. 120; aus dem Erzbistum Magdeburg: LAMAY, S. 45; DOBBERTIN, Lichtenberg, S. 48 Anm. 3.
103) Dahme w. Luckau: SCHIECKEL, S. 104; SUb II, S. 311; CETWIŃSKI, Bd. II, S. 176.
104) Falkenberg ö. Torgau: SCHIECKEL, S. 106; SUb II, S. 313; CETWIŃSKI, Bd. II, S. 109.
105) Forst/Niederlausitz: SUb II, S. 313.
106) Gaußig bei Bautzen: KNOTHE, Oberlausitzer Adel, S. 253; PFOTENHAUER, 50, S. 161 Anm. 3; SUb II, S. 316; unsicher nach CETWIŃSKI, Bd. II, S. 111. - Burg Goseck bei Querfurt/Sachsen: JUNGANDREAS, S. 36f.
107) Hainspitz w. Eisenberg: SCHIECKEL, S. 108; SUb II, S. 320; CETWIŃSKI, Bd. II, S. 204 bringt die Familien Hain s. Leipzig und diese durcheinander. - Hayn/Hessen: MÜLLER, Westdeutsche, S. 47.
108) Stadt Kamenz: KNOTHE, Kamenz, S.83; KNOTHE, Oberlausitzer Adel, S. 280; SCHIECKEL, S. 110; HELBIG, Oberlausitz, S. 87; SUb II, S. 321. Vgl. Anm. 230.
109) Stein sö. Zwickau: SCHIECKEL, S. 108, 126; SUb II, S. 324. - Aus dem Pleißenland: HELBIG, Oberlausitz, S. 99. - Schlesische Ortschaft dieses Namens: CETWIŃSKI, Bd. II, S. 100. - Stein/Nassau: MÜLLER, Westdeutsche, S. 47.
110) Neudeck nö. Torgau: SCHIECKEL, S. 117; SUb II, S. 330. - Neudeck bei Reichenbach/Schlesien: CETWIŃSKI, Bd. II, S. 155. - Burg Niedeck/Oberrhein: MÜLLER, Westdeutsche, S. 47. - Burg Nideggen/Niederrhein: MÜLLER, Westdeutsche, S. 47.
111) Rabenswald sö. Wiehe: JUNGANDREAS, S. 47; SUb II, S. 336.
112) Stadt Strehla a.d. Elbe: KNOTHE, Oberlausitzer Adel, S. 510; SCHIECKEL, S. 127; HELBIG, Oberlausitz, S. 96; SUb II, S. 342; CETWIŃSKI, Bd. II, S. 72, 138.
113) Dohna sö. Dresden: KNOTHE, Oberlausitzer Adel, S. 152; KROLLMANN, Dohna, Sp. 48; JUNGANDREAS, S. 34; SCHIECKEL, S. 104; HELBIG, Oberlausitz, S. 117; KUHN, Guhrau, S. 134; CETWIŃSKI, Bd. II, S. 112; SUb III, S. 417. - Vgl. Anm. 232.

Flößberg[114]	Meißen	1251	—
Füllstein[115]	Westfalen	1251	1268
Mülbitz[116]	Meißen	1251	—
Profen[117]	Meißen	1251	1258/68
Swabisdorf[118]	Meißen	1251	—
Banz[119]	Oberfranken	1252	1266
Ehrenberg[120]	Thüringen	1253	—
Gottfried [5]	Österreich	1253	—
Grodis[121]	Meißen	1253	—
Cygelheim[122]	Meißen	1254	1254
Haugwitz[123]	Meißen	1257	vor 1297
Colditz[124]	Meißen	1258	—
Hoberg[125]	Meißen	1258	—
Godov[126]	Oberlausitz	1260	—
Tettau[127]	Meißen	1261	—

---

114) Flößberg w. Colditz: SCHIECKEL, S. 136; CETWIŃSKI, Bd. II, S. 65; SUb III, S. 419. - Flügelsberg/Oberpfalz: JUNGANDREAS, S. 116.

115) Fülme bei Minden: GRÖGER, Füllstein, S. 260; JUNGANDREAS, S. 185f.; ŁASZCZYŃSKA, S. 10 (S. 6f. Ortsangaben in der älteren Literatur); ZOBEL, S. 155. - Vgl. Anm. 236.

116) Ortsteil von Großenhain: SCHIECKEL, S. 117; CETWIŃSKI, Bd. II, S. 97, 138; SUb III, S. 439.

117) Profen n. Zeitz: SCHIECKEL, S. 144; CETWIŃSKI, Bd. II, S. 98; SUb III, S. 447. - Profen bei Jauer/Schlesien: PFOTENHAUER, 50, S. 169 Anm.4.

118) Schwoosdorf w. Kamenz: KNOTHE, Oberlausitzer Adel, S. 511.

119) Banz in Oberfranken: JUNGANDREAS, S. 210; PFEIFFER, S. 61; SUb III, S. 407 (versehentlich Unterfranken). - Panitzsch/Sachsen: JUNGANDREAS, S. 210.

120) Ehrenberg bei Altenburg: SCHIECKEL, S. 136; SUb III, S. 418. - Schloß Ehrenburg a.d. Mosel: JUNGANDREAS, S. 141; MÜLLER, Westdeutsche, S. 48.

121) Gröditz sw. Elsterwerda oder Graditz sö. Torgau: SCHIECKEL, S. 137.

122) Ziegelheim nw. Waldenburg: KNOTHE, Oberlausitzer Adel, S. 542; JUNGANDREAS, S. 54; SCHIECKEL, S. 150; SUb III, S. 465.

123) Aus Meißen: KNOTHE, Oberlausitzer Adel, S. 257; HAUGWITZ, Bd. I, S. 9-11; JUNGANDREAS, S. 38; CETWIŃSKI, Bd. II, S. 68. - Vielleicht aus Haubitz n. Borna: SCHIECKEL, S. 109; HELBIG, Oberlausitz, S. 113; GRÜGER, Nekr. Heinrichau, 32, S. 59. - Vielleicht aus dem Erzgebirge: SCHIECKEL, S. 109.

124) Stadt sö. Grimma: KNOTHE, Oberlausitzer Adel, S. 144; JUNGANDREAS, S. 40; SCHIECKEL, S. 112; CETWIŃSKI, Bd. II, S. 195; WOJTECKI, S. 177; SUb III, S. 414.

125) Hohburg nö. Wurzen: SCHIECKEL, S. 109; BRUNNER, Adliges Landleben, S. 18; MENZEL, Quellen, S. 467 Anm. 10; CETWIŃSKI, Bd. II, S. 90; SUb III, S. 426. - Hochberg/Oberbayern: JUNGANDREAS, S. 116f.. - Verwandte der Grafen von Hoenberg/Hessen: MÜLLER, Westdeutsche, S. 49.

126) Göda w. Bautzen: SCHIECKEL, S. 137; SUb III, S. 421. - Godow, Kr. Rybnik: PFOTENHAUER, 50, S. 171 Anm. 1. - CETWIŃSKI, Bd. II, S. 194 widerlegt Pfotenhauer und vermutet ein heute wüstes Dorf Godov im Fürstentum Liegnitz, dem jedoch nicht zuzustimmen ist.

127) Tettau nw. Großenhain: KNOTHE, Oberlausitzer Adel, S. 516; SCHIECKEL, S. 148; CETWIŃSKI, Bd. II, S. 190f.. - Tettau w. Meerane/Thüringen: KNOTHE, Oberlausitzer Adel, S. 516; SCHIECKEL, S. 148; SUb III, S. 457. - Tettau ö. Weißenberg/Oberlausitz: KNOTHE, Oberlausitzer Adel, S. 516.

Saalburg[128]	Thüringen	1263	1268
Hermann [5][129]	Meißen	1268	—
Maltitz[130]	Meißen	1268	—
Apolda[131]	Thüringen	1270	1283
Ebersbach[132]	Meißen	1270	—
Poserne[133]	Sachsen	1274	1274
Copatz[134]	Sachsen	1277	—
Knobelsdorf[135]	Meißen	1277	1290
Quas[136]	Meißen	1278	1278
Dyhrn[137]	Meißen	1281	1281
Landescron[138]	Oberlausitz	1281	—
Lubin[139]	Niederlausitz	1281	—
Pannwitz[140]	Oberlausitz	1281	1296
Schildau[141]	Meißen	1281	1286
Heinrich [35][142]	Meißen	1282	—
Hermann [9]	Thüringen	1282	1295

---

128) Saalburg a.d. Saale: JUNGANDREAS, S. 202; SUb III, S. 450.
129) Hermann Buch - Buch sö. Leisnig: SCHIECKEL, S. 135; CETWIŃSKI, Bd. II, S. 118f.. - Buch/Nassau: MÜLLER, Westdeutsche, S. 50.
130) Maltitz ö. Döbeln: KNOTHE, Oberlausitzer Adel, S. 353f.; JUNGANDREAS, S. 43; SCHIECKEL, S. 116; CETWIŃSKI, Bd. II, S. 98.
131) Stadt nö. Weimar: EISTERT, Heinrich von Steine, S. 68; SCHIECKEL, S. 100; CETWIŃSKI, Bd. II, S. 113f.
132) Ebersbach s. Döbeln oder sö. Großenhain: SCHIECKEL, S. 105; CETWIŃSKI, Bd. II, S. 99.
133) Posern ö. Weißenfels: JUNGANDREAS, S. 46; SCHIECKEL, S. 144; CETWIŃSKI, Bd. II, S. 116.
134) Wohl aus der Gegend von Leipzig-Halle: SCHIECKEL, S. 112; CETWIŃSKI, Bd. II, S. 69.
135) Knobelsdorf sw. Döbeln: JUNGANDREAS, S. 39; SCHIECKEL, S. 111; ZOBEL, S. 154; CETWIŃSKI, Bd. II, S. 101. - Aus Frankfurt a. Main oder Speyer: MÜLLER, Westdeutsche, S. 50.
136) Aus der Gegend von Meißen: PFOTENHAUER, 50, S. 170 Anm. 3; SCHIECKEL, S. 145; CETWIŃSKI, Bd. II, S. 118.
137) Diera n. Meißen: DYHRN, Beiträge, S. 13; SCHIECKEL, S. 135. - Dehrn bei Limburg a.d. Lahn/Hessen: MÜLLER, Westdeutsche, S. 51. - Deutsche Familien, aber es läßt sich nicht eindeutig feststellen, aus welchem Teil Deutschlands sie zuwanderte: CETWIŃSKI, Bd. II, S. 178.
138) Landeskrone bei Bautzen: KNOTHE, Oberlausitzer Adel, S. 328; KUCHENDORF, S. 103; HELBIG, Oberlausitz, S. 75, 77. - Gegen Landskron bei Glogau: CETWIŃSKI, Bd. II, S. 99.
139) Lübben nw. Cottbus: SCHIECKEL, S. 115; CETWIŃSKI, Bd. II, S. 195. - Lüben/Schlesien: CETWIŃSKI, Bd. II, S. 195.
140) Pannwitz bei Bischofswerda: KNOTHE, Oberlausitzer Adel, S. 408; HELBIG, Oberlausitz, S. 74; CETWIŃSKI, Bd. II, S. 155. - Bannewitz bei Dresden/Meißen: JUNGANDREAS, S. 45.
141) Schildau sw. Torgau: JUNGANDREAS, S. 49; ZOBEL, S. 155; CETWIŃSKI, Bd. II, S. 96. - Vorwerk Schilde bei Neisse: SUb II, S. 341.
142) Heinrich Spiegel - Vom Niederrhein über Meißen nach Schlesien: SCHIECKEL, S. 41, 90, 126; CETWIŃSKI, Bd. II, S. 115.

Stange[143]	Thüringen	1282	—
Zedlitz[144]	Sachsen	1282	1292 (?)
Zolwitz[145]	Meißen	1282	—
Crimmitzschau[146]	Sachsen	1283	—
Waldow[147]	Meißen	1283	1295
Nostitz[148]	Oberlausitz	1284	1286
Pack[149]	Meißen	1284	—
Kalkruth[150]	Meißen	1286	—
Kemnitz[151]	Meißen	1286	1288
Falkenhain[152]	Thüringen	1287	—
Heseler[153]	Thüringen	1287	—
Pesna[154]	Sachsen	1287	1291
Schaffgotsch[155]	Meißen	1287	1289

143) Aus der Gegend um Altenburg: KROLLMANN, S. 23; JUNGANDREAS, S. 50; DOBBERTIN, Ortsnamen, S. 136f. (aus Thüringen); WOJTECKI, S. 146f.; CETWIŃSKI, Bd. II, S. 28 (Stangegrün s. Zwickau). - Aus der Gegend von Mainz: MÜLLER, Westdeutsche, S. 52; CETWIŃSKI, Bd. II, S. 28.
144) Zedlitz sö. Borna: JUNGANDREAS, S. 53; ZEDLITZ, Tafel I, 1 Anm.; SCHIECKEL, S. 131; CETWIŃSKI, Bd. II, S. 91.
145) Zollewitz sö. Torgau: SCHIECKEL, S. 151; CETWIŃSKI, Bd. II, S. 129. - Zollwitz bei Rochlitz/Meißen: JUNGANDREAS, S. 54.
146) Stadt n. Zwickau: PFOTENHAUER, 50, S. 163, Anm. 1; JUNGANDREAS, S. 41; HELBIG, Oberlausitz, S. 75; SCHIECKEL, S. 140; CETWIŃSKI, Bd. II, S. 117. - Von Crimmitzschau nach Schönberg sö. Görlitz/Oberlausitz: HELBIG, Oberlausitz, S. 75.
147) Walda nw. Großenhain: HELBIG, Oberlausitz, S. 123; SCHIECKEL, S. 129; KNOTHE, Oberlausitzer Adel, S. 531 (meißnische Familie); BOETTICHER, S. 245 (meißnische Familie). - Waldau, Kr. Schweidnitz: CETWIŃSKI, Bd. II, S. 98f. - Thomaswaldau, Kr. Schweidnitz: PFOTENHAUER, 50, S. 165 Anm. 1; CETWIŃSKI, Bd. II, S. 98f..
148) Nostitz n. Löbau: BOETTICHER, S. 272; CETWIŃSKI, Bd. II, S. 99.
149) Pack nw. Torgau: SCHIECKEL, S. 119; CETWIŃSKI, Bd. II, S. 130; KROLLMANN, S. 15 (meißnische Familie); JUNGANDREAS, S. 45 (meißnische Familie).
150) Kalkreuth sö. Großenhain: JUNGANDREAS, S. 39; SCHIECKEL, S. 139; CETWIŃSKI, Bd. II, S. 140. - Schlesische Familie: KNOTHE, Oberlausitzer Adel, S. 279 (überholt).
151) Kemnitz nö. Bautzen: SCHIECKEL, S. 110; CETWIŃSKI, Bd. II, S. 156. - Kemnitz, Kr. Hirschberg: PFOTENHAUER, 50, S. 162 Anm. 1. - Kemnitz (Brandenburg oder Pommern): JUNGANDREAS, S. 189.
152) Falkenhain nö. Zeitz: JUNGANDREAS, S. 35 (vielleicht); SCHIECKEL, S. 106; CETWIŃSKI, Bd. II, S. 203. - Schlesische Familie: KNOTHE, Oberlausitzer Adel, S. 180 (überholt).
153) Aus Thüringen: JUNGANDREAS, S. 37 (Häseler oder Hesseler, Kr. Eckartsberga); NEUMANN-REPPERT, S. 180 (Freyburg a.d.Unstrut). - Aus der Gegend von Mainz: MÜLLER, Westdeutsche, S. 52.
154) Pösna sö. Leipzig oder Peißen bei Halle: SCHIECKEL, S. 119; CETWIŃSKI, Bd. II, S. 91. - Pösna sö. Leipzig: JUNGANDREAS, S. 46.
155) Aus der Gegend von Meißen: KNOTHE, Oberlausitzer Adel, S. 471; HELBIG, Oberlausitz, S. 68; WITZENDORFF, Schaffgotsch, S. 104; CETWIŃSKI, Bd. II, S. 141, 177f.. - Ab 1278 in Mückenberg a.d. Elster/Meißen: KNOTHE, Schaff, S. 20; HELBIG, Oberlausitz, S. 122. - In Speyer genannt: MÜLLER, Westdeutsche, S. 46.

Borsnitz[156]	Meißen	1288	1288
Sytin[157]	Meißen	1288	—
Aulock[158]	Sachsen	1289	—
Nebelschitz[159]	Oberlausitz	1289	—
Predel[160]	Thüringen	1289	—
Giselher [2][161]	Meißen	1290	1291
Lubnitz[162]	Anhalt	1290	1294
Sacco[163]	Meißen	1290	—
Budissyn[164]	Oberlausitz	1291 (?)	—
Bawarus	Bayern	1292	1292
Lindenau[165]	Sachsen	1292	—
Axleben[166]	Schleswig-Holstein	1293	vor 1296
Hakeborn[167]	Anhalt	1293	—
Komerow[168]	Oberlausitz	1293	1293
Palow[169]	Oberlausitz	1293	—
Kobershain[170]	Meißen	1294	—
Tuchansdorf[171]	Unterfranken	1294	—
Staickenberg[172]	Sachsen	1295	—
Talwiz[173]	Sachsen	1296	—
Woyniz[174]	Meißen	1296	—

---

156) Porschnitz sw. Meißen: JUNGANDREAS, S. 33; SCHIECKEL, S. 119; CETWIŃSKI, Bd. II, S. 140.
157) Sitten n. Leisnig: SCHIECKEL, S. 147.
158) Auligk bei Borna: JUNGANDREAS, S. 52; CETWIŃSKI, Bd. II, S. 69.
159) Nebelschitz ö. Kamenz: KNOTHE, Oberlausitzer Adel, S. 377.
160) Predel nö. Zeitz: JUNGANDREAS, S. 46; SCHIECKEL, S. 144; CETWIŃSKI, Bd. II, S. 108.
161) Giselher Colneri - Cölln sö. Meißen: SCHIECKEL, S. 139; CETWIŃSKI, Bd. II, S. 108f.
162) Löbnitz nw. Düben: SCHIECKEL, S. 141; CETWIŃSKI, Bd. II, S. 178.
163) Sacka ö. Großenhain: JUNGANDREAS, S. 48f.; SCHIECKEL, S. 146; CETWIŃSKI, Bd. II, S. 173f.
164) Stadt Bautzen, wendisch Budissin: KNOTHE, Oberlausitzer Adel, S. 108.
165) Lindenau w. Leipzig: SCHIECKEL: S. 115; CETWIŃSKI, Bd. II, S. 117. - Lindenau, Kr. Grottkau: CETWIŃSKI, Bd. II, S. 117.
166) Axleben/Schleswig-Holstein: JUNGANDREAS, S. 183.
167) Hakeborn ö. Halberstadt: GRÖSSLER, S. 31; JUNGANDREAS, S. 187; SCHULZE, Adelsherrschaft und Landesherrschaft, S. 127; WOJTECKI, S. 208; CETWIŃSKI, Bd. II, S. 142f..
168) Commerau nö. Kamenz: CETWIŃSKI, Bd. II, S. 25.
169) Pohla wendisch Palow nö. Bischofswerda: PFOTENHAUER, 50, S. 162 Anm. 3; HELBIG, Oberlausitz, S. 75, 105; CETWIŃSKI, Bd. II, S. 136 (ungewiß).
170) Kobershain, Kr. Torgau: PFOTENHAUER, 50, S. 162 Anm. 2; JUNGANDREAS, S. 40; CETWIŃSKI, Bd. II, S. 69; KNOTHE, Oberlausitzer Adel, S. 305 (meißnische Familie).
171) Tugendorf/Unterfranken: JUNGANDREAS, S. 202. - Wohl aus Franken: PFOTENHAUER, 50, S. 174 Anm. 2.
172) Starkenberg/Sachsen: JUNGANDREAS, S. 50.
173) Thallwitz nw. Wurzen: JUNGANDREAS, S. 51; SCHIECKEL, S. 127; CETWIŃSKI, Bd. II, S. 117.
174) Wuhnitz nö. Döbeln: JUNGANDREAS, S. 53; SCHIECKEL, S. 130.

Sulz[175]	Thüringen	1298	vor 1298
Aczemansdorf[176]	Thüringen	1299	—
Buntense[177]	Meißen	1299	1299
Cechowe[178]	Meißen	1299	1299
Dornheim[179]	Mittelfranken	1299 (?)	—
Johannes [54][180]	Lausitz	1300	—
Ledelow[181]	Thüringen	1300	—

Neben diesen sicher aus Deutschland zugewanderten Adligen kann man bei einer ganzen Reihe weiterer Adliger mit guten Gründen deutsche Herkunft vermuten. So bei dem schon erwähnten Jakob [6], dessen Eltern als hospites[12] bezeichnet werden, also sehr wahrscheinlich zugewanderte Deutsche sind. Der Familienname Swab deutet auf schwäbische Herkunft[182].

Besondere Bedeutung kommt den Adelsnamen als solchen zu, weil sie als deutsche Erscheinung bezeichnet werden können und bald Nachahmung fanden. Adelsnamen, die sich von einem nichtschlesischen Ort ableiten und nicht befriedigend lokalisieren lassen, führen zusammen mit deutschen Vornamen die Familien Vermoldesdorf[183], Mühlheim[184], Kurzbach[185], Seidlitz[186] und Blankenberg[187]. Nicht identifizieren lassen sich die Namen der folgenden Familien, bei denen jedoch überwiegend deutsche Vornamen gebräuchlich sind: Aceruo, Themeriz, Loben, Strigen, Druschowitz, Blesow, Zindel[188], Lagow, Osla, Lobel, Zoblus, Stolchwitz, Leckinstein und Brokotenstein. Bei den Adelsnamen, die sich von schlesischen Orten herleiten, ist ungewiß, wer wem den Namen gab: das Adelsgeschlecht dem

---

175) Stadt sw. Naumburg: SCHIECKEL, S. 127; CETWIŃSKI, Bd. II, S. 140 (thüringische Familie).
176) Azmannsdorf/Thüringen: JUNGANDREAS, S. 31.
177) Bunthensee bei Dresden: JUNGANDREAS, S. 33f. - Bentnitz n. Jena: SCHIECKEL, S. 101 (?).
178) Zechau ö. Altenburg: JUNGANDREAS, S. 53; SCHIECKEL, S. 150.
179) Dornheim/Mittelfranken: JUNGANDREAS, S. 200.
180) Johannes Unruh - Aus der Lausitz: CETWIŃSKI, Bd. II, S. 130. - Aus der Gegend von Mühlhausen/Thüringen: JUNGANDREAS, S. 52.
181) Lödla nw. Altenburg: SCHIECKEL, S. 141; WOJTECKI, S. 167; CETWIŃSKI, Bd. II, S. 117. - Lödla bei Rositz: JUNGANDREAS, S. 42.
182) So auch SCHIECKEL, S. 90, der einen Rüdiger Suevus für 1216 anführt (S. 127). CETWIŃSKI, Bd. II, S. 137 hält die Swab für eine deutsche Familie. Zu ihrer weiteren Verbreitung vgl. EISTERT, Heinrich von Steine und DOBBERTIN, Ritterfamilie Svaf.
183) Wermsdorf sw. Oschatz/Sachsen: JUNGANDREAS, S. 52; SCHIECKEL, S. 130 ('Werenboldisdorf').
184) Mühlheim am Rhein oder Mühlheim a.d. Ruhr: JUNGANDREAS, S. 166. - Mühlheim/Nassau: MÜLLER, Westdeutsche, S. 51.
185) Garesbach bei Meißen: JUNGANDREAS, S. 41.
186) Seilitz bei Meißen: JUNGANDREAS, S. 50.
187) Vielleicht Blankenberg a.d. Saale nw. Hof/Bayern: CETWIŃSKI, Bd. II, S. 108.
188) Die Dörfer Zindel in den Kreisen Breslau, Brieg und Grottkau dürften eher nach der Familie benannt sein als umgekehrt.

Dorf oder das Dorf dem Geschlecht. Da diese Art der Namen aber, wie schon dargelegt, als deutsche Erscheinung anzusehen ist und in den folgenden Familien deutsche Vornamen vorherrschen, kann man deutsche Herkunft vermuten auch bei den Janowitz[189], Karzen[190], Gerlachsheim[191], Seiffersdorf[192], Greiffenstein[193], Berkkow[194], Neunz[195] Raten[196], Bohrau[197], Zobten[198], Prato[199], Melma[200], Weistritz[201], Scheitin[202], Bischofsheim[203], Ditmannsdorf[204], Eichelborn[205], Nechern[206], Schlewitz[207], Malkwitz[208], Berndorf[209], Adelungesbach[210], Bertilsdorf[211], Liebau[212],

---

189) Janowitz, Kr. Ratibor ?
190) Karzen nw. Strehlen: SUb II, S. 322.
191) Gerlachsheim sw. Lauban: BOETTICHER, S. 259; SUb III, S. 420. - Gerlachsheim ö. Seidenberg: KNOTHE, Oberlausitzer Adel, S. 184 (S. 184f. läßt er die Frage „dahingestellt sein, ob die schlesische Familie dieses Namens … mit der Oberlausitzer zusammenhängt.") - Gerlachsheim, Kr. Mosbach/Baden: ZOBEL, S. 154; GIRKE, S. 81.
192) Seiffersdorf bei Ohlau: SUb III, S. 453.
193) Burg Greiffenstein, Kr. Löwenberg: BRETSCHNEIDER, Studien, Bd. 64, S. 24 (S. 25 vermutlich aus Meißen); DOBBERTIN, Lichtenberg, S. 50; CETWIŃSKI, Bd. II, S. 201. - Burg Greiffenstein bei Meißen: KUCHENDORF, S. 91. - Burg Greiffenstein bei Hohenstein/Hessen: MÜLLER, Westdeutsche, S. 47f.; CETWIŃSKI, Bd. II, S. 201 (unwahrscheinlich).
194) Berghof bei Schweidnitz oder bei Frankenstein: CETWIŃSKI, Bd. II, S. 112.
195) Neunz bei Neisse: SUb III, S. 440.
196) Rathen, Kr. Oels, Neumarkt oder Glatz ?
197) Bohrau bei Jauer: CETWIŃSKI, Bd. II, S. 99, 112. - Bohrau bei Strehlen: PFOTENHAUER, 50, S. 170 Anm. 1; CETWIŃSKI, Bd. II, S. 99 (unwahrscheinlich).
198) Zobten, Kr. Löwenberg ?
199) Aus einem der schlesischen Orte namens Wiese: CETWIŃSKI, Bd. II, S. 164. - Prath n. Kaub am Rhein: MÜLLER, Westdeutsche, S. 50; CETWIŃSKI, Bd. II, S. 164 (vielleicht).
200) Malina, Kr. Oppeln: SR 1616.
201) Wohl Weistritz, Kr. Schweidnitz.
202) Skeyden, Kr. Glogau: PFOTENHAUER, 50, S. 178 Anm. 2.
203) Aus einem der schlesischen Orte namens Bischdorf, Biskupitz oder ähnlich: CETWIŃSKI, Bd. II, S. 99. - Bischofsheim bei Frankfurt a. M.: MÜLLER, Westdeutsche, S. 51f.; CETWIŃSKI, Bd. II, S. 99. - Bischofsheim in der Rhön: MÜLLER, Westdeutsche, S. 51f. - Bischofsheim/Elsaß: JUNGANDREAS, S. 205.
204) Dittmannsdorf, Kr. Waldenburg, Neustadt oder Frankenstein ? - Ditmannsdorf = Loffkowitz bei Brieg: SR Bd.3, S. 308. - Dittmannsdorf nö. Borna: SCHIECKEL, S. 135.
205) Chudoba bei Kreuzburg/OS oder Dębów (dt?) bei Militsch: CETWIŃSKI, Bd. II, S. 119. - Eichelborn bei Klettbach/Sachsen: JUNGANDREAS, S. 35.
206) Niechlin, Kr. Guhrau: CETWIŃSKI, Bd. II, S. 179.
207) Eher Schleibitz, Kr. Neisse als Schleibitz, Kr. Oels: PFOTENHAUER, 50, S. 168 Anm. 1. - Stammort bei Neisse oder Oels: CETWIŃSKI, Bd. II, S. 156.
208) Vielleicht Malkwitz bei Breslau: CETWIŃSKI, Bd. II, S. 156.
209) Berndorf, Kr. Liegnitz: PFOTENHAUER, 50, S. 171f. Anm. 1; SR 2537; CETWIŃSKI, Bd. II, S. 185.
210) Adelsbach, Kr. Waldenburg: PFOTENHAUER, 50, S. 163 Anm. 2; BRETSCHNEIDER, Studien, Bd. 65, S. 248; CETWIŃSKI, Bd. II, S. 110.
211) Bertholdsdorf, Kr. Neumarkt: CETWIŃSKI, Bd. II, S. 116. - Bertelsdorf, Kr. Reichenbach ?
212) Liebau, Kr. Landeshut ?

Schwenkenfeldt[213], Frankental[214], Luczgersdorf[215], Sommerfeld[216], Bartuschdorf[217], Thuderow[218], Obisch[219] und Pranzko[220].

Auch Personen, die in Zusammenhang mit der deutschen Siedlung genannt werden, können deutscher Herkunft sein, was jedoch durch weitere Hinweise - etwa deutsche Vornamen oder Elemente des Lehenswesens - abzusichern ist. So muß der 'Ministeriale' Jasso für seine Scholtisei, die zu deutschem Recht ausgesetzt werden soll, Roßdienst leisten, was auch für den Lokator Berthold [14] gilt, bei dem ausdrücklich auf das „ius feodale"[221] hingewiesen wird. Ein weiterer Lokator ist Eberhard von Reichenstein. Einen Vogt stellt die Familie von Ronow[222], in der deutsche Vornamen gebräuchlich sind. Oberster Vogt des Herzogtums Glogau ist 1293[223] Tammo Rime, in dessen Familie niemand einen slavischen Vornamen trägt. Dies gilt auch für die Familien der Erbvögte von Münsterberg, Reichenbach, Frankenstein und Neisse. Als Schulz und Scholtiseibesitzer werden Siegfried [4] und Siegfried [3] genannt. Ausdrücklich verliehen wird dem Ritter Godislaus, Sohn des Wilhelm, ein Dorf zur Aussetzung zu deutschem Recht, den Brüdern Theoderich und Hermann von Ronberg[224] für treue Dienste ein Gut. Die Brüder Cunczo, Konrad und Peter müssen für ihr Gut Dienst am Hofe des Bischofs von Breslau leisten. Schließlich könnte der Beiname Lenman des Berthold [9] darauf hindeuten, daß es sich bei ihm um einen Lehensmann handelt.

Der besseren Übersicht halber werden auch die zugewanderten Adligen, die sehr wahrscheinlich deutscher Herkunft sind, in der folgenden Liste zusammengefaßt, die um das Jahr der ersten Erwähnung und der Seßhaftwerdung der Adligen ergänzt wurde.

---

213) Schwengfeld bei Schweidnitz: KUCHENDORF, S. 137.
214) Frankental bei Neumarkt: PFOTENHAUER, 50, S. 173f. Anm. 1; CETWIŃSKI, Bd. II, S. 120.
215) Leifersdorf/Leschdorf, Kr. Goldberg: PFOTENHAUER, 50, S. 174f. Anm. 1; CETWIŃSKI, Bd. II, S. 96.
216) Sommerfeld bei Crossen: PFOTENHAUER, 50, S. 176f. Anm. 1. - Laut CETWIŃSKI, Bd. II, S. 105 soll Pfotenhauer zwischen Sommerfeld bei Crossen oder Neumarkt schwanken; letztere Ortsangabe beruht jedoch auf der Verwechslung der Landschaft Neumark (Crossen in Neumark) mit der Stadt Neumarkt.
217) Bartuschdorf/Barschdorf, Kr. Liegnitz: CETWIŃSKI, Bd. II, S. 167.
218) Vorwerk Thuderow bei Ohlau ?
219) Obisch bei Glogau: SR 2515.
220) Pranzkovo bei Mehlteuer, Kr. Strehlen; abgekommen: SR 2554.
221) SUb III, 365.
222) Wahrscheinlich Rohnau bei Landeshut: PFOTENHAUER, 50, S. 177 Anm. 1. - Rohnau, Kr. Zittau: CETWIŃSKI, Bd. II, S. 109. - Vielleicht Rohnau nö. Zittau: SUb III, S. 450.
223) SUb VI,118.
224) Romberg, Kr. Breslau: PFOTENHAUER, 50, S. 160 Anm. 2.

Name	Vermutetes Herkunftsgebiet	Erste Erwähnung	Seßhaftwerdung
Jakob [6]	?	1235	1235
Janowitz	(Schlesien)	ca. 1238	—
Karzen	(Schlesien)	1239	—
Swab	(Schwaben)	1243	1243
Godislaus	?	vor 1249	vor 1249
Gerlachsheim	(Schlesien)	1251	vor 1261
Seiffersdorf	(Schlesien)	1251	1253
Greiffenstein	(Schlesien)	1254	vor 1254
Ronow	(Schlesien)	1255	1255
Jasso	?	1256	1256
Siegfried [3]	?	1256	vor 1256
Aceruo	?	1257	1266
Berckow	(Schlesien)	1258	—
Neunz	(Schlesien)	1260	1260
Raten	(Schlesien)	1261	—
Bohrau	(Schlesien)	1263	1277[225]
Rime	?	1264	1293
Siegfried [4]	(Schlesien)	1265	vor 1265
Berthold [14]	?	ca. 1266	vor 1266
Münsterberg	(Schlesien)	1268	1268
Vermoldesdorf	?	1271	—
Mühlheim	?	1274	1274
Ronberg	?	1274	1274
Zobten	(Schlesien)	1274	vor 1274
Themeriz	?	1276	vor 1276
Prato	(Schlesien)	1277	1291
Melma	(Schlesien)	1279	—
Weistritz	(Schlesien)	1279	vor 1279
Loben	?	1280	1286
Scheitin	(Schlesien)	1280	—
Bischofsheim	(Schlesien)	1281	—
Kurzbach	?	1282	1282
Reichenbach	(Schlesien)	1282	1282
Strigen	?	1282	—
Ditmannsdorf	(Schlesien)	1283	—

225) Berthold von Bohrau wird von 1277 bis 1295 in 34 Urkunden als Zeuge genannt, also fast jedes halbe Jahr, woraus auf Seßhaftigkeit geschlossen wurde.

Druschowitz	?	1283	vor 1283
Nechern	(Schlesien)	1284	—
Schlewitz	(Schlesien)	1284	1288
Malkwitz	(Schlesien)	1285	—
Berndorf	(Schlesien)	1286	—
Blesow	?	1286	1288
Zindel	?	1286	1286
Lagow	?	1287	—
Eichelborn	(Schlesien)	1288	1288
Seidlitz	?	1288	1292
Adelungesbach	(Schlesien)	1290	1293
Bertilsdorf	(Schlesien)	1290	—
Blankenberg	Vogtland	1290	—
Frankenstein	(Schlesien)	1290	1290
Liebau	(Schlesien)	1290	—
Lobel	?	1290	1292
Osla	?	1290	vor 1294
Schwenkenfeldt	(Schlesien)	1292	1292
Zoblus	?	1292	—
Stolchwitz	?	1293	—
Frankental	(Schlesien)	1294	—
Leckinstein	?	1294	—
Luczgersdorf	(Schlesien)	1294	—
Neisse	(Schlesien)	1294	1294
Sommerfeld	(Schlesien)	1294	—
Brokotenstein	?	1295	—
Bartuschdorf	(Schlesien)	1296	—
Reichenstein	?	1296	1296
Thuderow	(Schlesien)	1297	vor 1297
Obisch	(Schlesien)	1298	vor 1298
Berthold [9]	?	1299	1299
Pranzko	(Schlesien)	1299	1299
Cunczo	?	1300	1300

Aus beiden Listen ergibt sich, daß aus dem deutschen Reich insgesamt 161 Familien zuwandern, von denen bei 93 (57,8 %) deutsche Herkunft direkt nachgewiesen wurde. Bei den übrigen 68 Familien (42,2 %) ist sehr sicher, daß sie ebenfalls aus Deutschland stammen. Auf Grund der Adelsnamen konnten die Herkunftsorte der ersten Gruppe lokalisiert und in Abbildung 2[226] kartographisch dar-

---

226) Siehe S. 89. - Die Karte vermittelt nur einen Gesamteindruck, weil die Stammorte nur ungefähr eingezeichnet werden konnten.

gestellt werden. Hauptherkunftsgebiet ist demnach der Raum zwischen Unstrut, Saale, Elbe, Schwarze Elster und Lausitzer Neiße, also Thüringen, Sachsen, Meißen und die Lausitz - Gebiete mit zum Teil sorbischer Bevölkerung[227]. Aber auch aus Bayern, Franken, Anhalt, Westfalen, Hessen, Österreich und Schleswig-Holstein gelangen vereinzelt Adlige nach Schlesien. Die Auswandererzahlen für die einzelnen Gebiete lauten:

Meißen		37 Familien	39,8 %
Lausitz		17 Familien	18,3 %
(Oberlausitz	13 Familien)		
(Niederlausitz	3 Familien)		
(Lausitz	1 Familie)		
Sachsen		13 Familien	14,0 %
Thüringen		13 Familien	14,0 %
Bayern		3 Familien	3,2 %
Franken		3 Familien	3,2 %
Anhalt		2 Familien	2,1 %
Westfalen		2 Familien	2,1 %
Hessen		1 Familie	1,1 %
Österreich		1 Familie	1,1 %
Schleswig-Holstein		1 Familie	1,1 %
		93 Familien	100,0 %

Bei diesen Angaben ist allerdings zu beachten, daß es sich nicht immer um den 'Urstammsitz' der Familien handelt[228]. Dieser kann durchaus noch weiter westlich liegen. So wie die allgemeine Siedlungsbewegung sich in Etappen gen Osten bewegt, ziehen auch Adelsfamilien von einem Gebiet in ein anderes. Dies gilt besonders und ist auch belegt für die Baruth[229], Kamenz[230], Lapide[231], Donin[232] und

---

227) Hierauf macht CETWIŃSKI, Bd. I, S. 25 aufmerksam, der aus der zeitweiligen Ansässigkeit der Adligen in diesen sprachlich gemischten Gebieten auf slavische Sprachkenntnisse der Zuwanderer schließt, die ihnen die Assimilation an den schlesischen Adel erleichtert hätten.

228) CETWIŃSKI, Bd. I, S. 25 vermutet dies lediglich ganz vage für einige Familien aus Meißen und der Lausitz, ohne dies näher auszuführen.

229) Stammen vermutlich aus der Leipziger Gegend. Gelangten über die Mittelmark in die Oberlausitz und von dort nach Schlesien. Vgl. HELBIG, Oberlausitz, S. 103-105.

230) Aus Vesta nw. Weißenfels/Osterland in die Oberlausitz und weiter nach Schlesien. Vgl. KNOTHE, Kamenz, S. 82f.; KNOTHE, Oberlausitzer Adel, S. 280; KROLLMANN, S. 11; SCHIECKEL, S. 129; HELBIG, Oberlausitz, S. 87-92.

231) Aus dem Pleißenland über die Oberlausitz nach Schlesien. Vgl. HELBIG, Oberlausitz, S. 99-101.

232) Vom Stammsitz Röda w. Altenburg im Pleißenland über Dohna in Meißen, nach dem sie sich nannten, in die Oberlausitz und weiter nach Schlesien. Vgl. KROLLMANN, Dohna, Sp. 48; HELBIG, Oberlausitz, S. 117f.: KUHN, Guhrau, S. 134f.; WOJTECKI, S. 172.

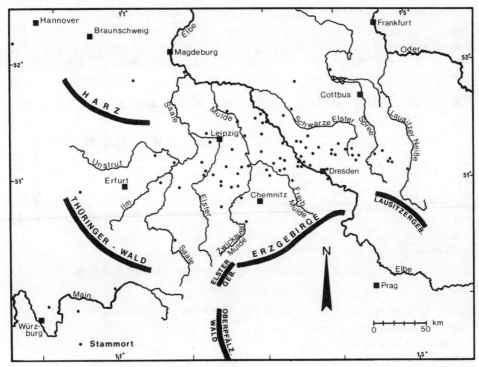

Abb. 2: Die Stammorte der nach Schlesien zugewanderten deutschen Adelsfamilien (zugrundegelegt wurde die Karte „Norddeutschland, Niederlande, Belgien und Luxemburg", in: Diercke Weltatlas. Braunschweig 1957. 121. Auflage [33. Auflage der Neubearbeitung], S. 6-8)

Strehla[233]. Über das Herzogtum Troppau gelangten die Pannwitz[234] und Stange[235] nach Schlesien. Fernwanderungen über große Distanzen waren demnach Ausnahmen aber, wie das Beispiel der Füllstein[236], Falkenberg[237] und Spiegel[238] zeigt, durchaus möglich.

---

233) Von Meißen über die Oberlausitz nach Schlesien. Vgl. HELBIG, Oberlausitz, S. 96f..
234) Aus der Oberlausitz ins Troppauische und von da nach Schlesien. Vgl. VI.1. Der Adel des piastischen Schlesien bis 1300.
235) Über Thüringen und Troppau nach Schlesien. Vgl. VI.1. Der Adel des piastischen Schlesien bis 1300.
236) Herbord von Füllstein wanderte aus Westfalen mit Bruno von Schauenburg, dem neuen Bischof von Olmütz, nach Mähren und ließ seine Söhne, die 1255 ihr Ministerialenverhältnis zum Kloster Möllenbeck lösten, nachkommen. Von Mähren aus gelangten Eckrich und Johannes nach Schlesien. Vgl. ZOBEL, S. 155; DOBBERTIN, Ortsnamen, S. 135-137; SUb III, S. 419.
237) Vielleicht vom Niederrhein nach Meißen und Schlesien. Vgl. SCHIECKEL, S. 90, 106; CETWIŃSKI, Bd. II, S. 109.
238) Heinrich [35] Spiegel - Vielleicht vom Niederrhein nach Meißen und Schlesien. Vgl. SCHIECKEL, S. 41, 90, 126; CETWIŃSKI, Bd. II, S. 115.

Abb. 3a: Zuwanderung nach Schlesien aus der Polonia gemäß erster Erwähnung

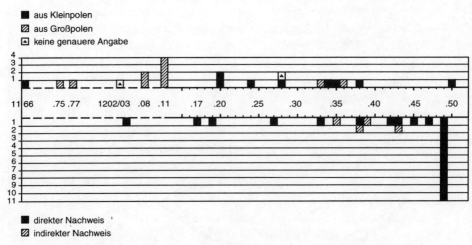

Abb. 3b: Zuwanderung nach Schlesien aus dem deutschen Reich gemäß erster Erwähnung

Abb. 3a: Zuwanderung nach Schlesien aus der Polonia gemäß erster Erwähnung

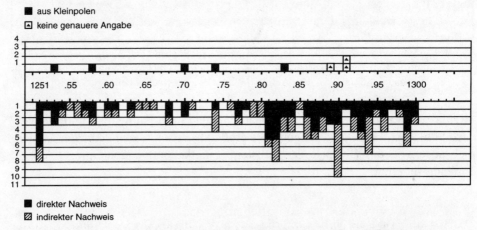

Abb. 3b: Zuwanderung nach Schlesien aus dem deutschen Reich gemäß erster Erwähnung

Die Zuwanderung deutscher Adliger setzt erst im 13. Jahrhundert ein[239]. Wie in Abbildung 3b[240] veranschaulicht, kommt es in den ersten drei Jahrzehnten nur zu

---

239) CPP, S. 479 und Chronica Polonorum, S. 634 berichten schon für 1163 bis 1173 von deutschen Söldnern in schlesischen Diensten, ohne jedoch Namen zu nennen. Auch gelangen schon früh namentlich nicht bekannte Ritter im Gefolge nach Schlesien heiratender deutscher Prinzessinnen in das Oderland. Vgl. BARTELS, S. 18, 24-29 und III.4. Das Verhältnis zwischen eingessenem und zugewandertem Adel.

240) Siehe Abb. oben.

vereinzelten Einwanderungen mit zum Teil langen zeitlichen Unterbrechungen. Diese Unterbrechungen verringern sich ab 1233 auf nur noch ein (10 mal), höchstens zwei Jahre (3 mal). Mit diesem Jahre beginnt also eine anhaltende Zuwanderung deutscher Adliger nach Schlesien. Ihre Zahl ist anfänglich gering. 1249 wird jedoch - gleichsam 'aus dem Stand' - mit elf Zuwanderern der Höhepunkt erreicht. In der Folgezeit nimmt die Anzahl wieder ab, erreicht um die Mitte der 60er Jahre einen gewissen Tiefstand, um anschließend wieder anzusteigen und sich ab Beginn der 80er Jahre - mit unterschiedlich starken Schwankungen - auf einer durchschnittlichen Höhe von 4,4 Einwanderern pro Jahr zu halten. Dabei erscheinen als Zeiten überdurchschnittlicher Zuwanderung die Jahre 1282, 1290 und 1294, wogegen die Einwanderung 1291, 1297 und 1298 unter dem Durchschnitt bleibt. Allein in den 80er und 90er Jahren des 13. Jahrhunderts wandern 86 Familien zu, das heißt mehr als die Hälfte der 161 aus Deutschland stammenden Familien.

Aus der schlesischen Geschichte heraus läßt sich lediglich der Höhepunkt im Jahre 1249 erklären. Er steht in Zusammenhang mit den Erbauseinandersetzungen der Jahre 1248 bis 1251. Dabei kommt es im bewußten Jahre zu einem Bündnisvertrag zwischen Herzog Boleslaus II. von Liegnitz und Erzbischof Wilbrand von Magdeburg, in dem schon Walter von Barby, Richard von Dahme, Konrad von Indagine, Witigo von Kamenz und Albert von Rabenswald als Zeugen genannt werden[241]. Diese erscheinen dann im Laufe des Jahres mit Hartmann von Falkenberg, Werner von Forst, Heinrich von Gusik, Gerhard von Lapide, Otto von Neudeck und Konrad von Strehla weiterhin in Urkunden Boleslaus' II., wenn auch nicht immer alle zusammen[242]. Ein Teil von ihnen wird noch länger in der Umgebung des Liegnitzers genannt[243], Seßhaftigkeit kann jedoch - allerdings erst für die folgende Generation - nur für die Gusik, Indagine und Kamenz nachgewiesen werden. Bei dieser Gruppe Adliger handelt es sich somit sehr wahrscheinlich um im Solde Boleslaus' kämpfende Ritter. Dies könnte ebenfalls für die 1251 an den Liegnitzer Hof zuwandernden Heinrich von Donin, Heinrich von Flößberg, Konrad von Mülbitz, Peter von Swabisdorf und Grabisius von Gerlachsheim gelten, von denen nur der letzte in Schlesien ansässig wird.

Die erste Nennung der zugewanderten Adligen in den Urkunden der verschiedenen Herzöge Schlesiens gibt Auskunft über die bevorzugten Einwanderungsgebiete und über die ungefähre Verteilung der Adligen auf die einzelnen Herzogtümer. Letzteres trifft jedoch erst für die Zeit nach der Teilung Niederschlesiens in die Herzogtümer Liegnitz, Breslau und Glogau um 1252 zu. Zuvor werden bei Heinrich I.

---

241) SUb II, 368.
242) SUb II, 371, 374, 382.
243) Bis 1251 Werner von Forst und Witigo von Kamenz, bis 1252 Albert von Rabenswald sowie bis 1264 Heinrich von Gusik und Gerhard von Lapide.

zwei[244], bei der heiligen Hedwig zwei[245] und bei Heinrich II. ein Adliger[246] erwähnt. Dies sind bei Boleslaus II. von Liegnitz 36[247], Heinrich V. von Liegnitz-Breslau 19[248], Bolko I. von Jauer 18[249] und Bernhard von Löwenberg drei[250], für das gesamte Herzogtum Liegnitz also 76 Adlige. In den Urkunden Heinrichs III. von Breslau werden elf Adlige[251], in denen Wladislaus' ein[252] und Heinrichs IV. 19 Adlige[253] erwähnt, was zusammen 31 Zuwanderer ergibt. In das Glogauer Gebiet gelangen 15 Adlige, und zwar unter Konrad I. einer[254], Heinrich I. sechs[255], Primislaus von Steinau vier[256] und Konrad II. von Sagan vier[257]. Äußerst gering ist die Zuwanderung nach Oppeln mit drei Adligen[258] zur Zeit Boleslaus' und ins Troppauische mit zwei Adligen[259]. Vier adlige Geistliche[260] werden Mitglieder des Domkapitels, fünf Adlige[261] treten in den Dienst des Bischofs von Breslau. 1281 wird ein zugewanderter Adliger, bei dem es sich um seine erste Nennung handelt, in einer von einem Standesgenossen ausgestellten Urkunde erwähnt, was insgesamt 13 mal vorkommt[262].

---

244) Wisenburg, Gottfried [4].
245) Heinrich [29], Janowitz.
246) Karzen.
247) Hohenbüchen, Biberstein, Swab, Muschov, Barby, Dahme, Falkenberg, Forst, Gusik, Indagine, Kamenz, Lapide, Neudeck, Rabenswald, Strehla, Donin, Flößberg, Mülbitz, Swabisdorf, Gerlachsheim, Ehrenberg, Gottfried [5], Ronow, Jasso, Colditz, Hoberg, Tettau, Saalburg, Bohrau, Rime, Siegfried [4], Hermann [5], Maltitz, Copatz, Knobelsdorf, Prato.
248) Poserne, Loben, Scheitin, Schlewitz, Sytin, Berndorf, Bertilsdorf, Blankenberg, Bawarus, Axleben, Palow, Kobershain, Tuchansdorf, Frankental, Luczgersdorf, Sommerfeld, Staickenberg, Falkenhain, Bartuschdorf.
249) Zedlitz, Zolwitz, Kurzbach, Strigen, Waldow, Seidlitz, Aulock, Sacco, Frankenstein, Schwenkenfeldt, Zoblus, Hakeborn, Stolchwitz, Reichenstein, Thuderow, Sulz, Berthold [9], Pranzko.
250) Landescron, Schildau, Druschowitz.
251) Baruth, Profen, Seiffersdorf, Banz, Grodis, Haugwitz, Aceruo, Berckow, Godov, Berthold [14], Münsterberg.
252) Füllstein.
253) Apolda, Ebersbach, Mühlheim, Ronberg, Zobten, Themeriz, Quas, Schaffgotsch, Weistritz, Lubin, Heinrich [35], Reichenbach, Crimmitzschau, Eichelborn, Kemnitz, Blesow, Zindel, Borsnitz, Giselher [2].
254) Vermoldesdorf.
255) Dyhrn, Pesna, Lobel, Obisch, Aczemansdorf, Ledelow.
256) Pack, Nechern, Nostitz, Malkwitz.
257) Kalkruth, Nebelschitz, Lubnitz, Buntense.
258) Melma, Komerow, Leckinstein.
259) Pannwitz, Stange.
260) Kittlitz, Heinrich [13], Adalbert [8], Jakob [6].
261) Godislaus, Siegfried [3], Lagow, Budissyn, Cunczo.
262) Bischofsheim, Talwiz und Woyniz bei Albertus von Tepliwoda, Hermann [9] bei Franz von Wildschütz, Ditmannsdorf bei Stephan von Würben, Heseler bei Heinrich Vogt von Frankenstein, Predel bei Witigo von Aupa, Adelungsbach und Liebau bei Konrad von Reichenbach, Osla bei Heinrich von Kittlitz, Lindenau bei Protonotar Ludwig [1], Brokotenstein bei Protonotar Siegfried [1], Dornheim bei Hermann von Reichenbach.

Sieben Adlige[263] werden in Urkunden anderer Aussteller genannt. Aus diesen Zahlen ergibt sich, daß fast die Hälfte (47 %) aller Adligen in das Liegnitzer Gebiet einwandert, 31 (19,1 %) Adlige in das Breslauer, 15 (9,2 %) in das Glogauer und nur drei (1,5 %) in das Oppelner. Dabei ist auffällig, daß die Einwanderung in das dem Hauptherkunftsgebiet näher liegende Glogau geringer ist als in das entferntere Breslau. Die meisten deutschen Adligen zog Boleslaus II. von Liegnitz in seine Dienste, der allerdings auch 36 Jahre herrschte.

Auffällig ist, daß zwischen einigen zugewanderten Familien engere Beziehungen verschiedener Art bestehen. So werden die Haugwitz und Waldow öfter zusammen genannt,[264] halten die Quas engen Kontakt mit den Kamenz[265], in deren Gefolge ab 1278 häufig die Schaffgotsch anzutreffen sind, nachdem letztere deren Nachbarn im Meißnischen geworden sind[266]. Zur Mannschaft der Herren von Kamenz gehört seit 1245 der sechs Jahre später in Schlesien genannte Peter von Swabisdorf[267]. In unmittelbarer Nachbarschaft liegen auch die Orte Kittlitz, Wisenburg und Baruth, nach denen sich drei Familien nennen, die sogar ein gemeinsames Wappen führen[268]. Ebenfalls benachbart - und zwar in der Mark Meißen, in der Lausitz und in Schlesien ! - sind die Biberstein und Donin, die auch miteinander verwandt sind[269]. Da diese Familien zu verschiedenen Zeiten nach Schlesien gelangen, liegt nahe, daß die zuerst in das Oderland gewanderten Adligen einerseits die Verbindung zu ihren Standesgenossen in der Heimat aufrechterhielten und sie andererseits ermunterten, ebenfalls nach Schlesien zu wandern.

Seßhaftwerdung ist für insgesamt 82 (50,9 %) der 161 zugewanderten deutschen Familien belegt. Von ihnen erwerben 35 (42,7 %) zuerst Grundbesitz, und weitere 47 (57,3 %)[270] erlangen als erstes ein Amt. Diese Angaben sind in den beiden Gruppen - direkter und indirekter Nachweis deutscher Herkunft - unterschiedlich. Von den 93 Adligen der ersten Gruppe werden nur 39 (42 %) in Schlesien ansässig: 14 (36 %) werden als Grundbesitzer[271], 25 (64 %) als Amtsinhaber[272] genannt. In der zweiten Gruppe werden 43 (63,2 %) von 68 Adligen seßhaft, 21 (48,8 %) als

---

263) Cygelheim, Greiffenstein, Neunz, Raten, Neisse, Cechowe, Johannes [54].
264) Darauf weist schon KROLLMANN, S. 87 hin. Gemeinsame Zeugen in SUb V, 423, 426, 484, VI, 242.
265) CETWIŃSKI, Bd. II, S. 118.
266) HELBIG, Oberlausitz, S. 122.
267) KNOTHE, Kamenz, S. 110.
268) HELBIG, Oberlausitz, S. 85; CETWIŃSKI, Bd. I, S. 32f. und Bd. II, S. 71, 117f.
269) KUHN, Guhrau, S. 135 Anm. 27.
270) Nach CETWIŃSKI, Bd. I, S. 28 bekleiden nur 13 zugewanderte deutsche Adlige der ersten Generation (!) ein Amt (5 % der Beamten). Namentliche Aufzählung: CETWIŃSKI, Bd. I, S. 28 Anm. 94.
271) Hohenbüchen, Gusik, Cygelheim, Haugwitz, Knobelsdorf, Quas, Schaffgotsch, Schildau, Zedlitz, Kemnitz, Bawarus, Axleben, Sulz, Cechowe.
272) Kittzlitz, Heinrich [13], Adalbert [8], Wisenburg, Biberstein, Baruth, Indagine, Kamenz, Füllstein, Profen, Banz, Saalburg, Apolda, Poserne, Dyhrn, Pannwitz, Hermann [9], Waldow, Nostitz, Pesna, Borsnitz, Giselher [2], Lubnitz, Komerow, Buntense.

Grundbesitzer[273] und 22 als Amtsinhaber[274]. Nach durchschnittlich 5,6 Jahren werden die Zuwanderer ansässig. Diese lange Zeitspanne erklärt sich dadurch, daß bei den Baruth, Gusik, Indagine und Kamenz erst die zweite Generation in Schlesien bleibt. Bei Nichtberücksichtigung dieser Familien beträgt der Durchschnitt nur noch vier Jahre und unterscheidet sich damit nur noch gering von dem der aus den polnischen Gebieten zugewanderten Adligen. Die meisten Grundbesitzer werden einfach als solche erwähnt, nur bei einigen sind weitere Angaben möglich. Die Mühlheim und Zedlitz kaufen Grundbesitz, den Ronberg und Cygelheim wird er verliehen, den letzteren zu Lehensrecht. Als Lokator wird Tammo Quas mit Grundbesitz entschädigt. Die Schaffgotsch und Axleben werden als Vorbesitzer genannt, die Gerlachsheim, Haugwitz, Zobten, Themeriz und Sulz verkaufen ihren Besitz, die Druschowitz verschenken und die Weistritz vertauschen ihn. Die Neunz besitzen eine Schenke, die Prato, Schlewitz und Kemnitz Mühlen. Von den zuerst in Ämtern genannten Adligen gelangen 21 in höhere und 26 in eher niedere Ämter. So sind Heinrich von Kittlitz, Heinrich [13], Adalbert [8] und Jakob [6] Breslauer Domherren, Johannes von Indagine, Friedrich von Lobel und Friedrich von Buntense Notare, Arnold von Komerow herzoglicher Prokurator, ein Biberstein Kämmerer, ein Poserne Marschall und die Vertreter von zehn Familien Kastellane[275] sowie Albert von Banz Breslauer Konsul. In den eher niederen Ämtern finden sich als Lokator Hermann [9], als Schulzen Heinrich von Profen, Jasso, Siegfried [4] und Berthold [14], als Vögte die Ronow, Rime, Münsterberg, Reichenbach, Frankenstein und Neisse. Eckrich von Füllstein sammelt den Gerichtspfennig ein, Arnold von Kurzbach ist herzoglicher Amtmann. Drei Adlige sind Bürger[276], je zwei Unterschenk[277], Untertruchseß[278] und herzoglicher Kaplan[279]. Als Untermarschall erscheint Konrad von Borsnitz, als Unterkämmerer Thymo von Wisenburg und als bischöflicher Richter Godislaus. In keinem Amt, aber 34 mal als Zeuge - in einem Zeitraum von 19 Jahren - wird schließlich Berthold von Bohrau genannt. Bei all diesen Angaben handelt es sich um die erste Nachricht, daß eine Familie ein schlesisches Amt bekleidet oder in Schlesien begütert und somit ansässig ist; allgemeines läßt sich aus diesen Angaben jedoch nicht ableiten.

---

273) Gerlachsheim, Greiffenstein, Siegfried [3], Aceruo, Neunz, Mühlheim, Ronberg, Zobten, Themeriz, Prato, Weistritz, Druschowitz, Schlewitz, Adelungesbach, Osla, Reichenstein, Thuderow, Obisch, Berthold [9], Pranzko, Cunczo.
274) Jakob [6], Swab, Godislaus, Seiffersdorf, Ronow, Jasso, Rime, Bohrau, Siegfried [4], Berthold [14], Münsterberg, Loben, Kurzbach, Reichenbach, Eichelborn, Blesow, Zindel, Seidlitz, Frankenstein, Lobel, Schwenkenfeldt, Neisse.
275) Baruth, Apolda, Loben, Dyhrn, Pannwitz, Waldow, Nostitz, Pesna, Seidlitz, Schwenkenfeldt.
276) Saalburg, Zindel, Lubnitz.
277) Swab, Eichelborn.
278) Blesow, Giselher [2].
279) Kamenz, Seiffersdorf.

Die möglichen Auswanderungsgründe der aus dem deutschen Reich stammenden Adligen sind zahlreicher als die der aus dem polnischen Bereich kommenden, können aber, da in Urkunden nicht angeführt, nur vermutet werden. Gelockt haben wird die Möglichkeit, in den aufstrebenden Gebieten des Ostens sein Glück zu versuchen und schnell Karriere zu machen. Die Abenteuerlust spielt bei einem Mann wie Ulrich von Hohenbüchen sicherlich auch eine Rolle. Aus Hohenbüchen südöstlich Hameln stammend, wandert er nach Schlesien, wo er das Dorf Lichtenberg bei Grottkau gründet. Nach seiner Verbannung aus Schlesien „propter insolenciam"[280] tritt er in die Dienste Bischof Brunos von Olmütz und erwirbt das Dorf Liebenthal südwestlich Hotzenplotz. Später verkauft er es, um in seine Heimat zurückzukehren. Er ist somit auch ein Beispiel für die Rastlosigkeit seines Jahrhunderts[281]. Durch Abwanderung hat sicherlich ein Teil der Adligen versucht, sich aus der Ministerialität zu lösen und die Reste von Bindungen abzustreifen. Das Fehlen eines fürstlichen Hofes in der Oberlausitz, dessen Nähe sie suchten, scheint die Kittlitz veranlaßt zu haben, sich nach Meißen und Schlesien zu wenden[282]. Die Aussichtslosigkeit, ihre Selbständigkeit gegenüber den Landesherren zu behaupten[283] oder mangelnde Entfaltungsmöglichkeiten[284] könnten der Grund dafür sein, daß die Biberstein die Mark Meißen verließen und in die Oberlausitz sowie nach Schlesien und Böhmen wanderten[285]. Bei den Hakeborn zeigt sich die Tendenz zur Landesherrschaft, die sie jedoch nicht behaupten können, weshalb auch sie in den Osten abwandern[286]. Um 1220 werden die Wisenburg durch den König von Böhmen aus ihrem oberlausitzer Stammgebiet verdrängt, worauf sie nach Schlesien ausweichen[287]. Den Dienst bei einem fürstlichen Landesherrn suchen die Landescron. So dienen sie vor der askanischen Landesteilung der Oberlausitz 1268 den Königen von Böhmen, danach den Markgrafen von Brandenburg und schließlich Herzog Bolko I. von Jauer[288]. Ein neues Betätigungsfeld eröffnet sich schließlich Bernhard der Ältere von Kamenz als Berater und Kanzler Herzog Heinrichs IV. von Breslau. Aus den angeführten Auswanderungsgründen ergibt sich als bemerkenswerter und besonderer deutscher Aspekt, daß zumindest einzelne Familien vor der mitteldeutschen Territorienbildung nach Osten ausweichen.

Zur Lösung der gelegentlich auftauchenden, aber wenig bedeutenden Frage, ob der älteste oder jüngste Sohn einer Familie gen Osten wandert, kann auf Grund des

---

280) SUb II, 231.
281) Sein Itinerar bei Dobbertin, Ritterfamilie Svaf, S. 84-87.
282) Knothe, Oberlausitzer Adel, S. 294.
283) Helbig, Oberlausitz, S. 117.
284) Schieckel, S. 20.
285) Dobbertin, Ortsnamen, S. 138.
286) Schulze, Adelsherrschaft und Landesherrschaft, S. 127-129.
287) Helbig, Oberlausitz, S. 85f.
288) Helbig, Oberlausitz, S. 77.

vorhandenen genealogischen Materials und der Familiengeschichten nichts beigetragen werden.

Aus dem deutschen Reich wandern 161 Familien nach Schlesien. Ihr Hauptherkunftsgebiet ist das südliche Mitteldeutschland. Die anfänglich sporadische Zuwanderung setzt zu Beginn des 13. Jahrhunderts ein und gewinnt ab 1233 an Kontinuität; um 1250 erreicht sie einen Höhepunkt. Mehr als die Hälfte der Adligen wandert jedoch nach 1280 ein, bevorzugt in die Herzogtümer Liegnitz und Breslau. Von den 82 in Schlesien seßhaft gewordenen Familien erwerben 35 zuerst Grundbesitz, die anderen gelangen zu etwa gleichen Teilen in höhere und niedere Ämter.

Die Anzahl des gesamten nach Schlesien zugewanderten Adels beläuft sich auf 206 Familien. 161 (78,2 %) Familien stammen aus dem deutschen Reich, 29 (14,0 %) aus Polen, 11 (5,3 %) aus Böhmen, 2 (1 %) aus Wallonien und jeweils eine (0,5 %) aus Preußen, Mähren und Italien. Die Zuwanderung aus den drei letzten Gebieten dürfte eher zufällig sein, die der wallonischen Adligen vielleicht in Zusammenhang mit der Ansiedlung der Wallonen in Breslau stehen. Eine größere Gruppe von Zuwanderern kommt aus Böhmen. Ein Teil von ihnen gelangt wahrscheinlich schon zur Zeit Herzog Boleslaus' I. nach Schlesien. Von ihm erhalten sie ein größeres Gebiet unbebauten Landes um das spätere Münsterberg zur Ansiedlung. Einige weitere Böhmen folgen in den 80er und 90er Jahren des 13. Jahrhunderts. Die polnischen Adligen ziehen vereinzelt und mit zum Teil großen zeitlichen Abständen nach Schlesien. In der Zeit von 1175 bis 1236 wandern aus Großpolen stammende Adelsfamilien zu, von 1220 bis 1283 ehemals in Kleinpolen beheimatete Adlige. Die Zuwanderung deutscher Adliger setzt erst mit Beginn des 13. Jahrhunderts ein, hält jedoch ab 1233 mit nur noch wenigen Jahren ohne Zuzug an. Der Hauptteil der deutschen Adligen stammt aus dem südlichen Mitteldeutschland, einige aber auch aus entfernteren Gebieten. Die Adligen, die in näherer Verbindung zur Heimat und zum Teil auch untereinander bleiben, wandern hauptsächlich in die Herzogtümer Liegnitz und Breslau. Etwa die Hälfte (101: 49,0 %) aller zugewanderten Adligen wird in Schlesien nachweisbar seßhaft, davon jedoch nur fünf im späteren Oberschlesien. 38 Adlige werden zuerst als Grundbesitzer, 54 zu etwa gleichen Teilen in höheren oder niederen Ämtern genannt. Als Auswanderungsgründe können allgemein das Streben, Karriere zu machen, sowie bei den deutschen Adligen wohl das Bemühen, sich aus der Ministerialität zu lösen, und in einigen Fällen ein Ausweichen vor der zunehmenden Macht der fürstlichen Landesherren angenommen werden.

II.4. Der abwandernde Adel

Aus unterschiedlichen Gründen wandern einige wenige Adlige aus Schlesien ab. Vom eingesessenen Adel verlassen nur die beiden Ritter Ivo und Iesco von Quilitz das Oderland. Ivo tauscht 1234 sein schlesisches Gut gegen ein kleinpolnisches[289],

---

289) SUb II, 85.

Iesco von Quilitz 1281 seines gegen ein großpolnisches[290], ohne daß wir etwas über die Gründe erfahren.

Detaillierter berichtet das Heinrichauer Gründungsbuch[291] über ein Tauschgeschäft. Die aus Böhmen stammenden Taschenberg wollen ihren Anteil von Brukalitz vertauschen. Sie bedrängen den Abt von Heinrichau und drohen ihm, das Gut einem mächtigen Ritter zu geben, der dann das Kloster belästigen könnte. Schließlich tauscht 1253 der Abt ihren Anteil gegen das Gut Ochla in Großpolen und stattet die Familie zusätzlich mit Vieh, Stoffen und Wirtschaftsgeräten aus. Bogussa und Paul von Taschenberg ziehen nach Großpolen, scheitern aber in Ochla und sind froh, dieses Gut für 20 Mark Silber an das Kloster verkaufen zu können. Bei diesem Kauf wird gleichzeitig das Rückkaufrecht für den Teil von Brukalitz ausgeschlossen. Beim Tode ihres Vetters Jakob erben sie einen Teil von dessen Besitz in Brukalitz, den sie mit dem Kloster gegen das doppelt so große Gut Myleioviz und weitere Gaben tauschen[292]. Wenig später verkaufen sie auch dieses Gut[293]. Die Taschenberg wandern also zweimal ab, scheitern aber jedesmal.

Ein besonderer Fall ist der aus der Gegend von Hameln stammende Ulrich von Hohenbüchen[294]. Er gründet in Schlesien ein Dorf, wird aber vor 1242 „propter insolenciam"[295] des Landes verwiesen, woraufhin er sich in das Bistum Olmütz begibt.

Richard von Dahme wird von 1249 bis 1251 bei Boleslaus II. von Liegnitz als Zeuge genannt. Für 1278 ist er in einer Urkunde des Königs von Böhmen als Kastellan von Glatz belegt; er wird also nach Böhmen abgewandert sein. Dies ist ähnlich bei Siegfried von Baruth, der siebenmal bei Heinrich IV. von Breslau genannt wird. Im Jahr danach begegnet Siegfried zweimal in Urkunden Nikolaus' I. von Troppau und dann 1289 ebenfalls beim König von Böhmen.

Zwei Adlige können als Durchwanderer bezeichnet werden. Auf seinem Weg von Westfalen nach Olmütz zieht Herbord von Füllstein durch Schlesien und erscheint 1251 in einer Urkunde Heinrichs III. von Breslau als Zeuge, danach bei Bischof Bruno von Olmütz. Heinrich von Baruth ist 1283 Zeuge bei Stephan von Würben, schließt sich 1289 Witigo von Aupa an und wird im selben Jahr zusammen mit Siegfried von Baruth beim König von Böhmen genannt.

Die Anzahl der urkundlich belegbaren, aus Schlesien abwandernden oder das Land nur durchwandernden Adligen ist mit neun Personen sehr gering; nur zwei von ihnen gehören zum eingesessenen Adel. Die sechs aus dem deutschen Reich stammenden Adligen ziehen nach Böhmen und Mähren, die drei übrigen nach Polen. Die Abwanderungsgründe sind verschieden, chronologische Besonderheiten

---

290) SUb IV, 419.
291) GB, S. 300-307 mit den Urkunden SUb III, 97, 179, 251.
292) SUb III, 298.
293) SUb III, 418, 419.
294) Vgl. S. 95.
295) SUb II, 231.

nicht festzustellen. Allgemeine Aussagen sind wegen der geringen Anzahl der Auswanderer nicht möglich. Insgesamt ist die Abwanderung unbedeutend.

II.5. Auswärtige Beziehungen des schlesischen Adels

So wie der zugewanderte Adel seine Beziehungen zur alten Heimat offensichtlich aufrechterhält, verfügt auch der eingesessene Adel über Verbindungen mannigfacher Art über die Grenzen Schlesiens hinaus. Da jedoch auch auswärtige Adlige mit Schlesien verbunden sind, läßt sich mitunter nicht sicher klären, ob die jeweiligen Adligen Schlesier mit auswärtigen Verbindungen oder Landfremde mit Beziehungen nach Schlesien sind. Trotz dieses Vorbehaltes wird eine Einteilung in die beiden Gruppen versucht.

Zum eingesessenen Adel gehören die Dirsicraiowitz. Sie haben verwandtschaftliche Beziehungen nach Polen; ein Familienmitglied ist Palatin von Łęczyca. Clemens [7] ist der Bruder des Erzbischofs Johannes von Gnesen, Miscigneus [1] der des Archidiakons von Krakau Gumbertus. Als Schwager des Palatins von Sandomir wird Thomas [8] genannt. Ein Mitglied der Familie des Radozlaus [1] wird Bischof von Lebus. Die Verwandten der zugewanderten Eckrich und Johannes von Füllstein schließlich leben in Böhmen und Mähren.

Mehrere schlesische Familien haben auch anderswo Grundbesitz. So die Dirsicraiowitz und Mironowitz sowie Miscigneus [1] und Christinus von Stentsch in Großpolen, Budiuoy [10], Michora und Sbroslaus von Schnellewalde in Kleinpolen. Johannes Magnus[296] besitzt zwei Dörfer in Pommern, ein anderer Johannes[297] verfügt testamentarisch über seinen mährischen Besitz.

Schenkungen von Grundbesitz an Klöster zeugen von einem besonderen Verhältnis einer Adelsfamilie zu dem jeweiligen Kloster. Dabei wird schlesischer und auswärtiger Grundbesitz auch an nichtschlesische Klöster vergeben. Das großpolnische Kloster Paradies wird von Ianusius[298] und Dirsco[298], Bronisius [3], Christinus von Stentsch und Iarota von Witten bedacht, das ebenfalls in Großpolen gelegene Kloster Obra von Michael von Schosnitz[299] und seinem Sohn sowie dem schon erwähnten Christinus von Stentsch. In Kleinpolen erhalten die Klöster Miechów, Mogiła und Wąchok Grundbesitz: Miechów von Sbroslaus[300] und Sbroslaus von Schnellewalde, Mogiła von Johannes [29] sowie Wąchok von Miscigneus [1]. Johannes Magnus[296] schenkt seinen pommerschen Besitz dem Kloster Kolbatz. An das Bistum Lebus verkauft Iaxa von Schnellewalde sein Dorf Wiesenthal, an das durch Sbroslaus[300] auch sechs Hufen in Kohlsdorf (Kr. Neustadt OS) gelangen. Die Schenkungen erfolgen überwiegend in den 40er Jahren des 13. Jahrhunderts.

---

296) Vgl. Personenverzeichnis unter Stephan [4].
297) Vgl. Personenverzeichnis unter Domaslaus [1].
298) Vgl. Personenverzeichnis unter Adalbert [26].
299) Vgl. Personenverzeichnis unter Mironowitz.
300) Vgl. Personenverzeichnis unter Radozlaus[1].

Das Amt eines kleinpolnischen Kastellans übt der fünfmal bei Wladislaus I. von Oppeln als Zeuge genannte Sulco[301] aus. Der königliche böhmische Protonotar Peter [4] ist auch Domherr zu Breslau.

In einer Urkunde der Herzöge von Polen werden Rudolph von Biberstein und Pribico Goslawitz als verstorben erwähnt; sie werden wegen ihrer familiären Beziehungen zu Viszlaua genannt, die wohl aus Polen stammt, dort zumindest Grund und Boden besitzt. Ebenfalls als verstorben wird der Breslauer Archidiakon Stephan [2] in einer Urkunde der Königin von Böhmen erwähnt.

In den Urkunden fremder Herrscher werden eine ganze Anzahl schlesischer Adliger als Zeugen genannt: bei den Herzögen von Polen mehrere Familienmitglieder der Dirsicraiowitz, Peter [46] und Egidius [1], der auch Zeuge des polnischen Kanzlers Ivo ist; beim Herzog von Großpolen der Crossener Kastellan B., Dobrogost [1] und Wesdecho von Witten; beim Herzog von Kujawien der Breslauer Domherr Stephan [2]; beim Herzog von Masowien Dirsco [1], Peter [14], Sobeslaus [1] und Stephan [4]; beim Herzog von Sandomir Preduogius[302], Otto[303], Miscigneus [1] sowie Boguslaus von Strehlen; beim Herzog von Krakau Phalizlaus; schließlich beim Herzog von Kalisch Chanstobor [1], Gebhard, Ianusius [7], Stephan [4] und [5].

Die Geistlichkeit bildet eine größere, eine 'Weltgemeinschaft', weshalb ihre schlesischen Vertreter auch auswärtige Ämter und Würden bekleiden. So wird 1265 Peter Goslawitz zum Bischof von Passau gewählt. Pröpste sind Peter [2] in Mariasaal in Kärnten, Konrad Goslawitz in Gnesen und Gerlach von Pogarell in Lebus. Als Archidiakon von Ravenna wird Jakob [4] tituliert. Jakob [2] ist als Kanzler des Bischofs von Posen und Herzog Heinrichs I. von Glogau tätig. Mitglieder des Krakauer Domkapitels sind Giselher [1] und Sbroslaus von Schnellewalde, des Prager Kapitels Peter [2] und Peter [4], der auch noch Domherr von Wyschehrad ist. Als Scholar in Bologna wird Semianus [2] genannt.

Kleiner ist die Gruppe der mit Schlesien verbundenen Landfremden. Bozata von Widzim[304] überläßt sein Dorf Liebenau nordwestlich Schwiebus dem Kloster Paradies in Großpolen. Seinen Besitz in der Gegend von Militsch schenkt Woislaus [6] dem Bistum Breslau, sein gleichnamiger Enkel bedenkt das Kloster Miechów mit zwei schlesischen Dörfern[305], Clemens [3] - aus einer Krakauer Familie stammend - ist 1239 Kastellan von Auschwitz. Ein Vertrag zwischen zwei weiteren Mitgliedern dieser Familie, Theodor[301] und I. [2], wird durch Heinrich I. von Schlesien bestätigt, was sich daraus erklärt, daß Heinrich damals auch das Krakauer Gebiet beherrschte.

---

301) Vgl. Personenverzeichnis unter Clemens [3].
302) Vgl. Personenverzeichnus unter Gallus [2].
303) Vgl. Personenverzeichnis unter Konrad [4].
304) Ort bei Wollstein/Großpolen: SUb II, S. 348.
305) Nach CETWIŃSKI, Bd. I, S. 15 hat die Familie ihren Hauptbesitz in Masowien.

Diese Aufzählung zeigt, daß der eingesessene Adel gemäß seiner Genese verwandtschaftliche und besitzmäßige Verbindungen nach Polen, besonders Groß- und Kleinpolen, hat. Gleichzeitig wird jedoch deutlich, daß diese zahlenmäßig gering sind. Durch die Verschenkung auswärtigen Grundbesitzes an Klöster in den betreffenden Gebieten werden die Beziehungen reduziert. Letzteres gilt auch für Landfremde, die schlesischen Besitz überwiegend an schlesische Klöster verschenken. Es entsteht somit der Eindruck, als ob der gesamtpolnische Adel - die Konsequenz aus dem Zerfall Polens in Einzelherzogtümer ziehend - seinen Grundbesitz zunehmend auf einen Herrschaftsbereich beschränkte und sich somit zu einem nur noch auf ein Herzogtum bezogen Landesadel entwickelte.

II. 6. Zusammenfassung

Um die Herkunft des schlesischen Adels und damit seine ethnische Zusammensetzung zu bestimmen, bedarf es verläßlicher Kriterien. Als solche werden direkte Angaben zur Herkunft, von Ortsnamen abgeleitete Adelsnamen, landschaftsbezogene Beinamen und Vatersnamen erachtet[306]. Alle anderen Anhaltspunkte - besonders Vornamen - müssen für sich allein als unsicher gelten. Erst wenn mehrere dieser Anhaltspunkte auf eine Person zutreffen, sind ebenfalls Aussagen über deren Herkunft möglich[307]. Diese im Vergleich zur früheren Forschung hohen Anforderungen verringern zwar den Personenkreis, dessen Herkunft bestimmt werden kann, erhöhen jedoch die Verläßlichkeit der Resultate.

Für den Zeitraum bis 1300 werden insgesamt 2688 Adlige[308] gezählt[309], von denen 293 (10,9 %) dem geistlichen Stande angehören. Zum eingesessenen Adel, der

---

306) Ähnlich CETWIŃSKI, Bd. I, S. 23, 46, der in von Ortsnamen abgeleiteten Adelsnamen, Beinamen, Vatersnamen und bestimmten Spitznamen die sichersten Herkunftskriterien erblickt - dies allerdings erst, nachdem er den zugewanderten Adel schon bestimmt hat (S. 24-33)!

307) CETWIŃSKI, Bd. I, S. 22f. lehnt Vornamen, Spitznamen, Wappen und ebd. S. 39-42 Leitnamen zur 'Nationalitätenbestimmung' generell ab.

308) Diese und die folgenden Zahlenangaben beziehen sich nicht auf Familien, weil deren Rekonstruktion in zu wenigen Fällen gelingt, sondern auf Einzelpersonen. Alle Mitglieder einer Familie werden entweder zum eingesessenen oder zugewanderten Adel gezählt, auch wenn die Familie schon in der dritten Generation in Schlesien ansässig ist, sie also nicht mehr zu den 'Fremden' gehört. Dieses Verfahren wird von CETWIŃSKI, Bd. I, S. 21f. mit Hinweis auf die Assimilation fremder Ankömmlinge abgelehnt. Er zählt die Nachfahren eingewanderter Familien schon zum eingesessenen Adel und stellt den Ausdruck 'Fremder' in Frage. Da jedoch auch die ethnische Zusammensetzung festgestellt werden soll, wurde das Verfahren beibehalten. - Einen möglichen Anhaltspunkt, ab welcher Generation eine zugewanderte Familie zum eingesessenen Adel gehört, könnte der im polnischen Recht gebräuchliche Ausdruck „patrimonium" (Vätererbe) geben. Er drückt aus, daß etwas über Großvater und Vater an den Sohn vererbt wird, demnach also die dritte Generation eingesessen wäre.

309) CETWIŃSKI, Bd. II führt aus dem 12. Jahrhundert 54 Adlige, aus dem Oppelner Gebiet 244 und aus Niederschlesien 937 an: zusammen 1235 Personen. Der beträchtliche Unterschied der beiden Zahlen erklärt sich dadurch, daß CETWIŃSKI viele Adlige gleichen Namens für identisch

auf Grund seiner Entwicklung polnischen Charakter hat, gehören 2142 Personen (79,6 %), zum zugewanderten Adel 545 (20,3 %)[310]. Der zugewanderte Adel stammt aus verschiedenen Gebieten: aus dem deutschen Reich kommen 382 Personen (70,1 % des zugewanderten Adels; 14,2 % des gesamten Adels)[311], aus Groß- und Kleinpolen 90 (16,5 %; 3,4 %)[312], aus Böhmen 49 (9 %; 1,8 %)[312] und aus anderen Gebieten 24 (4,4 %; 0,9 %)[313].

Die Zuwanderung aus den einzelnen Gebieten ist sehr unterschiedlich. So lassen sich für die Zuwanderung aus Böhmen zwei Phasen feststellen: eine um die Wende vom 12. zum 13. Jahrhundert und eine zweite während Schlesiens Hinwendung zu Böhmen in den beiden letzten Jahrzehnten des 13. Jahrhunderts. Die zahlenmäßig geringe Einwanderung aus Polen hält dagegen - allerdings mit zum Teil langen zeitlichen Unterbrechungen - von 1166 bis 1300 an. Ihr Schwerpunkt liegt in den 20er und 30er Jahren des 13. Jahrhunderts. Am spätesten setzt die Zuwanderung aus dem deutschen Reich im Jahre 1203 ein. Der Zustrom deutscher Adliger hauptsächlich aus dem südlichen Mitteldeutschland[314] hält schon ab 1233 an, ist aber Schwankungen unterworfen. So folgt einem plötzlichen Höhepunkt 1249 ein Rückgang, der um 1265 seinen Tiefpunkt erreicht. Danach nimmt die Einwanderung wieder zu und erreicht für die beiden letzten Jahrzehnte bei zum Teil stark differierenden Jahreswerten einen Durchschnitt von 4,4 Zuwanderern pro Jahr. In diesen beiden Jahrzehnten gelangen mehr als die Hälfte der aus Deutschland zuwandernden Adligen nach Schlesien[315]. Der gelegentlichen und

---

hält, nicht jede Person - besonders Ehefrauen - einzeln zählt und nur einmal genannte Adlige sowie Geistliche von seiner Untersuchung ausschließt.

310) CETWIŃSKI, Bd. I, S. 27f. zählt insgesamt 108 zugewanderte Adlige in der ersten Generation (!), das entspricht 8,7 % des gesamten Adels. Für Niederschlesien im 13. Jahrhundert errechnet er bei 947 bekannten Adligen, von denen 97 Zugewanderte sind, einen Fremdenanteil von 11 % (genauer 10, 2 %) in der ersten Generation (!).

311) CETWIŃSKI, Bd. I nennt unterschiedliche Zahlen: S. 24f. führt er 51 Familien namentlich auf; S. 26f. 58 Familien mit 83 namentlich genannten Personen; S. 27f. für Oppeln 6 und Niederschlesien 93 Personen: zusammen 99 Zuwanderer aus dem deutschen Reich (91,7 % des zuwandernden, 8 % des gesamten Adels). - Im Gegensatz zu vorliegender Arbeit rechnet CETWIŃSKI, Bd. I, S. 24, 27 Anm. 87 Martin [10] Colomaz, S. 24 Reinold [4] Rinc sowie S. 24, 26 Anm. 86 Heinrich Hake von Frankenberg zur Gruppe der Deutschen. Martin [10] Colomaz wird von 1255-66 in Schlesien genannt; SCHIECKEL, S. 112 führt für 1262-80 einen Heinrich Kolmas (!) an. Die zeitliche Differenz zwischen dem für 1198-1229 belegten Werner Rinc (SCHIECKEL, S. 121) und dem 1284 in Schlesien genannten Reinold [4] Rinc weckt Bedenken, was auch für Heinrich Hake von Frankenberg gilt, der 1261 in Schlesien sowie 1206 als Heinrich von Frankenberg in Meißen genannt sein soll (SCHIECKEL, S. 106).

312) CETWIŃSKI kennt keine Zuwanderung aus diesem Gebiet.

313) Nach CETWIŃSKI, Bd. I, S. 27f. wandern nach Oppeln 5 und nach Niederschlesien 4 Böhmen ein: zusammen 9 Böhmen (8,3 % des zuwandernden, 0,7 % des gesamten Adels).

314) So auch CETWIŃSKI, Bd. I, S. 25.

315) Nach CETWIŃSKI, Bd. I, S. 26f. siedeln sich von 1201 bis 1241 3, von 1242 bis 1270 10 und von 1270 bis 1300 45 deutsche Adelsfamilien in Schlesien an.

zahlenmäßig geringen Zuwanderung aus Böhmen und Polen steht somit eine zwar spätere, aber anhaltende, zunehmende und umfangreichere Einwanderung aus dem deutschen Reich gegenüber.

Bevorzugte Einwanderungsgebiete sind die Herzogtümer Liegnitz, Breslau und Glogau, wogegen nur sehr wenige Adlige in das Herzogtum Oppeln ziehen[316]. Als Auswanderungsgründe können allgemein die Möglichkeit, Karriere zu machen, sowie für deutsche Adlige Lösung aus der Ministerialität und Ausweichen vor der Territorienbildung angenommen werden. Die Hälfte (101 [49,3 %] von 205 Familien) der zugewanderten Adelsfamilien werden in Schlesien seßhaft, das heißt, sie erlangen nach etwa vier Jahren ein Amt oder Grundbesitz[317]. Die verwandtschaftlichen Beziehungen und den Kontakt in ihre Herkunftsgebiete erhalten sie offensichtlich aufrecht[318], wogegen der eingesessene Adel seinen außerschlesischen Besitz abzustoßen scheint[319]. Nur vereinzelt kommt es zu Abwanderungen schlesischer Adliger.

---

316) Auch CETWIŃSKI, Bd. I, S. 26 stellt fest, daß sich deutlich mehr fremde Adlige in Niederschlesien als im Oppelner Gebiet ansiedeln.
317) CETWIŃSKI, Bd. I, S. 23f. weist zwar kurz darauf hin, daß Zuwanderung nicht mit Ansiedlung gleichzusetzen ist, unterscheidet jedoch nicht zwischen beidem. So haben sich nach ihm, Bd. I, S. 26f. alle 58 deutschen Familien in Schlesien angesiedelt, was für 27 Familien aber nicht zutrifft!
318) So auch CETWIŃSKI, Bd. I, S. 31.
319) So auch CETWIŃSKI, Bd. I, S. 12f.

III. Die Zusammensetzung des schlesischen Adels

III.1. Titulaturen

Auf Grund seiner Entstehung bildete der polnische Adel eine einheitliche und homogene Schicht. Wahrt der schlesische Adel diese Homogenität oder differenziert er sich nach deutschem Vorbild und unter dem Einfluß der von dorther zugewanderten Adligen, so daß er sich in verschiedene Ränge gliedert? Solche Rangunterschiede würden sich in unterschiedlichen Titulaturen ausdrücken, weshalb jene im folgenden untersucht werden sollen.

In den Quellen begegnen für den einzelnen Adligen neben dienst- und lehensrechtlichen Bezeichnungen die Titel dominus, miles, baro, comes und nobilis.

Der Titel **dominus** scheint in Schlesien ursprünglich nicht gebräuchlich gewesen zu sein, denn von den sechs Urkunden[1], in denen er im 12. Jahrhundert erscheint, stammt nur eine[2] von einem 'schlesischen' Aussteller. Mit dominus werden jeweils Einzelpersonen bezeichnet, nämlich Iaxa, Zantoslaus, Michora und Leonhard[3] sowie die beiden Geistlichen Benicus [1] und Sebastian. Ihr Titel hebt sie jeweils besonders hervor, so Iaxa aus der Schar der Grafen[4], die beiden Geistlichen aus der Menge der übrigen Domherren[5]. Diese Hervorhebung der vier ersten kann auf ihre große Bedeutung und ihre tatsächliche beziehungsweise vermutete Verwandtschaft mit Peter [11] Wlast zurückgeführt werden, die des Benicus auf sein Amt als Domdekan.

Mit Beginn des 13. Jahrhunderts werden die hohe Geistlichkeit[6], etwas später die Mitglieder der Herzogsfamilie[7] mit diesem Titel bedacht[8]. Für die mittlere Geistlichkeit ist er dann ab den 20er Jahren[9] und für Pfarrer ab 1247[10] in Gebrauch. Weltliche Adlige begegnen bis zur Mitte des 13. Jahrhunderts nur selten mit diesem Titel[11], danach jedoch zunehmend[12]. Gelegentlich ersetzt dominus den Titel

---

1) SUb I, 19, 26, 41, 57, 65, 66.
2) SUb I, 57 (Aussteller: Bischof Siroslaus von Breslau).
3) Vgl. Personenverzeichnis unter Zantoslaus.
4) SUb I, 19: „comitibus autem domino Iaxa, Michora, Clemente, …".
5) Vgl. SUb I, 57.
6) Vgl. SUb I, 77, 83, 85, 94, 95, 100, … 142, …
7) Vgl. SUb I, 88, 115, 131, 141, 144, 164, 209, 236, …
8) So auch BOGUCKI, Komes, S.51.
9) Vgl. SUb I, 237, 240, 263, 270, 290, 291, 298, 305, …
10) Vgl. SUb II, 330, 345, 350, 409, III, 55, 231, …
11) Gregor (vgl.Personenverzeichnis unter Bozechna): SUb II, 1 (1231); Radozlaus von Strehlen: SUb II, 168 (1239); Albert von Tepliwoda: SUb II, 181 (1240); Gunther von Biberstein: SUb II, 241 (1243), 300 (1245); Christanus [2], Eckehard [2], Martin [8]: SUb II, 257 (1243); Egidius [13]: SUb II, 271 (1244); Boguslaus von Pogarell: SUb II, 276 (1244).
12) Es werden 214 adlige und 104 geistliche domini sowie 6 dominae genannt: insgesamt 324.

comes - so wohl schon 1261[13] -, um ihn schließlich im 14. Jahrhundert ganz zu verdrängen[14].

Der Titel dominus wird aber nicht nur für Adlige, sondern ab der Mitte des 13. Jahrhunderts auch für Vögte[15] und gelegentlich für Bürger[16] gebraucht. Er ist also nicht einem bestimmten Stand vorbehalten. In der Form 'presentibus dominis' dient er als Sammelbegriff für die folgenden namentlich und mit ihren Titeln angeführten Zeugen. Diese summarische Form wird zuerst 1244[17] in der Kanzlei Herzog Boleslaus' II. von Liegnitz verwandt und von anderen schlesischen Kanzleien übernommen[18]. Die einzelne Bezeichnung mehrerer oder aller Personen einer Zeugenreihe mit dem Titel dominus findet sich erstmals 1251[19] und zwar ebenfalls in einer Liegnitzer Urkunde. Auch diese Form findet Verbreitung[20].

Die weibliche Form domina taucht in Polen in den 30er Jahren des 13. Jahrhunderts auf[21]. Gegen Ende dieses Jahrzehnts - 1239 - wird sie auch zum ersten Mal in Schlesien verwandt. In einer eigenen Urkunde[22] tituliert Paul von Poseritz seine Mutter Dobrosyfn als domina. Diese selten gebrauchte Bezeichnung löst in Schlesien um 1270 den ebenfalls seltenen Titel comitissa ab. So werden zu diesem Jahr in der Vita Sanctae Salomeae Anastasia von Muchenitz[23], Clementia[24] und die Tochter des Grafen Peter[25] als nobiles dominae genannt. 1273 wird noch Elisabeth von Biberstein[26], 1289 Jutta von Liebenthal[27] mit diesem Titel bedacht.

Ebenfalls sehr selten ist die Verkleinerungsform domicellus/domicella, die jugendlichen, unmündigen Mitgliedern der Herzogsfamilie vorbehalten zu sein scheint[28].

---

13) SUb III, 382: „domino videlicet Stoignevo castellano Lignicensi et domino Ycone palatino nostro, …". - SUb III, 437: „comite Stoegniuo castellano Lignicensi, comite Icone kamerario magno ibidem, …".
14) BOGUCKI, Komes, S. 53: „Najwcześniej dominus wyparł komesa na Śląsku, gdzie już w XIII w. feudałowie świeccy noszą dość często tytuł dominus." [Dominus verdrängt den Titel comes am frühesten in Schlesien, wo schon im 13. Jh. die weltlichen Feudalherren recht oft den Titel comes führten.]
15) Vgl. SUb III, 10, 161, 256, IV, 348, †441, VI, 328, 329.
16) Vgl. SUb III, 10, VI, 328, 329.
17) SUb II, 271, 273 und später SUb II, 296, 300, III, 10 …
18) Bischöfliche Kanzlei: SUb II, 352, III, 512, …; Breslauer Kanzlei: SUb III, 137, …
19) SUb III, 26, 27 und später SUb III, 161, 382, …
20) In einer Urkunde Gunthers von Biberstein: SUb III, 282; bischöfliche Kanzlei: SUb III, 307, …
21) BOGUCKI, Komes, S. 52.
22) SUb II, 171.
23) Vita Sanctae Salomeae, S. 792.
24) Vita Sanctae Salomeae, S. 789f. - Vgl. Personenverzeichnis unter Radozlaus [1].
25) Vita Sanctae Salomeae, S. 791.
26) SUb IV, 220.
27) SUb V, 437.
28) Vgl. SUb I, 131, II, 120, 172, 415, IV, †440; GB, S. 271.

Insgesamt läßt somit der Titel dominus weder sichere Rückschlüsse auf den Stand seiner Träger noch auf Rangunterschiede innerhalb des Adels zu. Nach gelegentlicher Verwendung im 12. Jahrhundert wird er mehr zu einem Titel der Geistlichkeit, etwas später auch der Herzogsfamilie. Ab der Mitte des 13. Jahrhunderts wird er zunehmend für Adlige sowie ab und zu für Vögte und Bürger verwandt, um schließlich im 14. Jahrhundert zu einem allgemein gebrauchten Titel zu werden.

Der Titel **miles** bedeutet in polnischen und schlesischen Urkunden einfach Krieger[29]; seine polnische Entsprechung ist włodyka[30]. Miles bezeichnet also nicht den Ritter im westeuropäischen Verständnis, der zuvor Knappe war und durch den Ritterschlag zum Ritter wird. Diese Bedeutung erlangt der Titel in Schlesien erst ab etwa 1300[31]. Überliefert, wenn auch fragwürdig, ist lediglich eine einzige Aufnahme in den Ritterstand für die Zeit vor 1300, nämlich die Herzog Heinrichs IV. von Breslau. Dies geht aus seinen beiden Versprechen von 1273 und 1277[32] hervor, den Rittergurt nur vom böhmischen König zu empfangen. Auch ist nur von zwei Rittern bekannt, daß sie früher Knappen waren, nämlich von Hemerammus [2][33] und von Franz[34].

---

29) BOGUCKI, Komes, S. 21 und BOGUCKI, Miles, S. 226, wenn auch hier etwas differenzierter betrachtet, nämlich als jeglicher Krieger im weitesten und als Bezeichnung der Zugehörigkeit zu einer bestimmten Schicht im häufigsten Wortsinn. Lediglich auf Schlesien bezogen und hier auf das 12. und 13. Jh. beschränkt, bezeichnet der Ausdruck 'miles' gemäß BOGUCKI, Miles: a) jedes Mitglied der Ritterschicht, ist also die Bezeichnung für die Zugehörigkeit zur Ritterschaft (S. 227); b) in der ersten Hälfte des 13. Jhs. alle wenig vermögenden Ritter (S. 228); c) auch die in den Diensten des Breslauer Bischofs oder weltlicher Magnaten stehenden Ritter (S. 229). - Die allgemeine Gleichsetzung von miles und Krieger muß jedoch nicht unbedingt für erzählende Quellen gelten. So verwendet der wohl aus dem romanischen Bereich stammende Gallus Anonymus den Titel miles nach DOWIAT, S. 35f. im mittelalterlichen, westeuropäischen Sinne: miles ist ein Vasall, der seiner Verpflichtung zum Kriegsdienst zu Pferde - nicht zu Fuß ! - nachkommt.
30) RUTKOWSKA-PŁACHCIŃSKA, S. 685; BOGUCKI, Miles, S. 226.
31) Geschichte Schlesiens, Bd. 1, S. 279. - BOGUCKI, Miles geht in Nachfolge von O. Balzer, E. Deptula, A. Witkowska und J. Bardach (S. 231-233) davon aus, daß der Ritterschlag in Polen schon im 11. Jh. bekannt und im 12. Jh. verbreitet gewesen sei, doch war noch bis zum Ende des 13. Jhs. jeder - außer den zu Geistlichen bestimmten - volljährige Mann aus ritterlicher Familie als solcher Ritter (S. 240), ohne vorher Knappe gewesen sein zu müssen. Als einzige schlesische Quelle für einen Ritterschlag wird bei BOGUCKI, Miles, S. 233 SR 1435 (im Text fälschlich SR 1424) - das Versprechen Herzog Heinrichs IV. von Breslau, den Rittergurt nur vom böhmischen König zu empfangen - angeführt. Diese Quelle ist jedoch nur in einem Formelbuch überliefert und somit zumindest fragwürdig.
32) SR 1435, 1541.
33) Knappe: SUb V, 468 (1290); Ritter: SUb VI, 381 (1299).
34) Domicellus: SUb IV, 357 (1279); miles: SUb V, 493 (1290). - Vgl. Personenverzeichnis unter Ulrich [3].
35) SUb I, 83 (1202).
36) SUb I, 115 (1208). - Vgl. Personenverzeichnis unter Egidius [8].

In den Urkunden werden bis zum Jahre 1220 nur Radaco[35] und Peter[36] als milites bezeichnet. Erst danach wird der Titel vermehrt und ab 1250 stetig zunehmend verwandt, so daß er im Verlauf der zweiten Hälfte des 13. Jahrhunderts zum am meisten gebrauchten Titel überhaupt wird[37]. Für das 12. Jahrhundert wird er in erzählenden Quellen, die allerdings später entstanden sind, den Adligen Iaxa[38], Dobes [5][39], Cosmas [1][40] und Heinrich [29][41] zugedacht. Der Titel miles ist Adligen vorbehalten; von den Herzögen wird er nicht gebraucht. Eine weibliche Form des Titels gibt es nicht.

Auf eine ältere polnische Differenzierung der milites weist wohl eine in den schlesischen Quellen vereinzelte Bezeichnung für eine Gruppe von Rittern hin. So werden in einer Urkunde Heinrichs I.[42] „milites, qui dicuntur pogrodschi" erwähnt, „die offenbar ritterliche Dienste als Burgmannen zu leisten hatten, aber in eigenen Dörfern angesiedelt waren und daher wirtschaftlich eine bäuerliche Lebensweise geführt haben dürften"[43]. Ebenfalls nur in einer einzigen schlesischen Urkunde findet sich für einen gefangenen Ritter der polnische Ausdruck clodnik[44].

Gelegentlich wird der Titel miles durch ehrende Prädikate wie honestus[45] und fidelis[46] ergänzt. Als 'milites nostri' bezeichnen manchmal die Herzöge[47], der Bischof von Breslau[48] und Johannes von Würben[49] die zu ihrer Gefolgschaft[50] gehörenden Ritter. Erscheinen Ritter als Zeugen in Urkunden, die nicht ihr Herr ausgestellt hat, werden sie je nachdem als „milites ducis"[51] oder „milites domini episcopi"[52] betitelt. Aber auch eine geographische Ergänzung des Titels ist möglich. So werden in einer Urkunde Nikolaus' I. von Troppau[53] Berthold [8] und Budiuoy [7] sowie eigenartigerweise in einer Urkunde des schlesischen Adligen Konrad Swab[54] Aclam, Berthold [7], Chozek und Johannes [56] als „milites Slesie" bezeichnet.

---

37) Den Titel führen 506 Personen.
38) Cronica Petri comitis, S. 19, 30.
39) CPP, S. 477f..
40) Hedwig, S. 537f.
41) Hedwig, S. 555.
42) SUb I, 247.
43) Zitiert aus der Vorbemerkung zu SUb I, 247.
44) SUb III, 353.
45) Cosmas [1]: Hedwig, S. 537f.
46) Werner von Dyhrn, Wolfker von Falkenhain, Friedrich von Waldow: SUb VI, 440.
47) Z.B. SUb II, 164, III, 27, 34, 192.
48) SUb II, 352, III, 2, 178, 290.
49) SUb II, 257.
50) Vgl. III.3. Gruppierungen innerhalb des schlesischen Adels.
51) So z.B. in der des Bischofs von Breslau (SUb I, 269).
52) So in zwei Urkunden Heinrichs III. von Breslau (SUb III, 45, 189) und der der Bürger von Neisse (SUb IV, 393).
53) SUb IV, 424.
54) SUb IV, 192.

Eine Sonderform ist der selten gebrauchte Ausdruck 'militellus', Ritterlein, der in einer einzelnen Urkunde[55] und im Gründungsbuch des Klosters Heinrichau[56] vorkommt. Diese Bezeichnung wird vom geringen Grundbesitz - den terrulae[55] - dieser Ritter abgeleitet, ohne jedoch damit deren Zugehörigkeit zur Ritterschaft oder die rechtliche Gleichstellung mit anderen Rittern einzuschränken[57]. Namentlich werden nur Dobrogost [5] und sein Bruder Janus als militelli bezeichnet[56].

Bei der Pluralform ist zwischen einer einfachen Mehrzahl von Rittern, einem den gesamten Adel umfassenden Oberbegriff im Sinne von Ritterschaft und der 'niederen' Schicht der Ritterschaft zu unterscheiden. Zum ersten gehören die schon angeführten Sammelbezeichnungen 'milites nostri', 'milites ducis' und so weiter. Milites ist im Plural aber auch „die allgemeine Bezeichnung der gesamten vollberechtigten Ritterschaft, d.h. der Gesamtheit der nach Ritterrecht Land Besitzenden"[58]. Somit gehören auch die comites zur Ritterschaft. Als höhere Beamte stellen sie die 'höhere' Schicht der Ritterschaft dar. Die 'niedere' Schicht bilden die niederen Beamten und Adlige ohne Amt, die nicht den Titel comes tragen, sondern eben milites sind[59]. Der Ausdruck 'milites' beinhaltet also folgende drei Bedeutungen: 1. zwei oder mehr Ritter, 2. die Ritterschaft als Gesamtheit des Adels, 3. die 'niedere' Schicht der Ritterschaft.

Ob in Schlesien unter milites auch die Ritterschaft verstanden wurde, erscheint fraglich, weil Belege hierfür fast nicht vorhanden sind. Zwar wird 1281 und 1285[60] der Gerichtsstand in Schuldensachen für milites geklärt, ohne daß höhere Adlige genannt werden, aber in einer lediglich formalen Fälschung ähnlichen Inhalts wird von „omnes milites, vasalli, feodales, nobiles" (!)[61] gesprochen. Insbesondere fehlt eine Urkunde, in deren Zeugenreihe milites angekündigt und comites angeführt werden (presentibus militibus: comes A, ...).

Der Titel miles bezeichnet also ganz allgemein den adligen Krieger, nicht jedoch den Ritter im westeuropäischen Verständnis. Miles wird in Schlesien erst ab 1220 zunehmend gebräuchlich und zum verbreitetsten Titel überhaupt, der abgewandelt und unterschiedlich ergänzt werden kann. In seiner Pluralform bezeichnet er die 'niedere' Schicht der Ritterschaft und vielleicht auch die Gesamtheit des Adels.

Der Titel **baro** wird in schlesischen Urkunden selten verwandt[62] und wenn, dann fast nur in seiner Pluralform. Er ist demnach eine Gruppenbezeichnung. Die

---

55) SUb V, 132.
56) GB, S. 251f.
57) Vgl. zum Problem der militelli und dem der Gliederung des Adels überhaupt III.2. Die Standesverhältnisse des schlesischen Adels.
58) BOGUCKI, Komes, S. 40: „Nazwą ogólną całego pełnoprawnego rycerstwa, tj. ogółu posiadaczy ziemi na prawie rycerskim, jest termin milites ...".
59) Vgl. BOGUCKI, Komes, S. 40f.
60) SUb IV, 415, V, 224.
61) SUb III, †584.
62) Den Titel führen 135 Personen.

barones gehören zur engeren Umgebung der Herzöge und scheinen, den Herzogsrat gebildet zu haben[63]. Unter den barones finden sich comites[64] und milites[65] sowie der dominus Pachoslaus [6][66] und der fidelis Hermann Rime[67]; von Geistlichen lediglich der Notar Peter [2][68] und der Kanzler Bernhard der Ältere von Kamenz[69]. Die Gruppe der barones wird oft ohne namentliche Nennung ihrer Mitglieder in den Urkunden erwähnt[70].

Fast ganz ungebräuchlich ist die Bezeichnung einer Einzelperson als baro; nur Clemens [2][71], Hemerammus von Poseritz[72] und Stosso[73] werden mit diesem Titel bedacht - die beiden letzten jedoch nur in Fälschungen.

Der Titel baro wird das ganze 13. Jahrhundert hindurch gebraucht und zwar immer häufiger. Wenn auch die barones als persönliche Mitglieder des Herzogrates eine besondere Gruppe darstellen, so bilden sie jedoch innerhalb des Adels keine eigene Schicht[74].

Der Titel **comes** gelangte wahrscheinlich über die Römer, Westgoten und Burgunder, über das Frankenreich, Deutschland und Böhmen mit der Annahme des Christentums nach Polen[75]. Bei Gallus Anonymus wird er erstmals in bezug auf Polen verwandt[76], wo er als allgemeine Bezeichnung den hohen Rang einer Person ausdrückt[77]. Diese Bedeutung behält der Titel bis zu der Zeit - Mitte des 14. Jahrhunderts -, in der er außer Gebrauch kommt[78], bei[79].

Comes ist nicht ausschließlich ein Titel für höhere Beamte, wie man bisher annahm[80], sondern dieser Titel wird auch von Adligen geführt, die kein Amt beklei-

---

63) Vgl. IV.4.c) Die Gruppe der Barone.
64) SUb I, 165: „Consilio ... baronum meorum comitis Grotonis, Rostkonis, Jacerti ...".
65) SUb III, 521: „presentibus hiis baronibus nostris: milite Dirsizlao castellano de Sandowel, ...".
66) SUb V, 451.
67) SUb IV, 37.
68) SUb IV, 120, 392.
69) SUb IV, 392, 411.
70) In Formeln wie 'in presentia nostra et baronorum nostrorum', 'coram nobis et nostris baronibus' etc.
71) SUb II, 156.
72) SUb I, †333.
73) SUb IV, †449. - Vgl. Personenverzeichnis unter Serucha.
74) EHRENKREUTZ, S. 53f. glaubt, daß die Bezeichnung barones im Plural mal für vornehmere freie Ritter, mal für alle freien Ritter im Gegensatz zu den Dienstmannen gebraucht wird. Seine Ausführungen zur Gliederung der polnischen Ritterschaft fanden in der Wissenschaft zu Recht wenig Anklang.
75) BOGUCKI, Komes, S. 15.
76) Ausführlicher zum comes-Begriff bei Gallus Anonymus RAUSCH, S. 55-57 und BOGUCKI, Komes, S. 20-26.
77) BOGUCKI, Komes, S. 20f.
78) BOGUCKI, Komes, S. 54.
79) BOGUCKI, Komes, S. 22.
80) SCHUCH, S. 490; Geschichte Schlesiens, Bd.1, S. 245 und S. 247, wo vom „reinen Beamtencharakter" der comites gesprochen wird; RUTKOWSKA-PŁACHCIŃSKA, S. 676; RAUSCH, S. 53f.

den. Da in Böhmen der comes der Grundbesitzer schlechthin ist und sich der böhmische und polnische comes im allgemeinen entsprechen[81], vermutet Rutkowska-Płachcińska im polnischen comes in erster Linie einen Grundbesitzer, Bogucki einen Magnaten[83]. Auf ihren Grundbesitz gestützt, bilden demnach die comites die 'höhere' Schicht der Ritterschaft, aus der die Herzöge ihre Beamten wählen[84]. Aber auch die Erlangung eines höheren Amtes scheint einem Adligen die Bezeichnung comes eingebracht zu haben. Der Titel comes ist somit in unklarer Weise mit den höheren Ämtern verbunden, ohne jedoch von ihnen abhängig zu sein. Ebenfalls vom Grundbesitz sowie von der mit diesem verbundenen Immunität leitet Heydebrand seine Annahme ab, daß comes den Inhaber der Gerichtshoheit bezeichnet[85]. Daß es sich um einen Ehrentitel handelt, wie Rausch vermutet[86], ist wenig wahrscheinlich.

In Schlesien ist der Titel comes der am frühesten belegte Titel überhaupt[87] und nach miles der am meisten gebrauchte[88]. Bis zum Ende des 12. Jahrhunderts werden schon 27 Adlige als comites bezeichnet[89], davon elf als comites Polonici[90]. Der Titel wird bis 1260 zunehmend gebraucht, danach weniger aber gleichbleibend oft. Zu Beginn des 14. Jahrhunderts - und damit 50 Jahre früher als in Polen - wird comes durch den Titel dominus verdrängt[78].

Auch in Schlesien steht der comes in unklarer Beziehung zu den Landes- und Hofämtern. Gleichzeitig als comes und Amtsinhaber werden 136 Adlige genannt, von denen 116 höhere Beamte (72 Kastellane, 21 Richter [überwiegend Hofrichter], 10 Palatin …) und nur 20 Unterbeamte sind. Subiudex, subcamerarius, subdapifer, subpincerna und subvenator erscheinen in Verbindung mit dem Titel comes schon vor 1250 und somit in Schlesien abermals früher als in Polen[91]. Die Masse der comites wird aber nicht gleichzeitig mit einem Amt genannt. Dabei ist jedoch zu beachten, daß Amtsbezeichnung und comes-Titel gelegentlich synonym gebraucht werden. So wird zum Beispiel Konrad [4] in einer Urkunde unter den

---

81) RUTKOWSKA-PŁACHCIŃSKA, S. 680.
82) RUTKOWSKA-PŁACHCIŃSKA, S. 679.
83) BOGUCKI, Komes, S. 37.
84) RUTKOWSKA-PŁACHCIŃSKA, S. 683f.
85) HEYDEBRAND, Stellung, S. 44f.
86) RAUSCH, S. 57-59.
87) SUb I, 11 (1143-45).
88) Es werden 440 comites und 3 comitissae genannt: insgesamt 443 Personen.
89) Magnus, Wlast (vgl. Personenverzeichnis unter Peter [11]), Peter [11], Andreas [26], Bronisius [2], Clemens [9], Cragec, Crisanus [2], Diui, Iaxa, Jordanus [2], Michora, Maria (vgl. Personenverzeichnis unter Peter [11]), Pachoslaus [2], Rathimirus, Sandivoi [1], Sulislaus [7], Theodor [1], Vrotis, Witoslaus [3], Lutizlaus, Tedleuus, Woislaus [6], Zlauomir, Bezelinus, Leonhard und Wlodimir (vgl. für beide im Personenverzeichnis unter Zantoslaus).
90) Die in Anmerkung 89 unterstrichenen Adligen.
91) BOGUCKI, Komes, S. 34f.

Zeugen als „comes Conradus de Croscecz"[92] angeführt. Er ist natürlich kein Graf von Crossen, sondern ein Graf, der zur Zeit das Amt des Kastellans von Crossen bekleidet, wie aus anderen Nennungen Konrads als Zeuge hervorgeht[93]. Andererseits verbindet sich der Titel comes mit dem Namen des Grundbesitzes[94], zum Beispiel „comes Stephanus de Wirbna", und zwar in Schlesien, besonders Oberschlesien, abermals früher als in Polen[95]. Gegen diese Auffassung spricht jedoch, daß - um beim Beispiel der Würben zu bleiben - nicht alle Angehörigen dieser Familie den comes-Titel auch tatsächlich führen und sich ein Mitglied dieser Sippe nach einem anderen Grundbesitz, nämlich nach Moschwitz, nennt, aber dennoch als comes bezeichnet wird. Es hat demnach den Anschein, daß sich der Titel comes jeweils auf die einzelne Person bezieht[96]. Nach einer weiteren Beobachtung Boguckis werden Adlige durchschnittlichen Vermögens in Schlesien früher als in Polen mit dem Titel comes bedacht[97].

Der dem comes ähnliche Titel praetor wird nur ein einziges Mal in einer Urkunde Kasimirs I. von Oppeln für den Adligen Strego verwandt[98]. Offenbar ein Versehen ist dagegen die Bezeichnung des Geistlichen Ianusius von Pogarell als comes im Nekrolog des Klosters Kamenz[99].

Als comitissa werden in schlesischen Urkunden nur drei Frauen betitelt: 1145[100] Maria, die Ehefrau des Grafen Peter [11] Wlast, 1244 die Witwe des Grafen Peter[101] und 1279 Anastasia von Muchenitz[102]. Dieser Titel wird um 1270 durch die Bezeichnung domina, meist in der Wendung 'domina A uxor comitis B'[103], abgelöst[104].

Mit dem Titel comes werden die Angehörigen der grundbesitzenden 'höheren' Schicht der Ritterschaft bezeichnet, aus der auch die höheren Beamten gewählt werden. Es ist jedoch nicht geklärt, wie Titel und Amt zusammenhängen, zumal auch ein höheres Amt den Titel comes zu verleihen scheint. Der wohl persönliche Titel ist die älteste und nach miles gebräuchlichste Titulatur in Schlesien, wo er sich jeweils einige Jahrzehnte früher als in Polen verändert. Selten ist die Bezeichnung comitissa.

---

92) SUb II, 1.
93) SUb I, 219, 287, 314, †358, II, 24, 73, †421, †422.
94) HEYDEBRAND, Stellung, S. 44; BOGUCKI, Komes, S. 38.
95) BOGUCKI, Komes, S. 38.
96) Nach RAUSCH, S. 58f. soll der Titel erblich sein. Vgl. hierzu S. 111-114.
97) BOGUCKI, Komes, S. 44.
98) SUb I, 249.
99) Nekr. Kamenz, S. 330.
100) SUb I, 19, 60; Lib. mor. Vincentii, S. 35. - Vgl. Personenverzeichnis unter Peter [11].
101) SUb II, 280. - Vgl. Personenverzeichnis unter Berthold [12].
102) SUb IV, 382.
103) Z.B. „domina Elisabeth uxor comitis Ottonis" von Biberstein (SUb IV, 220 [1273]).
104) Vgl. S. 104.

Der Titel **nobilis** ist der in Schlesien am seltensten gebrauchte Titel überhaupt[105], weshalb allgemeine Aussagen über ihn nur beschränkt möglich sind. Er erscheint in den Formen vir nobilis, homo nobilis und einfach als nobilis. Als vir oder homo nobilis werden überwiegend Einzelpersonen bezeichnet, wogegen nobilis meistens im Plural verwandt wird. Die mit diesem Titel bedachte Personengruppe umfaßt Herzöge, Bischöfe, Geistliche, Grafen, Barone und seltener auch Ritter[106]. Er ist somit weder ein Synonym für miles[107], noch hat er eine ähnliche Bedeutung wie comes[108], und einen Geburtsstand bezeichnet er schon gar nicht[109]. Der Titel ist nicht mit einem Amt verbunden.

In der zweiten Hälfte des 12. Jahrhunderts werden Peter [11][110], Swentoslaus[111], Michora[112], Iaxa[113], Leonhard[114] und Wlodimir[114] als nobiles beziehungsweise viri nobiles bezeichnet. Bis auf die 70er Jahre des 13. Jahrhunderts erscheint der Titel nobilis durchgängig, allerdings stets in wenigen einzelnen Urkunden. Insgesamt wird er jedoch zu selten verwandt, um eine Zu- oder Abnahme seines Gebrauches im Laufe dieses Jahrhunderts feststellen zu können.

Gelegentlich scheint er als ein vielleicht den gesamten Adel eines Territoriums umfassender Begriff gebraucht zu werden, wenn von den „nobiles terre"[115] und von „multi alii nobiles tam de terra ducis Henrici quam ducatu Opoliensi"[116] gesprochen wird.

Mit dem seltenen Titel nobilis werden also Herzöge, Geistliche und Adlige - überwiegend comites und barones - bedacht. In bestimmten Formulierungen scheint der Ausdruck nobilis wohl den gesamten Adel eines Territoriums zu bezeichnen. Verwandt wird er in nur wenigen Urkunden der zweiten Hälfte des 12. sowie des gesamten 13. Jahrhunderts.

Die bisherige Untersuchung jedes einzelnen Titels für sich allein hat ergeben, daß comes und nobilis allgemeine Bezeichnungen sind, baro sich auf eine dem Herzog besonders nahestehende Gruppe bezieht, miles und comes dagegen den

---

105) Diesen Titel führen 81 Personen, davon 3 in der Form homo nobilis und 31 in der Form vir nobilis.
106) Vgl. z.B. SUb II, 120: „in presentia domini ducis Henrici ... et Thome ... Vratiszlauiensis episcopi ... et multorum aliorum nobilium", SUb I, 124: „multis nobilibus tam clericis quam laicis", SUb II, 178: „in presentia multorum nobilium: comes Bertoldus", SUb II, 24: „nobilibus infrascriptis ... baronorum nostrorum".
107) So BOGUCKI, Komes, S. 46.
108) So RUTKOWSKA-PŁACHCIŃSKA, S. 684.
109) So EHRENKREUTZ, S. 51, wo er sich auf drei wenig treffende Beispiele (Anm. 2 bis 4) beruft.
110) SUb I, 23 (nobilis), 59 (vir nobilis).
111) SUb I, 23 (nobilis). - Vgl. Personenverzeichnis unter Peter [11].
112) SUb I, 26 (nobilis), Cronica Petri comitis, S. 23 (vir nobilis).
113) SUb I, 26, 34 (nobilis).
114) SUb I, 59 (vir nobilis). - Vgl. Personenverzeichnis unter Zantoslaus.
115) SUb I, 34, 127.
116) SUb II, 120.

Gunther v. Biberstein	I,66	II,241	300	331	339	371	374	389	390	391	411	413	†438
	d	d	d	KÄ	KÄ	•	•	•	•	c	c,n	c	•
	III,11	50	69	70	101	104	282	318	548	IV,16	57	Nekr. Kamenz	
	•	m	c,m,f	•	•	c	•	b	m	d	d	c	

Budiuoy [4]	II,249	260	280	353	388	442
	c,K	c,K	c	m	b,K	c

Vnimir v. Crapowa	II,239	III,60	61	140	163	228	315	IV,32	107	218	†442
	m	b	b	R	c	c	c	c	m	d	c

Bartholomeus v. Damascyn	IV,†466	V,†507	†511	VI,353	357	367	397	419	435	Film Nr. 208/5-6
	m,f	m	m,f	•	•	m,R	c	•	m	f

Theoderich v. Dyhrn	II,402	V,416	424	438	459	491	VI,9	10	17	55	76	†461
	c,K	c,K	b,K	c,K	d,K	d,K	m,b,K	m,b,K	c,K	K	K	m,b,K

Siban v. Dyhrn	V,330	424	438	459	487	491	VI,32	37	55	76	118	196	197
	•	b	d	•	d	•	•	•	•	d	m	c	f
	202	244	252	272	275	294	309	384	2577	Film Nr. 208/5.6	448		
	•	•	•	•	f	•	•	m	•	f	f		
	†480												
	•												

Nanker [3]	III,147	318	376	†584	IV,120	191	192	209	212	214	219	258	259
	s	s	m	c	b,c	d	m	c	m,US	m	d,m	d,c	c
	267	269	274	282	289	307	311	341	363	387	†447	†448	†452
	d	m,US	c,US	d,US	b,US	m,US	b,US	d,m,P	P	n	•	c	c
	V,5	86	320	451	452	462	465	467	483	494	†501	VI,8	29
	•	c	•	b	P	f	b,P	f,P	f,P	c	d,m	P	P
	31	50	63	96	121	140							
	f	m,P	P	P	•	f							

Nikolaus [19]	III,327	IV,1	229	245	267	299	309	355	413	†447	†452	V,57
	s	m,UKÄ	c,K	m,K	d	d	d	d,n	d,b	•	c,K	•
	197	204	†495	†496								
	d,m	d	c	•								

Theoderich	V,330	416	VI,9	10	55	196	202	438	†461
v. Pesna	d,m	c	m,b,K	m,b,K	•	c	•	m,n,K	m,b,K

Pachoslaus	III,251	281	327	349	IV,165	167	173	174	191	219	227	234	257
v. Schessici	s	s	s	•	d	d	d	d	d	d,m	•	c	c
	259	267	274	282	294	302	307	332	337	357	392	411	V,8
	c	d,M	c,M	d,M	d,M	m,M	m,M	•	•	•	b	b	m,n
	269	271	349	353	362	370	371	400	†495	†499	†501		
	d	d	M	c	d	M	M	•	c	d	d,m		

Sambor	IV,212	214	234	245	253	256	257	258	259	269	274	278	282
v. Schildberg	m,UT	m	c	m,UT	•	c	c	d,c	c	m,UT	c,UT	c,UT	d,UT
	284	289	294	297	299	300	302	309	311	392	399	409	411
	m,UT	b,UT	m,UT	d,UT	d,UT	m,UT	m,UT	d	b,UT	b	K	K	b
	419	V,85	273	320	348	349	401	411	412	415	443	451	452
	•	•	•	•	•	•	•	•	•	•	•	b	•
	467	483	†501	VI,8	29	54	59	63	73	96	121	144	158
	f	fe	•	•	b,d,m	•	•	•	f	•	f	m	f
	191	210	282	301	355								
	•	•	•	m	f								

Friedrich	V,49	396	397	423	426	437	484	VI,13	144	158	161	210	218
v. Waldow	d	d	d	•	•	d	d,m	m	m	f	•	•	K
	221	232	242	316	419	435	440						
	K	•	•	f	f	m	m						

Titelführung und Ämter bei schlesischen Adligen:

b = baro	m = miles	f = fidelis	K = Kastellan	R = Richter
c = comes	n = nobilis	fe = feodalis	KÄ = Kämmerer	S = Schenk
d = dominus	• = ohne Titel	s = serviens	M = Marschall	T = Truchseß
			P = Palatin	U = Unter-

Adel in eine 'niedere' und 'höhere' Schicht gliedern. Dieses auf den ersten Blick verhältnismäßig klare Titelwesen des Adels kompliziert sich jedoch dadurch, daß der einzelne Adlige mehrere Titel nacheinander, durcheinander oder sogar gleichzeitig führt[117]. Hinzu kommen noch die lehens- und dienstrechtlichen Bezeichnungen. Auch führt ein Adliger in der Regel um so mehr Titel, je öfter er in den Urkunden erwähnt wird[118]. Dies ergibt so lange keine Schwierigkeiten, wie eine Person nicht mit den Titeln miles und comes bezeichnet wird, die ja die Zugehörigkeit zu verschiedenen Schichten des Adels ausdrücken sollen. Nun kommt es aber durchaus vor, daß miles und comes durcheinander gebraucht werden[117] und daß sogar ein Adliger in ein und derselben Urkunde mit beiden Titeln genannt wird[119]. Würde ein Adliger zuerst als miles und dann noch als comes erscheinen, so könnte man an einen Aufstieg von der 'niederen' in die 'höhere' Schicht des Adels denken. Ein solcher Fall ist aber nicht bekannt. Vielmehr wird zum Beispiel ein Ritter mal miles, dann comes und schließlich wieder miles genannt[117]. Wegen dieses offensichtlich beliebigen und unsystematischen Gebrauchs von Titeln überhaupt und besonders der beiden Bezeichnungen miles und comes ist eine Zuordnung einzelner Personen zu den angedeuteten beiden Schichten des Adels nicht möglich. Gleichzeitig wird somit auch die Gliederung des Adels in zwei getrennte Schichten in Frage gestellt.

Diese Unbeständigkeit beim Gebrauch von Titeln findet sich auch innerhalb der Familien. So führen zum Teil schon Angehörige ein und derselben Generation unterschiedliche Titel[120]. Gar über mehrere Generationen hinweg hält sich ein Titel nur bei den wenigsten Familien, zum Beispiel miles bei den Schessici und Wisenburg, comes bei den Schnellewalde und bis auf wenige Ausnahmen auch bei den Pogarell. Wenn von den Grafen von Würben gesprochen wird, so ist zu bedenken, daß von den 21 bis zum Ende des 13. Jahrhunderts bekannten Familienmitgliedern nur neun diesen Titel tatsächlich führen. Daraus und aus dem gewonnenen Gesamteindruck ergibt sich, daß die Titel nicht erblich, sondern wohl auf irgendeine Weise an die einzelne Person gebunden sind. Auch dies spricht gegen eine Gliederung des Adels in zwei Schichten.

Ausgehend von der Vermutung, daß sich eine eventuelle Gliederung des Adels in seinen Titeln ausdrücken würde, wurden diese einzeln untersucht. Dabei wurden für die verschiedenen Titel unterschiedliche Bezugsgruppen und Bedeutungsinhalte festgestellt. So wird dominus als allgemeine Bezeichnung für Herzöge, Geistliche, Adlige, Vögte und auch Bürger verwandt. Der am meisten gebrauchte Titel

---

117) Vgl. Aufstellung S. 112f.
118) Vgl. Personenverzeichnis unter z.B. Radozlaus Dremlic von Briese, Gunther von Biberstein, Eberhard und Simon Gallicus, Ycho Mironowitz, Sambor von Schildberg, Sedlon.
119) Z.B. SUb III, 69: „fidelis noster comes Guntherus de Biberstein ... Iutta uxor militis supradicti".
120) So wird z.B. Streziwoy von Kobelau als comes, sein Bruder als miles genannt und führt Andreas [20] den Titel comes, sein Bruder Wislaus dagegen keinen Titel.

miles kennzeichnet den Krieger und in seiner Pluralform die 'niedere' Schicht des Adels, vielleicht auch dessen Gesamtheit. Der Titel baro weist auf die Zugehörigkeit eines miles oder comes zum Herzogsrat hin. Letzterer Titel ist in unklarer Weise mit den Landes- und Hofämtern verbunden und bezeichnet die grundbesitzende 'höhere' Schicht des Adels. Zu den nobiles werden Herzöge, Geistliche und Adlige - überwiegend comites und barones - gezählt. Insgesamt ändern sich Inhalt und Gebrauch der Titel in Schlesien ein paar Jahrzehnte früher als in Polen. Auf Grund dieser Untersuchung würde sich der Adel in eine 'niedere' und 'höhere' Schicht gliedern, in milites und comites. Dieses Ergebnis wird jedoch durch den abwechselnden oder gleichzeitigen Gebrauch dieser Titel in Frage gestellt. Deshalb ist es auch nicht möglich, einzelne Personen der einen oder anderen Schicht zuzuordnen.

III.2. Die Standesverhältnisse des schlesischen Adels

In den wenigen Quellen zur Frühzeit Schlesiens stehen einzelne, besonders hervorragende Personen wie Magnus und Peter [11] Wlast im Vordergrund; über den Adel als solchen ist dagegen wenig zu erfahren.

In Zusammenhang mit der Auseinandersetzung zwischen Herzog Wladislaw Herman von Polen und seinem Sohn Zbigniew erwähnt Gallus Anonymus für 1093[121] und 1100[122] zwei Volksversammlungen. An ihnen nehmen die magnates[121], die maiores[122] und seniores[122] sowie in nur zustimmender Funktion das gesamte Volk (totus populus) teil. Beide Versammlungen sind jedoch für die frühpiastische Zeit wegen der Beteiligung des Volkes untypisch[123]. So wenden sich auch Wladislaw und Siecieh mit ihrer Frage, ob die Schlesier Rebellen seien oder nicht, an Magnus und die Magnaten der Region, nicht aber an das Volk[121]. Im allgemeinen setzt sich die Versammlung, das colloquium, schon in der Frühzeit Schlesiens oligarchisch zusammen[124], vermutlich aus einem Teil oder dem gesamten Adel. Bei den maiores versichert sich auch Magnus, ob er Zbigniew aufnehmen soll oder nicht[125].

Aus dieser nicht erkennbar gegliederten, namenlosen Masse des Adels treten Magnus und Peter [11] Wlast hervor, die beide eine besondere, über den Adel im allgemeinen herausragende Stellung einnehmen. Die Chronisten drücken dies im Falle des Magnus unter anderem durch verschiedene Titel aus. So wird Magnus als dux[126] und comes Wratislaviensis[127], als primus praeses[128] und praefectus der Pro-

---

121) Gallus Anonymus, S. 70.
122) Gallus Anonymus, S. 81.
123) MULARCZYK, O wiecach Gallowych, S. 516.
124) MULARCZYK, O wiecach Gallowych, S. 526.
125) Gallus Anonymus, S. 69.
126) CPP, S. 453.
127) Gallus Anonymus, S. 69; CPP, S. 453.
128) Magistri Vincentii Chronicon Polonorum, S. 305.

vinz Schlesien[129] sowie fälschlich als Bischof von Breslau[130] tituliert. Diese Titel ermöglichen allerdings keine eindeutige Antwort auf die Frage, ob Magnus seine Stellung als Nachfahre eines schlesischen Stammeshäuptlings oder als herzoglicher Beamter erlangt hat. Dux und comes Wratislaviensis weisen auf ersteres, primus praeses kann sowohl erster Graf des Landes im Sinne eines primus inter pares als auch erster Statthalter bedeuten, und der praefectus ist ein vom Herzog eingesetzter Beamter. Ein weiteres Argument für eine Stellung als Beamter wäre, daß nach der Erhebung in Schlesien ein Magnus, der nun Masowien regiert, erwähnt wird[131]. Dies würde allerdings voraussetzen, daß es sich um ein und dieselbe Person handelt, was jedoch unwahrscheinlich ist[132]. In einer speziellen Untersuchung zu dieser Frage gelangt Heydebrand zu dem Ergebnis, daß Magnus „zugleich der Rechtsnachfolger eines in die Vasallität des Polenreiches getretenen ... Stammeshäuptlings ... Schlesiens und ein vom Polenherzog mit einer Amtsgewalt über Breslau betrauter Mann seines Gefolges"[133] ist. Cetwiński sieht in Magnus eher einen Vertreter der lokalen „Selbstverwaltung" als eine piastischen Beamten[134]. Dies steht auch in Einklang mit der von Arnold und Łowmiański vertretenen Ansicht einer frühmittelalterlichen polnischen Föderationsmonarchie[135].

Die einzigartige Stellung des Peter [11] Wlast spiegelt sich in einer ganzen Reihe von Besonderheiten. So begibt sich der als princeps Polonie titulierte Peter nach Magdeburg, wo er mit dem Kaiser Gespräche führt und wo er vom Erzbischof zur Förderung der katholischen Religion in seinem principatus die Reliquien des heiligen Vinzenz erbittet und erhält. Nach deren Überführung läßt er am Tage des Heiligen alle seine Gefangenen frei[136]. Er handelt somit faktisch wie ein unabhängiger Herrscher[137]. Darüber hinaus knüpft er mit seiner Ehe mit der russischen Prinzessin[138] Maria und der Heirat seiner Tochter mit Iaxa dux Sorabiae[139] durchaus dynastische Verbindungen. Er gründet zahlreiche Kirchen und Klöster[140] und befürwortet um 1145 zusammen mit dem Bischof von Krakau die Bekehrung der Ruthenen[141]. In mehreren Urkunden und einer Vielzahl von Quellen wird er genannt. Da-

---

129) KBGP, S. 491.
130) CPS, S. 560.
131) Gallus Anonymus, S. 118: „comes nomine Magnus qui tunc Masowiam regebat"; Unterstreichung vom Verfasser. - CPP, S. 465.
132) Eine Identität hat mit guten Gründen HEYDEBRAND, Stellung, S.34-36 abgelehnt. CETWIŃSKI, Bd. I, S.16 hält dagegen eine Identität für höchstwahrscheinlich.
133) HEYDEBRAND, Stellung, S .68.
134) CETWIŃSKI, Bd. I, S. 16.
135) Vgl. CETWIŃSKI, Bd. I, S. 16f.
136) Annales Magdeburgensis, S. 187.
137) So auch CETWIŃSKI, Bd. II, S .16.
138) Zapiski historyczne, S. 721; Cronica Petri comitis, S. 26.
139) KBGP, S. 520.
140) Vgl. IV.3.b) Adlige Herren und ihre Beziehungen zur Kirche.
141) SUb I, 11.

bei werden ihm in deutschen Quellen ungewöhnliche Titel zugedacht: ductor militae und praefectus a duce super viros bellatores[142], princeps Poloniorum[143] und princeps Polonie[144]. Schließlich wird über ihn eine eigene Chronik verfaßt[145]. Auf Grund seiner Stellung erscheint Peter [11] Wlast als Rechtsnachfolger des Magnus[146], weshalb gerne angenommen wird, daß beide miteinander verwandt seien[144]. Seine außerordentliche, ja herrscherähnliche Stellung hat wohl entscheidend zu seinem Sturz beigetragen.

Für besonders hervorragende, zwischen dem Landesadel und dem Herzog von Polen stehende Adlige ist nach der Einführung der Senioratsverfassung kein Platz mehr. Ihre Stellung nehmen die auf Teile von Gesamtpolen beschränkten Herzöge ein. Der Landesadel gelangt damit in direkteren Kontakt zum Landesherrn, in 'Herzogsnähe'.

Wenn auch der Adel mit unterschiedlichen Titeln bedacht wird und sich vielleicht in eine 'höhere' und 'niedere' Schicht unterteilen könnte, so sind doch alle Adligen untereinander gleichgestellt[147]. Diese Gemeinschaft untereinander gleichberechtigter Personen wird jedoch im Heinrichauer Gründungsbuch und zwei vereinzelten Urkunden differenziert. So stammt der Initiator der Gründung des Klosters Heinrichau, Nikolaus[148], von „parentibus non valde nobilibus nec etiam omnino infimis, sed mediocribus militibus ex provincia Cracoviensi"[149]. Aber auch in bezug zu Schlesien wird von militelli[56] und nobiles et mediocres[150] gesprochen. Herzog Heinrich I. erwähnt in einer Urkunde als Zeugen „multi barones nostri nobiles et mediocres"[151] und in einer anderen, bischöflichen Urkunde wird bestätigt, daß Sulislaus Plascota terrulae von militelli gekauft hat[55]. Auf Grund dieser Angaben wird der polnische und schlesische Adel in der Literatur gern in milites infimi, milites mediocres und milites nobiles eingeteilt[152].

---

142) Herbordi Vita Ottonis, S. 74f.
143) Ortliebi Zwifaltensis Chronicon, S .2f.
144) HEYDEBRAND, Stellung, S. 49f. Anm. 39; EISTERT, Ohlau, S. 11; EISTERT, Peter Wlast, S. 2f.; RICHTSTEIG, Peter Wlast, 18, S. 11f..
145) Cronica Petri comitis.
146) HEYDEBRAND, Stellung, S. 49f. Anm. 39.
147) Vgl. IV.1. Die rechtliche Stellung des schlesischen Adels.
148) Vgl. Personenverzeichnis unter Johannes [68].
149) GB, S. 238.
150) GB, S. 299.
151) SUb I, 290.
152) So RAUSCH, S. 32-35 und GRÜGER, Volkstum, S. 251f., die sich beide nur auf das GB stützen. KOSSMANN, Bauern und Freie, zieht als weitere Quelle die „Elbinger Handschrift", die älteste Aufzeichnung des polnischen Gewohnheitsrechtes, heran; in seinem von inneren Widersprüchen nicht ganz freien Aufsatz will er in den infimi Bauern, den mediocres kriegspflichtige, aber nicht zum Adel gehörende Freie und in den nobiles Adlige erkennen. EHRENKREUTZ, S. 48-51, der in seine Untersuchung auch Urkunden aus anderen polnischen Gebieten einbezieht, unterscheidet zwischen freien (milites mediocres, milites nobiles) und unfreien (milites infimi, milites curiae, ministeriales) Rittern!

Gegen diese Einteilung lassen sich jedoch eine Reihe von Argumenten anführen. So ist auffällig, daß diese Einteilung sich so gut wie überhaupt nicht in den Urkunden wiederfindet[153]. Einen niederen polnischen Kriegerstand hat es nur in Kleinpolen, und zwar nur kurzfristig seit dem 14. Jahrhundert, gegeben[154]. Das Heinrichauer Gründungsbuch ist neben den beiden genannten Urkunden die einzige Quelle, die den Adel solchermaßen differenziert. Allerdings ist es von deutschen Mönchen geschrieben worden, die mit den herrschenden polnisch-rechtlichen Verhältnissen nachweislich nicht vertraut waren[155]. Sie werden ihre Vorstellung von Adel auf die vorgefundenen, andersgearteten Gegebenheiten übertragen haben, was zu einer falschen Sicht führte. So wird es den Mönchen unverständlich gewesen sein, daß ein bäuerlich lebender, über sehr wenig Grundbesitz verfügender Einheimischer dennoch Krieger und Ritter und somit ein Adliger war. Da es sich bei der oben angeführten, von Herzog Heinrich I. zugunsten des Klosters Heinrichau (wieder Heinrichau!) ausgestellten Urkunde sehr wahrscheinlich um Empfängerdiktat handelt[156], kann auch ihr in diesem Zusammenhang keine besondere Aussagekraft zugebilligt werden. Es bleibt somit lediglich die bischöfliche Urkunde übrig. Die darin erwähnten militelli werden offensichtlich wegen ihres geringen Grundbesitzes, ihrer terrulae, als Ritterchen bezeichnet. Dann könnten aber die milites mediocres über mittleren Grundbesitz und die milites nobiles vielleicht über Großgrundbesitz verfügen. Die Einteilung des Adels im Gründungsbuch wäre dann wirtschaftlicher Natur[157]. Eine solche Differenzierung ist durchaus möglich und widerspricht nicht der prinzipiellen rechtlichen Gleichheit aller Adligen. Die wirtschaftliche Differenzierung ist jedoch nicht gleichbedeutend mit einer 'ständischen Gliederung' des Adels etwa in eine 'niedere', 'mittlere' und 'höhere' Schicht. Es ergibt sich somit, daß es sich beim eingesessenen Adel um eine Gemeinschaft untereinander gleichberechtigter Personen handelt, die sich höchstwahrscheinlich nicht in verschiedene Schichten gliedert, sich jedoch in wirtschaftlicher Hinsicht durch die Größe des Grundbesitzes ihrer einzelnen Mitglieder unterscheidet.

In der Heimat der aus dem deutschen Reich zugewanderten Adligen wurde zwischen Edelfreien, Reichsministerialen und Ministerialen in landesherrlichen Diensten unterschieden. Ein Teil der aus Meißen stammenden Adligen kann diesen Gruppen - wenn auch nicht immer ganz sicher - zugeordnet werden[158]. Die Edel-

---

153) Nur in 2 von nahezu 3000 Urkunden!
154) KOSSMANN, Bauern und Freie, S. 274f. unter Berufung auf Kazimierz Tymieniecki (Uwagi o stanie włodyczym, in: Księga pamiątkowa ku czci Wł.Abraham. Bd. II. Lemberg 1931, S. 127-135).
155) So müssen sie sich erst vom Propst von Kamenz, der dem eingesessenen Adel entstammt, genau erklären lassen, was ein patrimonium ist; vgl. GB, S. 279f.
156) Vgl. Vorbemerkung zu SUb I, 290.
157) RAUSCH, S. 32 spricht von einer sozialen Gliederung.
158) Grundlage sind die Listen bei SCHIECKEL, S. 100-151.

freien stellen mit 13 (9 sicher, 4 unsicher) Familien[159] die kleinste Gruppe, zu den Reichsministerialen gehören 18 (7, 11) Familien[160] und aus der Ministerialität der Markgrafen von Meißen kommen insgesamt 29 (15, 14) Familien[161]. Der Ministerialität des oberfränkischen Klosters Banz entstammt sehr wahrscheinlich die Familie gleichen Namens[162]. Die Auswanderung der Ministerialen nach Schlesien setzt voraus, daß sie sich schon vorher aus ihrer Abhängigkeit vom Reich beziehungsweise vom Landesherrn gelöst haben. In Schlesien selbst spielen diese Unterschiede keine erkennbare Rolle. Die rechtliche Gleichheit des eingesessenen Adels hebt im Gegenteil diese Unterschiede auf. Hier gelten alle, ob Edelfreie, ehemalige Reichsministerialen oder landesherrliche Ministerialen, als milites, als Krieger. Dies zeigt sich auch in den Titeln, mit denen die Angehörigen dieser Gruppen in schlesischen Urkunden bedacht werden. So kommen in allen drei Gruppen alle gebräuchlichen Titel vor, wenn auch in unterschiedlicher Häufigkeit. Es zeigt sich, daß sich unter den Edelfreien die meisten nobiles, comites und barones finden, unter den Ministerialen dagegen weniger. Grundbesitz erlangen die Angehörigen aller drei Gruppen erst nach ihrer Zuwanderung, und zwar hauptsächlich durch Kauf. Der zugewanderte Adel tritt neben den eingesessenen Adel. Beide bilden eine Gemeinschaft untereinander grundsätzlich gleichberechtigter Personen, was besonders den ehemaligen deutschen Ministerialen zugute kommt.

Als Stand ist der schlesische Adel in dem hier interessierenden Zeitraum nicht fest abgeschlossen. Es ist möglich, in den Adel aufzusteigen, aber auch aus ihm auszuscheiden. Gelegentlich kommt es zu Übertritten in das Patriziat.

Die in Zusammenhang mit der deutschen Siedlung erfolgten Stadtgründungen führen zur Entstehung eines für Schlesien neuen Standes, dem der Bürger. Diese stehen zwischen dem Adel und den Bauern. Die wohlhabendsten Bürger einer Stadt bilden deren Oberschicht, das Patriziat[163], das auch auf dem flachen Land Güter erwirbt und so mit dem Adel in Verbindung tritt. Aber auch einzelne, wenige Adlige ziehen in die Stadt und gehen dort in das Patriziat über. Dies ist am frühesten für den wohl aus der Ministerialität des gleichnamigen Klosters in Oberfranken stammenden[162] Albert von Banz festzustellen. Er wird 1252 und 1257 in Zusammenhang mit Grundstücksgeschäften um Breslau als Zeuge genannt, ohne als

---

159) Zu ihnen gehören die Hohenbüchen, Biberstein, Barby, Flößberg, Mülbitz, Lubin, Pesna, Falkenhain und Hakeborn sowie wahrscheinlich die Strehla, Donin, Profen und Vermoldesdorf.
160) Zu ihnen gehören die Baruth, Dahme, Indagine, Kamenz, Haugwitz, Colditz und Crimmitzschau sowie wahrscheinlich die Falkenberg, Lapide, Strehla, Ehrenberg, Cygelheim, Tettau, Hermann [5], Zedlitz, Sytin, Cechowe und Ledelow.
161) Zu ihnen gehören die Swab, Indagine, Neudeck, Füllstein, Hoberg, Godov, Maltitz, Apolda, Poserne, Copatz, Waldow, Pack, Predel, Lubnitz und Sulz sowie wahrscheinlich die Lapide, Strehla, Donin, Grodis, Heinrich [35], Zolwitz, Kalkruth, Kemnitz, Sacco, Lindenau, Talwiz, Woyniz, Buntense und Profen.
162) PFEIFFER, S. 61.

Bürger dieser Stadt bezeichnet zu werden[164]. 1266 ist er jedoch Breslauer Konsul[165]. Heinrich von Banz - vielleicht ein Sohn des Albert - wird mehrfach als Breslauer Bürger erwähnt[166], sowie 1276 als Untervogt von Glogau[167] und zehn Jahre später als Vogt von Breslau[168]. Als Schöffe und älterer Mitbürger wird er 1292 in einer Urkunde der Breslauer Konsuln bezeichnet[169]. Adelsqualität ist für die Patrizierfamilie von Mühlheim vorauszusetzen[170], auch wenn ihr ältester Vertreter Kaufmann war[171]. Die Mühlheim werden als Breslauer Bürger bezeichnet, stellen 1292 mit Hermann einen Schöffen[169] und erwerben mehrere Güter auf dem Lande, davon Jäschgüttel zur Aussetzung zu deutschem Recht[171]. Ebenfalls zum Adel gehören die Zindel[172]. Sie stellen mit Berthold und Tilo 1291 zwei Breslauer Konsuln[173], die später auch das Schöffenamt bekleiden[174]. Ein Heymandus Syndel wird 1281 in einer Urkunde Nikolaus' I. von Troppau als Ritter und Zeuge erwähnt[175]. Der aus Thüringen stammende Sidelmann von Saalburg läßt sich im sechsten Jahr seines Aufenthaltes in Schlesien als Bürger in Goldberg nieder. Er wird als „magister burgensium"[176], „magister civium"[177] und Bürger dieser Stadt[178] bezeichnet. Schließlich ist Siegfried von Lubnitz zu nennen, der zwar erst 1294 ausdrücklich als Bürger von Sagan genannt wird[179], dies aber - wie seine Nennungen in zwei in Sagan ausgestellten Urkunden[180] vermuten lassen - wohl schon vier Jahre früher ist. Es ist demnach eigentlich kaum zu regelrechten Übertritten von Adligen in das Patriziat gekommen. Vielmehr erscheinen einige wenige adlige Familien in den Urkunden von Anfang an unter den Bürgern der Städte, ohne deshalb ihre Zugehörigkeit zum Adelsstand eingebüßt zu haben[181]. Dennoch bemühen sie sich um den Erwerb von Grundbesitz auf dem Lande.

---

163) PFEIFFER, S. 16.
164) SUb III, 31, 255.
165) SUb III, 541.
166) SUb III, 537, VI, 54; Nekr. Lubense, S. 41: 18. März.
167) SUb IV, 291.
168) SUb V, 259.
169) SUb VI, 60.
170) PFEIFFER, S. 66.
171) SUb VI, 89.
172) PFEIFFER, S. 84.
173) SUb VI, 4, 5.
174) Zusammen: SUb VI, 60; Berthold allein: SUb VI, 409.
175) SUb IV, †424.
176) SUb IV, 82.
177) SUb IV, 91.
178) SUb IV, 82, 91, VI, †464.
179) SUb VI, 164.
180) SUb V, 486, VI, 53.
181) So auch PFEIFFER, S. 66, der daraus schließt, daß „der Bürgerstand als solcher ... noch keine fest umgrenzte, ständische Einheit" war.

Ein Ausscheiden aus dem Adel ist im Einzelfalle so gut wie nicht nachzuweisen. Die betreffenden Adligen werden in der Regel über nur geringen Grundbesitz verfügt haben, der es ihnen wohl kaum erlaubte, sich in der Umgebung des Herzogs aufzuhalten oder ihren militärischen Verpflichtungen nachzukommen. Sie werden - in Urkunden ohnehin nur selten erwähnt - aus diesen einfach verschwunden sein, ohne Spuren zu hinterlassen. Wirtschaftliche Gründe sind aber nicht die einzigen, wie zwei Beispiele aus dem Heinrichauer Gründungsbuch zeigen. Die vier Brüder von Bobolitz[182], von denen vermutlich einer zwei und die anderen je einen Anteil am Erbgut besessen haben[183], verüben Straßenraub und werden deswegen zum Tode verurteilt. Sie können sich jedoch durch Veräußerung ihres Erbgutes vom Galgen loskaufen[184], wodurch sie allerdings mittellos werden. Wegen ihrer Straftat und nunmehrigen Besitzlosigkeit werden sie wohl aus dem Adel abgesunken sein. Ein kriminelles Vergehen allein scheint aber die Zugehörigkeit zum Adel nicht beeinträchtigt zu haben, was der Fall der beiden Adligen Otto [12] und Segota[185] zeigt. Sie hatten den Bischof von Krakau entführt, verkauften nach Verbüßung der Strafe ihre Erbgüter in Kleinpolen und lassen sich dann als Adlige im Herzogtum Oppeln nieder[186]. Im zweiten Fall - bei den Brüdern von Taschenberg[187] - scheint persönliche Unfähigkeit eine Rolle gespielt zu haben. Die beiden Brüder, aus ärmlichen Verhältnissen stammend, tauschen ihren Anteil, ein Drittel von Brukalitz, gegen ein gleich großes Gut in Polen sowie Vieh, Stoffe und Wirtschaftsgeräte[188]. Dort scheitern sie jedoch und verkaufen das Gut[189]. Mit dem Tode ihres Vetters gelangen sie in den Besitz von einem Sechstel von Brukalitz, über dessen Nutzung oder Verkauf nichts bekannt ist, weil das Gründungsbuch vorher abbricht. Wegen ihrer Unfähigkeit in wirtschaftlichen Dingen und der Abnahme ihres Grundbesitzes werden sie wohl aus dem Adel abgesunken sein. Für das wenig belegte Ausscheiden aus dem Adel scheint insgesamt die durch das polnische Erbrecht begünstigte Verringerung des Grundbesitzes die Hauptursache zu sein, zu der weitere Gründe hinzukommen können[190].

Ein Versuch, in den Adel aufzusteigen, wird am Beispiel des Reichenauer Schulzen Siegfried [4] Rindfleisch im Heinrichauer Gründungsbuch genau beschrieben[191]. Als Schulze verfügt Siegfried über einigen Grundbesitz; er dürfte zwi-

---

182) Vgl. GB, S. 260-263.
183) Dies wird aus dem in SUb II, 172 mitgeteilten Kaufpreis von 19 Mark Silber geschlossen, von dem einem der Brüder 7 Mark, den anderen je 4 Mark gezahlt wurden.
184) SUb II, 323.
185) Vgl. Personenverzeichnis unter Otto [12].
186) Annales Sanctae Crucis Polonici, S. 682; Rocznik Świętokrzyski, S. 75.
187) Vgl. GB, S. 300-309.
188) SUb III, 97.
189) SUb III, 179, 251.
190) So auch WOJCIECHOWSKI, S. 97, 99, nach dem der Verlust des Grundbesitzes zur Einbuße des Ritterrechts führt.
191) Vgl. GB, S. 337.

schen 10 und 16 große Hufen Land besessen haben[192]. Rittern gegenüber zeigt er sich dienstbeflissen, und er beginnt, aus eigenem Antrieb dem Herzog mit einem Streitroß zu dienen. Seinen Ambitionen bereitet jedoch das Kloster ein Ende, indem es ihn - wenn auch mit Schwierigkeiten - aus der Scholtisei auskauft. Der Versuch des Siegfried [4] Rindfleisch, in den Adel aufzusteigen, gründet demnach auf drei Grundvoraussetzungen: umfangreicheren Grundbesitz, Kriegsdienst zu Pferde und Umgang mit Adligen. Nun werden in der Tat mehrere Schulzen, die ja alle über Grundbesitz verfügen, von den Herzögen, Adligen und einem Kloster zum Roßdienst verpflichtet. Das früheste Beispiel ist der Schulz von Berzdorf, Berthold [14], der nach einer herzoglichen Urkunde aus der Zeit zwischen 1250 und 1266 Dienste nach dem ius feodale, also wohl Roßdienst, leisten soll[193]. Diese Entwicklung setzt jedoch erst nach 1285 richtig ein. Heinrich IV. von Breslau verpflichtet den Schulzen von Mollwitz[194] zum Roßdienst, das Marienkloster in Sagan den von Neuwaldau[195]. Am häufigsten werden die Schulzen von Adligen verpflichtet[196], wobei der Wert des Streitrosses und sein Ersatz bei Verlust sowie die Art der Ausrüstung mitunter recht genau festgelegt ist. So soll der Schulze Gerhard dem Stephan von Schönbankwitz mit einem Pferd im Werte von acht Mark, „spadone et joppa et lacta et ferreo pileo"[197] dienen. Graf Dirsco[198] bestimmt 1289, daß ihm und seinen Brüdern im Kriegsfall der Schulz von Prisselwitz, wie es in der Gegend Sitte ist, Dienst zu leisten hat und sogar die Bauern vier Pferde für den herrschaftlichen Wagen zu stellen haben[199]. Demnach scheint die Leistung von Diensten durch Schulzen zumindest im Breslauer Gebiet in den letzten fünfzehn Jahren des 13. Jahrhunderts üblich gewesen zu sein. Der Adel ist offensichtlich bestrebt, seine militärischen Lasten abzuwälzen oder wenigstens mit militärischem Gefolge in den Krieg zu ziehen. Dies eröffnet den grundbesitzenden Schulzen die Möglichkeit, über die Leistung von adligem Roßdienst in diesen Stand aufzusteigen.

---

192) Die Größe Altreichenaus wird mit 100 großen Hufen angegeben (GB, S. 250, 379). Für die Lokation erhielt der Lokator und spätere Schulz Grundbesitz, und zwar in der Regel jede sechste bis zehnte Hufe, d.h. im Falle Altreichenaus zwischen 16 und 10 große Hufen. Ein Bauernhof umfaßte eine Hufe.
193) SUb III, 365.
194) SUb V, 401.
195) SUb VI, 177.
196) Von Richwin von Obischau (SUb V, 381), Boguslaus von Wohlau (SUb V, 408), Dirsco und seinen Brüdern (vgl. Personenverzeichnis unter Sdizlaus [1]) (SUb V, 415), Heinrich von Würben (SUb V, 420), Stephan von Schönbankwitz (SUb V, †501), Johannes von Nossen (SUb VI 23), Herbord Quas (SUb VI, 108), Lorenz Plascota (SUb VI, 306) und Leonhard von Michelwitz (SUb VI, 422).
197) SUb V, †501.
198) Vgl. Personenverzeichnis unter Sdizlaus [1].
199) SUb V, 415.

Zwei Vögte gelangen ebenfalls über die in Herzogsurkunden angeführte Verpflichtung zum Roßdienst in den Adel: 1268 Reymboldus Vulleschussel Vogt von Ziegenhals[200] und 1292 Siegfried Vogt von Strehlen[201]. Bei zwei anderen Vögten ist der Aufstieg in den Adel durch ihre Bezeichnung als miles belegt. So wird Konrad Erbvogt von Reichenbach zuerst als Hofrichter genannt[202], erscheint dann unter den milites[203] und wird schließlich selbst in mehreren Urkunden Herzog Bolkos I. von Jauer als miles tituliert[204]. In einer Oppelner Urkunde wird Goswin von Münsterberg als miles bezeichnet,[205] und er tituliert sich in einer eigenen Urkunde ebenfalls als Ritter[206], was Herzog Bolko jedoch erst nach einigem Zögern tut[207].

In Zusammenhang mit der Verleihung von Grundbesitz und Gütern - meistens für treue Dienste - steht gelegentlich die Verpflichtung zum Roßdienst, die sich so nur in landesherrlichen Urkunden findet. Dies ermöglichte einigen vermutlich Nichtadligen, wie Ulyanus von Grüssau[208], dem Münsterberger Bürger (!) Peregrin [5][209] und den vier Brüdern genannt Pranzko[210], in den Adelsstand aufzusteigen.

Über die Bekleidung eines Amtes sind drei Personen in den Adel aufgestiegen. Von Reinold [1] wird angenommen, daß er wegen des Besitzes des Vorwerkes von Naumburg am Bober zu Erbrecht der Lokator der Stadt ist[211]. 1297 wird er als Nachfolger des Nikolaus von Borsnitz im Amte des Kastellans von Naumburg und somit als Adliger genannt[212]. Peter von Lubno erscheint 1292 als herzoglicher claviger zu Oels[213], dann als Brauer[214] und schließlich 1300 als Kastellan von Tschwirtschen und miles[215]. Über Peter von Liebenau berichtet das Heinrichauer Gründungsbuch. Der Sohn eines Schulzen war nach 1278 Polenrichter; für zwei Hufen leistet er dem Landesherrn den üblichen Dienst[216]. Als Kastellan von Neuhaus wird er dann 1295 erwähnt[217].

---

200) SUb IV ,57.
201) SUb VI, 78.
202) SUb V, 118, 347.
203) SUb V, 488.
204) SUb V, 484, VI, 78, 85, 204.
205) SUb V, 197.
206) SUb VI, 67.
207) SUb VI, 95, 123, 130. - Vorher bezeichnet er ihn als dominus: SUb VI, 78, 85.
208) SUb V, 269.
209) SUb VI, 125.
210) SUb VI, 393.
211) STELLER, Naumburg, S. 56.
212) SUb VI, 320.
213) SUb VI, 48.
214) SUb VI, 93.
215) SUb VI, 435.
216) GB, S. 328f.
217) SUb VI, 217.

Der des öfteren festzustellende Aufstieg einzelner Personen in den Adel wird vor allem Schulzen und Vögten ermöglicht. Diese Personengruppe verfügt über umfangreicheren Grundbesitz und/oder besondere Rechte, weshalb sie zum Roßdienst oder zur Bekleidung höherer Ämter herangezogen werden kann[218]. Dabei kommt dem Roßdienst, also dem Kriegsdienst zu Pferde, als der adligen Art des Kampfes eine Schlüsselstellung zu. Selten ist die Verleihung von Grundbesitz mit der Verpflichtung zum Roßdienst.

Über die Standesverhältnisse der Frühzeit ist insgesamt nur wenig bekannt. Der Adel dieser Zeit erscheint als undifferenzierte Masse, aus der nur einzelne Personen in herrscherähnlicher Stellung herausragen. Nach deren Verdrängung treten Landesherr und Landesadel in direkten Kontakt. Der Adel bildet eine Gemeinschaft untereinander gleichberechtigter Personen, die sich allerdings bezüglich ihres Grundbesitzes unterscheidet. Dies führt jedoch nicht zu einer etwaigen 'ständischen Gliederung', und auch eine Unterteilung des Adels in verschiedene Schichten ist höchst unwahrscheinlich. Eine in den Quellen gelegentlich angeführte Differenzierung des Adels ist nicht ständisch begründet, sondern beruht auf wirtschaftlichen Unterschieden. Auch die Integration des zugewanderten Adels führt nicht zu einer Beeinflussung oder Änderung der dargestellten Standesverhältnisse. Vielmehr werden die ständischen Unterschiede zwischen den aus dem deutschen Reich stammenden Edelfreien, Reichsministerialen und landesherrlichen Ministerialen aufgehoben. Der Adel ist keine fest abgeschlossene Bevölkerungsschicht. Durch die Leistung von Roßdienst und die Bekleidung von Ämtern ist es besonders Schulzen und Vögten möglich, in den Adel aufzusteigen. Verringert sich der Grundbesitz eines Adligen zu stark, so sinkt er wohl aus seinem Stand ab. Einige Adlige gehören dem Patriziat der Städte an.

III.3. Gruppierungen innerhalb des schlesischen Adels

Innerhalb des schlesischen Adels kommt es im Laufe der Zeit aus unterschiedlichen Gründen zu Gruppenbildungen verschiedener Art; es entstehen Gefolgschaften, politische Interessengemeinschaften und Freundeskreise.

Im 13. Jahrhundert wandelt sich die Stellung des Bischofs von Breslau. Er löst sich zunehmend aus der Abhängigkeit des Herzogs, festigt seine geistliche Autorität und vermehrt den kirchlichen Grundbesitz. Für das Bistumsland Neisse-Ottmachau erlangt er am Ende des Jahrhunderts, 1290, die beschränkte[219] und 1333 die volle Landeshoheit, womit er zum Landesherrn aufsteigt. Seine herzogsähnliche Stellung drückt sich auch in der Bildung einer Gefolgschaft und der Schaffung von Hofämtern aus. Die Gefolgschaft des Bischofs - ab 1248 belegt - ist zahlenmäßig

---

218) Auch WOJCIECHOWSKI, S. 98 sieht in der Verbindung von Grundbesitz und Kriegsdienstleistung die Voraussetzung zur Teilhabe am Ritterrecht und damit zum Aufstieg in den Adel.
219) SUb V, 452.

geringer als die der Herzöge; sie besteht bis Ende des 13. Jahrhunderts aus nur 92 Personen[220]. Davon sind 41 Geistliche, die ihm als Kanzler[221], Notare beziehungsweise Schreiber[222], als Prokuratoren[223] und Offiziale[224] dienen. Der weltliche Teil der Gefolgschaft setzt sich zusammen aus vier Notaren beziehungsweise Schreibern[225], 14 milites[226], 20 servientes[227], drei famuli[228], zwei ministri[229], einem fidelis[230], drei Dienern[231] und fünf Adligen[232], die nur mit ihrer Amtsbezeichnung genannt werden; insgesamt 52 Personen. Dabei ist besonders auffällig, daß der bei weitem überwiegende Teil der weltlichen Gefolgschaft[233] servientes oder Personen ähnlich niederer Stellung sind. Auch gibt es keine bischöflichen barones und comites. Dies erweckt den Eindruck einer gegenüber dem übrigen Adel Schlesiens nachgeordneten Stellung der bischöflichen Gefolgschaft. Bis 1280 stützt sich der Bischof hauptsächlich auf den weltlichen, danach auf den geistlichen Teil seiner Gefolgschaft. Die Hofämter werden nach und nach eingerichtet; dem des Unterkämmerers[234] und

---

220) Die in Anmerkung 221 bis 232 genannten Personen erscheinen in der chronologischen Reihenfolge ihrer ersten Erwähnung.
221) Nikolaus [1], Peter (vgl. Personenverzeichnis unter Goslawitz), Peter [1] (auch Notar und Prokurator), Walter (vgl. Personenverzeichnis unter Gallicus).
222) Friedrich [1], Johannes [6], Hermann [1], Woislaus [1], Andreas [2], Adalbert [2], Johannes [11] (auch Offizial), Woislaus [2], Andreas [3] (auch Prokurator), Leonhard [4], Peter [1] (auch Kanzler und Prokurator), Peter [8] (auch Prokurator und Offizial), Johannes [7], Michael [1], Andreas [1], Gerhard [1], Goslaus [1], Johannes [8], Johannes [9], Paul [1], Peter [5], Stanislaus, Nikolaus [7].
223) Leonhard [1], Eckehard von Kalkau, Bartholomeus [3], Ratibor [1], Milegius, Johannes [15], Peter [1] (auch Kanzler und Notar), Peter [8] (auch Notar und Offizial), Lorenz [5] (auch Offizial), Andreas [3] (auch Notar), Heinrich [8], Miroslaus [1], Semianus [2] (auch Offizial), Veit (auch Offizial), Johannes [27].
224) Johannes [11] (auch Notar), Lorenz [5] (auch Prokurator), Jakob (vgl. Personenverzeichnis unter Goswin), Johannes (vgl. Personenverzeichnis unter Goswin), Seminaus [2] (auch Prokurator), Veit (auch Prokurator), Johannes Gallicus, Peter [8] (auch Kanzler und Prokurator).
225) Nikolaus [5], Johannes [10], Heinrich [2], Arnold [3]. - Alle keine Geistlichen.
226) Smilo (vgl. Personenverzeichnis unter Radozlaus [1]), Ysaac, Vrociwoyus, Godislaus, Wenzelslaus [2], Christopher [1], Leuus, Heinrich [20], Johannes [57], Vinzenz [3], Johannes [42], Sulislaus Plascota, Berthold von Tinz, Michael von Varcosi.
227) Boguslaus [13], Konrad [8], Rathno, Stephan [15], Sulislaus [5], Woytech [5], Lorenz [12], Nikolaus [34], Opaso, Walter [4], Ryso, Boguslaus [14], Colinus, Dismus, Johannes [47], Ratibor [2], Subislaus, Cursicus (auch minister), Arnold von Brezinchi, Nikolaus von Patschkau.
228) Walter [4], Heinrich von Budissyn, Peter [50].
229) Adalbert [16], Nagodo (auch fidelis).
230) Cunczo.
231) Lorenz von Borsnitz, Swencza, Woythco.
232) Adalbert [14], Nikolaus [27], Boguslaus [7], Peter [25], Wenzel [3].
233) Nach PFITZNER, S. 328 war die bischöfliche Gefolgschaft „ein um eine Stufe tiefer gerücktes Abbild des Adels im Herzogtum".
234) Die Jahreszahlen in den Anmerkungen 234 bis 238 geben die erste und letzte Nennung im Amt an. - Adalbert [14] (1252), Christopher [1] (1261; nur in Fälschung), Boguslaus [7] (1273-80).

Unterschenken[235] folgt das des Jägers[236], des Untertruchsessen[237] und schließlich das eines Marschalls[238]. Anscheinend sind sie jedoch nicht immer besetzt. Eine bewußte Immitation der herzoglichen Höfe ist unwahrscheinlich, weil die Ämter nicht gleichzeitig entstehen, sondern wohl gemäß den sich entwickelnden Bedürfnissen des bischöflichen Hofes. Das Verhältnis zwischen Bischof und Gefolgschaft scheint vom Lehenswesen bestimmt zu sein, weil Grundbesitz fast nur mit der Verpflichtung zum Bischofsdienst verliehen wird[239].

Dieser nahezu landesherrlichen Gefolgschaft stehen die einiger einzelner Adliger gegenüber. In einer Urkunde zu 1243 überträgt Graf Johannes von Würben dem Schulzen Arnold das Dorf Weizenrodau zur Aussetzung zu deutschem Recht[240]. Dabei bezeichnet er Arnold als familiaris, also zu seiner familia gehörend. Als Zeugen nennt er „milites nostri"[240] Christanus [2], Eckehard [2] und Martin [8] sowie seinen Wlodar Woyko und seinen Notar Boguslaus [1]. Allerdings ist diese Urkunde nicht zeitgemäß und zweifellos verfälscht[241], wobei die Nennung eines eigenen, gräflichen Notars besonders verdächtig ist. 1257 wird ein Burkhard als Vogt des Johannes von Würben erwähnt[242]. Unklar ist, ob der 1274 als Ritter des Andreas von Würbens bezeichnete Eckehard [2][243] mit dem späteren Grafen Eckehard von Würben identisch ist[244]. Als feodales des Heinrich von Würben werden 1289 die beiden Ritter Cuchingus und Herold [2] sowie der Notar Wenzel [2] und Peter von Cancowe genannt[245]. Diese zwölf Personen umfassende Gefolgschaft gehört in die zweite Hälfte des 13. Jahrhunderts. Sie ist nicht die Gefolgschaft der Gesamtfamilie derer von Würben, sondern die einzelner Familienmitglieder. Ihr gehören zur Hälfte Ritter, aber auch zwei Notare an - ein Hinweis darauf, daß die Würben Urkunden ausgestellt haben.

Zu den Pogarell stehen nur zwei Adlige in engerer Beziehung. 1251 wird Nikolaus [36] als Unterkämmerer des Grafen Mrosco von Pogarell bezeichnet[246], ohne daß deshalb etwa auf eine Hofhaltung zu schließen wäre. Als armiger des Bogus von Pogarell wird 1284 Reinco [2] genannt[247]. Auch in diesen beiden Fällen

---

235) Smilo (vgl. Personenverzeichnis unter Radozlaus [1]) (1252), Nikolaus [27] (1266), Wenzel [3] (1300, Schenk).
236) Heinrich [20] (1259), Sulislaus Plascota (1267).
237) Johannes [42] (1261-67), Walter [4] (1273).
238) Peter [25] (1288).
239) Vgl. IV.1.b) Lehensrecht und Lehenswesen.
240) SUb II, 257.
241) Vgl. Vorbemerkung zu SUb II, 257 und IRGANG, Urkundenwesen, S. 5.
242) SUb III, 256.
243) SUb IV, 260.
244) SUb V, 251.
245) SUb V, 420.
246) SUb III, 8.
247) SUb V, 159.

handelt es sich um Bindungen an einzelne Familienmitglieder und nicht an die Gesamtfamilie.

Zur Mannschaft der Herren von Kamenz gehören seit 1245 die Swabisdorf[248], die wohl mit den Kamenz nach Schlesien gekommen sind. Ihnen schließen sich 1261 die Cygelheim und 1304 die Nebelschitz[250] an.

Ab 1285 verpflichten eine Reihe von Adligen die Schulzen ihrer Dörfer zum Roßdienst, um mit wenigstens einem Gefolgsmann an den Kriegszügen teilzunehmen[251].

Eine andere Art von Gruppierung sind die politischen Interessengemeinschaften. Hierbei handelt es sich nicht um persönliche Abhängigkeitsverhältnisse wie bei den Gefolgschaften, sondern um Verbindungen von Personen mit gemeinsamen Zielen und Interessen. Diese können auf die Erhaltung oder Gewinnung eigener oder fremder Einflußbereiche und Machtpositionen gerichtet sein, wie verschiedene Beispiele zeigen.

Nach dem Tode Herzog Heinrichs II. auf der Wahlstatt bei Liegnitz gelangt der noch jugendliche und unbeständige Boleslaus II. zur Regierung. Die eigentliche Herrschaft im Lande üben jedoch die Ritter aus. Dabei verfolgen die namentlich nicht genannten Ritter allerdings eigene Interessen und nicht die des 'Staates', da sie sich an den Erbgütern des Herzogs bereichern[252].

1247 nimmt der mit ihm unzufriedene Adel Boleslaus II. von Liegnitz gefangen, um so die von dessen Vater testamentarisch bestimmte Teilung des Herzogtums Schlesien in die Gebiete Breslau und Liegnitz durchzusetzen. Angeblich geschieht dies auf Anraten von Boleslaus' Bruder, dem späteren Heinrich III. von Breslau[253]. Das Heinrichauer Gründungsbuch berichtet dagegen, daß dies „nicht auf den Rat des Junkers Heinrich, sondern gewisser anderer geschah, deren Namen in diesem Buche nicht stehen sollen"[254]. Es ist möglich, daß zu diesen 'anderen' Iaxa von Schnellewalde gehört, der nach der Teilung nur noch in Urkunden Heinrichs III. erscheint[255]. Der mit Boleslaus II. unzufriedene Adel wird also - vielleicht aus egoistischen, vielleicht aus staatspolitischen Gründen - auf eine Separation gedrängt und dabei Ansprüche Heinrichs III. als Vorwand benutzt haben.

---

248) KNOTHE, Kamenz, S. 110.
249) KNOTHE, Kamenz, S. 107.
250) KNOTHE, Kamenz, S. 109.
251) Vgl. III. 2. Die Standesverhältnisse des schlesischen Adels.
252) GB, S.257.
253) CPS, S. 568f.
254) GB, S. 271: „non est facta consilio domicelli Heinrici, sed quorundam aliorum, quorum nomina huic libello non inscribuntur".
255) Dies vermutete schon CETWIŃSKI, Bd. I, S. 204.

Eine andere Gruppe von Adligen nimmt 1277 Heinrich IV. von Breslau gefangen und liefert ihn an Boleslaus II. von Liegnitz aus[256]. Als Motive werden Angst vor der Rache Heinrichs wegen der angeblichen Vergiftung von dessen Vater und Onkel[257] sowie Anstiftung durch Boleslaus genannt[258], der einen Anteil am Erbe seines Bruders Wladislaus von Breslau erpressen will[259]. Nach seiner Entlassung aus der Gefangenschaft nimmt Heinrich IV. mehrere Ritter, darunter angeblich Ianusius von Michelau, Thymo von Wisenburg und Johannes Serucha[260], wegen Konspiration gefangen und bestraft sie mit schwerer Haft[261]. Dazu paßt, daß Ianusius von Michelau und Johannes Serucha nur bis 1276 urkundlich erwähnt werden[262]. Thymo von Wisenburg dagegen wird bis Ende Juli 1278 bei Heinrich IV. als Zeuge genannt[263], was seine Teilnahme an der Verschwörung unwahrscheinlich macht[264]. Einige andere Barone haben sich ins Exil begeben, werden aber durch Vermittlung des Böhmenkönigs mit Heinrich IV. ausgesöhnt und kehren nach Breslau zurück[265].

Im selben Konflikt tritt noch eine andere Gruppe von Adligen hervor, Anhänger des gefangenen Heinrich IV. Diese Barone und Räte schließen einen Vergleich mit Markgraf Otto von Brandenburg, wobei sie ihm sogar Burg und Stadt Crossen ver-

---

256) Vgl. hierzu die Aufsätze von LIGĘZA und MULARCZYK, Dwa bunty. Letzterer korrigiert und ergänzt in mannigfacher Hinsicht Ligęzas Aufsatz.
257) CPS, S. 569; CPP, S. 494.
258) Annales Polonorum, S. 640.
259) LIGĘZA, S. 551, 554 vermutet, daß einzelne große Adlige ihren Einfluß und ihre Macht erweitern wollen; auch behauptet sie, daß es sich um einen Kampf des Adels um Immunität handelt, ohne darauf jedoch näher einzugehen. MULARCZYK, Dwa bunty, S. 12f. weist allerdings darauf hin, daß die drei namentlich bekannten Adligen schon seit Heinrich III. von Breslau als Inhaber hoher Ämter an der Macht beteiligt sind. Nach MULARCZYK, Dwa bunty, S. 17 läßt Boleslaus II. von Liegnitz den Breslauer Herzog aus persönlichen Motiven gefangennehmen, die mit seinen Territorialansprüchen gegenüber Breslau und der zunehmenden Rivalität der beiden schlesischen Herzöge als Parteigänger Rudolf von Habsburgs und Ottokars II. Przemysl von Böhmen in Zusammenhang stehen.
260) Für eine Beteiligung dieser drei Adligen an der Gefangennahme Heinrichs IV. von Breslau spricht sich LIGĘZA, S: 552f. aus, was jedoch von MULARCZYK, Dwa bunty, S. 12-14 für Ianusius von Michelau und Thymo von Wisenburg widerlegt und für Johannes Serucha in Frage gestellt wird.
261) Długosz lib. VII col. 811 (zit. nach SR 1553b).
262) So auch LIGĘZA, S. 552f., MULARCZYK, Dwa bunty, S. 12-14 und CETWIŃSKI, Bd. I, S. 191.
263) So auch LIGĘZA, S. 553 und MULARCZYK, Dwa bunty, S. 12-14.
264) Laut LIGĘZA, S. 553 war er an der Gefangennahme beteiligt, nach MULARCZYK, Dwa bunty, S. 14 jedoch nicht. Sein weiteres Erscheinen in den Quellen erklärt LIGĘZA, S. 553 damit, daß es vielleicht zu einer Aussöhnung zwischen Heinrich IV. von Breslau und ihm kam, er vielleicht ein Heuchler war oder Heinrich IV. sich seiner nicht entledigen konnte. - CETWIŃSKI, Bd. I, S. 195 nimmt an, daß Thymo nicht aus politischen, sondern aus Altersgründen aus der Umgebung des Herzogs verschwindet.
265) SR 1554.

pfänden²⁶⁶. Dies zeigt deutlich, daß der Breslauer Adel in sich selbst uneins war, daß es Anhänger und Gegner Heinrichs IV. gab²⁶⁷.

Namentlich bekannt sind die bedeutendsten Anhänger Heinrichs IV. von Breslau im 'Großen Kirchenstreit' von 1284 bis 1288²⁶⁸. Sbilutus [2] unternimmt einen Attentatsversuch auf einen Geistlichen²⁶⁹. Ianusius Menka plündert Geistliche aus oder nimmt sie gefangen²⁷⁰, und Konrad von Reichenbach sowie Heinrich von Lagow schleifen das bischöfliche Schloß Ottmachau²⁷¹. Die beiden ersten kommen zusammen mit Peter Menka²⁷² um, die beiden anderen werden gemeinsam mit den zu Heinrich IV. haltenden Geistlichen Bernhard dem Älteren von Kamenz, Sbroslaus von Schnellewalde, Ludwig [2], Siegfried von Greiffenstein und mehreren Pfarrern von Bischof Thomas II. gebannt²⁷¹. Zum Bischof halten der überwiegende Teil des Domkapitels und der Geistlichkeit. Bemerkenswert ist, daß sowohl Adel, als auch Geistlichkeit gespalten sind. Die bedeutendsten Anhänger befinden sich jeweils in der engeren Umgebung des Herzogs oder des Bischofs.

Für die Zeit um 1290 berichtet das Heinrichauer Gründungsbuch, daß abermals die vornehmen Ritter eine Landesteilung bewirken²⁷³, wobei das Kloster mit dem Gebiet von Schweidnitz an Herzog Bolko I. von Jauer kommt.

Die letzte größere Auseinandersetzung zwischen einer Gruppe des Adels und einem Herzog erstreckt sich von 1292 bis 1294. Nach der Hinrichtung seines Vaters wegen Totschlag entscheidet sich Lutko von Schessici, in den Diensten Heinrichs V. von Liegnitz-Breslau zu bleiben. Aus Rache nimmt er jedoch Anfang November 1293 mit einer Schar Bewaffneter den Herzog gefangen und liefert ihn an Heinrich I. von Glogau aus²⁷⁴. Nachdem Heinrich V. seine Freiheit wiedererlangt hat, amnestiert er Bogus von Wisenburg und seine Freunde, Lutko und seinen Bruder Pachoslaus von Schessici sowie alle ihre Freunde, Iesco von Psriley, Ludwig [2] und alle, denen er seine Gefangennahme zur Last legt. Sie dürfen ungehindert ihren Besitz verkaufen und auswandern, wofür seitens des Herzogs 50 Ritter bürgen²⁷⁵. Trotz der persönlichen Gründe war es also Lutko gelungen, weitere Verbündete gegen Heinrich V. zu finden. Die große Mehrzahl des Adels hielt jedoch

---

266) SR 1524.
267) So auch MULARCZYK, Dwa bunty, S. 17, nach dem die hohen Amtsinhaber zu Heinrich IV. halten - weshalb es nach Heinrichs Freilassung zu keiner Neubesetzung von Ämtern kommt -, ein anderer Teil des Breslauer Adels jedoch im Einvernehmen mit Boleslaus II. von Liegnitz steht.
268) Eine eingehende Darstellung dieses großen Kirchenstreites unter den Aspekten der Ereignis-, Kirchen-, geistlichen Diplomatie- und Personengeschichte steht noch aus.
269) SUb V, 104.
270) SUb V, 225, 226.
271) SUb V, 354.
272) Annales Polonorum I, S. 648; Rocznik Traski, S. 850.
273) GB, S. 342.
274) CPP, S. 503-505; Annales Grissowiensis Maiores, S. 541; Annales Wratislaviensis Maiores, S. 532.
275) SUb VI, 144.

zum Herzog, was sich in der hohen Zahl der Bürgen, aber auch der anhaltenden Nennung verschiedener Adliger in den Urkunden ausdrückt[276].

Diese Interessengemeinschaften aus politischen oder persönlichen Gründen profitieren davon, daß es viele selbständige und unter sich zerstrittene schlesische Landesherren gibt. So ist es dem Adel möglich, mit diesem oder jenem Herzog zu sympathisieren, weshalb es in den Herzogtümern Parteigänger fremder Landesherren gibt. Die Herren von Moschwitz laufen zum Beispiel zu Bernhard von Löwenberg über, weil sie sich von Heinrich IV. von Breslau ungerecht behandelt fühlten[277]. Da Gunther von Biberstein wegen Herzog Heinrich IV. sein Erbgut verloren hat, wird er von dessen Neffen Heinrich V. mit einem anderen Erbgut entschädigt[278]. Als Anhänger des schon verstorbenen Heinrich IV. von Breslau und Gegner Bolkos I. von Jauer erweist sich Polco von Schnellewalde, der es ablehnt, Bolko mit drei Streitrossen zu dienen und sogar seinen gesamten Besitz in dessen Herrschaftsbereich verkauft[279]. Seinen Besitz verkauft ebenfalls Alzicus[280], der als Anhänger des Herzogs von Oppeln[281] nach Oberschlesien abwandert.

Persönliche Freunde und nähere Bekannte bilden den Freundeskreis eines Adligen oder einer Adelsfamilie. Diese Personengruppe stellt sicherlich die Zeugen in den wenigen Urkunden, die Adlige von sich aus und in eigenen Angelegenheiten ausstellten[282]. Solche Privaturkunden sind bis 1230 sehr selten, nehmen danach jedoch stetig zu. Der überwiegende Teil dieser Ritterurkunden sind Einzelstücke verschiedener Aussteller. Sie geben den jeweiligen Freundeskreis einzelner Familien an, ohne daß sich daraus allgemeinere Aussagen ableiten lassen. Anders ist dies bei den Familien, die mehrere Urkunden ausstellen, wie zum Beispiel den Poseritz, Pogarell, Würben, Quas, Münsterberg und Baruth.

Die erste Privaturkunde überhaupt stellt 1201/3 Hemerammus von Poseritz aus[283]. In ihr erscheinen elf adlige Zeugen, darunter ein Pogarell. In der zweiten Urkunde[284], 1239 vom Sohn des Hemerammus ausgestellt, werden drei Geistliche und 15 Adlige als Zeugen genannt, unter denen besonders Budiuoy von Michelau-Pogarell sowie Andreas und Tomca von Würben auffallen. Im Gegensatz zu diesem Zweig der Familie, der mit zwei bedeutenden Adelsgeschlechtern in Verbindung steht, kann Wilcho von Poseritz 1257 nur einen Geistlichen, den Vogt des Grafen Johannes von Würben, fünf Schulzen und einen Schreiber als Zeugen auf-

---

276) Vgl. OELSNER und CETWIŃSKI, Bd. I, S. 189-191, 195f.
277) GB, S. 312f.
278) SUb V, 462.
279) GB, S. 332, 334-337; CETWIŃSKI, Bd. I, S. 197.
280) Vgl. Personenverzeichnis unter Daleborius [2].
281) GB, S. 359.
282) 122 von 2958 Urkunden.
283) SUb I, 86.
284) SUb II, 170.

bieten[285] - ein krasses Beispiel für die unterschiedliche Entwicklung zweier Zweige eines Geschlechtes.

Die Pogarell stellen sechs Urkunden aus, in denen sie Zeugen anführen[286]. Die Bedeutung der Familie wird daran ersichtlich, daß Herzog Boleslaus II. von Liegnitz[287], der Schwager Bolkos I. von Jauer Ludwig von Hakeborn[288], der Bischof von Lebus[287] sowie die Äbte von Kamenz[289] und Heinrichau[290] unter den Zeugen sind. Die engeren Beziehungen zu den Strehlen[287] werden abgelöst durch solche zu den Goslawitz[291] und Biberstein[289]. In den drei letzten Urkunden stammen die Zeugen aus verschieden Familien, wobei in der letzten Urkunde[288] mit Ludwig von Hakeborn, Friedrich von Järischau, Polco von Schnellewalde sowie Sambor und Heinrich von Schildberg besonders wichtige Adlige genannt werden.

Bei den Würben bezeugen meistens die Familienmitglieder selbst[292] oder Gefolgsleute[293] die Urkunden. Einen hohen Anteil von zugewanderten Adligen weist die Zeugenreihe einer Urkunde Stephans von Würben aus dem Jahre 1283 auf[294]: drei der sechs Zeugen stammen aus Deutschland, nämlich Theoderich und Heinrich von Baruth sowie Heinrich [35] und ein weiterer - Hermann von Betsow - aus Böhmen. In der Urkunde von 1300 erscheint mit Jaroslaus von Pogarell zum ersten Mal ein Mitglied dieser Familie unter den Zeugen[295]. Anscheinend hatten die Würben wenig Verbindungen zu anderen Adelsfamilien.

Die aus Meißen stammende Familie Quas nennt in den von ihr ausgestellten drei Urkunden neben einem Vogt, einem Schulzen und einem Bauern nur Bürger als Zeugen[296]. Von diesen sind vielleicht drei - Heinrich von Bresin, Stanislaus von Eisdorf, Christanus von Jakobsdorf - Adlige. Die Nennung der Bürger hängt sicherlich damit zusammen, daß die Quas Besitzer der Erbvogtei von Namslau waren.

Ähnliches gilt für die Erbvögte von Münsterberg. In ihren Urkunden erscheinen als Zeugen Konsuln, Vögte, Bürger, eigene Familienmitglieder und entferntere Verwandte aus dem Adel[297].

---

285) SUb III, 256.
286) SUb II, 276, IV, 93, 220, 281, V, 159, VI, 301.
287) SUb II, 276.
288) SUb VI, 301.
289) SUb IV, 220.
290) SUb IV, 281.
291) SUb IV, 220, 281.
292) SUb IV, 260, V, 251.
293) SUb II, 257, V, 420.
294) SUb V, 72.
295) SUb VI, 426.
296) SUb IV, 330, VI, 108.
297) SUb VI, 24, 67, 214, 299.

Auch in der Urkunde des Heinrich von Baruth werden Bürger als Zeugen genannt, neben einem Schreiber, einem Verwandten und zwei weiteren Adligen[298], ohne daß Schlüsse daraus gezogen werden können.

Die angeführten Beispiele zeigen, daß die Untersuchung von Zeugenreihen in Privaturkunden unter dem Aspekt der Beziehungen verschiedener Familien untereinander nur in Ausnahmefällen zu konkreteren Resultaten führt. Vielmehr erscheint sogar die Annahme, daß es sich bei den angeführten Zeugen um nähere Bekannte und Freunde handelt, zweifelhaft.

Neben der großen Gefolgschaft der Herzöge entstehen in der zweiten Hälfte des 13. Jahrhunderts vier weitere, kleinere und kleinste Gefolgschaften[299]. Die größte davon ist die des Bischofs von Breslau, was mit seinem umfangreichen Grundbesitz und seinem Streben nach der Landesherrschaft zusammenhängt. Seine Gefolgschaft setzt sich aus geistlichen und weltlichen Adligen zusammen, wobei letztere hauptsächlich servientes und Personen ähnlich niederer Stellung sind. Das Verhältnis zwischen Bischof und Gefolgschaft scheint vom Lehenswesen bestimmt zu sein. Nur am bischöflichen Hof entwickeln sich verschiedene Hofämter. Vom Adel scharen die Würben und in kaum nennenswertem Umfang die Pogarell und Kamenz eine Gefolgschaft um sich. Ihre Gefolgsleute sind an einzelne Familienmitglieder gebunden, nicht aber an die Gesamtfamilie.

Politische Interessengemeinschaften verbinden Personen mit gemeinsamen Zielen und Interessen. Diese Gemeinschaften sind überwiegend oppositioneller Art und finden bei anderen schlesischen Herzögen meistens wegen deren anhaltender Erbstreitigkeiten Rückhalt. 1247 und 1290 setzen die Interessengemeinschaften Landesteilungen durch, wirken aber gelegentlich auch im Interesse des Landes ('staatserhaltend'). Der Adel tritt nicht geschlossen auf, sondern ist meistens gespalten, was im 'Großen Kirchenstreit' von 1284 bis 1288 nicht nur für ihn, sondern auch für die Geistlichkeit gilt. Nur in wenigen Fällen ist die Zugehörigkeit einzelner Personen zu einer Interessengemeinschaft bekannt.

Freunde und nähere Bekannte eines Adligen können unter den Zeugen von Privaturkunden erscheinen. Allerdings gibt es nur wenige solcher Urkunden, die meistens Einzelstücke verschiedener Aussteller sind und deshalb kaum allgemeine Aussagen zulassen. Stellt eine Familie mehrere Privaturkunden aus, können in einigen Fällen Veränderungen im Freundeskreis festgestellt werden, ohne daß dies jedoch weitere Rückschlüsse zuläßt.

III.4. Das Verhältnis zwischen eingesessenem und zugewandertem Adel

Aussagen über das Verhältnis zwischen eingesessenem und zugewandertem Adel sind nur in sehr begrenztem Ausmaß möglich. Dies hat seine Ursachen in der

---

298) SUb VI, 421.
299) PFITZNER, S. 328 scheint nur eine Gefolgschaft - die des Bischofs von Breslau - zu kennen.

ungünstigen Quellenlage. Die Urkunden enthalten nämlich so gut wie keine Angaben zu dieser Frage, und selbst die wenigen in ihnen angeführten Eheverbindugnen können nur vage Hinweise geben. Die Mitteilungen in den erzählenden Quellen sind zwar zahlreicher und ausführlicher, aber mitunter tendenziös. Meistens beschränken sie sich auf das Verhältnis zwischen eingesessenen und aus dem deutschen Reich zugewanderten Adligen, auf 'Polen und Deutsche'.

Dem Konnubium kommt im Mittelalter als Ausdruck ständischer Gleichheit besondere Bedeutung zu. In der Regel heiraten nur ebenbürtige Familien untereinander. Für Schlesien sind bis zum Ende des 13. Jahrhunderts nur elf Eheverbindungen bekannt, in denen etwas über die familiäre Herkunft der Ehefrauen und somit über ihre Zugehörigkeit zum eingesessenen oder zugewanderten Adel ausgesagt wird. Zwischen Angehörigen des eingesessenen Adels werden drei Ehen geschlossen: Gebhard von Prausnitz[300] heiratet Bertha von Briese[301], Boguslaus der Ältere von Strehlen die Tochter des Pribislaus[302] und Jaroslaus von Pogarell Elisabeth von Strehlen[303]. Am häufigsten sind die Ehen des zugewanderten Adels untereinander. Der aus Böhmen stammende Dirsislaus von Baitzen heiratet die Schwester Bernhards des Älteren von Kamenz[304], Heinmann von Adelungesbach Gertrud von Reichenbach[305], Heinrich von Liebau eine weitere Tochter des Konrad von Reichenbach[306] und der wohl als Deutschwallone zu bezeichnende Albert von Tepliwoda „eine Deutsche"[307]. Als Schwager des Goswin von Münsterberg wird 1291 Friedrich Schaffgotsch erwähnt[308]. Lediglich drei Ehen sind zwischen eingesessenem und zugewandertem Adel bekannt, wobei jeweils die Frauen dem eingesessenen Adel angehören. Jaroslawa[300] ist mit dem aus dem deutschen Reich stammenden Gunther von Biberstein vermählt[309], Raslava[310] mit dem Kleinpolen Clemens [2][311] und die Tochter des Dirsco von Prerechim[300] mit dem schon genannten Albert

---

300) Vgl. Personenverzeichnis unter Goslawitz.
301) Vgl. SUb V, 362, VI, 294.
302) Vgl. SUb III, 52, IV, 157, CPP, S. 548f. und Katalogi Biskupów Wrocławskich, S. 563f., wo Bischof Thomas II. (von Strehlen) als Neffe und filius sororis des Bischofs Thomas I. (Goslawitz) bezeichnet wird. Thomas II. hat zwei Brüder, Boguslaus und Radozlaus (SUb IV, 55). Radozlaus - und damit auch seine beiden Brüder - ist der Sohn Boguslaus' d.Ä. (SUb III, 468). Dieser muß demnach mit einer Schwester Bischof Thomas' I. und somit einer Tochter des Pribislaus (Goslawitz) verheiratet gewesen sein.
303) Kopialbuch der Domvikare zu Breslau (HEYDEBRAND, Herkunft, S. 138).
304) GB, S. 321.
305) Nekr. Heinrichau, S. 289: 25. Mai.
306) Vgl. SUb V, 450.
307) GB, S. 257.
308) SUb VI, 24.
309) SR 1428.
310) Vgl. Personenverzeichnis unter Radozlaus [1].
311) Vgl. SUb II, 79, †424.

von Tepliwoda³¹². Insgesamt berechtigt die nur geringe Anzahl bekannter Eheverbindungen lediglich zu den beiden Feststellungen, daß Ehen zwischen Angehörigen des eingesessenen und zugewanderten Adels geschlossen werden und sich diese demnach als ebenbürtig ansehen. Das Beispiel des Albert von Tepliwoda, der in erster Ehe die Tochter eines eingesessenen Adligen und in zweiter eine Deutsche heiratet, zeigt, daß es innerhalb des Adels wohl keine Vorbehalte weder des eingesessenen Adels gegenüber dem eingewanderten noch umgekehrt gibt.

Aus den erzählenden Quellen geht zunächst hervor, daß deutsche Ritter schon seit einem viel früheren Zeitpunkt, als aus den Urkunden ersichtlich, nach Schlesien kommen, und zwar schon seit 1163, damals als militärische Begleitung mit den in ihr Erbe eingesetzten Söhnen Wladislaus' I.³¹³ Aber auch im Gefolge der zahlreichen deutschen Prinzessinnen, die schlesische Piasten heiraten, gelangten deutsche Ritter nach Schlesien. Ihre Zahl wird gering und ihr Einfluß auf den Hof beschränkt gewesen sein. Sie bleiben aber wohl in Schlesien, werden in den eingesessenen Adel aufgenommen und von diesem assimiliert. Namentlich bekannt ist allerdings nur Heinrich [29] Cattus, der zu den Hofbeamten der heiligen Hedwig gehört³¹⁴.

Deutsche Ritter werden in den erzählenden Quellen fast stets in Zusammenhang mit militärischen Auseinandersetzungen, besonders zwischen den schlesischen Herzögen, genannt. So stützen sich schon die Söhne Wladislaus' I. bei ihrer Rückkehr nach Schlesien auf bewaffnete Deutsche³¹³, wahrscheinlich auf Söldner³¹⁵. Besonders Herzog Boleslaus II. von Liegnitz bemüht sich in den von ihm geführten Kriegen gegen seine Brüder um die Unterstützung deutscher Ritter, die er zum Beispiel 1248/49 aus den Nachbarländern zu Hilfe ruft³¹⁶. Aber schon fünf Jahre früher zieht er Deutsche den Polen vor und teilt an sie Güter aus³¹⁷, ein Vor-

---

312) GB, S. 256.
313) CPP, S. 479: „Propter quod ipsi fratres, Boleslaus, et Mes(i)co, ad pugnandum cum patruo suo municipia prepararunt, et quoniam armatorum Theotonicorum fulciti sunt auxilio, dictus Boleslaus, eorum patruus, minus valuit contra eos."; Chronica Polonorum, S. 634: Boleslaw IV. von Polen „multociens cum illis pugnavit sed minus valuit, cum municipiorum et armatorum Teuthonicorum fulcirentur presidio.".
314) Hedwig hat Kämmerer, andere Beamte und Kapläne, wie aus ihrer Vita (Hedwig, S.517) und einigen Urkunden (z.B. SUb II, 146, 164, 234) hervorgeht. Als Kämmerer werden Alardus und Chwalislaus, als Ritter Witoslaus von Borech, Cosmas [1] und Heinrich [29] genannt. Einige deutsche Adelsfamilien, wie z.B. die Schaffgotsch (WITZENDORFF, Schaffgotsch, S. 104), wollen im Gefolge der heiligen Hedwig nach Schlesien gekommen sein, was jedoch nicht nachweisbar ist.
315) So BARTELS, S. 26.
316) Annales Silesiaci Compilati, S. 540: „ipse vero Boleslaus Theutunicos vicinarum terrarum in adiutorium invocato, eisque castra predia terre sue et alias possessiones largitur et archiepiscopo Magdeburgensi in eius auxilium vocato castrum et civitatem tradit Lubucensem."
317) KBGP, S. 562: „Boleslaus … coepit saevire in Polonos, et insolentiam nimiam exercens Teutonicos Polonis praeferendo, et ipsis praedia large tribuendo. Propter quod Poloni sibi fide

gang, der sich 1249[318] und zwischen 1266 und 1278[319] wiederholt. Im Konflikt von 1249 schließt aber nicht nur Boleslaus II. von Liegnitz einen Bündnisvertrag mit Erzbischof Wilbrand von Magdeburg[320] und tritt ihm dafür Land ab[321], sondern auch Heinrich III. von Breslau verbündet sich mit einem deutschen Fürsten, mit Markgraf Heinrich von Meißen[322]. Mit den angeworbenen Deutschen zerstört dann Boleslaus II. im selben Jahr die Kirche von Neumarkt und tötet dabei 500 Menschen[323]. An die Abtretung von Zittau, Görlitz und mehrerer anderer Städte und Burgen durch Boleslaus II. an Deutsche knüpft Boguphal in seiner Chronik die durchaus ironische Frage: „Wer sieht nicht, daß die Deutschen entschlossene und eifrige Männer sind?"[318]. In seiner antideutschen Tendenz geht Boguphal jedoch noch weiter. So nennt er die Deutschen in einem Atemzug mit dem Teufel, wenn er zum Jahre 1256 berichtet, daß Boleslaus II. den Bischof von Breslau gefangennimmt - „verführt durch des Teufels List und auf Anstiften der Deutschen, von deren Rat er regiert wurde."[324].

Direkte Angaben zum Verhältnis zwischen eingesessenem und aus dem deutschen Reich zugewandertem Adel sind selten. Zwei Hinweise gibt der tendenziöse Boguphal. 1243 beginnt Boleslaus II. von Liegnitz den aus Deutschland zugewanderten Adel dem eingesessenen vorzuziehen, der sich von Boleslaus zurückzieht, den Treueid aufkündigt und sich seinen 'natürlichen' Gebietern Przemysl I. von Posen und Gnesen und Boleslaw von Kalisch zuwendet[317]. Auch 1251 verzweifelt der eingesessene Adel an Boleslaus und wendet sich abermals von ihm ab, weil Boleslaus den eingesessenen Adligen Hynko von Pogarell zwecks Erpressung eines Lösegeldes zur Anwerbung deutscher Söldner gefangengenommen hat[325]. Ihren Höhepunkt sollen die Auseinandersetzungen zwischen aus Deutschland

---

litatis homagia facere recusaverunt, ab ipsius dominio sponte recedentes. Adhaeseruntque suis dominis naturalibus, Przemislio et Boleslao filiis quondam Wladislai Odonis."

318) KBGP, S. 567: „Iste enim Boleslaus coepit primo Theutonicos Poloniam inducere, et ipsis praedia et castra tribuebat, ut contra fratres suos germanos, quos sine cessatione impugnabat, sibi auxilium praeberent. Zythawiam quoque et Gerliczam, et alias plures urbes et castra, a ducatu Slesiae alienavit confuse. Quis non videt Theutonicos viros strenuos et animosos esse ?"

319) CPP, S. 498: „Boleslaus prefatus multos de diversis partibus adduxit Theotonicos propter bellum, quod factum est, ..."

320) SUb II, 368.

321) SUb II, 368 sowie Annales Silesiaci Compilati, S. 540 (Anm. 316) und KBGP, S. 567 (Anm. 318).

322) SUb II, 369.

323) CPP, S. 490f.; CPS, S. 568.

324) KBGP, S. 577: „... inductus vesania diabolica et suasu Theutonicorum, quorum regebatur consilio, ..."

325) KBGP, S. 569: „Anno igitur MCCLI Boleslaus dux Slesiae praefatus Hynkonem, filium Mirzonis, castellanum Crosnensem, quem prae caeteris singulari favore prosequi videbatur, captivum tenuit et Theutonicis custodiendum praesentavit, volens ab ipso pecunias exigere, cum quibus Theutonicos in auxilium conveniret. Quod cernentes Poloni et de ipso penitus desperantes, fratri ipsius duci Conrado adhaeserunt, Crosnam urbem et alias munitiones eidem praesentantes."

stammenden und eingesessenen Adligen jedoch schon früher, zwischen 1201 und 1227, in der Schlacht von Rothkirch erreicht haben. Der von seinem Vater zurückgesetzte Konrad, ein Gegner der deutschen Einwanderung, kämpft an der Spitze des eingesessenen Adels und weiterer Polen gegen seinen jüngeren Bruder, den späteren Heinrich II. von Schlesien. Dieser besiegt ihn jedoch mit seinem Heer aus deutschen Rittern und Bauern bei Rothkirch, wobei viele Polen getötet werden. Die Schlacht wird nur im Chronicon Polono-Silesiacum erwähnt, sowie in der von ihm abhängigen Chronica principum Poloniae[326]. Diese früher in ihrer Bedeutung gelegentlich hoch eingeschätzte Schlacht wird von der modernen Forschung für unwahr gehalten[327]. Wahrscheinlich liegt ihr eine vom Chronisten ausgeschmückte und chronologisch falsch eingeordnete Auseinandersetzung zwischen Heinrich III. von Breslau und Konrad I. von Glogau zu Grunde[328]. Jedenfalls sind weder die Schlacht von Rothkirch noch die bei Boguphal geschilderten Ereignisse glaubwürdig, wenn sie auch nicht eines realen Hintergrundes entbehren müssen.

Eingesessener und zugewanderter Adel stehen demnach in einem guten und wohl überwiegend freundschaftlichen Verhältnis zueinander. Sie erkennen sich als ebenbürtig an und gehen untereinander Ehen ein. Nach den erzählenden Quellen gelangen aus dem deutschen Reich stammende Adlige wegen ihrer militärischen Fähigkeiten schon früh nach Schlesien, früher als aus den Urkunden ersichtlich. Besonders häufig werden sie von Boleslaus II. von Liegnitz ins Land gerufen. Die in einem Teil dieser Quellen erfolgte Einteilung in zwei feste, konträre nationale Gruppen, in Deutsche und Polen, ist wohl nicht zutreffend. Auch sind die wenigen geschilderten Auseinandersetzungen zwischen diesen angeblichen Gruppen - besonders die Schlacht von Rothkirch - nicht glaubwürdig, ohne daß deshalb jedoch gelegentliche Spannungen zwischen einzelnen eingesessenen und zugewanderten Adligen ausgeschlossen werden können.

---

326) CPS, S. 566f.: „Conradus, qui Theutonicos execrabatur, congregatis ex diversis provinciis Polonis, fratrem cum paucis Teuthonicis qui in Slesia erant tunc propellere intendebat, ... Qui in campo inter Legnicz et Aureum-montem, in loco qui Studnicza vel Ruffa-ecclesia nuncupatur, committentes, Henricus cum Teuthonicis advenis, tam agaricolis quam militibus, quos aliunde congregaverat, occisis innumeris Polonis, campum victorie, fugientibus, qui evadere poterant, trimphans obtinuit."; CPP, S. 487: „Conradus, qui plurimum execrabatur Theotonicos, ex diversis Polonie partibus exercito congregato, fratrem, qui cum paucis Theotonicis fuit in Slezia, de terra propellere conabatur. ... Quibus inter Legnicz et Aureum montem in loco qui dicitur Studnicza seu Ruffa ecclesia confligentibus, Henricus cum Theotonicis tam adveniens quam eciam Polonis militibus et aliis, de locis quibus potuit recollectis, multis hinc inde occisis et tandem Polonis de parte Conradi terga vertentibus, campum obtinuit cum triumpho ...".
327) WECZERKA, S. 449.
328) GOTTSCHALK, Bruderzwist, S. 55-57.

III.5. Zusammenfassung

Der Adel Schlesiens bildet eine in sich höchstwahrscheinlich nicht gegliederte Gemeinschaft. Seine Mitglieder werden allerdings unterschiedlich tituliert - als dominus, miles, baro, comes, nobilis - und damit verschiedenen Bezugsgruppen zugeordnet. Die allgemeinste und nicht auf den Adel beschränkte Bezeichnung ist dominus. Der Titel miles kennzeichnet den Krieger und eine 'niedere' Schicht des Adels, baro die Mitglieder des Herzogrates. Mit den Hof- und Landesämtern ist oft der Titel comes verbunden, der auch eine über umfangreicheren Grundbesitz verfügende, 'höhere' Schicht des Adels kennzeichnet. Zu den nobiles werden Herzöge und Geistliche sowie überwiegend comites und barones gezählt. So entsteht bei isolierter Betrachtung dieser Titel der Eindruck einer Unterteilung des Adels in eine 'niedere' und 'höhere' Schicht, in milites und comites. Dem steht jedoch entgegen, daß diese beiden Titel von ein und derselben Person geführt werden können, und zwar abwechselnd. Auch der unsystematische und offensichtlich beliebige Gebrauch der Titel überhaupt, die zudem nicht erblich, sondern wohl an die jeweilige Person gebunden sind, widerspricht einer rechtlichen Unterteilung des Adels in verschiedene Schichten[329].

Diese den polnischen Verhältnissen entsprechende prinzipielle Gleichheit aller Adligen untereinander beeinträchtigt die Integration des zugewanderten Adels nicht. Vielmehr erleichtert diese Gleichheit die Aufnahme des zugewanderten Adels, besonders des aus dem deutschen Reich stammenden Teiles, dessen Unterscheidung in Edelfreie, Reichsministerialen und landesherrliche Ministerialen sie aufhebt. Unterschiedlich groß ist jedoch der Umfang des Grundbesitzes der einzelnen Adligen, was in den Quellen zu einer gelegentlichen, diese wirtschaftlichen Unterschiede ausdrückenden Differenzierung des Adels führt. Hinzu kommen als weitere Momente der Differenzierung die Ausübung von Ämtern und die Persönlichkeit des Einzelnen.

Der schlesische Adel ist bis zum Ende des 13. Jahrhunderts noch kein abgeschlossener Geburtsstand. Es ist möglich, aus dem Adel auszuscheiden und in ihn aufzusteigen. Ein Adliger kann aus seinem Stande absinken, wenn sich sein Grundbesitz stark verringert[330]. Der Aufstieg gelingt seit 1285 in zunehmendem Maße den über größeren Grundbesitz und besondere Rechte verfügenden Schulzen[331] und

---

329) Die Titulaturen der Adligen werden von CETWIŃSKI nicht behandelt. Auch geht er nicht der Frage nach, ob der Adel eine in sich gegliederte oder untereinander gleichberechtigte Gemeinschaft bildet.
330) So auch CETWIŃSKI, Bd. I, S. 121f.
331) CETWIŃSKI, Bd. I, S. 117 nimmt fälschlich an, daß der Adel am Schulzenamt als solchem besonders interessiert sei. Dieses und eine Anzahl von Rechten erhält er jedoch bis auf Einzelfälle in Zusammenhang mit der Verleihung eines Dorfes oder Gutes (z.B. SUb V, 462, VI, 66). Mit dem Dorf wird die Scholtisei verliehen, nicht umgekehrt. - Auf den Aufstieg von Schulzen geht Cetwiński nicht ein.

Vögten[332] durch die Leistung von Roßdienst und die Bekleidung von Ämtern. Einige Adlige gehören dem Patriziat an.

Innerhalb des Adels kommt es zur Bildung verschiedener Gruppierungen. So entstehen in der zweiten Hälfte des 13. Jahrhunderts[333] kleinere Gefolgschaften um einzelne Angehörige aus den Familien der Würben, Pogarell und Kamenz. Eine größere Gefolgschaft schart der nach der Landesherrschaft strebende Bischof von Breslau um sich[334]. Politische Interessengemeinschaften umfassen einzelne Adlige mit gemeinsamen politischen Zielen. Meistens treten sie als Opposition, selten als im Interesse des Landes wirkend in Erscheinung. Diese Gemeinschaften teilen den Adel in verschiedene politische Gruppen. Die persönliche Zusammensetzung dieser Interessengemeinschaften ist noch nicht hinreichend bekannt[335]. Als Zeugen in Privaturkunden erscheint wohl der aus persönlichen Freunden und näheren Bekannten bestehende Freundeskreis des jeweiligen Ausstellers.

Eingesessener und zugewanderter Adel stehen in einem unproblematischen Verhältnis zueinander[336]. Sie betrachten sich gegenseitig als ebenbürtig und gehen miteinander Eheverbindungen ein. Nach den erzählenden Quellen werden deutsche Adlige wegen ihrer militärischen Fähigkeiten schon früher, als aus den Urkunden ersichtlich, von den Herzögen nach Schlesien gerufen[337], um sie in ihren Erbauseinandersetzungen zu unterstützen. Zu national motivierten Konflikten zwischen Deutschen und Polen ist es entgegen einigen unglaubwürdigen Hinweise in tendenziösen Quellen wohl nicht gekommen.

---

332) So auch CETWIŃSKI, Bd. I, S. 116f., der zudem darauf hinweist, daß gelegentlich Adlige das Amt eines Vogtes bekleiden.
333) Nach CETWIŃSKI, Bd. I, S. 29 verfügen große Adlige spätestens seit Peter [II] Wlast (1139-49/50) über Gefolgschaften.
334) CETWIŃSKI, Bd. I, S. 29, 122 vermutet, daß besonders zugewanderte Ministerialen in den Dienst eingesessener Adliger treten sowie aus ihrem Stande absinkende Adlige, was sich jedoch an Hand der wenigen bekannten Adelsgefolgschaften nicht bestätigen läßt.
335) Um sie zu erschließen, wäre zu überprüfen, welche Personen nach einem bestimmten, in den erzählenden Quellen überlieferten Ereignis nicht mehr oder immer noch in den Urkunden als Zeugen genannt werden, wie dies - allerdings nur für die drei namentlich bekannten Adligen der Gruppe von 1277 - schon LIGĘZA und MULARCZYK, Dwa bunty getan haben. Ebenfalls auf diesem Wege versucht CETWIŃSKI, Bd. I, S. 189-232, die Zusammensetzung weiterer Interessengemeinschaften zu rekonstruieren, wobei er jedoch verschiedene Personen für identisch hält, die Zugehörigkeit einzelner Adliger zu spekulativ über Wappengleichheit (z.B. S. 194f.) und geographische Lage des Grundbesitzes (z.B. S. 215-217) erschließt und insgesamt zu weitreichende Schlußfolgerungen zieht.
336) So im Prinzip auch CETWIŃSKI, Bd. I, S. 22, 29-31, nach dem sich der zugewanderte Adel schnell an die polnische Umgebung anpaßt, sich mit dem eingesessenen Adel verschwägert und mit dessen Unterstützung in Hof- und Landesämter gelangt.
337) Da sich dies an Hand der Urkunden nicht nachweisen läßt, verneint CETWIŃSKI, Bd. I, S. 20, 30 ein besonderes Interesse der Herzöge an der Herbeiführung fremder Adliger; eine frühe Zuwanderung widerspräche der festgestellten Chronologie des Zustroms fremder Adliger, die sich zudem wegen mangelnden Kapitals an der Kolonisation zur Zeit Boleslaus' I. von Schlesien nicht beteiligen könnten.

IV. Die politisch-gesellschaftliche Rolle des schlesischen Adels

IV.1. Die rechtliche Stellung des schlesischen Adels

Mit dem Beginn der deutschen Siedlung setzt in Schlesien eine Änderung der rechtlichen Verhältnisse ein. Das bäuerliche ius teutonicum löst im Laufe der Zeit das weniger freiheitliche, ältere polnische Recht ab, Städte werden nach deutschem, zum Beispiel Magdeburger Recht, gegründet, und die mit dem Lehenswesen verbundenen Rechtsvorstellungen treten neben das polnische Ritterrecht. Dies bedeutet für den schlesischen Adel, daß seine rechtliche Stellung nicht einheitlich bleibt; für den größeren Teil gilt das polnische Ritterrecht, für einen kleineren Teil das Lehensrecht. Allerdings beeinflussen sich beide Rechtsformen gegenseitig.

IV.1.a) Das polnische Ritterrecht

Das polnische Ritterrecht[1], das ius militare, wird erst 1346 in den Statuten Kasimirs des Großen schriftlich fixiert. Begriff und Inhalt bilden sich jedoch schon im 13. Jahrhundert heraus[2], so daß man von den zeitlich späteren Statuten ausgehend den früheren Zustand einigermaßen erschließen kann. Die früheste Erwähnung des Begriffs ius militare findet sich in einer schlesischen Urkunde[3] aus dem Jahre 1227[4]. 1244 wird er dann zum ersten Mal in Masowien[5], 1254 in Kleinpolen[6] und 1286 in Großpolen[5] genannt; nicht erwähnt wird er dagegen in Pommerellen[5]. Inhaltlich faßt das ius militare verschiedene, sich entwickelnde Einzelrechte zusammen: das Eigentumsrecht an Grund und Boden verbunden mit dem Erbrecht und verschiedenen Berechtigungen, das Wer- und Sühnegeld, die freie

---

1) Die noch immer grundlegende Arbeit zum ius militare stammt von Zygmunt Wojciechowski. Kritisch gewürdigt wurde sie von SCHMID, Rez. - Das nicht zu behebende Hauptmanko der Arbeit Wojciechowskis besteht darin, daß von einem jüngeren auf einen wesentlich älteren Zustand geschlossen wird - von den in den Statuten König Kasimirs 1346 festgeschriebenen Berechtigungen gemäß Ritterrecht auf deren Entwicklung über anderthalb Jahrhunderte davor. Dabei wird eine in allen Teilgebieten des ehemaligen Gesamtpolen im wesentlichen einheitliche Entwicklung vorausgesetzt. Das Verständnis des Textes wird durch die nicht sehr systematische Darstellung und eine vielleicht durch die Übersetzung bedingte uneinheitliche Terminologie erschwert. - Eine systematische und detaillierte Untersuchung der einzelnen Elemente des Ritterrechtes in Schlesien wäre wünschenswert, kann aber im Rahmen dieser Arbeit nur ansatzweise geleistet werden.
2) WOJCIECHOWSKI, S. 95.
3) SUb I, 281.
4) WOJCIECHOWSKI, S. 21.
5) WOJCIECHOWSKI, S. 22.
6) WOJCIECHOWSKI, S. 18.

Zehntleistung, militärische Vorrechte, die Immunität für die Hintersassen des Adligen und für den Adligen selbst.

Der Adel besitzt seit seinem ersten Auftreten in den Quellen seinen Grund und Boden als Eigentum, über das er frei verfügen kann. Er tauscht und verkauft seinen Grundbesitz und macht der Kirche Landschenkungen, was aus Urkunden schon des 12. Jahrhunderts hervorgeht[7]. Für den Adel am wichtigsten ist aber das mit dem Eigentum verbundene Recht der Vererbung. Es sichert den Grundbesitz innerhalb einer Familie oder Sippe über die Generationen hinweg und verleiht ihm eine 'höhere' Qualität, die eines angestammten Erbgutes, einer hereditas. Aber gerade das Erbrecht, das ius hereditarium[8], berücksichtigt ursprünglich wohl nur die männlichen Nachkommen, was bedeutet, daß der Adel sein Land anfänglich wohl nicht als volles, sondern eingeschränktes Eigentum besitzt. Diese Einschränkung wird in der zweiten Hälfte des 13. Jahrhunderts durch die Zulassung der Töchter zum Erbrecht aufgehoben. Dabei bleibt jedoch offen, ob die Töchter neben den Söhnen oder nur bei deren Fehlen erben oder ob sie ihren Brüdern oder - wenn sie keine Brüder haben - anderen männlichen Verwandten ein Kaufrecht zubilligen müssen. Diese Entwicklung vollzieht sich auch in Schlesien. So geht aus einer Urkunde aus dem Jahre 1259 hervor, daß Sbroslaus[9] seinen Besitz unter seine drei Kinder - allesamt Töchter - verteilt hat[10], die also in diesem Falle voll erbberechtigt sind. Komplizierter verhält es sich bei dem Erbe des Sbilutus von Prausnitz[11], der seine beiden Söhne und seine drei Töchter bedenkt. 1288 kaufen die Brüder den Erbteil von zweien ihrer Schwestern, wogegen die dritte ihren Anteil weiterhin behält[12]. Ein Verkaufszwang besteht demnach für die Töchter offensichtlich nicht.

Eine ähnliche Entwicklung ist bei dem Land, das von einem Grundherrn verliehen wird, festzustellen[8]. Die Verleihung mag anfangs für eine einzelne Person gegolten haben und auch zeitlich beschränkt gewesen sein. Diese Art der Verleihung wird aber im 13. Jahrhundert von der Verleihung zu Erbrecht[13] abgelöst[14], womit die Möglichkeit des Heimfalls an den Grundherrn weitgehend reduziert wird. Der Beliehene erhält somit das Leihegut, in der Regel Land, als erbliches, aber eingeschränktes Eigentum, weil auch hier die Töchter vorerst sehr wahrscheinlich nicht erbberechtigt sind. Durch die Ausdehnung des Erbrechts auf die Töchter tritt jedoch auch hier eine Änderung ein, die für Schlesien allerdings erst für 1297 be-

---

7) Z.B. SUb I, 19, 28, 45, 58.
8) Vgl. WOJCIECHOWSKI, S. 43-45 und RAUSCH, S. 11-16.
9) Vgl. Personenverzeichnis unter Radozlaus [1].
10) SUb III, 294.
11) Vgl. Personenverzeichnis unter Goslawitz.
12) SUb V, 400.
13) Die Verleihung iure hereditario ist eine allgemeine Rechtsform, die weder auf die Verleihung von Land noch auf den Adel beschränkt ist. So kann z.B. ein Hospital eine Mühle (SUb III, 140) oder ein Schulz seine Freihufen und besondere Rechte (SUb III, 142) zu Erbrecht besitzen.
14) Z.B. SUb II, 245, 311, III, 213, V, 269, VI, 328.

legt ist[15]. In diesem Jahr verleiht nämlich Herzog Bolko I. von Jauer dem Peter [33] das Allod Timendorf zu freiem Besitz, und zwar ausdrücklich auch auf die Töchter vererbbar[16].

Es gelingt also dem Adel, bis zum Ende des 13. Jahrhunderts das Erbrecht auf seine Töchter auszudehnen und somit die einzige Einschränkung an seinen Eigentumsrechten aufzuheben. Danach besitzt der Adel seinen Grund und Boden zu vollem, frei verfügbarem Eigentum. Eine formelle Verbindung zwischen Landeigentum und Kriegsdienstpflicht besteht im Unterschied zum Lehenssystem nicht. Die Pflicht zum Kriegsdienst hat persönlichen, nicht dinglichen, auf dem Landeigentum lastenden Charakter[17].

Mit dem Eigentum an Grund und Boden sind weitere Berechtigungen verbunden, die anfänglich als einzelne Vorrechte verliehen werden[18]. Es handelt sich dabei um das Recht des Mühlenbaus[19] und der Errichtung von Schänken[20], das Jagd-[21] und Fischfangrecht[22] sowie um das Recht, Bienenstöcke aufzustellen[23]. Diese einzelnen Berechtigungen sind meistens ganz allgemein gehalten, werden gelegentlich aber auch recht genau gefaßt, wie die dem Arnold [1] und Tilo [2] erteilte Erlaubnis zeigt, zwei mit beliebig vielen Rädern versehene Mühlen bauen und die notwendigen Gräben ziehen zu dürfen[24]. Bei der Jagd wird zuweilen zwischen niederer und hoher Jagd unterschieden, wobei sich der Herzog in beiden Fällen gewisse Beuteanteile und im zweiten Fall die Jagd auf bestimmte Tiere, wie zum Beispiel den Auerochsen und den Biber, vorbehalten kann. Das Recht zur Fischerei und Zeidlerei wird schließlich in der Regel pauschal gewährt. Obwohl diese mit dem Landeigentum verbundenen Vorrechte schon in der zweiten Hälfte des 13. Jahrhunderts den Charakter allgemeiner Berechtigungen haben sollen[25], werden sie in Schlesien erst im letzten Viertel des 13. Jahrhunderts nicht mehr einzeln, sondern zu mehreren verliehen[26].

---

15) Für Kleinpolen für 1252 und 1270 (WOJCIECHOWSKI, S. 28 Anm. 56), für Pommern für 1256 und 1258 (WOJCIECHOWSKI, S. 36 Anm. 149). Für Großpolen und Masowien wird von Wojciechowski kein Beleg für das 13. Jh. angeführt.
16) SUb VI, 303.
17) WOJCIECHOWSKI, S. 51-53; RAUSCH, S. 16.
18) Vgl. WOJCIECHOWSKI, S. 44 und RAUSCH, S. 12f.
19) Z.B. SUb III, 55, V, 368, VI, 293.
20) Z.B. SUb I, 165, III, 230, 351. In Schlesien gewährt der Grundherr, ob nun Herzog oder Adliger, bei der Aussetzung seines Gutes zu deutschem Recht dem Schulzen die Erlaubnis zu Errichtung und Betrieb einer Schänke; vgl. z.B. SUb III, 249, 259, 470.
21) Z.B. SUb IV, †466, V, 269, †511, VI, 293.
22) Z.B. SUb III, 279, IV, †466, V, 269, 368, †511, VI, 293.
23) Z.B. SUb II, 255, III, 19, 226, 284, 512.
24) SUb V, 368.
25) WOJCIECHOWSKI, S. 44.
26) Z.B.: Fischerei- und Jagdrecht: SUb IV, †466; Fischerei-, Jagdrecht und Zeidlerei: SUb V, 269; Mühlen- und Fischereirecht: SUb V, 368; Fischerei-, Jagd- und Vogelfangrecht: SUb V, †511; Mühlen-, Fischerei- und Jagdrecht: SUb VI, 293.

Über das Wer- und Sühnegeld[27] für den Adel geben die Quellen des 13. Jahrhunderts so gut wie keine Auskunft. Es wird in diesem Zeitraum lediglich in drei masowischen Urkunden erwähnt[28], und zwar stets auch noch in verallgemeinernder Form. Dennoch gilt das allgemeine Vorhandensein eines Wer- und Sühnegeldes in Polen und damit auch in Schlesien für das 13. Jahrhundert als „völlig sicher"[29]. Wojciechowski glaubt sogar, schon für dieses Jahrhundert eine beginnende Differenzierung feststellen zu können[30].

Eine Zehntpflicht besteht für den Adel bis zum Ende des 12. Jahrhunderts nicht. Bis zu diesem Zeitpunkt leistet er von seinem selbst bebauten Land der Kirche keine Abgaben; er betrachtet es der Kirche gegenüber als generell zehntfrei. Geben einzelne Adlige dennoch einen Zehnt, so tun sie dies freiwillig und aus naheliegenden Gründen wohl meistens zugunsten ihrer Eigenkirchen. Um 1200 setzt dann die Kirche auch gegenüber dem Adel die allgemeine Zehntpflicht für das von ihm bebaute Land durch, allerdings in der privilegierten Form der freien Zehntleistung[31]. Danach ist der Adlige im Gegensatz zu anderen Zehntpflichtigen berechtigt, die Kirche, der er seinen Zehnt zukommen lassen will, frei zu wählen, auch wenn es sich dabei um seine Eigenkirche handelt, und anstelle des Feldzehnts den Körnerzehnt zu geben. Auch ist er von der Transportpflicht des Zehnts zur betreffenden Kirche befreit; der Pfarrer muß den Zehnt selbst aus der Scheune holen. Die freie Zehntleistung gilt im Bereich der Diözese Breslau seit dem dritten, im übrigen Gebiet der Erzdiözese Gnesen seit dem vierten Jahrzehnt des 13. Jahrhunderts. Die erste freie Zehntleistung für den schlesischen Raum belegt eine Urkunde aus dem Jahre 1223[32]. In ihr wird erwähnt, daß 16 Ritter[33] ihren Zehnt „de voluntate propria"[32] den Nonnen der Salvatorkirche zu Rybnik geben. Schon 1227 wird jedoch in einem Schiedsspruch zu einem Zehntstreit zwischen Herzog Heinrich I. und Bischof Lorenz von Breslau die Umwidmung von Ritterzehnten eingeschränkt[3]. Danach muß der Adel für ursprünglich zehntpflichtige Dörfer, die er nach dem Lateranischen Konzil von 1215 erhalten hat, den Zehnt an die Kirche zahlen, der er schon vorher zustand. Für neu angelegte Dörfer hat er nach wie vor das Recht der freien Wahl der Kirche, der er zehnten möchte. Genau dieses Recht wird 1233 in den Statuten der Synode von Sieradz für ganz Polen anerkannt[34].

---

27) Vgl. WOJCIECHOWSKI, S. 54-60 und RAUSCH, S. 17-20.
28) WOJCIECHOWSKI, S. 39. Quellenangabe: WOJCIECHOWSKI, S. 37 Anm. 174.
29) WOJCIECHOWSKI, S. 59.
30) WOJCIECHOWSKI, S. 58f. Auf eine gegenteilige Meinung weist SCHMID, Rez., S. 469 Anm. 2 hin.
31) Vgl. WOJCIECHOWSKI, S. 60f. und RAUSCH, S. 20-23. In der veralteten Arbeit von STENZEL, Ritterrecht werden freie Zehntleistung und Ritterrecht fälschlich gleichgesetzt.
32) SUb I, 226.
33) Adalbert [29], Alexander [1], Crisanus [3], Eustachius [1], Gasso, Grimislaus [4], Johannes [74], Michael [10], Pribislaus (vgl. Personenverzeichnis unter Otto [6]), Streso (vgl. Personenverzeichnis unter Otto [8]), Suentossius, Vinzenz [4], Vinzenz [5] und seine Brüder, Wisimirus, Wrtizlaus.

Gleichzeitig wird bestimmt, daß der Adlige, der den Zehnt unterschlägt oder nicht vollständig gibt, das Recht der freien Zehntleistung verwirkt. Mit der Zeit bildet sich in Gesamtpolen die Gewohnheit heraus, daß der Adel nicht mehr den Feldzehnt, sondern den Körnerzehnt aus der Scheune gibt. Dies versucht 1248 die Synode von Breslau zu unterbinden[35], offensichtlich jedoch ohne Erfolg. Insgesamt kann der Adel seine Zehntfreiheit nicht bewahren, erlangt jedoch mit dem Recht der freien Zehntleistung ein wichtiges Vorrecht.

Militärische Vorrechte[36] sind erst in der zweiten Hälfte des 14. Jahrhunderts formaler Bestandteil des Ritterrechts, werden aber schon im Jahrhundert davor als Einzelprivilegien verliehen. Eine völlige Befreiung des Adligen vom Kriegsdienst ist sehr selten, öfter wird der Dienst auf Verteidigungszüge beschränkt. Führt ein Kriegszug außerhalb des Landes, so stehen einigen Adligen Soldzahlungen und Entschädigungen für erlittene Schäden zu; außerdem ist der Herzog gehalten, in Gefangenschaft geratene Adlige mit einem Lösegeld freizukaufen. Diese Einschränkungen der Heeresfolgepflicht finden sich ebenfalls - wenn auch selten - in Schlesien[37]. So erklärt 1281 Herzog Heinrich V. von Liegnitz-Breslau das Dorf Puschwitz für frei vom Roßdienst, d.h. sein Eigentümer wird von jedem Kriegsdienst befreit[38]. Lediglich zur Abwehr eines feindlichen Heeres sind zum Beispiel Nikolaus und Pasco von Herrnmotschelnitz sowie Gebhard von Prausnitz[11] verpflichtet[39]. Der Ritter Vinzenz [2] kann zu einem Kriegszug außer Landes nur gegen Zahlung eines Soldes gewonnen werden, was ihm 1283 Heinrich V. von Liegnitz-Breslau zusichert; verpflichtet ist Vinzenz dagegen zu unbesoldetem Roßdienst innerhalb des Landes[40]. Als Beispiel für das Vorrecht, vom Herzog eine Entschädigung für einen bei einem Feldzug außerhalb des Landes erlittenen Schaden zu erhalten, führt Wojciechowski für Schlesien lediglich eine mittlerweile als Fälschung erkannte Urkunde an[41]. Zum Jahre 1305 berichtet das Heinrichauer Gründungsbuch jedoch von einer solchen Entschädigung. Otto von Haugwitz nimmt mit Bolko I. von Jauer an einem Feldzug nach Brandenburg teil, gerät dabei in Gefangenschaft und verliert neben mehreren Pferden und Rüstzeug ein Streitroß im Werte von 80 Mark. Ottos Vater fordert vom Herzog so lange Ersatz, bis er als Entschädigung das Dorf Rätsch zu Lehen erhält[42]. Lösegelder für in Gefangenschaft geratene Ritter werden anscheinend nicht immer ohne weiteres von den Herzögen bezahlt, wie aus dem einzigen Beispiel zu diesem Thema hervorgeht.

---

34) SUb II, 34.
35) SUb II, 346 (§ 7).
36) Vgl. WOJCIECHOWSKI, S. 62-68.
37) WOJCIECHOWSKI, S. 30.
38) SUb IV, 414.
39) SUb IV, †466, VI, 272.
40) SUb V, 41.
41) SUb III, †578.
42) GB, S. 343.

Weil nämlich Herzog Heinrich III. von Breslau das Lösegeld von 50 Mark Silber für einen gefangenen Deutschen nicht gezahlt hat, fällt 1254 Herzog Przemysl I. von Posen und Gnesen in das Breslauer Herzogtum ein[43], um so seiner Forderung Nachdruck zu verleihen. Bei dem angeblichen Deutschen handelt es sich möglicherweise um Mrosco von Pogarell[44]. Alle diese Vorrechte gelten für einzelne Personen; allgemeine Gültigkeit für den Adel erlangen sie im 13. Jahrhundert jedoch nicht.

Im Laufe des 13. Jahrhunderts - und damit später als die Kirche - erlangen einzelne Adlige für die auf ihren Gütern lebenden Hintersassen die Immunität[45]. Diese wird zwar zugunsten des Adligen und seiner Erben verliehen, ist aber nicht personenbezogen, sondern an das jeweilige Gut gebunden, für das sie gilt. In der Regel wird die Immunität zusammen mit einem Gut vom Landesherrn verliehen, gelegentlich aber - wenn sich das Gut schon im Besitz eines Adligen befindet - auch allein. Die Verleihung kann dabei in zwei verschiedenen Formen erfolgen, nämlich in reiner Form und in Form der Siedlung nach deutschem Recht. In beiden Fällen setzt sich die Immunität aus einer wirtschaftlichen und einer gerichtlichen Befreiung zusammen. In wirtschaftlicher Hinsicht werden den Hintersassen Abgaben und Dienste, die sie nach polnischem Recht[46] leisten müssen, erlassen, darunter auch Abgaben, mit denen sie militärische Dienstverpflichtungen abgelten. Auf rechtlichem Gebiet wird die Gerichtsbarkeit der herzoglichen Beamten und vereinzelt sogar die des Herzogs gegenüber den Hintersassen aufgehoben und dem adligen Grundherrn übertragen. Der Adel schränkt somit allgemein den Einfluß und die Herrschaft des Herzogs über seinen Grundbesitz und die von ihm abhängigen Leute ein. Das Ausmaß der Befreiungen, die im 13. Jahrhundert noch den

---

43) KBGP, S. 572.
44) So CETWIŃSKI, Bd.II, S. 45f.; vgl. SUb III, 124, 125. Kritisch dazu IRGANG, Urkundenwesen, S. 15 Anm. 38.
45) Vgl. WOJCIECHOWSKI, S. 68-85, dessen Darstellung der ritterlichen Immunität allerdings stellenweise unverständlich und in sich widersprüchlich ist. So versteht er unter wirtschaftlicher Immunität die Befreiung der ländlichen Bevölkerung auf den Adelsgütern von Abgaben und Dienstbarkeiten, weist aber gleichzeitig darauf hin, daß diese Abgaben und Dienste nun dem Grundherrn zukommen (S. 69) - also weiterhin von der Bevölkerung geleistet werden müssen! Auch in Sachen Gerichtsbarkeit wird die Bevölkerung nicht befreit - lediglich der Gerichtsherr wird gewechselt! Vgl. RAUSCH, S. 24-27, die überwiegend eine Inhaltsangabe von WOJCIECHOWSKI, S. 68-85 gibt.
46) Zu den wichtigsten Abgaben und Diensten nach polnischem Recht zählen laut ANDERS, S. 19: poradlne - eine Grundsteuer, podworowe - eine Hofabgabe, pomot - eine Art Frondienst, targowe - ein Markt-, Standgeld, sep - eine Kornabgabe, povoz - die Pflicht, Wagen zu stellen, podwoda - ein Pferdevorspanndienst, prewod - die Pflicht zum Wegweisen und Fortbringen der Soldaten, stan - die Pflicht zur Gewährung von Nachtquartier und Unterhalt an den Herzog und sein Gefolge, psiare - die Pflicht zur Aufnahme der Jagdhunde und ihrer Wärter, boberownicze - die Pflicht zur Hegung der Biber und zum Beistand der Biberjäger, slad - die Pflicht, Dieben und geraubtem Vieh nachzusetzen, stroza - die Pflicht zur Nachtwache auf den Adelshöfen oder die Abgabe zum Unterhalt der Burgwache.

Charakter individueller Verleihungen haben, ist besonders in der reinen Form sehr unterschiedlich. Die wirtschaftliche Befreiung kann vollständig oder teilweise gewährt werden, die gerichtliche zeitlich beschränkt oder dauernd sein, sowie die niedere oder in seltenen Fällen auch die hohe Gerichtsbarkeit umfassen. Eine gewisse Gleichförmigkeit wird erst in der zweiten Hälfte des 13. Jahrhunderts mit der zunehmenden Verleihung der Immunität in der Form der Siedlung zu deutschem Recht erreicht. Beide Formen der Immunitätsverleihung finden sich auch in Schlesien[47]. Die Immunität in reiner Form führt überwiegend zu einer weitreichenden wirtschaftlichen Befreiung[48]. Die Adligen und ihre Hintersassen werden von fast allen Diensten und Lasten[49] sowie von der Zahlung von Steuern[50] befreit. In einigen Fällen bleibt jedoch die Verpflichtung der Adligen zum Roßdienst bestehen; sie wird dann ausdrücklich von der Befreiung ausgenommen[51]. Deutlicher abgestuft ist der Grad der gerichtlichen Immunität, die auch zeitlich beschränkt sein kann, wie aus einer Urkunde von wohl 1246 hervorgeht, in der die Hintersassen zu Deutsch Zernitz für 30 Jahre von der Jurisdiktion der Palatine und Kastellane befreit werden[52]. Mit der dauernden Befreiung ihrer Hintersassen von der Jurisdiktion der herzoglichen Beamten[53] erlangen die Adligen die niedere Gerichtsbarkeit, wobei sich allerdings der Herzog des öfteren die gerichtliche Vorladung unter seinem Siegel vorbehält[54]. Einen Schritt weiter in Richtung hohe Gerichtsbarkeit führt die Erlaubnis, Gerichtsstrafen erheben[55] sowie Diebe hängen und Räuber enthaupten zu dürfen[56]. Die hohe Gerichtsbarkeit selbst wird sehr selten verliehen: 1286 an Ulyanus von Grüssau[57], 1290 an Bogusius [2][58] und wohl auch an Otto von Zedlitz[59]. Bei der Siedlung nach deutschem Recht fallen Abgaben und Leistungen nach polnischem Recht von vornherein weg. Eine zusätzliche wirtschaftliche Befreiung besteht in der Bewilligung einer bestimmten Zahl von Freijahren bei

---

47) WOJCIECHOWSKI, S. 30f. Die dort in den Anmerkungen 93 bis 103 als Belege angegebenen Quellen überzeugen nicht immer, weil aus ihnen manchmal nicht klar hervorgeht, ob die Befreiung für den Adligen oder die Hintersassen gilt.
48) In den Quellen, die WOJCIECHOWSKI, S. 30 Anm. 94 als Beispiele zur teilweisen (beschränkten) wirtschaftlichen Immunität anführt (SUb IV, †466, VI, 86, 207, 272, †466), werden stets die Abgaben der Grundbesitzer, nicht die der Hintersassen, reduziert!
49) Z.B. SUb III, 18, 279, IV, 414, V, 269, 360, †506, VI, 114, 127.
50) Z.B. SUb III, 266, 339, V, †506.
51) Z.B. SUb V, 269, VI, 393.
52) SUb II, 311.
53) Z.B. SUb III, 18, IV, 414, †466, V, 77.
54) Z.B. SUb II, 311, III, 18, V, 77.
55) Z.B. SUb III, 18.
56) Z.B. SUb VI, 238.
57) SUb V, 269.
58) SUb VI, 293.
59) SUb V, †506 (1287 oder 1292 oder 14. Jh.).

neu anzulegenden Dörfern[60]. Die Befreiung von der Gerichtsbarkeit der herzoglichen Beamten ergibt sich aus der Gewährung des deutschen Rechtes[61], nach dem die Hintersassen leben und auch gerichtet werden. Die niedere Gerichtsbarkeit wird hier vom Grundherrn oder Schulzen als Vorsitzendem und den Schöffen als Richtern ausgeübt. Auch in diesem Fall kann der Herzog die Hintersassen unter seinem Siegel vorladen. Insgesamt drängen die Adligen - bis ins 13. Jahrhundert noch einzeln, später dann als Stand - mit dem Erwerb der wirtschaftlichen und niederen gerichtlichen Immunität den Einfluß und die Verfügungsmöglichkeit des Herzogs über ihre Hintersassen und ihren Grundbesitz zurück. Gleichzeitig wird die rechtliche Qualität des adligen Grundbesitzes zu polnischem Recht dem zu deutschem Recht angeglichen.

Der Adel erlangt auch für sich selbst eine wirtschaftliche und gerichtliche Immunität[62], wie aus einigen wenigen Quellen hervorgeht. Schon seit dem 13. Jahrhundert scheinen die Adligen eher allgemein als individuell von den Leistungen und Abgaben nach Fürstenrecht in großem Umfang befreit zu sein. Offensichtlich müssen sie nur noch zwei Leistungen militärischer Art, und zwar in ritterlicher, d.h. reduzierter Form, erbringen: den prevod militare, also den Transport von Lebensmitteln und gefangenen Rittern, und den conductus militaris, die Verpflichtung, dem Herzog das Geleit zu geben. Eine Ausnahme bildet hier Masowien, wo bis ins 15. Jahrhundert umfangreichere Leistungen nach polnischem Recht üblich sind. An Abgaben im weiteren Sinn leistet der Adel nur noch den stan, d.h., er muß dem Herzog und seinem Gefolge Nachtquartier und Unterhalt gewähren, eine allgemeine Abgabe und schließlich den narzaz, eine Viehabgabe. Auf gerichtlichem Gebiet wird der Adel durch das ius responsivum von der Gerichtsbarkeit der herzoglichen Beamten befreit und untersteht nun - im Unterschied zu seinen Hintersassen - nur noch dem Gericht des Landesfürsten, also der höchsten Instanz überhaupt. Für Schlesien lassen sich in bezug auf die Immunität des Adels selbst sowohl die allgemeinen, als auch einige besondere Befreiungen feststellen[63]. Der prevod militare wird 1253 zum ersten Male in einer Urkunde erwähnt[64] und acht Jahre später, als festgelegt wird, daß ihn die homines des Bischofs von Breslau und des Glogauer Domkapitels leisten sollen, genauer erläutert. Er umfaßt demnach den Transport von frischem Wildbret und Fisch, Semmeln, Wein und gefangenen Rittern[65]. Wesentlich früher - schon ab 1203 - und öfter wird der conductus militaris erwähnt[66]. Eine Besonderheit ist die Zollfreiheit für Ritter in Schlesien, die zum

---

60) Z.B. SUb III, 351, IV, 247, 354.
61) Z.B. SUb III, 213, IV, 247, 335, 354, V, †501.
62) Vgl. WOJCIECHOWSKI, S. 85-93 und RAUSCH, S. 27-32.
63) WOJCIECHOWSKI, S. 31, 90; RAUSCH, S. 29-32.
64) SUb III, 103, †567.
65) SUb III, 353: „preuod ... militare ... in hiis rebus: ferinis carnibus et piscibus utriusque tamen recentibus, simila, vino, et militem captivum, qui dicitur clodnik."
66) SUb I, 83, 93, 115, 181, II, 340, III, 292, 293.

Jahre 1226 belegt ist[67]. Sehr selten ist die ausdrücklich auf eine Person bezogene Befreiung von allen Diensten, Zahlungen und Fronleistungen, wie im Jahre 1296 für Gebhard von Prausnitz[11] und seine Nachkommen[68]. Ebenfalls sehr selten ist die persönliche Befreiung von der Gerichtsbarkeit der herzoglichen Beamten. Sie wird zum Beispiel zu 1281 in einer Fälschung für Nikolaus und Pasco von Herrnmotschelnitz angegeben, die demnach nur vom Herzog gerichtlich belangt werden dürfen[69]. In Schlesien wird der alleinige Gerichtsstand vor dem Hofgericht allerdings bei bestimmten Delikten durch die Unterstellung des Adels unter Stadtgerichte eingeschränkt beziehungsweise aufgehoben. So wird in einer lediglich formalen[70], auf 1263 datierten Fälschung bestimmt, daß sich „omnes milites, vasalli, feodales, nobiles", wenn sie sich in der Stadt Breslau aufhalten, in bürgerlichen und peinlichen Strafsachen vor dem Gericht des Erbvogtes zu verantworten haben; allerdings steht ihnen die Appellation an das Hofgericht frei[71]. Dieser Rechtszustand wird in zwei Breslauer Rechtsmitteilungen an andere Städte bestätigt[72]. In Schuldensachen gegenüber Schweidnitzer Bürgern kann der dortige Erbvogt seit 1281 auch „omnes milites, filios militum, feodales, servientes" vor sein Gericht ziehen, ohne daß diese an das Hofgericht appellieren können[73]. Ganz allgemein reduziert der Adel mit dem Erwerb der Immunität für sich selbst seine Leistungs- und Abgabenpflichten und gewinnt einen privilegierten Gerichtsstand.

Grundlage für die mit dem Begriff ius militare bezeichnete privilegierte Stellung des Adels ist das erbliche Eigentum an Grund und Boden. Dieses ist Voraussetzung zum Erwerb der anderen Berechtigungen des Ritterrechtes, unter denen der Immunität als dem im 13. Jahrhundert allgemeine Verbreitung findenden und sich am dynamischsten entwickelnden Element besondere Bedeutung zukommt. Somit wandeln sich im Laufe des 13. und der ersten Hälfte des 14. Jahrhunderts die ursprünglich persönlichen Sonderrechte zu den Vorrechten eines Standes. Mit den nach Ritterrecht gewährten Berechtigungen sind keine Verpflichtungen verbunden; hierin besteht der grundlegende Unterschied zum Lehenswesen[74].

IV.1.b) Lehensrecht und Lehenswesen

Das westeuropäische Lehenswesen setzt sich aus einem personenrechtlichen und einem sachenrechtlichen Element zusammen, aus der Vasallität und dem Benefizialwesen. Als Vasallität wird das gegenseitige Treueverhältnis zwischen Mann

---

67) SUb I, 269.
68) SUb VI, 272.
69) SUb IV, †466.
70) Vgl. Vorbemerkung zu SUb III, †584 und IRGANG, Urkundenwesen, S. 43f.
71) SUb III, †584.
72) SUb IV, 395, SR 2721.
73) SUb IV, 415 (danach zitiert), V, 224.
74) Vgl. WOJCIECHOWSKI, S. 96f., SCHMID, Rez., S. 471f.

und Herr bezeichnet; der Mann ist zu Gehorsam und Treue gegenüber seinem Herrn verpflichtet, der ihm dafür Unterhalt gewähren und ebenfalls Treue halten muß. An Stelle des Unterhalts wird in spätfränkischer Zeit die Verleihung eines Benefiziums, allgemein in Form einer Landschenkung zu Nutzungsrecht, üblich. Seinen Höhepunkt erreicht das Lehenswesen im Hochmittelalter. Die Lehensbindung zwischen Herr und Mann basiert zu dieser Zeit auf einem gegenseitigen Treueversprechen; darüber hinaus verpflichtet sich der Lehensmann zu Gehorsam und Dienst (homagium), wofür er von seinem Herrn ein Lehen erhält. Dieses kann aus Grundbesitz, Zins oder Naturaleinkünften bestehen. Aus der Lehensbindung erwachsen für beide Lehenspflichten persönlicher und dinglicher Art. Der Mann darf sich in keiner Weise gegen seinen Herrn wenden und ist ihm zu consilium et auxilium verpflichtet, was bedeutet, daß er sich auf Geheiß am Hof seines Herrn einfinden muß, ihm Ehrendienste und besonders Kriegsdienst zu leisten hat. Beim Tode seines Herrn muß er, beim Tode des Mannes sein Erbe um die Erneuerung des schon erblich gewordenen Lehens nachsuchen. Schließlich ist bei allen das Lehen betreffenden Rechtsgeschäften das Einverständnis des Lehensherrn einzuholen. Dieser ist dagegen verpflichtet, seinem Mann den Unterhalt zu sichern und ihn vor Gericht zu vertreten. Er garantiert ihm den Lehensbesitz und leistet bei Verlust des Lehens ohne Verschulden seines Mannes Schadenersatz. Hauptmotiv für die Vergabe eines Lehens ist für den Herrn stets der zu erwartende Kriegsdienst zu Pferde.

Das Lehenswesen findet in Schlesien mit der deutschen Siedlung Eingang[75]. So wie den Siedlern ihr eigenes, gewohntes Recht zugestanden wird, erhalten als maßgebliche gesellschaftliche Gruppe die Siedlungsunternehmer - die späteren Schulzen und Vögte - von den herzoglichen und hohen geistlichen Grundbesitzern Land und andere Immobilien zu einem ihnen bekannten Recht, nämlich zu Lehensrecht[76]. Erst 16 Jahre später wird erwähnt, daß auch Adlige, besonders deutsche Ritter, Land zu Lehen erhalten[77]. Die Übernahme des Lehenswesens in Schlesien kann demnach wohl nicht in erster Linie auf die Zuwanderung deutschstämmiger Adliger zurückgeführt werden, sondern steht vermutlich eher in allgemeinem Zusammenhang mit der deutschen Siedlung.

Die erste Erwähnung eines auf das Lehenswesen bezogenen Ausdrucks findet sich in einer Urkunde vom 29. Juni 1232; hier verleiht Herzog Heinrich I. von Schlesien dem Vogt des späteren Müncheberg ebenda zwölf Hufen „in feodo"[78].

---

75) Eine eingehende Untersuchung zum Lehenswesen in Schlesien fehlt bislang, so daß die folgenden Ausführungen, die zudem das Lehenswesen lediglich in bezug auf den Adel betreffen, nur als ein erster Versuch zu betrachten sind. - Einen nur allgemeinen Überblick bietet die Geschichte Schlesiens, Bd.1, S. 278f. PFITZNER, S. 327-340 beschränkt sich auf das weiter entwickelte Lehenswesen der Bischöfe von Breslau.
76) Vgl. SUb II, 19, 86, 128, 136, 155.
77) SUb II, 346.
78) SUb II, 19.

Das Lehensrecht wird expressis verbis erstmals 1234 erwähnt, als die Äbtissin von Trebnitz dem Schulzen von Thomaskirch zwei Lehenshufen (mansi feodales) und eine Schenke „iure feodali" verleiht[79]. Hauptsächlich diese drei Ausdrücke - in feodum, mansus feodalis, ius feodale - erscheinen von nun an häufiger in den Urkunden. In den Synodalstatuten von 1248 wird zum ersten Mal in Verbindung mit dem Lehenswesen auf den Adel eingegangen. In Paragraph 7 heißt es, daß die Herzöge und Fürsten deutsche und andere Ritter in ihren Diensten behalten wollen und sie deshalb mit Land „in feudum" ausstatteten[77]. Hier wird deutlich auf den Kernpunkt des Lehenswesens - Land gegen Dienst - hingewiesen. Im Unterschied zum frühen Gebrauch dieser Ausdrücke finden andere lehensrechtliche Termini zum Teil erst wesentlich später und seltener Verwendung[80]. Als Vasallen (vasalli) werden so nur sechs Adlige bezeichnet, einer 1236, ein weiterer 1275 und die anderen erst 1289[81]. In diesem und dem folgenden Jahr werden neun feodales[82] genannt, von denen vier zur Gefolgschaft der Würben gehören[83]. Wesentlich öfter wird dagegen die Bezeichnung fidelis verwandt, die allerdings nicht stets im lehensrechtlichen Sinne gebraucht sein muß. 139 Adlige werden so - ab der Mitte des 13. Jahrhunderts zunehmend häufiger - bezeichnet, die ersten beiden schon 1239 und 1248[84]. Da Lehens- und Dienstrecht im 13. Jahrhundert im Begriff sind, ineinander überzugehen, sollen an dieser Stelle auch die mehr dienstrechtlichen Bezeichnungen mitbehandelt werden, wobei von ihrer Verwendung im Sinne des älteren slavischen Dienstleutesystems natürlich abzusehen ist. Etwa die gleiche Bedeutung haben die Ausdrücke Knappe[85], armiger[86], famulus[87] und domicellus[88], die erst in der zweiten Hälfte des 13. Jahrhunderts auf 23 Personen angewandt werden. Ebenfalls erst nach der Jahrhundertmitte werden die acht bekannten ministri erwähnt[89], noch später - 1286 und 1291 - die wenigen servitores[90]. Die am häufigsten gebrauchte Be-

---

79) SUb II, 86.
80) Die in den Anmerkungen 81 bis 91 genannten Personen erscheinen in der chronologischen Reihenfolge ihrer ersten Erwähnung.
81) Johannes (vgl. Personenverzeichnis unter Stephan [4]), Nikolaus [37], Grimislaus [1], Iesco [2], Michael [7], Sbroslaus von Wildschütz.
82) Peter de Cancowe, Cuchingus, Herold [2], Wenzel [2], Gunther von Blankenberg, Heinrich von Gorgowicz, Nanker [3], Pachoslaus [6], Sambor von Schildberg.
83) Die ersten vier der in Anm. 82 angeführten Adligen.
84) Clemens [2], Modlik.
85) Hemerammus [2], Michael [12], Johannes von Chropaczow, Tribco.
86) Reinco [2].
87) Siegfried von Seiffersdorf, Nikolaus von Schmollen, Chwalislaus, Wilandus, Heinrich von Budissyn, Peter [50], Walter [4].
88) Bronislaus [1], Franz (vgl. Personenverzeichnis unter Ulrich [3]), Gescho, Leonhard [5], Stephan [17] und [32], Andreas [18], Borsuta, Sobco, Paul [6], Pravota [2].
89) Lorenz [10], Damassus, Adalbert [16], Cursicus, Nagodo, Dirsco von Osetno, Theoderich [8], Samson.
90) Ulyanus von Grüssau, Andreas [12], Paul (vgl. Personenverzeichnis unter Andreas [12]).

zeichnung ist serviens; ab 1240 werden mit ihr 61 adlige oder doch sehr wahrscheinlich adlige Personen bedacht. Im selben Jahr wird auch der erste von neun ministeriales erwähnt[91].

Aus den angeführten Ersterwähnungsdaten wird deutlich, daß lehensrechtliche Ausdrücke schon in den 30er Jahren des 13. Jahrhunderts verwandt werden[92], das Lehenswesen zu dieser Zeit in Schlesien also bekannt ist. Auffällig ist, daß es in Verbindung mit dem Adel erst kurz vor der Jahrhundertmitte - 1248 - erwähnt wird. Die mehr dienstrechtlichen Ausdrücke erscheinen - bis auf ministerialis und serviens - auf Adlige bezogen schließlich noch später, in der zweiten Hälfte des 13. Jahrhunderts[93].

Die einzige schlesische Urkunde, die detailliertere lehensrechtliche Bestimmungen enthält, ist der Bündnisvertrag zwischen Herzog Boleslaus II. von Liegnitz und Erzbischof Wilbrand von Magdeburg[94]. In diesem 1249 geschlossenen Vertrag tritt der Herzog die eine Hälfte des Landes Lebus an den Erzbischof ab und nimmt die andere Hälfte von ihm zu Lehen. Dabei werden festgelegt: Gegenstand und Umfang des Lehens, Ausübung bisheriger Rechte, Aufgaben der Burgbesatzung, Veräußerung des Lehens oder von Teilen davon, Anlage neuer Befestigungen, Verhalten bei Tod des Lehensherrn und die Voraussetzungen für den Verlust des Lehens. Allerdings handelt es sich bei dieser Urkunde sehr wahrscheinlich um Empfängerdiktat[95], so daß sie wohl eher etwas über das magdeburgische Lehenssystem als über das schlesische aussagt. Mit ihren zahlreichen Einzelbestimmungen lehensrechtlicher Art ist sie zudem für schlesische Verhältnisse untypisch, wie die folgenden Beispiele unterschiedlich lehensartiger Abmachungen zeigen.

In mehreren Urkunden werden verschiedene Besitztümer einfach zu Lehensrecht verliehen[96]. Dabei wird weder von Pflichten noch Rechten gesprochen, noch der gebrauchte Ausdruck näher erläutert, eher formelhaft gebraucht. Dies gilt auch für die Erwähnung von Lehensbesitz[97], bei dem es sich meistens um Lehenshufen handelt.

Im Unterschied dazu werden in einer ganzen Reihe von Urkunden lehenstypische Dienste gefordert. Hauptforderung ist die Leistung von Roßdienst[98], die

---

91) Mithsizlaus, Schila, Richard von Dahme, Volrad von Indagine, Witigo von Kamenz, Iasso, Bogdalus, Michael [13], Woislaus [4].
92) 1232: feodum; 1234: ius feodale; 1236: vasallus; 1239: fidelis; 1289 (!): feodalis.
93) 1240: ministerialis, serviens; 1253: Knappe, armiger, famulus, domicellus; 1254: minister; 1286 (!): servitor.
94) In SUb II, 368 sind die in diesem Zusammenhang besonders interessierenden lehensrechtlichen Bestimmungen ausgelassen; enthalten sind sie dagegen als § 3 in der Übersetzung des vollständigen Urkundentextes bei SCHILLING, S. 472-475 Nr. 61.
95) Vorbemerkung zu SUb II, 368.
96) SUb II, 369, III, 88, 130, 135, 267, 282, 365, †563, V, †499, VI, 66, 120.
97) SUb III, 88, 299, VI, 13.
98) SUb IV, 23, V, 41, 269, 420, VI, 23, 108, 125, 223, 306, 328, 357, 393, 422.

im Gegenzug zur Verleihung von Grundbesitz, in Einzelfällen aber auch von Geldrenten[99] und Vogteirechten[100] erhoben wird. Aber nicht nur bei der Verleihung, sondern auch beim Kauf von Grundbesitz wird in einem besonderen Fall Roßdienst gefordert, nämlich bei der Erwerbung der Hälfte der Stadt Prausnitz[68] durch den Grafen Gebhard von Prausnitz[11]. Grund und Boden werden mit dem Ziel vergeben, einen Ritter für den Dienst beim Landesherrn zu gewinnen. Hierauf wird ausdrücklich in einer Urkunde hingewiesen, in der Vinzenz [2] zusätzlich zu seinem Erbgut noch das Dorf Schlaupe erhält; für beides ist er dann zu Roßdienst verpflichtet[101]. Um die Erhaltung des Streitrosses seines Ritters zu sichern, verleiht Herzog Heinrich IV. von Breslau dem Sandco von Leubusch sogar zum schon vorhandenen Besitz - dem Dorf Leubusch - zwei weitere Hufen im Nachbarort Groß Döbern[102]. Auch die Erlaubnis zur Aussetzung von Gütern zu deutschem Recht sowie die Aussetzung selbst können mit der Verpflichtung zum Roßdienst verbunden sein. Dies gilt für den Adligen Stephan von Schönbankwitz, dem Heinrich IV. unter der Bedingung, ihm mit einem halben Streitroß zu dienen, gestattet, seine Güter zu Neumarkter Recht auszusetzen[103]. Aber auch Adlige selbst verpflichten beim Verkauf ihrer Güter zur Aussetzung zu deutschem Recht die Schulzen, ihnen bei Kriegszügen mit einem Pferde zu dienen[104] oder ihnen Zins zu zahlen und ein Pferd für den herrschaftlichen Wagen zu stellen[105]. Dem Landesherrn bietet sich ebenfalls bei der Bestätigung von Adelsbesitz die Möglichkeit, diesen mit der Auflage künftigen Roßdienstes zu belasten[106]. Auf die Leistung dieses Dienstes wird durch den Herzog nur in einem Fall verzichtet, und zwar gegenüber dem Kloster Kamenz, das das Dorf Nossen mit dem bisher üblich und erblich gewesenen Roßdienst erworben hatte[107]. Kleinerer Grundbesitz, etwa ein Garten, wird gegen Zins verliehen[108].

Ein ganz konkreter Dienst wie der Roßdienst wird allerdings bei der Verleihung von Grundbesitz nicht immer gefordert. Vielmehr wird gelegentlich mehr oder weniger pauschal der allgemein übliche Dienst ausbedungen. So beansprucht Heinrich V. von Liegnitz-Breslau von Arnold von Kurzbach für das Dorf Schlottnig einfach die Dienste, zu denen der Vorbesitzer verpflichtet war[109]. Im Falle eines Kriegszuges erwartet der Adlige Jakob[110] von seinem mit 2,5 Freihufen Land aus-

---

99) SUb IV, 57.
100) SUb VI, 78.
101) SUb V, 41.
102) SUb V, 156.
103) SUb V, †501.
104) SUb V, 381.
105) SUb V, 408.
106) SUb IV, 336, V, †511.
107) SUb VI, 95.
108) SUb VI, 392.
109) SUb VI, 242.
110) Vgl. Personenverzeichnis unter Sdizlaus [1].

gestatteten Schulzen, wie dies in der Gegend üblich ist, die Leistung von Dienst[111]. In anderen Urkunden wird Land verliehen gegen die Dienste, die die anderen homines im Gebiet von Ottmachau[112] oder die anderen feodales und milites[113] erbringen. Wird in diesen Fällen stets nur allgemein von Dienst - vermutlich Roßdienst - gesprochen, so wird bei der Bestätigung eines Kaufes der Breslauer Kirche dienstpflichtiger Güter Hofdienst nach Gewohnheit der bischöflichen Diener vereinbart[114]. In einem anderen Dokument erhält Thymo von Poserne ein Gut zu Lehensrecht. Solange er dem Hofstaat angehört - also im Hofdienst steht -, braucht er keinen weiteren Dienst zu leisten; scheidet er jedoch aus, hat er vom Gut mit einem Streitroß zu dienen wie die anderen Lehensleute auch[115]. Hieraus wäre zu schließen, daß der Adel entweder Hof- oder Roßdienst leistet. Erkennbar wird auch die Pflicht der Lehensleute zum Dienst mit dem Streitroß.

Daß der Dienst am Leihegut - sei es nun Grundbesitz[116] oder eine Fleischbank[117] - und nicht an der Person des jeweiligen Besitzers haftet, wird dann besonders deutlich, wenn das betreffende Gut verkauft, der zu leistende Dienst aber ausnahmsweise aus irgendwelchen Gründen weiterhin vom Verkäufer erbracht werden soll[118]. Besitzt eine geistliche Einrichtung mit Dienst belasteten Grund und Boden, so bemüht sie sich um einen Adligen, der diesen Dienst übernimmt. So gewinnt zum Beispiel das Kloster Heinrichau gegen die jährliche Abgabe von fünf Vierdung und zwei Rheinischen Stiefeln Peter von Liebenau zur Leistung der herzoglichen Dienste für die zwei kleinen Hufen, die das Kloster in Nethwitz besitzt[119]. Bei umfangreicherem Grundbesitz, wie dem des Polco von Schnellewalde, kann der Adlige auch zum Dienst mit mehreren, hier drei Streitrossen, verpflichtet sein[120]. Der zu Unrecht geforderte Dienst wird im Falle des Sdizlaus von Krampitz durch die Zahlung eines jährlichen Zinses von einer Mark abgelöst[121].

Ausdrücklich an die Bedingung des Verbleibens im Dienst sind drei Verleihungen Bischof Thomas' I. von Breslau gebunden. So erhält der Ministeriale und balistarius Adalbert [16] einen Jahreszins von fünf Mark, allerdings nur so lange, wie er die bisherigen Dienste weiterhin leisten wird[122]. Die Auflage, im bischöfli-

---

111) SUb V, 415.
112) SUb IV, 213.
113) SUb V, 462.
114) SUb VI, 450.
115) SUb VI, 66.
116) SUb IV, 66, VI, 307, 364, 444, 450.
117) SUb VI, 214.
118) SUb VI, 214, 307, 364.
119) SUb VI, 444.
120) GB, S. 332.
121) SUb VI, †466.
122) SUb IV, 18.

chen Dienst zu verbleiben, wird im Falle des Cursicus[123] und Smilo[124] auf deren Erben ausgeweitet. Da der letzte keine Söhne hat, muß seine Tochter Katharina[9] - weil sie der Dienstpflicht naturgemäß nicht nachkommen kann - die Besitzungen an den Bischof von Breslau zurückgeben. Offensichtlich hat sie nach dem Verständnis ihrer Zeitgenossen dennoch irgendwelche Ansprüche von ihrem Vater ererbt, denn sie erhält für den Verzicht auf diese vom Bischof 120 Mark Silber als Mitgift[125].

Als Leihegut kann aber auch Geld in Form eines Jahreszinses vergeben werden. Dies geschieht in den bekannten Fällen fast nur zu Lehensrecht oder als Lehen[126]. Diese Geldlehen verleihen auch Adlige selbst, und zwar an ihre Standesgenossen[127], an einen Schweidnitzer Bürger[128] und auch an eine Frau[129]. Gegenleistungen werden nur in zwei Fällen gefordert: Adalbert [16] ist dem Breslauer Bischof zu Dienst verpflichtet[122], der Schweidnitzer Bürger zur Lieferung von zwei Rheinischen Stiefeln an Heinrich von Baruth[128].

Ein singulärer Fall ist die Umwandlung eines Erbgutes in ein Lehen. Die Herren von Rätsch waren herzogliche Kämmerer und besaßen das gleichnamige Dorf als Erbgut. Nachdem das Gebiet um Münsterberg 1290 an Herzog Bolko I. von Jauer gekommen ist, geht Rätsch als Tischgut an den Herzog über, was es seit alters her gewesen sein soll. Da ihre Eigentumsrechte vermutlich nicht ausreichend abgesichert sind, bieten die Herren von Rätsch dem Herzog an, ihm vom Erbgut mit einem Streitroß zu dienen. Daraufhin erhalten sie ihr Erbgut vom Herzog zu Lehen[130]. Ihr Rechtsverhältnis zum Landesherrn wandelt sich somit von einem polnischrechtlichen zu einem lehensrechtlichen. Durch die nunmehrige Leistung von Roßdienst behalten sie ihr Gut und verbessern zudem - wenn auch nur vorübergehend - ihre soziale Stellung.

Natürlich fehlt es nicht an Versuchen, die Lehen an die nachfolgende Generation zu vererben. Dies zeigt sich im schon angeführten Fall des Smilo[9] und seiner Tochter Katharina[9], die den an ihren Vater verliehenen, mit Dienst belasteten Besitz zwar nicht behalten kann, aber doch für ihren Verzicht auf 'ererbte Ansprüche' entschädigt wird[125]. Johannes [56] verschenkt sogar die Besitzungen, die er von der Breslauer Kirche erhalten hat, an seine Töchter, Schwiegersöhne und Enkel. Jedoch muß er die Schenkung widerrufen und die Besitzungen an die Breslauer Kirche zurückgeben[131]. Es ist auffällig, daß bei beiden mißglückten Versuchen, ein Lehen zu vererben, Töchter nicht aber Söhne die Erben sind.

---

123) SUb IV, 34.
124) SUb II, 380. - Vgl. Personenverzeichnis unter Radozlaus [1].
125) SUb IV, 52.
126) SUb II, 369, III, 130, 135, VI, 421.
127) SUb III, 130, 135.
128) SUb VI, 421.
129) SUb III, 130.
130) GB, S. 342f.
131) SUb IV, 198.

Ausgestellt werden alles in allem 54 den Adel betreffende oder von ihm selbst stammende Urkunden lehensrechtlichen Inhalts. Aussteller sind die Herzöge, eine Reihe von Adligen, der Bischof von Breslau und einige Geistliche. Die Hälfte (27; 50 %) der Urkunden sind Herzogsurkunden. Die Herzöge nehmen Verleihungen von Grundbesitz vor[132], bestätigen Lehensbesitz[133] oder erwähnen ihn auch nur[134]. In einem Falle wird die Aussetzung von Land zu deutschem Recht gegen Roßdienst gestattet[135]. Dreizehn dieser Urkunden (48,1 %) stellen die Liegnitzer[136], acht (29,6 %) die Breslauer[137], vier (14,8 %) die Glogauer[138] und zwei (7,5 %) die Oppelner Herzöge[139] aus. Beachtenswert ist hierbei, daß die Breslauer Herzöge mehr Urkunden lehensrechtlichen Inhalts ausstellen als die Glogauer, die wegen ihrer geographischen Nähe zum deutschen Reich eigentlich stärker vom Lehenswesen beeinflußt sein müßten. Somit wiederholt sich eine Beobachtung, die schon in bezug auf die Zuwanderung von Adligen in die verschiedenen Landesteile gemacht wurde[140]. Der Adel stellt in Zusammenhang mit dem Lehenswesen 17 Urkunden (31,4 %) aus. Es wird eigener und fremder Lehensbesitz erwähnt[141] und Land zur Aussetzung zu deutschem Recht gegen Roßdienst verliehen[142]. In acht Urkunden wird Grundbesitz an den eigenen Schulzen oder Vogt vergeben[143] beziehungsweise ein Zins an einen Bürger verliehen[128]. Die ersten Urkunden lehensrechtlichen Inhalts - in ihnen wird Lehensbesitz erwähnt - stellen Witigo von Greiffenstein und Gunther von Biberstein aus. Von den Ausstellern gehören fünf dem zugewanderten Adel an, die beiden eben Genannten sowie Goswin von Münsterberg, Herbord Quas und Heinrich von Baruth. Im Unterschied zum eingesessenen Adel vergeben sie auch Zins zu Lehensrecht[144]. Bis auf Witigo von Greiffenstein stellen alle Adligen nur eine Urkunde lehensrechtlichen Inhalts aus. Sieben solcher Urkunden (13 %) sind

---

132) SUb III, 365, IV, 57, V, 41, 156, 269, 462, VI, 66, 78, 125, 242, 272, 328, 357, 393.
133) SUb II, 210, III, 267, 299, IV, 336, V, †499, †511, VI, 13, 362.
134) SUb II, 369, VI, 95, 307, †466.
135) SUb V, †501.
136) Boleslaus II. von Liegnitz: SUb IV, 321; Heinrich V. von Liegnitz-Breslau: SUb V, 41, 462, VI, 66, 242, †466; Bolko I. von Jauer: SUb VI, 13, 78, 95, 125, 307, 362, 393.
137) Heinrich III. von Breslau: SUb II, 369, III, 267, 365; Wladislaus von Breslau: SUb IV, 57; Heinrich IV. von Breslau: SUb V, 156, 269, †499, †501.
138) Konrad I. von Glogau: SUb III, 299; Heinrich I. von Glogau: SUb V, †511, VI, 272, 357.
139) Mieszko II. von Oppeln: SUb II, 210; Boleslaus I. von Oppeln: SUb VI, 328.
140) Vgl. II.3. Der zugewanderte Adel.
141) Witigo von Greiffenstein: SUb III, 130, 135; Gunther von Biberstein: SUb III, 282; Johannes [56]: SUb IV, 198; Goswin von Münsterberg: SUb VI, 214; Sulislaus von Koitz: SUb VI, 364; Peter von Liebenau: SUb VI, 444.
142) Boguslaus von Wohlau: SUb V, 408; Richwin von Obischau: SUb V, 381.
143) Jakob (vgl. Personenverzeichnis unter Sdizlaus [1]): SUb V, 415; Heinrich von Würben: SUb V, 420; Herbord Quas: SUb VI, 108; Moico von Baitzen: SUb VI, 120; Bogusco (vgl. Personenverzeichnis unter Boguslaus [16]): SUb VI, 223; Lorenz Plascota: SUb VI, 306; Leonhard von Michelwitz: SUb VI, 422.
144) Witigo von Greiffenstein: SUb III, 130, 135; Heinrich von Baruth: SUB VI, 421.

von den Breslauer Bischöfen bekannt. Bei diesen Urkunden handelt es sich stets um Verleihungen von Grundbesitz zu Lehen. Sie sind immer ausdrücklich mit Dienst oder Verbleiben im Dienst des Bischofs verbunden. Aussteller sind Bischof Thomas I.[145] und Bischof Johannes III.[114] In den drei übrigen Urkunden (5,6 %) - ausgestellt von Johannes Gallicus[108], Bischof Wilhelm von Lebus[146] und dem päpstlichen Legaten während der Synode zu Breslau[77] - wird Lehensbesitz bestätigt beziehungsweise erwähnt.

Es zeigt sich somit, daß das Lehenswesen in ganz Schlesien bekannt und in Gebrauch ist, und zwar bei den Herzögen, beim Adel und bei der Kirche. Am straffsten scheint es bei den Breslauer Bischöfen[147] organisiert zu sein, worauf die niedere Stellung des größten Teils der weltlichen Gefolgschaft[148], die ausdrückliche Bindung der Lehen an den Dienst und die Einziehung von Lehen hinweisen. Vorbild dürfte neben dem Lehenssystem der Magdeburger Erzbischöfe vor allem das der Bischöfe von Olmütz sein, das unter Bischof Bruno von Schauenburg (1247-1281) planmäßig ausgebaut wird[149]. Der Adel vergibt Grundbesitz zu Lehensrecht vorwiegend in seiner Eigenschaft als Grundherr. Am meisten wird das Lehenswesen indessen von den Herzögen genutzt, wobei die von ihnen ausgestellten Urkunden lehensrechtlicher Art zum größten Teil allgemein gehalten, in ihrem Inhalt jedoch am verschiedenartigsten sind.

Insgesamt können die dargestellten lehensrechtlichen Abmachungen allerdings nur als lehens*artig* bezeichnet werden, das heißt, sie entsprechen nicht voll dem westeuropäisch-deutschen Vorbild. So finden sich in den schlesischen Urkunden weder die lehenstypischen Ausdrücke 'consilium et auxilium' und 'homagium', noch wird eine besondere Treuepflicht zwischen Lehensherr und Lehensmann angeführt. Vielmehr erscheinen die mit der Vergabe eines Gutes verbundenen Verpflichtungen oft als auf die Leistung von Roßdienst reduziert. Auch die Bestimmung, Dienst wie die anderen Lehensleute oder wie in der Gegend üblich zu leisten, muß nicht bedeuten, daß Leistungen über den Roßdienst hinaus erbracht werden müssen. Ferner hat der Adel nicht die Möglichkeit erkannt oder genutzt, über das Lehenswesen eine ihm persönlich zu Roßdienst verpflichtete, eigene Gefolgschaft zu bilden. Der Adel stattet zwar seine Schulzen mit seinem eigenen Land aus, aber zum Roßdienst sind die Schulzen nur bei Kriegszügen der Herzöge verpflichtet[150]! Schließlich vermischen sich ab der zweiten Hälfte des 13. Jahrhunderts die verschiedenen Elemente des Ritter- und Lehensrechtes miteinander. Dies wird besonders beim Erblichwerden des ursprünglich nur verliehenen Lehensbesitzes

---

145) SUb II, 380, IV, 18, 23, 34, 66, 213.
146) SUb III, 88.
147) Vgl. PFITZNER, S. 314-316, 336-340.
148) Vgl. III.3. Gruppierungen innerhalb des schlesischen Adels.
149) Vgl. WEIZSÄCKER.
150) So: SUb VI, 306, 422; zur Verteidigung des Landes: SUb V, 420; allgemeiner, ohne jedoch von eigenen Kriegszügen zu sprechen: SUb V, 381, VI, 23, 120, 223.

deutlich. Diese schon dem Lehenswesen innewohnende Tendenz wird durch das ausgeprägte, zunehmend auch die Töchter einschließende ritterrechtliche Element des Erbrechtes verstärkt. Dies führt dazu, daß schon 1258 eine Scholtisei „iure feudali atque haereditario"[151] und 1305 ein Lehen zu Eigentumsrecht[42] (!) verliehen wird. Damit wird der Charakter eines Lehens als Leihegabe praktisch aufgehoben.

IV.1.c) Zusammenfassung

Die rechtliche Stellung des Adels[152] basiert in Schlesien auf dem polnischen Ritterrecht und dem deutschen Lehensrecht. Das 1227 erstmals erwähnte Ritterrecht faßt verschiedene sich entwickelnde Einzelrechte zusammen, die sich zu Anfang des 13. Jahrhunderts von persönlichen Sonderrechten zu Vorrechten des gesamten Adelsstandes wandeln. Am wichtigsten ist das Eigentumsrecht an Grund und Boden, das mit dem im Laufe der zweiten Hälfte des 13. Jahrhunderts auch auf die Töchter ausgedehnten Erbrecht und weiteren Berechtigungen verbunden ist. Dieses erbliche Eigentum ist die Voraussetzung zum Erwerb der anderen zum Ritterrecht gehörenden Rechte, zu denen das für Schlesien angenommene, wenn auch nicht belegte Wer- und Sühnegeld zählt[153]. Die freie Zehntleistung gestattet dem Adel, den Zehnt an eine Kirche eigener Wahl und in Körnern zu geben. Noch um persönliche Sonderrechte handelt es sich bei den Vergünstigungen auf militärischem Gebiet, wie der Beschränkung der Kriegsdienstpflicht auf Züge innerhalb und Soldzahlungen bei Zügen außerhalb des Landes sowie die Auslösung von in Gefangenschaft geratenen Adligen durch den Herzog. Am dynamischsten entwickelt sich die Immunität für die Adligen selbst und ihre Hintersassen. Sie kann in reiner Form oder in Form der Siedlung nach deutschem Recht verliehen werden, setzt sich aber stets aus einer wirtschaftlichen und einer gerichtlichen Befreiung zusammen. In wirtschaftlicher Hinsicht werden Abgaben und Dienste erlassen, auf rechtlichem Gebiet die Jurisdiktion der herzoglichen Beamten eingeschränkt, so daß der Adel die Gerichtsbarkeit über seine Hintersassen erlangt, er selbst aber nur dem Hofgericht und in Einzelfällen den Stadtgerichten untersteht. Der Adel gewinnt somit einen privilegierten Gerichtsstand, reduziert seine Abgabepflicht und entzieht seine Hintersassen der direkten Herrschaft des Herzogs. Mit diesen Vergünstigungen nach Ritterrecht sind im Unterschied zum Lehenswesen keine Verpflichtungen verbunden; die Kriegsdienstpflicht hat persönlichen Charakter.

---

151) SUb III, 267.
152) Nach CETWIŃSKI, Bd. I, S. 98 führt die ökonomische Übermacht der Feudalherren zu einer politischen und rechtlichen Bevorzugung; letztere zeige sich in der Gleichstellung der „hospites" von Płock mit den masowischen Rittern in einem Privileg Herzog Konrads von Masowien. Auf die rechtliche Stellung des Adels als solche geht Cetwiński jedoch nicht ein.
153) CETWIŃSKI, Bd. I, S. 98 weist - ohne sich speziell auf Schlesien zu beziehen - darauf hin, daß nach der ältesten polnischen Gesetzessammlung das Wergeld für einen auf öffentlichem Wege getöteten Ritter, Kaufmann oder „hospes" gleich hoch ist; in anderen Fällen gilt die gleiche Summe nur für Ritter und Kaufleute.

Das Lehenswesen ist in Schlesien seit den 30er Jahren des 13. Jahrhunderts bekannt, wie aus dem Gebrauch lehensrechtlicher Begriffe hervorgeht. Am frühesten werden die Lokatoren mit Lehensgut ausgestattet, erst später - kurz vor der Jahrhundertmitte - wird der Adel in Zusammenhang mit dem Lehenswesen erwähnt. Die Lehensbeziehungen können allerdings nur als lehensartig bezeichnet werden, weil die Lehensverträge allgemein gehalten sind, in der Regel nur Roßdienst gefordert wird und besonders eine gegenseitige Treueverpflichtung in den Urkunden nicht angeführt wird. Als Lehensgut werden Grundbesitz und andere Immobilien, Geldrenten und Zinse fast stets gegen die Leistung von Roßdienst verliehen. Dieser wird zunehmend auch bei Kauf und Besitzbestätigung vom Landesherrn gefordert. Der zu leistende Dienst haftet an dem betreffenden Lehen, nicht an der Person. Auch in Schlesien sind die Lehensleute bestrebt, ihre Lehen erblich werden zu lassen. Als Aussteller von Lehensurkunden treten die Herzöge, mehrere Adlige, der Bischof von Breslau und einige Geistliche in Erscheinung. Die Hälfte aller Lehensurkunden stellen die Herzöge aus, die meisten die Liegnitzer, gefolgt von den Breslauern, Glogauern und Oppelnern. Die herzoglichen Lehensurkunden sind am allgemeinsten gehalten, inhaltlich jedoch am verschiedenartigsten. Der Adel belehnt hauptsächlich seine Schulzen, die er zur Leistung von Roßdienst bei Kriegszügen des Herzogs, nicht aber bei eigenen, privaten Zügen verpflichtet. Am straffsten scheint das Lehenswesen des Breslauer Bischofs organisiert zu sein. Der Besitz eines Lehens ist hier stets an die Bedingung der Leistung von Dienst oder an das Verbleiben im bischöflichen Dienst gebunden. Werden diese Bedingungen nicht mehr erfüllt, wird das Lehen eingezogen.

Beide Rechtsformen, Ritterrecht und Lehensrecht, ergänzen und verbinden sich in der zweiten Hälfte des 13. Jahrhunderts miteinander. Dies wird besonders beim Erbrecht deutlich, wo sich die ritterrechtliche Auffassung der Erblichkeit des Besitzes gegenüber dem Leihegedanken des Lehensrechtes durchsetzt.

IV.2. Die wirtschaftlichen Grundlagen des schlesischen Adels

IV.2.a) Der Grundbesitz des Adels

Die ökonomische Grundlage des Adels ist sein weitestgehend frei verfügbarer und frei vererbbarer Besitz an Grund und Boden, dessen genauere Kenntnis somit zur Einschätzung der wirtschaftlichen Bedeutung und Rolle des Adels notwendig ist. Die Erfassung dieses Grundbesitzes ist allerdings in mancherlei Hinsicht problematisch. Da regelrechte Besitzverzeichnisse äußerst selten sind und Verleihungs-, Verschenkungs- und Kaufurkunden sowohl den gesamten Landbesitz eines Adligen als auch nur einen Teil davon betreffen können, wird der bekannte Grundbesitz fast stets unvollständig erkennbar sein. Auch ist er wegen der uneinheitlichen Flächenbezeichnung von 'Dörfern' in der Frühzeit und 'großen' sowie 'kleinen Hufen' später, der unterschiedlichen Qualität des Bodens und der verschiedenen

Nutzungsweisen nicht gleichwertig und genau genommen auch gar nicht miteinander vergleichbar. Zusätzlich verändert sich der Besitzstand durch Erwerb und Veräußerung fast ständig, wodurch allerdings der Grundbesitz in Umrissen faßbar wird. Dabei können verschiedene Arten seines Erwerbes und seiner Veräußerung durch den Adel unterschieden werden.

Auf welche Weise der eingesessene Adel Schlesiens seinen zum Teil noch im 12. Jahrhundert vorhandenen Eigenbesitz erworben hat, ist im Einzelfalle nicht mehr feststellbar. Er mag ihn gemäß seiner Genese während der Entstehungszeit Polens verliehen bekommen haben oder von noch früher her besitzen. Um solchen Eigenbesitz handelt es sich wohl überwiegend, wenn in verschiedenen Urkunden des 12. Jahrhunderts gelegentlich der Bestätigung des Besitzes einzelner Klöster und des Breslauer Bistums mitunter recht umfangreiche Schenkungen an diese aus Adelshand erwähnt werden[154].

Als eigentliche Erwerbsarten sowohl für den eingesessenen wie den zugewanderten Adel sind Empfang von Vergabungen und Kauf anzusehen. Beide Arten sind in Bezug auf den Adel Schlesiens fast gleich häufig belegt[155]. Bei den Vergabungen handelt es sich um Verleihungen und Schenkungen, ohne daß diese jedoch immer klar unterschieden werden können. Sie erfolgen ganz überwiegend durch die Landesherren[156], darunter auch die Bischöfe von Breslau[157], und nur ge-

---

154) Z.B. SUb I, 19 (Schenker: Pachoslaus [2], Sandivoi [1], Jordanus [2], Christinus [6], Diui, Witoslaus [3], Andreas [26], Rathimirus, Bronisius [2], Sulislaus [7], Cragec), 28 (Sibin, Sulislaus [7], Lutizlaus, Tedleuus, Woislaus [6], Zlauomir), 45 (Bezelinus, Michora), 60 (Bronisius [2], Pachoslaus [2], Sandivoi [1], Jordanus [2], Christinus [6], Rathimirus, Diui, Witoslaus [3], Andreas [26], Sulislaus [7], Cragec, Pros, Gostis, Sdessa, Ratibor [3], Dobeslaus [3], Adalbert [28]), 66 (Iaxa und seine Frau Beatrix, Michora, Woislaus [(vgl. Personenverzeichnis unter Woislaus [6]]), 74 (Bezelinus, Michora), 77 (Wilschek von Poseritz).

155) Vergabungen 58 mal, darunter 6 Fälschungen (SUb II, †423, †440, III, †578, †580, †588, V, †499) - Käufe 57 mal, darunter 1 Fälschung (SUb V, †506).

156) Boleslaus I. von Schlesien: SUb I, 77, GB, S. 299; Heinrich I. von Schlesien: SUb I, 247, III, 204; Boleslaus II. von Liegnitz: SUb II, 299, III, 192, †578; Heinrich III. von Breslau: SUb II, †440, III, 32, 55, 254, 502; Wladislaus von Breslau: SUb III, †588, IV, 57; Heinrich IV. von Breslau: SUb IV, 257, 258, 294, 357, V, 156, 269, GB, S. 314; Heinrich V. von Liegnitz-Breslau: SUb V, 41, 462, VI, 66, 93, 242; Konrad I. von Glogau: SUb III, 25; Heinrich I. von Glogau: SUb VI, 244; Primislaus von Steinau: SUb V, 339; Bolko I. von Jauer: SUb VI, 125, 295, 303, 393, GB, S. 343; Wladislaus I. von Oppeln: SUb II, †423, VI, 207; Boleslaus I. von Oppeln: SUb VI, 174, 175, 328, 329, SR 2615; Primislaus von Ratibor: SUb VI, 334; Leszek von Krakau: SUb I, 286; „Primislaus von Auschwitz": SUb V, 215. - Vgl. zu den Landvergabungen der schlesischen Piasten allgemein die geringfügig differierenden Angaben bei SCZANIECKI, Nadania ziemi, der die Vergabungen auflistet (S. 8f., 15-18), die Empfänger nach Würdenträgern (9 Personen), Kleinrittern (23 Personen) und Geistlichen (5 Personen) unterscheidet (S. 52, 57f.), die Dörfer nach ihrer Lage im Alt- (9 Dörfer) oder Siedelland (24 Dörfer) zusammenstellt (S. 91 f.) und die jeweils gewonnenen Angaben mit denen der polnischen Teilgebiete vergleicht, den ritterlichen Grundbesitz erfaßt (S. 120-123) und auf andere Erwerbs- sowie Veräußerungsarten hinweist (S. 143 Anm. 1).

157) Lorenz: SUb III, 190; Thomas I.: SUb III, †580, IV, 18, 23, 34, 66; Thomas II.: SUb V, 374.

legentlich durch Adlige[158] oder andere[159]. Vergeben wird hauptsächlich Grundbesitz - von einzelnen Hufen[160] über gewöhnliche Güter[161], Allode[162] und Erbgüter[163] bis zu ganzen Dörfern[164] und Wäldern[165] - aber auch Scholtiseien[166], eine Vogtei[167], das Recht, ein Gehöft mit Garten anzulegen[168] sowie auffälligerweise Zinse[169]. Besonders vielfältig ist eine Verleihung an Hertwig von Nostitz. Sie umfaßt Besitz auf dem Lande und in der Stadt: das Dorf Dammitsch mit allem Zubehör, zwei Hufen zum Vorwerk in Geißendorf, einen Hof in der Stadt Steinau und eine Fleischbank sowie zwei Fischer[170]. Der Adel erhält diesen Besitz - wie manchmal erwähnt wird - zu Erb-[171], Ritter-[172] oder Lehensrecht[173], wenn nicht als Eigen[42]. Gegenleistungen in Form von Roßdienst werden vor allem bei Verleihungen gefordert[174], wogegen eine Schenkung auch als reiner Gnadenerweis erfolgen kann[175]. Vergabungen sind für das gesamte 13. Jahrhundert nachweisbar, besonders häufig sind sie jedoch in der Zeit nach 1250.

Vom Kauf zeugen Kaufurkunden, Kaufbestätigungen und bloße, gelegentliche Erwähnungen. Der Adel kauft vor allem von seinen Standesgenossen[176], aber auch von den Landesherren[177] sowie von Bürgern und Schulzen[178]; in einigen Fällen ist

---

158) Konrad von Röchlitz: SUb II, 196; Witigo von Greiffenstein: SUb III, 135; Ehefrau des Vnarcus: SUb IV, 305; Wilandus: SUb V, †499; Johannes von Scassow: SUb VI, 311.
159) Vinzenzstift: SUb III, 31. - Nicht erwähnt: SUb IV, 294.
160) SUb II, †440, III, 31, 204, 502, †580, IV, 66 V, 156, 339, 374, VI, 93, 125, 244, 295, 334.
161) SUb II, 299, III, 32, IV, 294, 357, V, †499, VI, 66.
162) SUb VI, 174, 175, 303.
163) SUb III, †588, IV, 257, 258, 294, 305, VI, 207, 393.
164) SUb I, 77, 247, 286, II, 196, †423, III, 25, 55, 254, †578, IV, 23, 34, 57, V, 41, 269, 339, 462, VI, 242, 311, 328; GB, S. 299, 314, 343.
165) SUb III, †578, V, 215.
166) SUb III, 190, 192.
167) SR 2615.
168) SUb VI, 329.
169) SUb III, 135, IV, 18.
170) SUb V, 339.
171) SUb III, 31, IV, 219, V, 269, VI, 244, 303, 329, 393.
172) SUb III, †580.
173) SUb III, 135, VI, 66.
174) SUb IV, 23, 34, 57, 66, V, 41, 269, 462, VI, 66, 125, 242, 328, 393; GB, S. 343.
175) GB, S. 314.
176) SUb I, 83, 115, II, 281, 301, 404, 413, 418, III, 31, 45, 327, 349, IV, 246, 255, 357, †463, V, 260, 390, 425, 442, VI, 68, 111, 114, 159, 164, 171, 232, 355, 388; GB, S. 286f., 329f., 332 (2 mal), 334, 342.
177) Boleslaus II. von Liegnitz: GB, S. 257; Heinrich III. von Breslau: SUb III, 127; Heinrich IV. von Breslau: SUb V, 273, 434, 444; Heinrich I. von Glogau: SUb V, †506, VI, 272, 316, 442; Konrad II. von Sagan: SUb V, 413; Bolko I. von Jauer: SUb V, 488; Kasimir II. von Cosel-Beuthen: SUb VI, 207; Bischof Thomas II. von Breslau: SUb V, 132.
178) SUb II, 271, III, 205, 255, V, 395, VI, 162, 389, 450.

der Verkäufer nicht bekannt[179]. Kauf von geistlichen Institutionen ist nicht belegt. Kaufobjekte sind neben Land im Umfang weniger oder mehrerer Hufen[180], von Wäldern[181], Erb-[182] und anderen Gütern[183], ganzen Dörfern oder Teilen davon[184], ja sogar einer halben Stadt[68], auch Mühlen[185], eine Scholtisei[186] und Vogteien[187]. Bezahlt wird bis auf Einzelfälle[188] nicht mit laufender Münze, sondern mit Mark Silber, wobei sich die Preise - je nach Größe und Wert des Objektes - zwischen 8 und 800 Mark Silber bewegen[189]. Von den 57 bekannten Käufen fallen 50 in die zweite Hälfte des 13. Jahrhunderts, was sicherlich mit der sich entwickelnden Geldwirtschaft zusammenhängt.

Seltener belegt ist der Erwerb durch Tausch[190], der schon vorhandenen Besitz gleicher oder ähnlicher Art und Größe voraussetzt. Als Tauschpartner des Adels werden in den Quellen die Landesherren[191], die Klöster[192] und andere kirchliche Institutionen[193] sowie Standesgenossen[194] erwähnt. Ausgetauscht wird Grundbesitz in jeglicher Form - einzelne Hufen[195], Erb-[196] und andere Güter[197] sowie Teile davon[198]

---

179) SUb IV, 337, VI, 213, 273.
180) SUb II, 271, 301, III, 45, 349, IV, †463, V, 390, VI, 159, 164, 171, 213, 316; GB, S. 329f.
181) SUb V, 488, VI, 440; GB, S. 286f.
182) SUb II, 404, IV, 246, 396, V, 425, 442, VI, 207, 232; GB, S. 257.
183) SUb I, 115, II, 413, IV, 357, V, 444, †506, VI, 68, 111, 273, 388.
184) SUb I, 83, II, 281, III, 31, 127, 255, 327, 418, IV, 255, V, 132, 260, 273, 434, VI, 114, 162, 355, 450; GB, S. 332 (2 mal), 342.
185) SUb III, 205, V, 395, VI, 450; GB, S. 334.
186) SUb VI, 389.
187) SUb IV, 337, V, 413.
188) SUb VI, 159: 95 Mark Silber Breslauer Gewichts; SUb VI, 171: 140 Mark Breslauer Gewichts und Breslauer Münze; SUb VI, 388: 512 Mark Breslauer Münze; GB, S. 329f.: 110 Mark üblichen Geldes und Gewichts.
189) 8 Mark für den Teil eines Dorfes: SUb III, 418; 800 Mark für das Gut Dieban: SUb V, †506. - Eine spezielle Untersuchung zu den Immobilienpreisen im Schlesien des 13. Jhs. steht noch aus.
190) 35 mal belegt.
191) Boleslaus I. von Schlesien: SUb I, 83; Heinrich I. von Schlesien: SUb I, 83 (2 mal), 115, 247; GB, S. 286; Heinrich III. von Breslau: SUb II, 230, III, 105; Heinrich IV. von Breslau: SUb IV, 358, 368, 370, V, 57, 75; Heinrich I. von Glogau: SUb V, †507; Bolko I. von Jauer: SUb VI, 217; Wladislaus I. von Oppeln: SUb IV, 164; Bischof Thomas I. von Breslau: SUb II, 299, III, 468.
192) Leubus: SUb I, 49; Trebnitz: SUb I, 115, 181; Heinrichau: SUb III, 97, 124, 298, IV, 67; GB, S. 257f.; Naumburg a.Q.: SUb III, 547; Rauden: SUb V, 53.
193) Johanniter von Groß Tinz: SUb II, 273; Breslauer Domkapitel: SUb V, 473.
194) Es tauscht Ivo mit Clemens [2] (SUb II, 85), Peter von Taschenberg mit Benicus von Dambiscin (SUb III, 424), Konrad von Schmartsch mit Mathias [2] (SUb IV, 413), Jesoro und seine Brüder Paul und Peter mit Wenzel und Sambor von Bunkau (SUb VI, 228), Heinrich von Zesselwitz mit Nikolaus (vgl. Personenverzeichnis unter Johannes [68]) (GB, S. 252).
195) SUb III, 468, IV, 413, VI, 228; GB, S. 252, 257f.
196) SUb III, 230, IV, 164, V, 57, 473.
197) SUb II, 85, 299, III, 97, 105, 230, 273, IV, 164, 358, 370, V, 473.
198) SUb III, 97, 124, 273, 298, 424, 547.

und Dörfer[199], aber auch Wald[200], zwei Mühlen[201] und Schenken[202]. In der Regel wechseln Güter annähernd gleicher Größe den Besitzer, wobei eventuelle geringfügige Unterschiede meistens durch die Zahlung von Silber ausgeglichen werden. In einigen Fällen sind die Tauschobjekte jedoch nicht gleichwertig - sei es, daß sie sich in der Größe[203] unterscheiden - und daher mit zusätzlichen Gaben[204] oder Geld[205], Befreiungen[206] oder Rechten[207] versehen werden. Dies läßt ein besonderes Interesse eines Partners am Besitz oder an Besitzteilen des anderen vermuten. So erwirbt Mathias [2], um seinen Besitz in Schmartsch offensichtlich abzurunden, 5,25 Hufen in diesem Ort um den Preis von 6 Hufen in Bunkai mit der Aussaat im Werte von 24 Mark und 60 Mark Silber in bar[208]. In einem anderen Fall tauscht Herzog Wladislaus I. von Oppeln das Gut Sohrau ein, weil er es - wie es in der Urkunde heißt - zur Stadt erheben will. Der Vorbesitzer erhält dafür das zins- und dienstfreie Gut Sciern bei Pleß mit Jagd, Fischerei, Vogelfang und Zeidlerei[207]. Der Tausch ist als Mittel besonders zur Bildung größerer, zusammenhängender klösterlicher und herzoglicher Besitzkomplexe schon im 12. Jahrhundert bekannt.

Den Besitz seiner direkten Vorfahren erwirbt der Adel auf dem Erbwege. Dies ist der für ihn übliche Übergang des Besitzes von einer Generation an die andere, zumal das freie Erbrecht zu den adligen Vorrechten gehört[209]. Da dieser Vorgang nicht der Schriftform bedarf, wird er in den Quellen nur selten und meistens beiläufig erwähnt. Als Beispiel mag eine Tauschurkunde dienen, in der bemerkt wird, daß der eine Tauschpartner - der Ritter Gotthard [5] und sein Bruder - sein Gut schon von seinem Vater, Groß- und Urgroßvater her besitzt[210], es also ererbt hat. Anders verhält es sich bei den zu Lebzeiten getroffenen testamentarischen Verfügungen, die schriftlich abgefaßt sein müssen[211]. Dabei wird stets Grundbesitz in Form von Gütern[212], Anteilen an Erbgütern[213] sowie Dörfern[214] vermacht. Erb-

---

199) SUb I, 49, 83 (3 mal), 115 (2 mal), 181, 247, II, 299, IV, 358, 368, V, 53, 75, †507, VI, 217; GB, S. 286.
200) GB, S. 286.
201) SUb III, 125, IV, 67.
202) SUb III, 105, 230.
203) SUb I, 115, 181, 247, III, 298; GB, S. 286.
204) SUb III, 97, 124, 230, 298, IV, 67.
205) SUb II, 85, IV, 67, 370, 413, VI, 228.
206) SUb III, 230, IV, 164, V, 57.
207) SUb IV, 164.
208) SUb IV, 413 und SUb V,†496.
209) Vgl. IV.1.a) Das polnische Ritterrecht.
210) SUb III, 230.
211) SUb I, 248, II, 32, 281, 287, 400, III, 295, IV, 194; GB, S. 329f.
212) SUb II, 281.
213) SUb I, 248, IV, 194.
214) SUb II, 32, 287, 400, III, 295; GB, S. 329f..

nehmer sind Verwandte[215] oder Klöster[216]. Werden mehrere Erben bedacht, so zerfällt die Hinterlassenschaft fast stets in Einzelbesitz, kann aber auch - besonders in bescheideneren Verhältnissen - gemeinsam besessen und bebaut werden[217]. Die belegten Vererbungen verteilen sich fast gleichmäßig über das gesamte 13. Jahrhundert.

Diesen unterschiedlichen Erwerbsarten stehen als Möglichkeiten der Veräußerung von Grundbesitz Tausch, Vererbung, Verkauf und Verschenkung gegenüber. Dabei gelten die für den Tausch als Erwerbsart gemachten Angaben auch unter dem Aspekt der Veräußerung, nur daß sich die Perspektive vom Eintauschen zum Vertauschen wandelt. Dies trifft analog auch auf die Vererbung zu, jedoch soll hier ergänzend auf zwei Testamente näher eingegangen werden. Das erste stammt von Seteh[218], der vor einem Zug ins Heilige Land eine vorausschauende Verfügung über seinen Besitz trifft. Demnach soll sein Anteil an dem Erbgut Protzan an seinen Bruder Stoygnew[218] gehen und wenn dieser ohne Erben sterben sollte an das Kloster Trebnitz. Für den Fall aber, daß Seteh[218] zurückkehrt, behält er sich den Besitz seines Erbteiles vor[219]. Im zweiten Testament vermacht Johannes[220] seinen beiden Vettern Otto [8] und Semianus[221] zwei nicht näher bestimmte Dörfer für immer und spricht ihnen für die Lebenszeit seiner Schwiegermutter und seiner Frau weitere Dörfer bei Neustadt/OS und noch Grundbesitz zu, was alles nach dem Tode der Frauen der Kirche gehören soll; dem Bischof und der Kirche von Breslau schenkt er unter Vorbehalt lebenslänglicher Nutznießung für sich, seine Schwiegermutter und seine Frau drei ganze Dörfer und den Teil eines weiteren Dorfes sowie den Grundbesitz an der polnisch-mährischen Grenze; sein mährischer Grundbesitz geht an seinen Bruder Domaslaus [1][222]. Johannes[220] bedenkt somit in seinem Testament seine Verwandtschaft, sichert durch Schenkungen mit Vorbehalt die Altersversorgung für seine Schwiegermutter, seine Frau sowie sich selbst und fördert durch Schenkungen an die Kirche sein Seelenheil. Beide Testamente sind Beispiele dafür, wie unterschiedlich umfangreich die Erbmasse und damit auch der Grundbesitz einzelner Personen sein kann.

Erstaunlich häufig belegt sind Verkauf und Verschenkung, nämlich 131 beziehungsweise 157 mal, was wohl damit zusammenhängt, daß ein Großteil der Käufer und so gut wie alle Beschenkten als geistliche Einrichtungen oder Personen der Kirche zuzurechnen sind, bei der die Schriftlichkeit stärker ausgeprägt ist. Als Käufer treten in Erscheinung neben der Kirche im weiteren Sinne, das heißt Klö-

---

215) SUb I, 248, II, 32, 281, 287.
216) Obra: SUb II, 400; Trebnitz: SUb III, 295; Leubus: SUb IV, 194; Heinrichau: GB, S. 329f.
217) Z.B.: GB, S. 341f. (Erben: Zupit, Johannes, Cessko und Gneuco von Rätsch).
218) Vgl. Personenverzeichnis unter Dirsicraiowitz.
219) SUb I, 248.
220) Vgl. Personenverzeichnis unter Domaslaus [1].
221) Vgl. Personenverzeichnis unter Otto [8].
222) SUb II, 32.

stern[223], anderen kirchlichen Institutionen[224] und Geistlichen[225], Standesgenossen[226] des Adels, Bürger[227], Landesherren[228] und Vögte[229] sowie jeweils ein Schulze[230], Schmied[231], Jude[232] und famulus[233]; in zwei Fällen ist der Käufer nicht bekannt[234]. Gegenstand der Verkäufe sind einzelne Hufen[235], ganze Dörfer oder Teile davon[236], Erbgüter[237] und andere Güter[238] sowie Mühlen[239], Vorwerke[240] und Wälder[241]. Über den Grundbesitz hinaus weisen als Verkaufsobjekte Scholtiseien[242], Zinse[243], Rech-

---

223) Heinrichau: SUb II, 138, 167, 172, III, 141, 179, 251, 418, 424, IV, 67, V, 370, 371, VI, 368; GB, S. 280f., 329f., 334, 337, 359, 367-370; Leubus: SUb I, 77, †348, III, 299, †585, IV, 194, 302, VI, 13, 362; Kamenz: SUb V, 61, VI, 214, †476; Sandstift: SUb III, 45, VI, 333; Vinzenzstift: SUb III, 143, 283; Naumburg a.Q.: SUb III, 517; Grüssau: SUb VI, 307; Paradies in Großpolen: SUb III, 385.

224) Templer: SUb II, 276; Johanniter zu Lossen: SUb III, 258; Heilig Geist-Hospital zu Breslau: SUb IV, 289 (2 mal), St. Matthias-Hospital zu Breslau: SUb IV, 309, VI, 266; Kreuzherren mit dem roten Stern zu St. Matthias in Breslau: SUb IV, 310, V, 396; Hospital zu Bunzlau: SUb VI, 274; Brüder von St. Johannes zu Breslau: SUb V, 9; Johanniter von Groß Tinz: SUb V, 489 (2 mal); Propstei Kasimir: SUb VI, 370.

225) Leonhard [1]: SUb II, 404; Bischof von Lebus: SUb III, 347; GB, S. 331; Bischof Thomas I. von Breslau: SUb IV, 192; Lorenz [5[: SUb V, 132; Pfarrer von Jätschau: SUb VI, 37; Erzbischof von Gnesen: SR 2177.

226) SUb I, 115, †332, II, 137, 273, 301, 413, III, 295 (2 mal), 327, 349, 418, 482, IV, 246, 255, 357, 396, V, 174, 260, 390, 425, 442, VI, 68, 111, 159, 171, 232, 295, 301, 355, 388; GB, S. 286f. (2 mal), 329, 332, 334, 342.

227) SUb IV, 260, 430, V, 52, 72, 118, 159, 174, 251, 418, 419, 466, 486, 494, VI, 8, 43, 44, 73, 114, 127, 188, 191, 408, 421; GB, S. 326, 359.

228) Heinrich I. von Schlesien: SUb I, 83; Heinrich IV. von Breslau: SUb V, 13, 367; Bolko I. von Jauer: SUb VI, 91; Konrad II. von Sagan: SUb VI, 162; Kasimir II. von Cosel-Beuthen: SUb VI, 207.

229) SUb III, 429; GB, S. 332.

230) SUb III, 190.

231) SUb VI, 108.

232) SUb VI, 292.

233) SUb III, 267.

234) SUb III, 482, VI, 273.

235) SUb II, 138, III, 45, 141, 143, 251, 258, 283, 299 (Lehenshufen), 347, 349, 482, IV, 67, 260, 309, 310, V, 9, 72, 118, 159, 174 (2 mal), 251, 367, 370, 371, 390, 418, 419, 466, 494, VI, 13 (Lehenshufen), 44, 108, 127, 159 (Zinshufen), 171, 274, 295, 333, 355, 368,†476; SR 2177; GB, S. 329f., 359 (2 mal).

236) SUb I, 77, †332, †348, II, 137, III, 299, 327, 385, 418, 429, 482, 517, †585, IV, 255, 302, V, 132, VI, 91, 111, 162, 388; GB, S. 331, 332. - Dorfteile: SUb I, 83, III, 481, 424; GB, S. 342.

237) SUb II, 172, 276, 404, V, 61, 442, 489, VI, 73, 207, 232, 370. - Teile von Erbgütern: SUb II, 167, 273, III, 295 (2 mal), IV, 194, 246, 396, V, 425, VI, 292; GB, S. 326, 329, 367-370.

238) SUb I, 115, II, 301, 413, III, 179, IV, 289 (2 mal), 357, V, 13, VI, 68, 188, 273, 307, 408. - Gutsteil: SUb IV, 192.

239) SUb III, 141, 258, VI, 37, 191; GB, S. 334 (2 mal). - Teil einer Mühle: SUb V, 489.

240) SUb IV, 430, V, 260 (Allod), 396, 486, VI, 43, 114(Allod). - Teil eines Vorwerkes: SUb VI, 362.

241) SUb VI, 8; GB, S. 280f., 286f. (2 mal).

242) SUb III, 190, 267, V, 72; GB, S. 337.

243) Jahreszins: SUb V, 52, VI, 301; Zins zu Lehensrecht: SUb VI, 421; dritten Gerichtspfennig: SUb VI, 108.

te[244], Fischteiche[245] und eine Fleischbank[246]. Die erzielten Preise bewegen sich zwischen 6,25 und 550 Mark Silber[247], liegen aber meistens unter 100 Mark, was auf einen geringen Umfang oder niedrigen Wert der Verkaufsobjekte schließen läßt. Gezahlt wird in Mark Silber, seltener in laufender Münze oder anders[248]. Eine einmalige Ausnahme ist die Zahlung in Gold, genauer von 16,5 Mark Gold an Lambert von Seiffersdorf durch die Kreuzherren mit dem roten Stern[249]. Zahlreichere Verkäufe sind seit den 40er Jahren des 13. Jahrhunderts belegt; zu einem Höhepunkt mit allein 50 Verkäufen kommt es im letzten Jahrzehnt.

Die zahlreichen Schenkungen des Adels gehen fast ausschließlich an die Kirche: an Klöster[250], andere kirchliche Institutionen[251] und einige Geistliche[252]. Nur in drei Fällen bedenken die Adligen ihre eigene, nähere oder entferntere Verwandtschaft, nämlich den Vetter[253], die Enkelin[254] und den Sohn[255]. Um so verschiedenartiger ist der Besitz, der wohl vornehmlich aus religiösen Motiven verschenkt wird.

---

244) Fischereirechte: SUb III, 258, VI, 266; Gerichtsbarkeit und alle Rechte an einer Mühle: SUb VI, 301.
245) SUb VI, 191. - Teil eines Fischteiches: SUb V, 489.
246) SUb VI, 214.
247) 6,25 Mark für ein halbes Landstück: SUb III, 45; 550 Mark für ein Dorf: SUb VI, 91.
248) Zusätzlich zu den in Anm. 188, 189 und 247 genannten Fällen: SUb IV, 430: 325 Mark Breslauer Gewichts; SUb V, 13: 120 Mark schwarzes Silber herzoglichen Gewichts; GB, S. 359: 260 Mark öffentlicher Münze, 130 Mark Prager Groschen.
249) SUb V, 396.
250) Vinzenzstift: SUb I, 19 (13 mal), 60 (5 mal), 95, III, 315, IV, 218, VI, 426; Leubus: SUb I, 45 (2 mal), 69, 77 (4 mal), 254, 305, 311, 314, II, 14, 16, 36, 126, III, 22; Nekr. Lubense, S. 42: 3. April; Trebnitz: SUb I, 83 (5 mal), 114, 227, 247 (2 mal); Heinrichau: SUb I, 286, 290, II, 167, 196, V, 317, VI, 24, 282, 299; GB, S. 256; Naumburg a.Q.: SUb I, 236, †355, III, 130, 135, 282, V, 76, SR 2098, SUb VI, 49; Kamenz: SUb II, 384 (2 mal), III, 314 (2 mal), IV, 281, VI, 52, 81; Sandstift: SUb I, 58 (3 mal), III, 45, 189; Liebenthal: SUb V, 437, VI, 153; Czarnowanz: SUb IV, 382; Miechów: SUb I, 41, 65 (3 mal), 66 (2 mal), II, 24, 345, IV, 328 (2 mal; Propstei); Paradies: SUb II, 73, 393, 399; Mogiła: SUb II, 106, 168, 261; Staniątki: SUb II, 240, 247; Obra: SUb V, 319.
251) Bistum Breslau: SUb I, 28 (8 mal), 159, II, 105, 120, 287 (7 mal), III, 164, 504, IV, 107; Johanniter: SUb I, 86, 88, 249, II, 170; Johanniter zu Gröbnig: SUb II, 165; Johanniter zu Groß Tinz: SUb II, 197, V, 197, 204; Heilig-Geist-Spital zu Breslau: SUb I, 209, †364, II, 1, 287; Breslauer Dom: SUb IV, 363; Orden vom heiligen Grab zu Neisse: SUb IV, †439; Hospital zum heiligen Grabe zu Neisse: SUb V, 154; Marienhospital zu Neisse: SUb II, †418, VI, 285; Marienkirche zu Neisse: SUb III, 341; Kreuzherren von St.Michael zu Oels: SUb VI, 373; Marienkirche zu Sagan: SUb V, 301; Marienstift zu Sagan: SUb VI, 192; Hospital zu Schweidnitz: SUb V, 450, VI, 447; Hospital zu Münsterberg: SUb VI, 67; Kirche zu Polsnitz: SUb I, †367; Adalbertkirche zu Oppeln: SUb III, †571; Marienkirche zu Goldberg: SUb IV, 91; Kirche zu Nikolai: SUb V, †505; Kapelle zu Polnisch Steine: SUb V, 493; Pfarrkirche zu Schrom: SUb VI, 217; Kirche zu Raschau: SUb VI, 318; Marienkirche zu Freystadt: SUb VI, 438.
252) Priester zu Pogarell: SUb IV, 220; Bischof von Lebus: SUb IV, 226.
253) SUb II, 196.
254) SUb IV, 305.
255) SUb V, †499.

Hier überwiegen die Dörfer und Dorfanteile[256], die hauptsächlich im 12. Jahrhundert und bis etwa 1230 vergeben werden. Später wird mehr kleiner Besitz verschenkt wie - nach ihrer Häufigkeit geordnet - einzelne Hufen[257], Zinse[258] und Gelder[259], Erbgüter[260] und andere Güter[261], Bänke[262], Wälder[263], Patronatsrechte[264], Kirchen[265], Mühlen[266], Getreide[267] und allgemeiner Besitz[268], je ein Allod[269] und ein Weinberg[270] sowie Vieh[271]. Besonders bemerkenswert scheint hier die verhältnismäßig hohe Anzahl von Zins- und Geldschenkungen. Des öfteren behält sich der Schenker die Nutzung des Besitzes bis zu seinem Lebensende vor[272]. Eine Schenkung kann aber auch die Mitgift einer ins Kloster eintretenden Adligen darstellen[273] oder an die Bedingung einer wöchentlichen Messe für den Schenker[270] oder dessen Begräbnis im Kloster[274] geknüpft sein. Schenkungen durch den Adel sind schon in der ersten Hälfte des 12. Jahrhunderts belegt und auch im folgenden allgemein üblich.

Grundbesitz erscheint demnach in den Urkunden überwiegend als Immobilie. Er kann vom Adel erworben und veräußert werden, jedoch scheinen gerade die Veräußerungen nicht immer ganz freiwillig zu geschehen. Anlaß zu dieser Vermutung bietet eine Urkunde, in der Johannes von Nossen bestätigt, sein ehemaliges Gut Moschwitz freiwillig an Herzog Heinrich IV. von Breslau verkauft zu haben[275].

---

256) SUb I, 19 (13 mal), 28 (7 mal), 41, 45 (2 mal), 58 (3 mal), 60 (4 mal), 65 (3 mal), 66 (2 mal), 77 (3 mal), 83 (2 mal), 88, 95, 114, 159, 209, 247 (2 mal), 249, 254, 286, 290, 305, 311, †355, †364, II, 1, 14, 16, 36, 73, 165, 168, 196, 240, 247, 287 (7 mal), III, 22, 189, 314 (2 mal), IV, 328, V, 317, 319, VI, 81; Nekr. Lubense, S. 42: 3. April. - Dorfteile: SUb I, 60, 77, 83 (3 mal), 227, 311, II, 261, III, 399, IV, 107.
257) SUb I, †367, II, 345, 393, III, 45, 315, †571, IV, 218, 220, 226, 328, V, 76, 154, 155, 301, 493, VI, 192, 217, 282, 318; GB, S. 256.
258) SUb II, †418, III, 130, 135, 282, 341, IV, †439, V, 437, 450, 493, VI, 438, 447, SR 2098; Nekr. Lubense, S. 42: 3. April.
259) SUb V, 154, 197, 204, VI, 49.
260) SUb I, 28, II, 120, 164, 170, 384, IV, 363, VI, 285. - Teile von Erbgütern: SUb II, 167, 197, IV, 305.
261) SUb II, 24, 105, 106, 287, 384, III, 504, IV, 382, V, †499, †505.
262) Fleischbänke: SUb VI, 24, 299; Schuhbänke: SUb VI, 52; Brotbänke: SUb VI, 67.
263) SUb I, 290, II, 126, 196. - Waldteile: SUb VI, 282.
264) SUb I, 236, VI, 153, 426.
265) SUb I, 58, 86, IV, 281.
266) SUb I, 19, VI, 67.
267) SR 2098, SUb VI, 49.
268) Gesamte Habe: SUb I, 69; zwei goldene Ringe und ein Panzer: SUb I, 314.
269) SUb IV, 91.
270) SUb VI, 373.
271) SUb I, 45.
272) SUb I, 77, 83, 159, 305, II, 1, 120, IV, 91.
273) SUb I, 114.
274) SUb IV, 382.
275) SUb V, 13.

Er tut dies, um angebliche frühere Äußerungen, er sei zum Verkauf gezwungen worden, zu widerlegen und gleichzeitig die Freiwilligkeit des Verkaufes zu erhärten. Allerdings ist nicht der Adlige Aussteller der Urkunde, sondern der Herzog, so daß eine gewisse Skepsis angebracht scheint. Es ist nämlich durchaus vorstellbar, daß gerade die Landesherren, aber auch mächtige Adlige und wirtschaftlich starke Klöster einen mehr oder minder sanften Druck ausüben. Andererseits kann auch ein avisierter Käufer unter Druck gesetzt werden, wie ein Beispiel aus dem Heinrichauer Gründungsbuch zeigt[276]. Bogussa und Paul von Taschenberg bieten ihren ererbten Anteil an diesem Gut längere Zeit zum Verkauf, ohne jedoch einen Abnehmer zu finden. Dabei wenden sie sich auch des öfteren an den Abt von Heinrichau und drohen ihm, ihren Anteil, wenn nicht an ihn, dann an irgendeinen Adligen zu verkaufen, der dem Kloster dereinst recht lästig fallen könnte. Die beiden Brüder setzen sich schließlich durch, und der Abt willigt in einen Tausch ein. Obwohl es sich in beiden bekannt gewordenen Fällen um Einzelbeispiele handelt, zeigen diese doch, daß auch die Ausübung einer Art von Zwang durchaus möglich ist.

Von Interesse ist noch der Anteil des zugewanderten Adels an den verschiedenen Erwerbs-[277] und Veräußerungsarten[278]. Dazu wurden die in den je-

---

276) GB, S. 300.

277) Vergabungen - an Adlige aus dem deutschen Reich: Gunther von Biberstein (SUb V, 462), Gunther von Cygelheim (SUb III, 135), Hermann und Lutko von Eichelborn (SUb IV, 357, VI, 295), Rüdiger von Haugwitz (GB, S. 343), Arnold von Kurzbach (SUb VI, 242), Hertwig von Nostitz (SUb V, 339), Thymo und Heinrich von Poserne (SUb VI, 66), Gebrüder Pranzko (SUb VI, 393), Theoderich von Ronberg (SUb IV, 258), Berthold und Siegfried von Seiffersdorf (SUb III, 55), Siegfried [3] (SUb III, 190); an Adlige aus den polnischen Gebieten: Nikolaus (vgl. Personenverzeichnis unter Johannes [68]) (SUb I, 286). Kauf - durch Adlige aus dem deutschen Reich: Heinmann von Adelungsbach (SUb VI, 111), Iesco von Blesow (SUb V, 444), Konrad und Johannes von Borsnitz (SUb VI, 232), Cunczo, Konrad und Peter (SUb VI, 450), Hermann von Eichelborn (SUb IV, 357), Giselher [2] (SUb VI, 388), Peter von Gusik (SUb V, 425), Wolfram von Kemnitz (SUb V, 395), Siegfried von Lubnitz (SUb VI, 164), Heidenreich von Mühlheim (SUb V, 273), Heinrich von Mühlheim (SUb VI, 114), Johannes von Münsterberg (GB, S. 332), Tammo Quas (SUb IV, 337), Arnold von Seiffersdorf (SUb V, 390), Peter Swab (SUb VI, 159), Albert von Tepliwoda (GB, S. 257), Hermann von Thuderow (SUb VI, 273), Otto von Zedlitz (SUb V, †506), Siboto von Zindel (SUb V, 434); durch Adlige aus den polnischen Gebieten: Eberhard von Rätsch (GB, S. 342); durch Adlige aus anderen Gebieten: Eberhard und Simon Gallicus (SUb III, 327). Tausch - an Adlige aus dem deutschen Reich: Bernhard von Kamenz (SUb IV, 368, V, 75), Burkhard von Weistritz (SUb IV, 358); an Adlige aus den polnischen Gebieten: Clemens [2] (SUb II, 85), Nikolaus (vgl. Personenverzeichnis unter Johannes [68]) (GB, S. 252), Boguslaus von Strehlen (SUb III, 468); an Adlige aus anderen Gebieten: Simon Gallicus (SUb IV, 370).

278) Verkauf - von Adligen aus dem deutschen Reich: Heinrich von Baruth (SUb VI, 421), Bawarus (SUb VI, 295, 388), Otto von Biberstein (SUb IV, 430), Heinrich von Biberstein (SUb VI, 273), Nikolaus von Osla (SUb VI, 162), Grabisius von Gerlachsheim (SUb III, 347), Rüdiger von Haugwitz (SUb VI, 307), Ulrich von Hohenbüchen (SUb III, 429), Heinrich von Kittlitz (SUb V, 486), Goswin von Münsterberg (SUb VI, 214), Gunzlin von Prato (SUb VI, 37), Herbord Quas (SUb VI, 108), Hermann von Reichenbach (SUb VI, †476), Lambert von Seifferdorf

weiligen Quellen genannten Erwerber und Veräußerer mit den Adligen verglichen, die nach Schlesien zugewandert sind[279]. Die dabei gewonnenen Zahlen sind in der nachfolgenden Tabelle zusammengefaßt.

Tabelle: Der Anteil des zugewanderten Adels an Erwerb und Veräußerung von Grundbesitz

	belegte Fälle	davon zugewanderter Adel						
		aus dem deutschen Reich	%	aus den polnischen Gebieten	%	aus anderen Gebieten	ge- samt	%
Erwerb								
- Vergabung (Verleihung, Schenkung)	78	12	15,4	1	1,3	-	-	13	16,7
- Kauf	57	18	31,5	1	1,8	1	1,8	20	35,1
- Tausch	40	3	7,5	3	7,5	1	1,5	7	16,5
- Ererbung	9	-	-	-	-	-	-	-	-

(SUb V, 396), Siegfried [3] (SUb III, 190), Siegfried [4] (GB, S. 337), Konrad von Sulz (SUb VI, 355), Konrad Swab (SUb IV, 192), Ulrich Swab (SUb VI, 159), Reinold von Themeriz (SUb IV, 289), Konrad von Zobten (SUb IV, 255); von Adligen aus den polnischen Gebieten: Andreas [12] und Paul (SR 2177), Razon (vgl. Personenverzeichnis unter Bogdan [1]) (SUb I, 77, †332), Theoderich von Rätsch (GB, S. 342), Werner von Strehlen (SUb V, 174); von Adligen aus anderen Gebieten: Eberhard Gallicus (SUb VI, 191), Simon Gallicus (SUb VI, 188, 266), Bozcacina Gallicus (SUb IV, 309). Verschenkung - durch Adlige aus dem deutschen Reich: Gunther von Biberstein (SUb III, 282), Gerhard von Druschowitz (SUb V, 76), Elisabeth von Druschowitz (SR 2098, SUb VI, 49), Hermann von Frankenstein (SUb VI, 52), Witigo von Greiffenstein (SUb III, 130, 135), Konrad von Münsterberg (SUb VI, 24), Goswin von Münsterberg (SUb VI, 67), Johannes von Münsterberg (SUb VI, 299), Gottfried von Neunz (SUb III, 341), Brüder des Theoderich von Pesna (SUb VI, 438), Konrad von Reichenbach (SUb V, 450), Heinrich von Schildau (SUb II, †418, IV, †439), Reinsko von Schwenkenfeldt (SUb VI, 447); durch Adlige aus den polnischen Gebieten: Bogdan [1] (SUb I, 77), Clemens [2] (SUb II, 240), Cresslauus und Sudo (SUb II, 106), Nikolaus (vgl. Personenverzeichnis unter Johannes [68]) (SUb I, 286, 290), Pachoslaus [1] (SUb II, 24), Zantoslaus (SUb I, 41).

279) Vgl. die Listen S. 75, 77-83 und 86f.

Veräußerung

- Verkauf	130	22	16,9	5	3,8	4	3,1	31	23,8
- Verschenkung	157	16	10,2	7	4,5	-	-	23	14,7

Anteil am
gesamten Adel[280]   14,2   3,4   2,7   —   20,3

Die ermittelten Zahlen können allerdings wegen der schon zu Beginn dieses Abschnitts geäußerten Bedenken keine absolute Geltung beanspruchen, sondern lediglich Tendenzen andeuten. Demnach würde der aus dem deutschen Reich stammende Adel seinen Besitz nicht überwiegend durch herzogliche Verleihungen erlangen, wie bisher meistens angenommen[281], sondern doppelt so häufig durch Kauf. Der Tausch spielte bei ihm nur eine geringe Rolle. Auffällig wäre die Häufigkeit seiner Veräußerungen, bei denen der Verkauf überwiegen würde. Verglichen mit seinem Anteil am gesamten Adel würde er beim Kauf mehr als zweimal, bei Verkauf und Vergabung etwas über diesem Anteil liegen, bei Verschenkungen und besonders beim Tausch - hier um die Hälfte - darunter. Anders wäre dies bei dem aus den polnischen Gebieten zugewanderten Adel. Hier hielten sich Erwerb und Veräußerung fast die Waage. Beim Erwerb spielte der Tausch die größte Rolle, wogegen Verkauf und Verschenkung nicht so sehr differieren. Vergabung und Kauf lägen unter, Verkauf und Verschenkung über seinem Anteil am gesamten Adel, Tausch sogar über dem Doppelten. Für den aus anderen Gebieten stammenden Adel sind die Angaben für allgemeinere Aussagen zu spärlich, zumal sie sich auch nur auf eine Familie beziehen. Nach diesen Angaben würde der zugewanderte Adel insgesamt Grundbesitz hauptsächlich durch Kauf erwerben und nur jeweils halb so häufig durch Vergabung und Tausch. Von Vererbungen wäre er nicht betroffen. Zu Verkäufen käme es dreiviertelmal so oft wie zu Verschenkungen. Im Vergleich zu seinem Anteil am gesamten Adel wäre der zugewanderte bei Kauf und Verkauf über-, bei Vergabung, Tausch und Verschenkung dagegen unterrepräsentiert.

Auf Grund der in diesen Erwerbs- und Veräußerungsquellen enthaltenen Besitzangaben bemüht sich die Wissenschaft schon seit längerem, den Adel in wirtschaftlicher Hinsicht zu differenzieren. Mit dieser Frage befaßte sich in jüngerer Zeit besonders eingehend Wacław Korta, dessen jeweils bis ins Jahr 1266 geführ-

---
280) Vgl. S. 101.
281) Vgl. z.B. Geschichte Schlesiens, Bd. 1, S. 278f., 333, wo auf andere Erwerbsarten nicht eingegangen wird.

ten Untersuchungen hier gefolgt wird[282]. Auch bei Korta[283] ist das einzig mögliche Unterscheidungsmerkmal zur Differenzierung des Besitzes trotz ähnlicher, wie schon am Anfang dieses Abschnittes dargelegter Bedenken der Umfang des Grundbesitzes. Da dieser in den Quellen jedoch - wenn überhaupt - nicht normiert, sondern höchst unterschiedlich angegeben wird, muß auch die daraus resultierende Einteilung des grundbesitzenden Adels in verschiedene Besitzgruppen letztendlich fiktiv bleiben. Auch ist die Festlegung der Besitzgruppen willkürlich: großer Grundbesitz umfaßt mindestens drei Dörfer, mittlerer Grundbesitz ein bis fast drei Dörfer und kleiner Grundbesitz weniger als ein Dorf. Zu beachten ist ferner, daß stets der individuelle Besitz und nicht der der Gesamtfamilie betrachtet wird.

Über Großgrundbesitz[284] verfügt in Schlesien eine kleine Gruppe von nur 39 Adligen[285], für die jedoch nicht allesamt der Mindestbesitz von drei Dörfern tatsächlich urkundlich nachweisbar ist. In den betreffenden neun Fällen wird aber sicherlich zu Recht angenommen, daß jene Adligen über die zwei beziehungsweise zweieinhalb Dörfer, die sie verschenken, hinaus weiteren Grundbesitz ihr Eigen nennen, weil sie wohl kaum ihre gesamte Habe verschenken werden. So kommt es, daß die Masse der adligen Großgrundbesitzer, nämlich 54 % (21 Adlige), nur bis zu drei Dörfer besitzt. Über umfangreicheren Besitz, der - kontinuierlich um ein halbes Dorf zunehmend - bis zu 8,5 Dörfer umfassen kann, verfügen lediglich jeweils ein, selten einmal zwei Adlige. Ausnahmen stellen der Besitz des Heinrich von Oels mit elf und der des Peter [11] Wlast mit über 28 Dörfern dar.

---

282) Vgl. Korta, Wielka własność w Polsce; Korta, Wielka własność na Śląsku (dazu Menzel, Rez.); Korta, Średnia i drobna własność na Śląsku. - 1266 ist das Todesjahr Herzog Heinrichs III. von Breslau; es stellt in wirtschaftshistorischer Hinsicht keine Zäsur dar (vgl. Menzel, Rez., S. 761).
283) Korta, Wielka własność w Polsce, S. 530-533; Korta, Wielka własność na Śląsku, S. 7-12; Korta, Średnia i drobna własność na Śląsku, S. 18f..
284) Vgl. Korta, Wielka własność w Polsce, S. 533-538; Korta, Wielka własność na Śląsku, S. 21-42, 50f..
285) Peter [11] Wlast, Sulislaus [7], Pachoslaus [2], Sibin, Pomnem, Woislaus [6], Dirsicraus (Vorfahre der Dirsicraiowitz), Michora, Hemerammus von Poseritz, Nikolaus (vgl. Personenverzeichnis unter Johannes [68]), Johannes [11], Sebastian (vgl. Personenverzeichnis unter Bozechna), Ulrich Swab, Stoygniew (vgl. Personenverzeichnis unter Dirsicraiowitz), Pribislaus (vgl. Personenverzeichnis unter Goslawitz), Andreas Zaręmba (? nicht im Personenverzeichnis), Strzygniew (? nicht im Personenverzeichnis), Albert c.b. von Tepliwoda, Peter [40], Konrad von Röchlitz, Andreas (? nicht im Personenverzeichnis), Johannes (vgl. Personenverzeichnis unter Domaslaus [1]), Domaslaus [1], Mrosco von Pogarell, Sbroslaus (vgl. Personenverzeichnis unter Radozlaus [1]), Boguslaus von Strehlen, Johannes [21], Johannes von Nossen, Johannes von Würben, Heinrich von Oels, Thomas (vgl. Personenverzeichnis unter Goslawitz), Mathias (vgl. Personenverzeichnis unter Radozlaus [1]), Paul [9], Sdizlaus [1], Wilhelm (vgl. Personenverzeichnis unter Radozlaus [1]), Witigo von Greiffenstein, Wilcho von Poseritz, Stephan (vgl. Personenverzeichnis unter Konrad [4]), Simon Gallicus - chronologische Reihenfolge und genaue Besitzbeschreibung: Korta, Wielka własność na Śląsku, S. 21-41f.; nach dem Umfang des Besitzes geordnet: Korta, Wielka własność w Polsce, S. 534-537.

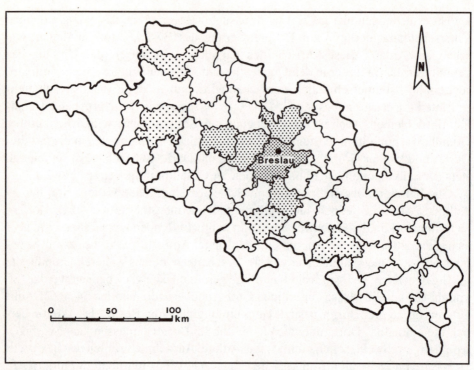

Abb. 4: Die Konzentration des mittleren Grundbesitzes in Schlesien bis zum Jahre 1266 nach Korta, Średnia i drobna własność na Śląsku, S. 20 (zugrundegelegt wurde die Vorsatzkarte in: Weczerka, Hugo (Hg.): Schlesien (Handbuch der historischen Stätten) Stuttgart 1977)

▓	= sehr stark	(Kr. Breslau; 22 Dörfer im Besitz mittlerer Grundbesitzer)
▒	= stark	(Kr. Strehlen; 13 Dörfer …)
		(Kr. Liegnitz; 11 Dörfer …)
		(Kr. Neumarkt; 10 Dörfer …)
		(Kr. Trebnitz; 8 Dörfer …)
░	= mittel	(Kr. Neustadt O.S.; 5 Dörfer …)
		(Kr. Frankenstein; 4 Dörfer …)
		(Kr. Bunzlau; 3 Dörfer …)
		(Kr. Freystadt; 3 Dörfer …)
☐	= schwach	(in einigen Kreisen; jeweils 1-2 Dörfer …)

Insgesamt gehören den 39 Großgrundbesitzern etwa 218 Dörfer, was einen durchschnittlichen Besitz von 5,6 Dörfern pro Person ausmacht. Damit liegt der schlesische Durchschnitt unter dem Kleinpolens (9,3), Großpolens (6,3) sowie Masowiens und Kujawiens (7,2), wo allerdings die Anzahl der Großgrundbesitzer geringer

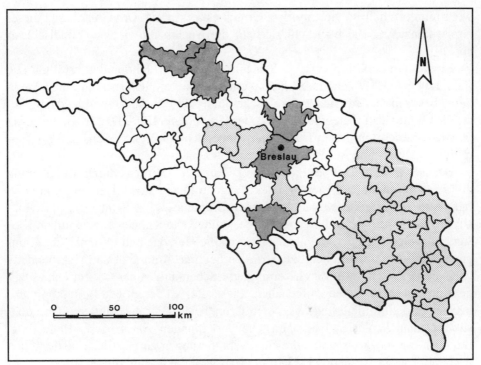

Abb. 5: Die Konzentration des kleinen Grundbesitzes in Schlesien bis zum Jahre 1266 nach Korta, Średnia i drobna własność na Śląsku, S. 26 (zugrundegelegt wurde die Vorsatzkarte in: Weczerka, Hugo (Hg.): Schlesien (Handbuch der historischen Stätten) Stuttgart 1977)

■ = stark   (Kr. Trebnitz, Breslau, Frankenstein, Glogau, Freystadt)

▦ = sehr gering   (Kr. Strehlen, Liegnitz, Neumarkt; Oberschlesien)

ist (Kleinpolen: 31, Großpolen: 20, Masowien und Kujawien: 17)[286]. Die größten Besitzkomplexe in Schlesien, bei denen es sich überwiegend um Streubesitz handelt, werden im 12. und Anfang des 13. Jahrhunderts erwähnt.

Mittlerer Grundbesitz[287] findet sich beim schlesischen Adel am häufigsten. Den 144 Grundbesitzern[288] dieser Kategorie gehören insgesamt 214 Dörfer, jedem einzelnen im Durchschnitt also rund 1,5 Dörfer. Auch in dieser Gruppe liegt der schlesische Durchschnitt unter dem Kleinpolens (1,7) und Großpolens (1,8), wo es je-

---

286) KORTA, Wielka własność w Polsce, S. 557.
287) Vgl. KORTA, Średnia i drobna własność na Śląsku, S. 19-22.
288) Namentliche Auflistung mit Quellenangaben bei KORTA, Średnia i drobna własność na Śląsku, S. 33f.

weils nur etwa halb so viele mittlere Grundbesitzer gibt[289]. Der Grundbesitz dieser Größe konzentriert sich in Schlesien auf die fruchtbaren Gebiete Mittelschlesiens[290].

Kleiner Grundbesitz[291] wird in Schlesien erst im 13. Jahrhundert erwähnt. Die Zahl derjenigen Adligen, die nicht mal ein ganzes Dorf, sondern nur einen Anteil daran besitzen, beläuft sich auf wahrscheinlich 107 Personen[292] und ist damit wesentlich höher als in Kleinpolen (30) oder Großpolen (10)[293]. Dieser Kleinstbesitz ist am zahlreichsten in den fruchtbaren Gegenden Niederschlesiens mit Konzentration in Mittel- und Nordschlesien[294].

Der adlige Individualbesitz aller drei Gruppen unterliegt durch Veräußerung und Erwerb einem ständigen Wandel; dennoch lassen sich allgemeine Entwicklungstendenzen feststellen. Für den großen Grundbesitz[295] in Schlesien ist zu beobachten, daß er infolge umfangreicher Schenkungen an Kirchen und vor allem Klöster, mangelnder großer Vergabungen durch die Herzöge und erfolgter Erbteilungen schon im 12. Jahrhundert zu zerfallen beginnt. Anfang des 13. Jahrhunderts wird dieser Prozeß zwar durch verminderte Schenkungen der Großgrundbesitzer gehemmt, aber nicht mehr aufgehalten. Dieser Zerfall der großen Besitzkomplexe begünstigt den mittleren und kleineren Grundbesitz. Für den mittleren Grundbesitz[296] sind in Schlesien landesherrliche Verleihungen von größerer Bedeutung. Dennoch nimmt er wegen zahlreicher Veräußerungen an geistliche Institutionen leicht ab. Um die Mitte des 13. Jahrhunderts geht die Anzahl dieser Verschenkungen zurück, wofür die Häufigkeit der Käufe und Verkäufe zunimmt. Bei kleinem Grundbesitz[297] ist dagegen für das 13. Jahrhundert in Schlesien eine Zunahme festzustellen. Ab etwa 1250 wird der Kirche auch kleinerer Grundbesitz geschenkt; gleichzeitig kommt es häufiger zu Verkäufen. Die aufgezeigten Entwicklungen setzen sich in der Zeit nach 1266 fort. In der ersten Hälfte des 14. Jahrhunderts dominiert in Schlesien dann der mittlere und kleine Grundbesitz[298]. Im Vergleich zu den polnischen Teilgebieten[299] zerfällt der Großgrundbesitz in Schlesien am frühesten und stärksten. Dies kommt dem mittleren und kleinen Grundbesitz zugute,

---

289) KORTA, Średnia i drobna własność na Śląsku, S. 22-25, 29-31.
290) Siehe Abb. 4 auf S. 170.
291) Vgl. KORTA, Średnia i drobna własność na Śląsku, S. 25-28.
292) Namentliche Auflistung mit Quellenangaben bei KORTA, Średnia i drobna własność na Śląsku, S. 36f.
293) KORTA, Średnia i drobna własność na Śląsku, S. 29, 31.
294) Siehe Abb. 5 auf S. 171.
295) Vgl. KORTA, Wielka własność w Polsce, S. 538-540; KORTA, Wielka własność na Śląsku, S. 51-53.
296) Vgl. KORTA, Średnia i drobna własność na Śląsku, S. 21, 30.
297) Vgl. KORTA, Średnia i drobna własność na Śląsku, S. 31.
298) KORTA, Średnia i drobna własność na Śląsku, S. 32.
299) Vgl. KORTA, Średnia i drobna własność na Śląsku, S. 31f.

dessen Umfang in Schlesien jedoch geringer als in Klein- und Großpolen ist. Zu wirtschaftlichen Unternehmungen wird der Grundbesitz in Schlesien allerdings am frühesten genutzt.

Die Ergebnisse der Untersuchungen Kortas lassen erkennen, daß es eigentlich nicht möglich ist, den Adel in wirtschaftlicher Hinsicht konkret zu differenzieren. Dies liegt daran, daß der Grundbesitz nur recht wenig Adliger[300] bekannt ist, nicht normiert angegeben wird und einer ständigen Veränderung unterliegt. Unberührt davon bleibt jedoch die Tatsache, daß der adlige Grundbesitz unterschiedlich umfangreich ist. Das Zurücktreten des großen und Überwiegen des mittleren und kleinen Grundbesitzes spricht dabei eher gegen eine ausgeprägtere wirtschaftliche Ungleichheit, deutet vielmehr auf eine im großen und ganzen etwa auch wirtschaftliche Gleichheit des schlesischen Adels hin.

IV.2.b) Nutzung und Besiedlung des Grundbesitzes

Die im Vergleich zu den Teilgebieten Polens festgestellte frühe Nutzung des adligen Grundbesitzes zu wirtschaftlichen Unternehmungen in Schlesien steht in Zusammenhang mit der deutschen Siedlung. Diese ermöglicht dem Adel als Grundbesitzer, sich neben den Herzögen und der Kirche am Landesausbau zu beteiligen: die selbstbetriebene Landwirtschaft zu intensivieren, durch Kolonisation Grundbesitz und neue Einkünfte zu erwerben sowie die eigenen Dörfer zu deutschem Recht umzusetzen. Voraussetzung dafür ist, daß der Adel den mit der deutschen Siedlung verbundenen Neuerungen aufgeschlossen gegenübersteht, die neuen Wirtschaftsformen und Techniken nutzt und selbst kolonisatorisch aktiv wird. Seine wirtschaftliche Existenz hängt nicht zuletzt von seinem Verhalten gegenüber diesem ganz Schlesien erfassenden Entwicklungsprozeß ab[301].

Der nur über eine kleine Fläche Boden verfügende Adlige bebaut sein Land selbst, und zwar nach überkommenen, althergebrachten Methoden. Die Bewirtschaftung ist extensiv und wenig ertragreich. Der erwirtschaftete Gewinn mag zwar zum täglichen Leben reichen, verwehrt es aber dem Adligen, ein standesgemäßes Leben zu führen und seiner persönlichen Verpflichtung zum Kriegsdienst - noch dazu zu Pferde - nachzukommen. Eine Ertragssteigerung ist in dieser Situation durch den Übergang von der althergebrachten Feldgraswirtschaft zur intensiveren Dreifelderwirtschaft möglich. Grundbedingung hierfür ist jedoch der Besitz eines ausreichend großen Landstückes, was allerdings bei einer ganzen Reihe von Kleinstbesitzern schon nicht mehr der Fall ist. Infolge des wirtschaftlichen Niederganges scheiden sie schließlich aus dem Adel aus.

Der über die kleineren aber auch die größeren Grundbesitzer hereinbrechende wirtschaftliche Verfall wird im Heinrichauer Gründungsbuch wiederholt geschil-

---

300) Er ist bei 290 (bis 1266) von 2688 (bis 1300) Adligen bekannt.
301) Ebenso aber in dramatischeren Worten: GRÜGER, Münsterberg, S. 27f., 33.

dert. Dabei lassen sich zwei Hauptursachen feststellen: wiederholte Erbteilungen und Überschuldung des Besitzes. So zieht sich beispielsweise der Niedergang der Rätsch[302] über mehrere Generationen hin. Von den ursprünglich etwa zwölf Hufen in der Hand des Ahnherrn bleiben wegen der bei jedem Generationswechsel vorgenommenen Teilungen den einzelnen Angehörigen der vierten Generation, also den Urenkeln, nur noch jeweils etwa eine Hufe. Ähnliches gilt für die Taschenberg[303], wogegen Daleborius[304] über den Wert seines 4,5 kleine Hufen umfassenden Erbgutes hinaus verschuldet ist[305]. Auf die Zesselwitz, deren Fall eingehender dargestellt werden soll[306], trifft sogar beides zu. Beim Tode ihres Vaters teilen Sulislaus und Chesseborius das Erbgut Zesselwitz, so daß jeder von ihnen sechs kleine Hufen erhält. Sulislaus wird von seinen Kindern Stiborius, Pribislaus und Trsezka beerbt, an die jeweils zwei Hufen fallen. Mit diesem geringen Besitz können sie ein zwar gut bäuerliches, aber eben kein adliges Leben führen. Damit findet Stiborius sich offensichtlich nicht ab. Er leiht sich bei einem Juden Geld auf Wucher, kann aber dann die auf 66 Mark angewachsene Schuld auch nach Verkauf seiner beiden Hufen für 50 Mark nicht begleichen. Er verliert so seinen gesamten Grundbesitz und muß noch froh sein, daß ihm die Restschuld erlassen wird. Vier Jahre später verkaufen seine Geschwister ihre Erbanteile. Chesseborius dagegen erwirbt für 110 Mark fünf weitere Hufen im benachbarten Nethwitz, die er jedoch bald wieder veräußert. 1304 sieht er sich gezwungen, mehrere Hufen auf drei Jahre zu verpfänden. Weitere Verpfändungen folgen 1310 und 1311. Chesseborius' Sohn besitzt schließlich an unbelastetem Boden nur noch eine kleine Wiese. Die Gelder, die er für verpfändete Besitzungen erhält, muß er zur Schuldentilgung, der Erfüllung des väterlichen Testamentes und zum Loskauf seines Bruders aus der Gefangenschaft aufwenden, so daß nicht einmal sein eigener Lebensunterhalt gesichert ist. Bis 1318 kann er sich noch als Grundbesitzer halten. Dann verkauft er seinen letzten Besitz, und damit verschwinden die Zesselwitz aus der Geschichte.

Von einem ähnlichen Verfall – hier kommt als Ursache zum Teil auch Zerschlagung des Besitzes durch die Herzöge hinzu – sind ebenso größere Besitzkomplexe, wie beispielsweise die der Baitzen[307], Pogarell[308] und Strehlen[309], betroffen. Diese Entwicklung entspricht dem auch im 'staatlich'-landesherrlichen Bereich anzutreffenden Übergang von der Groß- zur Kleinflächigkeit. In der Re-

---

302) GB, S. 341-349. Dieses Beispiel auch bei CETWIŃSKI, Bd. I, S. 120f.
303) GB, S. 298-308. Dieses Beispiel auch bei CETWIŃSKI, Bd. I, S. 121.
304) Vgl. Personenverzeichnis unter Daleborius [2].
305) GB, S. 359-362.
306) GB, S. 364-370, 329-331; zeitlich fortgeführte Beschreibung des Niedergangs bei GRÜGER, Münsterberg, S. 26f. Dieses Beispiel nach dem GB auch bei CETWIŃSKI, Bd. I, S. 121.
307) Vgl. HETTWER, Kamenz und KUHN, Frankenstein, S. 186.
308) Vgl. EISTERT, Beiträge, besonders S. 261f.
309) Vgl. HEYDEBRAND, Herkunft, S. 151f., EISTERT, Anfänge des Klarenklosters, S. 103-107 und KUHN, Städtegründungspolitik, 29, S. 65-67.

duzierung des landesherrlichen Territoriums auf einen kleineren, überschaubareren Bereich liegt vermutlich auch einer der Gründe, weshalb der schlesische Adel im Mittelalter nicht zur Bildung eigener Herrschaften gelangte[310].

An der deutschen Siedlung beteiligt sich neben den Herzögen und der Kirche auch der über umfangreicheren Besitz verfügende Adel. Er tut dies - wie aus den Urkunden hervorgeht -, indem er sich zum Teil selbst als Lokator betätigt, seinen eigenen Grundbesitz mit Kolonisten besiedeln oder bestehende Dörfer zu deutschem Recht umsetzen läßt.

Der Lokator ist ein Siedlungsunternehmer, der im Auftrag eines Grundbesitzers tätig ist. Er wirbt deutsche Bauern sowie Handwerker an und führt sie in das Siedlungsgebiet. Dort läßt er das Gebiet vermessen, leitet die Rodung des Waldes oder Urbarmachung der Flußniederung und weist den Siedlern ihre Hufe zu. Für seine Leistung erhält er vom Grundherrn in der Regel jede zehnte bis sechste lozierte Hufe, die von allen Abgaben befreit wird, sowie mit dem erblichen Schulzenamt die niedere Gerichtsbarkeit mit ihren Gefällen und besondere Gerechtsame wie Schänke, Mühle, Fischerei und dergleichen. Von Anfang an ist der Siedlungsunternehmer - zuerst als Lokator, dann als Schulze - Mittler zwischen Grundherr und Dorfbewohnern. Seine Tätigkeit setzt neben nicht unbeträchtlichen finanziellen Mitteln die Beherrschung der Siedlungstechniken, Unternehmungsgeist, Organisationstalent und Führungsqualitäten voraus.

Die Anzahl derjenigen schlesischen Adligen, die sich anscheinend als Lokator betätigen, ist mit zwölf Personen recht gering. Von ihnen sind acht[311] Adlige von Geburt, die übrigen vier[312] steigen dagegen über ihre Tätigkeit als Lokator und späterer Schulze in den Adel auf. Es werden überwiegend Dörfer zu deutschem[313] und ausnahmsweise auch einmal zu beliebigem Recht[314] ausgesetzt. Des weiteren werden Waldgebiete[315] urbar gemacht, Deutsche[316] aber auch Polen[317] zu deutschem Recht angesiedelt sowie kleinere[318] und größere[319] Flächen ausgesetzt. Dabei handelt es sich im letzten Falle immerhin um ein Gebiet von etwa 1000 Hufen im Kul-

---

310) Skepsis ist angebracht gegenüber den diesbezüglichen Ausführungen bei HEYDEBRAND, Herkunft, S. 161-163.
311) Simon Gallicus (SUb IV, 283), Iasso (SUb III, 192), Ianusius Menka (SUb II, 245), Smilo (vgl. Personenverzeichnis unter Radozlaus [1]) (SUb II, 380), Albert von Schmollen (SUb IV, 283), Albert von Tepliwoda (GB, S. 257f.), Vrociwoyus (SUb II, 352), Johannes von Würben (SUb III, 327).
312) Arnold [1] (mit Tilo gen. de Banch [SUb VI, 2] und seinen Brüdern Rüdiger und Peter [SUb VI, 74]), Berthold [14] (SUb III, 365), Nagodo (SUb IV, 213), Tammo Quas (SUb IV, 330).
313) SUb III, 327, 365, IV, 213, 247, VI, 2.
314) SUb II, 245.
315) SUb II, 352, 380.
316) SUb II, 83; GB, S. 257f.
317) SUb II, 352.
318) SUb IV, 330 (10, 5 Hufen).
319) SUb IV, 283 (etwa 1000 Hufen).

mer Land, das den beiden schlesischen Adligen Simon Gallicus und Albert von Schmollen 1276 vom Bischof von Leslau zwecks Aussetzung zu deutschem Recht verliehen wird. Die beiden Adligen sind demnach offensichtlich Großlokatoren, die nicht nur innerhalb, sondern auch außerhalb Schlesiens kolonisieren. Wegen seines geistlichen Standes kann der Oppelner Notar Arnold [1] lediglich als Lokator im weiteren Sinne gelten; er ist nämlich ganz offensichtlich die treibende Kraft bei mehreren Siedlungsunternehmen[320] und trägt sicherlich auch den Großteil des unternehmerischen Risikos, wogegen die praktische Tätigkeit von Subunternehmern ausgeführt wird. Dies ist der Fall bei der Aussetzung des zur Breslauer Domdekanatspfründe gehörenden, etwa 40 Hufen großen Dorfes Mochbern bei Breslau[321]. Arnolds erbrachte und noch zu erwartende Dienste als Notar werden 1292 von Herzog Mieszko I. von Teschen belohnt. Unter ausdrücklichem Bezug auf Arnolds Verdienste verkauft der Herzog sein Erbgut Zator zur Anlage einer Stadt an Arnolds Brüder Rüdiger und Peter[322]. Gleichzeitig verleiht er ihnen die Rechte eines Stadtvogtes. Aufgabe der Lokatoren ist hier also nicht die Aussetzung irgendeines Dorfes, sondern die Anlage eines komplexen Gebildes, einer ganzen Stadt!

Die Fälle, in denen Adlige selbst als Lokatoren tätig sind, stellen jedoch Ausnahmen dar. Normalerweise übergeben die Adligen ihr Land einem Lokator zur Besiedlung und beschränken sich auf eine Mittlerrolle zwischen dem Landesherrn einerseits sowie Lokator und Siedlern andererseits. Diese Zwischenstellung ergibt sich dadurch, daß die Adligen zwar Besitzer des zu besiedelnden Bodens sind, nicht aber die dem Landesherrn vorbehaltenen Rechte aufheben und die demselben zustehenden Abgaben erlassen können. Deshalb bemühen sie sich um landesherrliche Urkunden, in denen ihnen die Aussetzung ihres Grundbesitzes zu deutschem Recht gestattet wird, womit der Landesherr gleichzeitig auf einen Teil seiner Rechte und Abgaben verzichtet[323].

Verfügt der betreffende Adlige schon über Grundbesitz, so bedarf er lediglich noch der Erlaubnis des Landesherrn zur Ansiedlung von Kolonisten oder zur Aussetzung seines Landes. Angesiedelt werden - wie in den Urkunden vom Landesherrn festgelegt - ganz überwiegend Deutsche, gelegentlich wird aber auch die einheimische Bevölkerung zur Besiedlung herangezogen, wie ein anschauliches Beispiel zeigt. 1247 wird Vinzenz von Pogarell als Abt des Sandstiftes gestattet, zu deutschem Recht in Klein Bielau Polen und in Strehlitz am Zobten Deutsche ansiedeln zu lassen[324]; beide Dörfer gehören dem Stift. Nur Deutsche dürfen dagegen

---

320) Vgl. über ihn und seine Rolle bei der Besiedlung der Beskiden KUHN, Notar Arnold.
321) SUb VI, 2.
322) SUb VI, 74.
323) In diesen für die Adligen bestimmten Urkunden wird den Siedlern - für sie also indirekt - wirtschaftliche und gerichtliche Immunität durch den Landesherrn gewährt. Vgl. zur Immunität der adligen Hintersassen IV.1.a) Das polnische Ritterrecht.
324) SUb II, 339.

Mrosco von Pogarell in Zielenzig[325] und Graf Theodor[326] im Dunajetzgebiet - beides außerschlesische Besitzungen - ansiedeln lassen, wozu letzterer ein kleinpolnisches Kloster beauftragt[327]. Zahlreicher sind die Urkunden, in denen der Landesherr den einzelnen Adligen die Aussetzung ihrer Güter[328], Dörfer[329] oder anderen Besitzungen[330] genehmigt. In zweifacher Hinsicht bemerkenswert, weil unüblich, ist dabei die mittlerweile als Fälschung erkannte Urkunde für Stephan von Schönbankwitz[135]. Zum einen vermittelt hier der Schulz die Aussetzungserlaubnis und zum anderen wird Stephan, weil er seine Güter zu Neumarkter Recht aussetzen lassen will, zum Roßdienst für den Herzog verpflichtet.

Es wird aber auch Grundbesitz zum Zwecke der Aussetzung an Adlige von den Landesherren verliehen oder verkauft. Bei den Verleihungen überwiegen diejenigen, in denen Waldstücke unterschiedlicher Größe vergeben werden[331]. Der Wald ist von den Kolonisten zunächst zu roden, bevor sie den Boden unter den Pflug nehmen können. Im Falle des Vrociwoyus handelt es sich bei den Kolonisten ausnahmsweise um Polen, die er auf 40 Hufen Waldland zu deutschem Recht aussetzen lassen wird[317]. Smilo[9] erhält ein solch großes Waldstück bei Ziegenhals, daß zwei Dörfer, Neuwalde und Ludwigsdorf, angelegt werden können[332]. Gegenstand weiterer Verleihungen sind Güter[333], Dörfer[334] und einzelne Landstücke[335], unter letzteren 1000 Hufen im Kulmer Land[319]. Käuflich erwerben die Adligen von den Landesherren zur Aussetzung hauptsächlich Dörfer[336]. Giselher [2] jedoch kauft für 23 Mark die Gay genannten Gehölze vor Breslau mit der Erlaubnis zur Aussetzung zu deutschem Recht[337]. Zu diesem Zweck erwerben der Notar Ludwig [2] und sein Bruder Werner vom Breslauer Bischof das Gut Pilsnitz[338], die Brüder des schon erwähnten Notars Arnold [1] schließlich erstehen das bereits lozierte Herzogsgut Zator zur Anlage einer Stadt nach dem Rechtsvorbild von Teschen[322].

---

325) SUb II, 224.
326) Vgl. Personenverzeichnis unter Clemens [3].
327) SUb II, 83; vgl. auch Vorbemerkung zu dieser Urkunde.
328) SUb III, 18 (für Leonhard [1]), IV, 247 (für Heinrich [23]), 335 (für Stephan von Zernitz), SUb V, †501 (für Stephan von Schönbankwitz).
329) SUb III, 50 (für Sdizlaus [1]), IV, 354 (für Heinrich von Wisenburg).
330) SUb III, 18 (für Nikolaus [8]).
331) SUb II, 352 (für Vrociwoyus), 380 (für Smilo [vgl. Personenverzeichnis unter Radozlaus [1]]), III, 213 (für Ianusius von Michelau), VI, 93 (für Peter von Lubno).
332) SUb II, 380; vgl. auch Vorbemerkung zu dieser Urkunde.
333) SUb II, 245 (für Ianusius Menka), IV, 213 (für Nagodo).
334) SUb III, 2 (für Godislaus), 213 (für Ianusius von Michelau).
335) SUb II, 311 (für Sbroslaus und seinen Bruder Matthias [vgl. Personenverzeichnis unter Radozlaus [1]]), IV, 283 (für Simon Gallicus und Albert von Schmollen).
336) SUb III, 351 (für Dresco), VI, 2 (für Arnold [1] [mit Tilo gen. de Banch]), 89 (für Heidenreich von Mühlheim).
337) SUb VI, 63.
338) SUb VI, 28.

Da die Besiedlung des Landes sowohl im Interesse der adligen Grundbesitzer als auch der Landesherren liegt, erhalten die Adligen von den Landesherren die entsprechende Erlaubnis[339], dies gilt auch für ihre außerschlesischen Besitzungen[340]. Die Adligen ihrerseits vergeben ihren Grundbesitz zwecks Aussetzung an Lokatoren. Sie stellen ihnen Verleihungs- und Kaufurkunden[341] aus, in denen der Auftrag zur Aussetzung erteilt und die Bedingungen, meistens auch für die späteren Zins- und Zehntleistungen der Bauern, festgelegt werden. In den wenigen Verleihungsurkunden werden Güter[342], ein Dorf[343], einzelne Land-[344] und Waldstücke[345] vergeben. Das größte Areal, nämlich 100 Hufen in Alt und Neu Grottkau, verleihen dabei Mrosco und Gerlach von Pogarell[346]. Ab etwa 1260 ist es dann üblicher, daß der Grundbesitz zur Aussetzung an Lokatoren verkauft wird. Diesmal überwiegen die Dörfer[347] gegenüber den Gütern[348] und einzelnen Landstücken[349]. Gerade bei den Dörfern ist aber nicht immer eindeutig ersichtlich, ob sie neu ausgesetzt oder lediglich zu deutschem Recht umgesetzt werden sollen. So heißt es - um nur ein Beispiel anzuführen - in der Urkunde des Franz von Wildschütz, daß er dem Lokator Rembotho „40 kleine Hufen zur Aussetzung des Dorfes, das Alt-Tinz genannt wird," nach Neumarkter Recht verkauft[350]. Hier soll doch wohl ein schon bestehendes, altes Dorf zu Neumarkter Recht umgesetzt und nicht ein neues Dorf, das dann noch dazu Alt-Tinz heißen soll, angelegt werden. Um eine zweifelsfreie Umsetzung handelt es sich dagegen bei der Verleihung deutschen Rechtes für die großpolnischen Besitzungen des Clemens [2] durch Herzogin Viola von Oppeln[351]. Für die Dorfbewohner bedeutet sie eine Hebung des Rechtsstatus verbunden mit dem Wegfall der Dienst- und Abgabepflichten nach polnischem Recht, das im 14. Jahrhundert ganz verdrängt wird.

---

339) Von Heinrich I. von Schlesien: SUb II, 83; Heinrich III. von Breslau: SUb III, 18, 50, 351; Heinrich IV. von Breslau: SUb IV, 354, V, †501; Heinrich V. von Liegnitz-Breslau: SUb VI, 63, 93; Boleslaus II. von Liegnitz und Heinrich III. von Breslau: SUb II, 339; Boleslaus II. von Liegnitz: SUb II, 245; Mieszko II. von Oppeln: SUb II, 311; Wladislaus I. von Oppeln: SUb III, 213, IV, 247, 335; Mieszko I. von Teschen: SUb VI, 74; Bischof Thomas I.: SUb II, 352, 380, III, 2; Bischof Thomas II.: SUb IV, 213, SUb VI, 2; Bischof Johannes III.: SUb VI, 89.
340) Vom Bischof von Lebus: SUb II, 224; Bischof von Leslau: SUb IV, 283.
341) Über den Adel als Aussteller von Urkunden s. unten S. 186-194; dort auch namentliche Nennung der Aussteller.
342) SUb II, 394, IV, 87.
343) SUb II, 257.
344) SUb II, 88, SR †764.
345) SUb V, 215.
346) SUb II, 88.
347) SUb IV, 355, †464, V, 36, 381, 408, VI, 2, 56.
348) SUb III, 256, 470, IV, 290, VI, 319, 422.
349) SUb IV, 348 und GB, S. 326f., V, 46, 415, VI, 163.
350) SUb V, 36: „quadraginta mansos parvos pro locacione ville, que antiqua Tyncia dicitur".
351) SUb II, 156.

Neben diesen direkten Nachrichten gibt es eine ganze Reihe indirekter Erwähnungen vorgesehener oder schon erfolgter Aussetzungen von Besitz in Adelshand. Dies gilt für Güter[352], Dörfer[353], Wald-[354] und Landstücke[355]. Im Heinrichauer Gründungsbuch wird erwähnt, daß Albert von Tepliwoda in seinem Dorf Deutsche angesiedelt[356], es also ausgesetzt hat, was ebenfalls auf den Besitz des Lorenz Plascota zutrifft, weil dieser 1297 die Abgaben seiner Bauern und die Dienste seines Schulzen festlegt[357]. Weitere indirekte Erwähnungen weisen auf die unterschiedlich starke Beteiligung der Adligen bei der Aussetzung von Land hin. So beschränkt sich der Domkustos Milegius darauf, lediglich den Anstoß zu der zu polnischem Recht erfolgten Aussetzung des Kapitelgutes Kassawe zu geben[358], wogegen ein anderer Geistlicher, der Domherr Nikolaus [8], die Erlaubnis zur Aussetzung eines weiteren Kapitelgutes vom Landesherrn erbittet[359]. Mrosco von Pogarell, der von den Zisterziensern in Rauden das Klosterdorf Stanitz und den 100 große Hufen umfassenden Wald Boycou zur Aussetzung übernimmt[360], gibt die eine Hälfte des Waldes an einen Lokator weiter[361], die andere setzt er vermutlich selbst aus. Einen Eindruck von der Wertsteigerung eines Erbgutes, das als Dorf zu deutschem Recht ausgesetzt wird, vermitteln zwei Urkunden, die sich auf dieselbe Besitzung, nämlich Kattern südöstlich Breslau, beziehen. Als Erbgut wird es, wie 1257 erwähnt[362], für 100 Mark reines Silber von Johannes von Würben gekauft. Drei Jahre später verkauft er den nunmehr ausgesetzten Besitz, das Dorf Kattern, mit gewissen Teilen von Pleischwitz für 200 Mark Silber[363]!

An der deutschen Siedlung beteiligt sich sowohl der eingesessene, als auch der zugewanderte Adel[364]. Die Mitwirkung des einzelnen Adligen beschränkt sich dabei in der Regel auf die Aussetzung des eigenen Besitzes. Ein stärkeres Engagement, das sich zum Beispiel bei Mrosco von Pogarell in der schon erwähnten zusätzlichen Aussetzung klösterlichen, also fremden Besitzes zeigt, ist äußerst selten.

---

352) SUb II, 118 und 119, III, 36, 259, †568 und †569, IV, 134, 334, V, 353, 429, VI, 21.
353) SUb I, 317, III, 192, 327, 365, 463, †568 und †569, V, 422; GB, S. 320f.
354) SUb III, 463, IV, 93, 167.
355) SUb IV, 330, VI, 284, 333.
356) GB, S. 257f.
357) SUb VI, 306.
358) SUb IV, 334.
359) SUb III, 36.
360) SUb III, 463.
361) SUb IV, 93.
362) SUb III, 255.
363) SUb III, 327.
364) Aus dem deutschen Reich: Godislaus (SUb III, 2), Iasso (SUb III, 192), Berthold [14] (SUb III, 365), Tammo Quas (SUb IV, 330), Heinrich von Wisenburg (SUb IV, 354, 355), Giselher [2] (SUb V, 63), Heidenreich von Mühlheim (SUb VI, 89); aus den polnischen Gebieten: Clemens [2] (SUb II, 156); aus anderen Gebieten: Eberhard Gallicus (SUb IV, 167), Simon Gallicus (SUb IV, 283).

Die Aussetzung seines Landes bedeutet für den Adligen zunächst einmal Verzicht auf seinen Boden. Er gibt die direkte Verfügungsgewalt über ihn, die Möglichkeit der Eigennutzung auf, behält sich aber eine Art von Obereigentum am Boden vor. Mit der Aussetzung verbunden ist auch eine quantitative und qualitative Änderung des Gewinnes des Grundbesitzers. Unkultivierter Boden bringt seinem Besitzer einen nur geringen, bald größeren, bald kleineren Gewinn in Form von Naturprodukten - Wald zum Beispiel Beeren, Honig, Wildbret, Rauchwaren und Holz. Läßt der Grundbesitzer seinen Wald dagegen aussetzen, so steigert sich sein Gewinn erheblich. Nach einer gewissen Übergangszeit erhält er regelmäßig gleichbleibend hohe Abgaben pro Hufe von den Siedlern, und zwar landwirtschaftliche Produkte und/oder Geld.

Die Höhe der Abgaben, die die Siedler als Zins an den Grundherrn und als Zehnt an die Kirche leisten müssen, wird vom Grundbesitzer in der Aussetzungsurkunde festgelegt. Als Zins können Getreide, Geld und/oder Dienstleistungen verlangt werden. An Getreide wird stets Dreikorn - Weizen, Korn und Hafer in unterschiedlichem Verhältnis - gefordert, und zwar entweder ein halber[365] oder ein ganzer[366] Malter[367] pro Hufe. Uneinheitlicher ist dagegen die Geldabgabe; sie schwankt zwischen 5 und 15 Skot Silber pro Hufe[368]. Gelegentlich bedingen sich die Grundherren auch Dienstleistungen aus; die Siedler müssen dann für sie zwischen 1,5 und 3 Tage im Jahr pflügen[369] oder bei einem Kriegszug Pferde für den herrschaftlichen Wagen stellen[111]. Etwas ausgefallen ist die Forderung zweier Pelzstiefel[370] beziehungsweise eines halben Schinkens[357] als Zins. In keinem Fall werden Getreide, Geld und Dienstleistungen zusammen gefordert, sondern stets allein oder in Zweierkombinationen. Für den Grundbesitzer am vorteilhaftesten ist natürlich der Erhalt von Geld, weshalb Abgaben in dieser Form am häufigsten gefordert werden.

Einen Eindruck von der, wenn auch im Vergleich zu den Herzögen und der Kirche geringeren Rolle und Leistung des Adels bei der Besiedlung Schlesiens vermitteln zahlreiche regionale Untersuchungen, besonders von Walter Kuhn. In ihnen wird die Aufsiedlung ganzer Gebiete im Zusammenspiel von Landesherr, Kirche und Adel dargestellt, wobei zum Teil über die urkundlichen Angaben hinausgehende Erkenntnisse gewonnen werden. Auch an der Siedlung in die Grenzwälder hinein ist der Adel aktiv beteiligt, so zum Beispiel im Bereich des Grenzwaldes

---

365) SUb VI, 223 (1 Scheffel Weizen, 2 Scheffel Korn, 3 Scheffel Hafer).
366) SUb IV, 330, 355 (2 Scheffel Weizen, 4 Scheffel Korn, 6 Scheffel Hafer), V, 408 (ebenso), SUb VI, 422.
367) 1 Malter = 12 Scheffel.
368) SUb III, 470 (1 Vierdung = 6 Skot), IV, 348 und GB, S. 326f. (2, 5 Vierdung = 15 Skot), †464 (0, 5 Mark = 12 Skot), V, 215 (0, 5 Mark = 12 Skot), 381 (13 Skot), 415 (1 Vierdung = 6 Skot), VI, 223 (5 Skot), 306 (14 Skot), 422 (9 Skot). - 1 Mark = 4 Vierdung = 24 Skot.
369) SUb IV, 330 (2 Tage), V, 381 (1, 5 Tage), 415 (dreimal im Jahr).
370) SUb IV, 348 und GB, S. 326f.

zwischen dem Bistumsland Neisse-Ottmachau, der Markgrafschaft Mähren und dem Herzogtum Oppeln[371]. Von seinen im Oppelner Herzogtum gelegenen Besitzungen aus stößt Johannes[220] nach Westen vor, legt vermutlich Buchelsdorf an, trifft aber dann auf den Siedlungszug des Iaxa von Schnellewalde und dessen Schwiegervaters Sbroslaus[9]. Diese siedeln von den ebenfalls im Herzogtum Oppeln gelegenen Besitzungen des Sbroslaus[9] um Schmietsch und Steinau in südwestliche Richtung, wobei von ihnen die Orte Dittmannsdorf, Riegersdorf und Schnellewalde gegründet werden. Als Abwehr gegen diese Siedlungsbewegungen läßt der Breslauer Bischof von seinem Ritter Smilo[9] im Westen Neuwalde und Ludwigsdorf anlegen. Im mährischen Süden beginnt Wokko von Rosenberg im Auftrag des Landesherrn mit der nach Norden gerichteten Aufsiedlung des späteren Weichbildes von Neustadt/OS. Täger der Siedlung sind hier Adlige, einige auf Anregung ihres Landesherrn. Aus den Urkunden ergibt sich lediglich die Anlage der drei Dörfer Schnellewalde, Neuwalde und Ludwigsdorf, die der drei anderen dagegen aus dem Verlauf der Besiedlung. Verallgemeinert zeigt dies, daß der Anteil des Adels an der Besiedlung Schlesiens wohl größer ist, als die verhältnismäßig wenigen Urkunden vermuten lassen, in denen die Beteiligung des Adels an der deutschen Siedlung einen direkten Widerhall findet[372].

Einen weiteren Aspekt der deutschrechtlichen Besiedlung Schlesiens stellt die Gründung von Städten dar. Bis zum Ende des 13. Jahrhunderts entsteht ein von den Piasten planmäßig angelegtes und im wesentlichen bis ins 19. Jahrhundert unverändertes Städtenetz, das ganz Schlesien überzieht und in Weichbilder einteilt[373]. Die bei weitem meisten Stadtgründungen erfolgen durch die Landesherren, einige durch die Kirche, nur wenige durch den Adel[374]. Voraussetzung zur Anlage einer Stadt ist stets ein besonders großer und vor allem geschlossener Siedlungsgrund. Kirche und Adel bedürfen des weiteren der landesherrlichen Genehmigung und

---

371) Vgl. zum Folgenden KUHN, Schnellewalde, dort auch Karte (S. 5).
372) So auch KUHN, Siedlung im Bistumsland, S. 156 und KUHN, Schnellewalde, S. 8.
373) Zur Entwicklung des mittelalterlichen Städtenetzes in Schlesien grundlegend: KUHN, Deutschrechtliche Städte und KUHN, Städtegründungspolitik.
374) KUHN, Städtegründungspolitik, 32, S. 15 (Tabelle 3) ermittelt für das 13. Jh. folgende Zahlen:

	Niederschlesien	Oberschlesien	gesamt	%
Herzogliche Gründungen	68	39	107	80, 2
(davon Eingriffe in Besitz/Rechte des Adels	9	3	12	-, -)
Kirchliche Gründungen	16	5	21	15, 4
Adlige Gründungen	4	2	6	4, 4
gesamt	88	46	134	100, 0

der Überlassung herzoglicher Rechte, vor allem der gerichtlichen und wirtschaftlichen Immunität. Nur in seltenen Fällen ist der Adel in finanzieller, wirtschaftlicher und territorialer Hinsicht in der Lage, eine Stadt zu gründen.

Vom Adel werden im 13. Jahrhundert in Niederschlesien die Städte Prausnitz, Löwen, Prieborn und Strehlen gegründet, in Oberschlesien Leschnitz und Nikolai. Im 14. Jahrhundert kommen Deutsch Wartenberg (gegründet vor 1313) und Friedeberg (gegründet vor 1358) südwestlich Ottmachau dazu[375].

Als offensichtlich erste Adelsfamilie gründen in Niederschlesien die Goslawitz mit Prausnitz eine deutschrechtliche Stadt, und zwar vermutlich vor 1267[376]. Gebhard[377] wird zwar erst 1287 als Herr von Prausnitz und 1296 als Erbherr dieser Stadt bezeichnet[378], aber schon früher, in der auf die Informationssammlung zur Heiligsprechung von 1267 zurückgehenden Vita Sanctae Hedwigis wird ein Albertus iudex de Pruzicz, wahrscheinlich der Vogt der Stadt, genannt[379]. Prausnitz, das für diesen Zweig der Goslawitz namengebend wird, gelangt von Sbilutus[377] an seine Söhne Gebhard[377] und Ianusius[377] sowie deren Schwestern. Der wahrscheinlich jüngere Ianusius[377] tauscht seinen Anteil an Prausnitz - die Hälfte der Stadt und weiteren Besitz - mit Herzog Heinrich I. von Glogau und erhält dafür die Herrschaft in Trachenberg, nämlich Burg, Stadt und Distrikt[68] - also einen eigenen Herrschaftsbereich. Nur unter großen finanziellen Opfern gelingt es Gebhard[377], die vertauschte Stadthälfte 1296 vom Herzog zurückzuerlangen[380]. Mit Prausnitz und Trachenberg sind dann zwei Städte in der Hand einer Adelsfamilie vereint.

Auch die Pogarell erscheinen im Besitz einer Stadt, nämlich von Löwen[381]. Dies schließt Kuhn aus einer Urkunde vom 29. November 1284[382], in der Bogus von Pogarell Land vor der Stadt an zwei Löwener Bürger verleiht, die dafür Grundzins an ihn entrichten. Bogus von Pogarell, der die Urkunde im eigenen Namen ausstellt, ist also der Grundherr, übrigens nicht nur hier, sondern auch in Fröbeln unmittelbar östlich von Löwen[383]. Zudem liegt Michelau, nach dem sich die Pogarell ebenfalls nennen, nur 8 km westlich der Stadt. Wegen seiner Lage in einem größeren Besitzkomplex dieser Adelsfamilie und ihrer Grundherrschaft im Weichbild ist so gut wie sicher, daß Löwen eine Stadtgründung der Pogarell ist.

---

375) Nach KUHN, Städtegründungspolitik, 32, S. 3-8 (Tabelle 1).
376) Vgl. KUHN, Städtegründungspolitik, 30, S. 61f. Als terminus post quem gibt Kuhn unter Berufung auf die mittlerweile als Fälschung erkannte Urkunde SUb III, †565 das Jahr 1253 an.
377) Vgl. Personenverzeichnis unter Goslawitz.
378) SUb V, 362: dominus de Prusnicz; SUb VI, 272: heres de Prusnicz.
379) Hedwig, S. 600.
380) Vgl. SUb VI, 272, 294.
381) Vgl. KUHN, Städtegründungspolitik, 30, S. 51f.
382) SUb V, 159.
383) Dies ergibt sich aus SUb VI, 301.

Die beiden Stadtgründungen der Strehlen - Prieborn und Strehlen - können nur indirekt erschlossen werden[384]. Demnach siedelt diese Adelsfamilie ihre großen, geschlossenen Besitzungen in der Gegend durch die Anlage neuer Dörfer auf und legt als kleinstädtische Zentren vor 1288 Prieborn und vor 1291 Strehlen an. In den genannten Jahren gelangen die Städtchen in die Hand des Landesherrn, der Prieborn als Stadt aufhebt und mit dem nur 13 km entfernten Strehlen vereint, das 1292 als größere Stadt neu angelegt wird.

Leschnitz in Oberschlesien ist die früheste, wenn auch nicht völlig gesicherte Stadtgründung durch den Adel überhaupt[385]. 1217 gewährt Herzog Kasimir I. von Oppeln seinem Kaplan Sebastian[386] und dessen Bruder Gregor[386] für ihr Gut Leschnitz die Freiheitsrechte der hospites von Oppeln und Ratibor[387]. Bei hospites, die nach besonderen Freiheitsrechten leben, muß es sich um Deutsche und deutsches Recht handeln, da Polen keine 'Gäste' sind und für sie das allgemein übliche Recht gilt. Da Leschnitz zudem als „forum" bezeichnet wird, ist es sehr wahrscheinlich, daß es sich hier um die Erlaubnis zur Gründung einer deutschrechtlichen Stadt handelt.

Zu einer weiteren Stadtgründung durch den Adel in Oberschlesien kommt es nach Kuhn in Nikolai[388], einem ursprünglich herzoglichen Kastellaneiort. 1287 werden als Grundherren Jan de Grabie, Erbe in Nikolai[389], und sein Verwandter Borco de Laszka[390] genannt - die aufgelassene Burg mit der sie umgebenden Siedlung war folglich in den Besitz des Adels übergegangen. In der inzwischen als Fälschung erkannten Urkunde vom Jahre 1287 statten die Grundherren die Adalbertkirche in Nikolai mit Gütern und Einkünften aus und bestätigen ihr den nun in fränkischen Hufen vermessenen Pfarrbesitz der älteren, schon dem Kastellaneiort offenbar den Namen gebenden Nikolaikirche. Die Adalbertkirche ist demnach durch Übertragung der zur Burgsiedlung gehörenden Nikolaikirche begründet worden[391]. Da die Siedlung als Altstadt - antiquum oppidum, antiqua civitas - bezeichnet wird, muß es 1287 schon eine Neustadt geben, bei der es sich - weil die Gemarkung nun in fränkischen Hufen vermessen ist - um eine deutschrechtliche Stadt handelt. Kirche der neuen Stadt ist die Adalbertkirche, die erstmals 1276 erwähnt wird. Somit ergibt sich, daß die neben der nun als Altstadt weiterbestehen-

---

384) Vgl. KUHN, Städtegründungspolitik, 29, S. 63-67, dort auch Beweisführung.
385) Vgl. KUHN, Deutschrechtliche Städte, S. 484f.
386) Vgl. Personenverzeichnis unter Bozechna.
387) SUb I, 165.
388) Vgl. KUHN, Städtegründungspolitik, 31, S. 12-14, dem hier gefolgt wird. Kuhns Ausführungen beruhen allerdings auf der erst im SUb als Fälschung erkannten Urkunde von 1287 (SUb V, †505).
389) SUb V, †505: heres in Micolaw.
390) Vgl. Personenverzeichnis unter Grabie.
391) SUb V, †505: ecclesie sancti Adalberti de novo translate in Nicolaw ab ecclisa sancti Nicolai ibidem.

den Burgsiedlung angelegte deutschrechtliche Stadt vor 1276 gegründet wurde. Nikolai war übrigens nur ein Städtchen, das nicht über 37 Bürgerstellen hinauskam. An ihrer Gründung waren offensichtlich ortsansässige Polen in stärkerem Maße beteiligt, was - ebenso wie der Übergang der herzoglichen Burg in Adelsbesitz - eine Besonderheit darstellen würde.

Es sind also in Niederschlesien Angehörige der großen Geschlechter - der Goslawitz, Pogarell und Strehlen -, die Städte gründen, wogegen in Oberschlesien mit der Familie der Bozechna sowie mit Jan de Grabie und seinen Verwandten nicht so bedeutende Familien zum Zuge kommen. Mit der Gründung gleich zweier Städte, vielleicht durch rivalisierende Familienzweige, haben sich die Strehlen offenbar übernommen. Ihre beiden Städtchen werden noch im 13. Jahrhundert vom Landesherrn eingezogen, ebenso vor 1366 das Städtlein Nikolai. Ianusius von Prausnitz[377] erwirbt dagegen durch seinen Tausch Stadt, Burg und Distrikt von Trachenberg, so daß den Goslawitz im Endeffekt zwei Städte gehören. So weit feststellbar, übernehmen nur zwei Adlige das Amt eines Vogtes, und zwar Konrad [9] in Kreuzburg/OS[392] und Dirsislaus [2] in Neisse[393] - beides Städte mit geistlichen Stadtherren; kein Adliger ist dagegen als Vogt einer herzoglichen Stadt bekannt.

Gründung oder Besitz einer Stadt werten einen Adligen bedeutend auf: er wandelt sich vom Landadligen zum Stadtherrn. Damit sind weitere Änderungen verbunden. In militärischer Hinsicht gewinnt er - im Unterschied zum offenen Land - mit der von einer Mauer umgebenen und von ihren Bürgern verteidigten Stadt einen festen Platz, eine Art Festung. Sein Beitrag zur Landesverteidigung reicht mit der Pflicht zur Öffnung der Stadt für den Landesherrn über den für den Adel allgemein üblichen Kriegsdienst zu Pferde hinaus. Er erlangt also für den Landesherrn eine größere militärische Bedeutung als seine Standesgenossen. Auf wirtschaftlichem Gebiet erwirbt er mit der Stadt eine Wirtschaftseinheit höherer Ordnung. Die Stadt ist das Zentrum des sie umgebenden Wirtschaftsraumes (Weichbild), der Ort, an dem Handel getrieben wird. Hier vollzieht sich der Austausch der Produkte des Landes und der Stadt, werden landwirtschaftliche Güter, Handwerksprodukte, importierte Waren und anderes umgesetzt. Was die Abgaben anbelangt, die ihm als Stadtherrn seitens der Bürger zustehen, so werden diese im Unterschied zum Land überwiegend in Geld geleistet. Dies ist für den Adligen von Vorteil, da er mit Geld eine größere Anzahl und andersartigere Güter kaufen, als mit Naturprodukten eintauschen kann. Durch die Anhäufung von Geld kann er zudem zu finanziellem Reichtum gelangen. All dem steht jedoch ein Schwund an direkter Herrschaft gegenüber, denn den Bürgern müssen weitreichendere Freiheiten als den Bauern gewährt werden. Auf Dauer gesehen, wird die Bürgerschaft sogar versuchen, sich des Stadtherrn zu entledigen.

---

392) SUb III, 230. - Stadtherr: Kreuzherren mit dem roten Stern.
393) SUb IV, 166. - Stadtherr: Bischof von Breslau.

Für den Adel negativ wirken sich dagegen einige Stadtgründungen durch die Landesherren aus, weil in diesen Fällen in den Besitz des Adels eingegriffen wird. Dies geschieht in der Regel deshalb, um das für eine Stadtgründung notwendige, große und geschlossene Terrain zu erlangen. Zu solchen Eingriffen kommt es bei den Gründungen der Städte Schweidnitz, Trachenberg, Deutsch Lissa, Grottkau, Winzig, Wohlau, Guhrau, Markt Bohrau, Parchwitz sowie bei Sohrau, Lublinitz und Peiskretscham in Oberschlesien[375].

Namentlich unbekannt ist der Adlige, dem 1226 die Erhebung eines Zolles in Lubetzko, 4 km nordwestlich Lublinitz gelegen, untersagt wird. Das Gebiet um Lublinitz war also im Besitz eines Adligen und muß vor Gründung der Stadt, das heißt vor 1300, irgendwie an den Landesherrn gelangt sein[394].

In einigen Fällen sind nur die Vorbesitzer des späteren Stadtgrundes bekannt, der dann vermutlich ihren Nachkommen von den Herzögen entzogen wird. Betroffen sind davon die Erben des Breslauer Domherrn Paul [4] bei der Gründung von Deutsch Lissa[395], die Nachkommen des Alexander de Vin bei der Anlage der Stadt Winzig[396], die des Bartholomeus [5] bei der Begründung von Markt Bohrau[397] sowie die Nachfolger der Gebrüder Lonek und Lutozat[398] im Besitz des Dorfes Peiskretscham[399].

Als direkte Vorbesitzer eines Teiles des Grundes, auf dem Trachenberg gegründet werden soll, werden Desprinus von Wansen und seine Brüder genannt, und zwar in der herzoglichen Lokationsurkunde für diese Stadt[400]. Direkter Vorbesitzer des Erbgutes Sohrau ist Chwalisius, der es 1272 an Herzog Wladislaus I. von Oppeln gegen das Gut Sciern bei Pleß vertauscht. Veranlaßt hat diesen Tausch der Herzog selbst, weil er - wie es in der Urkunde ausdrücklich heißt - in Sohrau eine Stadt gründen will[401]. Ob Chwalisius sein Gut freiwillig oder auf Druck des Herzogs tauscht, sei dahingestellt[402].

Auffällig sind herzogliche Stadtgründungen inmitten größerer, aufgesiedelter Adelsgebiete. Hier ist zu vermuten, daß die Städte durch den frühen Eingriff der Herzöge in den Adelsbesitz entstehen, vielleicht um so einer Stadtgründung durch den adligen Grundherrn selbst zuvorzukommen. Von einer solchen Entwicklung sind - wie Kuhn trotz der schlechten Quellenlage annimmt - die Würben bei der

---

394) Vgl. KUHN, Städtegründungspolitik, 31, S. 12.
395) Vgl. KUHN, Städtegründungspolitik, 30, S. 50f.
396) Vgl. KUHN, Städtegründungspolitik, 29, S. 61f.
397) Vgl. KUHN, Städtegründungspolitik, 30, S. 37-39.
398) Vgl. Personenverzeichnis unter Lonek.
399) Vgl. KUHN, Städtegründungspolitik, 31, S. 19f.
400) Vgl. KUHN, Städtegründungspolitik, 30, S. 64f., der allerdings die Urkunde SUb III, †565 für echt hält.
401) SUb IV, 164: „in haereditate, que Sari vulgariter nominatur, decrevimus construere civitatem".
402) Vgl. KUHN, Städtegründungspolitik, 29, S. 51.

Gründung von Schweidnitz[403] und Mrosco von Pogarell bei der von Grottkau[404] betroffen.

Aber auch Teile von Dorfgemarkungen zieht der Herzog zum Zwecke der Stadtgründung an sich; das dem adligen Grundherrn verbleibende Dorf mit dem meist größeren Areal wird dann in der Regel zu deutschem Recht umgesetzt. Einen solchen Eingriff müssen die Herren von Wohlau bei der Gründung der gleichnamigen Stadt[405] hinnehmen. Gotwin von Guhrau[406] aber vertauscht 1288 einen Teil von Guhrau an Heinrich I. von Glogau, der hier die gleichnamige Stadt anlegt. Seinen eigenen Teil läßt er zu deutschem Recht umsetzen, der als Alt Guhrau bereits 1304 Stadtdorf von Guhrau[407] ist.

Etwas undurchsichtig ist der Fall Parchwitz. Hier scheint das Gebiet erst den Herren von Parchwitz[408] entzogen und dann vom Herzog die Stadt gegründet worden zu sein, die sowohl Parchwitz als auch Läst genannt wurde. Im 14. Jahrhundert gelangten Stadt und Gebiet offensichtlich an Nachfahren der alten Herren von Parchwitz zurück, wenn auch nur vorübergehend. Damit wäre Parchwitz eine Ausnahmeerscheinung[409].

Landesherrliche Eingriffe in den Adelsbesitz lassen sich demnach bei der Gründung von zwölf Städten feststellen. Dabei geht ein Teil oder der gesamte Grundbesitz eines Adligen durch Tausch oder auf andere Weise an den Herzog. Für seinen Verlust wird der Adlige in der Regel wohl entschädigt worden sein. Zu Eingriffen kommt es vorwiegend gegenüber weniger bedeutenden Adligen, aber auch gegenüber den Würben und Mrosco von Pogarell. Durch herzogliche Stadtgründungen werden einige Adlige angeregt, ihre in unmittelbarer Nachbarschaft der neuen Stadt gelegenen Dörfer zu deutschem Recht umzusetzen.

In ihrer Eigenschaft als Grundbesitzer und Grundherren erscheinen die Adligen auch als Aussteller von Urkunden. Die Ritterurkunden[410] sollen deshalb an dieser Stelle behandelt werden, wobei lediglich die in eigener Sache, nicht jedoch die in amtlicher Funktion ausgestellten Urkunden interessieren. Die folgende Aufstellung zeigt in chronologischer Abfolge, welche schlesischen Adligen Urkunden solcher Art ausgestellt haben:

---

403) Vgl. KUHN, Städtegründungspolitik, 29, S. 62f.
404) Vgl. KUHN, Städtegründungspolitik, 29, S. 58-61.
405) Vgl. KUHN, Städtegründungspolitik, 30, S. 68f.
406) Vgl. Personenverzeichnis unter Godislaus.
407) Vgl. KUHN, Städtegründungspolitik, 30, S. 44. Kuhns Ausführungen beruhen allerdings auf der erst im SUb als Fälschung erkannten Urkunde von 1288 (SUb V, †505).
408) Vgl. Personenverzeichnis unter Mironowitz.
409) Vgl. KUHN, Städtegründungspolitik, 30, S. 59.
410) Einen allgemeinen Überblick über die Ritterurkunden in Polen, zu dem auch Schlesien gezählt wird, bietet KORTA, Ritterurkunden.

Aussteller	Urkunde SUb:	Jahr
(Peter [11] Wlast und der Bischof von Krakau)	I, 11	1143/45
Hemerammus von Poseritz	I, 86	1201/03
Ianusius von Pogarell	I, 152	1216
Jaroslaus[411], Bozdech, Peter [37] und Budiuoy [9]	I, 236	1223
Seteh[218]	I, 248	1224
Werner[218]	I, 312	1230
Sebastian[385] und Gregor[385]	II, 1	1231
Konrad von Röchlitz	II, 16	1232
Johannes[220]	II, 32	1233
Rosec[218]	II, 36	1233
Gerlach und Mrosco von Pogarell	II, 88	1234
Sbroslaus[9]	II, †424	1235
Pribigneus von Bauchwitz	II, 116	1236
Pribigneus von Bauchwitz	II, 117	1236
Bronisius [3]	II, 118	1236
Bronisius [3]	II, 119	1236
Sbroslaus[9]	II, 120	1236
Witzlaus	II, 126	1237
Paul von Poseritz	II, 170	1239
Paul von Poseritz	II, 171	1239
Paul von Poseritz	II, †430	1239
Alardus	II, 197	1234/40
Ianusius[412]	II, 223	1241
Johannes von Würben	II, 257	1243
Johannes [29]	II, 261	1244
Mrosco von Pogarell	II, 276	1244
Johannes [21]	II, 281	1235/44
Bozata von Widzim	II, 386	1249
Mrosco von Pogarell	II, 388	1250
Witigo von Greiffenstein	III, 130	1254
Witigo von Greiffenstein	III, 135	1254
Wilcho von Poseritz	III, 256	1257
Nikolaus von Fröbeln	III, 258	1257

---

411) Vgl. Personenverzeichnis unter Bozdech.
412) Vgl. Personenverzeichnis unter Adalbert [26].

Boguslaus [18] und Egidius[413]	III, 259	1257
Gunther von Biberstein	III, 282	1259
Strescizlava[9]	III, 294	1259
Paul [9]	III, 295	1259
Gottfried von Neunz	III, 341	1260
Mrosco von Pogarell	III, 463	1263
Dirsco von Prerichim[11]	III, 470	1264
Mrosco von Pogarell	III, 499	1264
Sobeslaus[11]	IV, 87	1268
Mrosco von Pogarell	IV, 93	1269
Dirsislaus [2]	IV, 166	1272
Jakob[414]	IV, 179	1272
Konrad Swab	IV, 192[415]	(vor 1276)
Johannes [56]	IV, 198	1273
Vnimir de Crapowa	IV, 218[416]	1273/74
Frau von Michelau[417]	IV, 220[416]	1273
Sohn des Albert c.b.von Tepliwoda	IV, 221	1273
Walter [4]	IV, 222	(vor 1273)
Sbroslaus von Schnellewalde	IV, 226	1274
Andreas von Würben	IV, 260	1274
Ianusius, Stephan, Simon von Michelau[417] und Bogus von Pogarell	IV, 281	1276
Peter von Slawetaw[218]	IV, 290	1276
Albert von Liebenau	IV, 292	1276
Sbroslaus von Schnellewalde	IV, 328	1278
Tammo Quas	IV, 330	1278
Stephan von Kobelau	IV, 348	1278
Pasco[418]	IV, 350	1278
Heinrich von Wisenburg	IV, 355	1279
Stephan von Zernitz	IV, †464	1279
Iesco von Moschwitz	V, 14	1282
Franz von Wildschütz	V, 36	1282
Iesco [12]	V, 46	1283
Stephan von Zernitz	V, 53	1283
Stephan von Würben	V, 72	1283

---

413) Vgl. Personenverzeichnis unter Boguslaus [18].
414) Vgl. Personenverzeichnis unter Goswin.
415) Urkundenauszug oder Traditionsnotiz.
416) Urkunde in objektiver Form.
417) Vgl. Personenverzeichnis unter Pogarell.
418) Vgl. Personenverzeichnis unter Peter [40].

Franco [1]	V, 154	1284
Franco [1]	V, 155	1284
Bogus von Pogarell	V, 159	1284
Adam [9]	V, 215	1285
Adeko, Gotthard, Pridewoyus und Theoderich von Jassona	V, 247	1285
Stephan von Schmollen	V, 248	1285
Simon und Stephan von Würben	V, 251	1285
Albertus von Tepliwoda	V, 317	1287
Peter [2]	V, 353	1287
Franz von Wildschütz	V, 359	1287
Richwin von Obischau	V, 381	1288
Boguslaus von Wohlau	V, 408	1288
Jakob, Peter, Predslaus und Dirsco[110]	V, 415	1289
Heinrich von Würben	V, 420	1289
Bogusca[377]	V, 429	1289
Stephan von Schwenkenfeldt	V, 432	1289
Stephan und Nikolaus von Guhrau[419]	V, †508	1289
Arnold [7]	V, 479	1290
Heinrich und Heinrich von Kittlitz	V, 485	1290
Heinrich[420] und Franz[420]	V, 493	1290
Christanus [1]	V, 494	1290
Elisabeth von Druschowitz	SR 2098	(nach 1290)
Jakob[414]	VI, 21	1291
Johannes von Nossen	VI, 23	1291
Goswin von Münsterberg	VI, 24	1291
Hermann von Frankenstein	VI, 52	1292
Ludwig [2]	VI, 56	1292
Goswin von Münsterberg	VI, 67	1292
Johannes von Nossen	VI, 81	1292
Herbord Quas	VI, 108	1293
Moico von Baitzen	VI, 120	1293
Johannes von Neisse	VI, 141	1294
Moico von Baitzen	VI, 163	1294
Goswin von Münsterberg	VI, 214	1295
Bogusco[421]	VI, 223	1295
Simon Gallicus	VI, 266	1296

---

419) Vgl. Personenverzeichnis unter Godislaus.
420) Vgl. Personenverzeichnis unter Ulrich [3].
421) Vgl. Personenverzeichnis unter Boguslaus [16].

Lambert von Schweidnitz	VI, 274	1296
Albert von Garisca	VI, 280	1296
Albertus von Tepliwoda	VI, 282	1296
Friedrich [3]	VI, 285	1296
Johannes von Münsterberg	VI, 299	1297
Bogus von Pogarell	VI, 301	1297
Lorenz Plascota	VI, 306	1297
Pasco [1]	VI, 319	1297
Stephan von Dombsen	VI, 333	1298
Sulislaus von Koitz	VI, 364	1298
Berthold [10]	VI, 373[422]	1298
Johannes Gallicus	VI, †470	1298
Heinrich von Baruth	VI, 421	1299
Leonhard von Michelwitz	VI, 422	1299
Hermann von Reichenbach	VI, †476	1299
Stephan von Würben	VI, 426	1300
Reinsko von Schwenkenfeldt	VI, 447	1300

Im folgenden wird die erste, aus dem 12. Jahrhundert stammende Urkunde[423] nicht berücksichtigt, weil sie zum einen von Peter [11] Wlast und dem Bischof von Krakau gemeinsam ausgestellt wurde und zum andern wegen ihres Inhaltes nicht eindeutig zu den Ritterurkunden gehört. Die beiden Urkunden in objektiver Form sowie die zwei als Akten- und Urkundenauszüge überlieferten Stücke[424] werden dagegen in die anschließenden Ausführungen einbezogen.

Aus obiger Aufstellung ergibt sich, daß 113 Adlige insgesamt 119 Urkunden[425] in eigener Sache ausstellen. Dabei ist jedoch zu beachten, daß sowohl mehrere Adlige zusammen eine Urkunde, als auch ein Adliger allein mehrere Urkunden ausstellen kann. So werden einerseits 30 Adlige als Aussteller von elf Urkunden[426] ge-

---

422) Aktenauszug.
423) SUb I, 11. Wird auch von KORTA, Ritterurkunden nicht berücksichtigt.
424) SUb IV, 192, 218, 220, VI, 373.
425) 119 von 2958 Urkunden (ca. 4 %). KORTA, Ritterurkunden, S. 46 zählt für Schlesien nur 86 Ritterurkunden.
426) SUb I, 236, II, 1, 88, III, 259, IV, 281, V, 247, 251, 415, 485, 493, †508. Aussteller vgl. obige Liste.

nannt, andererseits stellen 13 Adlige jeweils zwei[427], vier jeweils drei[428] und Mrosco von Pogarell sogar sechs Urkunden[429] allein aus. Die Mehrheit jedoch, nämlich 65 adlige Personen, läßt nur je eine Urkunde in ihrem Namen ausfertigen. Mehr als die Hälfte aller Urkunden - 76 - wird besiegelt[430], davon wohl 72 mit dem Siegel des Ausstellers. Über ein solches Siegel verfügen 56 Adlige. In vier Fällen lassen adlige Aussteller, die kein eigenes Siegel führen, ihre Urkunden durch das des Landesherrn, der Zeugen oder Verwandten beglaubigen[431].

Chronologisch betrachtet, stellt der schlesische Adel Urkunden in eigener Sache ab Anfang des 13. Jahrhunderts aus, in den ersten drei Jahrzehnten wenige, zwischen 1231 und 1240 mehr als dreimal so viele wie in den 30 Jahren zuvor. Nach 1241, dem Jahr des Mongolensturmes, geht die Anzahl der Urkunden auf die Hälfte zurück, erreicht im achten Jahrzehnt die alte Höhe und verdoppelt sich schließlich im Laufe der beiden letzten Dezennien[432]. Diese Abfolge entspricht im großen und ganzen der gesamtpolnischen Entwicklung[433].

Inhaltlich lassen sich die Urkunden in verschiedene Gruppen einteilen[434]. Fast die Hälfte aller Urkunden betrifft den Grundbesitz als Immobilie: sei es, daß er

---

427) Prigigneus von Bauchwitz: SUb II, 116, 117; Bronisius [3]: SUb II, 118, 119; Sbroslaus (vgl. Personenverzeichnis unter Radozlaus [1]): SUb II, 120, †424; Witigo von Greiffenstein: SUb III, 130, 135; Jakob (vgl. Personenverzeichnis unter Goswin): SUb IV, 179, VI, 21; Sbroslaus von Schnellewalde: SUb IV, 226, 328; Stephan von Zernitz: SUb IV, †464, V, 53; Franz von Wildschütz: SUb V, 36, 359; Franco [1]: SUb V, 154, 155; Albertus von Tepliwoda: SUb V, 317, VI, 282; Johannes von Nossen: SUb VI, 23, 81; Hermann von Frankenstein: SUb VI, 52; Moico von Baitzen: SUb VI, 120, 163.

428) Paul von Poseritz: SUb II, 170, 171, †430; Bogus von Pogarell: SUb IV, 281, V, 159, VI, 301; Stephan von Würben: SUb V, 72, 251 (mit Simon von Würben), VI, 426; Goswin von Münsterberg: SUb VI, 24, 67, 214.

429) SUb II, 88 (mit Gerlach von Pogarell), 276, 388, III, 463, 499, IV, 93.

430) Siegel: SUb I, 86, 152, II, 120, 170, 171, 223, †424, III, 130, 256, 282, 294, IV, 87, 179, 198, 226, 281, 328, 348, 355, V, 53, 72, 154, 155, 159, 247, 251, 317, 359, 415, 420, 479, 485, VI, 21, 23, 24, 52, 67, 141, 163, 214, 223, 266, 282, 299, 301, 306, 319, 333, 364, 422, †476. - Siegel verloren: SUb I, 248, II, 276, III, 135, 258, 463, 470, IV, 218, 350, V, 36, 493, VI, 120, 285 (Siegel abgenommen). - Fremdes Siegel: SUb IV, 220 (Siegel zweier Verwandter), V, 14 (Siegel von Zeugen), 46 (Siegel des Landesherrn), 429 (Siegel zweier Verwandten). - Besiegelung wahrscheinlich: SUb I, 236, II, 32, 281, III, 341. - Besiegelung angekündigt: SUb IV, 93, 166, 260, 290.

431) Es sind dies die Frau von Michelau (vgl. Personenverzeichnis unter Pogarell) (SUb IV, 220), Iesco von Moschwitz (SUb V, 14), Iesco [12] (SUb V, 46) und Bogusca (vgl. Personenverzeichnis unter Goslawitz) (SUb V, 429).

432) Anzahl der in den einzelnen Jahrzehnten ausgestellten Urkunden (in Klammern die bei KORTA, Ritterurkunden, S. 46 angegebenen Zahlen): 1201-1210: 1 (1), 1211-1220: 1 (1), 1221-1230: 3 (3), 1231-1240: 16 (11), 1241-1250: 7 (2), 1251-1260: 9 (10), 1261-1270: 5 (7), 1271-1280: 19 (9), 1281-1290: 27 (20), 1291-1300: 31 (22).

433) Vgl. KORTA, Ritterurkunden, S. 46.

434) KORTA, Ritterurkunden, S. 46f. teilt in andere Gruppen ein und betrachtet zudem die Urkunden aus allen Landesteilen Polens zusammen, so daß ein Vergleich mit seinen Angaben nicht möglich ist.

verschenkt[435], verkauft[436], verliehen[437], abgetreten[438] oder auf ihn verzichtet[439] wird, sei es, daß die Schenkung oder Verleihung eines Verwandten bezeugt[440], eine eigene Schenkung widerrufen[131] oder die Verleihung von Grundbesitz an den Urkundenaussteller von diesem bestätigt wird[441]. In einigen Urkunden wird Grundbesitz gegen Zins verliehen[442], gegen Dienst vergeben[443] oder gegen eine jährliche Abgabe verkauft[444]. Die zweite Gruppe umfaßt von Adligen ausgestellte Lokationsurkunden - etwa ein Viertel aller Urkunden. Dabei handelt es sich überwiegend um Verkäufe[445] und Verleihungen[446] zwecks Aussetzung zu deutschem Recht. Es wird aber auch eine Erlaubnis, Grundbesitz zu deutschem Recht auszusetzen, erteilt[447], die Übertragung einer Scholtisei bestätigt[448], eine Erklärung, seinen Grundbesitz ausgesetzt zu haben, abgegeben[449], eine Verpflichtung, ein Dorf zu deutschem Recht auszusetzen, urkundlich bekräftigt[450] und die Übernahme fremden Grundbesitzes zum Zwecke der Aussetzung bestätigt[451]. Bei Abgaben und Lasten können Befreiung von Lasten[447], Festsetzung von Zins und Zehnt[452], Verschenkung[453] beziehungsweise Verkauf[128] von Zins sowie Vergabe von Abgaben und Zins[454] unterschieden werden. In den städtischen Bereich weisen Urkunden, in denen eine Fleischbank verschenkt[455], zwei Fleischbänke verkauft[246] und Schuhbänke gegen Zins verliehen werden[456]. Auch Fischereirechte werden verkauft[457]. Verschiedene

---

435) SUb I, 86, 152, 236, II, 1, 16, 36, 116, 117, 118, 119, 120, 126, 170, 171, 197, 223, 261, 276, †424, III, 135, IV, 220, 281, 328, V, 154, 155, 493, †508, VI, 67, 81, 282, 285, 373 (Aktenauszug), 426.
436) SUb IV, 192, 260, V, 72, 247 (Verkauf von Ansprüchen auf Grundbesitz), 248, 432, 494, 485, VI, 108, 333, 364, †476.
437) SUb VI, 120.
438) SUb V, 14.
439) SUb IV, 350 (auf angeeigneten Grundbesitz), VI, 280 (auf beanspruchten Wald).
440) SUb I, 312, IV, 221, 226, V, 317.
441) SUb IV, 179, V, 353.
442) SUb V, 159, 251, VI, 306.
443) SUb V, 420.
444) SUb VI, 274.
445) SUb III, 256, 470, IV, 290, 348, 355, †464, V, 36, 46, 381, 408, 415, VI, 56, 163, 223, 319, 422.
446) SUb II, 88, 258, 388, III, 259, 499, IV, 87, 93, V, 215.
447) SUb II, †430.
448) SUb IV, 292.
449) SUb IV, 330.
450) SUb VI, 21.
451) SUb III, 463, IV, 166.
452) SUb V, 429, VI, 23 (Zins und Dienstleistung), 306 (Zins).
453) SUb III, 130, 135, 282, 341, V, 359, 493, SR 2098, SUb VI, 447.
454) SUb VI, †470.
455) SUb VI, 299.
456) SUb VI, 52.
457) SUb VI, 266.

Urkunden dienen der Bestätigung von Verkäufen[458] und Verschenkungen[459] allgemeinerer Art. In der letzten Gruppe sind die verbleibenden, inhaltlich anders gearteten Urkunden zusammengefaßt, wie Testamente[460], Tauschurkunden[461], ein Einkunftsverzeichnis[462] und anderes mehr[463]. Obwohl der Großteil, etwa Dreiviertel, der Urkunden den Grundbesitz als Immobilie betreffen oder Lokationsurkunden sind, zeigt dieser Überblick doch die inhaltliche Vielfalt der schlesischen Ritterurkunden.

Zusätzlich sollen hier noch die von Adligen des przemyslidischen Schlesien ausgestellten Urkunden angeführt werden, soweit diese Urkunden im 'Schlesischen Urkundenbuch' und den 'Schlesischen Regesten' enthalten und in eigener Sache ausgestellt sind. Folgende Adlige lassen Urkunden in ihrem Namen ausfertigen:

Aussteller	Urkunde SUb:	Jahr
Bocko von Pernegg	III, 164	1255
Pardus	III, 187	1256
Wokko von Rosenberg	III, 319	1260
Wokko von Rosenberg	III, 355	1261
Wokko de Crawar	V, 50	1283
Unczich von Bladen	V, 63	1283
Adelheid	V, 373	1288
Erkembert, Heinrich und Theoderich genannt Stange	V, 376	1288
Benessius von Branitz	V, 380	1288
Henning von Füllstein	V, 409	1288
Benessius von Branitz	V, 417	1289
Witigo von Aupa	V, 436	1289
Ulrich von Lichtenburg	VI, 92	1293
Ulrich von Lichtenburg	VI, 138	1293

Demnach werden vierzehn Urkunden von 13 Adligen, darunter eine Urkunde von drei Adligen gemeinsam, ausgestellt. Besiegelt werden fünf Dokumente, bei

---

458) SUb II, 386, III, 258, VI, 23, 301.
459) SUb IV, 218, VI, 24.
460) SUb I, 248, II, 32, 281, III, 295.
461) SUb V, 53, VI, 141.
462) SUb IV, 222.
463) Stiftung und Ausstattung eines Altares mit Grundbesitz und Zins: SUb V, 479; Verzicht auf Nießbrauch gegen Jahreszins: SUb III, 294.

zwei weiteren ist die Besieglung wahrscheinlich[464]. Die meisten Urkunden, nämlich neun, betreffen hier ebenfalls den Grundbesitz als Immobilie[465], alle weiteren gehören ihrem Inhalt nach je zu unterschiedlichen Gruppen[466].

Im Laufe des 13. Jahrhunderts ist die Gesamtwirtschaft Schlesiens einem durch die deutsche Siedlung hervorgerufenen Wandel unterworfen, von dem in besonderer Weise der Adel als grundbesitzende Schicht betroffen ist. Bei der Bodennutzung wird die ältere Feldgraswirtschaft von der Dreifelderwirtschaft abgelöst, die zwar ertragreicher aber auch arbeitsintensiver ist. Eine feldbaumäßige Selbstbewirtschaftung größerer Flächen ist nicht mehr sinnvoll, weshalb der Boden immer mehr in Fremdbewirtschaftung gegeben wird. Dies geschieht, indem der Adel einen Teil seines Grundbesitzes unter Vorbehalt einer Art von Obereigentum an Bauern verleiht, die den Boden bestellen und für diese Nutzungsüberlassung Abgaben an den Adel leisten. Auf den selbstbewirtschafteten Gütern des Adels wird Landwirtschaft anfangs vornehmlich zum Zwecke der Selbstversorgung betrieben. Durch die mit der Übernahme der Dreifelderwirtschaft verbundene Ertragssteigerung wird es auch dem Adel in zunehmendem Maße möglich, über den Eigenbedarf hinaus für einen bestehenden Fremdbedarf zu produzieren. Abnehmer des Überschusses ist hauptsächlich die Stadtbevölkerung, die die landwirtschaftlichen Produkte gegen Geld erwirbt.

IV.2.c) Zusammenfassung

Die wirtschaftliche Rolle des Adels gründet auf seinem Grundbesitz[467], der jedoch nur schwer und ungenau zu erfassen ist. In Größe und Umfang tritt er deshalb lediglich in Umrissen in den allerdings zahlreichen Erwerbungs- und Veräußerungsurkunden zutage. Der Erwerb erfolgt durch überwiegend landesherrliche Vergabungen, Kauf, Tausch oder Ererbung, die Veräußerung durch Verschenkung, Verkauf, Tausch und Vererbung. Erworben oder veräußert wird Grundbesitz in jedem

---

464) Siegel: SUb V, 50, 63, 373, 376, 417. - Besieglung angekündigt: SUb V, 436. - Besieglung wahrscheinlich: SUb III, 187.
465) Verschenkungen: SUb III, 164, 187, V, 380, 409, 417; Verkäufe: SUb V, 63, 436, VI, 92; Verzicht auf Ansprüche auf ein Gut: SUb V, 373.
466) Lokationsurkunden: Verkauf zwecks Aussetzung zu deutschem Recht: SUb VI, 138. - Abgaben und Lasten: Verschenkung von Zins: SUb V, 380. - Bestätigungen: Verschenkungen: SUb III, 319, 355. - Einzelinhalte: Huldigung und Lehensnahme: SUb V, 376.
467) Für CETWIŃSKI sind der Grundbesitz und die wirtschaftliche Rolle des Adels von ausschlaggebender Bedeutung: so entscheiden seiner Meinung nach z.B. ökonomische Faktoren über die Entstehung des Adels (Bd. I, S. 134) und erlangen Adlige, besonders Großgrundbesitzer, auf Grund ihrer wirtschaftlichen Bedeutung politischen Einfluß und Ämter (Bd. I, S. 132). Zu dieser Auffassung gelangt er, weil er in seinem wenig systematischen Kapitel „Ansiedlung und wirtschaftliche Tätigkeit der schlesischen Ritterschaft" (Bd. I, S. 59-134) fast nur den Großgrundbesitz betrachtet, wie er selbst bemerkt (Bd. I, S. 117). Zudem stellt er überwiegend die Situation im 12. und in der ersten Hälfte des 13. Jhs. dar, weshalb er auf die Rolle des Adels bei der deutschen Siedlung nicht eingeht.

Umfang und in jeder Form - vom Bruchteil einer Hufe bis zu 100 Hufen und mehr, von urbar zu machendem Wald über kultivierten Boden bis zu Gütern, ganzen Dörfern und einer halben Stadt -, aber auch Mühlen, Schänken, Bäche, Scholtiseien und Vogteien, Kirchen, Zinse und Rechte. Der eingesessene Adel beteiligt sich rege an Erwerb und Veräußerung, der zugewanderte Adel erlangt - soweit feststellbar - seinen Besitz zur Hälfte durch Kauf und zu je einem Viertel durch Vergabung und Tausch; Verkäufe sind bei ihm häufiger als Verschenkungen.

Mit einem Mindestbesitz von drei Dörfern bilden die Großgrundbesitzer eine verschwindend kleine Gruppe. Ihre Besitzkomplexe beginnen schon Ende des 12. Jahrhunderts zu verfallen. Die größte Gruppe stellen die mittleren Grundbesitzer dar. Die zu ihr gehörenden Adligen besitzen zwischen einem und fast drei Dörfern. Wer weniger als ein Dorf sein Eigen nennt, wird zur Gruppe der kleinen Grundbesitzer gezählt. Diese ist dreiviertel so stark wie die Gruppe der mittleren Grundbesitzer, aber im Zunehmen begriffen. Die Dominanz des mittleren und kleinen Grundbesitzes spricht für einen eher ausgewogenen Besitzstand innerhalb des Adels[468].

An der wirtschaftlichen Entwicklung Schlesiens nimmt auch der Adel teil. Er tut dies, indem er die deutsche Siedlung fördert und für sich nutzbar macht[469]. Die kleinen adligen Grundbesitzer, die ihr Land selbst bebauen, übernehmen die neuen Wirtschaftsformen sowie Techniken. Dennoch kommt es hauptsächlich bei ihnen wegen häufiger Erbteilungen und Überschuldung zu einem wirtschaftlichen Verfall[470]; aber auch größerer Besitz zerfällt oder wird zerschlagen. Offensichtlich nur sehr wenige Adlige betätigen sich selbst als Lokatoren im Dienste der Landesherren oder der Klöster. Um eigenen Grundbesitz - Güter, Dörfer, Land- und Waldstücke - besiedeln lassen zu können, erwerben die Adligen Aussetzungserlaubnisse, in denen die Landesherren den Siedlern gerichtliche und wirtschaftliche Immunität gewähren und auf bestimmte Abgaben verzichten. Dies ist auch der Fall bei Verleihungen und Verkäufen von Grundbesitz zum Zwecke der Aussetzung an Adlige. Die Adligen ihrerseits beauftragen in Verleihungs- und Verkaufsurkunden

---

468) Auch CETWIŃSKI, Bd. I, S. 117-123 folgt - ohne auf das Thema ausführlicher einzugehen - der von Korta vorgegebenen Einteilung des Adels in Groß-, mittlere und kleine Grundbesitzer, würde jedoch trotz der erkannten Schwierigkeiten eine Differenzierung nach Einkünften bevorzugen. Nach ihm unterscheiden sich die Groß- und mittleren Grundbesitzer von den kleinen Grundbesitzern grundlegend dadurch, daß erstere ihr Land nicht selbst bestellen (Bd. I, S. 119).

469) CETWIŃSKI geht auf die Beteiligung und den Anteil des Adels an der deutschen Siedlung nicht ein. Die kolonisatorische Tätigkeit des Adels erwähnt er (Bd. I, S. 123-125) in seinem umfangreichen Kapitel „Ansiedlung und wirtschaftliche Tätigkeit der schlesischen Ritterschaft" (Bd. I, S. 59-134) lediglich ganz allgemein in Zusammenhang mit der Verlagerung der Güter der Großgrundbesitzer von den Zentren in die zu erschließenden Rand- und Grenzgebiete Schlesiens.

470) Vgl. CETWIŃSKI, Bd. I, S. 120-123, nach dem sich die vom wirtschaftlichen Verfall besonders betroffenen kleinen Grundbesitzer in die Gefolgschaft der mittleren und Großgrundbesitzer begeben oder zu Raubrittern werden.

Lokatoren mit der Aussetzung ihres Besitzes; sie nehmen also eine Zwischenstellung zwischen den Landesherren einerseits sowie Lokatoren und Siedlern andererseits ein. In den Urkunden legen sie die näheren Bedingungen der Aussetzung und die Abgaben der Siedler fest. Als Abgaben sind Getreide und in zunehmendem Maße auch Geld an die Grundbesitzer zu leisten, deren Einnahmen mit der Aussetzung steigen. Insgesamt scheint der Anteil des Adels am Landesausbau - wie regionale Untersuchungen zeigen - größer zu sein, als aus den Urkunden ersichtlich.

Stadtgründungen[471] durch den Adel sind dagegen selten. In Niederschlesien gründen Angehörige der Familien Goslawitz, Pogarell und Strehlen vier, weniger bedeutende Adlige in Oberschlesien zwei Städte. Voraussetzung zur Stadtgründung ist neben der landesherrlichen Genehmigung und Überlassung von Rechten ein großer und geschlossener Siedlungsgrund, über den nur wenige Adlige verfügen. Der Besitz einer Stadt wertet einen Adligen auf; ihm kommt als Stadtherrn besondere wirtschaftliche und militärische Bedeutung zu. Von den in ihrer Größe recht unterschiedlichen Adelsstädten ziehen die Herzöge im 14. Jahrhundert drei Städte ein. Bei der Gründung von Städten durch die Landesherren kommt es im 13. Jahrhundert in zwölf Fällen zu Eingriffen in Adelsbesitz. Betroffen sind hiervon neben weniger bedeutenden Adligen auch die Würben und Mrosco von Pogarell; ein Teil oder ihr gesamter Besitz wird eingezogen oder eingetauscht. Das Amt eines Stadtvogtes wird von Adligen fast gar nicht ausgeübt[472].

Als Grundbesitzer und Grundherren lassen die Adligen ab Anfang des 13. Jahrhunderts auch Urkunden in eigener Sache ausfertigen. Rund die Hälfte der 119 Urkunden betreffen den Grundbesitz als Immobilie, etwa ein Viertel sind Lokationsurkunden. Ausgestellt werden sie von 113 Adligen, manchmal von mehreren ge-

---

471) CETWIŃSKI, Bd. I, S. 112-116, besonders S. 112, streift nur kurz die Gründung von Städten durch den Adel, wobei er die Funktion der Stadt als Marktort betont; hier verkaufen vor allem der adlige Stadtherr und andere adlige Grundbesitzer ihre landwirtschaftlichen Überschüsse.

472) CETWIŃSKI, Bd. I, S. 113f., 116f. hält das Amt des Stadtvogtes für Adlige aus wirtschaftlichen Gründen für besonders attraktiv. Als adlige Vögte führt er an Clemens (nicht im Personenverzeichnis), Dirsislaus [2], Konrad [9], Radwan, Tydricus dictus de Ysenberc (nicht im Personenverzeichnis) und Rasco von Strehlen, als adlige Schulzen Gunther von Biberstein, Thymo von Poserne und Walwan von Profen; über das Amt eines Vogtes steigen in den Adel auf Goswin von Münsterberg und Konrad von Reichenbach. Die große Anzahl adliger Vögte und Schulzen beruht jedoch zum Teil auf Fehlinterpretationen der Urkunden: auf den in der Zeugenreihe zuvor genannten Grafen Clemens wird die namenlose Angabe 'Vogt von Goldberg' bezogen (SUb II, 33); Radwan und Tydricus dictus de Ysenberc werden in zwei Fälschungen als Vögte bezeichnet (SUb III, †563, †565); bei Rasco von Strehlen ist fraglich, ob er zur Adelsfamilie Strehlen gehört; Gunther von Biberstein und Thymo von Poserne erwerben ein Dorf bzw. Gut mit allen Zugehörungen, darunter selbstverständlich auch die Scholtisei (SUb V, 462, VI, 66); Walwan von Profen erhält eine Scholtisei (SUb VI, 243), wird aber genauso wenig wie Gunther von Biberstein oder Thymo von Poserne das Schulzenamt selbst bekleidet haben. Als gesicherte Vögte adliger Herkunft bleiben demnach nur Dirsislaus [2] und Konrad [9]. Viel häufiger gelangen dagegen Nichtadlige über das Amt eines Vogtes oder Schulzen in den Adel.

meinsam. In der Regel stellt ein Adliger nur eine Urkunde aus, selten zwei; mit sechs bildet Mrosco von Pogarell eine Ausnahme. 56 Adlige führen ein Siegel, mit dem sie 76 Urkunden beglaubigen.

Mit seinen wirtschaftlichen Unternehmungen ordnet sich der Adel in die allgemeine wirtschaftliche Entwicklung Schlesiens ein. An der deutschen Siedlung beteiligt er sich mit der Aussetzung seines Grundbesitzes und der Gründung einiger Städte. Am Übergang von der Natural- zur Geldwirtschaft nimmt er teil, indem er als Abgabe in zunehmendem Maße Geld fordert.

IV.3. Adel und Kirche in Schlesien

IV.3.a) Adlige Geistliche und ihre Rolle in der Kirche

Im Unterschied zu Adel, Bürgertum und Bauernschaft ist die Zugehörigkeit zum geistlichen Stand nicht durch Geburt vorgegeben. Die Mitglieder aller Stände aufnehmende Geistlichkeit ist in sich gemeinständisch, wenn es auch nicht an Versuchen - besonders der aus dem Adel stammenden Geistlichen - fehlt, die Exklusivität einiger kirchlicher Institutionen oder bestimmter Ämter zu erhalten oder festzuschreiben. Dies trifft auch für das mittelalterliche Schlesien zu. Dennoch gelten - zum Teil bis über das Ende des 13. Jahrhunderts hinaus - das Breslauer Domkapitel[473] als vermutlich ausschließlich und das Breslauer Klarenstift[474] als wohl völlig vom Adel besetzt. Im Breslauer Kreuzstift[475] sind Adlige und Patrizier vorherrschend. Die besondere Stellung der aus dem Adel stammenden Geistlichen zeigt sich zudem in der Besetzung der wichtigen Ämter. So stehen beispielsweise in den gemeinständischen Frauenklöstern Schlesiens in der Regel adlige Damen an der Spitze[476].

Von den in den Quellen bis zum Ende des 13. Jahrhunderts genannten schlesischen Adligen gehören 10,9 % der Geistlichkeit an[477]. Dies dürfte indessen nur in etwa der Männeranteil sein, sind doch unter den 293 aus dem Adel stammenden Geistlichen nur vier Nonnen[478] bekannt. Tatsächlich wird der Anteil der Frauen, die viel weltabgewandter lebten und deshalb in den Urkunden so gut wie nicht erscheinen, vermutlich eher größer als der der Männer gewesen sein.

In einigen Familien werden mehrere Angehörige Geistliche, sei es in einer oder über mehrere Generationen hinweg. So ist Bozechnas Bruder Breslauer Domherr, heiratet sie selbst in zweiter Ehe einen einfachen Priester und wird ihr gemeinsamer Sohn - Bozechnas zweiter - ebenfalls Geistlicher. Zwei von den drei Brüdern

---

473) Vgl. SANTIFALLER, S. 404 und SAMULSKI, S. 83.
474) Vgl. SANTIFALLER, S. 406.
475) Vgl. SANTIFALLER, S. 405 und KUCHENDORF, S. 24.
476) Vgl. SANTIFALLER, S. 405f..
477) 293 von 2688 (= 10,9 %).
478) Die beiden Töchter des Ianissius, Wisenyga (vgl. Personenverzeichnis unter Clemens [2]) und Katharina von Zedlitz.

des Clemens [2] haben sich für den geistlichen Stand entschieden, ebenso wie seine Tochter Wisenyga. Der Magister Goswin gehört vor seiner Eheschließung dem Breslauer Domkapitel an, wie später auch zwei seiner Söhne (er hatte sechs Kinder: vier Söhne und zwei Töchter). Die in fünf Generationen bekannten Pogarell stellen in zwei aufeinander folgenden Menschenaltern drei Geistliche; ein vierter - Bogus von Pogarell - ist wahrscheinlich einer dritten Generation zuzuordnen. In der Familie des Egidius [8] sind zwei der drei Brüder Geistliche.

Die Besetzung eines hohen kirchlichen Amtes mit einem aus einer zugewanderten Adelsfamilie stammenden Geistlichen oder dessen Aufnahme in das Breslauer Domkapitel sind sicherlich auch Ausdruck dafür, daß die betreffende Familie mittlerweile in den schlesischen Adel integriert ist. Dies gilt für die Zedlitz - Katharina von Zedlitz wird für 1298 als Äbtissin von Liebenthal erwähnt[479] - und die Familie der Gallici. Von letzteren gelangen Walter und Johannes ins Domkapitel, und zwar kurz vor Beginn des wirtschaftlichen Niederganges der Familie.

Von besonderer Bedeutung für eine Adelsfamilie ist es, wenn ein Angehöriger Bischof wird. Der erste Breslauer Bischof, dessen familiäre Zugehörigkeit - abgesehen von dem Piasten Jaroslaus - sicher festgestellt werden kann, ist Thomas I. (1232-1268); er gehört zur Familie der Goslawitz. Zu den Herren von Strehlen zählt sein Nachfolger und Neffe Thomas II. (1270-1292), wogegen die Romka[480] mit Bischof Johannes III. (1292-1301) erstmals in Erscheinung treten. Die anderen großen schlesischen Adelsfamilien stellen erst im 14. Jahrhundert Breslauer Bischöfe: die Würben mit Heinrich I. (1302-1319) und die Pogarell[481] mit Predslaus (1342-1376). Aber auch auswärtige Bischofsstühle werden mit schlesischen Adligen besetzt. So wird der zur Familie des Clemens [2] gehörende Andreas (1238-1249) Bischof von Płock, Wilhelm von Neisse (1252-1283) aus der Familie des Radozlaus [1] Bischof von Lebus und ein Angehöriger der Goslawitz, Peter (1265-1280), Bischof von Passau[482]. Dies zeigt, daß neben Piasten bedeutende Adelsfamilien das kirchliche Spitzenamt des Bischofs besetzen. Zwei Bischöfe zu stellen, gelingt im 13. Jahrhundert lediglich der Familie der Goslawitz.

Einmal in einem höheren geistlichen Gremium vertreten, ist jede Familie bestrebt, den gewonnenen Einfluß zu erhalten und möglichst noch zu vergrößern,

---

479) SR 2489.
480) Vgl. Personenverzeichnis unter Johannes [11].
481) Die von BRETSCHNEIDER, Studien, 64, S. 6 aufgestellte These, daß Bischof Lorenz (1207-1232) ein Angehöriger der Pogarell sei, fand anfänglich Anklang (z.B. bei PANZRAM, S. 37 Anm. 49 und bei SAMULSKI, S. 54 [vgl. in diesem Zusammenhang auch SAMULSKI, S. 54 Anm. 24]), wird heute jedoch, da sie nicht beweisbar ist, von der kritischen Forschung (z.B. von EISTERT, Beiträge, S. 230 und CETWIŃSKI, Bd. II, S. 18) abgelehnt.
482) Des weiteren gelangen folgende schlesische Adlige, deren Familienzugehörigkeit sich jedoch nicht feststellen läßt, auf auswärtige Bischofsstühle: Lorenz [1] (1204-1233) wird Bischof von Lebus, ebenso Nanker [1] (1248-1252), Paul [4] (1211-1242) wird Bischof von Posen und Johannes [12] (1295-1320) Bischof von Krakau.

was durch die Aufnahme weiterer Verwandter in das entsprechende Gremium versucht wird. Dieses Bestreben des Adels richtet sich besonders auf das als Diözesanregierung und Bistumsverwaltung wirkende Breslauer Domkapitel, das deshalb auf die verwandtschaftlichen Beziehungen seiner Mitglieder hin untersucht werden soll[483].

In einem Vater-Sohn-Verhältnis steht nach Samulski[484] der Domherr Benicus [1] zu den Kapitelmitgliedern Egidius [4] und Johannes [15]. Um Vater und Sohn handelt es sich sehr wahrscheinlich auch bei Felix und Johannes[485] sowie Milo und Johannes[486]. Das letzte Paar gelangt nach der Mitte des 13. Jahrhunderts ins Domkapitel, also zu einem Zeitpunkt, zu dem der Zölibat in Schlesien als gerade durchgesetzt gilt. Ebenfalls nach dieser Zäsur erscheinen Magister Goswin und ihm folgend seine Söhne Johannes[487] und Jakob[487] als Mitglieder des Breslauer Domkapitels. Von den Zölibatsvorschriften betroffen wird der erwähnte Goswin, als er um 1254 heiratet; er muß auf seine Domherrnpfründe und seinen geistlichen Stand verzichten[488]. Da sein Sohn Johannes[487] im selben Jahr als Scholar genannt wird[489] - also vielleicht um die 15 Jahre alt ist -, stört sich die Kirche offensichtlich weniger an seinem Kinde, als an seiner Ehe. Nachteile für die Kinder des ehemaligen Geistlichen entstehen jedoch nicht, auch nicht für diejenigen, die Geistliche werden wollen. Im Gegenteil, Johannes[487] darf im selben Jahr mit päpstlicher Erlaubnis sogar die bisher mit seinem Vater besetzte Pfarrei Domslau übernehmen[489]; hier folgt im Pfarramt der Sohn auf den Vater. Zudem machen er und sein Bruder später im Domkapitel Karriere: Johannes[487] wird Kantor, Jakob[487] Propst.

Es sitzen aber - zeitweise zusammen - auch Brüder im Kapitel, und zwar Egidius [8] und Johannes[490], Adalbert [6] und Boguslaus[491] sowie Johannes und Heinrich von Würben, der spätere Breslauer Bischof. Onkel und Neffe sind die Domherren Martin[386] und Sebastian[386], wogegen es sich bei Walter und Johannes aus der Familie der Gallici um Vettern handelt, die übrigens innerhalb von knapp zwei Jahren ins Domkapitel gelangen[492].

---

483) Vgl.hierzu SAMULSKI, S. 52-58, dessen Verwandtschaftsangaben jedoch nicht immer korrekt sind und der auch nicht alle verwandtschaftlichen Verbindungen anführt.
484) SAMULSKI, S. 53, dessen Verwandtschaftsangabe hier mitgeteilt, ihr aber nicht gefolgt wird.
485) Vgl. Personenverzeichnis unter Felix.
486) Vgl. Personenverzeichnis unter Milo.
487) Vgl. Personenverzeichnis unter Goswin.
488) Ergibt sich aus SUb III, 244.
489) SUb III, 134.
490) Vgl. Personenverzeichnis unter Egidius [8].
491) Vgl. Personenverzeichnis unter Adalbert [6].
492) Zum ersten Mal als Mitglied des Domkapitels wird Walter Gallici am 11. Jan. 1288 (SUb V, 367) genannt, Johannes Gallici am 21. Okt. 1289 (SUb V, 429).

Ein komplexeres Bild[493] verwandtschaftlicher Beziehungen zeigt sich bei den Bischöfen Thomas I.[11] und Thomas II.[494]. Zwar gehören beide verschiedenen Familien an - Thomas I. den Goslawitz, Thomas II. den Herren von Strehlen -, doch sind sie miteinander verwandt. Die Schwester Thomas' I.[11] ist mit einem Strehlen verheiratet; ihr gemeinsames Kind ist Thomas II.[494] Die beiden Bischöfe stehen also in einem Onkel-Neffe-Verhältnis zueinander.

Thomas I.[11] ist für 1220 als Mitglied des Domkapitels belegt[495]. Zu dieser Zeit befindet sich als einziger Verwandter sein Onkel Peter [6] im Kapitel. Dieser wird in seiner Eigenschaft als Propst die Wahl seines Neffen zum Bischof sicherlich gefördert haben. Da das Breslauer Domkapitel sich nicht selbst ergänzt, die Besetzung der Kapitelstellen vielmehr durch den Bischof erfolgt[496], ist es für den neuen Bischof ein Leichtes, weitere Verwandte in das Kapitel zu berufen, nämlich seine Vettern Konrad und Peter - Brüder aus der Familie der Goslawitz -, seinen Neffen Thomas von Strehlen und dessen Neffen Nikolaus von Strehlen. Die ersten Drei erlangen zu Lebzeiten ihres bischöflichen Verwandten Ämter: Konrad[11] wird Domkantor, Peter[11] Kanzler seines Vetters und später Bischof von Passau, Thomas von Strehlen zwei Monate vor dem Tode seines Onkels Kustos.

Vor 1270 - vielleicht um 1255[497] - heiratet die Tochter eines Bruders des Thomas von Strehlen einen Pogarell, womit die Geistlichen beider Familien in eine weitläufige Verwandtschaft zueinander treten. Ein Onkel des Ehemannes ist der Domherr Gerlach von Pogarell, der selbst der Neffe der Gebrüder Vinzenz und Ianusius von Pogarell ist, die beide Dignitäre des Breslauer Domkapitels sind bzw. waren. Demnach sitzen um 1255 fünf Geistliche im Domkapitel, die miteinander enger oder weiter verwandt sind. Den Anteil dieser Gruppe kann man auf etwa 20 % der Domherren veranschlagen[498], wobei zu beachten ist, daß sie Kantor und Bischof stellt.

Ähnlich ist die Lage 1268 beim Tode Bischof Thomas' I.[11] Verwandtschaftlich verbunden sind Konrad[11], Gerlach von Pogarell sowie Thomas und Nikolaus von Strehlen, also eine Gruppe von vier Personen, der zwei Amtsinhaber, Kantor und Kustos, angehören. Erfolgreich ist diese Gruppierung jedoch erst zwei Jahre spä-

---

493) Vgl. Tafel S. 201.
494) Vgl. Personenverzeichnis unter Strehlen.
495) SUb I, 195.
496) SAMULSKI, S. 53.
497) Der aus der Ehe der Elisabeth von Strehlen mit Jaroslaus von Habendorf und Michelau (vgl. Personenverzeichnis unter Pogarell) hervorgehende Sohn Predslaus von Rosenbach (vgl. Personenverzeichnis unter Pogarell) wird 1270 erstmals urkundlich erwähnt. Ein Mindestalter von 15 Jahren für die Rechtsfähigkeit vorausgesetzt, ergibt als mögliches Jahr der Hochzeit 1255.
498) Nach SAMULSKI, S. 15-18 ist die Anzahl der Kanonikate bis zur Einführung der Kapitelsstatuten 1468 unbestimmt und schwankend. Als Beispiele für die Zeit um 1255 führt er zwei Urkunden an: Die von 1235 (SUb II, 103) nennt 36 Domherren, die von 1284 (SUb V, 135) 23, was bei fünf Kanonikern 14 % bzw. 22 % ausmacht.

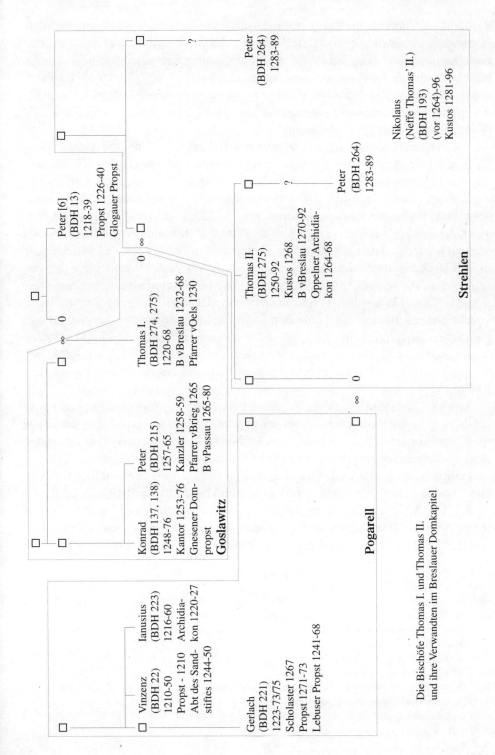

Die Bischöfe Thomas I. und Thomas II. und ihre Verwandten im Breslauer Domkapitel

ter, 1270, als Thomas von Strehlen zum Bischof von Breslau gewählt wird und den bisherigen Administrator ablöst. Im Jahr nach der Wahl wird Gerlach von Pogarell zum Dompropst bestellt, sicherlich mit Unterstützung des neuen Bischofs. Dieser beruft schließlich 1283 als weiteren Verwandten seinen Neffen oder Vetter Peter von Strehlen - die Verwandtschaftsbeziehung ist nicht geklärt - ins Domkapitel. Auch Thomas II.[494] versucht also, seinen Einfluß durch Aufnahme eines Familienmitgliedes in das Kapitel zu stärken.

Die verwandtschaftlichen Beziehungen im Breslauer Domkapitel, besonders die zwischen den Bischöfen Thomas I.[11] und Thomas II.[494], sowie ihre Auswirkungen bei der Besetzung von Domherrnstellen und der Vergabe von Ämtern erwecken auf den ersten Blick den Anschein einer Vetternwirtschaft[499]. Abgesehen davon, daß die langen Regierungszeiten von 36 (1232-1268) und 22 Jahren (1270-1292) der beiden Bischöfe - insgesamt also fast 60 Jahre - für die Lösung der Kirche von der weltlichen Gewalt und die Gewinnung der beschränkten Landeshoheit für das Bistumsland Neisse-Ottmachau durchaus von Vorteil waren, gilt es zu beachten, daß Thomas II.[494] nicht direkt auf den ersten Bischof seines Namens, sondern auf Herzog Wladislaus von Schlesien folgt, der zwei Jahre lang bis zu seinem Tode 1270 das Bistum als Administrator verwaltete. Zudem ist die Anzahl der geistlichen Verwandten des Bischofs nicht so groß, daß sie stets im Domkapitel dominieren können. Dies zeigt sich recht deutlich an den von den Verwandten bekleideten Ämtern, bei denen es sich durchaus nicht nur um die Spitzendignitäten[500] handelt.

Aus dem Adel stammende Geistliche mußten bei ihrer Aufnahme in den geistlichen Stand offensichtlich nicht auf ihr privates Eigentum verzichten oder es an die Kirche abtreten. Dies geht aus einer Reihe von Urkunden hervor, in denen der Besitz von Geistlichen sowie dessen Erwerb und Veräußerung festgehalten ist.

Lediglich als Besitz in der Hand eines Geistlichen werden Grundbesitz[501], ein Gut[502] und ein Dorf[503] erwähnt; der Domherr und bischöfliche Offizial Johannes[504] wird 1298 als Erbherr von Simsdorf bezeichnet[454]. Vermutlich in Verbindung mit ihrem Amt als Notar oder Kanzler erhalten Arnold [1] eine Mühle[24], Nikolaus[505] und Bernhard d. Ä. von Kamenz je sechs Dörfer[506], der letzte jedoch ausdrücklich

---

499) So SAMULSKI, S. 55f., der hier HEYDEBRAND, Herkunft und Pfitzner, Abstammung folgt.
500) Für die Ämter des Breslauer Domkapitels stellt SAMULSKI, S. 42-47, hier S. 43 für das 13. Jh. folgende Rangordnung fest: Propst, Dechant, Archidiakon, Kantor, Scholaster, Kustos und Kanzler.
501) SUb III, 18 (Nikolaus [8]).
502) SUb III, 18 (Leonhard [1]).
503) SUb I, 171, 279 (Martin [vgl. Personenverzeichnis unter Bozechna]).
504) Vgl. Personenverzeichnis unter Gallici.
505) Vgl. Personenverzeichnis unter Johannes [68].
506) GB, S. 250.

auf Lebenszeit[507]. Unwahrscheinlich ist allerdings, daß dies auch für den Notar Gerlach von Pogarell zutrifft, der zusammen mit seinem Bruder Mrosco 100 Hufen bei Grottkau sein Eigen nennt[346]. Von den acht angeführten Geistlichen sind nur zwei - Arnold [1] und Bernhard von Kamenz - nicht Domherren.

Beim Erwerb spielt der Kauf die größte Rolle. Dabei zeigt sich, daß zumindest einige Geistliche über größere Summen Geldes verfügen - so gibt Andreas [1] 70 Mark Silber für die Scholtisei von Senditz aus[186], kauft Nikolaus [8] für 50 Mark ein Dorf[508], erwirbt Leonhard [1] für 36 Mark ein Erbgut[509] und erlangt Sdizlaus [1] für 25 Mark Grundbesitz[510]. Ohne Nennung eines Kaufpreises wird vom Erwerb des bischöflichen Dorfes Dobrischau durch Lorenz [5][511], des Gutes Gräbschen durch Lambinus Colonia[512] und einer Mühle durch Ratibor [1][513] berichtet. In einem Vergleich werden dem Domherrn Veit in Bielau bei Neisse eine Hufe zur freien Verfügung, eine weitere zum Kauf sowie Anteile zu Zins und Zehnt zugesprochen, was aber alles bis auf die erste Hufe nach seinem Tod an den Bischof fallen soll[514]. Lorenz [14] soll für Dienste im Notariat mit Äckern bei Tschirne entlohnt worden sein[515], Milo ein Erbgut erhalten haben[516]. Zum Zwecke der Aussetzung zu deutschem Recht erwirbt Arnold [1] halb Mochbern[321] und gemeinsam mit seinen beiden Brüdern zur Anlage einer Stadt das herzogliche Erbgut Zator[322]. Ebenfalls zu deutschem Recht umsetzen dürfen ihre Güter Leonhard [1][517] und Nikolaus [8][517]. Schließlich werden dem Andreas [5] gegen einen jährlichen Zins 200 französische Schafe übereignet[518].

Zu Tauschgeschäften kommt es in vier Fällen. Tauschobjekte sind stets einzelne Dörfer, deren unterschiedliche Größen durch Geldzahlungen der anderen Tauschpartner ausgeglichen werden[519]. Aus dem Rahmen fällt die Vertauschung von drei Dörfern und zwölf Hufen Wald durch Wilhelm von Neisse[9], den Bischof von Lebus, gegen ein Dorf, ein Gut und eine Jahresrente von 20 Mark[520].

Am häufigsten sind Veräußerungen belegt. Hier dominieren die Schenkungen, deren Empfänger ausschließlich kirchliche Einrichtungen sind. Verschenkt werden

---

507) SUb V, 451.
508) SUb III, 127.
509) SUb II, 404.
510) SUb III, 349.
511) SUb V, 132.
512) SUb III, 31.
513) SUb III, 205.
514) SUb VI, 253.
515) SUb II, †440; vgl. auch Vorbemerkung zu dieser Urkunde und SUb VI, 29.
516) SUb III, †588.
517) SUb III, 18.
518) SUb IV, 144.
519) SUb I, 115 und 181 (Egidius [8] und sein Bruder Johannes), III, 391 (Gerlach von Pogarell).
520) SUb III, 391.

von den Geistlichen die gesamte Habe[521], Grundbesitz in Form von einzelnen Hufen[522], einem See[523], Wald[524] und einer Wiese[523], Dörfer[525], Güter[526], eine Mühle[527], Zinsen und Zehnte[528], Geld[529], Naturalien[530] und Dienstleistungen[531], zum Teil einzeln, zum Teil in Kombinationen. Seine Kirche in Würben schenkt der spätere Breslauer Bischof Heinrich von Würben dem Kloster Kamenz[532], ähnlich wie Wilrich von Liebenthal, der das aus eigenem Vermögen erworbene Patronat der Kirche von Hohenposeritz mit den Zehnten und Einkünften der Kirche dem von ihm und seinen Brüdern gegründeten Kloster Liebenthal schenkt[533]. In einigen Fällen sind die Schenkungen mit Vorbehalten verbunden. So stellt Bartholomeus [6] bestimmte Bedingungen[521], soll das Dorf Guhlau erst nach dem Tode des Konrad von Röchlitz und dessen Mutter in das Eigentum des Klosters Leubus übergehen[534] und fordert Heinrich[420], mindestens drei Messen wöchentlich für sein Seelenheil zu lesen[523]. Ein lebenslängliches Nutzungsrecht behalten sich Ianusius von Pogarell, Sebastian[386] und Konrad Hake vor[535]. Zum Unterhalt des Priesters der von ihm errichteten Hospitalkapelle in Neisse sind die Schenkungen des Domherrn Franco [1]

---

521) SUb I, 69 (Bartholomeus [6]).
522) SUb II, 345 (Wilhelm von Neisse [vgl. Personenverzeichnis unter Radozlaus [1]]), IV, 91 (Konrad Hake), V, 33, 154, 155 (Franco [1]), 493 (Heinrich [vgl. Personenverzeichnis unter Ulrich [3]), VI, †468 (Johannes [vgl. Personenverzeichnis unter Gallici]).
523) SUb V, 493 (Heinrich [vgl. Personenverzeichnis unter Ulrich [3]).
524) SUb I, 290 (Nikolaus [vgl. Personenverzeichnis unter Johannes [68]), II, 196 und 270 (Konrad von Röchlitz).
525) SUb I, 77 und †332 und †333 (Bartholomeus [6]), I, 152 und III, 314 (Ianusius von Pogarell), I, 286 und 290 (Nikolaus [vgl. Personenverzeichnis unter Johannes [68]), II, 16 (Konrad von Röchlitz), 287 (Benicus [1], Johannes (vgl. Personenverzeichnis unter Egidius [8]), Thomas (vgl. Personenverzeichnis unter Goslawitz), Johannes [12], Viktor [1], Vinzenz [1]), II, 287 und III, 50 und IV, 269 (Sdizlaus [1]), III, 314 (Martin [vgl. Personenverzeichnis unter Bozechna]), IV, 328 (Sbroslaus von Schnellewalde).
526) SUb I, 290 (Nikolaus [vgl. Personenverzeichnis unter Johannes [68]), II, 9 und 287 (Crisanus [1]), 105 (Sebastian [vgl. Personenverzeichnis unter Bozechna]), 164 (Lorenz [6]), 167 und III, 281 und IV, 234 und GB, S. 264f. (Nikolaus von Reumen), II, 261 (Johannes [29]), 281 (Johannes [21]), 384 (Ianusius von Pogarell), III, 504 (Otto [vgl. Personenverzeichnis unter Otto [5]]), IV, 107 (Milegius), 363 (Konrad [vgl. Personenverzeichnis unter Goslawitz]), SUb VI, 47 (Thomas von Strehlen).
527) SUb VI, †468 (Johannes [vgl. Personenverzeichnis unter Gallici]).
528) SUb I, 209 (Egidius [1]), IV, 328 (Sbroslaus von Schnellewalde), V, 493 (Heinrich [vgl. Personenverzeichnis unter Ulrich [3]), VI, 22 (Veit), 200 (Andreas [2]), †468 und †470 (Johannes [vgl. Personenverzeichnis unter Gallici]).
529) SUb V, 154 (Franco [1]).
530) SUb VI, †470 (Johannes [vgl. Personenverzeichnis unter Gallici]).
531) SUb IV, 328 (Sbroslaus von Schnellewalde).
532) Nekr. Kamenz, S. 330: 23. Sep.
533) SUb VI,153.
534) SUb II, 16.
535) SUb I, 152, 315, IV, 91.

bestimmt[536], die des Johannes[504] für den von ihm gestifteten Altar in der Breslauer Domkirche[537]. Auch Veit und Andreas [3] dotieren mit Zinszahlungen Altäre im Dom zu Breslau[538]. Eine andere Form der Veräußerung ist die Geldspende an ein Kloster zum Zwecke der Feier des Jahrgedächtnisses, wie dies Martin [4][539] tut. Als ehemaliger Besitzer einer sors in Sorauin und des Teiles eines weiteren Dorfes wird Benicus [1] erwähnt[540], Leonhard [1] besaß eine Hufe und Franco [1][541] sogar eine Insel[542]. Als einziger Verkauf ist der von sechs Hufen mitsamt Häusern in Lossen durch den Domherrn Johannes [12] bekannt[543], der auch für die Zeit nach seinem Tode auf Grundbesitz und Zehnt zugunsten des Domkapitels verzichtet haben soll[544]. Gegen einen Jahreszins von fünf Mark für einen von ihm gestifteten Altar im Breslauer Dom übereignet Leonhard [1] einem anderen Domherrn eine Herde von 200 Schafen[518]. Johannes [21] schließlich teilt seinen Grundbesitz in seinem Testament auf[545].

Über Privatbesitz verfügen demnach 52 aus dem Adel stammende Geistliche, von denen nur zehn dem Domkapitel nicht angehören. Sie erwerben und veräußern Besitz unterschiedlichster Art, genauso wie der weltliche Adel. Ihre Veräußerungen erfolgen allerdings - so weit bekannt und bis auf das Testament[545] des Johannes [21] - ausschließlich an kirchliche Einrichtungen[546]. Bemerkenswert ist, daß auch einige Geistliche sich an der deutschen Siedlung beteiligen, indem sie Grundbesitz zur Aussetzung oder die Erlaubnis zur Umsetzung ihres Privatbesitzes zu deutschem Recht erlangen.

Mit einer Förderung durch die Landesherren können besonders jene Geistlichen rechnen, die als herzogliche Kapläne oder auf Grund ihrer Lese- und Schreibkenntnisse als Notare an den Herzogshöfen tätig sind. Die herzogliche Empfehlung in ein kirchliches Amt oder zur Aufnahme in ein Kapitel oder Stift

---

536) SUb V, 33, 155.
537) SUb VI, †468, †470.
538) SUb VI, 22, 200.
539) Nekr. Kamenz, S. 39: 8. Feb.
540) SUb I, 83, 114, 115, 181.
541) SUb III, 309.
542) SUb VI, 141.
543) SUb III, 143.
544) SUb III, †568, †569.
545) SUb II, 218.
546) Bistum Breslau: SUb II, 9, 105, 164, 287, III, 50, 504, IV, 91, 269; Breslauer Dom: SUb III, †568, †569, IV, 363, VI, 200, †468, †470; Breslauer Domherren: SUb IV, 144; Breslauer Domvikare: SUb VI, 47; Kloster Heinrichau: SUb I, 286, 290, II, 167, III, 281, IV, 190, GB, S. 264f.; Kloster Kamenz: SUb I, 152, II, 384, III, 314, Nekr. Kamenz, S. 309: 8. Feb. und S. 330: 23. Sep.; Kloster Leubus: SUb I, 69, 77, †332, †333, II, 16, 196, 270; Kloster Liebenthal: SUb VI, 153; Kloster Miechów: SUb II, 345, IV, 328; Kloster Mogiła: SUb II, 261; Vinzenzstift: SUb III, 143; Marienkirche zu Goldberg: SUb IV, 91; Kapelle in Polnisch Steine: SUb V, 493; Heiliggeistspital zu Breslau: SUb I, 209, 315; Hospital zum heiligen Grab zu Neisse: SUb V, 33, 154, 155.

dient in erster Linie der wirtschaftlichen Absicherung des betreffenden Geistlichen, der aber weiterhin im Dienste des Landesherrn bleiben soll. Als weitere Motive kommen vor allem hinzu die Etablierung von herzoglichen Parteigängern und somit die Gewinnung von Einfluß in den kirchlichen Institutionen sowie Belohnung für geleistete Dienste und eine Art 'Altersvorsorge' für den Geistlichen. Allerdings läßt sich herzoglicher Einfluß so gut wie nie direkt nachweisen, oftmals liegt er aber auf der Hand. So bei Gotthard [1], der von 1241 bis 1277 als Notar der Oppelner Herzöge Mieszko II. und Wladislaus I. wirkt, aber erst 1260 als Kanoniker am Oppelner Kollegiatstift erwähnt wird[547], in das er sicher mit Unterstützung des Herzogs gelangt ist. Ähnlich dürfte es sich bei Konrad[11] verhalten, der 1248 als Notar Herzog Heinrichs III. beginnt und 1251 erstmals als Breslauer Domherr genannt wird[548]. Nur noch im Folgejahr herzoglicher Notar, verselbständigt sich 1253 seine kirchliche Karriere mit der Übernahme der Breslauer Kantorei[549], zu der sich 1264 mit päpstlicher Genehmigung die Propstei der Gnesener Kirche gesellt[550]; für 1276 ist er als Breslauer Dompropst belegt[551]. Keine Rolle spielen wirtschaftliche Gründe bei Sebastian[386], Crisanus [1] und Otto[552], die alle über eigene Güter verfügen[553]. Sebastian[386] ist 1217 sowie 1225/26 Kaplan und von 1222 bis 1235 Kanzler der Oppelner Herzöge. Er wird 1221 Mitglied des Domkapitels zu Breslau[554], auf das der Oppelner Herzog allerdings nur geringen Einfluß haben dürfte, und 1240 - nun gewiß mit Zutun seines Landesherrn - Propst der Oppelner Kreuzkirche[555]. Auch Crisanus [1] ist erst herzoglicher Notar und Kaplan, tritt dann 1231 durch die Schenkung seines Gutes mit dem Breslauer Domkapitel in Verbindung[556], wird 1234 ebenda Kantor[557] und fünf Jahre später Dekan[558], was er offensichtlich bis zu seinem Tode bleibt. Etwas unklar von der Person her ist der Fall bei Otto[552], der erst als Notar und nach 15 Jahren zudem als Breslauer Domherr[559] in Erscheinung tritt. Nicht so glänzend untergebracht werden zu Ende des Jahrhunderts die Notare der Herzöge von Cosel-Beuthen, Jauer und Ratibor, die bis zum Jahre 1300 nur Pfar-

---

547) SUb III, 338.
548) SUb III, 8.
549) SUb III, 61.
550) SUb III, 469.
551) SUb IV, 286, 287, 288. Als verstorben erwähnt am 30. Juni 1279 (SUb IV, 363).
552) Vgl. Personenverzeichnis unter Otto [5].
553) Ergibt sich für Sebastian (vgl. Personenverzeichnis unter Bozechna) aus SUb I, 165, 315, II, 1, 105, 287, für Crisanus [1] aus SUb II, 9, 287, für Otto (vgl. Personenverzeichnis unter Otto [5]) aus SUb III, 504.
554) SUb I, 206.
555) SUb II, 192.
556) SUb II, 9.
557) SUb II, 61.
558) SUb II, 159.
559) SUb III, 504.

rerstellen erlangen[560]. Adalbert [1] ist bei seiner ersten Nennung als Kaplan und Notar bereits Pfarrer von Schweidnitz[561].

Einige Geistliche steigen sowohl im kirchlichen als auch im weltlichen Bereich auf. Allem Anschein nach bleibt dabei die eine Karriere nicht ohne Auswirkung auf die andere. So erscheint der Breslauer Domherr Thomas[11] nicht etwa erst als Schreiber oder Notar, sondern gleich als Kanzler Herzog Heinrichs I. von Schlesien[562]. Im selben Jahr zudem als Pfarrer von Oels erwähnt[563], wird er 1232 Bischof von Breslau. Nanker [1] wird anfänglich ohne irgendeinen Titel als Zeuge genannt[564]. Nachdem er 1234 Breslauer Domherr[565] und 1237 Lebuser Propst[566] geworden ist, erscheint er in einer Urkunde Herzog Heinrichs II. von 1240 unvermittelt und plötzlich als „cancellarius Slesie"[567], wenn auch nur für ein einziges Mal. Seine Karriere setzt er dann im kirchlichen Bereich fort: von 1244 bis 1247 als Breslauer Dekan[568], ab 1247 als Bischof von Lebus. In der Umgebung Herzog Boleslaus' II. befindet sich seit 1245 der Lebuser Domherr Konrad von Drehnow[569]. Er avanciert 1247 zum Hofkaplan[324], wird im Folgejahr Breslauer Domherr und Pfarrer von Deutsch Lissa[570]. Am Hof nimmt er dann 1250 die Funktion eines Notars wahr[571], steigt also auch im Herzogsdienst auf. Zwischen 1251 und 1266 weilt gelegentlich Bernhard d. Ä. von Kamenz[572] am Breslauer Hof[573]. Anscheinend 1264 in den geistlichen Stand getreten, wird er 1266 in einer schlesischen Urkunde als Kleriker bezeichnet[574]. Mittlerweile Propst von Meißen geworden, tritt er 1279 als Kaplan in die Dienste Herzog Heinrichs IV. von Breslau und wird gleichzeitig als Pfarrer von Brieg genannt[575]. Für das Folgejahr ist er bereits als Kanzler belegt, was er zehn Jahre lang bis zum Tode Heinrichs IV. bleibt[576]. Der Propst gelangt also innerhalb eines Jahres in die höchste Position am Hofe, nämlich die des Kanzlers und damit des engsten Vertrauten des Herzogs! Bernhard von Kamenz beendet

---

560) Peter [3] wird Pfarrer von Gleiwitz (SUb V, †503), Reinco [1] Pfarrer von Landeshut (SUb VI, 211, 213), Iesco [1] Pfarrer von Loslau (SUb VI, †473).
561) SUb V, 437.
562) 1220 (SUb I, 195) wird er nur als Domherr genannt, 1230 bei der zweiten Erwähnung (SUb I, 308) bereits auch als Kanzler.
563) SUb I, 317.
564) SUb I, 281, 308.
565) SUb II, 73.
566) SUb II, 122.
567) SUb II, 181.
568) SUb II, 280, 286, 316, 317.
569) SUb II, 296, 300.
570) SUb II, 342, 353.
571) SUb II, 394, 413.
572) Zu seinem Lebenslauf vgl. KNOTHE, Kamenz, S. 85f.
573) SUb III, 21, 263, 412, 537, 539, 541, 553, †588.
574) SUb III, 537.
575) SUb IV, 368.
576) Von 1280 (SUb IV, 392) bis 1290 (SUb V, 452).

schließlich seine Karriere als Bischof von Meißen, wozu er 1293 erhoben wird. Wesentlich bescheidener stellt sich die Karriere des Friedrich von Lom dar, der gleichzeitig Pfarrer von Lom und herzoglicher Kaplan ist. Zeitweilig fungiert er als Hofnotar bzw. vertritt er den eigentlichen Notar[577]. Als Lebuser Domherr ohne weitere kirchliche oder weltliche Ämter wird er dann zum letzten Mal erwähnt[578]. Hohe kirchliche und weltliche Ämter vereint in seiner Person auch Magister Boruto als Glogauer Propst und Kanzler des Herzogs von Glogau[579].

Am häufigsten sind die rein kirchlichen Karrieren, für die im schlesischen Bereich so gut wie stets die Mitgliedschaft im Breslauer Domkapitel die Voraussetzung ist. So stellt auch der Aufstieg innerhalb des Domkapitels - öfters verbunden mit der Wahrnehmung von Ämtern im bischöflichen Dienst und der Archidiakonate von Breslau, Glogau, Oppeln oder Liegnitz - die typische Karriere dar. Als Beispiel mag der 1284 erstmals erwähnte[580] Domherr Veit dienen: Er bekleidet von 1289 bis 1293 das Amt des Archidiakons von Glogau[581], ist 1290 bischöflicher Prokurator[582], steigt 1293 im Domkapitel zum Kantor auf[583], was er bis 1321 bleibt[584], und ist zudem in den Jahren 1294 bis 1296 als bischöflicher Offizial belegt[585]. Mehr oder weniger ausgeprägte Karrieren dieser Art machen etliche weitere Geistliche[586]. Dabei kann es auch zu kurzfristigen Tätigkeiten im weltlichen Bereich kommen, etwa als herzoglicher Kaplan oder Notar[587], ohne daß dies jedoch erkennbare Auswirkungen auf die kirchliche Karriere hätte.

---

577) SUb VI, 44, 54.
578) SUb VI, 171.
579) SUb III, 226, 304.
580) SUb V, 113.
581) Als solcher erwähnt erstmals in SUb V, 422, letztmals in SUb VI, 89.
582) SUb V, 480.
583) SUb VI, 122.
584) SAMULSKI, S. 33, 154.
585) SUb VI, 165, 183, 253.
586) So Boguslaus (vgl. Personenverzeichnis unter Adalbert [6]) (1212 Breslauer Domherr, 1223-1239 Scholaster, 1245-1251 Kantor, 1262 Archidiakon von Breslau), Eckehard von Kalkau (1230 Breslauer Domherr, 1231 bischöflicher Kaplan, 1253-1256 bischöflicher Prokurator, 1271 bischöflicher Richter), Stephan [2] (1251 Breslauer Domherr, 1251/60-1263 Archidiakon von Oppeln, 1263 bischöflicher Nuntius in Rom, 1267-1273 Archidiakon von Breslau), Andreas [3] (1268 Breslauer Domherr, 1275-1293 Archidiakon von Breslau, 1285-1287 bischöflicher Prokurator, 1294-1301 Dekan), Miroslaus [1] (1290 Breslauer Domherr, 1290 bischöflicher Prokurator, 1292 bischöflicher Richter, 1293 Archidiakon von Glogau), Semianus [2] (1290 Breslauer Domherr, 1290 bischöflicher Prokurator, 1292-1293 bischöflicher Offizial, 1293-1300 Archidiakon von Breslau).
587) So bei Vinzenz von Pogarell (vor 1210 Breslauer Domherr und Propst, 1244 herzoglicher Kaplan, 1244-1249 Abt des Sandstiftes, o.J. Propst des Klosters Kamenz), Milegius (1258 Breslauer Domherr, 1258 bischöflicher Prokurator, 1262-1267 Archidiakon von Liegnitz, 1267-1276 Archidiakon von Glogau, 1269 herzoglicher Kaplan, 1275 Dekan?, 1278 Kustos, 1281-1293 Dekan).

Beziehungen nach Rom, besonders zum Papst, scheinen dagegen stets förderlich für die Karriere zu sein. So wird der seit 1223 in der Umgebung des Breslauer Bischofs anzutreffende Theoderich [1] im Jahre 1226 als päpstlicher Subdiakon erwähnt[588]. Von 1228 bis 1230 wirkt er als Archidiakon von Glogau[589], wird 1230 Mitglied des Breslauer Domkapitels[590] und 1239 für fünf Jahre Kantor[591]. In Zusammenhang mit dem 'Großen Kirchenstreit' zwischen Herzog Heinrich IV. von Breslau und Bischof Thomas II. werden Johannes [15] und Lorenz [5] als bischöfliche Prokuratoren nach Rom geschickt. Lorenz [5] war 1281 Breslauer Domherr geworden[592], 1284 bischöflicher Offizial[593] und 1285 Archidiakon von Glogau[594] bevor er von 1285 bis 1287 als Prokurator seinen Bischof in Rom vertritt[595]. 1295 erlangt er das Amt des Scholasters, das der Magister bis 1299 bekleidet[596]. Von seinem Romaufenthalt läßt sich der Titel 'Päpstlicher Kaplan' ableiten, den er 1298 bei der Ausstellung einer Urkunde führt[597]. Ebenfalls nach Rom gelangt der seit 1279 als Breslauer Domherr und Archidiakon von Łęczyca belegte[598] Johannes [15], und zwar als bischöflicher Prokurator[599] für die Jahre 1284 und 1285. Hier wird er Kaplan des Bischof von Ostia und Velletri[600] und tritt in die Dienste der Päpste Martin IV. und Honorius IV., die ihn mit der Erhebung des Petripfennigs in Polen und Pommern beauftragen[601]. 1295 steigt Johannes [15] zum Propst von Łęczyca[602] und noch im selben Jahr zum Bischof von Krakau auf. Ebenfalls mit dem Bischofsamt beenden drei weitere Breslauer Domherrn ihre geistliche Karriere. Peter[11], seit 1257 Domherr[603] und von 1258 bis 1259 als bischöflicher Kanzler tätig[604], wird 1265 zum Bischof von Passau erwählt[605]. Thomas von Strehlen übernimmt nach zwölfjähriger Zugehörigkeit zum Domkapitel[606] im Jahre 1264

---

588) SUb I, 269.
589) SUb I, 288, 308.
590) SUb I, 308.
591) SUb II, 173, 181, 203, 207, 252, 271, 272.
592) SUb IV, 431.
593) SUb V, 108, 109, 112, 116, 120, 121, 123, 125, 132, 135, 149, 157.
594) SUb V, 184, 185, 225, 241, 244, 334.
595) SUb V, 225, 241, 244, 334, 335, 336, 345, 350.
596) SUb VI, 218, 262, 365, 395, 400, 416.
597) SUb VI, 365.
598) SUb IV, 376.
599) Mit diesem Titel in SUb V, 99, 103, 127 (bischöflicher Nuntius).
600) SUb V, 127.
601) SUb V, 160, 166, 167, 168, 169, 179, 229, 230, 231.
602) SUb VI, 200.
603) SUb III, 252.
604) SUb III, 275, 290.
605) SUb III, 529.
606) Als Breslauer Domherr erwähnt erstmals 1252 (SUb III, 52).

zunächst das Archidiakonat von Oppeln[607], wird dann 1268 Kustos[608] und schließlich 1270 als Thomas II. Bischof von Breslau. Sein Nachfolger, Johannes [11], macht - obwohl seit 1268 Domherr[609] - außerhalb des Kapitels Karriere: als bischöflicher Offizial[610] in den Jahren 1281/82 und als Glogauer Dekan[611] von 1287 bis 1291; im Folgejahr wird er Bischof.

Im klösterlichen Bereich bringen es Katharina von Zedlitz zur Äbtissin von Liebenthal[612] und Vinzenz von Pogarell - neben seiner Mitgliedschaft im Domkapitel - zum Propst des Klosters Kamenz und zum Abt des Sandstiftes[613]. Seine Karriere bricht Egidius [1] ab. Der Magister wirkt von 1202 bis 1216 als Archidiakon von Breslau[614] und steigt 1217 zum Scholaster[615] auf. Sechs Jahre später verzichtet er auf dieses Amt und zieht sich als Mönch ins Kloster Leubus zurück[616]!

Ämter- und Pfründenhäufung liegt vor bei Peter [2] und Jakob [6]. Ersterer ist von 1267 bis 1288 als Notar am Breslauer Herzogshof tätig[617]. Innerhalb dieses Zeitraumes wird er für 1268 bis 1273 als Propst von Mariasaal in Kärten[618] und für 1282 als Mitglied des Prager Domkapitels[619] erwähnt. Diese Ämter kann er schon allein wegen der räumlichen Entfernung bestenfalls gelegentlich ausüben[620]. Hinzu kämen womöglich noch die Aufgaben und Pflichten eines Pfarrers von Oels, als welcher Peter [2] zwar nicht direkt für jene Jahre, wohl aber allgemein für die Zeit vor 1288 genannt wird[621]. In diesem Jahr scheidet er aus dem Pfarrdienst sowie dem Notariat aus und wird statt dessen Propst im neu gegründeten Breslauer Kreuzstift[621]. Zwei Jahre später wird er Breslauer Domherr[622], ohne jedoch bis zum Ende des Jahrhunderts ein Kapitelsamt wahrzunehmen. Nicht aus urkundlichen, sondern erzählenden Quellen sind die zahlreichen Ämter und Würden des Breslauer Domherrn Jakob [6] bekannt. Dieser, genannt von Skarischau, war Magister sowie doctor decretorum und bewirkte 1253 an der Kurie in Rom die Heiligsprechung des Krakauer Bischofs Stanislaus. Jakob [6] soll im Laufe seines Lebens

---

607) SUb III, 473.
608) SUb IV, 55.
609) SUb IV, 59.
610) SUb IV, 431, V, 2.
611) Als solcher erwähnt erstmals in SUb V, 364, letztmals in SUb VI, 19.
612) So genannt in SR 2489.
613) Als Propst des Klosters Kamenz genannt in GB, S. 279f., als Abt des Sandstiftes erwähnt erstmals in SUb II, 274, letztmals in SUb III, 384 bzw. 414.
614) Als solcher erwähnt erstmals in SUb I, 77, letztmals in SUb I, 152.
615) Als solcher erwähnt erstmals in SUb I, 156, letztmals in SUb I, 226.
616) SUb I, 232 (monachus quondam scolasticus), 257; GB, S. 240f.
617) Als solcher erwähnt erstmals in SUb IV, 16, letztmals in SUb V, 367.
618) SUb IV, 63, 209.
619) SUb, V, 2.
620) Die Möglichkeit dazu wäre gegeben, denn er wird oft monatelang nicht in Urkunden genannt.
621) SUb V, 367.
622) SUb V, 470.

folgende Ämter bekleidet haben: Kaplan des Königs von Böhmen[623], Kaplan des Papstes[624], Kanoniker von Breslau[623] und Krakau[625], Scholaster von Bamberg[623] bzw. Breslau[626], Kantor von Leslau[623], Dekan von Gnesen[627] und Krakau[624] sowie Propst von Gnesen[628]. Es ist ganz offensichtlich, daß er diese vielen Ämter nicht tatsächlich ausgeübt haben kann. Zu bemerken ist, daß es sich bei Peter [2] und Jakob [6] jeweils um Einzelfälle handelt.

Etwa jedem zweiten Geistlichen adliger Abstammung gelingt es, eine mehr oder weniger ausgeprägte Karriere zu machen und in kirchliche Ämter aufzusteigen. Daß für ein spezielles Amt eine bestimmte Familie bevorzugt wird, läßt sich jedoch nicht feststellen, was allerdings auch daran liegen kann, daß die Familienzugehörigkeit der Geistlichen nur selten bekannt ist. Die Bekleidung der Domkapitelsämter ist den Domherren vorbehalten. Ebenso handelt es sich - soweit erkennbar - bei den bischöflichen Richtern, Offizialen und Prokuratoren ausschließlich, bei den Archidiakonen von Glogau, Oppeln und Liegnitz ganz überwiegend um Breslauer Domherren[629]. In alle übrigen Ämter gelangen auch Geistliche, die dem Kapitel nicht angehören.

Über die Grenzen des Breslauer Bistums hinaus weisen Mitgliedschaften in fremden Domkapiteln und auswärtige Ämter verschiedener schlesischer Geistlicher[630]. Am engsten sind die personellen Verflechtungen mit Lebus, in dessen Kapitel sechs Breslauer Domherren gelangen[631]. Für Gnesen und Krakau trifft dies lediglich für jeweils drei Breslauer Geistliche zu[632]. Mitglied des Domkapitels von Leslau ist Jakob [6][623], von Posen der Domherr Goswin[633]. Nur mit dem ebenfalls zur Erzdiözese Gnesen gehörenden Płock bestehen seitens des Breslauer Domka-

---

623) Annales Capituli Cracoviensis, S. 603f.
624) Annales Capituli Cracoviensis, S. 603f., Annales Sanctae Crucis Polonici, S. 681, Rocznik Świętokrzyski, S.72, Zdarzenia godne pamięci, S. 307.
625) Annales Capituli Cracoviensis, S. 599f.
626) Annales Sanctae Crucis Polonici, S. 681, Roczink Świętokrzyski, S. 72, Zdarzenia godne pamięci, S. 307. - Bei SAMULSKI, S. 35-38 unter den Scholastern überhaupt nicht erwähnt.
627) Katalogi Biskupów Krakowskich, S. 359.
628) Annales Sanctae Crucis Polonici, S. 681, Rocznik Świętokrzyski, S. 72, Zdarzenia godne pamięci, S. 307.
629) Ausnahme ist hier Stephan von Kornitz, der für 1285 als Liegnitzer, für 1286 bis 1288 als Oppelner Archidiakon genannt wird.
630) Bis Anm. 654 wird in der Regel nur die erste quellenmäßige Erwähnung einer Mitgliedschaft in einem fremden Domkapitel bzw. die Bekleidung eines auswärtigen Amtes angegeben.
631) Konrad von Drehnow (SUb II, 296), Heinrich [12] (SUb VI, 404), Lorenz [1] (GB, S. 238), Nanker [1] (SUb II, 122), Gerlach von Pogarell (SUb II, 224), Wilhelm von Neisse (vgl. Personenverzeichnis unter Radozlaus [1]) (SUb III, 40).
632) Gnesen: Konrad (vgl. Personenverzeichnis unter Goslawitz) (SUb III, 469), Jakob [6] (vgl. Anm. 627 und 628), Johannes [21] (SUb II, 281); Krakau: Adam [3] (Acta Thomae; Film Nr. 350/6; SUb VI, 101), Jakob [6] (vgl. Anm. 624 und 625), Sbroslaus von Schnellewalde (SUb IV, 226).
633) SUb III, 9.

pitels keine personellen Beziehungen. In den böhmischen Raum weisen Peter [2] und Peter [4] als Prager Kanoniker[634], Jakob [6] nach Bamberg[623] sowie Peter[11] nach Passau[605]. Es zeigt sich also[635], daß Breslauer Domherren ein weiteres Kanonikat überwiegend im Bereich des Erzbistums Gnesen erlangen, seltener an anderen Bischofssitzen. Etwa jeder dritte Breslauer Domherr, der überhaupt eine weitere Domherrenstelle innehat, ist Domherr zu Lebus. Dieser außerordentlichen Wichtigkeit von Lebus für das Breslauer Domkapitel steht die völlige Bedeutungslosigkeit von Płock gegenüber.

Zu auswärtigen Domherrenwürden gelangen aber auch Geistliche aus Schlesien, die dem Breslauer Kapitel nicht angehören. So ist Friedrich von Lom Lebuser Domherr[578], Giselher [1] Krakauer Domherr[636] und Andreas[637] Domherr von Płock[638]. Bernhard d. Ä. von Kamenz, der in schlesischen Diensten steht, stellt die Verbindung mit dem Domkapitel von Meißen her[575].

Die Inhaber auswärtiger Domherrenstellen übernehmen in den betreffenden Kapiteln auch Ämter. In Lebus sind Heinrich [12], Nanker [1] und Gerlach von Pogarell Propst[639]. Letzteres Amt bekleiden in Gnesen Konrad[640] und Jakob [6][628], der auch als Gnesener Dekan genannt wird[626]. Jakob [6] erscheint zudem als Kantor von Leslau[623] und Scholaster von Bamberg[623]. In Posen nimmt Goswin das Amt des Kantors[633] wahr, in Meißen ist Bernhard d. Ä. von Kamenz Propst[575]. Auf den Bischofsstuhl erhoben werden in Lebus Lorenz [1][641], Nanker [1][77] und Wilhelm von Neisse[642], in Płock Andreas[643], in Passau Peter[644] und schließlich in Meißen Bernhard d. Ä. von Kamenz[645]. Kein Amt erlangen aus Schlesien stammende Geistliche dagegen in Prag und Krakau. Dies ist für Krakau besonders auffällig, sitzen in diesem Domkapitel doch immerhin vier schlesische Geistliche.

Gelegentlich kommt es vor, daß schlesische Geistliche - fast ausschließlich Breslauer Domherren - Ämter bekleiden, die an außerschlesische Orte gebunden sind. Ungewiß bleibt dabei, ob diese Ämter tatsächlich ausgeübt werden oder es sich nur um Ehrentitel handelt, wie für die römischen, päpstlichen Titel vermutet werden kann. Pröpste werden Johannes [21] in Ruda[646], der dem Breslauer Dom-

---

634) SUb V, 2; SUb VI, 109.
635) Vgl. Abb. 6 auf S. 231.
636) SUb V, 444.
637) Vgl. Personenverzeichnis unter Clemens [2].
638) SUb II, 240.
639) SUb VI, 404; SUb II, 122; SUb II, 224.
640) SUb III, 469. - Vgl. Personenverzeichnis unter Goslawitz.
641) GB, S. 238.
642) SUb III, 40. - Vgl. Personenverzeichnis unter Radozlaus [1].
643) SUb II, 240. - Vgl. Personenverzeichnis unter Clemens [2].
644) SUb III, 529. - Vgl. Personenverzeichnis unter Goslawitz.
645) GB, S. 321.
646) SUb II, 103.

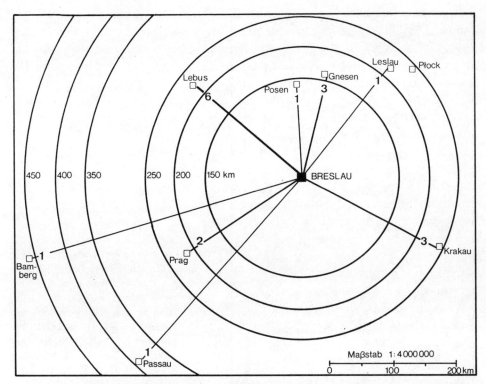

Abb. 6: Die Mitgliedschaften Breslauer Domherren in außerschlesischen Domkapiteln in ihrer Anzahl und räumlichen Distanz (zugrundegelegt wurde die Karte „Die ostdeutsche Ostbewegung des Mittelalters", in: Großer Historischer Weltatlas. Zweiter Teil: Mittelalter. Hg. vom Bayerischen Schulbuchverlag. München 1979. 2. Auflage, S. 37).

kapitel nicht angehörende Virbecha[637] in Staniątki[638], Peter [2] in Mariasaal in Kärnten[618] sowie Herold [1] in Zeitz[647]. Als Archidiakone werden genannt Philipp für Gnesen[648], Johannes [15] für Łęczyca[649], Nikolaus [9] für Krakau[650] und Jakob [4] für Ravenna[651]. Archipresbyter von Fermo ist Antonius[652]. Inhaber geistlicher Stellen an der päpstlichen Kurie sind Theoderich [1] als Subdiakon[67], Stephan [2] als päpstlicher Nuntius[653] sowie Bartholomeus [2], Jakob [6] und Lorenz [5] als Kapläne[654]. Ebenfalls zu Kaplänen bringen es Johannes [15] beim Bischof von

---

647) SUb II, 173.
648) Acta Thomae; Film Nr. 350/6; SUb VI, 122.
649) Als solcher erwähnt erstmals in SUb IV, †456, 376, letztmals in SUb VI, 200.
650) SUb IV, 286, 287, 288.
651) SUb I, 183.
652) SUb V, 16.
653) SUb III, 447.
654) Bartholomeus [2]: SUb III, 432, Acta Thomae fol. 12-13, SUb IV, 132, 139, 140; Jakob [6]: vgl. Anm. 624; Lorenz [5]: SUb VI, 365.

Abb. 7: Die außerschlesischen Orte, an die Ämter schlesischer Geistlicher adliger Herkunft gebunden sind (zugrundegelegt wurde die Karte „Europa zur Zeit der staufischen Kaiser (1138-1254)", in: Großer Historischer Weltatlas. Zweiter Teil: Mittelalter. Hg. vom Bayerischen Schulbuchverlag. München 1979. 2. Auflage, S. 34f.).

Ostia und Velletri[600] sowie Jakob [6] beim König von Böhmen[623]. Es ergibt sich somit[655], daß die Hälfte der (Titulatur-)Ämter, nämlich acht, mit dem italienischen Raum verbunden sind, fünf weisen in die polnischen Gebiete, die restlichen drei nach Mitteldeutschland, Böhmen und Kärnten. Die verhältnismäßig zahlreichen Beziehungen nach Italien sind ganz überwiegend auf die Aussendung schlesischer Geistlicher nach Rom während des 'Großen Kirchenstreites' zurückzuführen. Es bekleiden zwar weniger schlesische Geistliche auswärtige Ämter als fremde Domherrnstellen, doch ist die räumliche Entfernung der meisten Ämter größer. Mit 18 schlesischen Geistlichen in fremden Domkapiteln und weiteren 13 Geistlichen als Inhaber außerschlesischen Ämter[656] sind die auswärtigen Verbindungen insgesamt als recht beschränkt einzustufen.

Neben diesen auswärtigen Verflechtungen ist die schlesische Geistlichkeit aber auch mit den zahlreichen kirchlichen Einrichtungen des Oderlandes verbunden, wenn auch diese Beziehungen teilweise mehr persönlicher Art zu sein scheinen. Dies gilt insbesondere für die schon im Abschnitt über das Privateigentum behan-

---

655) Vgl. Abb. oben.
656) Zusammen 31 von 293 Geistlichen (10,5 %).

delten Schenkungen[657]. Weiteren Ausdruck finden die Beziehungen in Interventionen von Geistlichen zugunsten bestimmter kirchlicher Einrichtungen, in Spenden, Dotationen, Stiftungen und Gründungen sowie in der Nennung in Nekrologen.

„Auf dringendes Bitten" des Ianusius von Pogarell verleiht 1226 der Bischof von Breslau der Kirche in Münchsdorf (Kr. Crossen) den Zehnt zweier Leubuser Stiftsdörfer, womit die wirtschaftliche Ausstattung dieser an einer öffentlichen Straße gelegenen Kirche verbessert wird[658]. Jeweils gegenüber dem Landesherrn intervenieren Vinzenz von Pogarell, Nikolaus [8] und Jeschicus[390]. Vinzenz von Pogarell verwendet sich für die Martinskapelle zu Glogau, der als Luminariengut eine Schenke verliehen wird[659]. Auf Bitten des Domherrn Nikolaus [8] wird 1252 die Aussetzung eines Gutes des Breslauer Domkapitels zu deutschem Recht gestattet[359]. In der Urkunde über die Ausstattung der Adalbertkirche zu Nikolai erklärt die gesamte Kirchengemeinde, daß der übliche Zehnt von den Ernteerträgen auch von allen im Pfarrsprengel ansässigen Adligen, Freigutbesitzern und Schulzen an den Pfarrer von Nikolai zu leisten ist. Jener, nämlich Jeschicus[390], bittet daraufhin den Herzog, dies ausdrücklich zu bestätigen, was auch erfolgt[660]. Jeschicus[390] sichert sich damit im zunächst eigenen Interesse die Autorität und Unterstützung des Herzogs gegen mögliche leistungsunwillige Adlige. Als Förderer des Klosters Heinrichau wird Peter [6] genannt[661], als Beschützer von Kamenz Thomas[662] und Ianusius von Pogarell[663]. Auffällig, aber verständlich ist, daß überwiegend kleinere Kapellen sowie Kirchen und nicht so sehr große Klöster mit Fürsprachen unterstützt werden.

Zwei Mark spendet zur Feier seines Jahrgedächtnisses Martin [4] an das Kloster Kamenz[664]. Kein Geld, wohl aber den Zehnt mehrerer Dörfer spendet der Domscholaster Egidius [1] dem Heiliggeisthospital zu Breslau[665]. Dotiert werden zwei Altäre im Breslauer Dom, und zwar durch Veit mit dem Zins zweier Dörfer[666] und durch Andreas [3] mit 4 Mark jährlich[602]. Ebenfalls im Breslauer Dom befindet sich ein Altar, der eine Stiftung des Domherrn Johannes[504] ist; dieser sorgt auch mit einer Dotation für den Unterhalt des Altaristen[454]. Aus eigenen Mitteln errichtet hat Franco [1] die Kapelle des Hospitals zum heiligen Grabe in Neisse, wofür die Hospitalbrüder jedes Jahr an seinem Todestag ein Anniversarium halten sollen[667]. Die enge Beziehung des Domherrn zu diesem Hospital geht auch daraus her-

---

657) Vgl. S. 203-205.
658) SUb I, 257: ad instanciam.
659) SUb II, 329.
660) SUb V, †505.
661) GB, S. 240.
662) Nekr. Kamenz, S. 324: 30. Mai. - Vgl. Personenverzeichnis unter Goslawitz.
663) Nekr. Kamenz, S. 330: 22. Sep.
664) Nekr. Kamenz, S. 309: 8. Feb.
665) SUb I, 209.
666) SUb VI, 22.
667) SUb V, 155.

vor, daß er neben einem Gehöft und drei Hufen in zwei weiteren Urkunden dem Hospital noch Äcker, 4,5 Hufen Land und Geld geschenkt hat, was gleichzeitig zum Unterhalt des Priesters der Hospitalkapelle dienen soll[668]. Als angeblicher Gründer der Breslauer St. Ägidienkirche wird in einer Fälschung der Domdekan Viktor [1] genannt[669]. Ausdrücklich als Gründer des Klosters Kamenz werden in den Quellen Thomas[662] sowie die Brüder Vinzenz[670] und Ianusius von Pogarell[663] bezeichnet. Zusammen mit seinen beiden weltlichen Brüdern gründet schließlich Wilrich von Liebenthal das Kloster Liebenthal, das er mit dem aus eigenem Vermögen erworbenen Patronat der Kirche von Hohenposeritz sowie den Zehnten und Einkünften der Kirche ausstattet[533]. Von allen angeführten Beispielen scheinen die Beziehungen von Franco [1] an das Hospital zum heiligen Grabe in Neisse wegen der dreifachen Zuwendung am engsten zu sein.

In Nekrologen verzeichnet werden Personen, die sich - auf welche Weise auch immer - um das das Totenbuch führende Kloster besonders verdient gemacht haben und denen deshalb ein ehrendes Andenken bewahrt werden soll. Angegeben sind dabei in der Regel lediglich der Name der Person und ihr Gedenktag, nicht jedoch der Grund ihrer Aufnahme in den Nekrolog. Es kann demnach nur festgestellt werden, daß eine besondere Beziehung zwischen dem Kloster und der betreffenden Person besteht. Am zahlreichsten scheinen die Verbindungen zwischen Geistlichen adliger Herkunft und dem Prämonstratenserstift St. Vinzenz zu sein, dessen Nekrolog 30 Namen aus dieser Personengruppe enthält[671]. Das Totenbuch des Klosters Kamenz nennt zehn[672], das von Heinrichau acht[673], das Leubuser acht[674], das

---

668) SUb V, 33, 154.
669) SUb III, †582. Nach WALTER, Baugeschichte, S. 11f. wird Viktor [1] nach Peter [11] Wlast und dessen Frau Maria als dritter Gründer genannt.
670) SUb I, 122; GB, S. 279.
671) Adam [1] oder [2], Andreas [3], Antonius, Benicus [1], Boguslaus [1], Sebastian (vgl. Personenverzeichnis unter Bozechna), Lambinus Colonia, Daleborius [1], Konrad von Drehnow, Egidius [1], Felix, Konrad und Bischof Thomas I. (vgl. für beide Personenverzeichnis unter Goslawitz), Gottfried [1] oder [2], Heinrich [10], Heinrich [13], Nikolaus (vgl. Personenverzeichnis unter Johannes [68]), Heinrich von Kittlitz, Lambert [1], Martin [1], Mathias [3], Pantin [1], Pravota [1], Pribislaus [1], Robert, Konrad von Röchlitz, Theoderich [1], Theslinus, Ulrich [1] und Heinrich (vgl. Personenverzeichnis unter Ulrich [3]).
672) Bischof Thomas I. (vgl. Personenverzeichnis unter Goslawitz), Johannes [28], Eckehard von Kalkau, Leonhard [1], Martin [4], Nikolaus [8], Peter [2], Heinrich (vgl. Personenverzeichnis unter Peter [34]), Ianusius von Pogarell, Bischof Heinrich I. von Würben.
673) Bischof Thomas I. (vgl. Personenverzeichnis unter Goslawitz), Goswin, Nikolaus (vgl. Personenverzeichnis unter Johannes [68]), Eckehard von Kalkau, Leonhard [1], Miroslaus [1], Wilhelm von Neisse (vgl. Personenverzeichnis unter Radozlaus [1]), Bischof Thomas II. von Strehlen.
674) Nikolaus von Banz, Walter (vgl. Personenverzeichnis unter Gallici), Johannes und Jakob (vgl. für beide Personenverzeichnis unter Goswin), Johannes [15], Peter [8], Bischof Thomas II. von Strehlen, Bischof Heinrich I. von Würben.

des Klosters Czarnowanz drei[675]. Bemerkenswert ist, daß die Breslauer Bischöfe nicht in allen Nekrologen vorkommen: Thomas I. aus der Familie der Goslawitz fehlt im Leubuser Totenverzeichnis, Thomas II. von Strehlen in dem des Vinzenzstiftes und des Klosters Kamenz, Johannes III.[481] fehlt sogar in allen und Heinrich I. von Würben in den Nekrologen des Vinzenzstiftes sowie der Klöster Heinrichau und Czarnowanz. Die Bischöfe werden also offensichtlich nicht auf Grund ihres Amtes, sondern ihrer besonderen Beziehungen zu einem Kloster in dessen Nekrolog aufgenommen. Ein Beispiel dafür, wie undurchsichtig die Gründe für eine Aufnahme sind, bietet Konrad von Röchlitz. Obwohl er dem Kloster Leubus ein Dorf schenkt[534] und dem Kloster Heinrichau einen Wald[676], erscheint er weder im Nekrolog des einen, noch des anderen Klosters, vielmehr in dem des Vinzenzstiftes[677]! Gleich in mehreren Totenbüchern genannt werden dagegen Nikolaus[678], Eckehard von Kalkau[679] und Leonhard [1][680]. Als Gründer sind die Pogarell mit dem Kloster Kamenz besonders eng verbunden, doch wird von den drei Geistlichen dieser Familie nur Ianusius von Pogarell im Klosternekrolog geführt[663]. Gleich zweimal wird in Heinrichau das Jahrgedächtnis für Nikolaus[505], den Initiator der Gründung dieses Klosters gefeiert[681]. Einen Hinweis auf die Verbindungen nach Großpolen gibt die Nennung des Breslauer Domherrn Martin [1] im Bruderschafts- und Totenbuch des Klosters Lubiń[682]; in Schlesien ist er zudem im Nekrolog des Vinzenzstiftes eingetragen[683]. Rund jeder fünfte Geistliche[684] ist in einem der fünf Nekrologe verzeichnet, jedoch erscheinen - so weit erkennbar - nie mehr als zwei Geistliche aus ein und derselben Familie in einem dieser Nekrologe.

Unterschiedlicher Art und Verbreitung sind demnach die Beziehungen der schlesischen Geistlichkeit adliger Herkunft zu auswärtigen und einheimischen kirchlichen Einrichtungen. Nur sehr wenige Geistliche - etwa ein Zehntel - gelangen in fremde Domkapitel oder bekleiden Ämter, die an außerschlesische Orte gebunden sind. Rund drei Viertel jener Geistlicher, die Mitglieder und zum Teil Dignitäre eines fremden Domkapitels werden, werden dies im Bereich der Erzdiözese Gnesen; von ihnen gelangt die Hälfte in das Domkapitel von Lebus, keiner jedoch in das von Płock. Von den übrigen auswärtigen Ämtern, die mit schlesischen

---

675) Franco [1], Bischof Thomas I. (vgl. Personenverzeichnis unter Goslawitz), Bischof Thomas II. von Strehlen.
676) SUb II, 196, 270.
677) Lib. mor. Vincentii, S. 55: 26. Juni ?
678) Vgl. Personenverzeichnis unter Johannes [68]. Lib. mor. Vincentii, S. 6: 7. Jan.; Nekr. Heinrichau, S. 302: 30. Nov. und 2. Dez.
679) Nekr. Heinrichau, S. 286: 23. März; Nekr. Kamenz, S. 319: 23. März.
680) Nekr. Heinrichau, S. 286: 2. Apr.; Nekr. Kamenz, S. 320: 3. Apr.
681) Nekr. Heinrichau, S. 302: 30. Nov. und 2. Dez.
682) Liber fraternitatis Lubinensis, S. 7; Lib. mor. Lubinense, S. 101: 9. Okt.
683) Lib. mor. Vincentii, S. 11: 26. Jan.
684) 60 von 293 (= 20,5 %).

Geistlichen besetzt sind, weist die Hälfte nach Italien, über ein Viertel jedoch ebenfalls in den polnischen Raum. Offen bleibt aber, ob die Ämter tatsächlich ausgeübt werden oder ob es sich - schon auf Grund der räumlichen Entfernung - nur um Ehrentitel handelt. Rund jeder dritte Geistliche[685] steht mit einer einheimischen kirchlichen Einrichtung in einer besonderen Verbindung; sei es, daß er Schenkungen, Spenden oder Dotationen macht, Altäre, Kapellen, Kirchen oder Klöster stiftet bzw. gründet, zugunsten bestimmter kirchlicher Einrichtungen beim Landesherrn oder Bischof interveniert oder, wie die meisten, in einem Nekrolog verzeichnet wird. Allerdings reichen all diese Angaben - auch weil die Mehrzahl der Geistlichen nur mit dem Vornamen bekannt ist - vielfach nicht aus, ein Beziehungsgeflecht zwischen Adligen geistlichen Standes und bestimmten kirchlichen Einrichtungen zu erkennen.

IV. 3.b) Adlige Herren und ihre Beziehungen zur Kirche

Die Geistlichen adliger Herkunft bilden mit 10,9 %[478] eine nur kleine Gruppe innerhalb des Gesamtadels. Mit ihnen stellt der Adel die kirchliche Führungsschicht. Zahlreicher und anders geartet sind die Beziehungen des Großteils des Adels, d.h. der weltlichen Herren, zur Kirche. Diese Beziehungen sollen im folgenden dargestellt werden.

Auch hier bietet es sich an, zunächst die Immobilienveräußerungen des Adels an die verschiedenen kirchlichen Einrichtungen zu untersuchen, wobei zwischen Tausch, Verkauf und Schenkung unterschieden wird[686]. In zwei Einzelfällen kommt es allerdings zu andersgearteten Vereinbarungen: So übernimmt Peter von Liebenau für das Kloster Heinrichau den Herzogsdienst für zwei Hufen gegen eine Jahresgabe von fünf Vierdung und zwei Rheinischen Stiefeln[119] und kauft Heidenreich von Mühlheim vom Vinzenzstift elf Hufen in dessen Gut Tschansch nebst der freien Fischerei gegen einen Zins von sechs Vierdung[687].

---

685) 87 von 293 (= 29,7 %).
686) Die Ausführungen hierzu sind kurz gehalten, weil dieses Thema - wenn auch nicht auf die Kirche als 'Geschäftspartner' beschränkt - schon behandelt wurde; vgl. S. 162-166.
687) SUb IV, 232, 234.

Tauschobjekte sind ihrer Häufigkeit nach Güter[688] und Grundstücke[689], Dörfer[690], Erbgüter[691] und Grundbesitz[692] sowie eine Mühle[693]. In der Regel wird Objekt gegen Objekt getauscht, nur in drei Fällen werden zu vermutende Größenunterschiede durch zusätzliche Geldzahlung ausgeglichen[694]. Einem Tausch gleich käme es, wenn ein Bischof Nikolaus von Posen zu lebenslänglichem Niesbrauch überlassenes Gut durch seine geistlichen Brüder oder durch seinen Nachfolger nicht zurückgeben würde. In diesem Fall müßten - gemäß ihrer Zusage - des Bischofs Brüder Bronislaus [3] und Theoderich ihr gemeinsam besessenes Dorf dem Leihgeber übereignen[695].

Mehrere Tauschgeschäfte führen die Mitglieder der Familie des Daleborius [2] durch, und zwar mit den Klöstern Heinrichau[696] und Trebnitz[697]. Tauschpartner der Adligen allgemein sind das Kloster Heinrichau mit fünf, das Kloster Leubus und der Bischof von Breslau mit jeweils zwei und mit je einem Tausch die Klöster Naumburg am Bober, Rauden, Trebnitz und Paradies in Großpolen sowie die Johanniter zu Tinz und die Kreuzherren zu Neisse[698].

---

688) Tauschpartner: Michael (vgl. Personenverzeichnis unter Doleborius [2])/Kloster Heinrichau: SUb III, 124, 125, †587; Pribislaus [2]/Bischof von Breslau: SUb II, 299; Iesco und Ianusius von Schmograu/Kloster Leubus: SUb V, 411; Bogussa und Paul von Taschenberg/Kloster Heinrichau: SUb III, 97, 251, 418, 419 und GB, S. 300-304, 306, 308.
689) Tauschpartner: Daleborius (vgl. Personenverzeichnis unter Daleborius [2])/Kloster Heinrichau: SUb IV, 67; Boguslaus von Strehlen/Bischof von Breslau: SUb III, 468; Bogussa und Paul von Taschenberg/Kloster Heinrichau: SUb III, 298; Albert cum barba von Tepliwoda/Kloster Heinrichau: GB, S. 257f.
690) Tauschpartner: Daleborius [2] und seine Brüder Miscigneus und Semianus/Kloster Trebnitz: SUb I, 181; Peter von Sobelitz/Kloster Naumburg a.B.: SUb III, 547; Stephan von Zernitz/Kloster Rauden: SUb V, 53, 275.
691) Tauschpartner: Dirsco (vgl. Personenverzeichnis unter Adalbert [26])/Kloster Paradies: SUb III, 176; Michael [5]/Johanniter zu Tinz: SUb II, 273.
692) Tauschpartner: Konrad und Moico (vgl. Personenverzeichnis unter Dirsicraiowitz)/Kloster Leubus: SUb I, 49, 77, †333; Johannes von Neisse/Kreuzherren zu Neisse: SUb VI, 141.
693) Tauschpartner: Daleborius (vgl. Personenverzeichnis unter Daleborius [2])/Kloster Heinrichau: SUb IV, 67.
694) SUb III, 547, IV, 67, V, 411.
695) SUb IV, 33.
696) SUb III, 124, 125, †587, IV, 67.
697) SUb I, 181.
698) Einzelnachweise s. Anm. 688 bis 693.

An die Kirche verkauft werden von Adligen Dörfer[699] bzw. Teile von Dörfern[700], einzelne Hufen[701], Mühlen[702], Erbgüter[703] und andere Güter[704], Wiesen[705], Grundstücke[706] sowie jeweils ein Vorwerk[707], eine Scholtisei[708], ein Wald[709], umgesetzte Äcker[710], ein Fischteich[711] und Fischereirechte[712], zwei Fleischbänke in Münsterberg[713] sowie angeblich der Burgberg über Wartha[714]; in zwei Fällen stimmen Ver-

---

699) Geschäftspartner: Gunther von Biberstein/Kloster Altzelle: SUb III, 69; Friedrich [4]/Kloster Leubus: SUb I, †348; Dirzek (vgl. Personenverzeichnis unter Goslawitz)/Domdekan von Posen: SUb I, 227; Leonhard [6]/Kloster Leubus: SUb III, †585; Iaxa von Schnellewalde/Bischof von Lebus: GB, S. 331; Themo [2]/Kloster Leubus: SUb IV, 302; Bozata von Widzim/Kloster Paradies: SUb II, 385, 386, †439.

700) Geschäftspartner: Benicus von Dambiscin/Kloster Heinrichau: SUb III, 424; Stephan von Kobelau/Kloster Heinrichau: SUb II, 138, III, 448; Puczlaus/Kloster Heinrichau: SUb III, 418, 419; Pribislaus und Trzeska von Zesselwitz/Kloster Heinrichau: GB, S. 367f.

701) Geschäftspartner: Iesco und Moico von Baitzen/Kloster Heinrichau: SUb V, 370, 371, VI, 368; Daleborius (vgl. Personenverzeichnis unter Daleborius [2])/Kloster Heinrichau: GB, S. 359-363; Sulislaus von Koitz/Kloster Leubus: SUb VI, 362, 364; Nikolaus [53]/Vinzenzstift: SUb III, 283; Peter [40]/Kloster Heinrichau: SUb III, 141; Chesseborius von Zesselwitz/Kloster Heinrichau: GB, S. 329.

702) Geschäftspartner: Michael und Alzicus (vgl. Personenverzeichnis unter Daleborius [2])/Kloster Heinrichau: SUb IV, 67, GB, S. 334; Peter von Lynauia/Johanniter zu Groß Tinz: SUb V, 489; Peter [40]/Kloster Heinrichau: SUb III, 141; Bogus von Pogarell/Johanniter zu Lossen: SUb VI, 301.

703) Geschäftspartner: Dirsco und Iesco von Baitzen/Kloster Kamenz: SUb V, 61; Herren von Bobolitz/Kloster Heinrichau: SUb II, 172, 323, GB, S. 259-263; Demetrius [2]/Breslauer Domherr Leonhard [1]: SUb II, 404; Johannes [73]/Kloster Leubus: SUb IV, 194; Stephan und Nikolaus von Reumen/Kloster Heinrichau: SUb II, 167, III, 281, IV, 190, GB, S. 267 und 264f.; Michael von Wildschütz/Johanniter zu Groß Tinz: SUb V, 489.

704) Geschäftspartner: Detrich [2] und Reinold von Themeriz/Heilig-Geist-Hospital zu Breslau: SUb IV, 289, 316; Konrad Swab/Bischof von Breslau: SUb IV, 192; Bogussa und Paul von Taschenberg/Kloster Heinrichau: SUb III, 179, 251 und GB, S. 300-304, 306, 308.

705) Geschäftspartner: Bozacina und ihre Söhne (vgl. Personenverzeichnis unter Gallici)/St. Matthias-Hospital zu Breslau: SUb IV, 309; Iesco von Quilitz/Kreuzherren zu St. Matthias in Breslau: SUb IV, 310; Lambert von Schosnitz/Hospital zu Bunzlau: SUb VI, 274.

706) Geschäftspartner: Michael (vgl. Personenverzeichnis unter Daleborius [2])/Kloster Heinrichau: SUb IV, 67; Adleyta (vgl. Personenverzeichnis unter Goslaus [7])/Sandstift: SUb III, 45.

707) Geschäftspartner: Lambert von Seiffersdorf/Kreuzherren mit dem roten Stern zu Liegnitz: SUb V, 396.

708) Geschäftspartner: Siegfried [4]/Kloster Heinrichau: SUb III, †586 und GB, S. 337.

709) Geschäftspartner: Stephan von Kobelau/Kloster Heinrichau: GB, S. 281.

710) Geschäftspartner: Stephan von Dombsen/Sandstift: SUb VI, 333.

711) Geschäftspartner: Peter von Lynauia/Johanniter zu Groß-Tinz: SUb V, 489.

712) Geschäftspartner: Simon (vgl. Personenverzeichnis unter Gallici)/St. Matthias-Hospital zu Breslau: SUb VI, 266.

713) Geschäftspartner: Goswin und Nikolaus von Münsterberg/Kloster Kamenz: SUb VI, 214.

714) Geschäftspartner: Hermann von Reichenbach/Kloster Kamenz und Marienkapelle in Wartha: SUb VI, †476.

wandte den Verkäufen zu[715]. Dabei werden die an den Verkaufsobjekten haftenden Herzogsdienste nicht immer mit übernommen; Sulislaus von Koitz leistet sie weiterhin für die veräußerten zwei Hufen Land[716], ebenso Goswin von Münsterberg für seine ehemaligen beiden Fleischbänke[713]. Bekannt ist die Situation der Herren von Bobolitz, die ihr Erbgut in Geld umwandeln müssen, um sich vom Galgen loskaufen zu können[717]. Zu einer Minderung des Verkaufspreises finden sich Detrich [2] und Reinold von Themeriz bereit, die ihr Gut zur Hälfte seines Wertes veräußern, und zwar zu ihrem und ihrer Verwandten Seelenheil[718]. Aus diesem Grunde verkauft auch Hermann von Reichenbach seine Besitzung um ein geringes Entgeld[719]. In beiden Fällen handelt es sich demnach genau genommen um eine Kombination von Verkauf und Schenkung. Ebenfalls zum Andenken an seine Eltern, aber zusätzlich zur Erlangung der Bruderschaft des Hospitals zu Bunzlau für seine Frau und sich verkauft Lambert von Schosnitz dem Hospital eine Wiese[444]; er kauft sich also in die Bruderschaft ein. Mehrere Verkäufe tätigen die Familien Baitzen[720], Zesselwitz[721] und die des Daleborius [2][722]. Mit Abstand am häufigsten, nämlich zwölfmal, tritt als Käufer das Kloster Heinrichau in Erscheinung, die Klöster Leubus und Kamenz fünf- bzw. dreimal, je zweimal das Sandstift und das St. Matthias-Hospital zu Breslau; 14 weitere kirchliche Einrichtungen tätigen nur einen Kauf[723].

Am zahlreichsten und verschiedenartigsten sind die Schenkungen, unter denen Dörfer[724] oder Dorfteile[725] dominieren. An Landbesitz werden einzelne Hufen[726],

---

715) Verkäufer/Zustimmender/Käufer: Goswin von Münsterberg/Nikolaus von Münsterberg/Kloster Kamenz: SUb VI, 214; Stephan von Reumen/Johannes von Reumen/Kloster Heinrichau: SUb III, 281.
716) SUb VI, 362, 364.
717) GB, S. 259-263.
718) SUb IV, 289, 316.
719) SUb VI, †476.
720) An das Kloster Kamenz: SUb V, 61; an das Kloster Heinrichau: SUb V, 370, 371.
721) An das Kloster Heinrichau: GB, S. 329, 367f.
722) An das Kloster Heinrichau: SUb IV, 67; GB, S. 334, 359-363.
723) Einzelnachweise s. Anm. 699 bis 714.
724) Schenker/Empfänger: Wislaus (vgl. Personenverzeichnis unter Andreas [20])/Kloster Trebnitz: SUb I, 114, 115, 181; Andreas [26]/Vinzenzstift: SUb I, 19, 60; Bartos [3]/Kloster Leubus: SUb I, 305; Bogdan [1]/Kloster Leubus: SUb I, 77, †333; Bogumil [2]/Kloster Trebnitz: SUb I, 247; Bozdech und sein Bruder Jaroslaus/Kloster Naumburg a.B.: SUb I, †355; Bozechna/Heilig-Geist-Hospital zu Breslau: SUb I, 209; Bronisius [2]/Vinzenzstift: SUb I, 19, 60; Bronisius [3] und sein Bruder Sandivoi/Kloster Paradies: SUb II, 73; Budiuoy [9]/Kloster Naumburg a.B.: SUb I, †355; Ceseborius/Sandstift: SUb I, 85, III, 189; Christinus [6]/Vinzenzstift: SUb I, 19, 60; Clemens [2]/Kloster Staniątki: SUb II, 240, 247, †428; Johannes (vgl. Personenverzeichnis unter Clemens [2])/ Kloster Staniątki: SUb II, 247; Sudo (vgl. Personenverzeichnis unter Cresslauus)/Kloster Mogiła: SUb II, 168; Stoygnew (vgl. Personenverzeichnis unter Dirsicraiowitz)/Johanniterorden: SUb I, 249; ders./Kloster Leubus: SUb I, 254, 312, Nekr. Lubense, S. 53: 30. Sep.; Seteh (vgl. Personenverzeichnis unter Dirsicraiowitz)/Johanniterorden: SUb I, 249; Rosec (vgl. Personenverzeichnis unter Dirsicraiowitz)/Kloster Leubus: SUb II, 36; Diui/Vinzenzstift: SUb I, 19, 60; Dobeslaus [3]/Vinzenzstift: SUb I, 60; Johannes (vgl. Perso-

Erbgüter[727] und andere Güter[728], Land- bzw. Grundstücke[729], Wälder[730] und Gewäs-

nenverzeichnis unter Domaslaus [1])/Bistum Breslau: SUb II, 32; Godek/Kloster Leubus: SUb I, 77, †333; Gostis/Vinzenzstift: SUb I, 60; Heinrich [38] und sein Bruder Iascocel/Heilig-Geist-Hospital zu Breslau: SUb I, †364; Iaxa/Kloster Miechów: SUb I, 65, 66; Bogumil und Mlodey (vgl. für beide Personenverzeichnis unter Iaxa/ Kloster Trebnitz: SUb I, 83; Goslaus von Jedlownik/Johanniter zu Gröbnig: SUb II, 165; Jordanus [2]/Vinzenzstift: SUb I, 19, 60; Otto (vgl. Personenverzeichnis unter Konrad [4])/Kloster Leubus: SUb III, 22; Stephan (vgl. Personenverzeichnis unter Konrad [4])/Kloster Leubus: SUb III, 299; Lutizlaus/Bistum Breslau: SUb I, 28; Martin [12]/Kloster Leubus: Nekr. Lubense, S. 43: 3. Apr.; Michora/Kloster Leubus: SUb I, 45, 171, 279, †325, †326, †327; ders./Kloster Miechów: SUb I, 65, 66; ders./Kloster Lubiń: Lib. mor. Lubinense, S. 89: 11. Aug. (Papierausgabe S. 5); Michael von Schosnitz und Mironcho von Parchwitz (vgl. für beide Personenverzeichnis unter Mironowitz)/Kloster Obra: SUb V, 319; Moico [3]/Kloser Kamenz: SUb III, 314; Johannes von Nossen/Kloster Kamenz: SUb VI, 81 und Nekr. Kamenz; Söhne des Heinrich von Oels/Bistum Breslau: SUb II, 287 (11 Dörfer!); Pachoslaus [2]/Vinzenzstift: SUb I, 19, 60; Paul [9]/Kloster Trebnitz: SUb III, 295; Peter [11] Wlast/Vinzenzstift: SUb I, 19, 60; ders./Bistum Breslau: SUb I, 28; ders./Sandstift: SUb I, 58; Maria (vgl. Personenverzeichnis unter Peter [11])/Vinzenzstift: SUb I, 19, 60; Boguslaus (vgl. Personenverzeichnis unter Peter [11])/Sandstift: SUb I, 58; Peter [37]/Kloster Naumburg a.B.: SUb I, †355; die Freunde des verstorbenen Peter [42]/Kloster Trebnitz: SUb I, 247; Wilschek von Poseritz/Kloster Leubus: Nekr. Lubense, S. 37: 10. Jan. und S. 42: 2. Apr.; Gneomir von Poseritz/Kloster Leubus: Nekr. Lubense, S. 40: 6. März; Pros/Vinzenzstift: SUb I, 60; Rathimirus/Vinzenzstift: SUb I, 19, 60; Ratibor [3]/Vinzenzstift: SUb I, 60; Sandivoi [1]/Vinzenzstift: SUb I, 19, 60; Sdessa/Vinzenzstift: SUb I, 60; Sibin/Bistum Breslau: SUb I, 28; Johannes (vgl. Personenverzeichnis unter Stephan [4])/Kloster Kolbatz: SUb II, 112; Stephan [25]/Kloster Trebnitz: SUb I, 83; Sulislaus [7]/Vinzenzstift: SUb I, 19, 60; ders./Bistum Breslau: SUb I, 28; Tedleuus/Bistum Breslau: SUb I, 28; Albertus Barba von Tepliwoda/Kloster Heinrichau: SUb V, 317 (Bestätigung einer Schenkung seines Großvaters); Theodor [2]/Kloster Trebnitz: SUb I, 83, 115, 181; Witoslaus [3]/Vinzenzstift: SUb I, 19, 60; Iarota von Witten/Kloster Obra: SUb II, 400; Woislaus [6]/Bistum Breslau: SUb I, 28; Woislaus (vgl. Personenverzeichnis unter Woislaus [6])/Kloster Miechów: SUb I, 65, 66; Zacharias [1]/Bistum Breslau: SUb I, 159; Zantoslaus/Kloster Miechów: SUb I, 41, 65, 66; Leonhard und Wlodimir (vgl. für beide Personenverzeichnis unter Zantoslaus)/Kloster Miechów: SUb I, 66; Chesseborius von Zesselwitz/Kloster Heinrichau: GB, S. 330; Zlauomir/Bistum Breslau: SUb I, 28.

725) Schenker/Empfänger: Pribislaus (vgl. Personenverzeichnis unter Goslawitz)/Kloster Trebnitz: SUb I, 227; Johannes [73]/Kloster Leubus: SUb IV, 194; Stephan und Theodor (vgl. für beide Personenverzeichnis unter Martin [14])/Kloster Trebnitz: SUb I, 83, 115, 181; Wilschek von Poseritz/Kloster Leubus: SUb I, 77, †333; Stoysa/Kloster Trebnitz: SUb I, 83; Iarota von Witten/Kloster Paradies: SUb II, 399.

726) Schenker/Empfänger: Moico von Baitzen/Pfarrkirche zu Schrom: SUb VI, 217; Vnimir de Crapowa/Vinzenzstift: SUb IV, 218; Gerhard von Druschowitz/Kloster Naumburg a.Q.: SUb V, 76; Witigo von Greiffenstein/Kloster Naumburg a.Q.: SUb III, 135; Gunzlin [2] und sein Bruder Hildebrand/Marienkirche zu Sagan: SUb V, 301; Stephan (vgl. Personenverzeichnis unter Konrad [4])/Kloster Leubus: SUb III, 299; Lonek und sein Bruder Lutozat/Kirche zu Peiskretscham: SUb III, †576; Peter [11] Wlast/Vinzenzstift: Ortliebi Zwifaltensis Chronicon, S. 2f. (5000 Hufen!); Frau von Michelau (vgl. Personenverzeichnis unter Pogarell)/Priester zu Pogarell: SUb IV, 220; Hemerammus von Poseritz/Kirche zu Polsnitz: SUb I, †367, †368; Sbroslaus (vgl. Personenverzeichnis unter Radozlaus [1])/Bistum Lebus: SUb IV, 226; ders./Kloster

ser[731] sowie je ein Weinberg[732], ein Garten[733], ein Gehölz[733] und eine Wüstung[734], aber auch unbekannte Besitzungen[735] geschenkt. Häufig sind auch die Zehntzusicherungen an bestimmte kirchliche Einrichtungen[736], die zum Teil aus bischöflichen Be-

---

Miechów: SUb IV, 328; Albert cum barba von Tepliwoda/Kloster Heinrichau: GB, S. 256; Franz (vgl. Personenverzeichnis unter Ulrich [3])/Kapelle zu Polnisch Steine: SUb V, 493.

727) Schenker/Empfänger: Alardus/Johanniter zu Groß Tinz: SUb III, 197; Bronisius [3]/Kloster Paradies: SUb II, 118, 119; Friedrich [3]/Marienhospital zu Neisse: SUb VI, 285; Johannes [73]/Kloster Leubus: SUb IV, 194; Pomnem/Bistum Breslau: SUb I, 28; Sbroslaus (vgl. Personenverzeichnis unter Radozlaus [1])/Bistum Breslau: SUb II, 120, †424; Stephan und Nikolaus von Reumen/Kloster Heinrichau: SUb II, 167, III, 281, IV, 190, GB, S. 267 und 264f.

728) Schenker/Empfänger: Ianusius (vgl. Personenverzeichnis unter Adalbert [26])/Kloster Paradies: SUb II, 223; Pribigneus von Bauchwitz/Kloster Paradies: SUb II, 116, 399; Gregor (vgl. Personenverzeichnis unter Bozechna)/Heilig-Geist-Hospital zu Breslau: SUb II, 1; Stoygnew (vgl. Personenverzeichnis unter Dirsicraiowitz)/Kloster Leubus: SUb I, 311; Anastasia von Muchenitz/Kloster Czarnowanz: SUb IV, 382, V, 21; Pachoslaus [1]/Kloster Miechów: SUb II, 24; Söhne des Predslaus und Jaroslaus (vgl. Personenverzeichnis unter Pogarell)/Kloster Kamenz: SUb II, 384; Paul von Poseritz/Johanniterorden: SUb II, 170.

729) Schenker/Empfänger: Theodor (vgl. Personenverzeichnis unter Clemens [3])/Kloster Szczyrzyc: SUb III, 28; Cragec/Vinzenzstift: SUb I, 19, 60; Vnimir de Crapowa/Vinzenzstift: SUb III, 315; Goslaus [7] und sein Sohn Hubertus/Sandstift: SUb III, 45; Borco de Laszka/Adalbertkirche zu Nikolai: SUb V, †505; Peter [11] Wlast/Vinzenzstift: Ortliebi Zwifaltensis Chronicon, S. 2f.; Wilschek von Poseritz/Kloster Leubus: SUb I, 77, †333; Iaxa von Schnellewalde/Adalbertkirche zu Oppeln: SUb III, †571; Iasco von Sebornio und sein Sohn Boguslaus/Marienstift zu Sagan: SUb VI, 192; Franz (vgl. Personenverzeichnis unter Ulrich [3])/Kapelle zu Polnisch Steine: SUb V, 493.

730) Schenker/Empfänger: Stoygnew (vgl. Personenverzeichnis unter Dirsicraiowitz)/Kloster Leubus: Nekr. Lubense, S. 53: 30. Sep.; Jan de Grabie/Adalbertkirche zu Nikolai: SUb V, †505; Albertus Barba von Tepliwoda/Kloster Heinrichau: SUb VI, 282; Trebezlaus und Witzlaus/Kloster Leubus: SUb II, 126.

731) Schenker/Empfänger: Pribigneus von Bauchwitz/Kloster Paradies: SUb II, 117; Trebezlaus und Witzlaus/Kloster Leubus: SUb II, 126; Franz (vgl. Personenverzeichnis unter Ulrich [3])/Kapelle zu Polnisch Steine: SUb V, 493.

732) Schenker/Empfänger: Berthold [10]/Kreuzherren von St. Matthias zu Breslau: SUb VI, 373.

733) Schenker/Empfänger: Jan de Grabie/Adalbertkirche zu Nikolai: SUb V, †505.

734) Schenker/Empfänger: Christinus von Stentsch/Kloster Paradies: SUb II, 393.

735) Schenker/Empfänger: Stoygnew (vgl. Personenverzeichnis unter Dirsicraiowitz)/Kloster Leubus: SUb I, 310; Peregrin [1]/Kloster Leubus: SUb II, 14.

736) Schenker/Empfänger: Iesco und Moico von Baitzen/Pfarrer von Krelkau: SUb V, 370, 371; Berthold [9]/Kloster Grüssau: SUb VI, 418; Berthold [12]/Sandstift: SUb II, 280; Chanstor/Kreuzkirche zu Oppeln: SUb VI, 225; Eberlin/Kloster Grüssau: SUb VI, 418; Gerco/Kreuzkirche zu Oppeln: SUb VI, 225; Gertrud/Kloster Grüssau: SUb VI, 418; Lonek und sein Bruder Lutozat/Kirche zu Peiskretscham: SUb III, †576; Moico [3]/Kloster Kamenz: SUb III, 314; Murco/Magdalenenkirche zu Groß Carlowitz: SUb II, 278; Peter [11] Wlast/Sandstift: SUb I, 61; Radomilus/Kloster Leubus: SUb I, 171, 279; Heinrich von Schildau/Hospital zu Neisse: SUb II, †418; ders./Orden vom heiligen Grabe zu Jerusalem in Neisse: SUb IV, †439; Bogus von Schmollen/Kreuzstift zu Breslau: SUb V, 367; Thomas [7]/Kloster Heinrichau: SUb II, 138, III, †448; Franz (vgl. Personenverzeichnis unter Ulrich [3])/Kapelle zu Polnisch Steine: SUb V, 493.

stätigungs- und Fundationsurkunden bekannt sind, beispielsweise für das Prämonstratenserinnenkloster zu Rybnik[737], die Kirche zu Wüstebriese[738] und die Kantorpräbende am Kollegiatstift zu Glogau[739]. Auch Zins[740], Geld[741] und „Einkünfte"[742] werden gegeben, ebenso wie Patronatsrechte[743] und ganze Kirchen[744]. Vereinzelt

---

737) SUb I, 226: Adalbert [29], Alexander [1], Crisanus [3], Eustachius [1], Gasso, Grimislaus [4], Johannes [74], Michael [10], Pribislaus (vgl. Personenverzeichnis unter Otto [6]), Streso (vgl. Personenverzeichnis unter Otto [8]), Suentossius, Vinzenz [4], Vinzenz [5], Wisimirus, Wrtizlaus.

738) SUb V, †500: Peter von Briese, Chomotouo, Nikolaus de Crimasosna, Bogdas von Polganouo, Simon de Simanouiz, Sulos, Jakob de Sulosouia, Waureciz.

739) SUb VI, 196, 202: Clemens [8], Siban von Dyhrn, Fritscho de Dolzk, Heinrich von Echstete, Sulco von Laskowitz, Grafen von Nettschütz, Theoderich von Pesna, Iesco von Sonburn, Heinrich und Iesco von Steinborn, Grafen von Suchau, Otto von Thur, Woytech [6].

740) Schenker/Empfänger: Dirsco und Iesco und Moico von Baitzen/Dekantei des Breslauer Kreuzstiftes: SUb V, 367; Moico von Baitzen/Pfarrkirche von Schrom: SUb VI, 217; Gunther von Biberstein/Kloster Naumburg a.Q.: SUb III, 282; Elisabeth von Druschowitz/Kloster Naumburg a.Q.: SR 2098, SUb VI, 49; Witigo von Greiffenstein/Kloster Naumburg a.Q.: SUb III, 130, 135; Hebrwynus von Järischau/Sandstift: SUb VI, 392; Jutta und Puscho und Reinsko von Liebenthal/Kloster Liebenthal: SUb V, 437; Martin [12]/Kloster Leubus: Nekr. Lubense, S. 42: 3. Apr.; Gottfried von Neunz/Marienkirche zu Neisse: SUb III, 341; Konrad von Reichenbach/Hospital zu Schweidnitz: SUb V, 450; Heinrich von Schildau/Hospital zu Neisse: SUb III, †418; ders./Orden vom heiligen Grabe zu Jerusalem in Neisse: SUb IV, †439; Reinsko von Schwenkenfeldt/Hospital zu Schweidnitz: SUb VI, 447 (Jahreszins von 30 Scheffel Korn!); Albert cum barba von Tepliwoda/Kloster Heinrichau: GB, S. 259; Franz (vgl. Personenverzeichnis unter Ulrich [3])/Kapelle zu Polnisch Steine: SUb V, 493.

741) Schenker/Empfänger: Dirsco von Baitzen/Kloster Kamenz: Nekr. Kamenz, S. 315: 3. Feb.; Gerco/Kloster Heinrichau: SUb VI, 260; Witigo von Greiffenstein/Kloster Naumburg a.Q.: SUb III, 135; Kilian von Haugwitz/Kloster Heinrichau: Nekr. Heinrichau: S. 291: 22. Juni; Elisabeth von Haugwitz/Kloster Heinrichau: Nekr. Heinrichau, S. 299: 18. Okt.; Johannes von Münsterberg/Kloster Heinrichau: Nekr. Heinrichau, S. 288: 1. Mai; Iesco von Pogarell/Kloster Kamenz: Nekr. Kamenz, S. 326: 7. Juli; Konrad von Reichenbach/Kloster Kamenz: Nekr. Kamenz, S. 333: 2. Nov.; Franz von Wildschütz/Johanniter zu Groß Tinz: SUb V, 359; Andreas von Würben/ Vinzenzstift: Lib. mor. Vincentii, S. 44: 8. Mai.

742) Schenker/Empfänger: Heinrich von Banz/Kloster Leubus: Nekr. Lubense, S. 41: 18. März.

743) Schenker/Empfänger: Bozdech, Jaroslaus (vgl. Personenverzeichnis unter Bozdech), Budiuoy [9] und Peter [37]/Kloster Naumburg a.B.: SUb I, 236; Bogus von Pogarell sowie Ianusius und Stephan und Simon von Michelau (vgl. Personenverzeichnis unter Pogarell)/Kloster Kamenz: SUb IV, 281, 285, V, 71; Hemerammus von Poseritz/Johanniterorden: SUb I, 98; Stephan von Würben/Vinzenzstift: SUb VI, 426.

744) Schenker/Empfänger: Stoygnew (vgl. Personenverzeichnis unter Dirsicraiowitz)/Kloster Leubus: Nekr. Lubense, S. 53: 30. Sep.; Boguslaus (vgl. Personenverzeichnis unter Peter [11]) /Sandstift: SUb I, 58; Bogus von Pogarell sowie Ianusius und Stephan und Simon von Michelau (vgl. Personenverzeichnis unter Pogarell)/Kloster Kamenz: SUb IV, 281, 285, V, 71; Hemerammus von Poseritz/Johanniterorden: SUb I, 86, 87, 88, 98.

werden geschenkt Mühlen[745], Fleisch-[746], Brot-[747] und Schuhbänke[748], Getreide[749], zwei goldene Ringe und ein Panzer[750] oder nicht näher bezeichnete 'Schenkungen'[751]. Für zwei Schenkungen wird die Zustimmung eines Verwandten eingeholt[752]. Von den Gütern des Bremco bestimmt der Herzog einfach acht Hufen für das Kreuzstift zu Breslau[621], also eine Art unfreiwilliger Schenkung an das Stift. In einigen Urkunden werden die Motive der Schenker genannt, denen es um ihr eigenes Seelenheil und das ihrer Verwandten geht[753], die zudem das Andenken ihrer Vorfahren bewahrt wissen wollen[754]. Aus Dankbarkeit für die ihm in seiner Gefangenschaft erwiesenen Wohltaten und seine Auslösung durch das Kloster Leubus schenkt Otto[755] diesem ein Dorf[756]. Mit Rücksicht auf seine Bruderschaft mit dem Kloster Heinrichau verschenkt Gerco zwei Mark Silber[757].

Eine ganze Reihe von Schenkungen sind an Bedingungen geknüpft, wie die, daß der Schenker, so lange er lebt, weiter den Nutzen aus dem übereigneten Dorf oder Garten oder was auch immer ziehen darf[758], das Geschenk also erst nach dessen Tod in das volle Eigentum der beschenkten kirchlichen Einrichtung übergeht. Der Beschenkte wird auch verpflichtet, Gebete[759] und Messen[760] für die Schenker zu halten oder ein Jahrgedächtnis[455] für sie zu feiern. Iasco und Boguslaus von Sebornio fordern für ihre Schenkung die Aufnahme in die Bruderschaft des Ordens[761],

---

745) Schenker/Empfänger: Bronisius [3]/Klöster Paradies: SUb II, 118, 119; Goswin von Münsterberg/Hospital zu Münsterberg: SUb VI, 67; Pachoslaus [2]/Vinzenzstift: SUb I, 19, 60; Paul von Poseritz/Johanniterorden: SUb II, 171.
746) Schenker/Empfänger: Jan de Grabie/Adalbertkirche zu Nikolai: SUb V, †505; Michora/Kloster Leubus: Nekr. Lubense, S. 56: 30. Okt.; Konrad von Münsterberg/Kloster Heinrichau: SUb VI, 24; Johannes von Münsterberg/Kloster Heinrichau: SUb VI, 299.
747) Schenker/Empfänger: Goswin von Münsterberg/Hospital zu Münsterberg: SUb VI, 67.
748) Schenker/Empfänger: Hermann von Frankenstein/Kloster Kamenz: SUb VI, 52.
749) Schenker/Empfänger: Elisabeth von Druschowitz/Kloster Naumburg a.Q.: SR 2098, SUb VI, 49.
750) Schenker/Empfänger: Stoygnew (vgl. Personenverzeichnis unter Dirsicraiowitz)/Kloster Leubus: SUb I, 314.
751) Schenker/Empfänger: Michora/St. Peterskirche zu Breslau: Nekr. Lubense, S. 56: 30. Okt.; Peter [52]/Hospital zu Neisse: SUb I, †362, II, †418, †433.
752) Schenker/Zustimmender/Empfänger: Gumbertus (vgl. Personenverzeichnis unter Miscigneus [1])/Miscigneus [1]/Kloster Wąchok: SUb II, 102; Johannes von Münsterberg/Martin von Münsterberg/Kloster Heinrichau: SUb VI, 299.
753) SUb I, †364, II, 36, 168, V, 359, VI, 24, 49, 285, 299.
754) SUb I, 83.
755) Vgl. Personenverzeichnis unter Konrad [4].
756) SUb III, 22.
757) SUb VI, 260.
758) SUb I, 77, 83, 159, 305, 312, †333, II, 1, 32, 120, †424, IV, 382, V, 21.
759) SUb IV, 281, 285, V, 71.
760) SUb V, 493, VI, 373, SR 2098.
761) SUb VI, 192.

Anastasia von Muchenitz gar ein Begräbnis im bedachten Kloster Czarnowanz[762], ebenso Goswin von Münsterberg im Kloster Heinrichau[763].

Auffällig ist, daß Dörfer und Dorfteile hauptsächlich im 12. Jahrhundert und bis etwa 1230 verschenkt werden. Danach werden die Schenkungen bei einem verhältnismäßig hohen Anteil von Zins- und Geldzuwendungen bescheidener. Besonders häufig treten mit Schenkungen an kirchlichen Einrichtungen die Familien Poseritz[764], Dirsicraiowitz[765] und Pogarell[766] hervor, mehrmals Bozdech, Jaroslaus[411], Budiuoy [9] und Peter [37][767], die Familien von Bozechna[768], Bronisius [3][769] und Clemens [2][770], Vnimir de Crapowa[771], Gerhard und Elisabeth von Druschowitz[772], Witigo von Greiffenstein[773], die Familienmitglieder des Konrad [4][774], die Münsterberg[775] und Würben[776] sowie die Familie des Zantoslaus[777]. Mit Schenkungen bedacht werden am häufigsten das Kloster Leubus und das Vinzenzstift, nämlich vierundzwanzig- bzw. zweiundzwanzigmal; das Bistum Breslau erhält dreizehn, die Klöster Heinrichau, Kamenz und Trebnitz je elf, Paradies, Miechów und der Johanniterorden acht, das Sanderstift sowie das Kloster Naumburg a.Q. sechs Schenkungen. Weitere 27 kirchliche Einrichtungen, darunter auch einzelne Kirchen, werden bis zu dreimal beschenkt[778].

Um eine besondere Form von Schenkung handelt es sich bei den verhältnismäßig seltenen Stiftungen. Hier dominiert die Einrichtung von Jahrgedächtnissen. Der Adlige schenkt einem Kloster in der Regel Geld, wofür es ihn in seinem Nekrolog besonders verzeichnet. An einem bestimmten Tag - meist dem Todestag des Adligen - beten die Klosterbrüder für die Seele des Verstorbenen, wofür

---

762) SUb IV, 382, V, 21.
763) SUb VI, 24.
764) An den Johanniterorden: SUb I, 86, 87, 88, 98, II, 170, 171; an das Kloster Leubus: SUb I, 77, †333, Nekr. Lubense, S. 37: 10. Jan., S. 40: 6. März, S. 42: 2. Apr.; an die Kirche zu Polsnitz: SUb I, †367, †368.
765) An das Kloster Leubus: SUb I, 254, 310, 311, 312, 314, II, 36, Nekr. Lubense, S. 53: 30. Sep.; an das Kloster Trebnitz: SUb I, 248; an den Johanniterorden: SUb I, 249.
766) An das Kloster Kamenz: SUb II, 384, IV, 281, 285, V, 71, Nekr. Kamenz, S. 326: 7. Juli; an den Priester von Pogarell: SUb IV, 220.
767) An das Kloster Naumburg a.B.: SUb I, 236, †355.
768) An das Heilig-Geist-Hospital zu Breslau: SUb I, 209, II, 1.
769) An das Kloster Paradies: SUb II, 73, 118, 119.
770) An das Kloster Staniątki: SUb II, 240, 247, †428.
771) An das Vinzenzstift: SUb III, 315, IV, 218.
772) An das Kloster Naumburg a.Q.: SUb V, 76, VI, 49, SR 2098.
773) An das Kloster Naumburg a.Q.: SUb III, 130, 135.
774) An das Kloster Leubus: SUb III, 22, 299.
775) An das Kloster Heinrichau: SUb VI, 24, Nekr. Heinrichau, S. 288: 1. Mai; an das Hospital zu Münsterberg: SUb VI, 67.
776) An das Vinzenzstift: SUb VI, 426, Lib. mor. Vincentii, S. 44: 8. Mai.
777) An das Kloster Miechów: SUb I, 41, 65, 66.
778) Einzelnachweise s. Anm. 724 bis 736 und 740 bis 751.

sie aus den Erträgnissen der Geldstiftung einen Essenszuschuß oder ein eigenes Mahl erhalten. Mit der Geldschenkung wird also das eigene Jahrgedächtnis gestiftet. In den konkreten Fällen liegt der Geldbetrag zwischen einer und vier Mark. Die 30 Mark des Andreas von Würben sind eine Ausnahme[779], ebenso die Schenkung von 'Einkünften' durch Heinrich von Banz[780]. Unter den Stiftern finden sich zwei Mitglieder der Familie Haugwitz, sonst nur Einzelpersonen. Gefeiert werden je drei Jahrgedächtnisse in den Klöstern Heinrichau[781] und Kamenz[782], je eines in Leubus[780] und im Vinzenzstift[779]. Außer Jahrgedächtnissen werden noch Altäre gestiftet, und zwar von Arnold [7] in der Hospitalkirche zur heiligen Maria in Neisse[783], von Goswin von Münsterberg im dortigen Hospital[784] sowie von Theoderich von Pesna in der Marienkirche zu Freystadt[785]. Die Altäre werden von den Stiftern und ihrer Verwandtschaft mit Grundbesitz, Zins und Fleischbänken dotiert, um ihre Erhaltung und Ausstattung mit Kerzen und Gerätschaften zu sichern sowie den Altaristen zu versorgen. Gestiftet wird für das Seelenheil der eigenen Familie[785] oder mit der Auflage, daß an bestimmten Tagen Seelenmessen zu halten sind[783].

Der Überblick zeigt, daß alle Arten der Immobilienveräußerung zwischen weltlichem Adel und Kirche üblich sind. Am zahlreichsten sind dabei die Schenkungen, die wohl hauptsächlich auf Grund religiöser Motive erfolgen. Neben den bedeutenden Adelsgeschlechtern treten auch kleinere Familien sowie einzelne Adlige mit besonders großzügigen oder häufigen Zuwendungen an die Kirche hervor. Bedacht werden hauptsächlich Klöster, gelegentlich aber auch der Johanniterorden sowie Hospitäler und einzelne Stadt- bzw. Dorfkirchen.

Nicht geschäftlicher, sondern eher freundschaftlicher Natur sind verschiedene andere Beziehungen zwischen Adel und Kirche. So wird z.B. Peter [11] Wlast pauschal als Förderer der katholischen Religion bezeichnet, der zudem einen großen Teil der Reliquien des heiligen Vinzenz nach Schlesien überführt[786]. Verschiedentlich nehmen Adlige Kirchenbesitz in ihren Schutz wie Konrad von Reichenbach[787], sei es, daß sie ihn gegenüber dem Anspruch eines Dritten verteidigen[788] oder

---

779) Lib. mor. Vincentii, S. 44: 8. Mai.
780) Nekr. Lubense, S. 41: 18. März.
781) Kilian von Haugwitz (Nekr. Heinrichau, S. 291: 22. Juni), Elisabeth von Haugwitz (ebd., S. 299: 18. Okt.), Johannes von Münsterberg (ebd., S. 288: 1. Mai).
782) Dirsco von Baitzen (Nekr. Kamenz, S. 315: 3. Feb.), Iesco von Pogarell (ebd., S. 326: 7. Juli), Konrad von Reichenbach (ebd., S. 333: 2. Nov.).
783) SUb V, 479.
784) SUb VI, 67.
785) SUb VI, 438.
786) Annales Magdeburgensis, S. 187.
787) SUb VI, 39.
788) Polco von Schnellewalde: SUb VI, 257 und GB, S. 339; Albert cum barba von Tepliwoda: GB, S. 297f.

während eines colloquiums zum Vorteil eines Klosters aussagen[789]. Mit fünf Mark laufender Münze beteiligt sich Chesseborius von Zesselwitz am Auskauf eines Grundbesitzers durch das Kloster Heinrichau[790]. Schon zahlreicher sind die Interventionen einzelner Adliger - gelegentlich mit Unterstützung ihrer Verwandten - zugunsten bestimmter kirchlicher Einrichtungen[791]. Interveniert wird entweder gegenüber dem Herzog oder dem Bischof, die dann eine Verleihung oder ähnliches auf Bitten des betreffenden Adligen vornehmen. Unterstützt werden auf diese Weise fast ausschließlich Klöster. Hermann [9] allerdings setzt sich beim Bischof dafür ein, daß in seinem Ort Quickendorf Gottesdienst gehalten werden darf[792]. Unter Berufung auf die großen Verdienste des bereits verstorbenen Heinrich von Blesow verleiht Herzog Heinrich IV. dem Sandstift ein Grundstück[793]; der Adlige ist demnach noch über seinen Tod hinaus dem Stift förderlich. Noch enger mit der Kirche verbunden sind jene Adligen, die Mitglieder einer Bruderschaft sind oder als Mitbrüder eines Klosters bezeichnet werden. In die Gebetsverbrüderung der Auferstehungskirche zu Jerusalem werden Iaxa und seine Frau Beatrix aufgenommen[794]. Wohl derselbe Iaxa wird auch als 'unser Bruder' im Totenbuch des Vinzenzstiftes genannt[795], ebenso Iarachius von Pogarell[796]. Im Bruderschaftsbuch des Klosters Lubiń in Großpolen sind Michora, Vbizlaus und Woislaus [6] verzeichnet[797]. Als Mitbrüder („confratres") des Klosters Heinrichau werden Kilian von Haugwitz[798], Konrad von Münsterberg[175] und Johannes Serucha[799] bezeichnet. Laienbruder im Predigerorden wird der ehemalige Kämmerer der heiligen Hedwig Chwalislaus[800].

Aber auch seitens der Klöster werden freundschaftliche Beziehungen zu einzelnen Adligen sowie Adelsfamilien gepflegt. Dies zeigt sich beispielsweise beim

---

789) Paul (vgl. Personenverzeichnis unter Slupo): GB, S. 293; Albert cum barba von Tepliwoda: GB, S. 293f.
790) GB, S. 329f.
791) Intervenient/Begünstigter: Radozlaus von Briese/Kloster Heinrichau: SUb III, 452; Johannes (vgl. Personenverzeichnis unter Clemens [2])/Kloster Staniątki: SUb II, †428; Cresslauus und sein Bruder Sudo/Kloster Mogiła: SUb II, 106; Heinrich [28] und Rupert (vgl. Personenverzeichnis unter Heinrich [28])/Johanniterorden: SUb III, 21; Peter [11] Wlast und seine Frau Maria und ihr Sohn Swentoslaus/Sandstift und Marienkirche auf dem Zobten: SUb I, 23; Albert cum barba von Tepliwoda/Kloster Heinrichau: GB, S. 269f.; Johannes von Würben/ Kloster Heinrichau: SUb III, 452.
792) SUb VI, 226.
793) SUb V, 448.
794) SUb I, 66.
795) Lib. mor. Vincentii, S. 20: 24. Feb. („Obiit Jacko comes frater noster").
796) Lib. mor. Vincentii, S. 87: 24. Nov.
797) Liber Fraternitatis Lubinensis, S. 5; 573; 4f.
798) Nekr. Heinrichau, S. 283: 30. Jan.
799) Nekr. Heinrichau, S. 288: 23. Apr.
800) Hedwig, S. 524.

Kloster Heinrichau darin, daß Adlige als 'besondere Freunde'[801] oder 'Wohltäter'[802] dieses Klosters tituliert werden. Dabei fällt auf, daß jeweils zwei Mitglieder der Familien Haugwitz und Münsterberg sowie mehrere Angehörige der Tepliwoda solcherart bezeichnet werden, was auf eine besonders intensive Beziehung zwischen Kloster und Familie - auch über Generationen hinweg[803] - schließen läßt. Hermann von Reichenbach förderte zwei Klöster; im Kamenzer Nekrolog ist er als 'Gönner', im Heinrichauer als 'Wohltäter' verzeichnet[804]. In einem Einzelfall bestätigt der Abt von Leubus den erblichen Besitz des Razon[805], und zwar vor Herzog Heinrich I.[806] Gottesdienstliche Handlungen werden im Gedenken an Werner von Pannwitz[807] und die Frau von Lichtenburg[808] vorgenommen. Ihre letzte Ruhe finden schließlich Peter [11] Wlast und seine Frau Maria im Vinzenzstift[809] sowie Berold [4] im Kloster Heinrichau[810], was besonders bemerkenswert ist, da Beerdigungen von Adligen - außer den Landesherren und Stiftern - in Klöstern recht selten sind.

Die gebräuchlichste Form, einen Adligen wegen seiner Verdienste für ein Kloster zu ehren, ist jedoch seine Aufnahme in den Nekrolog der betreffenden Glaubensgemeinschaft. Nicht von allen schlesischen Klöstern werden jedoch Totenbücher geführt bzw. sind solche erhalten. In jenen des Vinzenzstiftes[811] und des

---

801) Konrad von Münsterberg: GB, S. 314; Nikolaus, Heinrich und Johannes von Tepliwoda: Nekr. Heinrichau, S. 286: 1. Apr..
802) Kilian von Haugwitz: Nekr. Heinrichau, S. 283: 30. Jan.; Otto von Haugwitz: ebd., S. 293: 7. Aug.; Goswin von Münsterberg: ebd., S. 302: 9. Dez.; Hermann von Reichenbach: ebd., S. 294: 9. Aug.; Sambor von Schildberg: ebd., S. 299: 29. Okt.; Albertus Barba von Tepliwoda: ebd., S. 303: 10. Dez.
803) Kilian und Otto von Haugwitz sind Brüder; bei Konrad und Goswin von Münsterberg handelt es sich um Vater und Sohn; unbekannt ist das Verwandtschaftsverhältnis zwischen Albertus Barba, Nikolaus, Heinrich und Johannes von Tepliwoda.
804) Nekr. Kamenz, S. 329: 25. Aug.; Nekr. Heinrichau, S. 294: 9. Aug.
805) Vgl. Personenverzeichnis unter Bogdan [1].
806) SUb I, 278.
807) Nekr. Kamenz, S. 322: 17. Apr..
808) Vgl. Personenverzeichnis unter Tepliwoda. - Nekr. Heinrichau, S. 289: 19. Mai (servicium).
809) Zapiski hisotryczne, S. 723, 732; Cronica Petri comitis, passim; Katalogi Biskupów Krakowskich, S. 348f.
810) GB, S. 311.
811) Andreas [8] oder [9] oder [10]; Clemens (vgl. Personenverzeichnis unter Andreas [24]) oder Clemens [7] oder [9]; Bertolf; Jaroslawa von Biberstein; Boguta [1] oder [2]; Brictius (?); Ceseborius; Ceslaus [1] oder [2]; Chazlaus [1]; Cragec; Crisanus [2]; Crisko (?); Miscigneus (vgl. Personenverzeichnis unter Daleborius [2]); Domaslaus (vgl. Personenverzeichnis unter Daniel); Diui, Preduogius (vgl. Personenverzeichnis unter Gallus [2]), Godinus [1] (?); Bogusca (?) und Sbilutus (vgl. Personenverzeichnis unter Goslawitz); Janko; Iaxa; Mlodey (vgl. Personenverzeichnis unter Iaxa); Goslaus von Jedlownik; Michora; Muchina (?); Nagodo (?); Naroci (?); Goslaus (vgl. Personenverzeichnis unter Nikolaus [54]) (?); Peter [11] Wlast, Wlast und Maria; Stosso (vgl. Peter [40]); Iarachius von Pogarell; Pomnem; Ylicus, Heinrich und Hemerammus von Poseritz; Rathimirus (?); Sandivoi [1]; Sdessa und Pachoslaus (?) von Schessici; Sigrod; Stephan [28] (?); Sulislaus [7]; Woytus von Unchristen; Vbizlaus; Vnarcus; Vrotis;

Klosters Kamenz[812] sind jeweils über 50 schlesische Adlige verzeichnet, in den Nekrologen der Klöster Heinrichau[813] und Leubus[814] jeweils über 40, zwei im Totenbuch des Klosters Lubiń[815] sowie je einer in den Nekrologen der Klöster Czarnowanz[816] und Strzelno[816], ein weiterer im Böhmisch-Schlesischen Nekrologium[817]. Insgesamt werden 197 Adlige genannt; einige davon in mehreren Totenbüchern[818]. Der Anteil der in diesen Nekrologen verzeichneten weltlichen Adligen beläuft sich

---

Pachoslaus von Wildschütz (?); Gebhard von Wisenburg; Witoslaus [3] (?); Wlast [2] (?); Johannes und Stephan (?) von Würben; Zantoslaus (?), Leonhard und Wlodimir (vgl. Personenverzeichnis unter Zantoslaus).

812) Dirsco, Benedikta und Dirsislaus von Baitzen; Gunther, Jutta, Otto, Elisabeth, Otto und Gunther von Biberstein; Heinrich (vgl. Personenverzeichnis unter Daniel); Hermann von Frankenstein; Goswin(vgl. Personenverzeichnis unter Goswin); Heinrich von Hoendorf; Konrad, Gertrud und Sophia von Münsterberg; Sulislaus, Woislawa, Johannes, Adelheid, Woicoslawa, Iesco, Andreas, Clemens, Andreas und Jakob von Nossen; Konrad von Nostitz; Werner, Cäcilie und Johannes von Pannwitz; Peter [32]; Mrosco, Predslaus (von Pogarell und Rosenbach), Vinzenz (von Habendorf), Bogus, Budiuoy (von Michelau), Jaroslaus, Heinrich, Balthasar, Iesco und Georg von Pogarell; Christina de Pomerio; Imma (vgl. Personenverzeichnis unter Radozlaus [1]); Konrad, Hedwig, Hermann, Anna, Agnes und Margarete von Reichenbach; Siegfried [1]; Friedrich von Wladow; Stephan (?), Stephan (?), Sophia und Dobrica von Würben.

813) Gertrud von Adelungesbach; Apetzko, Mechthild, Ludwig, Gertrud, Werner und Hanka von Aulock; Friedrich von Bischofsheim, Dirsco [6]; Elisabeth (vgl. Personenverzeichnis unter Dirsco [6]); Gertrud, Goswinund Katharina (vgl. Personenverzeichnis unter Goswin); Rüdiger, Katharina, Kilian, Otto, Elisabeth, Schade, Rüdiger und Jutta von Haugwitz; Konrad, Gertrud, Goswin, Sophia, Konrad, Adelheid, Sophia, Anna, Gertrud, Martin, Sophia, Johannes, Sophia und Balthasar von Münsterberg; Peter (vgl. Personenverzeichnis unter Peter [40]); Konrad, Hermann, Anna und Agnes von Reichenbach; Thekla, Sambor und Adelheid von Schildberg; Johannes Serucha; Boguchuala und Woytech von Strehlen; Albertus Barba und Nikolaus von Tepliwoda; Frau von Lichtenburg (vgl. Personenverzeichnis unter Tepliwoda).

814) Heinrich von Banz; Theoderich von Baruth; Heinrich von Biberstein; Bogdan [1] (?); Bozata [1] oder [2]; Paul, Iesco und Jakob von Briese; Chanstobor [1]; Konrad, Stoygnew und Seteh (?) (vgl. Personenverzeichnis unter Dirsicraiowitz); Godek; Pribislaus (vgl. Personenverzeichnis unter Goslawitz); Heinrich von Gusik; Theoderich, Mathias und Gregor (vgl. Personenverzeichnis unter Johannes [11]); Lassota [1] und seine Söhne Lassota und Jakob; Stanislaus (vgl. Personenverzeichnis unter Lorenz [11]); Martin [12]; Michora; Pantin [2]; Ylicus, Wilschek, Wilcho, Peter, Hemerammus, Heinrich (de Wifena), Johannes (de Wifena), Gneomir, Hemerammus und Paul von Poseritz; Heinrich und Walwan von Profen; Pantslaus von Rakschütz; Stoygnew [1]; Bozata von Widzin; Woytech [1]; Johannes von Würben; Otto von Zedlitz.

815) Michora; Peter [11] Wlast.

816) Peter [11] Wlast.

817) Wlast (vgl. Personenverzeichnis unter Peter [11]).

818) Goswin(vgl. Personenverzeichnis unter Goswin) (Kamenz und Heinrichau); Michora (Vinzenzstift, Leubus und Lubiń); Konrad, Gertrud und Sophia von Münsterberg (Kamenz und Heinrichau); Peter [11] Wlast (Vinzenzstift, Lubiń, Czarnowanz und Strzelno); Wlast (vgl. Personenverzeichnis unter Peter [11]) (Vinzenzstift und Böhmisch-Schlesisches Nekrologium); Hemerammus von Poseritz (Vinzenzstift und Leubus); Konrad, Hermann, Anna und Agnes von Reichenbach (Kamenz und Heinrichau); Stephan von Würben (Kamenz und Heinrichau).

damit auf 8,2 %[819]. Auffällig und als Ausdruck besonders enger Beziehungen zu werten, ist die Nennung mehrerer Angehöriger ein und derselben Familie im Nekrolog eines bestimmten Klosters. Dies gilt für die Baitzen, Nossen und Pannwitz in bezug auf das Kloster Kamenz und für die Familie des Zantoslaus bezüglich des Vinzenzstiftes; die Haugwitz, Schildberg und Tepliwoda werden mehrfach im Totenbuch des Klosters Heinrichau erwähnt, in jenem des Klosters Leubus die Briese, Dirsicraiowitz und Profen. Zwar in den Nekrologen mehrerer Klöster vorkommend, aber doch ganz überwiegend in dem eines bestimmten Klosters angeführt, sind die Angehörigen der Biberstein[820], Pogarell[821] sowie Würben[820], und zwar im Totenbuch des Klosters Kamenz, ebenso die Mitglieder der Familie des Goswin[822] und die Münsterberg[822] in jenem des Klosters Heinrichau sowie schließlich die Poseritz[821] im Leubuser Nekrolog. Dagegen erscheinen die Reichenbach fast ebenso häufig im Totenbuch des Klosters Heinrichau wie in jenem des Klosters Kamenz[823]. Offenbar verfügt diese Familie über annähernd gleich enge Beziehungen zu beiden Klöstern, was eine Besonderheit ist. Einige der angeführten Verbindungen werden offensichtlich durch die geographische Nähe der Familienbesitzungen zu den betreffenden Klöstern begünstigt. Daß die Pogarell und das Kloster Kamenz eng miteinander verbunden sind, ergibt sich schon daraus, daß das Kloster eine Gründung dieser Familie ist.

Aus religiösen Motiven und in der Hoffnung auf konkrete Hilfe, besonders auf Heilung von Krankheiten, unternimmt auch der Adel Wallfahrten zu den heiligen Stätten der Christenheit sowie an die Gräber verschiedener Heiliger. Von herausragender Bedeutung ist hier die schlesische Landesheilige Hedwig, deren Grab in Trebnitz das Ziel der allermeisten Pilgerfahrten des schlesischen Adels ist. Einige Adlige geloben eine Wallfahrt zum Hedwigsgrab[824], andere pilgern tatsächlich nach Trebnitz[825]. Durch Anrufung der Heiligen werden Witoslaus de Borech, Walter von Pratzow, Wilhelm von Schnellewalde und Witoslawa aus Todesgefahr gerettet[826],

---

819) 197 von 2395 = 8, 2 %.
820) Zudem im Nekrolog des Vinzenzstiftes und des Klosters Leubus.
821) Zudem im Nekrolog des Vinzenzstiftes.
822) Zudem im Nekrolog des Klosters Kamenz.
823) In beiden Katalogen sind verzeichnet vier Familienangehörige, zudem nur im Kamenzer zwei und nur im Heinrichauer ein weiteres Familienmitglied.
824) Bertradis von Cyrna, Walter von Pratzow, Peter von Reumen, Vinzenz von Schnellewalde.
825) Witoslaus de Borech, Beatrix (vgl. Personenverzeichnis unter Goslawitz), Dobromira von Jäschkittel, Bratumila von Jeltsch, Lorenz/Peter von Likowitz, Magusha von Michowitz, Radik von Pelaskowitz, Peter von Sokolnitz, Wenzelslaus von Solnik, Raslava von Thomaskirch, Sdeslawa von Tinz, Witoslawa.
826) Hedwig, S. 584f., 619; 621f.; 622f.; 623.

andere Adlige genesen dank der Hilfe Hedwigs von ihren Leiden[827]. Wunder wirkt die heilige Salomea, wie Clementia[9] bezeugen kann[828]. Durch ein Wunder heilte die in Krakau bestattete Heilige auch Anastasia von Muchenitz und die Tochter des Grafen Peter, erweckte sie die Tochter des Iaxa/Tezco von Schnellewalde zweimal vom Tode[829]. In Zusammenhang mit der Kanonisation Hedwigs gelangen Adelheid von Janowitz und Clemens von Orinik nach Rom, wo sie von Hedwig bewirkte Wunder bestätigen[830]. Gar ins Heilige Land nach Jerusalem pilgert Iaxa[831], wo er und seine Frau in die Gebetsverbrüderung der Auferstehungskirche aufgenommen werden[794]. 1229 beteiligt sich Albert cum barba von Tepliwoda an einer Preußenfahrt, vor der er dem Kloster Heinrichau für den Fall seines Todes sein gesamtes Erbgut versprach[832]. Gar an einem Kreuzzug, vermutlich dem fünften, nimmt Seteh[218] teil. Vor seinem Aufbruch macht er eingedenk der Gefahren des Unternehmens sein Testament, in dem er seinen Grundbesitz seinem Halbbruder und nach dessen erbenlosem Tode dem Kloster Trebnitz vermacht, sich jedoch für den Fall seiner Rückkehr das Besitzrecht vorbehält[219]. Das Testament entspricht damit in seiner Art jenen von der Kirche besonders geschützten Kreuzzugsvereinbarungen. Wenn auch Wallfahrten zu den großen Zentren der Christenheit unternommen werden, so verdeutlicht diese Zusammenstellung doch die Wichtigkeit und Bedeutung einer eigenen Heiligen für ein bestimmtes Land - der heiligen Hedwig für Schlesien. Ins Auge springt auch der hohe Anteil - fast die Hälfte - von Frauen unter den bekannten Pilgern.

Der Adel leistet aber auch einen nicht unbeträchtlichen Beitrag zum Auf- und Ausbau der Kirchenorganisation in Schlesien, und zwar durch die Gründung von Klöstern und Kirchen. Der zweifellos bedeutendste, aber auch legendärste Kirchengründer ist Peter [11] Wlast. In den erzählenden Quellen wird ihm die Errichtung einer großen Anzahl von Klöstern und Kirchen - bis zu je 77 - in ganz Polen zugesprochen[833]. Die in den Quellen angegebenen Zahlen haben als 'heilige Zah-

---

827) Bertradis von Cyrna, Beatrix (vgl. Personenverzeichnis unter Goslawitz), Dobromira von Jäschkittel, Bratumila von Jeltsch, Lorenz/Peter von Likowitz, Maguscha von Michowitz, Nanker [6], Peter von Reumen, Peter von Sokolnitz, Wenzeslaus von Solnik, Raslava von Thomaskirch, Sdeslawa von Tinz, Witoslawa.
828) Vita Sanctae Salomeae, S. 789f..
829) Vita Sanctae Salomeae, S. 792; 791; 794.
830) Hedwig, S. 529; 588.
831) Annales Capituli Cracoviensis, S. 591 und Rocznik Miechowski, S. 882.
832) GB, S. 256.
833) Ein Kloster: Annales Cracovienses Compilati, S. 590, Roczink Małopolski, S. 154f., Annales Polonorum IV, S. 627; ein Kloster und 77 Kirchen: Zdarzenia godne pamięci, S. 304; zwei Klöster und 70 Kirchen: Zapiski historyczne, S. 719-723; zwei Klöster und viele Kirchen: Katalogi Biskupów Krakowskich, S. 348f.; sieben Klöster und 70 Kirchen: CPS, S. 561, KBGP, S. 520f.; sieben Klöster und 77 Kirchen: CPP, S. 476-478; 77 Klöster und 72 Kirchen: Cronica Petri comitis, passim; viele Klöster: Rocznick Sędziwoja, S. 875; mehrere Klöster und 70 Kirchen: Ortliebi Zwifaltensis Chronicon, S. 2f.

len' symbolischen Charakter; sie sollen lediglich ausdrücken, daß Peter [11] Wlast viele Klöster und Kirchen gründete[834]. Allein in Schlesien entstehen durch ihn auf dem Zobten bzw. in Gorkau das spätere Sandstift[835] sowie das Vinzenzstift[836]. An diesen Klostergründungen ist aber auch seine Familie beteiligt: seine Frau Maria an beiden[837], sein Sohn Swentoslaus offensichtlich nur an der des Vinzenzstiftes[838]. In ihrer beider Gegenwart wird das Sandstift auch geweiht[839], wogegen bei der Konsekration des Vinzenzstiftes lediglich ein Verwandter, der Graf Michora, anwesend ist[840]. Des weiteren gehen auf Peter [11] Wlast zurück sehr wahrscheinlich die Martins-[841] und Michaeliskirche[842] in Breslau sowie die Seonhardskirche in Ohlau[843], angeblich die Kirche von Rothkirch bei Liegnitz[844] und außerdem vielleicht die St. Ägidikirche in Breslau[845] sowie die Kirche in Naumburg a.B.[846] Nach Peters [11] Tod werden die Kirchenbauten von seinem Sohn Swentoslaus vollendet[847]. Aus dem Kreis der Verwandtschaft[848] des Peter [11] erfolgt zudem durch Boguslaus - den Bruder des Peter [11] - sehr wahrscheinlich die Gründung der Adalbertkirche zu Breslau; zumindest ist er ihr Eigentümer, da er sie an das Sandstift verschenkt[849]. Diese umfangreiche und für den schlesischen Adel einzigartige

---

834) Eine Übersicht der Peter [11] Wlast zugeschriebenen Kloster- und Kirchengründungen bietet RICHTSTEIG, Peter Wlast, 20, S. 7-10, der jedoch S. 10-22 nur die Schlesien betreffenden Angaben überprüft.
835) Zapiski historyczne, S. 719-723, 732f.; KBGP, S. 520f. - MICHAEL, S. 49-51; RICHTSTEIG, Peter Wlast, 20, S. 12-16. - Nach SUb I, †322 soll das Sandstift von einem Grafen Wlast gegründet worden sein, der vielleicht mit Peter [11] Wlast identisch oder vielleicht dessen Vater ist.
836) SUb I, 19, 60; CPP, S. 476-478; Zapiski historyczne, S. 719-723; Cronica Petri comitis, passim; KBGP, S. 520f.; Annales Cracovienses Compilati, S. 590; Rocznik Małopolski, S. 154f.; Annales Polonorum IV, S. 627; Rocznik Sędziwoja, S. 875; Zdarzenia godne pamięci, S. 304; Katalogi Biskupów Krakowskich, S. 348f.; Lib. mor. Vincentii, S. 38: 16. Apr. - MICHAEL, S. 47-49; RICHTSTEIG, Peter Wlast, 20, S. 16-19.
837) Zapiski historyczne, S. 719-723; Cronica Petri comitis, passim und Rocznik Sędziwoja, S. 875.
838) Cronica Petri comitis, passim.
839) Zapiski historyczne, S. 732.
840) Zapiski historyczne, S. 733.
841) MICHAEL, S. 59, 95.
842) MICHAEL, S. 59, 95: von Peter [11] Wlast oder seinem Schwiegersohn Iaxa gegründet.
843) MICHAEL, S. 123f.; EISTERT, Peter Wlast, S. 1f.; RICHTSTEIG, Peter Wlast, 20, S. 21.
844) MICHAEL, S. 47 Anm. 12, 91f.; RICHTSTEIG, Peter Wlast, 20, S. 22.
845) So WALTER, Baugeschichte, S. 6-18; dagegen MICHAEL, S. 61, 95 und RICHTSTEIG, Peter Wlast, 20, S. 20.
846) So MICHAEL, S. 47 Anm. 12. RICHTSTEIG, Peter Wlast, 20, S. 7, 21 denkt sofort an das Kloster, zieht aber nicht die Möglichkeit einer bloßen Kirche in Betracht.
847) KBGP, S. 520f.
848) Die Annahme von MICHAEL, S. 59f. und 95, daß Michora, ein weiterer Verwandter des Peter [11], der Erbauer und erste Patron der Peterskapelle in Breslau sei, weil er sie dotierte (vgl. SUbI, 45, 171, 279, †325, †326, †327; Nekr. Lubense, S. 56: 30. Aug.), erscheint zu vage.
849) SUb I, 58. - MICHAEL, S. 58f., 95, 193; RICHTSTEIG, Peter Wlast, 20, S. 12f.

Gründungstätigkeit der Familie des Peter [11] Wlast ist nur auf Grund ihrer überragenden wirtschaftlichen Stellung, wohl verbunden mit ihrer politischen Bedeutung in Schlesien möglich.

Im 13. Jahrhundert treten die Pogarell, Würben und Liebenthal mit Klostergründungen hervor. Die Entstehung des Klosters Kamenz[850] vor 1210 geht auf den Geistlichen Vinzenz von Pogarell zurück[851], der dabei vom Breslauer Archidiakon Ianusius, seinem Bruder, unterstützt wird[852]. Aber auch der weltliche Teil der Familie fördert das Kloster mit Schenkungen: so die Söhne des Jaroslaus und Predslaus von Pogarell mit verschiedenen Gütern[853], Ianusius, Stephan, Simon und Bogus von Pogarell mit der Kirche von Michelau nebst Zubehör[854] sowie Iesco von Pogarell mit drei Mark[855]. Die Würben gründen sehr wahrscheinlich das Franziskanerkloster in Schweidnitz[856], allerdings nicht schon 1220 und nicht durch Stephan, Andreas, Stephan und Franz von Würben, wie auf einer Marmortafel der abgerissenen Klosterkirche angegeben[857], sondern erst vor 1249. Das Kloster entsteht in Zusammenhang mit der Stadtgründung, an der die Würben beteiligt sind. Sie stellen den Baugrund für die Klosteranlage zur Verfügung und tragen für die Errichtung der Gebäude Sorge. Eine weitere Ausstattung mit Grundbesitz, Zinsen oder ähnlichem ist nicht nötig, da die Franziskaner als Bettelmönche besitzlos seien sollen. Mit ausdrücklicher Genehmigung des Landesherrn erfolgt dagegen 1278 die Gründung des Nonnenklosters Liebenthal[858] durch Jutta von Liebenthal[859]. Bei dieser Gelegenheit nimmt der Herzog das Kloster unter seinen Schutz, doch bleibt dessen Errichtung und Ausstattung der Gründerfamilie vorbehalten. Diese schenkt dem Kloster 40 Mark Jahreszins, was Herzog Bolko I. von Jauer 1289 bestätigt[561]. 1294 ergänzt der Geistliche Wilrich von Liebenthal diese Schenkung mit dem Patronat der Kirche von Hohenposeritz, das er aus eigenem Vermögen erwarb, nebst den dazugehörigen Zehnten und Einkünften[860]. Auffällig ist bei dieser Klostergründung die Absicherung beim Landesherrn, auf dessen Bitten das Kloster 1281 auch unter den Schutz des Papstes gestellt wird[861]. Der Rückhalt beim Landesherrn

---

850) Vgl. GRÜGER, Kamenz, S. 84-86.
851) SUb I, 122; GB, S. 279.
852) SUb I, 152, II, 384, III, 314.
853) SUb II, 384.
854) SUb IV, 281, 285, V,71.
855) Nekr. Kamenz, S. 326: 7. Juli.
856) Ein direkter urkundlicher Nachweis ist nicht möglich, doch ist die Gründung durch die Würben so gut wie sicher; vgl. RADLER, Würben, 17, S. 110-114 und RADLER, Franziskanerkloster Schweidnitz, S. 53-55.
857) Deutscher Text bei RADLER, Würben, 17, S. 112. Weitere Angaben dazu bei RADLER, Franziskanerkloster Schweidnitz, S. 54 Anm. 6.
858) Vgl. GRÜGER, Liebenthal, S. 2.
859) SUb IV, 333.
860) SUb VI, 153. - Nach GRÜGER, Liebenthal, S. 2 handelt es sich um das Patronat von Peiswitz.
861) SR 1650.

mag nötig sein, da die Liebenthal nicht zu den großen Adelsfamilien gehören. Es wäre aber auch möglich, daß sie Lehensgut verschenken oder auf das landesherrliche Schutzpatronat über die Kirche Rücksicht nehmen[862].

Direkte Nachrichten von Kirchengründungen durch Adlige gibt es nur zwei, die jedoch beide recht schöne Fallbeispiele sind. Laut einer auf das Jahr 1256 datierten Fälschung[863] haben die Brüder Lonek und Lutozat die Kirche in Peiskretscham erbaut und mit acht Morgen von der Mühle zu Tost sowie mit dem Zehnt der von ihnen bebauten und zu rodenden Felder ausgestattet. Sie müssen jedoch erkennen, daß die Dotation nicht ausreicht und sie sich wegen ihres zu geringen Vermögens mit der Kirchengründung übernommen haben. Um sie nicht scheitern zu lassen, wenden sich die Brüder an den Breslauer Bischof, der auf ihre Bitte hin der neuen Kirche weitere Zehnten zuweist und somit deren Existenz sichert. Wenn auch in einer Fälschung überliefert, so ist dies doch der einzige bekannte Fall, in dem Adlige bei einer Kloster- oder Kirchengründung ihre Möglichkeiten überschätzen. Die zweite Kirchengründung erfolgt durch Boguslaus von Strehlen[864]. Im Strehlener Kirchensprengel sind in Zusammenhang mit der deutschen Siedlung neue Dörfer entstanden, für deren Einwohner der adlige Grundherr eine Kirche in dem Ort Steinkirche errichtet. Die auf Grund der Neubesiedlung anfallenden Neubruchzehnten stehen dem Bischof von Breslau zu, der sie jedoch 1264 zur Ausstattung der Kirchen in Strehlen und Steinkirche verwendet. Dieses Beispiel zeigt, daß der Adel mit der Förderung der deutschen Siedlung auch zum Ausbau der Kirchenorganisation beiträgt, wenn auch eher indirekt[865]. Den herbeigerufenen Siedlern wird durch den Grundherrn zugesichert, nach eigenem Herkommen leben zu können, also auch eine eigene Kirchengemeinde bilden zu dürfen. Dieses Bestreben wird vom Grundherrn unterstützt, indem er die Hauptlast der Kirchenausstattung trägt; so werden häufig schon in den Lokationsurkunden den noch zu errichtenden Kirchen mehrere Hufen zugewiesen. Mit der Übernahme von Ausstattung und Unterhaltung der neuen Kirche erlangt der Grundherr das Kirchenpatronat, womit er seine weltliche Grundherrschaft mit einer Art 'geistlichen Aufsicht' ergänzt. Zu Kirchengründungen kommt es überwiegend dort, wo neue Grundherrschaften entstehen, also hauptsächlich bei Siedlungen auf Neuland. Die Grenzen des neuen Pfarrsprengels entsprechen dabei in der Regel jenen des grundherrschaftlichen Besitzes. Jedoch ist nicht mit jeder Lokation eines Dorfes zu deutschem Recht die Errichtung einer eigenen Kirche oder eines eigenen Kirchenbezirkes verbunden. So wird in einigen Lokationsurkunden die Anlage von Kirchen in Neusiedlungen überhaupt nicht angesprochen, in anderen die Zuweisung von Dotalhufen an die

---

862) APPELT, Klosterpatronat, S. 313-315.
863) SUb III, †576.
864) SUb III, 482: „... ecclesia, quam edificavit nobilis vir Boguslaus ...".
865) Zu den Kirchengründungen in Zusammenhang mit der deutschen Siedlung vgl. SCHMID, Pfarrorganisation, S. 354-357, 366f., 384.

Bedingung der tatsächlichen Errichtung einer Kirche geknüpft[866] oder die Erlaubnis zur Kirchgründung von der Dorfgröße abhängig gemacht[867]. Auch wenn es sich hier nicht um Ritterurkunden handelt, dürften die Bestimmungen doch allgemeinen Charakter haben[868]. Insgesamt wird für die Kirchengründungen des Adels in Zusammenhang mit der deutschen Siedlung das gelten, was für seinen Anteil an ihr überhaupt angenommen wurde: er dürfte größer sein, als aus den Urkunden ersichtlich.

Weitere Hinweise auf Kirchengründungen durch Adlige ergeben sich aus Nachrichten über Eigenkirchen und Kirchenpatronate[869]. Errichtet ein Adliger auf seinem Grundbesitz eine Kirche und stattet er sie auf seine Kosten aus, so betrachtet er diese Kirche als sein Eigentum, als Eigenkirche, die er nach Belieben vererben, verschenken oder verkaufen kann. Die Kirche bringt an Erträgnissen den Zehnt und die Stolgebühren, die zum Teil für den Unterhalt des Geistlichen und der Kirchengebäude sowie die Bedürfnisse des Gottesdienstes benötigt werden; der Überschuß steht dem Kirchenherrn zu, wie auch der Nachlaß des Geistlichen und die Kircheneinkünfte während einer Vakanz. Zudem bestellt allein der Kirchherr den Geistlichen, von dem er auch Dienste und Zinsen fordern kann. Eine Eigenkirche ist also für einen Grundherrn ebenfalls in wirtschaftlicher Hinsicht von Interesse. Diese umfassenden eigenkirchlichen Ansprüche werden seit 1140 von der Gesamtkirche durch die Einführung des Patronatsrechtes abgeschwächt. Dem Kirchengründer wird nur noch eine Schutzrecht über seine Kirche gewährt. Ihm obliegt die materielle Fürsorge über die Kirchengebäude, er steht der Gemeinde mit seinem Rat bei und schlägt den anzustellenden Geistlichen vor, der vom Bischof eingesetzt wird. Die Erträgnisse gehen nicht mehr an den Kirchengründer, sondern bleiben bei der Kirche. Das bisherige eigenkirchliche Nutzungsrecht wird in einen Unterhaltsanspruch des Patrons im Falle seiner Verarmung umgewandelt. Durchsetzen kann die Kirche zunächst nur die Einsetzung des Geistlichen durch den Bischof, ansonsten halten die Kirchenherren zum Teil noch bis ins 16. Jahrhundert an

---

866) Z.B. SUb III, 249 (Herzog Konrad I. von Glogau: „Si vera capellam construxerint villam inhabitantes, duos mansos conferimus ad eandem."), SUb IV, 332 (Herzog Heinrich IV. von Breslau weist zwei Bürgern ein Gut mit Scholtisei und Patronat der Kirche zu, falls eine solche errichtet wird.).
867) Z.B. SUb I, †367 (Herzog Heinrich I. von Schlesien: „... si aliqua villa habens centum mansos locata fuerit, in ea ecclesia construatur. Alie vero ville, quodquod locate fuerint ... sub centum mansis ecclesias non habebunt ..."), SUb I, †368 (Bischof Lorenz von Breslau: „Dotamus eciam eidem ecclesie ... omnes villas locandas in futuro ..., que centum mansos non habuerint..."), SUb III, 343 (Herzog Heinrich III. von Breslau: „In his etiam villis, quae quinquaginta mansos habebunt, ecclesiam construent ...").
868) So auch MULARCZYK, Prawo patronatu, S. 145f., der in den Bestimmungen jedoch eine Verpflichtung der Bauern zum Bau einer Kirche erblicken will.
869) Vgl. zum Folgenden MICHAEL, S. 247-257 sowie zum Patronatsrecht in Schlesien MULARCZYK, Prawo patronatu.

ihren eigenkirchlichen Rechten fest, auch wenn in den Urkunden ab Anfang des 13. Jahrhunderts vermehrt vom 'ius patronatus'[870] gesprochen wird[871].

Der Besitz einer Eigenkirche läßt sich nur für wenige Adlige nachweisen. Offensichtlich ist er bei Boguslaus[872], der die St. Adalbert Kirche in Mochbern bei Breslau mit dem Dorf dem Sandstift schenkt[873], über sie also nach Belieben verfügt. Gleiches gilt für Hemerammus von Poseritz, der die Kirche in Striegau verschenkt[874], auch wenn in der päpstlichen Bestätigungsurkunde von der Schenkung lediglich des Patronatsrechtes gesprochen wird[875].

Direkt als Besitzer einer Kirche werden Andreas [27] und Werner[218] genannt, nämlich der Kirchen zu Matzkirch bei Cosel und Slawikau bei Ratibor[876]. Auch Boguslaus von Strehlen wird das in seinem Grundherrschaftsbereich in Steinkirche von ihm errichtete Gotteshaus[877] als 'seine Kirche' betrachten. Adam von Raschau bittet 1297 den Bischof, die Raschauer Kirche zu weihen[878], die demnach wohl gerade fertiggestellt worden war. Dies tut er sicherlich für seine eigene und nicht für eine fremde Kirche. Zudem stattet der Adlige die neue Kirche mit Land und Abgaben aus, doch weist ihr auch der Bischof verschiedene Zehnten zu. Um Zehntbestätigungen für die Kirche zu Wüstebriese suchen die dortigen Grundherren nach, und zwar 1285 Paul von Briese[879] und 1299 sein vermutlicher Sohn Iesco von Briese[880]. Die Kirche, deren Fundation - wie in der ersten Bestätigung mitgeteilt wird[879] - schon durch Bischof Lorenz (1207-1232) beurkundet wurde, ist demnach über mehrere Generationen vererbt worden. Zu einer Pfarrkirche wertet Otto von Wilin seine Kapelle in Peterswaldau auf, indem er sie von der Kirche in Reichenbach, der sie bisher unterstand, trennen läßt[881]; die Kapelle soll zudem einen eigenen Geistlichen erhalten. Die Reichenbacher Kirche entschädigt Otto von Wilin mit zwei Hufen von seinem Grundbesitz in Peterswaldau. Wohl ebenfalls um eine Eigenkirche handelt es sich bei jener von Prietzen. Der dortige Grundherr, Bogus-

---

870) Die erste Erwähnung des Patronats findet sich 1202 in einer Herzogsurkunde (SUb I, 83), 1223 erstmals in einer von Jaroslaus (vgl. Personenverzeichnis unter Bozedech), Bozdech, Peter [37] und Budinoy [9] ausgestellten Ritterurkunde (SUb I, 236).
871) MULARCZYK, Prawo patronatu, S. 142f. geht sogar so weit zu behaupten, daß sich im mittelalterlichen Schlesien Eigentumsrecht und Patronatsrecht nur terminologisch, nicht aber inhaltlich unterscheiden; für die Praxis gelte: „das Patronatsrecht unterscheidet sich nicht vom Eigentumsrecht" (S. 142: „prawo patronatu nie różniło się od prawa własności")!
872) Vgl. Personenverzeichnis unter Peter [11].
873) SUb I, 58.
874) SUb I, 86, 87, 88.
875) SUb I, 98.
876) SUb I, 240: „... ecclesie comitis Andree...", „... in consecratione ecclesie comitis Vernerii ...".
877) SUb III, 482: „... ecclesia, quam edificavit nobilis vir Boguslaus ...".
878) SUb VI, 318.
879) SUb V, †500.
880) SUb VI, 407.
881) SUb III, 264.

co[421], legt bei der Aussetzung seines Erbgutes fest, daß die Siedler an den Ortspfarrer zehnten sollen[882]. Pfarrer zu Prietzen ist Boguscos[421] Bruder Wenczko[421], was bedeutet, daß der Grundherr die Pfarrstelle in seinem Dorf mit einem Familienangehörigen besetzt.

Leichter festzustellen sind die Patronatsherren, weil diese in den Urkunden als solche bezeichnet werden. In einer Papsturkunde aus dem Jahre 1193 werden neben Herzog Boleslaus I. der eigentliche Gründer des Vinzenzstiftes, nämlich Peter [11] Wlast, sowie die Brüder Leonhard[883] und Wlodimir[883] als Patrone desselben genannt[884]; mit ihrer Zustimmung werden die Benediktiner durch Prämonstratenser ersetzt. Von dem Gründer des Klosters Kamenz, dem Geistlichen Vinzenz von Pogarell, ist das Patronat auf seine Neffen, die Söhne seiner Brüder Predslaus und Jaroslaus von Pogarell, übergegangen, wie einer Bischofsurkunde des Jahres 1249 zu entnehmen ist[854]. Mit dem Erwerb eines Dorfes geht in der Regel auch das Patronat an den neuen Besitzer über. Ausdrücklich erwähnt wird dies beim Kauf des Dorfes Jackschönau, das früher samt Kirchenpatronat dem Bawarus gehörte, durch Giselher [2][885] und dem Kauf des Gutes Kattern durch Johannes von Würben[362]. Peter von Gusik erwirbt allerdings mit dem Erbgut Tinzia nur das halbe Kirchenpatronat von Bogusius von Tinz[886]. Vom Landesherrn wird Pachoslaus von Schessici das Erbgut Margaret bei Breslau mit dem Kirchenpatronat verliehen[887], Gunter von Biberstein das Dorf Wilkau samt Patronat geschenkt[113]. Lediglich als Patronatsherren genannt werden Clemens [2] für die Kirche in Falkenberg O.S.[888], ein Ritter von Biberstein für jene von Stolz[889] und die vermutlichen Brüder Stephan, Heinrich und Iasco von Würben für die ihres Stammortes[890]. Um das Patronat zu Ebersdorf streitet der Adlige Pechmann mit dem Pfarrer von Sprottau[891]. Das Patronatsrecht wird aber auch verschenkt, so jenes der Marienkirche in der Burg Beuthen a.d.O. durch Bozdech, Jaroslaus[411], Peter [37] und Budiuoy [9] an das Kloster zu Naumburg am Bober[892]. Stephan von Würben verschenkt sogar das Patronat über die Kirche seines Stammortes, und zwar an das Vinzenzstift[893].

Bisher wurde stets das Patronatsrecht allein veräußert, doch jenes über Michelau wird zusammen mit der Dorfkirche von Ianusius, Stephan und Bogus von Po-

---

882) SUb VI, 222.
883) Vgl. Personenverzeichnis unter Zantoslaus.
884) SUb I, 59.
885) SUb VI, 388.
886) SUb V, 425.
887) SUb IV, 294.
888) SUb I, 291.
889) SUb V, 23.
890) SUb V, 40.
891) SUb V, 446.
892) SUb I, 236.
893) SUb VI, 426.

garell sowie Simon von Michelau[417] dem Kloster Kamenz geschenkt[759]. Mit den Dörfern Schönfeld und Schmachtenhagen (?) gelangt auch das jeweilige Kirchenpatronat durch den Grafen Stephan[755] als Buße an das Kloster Leubus[894]. Als weitere Patronatsherren gelten nach der Untersuchung über „Die schlesische Kirche und ihr Patronat" von Edmund Michael die folgenden Adligen: Stephan [24] für die Kirche zu Schosnitz[895], die Herren de Osetno für jene zu Groß Osten[896], Stephan von Seitsch für jene zu Seitsch[897], die Herren von Prausnitz[11] für jene der gleichnamigen Stadt[898], Zacharias [1] für die Kirche zu Sachwitz[899], die Söhne des Ulrich [3] für jene in Polnisch Steine[900], die Herren von Schnellewalde für jene zu Ottmuth[901], Sbroslaus[9] für jene zu Steinau OS[902] und Jan de Grabie für die Adalbertkirche zu Nikolai[903]. Adliges Patronat nimmt Michael auch für die Orte Brieg bei Glogau, Großkauer, Groß Bargen und Stroppen an, ohne daß jedoch die Grundherren namentlich bekannt wären[904]. Insgesamt ergibt sich, daß rund 20 % der bis 1300 erwähnten Kirchen unter adligem Patronat stehen, jedoch mit starken Unterschieden in den einzelnen Landesteilen[905]. 61 Kirchengründungen des Adels sind nachweisbar, doch wird auch hier die tatsächliche Anzahl größer sein.

---

894) SUb III, 299.
895) MICHAEL, S. 99f.
896) MICHAEL, S. 109.
897) MICHAEL, S. 109f.
898) MICHAEL, S. 114f.
899) MICHAEL, S. 119.
900) MICHAEL, S. 124.
901) MICHAEL, S. 153f.
902) MICHAEL, S. 160.
903) MICHAEL, S. 168f.
904) MICHAEL, S. 76, 77, 115, 141.
905) Nach Reduzierung der von MICHAEL, S. 173-178 erstellten Liste um die nach 1300 erstmals erwähnten sowie der im Kreise Hoyerswerda gelegenen Kirchen ergibt sich folgende tabellarische Übersicht:

		Patronat	hzl.	kirchl.	adl.	unbekannt
Regbez. Liegnitz		31	21	3	2	5
	%	100	67,0	9,9	6,6	16,5
Regbez. Breslau		66	21	21	20	4
	%	100	31,8	31,8	30,3	6,0
Oberschlesien		27	10	11	4	2
	%	100	37,0	40,7	14,8	7,5
Ostoberschlesien		2	1	-	1	-
	%	100	50	-	50	-
Gesamtschlesien		126	53	35	27	11
	%	100	42,0	27,8	21,4	8,8

Unterschiedlicher Art sind einige weitere Beziehungen zwischen Adligen und der Kirche, bei denen es sich jedoch überwiegend um Einzelfälle handelt. So befreit Paul von Poseritz die Johanniter zu Striegau von allen Lasten und gestattet ihnen, das Dorf Lüssen zu deutschem Recht auszusetzen[477]. 1289 stimmt der Breslauer Bischof dem Vorhaben der Bogusca[11] zu, ihr Gut Klein Ellguth ebenfalls zu deutschem Recht auszusetzen[906]. In den Dienst des Klosters Rauden stellt sich Mrosco von Pogarell mit der Aussetzung des Klosterdorfes Stanitz und von 100 Hufen Wald zu deutschem Recht[360]. Während des 'Großen Kirchenstreites' unterstützt Heidenreich von Mühlheim den Breslauer Bischof in finanzieller Hinsicht, und zwar mit einem offensichtlich sehr hohen Kredit. Des Bischofs Nachfolger überläßt ihm nämlich 1293 „um der schweren Schulden willen"[907] ein Dorf, womit allerdings erst ein Teil der Schulden als beglichen gilt.

Die folgenden Fälle sind von Leistung und Gegenleistung zwischen Kirche und Adligen bestimmt. Bogdan[908] erhält vom Kloster Leubus einige Äcker in Mois gegen Dienstleistungen[909]. Für die Überlassung des Nießbrauches an ihrem Dorf wird Stresczlava[9] vom Kloster Trebnitz mit einem Jahreszins von 10 Mark Silber entschädigt[10]. Als Schulze des Trebnitzer Klosters soll Berthold [14] diesem Dienste nach dem ius feodale leisten[910]. Simon Gallici und sein Bruder Eberhard werden vom Vinzenzstift zwecks Urbarmachung zwei Güter überlassen, für die sie Zins an das Stift zahlen sollen[911]. Johannes von Reumen verzichtet auf alle Gerichtsbarkeit über sein ehemaliges Erbgut Reumen, wofür er vom Kloster Heinrichau zwei Freihufen erhält[912]. Für ihr Einverständnis zum abermaligen Erwerb des Gutes Jaurowitz durch das Kloster Heinrichau erhalten der Notar Walter [1] und Johannes von Würben von diesem je ein Pferd im Werte von 10 Mark[913]; das Kloster gewinnt auf diese Art und Weise die offensichtlich notwendigen Fürsprecher.

Ein weiterer und nicht immer konfliktfreier Berührungspunkt zwischen Adel und Kirche ist der Zehnt, den im 13. Jahrhundert zu leisten auch der Adel verpflichtet ist. Er tut dies nach dem für ihn geltenden Ritterrecht in der Form der freien Zehntleistung, womit für ihn gewisse Begünstigungen verbunden sind. In ihren Genuß soll auch der herzogliche Ministeriale Bogdalus kommen, worum Herzog Wladislaus I. von Oppeln den Breslauer Bischof bittet. Dieser gestattet dem Bogdalus mit Urkunde vom 8. Januar 1272, den Zehnt von seiner Hufe frei nach Ritterrecht zu geben[914]. Die Umwandlung des bisher von ihm geleisteten Malterzehnts in

---

906) SUb V, 429.
907) SUb VI, 89.
908) Vgl. Personenverzeichnis unter Bartholomeus [6].
909) SUb I, †332.
910) SUb III, 365.
911) SUb IV, 167, 191.
912) SUb IV, 190; GB, S. 268.
913) GB, S. 272.
914) SUb IV, 159.

einen Geldzehnt erwirbt Tizco [1] vom Abt von Leubus[915]. Von Überschwemmungsschäden werden die Besitzungen des Berold von Niborewald und Nikolaus von Pescewicz betroffen, so daß sie den Zehnt nicht leisten können. Das Hospital von Bunzlau als Zehntempfänger erläßt ihnen daraufhin den Zehnt, bedingt sich jedoch aus, auf dem Erbe des Berold Schuppen errichten und den Steinbruch des Nikolaus mit dem Weg dahin zur Errichtung einer neuen Mühle benutzen zu dürfen[916]. Als Ablöse für seine Zehntzahlungen schenkt schließlich der Graf Alardus einen Teil seines Erbgutes den Johannitern zu Groß Tinz[917].

Werden diese Zehntfragen noch einvernehmlich und ohne größeren erkennbaren Aufwand geregelt, so kommt es in einer ganzen Reihe von Fällen zu regelrechten Zehntstreitigkeiten. So beauftragt 1266 Papst Clemens IV. den Breslauer Dompropst, den Zehntstreit zwischen Gunther von Biberstein und der Kirche von Zadel zu entscheiden[918]. Seinen Ursprung hat der Streit offensichtlich in der Übertragung der Kapelle in Stolz, dem Gut der Biberstein, an die Kirche zu Zadel, an die folglich auch der Zehnt zu leisten ist. Dazu sind jedoch weder die Bauern von Stolz[919] noch - wie anzunehmen - die Herren von Biberstein bereit. Erst 1292 kommen der Pfarrer von Zadel und die Söhne des Gunther von Biberstein überein, sich einem nicht überlieferten Schiedsspruch zu unterwerfen[920]. Zehntstreitigkeiten gibt es 1270 auch zwischen den Schulzen und Bauern von Mrosco und Predslaus von Pogarell und dem Kloster Kamenz[921]. Eine Einigung der Brüder Gregor und Jakob von Reumen mit dem Kloster Heinrichau bezüglich des Zehnts von Reumen wird 1291 vom Breslauer Bischof bestätigt[922].

Eine spezielle Zehntregelung zwischen Grundherr und Ortspfarrer macht gelegentlich die Anlage oder Umsetzung von Dörfern im Zuge der deutschen Siedlung notwendig. Im Falle des Pribco von Kammelwitz und des Pfarrers zu Queißen geschieht dies in der Form eines Vergleiches[923], in dem zwischen Stephan [24] und dem Vinzenzstift durch bischöflichen Entscheid[924].

Aus einem anderen Anlaß kommt es zu Streitigkeiten zwischen dem Kloster Kamenz einerseits sowie Heinrich [21], Konrad [7] und Walter [7] andererseits. Die Grundherren behindern das Kloster bei der Erhebung des Zehnts auf ihrem Gut, geloben jedoch 1283 vor dem Bischof, dies künftig zu unterlassen[925]. Erst vor

---

915) SUb VI, 321.
916) SUb VI, 134.
917) SUb II, 197.
918) SUb III, 548.
919) Vgl. SUb III, †558, IV, 379, 432, V, 23.
920) SUb VI, 42. - Vgl. zu diesem Streit MULARCZYK, Prawo patronatu, S. 139 Anm. 58.
921) SUb IV, 118.
922) Aus dem ältesten Heinrichauer Kopialbuch (ZVGS 73 [1939], S. 62).
923) SUb V, 422.
924) SUb II, 266.
925) SUb V, 69.

einem eigens eingesetzten Schiedsrichter vergleichen sich das Vinzenzstift sowie die Brüder Gron und Bogus von Dobrischau. Man einigt sich darauf, daß die Gebrüder von allen einst von Bauern bearbeiteten Äckern den Garbenzehnt, jedoch von den von ihnen selbst bestellten Äckern den Zehnt nach Ritterrecht entrichten[926]. Offensichtlich haben die Adligen ihren Eigenbetrieb auf Bauernland ausgedehnt und versucht, ihr Recht auf freie Zehntleistung auf dieses zu übertragen. Ebenfalls vor einem Schiedsrichter schließen Johannes von Salesche und das Kloster Czarnowanz einen Kompromiß: Der Adlige verpflichtet sich, den strittigen Zehnt gemäß den Wünschen des Klosters zu leisten und gibt gegen Erlaß der Nachzahlung des Zehnts der vergangenen zwei Jahre dessen Höhe unter Eid an[927].

Mit dem Spruch eines Schiedsrichters werden Streitigkeiten zum Abschluß gebracht, in denen kein Vergleich zwischen den Parteien mehr möglich ist. Als Schiedsrichter werden stets Geistliche in überwiegend hohen Positionen und fast immer aus dem Domkapitel von den Streitenden erwählt oder vom Bischof bestimmt. Auf diese Art werden die Streitigkeiten zwischen Boguslaus [15] und dem Pfarrer von Wansen[928], zwischen den vermutlichen Brüdern Stephan, Iasco und Heinrich von Würben sowie dem Pfarrer von Würben einerseits und dem Breslauer Domherr Lorenz [5] andererseits[890] sowie unter Hinzuziehung von Zeugen der Streit zwischen Konrad von Heseler und dem Kloster Sagan[929] geregelt. In der Form schärfer endet der Konflikt zwischen Thomas von Kamien und der Propstei Kasimir. Der Adlige wird von Bischof Thomas II. von Breslau wegen Nichterscheinens und widerrechtlicher Aneignung des der Propstei zustehenden Zehnts eines halben Dorfes zur Restitution desselben verurteilt[930].

Näher einzugehen ist auf den langwierigen Zehntstreit mehrerer Adliger mit dem Pfarrer von Kostenblut. Nachdem bereits wohl 1286 in einem Vergleich nach Exkommunikation und Absolution beigelegt, wird 1288 abermals gegen Pantslaus und Radaco von Rakschütz entschieden, die den Zehnt von ihren Äckern gemäß Ritterrecht nicht mehr an die Kostenbluter Kirche, sondern an eine andere leisten wollen; gemäß einer Entscheidung des ehemaligen päpstlichen Legaten Philipp Bischof von Fermo akzeptiert die Kirche zwar das Recht der freien Zehntleistung des Adels, doch sei der Zehnt dahin zu zahlen, wohin er seit alters gezahlt werde, also an den Pfarrer von Kostenblut[931]. Zehn Jahre später entzieht der Breslauer Bischof seinem Offizial den sich ausweitenden Streit zwischen jetzt mehreren Adligen, nämlich Adalbert [25], Arnold [8], Glysso, Elisabeth[11], Iesco[11] und Sobco[11], Pantslaus und Radaco von Rakschütz, Woytech von Rheinbaben sowie Stephan

---

926) SUb VI, 25.
927) SUb V, 157.
928) SUb VI, 379.
929) SUb VI, 320.
930) SUb V, 389.
931) SUb V, 288 (Insert in Prozeßrotulus von 1329-30), 404.

[30], einerseits und dem Kostenbluter Pfarrer andererseits und überträgt ihn dem Breslauer Domherrn Johannes [25] zur endgültigen Entscheidung[932]. Dieser stellt am 11. Februar 1298 fest, daß der Pfarrer seinen Zehntanspruch hinreichend nachweisen kann, so daß ihm der Zehnt von allen Adligen weiterhin zu leisten ist[933]. Aus einer Urkunde vom 1. März desselben Jahres ist zu erfahren, daß offensichtlich schon vor dem Schiedsspruch Woytech von Rheinbaben der Kostenbluter Kirche zustehendes Zehntgetreide mit Gewalt geraubt und einer anderen Kirche hat zukommen lassen[934]. Hier greift also ein Adliger zur Selbsthilfe. Zu einer Exkommunikation kommt es im Falle einer namentlich nicht bekannten Adligen. Erst als sie auf ihre Ansprüche auf die Zehnten von Tepliwoda verzichtet, erhält sie Absolution[935].

Bei den Zehntstreitigkeiten zwischen Adligen und der Kirche ist auffällig, daß sich die Adligen nur selten durchsetzen können. Am günstigsten ist für sie fast stets ein Vergleich, denn die von Geistlichen gefällten Schiedssprüche fallen nahezu immer zu ihren Ungunsten aus.

Außer Zehntstreitigkeiten sind noch zahlreiche weitere Auseinandersetzungen zum Teil gewalttätiger Art zwischen Adligen und der Kirche bekannt, und zwar aus den verschiedensten Gründen. Ein großer Teil davon sind Besitzstreitigkeiten. So beanspruchen Rosec[218] und Stoygnew[218] vergeblich ein Dorf von den Johannitern[936] und müssen Dirsislaus [1] und seine Brüder Moico und Iavor ein von ihrem Vater geschenktes und von ihnen entfremdetes Dorf dem Kloster Kamenz zurückgeben[937]. Grenzstreitigkeiten haben Pribico von Prerichim[11] und das Kloster Heinrichau[938] sowie Nikolaus von Tepliwoda und das Kloster Leubus[939]. In einigen Fällen werden Vergleiche zwischen den Adligen und den kirchlichen Institutionen geschlossen, in denen die Ansprüche der Adligen abgegolten werden. Vier Brüder aus der Familie Jassona erhalten so 2 Mark Gold vom Kloster Leubus, wofür sie ihre Ansprüche auf eine Grenzhufe aufgeben[940]. Katharina[9] verzichtet auf ihre Erbansprüche und erhält dafür vom Bischof 120 Mark Silber als Mitgift[125]. Rosec[218] wird vom Kloster Leubus mit 20 Mark, zwei Ringen und dem Panzer eines Verwandten abgefunden[941]. Günstiger fällt dagegen der Vergleich der Brüder Mrosco und Gerlach von Pogarell mit dem Kloster Kamenz aus. Die beiden Adligen entsagen ihren Ansprüchen auf ein dem Kloster von ihrem Onkel geschenktes Gut,

---

932) SUb VI, 332.
933) SUb VI, 338.
934) SUb VI, 339.
935) SUb III, 551.
936) SUb II, 178.
937) SUb III, 11.
938) GB, S. 297.
939) SUb VI, 220.
940) SUb V, 247.
941) SUb I, 314.

wofür sie zwei kleinere Güter erhalten, Gerlach von Pogarell zudem 8 Mark Silber jährlich sowie ein weiteres Gut auf Lebenszeit; dafür geloben sie, dem Kloster ihren Schutz angedeihen zu lassen[520]. Schon mit dem Bann belegt war Chevlegius[942]. Von ihm wird er erst gelöst, als er auf seine Ansprüche auf zwei Dörfer gegenüber dem Kloster Czarnowanz verzichtet, das seinerseits keine Entschädigungsklagen erheben wird[943]. Anders verhält es sich dagegen im Streit zwischen Konrad von Reichenbach und dem Pfarrer von Reichenbach. Hier beansprucht und erhält der Pfarrer einen Anteil an den Fleischbänken des Erbvogtes[944]. Häufig müssen die Adligen aber auch auf ihre Ansprüche verzichten, und zwar ohne irgendeine Gegenleistung. Dies gilt für Pasco[418] und Stiborius von Zesselwitz, die gegenüber dem Kloster Heinrichau auf 10 Hufen[945] bzw. ein Gut[232] Verzicht leisten. Seinen Anspruch auf ein Gut und zehn Hufen gegenüber dem Kloster Leubus gibt Albert von Hain auf[946], Albert von Garisca verzichtet zugunsten des Heiliggeiststiftes zu Breslau auf einen Wald[947] und die Brüder Eberhard, Simon und Thomas Gallici ziehen ihre Ansprüche auf eine Wiese gegenüber dem St. Matthias-Hospital zu Breslau zurück[948]. Schließlich entsagt Nikolaus [37] all seinen Ansprüchen auf ein von seinem Onkel dem Breslauer Domkapitel geschenktes Gut[949]. In diesem Fall wird der Adlige sich vergeblich bemüht haben, sein Anerbenrecht geltend zu machen.

Einen Versuch, kirchliches Obereigentum an seine Töchter, Schwiegersöhne und Enkel weiterzugeben, unternimmt Johannes [56], doch muß er die Schenkung widerrufen und die Besitzungen der Kirche zurückgeben[131]. In einem Rechtsstreit läßt die Witwe des Heinrich von Wisenburg klären, ob sie 1,5 Mark jährlich an das Vinzenzstift zu zahlen verpflichtet ist[950].

Schon mehr außerhalb der Legalität ist das Bemühen einiger Adliger, die Kirche - besonders Klöster - unter Druck zu setzen, ihr Schaden zuzufügen oder sich gar ihren Besitz anzueignen. So berichtet das Heinrichauer Gründungsbuch, daß Iesco, Stiborius, Pribislaus und Trsezka von Zesselwitz das Kloster oft belästigen[951]. Peter [40] behindert als Grenznachbar das Kloster bei der Anlage eines Dorfes, okkupiert Klosterwald und setzt dort ein Dorf aus. Obwohl auf einem Landtag entschieden wird, daß Peter [40] den Wald zurückgeben muß, bedroht er das Kloster, so daß ihm die Mönche den Grund schließlich abtreten müssen[952]. Bedroht

---

942) Vgl. Personenverzeichnis unter Alardus.
943) SUb V, 21.
944) SUb V, 20.
945) SUb IV, 350, aus dem ältesten Heinrichauer Kopialbuch (ZVGS 73 [1939], S. 62).
946) SUb IV, 327.
947) SUb VI, 280.
948) SUb VI, 148.
949) SUb IV, 269.
950) SUb VI, 431, 441.
951) GB, S. 365.
952) GB, S. 286, 290f., 293-295.

wird das Heinrichauer Kloster auch von Iesco und Andreas von Nossen, und zwar wegen des Gutes Moschwitz[953]. Eine andere Gefahr erwächst dem Kloster in der Person des Grafen Sigrod und seiner Söhne. Diese geben sich als Verwandte des an der Klostergründung maßgeblich beteiligten Notars Nikolaus[505] aus und versuchen so, die Vogtei zu erlangen[954]. Auch das Nonnenkloster Trebnitz wird in seinem Besitz gestört, nämlich durch Pachoslaus von Schessici[955]. Schon früher, vor 1252, ist über Gerhard von Lapide und Albert von Rabenswald wegen Spoliierung von Trebnitzer Klostergütern der Bann verhängt worden[956]. 1253 befiehlt der Papst, eine weitere Klage der Äbtissin und des Konvents von Trebnitz ebenfalls wegen Entfremdung von Klosterbesitz zu untersuchen. Beschuldigt werden Andreas [21], Budiuoy [3], Peter[957], Theoderich [9] und weitere Laien[958], doch ist das Untersuchungsergebnis nicht überliefert. Bischöfliche Besitzungen sollen Rudolph von Biberstein, Heinrich von Donin und Theoderich von Raten Schäden zugefügt haben[959]. Die Johanniter zu Groß Tinz werden von Johannes [45] mit Grundbesitz für die offensichtliche Enteignung eines Dorfes entschädigt[960].

Wiedergutmachung für in Leubuser Klosterbesitz angerichtete Schäden leistet Stephan[755], indem er dem Kloster zwei Dörfer und sieben Lehenhufen schenkt; da der Wert der Schenkung höher als der Schaden ist, erhält er vom Kloster 27 Mark Silber als Ausgleich[894]. Als Entschädigung für seine Exzesse zahlt Otto von Schlewitz sieben Vierdung an das Hospital der Kreuzherren mit dem roten Stern zu Liegnitz[249]. Peter [30] schädigt die Ortskirche von Pürschen durch Raub und Plünderung um 55 Mark reinen Silbers, weswegen er verurteilt und sein Erbgut als Schadensersatz der Kirche übereignet wird. Jedoch wird dem Adligen und seinen Verwandten die Möglichkeit eingeräumt, das Gut zum selben Preis zurückzuerwerben[961]. Gewalttätigkeiten gegen das Kloster Kamenz und andere Kirchen hatte sich Albert von Wintzenberg zu Schulden kommen lassen. Dennoch war er in geweihter Erde beigesetzt worden, später allerdings auf Befehl eines päpstlichen Legaten woanders begraben worden. Daran nimmt sein Bruder Nikolaus von Wintzenberg Anstoß und verspricht, die angerichteten Schäden auszugleichen. Nachdem für ihn gebürgt wurde, wird sein Bruder wieder in einem kirchlichen Friedhof beigesetzt[962]. Dem Geschädigten wird also noch nach dem Tod des Übeltäters Genugtuung geleistet.

---

953) GB, S. 319f.
954) GB, S. 259.
955) SUb IV, 227.
956) SUb III, 42.
957) Vgl. Personenverzeichnis unter Theoderich [3].
958) SUb III, 76.
959) SUb III, 369.
960) SUb III, 137.
961) SUb III, 304.
962) SUb V, 8.

Noch gewalttätiger wird Burkhard von Moschwitz, der einen Schafstall des Klosters Heinrichau mit 313 Edelschafen in Brand steckt[963]. Während des 'Großen Kirchenstreites' zwischen Herzog Heinrich IV. Breslau und Bischof Thomas II. versucht 1284 mit Einverständnis des Herzogs Sbilutus [2], den zum Bischof haltenden Scholaster Johannes [12] zu töten. Dieser flieht jedoch vorher, so daß Sbilutus [2] und seine Kumpane sich mit Raub, u.a. von sechs Pferden, begnügen müssen[964]. Im folgenden Jahr plündert Ianusius Menka im Auftrag des Herzogs einen Geistlichen aus und nimmt mehrere Priester gefangen[965]. Gewissenhaft vermerken die von Mönchen geschriebenen Quellen, daß das Schicksal schon bald alle drei Unholde ereilt[966].

Die Kirche erwehrt sich der Übergriffe mit den ihr eigenen Mitteln, den Kirchenstrafen. Von ihnen macht sie gelegentlich auch gegenüber schlesischen Adligen Gebrauch. Wegen der Spoliierung von Klostergut werden Gerhard von Lapide und Albert von Rabenswald exkommuniziert[956]. Dem Bann verfallen Heinrich von Lagow und Konrad von Reichenbach, da sie an der Schleifung des bischöflichen Schlosses Ottmachau während des 'Großen Kirchenstreites' beteiligt sind und den gebannten Herzog unterstützen[967]. Absolution von der verhängten Exkommunaktion erhalten eine unbekannte Adlige[935] sowie Pantslaus und Radaco von Rakschütz bei der Beilegung eines Zehntstreites[968] sowie Chevlegius[942] beim Verzicht auf Besitzansprüche[232]. Der Bann wird offensichtlich nur bei besonders hartnäckigen und uneinsichtigen Widersachern sowie bei schweren Vergehen ausgesprochen. Nur wenige schlesische Adlige werden mit dem Bann belegt, einige auch wieder von ihm gelöst.

IV.3.c) Zusammenfassung

Da der Adel einen Teil der Geistlichkeit stellt, bildet er hinsichtlich seiner kirchlichen Rolle zwei Gruppen, nämlich Geistliche adliger Herkunft und weltliche Herren[969].

---

963) GB, S. 319.
964) SUb V, 104.
965) SUb V, 225, 226.
966) Burkhard von Moschwitz: GB, S. 319; Sbilutus [2] und Ianusius Menka: Annales Polonorum I, S. 648 und Rocznik Traski, S. 850.
967) SUb V, 354.
968) SUb V, 288.
969) CETWIŃSKI hat in seine Untersuchung die Geistlichen adliger Herkunft nicht einbezogen. Von der kirchlichen Rolle des weltlichen Adels behandelt er - zum Teil nur ansatzweise und recht knapp - lediglich einige Aspekte, nämlich die verwandtschaftlichen Beziehungen zwischen weltlichen Adligen und Geistlichen adliger Abstammung (Bd. I, S. 153-156), Schenkungen an die Kirche (Bd. I, S. 149), Kreuzzüge (Bd. I, S. 150), Kloster- und Kirchengründungen (Bd. I, S. 102-105, 135-144, 151f.) sowie religiöse Motive in den Wappen des Adels (Bd. I, S. 156) und christliche Vornamen einzelner Adliger (Bd. I, S. 160f.).

Rund 10,9 % der schlesischen Adligen gehören der Geistlichkeit an, wobei einige Familien mehrere Kleriker stellen, zum Teil gleichzeitig, zum Teil über Generationen hinweg[970]. Zur Bischofswürde bringen es fast ausschließlich Mitglieder der bedeutenden Adelsfamilien. Aus der Familie der Goslawitz steigt Thomas I. zum Breslauer Bischof auf, ebenso Thomas II. von Strehlen und Johannes III. Romka[481]. Auswärtige Bischofsstühle besetzen Angehörige der Familien des Clemens [2], des Radozlaus [1] und der Goslawitz. Den Würben und Pogarell gelingt es dagegen erst im 14. Jahrhundert, je einen Bischof zu stellen. Das betreffende Familienmitglied erlangt als Bischof von Breslau eine herzogsähnliche Stellung, was sein Geschlecht unter den übrigen Adelsfamilien hervorhebt.

Die verschiedenen Adelsfamilien sind bestrebt, Einfluß auf die Kirche zu erlangen, ihn zu erhalten und möglichst zu vergrößern. Dies trifft insbesondere auf das als Diözesanregierung und Bistumsverwaltung wirkende Domkapitel zu. In ihm sitzen zum Teil miteinander enger oder weiter versippte Geistliche, die auf Grund ihrer Verwandtschaft Gruppierungen bilden und bemüht sind, weitere Familienangehörige in das Kapitel gelangen zu lassen. Zwar üben diese Gruppierungen Einfluß aus, doch sind sie - da stets nur wenige Verwandte gleichzeitig Mitglieder des Domkapitels sind - nicht in der Lage, Vetternwirtschaft zu treiben oder gar das Kapitel zu beherrschen. Dies gilt auch während der langen Regierungszeiten der Bischöfe Thomas I. und Thomas II., bei denen es sich um Onkel und Neffe handelt. Ähnlich verhält es sich in anderen geistlichen Instituten Schlesiens.

Bei ihrem Wechsel in den geistlichen Stand behalten Adlige ihren Privatbesitz, über den sie wie der weltliche Adel verfügen, jedoch mit dem Unterschied, daß Veräußerungen fast ausschließlich an kirchliche Einrichtungen erfolgen. Einige Geistliche beteiligen sich an der deutschen Siedlung mit der Aussetzung oder Umsetzung ihres privaten Grundbesitzes zu deutschem Recht.

Etwa jeder zweite Geistliche adliger Abstammung macht eine mehr oder minder kirchliche Karriere. Am häufigsten ist der rein innerkirchliche Aufstieg, für den so gut wie stets die Mitgliedschaft im Domkapitel Voraussetzung ist, zudem wirken sich Beziehungen nach Rom günstig aus. Den Domherren vorbehalten sind die Kapitelsämter und jene der bischöflichen Richter, Offizialen und Prokuratoren; des weiteren stellen sie einen Großteil der Archidiakone. Zu Ämter- und Pfründenhäufungen kommt es in Einzelfällen. Einige Geistliche steigen sowohl im kirchlichen als auch im weltlichen Bereich - hier zum Hofkaplan oder vom Schreiber zum Notar oder Kanzler - auf, wobei anscheinend die eine Karriere nicht ohne Auswirkungen auf die andere bleibt. Dank herzoglicher Förderung avancieren jene Geistliche, die als Beamte im Dienste der Landesherren stehen. Mit der Aufnahme

---

970) CETWIŃSKI, Bd. I, S. 153-156 sieht die schlesische Kirche in personeller Abhängigkeit von den bedeutenden Adelsfamilien, geht aber konkret nur auf die verwandtschaftlichen Beziehungen der Bischöfe Lorenz, Thomas I. und Thomas II. ein, wobei er darauf hinweist, daß mehrere weltliche Verwandte hohe Ämter innehaben.

in ein Kapitel oder Stift erlangen sie eine wirtschaftliche Absicherung und wirken in der betreffenden Gemeinschaft als Parteigänger des Landesherrn.

Rund ein Zehntel der Geistlichen adliger Herkunft gelangt in ein fremdes Domkapitel oder bekleidet ein außerschlesisches kirchliches Amt, ohne dieses freilich stets auszuüben. Von jenen Geistlichen, die Mitglieder und zum Teil Dignitäre in einem fremden Domkapitel werden, werden dies drei Viertel im Bereich der Erzdiözese Gnesen, wobei fast jeder zweite in das Domkapitel von Lebus, keiner jedoch in das von Płock gelangt. Von den übrigen mit schlesischen Geistlichen besetzten Ämtern weist die Hälfte nach Italien, über ein Viertel in den polnischen Bereich.

Besondere Beziehungen verbinden etwa jeden dritten Geistlichen aus dem Adel mit einer einheimischen kirchlichen Institution. Dies äußert sich in Schenkungen, Stiftungen und Interventionen zugunsten bestimmter kirchlicher Einrichtungen sowie für die meisten Geistlichen in der namentlichen Nennung in den Klosternekrologen.

Die Beziehungen der weltlichen Herren zur Kirche sind überwiegend von wirtschaftlichen und religiösen Motiven bestimmt, ohne daß diese stets voneinander zu trennen wären. Zwischen Adel und Kirche sind alle Arten von Immobilienveräußerungen üblich. Am zahlreichsten und von den Objekten her am verschiedenartigsten sind Schenkungen[971], mit denen die Adligen die kirchlichen Empfänger gelegentlich zu religiösem Gedenken für sich oder ihre Vorfahren verpflichten. Größere und häufigere Zuwendungen erfolgen sowohl von Angehörigen der bedeutenden Geschlechter und kleineren Familien, als auch von einzelnen Adligen, und zwar hauptsächlich an die Klöster, aber ebenso an die Johanniter, Hospitäler und Kirchen.

Unterstützung gewährt der Adel verschiedenen kirchlichen Institutionen - vorwiegend Klöstern -, indem er ihnen Hilfe und Schutz gewährt, und zwar hauptsächlich in rechtlicher Hinsicht, sowie zu ihren Gunsten gegenüber Landesherr und Bischof interveniert. Einige Adlige sind mit kirchlichen Einrichtungen durch Bruderschaften verbunden, andere werden von den Klöstern als 'Wohltäter' oder 'besondere Freunde' bezeichnet. In den Klosternekrologen wird etwa jeder zwölfte weltliche Adlige genannt, einige von ihnen sogar in den Totenbüchern mehrerer Klöster. Dabei werden die bedeutenderen Adelsgeschlechter vollständi-

---

971) CETWIŃSKI, Bd. I, S. 149, der nur in zwei Sätzen die Schenkungen des Adels, und zwar lediglich an das Kloster Leubus anspricht, behauptet unter Anführung (in Anm. 67) eines entsprechenden Zitates von KORTA, Wielka własność na Śląsku, S. 90, daß der Adel nur äußerst selten Schenkungen an herzogliche Kirchenstiftungen machte. Dies trifft zumindest für Klöster nicht zu: Herzogliche Gründungen erhalten 41 (Leubus 24, Heinrichau 11, Naumburg a.Q. 6), adlige Gründungen 39 (Vinzenzstift 22, Kamenz 11, Sandstift 6) Schenkungen allein seitens des weltlichen Adels (vgl. S. 221-226).

ger und zum Teil über Generationen hinweg aufgenommen, wodurch die besonderen Beziehungen einzelner Adelsfamilien zu diesen Klöstern erkennbar werden.

Wallfahrten unternehmen Adlige ganz überwiegend an das Grab der heiligen Hedwig in Trebnitz, aber auch nach Krakau, Rom und seltener nach Jerusalem. Zugrunde liegen religiöse Motive und der Wunsch nach Heilung von Krankheiten. Fast die Hälfte der Pilger sind Frauen. Ein schlesischer Adliger nimmt an einer Preußenfahrt teil, ein anderer zieht als Kreuzfahrer ins Heilige Land[972].

Der Auf- und Ausbau der Kirchenorganisation wird vom Adel durch Gründung von Klöstern und Kirchen unterstützt. Peter [11] Wlast[973] gründet das Sand- und Vinzenzstift, die Pogarell das Kloster Kamenz, die Würben das Franziskanerkloster in Schweidnitz und die Liebenthal das gleichnamige Nonnenkloster[974]. Da die Fundation mit der Errichtung der Gebäude, der Ausstattung mit kirchlichem Gerät und der Übereignung von Grundbesitz u.ä. ein umfangreiches Vermögen voraussetzt[975], sind es fast ausschließlich die bedeutenderen Adelsfamilien, die Klöster einrichten[976]. Die nicht so aufwendige Gründung einer einfachen Kirche durch einen Adligen ist nur selten direkt belegt, doch gehen Eigen- und Patronatskirchen in adligem Besitz in ihrer Entstehung so gut wie immer auf den Adel zurück. Den Ausgaben stehen - zumindest in der Frühzeit - laufende Einnahmen, etwa aus dem Kirchenzehnt und kirchlichen Gebühren, gegenüber, so daß die Gründung einer Kirche nicht nur ein gottgefälliges, sondern auch ein wirtschaftlich vorteilhaftes Werk ist[977]. Mit der Errichtung einer Kirche erweitert der Adlige seine weltliche Grundherrschaft um eine Art 'geistliche Aufsicht'[978]. Allerdings versucht die Kirche, das volle Eigentum des Gründers an seiner Kirche und deren Einkünften, also das Eigenkirchenwesen, in Schlesien ab 1200 durch die Einführung des Patronats-

---

972) CETWIŃSKI, Bd. I, S. 150 erwähnt lediglich die Wallfahrt nach Jerusalem sowie die beiden Kreuzfahrten nach Preußen und ins Heilige Land.
973) CETWIŃSKI, Bd . I, S. 135-144 geht ausführlich auf die Kloster- und Kirchengründungen sowie die kirchlich-religiösen Aktivitäten des Peter [11] Wlast und seiner Verwandten ein, doch haben die Ausführungen zum Teil hypothetischen Charakter.
974) Ebenso CETWIŃSKI, Bd. I, S. 149, 151, der jedoch noch die Ansiedlung der Johanniter in Striegau durch Hemerammus von Poseritz hinzuzählt.
975) CETWIŃSKI, Bd. I, S. 102 sieht in der Errichtung steinerner Sakralbauten überhaupt einen Beweis für ein bedeutendes Vermögen.
976) CETWIŃSKI, Bd. I, S. 144, 149 Anm. 67, 153 nennt als ein für eine bedeutende Adelsfamilie nicht unwichtiges Motiv für eine Klostergründung die Bedeutung eines Klosters als Nachrichten- und Informationszentrum.
977) CETWIŃSKI, Bd. I, S. 103f. unterstreicht die wirtschaftliche Bedeutung einer Kirchengründung zudem mit dem Hinweis, daß in der Frühzeit Kirchen in der Regel in der Nähe örtlicher Märkte errichtet worden seien, in denen Mustermaße und Waagen hätten aufbewahrt werden können.
978) CETWIŃSKI, Bd. I, S. 104, 153 spricht von der Möglichkeit der ideologischen Beeeinflussung durch den Adligen in seiner Eigenschaft als Patronatsherr zum Zwecke der Erhaltung der sozialen Ordnung.

wesens zu verdrängen, ohne daß ihr dies im Verlauf des 13. Jahrhunderts ganz gelingt. Zu Neugründungen von Kirchen kommt es vor allem, wenn auch nicht stets, in Zusammenhang mit der deutschen Siedlung. Die Anzahl der tatsächlich vom Adel gegründeten Kirchen dürfte über den 61 nachweisbaren liegen[979] und sein Anteil am Auf- und Ausbau der Kirchenorganisation insgesamt größer sein, als aus den Quellen ersichtlich.

Neben einzelnen weiteren Beziehungen freundschaftlicher Art kommt es allerdings auch zu Streitigkeiten zwischen Adel und Kirche, wobei Auseinandersetzungen um den Zehnt am häufigsten sind. Die realen Anlässe für Zehntstreitigkeiten sind mannigfacher Art, ergeben sich jedoch überwiegend aus der Beschränkung des adligen Rechtes auf freie Zehntleistung durch die Kirche. Diese Streitigkeiten werden in gütlichen Einigungen oder in regelrechten Verfahren mit höheren Geistlichen als gewählten oder ernannten Schiedsrichtern durch Vergleich oder Spruch entschieden, und zwar meistens zuungunsten der Adligen. Ihre Streitgegner sind nahezu gleich häufig Klöster und einzelne Kirchen. Gelegentlich erfordert die Anlage oder Umsetzung von Dörfern in Zusammenhang mit der deutschen Siedlung spezielle Zehntregelungen zwischen Grundherr und Ortspfarrer.

Aus zahlreichen anderen Gründen entstehen zudem weitere Auseinandersetzungen fast ausschließlich mit Klöstern. Dabei handelt es sich neben dem Versuch der Durchsetzung des Anerbenrechtes um Besitz- und Grenzstreitigkeiten, doch müssen die Adligen häufig ihre Ansprüche aufgeben und gelegentlich Vergleiche akzeptieren. Einige Adlige fügen durch Plünderung, Raub, Verwüstung und Entfremdung von Klosterbesitz diesen Schäden zu, werden jedoch meist zur Wiedergutmachung in Form von Geld- oder Landschenkungen gezwungen. Diese schwereren Übergriffe sind allerdings - wie die wenigen, während des 'Großen Kirchenstreites' verübten Gewalttaten gegen einige Geistliche - Einzelfälle. So werden auch nur acht schlesische Adlige von der Kirche exkommuniziert. Alles in allem ist der Adel in seinen Auseinandersetzungen mit der Kirche nur sehr selten erfolgreich.

Insgesamt trägt der Adel mit seiner personellen Unterstützung und materiellen Förderung der Kirche einen in Anbetracht seiner Möglichkeiten recht bedeutenden Teil zur Verbreitung des Christentums und zur Etablierung der Kirche in Schlesien bei.

---

979) CETWIŃSKI, Bd. I, S. 151f. kommt auf 68 Kirchengründungen durch den Adel, die er S. 152 Anm. 80 und 81 namentlich aufzählt. Unterschiede zu seiner Zusammenstellung ergeben sich dadurch, daß Cetwiński zum einen alle bis zum Jahre 1309 durch den Adel gegründeten Kirchen auflistet, zum anderen einige hier angeführte Kirchengründungen nicht nennt, andere hingegen zusätzlich. Ein genauer Vergleich bleibt einer eigenen, weiterführenden Detailuntersuchung über den Adel als Kirchengründer, Besitzer von Eigenkirchen und Patronatsherr vorbehalten. Jedenfalls hält auch CETWIŃSKI, Bd. I, S. 152f. die kirchliche Gründungstätigkeit des Adels in Vergleich zu seinen Möglichkeiten für recht bedeutend.

IV.4. Die politische Rolle des schlesischen Adels

Die politische Rolle des Adels ergibt sich aus seiner Beteiligung an der Herrschaftsausübung des Herzogs. Sein Anteil daran zeigt sich in unterschiedlicher Intensität in verschiedenen Bereichen: in der Bezeugung von Herzogsurkunden, in der Bekleidung von Ämtern und in der beratenden Rolle der Barone; zudem kommt es in einzelnen Fällen zu konkreten politischen Handlungen des Adels oder von Adelsgruppen.

IV.4.a) Adlige Zeugen in Herzogsurkunden

In den Zeugenlisten der schlesischen Herzogsurkunden kommt nach vorherrschender Meinung die Einflußnahme der Stände auf die Regierung zum Ausdruck[980]. Die Bezeugung dieser Urkunden überhaupt sowie die Zusammensetzung der Zeugen und damit auch der Anteil der einzelnen Stände an der staatlichen Macht unterliegt im 12. und 13. Jahrhundert aber gesellschaftlich und politisch bedingten Veränderungen. Von den 178 bis zum Jahre 1250 ausgestellten Herzogsurkunden kommen 62 (= 34,7 %) völlig ohne Zeugen aus, von den zwischen 1251 und 1300 ausgestellten 646 Herzogsurkunden nur noch 74 (= 11,5 %)[981]. Dies bedeutet, daß die schlesischen Herzöge bis zur Mitte des 13. Jahrhunderts unabhängiger regieren als danach oder anders ausgedrückt, daß die Beteiligung der Stände an der Herrschaft mit den Teilungen und den damit verbundenen Verkleinerungen der schlesischen Herzogtümer zunimmt[982].

Als Zeugen erscheinen in den Herzogsurkunden die herzogliche Verwandtschaft[983], die hohe und niedere Geistlichkeit[984], beamtete und nichtbeamtete Adlige[985], Bürger[986] und bäuerliche Bevölkerung[987]. Von Anfang an treten neben den

---

980) So MULARCZYK, Dobór i rola świadkow, S. 156: „Sie [die Zeugenliste] stellte ... eine Form der Registrierung des Anteils der einzelnen Klassen und Schichten der Feudalgesellschaft an der Regierung oder an lediglich einzelnen Handlungen dar, ebenso wie ... den Ort der Manifestation von Willen und Einverständnis." („Stanowiła ona ... formę rejestracji udziału poszczególnych klas i warstw społeczeństwa feudalnego w rządach albo tylko w pojedynczych czynnościach, jak również ... miejsce manifestowania woli i zgody."); ebenso MULARCZYK, Jeszcze o świadkach, S. 37; vorsichtiger IRGANG, Rez., S. 357: Die Zeugenliste „kann auch eine gewisse Teilhabe an der Machtausübung durch bestimmte gesellschaftliche Schichten, eine Konsenserteilung u.ä. widerspiegeln."; PANIC, Lista świadków, S. 174 sieht in Einklang mit dem Thema seiner und anderer Arbeiten in Zeugenlisten vor allem die momentane personelle Umgebung des Herzogs.
981) MULARCZYK, Dobór i rola świadków, S. 93.
982) MULARCZYK, Dobór i rola świadków, S. 119-122, 149-152.
983) MULARCZYK, Dobór i rola świadków, S. 13-15, 36-38.
984) MULARCZYK, Dobór i rola świadków, S. 15-21, 38-44, 106-113, 139, 146-149.
985) MULARCZYK, Dobór i rola świadków, S. 21-28, 44-46, 140.
986) MULARCZYK, Dobór i rola świadków, S. 47-52, 132f., 143-146.
987) MULARCZYK, Dobór i rola świadków, S. 31f., 54f., 132f.

herzoglichen Verwandten Geistliche und Adlige als Zeugen in Erscheinung, Bürger und bäuerliche Bevölkerung dagegen erst später. Zudem werden Vertreter der verschiedenen Gruppen unterschiedlich häufig als Zeugen angeführt. Der Adel ist am stärksten vertreten; er dominiert in den Zeugenlisten. Hierauf folgt die Geistlichkeit, die vor allem in für die Kirche bestimmten Urkunden die überwiegende Zahl von Zeugen stellt. Nach 1250 treten öfter auch Bürger hervor, wogegen der Anteil der bäuerlichen Bevölkerung sehr gering ist, ihre Nennung eher eine Ausnahme bleibt. Der Zeugenkreis setzt sich aus Personen zusammen, die mit dem Urkundengegenstand oder den Gegebenheiten vor Ort besonders vertraut sind oder an der getroffenen Entscheidung mitgewirkt haben[988]. Bei der Auswahl der Zeugen wird offensichtlich wenigstens zum Teil Rücksicht genommen auf den geographischen Bereich, für den eine Urkunde ausgestellt wird[989].

Die Dominanz des Adels erklärt sich dadurch, daß in großer Zahl Beamte als Zeugen herangezogen werden. So finden sich in über 86 % aller bis 1250 ausgestellten Herzogsurkunden Kastellane als Zeugen - manchmal sogar mehrere gleichzeitig -, in nahezu 44 % Kämmerer und Richter sowie in etwa 40 % Truchsesse und Schenke[990]. Dabei treten als Personen besonders die Brüder Radozlaus (26mal als Zeuge genannt) und Boguslaus von Strehlen (25mal), Stephan von Würben (15mal), Mrosco von Pogarell (13mal) sowie Gunther von Biberstein (11mal) hervor[991]. In der zweiten Hälfte des 13. Jahrhunderts geht die Präsenz der Beamten in den Zeugenlisten zurück: Kastellane erscheinen in nur noch etwa 61 % der Urkunden, Richter in knapp 40 %, Truchsesse und Schenke in rund 31 %, Kämmerer in etwa 23 %, Palatine und Marschälle in ungefähr 14 % sowie Jäger in etwa 7 %, wobei Truchseß, Schenk und Kämmerer in den Urkunden einiger Herzöge überhaupt nicht mehr als Zeugen vorkommen[992]. Am häufigsten wird Simon Gallicus genannt, nämlich 128mal, jeweils über 50mal Johannes von Würben, Radozlaus von Briese, Thymo von Wisenburg, Eberhard Gallicus und Sambor von Schildberg[993]. Es werden also vielfach dieselben Beamten als Zeugen angeführt. Wenn der Adel dennoch seine Vorherrschaft unter den Zeugen behält, so deshalb, weil der Anteil der nichtbeamteten Adligen in dieser Zeit zunimmt[994]. Es vollzieht sich also innerhalb des Adels als Teil der Zeugenschaft ein Wandel von einer Dominanz der Beamten zu einer breiteren Beteiligung des gesamten Adels.

Ein durch Erbfolge bedingter Herrscherwechsel führt nicht zu einem grundsätzlichen Wechsel der Zeugen. Dies ändert sich erst im Zuge der Landesteilungen,

---

988) MULARCZYK, Jeszcze o świadkach, S. 38f.
989) MULARCZYK, Dobór i rola świadków, S. 126.
990) MULARCZYK, Dobór i rola świadków, S. 21-24.
991) Vgl. MULARCZYK, Dobór i rola świadków, S. 24f. mit ähnlichen Angaben.
992) MULARCZYK, Dobór i rola świadków, S. 44f.
993) Vgl. MULARCZYK, Dobór i rola świadków, S. 45f. mit ähnlichen Angaben.
994) MULARCZYK, Dobór i rola świadków, S. 142, 155f.

da hier neue Herzogtümer mit eigener Kanzlei und eigenem Hofstaat entstehen[995]. In der Regel erscheint ein Adliger nicht bei mehreren Herzögen gleichzeitig als Zeuge, sondern nur bei einem. Allerdings kann er auf Grund der Binnenwanderung nacheinander bei verschiedenen Herrschern als Zeuge genannt werden[996]. In den Urkunden bestimmter Herzöge sind einige Familien, wie beispielsweise die Würben, Pogarell, Biberstein, Strehlen und Wisenburg, also die bedeutenderen Adelsgeschlechter, besonders häufig als Zeugen vertreten[997]. Den Zeugen, über deren Rolle die Historiker unterschiedlicher Meinung sind[998], fällt bei einem Herrscherwechsel auch die Funktion von Garanten früher ausgestellter Urkunden zu[999].

In den Zeugenlisten ist eine feste Reihenfolge erkennbar: Zunächst erscheinen die Angehörigen der herzoglichen Familie, dann die Geistlichkeit in hierarchischer Abfolge, darauf der Adel, dann die Bürger und die bäuerliche Bevölkerung. Innerhalb des Adels kommen zuerst die beamteten, dann die nichtbeamteten Adligen. Von besonderer Bedeutung ist die Reihenfolge der beamteten Adligen, in der sich offensichtlich die Rangfolge der von ihnen bekleideten Ämter widerspiegelt[1000]. Dabei läßt sich folgende, in der ersten Hälfte des 13. Jahrhunderts noch verhältnismäßig stabile Ämterhierarchie feststellen: An der Spitze steht der Palatin, gefolgt von Kastellan, Richter, Kämmerer, Truchseß, Schenk, Marschall, Schatzmeister, Bannerträger, Schwertträger und Jäger sowie den jeweiligen Unterbeamten.

Bei der Bezeugung von Herzogsurkunden spielt der Adel unter den Ständen die bedeutendste Rolle. Er erscheint nicht nur am zahlreichsten in den Zeugenlisten, sondern auch mit am frühesten. Die Dominanz des Adels ergibt sich zum Teil daraus, daß seine Angehörigen die Landes- und Hofämter bekleiden. Innerhalb des Adels als Zeugenschaft herrschen in der ersten Hälfte des 13. Jahrhunderts die Beamten vor; in der zweiten Jahrhunderthälfte nimmt der Anteil der nichtbeamteten Adligen zu. Ein normaler Herrscherwechsel wirkt sich im Unterschied zur Entstehung eines neuen Herzogtumes durch Teilung auf die Zusammensetzung der adligen Zeugen so gut wie nicht aus. Einige Angehörige bedeutender Adelsfamilien werden besonders häufig als Zeugen genannt. Aus der Reihenfolge der Beamten in den Zeugenlisten wird auf die Rangfolge der verschiedenen Landes- und Hofämter geschlossen.

---

995) MULARCZYK, Dobór i rola świadków, S. 28f.
996) MULARCZYK, Dobór i rola świadków, S. 29, 128f.
997) MULARCZYK, Dobór i rola świadków, S. 25-28.
998) Vgl. MULARCZYK, Dobór i rola świadków, S. 86-154, besonders S. 86-92, wo er sich mit den verschiedenen Meinungen polnischer Historiker auseinandersetzt, sowie MULARCZYK, Jeszcze o świadkach, S. 52-54.
999) Vgl. MULARCZYK, Dobór i rola świadków, S. 53.
1000) Dieser allgemeinen Ansicht widerspricht nicht überzeugend MULARCZYK, Dobór i rola świadków, S. 57-62, 156.

IV.4.b) Adlige als Inhaber von Landes- und Hofämtern

Zur Bekleidung der Landes- und Hofämter wird fast ausschließlich der Adel herangezogen. Lediglich in die Kanzleien, die eine Sonderstellung unter den Staats- und Hofämtern einnehmen, werden Geistliche adliger und gelegentlich bürgerlicher Herkunft berufen. Zudem mögen beim niedersten Amt, dem des clavigers, Ausnahmen gemacht worden sein. Eine eindeutige Unterscheidung zwischen Landes- und Hofämtern findet sich in den Urkunden nicht und läßt sich auch auf Grund der Funktionen der Amtsinhaber nicht feststellen. Deren Aufgaben und Kompetenzen sind aus den Quellen nämlich nicht hinreichend erkenntlich. Dennoch kann man aus allgemeinen Überlegungen heraus beispielsweise dem Truchseß, Schenk und Marschall eher eine höfische denn staatliche, dem Palatin, Kastellan und Richter eine in erster Linie staatliche Tätigkeit zubilligen.

Die **Kanzleien** nehmen unter den Staats- und Hofämtern eine besondere und verhältnismäßig selbständige Stellung ein. Da sie seitens der Diplomatik bereits eingehend erforscht sind[1001], soll hier lediglich eine allgemeine Darstellung gegeben werden.

Eine Beschäftigung in der Kanzlei setzt durchweg die Fähigkeit des Lesens und Schreibens voraus, über die im Mittelalter fast ausschließlich die Geistlichkeit verfügt. Und so sind auch alle schlesischen Kanzleibeamten Geistliche, und zwar ganz überwiegend adliger, in Einzelfällen aber auch bürgerlicher Herkunft. In die Kanzlei berufen werden die Geistlichen in offensichtlich freier Entscheidung des Herzogs. Es kann sich dabei um niedere und höhere Würdenträger handeln, deren spätere weltliche und geistliche Karrieren sich meistens gegenseitig beeinflussen[1002]. Die höchste Position in der bereits ausgeprägten Hierarchie des Kanzleipersonals bekleidet der Kanzler (cancellarius). Er führt formal die Oberaufsicht über die Kanzlei, ist in Wirklichkeit aber der engste und vertrauteste Berater des Herrschers. Auf ihn folgen Protonotar (protonotarius, summus notarius) und Notar (notarius), die beide - sofern das Amt des Kanzlers nicht ausgeübt wird - der Kanzlei vorstehen. Diese beiden Titel werden manchmal unterschiedslos gebraucht, wie auch - allerdings seltener - die Bezeichnungen Notar und Schreiber einander abwechseln können. In der Regel diktieren Protonotar und Notar den Urkundentext, nur gelegentlich schreiben sie ihn auch. Diese Aufgabe nimmt sonst der Schreiber (scriptor) wahr, der den niedersten Rang einnimmt.

1001) Vgl. neben den Einleitungen in den Bänden des SUb zu den Kanzleien der einzelnen Herzöge folgende, in chronologischer Reihenfolge angeführte Arbeiten: Heinrich III. von Breslau: SWIENTEK und IRGANG, Urkundenwesen; Heinrich IV. von Breslau: JÄKEL, Kanzlei und IRGANG, Kanzleiwesen; Heinrich V. von Liegnitz-Breslau: BAUCH; Heinrich I. von Glogau: IRGANG, Urkundenwesen Glogau.
1002) Vgl. oben S. 205-208.

Für die einzelnen Herzogtümer werden in den Quellen folgende Kanzleibeamte genannt[1003]:

Kanzlei der Bischöfe
Kanzler
unter Bischof Thomas I.[11] (1232-1268)

Nikolaus [1]	1245-1251[1004]
Peter[11]	1258-1259[1005]
Peter [1]	1263[1006]

unter Bischof Thomas II. von Strehlen (1270-1292)

Peter [1]	1272, 1281-1291[1007]

unter Bischof Johannes III. Romka[1008] (1292-1301)

Peter [1]	1293-1296[1009]
Walter[504]	1298-1300[1010]

Notare
unter Bischof Thomas I.[11] (1232-1268)

Friedrich [1]	1252-1254[1011]
Hermann [1]	1257-1258[1012]
Woislaus [1]	1258-1259[1005]
Andreas [3]	1268[1013]

unter Bischof Thomas II. von Strehlen (1270-1292)

Andreas [3]	1271[1014]
Heinrich [2]	1284[1015]

1003) Da die verschiedenen Amtsbezeichnungen durcheinander gebraucht werden, ist eine eindeutige Zuordnung zu einem bestimmten Amt nicht immer möglich. Diese erfolgt nach der über einen längeren Zeitraum vorherrschenden Bezeichnung, wobei abweichende Titel und besondere Titelformen in den Anm. genannt werden. Die Jahreszahlen geben die erste und letzte Erwähnung im Amt auf Grund echter Urkunden an. - Für die Amtsbezeichnungen werden in den Anm. 1004) bis 1155) folgende Abkürzungen gebraucht: c. = cancellarius; n. = notarius; o.T. = ohne Titel; p. = protonotarius; s. = scriptor.
1004) SUb II, 284, 352, †437, III, 22 (c. episcopi).
1005) SUb III, 275, 290.
1006) SUb III, 448, 449.
1007) SUb IV, 159, 169, 431, V, 69, 109, 112, 123, 125 (n. et c.), 126 (n. et c.), 132, 133, 135, 143, 144, 184, 185, 216, 367, 399, 429, 431, 470, 472, VI,19, 22.
1008) Vgl. Personenverzeichnis unter Johannes [11].
1009) SUb VI, 89, 122, 136, 153, 190, 196, 201, 202, 221, 226, 248, 249, 250, 253, 262, 264.
1010) VUb VI, 368, 395, 413, 416, 427, 431, 441, 445.
1011) SUb III, 52, 112 (n. in Niza [= Neisse]).
1012) SUb III, 230 (o.T.), 275; IV, 206 (Breslauer Stadtschreiber ?).
1013) SUb IV, 65.
1014) SUb IV, 133.
1015) SUb V, 81.

Peter [8]	1284[1016]
Peter [1]	1284[1017]

unter Bischof Johannes III. Romka[1008] (1292-1301)

Johannes [7]	1293-1300[1018]
Arnold [3]	1295[1019]
Michael [1]	1295, 1299-1300[1020]
Andreas [1]	1296-1299[1021]
Paul [1]	1299[1022]
Gerhard [1]	1299[1023]
Johannes [8]	1299-1300[1024]
Johannes [9]	1299[880]
Goslaus [1]	1299-1300[1025]
Peter [5]	1299[1026]
Stanislaus	1299-1300[1025]
Nikolaus [7]	1300[1027]

Schreiber

unter Bischof Thomas I.[11] (1232-1268)

Johannes [6]	1256, 1261[1028]
Nikolaus [5]	1256[1029]
Andreas [2]	1259-1260, 1263, 1266[1030]
Adalbert [2]	1263-1264[1031]
Woislaus [2]	1267[1032]
Johannes [11]	1267[1033]
Andreas [3]	1268[1034]

1016) SUb V, 103, 126.
1017) SUb V, 125, 126.
1018) SUb VI, 116, 219, 264, 314, 315, 358, 361, 368, 410, 413, 416, 442, †475, †479.
1019) SUb VI, 190, 208, 226.
1020) SUb VI, 193, 410, 436, 438.
1021) SUb VI, 277, 297, 326, 339, 389, 392.
1022) SUb VI, 376.
1023) SUb VI, 407, 410.
1024) SUb VI, 407, 436.
1025) SUb VI, 410, 436, 438.
1026) SUb VI, 410.
1027) SUb VI, 432.
1028) SUb III, 171, 178 (n.), 361.
1029) SUb III, 171.
1030) SUb III, 290 (n.), 309, 314 (o.T.), 358 (o.T.), 448, 546.
1031) SUb III, 449 (o.T.), 487.
1032) SUb IV, 18 (o.T.).
1033) SUb IV, 34 (o.T.), 45 (o.T.).
1034) SUb IV, 53. Später Notar.

unter Bischof Thomas II. von Strehlen (1270-1292)
    Johannes [10]   1279[598]
    Leonhard [4]   1279[598]

Kanzleien der Herzöge
Herzogtum Schlesien, ab 1248 Herzogtum Liegnitz
Kanzler
unter Herzog Boleslaus I. von Schlesien (1163-1201)
    Hieronymus   1175[1035]
    Martin [1]   1189-1200[1036]
    [Friedrich von Chammer   1213][1037]

unter Herzog Heinrich I. von Schlesien (1201-1238)
    Martin [1]   1202-1212/14[1038]
    Thomas[11]   1230[1039]
    Nazlaus [1]   1234-1236[1040]

unter Herzog Heinrich II. von Schlesien (1238-1241)
    Nanker [1]   1240[1041]

unter Herzog Boleslaus II. von Schlesien und Liegnitz (1241/48-1278)
    Ramoldus [1]   1247-1249[1042]

unter Herzog Bolko I. von Jauer, Löwenberg und Breslau (1278/86/96-1301)
    Nosto   1282[1043]

Protonotare und Notare
unter Herzog Heinrich I. von Schlesien (1201-1238)
    [Domaslaus [3]   1209][1044]
    Lorenz [1]   vor 1222[1045]
    Nikolaus[1046]   1223[1047]
    Nazlaus [1]   1227-1231[1048]
    Konrad von Röchlitz   1227-1234[1049]

1035) SUb I, 45, †325, †326, †327, †328.
1036) SUb I, 57, 69.
1037) SUb I, †348.
1038) SUb I, 77, 82, 83, 122, 129, 134, 143, †331, †332, †333, †334.
1039) SUb I, 308, 317.
1040) SUb II, 73, 120.
1041) SUb II, 181 (c. Slesie).
1042) SUb II, 339, 344, 361. Später Glogauer Kanzler.
1043) SUb V, 22.
1044) SUb I, †343 (subn.).
1045) GB, S. 238. 1206-1234: SUb I, †335, †337, †338, †339, †340 (p.), †358, †359 (o.T.), †361, II, †422.
1046) Vgl. Personenverzeichnis unter Johannes [68].
1047) SUb I, 227, 236, 252, 253, 286, †351, †355, II, 124, III, 437, IV, 78 (stets n.).
1048) SUb I, 246 (p.), 290, †371, II, 5 (p.). Später Kanzler.
1049) SUb I, 246 (n. filii nostri), II, 5 (p. filii nostri), 16 (p.), 73 (n. curie).

unter Herzog Heinrich II. von Schlesien (1238-1241)
 Konrad von Röchlitz   1238-1239[1050]
unter Herzog Boleslaus II. von Schlesien und Liegnitz (1241/48-1278)
 Gerlach von Pogarell   1242-1243[1051]
 Valentin   1244-1249, 1254[1052]
 [Nikolaus [57]   1251][1053]
 Ludwig [1]   1253-1269[1054]
 Nikolaus [6]   1272-1278[1055]
unter Herzog Heinrich V. von Liegnitz und Breslau (1278/90-1296)
 Friedrich von Järischau   1280-1295[1056]
 Friedrich von Lom   1290, 1292[1057]
 Ludwig [2]   1290-1292[1058]
 Ulmann   1293-1296[1059]
 Konrad [1]   1295-1296[1060]
unter Herzog Bolko I. von Jauer, Löwenberg und Breslau (1278/86/96-1301)
 Heinrich [4]   1290-1299[1061]
 Siegfried [1]   1290-1299[1062]
 Johannes [1]   1292-1293, 1299[1063]
 Reinco [1]   1292-1296[1064]
 Konrad [1]   1296[1065]

1050) SUb II, 146, 164 (stets n.).
1051) SUb II, 235, 252, 253, 255 (stets n.).
1052) SUb II, 271 (n. Slesie), 296, 299, 342, 361, 371, 374, 383, III, 110 (o.T.) (stets n.). Später Breslauer Notar.
1053) SUb III, †559 (n.).
1054) SUb III, 69, 191 (o.T.), 362, 437, 523, 524, 554, †573 (p.), IV, 2, 91.
1055) SUb IV, 162 (o.T.), 243 (o.T.), 316, 336 (stets n.).
1056) SUb IV, 394, 414, 421, †463, V, 65, 272, 274, 314, 364, 396, 397, 419, 425, 428, 440, 462, 465, 466, 467, 469, 473, 483, 489, VI, 4, 5, 8, 11, 15, 31, 33, 43, 48, 57, 59, 63, 66, 68, 73, 82, 96 (p.), 97 (p.), 110 (p.), 111, 121 (p.), 127 (p.), 140 (p.), 148 (p.), 158 (p.), 159 (p.), 161, (p.), 167 (p.), 168 (p.), 171 (p.), 188 (p.), 191 (p.), 210 (p.), 216 (p.), 218 (p.), 232, †466 (p.), †468 (p.). Vorher Breslauer Schreiber, danach Jauerscher Notar.
1057) SUb V, 445 (n.), VI, 44 (vice n.), 54 (vice n.).
1058) SUb V, 462, 465, 467, 473, 483, 489, VI, 29, 46, 56, 59, 73, 144 (der schriber) (stets p.). Vorher Breslauer Notar.
1059) SUb VI, 93, 97 (s.), 127, 188, 210, 243, †464. (stets n.). Später Jauerscher Notar.
1060) SUb VI, 224, 241, 242 (stets n.). Später Jauerscher Notar.
1061) SUb V, 484, 487, VI, 213 (o.T.), 284, 292, 305, 393 (stets n.).
1062) SUb V, 488 (n.), VI, 6 (s.), 13 (n.), 78, 85, 86, 91, 94, 95, 123, 125, 130, 155, 180, 204, 211, 213, 217, 273, 284, 292, 303, 307, 321, 343, 362, 366, 393, 415 (stets p.). Vorher Schreiber.
1063) Fürstenstein StA Fol. 221 pag. 226-26b; Film Nr. 212/24 + 217/31; SUb VI, 65, 86, 418 (stets p.). Vorher Schreiber.
1064) SUb VI, 78, 85, 94, 130, 155, 211, 245 (stets n.).
1065) SUb VI, 264, 266 (stets n.). Vorher Liegnitzer Notar.

Friedrich von Järischau 1296-1299[1066]
Heinzko 1297[1067]
Ulmann 1297-1298[1068]

Schreiber
unter Herzog Heinrich I. von Schlesien (1201-1238)
Nikolaus[1046] _[1069]
unter Herzog Boleslaus II. von Schlesien und Liegnitz (1241/48-1278)
Konrad [2] 1249[1070]
Lorenz [2] 1256[1071]
Konrad Hake 1261[1072]
Lorenz [9] 1272[1073]
unter Herzog Heinrich V. von Liegnitz und Breslau (1278/90-1296)
Iasco [1] 1274[1074]
Presiwogius 1274[1075]
Gerlach 1275[1076]
Friedrich von Järischau 1277-1280[1077]
Gernod 1283[1078]
unter Herzog Bolko I. von Jauer, Löwenberg und Breslau (1278/86/96-1301)
Berthold [1] 1282[1079]
Siegfried [1] 1287-1290[1080]
Johannes [1] 1288, 1291[1081]
Adalbert [3] 1289[1082]
Tilmann [2] 1299[128]

1066) SUb VI, 273, 290, 301 (p. terrarum Wratizlaviensis et Legnicensis), 305, 355, 388 (stets p.). Vorher Liegnitzer Notar.
1067) SUb VI, 303 (n.).
1068) SUb VI, 321, 362 (stets n.).
1069) GB, S. 238.
1070) SUb II, 371, 374.
1071) SUb III, 192 (o.T.), †578 (n.).
1072) SUb III, 382 (o.T.).
1073) SUb IV, 162.
1074) SUb IV, 238.
1075) SUb IV, 238 (o.T.).
1076) SUb IV, 271 (o.T.).
1077) SUb IV, 318 (o.T.), 327 (o.T.), 333 (o.T.), 345 (o.T.), 380, 389. Danach Liegnitzer, später Jauerscher Notar.
1078) SUb V, 65.
1079) SUb V, 19.
1080) SUb V, 360, 365, 372, 388, 436, 484. Später Jauerscher Notar.
1081) SUb V, 388, VI, 6, 39. Später Jauerscher Notar.
1082) SUb V, 437 (o.T.).

Herzogtum Löwenberg
Schreiber
unter Herzog Bernhard von Löwenberg (1278-1296)
    Boguchual [1]   1281[1083]

Herzogtum Breslau
Kanzler
unter Herzog Heinrich IV. von Breslau (1270-1290)
    Bernhard d. Ä. von Kamenz   1281-1290[1084]

Protonotare und Notare
unter den Herzögen Heinrich III. (1248-1266) und Wladislaus von Breslau (1250-1266)
    Konrad[11]   1248-1252[1085]
    Konrad von Drehnow   1250[1086]
    Otto[552]   1250-1266[1087]
    Valentin   1254-1255[1088]
    Walter [1]   1255-1261, 1266[1089]
    Hermann [1]   1257[1090]
unter Herzog Wladislaus von Breslau (1266-1270)
    Peter [2]   1267-1269[1091]
    Jakob [3]   1269[1092]
unter Herzog Heinrich IV. von Breslau (1270-1290)
    Peter [2]   1271-1288[1093]

1083) SUb IV, 418.
1084) SUb IV, 411, 412, 419, 420, 430, V, 1, 2, 5, 6, 13, 20, 52, 57, 66, 73, 74; SR 3, S. 44 (Acta Thomae fol. 58'); SUb V, 118, 122, 129, 196, 283, 320, 401, 412, 448, 451, 452.
1085) SUb II, 354, 389, 390, 391, 396a (p.), 409 (p.), 410, 411, 413, †440, III, 8, 9, 23, 24, 36, 37, 43, 50.
1086) SUb II, 394 (p.), 413.
1087) SUb II, 404, †440 (o.T.), III, 18, 129 (o.T.), 137 (o.T.), 160 (o.T.), 236 (s.), 247, 251 (s.), 264, 267 (s.), 279 (n.), 281 (o.T.), 292 (o.T.), 293 (o.T.), 297 (o.T.), 298 (s.), 312, 313 (s.), 315, 316, 343 (s.), 379 (s.), 391, 412, 415, 436 (o.T.), 452, 490, 521, 525, 537, 552 (o.T.), †565, †587 (stets n.). Später Notar bei Herzog Heinrich IV. von Breslau.
1088) SUb III, 127, 147, †557 (stets n.). Vorher Liegnitzer Notar.
1089) SUb III, 163, 228 (o.T.), 365, 373, 374, 553.
1090) SUb III, 230 (n.). Später bischöflicher Notar.
1091) SUb IV, 16 (p.), 57 (p. Slesiensis), 62, 63 (p. Slesie), 67, 84, 95, 96, 99 (p.), 108 (p. Slesie) (stets n.). Später Notar bei Herzog Heinrich IV. von Breslau.
1092) SUb IV, 95, 96 (stets n.).
1093) SUb IV, 120, 153, 165, 173, 174, 209, 217, 253, 258, 267, 282, 284, 310, 320, 337, 350, 392, 399, 403, 409, 411, 412, 420, 430, †448, †450, †452 (n.), V, 2 (n.), 5, 26, 52, 66, 73, 74, 85, 118, 196, 283 (n.), 299 (n.), 307 (n.), 320, 353, 367 (n.) (stets p.). Vorher Notar bei Herzog Wladislaus von Breslau.

Tilmann [1]	1272[1094]
Otto[552]	1272-1273[1095]
Arnold [2]	1273-1274[1096]
Heinrich[420]	1273-1277[1097]
Balduin [1]	1274-1283[1098]
Matthias [2]	1279, 1281[1099]
Ludwig [2]	1283-1290[1100]
Giselher [1]	1288-1290[1101]
Hermann von Sarow	1290[1102]

Schreiber
unter den Herzögen Heinrich III. (1248-1266) und Wladislaus von Breslau (1250-1266)

Walter [1]	1250-1255[1103]

unter Herzog Wladislaus von Breslau (1266-1270)

Tilmann [1]	1267[1104]

unter Herzog Heinrich IV. von Breslau (1270-1290)

Flemyngus	1272[1105]
Heinrich [6]	1284[1106]

Herzogtum Glogau
Kanzler
unter Herzog Konrad I. von Glogau (1249/50-1273/74)

Ramoldus [1]	1251-1256[1107]

1094) SUb IV, 120. Vorher Schreiber unter Herzog Wladislaus von Breslau.
1095) SUb IV, 173, 174, 217, †450 (stets n.). Vorher Notar unter den Herzögen Heinrich III. und Wladislaus von Breslau.
1096) SUb IV, 209, 215, 229, 245 (stets n.).
1097) SUb IV, 212, 219, 229, 230, 234, 236 (s.), 255, 256, 257, 258 (o.T.), 259, 269, 274 (n. specialis), 278 (n. specialis), 282, 284, 289, 294, 299, 300, SR 1541, SUb IV, 307, 309 (stets n.).
1098) SUb IV, 253, 267, 297, 302, 310, 320, 332, 337, 341, 342, 353, 354, 357, 358, 359, 364, 366, 370, 391, 392, 396, 397, 399, 403, 409, 411, 412, 413, 419, 420, 430, V, 2 (s.), 5, 6, 9, 14, 15, 20, 26, 29, 44, 57, 73, †496, †499, †501 (stets n.).
1099) SUb IV, 355, 413, 431 (s.), V, †496.
1100) SUb IV, †447, V, 61, 66, 74, 75, 85, 118, 156 (p.), 174, 196, 260, 269 (p.), 271, 273, 348, 349 (p.), 362 (p.), 367, 370, 371, 390, 395, 400, 401, 443 (p.), 444 (p.), 448 (p.), 451 (p.), 452 (p.), †497 (stets n.).
1101) SUb V, 369, 411, 434, 451 (stets n.).
1102) SUb V, 443, 444, 448 (stets n.).
1103) SUb II, 391, 396a, 409, III, 36 (o.T.), 37, 40, 43, 50, 51, 105 (o.T.), 147, 150, 151. Danach Notar unter denselben Herzögen.
1104) SUb IV, 16. Danach Notar unter Herzog Heinrich IV. von Breslau.
1105) SUb IV, 182 (o.T.).
1106) SUb V, 117.
1107) SUb III, 25, 101, 102, 103, 124, 125, 166, 191. Vorher Liegnitzer Kanzler.

          Boruto   1257, 1259[1108]
          Nikolaus [2]   1273, 1281[1109]
unter Herzog Heinrich I. von Glogau und Steinau (1273/74/89-1309)
          Otto [1]   1296-1297[1110]
          Jakob [2]   1298[1111]

Protonotare und Notare
unter Herzog Konrad I. von Glogau (1249/50-1273/74)
          Nikolaus [2]   1257-1258[1112]
          Hartmann [1]   1260-1263, 1271,
                                                              1273, 1276[1113]
          Nikolaus [3]   1281[1114]
unter Herzog Heinrich I. von Glogau und Steinau (1273/74/89-1309)
          Jakob[1115]   1281[1116]
          Johannes [3]   1289-1291, 1296-1297[1117]
          Heinrich [3]   1290-1293[1118]
          Friedrich von Sobel   1292[1119]
          Paul [2]   1292 (?)[59]
          Johannes [4]   1295-1298[1120]
          Jordanus [1]   1298[1121]
          Wenzel [1]   1299[1122]
          Johannes von Indagine   1299[1123]
          Johannes [5]   1299-1300[1124]
          Sidelmann   1300[1125]

1108) SUb III, 226, 304.
1109) SUb IV, 194, 402. Vorher Glogauer Notar.
1110) SUb VI, 252, 272, 294.
1111) SUb VI, 353.
1112) SUb III, 226, 249, 260 (stets n.). Danach Glogauer Kanzler.
1113) SUb III, 320, 356, 442, 462, IV, 128 (p.), 141 (p.), 142 (p.), 194 (p.), 291 (stets n.).
1114) SUb IV, 402 (n.).
1115) Vgl. Personenverzeichnis unter Zajenko.
1116) SUb IV, 402 (p.), V, †507 (n.).
1117) SUb V, 424, 438, 459, 491, VI, 37, 272 (p.), 294 (p.).
1118) SUb V, 487, VI, 17, 49, 55, 103 (stets n.).
1119) SUb VI, 76 (n.).
1120) SUb VI, 197 (n.), 244 (n.), 252 (s.), 275 (n.), 309 (p.), 316 (n.), 357 (p.).
1121) SUb IV, †466, V, †511, VI, 367 (stets n.).
1122) SUb VI, 408, 419 (stets n.). Vorher Saganer Notar.
1123) SUb VI, 384 (n.).
1124) SUb VI, 397 (n.); Fürstensteiner StA, Quart 39 pag. 30-33; Film Nr. 208/5-6; (n.); SUb VI, 440 (n.),†480.
1125) SUb VI, 448 (n.).

Schreiber
unter Herzog Konrad I. von Glogau (1249/50-1273/74)
    Heinrich [5]   1257-1263[1126]

<u>Herzogtum Steinau</u>
Protonotar
unter Herzog Primislaus von Steinau (1273/74-1289)
    Helwig   1284-1287, 1296[1127]

<u>Herzogtum Sagan</u>
Kanzler
unter Herzog Konrad II. von Sagan (1273/74-1304)
    Jakob [1]   1283-1284[1128]

Protonotare und Notare
unter Herzog Konrad II. von Sagan (1273/74-1304)
    Adalbert [1]   1289[1129]
    Wenzel [1]   1289-1298[1130]
    Friedrich von Buntense   1299-1300[1131]
    [Stanislaus von Sennov   1299][1132]

Schreiber
unter Herzog Konrad II. von Sagan (1273/74-1304)
    Semianus [1]   1299[1133]

<u>Herzogtum Ratibor, ab 1202 Herzogtum Oppeln</u>
Kanzler
unter den Herzögen Kasimir I. und Mieszko II. von Oppeln (1211-1229/30)
    Sebastian[386]   1222-1230[1134]
unter Herzogin Viola von Oppeln (1230-1243)
    Sebastian[386]   1230-1232, 1235[1135]

Protonotare und Notare
unter den Herzögen Kasimir I. und Mieszko II. von Oppeln (1211-1229/30)
    Mathias [1]   1226[1136]

1126) SUb III, 226, 249, 280, 299, 324, 462.
1127) SUb V, 80, 87, 165, 282, 339, VI, 270.
1128) SUb V, 46, 101.
1129) SUb V, 413 (n.).
1130) SUb V, 416, VI, 32, 34, 53, 162, 164, 359 (stets n.). Danach Glogauer Notar.
1131) SUb VI, 390, 391, 433 (n.), †472.
1132) SUb VI, †474 (n.).
1133) SUb VI, 412.
1134) SUb I, 222, 249, 254, 259, 269, 291, 298, 315.
1135) SUb I, 319, II, 1, 23, 105.
1136) SUb I, 259 (n.). Danach Notar unter Herzogin Viola von Oppeln.

unter Herzogin Viola von Oppeln (1230-1243)
    Matthias [1] 1230^{1137}

unter Herzog Mieszko II. von Oppeln (1229/30-1246)
    Boceporius 1239^{1138}
    Heinrich [1] $1240\text{-}1244^{1139}$
    Gotthard [1] $1241\text{-}1245^{1140}$

unter Herzog Wladislaus I. von Oppeln (1246-1281)
    Gotthard [1]   1247, 1254, 1257-1258, 1260, 1274, 1277^{1141}
    [Konrad [18] $1254]^{1142}$
    Arnold [1]   1267, 1272, 1274, 1278, $1280\text{-}1281^{1143}$

unter Herzog Boleslaus I. von Oppeln (1281-1313)
    Nikolaus [4] $1290\text{-}1294^{1144}$
    Werner [1]   1294, 1297^{1145}

Schreiber

unter Herzog Wladislaus I. von Oppeln (1246-1281)
    Arnold [1] 1265^{1146}
    Vneborus 1281^{1147}

Herzogtum Teschen und Ratibor, ab 1291 Herzogtum Teschen

Kanzler

unter den Herzögen Mieszko I. und Primislaus (1281-1291)
    Arnold [1] 1290^{1148}

Notar

unter den Herzögen Mieszko I. und Primislaus (1281-1291)
    Arnold [1] $1284\text{-}1291^{1149}$

1137) SUb I, 319 (n.). Vorher Notar unter den Herzögen Kasimir I. und Mieszko II. von Oppeln.
1138) SUb II, 165 (n.).
1139) SUb II, 188, 242, 244, 277, III, †561 (stets n.).
1140) SUb II, 226, 284, 295 (stets n.). Danach Notar unter Herzog Wladislaus I. von Oppeln.
1141) SUb II, 328, 340, †437, III, 142, 213, 235, 269, 277 (c.), 317, 338, 340, IV, 239 (p.), 246 (p.), 321, †440 (stets n.). Vorher Notar unter Herzog Mieszko II. von Oppeln.
1142) SUb III, †571 (n.).
1143) SUb IV, 44, 188 (o.T.), 239, 247 (o.T.), 335 (o.T.), 388 (o.T.), 408. Vorher Schreiber, später Teschener Notar und Kanzler.
1144) SUb V, 441 (o.T.), VI, 64, 124, 157 (stets n.).
1145) SUb VI, 174, 175, 327, 328, 329 (stets n.).
1146) SUb III, 503. Danach Notar, später Teschener Notar und Kanzler.
1147) SUb IV, 408, 436 (stets o.T.).
1148) SUb V, 442. Davor Notar, vorher Oppelner Schreiber und Notar.
1149) SUb V, 161 (summus n.), 266 (summus n.), 368, 403 (summus n.), 430 (summus n.), †505 (summus n.), VI, 2 (stets n.). Davor Oppelner Schreiber und Notar, später Kanzler.

Herzogtum Ratibor seit 1291
Protonotar
unter Herzog Primislaus von Ratibor (1291-1306)
    Johannes [2]   1299[1150]
Schreiber
unter Herzog Primislaus von Ratibor (1291-1306)
    Iesco [1]   1293[1151]
Herzogtum Cosel-Beuthen
Notare
unter Herzog Kasimir II. von Cosel-Beuthen (1281-1312)
    Peter [3]   nach 1290[1152]
    Dominik [1]   1294-1299[1153]

Noch vier weitere Personen sind bekannt, denen der Titel Notar oder die Bezeichnung Datar beigegeben ist. Sie alle werden in den Urkunden nur ein einziges Mal erwähnt und gehören keiner der oben angeführten Kanzleien an. Jakob von Kunzendorf wird in einer bischöflichen Urkunde des Jahres 1295 als herzoglicher Notar bezeichnet, ohne daß er einem der schlesischen Herzöge sicher zugeordnet werden könnte[1154]. Nikolaus [35] bezeugt 1255 als Notar der Herzogin Anna eine von der Witwe Herzog Heinrichs II. von Schlesien ausgestellte Urkunde[1155]. Ebenfalls als Notar, aber auch als „feodalis noster" erscheint Wenzel [2] im Jahre 1289 in einer Urkunde Heinrichs von Würben[443]. Als Datar wird dagegen Magister Walter [2] in einer Urkunde genannt, die 1282 Franz von Wildschütz ausstellt[350]. Bei den beiden Letztgenannten mag es sich eher um Lohn- als um Privatschreiber handeln.

Aus obiger Liste ist erkennbar, daß der erste Angehörige einer schlesischen Kanzlei im Jahre 1175 erwähnt wird, und zwar als Kanzler des Herzogtums Schlesien. Zwischen 1201 und 1238 werden auch ein Schreiber und vor 1222 ein Notar genannt. Unter den schlesischen Kanzleien ist somit jene des Herzogtums Schlesien die älteste. Im 1173 entstandenen Herzogtum Ratibor wird Kanzleipersonal erst in den zwanziger Jahren des 13. Jahrhunderts erwähnt, 1222 der Kanzler, 1226 der Notar und viel später, 1265, ein Schreiber. Als dritte Kanzlei entwickelte sich jene des Bischofs von Breslau: 1245 erscheint in den Urkunden ein Kanzler, 1252 ein Notar und 1256 ein Schreiber. Es ist auffällig, daß für diese ältesten sowie die durch Landesteilung sich bildenden Kanzleien - dies gilt für jene der Herzogtümer

---
1150) SR 2566.
1151) SUb VI, 129, †473 (stets o.T.).
1152) SUb V, †503, SR 1694 (o.T.).
1153) SUb VI, 149 (o.T.), 156, 182, 207, 230.
1154) SUb VI, 206.
1155) SUb III, 163.

Glogau und Sagan, nicht jedoch für jene von Breslau und Teschen - am frühesten die Kanzler belegt sind, was mit ihrer Funktion als engste Berater des Herzogs und ihrer herausgehobenen Position in der Kanzlei zusammenhängen mag. Neu entstandene Herzogtümer verfügen in der Regel innerhalb von drei Jahren über eine eigene Kanzlei.

Im Falle des Steinauer Protonotars Helwig ist ausnahmsweise die mit seinem Amt verbundene Jahresrente bekannt[1156]. Sie beläuft sich auf 12 Mark von der herzoglichen Münze in Steinau, eine Fleischbank, 14 Malter zweierlei Getreides - sieben Korn, sieben Weizen - in Thiemendorf, Kreis Wohlau und den freien Besitz eines Hofes in der Stadt Steinau sowie eines Gartens vor derselben. Dieses Einkunftsverzeichnis des Protonotars Helwig stellt eine Besonderheit dar. Ein ähnliches Verzeichnis ist zwar für den bischöflichen Untertruchseß Walter [4] bekannt, doch ist bei ihm nicht klar ersichtlich, ob es sich um Einnahmen in Verbindung mit seinem Amt oder um private Einkünfte handelt[1157]. Weitere Angaben zur Frage der Dotation der Landes- und Hofämter enthalten die Quellen nicht.

Das Amt des **Palatins**[1158] gibt es bereits in Polen. Anfänglich wird der Palatin wohl die gesamte Hofhaltung leiten, schließlich bei der Abwesenheit des Herrschers als höchster Beamter auch dessen Vertretung übernehmen. Dabei werden ihm im Laufe der Zeit und je nach Persönlichkeit des Herrschers auch militärische und richterliche Funktionen übertragen. Bei Kriegszügen wird er militärischer Berater des Herrschers sein, bei dessen Abwesenheit den Oberbefehl selbst führen. Als Vertreter des Herrschers nimmt der Palatin am Hofgericht teil, woraus sich möglicherweise das Palatingericht als ständige Einrichtung entwickelt. Zuständig ist das neue, neben dem Hofgericht bestehende Gericht für Rechtsstreitigkeiten vornehmlich zwischen Christen und Juden sowie Juden untereinander.

In späterer Zeit löst sich die Bindung des Palatinamtes an den Herrscherhof. Der Palatin wird zunächst in kritischen Situationen als Vertreter des Herrschers in die Provinz geschickt, was längerfristig zu einer Regionalisierung des Palatinamtes führt. Es gibt dann nicht nur einen Palatin, sondern mehrere in Polen, und zwar in den verschiedenen Regionen des Landes und mit unterschiedlich stark ausgeprägten Kompetenzen. In Schlesien hat um 1100 offensichtlich der comes Wratislaviensis eine dem Palatin ähnliche Stellung inne, wenn er in den Quellen auch nicht ausdrücklich als solcher bezeichnet wird. Dies ist jedoch bei Peter [11] Wlast der Fall[1159]. In den 40er Jahren des 12. Jahrhunderts bekleidet er das Amt eines Breslauer Palatins, womit ihm die Funktion des höchsten Verwaltungsbeamten in Schlesien zukommt. Als Vertreter des polnischen Herrschers wahrt er dessen

---

1156) SUb V, 282: „conferimus et committimus officium notarie, pretextu cuius eidem etiam annualem damus et concedimus ..."
1157) Vgl. S. 310.
1158) Vgl. RAUSCH, S. 104-122.
1159) SUb I, 23; Cronica Petri comitis, passim.

Rechte gegenüber der schlesischen Bevölkerung einerseits und den schlesischen Beamten andererseits.

Dem polnischen Vorbild folgend übernehmen die schlesischen Herzöge das Amt des Palatins. In Schlesien ist es jedoch von geringerer Bedeutung als in Polen, da die schlesischen Herzogtümer auf Grund der fortgesetzten Teilungen kleiner und damit für den Herrscher überschaubarer werden. Der Palatin ist nicht mehr ständiger, sondern nur noch gelegentlicher Vertreter des Herzogs, und zwar bei dessen Abwesenheit. Seine militärische Funktion behält er wohl bei, die richterliche ist für den Oppelner Palatin belegt[1160]. Er mag auch die Hofhaltung leiten, was aber bereits in den Aufgabenbereich des Kämmerers fallen könnte. Hinsichtlich des Verhältnisses des Palatin- und Kämmereramtes werden in der Literatur[1161] zwei Meinungen vertreten: Die eine sieht in den beiden Ämtern zwei verschiedene, die andere ein einziges Amt mit zwei verschiedenen Bezeichnungen[1162]. Die letzte Auffassung geht davon aus, daß die Ausdrücke palatium und camera beide Hof bedeuten, das Palatinamt nicht ständig besetzt ist und die Titel Palatin und Kämmerer von ein und derselben Person abwechselnd geführt werden.

Für die einzelnen Herzogtümer werden in den Quellen folgende Palatine genannt[1163]:

Herzogtum Schlesien, ab 1248 Herzogtum Liegnitz
unter Herzog Heinrich I. von Schlesien (1201-1238)
    Dirsco [1]   1222[1164]
    Stephan von Schnellewalde   1236[1165]
unter Herzog Heinrich II. von Schlesien (1238-1241)
    Stephan von Schnellewalde   1241[1166]
unter Herzog Boleslaus II. von Schlesien und Liegnitz (1241/48-1278)
    Stephan von Schnellewalde   1243-1244[1167]
    Ycho[408]   [1252-]1259-1278[1168]

1160) SUb II, 311: „ab omni iurisdicione palatynorum et castellanorum sint exempti".
1161) Vgl. BOGUCKI, Studia, S. 2, 12-16.
1162) So z.B. CETWIŃSKI, Bd. I, S. 170-174 und BOGUCKI, Komornik, S. 107-109, 113, 133.
1163) Die Jahreszahlen geben die erste und letzte Erwähnung im Amt auf Grund echter Urkunden an.
1164) SUb I, 216 (Palatin von Breslau).
1165) SUb I, †369 (Palatin von Breslau), II, 112. Danach Palatin unter den Herzögen Heinrich II. und Boleslaus II.
1166) SUb II, 223 (Text B). Vorher Palatin unter Herzog Heinrich I., danach Palatin unter Herzog Boleslaus II.
1167) SUb II, 255, 271 (stets Palatin von Breslau). Vorher Palatin unter den Herzögen Heinrich I. und Heinrich II.
1168) SUb III, 300 (Palatin von Liegnitz), 362 (Palatin von Liegnitz), 382, †563, †578, IV, 37, 40, 91, 336.

unter Herzog Heinrich V. von Liegnitz und Breslau (1278/90-1296)
    Mironcho von Parchwitz[408]   1286-1288[1169]
    Nanker [3]   1290-1293[1170]

Herzogtum Breslau
unter den Herzögen Heinrich III. (1248-1266) und Wladislaus von Breslau (1250-1266)
    Michael von Schosnitz[408]   1261-1262[1171]

unter Herzog Heinrich IV. von Breslau (1270-1290)
    Simon[504]   1276-1278[1172]
    Nanker [3]   1278-1279[1173]
    Peter von Krakau   1283[1174]
    Benjamin   1287[1175]
    Nanker [3]   1290[1176]

Herzogtum Glogau
unter Herzog Konrad I. von Glogau (1249/50-1273/74)
    Sulislaus [2]   1251[1177]
    Peter [13]   1257-1265[1178]
    Theoderich[1179]   1271-1273[1180]

unter Herzog Heinrich I. von Glogau und Steinau (1273/74/89-1309)
    Gebhard von Grabe   1281[1181]

Herzogtum Ratibor, ab 1202 Herzogtum Oppeln
unter den Herzögen Kasimir I. und Mieszko II. von Oppeln (1211-1229/30)
    Werner[218]   1222[1182]
    Clemens [2]   1228[888]

1169) SUb V, 274, 319, 364, 396 (stets Palatin von Liegnitz).
1170) SUb V, 465, 467 (Palatin von Breslau), 483, VI, 8 (Palatin von Breslau), 29, 50 (Palatin von Breslau), 63 (Palatin von Breslau), 96 (Palatin von Breslau). Vorher Palatin unter Herzog Heinrich IV. von Breslau.
1171) SUb III, 376, 377, 421, 424.
1172) SUb IV, 282, 283 (Palatin von Breslau), 289, 294, 302, 307, 309, 311, 337.
1173) SUb IV, 341, 363. Später nochmals Palatin, dann Palatin unter Herzog Heinrich V. von Liegnitz und Breslau.
1174) SUb V, 74.
1175) SUb V, 320.
1176) SUb V, 452. Bereits vorher Palatin, danach Palatin unter Herzog Heinrich V. von Liegnitz und Breslau.
1177) SUb III, 20 (Palatin von Glogau).
1178) SUb III, 226, 304, 359, 462, 467, 504.
1179) Vgl. Personenverzeichnis unter Bronislaus [3].
1180) SUb IV, 141, 142 (Palatin von Glogau), 194.
1181) SUb IV, 402.
1182) SUb I, 222.

unter Herzogin Viola von Oppeln (1230-1243)
    Andreas [6]   1230[1183]
    Peter [12]   1238[351]
unter Herzog Mieszko II. von Oppeln (1229/30-1246)
    Andreas [6]   1239[1184]
    Nikolaus [14]   1241[1185]
unter Herzog Wladislaus I. von Oppeln (1246-1281)
    Mrosco von Pogarell   1258-1269[1186]
unter Herzog Boleslaus I. von Oppeln (1281-1313)
    Andreas [7]   1294[1187]

<u>Herzogtum Teschen und Ratibor, ab 1291 Herzogtum Teschen</u>
unter den Herzögen Mieszko I. und Primislaus (1281-1291)
    Franz   1286-1288[1188]
unter Herzog Mieszko I. von Teschen (1291-1314/15)
    Werner [2]   1292[322]

    Die obige Aufstellung läßt erkennen, daß das Amt des Palatins im selbständig gewordenen Schlesien erst verhältnismäßig spät mit dem Jahre 1222 belegt ist. Zu dieser Zeit gibt es einen Palatin in Breslau für das Herzogtum Schlesien und einen in Oppeln für das gleichnamige Herzogtum. Erst mit der Teilung Schlesiens in die Herzogtümer Breslau, Liegnitz und Glogau werden weitere Palatinämter für die neu entstandenen Fürstentümer geschaffen. Die von 1286 bis 1292 nachweisbaren beiden Palatine im Herzogtum Teschen ersetzen möglicherweise den für diese Jahre nicht belegten Oppelner Palatin, so daß es in Schlesien trotz der Entstehung weiterer Herzogtümer wohl bei den vier Palatinaten von Breslau, Oppeln, Glogau und Liegnitz bleibt. Auffällig sind die häufigen, längeren Zeiträume, in denen kein Palatin genannt wird, das Amt womöglich nicht vergeben ist. Dies mag ein Indiz für die geringere Bedeutung des Palatinamtes in Schlesien im Vergleich zum früheren Polen und für seine prinzipiellere Entbehrlichkeit in den kleiner werdenden schlesischen Herzogtümern sein.

    Eine gewisse Dominanz mit dem Ansatz zur Erblichkeit im Amt der Palatine von Liegnitz und Breslau erlangt das Geschlecht der Mironowitz. Nach der Teilung des Herzogtums Schlesien wird Ycho[408] Palatin von Liegnitz, sein Bruder Michael von Schosnitz[408] Palatin von Breslau. Ychos[408] Nachfolger wird nicht einer seiner Söhne, sondern eigenartigerweise sein Neffe Mironcho von Parchwitz[408],

---

1183) SUb I, 319. Auch Palatin unter Herzog Mieszko II. von Oppeln.
1184) SUb II, 165. Auch Palatin unter Herzogin Viola von Oppeln.
1185) SUb II, 210.
1186) SUb III, 269, 463 (Palatin von Oppeln), IV, 93 (Palatin von Oppeln), †440.
1187) SUb VI, 174, 175.
1188) SUb V, 266, 368.

der Sohn des Michael von Schosnitz[408]. Dies ist der einzige Fall, daß eine Familie mehrere Palatine stellt.

Mit einem Herrscherwechsel ist in der Regel die Neubesetzung des Palatinamtes verbunden, allerdings mit zwei bemerkenswerten Ausnahmen. Nanker [3], der unter Heinrich IV. von Breslau nicht durchgängig, sondern mit einer Unterbrechung Palatin ist, wird von Heinrich V. von Liegnitz und Breslau übernommen. Stephan von Schnellewalde hat die Würde eines Palatins gar unter drei Herzögen inne, nämlich unter Heinrich I., Heinrich II. und Boleslaus II. Wiedereingesetzt in sein Amt wird dagegen Andreas [6] mit dem Übergang der Herrschaft von Viola an Mieszko II. von Oppeln.

Ein bemerkenswerter Fall ist jener des Oppelner Palatins Mrosco von Pogarell. Dieser ist zehn Jahre lang Kastellan von Ritschen im Herzogtum Breslau, bis er 1254 während eines kriegerischen Einfalls Herzog Przemysls I. von Posen und Gnesen in dessen Gefangenschaft gerät. Da der Breslauer Herzog seinen Kastellan offensichtlich nicht auslöst, begibt sich Mrosco von Pogarell nach seiner Freilassung an den Oppelner Hof. Hier wird Mrosco - Angehöriger einer angesehenen Familie und ehemals Inhaber eines hohen Amtes - wohl sofort mit der Würde eines Palatins von Oppeln bedacht - sicherlich auch um seinen Wechsel zum Oppelner Herzog zu honorieren.

Das Amt des **Kastellans**[1189] geht auf die aus polnischer Zeit stammende Verwaltungseinteilung Schlesiens zurück, die die vorhergehende Gliederung des Landes in Stammesgaue ablöst. Die verschiedenen Gaue werden um etwa 1100[1190] in mehrere Kastellaneibezirke eingeteilt, die die kleinsten Verwaltungseinheiten darstellen. Zentrum eines Kastellaneibezirks ist das castellum, eine anfänglich aus Wällen, Gräben und Pallisaden bestehende befestigte Anlage. Der Kastellaneisitz ist verwaltungsmäßiger, kirchlicher, wirtschaftlicher und militärischer Mittelpunkt des Bezirks. Die funktionale Einheit des Kastellaneibezirks wird im Laufe des 13. Jahrhunderts allerdings ausgehöhlt, und zwar vor allem in Zusammenhang mit der deutschen und deutschrechtlichen Besiedlung. Die Funktionen der Kastellanei gehen dabei an die deutschrechtliche Stadt über, die mit den sie umgebenden Dörfern die neue, kleinere Verwaltungseinheit des Weichbildes entstehen läßt. Die Weichbildverfassung löst somit gegen Ende des 13., Anfang des 14. Jahrhunderts die alte Kastellaneiverfassung ab.

Die Amtsbezeichnung Kastellan findet sich bis 1300 durchgängig in den Quellen, jedoch in verschiedenen Bedeutungen. Zu unterscheiden ist zwischen dem Kastellan als Vorsteher eines Kastellaneibezirks, dem Kastellan als Militärkommandanten eines Kastells ohne Bezirk, also etwa einer Grenzburg, und dem Kastellan

---

1189) Vgl. RAUSCH, S. 67-103.
1190) Nach UHTENWOLDT, Burgverfassung, S. 54-74 wird die Kastellaneiverfassung in Schlesien im Jahre 1093 eingeführt, was RAUSCH, S. 68-71 widerlegt; RAUSCH, S. 74 nennt als Termin ante quem das Jahr 1155.

als dem in einer Stadtburg sitzenden Burggrafen der Weichbildverfassung. Eine entsprechende Differenzierung ist nur möglich auf Grund ortsgeschichtlicher Forschungen, wie sie für Schlesien etwa Uhtenwoldt[1191] und Kuhn[1192] durchgeführt haben.

Dem Kastellan als Vorsteher eines Kastellaneibezirks kommen militärische, richterliche und verwaltungsmäßige Kompetenzen zu. In seiner militärischen Funktion ist der Kastellan in erster Linie Burgkommandant. Zudem ist er für Bau und Instandhaltung von Befestigungen in seinem Bezirk zuständig. Nach polnischem Recht kann er die Bevölkerung zum Burgenbau, zum Wachdienst, zur Anlage des Grenzverhaus und zu weiteren Diensten verpflichten. Im Kriegsfall ist er Befehlshaber des Aufgebotes seines Bezirks, das er dem allgemeinen Heeresaufgebot des Herrschers zuzuführen hat. Besondere Aufgaben kommen ihm natürlich bei der Verteidigung seines Bezirks zu. Als Hilfsbeamter steht ihm in militärischen Angelegenheiten der Tribun zur Seite. Der Kastellan übt in seinem Bezirk auch die Gerichtsbarkeit aus, wobei er Verhandlungsleiter, Urteiler und Urteilsvollstrecker in einer Person ist. Er befaßt sich hauptsächlich mit Strafsachen. Seine Befugnisse sind zunächst nicht beschränkt, doch entziehen ihm seit Anfang des 13. Jahrhunderts die Herzöge die hohe Gerichtsbarkeit. Mit der Verleihung eines privilegierten Gerichtsstandes etwa vor dem Hofgericht oder eines anderen Gerichtsstandes werden einzelne Personen oder ganze Personengruppen zudem von der Zuständigkeit der Kastellaneigerichte ausgenommen. Die Ladung vor Gericht erfolgt durch den Kämmerer des Kastellans, welcher während des Prozesses von einem Richter als Hilfsbeamten unterstützt oder vertreten wird. Die Verwaltungsaufgaben des Kastellans erstrecken sich vorwiegend auf Einzug und Aufbewahrung beziehungsweise Weitergabe der Lebensmittelabgaben der Bevölkerung, die diese nach polnischem Recht erbringen muß. Magaziniert werden die Abgaben als Lebensmittelvorrat für den Kriegsfall, zum Eigenverbrauch und zum Zwecke der Verpflegung des Herrschers und seines Gefolges während eines Aufenthaltes in der Kastellanei. Später wird ein Teil der Abgaben an den Herrscherhof weitergeleitet. Als untergeordneter Einkünfteverwalter ist ein Unterkämmerer tätig. Möglicherweise verwaltet der Kastellan in der Frühzeit auch den herzoglichen Grundbesitz, was jedoch im 13. Jahrhundert bereits von den Herzogshöfen aus erfolgt. Diese recht umfassenden Kompetenzen des Kastellans als Vorsteher eines Bezirks werden im Laufe des 13. Jahrhunderts durch die Herzöge immer stärker eingeschränkt. Es geschieht dies durch den Entzug herzoglicher Rechte, die Befreiung einzelner Personen und Personengruppen von der Gerichtsbarkeit des Kastellans und die Abtrennung der Verwaltung des herzoglichen Grundbesitzes. Zudem werden immer zahlreicher Menschen angesiedelt, die nach deutschem Recht leben und somit nicht dem Kastellan unterstehen. Mit der Umsetzung der pol-

---

1191) UHTENWOLDT, Burgverfassung.
1192) Etwa KUHN, Städtegründungspolitik und KUHN, Kastellaneigrenzen.

nischrechtlichen Bevölkerung und der damit verbundenen Umstrukturierung in Wehrverfassung, Justizwesen und Verwaltung verliert der Kastellan jene Kompetenzen, die über die eines reinen Burgkommandanten hinausgehen.

Der Kastellan als Kommandant eines Kastells ohne Verwaltungsbezirk nimmt bereits seit polnischer Zeit lediglich militärische Aufgaben wahr, die in direktem Bezug zu seinem Kastell stehen. In etwa gilt dies auch für den Burggrafen der Weichbildverfassung.

Einzelne Hinweise auf die Kompetenzen des Kastellans finden sich auch in den schlesischen Quellen. Am häufigsten erwähnt wird seine Gerichtsbarkeit, und zwar meistens in dem Moment, in dem sie eingeschränkt oder aufgehoben wird[1193]. Zu den Aufgaben des Kastellans gehört in Schlesien auch die Festlegung von Grenzen durch Grenzbegehungen[1194]. Besonders aufschlußreich hinsichtlich der Kompetenzen, Rechte und Einkünfte des Kastellans - wenn auch nicht allumfassend und vollständig - ist jene Urkunde des Jahres 1249, in der die Rechte des herzoglichen Kastellans und des Kastellans des Breslauer Domkapitels in Militsch festgestellt werden[1195]. Erwähnt wird hier, daß dem Kastellan die Gerichtsbarkeit in allen Fällen zusteht, die mit dem Biberfang zu tun haben. Er ist zuständig für die Vollstreckung aller Leibes- und Lebensstrafen sowie für die Durchführung von Feuer- und Wasserproben. Auch übt er die Aufsicht über die Gefängnisse aus. Dem Kastellan steht das Recht des Biberfangs und der Errichtung von Schenken zu, ferner das Markt- und Jagdrecht, letzteres übt allerdings auch der Herzog aus. Die Einkünfte des Kastellans bestehen aus den Gerichtsgefällen sowie aus Zollabgaben, die innerhalb der Kastellanei erhoben werden. Zu beachten ist bei diesen Angaben freilich, daß sie in einer Vereinbarung zwischen Herzog und Breslauer Bischof aufgeführt werden, zumal einige Rechte, wie Markt- und Jagdrecht, eher dem Herzog als einem Kastellan zustehen. In den schlesischen Urkunden werden für den Kastellan die Bezeichnungen „castellanus" und vereinzelt auch „burggravius" gebraucht, und zwar synonym. Eine Unterscheidung zwischen dem Kastellan der polnischen Kastellaneiverfassung und dem Burggrafen der Weichbildverfassung ist über die gewählte Bezeichnung, die zudem wechseln kann, nicht möglich.

Für die einzelnen Kastellaneien werden in den Quellen die folgenden Kastellane und Tribune genannt[1196]:

1193) Z.B. SUb I, 211, III, 24, 36, V, 367, VI, 381; prinzipiell in jeder Lokationsurkunde.
1194) Z.B. SUb I, 77; GB, S. 283.
1195) SUb II, 375.
1196) Die Jahreszahlen geben die erste und letzte Erwähnung auf Grund echter Urkunden an. - In den Anm. 1197) bis 1429) werden folgende Abkürzungen gebraucht: b. = burggravius; o.T. = ohne Titel.

Auras
Kastellane
　Pribico von Prerichim[11]　　　　　　　　1250[1197]
　Johannes [30]　　　　　　　　　　　　　1254-1264[1198]
　Bogus von Wisenburg　　　　　　　　　　1291[1199]

Auschwitz
Kastellane
　Werner[218]　　　　　　　　　　　　　　1228-1232[1200]
　Miscigneus [1]　　　　　　　　　　　　　1234-1235[1201]
　Wlodimir [1]　　　　　　　　　　　　　　1238[1202]
　Clemens [3]　　　　　　　　　　　　　　1239[1203]
　Lorenz [10]　　　　　　　　　　　　　　1258[1204]
　Jaroslaus[1205]　　　　　　　　　　　　　1262[1206]
　Nikolaus [15]　　　　　　　　　　　　　1292-1297[1207]

Beuthen an der Oder
Kastellane
　Zicezlaus　　　　　　　　　　　　　　　1202/03[754]
　[Nanker [7]　　　　　　　　　　　　　　1206-1208][1208]
　Stephan[1209]　　　　　　　　　　　　　1223[1210]
　[Moico [4]　　　　　　　　　　　　　　　1234][1211]
　Boguslaus [4]　　　　　　　　　　　　　1243-1244[1212]
　Otezlaus [1]　　　　　　　　　　　　　　1251-1253[1213]
　Sulislaus [2]　　　　　　　　　　　　　　1257-1258[1214]
　Berold [1]　　　　　　　　　　　　　　　1262[1215]

1197) SUb II, 410.
1198) SUb III, 138, 139, 376, 377, 421, 452, 488.
1199) SUb VI, 10, †461. Danach Kastellan von Crossen.
1200) SUb I, 291, II, 23. Danach Kastellan von Cosel.
1201) SUb II, 80, 82, 102.
1202) SUb II, 145.
1203) SUb II, 163, †428.
1204) SUb III, 277. Zuvor Kastellan von Siewierz.
1205) Vgl. Personenverzeichnis unter Puczlaus.
1206) SUb III, 419.
1207) SUb VI, 74, 293, 313.
1208) SUb I, †335, †337, †338, †339, †340.
1209) Vgl. Personenverzeichnis unter Bogus [1].
1210) SUb I, 227, 230, 236, †358, †361.
1211) SUb II, †421, †422.
1212) SUb II, 241, 276.
1213) SUb III, 20, 25, 102, 103, †567, †581, †585.
1214) SUb III, 226, 260. Danach Kastellan von Glogau.
1215) SUb III, 388.

Budiuoy [2]	1264[1216]
Nikolaus [16]	1266-1271[1217]
Bronislaus [3]	1273[1218]

Tribune
[Hartmann [3]	1207-1208][1219]

Beuthen OS
Kastellane
Andreas [8]	1222-1228[1220]
Johannes [31]	1232-1234[1221]
Detco [1]	1245-1246[1222]
Dobeslaus [1]	1260-1262[1223]
Ianusius [2]	1272[207]
Goslaus [2]	12801[224]
Iesco [2]	1289-1299[1225]

Boleslawic (vielleicht Bunzlau)
Kastellan
Ianusius Menka	1283[1226]

Breslau
Kastellane
[Hemerammus von Poseritz	1201-1202][1227]
Sobeslaus [1]	1214-1222[1228]
Boguslaus von Strehlen	1234[1229]
Radozlaus von Strehlen	1239-1247[1230]
Adalbert [10]	1250-1251[1231]

1216) SUb III, 467.
1217) SUb III, 547, IV, 141, 142. Danach Kastellan von Sandewalde.
1218) SUb IV, 194, 197, †451.
1219) SUb I, †338, †339, †340.
1220) SUb I, 222, 291.
1221) SUb II, 23, 80.
1222) SUb II, 284, 310, †437. Danach Kastellan von Ratibor.
1223) SUb III, 317, 418, 419. Davor Kastellan von Tost.
1224) SUb IV, 388.
1225) SUb V, 410 (b.), VI, 62, 149, 381.
1226) SUb V, 48.
1227) SUb I, †331, †332, †333. Kastellan von Ritschen.
1228) SUb I, 142, 171, 216, †342, †343, †366. Zuvor Kastellan in Wartha.
1229) SUb I, †359, †361, II, 79, †421, †422. Zuvor Kastellan von Ritschen, danach von Ritschen und Nimptsch.
1230) SUb II, 167, 168, 229, 234, 245, 252, 255, 270, 271, 272, 273, 276, 297, 323, 331; GB, S. 262.
1231) SUb II, 391, 392, 410, 411, 412, 413, III, 8.

Iaxa von Schnellewalde	1251-1262[1232]
Stosso[418]	1276[1233]
Siegfried von Baruth	1278[1234]
Michael von Schosnitz[408]	1282-1284[1235]
Yperamus	1287[1175]
Mironcho von Parchwitz[408]	1292[1236]

Tribune

Dobrogost [1]	1211[1237]
Stephan von Schnellewalde	1223[1238]
Adalbert [12]	1228[1239]

Bunzlau

Kastellane

Nanker [4]	1202-1203[1240]
Stephan [4]	1218-1232[1241]
[Radozlaus [3]	1224][1242]
Nikolaus [17]	1243-1245[1243]

Cosel

Kastellane

Nazlaus [2]	1222-1230[1244]
Werner[218]	1234-1239[1245]
Nikolaus [18]	1240-1247[1246]
Sbroslaus von Wildschütz	1287[1247]
Grimislaus [1]	1292-1295[1248]

1232) SUb III, 22, 37, 50, 60, 61, 97, 105, 127, 137, 147, 151, 255, 297, 306, 311, 312, 313, 315, 374, 411. Zuvor Kastellan von Siewierz, Tost, Glogau, Schweinhaus und Nimptsch.
1233) SUb IV, 300. Zuvor Kastellan von Sandewalde und Schweidnitz.
1234) SUb IV, 341.
1235) SUb V, 9, 13, 14, 66, 74, 86, 156, 319. Zuvor Kastellan von Nimptsch.
1236) SUb VI, 50.
1237) SUb I, 124.
1238) SUb I, 236, †355.
1239) SUb I, 295, †364.
1240) SUb I, 77, 83, †331, †332, †333, †334.
1241) SUb I, 171, 216, 230, 236, 314, †343, †355, †366, II, 24.
1242) SUb I, †359, †361.
1243) SUb II, 252, 255, 270, 297, 299.
1244) SUb I, 222, 291, 319.
1245) SUb II, 80, 165. Zuvor Kastellan von Auschwitz.
1246) SUb II, 188, 226, 242, 243, 244, 284, 295, 310, 340, †437, III, †561.
1247) SUb V, 324.
1248) SUb VI, 61, 207.

Crossen
Kastellane
Wislaus [1]	1202/03[754]
[Boguchual [4]	1206-1207][1249]
[Chanstobor [2]	1208][1250]
Konrad [4]	1222-1234[1251]
[Sobeslaus [5]	1224][1252]
Mrosco von Pogarell	1243[1253]
B.	1244[1254]
Stephan[755]	1253-1258[1255]
Theobald	1263[1256]
Sambor von Schildberg	1280-1281[1257]
Bogus von Wisenburg	1293[1258]

Tribun
Miroslaus [2]	1202[1259]

Falkenberg
Kastellan
Sighard [1]	1294[1260]

Fraustadt
Kastellan
[Wyerzbyata	1289][1261]

Freystadt
Kastellan
Theoderich von Pesna	1291-1299[1262]

Glogau
Kastellane
Heinrich [18]	1134[1263]

1249) SUb I, †335, †338, †339.
1250) SUb I, †340.
1251) SUb I, 219 (b.), 227 (o.T.), 287, 290 (o.T.), 314, †358, †371 (o.T.), II, 1 (o.T.), 24, 73, †421, †422.
1252) SUb I, †359, †360, †361.
1253) SUb II, 252. Danach Kastellan von Ritschen.
1254) SUb II, 272.
1255) SUb III, 101, 102, 103, 226, 260, 299, †567, †581.
1256) SUb III, 462.
1257) SUb IV, 399, 409.
1258) SUb VI, 118. Zuvor Kastellan von Auras.
1259) SUb I, 77, †333.
1260) SUb VI, 174, 175.
1261) SUb V, †509.
1262) SUb VI, 10, 438, †461.
1263) SUb I, 8 („marchio de Glogov").

Andreas [9]	1202-1203[1264]
Gebhard	1208[1265]
Predslaus von Pogarell	1218-1223[1266]
[Stephan [33]	1224][1267]
[Moico [5]	1239][1268]
[Bozata [2]	1240][1269]
Iaxa von Schnellewalde	1242[1270]
Gunther [1]	1243[1271]
Berthold [2]	1247[1272]
Miro[408]	1248[1273]
Theoderich [3]	1251-1258[1274]
Sulislaus [2]	1259[1275]
Gebhard von Wisenburg	1260-1261[1276]
Theoderich [3]	1263[1277]
Peter[1278]	1263-1273[1279]
Theoderich von Dyhrn	1281-1292[1280]

Tribune

[Miroslaus [5]	1206-1207][1249]
[Heinrich [41]	1208][1250]
Otto [5]	1223[1281]

Gröditzberg
Kastellan

Johanncs [32]	1250[1282]

1264) SUb I, 77, 83, †331, †332, †333, †334.
1265) SUb I, 116, 117, †335, †337, †338, †339, †340.
1266) SUb I, 171, 227, 236, †355, †358.
1267) SUb I, †359.
1268) SUb II, †429.
1269) SUb II, †432.
1270) SUb II, 229. Zuvor Kastellan von Siewierz und Tost, danach Kastellan von Schweinhaus, Nimptsch und Breslau.
1271) SUb II, 252.
1272) SUb II, 331, 339. Danach Kastellan von Ritschen.
1273) SUb II, 353.
1274) SUb III, 25, 102, 103, 166, 260, †567.
1275) SUb III, 299, 304. Zuvor Kastellan von Beuthen a.d.O.
1276) SUb III, 324, 359. Zuvor Kastellan von Sandewalde.
1277) SUb III, 462 (eine Lesart).
1278) Vgl. Personenverzeichnis unter Nikolaus [50].
1279) SUb III, 462 (eine Lesart), 467, IV, 141, 142, 194, 197, †451. Zuvor Kastellan von Steinau und Sandewalde.
1280) SUb IV, 402, V, 416, 424, 438, 459, 491, VI, 10, 17, 55, 76, †461.
1281) SUb I, 236, †355, III, 504.
1282) SUb II, 411.

Haynau
Kastellan
  Bromislaus   1292[1283]
Hermstadt
Kastellane
  Theoderich von Baruth   1292[1284]
  Hertwig von Nostitz   1298[1285]
  Nemera   1300[1286]
Hornschloß
Kastellan
  Reinsko von Schwenkenfeldt   1292-1299[1287]
Kaldenstein
Kastellan
  Theoderich[480]   1299[1288]
Lähn
Kastellane
  [Hartmann [2]   1206][1289]
  Matthias von Velechow   1281[1083]
Landsberg O.S.
Kastellane
  [Heinrich von Wisenburg   1270][1290]
  Nikolaus [19]   1274[1291]
Lebus
Kastellane
  Wilschek von Poseritz   1202[1292]
  Pribislaus[11]   1236-1242[1293]
  Otto [3]   1248[1294]

1283) SUb VI, 76.
1284) SUb VI, 80.
1285) SUb VI, 333. Zuvor Kastellan von Steinau.
1286) SUb VI, 435.
1287) SUb VI, 65, 418.
1288) SUb VI, 376, 410, †475.
1289) SUb I, †335.
1290) SUb IV, †447.
1291) SUb IV, 229, 245, †452.
1292) SUb I, 77.
1293) SUb I, †367, II, 112, 234, †429. Zuvor Kastellan von Sandewalde.
1294) SUb II, 344.

Liegnitz
Kastellane

Stephan [5]	1202-1208[1295]
Peter [14]	1218-1223[1296]
Heinrich [19]	1240[697]
[Pretpelco	1240][1269]
Lassota [1]	1242-1245[1297]
Otto [4]	1250-1253[1298]
Lassota [1]	1254[960]
Stoygnew [1]	1261-1277[1299]

Lüben
Kastellane

Ulrich [2]	1224[1300]
Johannes [33]	1259[1301]
Markus [1]	1298-1299[1302]
[Berthold [15]	1299][1303]

Militsch
Kastellane

[Wonscho [1]	1213][1037]
Nachesius	vor 1249[1195]
Stephan [6]	1250[1304]
Woytech von Strehlen	1251[1305]
Mrosco von Wisenburg	1291[1306]

Naumburg
Kastellane

Wislaus [2]	1202[1307]
Nikolaus von Borsnitz	1296[1308]
Reinold [1]	1297[929]

1295) SUb I, 77, 83, 116, 117, †328, †331, †332, †333, †334, †335, †337, †338, †339, †340.
1296) SUb I, 171, 216, 230.
1297) SUb II, 229, 234, 252, 272, 273, 297, 300, †438; Nekr. Lubense, S. 59.
1298) SUb II, 412, III, 3, 69.
1299) SUb III, 382, 437, 481, †573, †578, IV, 43, 91, 305 (b.).
1300) SUb I, 246.
1301) SUb III, 295.
1302) SUb VI, 359, 391, 412. Dazwischen angeblich Kastellan von Sagan.
1303) SUb VI, †474.
1304) SUb II, 391.
1305) SUb III, 22. Zuvor Kastellan von Breslau.
1306) SUb VI, 10, †461.
1307) SUb I, 77, †333, †334.
1308) SUb VI, 270.

Neuhaus (bei Patschkau)
Kastellan
Peter von Liebenau 1295^{1309}

Neumarkt
Kastellane
Michael [2] 1269^{1310}
Stephan [7] 1277^{1311}
Friedrich von Loben 1286^{1312}
Reinhard Schaffgotsch 1289^{1313}
Theoderich von Ronberg 1290^{1314}

Nikolai
Kastellane
Andreas [10] $1222\text{-}1234^{1315}$
Johannes [34] $1258\text{-}1260^{1316}$

Nimptsch
Kastellane
[Wilschek von Poseritz $1202]^{909}$
[Sandivoi [2] $1206\text{-}1207]^{1281}$
Jaroslaus von Pogarell $1230\text{-}1232^{1317}$
Stephan von Würben $1238\text{-}1239^{1318}$
Boguslaus von Strehlen $1242\text{-}1250^{1319}$
Iaxa von Schnellewalde 1250^{1320}
Johannes von Würben 1255^{1321}
Peter [15] 1260^{1322}
Ianusius von Pogarell $1261\text{-}1272^{1323}$

1309) SUb VI, 217.
1310) SUb IV, 108.
1311) SUb IV, 316, 319.
1312) SUb V, 274.
1313) SUb V, 419.
1314) SUb V, 469.
1315) SUb I, 222, 291, II, 23, 80.
1316) SUb III, 269, 277, 317.
1317) SUb I, 314, †372, †373, II, 24.
1318) SUb II, 156, 167, 172, †421, †422.
1319) SUb II, 229, 234, 241, 245, 252, 270, 271, 273, 276, 297, 323, 329, 331, 342, 410.
1320) SUb II, 392. Zuvor Kastellan von Siewierz, Tost, Glogau und Schweinhaus, danach Kastellan von Breslau.
1321) SUb III, 147 (andere Lesart: Kastellan von Teschen). Zuvor und danach Kastellan von Ritschen.
1322) SUb III, 315.
1323) SUb III, 376, 377, 411, 424, 488, 502, IV, 16, 107, 182.

Michael von Schosnitz[408]	1279[1324]
Simon[504]	1288-1292[1325]
Friedrich von Waldow	1295/96[1326]

Tribun

Woytech [1]	1202/03[754]

Oberglogau
Kastellan

Michael von Wildschütz	1297[1327]

Oels
Kastellane

Cesenta	1247[1328]
Peter [16]	1250[1329]
Michael [3]	1261[1330]
Clemens [4]	1292[1331]
Wolfberus	1292[1331]

Oppeln
Kastellane

Sbroslaus[9]	1222-1236[1332]
Nikolaus[1333]	1258[1334]
Peter [17]	1260[547]
Simon von Steinau	1279-1297[1335]

Tribune

Johannes [38]	1222-1241[1336]
Paul [5]	1241[1337]

Ostrau
Kastellan

Hermann [3]	1297[1338]

1324) SUb IV, 368, 370. Danach Kastellan von Breslau.
1325) SUb V, 401, 467, VI, 54, 59. Zuvor Kastellan von Steinau und Wieluń.
1326) SUb VI, 218, 221.
1327) SUb VI, 327, 328.
1328) SUb II, 323.
1329) SUb II, 413, III, 138, 139.
1330) SUb III, 376, 377.
1331) SUb VI, 48 (werden gleichzeitig genannt).
1332) SUb I, 222, 291, 319, II, 1, 23, 120.
1333) Vgl. Personenverzeichnis unter Ruprecht [1].
1334) SUb III, 269.
1335) SUb IV, 382, 424, V, 86, 247, 286, VI, 124, 327.
1336) SUb I, 222, 254, 319, II, 80, 210.
1337) SUb I, 210.
1338) SUb VI, 313.

Ottmachau
Kastellane
- Wilhelm [1] — 1268[1339]
- Berthold [3] — 1273[112]
- Walter [3] — 1280[1340]

Tribun
- Hermann [4] — 1233[222]

Polnisch Tarnau
Kastellan
- Pribico [1] — 1295-1296[1341]

Ratibor
Kastellane
- Stoygniew[218] — 1222[1182]
- Jakob [9] — 1228[888]
- Semianus[221] — 1239[1342]
- [Otto [13] — 1245][1343]
- Chotco — 1245-1246[1344]
- Detco [1] — 1257[1345]
- Stoygnew [2] — 1286-1290[1346]

Rauden
Kastellan
- Johannes[637] — 1228-1233, 1242[1347]

Ritschen
Kastellane
- Hemerammus von Poseritz — 1202-1203[1348]
- [Walter [6] — 1213][1037]
- Jaroslaus von Pogarell — 1223[1349]
- Boguslaus von Strehlen — 1232[1350]

1339) SUb III, †58, SR 1282.
1340) SUb IV, 393.
1341) SUb VI, 197, 244.
1342) SUb II, 165. Zuvor Tribun.
1343) SUb II, †437.
1344) SUb II, 284, 310, 311.
1345) SUb III, 235, 277, 340, 418, 419. Zuvor Kastellan von Beuthen OS.
1346) SUb V, 266, 442, †512, VI, †473.
1347) SUb I, 298, II, 31. Zuvor und dazwischen Kastellan von Teschen.
1348) SUb I, 77, 87, 88. Danach angeblich Kastellan von Breslau.
1349) SUb I, 227, 230, †358. Danach angeblich Kastellan von Nimptsch.
1350) SUb II, 24. Zuvor angeblich Kastellan von Breslau, danach Kastellan von Breslau, Ritschen und Nimptsch.

    Clemens [2]   1234[1351]
    Boguslaus von Strehlen   1239[1352]
    Theoderich [3]   1242-1243[1353]
    Mrosco von Pogarell   1244-1247[1354]
    Berthold [2]   1248[1355]
    Mrosco von Pogarell   1250-1253[1356]
    Johannes von Würben   1254-1264[1357]
    Radozlaus von Briese   1275/76-1284[1358]

Rosenberg
Kastellane
    Vinzenz von Schnellewalde   zwischen 1243
                                                    und 1267[1359]

    Moico [1]   1274-1294[1360]

Sagan
Kastellane
    [Friedrich [6]]   1178][1361]
    Stephan [8]   1202[1362]
    Zemizlaus   1251-1253[1363]
    Otto[755]   1257-1258[1364]
    Peczco von Heslech   1296[1308]
    [Markus [1]]   1299][1365]

Sandewalde
Kastellane
    Chanstobor [1]   1202-1203[1366]

1351) SUb II, 79, 85. Danach Kastellan von Krakau.
1352) SUb II, 167. Zuvor Kastellan von angeblich Breslau, Ritschen und Breslau, danach von Nimptsch.
1353) SUb II, 229, 252. Zuvor Kastellan von Schiedlo, danach von Glogau.
1354) SUb II, 270, 272, 273, 297, 299, 323. Zuvor Kastellan von Crossen, danach wieder von Ritschen.
1355) SUb II, 342, 353. Zuvor Kastellan von Glogau.
1356) SUb II, 388, 392, 410, 411, 412, 413, III, 8, 11, 19, 22, 37, 60, 61, 97, 105, †558; Nekr. Kamenz, S. 325. Zuvor Kastellan von Crossen und Ritschen.
1357) SUb III, 137, 151, 204, 251, 254, 297, 306, 311, 313, 315, 318, 376, 377, 411, 421, 424, 452, 488. Dazwischen Kastellan von Teschen.
1358) SUb IV, 267, 341, 342, 363, 368, 370, 391, 392, 411, 412, †448, V, 5, 13, 66, 74, 86.
1359) Hedwig, S. 622f.
1360) SUb IV, 239, 246, VI, 156.
1361) SUb I, †328.
1362) SUb I, 77, †333, †335, †337, †338, †339.
1363) SUb III, 25, 103, †567.
1364) SUb III, 226, 260.
1365) SUb VI, †474. Zuvor Kastellan von Lüben.
1366) SUb I, 77, 83, †331, †332, †334, †335, †338, †339, †340.

Pribislaus[11]	1223[1367]
[Moico [2]]	1230][1368]
Gebhard von Wisenburg	1243-1244[1369]
Sbilutus[11]	1244[1370]
Stosso[418]	1251[1371]
Gebhard von Wisenburg	1253[1372]
Stosso[418]	1253[1373]
Peter[1278]	1257[1374]
Nikolaus [20]	1260[1375]
Dirsislaus [1]	1265[1376]
Otezlaus [2]	1279[575]
Budiuoy [3]	1282[1377]
Nikolaus [16]	1283[1378]
Budiuoy [3]	1287-1288[1379]

Schiedlo
Kastellane

[Theoderich [3]	1229][1380]
Peregrin [1]	vor 1232[1381]
Witzlaus	1237[1382]
Theoderich [3]	1240[1383]
Andreas [11]	1243[1384]

Schweidnitz
Kastellan

Stosso[418]	1262[1385]

1367) SUb I, 227, 230, †358. Danach Kastellan von Lebus.
1368) SUb I, †372, †373.
1369) SUb II, 252, 270. Später Kastellan von wieder Sandewalde und Glogau.
1370) SUb II, 272, 273.
1371) SUb III, 20, 25, †567. Danach Kastellan von wieder Sandewalde, Schweidnitz und Breslau.
1372) SUb III, 60, 61. Zuvor Kastellan von Sandewalde, danach von Glogau.
1373) SUb III, 103. Zuvor Kastellan von Sandewalde, danach von Schweidnitz und Breslau.
1374) SUb III, 249. Zuvor Kastellan von Steinau, danach von Glogau.
1375) SUb III, 306, 311.
1376) SUb III, 521.
1377) SUb V, 13. Danach Kastellan von wieder Sandewalde.
1378) SUb V, 66, 74.
1379) SUb V, 362, 400. Zuvor Kastellan von Sandewalde.
1380) SUb I, †371.
1381) SUb II, 14.
1382) SUb II, 126.
1383) SUb II, 196, †431. Danach Kastellan von Ritschen und Glogau.
1384) SUb II, 241.
1385) SUb III, 421. Zuvor und danach Kastellan von Sandewalde, später Kastellan von Breslau.

Schweinhaus
Kastellane
    Tader 1230^{941}
    Iaxa von Schnellewalde 1244^{1386}
    Peter [18] 1248^{1387}

Siewierz (nö. Beuthen)
Kastellan
    Iaxa von Schnellewalde $1232\text{-}1234^{1388}$
    Lorenz [10] 1243^{1389}
    Wlodimir [2] 1250^{1390}
    Dirsco [2] 1258^{1334}
    Wlostiborius 1260^{1391}
    Bartos [1] 1280^{1224}
    Adalbert [11] 1295^{1392}

Sprottau
Kastellan
    Wolfram von Pannwitz 1296^{1308}

Steinau a.O.
Kastellan
    Peter^{1278} $1251\text{-}1257^{1393}$
    Budiuoy [4] $1257\text{-}1262^{1394}$
    Simon^{504} $1278\text{-}1280^{1395}$
    Hertwig von Nostitz $1286\text{-}1287^{1396}$

Striegau
Kastellan
    Apetzko von Seidlitz $1292\text{-}1299^{1397}$

1386) SUb II, 271. Zuvor Kastellan von Siewierz, Tost, Glogau, danach Kastellan von Nimptsch und Breslau.
1387) SUB II, 342.
1388) SUb II, 23, 80. Danach Kastellan von Tost, Glogau, Schweinhaus, Nimptsch und Breslau.
1389) SUb II, 244. Danach Kastellan von Auschwitz.
1390) SUb II, 396.
1391) SUb III, 335.
1392) SUb VI, 207.
1393) SUb III, 20, 101, 102, 103, 226, †567. Danach Kastellan von Sandewalde und Steinau.
1394) SUb III, 249, 260, 388.
1395) SUb IV, 332 (b.), 342 (b.), 359 (b.), 363 (b.), 364 (b.), 366 (b.), 368, 391 (b.). Danach Kastellan von Wieluń (Großpolen) und Nimptsch.
1396) SUb V, 282, 339. Danach Kastellan von Herrnstadt.
1397) SUb VI, 65, 418.

Teschen
Kastellane
Johannes[637]	1228[1398]
Ruprecht [1]	1238[1399]
Johannes[637]	1239[1400]
Johannes von Würben	1255[1401]
Ruprecht [1]	1257-60[1402]
Johannes [35]	1297[1338]

Tiefensee
Kastellan
Detco [2]	1272[1403]

Tost
Kastellane
Jakob [10]	1222[1182]
Johannes [36]	1226[1404]
Iaxa von Schnellewalde	1239[1405]
Dobeslaus [1]	1247[1406]
Nikolaus [21]	1292-95[1407]

Tschwirtschen (Kr. Guhrau)
Kastellan
Peter von Lubno	1300[1286]

Wartenberg
Kastellane
Albert von Schmollen	1276[1408]
Jaroslaus von Pogarell	1283[1409]

1398) SUb I, 291. Danach Kastellan von Rauden, wieder Teschen und wieder Rauden.
1399) SUb II, 156. Danach wieder Kastellan von Teschen.
1400) SUb II, 165, †428. Zuvor Kastellan von Teschen und Rauden, danach wieder von Rauden.
1401) SUb III, 147 (andere Lesart: Kastellan von Nimptsch). Zuvor und danach Kastellan von Ritschen.
1402) SUb III, 235, 277, 317.
1403) SUb IV, 182.
1404) SUb I, 271.
1405) SUb II, 165. Zuvor Kastellan von Siewierz, danach von Glogau, Schweinhaus, Nimptsch und Breslau.
1406) SUb II, 340. Danach Kastellan von Beuthen OS.
1407) SUb VI, 61, 207.
1408) SUb IV, 283.
1409) SUb V, 52, 61.

Wartha
Kastellane
    Sobeslaus [1]   1202/03[1410]
    [Peter [49]   1206-1208][1411]
    Peregrin [2]   1223[1412]
    Dirsco [6]   [1230-1234][1413]
    Boguslaus [5]   1262[1414]
    Johannes Serucha   1269-1276[1415]
Tribun
    [Miscigneus [3]   1230][1416]

Zobten
Kastellan
    Predborius [1]   1247[659]

Zülz
Kastellane
    Swetopelc   1279[274]
    Heinrich von Grabin[1417]   1285[940]
    Thomas [3]   1293-1297[1418]

Ohne Ortsangabe
Kastellane
    Brenthco   1284[1419]
    Ceslaus [1]   1241[1185]
    Johannes [37]   1230[1420]
Tribune
    Budiuoy [5]   1246[1421]
    Dobeslaus [2]   1281[1422]
    Gottfried [3]   1259[961]
    Gozyzlaus   1233[1423]

1410) SUb I, 83. Danach Kastellan von Breslau.
1411) SUb I, †335, †337, †338, †339, †340.
1412) SUb I, 227.
1413) SUb I, †372, †373, II, †421, †422; Nekr. Heinrichau, S. 286.
1414) SUb III, 421, 424.
1415) SUb IV, 107, 182, 281.
1416) SUb I, †372.
1417) Vgl. Personenverzeichnis unter Jassona.
1418) SUb VI, 124, 327.
1419) SUb V, 161.
1420) SUb I, 319.
1421) SUb II, 311.
1422) SUb IV, 411.
1423) SUb II, 36.

Johannes [79]　　　　　　　　　　　　1209[1424]
Semianus[221]　　　　　　　　　　　　1228[888]
Pribislaus [2]　　　　　　　　　　　　1237-1238[1425]
Sulislaus [3]　　　　　　　　　　　　1225[1426]

Einige schlesische Adlige üben das Amt des Kastellans auch außerhalb Schlesiens aus:

Chrzanów (Kleinpolen)
　Sulco　　　　　　　　　　　　　　1260-1262[1427]
Nakel (Großpolen)
　Servatius　　　　　　　　　　　　1233[1428]
Wieluń (Großpolen)
　Simon[504]　　　　　　　　　　　　1282-1283[1429]

Aus der vorangehenden Liste ist ersichtlich, daß das Amt des Kastellans im selbständig gewordenen Schlesien bereits zu Anfang des 13. Jahrhunderts existiert; es ist zum Jahr 1202/03 für eine Reihe von Amtssitzen belegt[754]. Im Laufe des Jahrhunderts kommen ständig weitere Kastellaneisitze hinzu, besonders zahlreich in den 20er und 90er Jahren. Bei den Kastellanen an den neuen Amtssitzen wird es sich wohl kaum um die mit umfangreichen Kompetenzen ausgestatteten Vorsteher von Kastellaneibezirken, sondern mehrheitlich um Militärkommandanten und später Burggrafen handeln. Seit den 40er Jahren verwaisen allerdings auch ständig einige Kastellaneien, d.h. die Ämter werden nicht mehr besetzt. So unterliegt die Anzahl der Kastellaneisitze zwischen 1230 und 1280 nur geringen Schwankungen. Auffällig ist, daß viele Kastellaneien über mehrere Jahre, sogar mehrere Jahrzehnte hinweg nicht mit einem Amtsinhaber besetzt werden, ohne daß dies hinlänglich erklärt werden kann.

Keinem der relativ wenigen bekannten Tribune gelingt es, zum Kastellan aufzusteigen. Andererseits ist eine Dominanz der bedeutenderen Adelsfamilien in diesem Amt nicht festzustellen. Angehörige dieser Familien werden aber offensichtlich bevorzugt zu Kastellanen von Breslau, Ritschen und vor allem von Nimptsch bestellt. Lediglich in einem Fall folgt ein Familienangehöriger direkt auf einen anderen, und zwar Radozlaus von Strehlen auf seinen Bruder Boguslaus von Strehlen als Kastellan von Breslau.

1424) SUb I, †342, †343.
1425) SUb II, 137, 145.
1426) SUb I, 254.
1427) SUb III, 340, 418, 419, †440. - Vgl. Personenverzeichnis unter Hemerammus [1].
1428) SUb II, 37.
1429) SUb IV, †447, V, 5, 74. Zuvor Kastellan von Steinau, danach von Nimptsch.

In der Regel verbleibt ein Kastellan während seiner Amtszeit an ein und demselben Kastellaneisitz. Daß er nacheinander das Kastellanat verschiedener Orte ausübt, kommt zwar vor, ist aber die Ausnahme. So fungieren als Kastellan an drei verschiedenen Orten Simon[504], Peter[1278], Theoderich [3], Gebhard von Wisenburg und Mrosco von Pogarell, an vier Orten Johannes[637] und Stosso[418], an fünf Orten Boguslaus von Strehlen und schließlich an sechs Orten Iaxa von Schnellewalde. Das Verharren an einem Ort führt andererseits verschiedentlich dazu, daß ein Kastellan sein Amt sehr lange ausübt. So wird Moico [1] in den Jahren 1274 und 1294 als Kastellan von Rosenberg genannt; da für diesen Zeitraum niemand anderes als Kastellan von Rosenberg bekannt ist, ist es durchaus möglich, daß Moico [1] sein Amt 21 Jahre lang ausübt. 19 Jahre (1279-1297) ist Simon von Steinau Kastellan von Oppeln, 17 Jahre (1261-1277) Stoygnew [1] Kastellan von Liegnitz, Stephan [4] bekleidet 15 Jahre (1218-1232) lang das Amt des Kastellans von Bunzlau, Stoygnew [2] jenes des Kastellans von Ratibor 14 Jahre (1286-1299). Diese langen Amtszeiten sind jedoch untypisch; wesentlich häufiger bekleidet ein Kastellan sein Amt nur ein paar Jahre, oft wird er sogar nur für ein Jahr oder einmal in den Urkunden genannt.

Aus dem Hofrichter, dem **Richter** und dem Unterrichter besteht das höfische Richterkollegium, über das die Literatur[1430] sehr wenig aussagt. Bei aller Zersplitterung der Rechtsprechung im Schlesien des 13. Jahrhunderts stellt das Hofgericht die höchste Instanz dar. Es ist besonders für Fragen des Grundeigentums, der persönlichen Freiheit und für Vergehen gegen den Landesherrn und den Staat zuständig. So ist schlesischen Urkunden zu entnehmen, daß Richter Grenzen festlegen und begehen[1431], auch mit ihrem Vermesser Güter ausmessen[1432]. Gar als Vermittler in einem Streit zwischen Herzog Konrad I. von Glogau und dem Bischof von Breslau wirkt Otezlaus [3] - sicher eine Ausnahme[1433]. Im Laufe des 13. Jahrhunderts wird das Hofgericht immer mehr zu der Rechtsinstanz des Adels, der hier seinen privilegierten Gerichtsstand hat. Gerichtsherr ist der Herzog selbst, der vom Hofrichter oder Richter unterstützt wird oder sich von ihnen vertreten läßt. Erstmals erwähnt wird der Hofrichter urkundlich im Jahre 1202. Innerhalb der Zeugenlisten erscheint er in der Regel nach den Kastellanen und vor anderen Hofbeamten, woraus auf die Bedeutung und das verhältnismäßig hohe Ansehen dieses Amtes geschlossen werden kann. Gegen Ende des 13. Jahrhunderts ist das Amt des Hofrichters nach Bogucki[1434] offenbar manchmal zweifach besetzt, wobei er annimmt, daß der eine Hofrichter nach polnischem Recht, der andere nach deutschem Recht urteilt. Zusätzlich zum Amtsinhaber ernennt der Herzog aber auch für einzelne,

---

1430) Vgl. Geschichte Schlesiens, Bd. 1, S. 248, RAUSCH, S. 44-47, BOGUCKI, Studia, S. 11f.
1431) SUb V, 494, 466
1432) SUb V, 55.
1433) SUb IV, 197.
1434) BOGUCKI, Studia, S. 11f.

spezielle Rechtsfälle Adlige zu Hofrichtern, so etwa Siban von Dyhrn im Streit zwischen dem Kloster Trebnitz und Stribeslaus[1435]. Dies kann ebenfalls geschehen, wenn der Herzog selbst für eine Partei, etwa ein Kloster wie Heinrichau[1436], sprechen will.

Dem iudex curie stehen ein Richter und ein Unterrichter als Helfer zur Seite, ohne daß jedoch eine klare Kompetenzverteilung erkennbar ist. Erschwerend kommt hinzu, daß die Titel von ein und derselben Person gelegentlich unterschiedslos geführt werden. Der Bezeichnung 'iudex curie' offensichtlich gleichzusetzen sind die Titel 'iudex generalis' und 'iudex terrae', ohne daß diese Bezeichnungen durchgängig geführt würden. Ein Landrichter wird erstmals 1273 für das Herzogtum Glogau[1433] erwähnt, 1287 für Cosel-Beuthen[1247] und 1292 für Liegnitz[1437]. Um Ausnahmen und Einzelerscheinungen handelt es sich bei den Richtern der Herzogin Anna und der bischöflichen Kurie.

Für die einzelnen Herzogtümer werden in den Quellen folgende Hofrichter genannt[1438]:

Herzogtum Schlesien, ab 1248 Herzogtum Liegnitz
Hofrichter
unter Herzog Heinrich I. von Schlesien (1201-1238)
Woislaus [3]	1202[1439]
[Albert cum barba von Tepliwoda	1209][1440]
Boguslaus [6]	1223[1441]
Iavor [2]	1237[1442]

unter Herzog Heinrich II. von Schlesien (1238-1241)
Iavor [2]	1239[1443]

unter Herzog Boleslaus II. von Schlesien und Liegnitz (1241/48-1278)
Peter [19]	1243[1444]
Berthold [2]	1248[1294]
Chelco von Koitz	1264[1445]

1435) SR 2577.
1436) GB, S. 262f.
1437) SUb VI, 82.
1438) Die Jahreszahlen geben die erste und letzte Erwähnung auf Grund echter Urkunden an. - In den Anm. 1439) bis 1518) weden folgende Abkürzungen gebraucht: c = curiae, i. = iudex, L. = Landrichter, s. = subiudex, t. = terrae.
1439) SUb I, 77, †331, †332, †333, †334.
1440) SUb I, †342, †343.
1441) SUb I, 227 (i.c.), †358 (i.).
1442) SUb I, †359 (i. meus), †361 (i. meus), II, 140. Später Hofrichter unter Herzog Heinrich II. von Schlesien.
1443) SUb II, 164. Zuvor Hofrichter unter Herzog Heinrich I. von Schlesien.
1444) SUb II, 241, 255, 270, 272, 297, 299, 323. Zuvor Richter.
1445) SUb III, 481. Zuvor Richter.

Chazlaus [1] 1267-1272[1446]

unter Herzog Heinrich V. von Liegnitz und Breslau (1278/90-1296)
Heinrich von Wisenburg 1291-1292[1447]
Giselher [2] 1291-1295[1448]

unter Herzog Boko I. von Jauer, Löwenberg und Breslau (1278/86/96-1301)
Konrad von Reichenbach 1295-1296[1449]
Iwan von Profen 1298[1450]
Giselher [2] 1298-1299[1451]

Richter
unter Herzog Heinrich I. von Schlesien (1201-1238)
Adalbert [13] 1214-1223[1452]
[Grimislaus [5]] 1224][1453]
Radozlaus von Strehlen 1230-1234[1454]
Ceslaus [2] 1234[1455]
Aiacota 1234[1456]

unter Herzog Heinrich II. von Schlesien (1238-1241)
Nikolaus [22] 1239[1457]

unter Herzog Boleslaus II. von Schlesien und Liegnitz (1241/48-1278)
Peter [19] 1242[1458]
Chelco von Koitz 1261[1459]
Chazlaus [1] 1267[1460]
Wysa 1278[1461]

unter Herzog Heinrich V. von Liegnitz und Breslau (1278/90-1296)
Wysa 1286[1462]

1446) SUb IV, 40, 91, 162. Zuvor Richter.
1447) SUb VI, 8 (i.), 29, 48 (i.), 50 (i.), 54, 59 (i.), 82 (i.t) Zuvor Richter und Hofrichter unter Herzog Heinrich IV. von Breslau.
1448) SUb VI, 15, 56, 68, 96, 97, 158, 171, 191 (i.). Danach Hofrichter unter Herzog Bolko I.
1449) SUb VI, 211, 273 (notarius; verschrieben für iudex). Zuvor Hofrichter unter Herzog Heinrich IV. von Breslau.
1450) SUb VI, 366.
1451) SUB VI, 355, 388. Zuvor Hofrichter unter Herzog Heinrich V. von Liegnitz und Breslau.
1452) SUb I, 142, 219, 236.
1453) SUb I, †360 (i. noster).
1454) SUb I, 314 (i. noster), †367 (i. noster), †369 (i.c.), II, 24 (i. noster), 85 (i.t.).
1455) SUb II, 80.
1456) SUb II, 85.
1457) SUb II, 170, †430.
1458) SUb II, 229. Danach Hofrichter.
1459) SUb III, 382. Danach Hofrichter.
1460) SUb III, †563, †578, IV, 37, 42. Danach Hofrichter.
1461) SUb IV, 336.
1462) SUb V, 272.

Gotthard [2]	1290[1431]
Egidius [10]	1294[1463]

Unterrichter
unter Herzog Heinrich I. von Schlesien (1201-1238)

[Johannes [80]	1226][1464]
Gotfalcus	1234[1456]

unter Herzog Boleslaus II. von Schlesien und Liegnitz (1241/48-1278)

Michael [5]	1244[1254]
Dobes von Domanze	1247[324]

unter Herzog Heinrich V. von Liegnitz und Breslau (1278/90-1296)

Egidius [10]	1290-1292[1465]

<u>Herzogtum Breslau</u>
Hofrichter
unter den Herzögen Heinrich III. (1248-1266) und Wladislaus von Breslau (1250-1266)

Sbilutus[11]	1250-1251[1466]
Michael von Schosnitz[408]	1255-1259[1467]
Ianusius von Pogarell	1260[1468]
Boleslaus [1]	1261[510]
Radozlaus von Briese	1261-1264[1469]
Thymo von Wisenburg	1265-1266[1470]

unter Herzog Wladislaus von Breslau (1266-1270)

Thymo von Wisenburg	1267-1269[1471]

unter Herzog Heinrich IV. von Breslau (1270-1290)

Thymo von Wisenburg	1270-1278[1472]
Nikolaus [16]	1278-1280[1473]

1463) SUb VI, 148. Zuvor Unterrichter.
1464) SUb I, †364.
1465) SUb V, 469, VI, 29 (s.c.), 82. Danach Richter.
1466) SUb II, 413, III, 19. Danach Richter.
1467) SUb III, 151, 251 (i.), 254 (i.), 255, 267, 281 (i.), 298 (i.).
1468) SUb III, 311, 312, 313, 315, 318.
1469) SUb III, 376, 377, 379 (i.), 391 (i.), 411 (i.), 421 (i.), 424, 433, 452 (i.), 488. Zuvor Richter.
1470) SUb III, 521 (i.), 525, 537, 539 (i.), †565. Danach Hofrichter unter Herzog Wladislaus von Breslau und unter Herzog Heinrich IV. von Breslau.
1471) SUb IV, 17 (i. provincialis), 57, 59, 67, 84, 99, 107, 108. Zuvor Hofrichter unter den Herzögen Heinrich III. und Wladislaus von Breslau, danach unter Herzog Heinrich IV. von Breslau.
1472) SUb IV, 120, 153, 154, 167, 173 (i.), 174 (i.), 191 (i.), 212, 253 (i.), 255 (i.), 258, 269, 274 (i. specialis), 282, 286 (i.), 287 (i.), 288 (i.), 294, 299, 300, 302, 307, 309, 337 (i. generalis), †450. Zuvor Hofrichter unter den Herzögen Heinrich III. und Wladislaus von Breslau
1473) SUb IV, 341 (i. generalis), 342 (i. generalis), 359 (i. generalis), 363 (i. generalis), 368, 370 (i. generalis), 391 (i. generalis).

Konrad von Reichenbach	1284-1287[1474]
Heinrich von Wisenburg	1287-1290[1475]

Richter
unter den Herzögen Heinrich III. (1248-1266) und Wladislaus von Breslau (1250-1266)
Sbilutus[11]	1252-1256[1476]
Radozlaus von Briese	1261[1477]

unter Herzog Heinrich IV. von Breslau (1270-1290)
Heinrich von Wisenburg	1286[1478]

Unterrichter
unter den Herzögen Heinrich III. (1248-1266) und Wladislaus von Breslau (1250-1266)
Desprinus von Wansen	1250-1265[1479]

unter Herzog Wladislaus von Breslau (1266-1270)
Desprinus von Wansen	1267-1269[1480]

unter Herzog Heinrich IV. von Breslau (1270-1290)
Lorenz [11]	1277-1281[1481]

Herzogtum Glogau
Hofrichter
unter Herzog Konrad I. von Glogau (1249/50-1273/74)
Wlodimir [3]	1251-1258[1482]
Sbilutus [1]	1259-1260[1483]
Otezlaus [3]	1273[1484]

unter Herzog Heinrich I. von Glogau und Steinau (1273/74/89-1309)
Iasco [2]	1289[1485]
Wolfram von Pannwitz	1298[1486]

1474) SUb V, 118, 347.
1475) SUb V, 320, 362, 400, 452. Zuvor Richter, danach Hofrichter unter Herzog Heinrich V. von Liegnitz und Breslau.
1476) SUb III, 45, 60, 61, 137, 189. Zuvor Hofrichter.
1477) SUb III, 343. Danach Hofrichter.
1478) SUb V, 269, 273. Danach Hofrichter, auch unter Herzog Heinrich V. von Liegnitz und Breslau.
1479) SUb II, 404 (s.c.), III, 18, 45, 127, 137, 189, 298, 312, 313, 315, 424, 521, 525, †570. Danach unter Herzog Wladislaus von Breslau.
1480) SUb IV, 16 (s.c.), 107 (s.c.). Zuvor unter den Herzögen Heinrich III. und Wladislaus von Breslau.
1481) SUb IV, 310, 393, 411, 413 (s.c.), V, †496.
1482) SUb III, 20, 226, 260.
1483) SUb III, 299, 304, 324.
1484) SUb IV, 194, 197 (i.t.), †451 (i.T.). Zuvor Richter.
1485) SUb V, 424, 438.
1486) SUb VI, 333.

  Bartholomeus von Damascyn   1298[1487]
  Siban von Dyhrn   1300[1435]
Richter
unter Herzog Konrad I. von Glogau (1249/50-1273/74)
  Stosso[418]   1248[1294]
  Otezlaus [3]   1271-1272[1488]

Herzogtum Steinau
Hofrichter
unter Herzog Primislaus von Steinau (1273/74-1289)
  Stephan [9]   1285-1289[1489]

Herzogtum Sagan
Richter
unter Herzog Konrad II. von Sagan (1273/74-1304)
  Lociborius   1283[1432]

Herzogtum Ratibor, ab 1202 Herzogtum Oppeln
Hofrichter
unter den Herzögen Kasimir I. und Mieszko II. von Oppeln (1211-1229/30)
  Sdizlaus [3]   1224-1228[1490]
unter Herzog Mieszko II. von Oppeln (1229/30-1246)
  Predborius [2]   1239[1491]
  Sandco [1]   1243[1492]
unter Herzog Wladislaus I. von Oppeln (1246-1281)
  Detco [1]   1247[1493]
unter Herzog Boleslaus I. von Oppeln (1281-1313)
  Borco   1293[1494]
  Gerco   1295-1296[1495]
  Borco   1297[1496]
Richter
unter den Herzögen Kasimir I. und Mieszko II. von Oppeln (1211-1229/30)
  Radozlaus [1]   1222-1223[1497]

1487) SUb VI, 367.
1488) SUb IV, 141, 142, 161. Danach Hofrichter.
1489) SUb V, 165, 282, 339, 424.
1490) SUb I, 249, 259 (i.), 291. Danach Richter unter Herzogin Viola von Oppeln.
1491) SUb II, 165, 166 (i. noster), 187. Zuvor Unterrichter unter den Herzögen Kasimir I. und Mieszko II. von Oppeln.
1492) SUb II, 242, III, †561. Zuvor Richter.
1493) SUb II, 328.
1494) SUb VI, 124.
1495) SUb VI, 235, 260.
1496) SUb VI, 313, 328.
1497) SUb I, 222, 226.

unter Herzogin Viola von Oppeln (1230-1243)
 Sdizlaus [3]   1230[1498]
 Wlost [1]   1238[351]
unter Herzog Mieszko II. von Oppeln (1229/30-1246)
 Sandco [1]   1240[1499]
 Paul [5]   1244[1500]
unter Herzog Wladislaus I. von Oppeln (1246-1281)
 Lascar [1]   1254-1257[1501]
 Wlostiborius   1280[1502]

Unterrichter
unter den Herzögen Kasimir I. und Mieszko II. von Oppeln (1211-1229/30)
 Grimislaus [2]   1225-1226[1503]
 Predborius [2]   1228[1504]
unter Herzog Mieszko II. von Oppeln (1246-1281)
 Paul [5]   1243[1505]

<u>Herzogtum Teschen und Ratibor, ab 1291 Herzogtum Teschen</u>
Hofrichter
unter den Herzögen Mieszko I. und Primislaus (1281-1291)
 Wlostiborius   1283[1506]
 Michael [4]   1286-1290[1507]
unter Herzog Mieszko I. von Teschen (1291-1314/15)
 [Semianus von Bichotow   1291][1508]

Unterrichter
unter Herzog Mieszko I. von Teschen (1291-1314/15)
 Wlodimir [4]   1297[1509]

<u>Herzogtum Ratibor seit 1291</u>
Hofrichter
unter Herzog Primislaus von Ratibor (1291-1306)
 Thomas [4]   1291-1295[1510]

1498) SUb I, 319. Zuvor Hofrichter unter den Herzögen Kasimir I. und Mieszko II. von Oppeln.
1499) SUb II, 188. Danach Hofrichter.
1500) SUb II, 277. Zuvor Unterrichter.
1501) SUb III, 142, 213.
1502) SUb IV, 388. Danach Hofrichter unter Herzog Primislaus von Ratibor.
1503) SUb I, 254, 259.
1504) SUb I, 291 (s.c.). Danach Hofrichter unter Herzog Mieszko II. von Oppeln.
1505) SUb II, 242. Danach Richter.
1506) SUb V, 53 (i.c. des Herzogs Primislaus von Ratibor). Zuvor Richter unter Herzog Wladislaus I. von Oppeln.
1507) SUb V, 266, 442.
1508) SUb VI, †463.
1509) SUb VI, 313.
1510) SUb VI, 30, 119, 129, 131, 147, 209,†473.

Unterrichter
unter Herzog Primislaus von Ratibor (1291-1306)
    Bartholomeus [4]   1294[1511]
    [Sandco [3]]   1299][1512]

<u>Herzogtum Cosel-Beuthen</u>
Hofrichter
unter Herzog Kasimir II. von Cosel-Beuthen (1281-1312)
    Sobeslaus [2]   1287-1289[1513]
    Witoslaus [2]   nach 1290[1514]

Richter
unter Herzog Kasimir II. von Cosel-Beuthen (1281-1312)
    Sbroslaus [2]   1295[1515]

Unterrichter
unter Herzog Kasimir II. von Cosel-Beuthen (1281-1312)
    Sbroslaus [2]   1295/99[1516]

<u>Als weitere **Richter** werden genannt:</u>
Richter der Herzogin Anna: Vnimir von Crapowa   1254[1517]
Richter der bischöflichen Kurie: Miroslaus [1]   1292[1518].

Die Ämter des Hofgerichts sind - wie aus der obigen Aufstellung erkennbar - das gesamte 13. Jahrhundert hindurch relativ gut besetzt. Nahezu durchgängig bekleidet wird zwischen 1250 und 1290, lediglich mit einer Unterbrechung von 1281 bis 1283, das Amt des Hofrichters im Herzogtum Breslau. Der Ansicht Boguckis[1434], daß Ämter des Hofgerichts gelegentlich doppelt besetzt seien, kann von der zeitlichen Abfolge der urkundlichen Nennung der Richter nicht zugestimmt werden. Die von Bogucki in diesem Zusammenhang genannten Oppelner Richter Borco und Gerco werden nicht gleichzeitig genannt, sondern abwechselnd: Borco 1293[1494], Gerco 1295 sowie 1296[1495] und abermals Borco 1297[1496]! Gleiches gilt für die von ihm angeführten Breslauer Hofrichter. Die Amtszeiten der Hofrichter Herzog Heinrichs IV. namens Heinrich von Wisenburg und Giselher [2] überschneiden sich allerdings tatsächlich. Hier ist jedoch zu beachten, daß Heinrich von Wisenburg bereits vor 1290, dem Übergang des Herzogtums Breslau an Herzog Heinrich V. von Liegnitz, Breslauer Hofrichter ist. Er bleibt dies bis 1292, wogegen Gisel-

---

1511) SUb VI, 147.
1512) SUb VI, †473.
1513) SUb V, 324 (i.t.), 410 (i.t.). Danach Unterrichter und Richter.
1514) SR 1694.
1515) SUb VI, 207. Zuvor Landrichter und Unterrichter.
1516) SUb VI, 182. Zuvor Landrichter, danach Richter.
1517) SUb III, 140.
1518) SUb VI, 70.

her [2] sicherlich Liegnitzer Hofrichter ist. Unberührt von diesen Feststellungen bleibt die Frage, ob es etwa innerhalb des Hofrichterkollegiums eine Kompetenzaufteilung nach polnischem und deutschem Recht gibt.

Die Ämter des Hofgerichts werden selten von Angehörigen der bedeutenderen Adelsfamilien bekleidet. Eine Ausnahme bildet hier das Amt des Hofrichters im Herzogtum Breslau, das von Mitgliedern der Familien Goslawitz, Mironowitz, Pogarell, Briese und Wisenburg ausgeübt wird. Auch die Dominanz einer Familie in den Hofgerichtsämtern läßt sich nicht feststellen. Hofrichter, Richter und Unterrichter behalten üblicherweise ihre Titel, so daß der Aufstieg vom Unterrichter zum Richter[1519] und vom Richter zum Hofrichter[1520] selten, die Abstufung vom Hofrichter zum Richter[1521] ungewöhnlich ist. Alle drei Titel abwechselnd führt Sbroslaus [2].

Herrscherwechsel und Landesteilung führen in der Regel auch zu Personalveränderungen im Hofgericht. Davon nicht betroffen werden Iavor [2], Desprinus von Wansen, Heinrich von Wisenburg und Thymo von Wisenburg, der sogar zwei Herrscherwechsel in seinem Amt übersteht. Auffällig ist, daß ein großer Teil der Richter nur einmal oder für nur ein Jahr urkundlich im Amt belegt ist. Hinzuweisen ist schließlich noch auf das Oppelner Hofgericht unter Herzog Wladislaus I. Während seiner 35jährigen Regierungszeit ist für lediglich sechs Jahre - 1247, 1254 bis 1257 und 1280 - ein Richter belegt. Womöglich war der Herzog an einer Besetzung der Hofgerichtsämter nicht interessiert oder er bevorzugte es, selbst Recht zu sprechen.

Die Bezeichnung **'camerarius'** in den polnischen und schlesischen Quellen bis Ende des 13. Jahrhunderts ist mehrdeutig[1522]. Mit diesem Ausdruck werden einerseits die unfreien herzoglichen Dienstleute der Frühzeit, die bis Ende des 13. Jahrhunderts aus den Quellen verschwinden, bezeichnet, andererseits freie Personen, die in Verbindung zu einem herrscherlichen Hof stehen. Aber auch für diese zweite, hier interessierende Personengruppe ist der Terminus 'camerarius' mehrdeutig. In seiner weitläufigsten Bedeutung ist er die allgemeine Bezeichnung für eine zu einem Herrscherhof gehörende Person an sich. Im Sinne eines persönlichen Beamten ist der seit Ende des 12. Jahrhunderts bekannte Titel Unterkämmerer zu verstehen, dessen Träger in etwa die Aufgaben eines Kammerdieners bei einem Fürsten, dessen Gemahlin, einem Bischof oder einem weltlichen Großen wahrnimmt. Aus dem Kammerdiener wird im Laufe des 13. Jahrhunderts bei den drei letztgenannten Personengruppen ein Haushalts- bzw. Hofvorsteher, der bald als Kämmerer, bald als Unterkämmerer tituliert wird. Ebenfalls als Kämmerer be-

---

1519) Egidius [10], Paul [5], Predborius [2].
1520) Radozlaus von Briese, Chazlaus [1], Chelco von Koitz, Otezlaus [3], Peter [19], Sandco [1], Heinrich von Wisenburg.
1521) Sbilutus (vgl. Personenverzeichnis unter Goslawitz), Sdizlaus [3].
1522) Vgl. BOGUCKI, Komornik und BOGUCKI, Studia, S. 12-16.

zeichnet werden herzogliche Beamte in niedriger Funktion, ähnlich den Dienstleuten, aber persönlich frei. Das eigentliche Amt des Kämmerers als eines Würdenträgers gibt es an den Piastenhöfen ab etwa 1290. Bis dahin werden die Aufgaben des fürstlichen Hofvorstehers vom Palatin mit wahrgenommen, der deshalb auch gelegentlich als 'summus camerarius' oder 'camerarius magnus' tituliert wird, was auf böhmischen Einfluß zurückgeht. Diese theoretisch verhältnismäßig klare Unterscheidung läßt sich freilich nicht immer eindeutig mit den Angaben in den Quellen in Einklang bringen.

Von den Aufgaben der Kämmerer treten jene der herzoglichen Beamten in niedriger Funktion in den Quellen am deutlichsten zutage. Diese Gruppe der Kämmerer führt herzogliche Aufträge aus, leistet Burg- und Botendienste, begeht Grundstücksgrenzen und vollstreckt mit der Wiedereinsetzung in Grundbesitz gerichtliche Urteile. Offensichtlich stehen ihr gerichtliche Rechte zu, wenn sie nicht sogar selbst in irgendeiner Form Gerichtsbarkeit ausüben.

Das Kämmereramt geht in Schlesien nach Bogucki[1522] auf polnischen Ursprung zurück, wogegen die ältere, deutsche Literatur die nahe Verwandtschaft des „Beamtentum(s) Polens ... (zu) demjenigen Deutschlands zur Karolingerzeit"[1523] betont und auf die Vorbildfunktion des „deutschen Reichshofes"[1524] hinweist. Damit nimmt sie ein von vornherein voll ausgebildetes Amt eines Kämmerers im Sinne eines Würdenträgers an. Gleichzeitig wird jedoch erkannt, daß unter dem Begriff Kämmerer verschiedene Personengruppen zu verstehen sind[1525] bzw. daß sich unter diesem Titel Beamte mit verschiedenen Funktionen verbergen[1524]. Jedenfalls stellt Rausch eine „Ungenauigkeit in der Titulatur"[1526] fest, die sich nur beim Kämmerer beobachten ließe.

Einige der von Bogucki[1522] festgestellten Aufgaben der Kämmerer finden sich auch in schlesischen Quellen, allerdings nur für die herzoglichen Beamten in niederer Funktion. Auch in Schlesien begehen sie Grundstücke[1527] und setzen Eigentümer in ihren Grundbesitz ein[1528]. Sie haben juristische Befugnisse[1529] und üben Gerichtsbarkeit aus[1530]. Am vielfältigsten sind die von ihnen zu erledigenden herzoglichen Aufträge: Sie fordern dem Herzog zustehende Gerichtsgefälle ein[1531], organisieren und beaufsichtigen den Transport von Abgaben an den Landesherrn sowie von Gefangenen[1531] und machen Ansprüche auf Abgaben an den Herzog gel-

---

1523) Geschichte Schlesiens, Bd. 1, S. 245.
1524) RAUSCH, S. 122.
1525) Geschichte Schlesiens, Bd. 1, S. 246.
1526) RAUSCH, S. 123.
1527) Z.B. SUb III, 11, VI, 282.
1528) Z.B. SUb V, 452; GB, S. 313.
1529) Z.B. SUb IV, 10.
1530) Z.B. SUb III, 310, 353.
1531) Z.B. SUb III, 353.

tend[1532]. Beim Bau der Klosterkirche in Trebnitz setzt Herzog Wladislaus von Breslau einen eigenen, namentlich nicht genannten Kämmerer ein[1533]. Seine Kammerdiener schließlich bedenkt Herzog Heinrich IV. von Breslau in seinem Testament, in dem er ihnen - den famuli seiner Kammer - 200 Mark vermacht, die an sie je nach Verdienst zu verteilen sind[507].

Für die einzelnen Herzogtümer werden in den Quellen folgende Kämmerer genannt[1534]:

Herzogtum Schlesien, ab 1248 Herzogtum Liegnitz
unter Herzog Heinrich I. von Schlesien (1201-1238)
    Peter [21]   1202/03[1535]
    [Pribislaus [6]   1208[1536]]
    Polco [2]   1214[1537]
    Slupo   1216/27[1538]
    [Drogomil   1226-1228[1539]]
    Gallus [2]   1231[1540]
    Witigo   1234[1541]
unter Herzog Heinrich II. von Schlesien (1238-1241)
    Alardus   1240[1542]
unter Herzog Boleslaus II. von Schlesien und Liegnitz (1241/48-1278)
    I. [1]   1242/48-1244[1543]
    S.   1242/48[1544]

1532) Z.B. SUb V, 369.
1533) SUb IV, 46.
1534) Differenziert wird in der Liste lediglich zwischen den persönlichen Beamten der Herzoginnen, der Bischöfe und weltlicher Großer sowie den anderen Kämmerern; eine Unterscheidung nach Bogucki wird in den Anmerkungen versucht. Eine genaue Überprüfung der Thesen Boguckis am schlesischen Kämmereramt muß allerdings einer eigenen Abhandlung vorbehalten bleiben. - Die Jahreszahlen geben die erste und letzte Erwähnung auf Grund echter Urkunden an. - In den Anm. 1535) bis 1624) werden folgende Abkürzungen gebraucht: c. = camerarius, sc. = subcamerarius; B. = Beamter in niederer Funktion, K. = Kammerdiener, P. = Palatin, W. = Würdenträger.
1535) SUb I, 83 (sc.). K.?
1536) SUb I, †340 (sc.). K.?
1537) SUb I, 142 (sc.). K.?
1538) SUb I, 278 (sc.), †342 (sc.), †343 (c.). Wohl K.
1539) SUb I, †364 (sc.), †367 (sc.). Wohl K.
1540) SUb II, 5 (c.). Wohl K.; Bogucki, Komornik, S. 108f.: eher kein P.
1541) SUb II, 85 (sc.). Wohl K.
1542) SUb II, 181 (sc.); zuvor Kämmerer der Herzogin Anna, Frau Heinrichs II., und Unterkämmerer der heiligen Hedwig. Wohl K.
1543) SUb II, 359 (sc.), 272 (c. Lignicensis). Wohl B.; Bogucki, Komornik, S. 109: P.
1544) SUb II, 359 (c.). P.?; Bogucki, Komornik, S. 109: P., da identisch mit dem schlesischen Palatin Stephan von Schnellewalde.

Gunther von Biberstein 1247[1545]
[Pantin [2]] 1252-1255][1546]
Ycho[1547] 1256, 1263[1548]
Concho 1266[1549]
Pantin [2] 1267[1550]
Misliborius 1278[1551]

unter Herzog Heinrich V. von Liegnitz und Breslau (1278/90-1296)
Hartmann von Ronow 1274[1552]
Clemens [5] 1290[1553]

unter Herzog Bolko I. von Jauer, Löwenberg und Breslau (1278/86/96-1301)
Bartos [2] 1296[1554]

Herzogtum Breslau
unter den Herzögen Heinrich III. (1248-1266) und Wladislaus von Breslau (1250-1266)
Paul[1555] 1250-1260[1556]
Stanislaus[1557] 1250-1259[1558]
Boguslaus d. J. von Strehlen 1252[1559]
Nicholayezo 1252[1560]
Polco [1] 1252[1561]
Thomas [5] 1252[1561]
Zabratus 1254[1562]

1545) SUb II, 331 (c. de Legniz), 339 (c. de Legniz). Wohl P.; BOGUCKI, Komornik, S. 109: P.
1546) SUb III, †563 (sc.), †573 (sc.). K.
1547) Vgl. Personenverzeichnis unter Mironowitz.
1548) SUb III, 192 (c. Legnicensis), 437 (kamerarius magnus Lignicensis). Dazwischen und danach Palatin. P.; BOGUCKI, Komornik, S. 107, 110: P.
1549) SUb III, 554 (c.). P. oder W.; BOGUCKI, Komornik, S. 110: B. ziemlich hohen Ranges.
1550) SUb IV, 40 (sc.), 42 (sc.). K.
1551) SUb IV, 336 (sc.). K.
1552) SUb IV, 238 (K.). K.
1553) SUb V, 466 (sc.). K.
1554) SUb VI, 282 (K.). B.; BOGUCKI, Komornik, S. 111f.: B.
1555) Vgl. Personenverzeichnis unter Slupo.
1556) SUb II, 410 (sc.), †440 (sc.), III, 18 (sc.), 34 (sc.), 45 (sc.), 127 (sc.), 137 (sc.), 189 (sc.), 236 (sc.), 297 (sc.), 315 (c.), †557 (sc.). B.; BOGUCKI, Komornik, S. 110f.: B.
1557) Vgl. Personenverzeichnis unter Lorenz [11].
1558) SUb II, 410 (sc.), †440 (sc.), III, 18 (sc.), 124 (sc.), 125 (sc.), 147 (c.), 230 (sc.), 251 (sc.), 297 (sc.), †557 (sc.), †558 (sc.). K.
1559) SUb III, 37, 43, 50 (stets summus c.). P.; BOGUCKI, Komornik, S. 108: P.
1560) SUb III, 45 (c.). B.
1561) SUb III, 45 (c.). B.; BOGUCKI, Komornik, S. 110f.: B.
1562) SUb III, 124, 125 (stets c.). B.

Lorenz [11]	1255[1563]
Thomas [5]	1256[1564]
Lorenz [11]	1260[1565]
Sdizlaus[1566]	1260[1567]
Dresco	1261[1568]

unter Herzog Wladislaus von Breslau (1266-1270)

Lorenz [11]	1267[1569]

unter Herzog Heinrich IV. von Breslau (1270-1290)

Lorenz [11]	1272[1570]
Heinrich von Schessici	1275-1277[1571]
Simon[504]	1276[1572]
Sedlon	1278-1280[1573]
Wolfram von Kemnitz	1290[1574]

Herzogtum Glogau
unter Herzog Konrad I. von Glogau (1249/50-1273/74)

Martin [7]	1251[1575]
Peter [20]	1253-1258[1576]
Martin [7]	1263[1577]

Herzogtum Ratibor, ab 1202 Herzogtum Oppeln
unter den Herzögen Kasimir I. und Mieszko II. von Oppeln (1211-1229/30)

Goslaus [3]	1222[1578]
Boleslaus [2]	1224[1579]

1563) SUb III, 147 (c.). Zuvor und danach claviger; später K. unter den Herzögen Wladislaus und Heinrich IV. von Breslau. B.
1564) SUb III, 189 (c.). B.; BOGUCKI, Komornik, S. 110f.: B.
1565) SUb III, 312, 313, 327, 343, 349, 415 (stets sc.). Zuvor K. und claviger; später K. unter den Herzögen Wladislaus und Heinrich IV. von Breslau. B.
1566) Vgl. Personenverzeichnis unter Paul [8].
1567) SUb III, 313, 351, 379, 421 (stets sc.). B.
1568) SUb III, 351 (c.). K.?
1569) SUb IV, 1, 107, 108 (stets sc.). K. zuvor unter Herzog Heinrich III., danach unter Heinrich IV. von Breslau. B.
1570) SUb IV, 182 (sc.), 191 (c.). K. zuvor unter den Herzögen Heinrich III. und Wladislaus von Breslau.
1571) SUb IV, 269, 289, 311 (stets sc.). K.
1572) SUb IV, 299, 300 (stets c.). P., da zuvor und danach Palatin; BOGUCKI, Komornik, S. 107: P.
1573) SUb IV, 332 (c.), 337 (c.), 341 (c.), 342 (sc.), 359 (sc.), 366 (c.), 370 (c.), 391 (c.), 399 (c.). B.; BOGUCKI, Komornik, S. 111: B.
1574) SUb V, 444. K.
1575) SUb III, 20 (sc.). K?; BOGUCKI, Komornik, S. 112: womöglich B.
1576) SUb III, 103, 260, †567 (stets c.). P. ?; BOGUCKI, Komornik, S. 109: P.
1577) SUb III, 434 (c.). K?; BOGUCKI, Komornik, S. 112: womöglich B.
1578) SUb I, 222 (sc.). B.
1579) SUb I, 249 (sc.). B.

Nazlaus [3]	1224[1580]
Vrozlaus	1224[1579]
Streso[1581]	1226[1582]
Goslaus [3]	1228[1583]

unter Herzog Mieszko II. von Oppeln (1229/30-1246)

Otto [6]	1239[1584]
Nikolaus [23]	1240[1585]
Chotco	1243[1586]
Jaroslaus[1587]	1244-1245/46[1588]
Rasicha	1246[1589]

unter Herzog Wladislaus I. von Oppeln (1246-1281)

Rasicha	1247-1257[1590]
Jaroslaus[1587]	1257-1258[1591]
Dirsco [2]	1260-1262[1592]
Brenthco	1279[1593]

Herzogtum Teschen und Ratibor, ab 1291 Herzogtum Teschen

unter den Herzögen Mieszko I. und Primislaus (1281-1291)

Iasco von Kornitz	1283[1594]
Inco	1288[1595]
Iasco von Kornitz	1290[1596]

1580) SUb I, 249 (sc.), †366 (c.). B.
1581) Vgl. Personenverzeichnis unter Otto [8].
1582) SUb I, 271 (sc.). Später Unterkämmerer der Herzogin Viola von Oppeln. K.
1583) SUb I, 291 (sc.). B.
1584) SUb II, 165 (sc.), 166 (c.). K.
1585) SUb II, 192 (c.). B.?
1586) SUb II, 242 (sc.). Wohl B.
1587) Vgl. Personenverzeichnis unter Chotco.
1588) SUb II, 277, 284, 310, †437 (stets sc.). Danach Unterkämmerer unter Herzog Wladislaus I. von Oppeln. B.
1589) SUb II, 311 (sc.). Danach Unterkämmerer unter Herzog Wladislaus I. von Oppeln und seiner Frau. Wohl K.
1590) SUb II, 328 (sc.), III, 235 (alter sc.). Zuvor Unterkämmerer unter Herzog Mieszko II., danach bei Herzogin Euphemia von Oppeln. Wohl K.
1591) SUb III, 213, 235, 269, 277 (stets sc.). Zuvor Unterkämmerer unter Herzog Mieszko II. von Oppeln. K.
1592) SUb III, 317, 335, 340, 418, 419 (stets sc.). B.?
1593) SUb IV, 378 (herzoglicher Unterkämmerer). K..
1594) SUb V, 53 (sc. Thessinensis) (Unterkämmerer). Danach wieder Kämmerer, später Kämmerer unter Herzog Primislaus von Ratibor. K.
1595) SUb V, 403 (sc.). K.
1596) SUb V, 442 (sc.). Zuvor bereits Kämmerer, später Kämmerer unter Herzog Primislaus von Ratibor. K.

unter Herzog Mieszko I. von Teschen (1291-1314/15)
    Woytech [3]   1293/97-97[1597]

Herzogtum Ratibor seit 1291
unter Herzog Primislaus von Ratibor (1291-1306)
    Iasco von Kornitz   1293-1295[1598]
    Michael [6]   1293-1298[1599]

Herzogtum Cosel-Beuthen
unter Herzog Kasimir II. von Cosel-Beuthen (1281-1312)
    Christinus [1]   1283-1292[1600]

Kämmerer (persönliche Beamte)
Herzogin Hedwig von Schlesien, Gemahlin Heinrichs I.
    Chwalislaus   zwischen 1186-1243[1601]
    Desprinus von Wansen   zwischen 1186-1243[1602]
    Johannes [40]   1223[1603]
    Alardus   1239[1604]

Herzogin Anna von Schlesien, Gemahlin Heinrichs II.
    Alardus   1238[1605]
    Thymo von Wisenburg   1242[1606]

Herzogin Hedwig von Schlesien und Liegnitz, Gemahlin Boleslaus' II.
    [Cosmas [2]   1255][1607]
    Vnarcus   1242-1243[1608]

Herzogin Salome von Glogau, Gemahlin Konrads I.
    Logimerus   1259[1609]
    Nikolaus [24]   1266[1610]

1597) SUb VI, 293 (sc. Tessynensi), 313 (sc. Tessicensi). K.
1598) SUb VI, 119, 129, 131, 147 (stets sc.), 209 (Unterkämmerer). Zuvor Kämmerer unter den Herzögen Mieszko I. und Primislaus von Teschen und Ratibor. K.?
1599) SUb VI, 129, 147, 334 (stets sc.). K.?
1600) SUb V, 77 (sc.), 324 (c. domini ducis), VI, 61 (sc.). K.
1601) Hedwig, S. 524 (einer ihrer Kämmerer).
1602) SUb II, 375 (tunc domine ducisse c.).
1603) SUb I, 236 (sc. ducisse).
1604) SUb II, 164 (sc. matris nostre). Zuvor Unterkämmerer der Herzogin Anna von Schlesien, Gemahlin Heinrichs II., später Unterkämmerer Herzog Heinrichs II. von Schlesien.
1605) SUb II, 146 (ducisse c.). Später Unterkämmerer der Herzogin Hedwig von Schlesien, Gemahlin Heinrichs I., und Unterkämmerer Herzog Heinrichs II. von Schlesien.
1606) SUb II, 239 (sc. domine).
1607) SUb III, †573 (sc. ducisse).
1608) SUb II, 235, 253 (stets sc. domine iunioris).
1609) SUb III, 304 (c. ducice).
1610) SUb III, 547 (c. domine ducisse).

Herzogin Viola von Oppeln, Gemahlin Kasimirs I.
    Streso[1581]   1228[1611]

Herzogin Jutta von Oppeln, Gemahlin Mieszkos II.
    Berthold [4]   1239-1241[1612]

Herzogin Euphemia von Oppeln, Gemahlin Wladislaus' I.
    Rasicha   1260[1613]

Herzogin Helene von Cosel-Beuthen, Gemahlin Kasimirs II.
    Blasius   1287-1294[1614]

Bischof Thomas I. von Breslau
    Adalbert [14]   1252[1615]
    [Christopher [1]   1261][1616]

Bischof Thomas II. von Breslau
    Boguslaus [7]   1273-1280[1617]

Mrosco von Pogarell
    Nikolaus [36]   1251[1618]

Eines Herzogs (nicht klärbar, welcher)
    Woytech [2]   1264[1619]

Des jungen Herrn Heinrich (nicht klärbar, welcher Herzogssohn)
    Tilo [1]   1273/74[1620]

Von Glogau
    Sulislaus [2]   1248[1621]

Von Liegnitz
    Konrad [5]   1223[1622]

Von Teschen
    Heinrich von Jerissow   1280[1623]

1611) SUb I, 291 (sc. domine). Zuvor Unterkämmerer unter den Herzögen Kasimir I. und Mieszko II. von Oppeln.
1612) SUb II, 166 (c. ducisse), 188 (sc. ducisse), 210 (c.).
1613) SUb III, 317 (sc. domine). Zuvor Unterkämmerer unter den Herzögen Mieszko II. und Wladislaus I. von Oppeln.
1614) SUb V, 324 (sc. dominae ducisse), VI, 156 (sc. ducisse).
1615) SUb III, 52 (sc.).
1616) SUb III, †580 (sc.).
1617) SUb IV, 213, 393 (stets sc.).
1618) SUb III, 8 (sc. comitis Mrozconis).
1619) SUb III, 487 (c. ducis).
1620) SUb IV, 218 („…, domino Henrico nostro domicello, …, Thiloni kamerario domicelli.")
1621) SUb II, 353 (c. de Glogau). Später Palatin unter Herzog Konrad I. von Glogau.?; BOGUCKI, Komornik, S. 109: hoher Beamter.
1622) SUb I, 230 („quondam camerorius ducis H(enrici) in Legnich"). B.
1623) SUb IV, 408 (sc. de Thesin).

Ohne Zuordnung
   Hualizlaus   1239[1624]

Urkundlich wird der Titel 'camerarius' erstmals 1202/03 erwähnt. Seine Träger werden nicht zeitlich durchgehend, sondern häufig nur für ein Jahr oder überhaupt nur einmal genannt, wobei es gelegentlich mehrere Amtsinhaber gleichzeitig gibt. Nicht bezeugt sind Kämmerer für die 1273/74 und 1278 entstehenden Herzogtümer Steinau, Sagan und Löwenberg. Die Kämmerer sind nicht besonders zahlreich und entstammen auch nicht den bedeutenderen Familien. Ist dies doch der Fall, so handelt es sich zumeist um Palatine. Ein Herrscherwechsel führt in der Regel auch zu personellen Veränderungen bei den Kämmerern. Das Amt des Kämmerers einer Herzogin führte möglicherweise die heilige Hedwig an den Höfen der schlesischen Piasten ein. Vereinzelt wechseln diese persönlichen Beamten in den herzoglichen Kämmererdienst und umgekehrt.

Truchseß (dapifer) und Untertruchseß sind reine Hofbeamte[1625]. Sie sind zuständig für die Verpflegung der Hofgesellschaft mit Speisen. Dies beginnt bei der Verwaltung der der herzoglichen Tafel zugeordneten Güter, geht über die Vorratsplanung und -haltung, die Festlegung der Speisefolge und die Überwachung der Zubereitung bis zum Auftragen der Speisen bei der täglichen Tafel des Herzogs. Sie sind dabei Vorgesetzte des entsprechenden Personals.

Beim Amt des Truchsesses handelt es sich in Schlesien wahrscheinlich um eine Titulaturwürde. Nur bei sehr festlichen Anlässen wird der Truchseß selbst das Auftragen der Speisen an der herzoglichen Tafel als Ehrenamt verrichten. Alle anderen Aufgaben nimmt sonst der Untertruchseß wahr, der selbständig handelt, aber hierarchisch dem Truchseß untergeordnet ist. Nach Bogucki wird der Untertruchseß in den Quellen des öfteren inkorrekt als Truchseß tituliert, da dieses Amt oft vakant sei.

Für die einzelnen Herzogtümer werden in den Quellen folgende Truchsesse genannt[1626]:

Bistum Breslau
Untertruchsesse
unter Bischof Lorenz von Breslau (1207-1232)
   Johannes [41]   1231[1627]

1624) SUb II, 170 (sc.).
1625) Vgl. Bogucki, Studia, S. 5-10, 12, Rausch, S. 124, Cetwiński, Bd I, S. 174, Geschichte Schlesiens, Bd. 1, S. 246, Radler, Würben, S. 37, Eistert, Beiträge, S. 232.
1626) Die Jahreszahlen geben die erste und letzte Erwähnung auf Grund echter Urkunden an. - In den Anm. 1627) bis 1667) wird folgende Abkürzung gebraucht: d. = dapifer.
1627) SUb II, 2.

unter Bischof Thomas I. von Breslau (1232-1268)
    Johannes [42]   1261-1267[1628]
unter Bischof Thomas II. von Breslau (1270-1292)
    Walter [4]   1273[1629]

<u>Herzogtum Schlesien, ab 1248 Herzogtum Liegnitz</u>
Truchsesse
unter Herzog Boleslaus I. von Schlesien (1163-1201)
    [Obeslaus   1178][1361]
unter Herzog Heinrich I. von Schlesien (1201-1238)
    Jaroslaus [2]   1202/03[754]
    Moico [2]   1223[1412]
unter Herzog Heinrich II. von Schlesien (1238-1241)
    Cesenta   1238[1630]
unter Herzog Boleslaus II. von Schlesien und Liegnitz (1241/48-1278)
    Friedrich von Gorgowicz   1247-1248[1631]
    Boguslaus [8]   1254[1632]
    Pribico [2]   1261[1633]
unter Herzog Heinrich V. von Liegnitz und Breslau (1278/90-1296)
    Berthold von Bohrau   1290-1293[1634]
    Thymo von Poserne   1293, 1295[1635]

Untertruchsesse
unter Herzog Heinrich I. von Schlesien (1201-1238)
    [Dirsco [7]   1208][1250]
    Otto[755]   1231-1234[1636]
unter Herzog Heinrich II. von Schlesien (1238-1241)
    Albert c.b. von Tepliwoda   1238[1637]
unter Herzog Boleslaus II. von Schlesien und Liegnitz (1241/48-1278)
    Peter [22]   1245[1638]
    Ulrich [3]   1245-1247[1639]

1628) SUb III, 375, IV, 34, 45.
1629) SUb IV, 213, 222, VI, †462.
1630) SUb II, 156 (d. de Vraclavia).
1631) SUb II, 331, 353 (d. magnus).
1632) SUb III, 138, 139.
1633) SUb III, 382. Später Untertruchseß.
1634) SUb V, 462, VI, 4, 5, 33, 57, 111.
1635) SUb VI, 96, 218. Davor und dazwischen Marschall und Schenk.
1636) SUb II, 5, 79, 85.
1637) SUb II, 146, 181.
1638) SUb II, 296.
1639) SUb II, 300, 331, †438. Danach Untertruchseß und Truchseß unter den Herzögen Heinrich III., Wladislaus und Heinrich IV. von Breslau.

Pribico [2]   1263[1640]
Radwan   1266-1272[1641]

Herzogtum Breslau
Truchsesse
unter den Herzögen Heinrich III. (1248-1266) und Wladislaus von Breslau (1250-1266)
     Dirsislaus [1]   1260[1321]
unter Herzog Heinrich IV. von Breslau (1270-1290)
     Heinrich von Wisenburg   1284[1642]
     Heinrich von Blesow   1289[1643]

Untertruchsesse
unter den Herzögen Heinrich III. (1248-1266) und Wladislaus von Breslau (1250-1266)
     Ulrich [3]   1250-1264[1644]
unter Herzog Wladislaus von Breslau (1266-1270)
     Vituo   1267[1645]
     Ulrich [3]   1269[1646]
unter Herzog Heinrich IV. von Breslau (1270-1290)
     Ulrich [3]   1272[1647]
     Sambor von Schildberg   1273-1277[1648]
     Pasco[1555]   1278-1279[1649]
     Stephan von Würben   1286[1650]
     Heinrich von Blesow   1288[1651]

1640) SUb III, 437. Zuvor Truchseß.
1641) SUb III, 554, †563 (d.), IV, 2, 40, 70, 162.
1642) SUb V, 118.
1643) SUb V, 411. Zuvor Untertruchseß.
1644) SUb II, 391, 404, 410 (fälschlich subpincerna), †440, III, 8, 11, 22, 23, 43, 57, 60 (d.), 61 (d.), 105, 137, 140, 147 (d.), 160 (d.), 228 (d.), 247, 267 (d.), 279 (d.), 297, 312, 313, 315, 318, 327, 351, 365, 380, 412, 415, 433, 452, 490, †570. Zuvor Untertruchseß unter Herzog Boleslaus II. von Schlesien und Liegnitz, danach auch unter den Herzögen Wladislaus und Heinrich IV. von Breslau.
1645) SUb IV, 1.
1646) SUb IV, 99. Zuvor Untertruchseß unter Herzog Boleslaus II. von Schlesien und Liegnitz sowie den Herzögen Heinrich III. und Wladislaus von Breslau, danach auch unter Herzog Heinrich IV. von Breslau.
1647) SUb IV, 178 (d.), 182. Zuvor Untertruchseß unter den Herzögen Boleslaus II. von Schlesien und Liegnitz sowie Heinrich III. und Wladislaus von Breslau.
1648) SUb IV, 212, 245, 269, 274, 278, 282, 284, 289, 294, 299, 300, 302, 311.
1649) SUb IV, 341, 342, 359, 366, 370.
1650) SUb V, 260.
1651) SUb V, 395. Danach Truchseß.

Herzogtum Glogau
Truchsesse
unter Herzog Konrad I. von Glogau (1249/50-1273/74)
    Christinus [2]   1253[1652]
Untertruchsesse
unter Herzog Konrad I. von Glogau (12249/50-1273/74)
    Bronislaus [3]   1251-1271[1653]
    Ocicus   1272[1654]

Herzogtum Ratibor, ab 1202 Herzogtum Oppeln
Truchsesse
unter den Herzögen Kasimir I. und Mieszko II. von Oppeln (1211-1229/30)
    Stephan [10]   1222[1182]
unter Herzogin Viola von Oppeln (1230-1243)
    Markus [2]   1238[1655]
Untertruchsesse
unter den Herzögen Kasimir I. und Mieszko II. von Oppeln (1211-1229/30)
    Nikolaus [26]   1222-1230[1656]
unter Herzog Mieszko II. von Oppeln (1229/30-1246)
    Pribislaus[1657]   1239[1658]
    Jaroslaus[1587]   1239[1659]
    Paul [5]   1246[1660]
    [Geroslaus [1]   1251][1661]
unter Herzog Wladislaus I. von Oppeln (1246-1281)
    Markus [2]   1247[1491]
    Paul [5]   1247[1662]
    Nikolaus [25]   1280[1663]

1652) SUb III, 103, †567.
1653) SUb III, 20, 249, 304, 324, 467, 547, IV, 19, 141, 142.
1654) SUb IV, 161.
1655) SUb II, 156. Später Untertruchseß unter Herzog Wladislaus I. von Oppeln.
1656) SUb I, 222, 254, 271, 291, 310.
1657) Vgl. Personenverzeichnis unter Otto [6].
1658) SUb II, 165.
1659) SUb II, 166, 210, 242.
1660) SUb II, 311. Danach auch unter Herzog Wladislaus I. von Oppeln.
1661) SUb III, †561.
1662) SUb II, 340. Zuvor auch unter Herzog Mieszko II. von Oppeln.
1663) SUb IV, 388. Danach auch unter den Herzögen Mieszko I. und Primislaus von Teschen.

Herzogtum Teschen und Ratibor, ab 1291 Herzogtum Teschen
Truchsesse
unter den Herzögen Mieszko I. und Primislaus von Teschen und Ratibor
(1281-1291)
    Nikolaus [25]   1290[1664]
unter Herzog Mieszko I. von Teschen (1291-1314/15)
    Sweso   1297[1509]
Untertruchsesse
unter den Herzögen Mieszko I. und Primislaus von Teschen und Ratibor
(1281-1291)
    Nikolaus [25]   1283[1665]

Herzogtum Ratibor seit 1291
Untertruchsesse
unter Herzog Primislaus von Ratibor (1291-1306)
    Richold   1299[1512]

Herzogtum Cosel-Beuthen
Truchsesse
unter Herzog Kasimir II. von Cosel-Beuthen (1281-1312)
    Zemeta von Ziemiencicz   1282[1514]
    Bronislaus [1]   1287[1247]
    Grimislaus [1]   1289[1666]

Zugehörigkeit ungeklärt
Truchsesse
    Peregrin [3]   1223[1667]
Untertruchsesse
    Bogdan [2]   1233[322]

    Aus der Aufstellung ist ersichtlich, daß das Amt des Truchsesses an einem schlesischen Hof erstmals für das Jahr 1178 erwähnt wird, allerdings in einer Fälschung. Auf Grund echter Urkunden ist es für 1202/03 zum ersten Mal belegt. Die Entwicklung des Amtes verläuft in Nieder- und dem späteren Oberschlesien unterschiedlich: Während Amtsinhaber für alle oberschlesischen Höfe belegt sind, ist dies in Niederschlesien nur für die alten Höfe in Liegnitz, Breslau und Glogau, nicht jedoch für die neuen Hofhaltungen in Steinau, Sagan und Löwenberg der Fall. Wird an diesen Höfen das Amt des Truchsesses gar nicht erst geschaffen, so zeigt es in Glogau mit der letztmaligen Erwähnung im Jahre 1272 die Tendenz zum

---

1664) SUb V, 442. Zuvor Untertruchseß auch unter Herzog Wladislaus I. von Oppeln.
1665) SUb V, 53. Zuvor Untertruchseß unter Herzog Wladislaus I. von Oppeln, danach Truchseß unter den Herzögen Mieszko I. und Primislaus von Teschen und Ratibor.
1666) SUb V, 410.
1667) SUb I, 236, †355.

Verschwinden. Insgesamt sind für die einzelnen Herzogtümer mehr Untertruchsesse als Truchsesse bekannt. Ausnahmen bilden hier das Herzogtum Cosel-Beuthen, für das ausschließlich Truchsesse belegt sind, und der Hof des Bischofs von Breslau, an dem es nur Untertruchsesse gibt. Bei den alles in allem wenig zahlreichen Truchsessen kommt es nicht zu Doppelbesetzungen, zumal die Amtsinhaber überwiegend nur einmal oder nur für ein Jahr urkundlich erwähnt werden. In Einzelfällen ist die Dienstzeit länger, nur ausnahmsweise umfaßt sie mehr als fünf Jahre[1668]. Lediglich Heinrich von Blesow steigt vom Untertruchseß zum Truchseß auf, wogegen Markus [2] und Pribico [2] zunächst als Truchsesse, später als Untertruchsesse genannt werden. Von einigen Personen abgesehen, gehören die Amtsinhaber den weniger bedeutenden Adelsfamilien an. Bei Herrscherwechseln können sich lediglich Nikolaus [25] und Ulrich [3] in ihren Ämtern behaupten.

Eine Besonderheit stellt das Einkunftsverzeichnis des bischöflichen Untertruchsesses Walter [4] dar[462], auch wenn nicht eindeutig zu erkennen ist, ob es sich um private Einnahmen oder die an das Amt gebundene wirtschaftliche Ausstattung des Untertruchsesses handelt. Walter [4] besitzt 14 Hufen in Tannenberg bei Neisse, wovon er die eine Hälfte unter eigenem Pflug hat, die andere ihm Zehnt und Zins einbringt. Sein Gut besteht aus drei guten und drei kleinen Häusern, zudem gehören zwei Teiche dazu. Zusätzlich hat er fünf Hufen für 40 Mark gekauft und zwei weitere vom Bischof erhalten. Von einer halben Hufe guten Ackers, die ihm ebenfalls gehört, stehen ihm nicht näher bestimmte Abgaben zu. Zwei Mark und manchmal auch mehr werfen Scholtisei und Schenke ab. An Naturaleinkünften bezieht er zwischen 20 und 35 Malter Hopfen, den Ertrag eines Wingerts und den von 150 Bäumen, wohl Obst- und Nußbäume. Zudem ist er im Besitz der Hälfte der Rechte am Bach Lausche. Geht man davon aus, daß eine Vollbauernstelle eine Hufe umfaßt, so sind sein Besitz und seine Einkünfte beachtlich. Dies gilt auch für die zwei Hufen, die er vom Bischof, möglicherweise als Amtsausstattung, erhalten hat.

Schenk (pincerna) und Unterschenk gehören ebenfalls zu den Hofbeamten[1669]. Sie sind für die Versorgung der Hofgesellschaft mit Getränken, wohl hauptsächlich Bier und Wein, zuständig. Verantwortlich sind sie für die Beschaffung der Getränke, die Bevorratung und das Einschenken an der Tafel des Herzogs. Möglicherweise verkosten sie auch die Getränke. Falls es eigene Getränkekeller gibt, sind sie Vorgesetzte des Kellerpersonals.

Das Amt des Schenken ist in Schlesien wahrscheinlich eine Titularwürde. Es entspricht weitgehend dem des Truchsesses, ist geradezu das Gegenstück. So wird auch der Schenk selbst nur bei besonders festlichen Anlässen die Getränke im Sinne eines Ehrendienstes an der herzoglichen Tafel ausschenken. Die eigentliche Ar-

---

1668) 7 Jahre Johannes [42] und Radwan, 9 Jahre Nikolaus [26], 15 Jahre Ulrich [3], 19 Jahre Walter [4], 21 Jahre Bronislaus [3].
1669) Vgl. BOGUCKI, Studia, S. 5-10, 12, RAUSCH, S. 124, Geschichte Schlesiens, Bd. 1, S. 246.

beit verrichtet der Unterschenk, der dem Schenk zwar rangmäßig nachgeordnet ist, der aber doch selbständig handelt. In den Quellen wird er nach Bogucki des öfteren falsch mit dem Titel Schenk bedacht, da dieses Amt oft nicht besetzt sei.

Für die einzelnen Herzogtümer werden in den Quellen folgende Schenken genannt[1670]:

Bistum Breslau
Schenken
unter Bischof Johannes III. Romka (1292-1301)
    Wenzel [3]   1300[114]
Unterschenken
unter Bischof Thomas I. (1232-1268)
    Smilo[9]   1252[1671]
    Nikolaus [27]   1266[1672]

Herzogtum Schlesien, ab 1248 Herzogtum Liegnitz
Schenken
unter Herzog Heinrich I. von Schlesien (1201-1238)
    Predslaus von Pogarell   1202/03[754]
    Preduogius[1673]   1223[1674]
    [Nikolaus [58]   1226][1464]
    Ioad   1234[1456]
unter Herzog Boleslaus II. von Schlesien und Liegnitz (1241/48-1278)
    Konrad d. Ä. Swab   1247[1675]
    Budiuoy [6]   1278[1676]
unter Herzog Heinrich V. von Liegnitz und Breslau (1278/90-1296)
    Thymo von Poserne   1290-1292, 1293[1677]
Unterschenken
unter Herzog Heinrich I. von Schlesien (1201-1238)
    Preduogius[1673]   1234[1678]
    Ihbinvg   1234[1456]

1670) Die Jahreszahlen geben die erste und letzte Erwähnung auf Grund echter Urkunden an. - In den Anm. 1671) bis 1708) wird folgende Abkürzung gebraucht: s. = subpincerna.
1671) SUb III, 52.
1672) SUb III, 546.
1673) Vgl. Personenverzeichnis unter Gallus [2].
1674) SUb I, 227. Danach Unterschenk.
1675) SUb II, 331. Zuvor Unterschenk, danach Unterschenk und Schenk unter den Herzögen Heinrich III., Wladislaus und Heinrich IV. von Breslau.
1676) SUb IV, 336. Zuvor Unterschenk.
1677) SUb V, 462, VI, 4, 5, 8, 33, 57, 111 (Schenk von Breslau). Dazwischen Truchseß.
1678) SUb II, 79. Zuvor Schenk.

unter Herzog Boleslaus II. von Schlesien und Liegnitz (1241/48-1278)
    Konrad d. Ä. Swab   1243-1245[1679]
    Peter [23]   1248-1249[1680]
    Heinrich von Sagor   1253[1681]
    Detco [4]   1266[1682]
    Budiuoy [6]   1272[1683]

<u>Herzogtum Breslau</u>
Schenken
unter den Herzögen Heinrich III. (1248-1266) und Wladislaus von Breslau (1250-1266)
    Konrad d. Ä. Swab   1250-1257[1684]
    Boguslaus [9]   1260[1322]
    Konrad d. Ä. Swab   1261[1685]
unter Herzog Heinrich IV. von Breslau (1270-1290)
    Konrad [6]   1277-1283[1686]
    Hermann von Eichelborn   1288[1687]

Unterschenken
unter den Herzögen Heinrich III. (1248-1266) und Wladislaus von Breslau (1250-1266)
    Budsco   1250[1304]
    Konrad d. Ä. Swab   1250[1688]
    Detco [3]   1250-1266[1689]
    Hinko   1266[1690]

1679) SUb II, 245, 276, 300, †438. Danach Schenk und Unterschenk unter den Herzögen Boleslaus II. von Schlesien und Liegnitz, Heinrich III., Wladislaus und Heinrich IV. von Breslau.
1680) SUb II, 344, 371, 374.
1681) SUb III, 69.
1682) SUb III, 554, IV, 70 (quondam s.).
1683) SUb IV, 162. Danach Schenk.
1684) SUb II, 409, †440 (s.), II, 22, III, 140, 147, 151, 247 (s.), 412. Zuvor Unterschenk und Schenk unter Herzog Boleslaus II. von Schlesien und Liegnitz sowie Unterschenk unter den Herzögen Heinrich III. und Wladislaus von Breslau, danach Unterschenk unter Herzog Heinrich IV. von Breslau.
1685) SUb III, 412. Zuvor Unterschenk und Schenk unter Herzog Boleslaus II. von Schlesien und Liegnitz sowie Unterschenk unter den Herzögen Heinrich III. und Wladislaus von Breslau, danach Unterschenk unter Herzog IV. von Breslau.
1686) SUb IV, 320, V, 2, 61.
1687) SUb V, 401. Zuvor Unterschenk.
1688) SUb II, 404. Zuvor Unterschenk und Schenk unter Herzog Boleslaus II. von Schlesien und Liegnitz, danach Schenk unter den Herzögen Heinrich III. und Wladislaus von Breslau sowie Unterschenk unter Herzog Heinrich IV. von Breslau.
1689) SUb II, 410, III, 23, 137, 297, 298, 312, 313, 315, 318, 327, 343, 351, 365, 380, 433, 452, 468, 485, 539, 541.
1690) SUb III, 552.

unter Herzog Heinrich IV. von Breslau (1270-1290)
    Nanker [3]   1273-1277[1691]
    Bartholomeus [5]   1278-1281[1692]
    Konrad d. Ä. Swab   1282[1693]
    Hermann von Eichelborn   1288[1694]

Herzogtum Glogau
Schenken
unter Herzog Konrad I. von Glogau (1249/50-1273/74)
    Burkhard[957]   1257[1695]
    Lutobor   1261[1696]
Unterschenken
unter Herzog Konrad I. von Glogau (1249/50-1273/74)
    Theoderich[1179]   1264[1216]

Herzogtum Ratibor, ab 1202 Herzogtum Oppeln
Schenken
unter den Herzögen Kasimir I. und Mieszko II. von Oppeln (1211-1229/30)
    Miscigneus [2]   1225-1226[1697]
unter Herzogin Viola von Oppeln (1230-1243)
    Miroslaus [3]   1238[351]
unter Herzog Wladislaus I. von Oppeln (1246-1281)
    Ramoldus [2]   1258[1698]
Unterschenken
unter den Herzögen Kasimir I. und Mieszko II. von Oppeln (1211-1229/30)
    Lorenz [10]   1222-1226[1699]
unter Herzog Mieszko II. von Oppeln (1229/30-1246)
    Chotco   1239-1241[1700]
    Markus [2]   1243[1701]

1691) SUb IV, 212, 269, 274, 282, 289, 307, 311.
1692) SUb IV, 337, 341, 342, 359, 370, 391, 399, 411, 412, 419.
1693) SUb V, 9, 26. Zuvor Unterschenk und Schenk unter den Herzögen Boleslaus II. von Schlesien und Liegnitz, Heinrich III. und Wladislaus von Breslau.
1694) SUb V, 395. Danach Schenk.
1695) SUb III, 226.
1696) SUb III, 359.
1697) SUb I, 254, 271.
1698) SUb III, 269. Danach Unterschenk.
1699) SUb I, 222, 249, 271.
1700) SUb II, 165, 166, 187, 210.
1701) SUb II, 242, 311. Danach Unterschenk unter Herzog Wladislaus I. von Oppeln.

unter Herzog Wladislaus I. von Oppeln (1246-1281)
    Markus [2]   1247[1702]
    Ramoldus [2]   1260[1703]
    Ianusius [3]   1267[1704]

<u>Herzogtum Teschen und Ratibor, ab 1291 Herzogtum Teschen</u>
Unterschenken
unter den Herzögen Mieszko I. und Primislaus von Teschen und Ratibor (1281-1291)
    Michael von Wildschütz   1290[1705]

<u>Herzogtum Ratibor seit 1291</u>
Unterschenken
unter Herzog Primislaus von Ratibor (1291-1306)
    Jakob [11]   1294[1706]
    Adam [4]   1298[1707]

<u>Herzogtum Cosel-Beuthen</u>
Unterschenken
unter Herzog Kasimir II. von Cosel-Beuthen (1281-1312)
    Iesco [3]   1283[1708]

<u>Zugehörigkeit ungeklärt</u>
Schenken
    Voytesus   1233[222]

Das 1202/03 erstmals erwähnte Amt des Schenken war nur selten besetzt. Die verhältnismäßig wenigen Amtsinhaber werden meistens nur über einen kurzen Zeitraum, häufig lediglich für ein einziges Jahr genannt. Eine Ausnahme stellt hier Detco [3] dar, der über einen Zeitraum von 17 Jahren sein Amt ausübt. Für die Herzogtümer Steinau und Sagan ist kein Schenk belegt. In Glogau und Oppeln werden sie in den 60er Jahren letztmals erwähnt, so daß das Amt an diesen Höfen wohl aufgegeben wird. Im Verschwinden begriffen ist es womöglich im Herzogtum Cosel-Beuthen, wo 1283 letztmalig ein Schenk in den Urkunden erscheint. Das Amt ist nicht mehrfach besetzt. Auch läßt sich die Dominanz einer Familie oder eine Erblichkeit der Schenkenwürde nicht feststellen, zumal die Amtsinhaber mit Ausnahme Predslaus' von Pogarell, Konrad d. Ä. Swabs und Thymo von Posernes aus

---

1702) SUb II, 340. Zuvor Unterschenk unter Herzog Mieszko II. von Oppeln, dazwischen Untertruchseß.
1703) SUb III, 317, 335, 338, 340. Zuvor Schenk.
1704) SUb IV, 44.
1705) SUb V, 442.
1706) SUb VI, 156.
1707) SUb VI, 334.
1708) SUb V, 77.

den weniger bedeutenden Familien stammen. Aufstieg und Abstieg sind im Schenkenamt relativ selten: Konrad d. Ä. Swab und Budiuoy [6] steigen zu Schenken auf, Preduogius[1673] und Ramoldus [2] sinken zu Unterschenken ab. Mit einem Wechsel im Herrscheramt geht fast stets ein solcher im Amt des Schenk einher; lediglich Markus [2] verbleibt in seiner Funktion. Kein Amtsträger ist Heinrich Schenk von Apolda; er führt diese Bezeichnung bereits vor seiner Einwanderung nach Schlesien als Bestandteil seines Namens.

Marschall (agazo, marschalcus) und Untermarschall sind für die herzogliche Pferdehaltung zuständig[1709]. Sie umfaßt neben dem Erwerb von Streitrossen, Reit- und Zugpferden die Oberaufsicht über den Marstall mit dem dazugehörigen Personal, wie Dresseure, Schmiede, Pferdepfleger und -knechte.

Möglicherweise ist das Marschallamt in Schlesien bereits während der ersten Hälfte des 13. Jahrhunderts eine Titularwürde. Die eigentlichen Aufgaben nimmt der Untermarschall wahr, der hierarchisch unter dem Marschall steht, aber selbständig handelt. Der Auffassung Cetwińskis, daß Palatin, Kämmerer und Marschall drei Bezeichnungen für ein und dasselbe Amt seien, widersprechen zu Recht Mularczyk und Bogucki. Letzterer ist der Meinung, daß die Bezeichnungen Marschall und Untermarschall womöglich dasselbe Amt bezeichen, dem gegen Ende des 13. Jahrhunderts in den Herzogtümern Glogau, Liegnitz und Schweidnitz eine gehobene Bedeutung zukäme.

Für die einzelnen Herzogtümer werden in den Quellen folgende Marschälle genannt[1710]:

<u>Bistum Breslau</u>
Marschälle
unter Bischof Thomas II. von Breslau (1270-1292)
    Peter [25]   1288[1711]

<u>Herzogtum Schlesien, ab 1248 Herzogtum Liegnitz</u>
Marschälle
unter Herzog Heinrich I. von Schlesien (1201-1238)
    Pribislaus[11]   1202/03[1712]
    Nikolaus [28]   1223[1713]
    [Michael [21]]   [1223][1714]

1709) Vgl. BOGUCKI, Studia, S. 10, 12, 22, CETWIŃSKI, Bd. I, S. 177f., MULARCZYK, O urzędach, S. 156, RAUSCH, S. 125, RADLER, Würben, S. 38, Geschichte Schlesiens, Bd. 1, S. 246.
1710) Die Jahreszahlen geben die erste und letzte Erwähnung auf Grund echter Urkunden an. - In den Anm. 1711) bis 1744) werden folgende Abkürzungen gebraucht: a. = agazo, m. = marschalcus, sa. = subagazo.
1711) SUb V, 374 (m.) (Marschall).
1712) SUb I, 83 (a.).
1713) SUb I, 227 (a.).
1714) SUb I, †358 (a.).

unter Herzog Heinrich V. von Liegnitz und Breslau (1278/90-1296)
    Thymo von Poserne   1274-1290[1715]
    Konrad von Borsnitz   1291[1716]
    [Thymo von Poserne   1294][1717]
    Walwan von Profen   1296[1718]

unter Herzog Bolko I. von Jauer, Löwenberg und Breslau (1278/86/96-1301)
    Iwan von Profen   1291-1295[1719]
    Walwan von Profen   1298[1720]
    [Tilmann [3]   1299][1721]

Untermarschälle
unter Herzog Heinrich I. von Schlesien (1201-1238)
    Delabar   1234[1722]

Herzogtum Breslau
Marschälle
unter den Herzögen Heinrich III. (1248-1266) und Wladislaus von Breslau (1250-1266)
    Nikolaus [29]   1250[1723]
    Peter [24]   1253[1724]
    Michael von Schosnitz[1547]   1260[1725]
    Grabisa   1263[1726]

unter Herzog Heinrich IV. von Breslau (1270-1290)
    Pachoslaus von Schessici   1275-1277[1727]
    Reinold [2]   1279[1728]
    Ianusius Menka   1280[1729]

1715) SUb IV, 238 (Marschall), 271, 318, 327, 380, 389, 394, 406, 407, 421, †465 (stets m.), V, 65, 272, 274, 314, 352, 364, 396, 397, 428 (stets m.), 440 (Marschall). Danach Schenk und Truchseß, später wieder Marschall.
1716) SUb VI, 15 (Marschall). Zuvor Untermarschall unter Herzog Heinrich IV. von Breslau.
1717) SUb VI, †464 (m.). Zuvor Marschall, Schenk und Truchseß.
1718) SUb VI, 241, 243 (stets m.). Danach Marschall unter Herzog Bolko I. von Jauer, Löwenberg und Breslau.
1719) SUb VI, 13, 211, 213 (stets m.).
1720) SUb VI, 343, 355 (stets m.). Zuvor Marschall unter Herzog Heinrich V. von Liegnitz und Breslau.
1721) SUb VI, †476 (m.).
1722) SUb II, 85 (sa.).
1723) SUb II, 391 (m.).
1724) SUb III, 55 (m.).
1725) SUb III, 318 (m.).
1726) SUb III, 452 (m.).
1727) SUb IV, 267, 274, 282, 294, 302, 307 (stets m.). Später abermals Marschall.
1728) SUb IV, 357, †447 (stets m.).
1729) SUb IV, 399 (m.). Danach Kastellan und nochmals Marschall.

Andreas von Würben	1282-1283[1730]
Ianusius Menka	1285[1731]
Petzold	1286[1732]
Pachoslaus von Schessici	1287-88[1733]
Albertus Barba von Tepliwoda	1289[1734]

Untermarschälle
unter Herzog Heinrich IV. von Breslau (1270-1290)

Konrad von Borsnitz	1288[1735]

Herzogtum Glogau
Marschälle
unter Herzog Konrad I. von Glogau (1249/50-1273/74)

Mrosco von Wisenburg	1272-73[1736]

unter Herzog Heinrich I. von Glogau und Steinau (1273/74/89-1309)

Martin [12]	1295-96[1737]
Werner von Dyhrn	1300[1738]

Herzogtum Sagan
Marschälle
unter Herzog Konrad II. von Sagan (1273/74-1304)

[Nikolaus von Wederau	1299][1739]

Herzogtum Ratibor, ab 1202 Herzogtum Oppeln
Marschälle
unter Herzogin Viola von Oppeln (1230-1243)

Simon [3]	1238[1740]

unter Herzog Wladislaus I. von Oppeln (1246-1281)

Wenzelslaus [1]	1274[1741]

unter Herzog Boleslaus I. von Oppeln (1281-1313)

Andreas [12]	1291[1742]

1730) SUb 9, 13, 52 (stets m.).
1731) SUb V, 174, 225, 226 (stets m.).
1732) SUb V, 260 (m.).
1733) SUb V, 349, 370, 371 (stets m.).
1734) SUb V, 411 (Marschall).
1735) SUb V, 395. Danach Marschall unter Herzog Heinrich V. von Liegnitz und Breslau.
1736) SUb IV, 161, 194 (stets Marschall).
1737) SUb VI, 197, 244 (stets m.).
1738) SUb VI, 440 (m.).
1739) SUb VI, †474 (m.).
1740) SUb II, 156 (m.).
1741) SUb IV, 246 (m.).
1742) SR 2177 (m.).

Untermarschälle
unter Herzog Mieszko II. von Oppeln (1229/30-1246)
    Michael [8]   vor 1240[1743]

<u>Herzogtum Cosel-Beuthen</u>
Marschälle
unter Herzog Kasimir II. von Cosel-Beuthen (1281-1312)
    Michael [7]   1289[1744]

    Insgesamt ist das 1202/03 erstmals erwähnte Marschallamt relativ selten besetzt. Die meisten Amtsinhaber werden nur einmal genannt, selten für einen längeren Zeitraum. Eine Ausnahme stellt der von 1274 bis 1290 als Marschall genannte Thymo von Poserne dar. Auffällig ist, daß in den Urkunden fast nur Marschälle erscheinen. Die Anzahl der bekannten Untermarschälle beläuft sich auf drei, von denen einer - Konrad von Borsnitz - in Zusammenhang mit dem Wechsel des Landesherrn zum Marschall aufsteigt. Ansonsten führt ein Herrscherwechsel offensichtlich zur Ablösung des bisherigen Amtsinhabers. Dominanz einer Familie im Amt oder gar Erblichkeit sind nicht festzustellen. Für die 'jüngeren' Herzogtümer Löwenberg, Steinau, Teschen und Ratibor ist kein Marschall oder Untermarschall belegt.

    Im Unterschied zu den bisher behandelten Ämtern verläuft die Entwicklung des Marschallamtes offensichtlich nicht gleichförmig und außerdem im ducatus Silesiae und im ducatus Opoliensis verschieden. Das vom Anfang des 13. Jahrhunderts bis vor 1240 schwach besetzte Amt ist für die Zeit bis 1250 im Herzogtum Breslau und bis 1274 in den Herzogtümern Liegnitz und Oppeln nicht belegt. Womöglich existierte es in diesem Zeitraum nicht, jedenfalls ist eine deutliche Unterbrechung in der Besetzung des Amtes festzustellen. Auch nach diesem Einschnitt werden im Herzogtum Oppeln Marschälle nur sporadisch genannt, wogegen sie vor allem im Herzogtum Breslau, aber auch in Liegnitz unter Herzog Heinrich V. sehr zahlreich in den Zeugenlisten der Urkunden erscheinen. Bemerkenswert ist zudem, daß es sich in den beiden niederschlesischen Herzogtümern um Angehörige der bedeutenderen Familien handelt. Dies läßt auf eine 'Aufwertung' des Amtes durch die Herzöge, einen Bedeutungs- und eventuellen Kompetenzzuwachs des Marschallamtes und/oder eine größere Wertschätzung dieser Position durch den Adel schließen.

    Schatzmeister (thesaurarius, skarbnik) und Unterschatzmeister werden von der Amtsbezeichnung her mit dem herzoglichen Schatz in Verbindung gebracht, den sie wohl verwalten[1745]. Womöglich sind sie auch für sämtliche Belange der Schatzkammer zuständig.

1743) SUb II, 187 (sa.).
1744) SUb V, 410 (m.).
1745) Vgl. BOGUCKI, Studia, S. 13, CETWIŃSKI, Bd. I, S. 173f., RAUSCH, S. 124, Geschichte Schlesiens, Bd. 1, S. 246.

Im ducatus Silesiae ist das althergebrachte Amt des Schatzmeisters nur für die Regierungszeit Herzog Heinrichs I. belegt, wogegen es im ducatus Opoliensis noch über das 13. Jahrhundert hinaus - wenn auch nur gelegentlich - genannt wird. Offensichtlich spielt es hier aber keine bedeutende Rolle. In Niederschlesien gehen die Kompetenzen vermutlich an den Kämmerer über, wie es überhaupt die Auffassung gibt, daß der Kämmerer für die Schatzkammer zuständig sei. Cetwiński hält es für möglich, daß Schatzmeister die genauere Bezeichnung für denjenigen Unterkämmerer ist, der den herzoglichen Schatz verwaltet. Mit der allgemeinen Finanzverwaltung wird der Schatzmeister nicht in Verbindung gebracht.

Für die einzelnen Herzogtümer werden in den Quellen die folgenden Schatzmeister genannt[1746]:

Herzogtum Schlesien, ab 1248 Herzogtum Liegnitz
Schatzmeister
unter Herzog Heinrich I. von Schlesien (1201-1238)

[Peter [51]]	1209][1747]
Florian	1234[1748]
Gallus [2]	1234[1749]
Tuorianus	1237[1750]

Herzogtum Ratibor, ab 1202 Herzogtum Oppeln
Schatzmeister
unter Herzog Mieszko II. von Oppeln (1229/30-1246)

Rasicha	1243-1246[1751]

unter Herzog Wladislaus I. von Oppeln (1246-1281)

Jakob[1752]	1247[1753]
Berthold [5]	1257[1754]
Sbroslaus von Wildschütz	1274[1755]
Janko	1274-1283[1756]

1746) Die Jahreszahlen geben die erste und letzte Erwähnung auf Grund echter Urkunden an. - In den Anm. 1747) bis 1759) werden folgende Abkürzungen gebraucht: s. = skarbnik, st. = subthesaurarius, t. = thesaurarius.
1747) SUb I, †342, †343 (stets t.).
1748) SUb II, 85 (t.).
1749) SUb I, †359, †361, †364, †372, †373, II, 85 (stets t.). Vor der ersten echten Urkunde Kämmerer.
1750) SUb II, 137 (s.).
1751) SUb II, 284, 310, †437 (stets t.). Danach Unterkämmerer.
1752) Vgl. Personenverzeichnis unter Berthold [4].
1753) SUb II, 340 (t.).
1754) SUb III, 235 (t.).
1755) SUb IV, 239 (t.). Später Kastellan.
1756) SUb IV, 239, V, 53 (stets t.). Zuvor Unterschatzmeister.

Unterschatzmeister
unter Herzog Wladislaus I. von Oppeln (1246-1281)
    Janko   1267[1757]

<u>Herzogtum Ratibor seit 1291</u>
Schatzmeister
unter Herzog Primislaus von Ratibor (1291-1306)
    Adam [5]   1291-1294[1758]

<u>Herzogtum Cosel-Beuthen</u>
Schatzmeister
unter Herzog Kasimir II. von Cosel-Beuthen (1281-1312)
    Iesco [4]   1292-1299[1759]

Das Amt des Schatzmeisters ist in einer echten Urkunde erstmals für das Jahr 1234 belegt. Insgesamt werden nur sehr wenig Amtsinhaber genannt. Im Herzogtum Schlesien verschwindet das Schatzmeisteramt mit dem Ende der Regierungszeit Herzog Heinrichs I., wogegen es im ducatus Opoliensis, und zwar im Herzogtum Oppeln und den 'jüngeren' Herzogtümern Ratibor und Cosel-Beuthen, bis gegen Ende des 13. Jahrhunderts sporadisch bekleidet wird. Auffällig ist, daß mit Sbroslaus von Wildschütz und Janko in einer Urkunde zwei Schatzmeister gleichzeitig als Zeugen erscheinen. Der einzige bekannte Unterschatzmeister, der genannte Janko, steigt unter demselben Herzog zum Schatzmeister auf. Ein Herrscherwechsel führt offensichtlich auch zu einer personellen Veränderung im Amt des Schatzmeisters.

Der **Bannerträger** (signifer, vexillifer) hat die Aufgabe, die herzogliche Fahne zu verwahren, instandzuhalten und zu tragen[1760]. Diese Funktion kann sowohl repräsentativer, als auch militärischer Art sein, stets geht es jedoch um die Präsentation eines herrschaftlichen Zeichens.

Das Amt des Bannerträgers ist im Herzogtum Schlesien nur für die erste Hälfte des 13. Jahrhunderts belegt, wogegen es im ducatus Opoliensis noch bis zu Beginn des 14. Jahrhunderts existiert. Wahrscheinlich handelt es sich um eine Titularwürde.

Für die einzelnen Herzogtümer werden in den Quellen die folgenden Bannerträger genannt[1761]:

1757) SUb IV, 44 (st.). Danach Schatzmeister.
1758) SUb V, †512 (t.), VI, 30, 119, 129, 147 (stets t.).
1759) SUb VI, 61, 156, 381 (stets t.).
1760) Vgl. BOGUCKI, Studia, S. 10, 12, 23, RAUSCH, S. 125, Geschichte Schlesiens, Bd. 1, S. 246.
1761) Die Jahreszahlen geben die erste und letzte Erwähnung auf Grund echter Urkunden an. - In den Anm. 1762) bis 1769) werden folgende Abkürzungen gebraucht: s. = signifer, v. = vexillifer.

Herzogtum Schlesien, ab 1248 Herzogtum Liegnitz
Bannerträger
unter Herzog Heinrich I. von Schlesien (1201-1238)
  Jakob [12]   1223[1762]
  Boguslaus [10]   1234[1763]
  Predslaus von Pogarell   1237[1764]
Herzogtum Ratibor, ab 1202 Herzogtum Oppeln
Bannerträger
unter den Herzögen Kasimir I. und Mieszko II. von Oppeln (1211-1229/30)
  Stephan [11]   1222[1765]
unter Herzog Mieszko II. von Oppeln (1229/30-1246)
  Sdizlaus [4]   (1246)[1766]
Herzogtum Teschen und Ratibor, ab 1291 Herzogtum Teschen
Bannerträger
unter Herzog Mieszko I. von Teschen (1291-1314/15)
  [Zeogno]   1291][1767]
Herzogtum Ratibor seit 1291
Bannerträger
unter Herzog Primislaus von Ratibor (1291-1306)
  Gotthard [3]   1291[1768]
Bannerträger von Crossen
  Theoderich [4]   1226[1769]

Die erste Erwähnung eines Bannerträgers stammt aus dem Jahre 1222. Insgesamt sind nur wenige Amtsträger bekannt, die zudem fast alle lediglich einmal urkundlich belegt sind. Im Herzogtum Schlesien sind Bannerträger nur während der Herrschaft Heinrichs I. nachweisbar, danach geht das Amt offenbar unter. Anders im ducatus Opoliensis, wo es Bannerträger in der ersten Hälfte des 13. Jahrhunderts im ungeteilten Herzogtum Oppeln und zum Jahre 1291 in den 'jüngeren' Herzogtümern Teschen und Ratibor gibt. Die Amtsträger gehören mit Ausnahme Predslaus' von Pogarell nicht den bedeutenderen Adelsfamilien an. Auffällig ist die Existenz eines Bannerträgers von Crossen, wobei es sich eventuell um den Bannerträger des militärischen Aufgebotes der Kastellanei Crossen handeln könnte. Unterbeamte werden in den Quellen nicht genannt.

1762) SUb I, 227, †348 (stets v.).
1763) SUb II, 85 (v.).
1764) SUb II, 137 (v.).
1765) SUb I, 222 (v.).
1766) SUb II, 311 (v.).
1767) SUb VI, †463 (v.).
1768) SUb VI, 30 (v.).
1769) SUb I, 258 (s. de Croczen).

Das Amt des **Schwertträgers** (gladiator) ist repräsentativer Art[1760]. Dieser trägt bei feierlichen Anlässen das herzogliche Schwert, vielleicht ein Prunkschwert, als Zeichen herrschaftlicher Macht vor dem Herzog her. Möglicherweise war der Schwertträger auch für die herzogliche Rüstkammer zuständig. Für Schlesien ist das Amt, bei dem es sich eventuell um eine Titularwürde handelt, nur in der ersten Hälfte des 13. Jahrhunderts belegt.

Für die einzelnen Herzogtümer werden in den Quellen die folgenden Schwertträger genannt[1770]:

Herzogtum Schlesien, ab 1248 Herzogtum Liegnitz
Schwertträger
unter Herzog Heinrich I. von Schlesien (1201-1238)
    Boguslaus [11]   1234[1456]

Herzogtum Ratibor, ab 1202 Herzogtum Oppeln
Schwertträger
unter den Herzögen Kasimir I. und Mieszko II. von Oppeln (1211-1229/30)
    Christinus [3]   1226[1404]

Das Schwertträgeramt wird nur 1226 für das Herzogtum Oppeln und 1234 für das Herzogtum Schlesien erwähnt. Es sind also lediglich zwei Amtsinhaber bekannt; beide stammen nicht aus den bedeutenderen Adelsfamilien. Mit ihnen geht das Amt des Schwertträgers offensichtlich ein. Unterbeamte sind nicht belegt.

Über den **Jäger** (venator) und seine Kompetenzen wird in der Literatur fast nichts ausgesagt[1771]. Stillschweigend wird vorausgesetzt, daß er mit allem befaßt ist, was mit der Jagd zu tun hat. Cetwiński spricht ihm zudem juristische Kompetenz in allen Streitfällen zu, die mit dem Wald zu tun haben. Unterstützt wird der Jäger von Unterjägern.

Geht man davon aus, daß es sich beim Jägeramt um ein Hofamt handelt, so kann man auf Grund allgemeiner Überlegungen den Aufgabenbereich des Jägers wie folgt fassen. Wahrscheinlich ist er eine Art Oberjäger, der die Interessen des herzoglichen Jagdherrn wahrnimmt. Ihm werden sowohl die Revierjäger, die die Jagd in ihrem räumlichen Bereich tatsächlich ausüben, als auch die Unterjäger, die ihm am Hofe zur Hand gehen, unterstehen. Der Jäger dürfte für Vorbereitung und Durchführung herzoglicher Jagden und die Pflege der Jagdwaffen des Landesherrn zuständig sein. Vielleicht hat er auch für das Wildbret auf der Tafel des Herzogs zu sorgen. Zudem könnte er durchaus richterliche Funktionen ausüben. Sollten die Unterjäger selbständig handeln, dann könnte das Jägeramt eine Titularwürde darstellen.

Für die einzelnen Herzogtümer werden in den Quellen die folgenden Jäger genannt[1772]:

1770) Die Jahreszahlen geben die erste und letzte Erwähnung auf Grund echter Urkunden an.

Bistum Breslau
Jäger
unter Bischof Thomas I. von Breslau (1232-1268)
    Heinrich [20]   1259[1773]
    Sulislaus Plascota   1267[1754]

Herzogtum Schlesien, ab 1248 Herzogtum Liegnitz
Jäger
unter Herzog Heinrich I. von Schlesien (1201-1238)
    Bogumil [1]   1234[1775]
    Jakob [13]   1234-1237[1776]
unter Herzog Boleslaus II. von Schlesien und Liegnitz (1241/48-1278)
    Adalbert [15]   1244-1245[1777]
unter Herzog Heinrich V. von Liegnitz und Breslau (1278/90-96)
    Gunther von Biberstein   1292[1778]

Unterjäger
unter Herzog Heinrich II. von Schlesien (1238-1241)
    Stephan [12]   1238[1779]
unter Herzog Boleslaus II. von Schlesien und Liegnitz (1241/48-1278)
    Ianusius [4]   1243[1780]

Herzogtum Breslau
Jäger
unter den Herzögen Heinrich III. (1248-1266) und Wladislaus von Breslau (1250-1266)
    Vogen   1253[1781]
    [Konrad [19]   1254][1782]
    Egidius [10]   1264[1783]

1771) Vgl. BOGUCKI, Studia, S. 9, CETWIŃSKI, Bd. I, S. 176f., RAUSCH, S. 125, Geschichte Schlesiens, Bd. 1, S. 246.
1772) Die Jahreszahlen geben die erste und letzte Erwähnung auf Grund echter Urkunden an. - In den Anm. 1773) bis 1798) werden folgende Abkürzungen gebraucht: s. = subvenator; v. = venator.
1773) SUb III, 290, 294 (stets v.).
1754) SUb IV, 23, 45 (stets v.).
1775) SUb II, 85 (v.).
1776) SUb II, 85, 137 (v.).
1777) SUb II, 272 (v.), 273 (v. Slesie), 297 (v. Slesie).
1778) SUb VI, 50 (v. Wratizlauiensis).
1779) SUb II, 146 (sv.).
1780) SUb II, 255 (sv.).
1781) SUb III, 55 (v.).
1782) SUb III, †570 (v.).
1783) SUb III, 468 (v.). Später Unterrichter.

Unterjäger
unter Herzog Heinrich IV. von Breslau (1270-1290)
Sighard [2]   1283[1784]

Herzogtum Glogau
Jäger
unter Herzog Konrad I. von Glogau (1249/50-1273/74)
Boguta [1]   1259[1785]

Herzogtum Ratibor, ab 1202 Herzogtum Oppeln
Jäger
unter den Herzögen Kasimir I. und Mieszko II. von Oppeln (1211-1229/30)
Andreas [13]   1222[1786]
unter Herzogin Viola von Oppeln (1230-1243)
Lutogneus   1238[1787]
unter Herzog Mieszko II. von Oppeln (1229/30-1246)
Nikolaus [26]   1232[1788]
unter Herzog Wladislaus I. von Oppeln (1246-1281)
Goslaus [4]   1274[1789]

Unterjäger
unter Herzog Mieszko II. von Oppeln (1229/30-1246)
Wislaus[1790]   1239-1240[1791]
Mescenta   1243[1792]
unter Herzog Wladislaus I. von Oppeln (1246-1281)
Boguta [2]   1274[1793]
unter Herzog Boleslaus I. von Oppeln (1281-1313)
Cran   1297[1794]

Herzogtum Ratibor seit 1291
Unterjäger
unter Herzog Primislaus von Ratibor (1291-1306)
Adam [6]   1293-94[1795]

1784) SUb V, 52, 61 (stets v.).
1785) SUb III, 304 (v.).
1786) SUb I, 222 (v.).
1787) SUb II, 156 (v.).
1788) SUb II, 23 (v.). Zuvor Untertruchseß.
1789) SUb IV, 239 (summus v.).
1790) Vgl. Personenverzeichnis unter Markus [2].
1791) SUb II, 165, 187 (sv.).
1792) SUb II, 242 (sv.).
1793) SUb IV, 246 (sv.).
1794) SUb VI, 327 (sv.).
1795) SUb VI, 119, 147 (stets sv.).

Beuthener Jäger
    [Bogumil [5]]   1208][1796]
<u>Zugehörigkeit ungeklärt</u>
Jäger
    Otto [7]   1233[1797]
    Michael [9]   1285[1798]

Das Amt des Jägers wird in einer echten Urkunde erstmals 1222 erwähnt. Es werden zwar mehrere Jäger und Unterjäger genannt, insgesamt aber nicht allzu viele. Belegt sind sie in der Regel nur einmal. Eine kontinuierliche Besetzung des Jägeramtes läßt sich nicht feststellen, vielmehr scheint sie in den einzelnen Herzogtümern nur sporadisch beziehungsweise mit großen zeitlichen Unterbrechungen zu erfolgen, so zum Beispiel im Herzogtum Glogau nur gegen Ende der 50er Jahre, im Herzogtum Schlesien-Liegnitz in den 30er und 40er und dann erst wieder in den 90er Jahren. Die Amtsinhaber stammen mit Ausnahme Gunthers von Biberstein aus den weniger bedeutenden Adelsfamilien. Keinem der Unterjäger gelingt der Aufstieg zum Jäger. Personelle Kontinuität im Amt bei Landesteilung oder Herrscherwechsel ist wohl nicht gegeben, ebensowenig Dominanz oder Erblichkeit des Amtes in einer Familie.

Der **claviger** (Beschließer) nimmt den niedrigsten Rang unter den höfischen Unterbeamten ein[1799]. Er ist Vorsteher eines kleinen, sich an die Herzogshöfe anschließenden Bezirks der Finanzverwaltung. 1235 erstmals, und zwar für Brieg, belegt, hält sich dieses Amt bis in die ersten Jahrzehnte des 14. Jahrhunderts. Die neuen Landesteilungen machen es schließlich entbehrlich.

Für verschiedene Orte werden in den Quellen die folgenden claviger genannt[1800]:

<u>Breslau</u>
Lorenz [11]   1250-1259[1801]
Johannes [43]   1260-1272[1802]
Pribico [3]   1279[1803]

1796) SUb I, †340 (v. Buthomiensis). Wohl Beuthen O. S.
1797) SUb II, 32 (v.).
1798) SUb V, 215 (v.).
1799) Vgl. BOGUCKI, Studia, S. 23, Geschichte Schlesiens, Bd. 1, S. 246.
1800) Die Jahreszahlen geben die erste und letzte Erwähnung auf Grund echter Urkunden an.
1801) SUb II, 410 (clauier Wratislauiensis), III, 8, 18, 23, 24, 34, 43, 50, 127, 150, 151 (claviger Wratislauiensis), 236, 297. Dazwischen Kämmerer, danach Unterkämmerer.
1802) SUb III, 315, 327 (clavigeri de Wratizlauia), 351 (clavigero de Wratislauia), 380 (clauier Wratislauiensis), 415 [clavigeri nostri in Wrat(islauia)], 433 [de Wrat(islauia)], 525 [clavigero Wrat(islauie)], IV, 83 (claviger Wratislauiensis), 178, 191.
1803) SUb IV, 357 (clavigero Wratislauiensi).

Brieg
Johannes [55] 1263[1804]
wohl Glogau
Andreas [14] 1259[1805]
Liegnitz
Nikolaus [30] 1256[1806]
Peter von Royn 1292, 1297-1298[1807]
Oels
Peter von Lubno 1292-1293[1808]
wohl Ottmachau
[Radohlo 1261][1809]
wohl Poischwitz
Heinrich [22] 1288[1810]
Röchlitz
Lesco 1277[1811]
Tilo von Luchow 1294[1812]

Das Amt des clavigers wird 1235 erstmals erwähnt[1813], der erste claviger mit Namen 1250. Weitere, wenn auch insgesamt wenige Amtsinhaber werden bis gegen Ende des Jahrhunderts genannt. Sie stammen aus nicht bedeutenden Adelsfamilien. Den einem bestimmten Ort zugeordneten clavigern stehen keine Unterbeamten zur Seite. Auffällig ist, daß claviger nur für den ducatus Silesiae, nicht aber für den ducatus Opoliensis belegt sind. Zudem erscheinen sie alle nur im herzoglichen Umfeld bis auf den nur in einer Fälschung genannten Ottmachauer claviger Radohlo, der dem bischöflichen Hof zuzuordnen wäre.

Die an schlesischen Fürstenhöfen bestehenden verschiedenen Ämter, deren Inhaber hier aufgelistet wurden[1814], werden zu unterschiedlichen Zeitpunkten erstmals

---

1804) SUb III, 433 (clavigero de Alta Ripa).
1805) SUb III, 280 (claviger wohl von Glogau).
1806) SUb III, 192 (claviger in Lignicz; schlösselhalder zu Lignicz).
1807) SUb VI, 66 (clavigero de Ligniz), 321 (clavigero Lignicensi), 362 (clavigero Legnizcensi), 364 (clavigerum de Legnitz).
1808) SUb VI, 48 (claviger de Olesnicz), 82 (claviger), 93 (claviger de Olsniz). Später Kastellan von Tschwirtschen, Kr. Guhrau.
1809) SUb III, †580 (clauiero wohl von Ottmachau).
1810) SUb V, 388 (claviger wohl von Poischwitz).
1811) SUb IV, 319 (clavigero wohl von Röchlitz).
1812) SUb VI, 161, †464 (stets claviger de Rochliz).
1813) SUb II, 107.
1814) Eine kritische Auseinandersetzung mit den von anderen Verfassern zusammengestellten Listen der Amtsinhaber muß Spezialuntersuchungen vorbehalten bleiben. Solche und ähnliche Listen finden sich bei RAUSCH, S. 160-168 (Liste der Amtsinhaber bis 1241); CETWIŃSKI, Bd. II, S. 220-227 (Liste der Amtsinhaber); NEULING, Kastellaneien bis 1250; Ders., Kastellaneien von

und letztmals in den Urkunden erwähnt. Auf Gesamtschlesien bezogen, beginnen die Ersterwähnungen 1175 mit dem Kanzleramt, worauf vom Anfang des 13. Jahrhunderts bis 1222 alle weiteren wichtigen und bis 1238 auch fast alle weniger bedeutenden Ämter folgen, mit Ausnahme jenes des Unterschatzmeisters, das 1267 erstmals aufscheint[1815]. Dabei ist auffällig, daß häufig in ein und derselben Urkunde mehrere Ämter erstmals genannt werden[1816]. Die Reihe der letztmaligen Nennungen wird 1234 mit dem Amt des Schwertträgers eröffnet, worauf 1241 jenes des Tribuns und 1267 das des Unterschatzmeisters folgt; zwischen 1288 und 1294 werden weitere wenig bedeutende Ämter - allerdings auch das des Palatins - zum letzten Mal erwähnt, ab 1297 schließen sich die anderen Ämter an, wobei die wichtigen unter ihnen erst in den beiden letzten Jahren des Jahrhunderts verschwinden[1817]. Die Abfolge ist also verhältnismäßig unregelmäßig. Zudem ist zu beachten, daß die letztmaligen Nennungen ab 1297 durch die Beschränkung dieser Arbeit auf die Zeit bis zum Jahre 1300 bedingt sein dürften. Festzuhalten bleibt, daß zuerst die weniger bedeutenden Ämter verschwinden. Ein sehr uneinheitliches Bild ergibt sich bei der zeitlichen Differenz zwischen erster und letzter Erwähnung eines Amtes, ohne daß dieses durchgängig besetzt sein muß. Die längste Zeitspanne hindurch, nämlich 126 Jahre, wird der Kanzler genannt, eine Gruppe von Ämtern zwischen 99 und 95 Jahren, das Richteramt 86 Jahre, eine zweite Gruppe zwischen 79 und 70 Jahren, die Ämter des Schatzmeisters 66, von Unterjäger und claviger 60, des Untermarschalls 55 und des Tribuns 40 Jahre; Ausnahmen mit neun beziehungsweise einem Jahr stellen die Positionen von Schwertträger und Unterschatzmeister dar[1818].

1251 (Liste der Kastellan); BOGUCKI, Studia, S. 6-8 (Liste der Truchsessen und Schenke); DOROSZEWSKA, S. 17-33 (Liste des Hofstaats Herzog Heinrichs I. von Schlesien); PANIC, Raciborskie otoczenie, S. 11-14 (Liste des Hofstaats Herzog Wladislaus' I. von Oppeln); MULARCZYK, Władza książęca, S. 154-180 (Liste der herrschenden Gruppen im 13. Jahrhundert).

1815) Kanzler (1175); Schreiber (1201/38); Kastellan, Tribun, Hofrichter (1202); Kämmerer, Truchseß, Schenk, Marschall (1202/03); Richter (1214); Notar, Palatin, Untertruchseß, Unterschenk, Bannerträger, Jäger (1222); Unterrichter (1225), Schwertträger (1226); Untermarschall, Schatzmeister (1234); claviger (1235); Unterjäger (1238); Schatzmeister (1267).

1816) In SUb I, 77 die 1202, in SUb I, 83 die 1202/03, in SUb II, 85 die 1234 erstmals erwähnten Ämter sowie in SUb I, 222 die 1222 erstmals genannten Ämter des Untertruchsessen, Unterschenks, Bannerträgers und Jägers.

1817) Schwertträger (1234); Tribun (1241); Unterschatzmeister (1267); Untermarschall (1288); Bannerträger (1291); Jäger (1292); Palatin, claviger (1294); Unterrichter, Truchseß, Unterjäger (1297); Kämmerer, Unterschenk (1298); Schreiber, Richter, Untertruchseß, Schatzmeister (1299); Kanzler, Notar, Kastellan, Hofrichter, Schenk, Marschall (1300).

1818) Kanzler (1175-1300 = 126 Jahre); Kastellan, Hofrichter (1202-1300 = 99 Jahre); Schenk, Marschall (1202/03-1300 = 99/98 Jahre); Schreiber (1201/38-1299 = 99/62 Jahre); Kämmerer (1202/03-1298 = 97/96 Jahre); Truchseß (1202/03-1297 = 96/95 Jahre); Richter (1214-1299 = 86 Jahre); Notar (1222-1300 = 79 Jahre); Untertruchseß (1222-1299 = 78 Jahre); Unterschenk (1222-1298 = 77 Jahre); Palatin, Unterrichter (1222-1294 = 73 Jahre); Jäger (1222-1292 = 71 Jahre); Bannerträger (1222-1291 = 70 Jahre); Schatzmeister (1234-1299 = 66 Jahre); Unterjäger, claviger (1235-1294 = 60 Jahre); Untermarschall (1234-1288 = 55 Jahre); Tribun (1202-1241 = 40 Jahre); Schwertträger (1226-1234 = 9 Jahre); Unterschatzmeister (1267 = 1 Jahr).

Insgesamt läßt sich verallgemeinernd sagen, daß alle wichtigen Ämter mit am frühesten und längsten in den Urkunden genannt werden. Dies gilt auch für einige - Kämmerer, Truchseß, Schenk, Marschall - der weniger bedeutenden Ämter, doch werden andere recht spät und nur kurz erwähnt.

Betrachtet man diese Angaben für die beiden schlesischen Landesteile getrennt, so werden einige Unterschiede deutlich. Für den ducatus Silesiae gilt, daß bei den Ersterwähnungen die Reihenfolge der zwölf ersten Ämter mit jener Gesamtschlesiens übereinstimmt, sich dann nach zwei Einzelpositionen eine Gruppe von Ämtern zum Jahre 1234 anschließt und nach dem claviger die Erstnennungen bereits 1238 mit dem Amt des Unterjägers beendet werden[1819]. Die letztmaligen Erwähnungen setzen ein Jahr früher als in Gesamtschlesien, nämlich 1233, mit dem Amt des Tribuns ein. Bis 1237 werden auch Schwertträger, Schatzmeister und Bannerträger zum letzten Mal genannt, in den 80er Jahren dann Unterjäger und Marschall, worauf ab 1291 die anderen Ämter folgen, die bedeutenderen - mit Ausnahme des Palatins - erst 1300[1820]. Bei der Dauer der Erwähnung stimmt die Reihenfolge der zehn am längsten genannten Ämter wieder mit jener Gesamtschlesiens überein, auch wenn die Zeit nicht immer gleich lang ist. Durchweg kürzer ist sie auch bei den folgenden Positionen, bei denen es sich um die weniger wichtigen Ämter handelt[1821]. Ein Unterschatzmeister ist für Niederschlesien nicht belegt. Im ducatus Opoliensis liegen die Ersterwähnungen später als in Gesamtschlesien, zu einem kleinen Teil im gleichen Jahr. Den Anfang macht 1202/03 das Amt des Kastellans, gefolgt von einer Gruppe von zehn Ämtern, darunter alle bedeutenderen, zum Jahre 1222, daran schließen sich bis 1267 vorwiegend einzeln die weiteren Funktio-

---

1819) Kanzler (1175); Schreiber (1201/38); Kastellan, Tribun, Hofrichter (1202); Kämmerer, Truchseß, Schenk, Marschall (1202/03); Richter (1214); Notar, Palatin (1222); Bannerträger (1223); Untertruchseß (1231); Unterrichter, Unterschenk, Untermarschall, Schatzmeister, Schwertträger, Jäger (1234); claviger (1235); Unterjäger (1238). Ein Unterschatzmeister ist nicht belegt.

1820) Tribun (1233); Schwertträger (1234); Schatzmeister, Bannerträger (1237); Unterjäger (1283); Untermarschall (1288); Untertruchseß (1291); Unterrichter, Jäger (1292); Richter, calviger (1294); Truchseß (1295); Kämmerer (1296); Unterschenk (1298); Schreiber (1299); Kanzler, Notar, Kastellan, Hofrichter, Schenk, Marschall (1300). Ein Unterschatzmeister ist nicht belegt.

1821) Kanzler (1175-1300 = 126 Jahre); Kastellan, Hofrichter (1202-1300 = 99 Jahre); Schenk, Marschall (1202/03-1300 = 99/98 Jahre); Schreiber (1201/38-1299 = 99/62 Jahre); Kämmerer (1202/03-1296 = 95/94 Jahre); Truchseß (1202/03-1295 = 94/93 Jahre); Richter (1214-1294 = 81 Jahre); Notar (1222-1300 = 79 Jahre); Palatin (1222-1293 = 72 Jahre); Unterschenk (1234-1298 = 65 Jahre); Untertruchseß (1231-1291 = 61 Jahre); claviger (1235-1294 = 60 Jahre); Unterrichter, Jäger (1234-1292 = 59 Jahre); Untermarschall (1234-1288 = 55 Jahre); Unterjäger (1238-1283 = 46 Jahre); Tribun (1202-1233 = 32 Jahre); Bannerträger (1223-1237 = 15 Jahre); Schatzmeister (1234-1237 = 4 Jahre); Schwertträger (1234 = 1 Jahr). Ein Unterschatzmeister ist nicht belegt.

nen an[1822]. Die zehn im selben Jahr erstmals erwähnten Ämter werden alle in ein und derselben Urkunde Herzog Kasimirs I. von Oppeln zugunsten des Breslauer Bischofs genannt[1823]. Die Reihe der letztmaligen Nennungen beginnt früher als in Gesamtschlesien, bereits im Jahre 1226 mit dem Amt des Schwertträgers; bis 1274 folgen in unregelmäßigen Abständen und jeweils einzeln fünf weitere Ämter, 1290 das wichtige Kanzleramt, 1291 jene von Marschall und Bannerträger sowie 1294 das Palatinat, schließlich alle weiteren Funktionen zwischen 1297 und 1299: die Abfolge ist also sehr uneinheitlich[1824]. Auf Grund der späteren Ersterwähnungen der Ämter ist auch die Dauer der Nennungen zum Teil erheblich kürzer als für Gesamtschlesien, mit Ausnahme der Positionen Palatin, Unterrichter und Bannerträger, wo die Zeiträume übereinstimmen. Nach dem Amt des Kastellans, das mit 98/97 Jahren am längsten genannt wird, erscheint eine Gruppe von elf Ämtern - darunter die bedeutenderen - zwischen 79 und 69 Jahre lang in den Quellen, vier weitere Ämter zwischen 59 und 53 Jahren, Schreiber und Schenk 35 beziehungsweise 34 Jahre, der Tribun 20 Jahre sowie schließlich Untermarschall, Unterschatzmeister und Schwertträger nur je ein Jahr[1825]. Das Amt des clavigers ist für Oberschlesien nicht belegt.

Im direkten Vergleich der beiden Landesteile ergibt sich im Großen und Ganzen, daß im ducatus Silesiae die Staats- und Hofämter früher und länger genannt werden als im ducatus Opoliensis. So setzen die Ersterwähnungen in Niederschlesien 1175, in Oberschlesien dagegen erst 1202/03 ein; beendet werden sie 1238 in Niederschlesien und 1267 in Oberschlesien. Die bedeutenderen Ämter werden in beiden Fällen mit am frühesten beziehungsweise relativ früh genannt. Bemerkenswert - weil der Grundtendenz entgegenstehend - ist, daß im ducatus Opoliensis die

---

1822) Kastellan (1202/03); Kanzler, Palatin, Tribun, Richter, Kämmerer, Truchseß, Untertruchseß, Unterschenk, Bannerträger, Jäger (1222); Hofrichter (1224); Unterrichter, Schenk (1225); Notar, Schwertträger (1226); Marschall (1238); Unterjäger (1239); Untermarschall (vor 1240); Schatzmeister (1243-46); Schreiber (1265); Unterschatzmeister (1267). Ein claviger ist nicht belegt.

1823) SUb I, 222.

1824) Schwertträger (1226); Untermarschall (vor 1240); Tribun (1241); Schenk (1258); Unterschatzmeister (1267); Jäger (1274); Kanzler (1290); Marschall, Bannerträger (1291); Palatin (1294); Unterrichter, Truchseß, Unterjäger (1297); Kämmerer, Unterschenk (1298); Notar, Schreiber, Kastellan, Hofrichter, Richter, Untertruchseß, Schatzmeister (1299). Ein claviger ist nicht belegt.

1825) Kastellan (1202/03-1299 = 98/97 Jahre); Richter (1222-1299 = 78 Jahre); Kämmerer, Unterschenk (1222-1298 = 77 Jahre); Hofrichter (1224-1299 = 76 Jahre), Truchseß (1222-1297 = 76 Jahre); Notar (1226-1299 = 74 Jahre); Palatin (1222-1294 = 73 Jahre), Unterrichter (1225-1297 = 73 Jahre); Untertruchseß, Bannerträger (1222-1291 = 70 Jahre); Kanzler (1222-1290 = 69 Jahre); Unterjäger (1239-1297 = 59 Jahre); Schatzmeister (1243/46-1299 = 57/54 Jahre); Marschall (1238-1291 = 54 Jahre); Jäger (1222-1274 = 53 Jahre); Schreiber (1265-1299 = 35 Jahre); Schenk (1225-1258 = 34 Jahre); Tribun (1222-1241 = 20 Jahre); Untermarschall (vor 1240 = 1 Jahr), Unterschatzmeister (1267 = 1 Jahr), Schwertträger (1226= 1 Jahr). Ein claviger ist nicht belegt.

Ämter des Bannerträgers, Schwertträgers und Unterjägers zum Teil erheblich länger erwähnt werden als im ducatus Silesiae. Bei den letztmaligen Nennungen stimmt für beide Landesteile überein, daß die wichtigen Ämter im Großen und Ganzen am spätesten aus den Quellen verschwinden. Die letztmalige Erwähnung von Ämtern setzt in Oberschlesien 1226, in Niederschlesien 1233 ein.

Für jedes Herzogtum ist ein mehr oder minder ausgeprägter 'Hofstaat' belegt[1826], der in den Herzogtümern Löwenberg und Steinau allerdings minimal und auch im Herzogtum Sagan noch klein ist. Von mittlerer Größe sind jener des Bistums Breslau, der Herzogtümer Cosel-Beuthen, Teschen, Ratibor (seit 1291) und Glogau. Recht umfangreich ist bereits der 'Hofstaat' im Herzogtum Breslau, nahezu vollständig jener der Herzogtümer Schlesien (ab 1248 Liegnitz) und Oppeln. Im Unterschied zu den drei nur kurzfristig selbständigen niederschlesischen Herzogtümern Löwenberg, Steinau und Sagan verfügen die 1281 beziehungsweise 1291 entstandenen oberschlesischen Herzogtümer Cosel-Beuthen und Ratibor über einen verhältnismäßig großen Hofstaat. Überhaupt gilt, daß in den Fürstentümern des ducatus Opoliensis offensichtlich auf eine vollständigere Bekleidung der Ämter Wert gelegt wird. Dies kann einerseits auf das Betreiben der Herzöge zurückgehen, andererseits von einem stärkeren politischen Gewicht oder Mitbestimmungsrecht des dortigen Adels zeugen.

Im Bistum Breslau ist der erste Amtsinhaber unter Bischof Lorenz belegt, dessen 'Hofstaat' nur aus diesem Untertruchseß besteht. Die bischöflichen Nachfolger legen auf eine vollständig besetzte Kanzlei Wert sowie auf Untertruchseß, Schenk und Marschall. Im Herzogtum Schlesien beziehungsweise dem späteren Herzogtum Liegnitz verfügt Herzog Boleslaus I. lediglich über einen Kanzler, wogegen der 'Hofstaat' seines Nachfolgers Heinrich I. bis auf den Unterjäger vollständig ist. Mit Ausnahme von Schatzmeister, Banner- und Schwertträger - teilweise auch von Schenk und Marschall - sind dann die Ämter unter Heinrich II., Boleslaus II. und Heinrich V. besetzt. Zum 'Hofstaat' Herzog Bolkos I. gehören dann nur noch die Kanzleibeamten sowie Hofrichter, Kämmerer und Marschall. Für das Herzogtum Löwenberg ist unter seinem einzigen Herrscher Bernhard nur ein Schreiber bekannt. Im Herzogtum Breslau fehlen unter der gemeinsamen Herrschaft Heinrichs III. und Wladislaus' sowie unter Heinrich IV. Schatzmeister, Banner- und Schwertträger, bei den beiden Erstgenannten zusätzlich der Kanzler. Für die Zeit der Alleinherrschaft Wladislaus' lassen sich nur Notar, Schreiber, Hof- und Unterrichter, Kämmerer und Untertruchseß nachweisen, also nur ein Teil des vorhergehenden und nachfolgenden 'Hofstaates'. Im Herzogtum Glogau fehlen unter Herzog Konrad I. lediglich Unterrichter, Schatzmeister, Banner- und Schwertträger. Der 'Hofstaat' seines Nachfolgers Heinrich I. besteht dagegen lediglich aus den Kanzleibe-

---

1826) Anzahl der bekleideten Ämter im Bistum Breslau 8, in den Herzogtümern Schlesien (ab 1248 Liegnitz) 19, Löwenberg 1, Breslau 16, Glogau 1, Steinau 2, Sagan 5, Ratibor (ab 1202 Oppeln) 21, Teschen 10, Ratibor (seit 1291) 10, Cosel-Beuthen 9.

amten sowie Palatin, Hofrichter und Marschall! Im Herzogtum Steinau sind unter seinem Herrscher Primislaus nur Notar und Hofrichter belegt. Der Saganer Herzog Konrad II. verfügt über die Kanzleibeamten sowie Richter und Marschall. Im Herzogtum Oppeln begegnet ein 'Hofstaat' erst unter den gemeinsam regierenden Herzögen Kasimir I. und Mieszko II. Bis auf die Positionen von Schreiber, Marschall und Schatzmeister mit Unterbeamten sowie Unterjäger sind alle Ämter belegt. Unter den Nachfolgern fehlt dann durchgängig der Schwertträger. Viola von Oppeln verfügt über Kanzler, Notar, Palatin, Richter, Truchseß, Schenk, Marschall und Jäger. Verhältnismäßig ähnlich und groß sind der 'Hofstaat' Mieszkos II. und der Wladislaus' I. Beide haben weder Kanzler, noch Truchseß, Mieszko II. allerdings zusätzlich Unterrichter, Untermarschall und Bannerträger, Wladislaus I. zusätzlich jedoch Schreiber, Schenk, Marschall und Unterschatzmeister. Boleslaus I. dagegen kommt allein mit Notar, Palatin, Hofrichter, Marschall und Unterjäger aus. Im Herzogtum Teschen besteht der 'Hofstaat' während der gemeinsamen Herrschaft Mieszkos I. und Primislaus' aus Kanzler, Notar, Palatin, Hofrichter, Kämmerer, Truchseß, Untertruchseß und Unterschenk. Nach dem Ausscheiden Primislaus' hat Mieszko weder Kanzler, noch Notar, Untertruchseß und Unterschenk, erweitert seinen 'Hofstaat' jedoch um Unterrichter und Bannerträger. Im Herzogtum Ratibor, das Primislaus regiert, sind die Ämter von Notar, Schreiber, Hof- und Unterrichter, Kämmerer, Untertruchseß, Unterschenk, Schatzmeister, Bannerträger und Unterjäger besetzt. Im Herzogtum Cosel-Beuthen schließlich sind Notar, das gesamte Richterkollegium, Kämmerer, Truchseß, Unterschenk, Marschall und Schatzmeister unter Kasimir II. belegt.

Aus dieser summarischen Betrachtung ergibt sich, daß die ämtermäßige Zusammensetzung der 'Hofstaaten' in den Herzogtümern des ducatus Opoliensis instabiler als in jenen Niederschlesiens ist. Es zeigt sich zudem, daß die 'persönlichen Hofstaaten' der Herrscher - auch ein und desselben Herzogtums - von Umfang und Zusammensetzung her sehr unterschiedlich sind; in keinem Fall wird ein 'Hofstaat' in seinen Ämtern vollständig übernommen. Endlich wird deutlich, daß das Ämterwesen in Schlesien bis zum Ende des 13. Jahrhunderts nicht fest ausgeprägt, sondern variabel ist.

Zur Frage, wie eine Person in ein Amt gelangt[1827], geben lediglich eine Stelle im 'Heinrichauer Gründungsbuch' und eine Urkunde Auskunft. Im ersten Fall handelt es sich um die Berufung des Geistlichen Nikolaus[1828] zum Notar. Dieses Amt wird

---

1827) In der Literatur wird ganz allgemein davon ausgegangen, daß allein der Herzog Beamte beruft, befördert, mit einem anderen Amt betraut und entläßt, und zwar nach eigenem Belieben; so z.B. selbst BOGUCKI, Studia, S. 17 und speziell für Palatin und Kastellan RAUSCH, S. 104, 80. Anders dagegen auf Grund der Stelle im GB (vgl. Anm. 1829) bei Berufungen CETWIŃSKI, Bd. I, S. 178.
1828) Vgl. Personenverzeichnis unter Johannes [68].

ihm „auf einstimmigen Rat der Vornehmen vom Herzog selbst übertragen"[1829]. Ebenfalls vom Herzog „verliehen und übertragen" wird dem Helwig das „Amt des Notars für das gesamte Land Steinau"[1830]. Dies geschieht allerdings erst nach „erhaltenem, weisem Rat der getreuen Barone"[1831]. Beide Male ist es also der Herzog, der unter Mitwirkung der Vornehmen beziehungsweise der Barone das Amt vergibt. Offen bleibt in beiden Fällen allerdings, ob der Ratschlag der Adligen für den Herzog bindend ist. Fraglich erscheint auch, ob diese Art der Amtsberufung für alle Ämter gilt. Die Skepsis ergibt sich zum einen aus dem 'Heinrichauer Gründungsbuch' selbst, das von landfremden[1832] Mönchen verfaßt ist und gerade hinsichtlich des 'eigentlichen Klostergründers' eine gewisse, ihn überhöhende Tendenz verfolgt, die sich hier in der allgemeinen und einmütigen Befürwortung der Übertragung des Notariats an Nikolaus[1828] zeigt. Zum anderen geht es hier jeweils um eine Spitzenposition, die des obersten Notars und damit, „um die Wahrheit zu sagen, um die Staatsleitung über das ganze Land Schlesien"[1829] beziehungsweise das Herzogtum Steinau. Eine Beteiligung des Adels mag in diesem Falle und jenem der anderen wichtigen Staatsämter durchaus möglich sein, bei der Bestellung eines clavigers, eines Jägers oder anderer wenig wichtiger Funktionsträger scheint sie jedoch unwahrscheinlich. Zudem ist ganz allgemein nicht anzunehmen, daß die Herzöge an der Berufung ihrer Hofbeamten - der Beamten ihres Hofes - andere teilhaben lassen und schon gar nicht die Gruppe, aus der sie auswählen. Auf Grund dieser Überlegungen erscheint am wahrscheinlichsten, daß der Adel oder Teile von ihm in irgendeiner Form an der Besetzung der wichtigen Ämter - Kanzler, Notar, Palatin, Kastellan, vielleicht Richter (wohl die Staatsämter) und in den Herzogtümern Breslau und Liegnitz zwischen 1260 und 1300 womöglich auch Marschall - beteiligt ist, wogegen bei den weniger wichtigen Ämtern - wohl den Hofämtern - die Herzöge nach eigenem Belieben entscheiden.

Ob aus den Lücken der Ämterlisten zu schließen ist, ob die einzelnen Positionen nicht ständig vergeben waren, manche sogar längere Zeit nicht besetzt waren und schließlich verschwanden, muß offen bleiben. Es ist auch nicht erkennbar, ob dies am Willen des bzw. der Berufenden liegt oder ob sich dies einfach aus einer zeitweilig oder letztlich dauernd nicht mehr gegebenen Notwendigkeit eines Amtes am Hof oder im Staat ergibt. Auch ist nicht zu klären, von wem die Abberufung von einem Amt ausgeht[1827]. Feststellbar ist lediglich, daß die Ämter nicht auf Lebenszeit vergeben werden und ein erblich begründeter Anspruch eines Adligen auf ein Amt nicht existiert.

1829) GB, S. 238: „et dicto Nicolao summe notarie offitium et, ut verum dicam, regimen tocius terre Sleziensis unanimi consilio maiorum natu ab ipso duce commiteretur."
1830) SUb V, 282: „tocius nostre terre Stynauiensis conferimus et committimus officium notariae…"
1831) SUb V, 282: „… sanoque nostrorum baronum fidelium accedente consilio …"
1832) Vgl. S. 118.

Von den bis 1300 gezählten 2688 Adligen[1833] bekleiden insgesamt 605 (22,5 %) Personen ein Landes- oder Hofamt, eventuell auch mehrere zu unterschiedlichen Zeiten. Folglich ist rund jeder vierte Adlige Amtsträger. Von den 605 Amtsinhabern werden 34 (1,3 % aller Adligen; 5,6 % der Amtsinhaber) mit ihren Amtsbezeichnungen nur in Fälschungen erwähnt, die übrigen 571 (21,2 %; 94,4 %) dagegen in echten Urkunden. Der Anteil jener Amtsträger, die aus zugewanderten Familien stammen, beläuft sich insgesamt auf 8,8 % oder 53 Personen. Davon werden 52 in echten, eine nur in einer gefälschten Urkunde genannt. Der zugewanderte Adel ist damit im Vergleich zu seinem Anteil von 20,3 % am Gesamtadel[1833] deutlich unterrepräsentiert. Von den 53 Amtsinhabern aus zugewanderten Familien gehören 36 (67,9 %) Geschlechtern an, die aus dem deutschen Reich stammen[1834], zwölf (22,6 %) Familien, die aus den übrigen polnischen Gebieten zugewandert sind[1835], je zwei (3,8 %) sind wallonischer[1836] bzw. deutschwallonischer[1837] Herkunft und einer (1,9 %) stammt von einer böhmischen Familie ab[1838].

In welche Ämter gelangen diese 53 Perrsonen und in welcher Zahl ? Als bischöflicher Kanzler wird Walter[504], als Kanzler Herzog Heinrichs IV. von Breslau Bernhard d. Ä. von Kamenz genannt, als Notar erscheinen fünf Personen[1839], davon eine zunächst als Schreiber[1840], als Palatin vier[1841], als Kastellan 23[1842], als Hofrichter

---

1833) Vgl. S. 100f.
1834) Siegfried und Theoderich von Baruth; Gunther und Gunther d. J. von Biberstein; Heinrich von Blesow; Berthold von Bohrau; Konrad und Nikolaus von Borsnitz; Friedrich von Buntense; Theoderich, Siban und Werner von Dyhrn; Hermann von Eichelborn; Johannes von Indagine; Bernhard d. Ä. von Kamenz; Wolfram von Kemnitz; Friedrich von Lobel; Friedrich von Loben; Hertwig von Nostitz; Wolfram von Pannwitz; Theoderich von Pesna; Thymo von Poserne; Walwan und Iwan von Profen; Konrad von Reichenbach; Hartmann von Ronow; Reinhard Schaffgotsch; Reinsko von Schwenkenfeldt; Apetzko von Seidlitz; Konrad d. Ä. Swab; Friedrich von Waldow; Gebhard, Thymo, Heinrich, Mrosco und Bogus von Wisenburg.
1835) Andreas [12]; Clemens [2]; Nikolaus (vgl.Personenverzeichnis unter Johannes [68]); Peter von Krakau; Peter von Liebenau; Obeslaus; Servatius; Boguslaus, Boguslaus d. J., Radozlaus und Woytech von Strehlen; Wlodimir [2].
1836) Walter und Simon Gallici.
1837) Albert cum barba und Albertus von Tepliwoda.
1838) Johannes [8].
1839) Friedrich von Buntense; Johannes von Indagine; Friedrich von Lobel. - Nikolaus (vgl. Personenverzeichnis unter Johannes [68]). - Johannes [8].
1840) Nikolaus (vgl Personenverzeichnis unter Johannes [68]).
1841) Clemens [2]; Peter von Krakau; Peter von Liebenau. - Simon Gallici.
1842) Siegfried und Theoderich von Baruth; Nikolaus von Borsnitz; Theoderich von Dyhrn; Friedrich von Loben; Hertwig von Nostitz; Wolfram von Pannwitz; Theoderich von Pesna; Reinhard Schaffgotsch; Reinsko von Schwenkenfeldt; Apetzko von Seidlitz; Friedrich von Waldow; Gebhard, Heinrich, Mrosco und Bogus von Wisenburg. - Clemens [2]; Servatius; Boguslaus, Radozlaus und Woytech von Strehlen; Wlodimir [2]. - Simon Gallici.

sieben[1843] und als Richter zwei[1844], Kämmerer sind sechs Adlige[1845], Truchseß ebenfalls sechs[1846], Schenk drei[1847], Marschall acht[1848] und Jäger ist einer, nämlich Gunther d. J. von Biberstein. Die 53 aus zugewanderten Familien stammenden Personen gelangen also sowohl in Landes- als auch in Hofämter, und zwar in höchste, aber ebenso in niedere Positionen. Manche Adlige bekleiden mehrere Ämter. Bemerkenswert ist, daß sich unter den vier Palatinen kein Deutschstämmiger befindet.

Die zahlenmäßig[1849] meisten Angehörigen aus Zuwandererfamilien gelangen im Herzogtum Schlesien, ab 1248 Herzogtum Liegnitz, (1163-1300) zu Amt und Würden, nämlich 19 Personen[1850]. Im Herzogtum Breslau (1248-90) bekleiden 14 Adlige[1851] dieser Gruppe ein Amt, in Glogau (1249/50-73/74) zehn[1852]; im Bistum Breslau (1000-1300) sind es zwei[1853], im Herzogtum Ratibor, ab 1202 Herzogtum Oppeln, (1163-1300) ebensoviele[1854] und in Sagan (1273/74-1300) auch[1855], in den Herzogtümern Steinau (1273/74-1289) und Löwenberg (1278-96) dagegen jeweils nur einer[1856]. Im Dienst des Herzogs von Großpolen steht Servatius, in jenem des Herzogs von Krakau Wlodimir [2].

1843) Siban von Dyhrn; Wolfram von Pannwitz; Iwan von Profen; Konrad von Reichenbach; Thymo und Heinrich von Wisenburg. - Albert cum barba von Tepliwoda.
1844) Radozlaus von Strehlen; Heinrich von Wisenburg.
1845) Gunther von Biberstein; Wolfram von Kemnitz; Hartmann von Ronow; Thymo von Wisenburg. - Boguslaus d. J. von Strehlen. - Simon Gallici.
1846) Heinrich von Blesow; Berthold von Bohrau; Thymo von Poserne; Heinrich von Wisenburg. Obeslaus. - Albert cum barba von Tepliwoda.
1847) Hermann von Eichelborn; Thymo von Poserne; Konrad d. Ä. Swab.
1848) Konrad von Borsnitz; Werner von Dyhrn; Walwan und Iwan von Profen; Thymo von Poserne; Mrosco von Wisenburg. - Andreas [12]. - Albertus von Tepliwoda.
1849) Eine verläßliche, prozentuale Angabe mit Bezug auf die Gesamtheit der Amtsinhaber eines Herzogtums ist wegen der wechselnden Zugehörigkeit der Kastellaneien zu den verschiedenen Herzogtümern sowie der geographischen, aber nicht territorialen Kennzeichnung einiger Ämter, etwa dem des clavigers, nicht möglich.
1850) Gunther und Gunther d. J. von Biberstein; Berthold von Bohrau; Peter von Liebenau; Friedrich von Loben; Obeslaus; Thymo von Poserne; Walwan von Profen; Hartmann von Ronow; Reinhard Schaffgotsch; Reinsko von Schwenkenfeldt; Apetzko von Seidlitz; Boguslaus d. Ä. und Radozlaus von Strehlen; Konrad d. Ä. Swab; Albert cum barba von Tepliwoda; Friedrich von Waldow; Thymo und Gebhard von Wisenburg.
1851) Siegfried von Baruth; Heinrich von Blesow; Konrad von Borsnitz; Hermann von Eichelborn; Simon Gallici; Nikolaus (vgl. Personenverzeichnis unter Johannes [68]); Bernhard d. Ä. von Kamenz; Wolfram von Kemnitz; Peter von Krakau; Konrad von Reichenbach; Woytech und Boguslaus d. J. von Strehlen; Albertus von Tepliwoda; Heinrich von Wisenburg.
1852) Theoderich von Baruth; Siban, Theoderich und Werner von Dyhrn; Johannes von Indagine; Friedrich von Lobel; Wolfram von Pannwitz; Theoderich von Pesna; Bogus und Mrosco von Wisenburg.
1853) Walter Gallici; Johannes [8].
1854) Andreas [12]; Clemens [2].
1855) Nikolaus von Borsnitz; Friedrich von Buntense.
1856) Herzogtum Steinau: Hertwig von Nostitz; Herzogtum Löwenberg: Iwan von Profen.

In der Literatur herrscht allgemein die Ansicht, daß zum einen die Angehörigen der bedeutenderen Familien vorwiegend hohe Landes- und Hofämter bekleiden[1857], zum anderen diese Positionen den Mitgliedern der ersten Adelsfamilien nahezu vorbehalten sind[1858]. Zu den bedeutenderen Geschlechtern gehören die Baruth[1859], Biberstein[1860], Briese[1861], die Familie des Clemens [2][1862], die Dyhrn[1863], die Familien Dirsicraiowitz[1864], Gallici[1865], Goslawitz[1866] und Mironowitz[1867], die Nostitz[1868], Pogarell[1869], Poseritz[1870] und Poserne[1871], die Familie des Radozlaus [1][1872], die Schessici[1873], Schildberg[1874], Schnellewalde[1875], Strehlen[1876], Swab[1877], Tepliwoda[1878], Wildschütz[1879], Wisenburg[1880] und Würben[1881]. Wie ersichtlich[1882], bekleiden die Angehörigen dieser

---

1857) Geschichte Schlesiens, Bd. 1, S. 244; BOGUCKI, O starszénstwie urzędów, S. 484f.
1858) Geschichte Schlesiens, Bd.1, S. 245; BOGUCKI, O starszénstwie urzędów, S. 484f.
1859) Siegfried: Kastellan von Breslau; Theoderich: Kastellan.
1860) Gunther: Kämmerer; Gunther d. J.: Jäger.
1861) Radozlaus Dremlic: Hofrichter und Kastellan von Ritschen.
1862) Clemens [2]: Palatin und Kastellan von Ritschen; Johannes: Kastellan.
1863) Theoderich: Kastellan; Siban: Hofrichter; Werner: Marschall.
1864) Stoygnew: Kastellan; Werner: Palatin und Kastellan.
1865) Eberhard: angeblicher Hofrichter; Walter: Kanzler; Simon: Kastellan, Palatin und Kämmerer.
1866) Pribico von Prerichim: Kastellan; Konrad: Notar; Peter: Kanzler; Sbilutus: Kastellan und Hofrichter; Thomas: Kanzler.
1867) Miro: Kastellan; Ycho: Kämmerer und Palatin; Michael von Schosnitz: Richter, Marschall, Palatin sowie Kastellan von Nimptsch und Breslau; Mironcho von Parchwitz: Palatin und Kastellan von Breslau.
1868) Hertwig: Kastellan.
1869) Predslaus: Schenk und Kastellan; Gerlach: Notar; Mrosco: Kastellan von Ritschen und Palatin; Jaroslaus von Habendorf: Kastellan; Jaroslaus: Kastellan von Ritschen und Nimptsch; Predslaus: Bannerträger; Ianusius von Michelau: Hofrichter und Kastellan von Nimptsch.
1870) Wilschek: Kastellan von angeblich Nimptsch; Hemerammus: Kastellan von Ritschen und angeblich Breslau.
1871) Thymo: Marschall, Schenk und Truchseß.
1872) Radozlaus [1]: Richter; Sbroslaus: Kastellan; Smilo: Unterschenk.
1873) Pachoslaus: Marschall; Heinrich: Unterkämmerer.
1874) Sambor d. J.: Untertruchseß und Kastellan.
1875) Iaxa: Kastellan von Nimptsch und Breslau; Vinzenz: Untermarschall; Stephan: Tribun und Palatin.
1876) Boguslaus: Kastellan von Ritschen, Breslau und Nimptsch; Boguslaus d. J.: Kämmerer; Radozlaus: Richter und Kastellan von Breslau.
1877) Konrad: Unterschenk und Schenk.
1878) Albert cum barba: Untertruchseß; Albertus: Marschall.
1879) Sbroslaus: Schatzmeister, Kastellan und Landrichter; Michael: Unterschenk und Kastellan.
1880) Gebhard: Kastellan; Thymo: Unterkämmerer und Hofrichter; Heinrich: angeblicher Kastellan, Truchseß und Hofrichter; Mrosco: Marschall und Kastellan; Bogus: Kastellan.
1881) Stephan: Kastellan von Nimptsch; Johannes: Kastellan von Ritschen; Stephan d. J.: Untertruchseß; Andreas: Marschall.
1882) Vgl. die Angaben in den Anm. 1859 bis 1881.

Geschlechter in der Tat ganz überwiegend hohe Landes- und Hofämter, nämlich jene des Kanzlers, Notars, Palatins, Kastellans, der Richter, des Kämmerers und des Marschalls. Nur einige wenige Personen werden ausschließlich in niederen Positionen genannt, so daß insgesamt die erste Ansicht zutreffend ist. Hinsichtlich der zweiten in der Literatur vertretenen Auffassung ergibt sich ein anderes Bild. Hier zeigt ein Blick in die Personenlisten der entsprechenden Ämter, daß die Angehörigen der bedeutenderen Familien keineswegs dominieren, sondern vielmehr eine Minderheit darstellen. Im günstigsten Fall - wie bei den Marschällen[1883] und Palatinen[1884] - liegt ihr Anteil bei einem Drittel der Amtsinhaber. Bemerkenswert häufig erscheinen Mitglieder bedeutenderer Geschlechter allerdings unter den Kastellanen und Tribunen von Nimptsch[1885], Ritschen[1886] und Breslau[1887]; hier stellen sie die Mehrheit - um zwei Drittel - der Amtsträger.

Eine Ämterlaufbahn gibt es nicht, so daß Karrieren in Landes- und Hofämtern im Sinne der Bekleidung weniger bedeutender oder bedeutenderer, weniger angesehener oder angesehenerer Amtspositionen die Ausnahme sind. In der Regel bekleidet ein Adliger nur ein Amt. Handelt es sich dabei um die Funktion eines Unterbeamten, so gelangt er nur selten über diese Position hinaus. Gegenbeispiele sind etwa Janko, der es vom Unterschatzmeister zum Schatzmeister bringt, Konrad von Borsnitz, erst Untermarschall, dann Marschall, Hermann von Eichelborn, zunächst Unterschenk, schließlich Schenk, und bei den Truchsessen Heinrich von Blesow und Nikolaus [25]. Allerdings kommt es gelegentlich auch zu durchaus bemerkenswerten Amtskarrieren, von denen hier einige vorgestellt werden sollen. Der Adlige Chotco bekleidet anfänglich von 1239 bis 1241 das Amt des Unterschenks, 1243 wird er als Unterkämmerer genannt, 1245 und 1246 amtiert er als Kastellan von Ratibor[1888]. Sein Aufstieg vollzieht sich im Dienst nur eines Herzogs, nämlich Mieszkos II. von Oppeln. Anders ist dies bei Stosso[418], der seine Amtsstellung bei jedem Herrscherwechsel verbessert. Unter Boleslaus II. von Liegnitz ist er 1248 Richter, unter Konrad I. von Glogau zwischen 1251 und 1253 Kastellan von Sandewalde, 1262 wird er unter Heinrich III. und Wladislaus von Breslau Kastellan von Schweidnitz sowie 1276 während der Herrschaft Heinrichs IV. von Breslau Kastellan von Breslau[1889], also einer der drei bedeutenden Kastellaneien. Mrosco von Pogarell dagegen bleibt auch beim Übergang der Herrschaft von Boleslaus II. auf Heinrich III. infolge der Landesteilung um 1248 in seinem Amt als

---

1883) Von 29 Marschällen gehören 9 den bedeutenderen Familien an.
1884) Von 28 Palatinen gehören 8 den bedeutenderen Familien an.
1885) Von 13 Kastellanen und Tribunen von Nimptsch gehören 9 den bedeutenderen Familien an.
1886) Von 10 Kastellanen von Ritschen gehören 6 den bedeutenderen Familien an.
1887) Von 14 Kastellanen und Tribunen von Breslau gehören 8 den bedeutenderen Familien an.
1888) Unterschenk: SUb II, 165, 166, 187, 210; Unterkämmerer: SUb II, 242; Kastellan von Ratibor: SUb II, 284, 310, 311.
1889) Richter: SUb II, 344; Kastellan von Sandewalde: SUb III, 20, 25, 103, †567; Kastellan von Schweidnitz: SUb III, 421; Kastellan von Breslau: SUb IV, 300.

Kastellan von Ritschen, das er von 1244 bis 1253 innehat. Zuvor amtierte er 1243 als Kastellan von Crossen. Nach seinem Wechsel zum Herzog von Oppeln erscheint er dort von 1258 bis 1269 im höchsten Amt als Palatin, vielleicht als Belohnung für seinen Übertritt[1890]. Ebenfalls Karriere machen Radozlaus von Briese - vom Richter zum Kastellan von Ritschen - und Lorenz [11], der es vom claviger über den Unterkämmerer (bei drei Herzögen!) zum Unterrichter bringt. Bewährte Palatine werden - ohne daß dies eine Abstufung sein müßte - offensichtlich gern als Kastellane eingesetzt, wie dies bei Clemens [2], Werner[1891] und Simon[504] der Fall ist[1892]. Gleiches gilt für Michael von Schosnitz[1547], der vom Hofrichter über den Marschall zum Palatin aufsteigt, um dann die Kastellanämter von Nimptsch und Breslau zu bekleiden[1893]. Nicht so geradlinig wie bisher geschildert, verläuft die Karriere von Sbroslaus von Wildschütz. Er ist zunächst Schatzmeister, steigt dann zum Kastellan von Cosel empor und bekleidet schließlich das etwas weniger angesehene Amt eines Landrichters[1894]. Im Unterschied zu den dargestellten Aufstiegen sind regelrechte Zurückstufungen in den Amtspositionen nicht belegt.

Bei den Ämtern ist eine eindeutige Unterscheidung in Landes- und Hofämter auf Grund von Quellenangaben nicht möglich. Infolge allgemeiner Annahmen können jedoch die Kanzleiämter, die Positionen von Palatin, Kastellan und Tribun wohl den Landesämtern, jene der Richter, von Kämmerer, Truchseß und Untertruchseß, Schenk und Unterschenk sowie Marschall und Untermarschall den Hofämtern zugerechnet werden. Die Ämter von Schatzmeister und Unterschatzmeister, Banner- und Schwertträger, Jäger und Unterjäger sowie claviger bleiben dagegen indifferent, sofern es sich bei den 'Oberämtern' nicht um höfische Titularwürden handelt.

Die Kanzleiämter nehmen eine relativ selbständige Stellung ein. Wegen der geforderten Lese- und Schreibfähigkeiten werden die Positionen von Kanzler, Notar bzw. Protonotar und Schreiber ausschließlich mit Geistlichen, und zwar vorwiegend adliger Herkunft, besetzt. Zu den Aufgaben der Amtsinhaber gehört das Abfassen und Schreiben von Urkunden. Der Kanzler ist zudem engster Berater und Vertrauter des Herzogs. Das Amt des Palatins wird nach polnischem Vorbild über-

---

1890) Kastellan von Crossen: SUb II, 252; Kastellan von Ritschen: SUb II, 270, 272, 273, 297, 299, 323, 388, 392, 410, 411, 412, 413, III, 8, 11, 19, 22, 37, 60, 61, 97, 105, †558; Palatin: SUb III, 269, 463, IV, 93, †440.
1891) Vgl. Personenverzeichnis unter Dirsicraiowitz.
1892) Clemens [2]: Palatin, Kastellan von Ritschen, dann von Krakau; Werner: Palatin, Kastellan von Auschwitz, dann von Cosel; Simon: Palatin, Kastellan von Steinau, dann von Wieluń und Nimptsch.
1893) Hofrichter: SUb III, 151, 251, 254, 255, 267, 281, 298; Marschall: SUb III, 318; Palatin: SUb III, 376, 377, 421, 424; Kastellan von Nimptsch: SUb IV, 368, 370; Kastellan von Breslau: SUb V, 9, 13, 14, 66, 74, 156.
1894) Schatzmeister: SUb IV, 239; Kastellan von Cosel: SUb V, 324; Landrichter: SUb V, 410.

nommen, wobei sich in Schlesien vier Palatinate herausbilden: in Breslau, Oppeln, Glogau und Liegnitz. In den anderen, später entstandenen schlesischen Herzogtümern ist es auf Grund deren geringer Größe entbehrlich. Der Palatin verfügt als höchster Beamter über weitgehende militärische und juristische Kompetenzen, zudem vertritt er den Landesherrn bei dessen Abwesenheit. Beim Kastellan ist zwischen dem Vorsteher eines Kastellaneibezirks, einem Militärkommandanten und einem in der Stadt sitzenden Burggrafen zu unterscheiden. Dem Kastellaneivorsteher kommen militärische, juristische und verwaltungsmäßige Kompetenzen innerhalb seines Bezirks zu, wogegen der Militärkommandant auf soldatische Befugnisse beschränkt ist. Diese beiden Beamten sind Repräsentanten der Kastellaneiverfassung, wogegen der in einer Stadtburg sitzende, wohl ebenfalls nur militärische Kompetenzen habende Kastellan ein Amtsträger der späteren Weichbildverfassung ist. Hilfsbeamter der beiden älteren Kastellane ist der Tribun, der letztmalig jedoch bereits 1241 genannt wird. Hofrichter, Richter und Unterrichter bilden das Kollegium des Hofgerichts, der höchsten juristischen Instanz. Vor ihm werden auch die Rechtsstreitigkeiten der Adligen untereinander verhandelt. Für spezielle Einzelfälle können besondere Hofrichter ernannt werden. Das Amt des Kämmerers im klassischen Sinne eines Würdenträgers gibt es in Schlesien bis etwa 1290 nicht. Als Kämmerer werden bis dahin Beamte in niederer Funktion, tatsächliche Kammerdiener und gelegentlich auch Palatine bezeichnet. Die Beamten führen herzogliche Aufträge verschiedenster Art aus und werden schließlich Vorsteher des landesherrlichen Haushaltes. Der Truchseß ist zuständig für die Versorgung der Hofgesellschaft mit Speisen und für alles, was damit zusammenhängt. Sein Pendant ist der Schenk, der sich um die Getränke kümmert. Für die herzogliche Pferdehaltung und alles, was damit in Verbindung steht, ist der Marschall zuständig, dessen Amt während der Herrschaft Herzog Heinrichs IV. von Breslau offensichtlich aufgewertet wird. Der Schatzmeister, im ducatus Silesiae nur unter Herzog Heinrich I. von Schlesien, im ducatus Opoliensis über das 13. Jahrhundert hinaus belegt, verwaltet den herzoglichen Schatz. Um repräsentative Ämter handelt es sich bei Banner- und Schwertträger. Erster verwahrt, hält instand und trägt die herzogliche Fahne, letzterer trägt das herzogliche Schwert und ist womöglich für die landesherrliche Rüstkammer verantwortlich. Diese beiden Ämter werden relativ selten bekleidet, das des Schwertträgers nur in der ersten Hälfte des 13. Jahrhunderts, jenes des Bannerträgers im ducatus Silesiae ebenfalls nur in der ersten Hälfte, im ducatus Opoliensis dagegen über das 13. Jahrhundert hinaus. Beim Amt des Hofjägers handelt es sich wohl um die Position eines Oberjägers, dem womöglich die verschiedenen Revierjäger unterstehen. In Jagdangelegenheiten kommt ihm richterliche Funktion zu. Er bereitet herzogliche Jagden vor und führt sie durch. Möglicherweise ist er auch für die Versorgung der Hoftafel mit Wildbret zuständig. Der nur für den ducatus Silesiae belegte claviger ist ein regionaler Finanzbeamter.

Für alle Ämter gilt, daß sie bei Herrscherwechsel und Landesteilung in der Regel neu besetzt werden. Die Amtszeit eines Beamten beläuft sich im allgemeinen nur auf einige Jahre, doch kommt es in einzelnen Ausnahmefällen auch vor, daß jemand zehn Jahre und länger amtiert. Um Titularwürden handelt es sich wohl bei den Ämtern von Truchseß, Schenk, Marschall, Bannerträger und Schwertträger sowie vielleicht bei dem des Jägers. In diesen Fällen wird das Amt tatsächlich ausgeübt von den Unterbeamten, die dann selbständig handeln. Ansonsten fungieren sie als Helfer der Amtsinhaber. Stets sind sie jedoch den 'Oberbeamten' untergeordnet. Nur ausnahmsweise gelingt ihnen der Aufstieg zu 'Oberbeamten'. Dominanz einer Familie in einem bestimmten Amt oder gar dessen Erblichkeit lassen sich nicht feststellen. Auffällig ist jedoch, daß Angehörige bedeutender Geschlechter bevorzugt zu Kastellanen von Breslau, Ritschen und Nimptsch bestellt werden.

Unter den Landes- und Hofämtern wird am frühesten - für Gesamtschlesien betrachtet - jenes des Kanzlers genannt, nämlich zum Jahre 1175. Vom Anfang des 13. Jahrhunderts bis 1222 folgen die Ersterwähnungen aller weiteren wichtigen, bis 1238 auch die der allermeisten weniger bedeutenden Ämter. Die früheste letztmalige Nennung eines Amtes ist die des Schwertträgers im Jahre 1234. Dem schließen sich jene von Tribun und Schatzmeister 1241 beziehungsweise 1267 an. Zwischen 1288 und 1294 werden weitere wenig bedeutende Ämter, darunter aber auch die Position des Palatins, zum letzten Mal erwähnt. Aus diesen Angaben ergibt sich die Zeitspanne der Existenz der verschiedenen Ämter. Insgesamt gilt, daß alle wichtigen Ämter mit am frühesten und längsten in den Quellen genannt werden, aber auch einige der weniger bedeutenden Positionen. Für den ducatus Silesiae ist kein Unterschatzmeister, für den ducatus Opoliensis kein claviger belegt. In Oberschlesien erfolgen die Ersterwähnungen der Ämter später, weshalb auch der Zeitraum ihrer Nennung teilweise erheblich kürzer als in Gesamtschlesien ist. Im Vergleich von ducatus Silesiae und ducatus Opoliensis zeigt sich, daß im großen und ganzen die Landes- und Hofämter in Niederschlesien früher und länger als in Oberschlesien genannt werden. Hier wird jedoch zum Teil wesentlich dauerhafter an den Positionen von Banner- und Schwertträger sowie Unterjäger festgehalten.

Ein kleinerer oder größerer 'Hofstaat' existiert in jedem schlesischen Herzogtum. Fast komplett ist er in den Herzogtümern Schlesien (ab 1248 Liegnitz) und Oppeln. Auf die Bekleidung nahezu aller Landes- und Hofämter wird in den Fürstentümern des ducatus Opoliensis offenbar ein größerer Wert gelegt als in jenen Niederschlesiens. Dies kann dem Wunsch der Herzöge entsprechen oder auf ein stärkeres politisches Gewicht respektive Mitbestimmungsrecht des oberschlesischen Adels zurückzuführen sein. Hier ist allerdings auch die ämtermäßige Zusammensetzung der 'Hofstaaten' instabiler. Sehr unterschiedlich sind in Umfang und Zusammensetzung die 'persönlichen Hofstaaten' der einzelnen Herzöge. In keinem Fall wird solch ein 'Hofstaat' in seinen Ämtern von einem nachfolgenden

Landesherrn übernommen. Insgesamt zeigt sich, daß das Ämterwesen im Schlesien des 13. Jahrhunderts nicht starr, sondern noch veränderlich ist.

In ein Amt berufen wird ein Adliger in der Hauptsache durch den Herzog, der bei der Vergabe der weniger bedeutsamen Positionen - vorwiegend der Hofämter - nach eigenem Ermessen entscheidet. An der Besetzung der wichtigen Ämter, also hauptsächlich der Landesämter, wirkt jedoch wahrscheinlich der Adel oder ein Teil von ihm mit, wobei über die Art und das Ausmaß seiner Beteiligung nichts bekannt ist. Zu den Voraussetzungen zur Bekleidung eines Amtes gehören in einigen Fällen, wie etwa Kastellan und Richter, amtsspezifische Kenntnisse. Ansonsten sind wohl persönliche Bekanntschaft mit dem Landesherrn und Verläßlichkeit, bei der Mitwirkung des Adels sicherlich auch persönliches und familiäres Ansehen von Bedeutung. Wie und von wem Abberufungen erfolgen, warum einzelne Ämter nicht ständig vergeben sind und schließlich verschwinden, läßt sich nicht klären.

Von den bis 1300 gezählten 2688 Adligen bekleiden 605 (22,5 %) Personen ein Landes- oder Hofamt, das heißt rund jeder vierte Adlige ist Amtsträger. Aus zugewanderten Familien stammen 53 (8,8 %) Amtsinhaber, womit der nicht eingesessene Adel im Vergleich zu seinem Anteil am Gesamtadel von 20,3 % deutlich unterrepräsentiert ist. 36 (67,9 %) Amtsinhaber gehören aus dem deutschen Reich zugewanderten Familien an, zwölf (22,6 %) stammen von Zuwanderern aus den übrigen Gebieten der Polonia ab, je zwei (je 3,8 %) sind wallonischer beziehungsweise deutschwallonischer, einer (1,9 %) ist böhmischer Herkunft. Ihnen stehen alle Ämter offen, doch findet sich unter den Palatinen kein Deutschstämmiger. Die meisten Angehörigen aus Zuwandererfamilien gelangen in den Herzogtümern Liegnitz, Breslau und Glogau zu Amt und Würden, nur einzelne in einigen anderen Fürstentümern.

Mitglieder bedeutenderer Geschlechter werden in vorwiegend hohe Landes- und Hofämter berufen, ohne daß ihnen jedoch diese Positionen vorbehalten wären. Ein Adliger bekleidet in der Regel nur ein Amt, gelegentlich auch mehrere nacheinander. Eine Ämterlaufbahn gibt es nicht, so daß der Aufstieg eines Unterbeamten zu einem 'Oberbeamten' selten ist. Amtskarrieren im Sinne der Bekleidung eines weniger bedeutenden oder bedeutenderen Amtes sind die Ausnahme, kommen aber im Unterschied zu Zurückstufungen durchaus vor.

Zusätzlich sollen hier noch die **Inhaber von Ämtern im przemyslidischen Schlesien sowie in Böhmen und Mähren** aufgeführt werden, sofern sie in Urkunden, die im 'Schlesischen Urkundenbuch' und den 'Schlesischen Regesten' enthalten sind, genannt werden.

<u>Bistum Olmütz</u>
Kämmerer
Pardus   1256[1895]

1895) SUb III, 187, 188.

Paul	1300[1896]
Truchseß	
Herbord von Füllstein	1251-1288[1897]
Marschall	
Ticzmann Stange	1273[1898]

<u>Herzogtum Troppau</u>

Kanzler	
Heinrich von Füllstein	1281[1899]
Notare	
Heinrich von Füllstein	1281[1900]
Bartholomeus	1282[1901]
Wenzelslaus	1282-1286[1902]
Jakob	1288[1903]
Richter	
Mileta	1235[1904]
Budislaus	1256[1905]
Zwirchs von Nassiedel	1269[1906]
Crizan	1288[1907]
Niculec	1288[1908]
Kämmerer	
Konrad von Füllstein	1281[1909]
Wokko de Crawar	1283[1910]
Bruno [1]	1283[1911]
Truchseß	
Johannes	1281[1912]

1896) SR 2586 (= SUb VI,425).
1897) SUb III, 22, 162, 505, †589, IV, 216, 266, 375, IV, 390, V, 373.
1898) SUb IV, 216.
1899) SUb IV, 435. Zuvor Protonotar.
1900) SUb IV, 424, 428 (stets Protonotar). Später Kanzler.
1901) SUb V, 31, 32.
1902) SUb V, 32, 270 (Protonotar).
1903) SUb V, 373
1904) SUb II, 94.
1905) SUb III, 186.
1906) SUb IV, 100 (zudarius).
1907) SUb V, 373 (vicesudarius).
1908) SUb V, 373 (sudrius).
1909) SUb IV, 428, 435.
1910) SUb V, 50, 51.
1911) SUb V, 63.
1912) SUb IV, 435.

Markgrafschaft Mähren
Notar
Burkhard   1235-1238[1913]
Kämmerer
Theoderich Stange   1282[1914]
Kastellane
G l a t z
Groznata   1169[1915]
Rivinus[1916]   1175-1277[1917]
Witco [1]   1177[1918]
Bogus   1183-1289[1919]
[Smil   um 1211][1920]
[Sbislaus   1213][1921]
[Wilhelm   1213][1921]
Budiuoy   (1219-)1222[1922]
Stiborius   1262[1923]
Rathimir   1268[1924]
Sdizlaus   1268[1925]
[Richard von Dahme   1278][1925]
Konrad von Reno   1295[1926]
G r ä t z
Liuchto   1222[1927]
Rochza   1222[1927]
Szudek   1222[1927]
Witco [2]   1222-24[1928]
Dewiz [2]   1228[1929]

1913) SUb I, †353, II, 94, 148.
1914) SUb V, 31, 32.
1915) SUb I, 43, 44.
1916) Vgl. Personenverzeichnis zum Adel des przemyslidischen Schlesien unter Peregrin.
1917) SUb I, 46 (prefectus), 47 (castellanus).
1918) SUb I, 48.
1919) SUb I, 50, 55.
1920) SUb I, †347.
1921) SUb I, †349.
1922) SUb I, 218, 221.
1923) SUb III, 386 (burcgravius).
1924) SUb IV, 79 (purgravius).
1925) SUb IV, †459.
1926) SUb VI, 184.
1927) SUb I, 217.
1928) SUb I, 217, 250.
1929) SUb I, 292.

Milich	1233[1930]
Wokko	1234[1931]
Pribislaus	1234[1932]
Wokko	1236[1933]
Ratibor	1240[1934]
Ienzcho	1256-1261[1935]
Kuno	1279[1936]
Zawissius	1281[1937]
Strachota	1288[1902]
M o d e r i c z	
Wolfram	1288[1938]
O l m ü t z	
Holach	1224[1939]
Z n a i m	
Bocko von Pernegg	1255[1940]

IV.4.c) Die Gruppe der Barone

Bereits im Abschnitt über die Titulaturen[1941] wurde festgestellt, daß die Barone eine zahlenmäßig kleine Gruppe innerhalb des Adels sind; nur 135 Adlige werden als Barone bezeichnet. Bemerkenswert ist, daß die Barone in den Quellen kaum durch ihre Einzelpersönlichkeiten, denn vielmehr als Gruppe in Erscheinung treten. Trotz ihrer geringen Zahl kommt der Gruppe der Barone eine über die allgemeine Bezeugung von Herzogsurkunden und die Bekleidung von Landes- und Hofämter hinausreichende politisch-staatliche Rolle zu.

In den Urkunden werden die Barone das gesamte 13. Jahrhundert hindurch genannt, und zwar mit zunehmender Tendenz. Zunächst erscheinen sie als Zeugen - so erstmals 1202/03[754] -, dann aber auch in anderem Zusammenhang, wie im Folgenden aus den Formulierungen in den Urkundentexten erschlossen werden soll.

1930) SUb II, 47 (burgravius).
1931) SUb II, 67 (burgrabius).
1932) SUb II, 71 (burgravius).
1933) SUb II, 121 (burgravius).
1934) SUb II, 179.
1935) SUb III, 186, 352 (burcravius), †572 (purchgravius).
1936) SUb IV, 374 (burgravius).
1937) SUb IV, 404 (purcravius).
1938) SR 2063 (= SUb V, 376).
1939) SUb I, 250.
1940) SUb III, 164.
1941) Vgl. S. 103-115, hier S. 107f.

Mit Abstand am häufigsten finden sich in den Texten der Herzogsurkunden Wendungen wie „a/de consilio baronum nostrorum"[1942], „cum consilio baronum nostrorum"[1943], „nos habito consilio baronum nostrorum"[1944] und Ähnliches[1945]. Einmal heißt es sogar, daß der Herzog ein „colloquium" mit seinen Baronen hatte[1946]. All dies drückt aus, daß die Barone den Herzog beraten, der Herzog auf und mit Ratschlag dieser Gruppe des Adels herrschaftliche Verfügungen trifft. Den Baronen kommt also gegenüber dem Landesherrn eindeutig eine beratende Funktion zu.

Bei Verhandlungen, herzoglichen Verleihungen und Entscheidungen wird durch die Anwesenheit der Barone die Öffentlichkeit hergestellt. Vieles geschieht „coram nobis et nostris baronibus"[1947] oder „in presentia nostra et nostrorum baronum"[1948], verschiedentlich auch anders ausgedrückt[1949]. Die Funktion von öffentlichen Zeugen - nicht individueller, sondern kollektiver Art - erhalten die Barone,

---

1942) "a consilio baronum nostrorum" u.ä.: SUb II, 374, 390; „ad consilium fidelium nostrorum baronum": SUb IV, 25; „de consilio baronum suorum/nostrorum" u.ä.: SUb I, 298, II, 375, 389, III, †584, IV, 182, 245, 258, 299, 300, †452; „de ... nostrorumque fidelium baronum consilio": SUb IV, 253; „de ... consilio baronum ac nobilium nostrorum": SUb II, †437; „de consilio et consensu nostrorum baronum": SUb IV, 46: „de communi nostrorum baronum consilio et assensu" u.ä.: SUb IV, 274, 284; „unde unanimi consilio baronum nostrorum": SUb II, 323.

1943) "cum consilio baronum nostrorum" u.ä.: SUb II, 188, 252, 371, III, 101, 103, 353, †567; „cum omni milicia baronum terre mee consilio": SUb I, 291; „cum ... baronum consilio": SUb I, 319.

1944) "nos vero habito super eo maturo et sano consilio nostrorum baronum": SUb IV, †448; „nostrorum baronum maturo habito consilio": SUb IV, 267; „consilio ... fidelium terre nostre baronum habito": SUb III, 147; „habito consilio baronum": SUb II, 354; „nobis accedente baronum nostrorum consilio": SUb IV, 209; „quod matura deliberacione sanoque nostrorum baronum fidelium accedente consilio": SUb V, 282; „communicato consilio maturo baronum nostrorum": SUb IV, 332, 337; „communicato consilio maturo nobilium terre nostre": SUb VI, 272 (nobilium hier offensichtlich für baronum).

1945) "consilio ... baronum meorum": SUb I, 165, †359; „multorum hominum baronumque meorum consilio": SUb I, 114; „unanimi consilio et iudicio baronum nostrorum": SUb I, †371; „omnes barones, quorum consilio et voluntate inductus ista feci": SUb I, 291.

1946) "colloquio habito cum meis baronibus": SUb I, 291.

1947) "coram nobis et nostris baronibus" u.ä.: SUb I, †371, II, 165, 175, †429, †431, III, 45, 124, 125, 281, 418, 424, IV, 67, 154 (fidelibus; angeführt werden dann ausschließlich Barone, ohne daß sie jedoch solchermaßen tituliert werden), VI, 370, GB, S. 281; „coram domino duce et baronibus": GB, S. 256; „coram duce et baronibus suis": GB, S. 266; „coram nostris baronibus" u.ä.: SUb I, †365, II, 8, 73, 276, 295, III, †581, †587; „coram ... omnibus terre nostre baronibus": SUb I, 305; „coram ipso duce Bolezlao et suis baronibus": GB, S. 291; „coram baronibus Slesie": SUb II, 375.

1948) "in presentia nostra et nostrorum baronum" u.ä.: SUb I, 159, 254, 259, 310, †333, II, 392, III, 299, 318, 419, IV, 269; „in presencia nostrorum baronum" u.ä.: SUb III, 388, IV, 35, V, 451; „presentibus baronibus nostris" u.ä.: SUb III, 311, 521, IV, 37, 63, 120, 311, 413, IV, 37, 120, 311, V, 13, VI, 10, 91; „presentibus et testantibus ... nostris baronibus": SUb V, 282.

1949) "affuerunt et tunc temporis baronis nostri": SUb VI, 418; „barones nostros, qui ... interfuisse": SUb IV, 44; Der Herzog redete dem Kloster das Wort, indem er dem Richter und den Baronen das Tun derer von Bobolitz erläuterte: GB, S. 262; Der Herzog macht eine Schenkung zum

wenn Herzogsurkunden „sub testimonio (nostrorum) baronum"[1950] ausgestellt werden.

Auf eine weitergehende Einflußnahme läßt sich schließen, wenn der Herzog mit Einverständnis oder Zustimmung der Barone handelt: „cum consensu/assensu baronum nostrorum"[1951] oder ähnlich formuliert[1952]. Allerdings scheinen Einverständnis oder Zustimmung der Barone nicht grundsätzlich erforderlich zu sein, da auf sie nicht in jeder, sondern vielmehr nur in einigen Herzogsurkunden hingewiesen wird.

Um Einzelfälle handelt es sich bei einer Reihe weiterer Formulierungen. So agiert der Herzog auf Bitten der Barone - „ad preces baronum nostrorum"[1953] -, wird etwas auch durch die Barone bestätigt[1954], geschieht etwas auf deren Erklärung, Aussage hin - „ex assertione baronum nostrorum"[1955] -, auf gemeinsame Beurteilung des Herzogs und der Barone - „nostro iudicio et baronum nostrorum"[1956] -, ferner gar auf Wollen oder Verlangen der Barone - „de voluntate baronum nostrorum"[1957]. Die Nuancen der Einflußnahme mögen realer, vielleicht aber auch nur stilistischer Art sein.

Insgesamt ergibt sich aus diesen eher formelhaften Wendungen in den Urkundentexten, daß die Barone den Herzog in seinen Entscheidungen beraten, sie gelegentlich initiieren und schließlich mittragen, mitverantworten. Aus ihrer - graduell unterschiedlichen - Beteiligung an den Entschließungen ergibt sich auch ihre

---

Seelenheil seiner Vorfahren „quam pluribus baronibus": SUb III, 228; „circuivimus hereditatem cum baronibus nostris" u.ä.: SUb I, 254, 259, †332, †333, †334, †335, †340, †342, †361, II, †422.

1950) "sub testimonio nostrorum baronum": SUb IV, 289, 392, 411; „baronum nostrorum testimonio": SUb II, 392, IV, 392; „testificatione ... baronum": SUb II, 80; „presentibus et testantibus ... nostris baronibus": SUb V, 282; „multi barones nostri nobiles et mediocres" bezeugen etwas: SUb I, 290.

1951) "cum consensu baronum meorum" u.ä.: SUb I, 222, II, 180, 311; „consensu nostrorum baronum accedente": SUb IV, 307; „de consensu baronum nostrorum" u.ä.: SUb IV, 120, 399; „de consilio et consensu nostrorum baronum": SUb IV, 46; „de communi nostrorum baronum consilio et assensu" u.ä.: SUb IV, 274, 284.

1952) "una cum nostris baronibus": SUb III, 22; Der Herzog „cum baronibus meis" verschenkt Dörfer: SUb I, †338, †339, †358.

1953) "ad preces baronum suorum": GB, S. 318; Der Herzog gewährt, „precibus baronum devictus", dem Iesco von Moschwitz wieder seine Gnade: GB, S. 317.

1954) Ein Kauf wird durch das „sigillo ducis et suorum prenominatorum baronum sollempniter confirmata": GB, S. 305.

1955) "ex veridicia baronum nostrorum assercione": SUb IV, 392; „et assercione nostrorum baronum et aliorum virorum": SUb I, †343.

1956) "nostro iudicio et baronum nostrorum": SUb II, 178; „Quapropter ordinavit et statuit consilio et iudicio baronum dominus dux ...": GB, S. 261; „unanimi consilio et iudicio baronum nostrorum": SUb I, †371.

1957) "de voluntate nostrorum baronum": SUb I, †364; „omnes barones, quorum consilio et voluntate inductus ista feci": SUb I, 291.

anzunehmende Funktion als Garanten dieser Entscheidungen über den Tod des Herzogs hinaus. Angewiesen auf den Ratschlag 'seiner Barone' oder gar an ihn gebunden, scheint der Herzog jedoch prinzipiell nicht zu sein.

Die Urkunden enthalten noch weitere Hinweise auf die politisch-staatliche Rolle der Barone, doch handelt es sich dabei fast stets um Einzelmitteilungen. In offensichtlicher Erwartung seines Todes am 22. Februar 1296 schenkt Herzog Heinrich V. von Liegnitz-Breslau am 4. Februar dem Franziskanerinnenkloster St. Klara zu Breslau, in dem er beigesetzt zu werden wünscht, das Dorf Wilschkowitz bei Nimptsch. Obwohl ein Onkel des Herzogs, der Notar, ein weiterer Geistlicher und fünf Adlige als Zeugen anwesend sind, verspricht Herzog Heinrich, die Schenkung vor den Baronen seines Herzogtums und den Breslauer Bürgern bestätigen zu lassen; gültig sein soll sie aber auch, wenn der Herzog inzwischen stürbe[1958]. Die Bestätigung der Schenkung vor den Baronen zeigt zum einen, daß mit den Baronen Öffentlichkeit hergestellt wird und sie somit zu Garanten der Rechtshandlung werden; zum anderen wird aber auch deutlich, daß für die Gültigkeit eines herzoglichen Rechtsaktes eine Beteiligung der Barone grundsätzlich nicht notwendig ist.

In einem anderen Fall vermitteln die Barone in einem Güterstreit zwischen dem Abt von Leubus und dem Adligen Rosec Dirsicraiowitz einen Vergleich, den der Herzog lediglich beurkundet[941]. 1283 tauscht Herzog Heinrich IV. von Breslau von dem Adligen Wenzeslaus [3] ein Erbgut ein gegen drei Hufen Überschaar. Diese drei Hufen erscheinen dem Herzog, seinen Baronen und Räten - „nobis et nostris baronibus et consiliariis", wie es in der Urkunde heißt - jedoch vom Wert her zu gering, so daß das Land von allen Lasten und Leistungen befreit wird[1959]. Womöglich sind es hier die Barone, die das Gleichgewicht zwischen den beiden Tauschpartnern herstellen, nämlich dem Landesherrn und dem kleinen, nicht weiter hervortretenden serviens, der sein Erbgut (!) gegen drei Hufen Überschaar (!) vertauscht oder vielleicht vertauschen muß.

In unklarer Weise kommen den Baronen auch gerichtliche Funktionen und Kompetenzen zu. So nehmen sie am Gericht teil[1960], bald mit dem Herzog[1961], bald mit dem Richter[1962]. Offensichtlich können sie aber auch allein Personen zur Verantwortung ziehen[1963]. Bei Kapitalverbrechen sind der Herzog oder die Barone zu-

---

1958) SUb VI, 241.
1959) SUb V, 57.
1960) "pro tribunali cum nostris baronibus": SUb I, †369.
1961) "Itaque causa ad nostrum delata iudicium nobis cum nostris baronibus iudicio ...": SUb IV, 411.
1962) Der Herzog redete dem Kloster das Wort, indem er dem Richter und den Baronen das Tun derer von Bobolitz erläuterte: GB, S. 262.
1963) "quod coram nullo nostrorum iudicium sive baronum citati respondeant": SUb IV, 54.

ständig[1964]. Schließlich wird die Gerichtsbarkeit im Namen des Herzogs und/oder seiner Barone ausgeübt[1965].

Auch an der Bewilligung von Steuern sind die Barone beteiligt, zumindest im Zeitraum von 1249 bis 1268 und im Herzogtum Liegnitz. So gesteht Herzog Boleslaus II. von Liegnitz dem Breslauer Bischof Thomas I. zu, allgemeine und besondere Steuern von Kirchenleuten und -gütern nur noch mit Zustimmung des Bischofs und der Barone zu erheben, und zwar zum Wohl des Landes und im Notfall; stimmt der Bischof allein gegen die Bewilligung der Barone und die Billigkeit, so soll die Kirche doch die Steuern zahlen[1966].

Eine Mitwirkung der Barone an 'internationalen' Abmachungen scheint auch gegeben zu sein. So verspricht König Ottokar II. von Böhmen mit „Rat der edlen und erfahrenen Männer, der Barone des Landes Breslau", seinen Verbündeten Entschädigungen aus den Gütern und Landen des zu befreienden Herzogs[1967]. In diesem wie im folgenden Fall handeln die Barone - bald allein, bald mit den herzoglichen Räten - für den aktionsunfähigen, weil gefangenen Herzog. An seiner Statt schließen die Barone auch eine Vertrag mit Markgraf Otto von Brandenburg, immerhin über die Verpfändung von Burg und Stadt Crossen[1968].

Hinzuweisen ist noch auf drei Urkunden, in denen statt der von der Sache her zu erwartenden Barone 'gewöhnliche' Adlige erscheinen. Dies gilt für die Bestätigung eines Tausches zwischen Herzog Bolko I. von Jauer und Moico von Baitzen[1309], die durch den Protonotar und vier Adlige erfolgt, darunter zwar ein Hofrichter und ein Kastellan, aber eben keine Barone. Durchaus von Bedeutung ist auch die Übernahme von Bürgschaften für den Landesherrn, sei es für Geldbeträge[1969], sei es - noch relevanter - für die Einhaltung einzelner Bestimmungen oder eines 'internationalen' Vertrages in seiner Gesamtheit[1970]. Im letzteren Fall sind von den genannten, insgesamt 54 Bürgen - Rittern - nur zwei Barone, nämlich Gunther von Biberstein und Sambor von Schildberg. Eine Erklärung hierfür liegt nicht auf der Hand.

Innerhalb des Adels kommt den Baronen, von denen nur wenige namentlich genannt und die in den Quellen in erster Linie in ihrer Gesamtheit erwähnt werden,

---

1964) "Graves causas nos iudicabimus scilicet capitales per nos vel per alium baronem nostrum": SUb I, 211, 293, 296.
1965) Befreiung von der Gerichtsbarkeit, die in „nostro nomine vel baronum nostrorum" ausgeübt wird: SUb II, 226.
1966) "Item collectas sive exacciones generales sive speciales super homines et bona ecclesiastica non faciemus nisi iustas, que fuerint per episcopum et barones pro utilitate terre et necessitate approbate, nisi episcopus solus contra consensum baronum et contra iusticiam suum consensum noluerit adhibere, hoc tamen nostros heredes neque episcopi obliget successores.": SUb II, 361.
1967) "consilio ... nobilium et prudentum virorum baronum terre Wratislav.": SR 1523.
1968) SR 1524.
1969) SUb V, 423.
1970) SUb VI, 144.

eine wachsende politische Bedeutung zu. Aus formelhaften Wendungen in Urkundentexten ist ersichtlich, daß die Barone den Herzog vornehmlich beraten, und zwar in nahezu allen Angelegenheiten von politisch-staatlicher Bedeutung. Die Barone gehören also neben den Räten sowie den wohl fallweise hinzugezogenen Inhabern der Landesämter zum Rat des Herzogs, bilden aber keinen eigenen 'Rat der Barone'. In ihrer beratenden Funktion regen die Barone herzogliche Entscheidungen gelegentlich an, tragen sie aber als Garanten mit. Der Herzog allerdings ist nicht verpflichtet, eine Empfehlung seines Rates einzuholen oder sich an diese zu halten. Des weiteren ergibt sich aus Einzelmitteilungen, daß die Barone bei Immobiliengeschäften zwischen Adligen und der Kirche beziehungsweise dem Landesherrn vermittelnd und ausgleichend wirken, vielleicht bei Differenzen zwischen Adligen und dem Landesherrn überhaupt eine Mittlerfunktion wahrnehmen. In gerichtlicher Hinsicht haben die Barone nicht genauer bekannte Kompetenzen, gehören möglicherweise dem Hofgericht an. Einen zukunftsweisenden Fall stellt die Beteiligung an der Bewilligung von Landessteuern dar. Die Barone wirken auch bei 'zwischenstaatlichen' Vereinbarungen mit und handeln an Stelle des verhinderten Landesherrn. Insgesamt haben die Barone im Vergleich zum Adel allgemein erweiterte Einflußmöglichkeiten auf Staat und Politik; sie werden an der Herrschaft in stärkerem Maße beteiligt, mitbestimmen im Sinne einer ständischen Vertretung späterer Zeit tun sie jedoch noch nicht[1971].

IV.4.d) Adel als Opposition

Eine Möglichkeit der politischen Aktivität des Adels ist seine dargestellte Beteiligung an der Herrschaft, eine andere drückt sich in seiner gelegentlichen Rolle als Opposition gegen den Landesherrn aus. In der Tat gibt es oppositionelle Bewegungen des Adels oder von Teilen von ihm in Schlesien bereits in der Frühzeit. Die

---

1971) Ähnliche Ansichten über die Barone, zu ihrer Rolle und vor allem zur Unverbindlichkeit ihrer Ratschläge für den Herzog finden sich bei MAETSCHKE, Heinrich IV., S. 64-67, Geschichte Schlesiens, Bd. 1, S. 240, 247 und RAUSCH, S. 60-62. Eine völlig andere, nach der Quellenlage unverständliche und allgemeingültig nicht belegte Auffassung vertritt Jerzy MULARCZYK, Jeszcze o świadkach, S. 56: „Die schlesischen Barone zeigen sich uns, ebenso wie in den anderen Teilen Polens, in der Rolle wichtiger Entscheidungsträger, die den Akt der Wahl oder Entthronisierung der Regierenden ausführen, über die Wahl der Vormünder und Ehepartner in der Herzogsfamilie entscheiden." („Baronowie śląscy, podobnie zreszta jako z innych dzielnic Polski, pokazują się nam w roli własnie decydentów, którzy dokonywali także aktów elekcji i detronizacji panujących, decydowali o wyborze opiekunów i małżenstwach w rodzinie książęcej."); Władza książęca, S. 120: „Im Lichte der Quellenüberlieferung erscheinen die Kompetenzen der schlesischen Barone, obwohl sie nicht die Form geschriebenen Rechts angenommen haben, als unbegrenzt ... So entschieden sie in den höchsten Angelegenheiten der Staatspolitik." („W świetle przekazów źródłowych kompetencje śląskich barnonów, jakkolwiek nie ujęte w formę prawa pisanego, wyglądają na nieograniczone ... Oni też decydowali w najważniejszych sprawach polityki państwowej.")

erste steht in Zusammenhang mit der Auseinandersetzung zwischen Herzog Wladislaw Herman von Polen und seinem von der Nachfolge verdrängten Sohn Zbigniew 1093 und in den Jahren danach. Hintergrund ist der Versuch des vom Polenherzog unterstützten Palatins Siecieh, Schlesien enger an den polnischen Gesamtstaat zu binden, indem dieser in Schlesien anscheinend zum Teil Landfremde in führende Positionen einsetzt. Nach anfänglichem Zögern schließt sich unter Führung des Grafen von Breslau[1972] Magnus der Adel in Schlesien den Rebellen um Zbigniew an. Der Aufstand von 1093 bringt einen Teilerfolg: Zbigniew wird dauerhaft legitimiert, Siecieh flieht zunächst, kann sich dann aber doch als Palatin behaupten. Magnus allerdings verliert mit Siechiehs Rückkehr seine bisherige Stellung in Schlesien. Die Opposition des Adels gegen den Palatin und seine Politik hält in der Folgezeit jedoch an und führt schließlich 1099 zur Absetzung Siechiehs[1973].

Nach Einführung der Senioratsverfassung in Polen 1138 gelangt Schlesien als Einzelfürstentum neben Krakau an Herzog Wladislaus II. von Polen. Als Senior strebt dieser eine Vormachtstellung gegenüber den Teilfürsten, seinen Brüdern, an. Damit gerät er, nicht nur mit den Fürsten, sondern auch mit dem Adel und dem Erzbischof von Gnesen in Konflikt. In dieser gesamtpolnischen Auseinandersetzung spielt der Adlige Peter [11] Wlast eine besondere Rolle. Dieser ist vor allem in Schlesien reich begütert und nimmt hier eine ähnliche Position wie früher Magnus ein. Anders als der Adel Schlesiens, der wohl zu seinem Landesherrn und gleichzeitigem Senior hält, wendet sich Peter [11] Wlast gegen den auf die Reichseinheit zielenden Wladislaus. Sei es, daß Peter [11] Wlast einer Intrige der von ihm im Scherz geschmähten Herzogin zum Opfer fällt, wie es in verschiedenen Chroniken heißt[1974], sei es, daß er vom Herzog für einen Verrat bestraft wird, wie in der Literatur angegeben wird[1975] – jedenfalls entledigt sich Wladislaus auf grausame Weise seines bedeutendsten politischen Opponenten. Daraufhin fällt auch der Adel Schlesiens von seinem Landesherrn ab, den der allgemeine, gesamtpolnische Aufstand 1146 für immer aus dem Lande vertreibt. Auch in diesem Fall stellt sich der Adel gegen Zentralisierungsversuche, setzt er aktiv seine partikularen Interessen durch. Auslösendes Moment für den Abfall des Adels Schlesiens ist die Blendung beziehungsweise Bestrafung seines herausragendsten Vertreters, des Grafen Peter [11] Wlast.

Handelt es sich bei den beiden dargestellten Fällen noch um gesamtpolnische Vorkommnisse, so beschränken sich die folgenden Ereignisse auf Schlesien beziehungsweise auf die schlesischen Teilfürstentümer. Die adlige Opposition zeigt sich

---

1972) Zum Titel vgl. S. 115f.
1973) Zum Ereignis vgl. S. 67f., dort auch Quellen und Literaturangaben.
1974) CPP, S. 476-478; Zapiski historyczne, S. 719-723; KBGP, S. 520f.
1975) Z.B. Rhode, S. 42; Geschichte Schlesiens, Bd. 1, S. 84f.

hier in unterschiedlichen Graden, bald vom gesamten Adel ausgehend, bald nur von Teilen, hier den Adel selbst spaltend, dort mehr privaten oder individuellen Charakter habend.

Zu einer ersten massiven oppositionellen Aktion des Adels kommt es im Jahre 1247 mit der Gefangennahme Herzog Boleslaus' II. von Schlesien. Zweck des Unternehmens ist die Durchsetzung der testamentarisch von Boleslaus' Vater, Herzog Heinrich II. von Schlesien, verfügten Landesteilung zugunsten seines zweiten Sohnes. Der Adel handelt dabei im Namen des im Jahr darauf volljährig werdenden Heinrich, Boleslaus' jüngerem Bruder. Ob der Adel zu seiner Aktion von Heinrich selbst[1976] angeregt wird oder von anderen[1977], darunter möglicherweise Iaxa von Schnellewalde, muß offen bleiben[1978]. Der oppositionelle Adel erscheint hier als Garant und Vollstrecker des letzten Willens Herzog Heinrichs II. Er verhilft gegen seinen Landesherrn dessen zweitem Sohne zu seinem Recht, zur Herrschaft als Herzog von Breslau. Letztlich setzt der Adel jedoch seine partikularen Interessen mit der Errichtung eines neuen Teilfürstentums durch.

Ein weiterer Konflikt, bewirkt „von den vornehmen Rittern, die das Land teilten"[1979], wird im Heinrichauer Gründungsbuch erwähnt. 1290 tritt Herzog Heinrich V. zur Wahrung seiner Herrschaft im Herzogtum Breslau dessen südlichen Teil an seinen Bruder Bolko ab. Über diesen Vorgang ist außer der oben zitierten Bemerkung so gut wie nichts bekannt. Die vom Chronisten gewählte Formulierung läßt deutlich erkennen, daß die Landesteilung auf den Adel zurückzuführen ist. Allerdings geht aus ihr nicht eindeutig hervor, ob der Adel aus Opposition oder in landespolitischem Interesse handelt.

Zu keiner gemeinsamen Haltung findet der Breslauer Adel im Konflikt des Jahres 1277[1980]. Die eine Gruppe nimmt Herzog Heinrich IV. von Breslau gefangen und liefert ihn an Herzog Boleslaus II. von Liegnitz aus, die andere schließt an Stelle des gefangenen Herzogs einen Verpfändungsvertrag mit dem Markgrafen von Brandenburg[1968], handelt also im Namen und für ihren Landesherrn. Die Oppositionspartei kann sich aus Angst vor der Rache Heinrichs wegen der angeblichen Vergiftung von dessen Vater und Onkel[1981] gebildet haben oder auf Anstiftung Boleslaus', der einen Anteil am Erbe seines Bruders Wladislaus von Breslau erpressen wollte[1982]. Zur Gruppe der Gegner des Breslauer Herzogs gehören vermutlich Ianusius von Michelau, Johannes Serucha und einige weitere Barone sowie eventuell Thymo von Wisenburg. Die Opposition vertritt in diesem Fall die Inter-

---

1976) CPS, S. 568f.
1977) GB, S. 271.
1978) Zum Ereignis vgl. S. 127.
1979) GB, S. 342: „a senioribus militibus, qui terram dividebant."
1980) Zum Ereignis vgl. S. 128f.
1981) CPS, S. 569; CPP, S. 494.
1982) Annales Polonorum, S. 640.

essen einer kleinen Gruppe des Adels, am Ende jedoch erfolglos, da Heinrich IV. wieder an die Herrschaft zurückkehrt.

Gemeinsame Sache mit den Breslauer Bürgern macht der Adel dieses Herzogtums bei der Nachfolge Herzog Heinrichs IV. In krassem Widerspruch zu seiner bisherigen Politik und den getroffenen Erbabsprachen bestimmt Heinrich IV. in seinem Testament[507] vom 23. Juni 1290 Herzog Heinrich I. von Glogau, seinen bisherigen Gegner, zum Nachfolger im Herzogtum Breslau. Dieser plötzliche Sinneswandel ihres Landesherrn - er stirbt zudem am Tage der Testamentsabfassung - ist für Bürgerschaft und Adel völlig unglaubwürdig. Das Testament wird, obwohl von mehreren Baronen bezeugt, als erschlichen angesehen. Adel und Bürgerschaft halten an den alten Absprachen fest; sie verweigern dem Glogauer Herzog die Anerkennung und rufen Herzog Heinrich V. von Liegnitz auf den Thron[1983]. Bereits einen knappen Monat später bestätigt Heinrich die Privilegien der Stadt Breslau unter besonderer Berücksichtigung, „daß wir" - Heinrich V., Herzog von Schlesien, Herr von Breslau und Liegnitz - „nach Gott allein durch unsere getreuen und teuren Bürger von Breslau, zugleich auch durch die Eingesessenen (d.h. Adligen) von Breslau das Herzogtum Breslau und die Herrschaft erlangt haben"[1984]. Nach einigen kleineren Gebietsabtretungen kann sich Heinrich auf Dauer in Breslau halten. Der Adel macht hier, gemeinsam mit den Breslauer Bürgern, eindeutig Politik gegen einen Herzog.

Zu keiner regelrechten Opposition, wohl aber zu eigennützigen Handlungen der Mehrheit des Adels kommt es nach dem Schlachtentod Herzog Heinrichs II. von Schlesien am 9. April 1241. Während der kurzen vormundschaftlichen Regierung der Herzoginwitwe Anna und in den ersten Jahren der Herrschaft des 1242 für mündig erklärten Herzogs Boleslaus' II. von Schlesien und Liegnitz herrschen nach Angabe des Heinrichauer Gründungsbuches[1985] im Lande die Ritter[1986]. Dabei eignet sich jeder von den herzoglichen Erbgütern an, was ihm gefällt. Die Adligen nutzen hier eine landesherrliche Machtschwäche aus, und zwar nicht im Interesse des Landes, sondern zu ihrem eigenen Vorteil.

Auf private Adelsrache geht die Gefangennahme Herzog Heinrichs V. von Liegnitz und Breslau Anfang November 1293 zurück[1987]. Lutko von Schessici entschied sich trotz der Hinrichtung seines Vaters wegen Totschlags, in den Diensten Heinrichs V. zu bleiben. Doch empört er sich später, setzt ihn mit einer Schar

---

1983) CPP, S. 502.
1984) SUb V, 461: „quod [nos] post solum deum per fideles et karissimos cives nostros Wratzlauienses pariter et per terrigenas Wratzlauienses sumus ducatum Wratzlauiensem et dominium consecuti." - Der Ausdruck „terrigenas" wird in den SR und in der Geschichte Schlesiens, Bd. 1, S. 136 mit „Vasallen" wiedergegeben.
1985) GB, S. 257: „... dominabantur in terra ista milites et unusquique, quod sibi de hereditatibus ducis placuit, adtraxit."
1986) Zum Ereignis vgl. S. 127.
1987) Zum Ereignis vgl. S. 129f.

Bewaffneter fest und liefert ihn an Herzog Heinrich I. von Glogau aus[1988], womit die persönliche Angelegenheit eine politische Dimension erhält. Lutko von Schessici handelt offensichtlich vor dem Hintergrund einer unterschwelligen Opposition im Landesadel, der sich auch Heinrich V. bewußt gewesen sein dürfte. Nach seiner Freilassung begnadigt er nämlich nicht nur Lutko und seinen Bruder Pachoslaus von Schessici sowie alle ihre Freunde, sondern er amnestiert auch seinen ehemaligen Kanzler Ludwig [2], Bogus von Wisenburg und seine Freunde, Iesco von Psriley und alle, die er für seine Gefangennahme verantwortlich hält. Jeder darf ungehindert seinen Besitz verkaufen und in das Herzogtum Glogau auswandern, wofür seitens Heinrichs V. 50 Ritter bürgen[1970]. Die hohe Zahl der Bürgen zeigt deutlich, daß die Mehrheit des Adels zu ihrem Landesherrn hält, die Opposition numerisch gering, aber politisch erfolgreich ist.

Um Formen individueller Adelsopposition handelt es sich in vier Fällen, die zugleich etwas über das adlige Selbstverständnis aussagen. Den Brüdern Burkhard und Iesco von Moschwitz wird in einem Rechtsstreit der Nießbrauch ihres Erbgutes abgesprochen. Dieser fällt an ihren noch lebenden Großvater zurück, dem sie das Erbgut entfremdet hatten. Durch den Entscheid des Hofgerichts fühlen sich die Herren von Moschwitz von ihrem Landesherrn Heinrich IV. von Breslau ungerecht behandelt, weshalb sie sich seiner Herrschaft entziehen und 1278 oder danach zu Herzog Bernhard von Löwenberg überwechseln[1989]. „Wegen Herzog Heinrich IV. von Breslau" verliert Gunther von Biberstein sein Erbgut, das ihm jedoch Heinrich V. von Liegnitz als neuer Herr Breslaus „aus Mitleid" ersetzt[113]. Vielleicht ist Gunther von Biberstein ein ehemaliger Gegner Heinrichs IV. und alter Parteigänger des Liegnitzer Herzogs. Als Anhänger des bereits verstorbenen Heinrich IV. von Breslau und Gegner Bolkos I. von Jauer erweist sich Polco von Schnellewalde[1990]. Er lehnt es ab, dem neuen Breslauer Landesherrn, wie gefordert, mit drei Streitrossen zu dienen, wofür ihn Bolko mit 30 Mark laufender Münze pfändet. Daraufhin verkauft Polco von Schnellewalde seinen gesamten Besitz - drei Dörfer - im Herrschaftsbereich Bolkos, ein Dorf davon sogar an den Herzog selbst[1991]. Ebenfalls seinen Grundbesitz - seinen Anteil an einem Erbgut im Herzogtum Münsterberg - verkauft Alzicus[304], der als Anhänger Herzog Boleslaus' I. dann nach Oppeln auswandert[1992].

Nicht in den thematischen Zusammenhang von Adel als Opposition gegen den Landesherrn gehört der 'Große Kirchenstreit' von 1284 bis 1288 im Herzogtum Breslau[1993]. In ihm stehen sich Herzog und Bischof als Konfliktgegner gegenüber.

1988) CPP, S. 503-505; Annales Grissowiensis Maiores, S. 541; Annales Wratislaviensis Maiores, S. 532.
1989) GB, S. 312f.
1990) GB, S. 332, 334-337.
1991) SUb VI, 91.
1992) GB, S. 359.
1993) Zum Ereignis vgl. S. 129.

Ihnen beiden schließen sich Parteigänger aus dem Adel an, was zu einer Spaltung dieser Gruppe wie auch der Geistlichkeit führt. Die adligen Anhänger des Bischofs sind namentlich nicht bekannt.

Zu den politischen Aktivitäten des Adels gehört auch sein gelegentliches Opponieren gegenüber dem Landesherrn. Dieses zeigt sich, wie verschiedene Beispiele belegen, in unterschiedlicher Intensität, bald im Widerstand des gesamten Adels, bald nur eines Teiles von ihm. Gelegentlich ist der Adel in seiner Haltung gespalten, mal hat das oppositionelle Verhalten mehr privaten, mal mehr individuellen Charakter. Opposition kann aus Eigennutz bei landesherrlicher Schwäche, aus Gruppen- und Privatgründen, aber durchaus auch in landespolitischem Interesse gegen die Absichten des Herrschers erfolgen. In der Zeit vor der Selbständigkeit Schlesiens wendet sich der Adel vor allem gegen die Intensivierung der Königsmacht und gegen Zentralisierungsversuche. Im 13. Jahrhundert ergeben sich Oppositionsmöglichkeiten aus der Erbberechtigung aller Söhne der schlesischen Piasten sowie dadurch, daß es viele selbständige und in sich zerstrittene Landesherren gibt. Der Adel setzt in einzelnen Fällen seine partikularen Interessen durch. Die Opposition scheut sich nicht, Herzöge gefangenzunehmen und an ihre gegnerischen Verwandten auszuliefern. Individuelle Opposition äußert sich vornehmlich in Verkauf oder Verlust von Grundbesitz im Herrschaftsbereich des betreffenden Herzogs und anschließender Auswanderung.

IV.4.e) Zusammenfassung

Die politische Rolle des Adels beruht vornehmlich auf seiner Mitwirkung an der Herrschaftsausübung des Herzogs. Ihren Ausdruck findet sie in unterschiedlich starker Ausprägung in der Bezeugung herzoglicher Urkunden durch Adlige, in der Bekleidung von Landes- und Hofämtern sowie im Tätigkeitsfeld der Barone. Eigenständig agiert der Adel gelegentlich als Opposition gegenüber dem Landesherrn.

Zu den wichtigsten Zeugen in Herzogsurkunden zählen Angehörige des Adels. Sie werden in den Zeugenlisten mit am frühesten von allen Gruppen und häufiger als Geistliche, Bürger oder Bauern genannt. Dies liegt vor allem daran, daß sie die Landes- und Hofämter innehaben und als fürstliche Beamte vorrangig als Zeugen zu Rechtsakten[1994] hinzugezogen werden. So herrschen unter den Zeugen aus dem Adel auch die Beamten deutlich vor, doch nimmt der Anteil der nichtbeamteten Adligen seit der Mitte des 13. Jahrhunderts zu. Einzelne Persönlichkeiten, fast stets Mitglieder bedeutender Adelsfamilien, erscheinen besonders häufig als Zeu-

---

1994) Nach MULARCZYK, Dobór i rola świadków, S. 156 und ihm folgend CETWIŃSKI, Bd. I, S. 187 wird mit der Nennung von Adligen in den Zeugenlisten herzoglicher Urkunden nicht nur der Rechtsakt als solcher bezeugt, sondern - weitgehend - das Einverständnis dieser Adligen zu der vom Herzog vorgenommenen Rechtshandlung ausgedrückt.

gen. Die Zusammensetzung der adligen Zeugen bleibt bei einem normalen Herrscherwechsel - anders als bei der Bildung eines neuen Herzogtums durch Teilung - nahezu unverändert.

Der Adel bekleidet zahlreiche Ämter, die bei fließenden Übergängen in Landes- und Hofämter unterschieden werden können. Zu den Landesämtern zählen jene von Kanzler, Protonotar beziehungsweise Notar, Schreiber, Palatin, Kastellan und Tribun, zu den Hofämtern jene von Richter, Kämmerer, Truchseß und Untertruchseß, Schenk und Unterschenk sowie Marschall und Untermarschall, während die übrigen indifferent bleiben. Aus der Reihenfolge der Beamten in den Zeugenlisten wird auf folgende, im Laufe der Zeit allerdings veränderliche Rangfolge der Ämter geschlossen: Kanzler, Protonotar bzw. Notar (mit Schreiber), Palatin[1995], Kastellan[1996], Hofrichter bzw. Richter, Kämmerer[1997], Truchseß, Schenk, Marschall, Schatzmeister, Banner- und Schwertträger, Jäger sowie die Unterbeamten Tribun, Unterrichter, Unterschatzmeister, Unterjäger und claviger.

Nahezu jeder vierte Adlige (22,5 %) bekleidet ein Amt, insgesamt 605 Personen. Von diesen stammen 53 Personen aus zugewanderten Familien, was 8,8 % der Amtsinhaber entspricht. Der nicht eingesessene Adel ist damit im Vergleich zu seinem Anteil am Gesamtadel von 20,3 % deutlich unterrepräsentiert. 36 (67,9 %) dieser Amtsinhaber gehören aus dem deutschen Reich zugewanderten Familien an, zwölf (22,6 %) stammen von Zuwanderern aus den übrigen Gebieten der Polonia ab, je zwei (je 3,8 %) sind wallonischer bzw. deutsch-wallonischer, einer (1,9 %) ist böhmischer Herkunft. Die meisten von ihnen gelangen in den Herzogtümern Liegnitz, Breslau und Glogau in ein Amt, nur einzelne in anderen Fürstentümern[1998]. Angehörige aus Zuwandererfamilien können jedes Amt bekleiden, doch gibt es auffälligerweise keinen Deutschstämmigen unter den Palatinen.

1995) Nach CETWIŃSKI könnte man das Amt des Palatins mit dem des Kämmerers (Bd. I, S. 171) und dem des Marschalls (Bd. I, S. 177) identifizieren.
1996) CETWIŃSKI, Bd. I, S. 170 drängt sich der Verdacht auf, daß der Kastellan in der Ämterhierarchie höher als der Palatin stehe.
1997) CETWIŃSKI, Bd. I, S. 174 ist der Auffassung, daß Kämmerer (camerarius) die allgemeine Bezeichnung für jeden Beamten - ungeachtet seiner Stellung in der Dienstthierarchie - sei, der sich mit wirtschaftlichen Angelegenheiten befasse.
1998) CETWIŃSKI, Bd. I, S. 28-31 kommt auf „ungefähr 260" (S. 28) bekannte Beamte, was bei seiner Gesamtzahl von 1235 Adligen (Bd. II) einen Anteil von 21,1 % ausmacht, womit jeder fünfte Adlige Inhaber eines Amtes ist. Von den Beamten sind 13, d.h. 5 % (Anteil der Zuwanderer in der ersten Generation am gesamten Adel: 8,7 % [Bd. I, S. 27f.]), Zuwanderer in der ersten Generation, die Ämter ausschließlich in den Fürstentümern des ducatus Silesiae bekleiden (S. 85 benennt er jedoch für die Fürstentümer des ducatus Opoliensis drei Palatine und einen Kastellan von Auschwitz, die „Ankömmlinge aus anderen Regionen" sind!). Nach Herkunftsgebieten unterscheidet er die Zuwanderer nicht. In die Ämter gelangen die Zuwanderer in der Regel mit Unterstützung der eingesessenen Feudalherren, und zwar auf Grund der Verwandtschaft mit ihnen oder weil sie in deren Dienste getreten sind, seltener mit Hilfe des Herzogs, hier auf Grund ihrer Gefolgschaft.

Adlige Amtsträger bekleiden in der Regel nur ein Amt und im allgemeinen lediglich für einige Jahre. Doch kommt es auch vor, daß jemand in mehreren Ämtern nacheinander[1999] erscheint oder länger amtiert, mitunter bis zu zehn und mehr Jahren. Ausnahmsweise kann ein Adliger zunächst ein niederes und dann ein höheres Amt bekleiden, doch gibt es keine regelrechte Ämterlaufbahn[2000.] Die Mitglieder der bedeutenderen Adelsgeschlechter gelangen vornehmlich in hohe Ämter[2001] - zu Kastellanen von Breslau, Ritschen und Nimptsch werden bevorzugt sie bestellt - , doch sind ihnen diese höheren Positionen nicht vorbehalten[2002]. Zudem gibt es keine Familie, die ein bestimmtes Amt besonders häufig innehat oder es gar erblich bekleidet. Zur Qualifikation für ein Amt gehören neben allgemeinen Voraussetzungen[2003] wie Verläßlichkeit und Treue wohl in einigen wenigen Fällen, wie etwa bei Kastellan und Richter, auch amtsspezifische Kenntnisse[2004]. Die Berufung in ein Amt erfolgt durch den Landesherrn, und zwar hauptsächlich nach dessen eigenem Ermessen. Lediglich bei den besonders wichtigen Positionen wirkt wohl der Adel mit, ohne daß allerdings Art und Ausmaß seiner Beteiligung bekannt sind[2005]. Unbekannt ist ebenfalls, wie und durch wen Abberufungen erfolgen und weshalb einzelne Ämter nicht durchgängig besetzt sind.

1999) Da CETWIŃSKI die in verschiedenen Urkunden genannten Personen anders identifiziert und damit zu teilweise anderen genealogischen Verbindungen kommt, zudem nicht von der Familie, sondern von der Sippe ausgeht, gelangt er hinsichtlich der Bekleidung von Ämtern und in bezug auf das Beamtenwesen zu einigen abweichenden Ergebnissen: So soll es einem Adligen möglich sein, zwei Ämter gleichzeitig innezuhaben (Bd. I, S. 200f.); sollen durch Personalunion verbundene Herzogtümer ihre jeweils eigenen Verwaltungsapparate beibehalten (Bd. I, S. 200f.); sollen Beamte bei Thronwechseln in ihren Ämtern verbleiben (Bd . I, S. 201); soll die größte personale Stabilität in der Beamtenschaft des Herzogtums Oppeln zu finden sein (Bd. I, S. 201-211).
2000) CETWIŃSKI, Bd. I, S. 171 stellt die Regel auf, daß die Laufbahn von einem Hofamt zum Kastellanat führe, zählt jedoch ebd. Anm. 13 gleich die Ausnahmen auf.
2001) CETWIŃSKI, Bd. I, S. 132 führt die politische Vorherrschaft der Großgrundbesitzer im 12. Jahrhundert auf deren wirtschaftliche Dominanz zurück.
2002) CETWIŃSKI, Bd. I, S. 101 dagegen ist der Meinung, daß die bedeutendsten Adligen im 12. Jahrhundert den Zugang zu den höchsten Ämtern auf sich beschränkt, ihn monopolisiert hätten.
2003) Nach CETWIŃSKI, Bd. I, S. 119f. ist die Bekleidung höherer und mittlerer Ämter sowie der ständige Aufenthalt am Hof nur Großgrundbesitzern und mittleren Grundbesitzern möglich, da diese nicht selbst ihren Boden bestellen müssen. Dabei berücksichtigt er jedoch nicht, daß es sich bei einigen dieser Ämter um Titularwürden handeln kann.
2004) Nach CETWIŃSKI, Bd. I, S. 172, 176 erfordern unter den Hofämtern jene von Kämmerer, Truchseß und Jäger wirtschaftliche und juristische Kenntnisse, das des Schenks nur solche der ersten Art.
2005) CETWIŃSKI, Bd. I, S. 28, 180-184 geht von einer generellen, verbürgten Beteiligung des führenden Teils des Adels („możnowładztwo") an der Besetzung der Ämter aus. Im 12. Jahrhundert kommt den einflußreichen Adligen dabei sogar die entscheidende Stimme zu, da die Vergabe von Ämtern in der Volksversammlung erfolgt, d.h. unter der Kontrolle der vornehmlich von den Großgrundbesitzern wirtschaftlich abhängigen Öffentlichkeit. Cetwiński schließt ersteres aus verschiedenen Angaben bei Gallus Anonymus und für das 13. Jahrhundert aus der

Nicht alle Ämter werden von ihren Inhabern wohl tatsächlich ausgeübt. Truchseß, Schenk, Marschall, Banner- und Schwertträger sowie eventuell Jäger sind vermutlich vorrangig Titularwürden. Den eigentlichen Dienst würden in diesen Fällen dann die selbständig handelnden Unterbeamten verrichten, die ansonsten als Helfer der Amtsinhaber fungieren. Hierarchisch sind sie jedoch stets den 'Oberbeamten" untergeordnet. Keine Unterbeamten stehen dem Palatin und dem claviger zur Seite. Hilfsbeamter der beiden älteren Kastellane - Kastellaneivorsteher und Militärkommandant - ist der Tribun. Der Aufstieg vom Unter- zum 'Oberbeamten' gelingt nur ausnahmsweise.

Den weitestgehenden Einfluß auf den Landesherrn hat der Kanzler als dessen engster Berater und Vertrauter. Weitgehende militärische und gerichtliche Befugnisse nimmt als höchster Beamter weltlichen Standes der Palatin wahr[2006], vor allem als Vertreter des Herzogs bei dessen Abwesenheit. Beim Kastellan ist zwischen Kastellaneivorsteher und Militärkommandant sowie dem Burggrafen zu unterscheiden. Innerhalb ihres jeweiligen Amtsbezirks nehmen alle drei militärische Aufgaben wahr, der Kastellaneivorsteher verfügt jedoch zusätzlich über gerichtliche und verwaltungsmäßige Kompetenzen. Der Rechtsprechung auch innerhalb des Adels dient das Hofgericht als höchste Instanz. Ihm gehören Hofrichter, Richter und Unterrichter an; zudem werden besondere Hofrichter für spezielle Einzelfälle berufen. Das Amt des Kämmerers als Würde gibt es in Schlesien erst seit etwa 1290. Sein Inhaber - nun zweifelsfrei ein Adliger - ist der Vorsteher des herzoglichen Haushaltes. Truchseß und Schenk sind für Speise und Trank zuständig[2007]. Dem Marschall untersteht die herzogliche Pferdehaltung. Der Schatzmeister verwaltet den herzoglichen Schatz. Um repräsentative Ämter handelt es sich bei Banner- und Schwertträger. Dem Jäger kommt in Jagdangelegenheiten auch richterliche Funktion zu, er steht wohl den Revierförstern vor und sorgt für das Wildbret auf der Hoftafel. Der claviger schließlich ist ein regionaler Finanzbeamter.

Bemerkenswert ist, daß es die genannten Ämter nicht in allen Herzogtümern und nicht stets gibt, daß sie sich wandeln, manche in ihrer Bedeutung aufgewertet werden und andere untergehen. So bestehen Palatinate nur in Breslau, Oppeln, Glogau und Liegnitz, nicht jedoch in den anderen, jüngeren Herzogtümern. In den immer kleiner werdenden Territorien wird der Palatin als Vertreter des Landes-

---

bekannten Stelle im 'Heinrichauer Gründungsbuch' (S. 238). Er interpretiert diese Angaben jedoch nicht als Einzelmitteilungen, sondern als allgemeingültige Aussagen, und zwar aus der Überlegung heraus, daß Beschlüsse - auch militärischer Art - vom Herrscher und den Großen kollegial gefaßt werden, da sie sonst nicht durchsetzbar sind.

2006) Nach CETWIŃSKI, Bd. I, S. 173 steht der Palatin an der Spitze einer Gruppe von Finanzbeamten.

2007) CETWIŃSKI, Bd. I, S. 174 weist ihnen auch die Verwaltung der der herzoglichen Tafel zugeordneten Güter zu.

herrn entbehrlich. Inhaltlich different ist das Amt des Kastellans. In Zusammenhang mit der Kastellaneiverfassung kann es militärische, gerichtliche und verwaltungsmäßige Befugnisse beinhalten oder nur solche eines Militärkommandanten. Abgelöst wird die Kastellaneiverfassung um die Mitte des 13. Jahrhunderts von der Weichbildordnung, doch bleibt die Amtsbezeichnung Kastellan zum Teil erhalten als Bezeichnung des in der Stadt sitzenden Burggrafen. Nur in Verbindung mit den Repräsentanten der Kastellaneiverfassung wird der Tribun als deren Helfer genannt, letztmalig 1241. Den Kämmerer als Würdenträger gibt es erst seit etwa 1290. Zuvor bezeichnet dieser Titel Beamte in niederer Funktion, tatsächliche Kammerdiener. Zu einer Aufwertung des Marschallamtes kommt es offensichtlich während der Herrschaft Herzog Heinrichs IV. von Breslau. Der Schatzmeister ist im ducatus Silesiae nur unter Herzog Heinrich I. von Schlesien belegt, im ducatus Opoliensis dagegen über das 13. Jahrhundert hinaus. Nur selten begegnen die Ämter von Banner- und Schwertträger, letzteres zudem nur in der ersten Hälfte des 13. Jahrhunderts. Für den Bannerträger gilt Entsprechendes im niederschlesischen Bereich, im ducatus Opoliensis dagegen existiert er auch im 14. Jahrhundert weiter. Kein Unterschatzmeister läßt sich für die Herzogtümer Niederschlesiens, kein claviger für jene Oberschlesiens nachweisen. Alle wichtigeren Ämter werden früh, häufig und lange in den Quellen genannt, die weniger bedeutenden dagegen erscheinen größtenteils erst später und nur über einen kürzeren Zeitraum hinweg. Im Vergleich zum ducatus Silesiae erfolgt die Ersterwähnung der Ämter im ducatus Opoliensis allgemein später, jedoch wird hier zum Teil wesentlich länger am Banner- und Schwertträger sowie Unterjäger festgehalten.

Die Gesamtheit der Amtsträger bildet eine Art 'Hofstaat', der in jedem Herzogtum vorhanden ist. Nahezu vollständig ist er lediglich in den Herzogtümern Schlesien (ab 1248 Liegnitz) und Oppeln, wogegen sonst oft mehrere Ämter unbesetzt bleiben. Letzteres gilt in geringerem Maße für die Fürstentümer des ducatus Opoliensis, deren 'Hofstaaten' allerdings in ihrem ämtermäßigen Bestand instabiler sind. Bei Herrschaftswechsel werden die mehr persönlichen 'Hofämter' neu besetzt, während die 'Landesämter' zumeist unveränderlich bleiben[1999]. Insgesamt ist das Ämterwesen in Schlesien im 13. Jahrhundert noch nicht gefestigt, sondern veränderlich.

Unter den Adligen kommt den Baronen eine besondere politische Bedeutung zu. Sie treten nicht einzeln, sondern als Gruppe auf. Neben den wenigen Räten und den wohl fallweise hinzugezogenen Inhabern der Landesämter beraten sie den Herzog in allen Angelegenheiten von Belang. Sie üben so einen direkten Einfluß auf die Politik des Landesherrn aus, dessen Entscheidungen sie mittragen und auch über seinen Tod hinaus verbürgen. Der Herzog ist jedoch in keiner Weise an ihren Rat gebunden. Des weiteren wirken die Barone vermutlich im Hofgericht mit. Sie sind an Vereinbarungen der Landesherren mit auswärtigen Herrschern beteiligt und handeln an Stelle des Herzogs, falls dieser verhindert, etwa gefangen, ist.

Schließlich nehmen sie die Aufgabe eines Vermittlers bei Differenzen zwischen Adligen und dem Landesherrn beziehungsweise der Kirche wahr.

Adlige Opposition zeigt sich in unterschiedlicher Intensität. Mal steht der gesamte Adel, mal nur ein Teil, mal lediglich eine kleine Gruppe oder gar ein Einzelner dem Landesherrn gegnerisch gegenüber. Oppositionelles Verhalten kann dabei durchaus in landespolitischem Interesse erfolgen, aber auch aus Gruppen- oder Privatgründen[2008]. Der Adel wendet sich in der Zeit vor der Verselbständigung Schlesiens vor allem gegen Zentralisierungsbestrebungen und eine Intensivierung der Königsmacht[2009]. Im 13. Jahrhundert setzt er in verschiedenen Fällen seine partikularen Interessen durch, wobei es gelegentlich zu Landesteilungen kommt[2010]. Die Opposition geht gegen den Landesherrn mitunter auch mit Gewalt vor, indem sie Herzöge gefangennimmt und an deren gegnerische Verwandtschaft ausliefert. Möglichkeiten zur Opposition ergeben sich für den Adel vor allem auch dadurch, daß alle Söhne der schlesischen Piasten erbberechtigt sind und daß es viele selbständige, untereinander zerstrittene Landesherren gibt, bei denen oppositionelle Kräfte Rückhalt finden können. Individuelle Opposition führt zumeist zu Verkauf oder Verlust von Grundbesitz und anschließender Auswanderung in ein anderes Herzogtum.

2008) CETWIŃSKI, Bd. I, S. 189 führt oppositionelles Verhalten des Adels vor allem auf Auseinandersetzungen zwischen aldigen Interessengruppen zurück. Die Aufstände richten sich seiner Meinung nach weniger gegen die konkrete Person des Herzogs, der ja keine 'absolute' Macht ausübt, als vielmehr gegen die mit ihm zur Zeit herrschende Adelsgruppierung.

2009) So auch CETWIŃSKI, Bd. I, S. 101f., der die beiden Aufstände gegen den Palatin Sieciech jedoch auf letztlich ökonomische Gründe zurückführt. Dabei geht er davon aus, daß die großen Adelsfamilien den Zugang zu den wirtschaftlich ertragreichen hohen Ämtern auf sich beschränkt hätten. In diese Ämter hätte nun Sieciech weniger bedeutende, 'niedere' Adlige eingesetzt, um sie an die Zentralmacht zu binden und diese so in Schlesien zu stärken. Darauf hätten die großen Familien den Adel insgesamt gegen diese Neuerungen aufgebracht, und zwar mit dem eigentlichen Ziel der Wiederherstellung ihres Monopols der alleinigen Bekleidung der hohen Ämter, aus denen sie dann weiter wirtschaftlichen Nutzen gezogen hätten.

2010) CETWIŃSKI, Bd. I, S. 222-228 führt die Trennung Glogaus vom Herzogtum Liegnitz auf den Adel des Crossener und Lebuser Gebietes zurück. Nach den Annales Capituli Posnanienses und dem Rocznik Wielkopolski hatte Ycho Mironowitz Herzog Boleslaus II. von Liegnitz viel Geld geliehen, wurde jedoch 1251 von diesem zum Zwecke der Erpressung gefangengenommen. Nach Cetwiński kann es sich nicht um Ycho Mironowitz, sondern nur um Otto (vgl.Personenverzeichnis unter Konrad [4]) handeln und ist der Zeitpunkt der Gefangennahme auf 1249/50 vorzulegen. Nach der Festsetzung eines der ihren hätte der Adel des Crossener und Lebuser Gebietes von seinem Widerstandsrecht gegen den Herzog Gebrauch gemacht und so letztlich die Abtrennung Glogaus bewirkt.

V. Die Entwicklung des schlesischen Adels bis zum Ende des 13. Jahrhunderts im Überblick

In der Gesellschaft Schlesiens bis zum Ende des 13. Jahrhunderts nimmt der Adel nach der Herrscherfamilie der Piasten die führende Position ein. Dies gilt für beide Gesellschaftsstrukturen im mittelalterlichen Schlesien: für die altslavische, einfache wie für die neue, in Zusammenhang mit der deutschen Siedlung entwickelte, mehrgliedrige Struktur.

Die Grundlagen für die herausragende Stellung des Adels sind eng mit der Entstehung des polnischen Staates verbunden und liegen wie diese im Dunkel der Geschichte. So ist ungeklärt, ob der polnische Adel aus einer alteingesessenen, grundbesitzenden Adelsschicht, aus landfremdem Gefolgschaftsadel oder - wie heute allgemein angenommen wird - aus einer Mischung von beiden entstand. Jedenfalls existierte er bereits, als Polen in das Licht der Geschichte trat.

In den Quellen erscheint der Adel zunächst als indifferente Masse. Erst mit dem Aufkommen eines regionalen Sonderbewußtseins gegen Ende des 11. Jahrhunderts treten einzelne Führungspersönlichkeiten hervor, beginnt der Adel Schlesiens individuell faßbar zu werden. Die entsprechenden Persönlichkeiten handeln und verhalten sich durchaus 'fürstengleich' oder 'fürstenähnlich' - jedenfalls in Teilbereichen -, so etwa Peter [11] Wlast hinsichtlich seiner Kirchen- und Klostergründungen, seiner Heirat mit einer Fürstentochter und seinen 'religiös-außenpolitischen' Aktivitäten. Für Adlige wie ihn ist nach der Einführung der Senioratsverfassung in Polen, der faktischen mehrfachen Teilung des Landes, neben den regionalen Herzögen kein Platz mehr.

Frühestens mit dem Beginn einer eigenständigen Entwicklung Schlesiens seit 1163, jedenfalls seit seiner Unabhängigwerdung 1202, kann man von einem schlesischen Adel sprechen. Dieser setzt sich im 13. Jahrhundert aus der eingesessenen, polnisch geprägten Mehrheit und einer aus Zuwanderern bestehenden Minderheit zusammen[1]. Der Anteil der Fremden liegt bei etwa einem Fünftel aller bekannten Adligen. Der größte Teil von ihnen, nahezu drei Viertel, stammt aus dem deutschen Reich, ganz überwiegend aus der Lausitz, aus Meißen, Sachsen und Thüringen; nur kleine Teile kommen aus den übrigen Gebieten der Polonia, aus Böhmen und anderen Regionen. Die Zuwanderung erfolgt insgesamt zwar kontinuierlich, ist aber zeitlichen Schwankungen unterworfen. So erfolgt die Zuwanderung aus Böhmen in zwei Phasen, zum einen um die Wende vom 12. zum 13. Jahrhundert, zum anderen in den beiden letzten Jahrzehnten des 13. Jahrhunderts während Schlesiens Hinwendung zu Böhmen. Der Schwerpunkt der Einwanderung aus den Gebieten der Polonia liegt dagegen in den 20er und 30er Jahren des 13. Jahrhunderts. Der Zustrom deutscher Adliger setzt um spätestens 1203 ein, hält jedoch ab

---

1) Vgl. zum Folgenden S. 63-102.

1233 an. Einem plötzlichen Höhepunkt um 1249 folgt ein Rückgang, der um 1265 sein Tief erreicht. Danach nimmt die Zahl der Einwanderer wieder zu, und zwar derart, daß in den beiden letzten Jahrzehnten des 13. Jahrhunderts über die Hälfte aller Zuwanderer aus dem deutschen Reich nach Schlesien gelangt. Bevorzugte Einwanderungsgebiete sind die Herzogtümer Liegnitz, Breslau und Glogau, wogegen nur vereinzelt Adlige in das Herzogtum Oppeln ziehen. Für die Hälfte der zugewanderten Familien ist belegt, daß sie ein Landes- oder Hofamt erlangen oder Grundbesitz erwerben, in Schlesien also seßhaft werden.

Bei den slavischen Zuwanderern sind keine Integrationsprobleme zu erwarten, anders dagegen bei jenen aus dem deutschen Reich[2]. Die ersten, im 12. Jahrhundert noch vereinzelt auftretenden deutschen Einwanderer werden rasch assimiliert worden sein, bei der größer werdenden Zahl der Nachfolgenden sieht das Bild anders aus. Es ist allerdings nicht einheitlich.

Allgemein gilt jedoch, daß eingesessener und zugewanderter Adel in einem problemlosen Verhältnis zueinander stehen. Man betrachtet sich als ebenbürtig und geht Eheverbindungen miteinander ein. Zu „national" motivierten Konflikten ist es entgegen einigen tendenziösen Quellenhinweisen nicht gekommen.

Keine Schwierigkeiten bereitet die 'Einordnung' der deutschen Edelfreien, Reichsministerialen und landesherrlichen Ministerialen in den schlesischen Adel, der eine rechtliche Gliederung oder Rangfolge innerhalb seiner Gruppe grundsätzlich nicht kennt. Zwar gibt es wirtschaftliche Differenzierungen innerhalb des Adels und weisen die Titel miles, baro, comes und nobilis den einzelnen Adligen verschiedenen Bezugsgruppen zu, doch beeinträchtigt dies nicht die aus polnischer Zeit herrührende grundsätzliche Gleichheit aller schlesischer Adliger. Diese von den deutschen und westlichen Verhältnissen verschiedene prinzipielle Egalität des Adels bleibt in Schlesien bis zum Ende des 13. Jahrhunderts und darüber hinaus bestehen.

Zudem bildet der schlesische Adel im interessierenden Zeitraum noch keinen abgeschlossenen Geburtsstand. Verringert sich der Grundbesitz eines Adligen sehr stark, so kann er aus seinem Stande absinken. Der Aufstieg in den Adel gelingt vor allem den über größeren Grundbesitz und besondere Rechte verfügenden Schulzen und Vögten durch die Leistung von Roßdienst und die Bekleidung von Ämtern, und zwar vor allem gegen Ende des 13. Jahrhunderts.

Folgende begriffliche Bezugsgruppen lassen sich unterscheiden. Miles kennzeichnet allgemein den Krieger, baro das Mitglied des Herzogsrates. Mit den Landes- und Hofämtern sowie offensichtlich auch mit umfangreichem Grundbesitz verbunden ist der Titel comes, während Herzöge und adlige Geistliche sowie comites und barones als nobiles bezeichnet werden. Daneben kommt es zur Bildung verschiedener weiterer Gruppierungen, vor allem in der zweiten Hälfte des 13.

---

2) Vgl. zum Folgenden S. 103-138.

Jahrhunderts. So entstehen kleine Gefolgschaften um einige wenige Adelsgeschlechter, eine größere um den zur Landesherrschaft strebenden Bischof von Breslau. Politische Interessengemeinschaften vereinen einzelne Adlige mit gemeinsamen politischen Zielen; zumeist treten sie als Oppositionsgruppen in Erscheinung. Schließlich ist auf den Kreis der persönlichen Freunde und Bekannten von Adligen hinzuweisen, wie er in den Zeugen adliger Privaturkunden zutage tritt.

Die rechtliche Stellung des Adels leitet sich aus der Frühzeit Polens her, wobei sich auf Personen bezogene Sonderrechte allmählich zu Vorrechten des gesamten Adelsstandes wandeln[3]. Der Inhalt des polnischen Ritterrechtes, des ius militare, bildet sich Anfang des 13. Jahrhunderts heraus; der Begriff 'ius militare' selbst erscheint erstmals 1227 in einer schlesischen Urkunde, schriftlich fixiert wird es jedoch erst 1346 in den Statuten Kasimirs des Großen. Inhaltliche Gültigkeit hat es im 13. Jahrhundert auch für den Adel Schlesiens.

Das polnische Ritterrecht faßt verschiedene bestehende beziehungsweise sich entwickelnde Einzelrechte zusammen. Das wichtigste ist das Eigentumsrecht an Grund und Boden, das mit dem im Laufe der zweiten Hälfte des 13. Jahrhunderts auch auf die Töchter ausgedehnten Erbrecht und weiteren Berechtigungen verbunden ist. Dieses freie, erbliche Eigentum ist die Voraussetzung zum Erwerb anderer zum Ritterrecht gehörender Rechte, wie des Rechts auf freie Zehntleistung, des Anrechts auf Wer- und Sühnegeld, der persönlichen Sonderrechte im militärischen Bereich, nämlich der Beschränkung der Kriegsdienstpflicht auf Züge innerhalb, der Soldzahlung bei Zügen außerhalb des Landes und der Auslösung aus der Gefangenschaft durch den Herzog. Am dynamischsten entwickelt sich der Immunitätsanspruch für die Adligen selbst und ihre Hintersassen. Immunität kann in reiner Form oder in Form der Siedlung nach deutschen Recht verliehen werden, besteht aber stets aus einer wirtschaftlichen und einer gerichtlichen Befreiung. In wirtschaftlicher Hinsicht werden Abgaben und Dienste erlassen, auf rechtlichem Gebiet wird die Jurisdiktion der herzoglichen Beamten eingeschränkt. Damit reduziert der Adel zum einen seine Abgabepflicht und erlangt zum anderen über seine Hintersassen die Gerichtsbarkeit sowie für sich selbst den privilegierten Gerichtsstand vor dem Hofgericht. Dieses für den Adel insgesamt sehr günstige, freiheitliche Recht ist mit keinerlei Verpflichtungen gegenüber dem Landesherrn verbunden. Die sehr wohl bestehende Kriegsdienstpflicht des Adligen gründet nicht in seinem Grundbesitz, beruht auch nicht auf den Vergünstigungen gemäß Ritterrecht, sondern hat rein persönlichen Charakter.

Die heimatlichen Rechtsverhältnisse und die Rechtsvorstellungen der adligen Zuwanderer aus dem deutschen Reich waren anderer Art und vom Lehenswesen bestimmt. Vasall und Herr stehen in einem gegenseitigen Treueverhältnis. Der Vasall erhält als 'Leihgabe' von seinem Herrn ein Lehen, meistens Grundbesitz, für

---

[3] Vgl. zum Folgenden S. 139-157.

das er seinem Herrn Gehorsam und Dienst, vor allem Kriegsdienst zu Pferde, schuldig ist. Die Kriegsdienstpflicht ist also an den Besitz des Lehens und nicht an die Person des Adligen gebunden. Im Vergleich zum polnischen Ritterrecht sind die Bindungen zwischen Herr und Mann damit wesentlich enger; schon die Ausdrücke Lehensherr und Lehensmann verdeutlichen die größere Abhängigkeit des Letzten. Es ist bezeichnend, daß als erste die Lokatoren ihren Besitz zu Lehensrecht erhalten, jene bis dahin unbekannte Gruppe von Siedlungsunternehmern. 1248 wird erstmals expressis verbis der Adel in Zusammenhang mit dem Lehenswesen erwähnt, und zwar in den Breslauer Synodalstatuten. Tatsächlich kommt es aber längst gegenüber dem Adel zur Vergabe von Grundbesitz, Geldrenten und Zinsen zu Lehensrecht. Diese Lehensbeziehungen können jedoch nur als lehensartig bezeichnet werden, da die Lehensverträge recht allgemein gehalten sind, in der Regel nur Roßdienst gefordert wird und besonders eine gegenseitige Treuepflicht in den Urkunden nicht angeführt wird. Natürlich sind die Landesherren an der Einführung des Lehensrechtes interessiert, vor allem an der Fixierung des Roßdienstes, der von ihnen zunehmend bei Kauf- und Besitzbestätigung festgeschrieben wird. So stellen die Hälfte aller Lehensurkunden die Herzöge aus, vor allem die Liegnitzer, Breslauer und Glogauer, die andere Hälfte der Bischof von Breslau, bei dem das Lehenswesen am straffesten organisiert zu sein scheint, sowie mehrere Adlige. Diese belehnen hauptsächlich ihre Schulzen, von denen sie Roßdienste bei Kriegszügen des Herzogs fordern, nicht jedoch bei eigenen privaten Fehden. Insgesamt hat der Adel, insbesondere der großgrundbesitzende, nicht die Möglichkeit erkannt und genutzt, eigene Lehensleute in größerer Zahl um sich zu scharen.

Bis zum Ende des 13. Jahrhunderts kann sich das Lehenswesen in Schlesien nicht voll etablieren, vielmehr wird es vom althergebrachten polnischen Ritterrecht überdeckt. Insbesondere behauptet sich die ritterrechtliche Auffassung der vollen Erblichkeit des Besitzes gegenüber dem Leihegedanken des Lehensrechtes. Erst später tritt hier mit der stärkeren Orientierung Schlesiens an Böhmen eine Änderung ein.

Die wirtschaftliche Grundlage des Adels bildet sein Grundbesitz, über den der eingesessene Adel von alters her verfügt, den die Zuwanderer hauptsächlich durch Kauf, aber auch durch Vergabung und Tausch erlangen[4]. Der überkommene Großgrundbesitz beginnt schon gegen Ende des 12. Jahrhunderts zu verfallen. Im folgenden Jahrhundert dominiert der mittlere Grundbesitz im Umfang von ein bis fast drei Dörfern, doch beläuft sich die Zahl der kleinen Grundbesitzer bereits auf dreiviertel jener der mittleren Grundbesitzer, und dies bei zunehmender Tendenz. Schlesien kann folglich als 'Kleinadelslandschaft' bezeichnet werden.

An der wirtschaftlichen Entwicklung Schlesiens im Zuge der deutschen Siedlung nimmt auch der Adel teil. Sofern er sein Land selbst bebaut, übernimmt er die neuen Wirtschaftsformen sowie Techniken und geht von der Feldgraswirtschaft

---

4) Vgl. zum Folgenden S. 157-197.

zur ertragreicheren Dreifelderwirtschaft über. Bei der Besiedlung seines eigenen Grundbesitzes steht der Adel zwischen dem Landesherrn einerseits sowie dem Lokator und den Siedlern andererseits. Vom Landesherrn erwirbt er die Aussetzungserlaubnis, in der der Herzog den Siedlern gerichtliche und wirtschaftliche Immunität gewährt und auf bestimmte Abgaben verzichtet. Der Adel seinerseits beauftragt Lokatoren - nur wenige Adlige betätigen sich selbst als solche - mit der Aussetzung und legt in entsprechenden Urkunden die näheren Bedingungen und die Abgaben der Siedler fest. Zu Stadtgründungen durch den Adel kommt es nur in sechs Fällen; wesentlich häufiger ist der Eingriff des Herzogs in Adelsbesitz im Zusammenhang mit dessen Stadtgründungen. Überwiegend sind es Angehörige der bedeutenderen Adelsfamilien, die Städte gründen, war doch hierzu neben der landesherrlichen Genehmigung und Überlassung von Rechten ein großer geschlossener Siedlungsgrund nötig. Von den in ihrer Größe unterschiedlichen Adelsstädten ziehen die Herzöge im 14. Jahrhundert drei ein.

Die Siedeltätigkeit des Adels hält sich im allgemeinen Rahmen, d.h. der Schwerpunkt liegt gegen Ende des 13. Jahrhunderts; der adlige Anteil dürfte jedoch größer sein, als aus den Quellen ersichtlich ist. Mit der zunehmenden Forderung von Geldabgaben von den Siedlern wird der Übergang von der Natural- zur Geldwirtschaft gefördert.

Etwa zehn Prozent der Adligen treten in den geistlichen Stand ein[5]; fast jeder zweite Geistliche adliger Herkunft macht mehr oder minder eine kirchliche Karriere. Voraussetzung ist dafür durchweg die Mitgliedschaft im Breslauer Domkapitel, das als Diözesanregierung und Bistumsverwaltung wirkt. Zur Bischofswürde in Breslau oder anderenorts bringen es fast ausschließlich Mitglieder der großen Adelsfamilien, womit im ersteren Fall deren Einfluß und Bedeutung im Lande stark zunimmt, wenn auch nur zeitweise. Auf Grund seiner verwandtschaftlichen Beziehungen versucht der Adel - vor allem seine großen Geschlechter -, die ihm angehörenden Geistlichen in seinem Sinne tätig werden und Einfluß ausüben zu lassen. Doch erweisen sich übergeordnete kirchliche Interessen im allgemeinen als stärker.

Die weltlichen Herren machen der Kirche als Gläubige Schenkungen und Zuwendungen unterschiedlichster Art, gelegentlich verbunden mit der Verpflichtung zum Seelengedächtnis, und sie unternehmen Pilgerreisen zu Wallahrtsstätten innerhalb und außerhalb Schlesiens, wobei im letzteren Fall der Anteil der adligen Damen fast die Hälfte beträgt. Von zwei Adligen ist belegt, daß sie an Kreuzzügen teilnehmen, der eine nach Preußen, der andere ins Heilige Land. Zudem gewähren Adlige kirchlichen Einrichtungen - vor allem Klöstern - Hilfe und Schutz, und zwar vorwiegend in rechtlicher Hinsicht, aber auch als Fürsprecher gegenüber Herzog und Bischof. Besonders enge Beziehungen zwischen einem Adligen oder

---

5) Vgl. zum Folgenden S. 197-250.

einer Adelsfamilie und einer kirchlichen Institution finden ihren Ausdruck in der Zugehörigkeit zur Bruderschaft einer Kirche oder in der Aufnahme in einen Klosternekrolog. Als Grundherren gründen Adlige Klöster und Kirchen und statten sie aus. Da die Errichtung eines Klosters größeren Besitz voraussetzt, werden nur fünf Klöster vom Adel, und zwar fast ausschließlich von den bedeutenderen Familien, gegründet. Wesentlich größer ist die Zahl der einfachen Kirchen, die als Eigen- oder Patronatskirchen mit ihren Erträgen im Eigentum bzw. Besitz ihrer adligen Gründer stehen und nicht nur aus religiösem, sondern auch aus wirtschaftlichem und herrschaftlichem Interesse vor allem im Zusammenhang mit der deutschen Siedlung eingerichtet werden. Bereits ab 1200 versucht die Kirche allerdings, das Eigenkirchenwesen durch die Einführung des Patronatsrechts zu verdrängen, ohne daß ihr dies jedoch im Verlauf des 13. Jahrhunderts ganz gelingt. Zu Gründungen von Eigenkirchen kommt es allerdings zum Ende des Jahrhunderts hin nicht mehr. Ebenfalls einzuschränken versucht die Kirche das adlige Recht der freien Zehntleistung und das Anerbenrecht des Adels, was beides häufig zu Auseinandersetzungen führt. Diese und andere Streitigkeiten des Adels mit der Kirche, die jedoch selten zu schweren Übergriffen führen, werden meistens durch Vergleich oder Richterspruch entschieden, allerdings fast stets zuungunsten des Adels.

Insgesamt ist das Verhältnis zwischen Adel und Kirche differenziert zu sehen. Im Vergleich zu seinen Möglichkeiten trägt der Adel personell und materiell recht bedeutend zur Vertiefung des Christentums und zur Etablierung der Kirche in Schlesien bei. Andererseits werden ihm gerade von der Kirche, die in Schlesien im 13. Jahrhundert um ihre „libertas" kämpft, Rechte und Freiheiten - Anerbenrecht, freie Zehntleistung, Eigenkirchenwesen - weitgehend beschnitten.

Am schwierigsten zu bestimmen ist der politische Einfluß des Adels, der in der Bezeugung herzoglicher Urkunden, in der Bekleidung von Landes- und Hofämtern, in der Rolle der Barone und in seinem gelegentlichen Agieren als Opposition zutage tritt[6]. Als Zeugen in Herzogsurkunden werden Adlige häufig vom Landesherrn herangezogen, vornehmlich Beamte, Inhaber der Landes- und Hofämter. Der Anteil der nichtbeamteten Adligen unter den Zeugen nimmt allerdings seit der Mitte des 13. Jahrhunderts zu, was als Verbreiterung des adligen Einflusses angesehen werden kann. Andererseits setzt die Nennung als Zeuge nicht unbedingt dessen Zustimmung zum eigentlichen Rechtsinhalt einer Urkunde voraus. Die darin angeführten Adligen bezeugen zunächst lediglich den Rechtsakt als solchen, die Verbriefung, weshalb die Frage einer politischen Einflußnahme des Adels offen bleiben muß.

Unterschiedlich sind die Wirkmöglichkeiten in den einzelnen Hof- und Landesämtern. Der Kanzler, bei dessen Fehlen der Protonotar bzw. Notar, nimmt als ständiger und engster Berater des Herzogs sicherlich Einfluß auf dessen Politik. Nur

---

6) Vgl. zum Folgenden S. 251-353.

eine gelegentliche beratende Funktion kann einigen weiteren Landesbeamten, wie Palatin und Kastellan, für ihren jeweiligen Aufgaben- und Wirkungsbereich zugesprochen werden. Davon unberührt bleibt die individuelle Einflußnahme eines Amtsträgers auf Grund eines persönlichen Vertrauensverhältnisses zum Landesherrn. Die häufigen Teilungen der schlesischen Herzogtümer führen zwar zu einer Zunahme der Adligen vorbehaltenen Landes- und Hofämter und damit zu vergrößerten Möglichkeiten der politischen Einflußnahme, entscheidend bleibt jedoch, daß nicht der Adel Angehörige in Ämter delegiert, sondern der Landesherr nach eigenem Ermessen in diese beruft!

Nahezu jeder vierte Adlige wird Inhaber eines Amtes; allerdings ist der zugewanderte Adel, dem keine Position verschlossen bleibt, deutlich unterrepräsentiert. In der Regel bekleidet ein Adliger im Verlauf seines Lebens nur ein Amt und dies lediglich einige Jahre. Doch kommt es auch vor, daß jemand in mehrere Ämter nacheinander berufen wird oder länger, mitunter bis zu zehn und mehr Jahre, amtiert. Eine Ämterlaufbahn gibt es freilich nicht, wie auch das Ämterwesen insgesamt in Schlesien im 13. Jahrhundert noch nicht fest ausgeprägt, sondern im Wandel begriffen ist. Dennoch gelangen Mitglieder der bedeutenderen Adelsgeschlechter vornehmlich in die hohen Ämter. Bei einem anderen Teil der Ämter, vorwiegend den Hofämtern, handelt es sich vermutlich um Titularwürden; funktional ausgefüllt werden sie von entsprechenden Unterbeamten. Zudem gibt es nicht alle Ämter in allen Herzogtümern und nicht stets; manche verändern sich in ihrem Inhalt, manche werden in ihrer Bedeutung aufgewertet, andere gehen unter. Dies hat zur Folge, daß der in jedem Herzogtum vorhandene 'Hofstaat' als Gesamtheit der amtierenden Beamten recht unterschiedlich aussehen kann.

Eine besondere, aber nicht klar bestimmbare politische Funktion kommt den Baronen als Gruppe zu. Sie beraten den Landesherrn in allen Angelegenheiten von Belang, tragen dessen Entscheidungen mit und verbürgen sie über seinen Tod hinaus, ohne allerdings ein deutlich erkennbares Mitspracherecht zu haben, da der Herzog offensichtlich nicht an ihre Ratschläge gebunden ist. An Vereinbarungen des Landesherrn mit auswärtigen Herrschern wirken sie ebenfalls mit und handeln an dessen Stelle, falls er verhindert ist. Vermutlich sind die Barone auch in bestimmten Fällen am Hofgericht beteiligt und nehmen wohl Vermittlungsaufgaben bei Streitigkeiten zwischen Adligen und dem Herzog bzw. der Kirche wahr.

Adlige Opposition zeigt sich in unterschiedlicher Intensität: vom Ausweichen des einzelnen Adligen vor dem Herzog über Widerspruch und Widerstand bis zur offenen Gewaltanwendung gegen ihn durch eine Gruppe oder die Mehrheit des Adels. Opposition kann durchaus in landespolitischem Interesse erfolgen, aber auch aus Gruppen- oder Privatgründen. Bereits in der Zeit vor der Selbständigkeit Schlesiens opponiert der heimische Adel gegen gesamtpolnische Zentralisierungsbestrebungen und eine Intensivierung der Herzogsmacht. Im 13. Jahrhundert setzt er in verschiedenen Fällen seine partikularen Interessen durch, wobei es gelegentlich gar zu Landesteilungen kommt. Dabei schreckt die adlige Opposition auch nicht davor zurück, den Herzog gefangenzunehmen und ihn an seinen Gegner, meist einen Verwandten, auszuliefern. Rückhalt finden oppositionelle Kräfte vor allem bei den vielen untereinander zerstrittenen schlesischen Landesherren.

Im Verlauf des 13. Jahrhunderts erweitern sich die Möglichkeiten der politischen Einflußnahme des Adels, vor allem auf Grund der staatlichen Zersplitterung Schlesiens. Diese führt auch dazu, daß eine immer größere Zahl von Adligen politisch mitwirken kann. Dennoch spielt der Adel - von der gewaltsamen Opposition abgesehen - keine eigenständige politische Rolle; er bleibt vielmehr auf eine begrenzte Teilhabe an der Herrschaftsausübung des Herzogs beschränkt. Über ein entscheidendes Mitspracherecht verfügt der Adel bis zum Ende des 13. Jahrhunderts nicht.

Alles in allem nimmt der Adel an der Gesamtentwicklung Schlesiens teil und treibt sie selbst voran.

In seinem Überblick über die mittelalterliche Geschichte Schlesiens charakterisiert Peter Moraw das 13. Jahrhundert auf Grund seiner tiefgreifenden Veränderungen im Rahmen der deutschen Siedlung als Schlesiens 'langes Jahrhundert'. In dieser Zeit vollziehen sich 'Europäisierung' und 'Zivilisierung', d.h. die Hinwendung des Landes zu Papsteuropa und seine Modernisierung[7]. An beidem ist der schlesische Adel in vielfältiger Weise beteiligt. Und dennoch bleibt der Adel in der für ihn entscheidenden Hinsicht am engsten am Althergebrachten verhaftet. Während als neuer Stand in Schlesien im 13. Jahrhundert der freie Stadtbürger erscheint, das freiheitliche deutsche Bauernrecht die Rechtsposition der bis dahin in verschiedenen Formen von Minderfreiheit lebenden eingesessenen bäuerlichen Bevölkerung überwindet und sich die Geistlichkeit nach Rom orientiert, hält der Adel an seiner althergebrachten, polnischen Rechtsstellung fest. Diese ist für ihn günstiger und mit größerer Freiheit verbunden als das moderne, westeuropäische Lehensrecht. Somit zeigt sich deutlich, daß die deutsche Ostsiedlung in Schlesien kein einseitiger 'kolonialer' Akt war, sondern daß es sich bei diesem Vorgang um ein - wenn auch unterschiedlich ausgeprägtes - Geben und Nehmen zwischen Siedlern und Eingesessenen, zwischen Deutschen und Polen handelt, und zwar stets zum Vorteil des Einzelnen, des Individuums in seinem mittelalterlichen Eingebundensein. So sollte man neben 'Europäisierung' und 'Zivilisierung' das Schlagwort der 'Freiheit' setzen, der Freiheit im mittelalterlichen Sinne.

---

7) Vgl. MORAW, S. 38-46, 74-139, besonders S. 41f., 44.

Pochodzenie, skład i rola rycerstwa śląskiego do końca XIII wieku

Do końca XIII w. rycerstwo zajmowało w społeczeństwie śląskim przewodnie miejsce zaraz za rodziną panującą. Dotyczy to obydwu struktur społecznych średniowiecznego Śląska: zarówno starosłowiańskiej, dwuwarstwowej, jak też nowej, wielowarstwowej, jaka wykształciła się w związku z kolonizacją niemiecką.

Geneza wybitnej pozycji rycerstwa związana jest ściśle z powstaniem państwa polskiego i tak samo jak ono ginie w pomroce dziejów. Nie jest więc jasne, czy rycerstwo polskie wyrosło z zasiedziałej od dawna na ziemi warstwy wojowników, czy z grupy obcych drużynników, czy też - jak się obecnie powszechnie przyjmuje - z mieszaniny obydwu tych elementów. W każdym razie istniało ono już, gdy Polska wystąpiła w świetle źródeł historycznych.

W źródłach rycerstwo występuje zrazu jako niezróżnicowana masa. Uchwytne indywidualnie zaczyna być dopiero u schyłku XI w., gdy wraz z pojawieniem się świadomości różnic regionalnych zjawiają się wybitne postacie. Osobistości te działały i zachowywały się całkowicie na wzór i podobieństwo książąt - przynajmniej na skalę dzielnicową - jak choćby Piotr Włostowic ze względu na swe fundacje kościelne i klasztorne, swe małżeństwo z córką książęcą i swą aktywność „religijno-dyplomatyczną". Dla wielmożów jego pokroju zabrakło już miejsca obok lokalnych książąt po wprowadzeniu w Polsce ustroju senioralnego i faktycznym podziale kraju na liczne dzielnice.

O rycerstwie śląskim mówić można najwcześniej z momentem wejścia Śląska na drogę odrębnego rozwoju w 1163 r., a w każdym razie od czasu jego uniezależnienia od Polski w 1202 r. Rycerstwo to składało się z zasiedziałej, polskiej większości oraz ze znajdujących się w mniejszości przybyszów. Udział obcych wynosił ok. 1/5 wszystkich znanych rycerzy. Wśród przybyszów tych większość, niemal 3/4, pochodziła z obszarów Rzeszy Niemieckiej, przeważnie z Łużyc, Miśni, Saksonii i Turyngii, tylko niewielka część z innych ziem polskich, z Czech i pozostałych krajów. Napływ obcych przebiegał wprawdzie w sposób ciągły, ale nie jednostajny, podlegał wielu wahaniom. Tak więc imigracja z Czech przebiegła w dwóch fazach, pierwszej na przełomie XII-XIII w. i drugiej w ostatnich dwóch dziesięcioleciach XIII w., w okresie ciążenia Śląska ku Czechom. Punkt ciężkości napływu rycerzy z pozostałych ziem polskich przypadł na trzecie i czwarte dziesięciolecie XIII w. Napływ rycerstwa pochodzenia niemieckiego datować można najpóźniej od 1203 r., ale przybrał on na sile od 1233 r. Po gwałtownym wzroście w 1249 r., nastąpił spadek, osiągający najniższy poziom ok. 1265 r. Potem liczba przybyszów zaczęła znów przybierać w ten sposób, że ponad połowa wszystkich imigrantów z Rzeszy Niemieckiej dotarła na Śląsk w ostatnim dwudziestoleciu XIII w. Obszarami preferowanymi przez przybyszów były księstwa: legnickie, wrocławskie i głogowskie, podczas gdy tylko pojedynczy rycerze docierali do księstwa opolskiego. Dla połowy napływowych rodzin mamy potwierdzenie posiadania majątku ziemskiego lub piastowania urzędu ziemskiego bądź dworskiego, a więc rodziny te osiadły na Śląsku.

W przypadku przybyszów słowiańskiego pochodzenia nie należy się spodziewać problemów z ich asymilacją, inaczej jednak w przypadku przybyszów z Rzeszy Niemieckiej. Pierwsi, pojedynczo występujący przybysze niemieckiego pochodzenia ulegali szybkiej asymilacji, przy rosnącej liczbie ich następców obraz uległ gruntownej zmianie, choć daleki jest od jednoznaczności.

Zgodzić się jednak trzeba, że rycerze miejscowi i napływowi pozostawali w dobrych stosunkach między sobą. Uważali się za równych sobie i dochodziło między nimi do koligacji małżeńskich. Wbrew niektórym tendencyjnym przekazom źródłowym nie dochodziło do narodowo uwarunkowanych konfliktów.

Wejście niemieckiej wolnej szlachty, ministeriałów Rzeszy i ministeriałów innych panów terytorialnych w struktury rycerstwa śląskiego nie przedstawiało trudności, ponieważ nie znało ono zasadniczo rozwarstwienia i zhierarchizowania. Istniało wprawdzie zróżnicowanie gospodarcze w obrębie rycerstwa, a tytuły *miles, baro, comes* i *nobilis* zaszeregowywały każdego rycerza do odpowiedniej grupy, jednak nie naruszało to wywodzącej się jeszcze z polskich czasów zasadniczej równości wszystkich śląskich rycerzy. Ten tak sprzeczny ze stosunkami niemieckimi, zachodnimi, pryncypialny egalitaryzm rycerstwa dotrwał na Śląsku do końca XIII w. i funkcjonował jeszcze i później.

Rycerstwo śląskie nie tworzyło też w interesującym nas okresie zamkniętego stanu z urodzenia. Jeśli własność ziemska rycerza bardzo się skurczyła, mógł on ulec deklasacji. Wchodzenie w skład rycerstwa udawało się przede wszystkim dysponującym sporymi dobrami i szczególnymi prawami sołtysom i wójtom, poprzez pełnienie wojskowej służby konnej i piastowanie urzędów; dotyczy to głównie końca XIII w.

Wspomniane zostały przed chwilą grupy rycerstwa, wynikające z tytułów przydawanych poszczególnym rycerzom. Tytuł *miles* oznaczał ogólnie wojownika, *baro* - członka rady książęcej. Z urzędami ziemskimi i dworskimi, jak również z obszernym majątkiem ziemskim związany był tytuł *comes,* podczas gdy książęta i duchowni wraz z *comites* i *barones* określani byli jako *nobiles*. Obok tego doszło, przede wszystkim w II połowie XIII w., do tworzenia się rozmaitych grup. Wokół niektórych rodów powstały niewielkie orszaki zbrojne, większy zaś przy dążącym do władztwa terytorialnego biskupie wrocławskim. Polityczne grupy interesu jednoczyły poszczególnych rycerzy w dążeniu do wspólnych celów politycznych. Najczęściej grupy takie występują w charakterze opozycji. Należy w końcu wskazać na krąg osobistych przyjaciół i znajomych każdego rycerza, ujawniający się w grupach świadków dokumentów prywatnych.

Stanowisko prawne rycerstwa wywodzi się z najwcześniejszego okresu dziejów Polski, przy czym odnoszące się do jednostek szczególne prawa przekształcały się w przywileje całego stanu rycerskiego. Zawartość polskiego prawa rycerskiego (*ius militare*) ukształtowała się w początku XIII w. - sam termin *ius militare* pojawił się po raz pierwszy w śląskim dokumencie z 1227 r. - w postaci pisanej utrwalone zostało jednak dopiero w 1346 r. w statutach króla Kazimierza Wielkiego. Obowiązujące było także dla rycerstwa śląskiego.

Polskie prawo rycerskie zestawiało różne, wykształcające się ewolucyjnie pojedyncze prawa. Najważniejszym było prawo własności ziemi, z czym wiązało się prawo dziedziczenia (w toku II połowy XIII w. rozciągnięte także na potomstwo żeńskie) oraz dalsze uprawnienia. Ta wolna, dziedziczna własność była warunkiem nabycia pozostałych praw należących do prawa rycerskiego, jak to prawa do opłacania dziesięciny swobodnej, prawa do kwalifikowanej główszczyzny i nawiązki oraz osobistych jeszcze przywilejów w dziedzinie wojskowości - mianowicie ograniczenia obowiązku służby wojennej w granicach kraju z zastrzeżeniem żołdu w wyprawach zagranicznych i wykupu przez księcia z niewoli. Najbardziej dynamicznie rozwijał się immunitet dla samego rycerstwa i jego poddanych. Mógł on być nadawany w postaci czystej, bądź w formie lokacji na prawie niemieckim, zawsze polegał wszakże na zwolnieniach gospodarczych i sądowniczych. Pod względem gospodarczym ograniczone zostawały daniny i posługi, w dziedzinie prawnej zaś ograniczana bywała jurysdykcja urzędników książęcych. Tym samym rycerstwo po pierwsze redukowało swe zobowiązania płatnicze, po drugie zaś uzyskiwało sądownictwo nad swymi poddanymi, a dla siebie samego uprzywilejowane forum przed sądem dworskim. To dla całego rycerstwa nader korzystne, liberalne prawo nie było związane z żadnymi zobowiązaniami wobec panującego. Utrzymujący się zapewne nadal obowiązek służby wojennej rycerstwa opierał się nie na posiadaniu ziemi i nie na uprzywilejowaniu wynikającym z prawa rycerskiego, lecz miał tylko czysto osobisty charakter.

Innego rodzaju były stosunki i wyobrażenia prawne znane rycerskim przybyszom z Rzeszy Niemieckiej. Określały je stosunki lenne. Wasal i pan terytorialny znajdowali się w obustronnym stosunku wierności. Wasal otrzymywał od swego pana jako „podarunek" lenno, najczęściej posiadłość ziemska, w zamian za co zobowiązany był do posłuszeństwa i służby (przede wszystkim konnej służby wojskowej) wobec tego pana. Obowiązek służby wojskowej związany był zatem z posiadaniem lenna, a nie z osobą, z rycerzem jako takim. W porównaniu z polskim prawem rycerskim więzy między panem i wasalem były dużo ściślejsze; już same pojęcia pana lennego (Lehensherr) i jego człowieka (Lehensmann) uwidaczniały większą zależność tego ostatniego. Jest znamienne, że jako pierwsi na prawie lennym otrzymali swe posiadłości zasadźcy, owa nieznana wcześniej grupa przedsiębiorców lokacyjnych. W 1248 r. po raz pierwszy w kontekście prawa lennego wspomniano o rycerstwie (statuty synodalne prowincji gnieźnieńskiej). Istotnie również wobec rycerstwa dochodziło do nadań dóbr ziemskich, czynszu lub renty w lenno. Te stosunki lenne mogą być jednak określone tylko jako przypominające lenno, ponieważ powszechnie zawierano układy lenne, wymagano jednak z reguły tylko służby konnej, a - co szczególnie istotne - obowiązek wzajemnej wierności nie był w dokumentach wspominany. Panujący byli oczywiście zainteresowani wprowadzeniem prawa lennego, zwłaszcza ustaleniem wymogu służby konnej, który coraz częściej był zapisywany również w książęcych aktach kupna i potwierdzenia posiadania dóbr. Tak połowę wszystkich znanych dokumentów lennych wystawili właśnie książęta, przede wszystkim legniccy, wrocławscy, obok nich zaś biskupi wrocławscy, w których dobrach stosunki lenne wydają się zorganizowane najściślej, wreszcie sami liczni rycerze. Ci ostatni obdarzali lennami zasadniczo swych sołtysów, od których wymagali służby konnej w wyprawach książęcych, ale nie w swych własnych wyprawach prywatnych. Zasadniczo rycerstwo, zwłaszcza najmożniejsze, nie dostrzegło lub nie wykorzystało możliwości zgromadzenia wokół siebie liczniejszych zastępów własnych lenników.

Do końca XIII w. stosunki lenne nie zdołały się na Śląsku ugruntować, raczaj zostały one wchłonięte przet staroświeckie polskie prawo rycerskie. Przyjęło się zwłaszcza rycerskie uprawnienie pełnej dziedziczności dóbr, wbrew idei nadania zawartej w prawie lennym. Występowanie stosunków lennych mogło się pogłębić dopiero później wraz z silniejszym zwróceniem się Śląska ku Czechon, do końca XIII w. jednak śląskie rycerstwo jako całość zachowało korzystne dla siebie, liberalne polskie prawo rycerskie.

Podstawę gospodarczą rycerstwa stanowiły posiadłości ziemskie, którymi miejscowe rycerstwo dysponowało od dawna, a które przybysze nabywali zasadniczo droga kupna, ale także przez nadania lub zamiany. Wielkie dobra ziemskie zaczęły się rozpadać już u schyłku XII w. W następnym stuleciu dominowały już średniej wielkości posiadłości (13 wsi), przy czym wśród tych średnich posiadaczy aż 3/4 sięgał udział drobnego rycerstwa, a wykazywało ono tendencje wzrostowe. Śląsk może więc być zatem określany jako kraj drobnorycerski.

Rycerstwo miało też swój udział w rozwoju gospodarczym Śląska, wywołanym kolonizacją niemiecką. O ile samo uprawiało swą ziemię, przyjmowało nowe formy oraz techniki gospodarowania i przechodziło od odłogowania do bardziej efektywnej trójpolówki. Przy kolonizowaniu własnych posiadłości rycerstwo przyjmowało rolę pośrednika między panującym z jednej a zasadźcą i osadnikami z drugiej strony. Od panującego uzyskiwało pozwolenie na lokację, w którym książę zapewniał osadnikom immunitet sądowy i ekonomiczny oraz rezygnował z określonych danin. Rycerz ze swej strony zlecał lokację zasadźcy - tylko nieliczni rycerze byli sami czynni w tym charakterze - i opisywał bliższe warunki i powinności osadników w odpowiednim dokumencie. Do lokowania przez rycerstwo miast doszło tylko w sześciu wyjątkowych wypadkach, wyraźnie częstsze były ingerowanie książąt w posiadłościach rycerskich w związku z prywatnymi lokacjami. Miasta lokowali przeważnie przedstawiciele znaczniejszych rodzin rycerskich, konieczne było wszak do tego - obok zezwolenia książęgo i nadania praw - posiadanie dużego, zwartego kompleksu osadniczego. Trzy spośród bardzo zróżnicowanych pod względem wielkości miast rycerskich przejęli w XIV w. książęta.

Osadnicza działalność rycerstwa utrzymywała się w ogólnych ramach procesu kokonizacji, z punktem ciężkości w końcu XIII w., jednak udział rycerstwa mógł być znaczniejszy, niż wynika to wprost zu źródeł. Wymagając coraz częściej od osadników danin w pieniądzu przyczyniało się też do przejścia od gospodarki naturalnej do pieniężnej. Rycerstwo zmieniało się przy tym, wykonując w stosunku do swych poddanych prawa książęce, we właścicieli ziemskich dysponujących pełnią władztwa gruntowego.

W stosunku do Kościoła rycerstwo tworzyło dwie grupy, mianowicie duchownych pochodzenia rycerskiego oraz rycerstwo świeckie. Ok. 10 % rycerzy wstępowało do stanu duchownego, prawie co drugi z duchownych rycerskiej kondycji zrobił większą lub mniejszą karierę kościelną. Jej warunkiem było niemal zawsze wejście w skład wrocławskiej kapituły katedralnej, odgrywającej rolę zarządu diecezji i organu administracyjnego biskupstwa. Godność biskupią we Wrocławiu, bądź gdzie indziej, osiągali niemal wyłącznie członkowie wielkich rodzin rycerskich, przy czym wpływy i znaczenie tych rodzin znacznie w takim przypadku wzrastały, przynajmniej czasowo. W oparciu o układy pokrewieństwa próbowało rycerstwo - przede wszystkim wielkie rody - wpływać na związanych z nim duchownych i kreować w ramach duchowieństwa odpowiednie ugrupowania, atoli nadrzędne interesy kościelne okazywały się przeważnie silniejsze od tych usiłowań.

Świeccy rycerze stawali wobec Kościoła po pierwsze jako wierni, tzn. czynili na jego rzecz darowizny najróżniejszego rodzaju, niekiedy związane ze zobowiązaniem do pamięci religijnej o darczyńcy, podejmowali pielgrzymki do śląskich i pozaśląskich sanktuariów (w czym prawie połowę wynosił udział rycerskiego pochodzenia kobiet). Drugą płaszczyznę stanowił stosunek do Kościoła rycerstwa jako wojowników i właścicieli ziemskich. W dwóch przypadkach mamy poświadczony udział rycerzy w wyprawach krzyżowych (do Prus i do Ziemi Świętej). Rycerstwo zapewniało przy tym różnym instytucjom kościelnym - przede wszystkim klasztorom - wsparcie i opiekę, zwłaszcza w wymiarze prawnym, ale także w charakterze protektorów wobec księcia i biskupa. Szczególnie ścisłe kontakty między rycerzem albo rodziną rycerską a instytucją kościelną znajdowały wyraz w przynależności do bractwa tegoż kościoła albo we wciągnięciu do klasztornego nekrologu. Jako posiadacze ziemscy rycerze zakładali i wyposażali klasztory i kościoły. Ponieważ warunkiem fundacji klasztoru było posiadanie znacznego majątku, tylko 5 klasztorów zostało założonych przez rycerstwo (i to prawie wyłącznie przez wybitniejsze rodziny). Wyaźnie wyższa jest liczba zwykłych kościołów, które jako kościoły prywatne bądź patronalne znajdowały się wraz z dochodami w posiadaniu swych rycerskich fundatorów, a więc powstały z pobudek nie tylko religijnych, lecz również gospodarczych i dla ugruntowania prywatnego władztwa, przede wszystkim w związku z kolonizacją niemiecką. Od ok. 1200 r. Kościół próbował w każdym razie wyprzeć zjawisko kościołów prywatnych poprzez wprowadzenie instytucji patronatu, nie osiągając jednak w ciągu XIII w. pełnego sukcesu w tym względzie. Jednak u schyłku tego stulecia nie powstawały już nowe kościoły prywatne. Tak samo próbował Kościół ograniczyć rycerskie prawo do opłacania dziesięciny swobodnej i obejść prawo retraktu, co prowadziło do częstych konfliktów. Te oraz inne spory rycerstwa z Kościołem, które zresztą rzadko prowadziły do poważnych starć, rozstrzygane były najczęściej poprzez ugodę lub rozjemstwo, niemal zawsze na korzyść rycerstwa.

Ogólnie rzecz biorąc, widzieć trzeba różne aspekty stosunku rycerstwa do Kościoła. W stosunku do swych możliwości rycerstwo całkiem znacznie przyczyniło się do rozszerzenia chrześcijaństwa i ugruntowania Kościoła na Śląsku. Z drugiej strony właśnie ze strony Kościoła, który na Śląsku w XIII w. walczył o *libertas ecclesiae*, poważnemu ograniczeniu ulegały rycerskie prawa i swobody - retrakt, dziesięcina swobodna, posiadanie kościołów prywatnych.

Najtrudniej jest określić wpływ polityczny rycerstwa, wyrażający się w występowaniu na listach świadków dokumentów książęcych, piastowaniu urzędów ziemskich i dworskich, w roli baronów i w okazjonalnym zaangażowaniu w charakterze opozycji. Jako świadkowie dokumentów książęcych rycerze nie występowali sami z siebie, raczej byli do tej roli powoływani przez władców, głównie jako urzędnicy piastujący godności ziemskie i dworskie. Udział rycerstwa nieurzędniczego wzrasta jednak od połowy XIII w., w czym można upatrywać rozszerzenia się wpływu rycerstwa. Z drugiej strony wymienienie w charakterze świadka nie dowodzi bezwzględnej zgody na zawartą w dokumencie akcję prawną. Przytaczani w testacjach rycerze poświadczali jedynie sam akt wystawienia dokumentu jako taki i dlatego problem osiągania politycznego wpływu przez rycerstwo musi w tym aspekcie pozostać otwarty.

Również z urzędami, poza urzędami kancelaryjnymi, nie wiązały się wpływy polityczne. Dotyczy to z istoty urzędów dworskich, zorientowanych na „gospodarstwo domowe" władcy, a także pomyślanych jako organa egzekucji władzy w terenie urzędów ziemskich. Jedynie kanclerz, a w jego braku protonotariusz względnie notariusz, jako stały i najbliższy doradca księcia, wpływał na jego politykę. Tylko okazjonalne funkcje doradcze przypisać można, obok właściwych zadań i zakresów działania, niektórym innym urzędnikom ziemskim, jak palatyn i kasztelan. Niewątpliwe pozostaje przy tym zjawisko indywidualnego wpływu nosicieli urzędów, w oparciu o ich osobistą poufałość z księciem. Częste podziały księstw śląskich prowadziły do wzrostu liczby zastrzeżonych dla rycerstwa urzędów ziemskich i dworskich, a tym samym do zwiększenia możliwości uzyskiwania wpływów politycznych: decydujące pozostaje jednak, że to nie rycerstwo delegowało swych przedstawicieli na urzędy, lecz panujący powoływał na nie rycerzy podług swego uznania.

W sprawowaniu urzędów przez rycerstwo wyrażała się jego rola „państwowa". Prawie co czwarty rycerz piastował urząd, jednak rycerstwo napływowe jest tu reprezentowane wyraźnie słabiej (choć żadna funkcja nie była dla niego nieosiągalna). Z reguły rycerz sprawował w ciągu swego życia tylko jeden urząd i to tylko przez kilka lat. Zdarzało się jednak też, że ten sam człowiek powoływany był na liczne następujące po sobie urzędy, albo urzędował dłużej, nawet do 10 lat lub dłużej. Nie istniał oczywiście ściśle przepisany wzorzec kariery urzędniczej, tak jak cały system urzędów na Śląsku w XIII w. nie był ustalony, lecz podlegał jeszcze zmianom. A jednak przedstawiciele znaczniejszych rodów rycerskich osiągali przede wszystkim wysokie urzędy. W odniesieniu do innej grupy urzędów, przeważnie dworskich, chodzi zapewne o godności tytularne; przypisane im funkcje wypełniali odpowiedni podurzędnicy. Przy tym nie wszystkie urzędy istniały we wszystkich księstwach i nie zawsze; niektóre zmieniały swe znaczenie, niektóre przybierały na znaczeniu, inne znów znaczenie traciły. Miało to ten skutek, że istniejące w każdym księstwie dwory (jako zbiorowości urzędników) rzadko stanowiły zamkniętą całość i były niestabilne.

Szczególne, ale tym nie mniej dające się jasno określić znaczenie plityczne przypadało baronom jako grupie. Doradzali oni władcy we wszystkich sprawach o znaczeniu polityczno-państwowym, współrealizowali jego decyzje i podtrzymywali je nawet po jego śmierci, nie posiadając jednak zauważalnego, ustalonego prawa współdecydowania, ponieważ książę oczywiście nie był związany ich radami. Baronowie uczestniczyli w układach swego księcia z obcymi władcami i występowali w jego zastępstwie, jeśli nie mógł działać sam. W miarę możności baronowie należeli do sądu dworskiego, przyjmowali tąż zapewne zadania rozjemców w sporach między rycerzami a księciem lub Kościołem.

Choć rozważane dotąd polityczne znaczenie rycerstwa opierało się w przeważającej mierze na udziale w wykonywaniu władzy książęcej, to samodzielną politykę uprawiać mogło rycerstwo dopiero w charakterze opozycji. Opozycja rycerska występuje w różnych formach - od wycofywania się pojedynczych rycerzy sprzed oblicza księcia, poprzez opór, aż do użycia siły przeciwko władcy przez grupę bądź większość rycerstwa. Opozycja mogła wystąpić nie tylko w kwestiach „polityki państwowej", lecz także w obronie interesów grupowych czy prywatnych. Już w czasach przed usamodzielnieniem się Śląska protestawało rycerstwo przeciwko ogólnopolskim dążeniom centralizacyjnym i wzmocnieniu władzy książęcej. W XIII w. walczyło ono w wielu wypadkach o swe interesy partykularne, przy czym niekiedy dochodziło w skutek tych akcji nawet do podziałów dzielnicowych. Opozycja rycerska nie cofała się przy tym przed uwięzieniem księcia i wydaniem go w ręce wroga (najczęściej krewnego). Wsparciem dla sił opozycyjnych było przede wszystkim istnienie licznych, wzajemnie skłóconych książąt śląskich. Opozycja tego rodzaju była oczywiście skrajną formą działania politycznego.

W ciągu XIII w. możliwości uzyskiwania wpływów politycznych przez rycerstwo uległy tym samym poszerzeniu, przede wszystkim w wyniku rozdrobnienia dzielnicowego Śląska. Prowadziło ono do tego, że coraz większa liczba rycerzy mogła uzyskać wpływy polityczne. A jednak rycerstwo - pomijając wypadki gwałtownej opozycji - nie odgrywało samodzielnej, jasno uchwytnej roli; ograniczało się ono raczej do udziału w wykonywaniu władzy książęcej. Do końca XIII w. rycerstwo nie dysponowało potwierdzonym prawem współudziału w decyzjach władcy.

Podsumowując, rycerstwo miało swój udział w rozwoju dziejowym Śląska i samo rozwój ten stymulowało. Choć skład osobowy zachowującego polski charakter, miejscowego rycerstwa uzupełniony został przez przybyszów pochodzących przede wszystkim z Rzeszy Niemickiej, to jednak nie przyjęło ono właściwych dla tych ostatnich wyobrażeń o lennym, hierarchicznym społeczeństwie, zachowując raczej swe dawne, bardziej liberalne i egalitarne stanowisko prawne. Rycerstwo przyczyniało się czynnie do rozprzestrzenienia chrześcijaństwa i utrwalenia na Śląsku Kościoła, który jednak ograniczał je w niektórych prawach. Możliwości odgrywania przez rycerstwo roli politycznej wzrastały i rozszerzały się na większą jego część, ale nie stało się ono samodzielną siłą polityczną. Kurczył się stan posiadania wielkiej własności, choć rycerstwo energicznie uczestniczyło w dokomującym się w trakcie kolonizacji niemieckiej procesie przebudowy i rozwoju kraju; w toku tego procesu przekształciło się we właścicieli ziemskich dysponujących pełnią władztwa gruntowego.

Peter Moraw w swej przeglądowej pracy o średniowiecznej historii Śląska scharakteryzował wiek XIII, wobec następujących w nim głębokich przemian w ramach kolonizacji niemieckiej, jako „długie stulecie". W okresie tym dokonała się „europeizacja" i „ucywilizowanie", tzn. wejście kraju w krąg łacińskiej Europy i jego modernizacja. W obydwu procesach na wieloraki sposób uczestniczyło śląskie rycerstwo. A jednak w najistotniejszych dla siebie dziedzinach rycerstwo pozostało ściśle uwikłane w tradycyjne formy. Podczas gdy w XIII w. pojawiło się na Śląsku jako nowy stan wolne mieszczaństwo, gdy swobodniejsze prawo chłopskie zmieniło pozycję prawną żyjącej dotąd w warunkach wielorakiego ograniczenia wolności ludności chłopskiej, a duchowieństwo zorientowało się ku Rzymowi, rycerstwo zachowało swe tradycyjne, polskie stanowisko prawne. Było ono dlań korzystniejsze i swobodniejsze, niż nowe, zachodnioeuropejskie prawo lenne. Widać więc tym samym wyraźnie, że niemiecka kolonizacja wschodnia nie była jednostronnym aktem „kolonialnym", lecz że w przypadku tego zjawiska chodzi o - ujawniające się co prawda z różną wyrazistością - wzajemne dawanie i przyjmowanie wartości między osadnikami a ludnością miejscową, między Niemcami a Polakami; wychodziło to zawsze na korzyść pojedynczego człowieka, jednostki w jej właściwych dla średniowiecza uwikłaniach. Tak więc obok hasłowych pojęć „europeizacji" i „ucywilizowania" winno się postawić jeszcze „wolność", wolność w jej średniowiecznym znaczeniu.

Vývoj slezské šlechty až do závěru 13. století

Pomineme-li knížecí rodinu, pak vedoucí pozici ve společenské struktuře středověkého Slezska až do konce 13. století zaujímala šlechta. Rozhodující roli plnila v obou společenských soustavách: ve staroslovanské, dvouvrstvé, stejně jako v novém vícečlenitém systému, který se rozvíjel v souvislosti s německým osídlením.

Základy klíčového postavení šlechty jsou úzce spjaty se vznikem polského státu a leží tedy v temnotě stejně jako počátky Polska. A tak je nejasné, zde se polská nobilita vyvinula ze starousedlých, pozemky vlastnících privilegovaných vrstev nebo z cizích družiníků, případně - jak je dnes všeobecně přijímáno - z prolínání obou. V každém případě však aristokracie existovala již v okamžiku, kdy piastovská monarchie vstoupila do dějin.

V pramenech se šlechta jeví zprvu jen jako indiferentní vrstva. Teprve se šířením regionálního cítění v závěru 11. století se objevují vůdčí osobnosti a šlechta se stává individuálně postižitelnou. Příslušné osobnosti se chovají a jednají jako knížeti „rovní" nebo „podobní". Nepochybně pak v jistých dílčích oblastech - tak třeba Petr Wlast ve vztahu ke svým církevním a klášterním fundacim, sňatkem s dcerou knížete a svou „církevně-politickou" aktivitou. Pro magnáty jeho velikosti však po zavedení seniorátního systému a faktickém vícenásobném dělení Polska nezbylo vedle regionálních piastovských knížat žádné místo.

Nejdříve na počátku svébytného vývoje Slezska r. 1163, jednoznačně ale po osamostatnění r. 1202, můžeme mluvit o slezské šlechtě. Místní aristokracie se utvářela z usedlé polského rázu a z nově příchozí menšiny. Podíl imigrantů nepřesáhl ani jednu pětinu dnes známé nobility. Valná část cizinců - bezmála tři čvrtiny - pochází z německých oblastí říše, z Lužice, Míšně, Saska a Durynska. Jen menší část šlechty přišla z jiných dílů Polska nebo Čech a jiných regionů. Přistěhovalectví sice probíhalo plynule, ovšem podléhalo značným výkyvům. Tak například aristokracie z Čech pronikla do Slezska ve dvou vlnách. Nejprve na přelomu 12. a 13. století a pak až v posledních dvou desetiletích 13. století. Těžiště přžištěhovalectví z dalších dílů Polska leží naopak ve 20. a 30. letech 13. století. Příchod německé šlechty započal nejpozději kolem r. 1203, nicméně od r. 1233 klesal. Po náhlém vrcholu r. 1249 následoval další pokles, který dosáhl svého maxima kolem r. 1265. Poté opět stoupal počet nových imigrantů a v závěru 13. století se ve Slezsku usadila více než polovina šlechty německého původu. Cílovou oblastí se stalo lehnické, vratislavské a hlohovské knížectví. Pouze jednotlivci směřovali na Opolsko. Polovina cizinců dosáhla zemských úřadů, případně i pozemkového vlastnictví a byla tak považována zu usedlou ve Slezsku.

U slovanských imigrantů nelze předpokládat větší integrační problémy. Jiná situace ovšem nastala u příchozích z německy mluvících částí říše. První jednotlivci byli rychle asimilováni, ale v dalších vlnách přicházelo více osob a poměry se rychle změnily; docházelo spíše k diferenciaci.

Všeobecně ovšem platí, že mezi domácí a nově přicházející šlechtou převládaly dobré vztahy, jejichž odrazem byly příbuzenské svazky i vzájemná uznání rodového původu. K národnostně motivovaným konfliktům nedocházelo, ačkoliv tendenční výpovědi písemných pramenů naznačují spíše opak.

Těžkosti nezpůsobovalo ani „vřazování" německé šlechty, říšských a zeměpanských ministeriálů mezi slezskou nobilitu, která ovšem v podstatě neznala vnitřní nebo „hodnostní" členění. Nacházíme sice rozdíly v hospodářské oblasti a rovněž tituly miles, baro, comes a nobilis prozrazují různé sociální postavení. Přesto však v zásadě nedocházelo k narušování rovnostářských principů, jejichž kořeny sahají až k počátkům piastovské monarchie. Slezská šlechta se tak výrazně odlišovala od německého, resp. západoevropského modelu a rovnostářství přetrvalo ve Slezsku až do konce 13. století.

Slezská nobilia netvoří v sledovaném časovém úseku uzavřený stav. Pokud se výrazně ztenčilo pozemkové vlastnictví rodu, pak jeho členové mohli klesnout mimo privilegovanou vrstvu. Průnik mezi šlechtu se naopak dařil fojtům a šoltysům, kteří vlastnili větší pozemkový majetek a zvláštní práva (služba koněm - Roßdienst, obsazování úřadů). K povýšení docházelo především v závěru 13. století.

Již byly zmíněny jednotlivé skupiny, které se odlišují individuálně doloženými tituly nositelů. Termín miles všeobecně označoval válečníka, baro byl členem vévodské rady. Se zemskými a dvorskými úřady a patrně i s rozsáhlejším vlastnictvím je spojen titul comes, zatímco vévodové a duchovní stejně jako valná část comites a barones jsou nazýváni nobiles. Nadto se ve druhé polovině 13. století utvářely rozličné skupiny. Tak vznikly malé družiny ve službách několika šlechtických rodů. Větší síly shromáždil vratislavský biskup, který aspiroval na teritoriální vládu. Politické zájmy obecně sjednocovaly jednotlivce k dosažení společných cílů a většinou pak vystupují jako organizovaná opozice. Konečně je nutno upozornit ještě na okruhy přátel a známých, kteří se objevují ve svědečných řadách soukromých listin.

Právní postavení šlechty se řídilo staršími polskými zvyklostmi, přičemž zvláštní práva určená původně jen významným jednotlivcům se proměnila v stavovskou normu. Polské rytířské právo (ius militare) vzniklo na počátku 13. století. Pojem „ius militare" se poprvé objevil r. 1227 a shodou okolností právě ve slezské listině. „Písemnou kodifikaci nacházíme ovšem až ve statutech Kazimíra Velikého z r. 1346. Platnost zákoníku uznala i slezská šlechta.

Polské rytířské právo obsahuje články, které se vyvíjely postupně a většinou zcela samostatně. Nejdůležitější z nich je vlastnické právo na nemovitosti a půdu (Grund und Boden), které se v průběhu druhé poloviny 13. století stále více propojovalo s šířícím se dědickým právem a dalšími specifikacemi. Svobodný a dědičný majetek byl nezbytným předpokladem k získání dalších výsad, mezi něž náleželo ovládnutí desátku, nárok na smírčí poplatky a pokuta za vraždu. Zvláštní kapitolu tvoří osobní výsady ve vojenských záležitostech. Povinnost válečné služby byla omezena jen na vnitrozemské (slezské) konflikty a při tažení za hranicemi šlechtě náležel žold. Pokud se rytíř ocitl v zajetí, pak výkupné skládal vévoda. Nejdynamičtěji se rozvíjely šlechtické imunity. Byly propůjčovány v právní podobě nebo formou osídlení na německém právu a skládaly se z hospodářských a soudních článků. V ekonomickém smyslu se jednalo o promíjení poplatků a služeb; soudní oblast omezovala jurisdikci knížecích úředníků. Nobilita tak systematicky redukovala své povinnosti a zároveň dosáhla právní svrchovanosti nad podřízenými osobami. Privilegované postavení se přenášelo i na jednání dvorského soudu. Velmi příznivé a velkorysé svobody přitom nebyly vyvažovány závazky k zeměpánovi. Vojenská povinnost neměla vztah k šlechtickému majetku a nespočívala ve výhodách rytířského práva. Válečná služba tedy měla jen čistě osobní charakter.

Právní představy a zkušenosti imigrantů z německých částí říše byly poněkud jiného druhu, protože vycházely ze znalosti lenního systému. Vazal a zeměpán stáli ve vzájemném poměru, jehož základem byla věrnost. Vazal přijal od svého pána léno (většinou statek) a zavázal se tak věrností a službou. Vojenská povinnost byla tedy propojena s užíváním léna a nikoliv již jen s osobou šlechtice. Ve srovnání s polským rytířským právem je vazba mezi pánem a leníkem velmi těsná a vytváří se silná závislost. K typickým jevům náleží, že prvními držiteli léna byli lokátoři, z hlediska předchozího vývoje Slezska zcela neznámá sociální skupina. R. 1248 je poprvé zmíněna šlechta v souvislosti s lenním právem a sice v synodálních statutech pro hnězdenskou církevní provincii. Ve druhé polovině 13. století pak skutečně docházelo k předávání pozemků, peněžní renty a úroků formou léna. Existující systém ovšem můžeme klasifikovat jen jako poměry lenního typu, protože lenní smlouvy zpravidla vyžadovaly pouze službu koněm (Roßdienst) a neobsahovaly oboustranný slib věrnosti. Slezská knížata přirozeně souhlasila se zaváděním lén a měla zájem na kodifikaci služby koněm, která byla rovněž opakovaně stvrzována a připomínána v souvislosti s koupí majetku. Jednu polovinu všech lenních listin také vystavili slezští Piastovci, především lehničtí, vratislavští a hlohovští vévodové. Manskou soustavu využíval i vratislavský biskup a významné šlechtické rody. Nobilita oblénila podřízené šoltýse, od nichž pak žádala službu koněm v době války. Povinnost se však nevztahovala na soukromé spory. Šlechtický stav a především vlastníci značného majetku v zásadě nerozpoznali přednosti manského systému a nevyužili tak možnost vybudovat soustavu vlastních leníků.

Až do konce 13. století se lenní systém ve Slezsku neujal a převahu si i nadále udrželo staré polské právo. Neomezená dědičnost šlechtického majetku vytvářela pro nobilitu příznivější podmínky než lenní vztahy, které se prosadily až později v souladu se silnější orientací Slezska na české země. Po celé 13. století se slezská aristokracie řídila polským rytířským právem.

Hospodářskou základnu šlechty tvořil pozemkový majetek, kterým disponovaly místní rody dědičně a imigranti jej získali koupí, pronájmem nebo výměnou. Zeměpanské vlastnictví půdy se začalo rozpadat již v závěru 12. století a v následujících letech postupně převládly středně velké državy (od jedné do tří vesnic). Zároveň se ovšem zvyšoval počet menších šlechtických statků, který dosáhl asi tři čtvrtiny úrovně počtu středních dominií při stoupající tendenci. Slezsko lze tedy charakterizovat jako zemi nižší šlechty. Nobilita se výrazně podílela na hospodářském rozvoji Slezska a jakmile pojistila právní status rodových panství, začala přejímat nové hospodářské postupy i techniku a přecházela z dvoupolního k vyspělejšímu trojpolnímu systému. Při kolonizaci svých dominií zaujímala šlechta zprostředkovatelskou úlohu mezi zeměpánem ze strany jedné a lokátorem s osadníky ze strany druhé. Šlechta si od knížete vyžádala souhlas s kolonizací, přičemž vévoda potvrdil zájemcům právní a hospodářské výsady a vzdal se části poplatků. Nobilita ve své režii najala lokátory (jen málo šlechticů působilo i v této funkci) a v příslušných dokumentech stanovila bližší podmínky a závazky. Jen výjimečně (pouze v šesti případech) šlechta participovala na městské lokaci, ale mnohem četnější jsou zeměpanské zásahy do majetkových poměrů včetně rodových držav ve spojitosti se vznikem města. Pokud nobilita přistoupila ke zřízení městské obce, pak se vždy jednalo o příslušníky nejvýznamnějších rodin, protože nezbytnou podmínkou lokace byl nejen knížecí souhlas a postoupení práva, ale především kompaktní sídlištní základ. Poddanská (šlechtická) města se lišila svou velikostí a ve 14. století tři z nich ovládli slezští vévodové.

Osídlovací aktivita probíhala v rámci tzv. velké kolonizace, což znamená, že se těžiště této činnosti nachází v závěru 13. století. Podíl nobility byl patrně vyšší, než kolik prozrazují písemné prameny. Se vzrůstajícími požadavky na peněžní úrok docházelo také k přechodu od naturální k finanční rentě. S rozvojem vlastnických práv se šlechta měnila z vlastníků půdy ve vrchnost (vom Grundbesitzer zum Grundherren).

Ve vztahu k církvi se šlechta dělí na dvě skupiny, totiž na duchovenstvo šlechtického původu a světskou nobilitu. Asi deset procent rodových příslušníků vstoupilo do duchovního stavu a bezmála každý druhý z nich prošel více či méně úspěšnou církevní kariérou. Rozhodujícím předpokladem pro společenský vzestup bylo členství v dómské kapitule ve Vratislavi, která plnila roli přirozeného centra diecéze a střediska biskupské správy. K biskupské hodnosti ve Vratislavi i jinde měli téměř výlučný přístup členové významných šlechtických rodů, přičemž po nástupu na biskupský stolec ve Vratislavi silně, byť jen dočasně vzrostl vliv a význam rodu. Prostřednictvím příbuzenských svazků nobilita usměrňovala chod diecéze a mezi duchovenstvem vznikaly zájmové skupiny. Přesto se nadregionální zájmy církve všeobecně ukazovaly jako silnější.

Světská šlechta se stavěla k církvi jako součást obce věřících křesťanů, což v praxi znamenalo, že poskytovala církevním institucím dary nejrůznějšího charakteru. Obvykle byly spojeny s příležitostnou záduší vzpomínkou na donátora. Nobilita podnikala poutě a procesí, a to nejen ve Slezsku, přičemž podíl žen dosahoval bezmála poloviny celkového počtu poutníků. V jiné rovině se pohyboval vztah bojovníka a vlastníka. U dvou rytířů je doložena účast na křížových výpravách. První z nich putoval na Prus a druhý do Svaté země. Šlechta poskytovala církevním institucím (převážně klášterům) právní pomoc a ochranu, ale vystupovalo také v úloze přímluvců u knížete nebo biskupa. Zvlášť těsné kontakty mezi příslušníky jednoho rodu a církevní institucí nalezly svůj ohlas v členství v řádové komunitě nebo v zápisu klášterního nekrologia. Šlechta založila a vybavila řadu kostelů a klášterů. Klášterní fundace ovšem předpokládala větší majetek, a právě proto existovalo ve Slezsku jen pět rodových komunit. Mnohem vyšší byl počet jednoduchých kostelů, které jako vlastnické nebo i patronátní zůstávaly (včetně donace) v majetku šlechtických zakladatelů. Vznik kostelů tedy nelze vysvětlit jen zbožností fundátorů, ale také jejich ekonomickými a správními zájmy, především v nově kolonizovaných oblastech. Po r. 1200 se církevní instituce pokusily omezit šíření soukromých kostelů zaváděním patronátního práva a přestože se záměr zcela nezdařil, v závěru 13. století již nedocházelo ke zřizování šlechtických fundací soukromého charakteru. Zároveň se církev snažila upravit volné vybírání desátku a také dědické právo, což ovšem vyústilo v řadu sporů. Četné rozepře byly zpravidla urovnány soudním výrokem, který obvykle zněl v neprospěch nobility.

Vztah mezi šlechtou a církví neměl jednotný ráz a převažujícím rysem byla diferenciace. Aristokracie podle svých možností materiálně i personálně přispěla k šíření křesťanství i k ustálení církevních struktur ve Slezsku. V jiné souvislosti ale právě církev, která v 13. století ve Slezsku bojovala o libertas ecclesiae, systematicky omezovala šlechtická práva v oblasti dědických nároků, desátku a vlastnických kostelů.

Nejobtížněji sledovatelný je politický vliv šlechty, který se projevuje jen nepřímo, prostřednictvím svědečných řad knížecích listin, v obsazování zemských i dvorských úřadů, v poradní roli baronů a v existenci dočasné opozice. Vévodské listiny nezachycují šlechtu samoúčelně, ale svědečné řady vypovídají o mocenské situaci v okolí zeměpána - především o držitelích zemských a dvorských úřadů. Od poloviny 13. století vystupuje v zeměpanských písemnostech aristokracie bez úřadů, což lze vnímat také jako jeden z projevů šířícího se vlivu šlechty. Svědečná řada pochopitelně neznamená, že by shromážděná nobilita bezpodmínečně souhlasila s obsahem listiny. Šlechta svou přítomností potvrzuje právní akt jako takový. Problém politického postavení aristokracie ovšem zároveň zůstává v neřešitelné poloze.

Politický vliv nelze výlučně spojovat ani se samotnými úřady a jedinou výjimku v tomto smyslu představuje kancelář. Bez většího politického významu zůstávaly dvorské úřady hospodářského rázu a také zemské exekutivní orgány. Pouze kancléř a při absenci této funkce protonotář nebo notář měl jako stálý a zároveň nejbližší rádce knížete vliv na jeho rozhodnutí. Dočasný podíl na vládě příležitostně připadl i některému z čelných zemských úředníků (palatin, kastelán), ovšem většinou jen v oblastech jejich působnosti. Nezávisle se rozvíjel osobní vliv služebné šlechty, která těžila z důvěrných kontaktů se zeměpánem. Častá dělení slezských knížectví vedla k nárůstu zemských a dvorských úřadů v držení šlechty, čímž stoupal politický vliv nobilitovaných vrstev, nicméně rozhodující moc si uchoval vévoda, protože o personálních otázkách nejednala obec, ale zeměpán, který povolával jednotlivce podle vlastního uvážení.

V obsazování zemských a dvorských úřadů se projevovala spíše „státotvorná" úloha šlechty, Bezmála každý čtvrtý šlechtic zastával nějaký úřad, ovšem imigranti, přestože nebyli formálně omezováni, ovládali jen omezený počet institucí. Všeobecná pravidla naznačují, že jednotlivci působili v úřadě pouze několik let. Pak také mohli vykonávat řadu funkcí i po delší dobu deseti a více let. „Úřední kariéra" pochopitelně neexistovala a stejně tak ve Slezsku 13. století neexistoval stabilní systém. Členové nejvýznamnějších rodů však přesto alespoň částečně opanovali vysoké úřady. U dvorských funkcí se v řadě případů jednalo o titulární hodnosti. Funkční náplň těchto úřadů však zajišťovali podřízení, většinou z řad nižší šlechty. Slezská knížectví se odlišovala rovněž počtem a složením úřadů, přičemž mnohé z nich změnily obsah, jiné ztratily význam a zanikly. Značné rozdíly se pak projevovaly v různé velikosti a struktuře knížecích dvorů, které byly jen zřídla úplné a stabilní.

Mimořádný, ale stejně tak nejasný politický význam mělo společenství baronů. Vytvářeli poradní sbor zeměpána ve všech záležitostech státotvorného charakteru, sdíleli a podporovali jeho rozhodnutí a zaručovali se po smrti knížete, aniž by ovšem měli nějaké spolurozhodující a zároveň rozpoznatelné právo, neboť kníže patrně nebyl vázán jejich radami. Baroni se účastnili uzavírání smluv s jinými vládci a jednali i v zastoupení, pokud se kníže nemohl na rokování přímo podílet. Baroni náleželi k dvorskému soudu a plnili roli zprostředkovatelů ve sporech knížete a šlechty, případně i církve.

Slezská nobilita zjevně odvozovala svůj politický vliv z dílčího podílu na vládě knížete. Vlastní samostatné akce se projevovaly v opozičním hnutí. Šlechtická opozice působila v širokém spektru s odlišnou intenzitou protestu - od přerušení kontaktů s vévodou, přes pasivní odpor až po násilnou vzpouru proti zeměpánovi. Opozice mohla respektovat „státně - politické", ale častěji reprezentovala partikulární soukromé i skupinové tendence. Právě v období samostatného vývoje Slezska šlechta odmítla celopolské centralizační úsilí, které mohlo vyústit v posílení královské moci. V průběhu 13. století se nobilita exponovala v různých případech a vždy hájila dílčí zájmy, přičemž docházelo k dělení země. Šlechtická opozice se nezastavila ani před zajetím vládnoucího knížete, který byl vydán příbuzným a zároveň i protivníkům. Opoziční síly nacházely útočiště i oporu u vzájemně znesvářených slezských piastovců. Nutno však zároveň dodat, že bezohledný styl jednání přísluší jednoznačně k extrémním formám politiky.

V průběhu 13. století se rozšiřovaly možnosti růstu politického vlivu šlechty, především jako důsledek rozpadu Slezska na dílčí knížectví. V nových poměrech se stále větší počet osob podílel na řízení a správně země. Slezská nobilita tak (odhlédneme-li od extrémní opozice) v podstatě nehájila samostatnou a jasně rozpoznatelnou politickou linii. Častěji zůstala omezena na spolunositele teritoriální moci. Až do konce 13. století šlechta nedisponovala rozhodujícím vlivem.

Shrneme-li dílčí poznatky, pak se šlechta podílela na výrazném rozvoji Slezska a sama náležela k progresivním silám. Polskými kořeny ovlivněnou aristokracii doplnili imigranti převážné z německých částí říše. Jako celek však aristokracie nepřevzala lenní a hierarchické představy západního typu uchovala si staropolské a svobodnější pojetí. Nobilita aktivně podporovala šíření křesťanství a přispěla k upevnění církevní správy ve Slezsku. Církev však šlechu omezovala v již přiznaných právech. S narůstajícími možnostmi se nobilita stále více účastnila politického dění, ačkoliv se samostatnou politickou silou nestala. Velké državy sice nebyly příliš stabilní a často se záhy rozpadly, nicméně přece jen šlechtické rody výrazně participovaly na všestranném rozmachu a výstavbě země, započaté německým osídlovacím procesem, v jehož průběhu se majitelé pozemků proměnili ve vrchnost (vom Grundbesitzer zum Grundherren).

Ve svém přehledu středověkých dějin Slezska charakterizuje Peter Moraw 13. století na základě hlubokých proměn v rámci německé kolonizace jako „dlouhé století" Slezska. V tomto období došlo k „poevroštěni" (Europäisierung) a „zcivilizování" (Zivilisierung) Slezska, což chápe jako příklon země k papežské Evropě a její modernizaci. V obou procesech figurovala slezská šlechta, a to hned mnohostranným způsobem. A přesto zůstala těsně propojena s minulostí. Nobilita si stále uchovávala právní postavení z dob existence jednotného polského státu, ačkoliv právě v průběhu 13. století se ve Slezsku zformoval nový stav svobodných měšťanů a ve stejné době svobodnější německé rolnické právo úspěšně převrstvilo starší a méně rozvinuté normy. Nutno ovšem opět zdůraznit, že polské právo bylo pro aristokracii mnohem příznivější než západoevropský lenní institut. Tímto se ale zároveň jednoznačně prokazuje, že německá osídlovací politika na východě nepředstavovala jednostranný „koloniální" akt. Naopak jedná se zde - i když poněkud jinak vyjádřeno - o dávání a přijímání mezi starousedlíky a kolonisty, mezi Němci a Poláky a stále ku prospěchu individuality ve své středověké podstatě. A tak můžeme užívat výrazů „Europäisierung" a „Zivilisierung", ale také slovo „Freiheit", svoboda ve středověkého smyslu a významu.

A

VI. Personenverzeichnis

VI.1. Der Adel des piastischen Schlesien bis 1300

Aceruo. Johannes de Aceruo (?). 1257-66. Er und seine Erben werden als Besitzer v4 Hufen in Järischau (bei Striegau) gen.: HIII.B: III, 553. Z: Wilcho vPoseritz: III, 256.
Aclam. (CC1). Um 1268. Ritter. Z: Konrad Swab: IV, 192.
Aczemansdorf. Gozko de Aczemansdorf (Azmannsdorf/Thüringen) (CC208). 1299. Z: HI.G: VI, 384.
Adalbert. 1. 1289. Notar. Z: KII.Sa: V, 413.
2. Albertus corvus. 1263-64. Bischöfl. Schreiber, Kaplan 1264. V ihm geschriebene Urkunden: BTI.: III, 449, 487. Z: BTI.: III, 473, 475, 480, 494, 495. (Eine Person?).
3. 1289. Hzl. Kaplan, Pfarrer vSchweidnitz. Gen. als Datar: BkI.J: V, 437.
4. (BDH10). 1206-28. Dominus, Mag.. Entscheidet als vBL delegierter Richter einen Rechtsstreit: G: I, 295. Z: Vinzenzstift: I, 100; BL: I, 129, 190, 226, 234, 270; G: I, 281.
5. (BDH10). 1212. Submag.scolarum. Z: BL: I, 129.
6. (BDH9). Bruder des Boguslaus. 1212. Z: BL: I, 129.
   Boguslaus (BDH37). Bruder des Adalbert. 1212-62. Dominus, Scholaster 1223-39, Kantor 1245-51, Archidiakon 1262. Gibt den Zehnt vKlein Tinz (bei Breslau) dem Sandstift zurück (BL: I, 129) und erhält dafür den vMasselwitz (Stadtteil vBreslau) und Ransern (Kr. Breslau) (G: I, 198). Wird beauftragt, Abt Ludwig und den Zisterzienserkonvent in den Besitz vKamenz zu restituieren (G: II, 348, 349). Z: BL: I, 226, 240, 263; G: II, 103; BTI.: II, 159, III, 387; MII.O: II, 284; BII.L: II, 342, 412; II, 375; HIII.B: III, 22.
7. Albertus Thevc. (BDH9). (1212-14). Z: BL: I, 143.
8. Albertus Saxo (BDH8). 1219. Bestätigt mit anderen BDH einen Vergleich: I, 190.
9. (BDH1). 1239. Z: BTI.: II, 159.
10. (CC4). 1250-51. Nobilis, Graf, K vBreslau 1250-51. Z: HIII.B: II, 391, 392, 410, 411, 413, III, 8; BII.L: II, 412, 413.
11. (CB5). 1295. Ritter, K vSiewierz. Z: KaII.CB: VI, 207.
12. 1228. Ritter, Trib. vBreslau. Wird in einem Rechtsstreit um den Zehnten eines Dorfes bei Kostenblut (Kr. Neumarkt; wohl Jakobsdorf) gen.: G: I, 295. Z: HI.S: I, †364.
13. (CC4). 1214-23. Richter 1214-23. Z: HI.S: I, 142, 219; Jaroslaus, Bozdech, Peter und Budiuoy: I, 236.
14. (CC19). 1252. Bischöfl. UKäm. Z: BTI.: III, 52.
15. 1244-45. Graf, Jäger 1244-45. Z: BII.L: II, 272, 273, 297.
16. (CC7). 1267-68. Bischöfl.balistarius und minister. BTI. weist ihm 5 Mark jährlichen Zins an vOppersdorf, wo Adalbert wohnt, und falls der Zins nicht reicht, wird er durch den aus dem Nachbardorf Ritterswalde ergänzt: IV, 18. Er erhält 2,5 Freihufen in Oppersdorf, die mit Dienst beim Bischof vBreslau belastet sind: BTI.: IV, 66.
17. Albertus Kokotko. (CC11). 1290. Z: HV.LB: V, 469, 473.
18. Albertus Lizek. 1280. Der Verkauf seines Anteils an dem Erbgut Couorcouo (unbekannt) für 30 Mark Silber Breslauer Gewichts wird bestätigt: HIV.B: IV, 396.
19. Albert Lizero (CC13). 1293. Z: HV.LB: VI, 93.

A

20. Albert Ogegla. 1300. Z: BJIII.: VI, 450.
21. Albertus Twardava (CC901). 1263-80. Z: HIII.B: III, 436, 525; HIV.B: IV, 396.
22. (CB5). Sohn des Grimislaus, Bruder des Sobeslaus. 1258. Z: WI.O: III, 269.
    Sobeslaus (CB191). Sohn des Grimislaus. 1247-58. Graf. Z: WI.O: II, 340, III, 269.
23. Albertus Iaconic. (1216-27). Z: HI.S: I, 278.
24. Sohn des Nanker. 1223. Z: Jaroslaus, Bozdech, Peter und Budiuoy: I, 236.
25. (CC15). Bruder des Jakob. 1298. Edler. Die Brüder streiten um den Zehnt vSchönbekirch (Kr. Neumarkt): BJIII.: VI, 332. Im Zehntstreit zwischen den Brüdern und dem Pfarrer vKostenblut wird letzterem der Garbenzehnt vJakobsdorf (Kr. Neumarkt) zugesprochen: G: VI, 338.
    Jakob (CC345). Bruder des Adalbert. 1298. Edler. Wird stets zusammen mit seinem Bruder gen..
26. Albert. Sohn des Grafen Sezeme und der Crayna, Bruder des Ianusius. 1241. Z: Ianusius (s. Adalbert 26): II, 223 (nur in einer der beiden Ausfertigungen !).
    Crayna. Frau des Sezeme. 1241. Gibt in einer der beiden Ausfertigungen ihre Zustimmung zu der Übertragung: Ianusius (s. Adalbert 26): II, 223.
    Ianusius. Sohn des Sezeme. 1241. Graf. In einer eigenen Urkunde (zwei Ausfertigungen) (II, 223) übergibt er dem Kl. Paradies das Gut Merzdorf (bei Schwiebus).
    Dirsco. 1256. Graf. Sein Tausch des Erbgutes Lubenitsco (Merzdorf bei Schwiebus) an das Kl. Paradies wird bestätigt: Herzog vGroßpolen: III, 176.

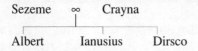

27. (CB234). 1230. Z: VO: I, 319.
28. 1193. Die Schenkung vVidaua (Weide bei Breslau) wird bestätigt: P: I, 60.
29. 1223. Ritter. Gibt seinen Zehnten der Salvatorkirche zu Rybnik: BL: I, 226.
30. 1233. Z: Johannes (s.Domaslaus 1): II, 32.
31. 1276. Z: Peter Dirsicraiowitz: IV, 290.
32. (CC17). 1298-99. Landvogt vLüben 1298, Landvogt von Sagan 1299. Z: KII.Sa: VI, 359, 375, 412. (Adliger ?).
— S.u. Banz, Ditmannsdorf, Flößberg, Garisca, Godislaus, Hain, Karzen, Marburg, Mirkau, Muschov, Rabenswald, Sacio, Schlewitz, Schmollen, Sternberg, Tepliwoda, Virchouisce, Woytech 3.

Adam. 1. (BDH2). 1233-48. Mag.. Z: Johannes (s. Domaslaus 1): II, 32; G: II, 103; BTI.: II, 159, 352. Lib. mor. Vincentii, S. 12: 28.Jan. (oder Adam 2 ?).
2. (BDH3). 1239. Z: BTI.: II, 159. Lib. mor. Vincentii, S. 12: 28. Jan. (oder Adam 1 ?).
3. (BDH4). 1285-93. Mag., Krakauer DH 1293. Ihm werden die neuesten Ereignisse mitgeteilt und sein Beistand wird erbeten: BTII.: V, 193. Er bringt als erwählter Schiedsrichter einen Vergleich zustande: Vinzenzstift: VI, 101; Bischof vKrakau: VI, 102. Z: BJIII.: Acta Thomae, Film Nr. 350/6.
4. (CB1a). 1298. Ritter, USchenk. Z: PR: VI, 334.
5. (CB1, 1a). 1290-94. Ritter, Schatzmeister 1290-94. Z: PR: V, 468, †512, VI, 30, 119, 129, 131, 147.

A

6. (CB1, 1a). 1293-94. Ritter, UJäger 1293-94. Z: PR: VI, 119, 147.
7. Adam Cokors. (CB3). 1294-97. Fidelis. Z: Bl.O: VI, 174, 175, 329.
8. Bruder des Michael. 1288. Z: MI.R und PR: V, 368.
   Michael. Bruder des Adam. 1288. Z: MI.R und PR: V, 368.
9. 1285. Graf. In einer eigenen Urkunde (V, 215) verleiht er den ihm vHerzog Primislaus vAuschwitz (sic !) zu Erbrecht geschenkten Wald bei der Stadt Auschwitz im Umfang v 60 Hufen zur Aussetzung zu deutschem Recht (Poręba Wielka südl. Auschwitz) und setzt Zins und Zehnt fest, was er besiegelt.
10. 1252(?). Z: Vinzenzstift: III, 32.
11. 1251 (laut SR wohl 1351 !). In einer eigenen Urkunde (SR †764) verleiht der Erbe vTarnowitz, Pethakowitz etc. seinem Schulzen 4, 5 Hufen in Pethakowitz (Ptakowitz) zu deutschem Recht.
— S.u. Kokorz, Magna, Raschau.
Adeko. S.u. Jassona.
Adelheid. S.u. Janowitz, Münsterberg, Nossen, Schildberg.
Adelungsbach. Heinmann de Adelungesbach (Adelsbach, Kr. Waldenburg) (CC239). Ehemann der Gertrud, Schwiegersohn (gener) des Konrad vReichenbach. 1290-95. Ritter, K vTiefensee 1293-94. Gelobt die Einhaltung eines Vertrages vHV.LB: HV.LB: V, 450. Kauft das 34 Hufen umfassende Dorf Klein Neudorf (bei Grottkau): HV.LB: VI, 111. Z: Konrad vReichenbach: V, 450; HV. LB: VI, 159, 224.
Gertrud vAdelungesbach. Frau des Heinmann. Nekr. Heinrichau, S. 289: 25. Mai.
Adleyta. S.u. Goslaus 7.
Adlige. (um 1266). Eine ungenannte Adlige verzichtet auf ihre Ansprüche auf die Zehnten vTepliwoda (n. Frankenstein), welche dem Pfarrer vKarzen (nw. Strehlen) zustehen, und erhält Absolution v der deshalb verhängten Exkommunikation: BTI.: III, 551.
Agnes. S.u. Colonia, Reichenbach.
Aiacota. 1234. Richter. Z: HI.S: II, 85.
Alardus. (CC3). Vater des Chevlegius ? (1234) 1238-1240. Graf, Käm. 1238 bzw. UKäm. 1239-40 der hlg. Hedwig. In einer eigenen Urkunde (II, 197) schenkt er den Johannitern vGroß Tinz einen Teil seines ungen. Erbgutes als Ablöse für seine Zehntzahlungen. Z: HII.S: II, 146, 164, 181.
Chevlegius. (CB38). Sohn des Alardus Ritter vOppeln (dieser Alardus ?). 1282. Ritter. Er vergleicht sich mit dem Kl. Czarnowanz dahingehend, daß er auf alle Ansprüche auf die Dörfer Muchenitz und Wreske (bei Oppeln), die Anastasia vMuchenitz dem Kl. geschenkt hatte, verzichtet und der Propst des Kl. auf Entschädigungsklagen verzichtet und gelobt, ihn vom Bann zu lösen: G: V, 21.
Albrecht. S.u. Tuchansdorf.
Alexander. 1. (CB8). 1223. Ritter. Gibt seinen Zehnt der Salvatorkirche zu Rybnik: BL: I, 226.
2. Alexander gen.Clericus (CC20). 1290. Ritter. Z: BkI.J: V, 484.
— S.u. Vin.
Alexius. Cognatus des Johannes (s. Domaslaus 1). 1233. Z: Johannes (s.Domaslaus 1): II, 32.
— S.u. Leckinstein.
Alka. S.u. Vnarcus.

A

Alzicus. S.u. Daleborius 2.
Anastasia. S.u. Muchenitz.
Andreas. 1. 1296-99. Bischöfl. Notar 1296-99, bischöfl. Kaplan 1299. Kauft für 70 Mark die Scholtisei vSenditz (Kr. Trebnitz): BJIII.: VI, 389. Z: G: VI, 277, 297, 326, 339; BJIII.: VI, 392.
2. 1256-66. Bischöfl.Schreiber 1260-61, 1263, 1266, Notar 1259, Kaplan. V ihm geschriebene Urkunden: BTI.: III, 309, 314, 358, 448. Z: BTI.: III, 2, 190, 290, 361, 375, 473, 475, 480, 494, 513, 546.
3. (BDH14). 1268-1300. Dominus, Mag., Dr. decr., Schreiber 1268, Notar 1268 und 1271, Pfarrer zu Bunzlau 1271-73, Archidiakon vBreslau 1275-93, bischöfl.Prokurator 1285-87, Dekan 1293-1300. Seiner Präbende werden zwei unbekannte Orte zugewiesen: BTI.: IV, 65. Er wird in einem Streit um die Pfarrechte zwischen der Kirche und dem Hospital zu Bunzlau gen.: BTII.: IV, 211. Als Z bei einer Gerichtsverhandlung gen.: -: SR 1592. Beurkundet als delegierter Richter einen Verzicht in einem Zehntstreit: G: V, 18. Fällt als gewählter Schiedsrichter in einem Zehntstreit einen Spruch: G: V, 45. In seiner Gegenwart wird ein bischöfliches Schreiben übergeben: -: V, 123. Ihm wurde Geld für den Bischof vFermo überwiesen: BTII.: V, 128. In seiner Gegenwart wird die Exkommunikationssentenz über HIV.B verlesen: BTII.: V, 135. Überbringt dem P ein Schreiben der Bischöfe des Erzbistums Gnesen: Erzbischof vGnesen: V, 225. Es wird erwähnt, daß er nach Rom geschickt wurde: BTII.: V, 241. Er wird dem Kardinal Latinus empfohlen: BTII.: V, 244, 335 und ebenfalls den Kardinälen Bentivenga, Jeronimus und Matheus: BTII.: V 244. Ihm wird mitgeteilt, wie sich der Streit zwischen Bischof und Herzog weiterentwickelt hat: BTII.: V, 287, 333. Ihm wird Geld geschickt und er wird ermahnt, damit sparsam umzugehen: BTII.: V, 334. Er wird dem Kardinal Philipp Bischof vFermo empfohlen: BTII.: V, 336. Ihm wird mitgeteilt, daß BTII. gegen die Forderungen des päpstlichen Legaten abermals Appelation eingelegt hat: BTII.: V, 345. Er dotiert aus dem Kapitelsgut Sorovina sive Wilcow (wahrscheinlich Wilkowitz, Kr. Breslau) einen Altar im Breslauer Dom: BJIII.: VI, 200. Ihm wird ein Teil der Zehnten vWeigwitz (bei Strehlen) zugesprochen: G: VI, 365. Er bezeugt eine Abschrift: Notar Adam vRatibor: VI, 400. Als Dotar gen.: BTI.: IV, 53. Z: BTI.: IV, 47, 48, 55; WB: IV, 59, 62; BTII.: IV, 133, 431, †456, V, 11, 48, 81, 116, 132, 184, 185, 209, 216 VI, 19; Dirsislaus 2: IV, 166; G: IV, 179, VI, †470; HIV.B: IV, 378, 426; NI.T: IV, 424; Kl. Leubus: V, 43; BJIII.: Acta Thomae; Film Nr. 350/6, VI, 89, 122, 153, 190, 196, 202, 225, 262, 395, 416, 427, 445; -: SR 1592, V, 2. Lib. mor. Vincentii, S. 24: 4. März.
4. (BDH12). 1218-19. Er wird beauftragt, die ehemaligen Benediktiner des Vinzenzstiftes zum Eintritt in ein anderes Kl. zu zwingen: P: I, 170. Ihm wird die Einigung im Rechtsstreit zwischen den Prämonstratensern des Vinzenzstiftes und den Benediktinern zur Bestätigung vorgelegt: G: I, 188. Ihm wird mitgeteilt, daß der Abt des Vinzenzstiftes keinerlei Anspruch mehr auf St. Lorenz in Kalisch haben soll: Bischof vKrakau: I, 189. Er bestätigt als Vertreter des Propstes Peter vGlogau den Vergleich zwischen den Benediktinern und den Prämonstratensern des Vinzenzstiftes: G: I, 190.
5. (BDH13). Bruder des Nikolaus ? 1264-72. Mag., Arzt. Der P gestattet BTI., dem Akoluthen Andreas, den er v der Irregularität der Geburt dispensiert hatte, eine Pfründe oder Dignität im Domkapitel oder an einer Kollegiatkirche zu verleihen: P: III, 479.

Ihm werden 200 französische Schafe v dem BDH Leonhard 1 unter der Bedingung übereignet, daß er jährlich 5 Mark Silber für den v Leonhard gestifteten Altar in der Domkirche zahlt; auf Bitten des Leonhard gibt BTIII. das Gut Probotschine (sö. Breslau), das Andreas v Bischof hat, diesem zur freien Trift der Schafe auf ewige Zeiten: BTII.: IV, 144. Z: BTI.: III, 513, IV , 55; BTII.: IV, 139, 169; Dirsislaus 2: IV, 166; KI.G: IV, 175.

Nikolaus. Bruder des Mag.Andreas (dieser ?). 1276. Dominus. Z: BTII. und HIV.B: IV, 286.

6. (CB11). 1230-39. Palatin 1230-39. Z: VO: I, 319; MII.O: II, 165.
7. (CB17). 1294. Fidelis, Palatin. Z: BI.O: VI, 174, 175.
8. (CB12). Sohn des Stephan. 1222-28. K vBeuthen OS. 1222-28. Z: KaI.O: I, 222, 291. Lib. mor. Vincentii, S. 27: 13. März (oder Andreas 9, 10).
9. (CC22). 1202-03. Baron, K vGlogau 1202-03. Z: HI.S: I, 77, 83, †332, †333, †334; BI. S: I, †331. Lib. mor. Vincentii, S. 27: 13. März (oder Andreas 8, 10).
10. (CB10). 1222-34. Graf, K vNikolai 1222-34. Z: KaI.O: I, 222, 291; HI. S: II, 23, 80. Lib. mor. Vincentii, S. 27: 13. März (oder Andreas 8, 9).
11. (CC23). 1243-49. K vSchiedlo 1243. Ihm als derzeitigem Besitzer der Burg Schiedlo wird eine Entschädigung v 32 Mark zugesagt, falls die Burg in den Besitz des Markgrafen vMeißen übergeht: HIII.B: II, 369. Z: BII. L: II, 241.
12. (CB17). Bruder des Paul. 1291. Oppelner Marschall, servitor des Herzogs vPolen. Er und sein Bruder verkaufen 4 Hufen in Warangowicz (?): Herzog vPolen: SR 2177.

    Paul (CB157). Bruder des Andreas. 1291. Servitor des Herzogs vPolen. Er und sein Bruder verkaufen 4 Hufen in Warangowicz (?): Herzog vPolen: SR 2177.
13. (CB11). 1222. Jäger. Z: KaI.O: I, 222.
14. (CC26). 1259. Claviger. Z: KI.G: III, 280.
15. (CB11). 1226. Oppelner Ritter. Z: BL: I, 269.
16. 1248-56. Serviens. Z: BTI.: II, 352, III, 190.
17. Andreas Belick (CB16). 1289. Ritter. Z: KaII.CB: V, 410.
18. Andreas Brus. 1297. Domicellus vBI.O. Z: MI.T: VI, 313.
19. Andreas Cracovianus (CB15). Sohn des Dobeslaus. 1274. Ritter. Z: WI.O: IV, 247.
20. Andreas Ranzki (CC22). Bruder des Wislaus. 1208-18. Graf. Er wird als ehemaliger Besitzer eines an Zirkwitz (Kr .Trebnitz) grenzenden ungen. Dorfes gen.: HI.S: I, 114, 115, 181.

    Wislaus (CC889). Bruder des Andreas. 1208-18. Es wird erwähnt, daß er das an Zirkwitz grenzende ungen.Dorf, das seinem Bruder gehörte, seinen beiden Töchtern als Mitgift bei deren Eintritt in das Kl. Trebnitz geschenkt hatte: HI.S: I, 114, 115, 181.
21. Andreas Regaza. 1253. Ihm wird Spoliierung vTrebnitzer Klosterbesitz vorgeworfen: P: III, 76.
22. Andreas Saba (CB14). 1239. Z: MII.O: II, 165.
23. Andreas Sabestorconis (oder Andreas, Sabestorco ?). 1224. Z: KaI.O: I, 249.
24. Sohn des Clemens, Bruder des Clemens. 1229. Mag., Propst v St.Michael zu Krakau. Z: HI.S: I, †369.

    Clemens (CC426). Sohn des Clemens, Bruder des Andreas. 1229-37. Z: HI.S: I, †369, II, 137. Lib. mor. Vincentii, S. 26: 12. März (oder Clemens 7, 9).
25. Bruder des Segota. 1238. Z: HI.S: II, 145.

A

Segota. Bruder des Andreas. 1238-39. Z: HI.S: II, 145; MII.O: II, 174.

26. 1149. Comes polonicus. Seine Schenkung des Dorfes Laurencic (Wawrzeńczyce a. d. Weichsel ö. Krakau) an das Vinzenzstift wird bestätigt: BJII.: I, 19; P: I, 60. Lib. mor. Vincentii, S. 76: 10. Okt. oder S. 88: 26. Nov.
27. (CB10). 1223. Graf. Erhält für seine Kirche in Matzkirch (Kr. Cosel) vBL die Zehnten der Dörfer Matzkirch, Autischkau (Kr. Cosel), Gogolin (Kr. Groß Strehlitz) und Hochkretscham (Kr. Leobschütz): BL: I, 240.
28. (1230). Z: VO: I, 319.
29. 1234. Z: BTI.: II, 61.
30. 1240. Vir nobilis. Auf Grund seiner Aussage wird ein Rechtsstreit entschieden: MII.O: II, 178.
31. 1202. Notar. Von ihm geschriebene Urkunde: HI.S: I, †332.
32. (BDH o.Nr.). 1241. Dekan. Z: BTI.: II, †434.
33. 1279. Graf. Z: Stephan vZernitz: IV, †464.

— S.u. Brokotenstein, Gorsebkowitz, Goslawitz, Grodis, Haugwitz, Mrococin, Nossen, Prussin, Reumen, Wisenburg, Würben.

Anna. S.u. Münsterberg, Reichenbach.

Antonius. (BDH61). 1282. Mag., Erzpriester vFermo. Z: G/Herzog vPommern: V, 16. Lib. mor. Vincentii, S. 18: 19. Feb. (dieser ?).

Apetzko. S.u. Aulock, Hain, Kobershain, Ledelow, Seidlitz.

Apolda. Heinrich Schenk vApolda (Apolda nö. Weimar/Thüringen) (CC263). 1270-83. Dominus, Ritter, K vGlatz 1283. Ordinator der Urkunde: NI.T: IV, 424, 425. Z: HIV.B: IV, 332, 366, 368, 412, 420, 426, V, 5, 29, 52, 57, 61, 66; Bischof vLebus: IV, 410; NI.T: IV, 424, 425.

Arnold. 1. Bruder des Rüdiger und Peter. 1265-92. Dominus, Schreiber 1265, Oppelner Notar 1267-81 und 1288, summus notarius 1284-89, Kanzler 1290, notarius provincialis iudicii curie Wratizlauiensis 1291, hzl. Kapellan 1292. Er und seine Brüder **Rüdiger** und **Peter** kaufen die Vogtei vKęty (ö. Bielitz): WI.O: IV, 321. Ihm und Tilo 2 wird in Anbetracht ihrer treuen Dienste u.a. gestattet, 2 Mühlen an der Oder bei Teschen gegen einen Jahreszins v 1 Mark zu erbauen: MI.T und PR: V, 368. Der notarius provincialis und Tilo gen. de Banch, beide Bürger v Breslau, kaufen das zur Domdekanatspfründe gehörende ca. 40 Hufen große Dorf Mochbern (bei Breslau) zur Aussetzung zu deutschem Recht: BTII.: VI, 2. MI.T verkauft wegen der Verdienste des Kapellans nicht nur ihm, sondern auch seinem Vater WI.O gegenüber dessen Brüdern, den servientes **Rüdiger** und **Peter,** das hzl. Erbgut Zator zur Anlage einer Stadt nach dem Rechtsvorbild v Teschen und stattet sie mit den Rechten eines Stadtvogtes aus: MI.T: VI, 74. Von ihm geschriebene Urkunde: WI.O: III, 503. Gen.als Datar: WI.O: IV, 44, 188, 239, 247, 335, 388; PR: V, 161. Durch ihn ausgeführte Urkunden: MI.T und PR: V, 266, 403; MI.T: V, 430, †505. Z: WI.O: III, 503, IV, 408; MI.T: V, 442.
2. 1272-74. Mag., Domherr und Scholaster vLebus, Breslauer Hofnotar 1273-74, angeblicher Pfarrer vSt. Maria Magdalena zu Breslau. Gen.als Datar: HIV.B: IV, 209, 215, 245, †452. Z: KI.G: IV, 175; G: IV, 208; HIV.B: IV, 229.
3. 1295. Bischöfl. Notar. V ihm geschriebene Urkunde: BJIII.: VI, 190. Durch ihn ausgeführte Urkunde: BJIII.: VI, 226. Z: BJIII.: VI, 208.
4. (BDH16). 1226-39. Z: BL: I, 263; G: I, 281, II, 103; BTI.: II, 159.

5. (BDH17). 1275-1300. Dominus, Mag., Pfarrer vSt. Maria Magdalena zu Breslau 1275-1300. In seiner Gegenwart wird die Exkommunikationssentenz über HIV.B verlesen: BTI.: V, 135. Auf seine Bitte bestätigt BJIII. eine Urkunde: BJIII.: VI, 395. Z: BTII.: IV, †456, V, 69, 132, 445, 470, 472, VI, 19; HIV.B: V, 367; Bogusca vPrerichim: V, 429; BJIII.: Acta Thomae; Film Nr. 350/6, VI, 89, 122, 153, 190, 196, 200, 202, 219, 262, 395, 427, 445.
6. Arnold Kula (CC38). Z: HIII.B: III, 97.
7. Sohn des Martin. 1290. In einer eigenen Urkunde (V, 479) stiftet er der Hospitalkirche zur hlg.Maria in Neisse einen Altar und dotiert denselben mit einer Insel, die an die Stadt Neisse stößt, in jenem Teil, der einst dem Mag. Franco 1 gehörte, den Zinsen einer Schuhbank, einem Garten und dem Jahreszins v 2 Gärten gegen Seelenmessen zu bestimmten Tagen. (Adliger ?)
8. (C43). Bruder des Peter und Simon. 1298. Edler. Die Brüder streiten um den Zehnt vSchönbekirch (Kr. Neumarkt): BJIII.: VI, 332. Im Zehntstreit zwischen den Brüdern und dem Pfarrer vKostenblut wird letzterem der Garbenzehnt der villa Arnoldi et fratrum suorum zugesprochen: G: VI, 338.
   Peter. Bruder des Arnold und Simon. 1298. Edler. Wird stets zusammen mit seinen Brüdern gen.
   Simon (CC805). Bruder des Arnold und Peter. 1298. Edler. Wird stets zusammen mit seinen Brüdern gen.
9. 1245. Wird als Vorbesitzer eines Gutes in Gabitz (Stadtteil vBreslau), das er verkauft hat, gen.: Sandstift: II, 301.
— S.u. Auro, Brezinchi, Copatz, Komerow, Kurzbach, Polcov, Reichenbach, Seiffersdorf, Simon 4.

Aston (BDH18). 1229. Mag. Wird als Schreiber des Papstes und Beauftragter vBL gen.: P: I, 304.

Aulock. Apetzko vAulock (Auligk bei Borna/Sachsen) (CC36). 1289-99. Dominus, Ritter, Fidelis, Baron. Z: BkI.J: V, 437, 484, VI, 6, 13, 86, 95, 211, 213, 290, 303, 305, 321, 343, 362, 415, 418, †471. Nekr. Heinrichau, S. 303: 22. Dez. („Ob. Apeczko de Vlok et uxor sua Meththildis. It. Ludwicus pater suus. Gerdrudis mater sua. Item Wernherus filius suus. It. Hanka filia sua.").

Auro. Arnold vAuro (Auras ?). 1235. Z: G: II, 103.

Axleben. Simon vAxleben (Schleswig-Holstein) (CC804). 1293-96. Wird als ehemaliger Besitzer des Dorfes Schlottnig (bei Liegnitz) gen.: HV.LB: VI, 242. Z: HV.LB: VI, 111, 242.

B. (CC59). 1244. K vCrossen. Z: Herzog vGroßpolen: II, 272.

Baitzen. Dirislaus vBaitzen (bei Frankenstein) (CC153). Ehemann der Schwester des Bernhard vKamenz, Vater vDirsco, Jesco, Moico. 1272. Graf. Z: HIV.B: IV, †448. GB, S. 320f.: War Böhme. Bei der Aussetzung des Dorfes Schirnitz, auch Frömsdorf gen., behielt er 6,5 Hufen Feld und Wald zurück. Wurde erschlagen. - Nach VI, 368 Erbherr vKrelkau.
   Dirsco vBaitzen (CC154). Sohn des Dirislaus, Ehemann der Benedikta, Vater des Dirislaus. 1283-93. Er und sein Bruder Jesco verkaufen für 130 Mark Silber Breslauer Gewichtes dem Kl. Kamenz ihr Erbgut Tachsscheberc oder Lencawice (abgekommen,

B

s. Kamenz) und verpflichten sich, die Zustimmung ihres abwesenden Bruders Moico zu erlangen: HIV.B: V, 61. Die Güter der Söhne des weiland Dirislaus zinsen nunmehr anstatt der Schloßkapelle zu Nimptsch der Dekantei des Breslauer Kreuzstiftes: HIV.B: V, 367. Er und der jeweils andere Bruder stimmen dem Verkauf v 6,5 großen Hufen in Moschwitz (Kr. Münsterberg), 4 durch Jesco und 2,5 durch Moico, zu: HIV.B: V, 370, 371. Z: Protonotar Siegfried u.a.: VI, 217 (im Insert von 1293 Apr. 12). GB, S. 321f.: Die 3 Brüder teilen das väterliche Erbe. Nekr. Kamenz, S. 315: 3. Feb. („It.ob.d. Dirsco miles de Byczano"; hat dem Kl. 4 Mark geschenkt.).

Benedikta vBaitzen. Frau des Dirsco. Nekr.Kamenz, S. 334: 21. Nov. („It.ob.Benedicta uxor comitis Dyrsconis de Byczano.").

Dirislaus vBaitzen. Sohn des Dirsco. Nekr. Kamenz, S. 317: 23. Feb. („Ob.Dirislaus filius Dirsconis de Byczano.").

Jesco vBaitzen (CC402). Sohn des Dirislaus. 1283-98. Er und sein Bruder Dirsco verkaufen ihr Erbgut Tachsscheberc: HIV.B: V, 61. Die Güter der Söhne des Disrislaus zinsen nunmehr der Dekantei des Breslauer Kreuzstiftes: HIV.B: V, 367. Er verkauft mit Zustimmung seiner Brüder für 100 Mark dem Kl. Heinrichau 4 große Hufen bei Moschwitz, die jedoch, wenn sie gerodet sind, dem Pfarrer vKrelkau zehnten sollen: HIV.B: V, 370. Er und sein Bruder Jesco stimmen dem Verkauf v 2,5 großen Hufen in Moschwitz durch Moico zu: HIV.B: V, 371. Er hat 3,5 Hufen bei Moschwitz dem Kl. Heinrichau verkauft: BJIII.: VI, 368. GB, S. 321f.: Die 3 Brüder teilen das väterliche Erbe.

Moico vBaitzen (CC540). Sohn des Dirislaus. 1283-95. Ritter. Seine Brüder verpflichten sich, die Zustimmung des abwesenden Moico zum Verkauf des Erbgutes Tachsschenberc zu erlangen: HIV.B: V, 61. Die Güter der Söhne des Dirislaus zinsen nunmehr der Dekantei des Breslauer Kreuzstiftes: HIV.B: V, 367. Er und sein Bruder Dirsco stimmen dem Verkauf v 4 großen Hufen in Moschwitz durch Jesco zu: HIV.B: V, 370. Er verkauft mit Zustimmung seiner Brüder für 50 Mark Silber dem Kl. Heinrichau 2,5 große Hufen bei Moschwitz, die jedoch, wenn sie gerodet sind, dem Pfarrer vKrelkau zehnten sollen: HIV.B: V, 371. In einer eigenen Urkunde (VI, 120) verleiht er einem Vogt v seinem Erbgut im Dorfe Dörndorf (bei Reichenstein) Land gegen die Verpflichtung, ihm jährlich mit 1,5 Mark oder einem Pferd zu diesem Wert zu Lehenrecht zu dienen, doch so, daß der Vogt es auf seine Frau vererben, oder an jemanden, der zur Übernahme dieser Dienste bereit ist, verkaufen darf. In einer eigenen Urkunde (VI, 163) verkauft er v seinen Erbgütern in Schrom für 384 Mark 8 Hufen zur Aussetzung zu deutschem Recht. Er schenkt der in Schrom errichteten Pfarrkirche am Tage ihrer Gründung (1293 Apr. 12) 2 kleine Hufen daselbst und stattet sie mit einem Zins v 5 Mark Silber v seinem Dorfe Altreichenau aus, was in der Bestätigung eines Tausches zwischen BkI.J und Moico unter Inserierung der Urkunde vom 12. April 1293 mitgeteilt wird; er besiegelt VI, 217: Protonotar Siegfried u.a.: VI, 217. Es wird erwähnt, daß er am 12. März 1293 (= VI, 257) Z war: Goswin und Johannes vMünsterberg: VI, 257. Z: Jaroslaus vHabendorf: VI, 257. GB, S. 320-323: Die 3 Brüder teilen das väterliche Erbe.

B

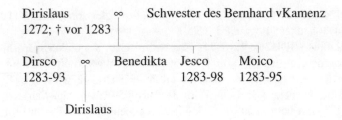

Baldo. 1223. Z: BL: I, 234.

Balduin. 1. 1274-86. Schreiber 1282, Breslauer Hofnotar 1274-86, hzl. Kaplan 1281. Besiegelt: Jesco vMoschwitz: V, 14. Gen. als Datar: HIV.B: IV, 253, 267, 297, 302, 310, 320, 332, 337, 341, 342, 353, 354, 357, 359, 364, 366, 370, 391, 392, 396, 397, 399, 403, 409, 411, 412, 413, 419, 420, 430, V, 5, 9, 15, 26, 44, 57, 73, †495, †496, †501. Durch ihn ausgeführte Urkunden: HIV.B: V, 29. V ihm geschriebene Urkunde: HIV.B: V, 6. Z: HIV.B: V, 20, †499; Iesco vMoschwitz: V, 14; -: V, .2.

2. (BDH20). 1202-35. Mag. Z: HI.S: I, 83; BC: I, 85; Bischof vKrakau und Vinzenzstift: I, 100; BL: I, 129, 134, 263; G: I, 281, II, 103; BTI.: II, †426.
3. (CC44). 1256. Prokurator HIII.B. Z: HIII.B: III, 189.
4. (CC44). 1278. Graf. Z: Stephan vKobelau: IV, 348.
5. (CC44). 1288. Ritter. Z: Richwin vObischau: V, 381.
6. 1295. Ritter. Z: Protonotar Siegfried u.a.: VI, 190.

Balthasar. S.u. Münsterberg, Pogarell.

Baneta (CB 19). 1292. Serviens. Z: MI.T: VI,74.

Bankau. Wiglo vBankau (bei Brieg). 1258-60. Seine 2 Hufen werden v der Steuerzahlung (HIII.B: III, 266) und jeder Schatzung (HIII.B: III, 339) befreit.

Banow. Grabisius v Banow (CC217). 1290. Er kauft vBkI.J für 40 Mark einen Wald zwischen Giersdorf und Wartha (sw. Frankenstein) zur freien Verfügung: BkI.J: V, 488. (Adliger?).

Banz. Albert vBanz (Oberfranken). 1252-66. Breslauer Konsul 1266. Z: Vinzenzstift: III, 31; - : III, 255; HIII.B: III, 541.

Heinrich vBanz. 1266-92. Breslauer Bürger, UVogt vGlogau 1276, Vogt vBreslau 1286, Schöffe 1292. Gen. als Schöffe und älterer Mitbürger: Konsuln vBreslau: VI, 60. Z: HIII.B: III, 537; G: IV, 291; Kamenz: V, 259; HV.LB: VI, 54. Nekr.Lubense, S. 41; 18. März („Item ob.Henricus de Bancz cives Wrat.qui comparavit conventuj Lubensi duo servitia, unum in die S. Michaelis, alterum in festo 1100 virginum perpetuo duratura pro solatio.").

Nikolaus vBanz (andere Lesart: Paritz) (BDH23). 1300. Archidiakon vLiegnitz. Z: BJIII.: VI, †479. Nekr. Lubense, S. 51: 1. Sep. („Item ob.Nicolaus Bancz, Can. Wrat.").

Barby. Walter vBarby (sö.Magdeburg) (CC859). 1249. Homo nobilis, dominus. Z: BII.L: II, 368, 382.

Hermann vBarby (CC310). 1298. Z: BkI.J: VI, 343, †471.

Barso. S.u. Schindel.

Bartholdus (BDH ?). 1285. Archidiakon vBreslau. SR Bd. 3, S. 57: Er wird als akademischer Bürger vBologna gen.

B

Bartholomeus. 1. (BDH24). 1212-16. Kustos 1212-16. Gen. als Siegler von I, 152: BTI.: III, 275. Z: BL: I, 134; Johannes vPogarell: I, 152.
2. Bartholomeus Carancionis (BDH26). 1263-71. Mag., römischer Kanoniker, päpstlicher Kapellan. Ihm werden für das ihm vom Bischof vBreslau zugesicherte Einkommen v 1,5 Mark Gold die Zehnten vPeterswaldau (bei Reichenbach) angewiesen: BTI.: III, 432. Auf seine Bitte hat Peter vSachsen, Prior der Basilika der gr. hlg. Maria zu Rom, die Urkunde III, 432 bestätigt und wörtlich wiedergegeben: G: Acta Thomae fol. 12-13. In einer eigenen Urkunde (IV, 132) beauftragt er 2 Freunde, seine Ansprüche auf die ihm seit 7 Jahren vorenthaltenen Pfründeneinkünfte gegenüber dem Bischof und dem BDH Leonhard 1, seinem früheren Prokurator, geltend zu machen. Seine Prokuratoren werden erwähnt: BTII.: IV, 139. Ihm wird mitgeteilt, daß seinen Prokuratoren für die rückständigen siebenjährigen Pfründeneinkünfte gezahlt wurden: vBTII. 1,5 Mark Gold, v dem BDH Milegius 10 Mark und 3 Skot, einen Jahreszins hat der Bischof vSalzburg verwendet, die Rückzahlung aber in seinem Testament angeordnet, für 4 Jahresbeiträge haftet der BDH Leonhard 1, der versichert, einen Jahreszins schon geleistet zu haben und auf den Zins für die anderen 3 Jahre möge Bartholomeus wegen des Alters und der Schwachheit Leonhards verzichten: BTII.: IV, 140.
3. (BDH o.Nr.). 1256. Dominus. Bischöfl.Prokurator. Z: BTI.: III, 171.
4. (CB20). 1294. Ritter, URichter. Z: PR: VI, 147.
5. (CC46, 50). 1277-84. Dominus, Ritter, USchenk 1278-81. Z: HIV.B: IV, 307, 337, 341, 342, 359, 370, 391, 399, 411, 412, 419, 430, V, 118, †496.
6. Vater des Bogdan. Vor 1200. Diakon vBohrau. Es wird beurkundet, daß er schon vor längerer Zeit seine gesamte Habe zu bestimmten Bedingungen dem Kl. Leubus geschenkt hat: BJa: I, 69. Es wird bestätigt, daß er ein v seinem Vetter (patruelis) Razon (s. Bogdan 1) erworbenes Dorf bei Bohrau (nach I, †332, †333 Schönfeld [Kr. Strehlen]) dem Kl. Leubus schenkte: HI.S: I, 77, †332, †333.
Bogdan (CC64). Sohn des Bartholomeus. Vor 1200. Es wird beurkundet, daß er auf jeglichen Anteil am Erbe seines Vaters schon vor längerer Zeit verzichtet hat: BJa: I, 69. Da sein Vater das Dorf bei Bohrau in seiner Abwesenheit verschenkte, trat HI.S für Bogdans Ansprüche ein, der jedoch auf das Dorf verzichtete (HI.S: I, 77, †333) bzw. vom Kl. Leubus einige Äcker in Mois (Kr. Neumarkt) gegen Dienstleistungen erhielt (HI.S: I, †332), was jeweils bestätigt wird.
7. (CC48). Sohn des Siegfried. 1288. Z: HIV.B: V, 390.
8. 1203-28. Z: BC: I, 85; BL: I, 288.
9. (CB23). 1241. Z: MII.O: II, 210, 226.
— S.u. Chobena, Damascyn, Johannes 34, Losin, Stachow, Steinau.
Bartos. 1. (CB20). 1280. K vSiewierz. Z: WI.O: IV, 388.
2. Barthusius (CC50). 1296. Käm. vBkI.J. Es wird erwähnt, daß er einen Wald umgrenzt hat: Albert vTepliwoda: VI, 282.
3. 1229. Ritter. Er schenkt sein gleichnamiges Dorf dem Kl. Leubus unter Vorbehalt lebenslänglicher Nutznießung für seine Frau und sich, was bestätigt wird: HI.S: I, 305.
— S.u. Johannes 34.
Bartuschdorf. Polco vBartuschdorf (?) (CC663). 1296. Z: HV.LB: VI, 243.
Baruth. Heinrich vBaruth (nö. Bautzen/Oberlausitz). 1247-51. Z: BII.L und HIII.B: II, 339, 353; HIII.B: III, 22.

B

Siegfried vBaruth (CC735). 1270-89. Dominus, Graf, Ritter, K vBreslau 1278. Z: HIV.B: IV, 307, 310, 320, 341, 366, 403, 409; Pasco (s. Peter 42): IV, 350; NI.T: V, 31, 32; König vBöhmen: SR 2114 (in V, 426 unter den namentlich nicht gen., nichtschlesischen Z).
Heinrich/Heinemann vBaruth (CC270). Bruder des Theoderich. 1283-99. Dominus, Graf, Ritter. Bürge bei einem Kauf vBkI.J: G: V, 423. In einer eigenen Urkunde (VI, 421) verkauft er mit Zustimmung seiner Erben einen Zins v vierteljährlich 4 Mark auf 2 Mühlen am Wasser auf Weizenrodau gegen Lehenrecht zu der Verpflichtung, ihm jährlich 2 Rheinische Stiefel zu liefern. Z: Stephan vWürben: V, 72; Witigo vAupa: V, 436; G: V, 423; König vBöhmen: V, 426.
Theoderich/Dietrich vBaruth (CC145). Bruder des Heinrich. 1283-99. Dominus, Graf, Ritter, Fidelis, K vHerrnstadt 1292. In einer eigenen Urkunde (VI, 80) beurkundet und besiegelt er einen Verkauf. Z: Stephan vWürben: V, 72; KII.Sa: V, 413; HI.G: V, 438, 459, 487, VI, 17, 197; KII.Sa und HI.G: V, 416; Heinrich vBaruth: VI, 421. Nekr. Lubense, S. 54: 7. Okt.
Bauchwitz. Pribigneus de Bucove (Bauchwitz sö. Meseritz in Großpolen). 1236. Graf. In einer eigenen Urkunde (II, 116) übergibt er dem Kl. Paradies Rinnersdorf (n. Schwiebus), was der Herzog vGroßpolen bestätigt: II, 399. In einer eigenen Urkunde (II, 117) überläßt er dem Kl. Paradies das Wasser in seinem Dorf Costin (?) zur Errichtung einer Mühle.
Bawarus. (CC16, 435). 1292-99. Ritter, Fidelis. Wird als Besitzer eines Vorwerkes (allodium) bei Breslau gen.: HV.LB: VI, 63. Bawer Cunrat Somken sun (?) bürgt mit HV.LB für die Einhaltung dieses Vertrages: HV.LB: VI, 144. Er verkauft 12 Hufen im Dorfe Wiltschau (Kr. Breslau): BkI.J: VI, 295. Er verkauft für 512 Mark Breslauer Münze sein Dorf Jackschönau mit dem Kirchenpatronat und der Scholtisei: BkI.J: VI, 388. Z: BkI.J: VI, 355.
Beatrix S.u. Goslawitz.
Benedikt. 1252. Z: Vinzenzstift: III, 31.
Benedikta. S.u. Baitzen.
Benjamin. 1287. Palatin. Z: HIV.B: V, 320.
Benicus. 1. (BDH30). 1189-1218. Dominus, Dekan 1189-1212. Er wird als Vorbesitzer einer sors in Sorauin (Siedlungsgebiet an der Sarofke im Bereich vRothsürben, Kr. Breslau) und eines Teiles vZulizlauich (abgekommen, an der Wischawe, Kr. Trebnitz) gen.: HI.S: I, 83, 114, 115, 181. Wird als † erwähnt: G: I, 198. Es wird bestätigt, daß er dem Bistum das Dorf Rothsürben (sö. Breslau) geschenkt hatte: P: II, 287. Z: BSII.: I, 57; BJa: I, 69; HI.S: I, 77, 83, †332, †333, †334; BC: I, 82; Bischof vKrakau und Vinzenzstift: I, 100; BL: I, 122, 129, 134; BI. S: I, †331. Lib. mor. Vincentii, S. 40: 25. April oder S. 95: 27. Dez.
2. (BDH32). 1206. Kantor. Z: Bischof vKrakau und Vinzenzstift: I, 100.
3. (CB70). 1285. Ritter. Z: Adam 9: V, 215.
— S.u. Dambiscin, Reumen.
Benkwitz. Jesco vBenkwitz (Kr. Breslau) (CB100). 1283-97. Graf, Hofschenk 1297. Z: Stephan vZernitz: V, 53; MI.T: VI, 293.
Berchta. S.u. Schnellewalde.
Berckow. Heinrich vBerckow (?) (CC254). 1258. Z: HIII.B: III, 267.

B

Berdwinus. 1283. Z: HIV.B: V, 73.

Berndorf. Michael vBerndorf (Kr. Liegnitz) (CC502). 1286-99. Dominus, Ritter. Z: HV.LB: V, 272, 428; G: VI, 375.

Stephan vBerndorf (CC779). 1294-99. Ritter. Er bürgt mit HV.LB für die Einhaltung dieses Vertrages: HV.LB: VI, 144. Z: KII.Sa: VI, 359, 412; G: VI, 375.

Bernhard. 1. (BDH33). 1202-08. Es wird erwähnt, daß er früher den Zehnt von Kawallen (Kr. Trebnitz), von dem unbekannten Dorf Zuantossi und von halb Mühnitz (Kr. Trebnitz) erhielt, nunmehr aber den von Zcoriniche (Ortschaft bei Liegnitz): HI.S: I, 83, 115, 181.

2. 1239. Ritter. Z: HII.S: II, 164.
3. (CB22). 1289. Ritter. Z: KaII.CB: V, 410.
4. Bernhardus Judeus. 1296. Z: HV.LB: VI, 243 (Adliger ?).
5. (1246). Z: MII.O: II, 311.
6. Bernhard Rexdede. 1290. Z: HI.G: V, †511.

— S.u. Gerlachsheim, Kamenz, Schaffgotsch, Sconenberg, Strehla, Zernitz.

Bero (CA1). Vater des Karl. Vor 1201. Graf. Wird als Besitzer eines Grundstückes bei Zirkwitz am Bach Zauche zur Zeit BI.S gen.: HI.S: I, 114. Es wird erwähnt, daß der Besitzer des Dorfes Bliznino (unbekannt) ihm dieses Dorf anvertraute: HI.S: I, 115, 181.

Karl (CA19). Sohn des Bero. 1208. Es wird erwähnt, daß Karl einen Rechtsstreit gegen den Besitzer des Dorfes Bliznino um dieses Dorf verlor, es danach jedoch für 14 Mark kaufte: HI.S: I, 115, 181.

Berold. 1. (CC60). 1262. Baron, K vBeuthen a.d. Oder. Z: KI.G: III, 388.

2. (CC59). 1243-53. Graf, Baron, Ritter, UTruch.1243. Z: BII.L: II, 252, 296; HIII.B: II, 404, †440, III, 32, 34, †558; HIII.B und WB: III, 60, 61; -: II, 375.
3. (CC59). 1274. Graf. Z: HIV.B: IV, 255.
4. (CC59). Verwandter des Johannes vNossen. Ritter. GB, S. 311: Der mächtige und berühmte Ritter wird im Kampf bei Seitendorf (Kr. Frankenstein) am 24. April 1277 getötet. □ im Kl. Heinrichau.
5. Sohn des Albert. (1216-27). Z: HI.S: I, 278.
6. (Andere Lesart: Bertoldus). 1267. Dominus, Graf. Z: WB: IV, 17.
7. (CC59). 1253. Graf, K v?. Z: HIII.B: III, †565.

— S.u. Niborewald.

Bertha. S.u. Goslawitz.

Berthold. 1. 1282. Schreiber. Er schrieb die Urkunde: BkI.J: V, 19.

2. (CC59). 1247-48. K vGlogau 1247, K vRitschen 1248, Liegnitzer Hofrichter 1248. Z: BII.L und HIII.B: II, 331, 339, 353; BII.L: II, 342, 344.
3. 1273. K vOttmachau. Z: BTII.: IV, 213.
4. (CB23). Sohn des Thomas, Bruder v Jakob und Stephan. 1239-41. Graf, Nobilis, Käm.bzw. UKäm. der Herzogin Jutta 1239-41. Z: MII.O: II, 165, 166, 174, 178, 180, 188, 192, 210.

Jakob (CB75). Sohn des Thomas. 1239-47. Schatzmeister 1247. Z: MII.O: II, 165, 174, 210, 226, 284, 310, †437; WI.O: II, 340.

Stephan (CB 197). Sohn des Thomas. 1240. Nobilis. Z: MII.O: II, 178.

```
Thomas
├─────────────────┬─────────────────┐
Berthold          Jakob             Stephan
1239-41           1239-47           1240
```

5. (CB23). 1257. Dominus, Schatzmeister. Z: WI.O: III, 235.
6. (CC59). 1257-62. Graf, Ritter. Z: HIII.B: III, 236, 373, 374, 376, 421; G: III, 377.
7. (CC59). Vor 1276. Schles. Ritter. Z: Konrad Swab: IV, 192.
8. 1281. Schles. Ritter. Z: NI.T: IV, 424.
9. Berthold Lenman. 1299. Der Zehnt seiner 2 Hufen in Klein Wierau (ö. Schweidnitz) wird dem Kl. Grüssau geschenkt: BkI.J: VI, 418 (Adliger ?).
10. Berthold gen.Totensachel. 1280-98. Er erhält für seine treuen Dienste einen Weinberg in der Stadt Oels nahe des Weinberges des Protonotars Peter 2 zurück, der vom Herzog wegen einiger Exzesse des Berthold eingezogen worden war: HIV.B: IV, 399. In einer eigenen Urkunde (VI, 373) schenkt er den Weinberg den Kreuzherren vSt. Matthias zu Breslau gegen eine wöchentliche Messe für ihn.
11. Berthold Zelsek (CC62). 1290. Z: HV.LB: V, 473.
12. Schwager des Peter. 1244. Graf. Es wird bestätigt, daß die namentlich nicht gen. Gräfin, Witwe des Grafen Peter, durch ihren Bruder Berthold, Sohn des Heinrich, auf den Zehnt des Ortes Gleinig (bei Guhrau) zugunsten des Breslauer Sandstiftes verzichtet hat: G: II, 280.

```
Heinrich
├─────────────────────────┐
Berthold          o  ∞ Peter
1244                 † vor 1244
```

13. Bruder des Dalbert und Nikolaus. 1292. Die Söhne der Gebrüder Berthold, Dalbert und Nikolaus verkaufen für 300 Mark Silber ihr Erbgut Rommenau: HV.LB: VI, 73.
14. (1250-66). Ihm wird der Besitz des v ihm im Namen der Äbtissin vTrebnitz zu deutschem Recht ausgesetzten Dorfes Berzdorf (nö.Münsterberg) bestätigt; er erhält die 10. Hufe, eine Taberna und ein Drittel der Gerichtsgefälle, wofür er nach dem ius feodale Dienste leisten soll: HIII.B: III, 365.
15. (CC60). 1299. K vLüben. Z: KII.Sa: VI, †474.
— S.u. Boguszecz, Bohrau, Kobelau, Seiffersdorf, Tinz, Wisenburg, Zindel.

Bertilsdorf. Heinrich vBertilsdorf (?) (CC281). 1290. Z: HV.LB: V, 440.
Bertolf (CA2). 1175. Z: BI.S: I, 45, †325, †326, †327. Lib. mor. Vincentii, S. 58: 12. Juli.
Bertradis. S.u. Cyrna.
Bertram (CC53). 1252. Z: HIII.B: III, 32.
Bess. 1300. BI.O verleiht einem Vorfahren derer vBess die Vogtei in Schurgast (Kr. Falkenberg): SR 2615.
Betsow. Hermann vBetsow (Petschau bei Eger). 1283. Z: Stephan vWürben: V, 72.
    Heinrich vBethschow. 1291. Es wird erwähnt, daß er einst eine Fleischbank in Reichenbach besessen hatte: Konrad vReichenbach: VI, 39.
Beuthen. Michalko vBeuthen (CB128). 1299. Ritter. Z: KaII.CB: VI, 381.

B

Bezelinus (CA3). Vor 1175. Graf. Seine Schenkung v 2 Rindern und Pferden sowie einem Ort bei Brosewitz (Kr. Strehlen) wird bestätigt: BI.S: I, 45, † 325, † 326, †327; P: I, 74.

Biberstein. Gunther vBiberstein (bei Nossen/Meißen) (CC224). Bruder des Rudolf und Ulrich, Ehemann der Jutta, Vater des Otto und Rudolph. 1243-68. Nobilis, Graf, Baron, Ritter, Dominus, Fidelis, Käm. vLiegnitz 1247. In einer zeitlich unechten Urkunde wird er als zum Rat HI.S gehörend gen.: HI.S: I, 166. Es wird bestätigt, daß er die Hochzeitsgabe an seine Frau, nämlich die Dörfer Mochau und Vteskwiz (beide nw. Dresden), an das Kl. Altzelle verkauft und seine Frau mit seinem Erbgut Oleswitz (vielleicht Olschwitz sö. Leipzig) entschädigt hat: BII.L: III, 69. In einer eigenen Urkunde (III, 282) schenkt er den Magdalenerinnen zu Naumburg am Queiß den Zins v 4 Hufen in Neundorf (nö. Bunzlau), die er v BII.L nach Lehensrecht erhalten hatte. Der Zehntstreit zwischen ihm und der Kirche vZadel (Kr. Frankenstein) soll entschieden werden: P: III, 548. Z: BII.L: II, 241, 300, 371, 374, †438, III, 104; BII.L und HIII.B: II, 331, 339, 413; Mrosco vPogarell: II, 389; HIII.B: II, 390, 391, 411, III, 11, 50, 318; Leubus: III, 70; KI.G: III, 101; WB: IV, 16, 57. Nekr.Kamenz, S. 319: 26. März („Ob. Guntherus comes de Bybirsteyn") (dieser ?)

Jutta vBiberstein. Frau des Gunther. 1253. Der Tausch ihrer Hochzeitsgabe wird bestätigt: BII.S: III, 69. Ihr Verzicht auf das v ihrem Mann an das Kl. Altzelle verkaufte Erbgut wird bestätigt: Leubus: III, 70. Nekr.Kamenz, S. 321: 9. April („Ob.Jutta uxor comitis Guntheri de Bybersteyn").

Otto vBiberstein (CC567). Sohn des Gunther, Ehemann der Elisabeth, Vater des Heinrich. 1249-92. Dominus, Ritter, Baron. Ihm wird für seine treuen Dienste eine Schenke in Hundsfeld (heute Stadtbezirk vBreslau) verliehen: HIV.B: IV, 259. Er verkauft mit Zustimmung seines Bruders Rudolph, seiner Frau, seiner Söhne und Verwandten sein Vorwerk (allodium) in Hundsfeld für 325 Mark Breslauer Gewichtes: HIV.B: IV, 430. Auch er und sein Bruder wollen sich in einem Streit um die Zehnten v ihrem Gut in Stolz (Kr. Frankenstein) einem Schiedsspruch fügen: G: VI, 42. Wird als † gen.: BkI.J: VI, 272. Z: BII.L: II, 374; Mrosco vPogarell: II, 389; HIII.B: II, 390; KI.G: III, 101; HIV.B: IV, 413. Nekr.Kamenz, S. 332: 21. Sep. („It.ob.Comes Otto dictus de Bybersteyn.").

Elisabeth vBiberstein. Ehefrau des Otto. 1273-81. Sie stimmt dem Verkauf des Vorwerkes in Hundsfeld zu: HIV.B: IV, 430. Z: Frau vMichelau: IV, 220. Nekr.Kamenz, S. 334: 21. Nov. („Ob.Elyzabeth uxor comitis Ottonis de Bybirsteyn").

Heinrich vBiberstein. Sohn des Otto. 1297. Er verkauft mit Zustimmung seiner Brüder und Schwestern sein Gut in Gallowitz (Kr. Breslau) für 12 Mark pro Hufe: BkI.J: VI, 273. Nekr.Lubense, S. 50: 17. Aug. („Ob.Henricus de Byberstein").

Otto vBiberstein. Sohn des Otto. Nekr.Kamenz, S. 333: 29. Okt. („Ob.Otto f.Ottonis de Bybersteyn") (dieser ?)

Rudolph vBiberstein (CC714; KSH18). Sohn des Gunther. 1253-92. Ritter. Er soll bischöfl. Besitzungen Schaden zugefügt haben: P: III, 369. Er stimmt dem Verkauf des Vorwerkes in Hundsfeld zu: HIV.B: IV, 430. Auch er und sein Bruder wollen sich in einem Streit um die Zehnten v ihrem Gut in Stolz (Kr. Frankenstein) einem Schiedsspruch fügen: G: VI, 42. Z: BII.S: III, 104; HIV.B: IV, 307, 409; HV.LB: V, 396.

Rudolph vBiberstein (CC713). Bruder des Gunther und Ulrich, Vater des Gunther. 1245-49. Dominus. In einer zeitlich unechten Urkunde wird er als zum Rat HI.S gehörend gen.: HI.S: I, 166. Wird als † gen.: Herzog vPolen: SR 1428. Z: BII.S: II, 300, 371, 374, 382, †438; BII.S und HIII.B: II, 331.

Gunther vBiberstein (CC225). Sohn des Rudolph, Ehemann der Jaroslawa und Schwager (sororius) des Sobeslaus (s. Goslawitz), Bruder des Gunther. 1268-98. Baron, Ritter, Dominus Fidelis, Breslauer Jäger 1292. Gibt seine Zustimmung zur Aussetzung des Gutes Bertholdsdorf (bei Striegau) zu deutschem Recht: Sobeslaus (s. Goslawitz): IV, 87. Er besiegelt für seine Verwandte deren Urkunde: Bogusca (s. Goslawitz): V, 429. HV.LB schenkt ihm aus Mitleid, da er sein Erbgut wegen HIV.B verloren hat, als Entschädigung das Dorf Wilkau (bei Namslau) mit dem Kirchenpatronat, der Scholtisei und 3 nicht feudalen Hufen, und wenn Gunther nachweisen kann, daß sein Verlust größer war, soll er noch mehr erhalten; dafür fordert HV.LB die Dienste, die die anderen feodales et milites leisten: HV.LB: V, 462. Er wird mit der Untersuchung einer Klage wegen widerrechtlicher Okkupation eines Dorfes beauftragt: HV.LB: VI, 29. Er (Gnuch vBerstein; verballhornt) bürgt mit HV.LB für die Einhaltung dieses Vertrages: HV.LB: VI, 144. Z: HV.LB: IV, 4124, 421, V, 41, 65, 461, 465, VI, 4, 5, 29, 31, 44, 50, 54, 82, 96, 97, 158, 161, 191, 224, 242, 243; HIV.B: V, 273, 451, 452; HI.G: VI, 353, 357. Nekr.Kamenz, S. 319: 26. März („Ob. Guntherus comes de Bybirsteyn."), (dieser ?)

Jaroslawa vBiberstein. Tochter des Pribico (s. Goslawitz), Ehefrau des Gunther. 1273. Sie erhält v ihrer Mutter ein Cadce und ein villa parva gen. Dorf (beide außerhalb Schlesiens) unter Vorbehalt des Nießbrauches: Herzog vPolen: SR 1428. Lib. mor. Vincentii, S. 76: 9. Okt.

Gunther vPriedemost (bei Glogau) (CC228). Sohn des Rudolph, Bruder des Gunther. 1298. Z: HI.G: VI, 357, †480.

Ulrich vBiberstein (CC848). Bruder des Gunther und Rudolph. Z: BII.L: II, 300.

Janusius vBiberstein (CC394). 1290. Ritter. Z: KII.Sa: V, †510.

Ritter vBiberstein (welcher ?).1282. Er wird als Patron der Kirche vStolz (Kr. Frankenstein) gen.: G: SR 1716b.

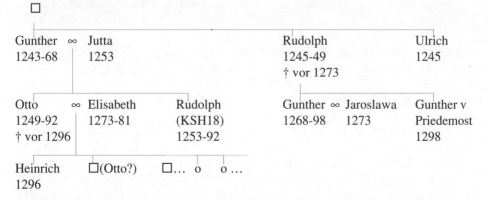

Bichotow. Semianus vBichotow (?). (CB53a, 188). 1281-92. Graf, Ritter, Richter 1291. Z: WI.O: IV, 408; MI.T: VI, 74, †463.

Bierdzan. Bogumil vBircan (Bierdzan nö. Oppeln). (CB25). 1279. Graf. Z: BI.O: IV, 378, 382.

B

Bischofsheim. Friedrich vBischofsheim (?) (CC190). 1287-90. Dominus, Graf, Ritter. Z: Albert vTepliwoda: V, 317; BkI.J: V, 488. Nekr.Heinrichau, S. 284: 4. Feb.

Biscupitz. Nichus de Biscupitz (?) (CB150). 1297. Dominus. Z: Pasco 1: VI, 319.

Bislerus. S.u. Magna.

Blankenberg. Gunther vBlankenberg (?) (CC227). 1290-99. Fidelis, Feodalis. Z: HV.LB: V, 483, VI, 111, 140; BkI.J: VI, 388.

Blasius (CB24). 1283-94. Graf, Ritter, UKäm. der Herzogin 1287-94. Z: KaII.CB: V, 77, 324, VI, 139, 156.

Blesow. Heinrich vBlesow (?) (CC63, 271, 282). 1286-90. Ritter, Minister, UTruch. 1288, Truch. 1289. HIV.B verleiht um der großen Verdienste des weiland Heinrich vBlesow willen dem Sandstift ein Grundstück: HIV.B: V, 448. Z: HIV.B: V, 269, 271, 348, 369, 370, 371, 395, 411, 412, 434, 443.

Jesco vBlesow (CC411). 1290. Er kauft für 100 Mark das Gut Klein Nädlitz (ö. Breslau): HIV.B: V, 444.

Blotnicza. Ianko de Blotnicza (?) (CB88). 1265-72. Graf, Ritter. Z: WI.O: III, 503, IV, 164.

Bludo. S.u. Hycin.

Bobolitz. Boguchual, Gostacho, Pribislaus, Vogizlaus bzw. **Woislaus** vBobolitz (nw. Heinrichau) (CC679). Sie sind Brüder. 1239. Sei verkaufen ihr Erbgut an das Kl. Heinrichau für 19 Mark Silber, wovon Pribislaus 7, die anderen je 4 Mark erhalten; dabei wird auf das Rückkaufrecht ausdrücklich verzichtet: HII.S: II, 172. Die Klage der Verwandten der 4 Erben vBobolitz, nämlich der Brüder **Secezlaus** und **Witoslaus** mit ihrer gesamten Sippe, gegen das Kl. Heinrichau wegen unrechtmäßigen Besitzes einiger Güter ihres Erbes Bobolitz, die das Kl. gekauft hatte, damit die 4 Erben sich vom Galgen loskaufen konnten, wird zurückgewiesen: BII.L: II, 323. GB, S. 259-263: Die 4 Erben vBobolitz übten zur Zeit HI.S (1201-38) Straßenraub, wurden gefangen und im Zweikampf besiegt. Um sich vom Galgen loskaufen zu können, boten sie ihr Erbgut ihren Verwandten zum Kauf an, die aber ablehnten. Daraufhin erwarb das Kl. das Erbgut Bobolitz (→ II, 172). Nach 1241 klagten die Erben der Brüder vBobolitz, daß das Kl. Bobolitz zu Unrecht und mit Gewalt innehätte; die Klage wurde aber vom Hofgericht abgewiesen (→ II, 323).

Boceporius. 1239. Hofnotar. Z: MII.O: II, 165.

Boczek. 1208. Z: HI.S: I, † 340.

Bogdalus. 1272. Hzl.Ministeriale. BTII. gestattet auf Bitten WI.O dem hzl. Ministerialen, v seiner Hufe in Czerwentzütz (nw. Ratibor) den Zehnt nach Ritterrecht zu zahlen: IV, 159.

Bogdan. 1. (CA4). Vater des Razon. 1202. Graf. Er schenkt dem Kl. Leubus das nach ihm benannte Dorf (nach I, † 333: Nova Curia), das er vBI.S erhalten hatte, jedoch unter dem Vorbehalt lebenslänglicher Nutzung durch seine Frau: HI.S: I, 77, † 333. Bogdan de Boriow (Bohrau) hat für die Treue, die er WI.S im Exil erwiesen hat, ein Dorf erhalten, das sein Sohn erbt: HI.S: I, † 332. Nekr.Lubense, S. 43: 24. April („Ob.Bogdanus qui dedit novam Curiam"); S. 56: 4. Nov.; S. 57: 7. Nov.

Razon. Sohn des Bogdan. 1202-(16-27). Er wird als ehemaliger Besitzer und Verkäufer eines Dorfes bei Bohrau (Kr. Strehlen) (nach I, † 333: Schönfeld) gen.: HI.S: I, 77, † 333. Es wird bestätigt, daß ihm der Abt vLeubus den erblichen Besitz der einen Hälf-

te vRothsürben (Kr. Breslau) bestätigt und ihm die andere Hälfte zu lebenslänglicher Nutznießung verliehen hat: HI.S: I, 278. Er hat das Dorf Schönfeld (Kr. Strehlen) v seinem Vater geerbt und an seinen Neffen (patruelis) Bartholomeus 6 verkauft: HI.S: I, † 332.
2. (1233). UTruch. Z: Johannes (s. Domaslaus 1): II, 32.
3. (CC64). (1201-03). Z: Hemerammus vPoseritz: I, 86.
— S.u. Bartolomeus 6.
Bogdanecz. 1208. Armiger. Z: HI.S: I, † 340.
Bogdas. S.u. Polganouo.
Boguchual. 1. Boguphal. 1281. Schreiber. Gen.als Datar: BeLö: IV, 418.
2. 1211. Z: Herzog vGroßplen: I, 124.
3. 1211. Z: Herzog vGroßpolen: I, 124.
4. 1206-07. K vCrossen 1206-07. Z: HI.S: I, † 335, † 338, † 339.
— S.u. Bobolitz, Sobeliz.
Boguchuala. S.u. Strehlen.
Bogumil. 1. 1234. Jäger. Z: HI.S: II, 85.
2. Bogumil Contarkouec (CC68). 1224. Es wird erwähnt, daß er mit Zustimmung HI.S dem Kl. Trebnitz ein Dorf in Döberle (Ortsteil vKarlsburg, Kr. Oels) geschenkt hat: HI.S: I, 247.
3. 1211. Z: Herzog vGroßpolen: I, 124.
4. (1216-27). Z: HI.S: I, 278.
5. 1208. Beuthener Jäger. Z: HI.S: I, † 340.
— S.u. Bierdzan, Jaxa, Menka.
Bogus. 1. (CC84). Sohn des Dobesius. 1238. Z: HII.S: II, 146.
    Stephan (CC758). Sohn des Dobesius. 1223. Graf (nach I, † 364), K vBeuthen. Z: HI.S: I, 227, † 358, † 361; Bischof vKrakau: I, 230; Jaroslaus, Bozdech, Peter und Budiuoy: I, 236.
2. Sohn des Scezslaus. 1233. Z: Rosec (s. Dirsicraiowitz): II, 36.
3. Bruder des Hieronymus. 1219. Z: G: I, 190.
    Hieronymus. Bruder des Bogus. 1219. Sacerdos. Z: G: I, 190.
— S.u. Dobrischau, Pogarell, Schmollen, Wisenburg.
Bogusca. S.u. Goslawitz.
Bugusco. S.u. Boguslaus 15 und 16.
Bogusius. 1. (BDH o.Nr. oder 39 ?). 1256. Dominus. Z: BTI.: III, 171, 178.
2. (CB26). 1297. Fidelis. MI.T bestätigt ihm wegen der geleisteten treuen Dienste den freien Besitz v 10 fränkischen Hufen bei Teschen und fügt die beiden Ufer des Flusses Olsa, das Fisch- und Jagdrecht sowie die ausschließliche Jurisdiktion bei: VI, 293.
— S.u. Boguslaus 16, Tinz.
Boguslaus. 1. (BDH38). 1235-68. Nobilis, Dominus, Mag., Archidiakon vBreslau 1239 und vielleicht 1260-61, Propst 1244-68, vielleicht Notar des Grafen vWürben 1243. Kanzler HIII.S 1250 und 1262. Der zwischen ihm und den Tempelherren geschlossenen Vertrag über den Zehnt vBrosewitz (Kr. Strehlen) wird bestätigt: BTI.: II, 176. Er wird beauftragt zu untersuchen, welcher der beiden Anwärter auf den Olmützer Bischofsstuhl rechtmäßig erwählt wurde: P: II, 207. Es wird erwähnt, daß BTI. und er v BII.L gefangengenommen wurden (P: III, 196, 225, 366; G: III, 377), der Herzog erst

B

dann vom Bann gelöst werden soll, wenn er den Gefangenen Genugtuung geleistet hat (P: III, 366), die er ihnen auch schließlich leistet (G: III, 377). Es wird erwähnt, daß er vP beauftragt war, einen Streit zu entscheiden: P: III, 371. Er wird vP beauftragt, der über den Herzog vKujawien ausgesprochenen Exkommunikation und dem über dessen Land verhängten Interdikt Geltung zu verschaffen: P: III,. 526. Er wird beauftragt, einen Zehntstreit zu entscheiden: P: III, 548. Von ihm, dem Dekan und dem Breslauer Domkapitel erhält der Bischof vPosen das Dorf Pohlanowitz (n. Breslau) zu lebenslänglicher Nutznießung: Bischof vPosen: IV, 33. BTI. erteilt ihm, dem Dekan und dem Domkapitel vollkommene Jurisdiktion und das Recht, geistliche Zensuren anzuwenden, wenn Rechte des Kapitels betroffen sind: BTI.: IV, 60. Z: G: II, 103, III, 276; BTI.: II, 159, 173, III, 252, 307, 358, 387, 413, 432, 482, 513, †568, IV, 23, 47, 48, 55, 65; Johannes vWürben: II, 257 (dieser ?); BII.L: II, 271, 272, 412, III, 191, 204, 523; HIII.B: II, 413, III, 22, 306, 412; WB: IV, 59, 62; BTII.: IV, †439. Rocznik Wielkopolskie, S. 30: BTI., ein BDH und er werden vBII.L zwecks Erpressung eines Lösegeldes gefangengenommen. KBGP, S. 577: BTI., ein BDH und er werden v BII.L gefangengenommen. Lib.mor.Vincentii, S. 73: 28. Sep. („Boguzlaus prepositus Sancti Johannis.").

2. (BDH39). Sohn des Damian. 1263-72. Dominus, Priester. Z: BTI.: III, 445, 448, 449, IV, 47, 48, 55; BTII.: IV, 169; KI.G: IV, 175.
3. (BDH o. Nr.). 1286-1300. Propst vOppeln 1286-1300. Er soll eine Antwort BTII. an HIV.B überbringen: -: V, 287. Z: BTII.: V, 389; BJIII.: VI, 268, 361, 427, 431, 432, 445.
4. (CC73, 84). 1243-44. K vBeuthen 1234-44. Z: BII.L: II, 241; Mrosco vPogarell: II, 276.
5. (CC72). 1262. Graf, Baron, K vWartha. Z: HIII.B: III, 421, 424.
6. (CC70). 1223. Hofrichter. Z: HI.S: I, 227, † 358.
7. (CC74). 1273-80. Bischöfl.UKäm. 1273-80. Z: BTII.: IV, 213; Bürger vNeisse: IV, 393.
8. (CC72). 1254. Graf, Truch. Z: BII.L: III, 138, 139.
9. (CC72). 1260. Graf, Schenk. Z: HIII.B: III, 315.
10. 1234. Bannerträger. Z: HI.S: II, 85.
11. 1234. Schwertträger. Z: HI.S: II, 85.
12. (CC72). 1261. Ritter. Z: HIII.B: III, 376; G: III, 377.
13. 1248. Bischöfl.Serviens. Z: BTI.: II, 352.
14. Boguslaus ratainicza. 1264. Bischöfl.Serviens. Z: BTI.: III, 494.
15. Boguslaus gen.Kansycz (CC78). Vater des Mscyzlaus und Bogusco. 1299. Er und seine Söhne werden verurteilt, den Zehnt v dem Dorf Kansycza sive Godnow (vielleicht Kontschwitz, Kr. Ohlau) an den Pfarrer vWansen zu zahlen nebst einer Entschädigung: G: VI, 379.

Mscyzlaus und **Bogusco**. 1299. Werden zusammen mit ihrem Vater gen.: G: VI, 379.

16. (CC73). Sohn des Javorius, Bruder des Jakob, Vater des Bogusco und Wenczko. 1250-80. Graf, Baron. Z: HIII.B: II, 391, III, 147, 230; HIII.B und WB: III, 60, 61; BII.L: III, 138, 139; WB: IV, 16, 63; HIV.B: IV, 190, 255, 396.

Jakob (CC338). Sohn des Javorius. 1254-56. Z: BII.L: III, 138, 139; HIII.B: III, 204.
Bogusco/Bogussius de Prezou (CC82). Sohn des Boguslaus. 1290-95. Ritter. In einer eigenen Urkunde (VI, 223) verkauf er sein Erbgut Prietzen (Kr. Oels) zur Aussetzung

B

zu deutschem Recht gegen Zinszahlungen und falls er Dienst leisten soll, sollen die Dorfleute 2 Pferde, die zu einem Wagen taugen, darbieten, der Schulz aber mit einem Pferde im Wert v 2,5 Mark Silber, mit einer Platte, einem Panzer und einem Eisenhut dienen, was er besiegelt. Z: HV.LB: V, 469.

Wenczko. Sohn des Boguslaus. 1295. Pfarrer vPrietzen (Kr. Oels). Bei der Aussetzung vPrietzen zu deutschem Recht wird auch der Zehnt für den dortigen Pfarrer festgelegt, was er auch besiegelt: Bogusco: VI, 223.

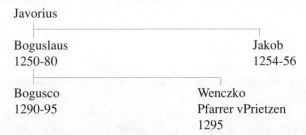

17. Boguslaus Iuanouich (CC69). 1208. Z: Herzog vKalisch: I, 116, 117.
18. (CC75). Bruder des Egidius. 1257. Graf. In einer eigenen Urkunde (III, 259) setzen sie ihr Erbgut Eisdorf (nw. Namslau) zur Lokation zu deutschem Recht aus.
    Egidius (CC321). Bruder des Boguslaus. 1257. Wie sein Bruder: III, 259.
19. (CC71). Neffe Konrads vRöchlitz. 1240. Es wird bestätigt, daß Konrad vRöchlitz seinem Neffen (nepos, filius sororis sue) das Dorf Schreibendorf (nö. Münsterberg) geschenkt hat: HII.S: II, 196, †429, †431. GB, S. 288: Er erbittet v seinem Onkel das Dorf Schreibendorf, v den Polen Jagilna gen. (→ II, 196).
20. 1228. Z: HI.S: I, 287.
— S.u. Adalbert 6, Dobra, Peter 11, Pogarell, Sebornio, Strehlen, Uscor, Vesel, Wohlau.

Bogussa. S.u. Taschenberg.
Boguszecz. Berthold de Boguszecz (?). 1254. Graf. Z: WI.O: III, †571.
Boguta. 1. (CC88). 1259. Jäger. Z: KI.G: III, 304. Lib.mor.Vincentii, S. 40: 26. April (dieser ?).
2. (CB27). 1274-94. Ritter, UJäger 1274. Z: WI.O: IV, 246, 335; Adam 9: V, 215; PR: V, 468, †512, VI, 30, 119, 129, 131, 147. Lib.mor.Vincentii, S. 40: 26. April (dieser ?).

Bogvalus. S.u. Taschenberg.
Bohrau. Heinrich vBohrau (bei Strehlen) (CC258). 1263. Z: BII.L: III, 437.
    Berthold vBohrau (CC45). 1277-95. Dominus, Ritter, Fidelis, Truch. HV.LB 1290-93. Z: HV.LB: IV, 318, 327, 345, 380, 389, 394, 414, 421, †463, V, 65, 272, 274, 314, 352, 364, 396, 397, 425, 428, 440, 461, 462, VI, 4, 5, 8, 11, 31, 33, 44, 46, 54, 57, 110, 111, 232, †464.
    Konrad vBohrau (CC442). 1290. Z: HV.LB: V, 461.
    Friedrich vBohrau (CC193). 1294. Ritter. Er bürgt mit HV.LB für die Einhaltung dieses Vertrages: HV.LB: VI, 144.
Boycessius. Söhne des Boycessius (CC91). 1251. Die namentlich nicht gen. Söhne des Glogauer Ritters werden als Besitzer des Dorfes Seppau (w. Glogau), das sie für die Verdienste ihres Vaters erhalten haben, gen.: KI.G: III, 25.
Bolenenus (CA34). 1175. Z: BI.S: I, 45, †325, †326, †327.

B

Boleslaus. 1. (CC89). 1261. Hofrichter. Z: HIII.B: III, 349.
2. Boszlav. 1224. UKäm. Z: KaI.O: I, 249.
3. Bruder des Otto und Theobald. 1222. Z: HI.S: I, 219.
   Otto (BDH198). Bruder des Boleslaus und Theobald. 1212-22. Propst 1212-22. Wird als † erwähnt: BL: I, 288. Z: BL: I, 129; HI.S: I, 219.
   Theobald. Bruder des Boguslaus und Otto. 1222. Z: HI.S: I, 219.
Boncleibe. Tilo de Boncleibe (?) (CC827). 1290. Z: KII.Sa: V, 486.
Borco. (CB28). 1293-97. Graf, Oppelner Hofrichter 1293-97. Z: BI.O: VI, 124, 328; MI.T: VI, 313.
— S.u. Grabie.
Borech. Witoslaus de Borech (CC892). Vater des Dominik. Zwischen 1243-67. Ritter. Hedwig, S. 584f.: Er erbittet die Errettung seines Sohnes als Lohn dafür, daß er der Herzogin bis zu ihrem Lebensende gedient hat. Hedwig, S. 619: Durch seine Pilgerfahrt zum Grab der hlg. Hedwig wird sein Sohn Dominik aus Todesgefahr errettet.
Dominik de Borech. Sohn des Witoslaus. Zwischen 1243-67. Hedwig, S. 584f.: Der 7jährige Dominik wird nach Anrufung der hlg. Hedwig durch seinen Vater vom Sterben errettet. Hedwig, S. 619: Der 8jährige wird durch die Pilgerfahrt seines Vaters zum Grabe der hlg. Hedwig aus Todesgefahr errettet.
Borgone. Bronislaus vBorgone (?) (CC97). 1294. Ritter. Er bürgt mit HV.LB für die Einhaltung dieses Vertrages: HV.LB: VI, 144.
Boricz. Michael vBoricz (?) (CC501). 1288. Ritter. Z: BTII.: V, 404.
Borislaus. 1. Borislaus Rezco. 1279. Domicellus. Wird als ehemaliger Vorbesitzer des Erbgutes Pilzen (bei Schweidnitz) gen., das er verkaufte: HIV.B: IV, 357. Z: HIV.B: IV, 357.
2. 1289. Z: G: V, 423. (Adliger ?).
Borsnitz. Konrad vBorsnitz (Porschnitz bei Meißen) (CC441). Bruder des Johannes. 1288-99. Ritter, Fidelis. Breslauer UMarschall 1288, Marschall 1291. Er und sein Bruder kaufen das Erbgut Praus (Kr. Nimptsch): HV.LB: VI, 232. Z: HIV.B: V, 395, 448; HV.LB: VI, 15, 171; Stephan vDombsen: VI, 333; BkI.J: VI, 388.
Lorenz vBorsnitz (CC866). 1289. Bischöfl. Diener. Z: BTII.: V, 431.
Nikolaus vBorsnitz (CC525). 1290-1300. K vNaumburg 1296. Z: KII.Sa: V, 486, VI, 162, 164, 270, 433.
Johannes vBorsnitz (CC375). Bruder des Konrad. 1295-99. Fidelis. Er und sein Bruder kaufen das Erbgut Praus: HV.LB: VI, 232. Z: BkI.J: VI, 388.
Borsuta (CB 29). 1297. Oppelner Domicellus. Z: MI.T: VI, 313.
Borutha (CC90). 1259-80. Graf, Serviens. Z: HIII.B: III, 298; WB: IV, 98, 99; HIV.B: IV, 396.
Boruto. 1257-59. Mag., Propst vGlogau 1257-59, Glogauer Kanzler 1257-59. Z: KI.G: III, 226, 304.
Boto. S.u. Wisenburg.
Bozata. 1. Sohn des Bogdan. (1216-27). Z: HI.S: I, 278. Nekr.Lubense, S. 37: 7. Jan. (dieser?).
2. 1240. K vGlogau. Z: HII.S: II, †432. Nekr.Lubense, S. 37: 7. Jan. (dieser?).
— S.u. Widzim.
Bozcacina. S.u. Gallici.

Bozdech (CC102). Sohn des Gorislaus, Bruder des Jaroslaus. 1223. In einer eigenen Urkunde (I, 236) schenken die beiden Brüder zusammen mit Peter 39 und Budiuoy 9 dem Bartholomeuskloster zu Naumburg am Bober das Patronatsrecht der Marienkirche in der Burg Beuthen. Die beiden Brüder schenken zusammen mit Peter 39 und Budiuoy 9 dem Bartholomeuskloster zu Naumburg am Bober das Dorf Klopschen (Kr. Glogau): HI.S: I, †355.

Jaroslaus (CC398). Sohn des Gorislaus. 1223. Wird stets zusammen mit seinem Bruder als Schenker gen.: Jaroslaus, Bozdech, Peter und Budiuoy: I, 236; HI.S: I, †355.

Bozechna. Tochter des Semena, Schwester des Martin. 1221. Es wird erwähnt, daß sie das Dorf Koske (Kr. Cosel) dem Heiliggeisthospital zu Breslau geschenkt hat: BL: I, 209.

Gregor (CB62). Sohn der Bozechna, Bruder des Sebastian. 1217-31. Graf, Ritter, Dominus, Richter vHimmelwitz 1225. Er und sein Bruder erhalten für ihr Gut Leschnitz (Kr. Groß Strehlitz) die Freiheitsrechte des hospites vOppeln und Ratibor: KaI.O: I, 165. In einer eigenen Urkunde (II, 1) schenkt er zusammen mit seinem Bruder dem Heiliggeisthospital zu Breslau das Gut Koske unter Vorbehalt lebenslänglichen Nutzungsrechtes, was bestätigt wird: HI.S: I, 315. Z: KaI.O: I, 222, 254, 291; VO: I, 319.

Sebastian (BDH252). Sohn der Bozechna und eines einfachen Priesters, Bruder des Gregor. 1217-40. Dominus, Oppelner Kaplan 1217-26, Kanzler 1222-35, Propst des Kl. Czarnowanz 1240. Er und sein Bruder erhalten für ihr Gut Leschnitz die Freiheitsrechte des hospites vOppeln und Ratibor: KaI.O: I, 165. Er wird auf sein Bitten v der Irregularität der Geburt dispensiert: P: I, 206. In einer eigenen Urkunde (II, 1) schenkt er zusammen mit seinem Bruder dem Heiliggeisthospital das Gut Koske unter Vorbehalt lebenslänglichen Nutzungsrechtes, was bestätigt wird: HI.S: I, 315. Es wird erwähnt, daß er das Gut Klutschau (südl. Groß Strehlitz) der Breslauer Kirche geschenkt hat: VO: II, 105; P: II, 287. Gen.als Datar: KaI.O: I, 291. Z: KaI.O: I, 222, 249, 254, 259, 298; BL: I, 269; VO: I, 319; HI.S: II, 23; MII.O: II, 192. Lib.mor.Vincentii, S. 18: 20. Feb. („Sebastianus canonicus frater noster") oder S. 87: 23. Nov.

Martin (BDH169). Sohn des Semena. 1218-27. Wird als Besitzer des Dorfes Wroblino (wohl Frauendorf, Kr. Oppeln) gen.: BL: I, 171; P: I, 279. Wird als † erwähnt: Gregor und Sebastian (s.Bozechna): II, 1. Die Schenkung des Dorfes Ratayna (Panthenau w. Strehlen) durch ihn an das Kl. Kamenz wird erwähnt: BTl.: III, 314. Z: BL: I, 240, 269; KaI.O: I, 254, 259; G: I, 281; HI.S.: I, †342, †343.

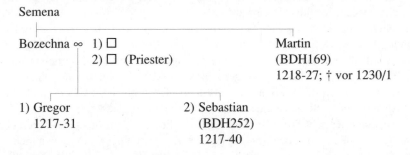

Bozo (CC93). 1237. Z: HI.S: II, 137.
Bratumila. S.u. Jeltsch.

B

Brauchitsch. Velislaus (richtiger Boleslaus ?) (CC872). 1259. Ritter, Fidelis. BII.L schenkt ihm das Erbgut Crustenik (Brauchitschdorf n. Liegnitz) und 12 Hufen des angrenzenden Waldes Thessin mit weitreichenden Freiheiten: BII.L: III, †578.
Bremco. 1288. Von seinen Gütern bestimmt HIV.B 8 Hufen zur Bebauung durch das Kreuzstift zu Breslau: HIV.B: V, 367.
Brenthco (CB31). 1260-84. Ritter, UKäm. 1279, K v? 1284. Z: WI.O: III, 335; BI.O: IV, 378; PR: V, 161.
Bresin. Peter vBresin (?) (CC631). 1265-77. Dominus, Baron, Ritter, Fidelis. Z: BII.L: III, 522, IV, 37, 40, 91, 305; HIV.B: IV, 150.
   Heinrich vBresin. 1278. Z: Tammo Quas: IV, 330. (Wohl eher ein Bürger !)
Bresow. S.u. Boguslaus 16.
Breulitz. Dobroslawa vBreulitz (CC496). Ehefrau des Ritters Michael vBreulitz. Zwischen 1243-67. Hedwig, S. 615: Sie wird am Grab der hlg. Hedwig v ihrer Geisteskrankheit befreit.
Brezinchi. Arnold de Brezinchi (?) (CC41). 1280. Bischöfl.Serviens. Z: Bürger vNeisse: IV, 393.
Brictius. Vater des Johannes. 1202. Er wird als ehemaliger Besitzer des Dorfes Brietzen (Kr. Trebnitz) gen.: HI.S: I, 83. Lib.mor.Vincentii, S. 60: 25. Juli („Briccius sacerdos") (dieser ?).
   Johannes (CC348). Sohn des Brictius. 1202. Er wird als Vorbesitzer eines namentlich unbekannten Dorfes gen., das HI.S gegen Legche villa (unbekannt) eingetauscht hat: HI.S: I, 83, 115, 181.
Briese. Paul Poduszka vBriese (bei Ohlau) (CC600). Vater der Bertha. 1253-88. Ritter. Er erbittet vBTII. eine Bestätigung der Zehnten der Kirche vWüstebriese: BTII.: V, †500. Sein Schwiegersohn Gebhard vPrausnitz (s. Goslawitz) überträgt ihm anläßlich der Hochzeit mit Bertha die villa Gerwici (Gürkwitz) vor der Stadt Prausnitz, das Dorf Wrogusna (wohl Klein Krutschen) und die Mühle vor der Stadt in Richtung Trachenberg auf Lebenszeit: HIV.B: V, 362. Wird als † erwähnt: HI.G: VI, 294. Z: HIII.B: III, 97; HIV.B: V, 400. Nekr.Lubense, S. 50: 18. Aug. („Ob.Paulus, Jescko, Jacobus dicti Poduszka").
   Iesco Podusca (CC416). 1294-99. Ritter. Er bürgt für HV.LB und mit diesem für die Einhaltung dieses Vertrages: HV.LB: VI, 144. Er erbittet vBJIII. eine Bestätigung der Zehnten der Kirche vWüstebriese: BJIII.: VI, 407. Nekr.Lubense, S. 50: 18. Aug. („Ob.Paulus, Jescko, Jacobus dicti Poduszka").
   Radozlaus Dremlic (Dremling, Kr. Ohlau) (CC688, 695). 1260-90. Graf, Baron, Ritter, Nobilis, Fidelis, Dominus, Breslauer Hofrichter 1261-64, K vRitschen 1275/76, 1278-84. Wird als Intervenient einer Urkunde zugunsten des Kl. Heinrichau gen.: HIII.B: III, 452. Wird als Vermittler gen.: HIV.B: IV, 182. Auf ihn als einen v 8 Schiedsrichtern einigen sich BTII. und HIV.B im großen Zehntstreit: HIV.B und BTII.: IV, 286. Als einer der 8 Schiedsrichter entscheidet er den Zehntstreit zugunsten BTII.: IV, 287. Als einer der acht Schiedsrichter regelt er die strittigen Angelegenheiten des Zehntstreites für die kommenden 6 Jahre: IV, 288. Er entscheidet als einer von mehreren Schiedsrichtern einen Rechtsstreit: V, 86. Z: HIII.B: III, 306, 343, 376, 379, 391, 411, 421, 424, 433, 452, 488, 521, 525, 552: G: III, 377; WB: IV, 95, 96, 98, 99; HIV.B: IV, 178, 190, 209, 219, 267, 269, 282, 299, 307, 309, 310, 320, 341, 342, 359, 363, 368,

370, 387, 391, 392, 411, 412, 419, 430, †447, †448, V, 5, 13, 26, 57, 66, 74, 75, 156, 196, 269, 320, 362, 369, 400, 452; Pasco (s. Peter 42): IV, 350. GB, S. 297: Er läßt die Grenze zwischen seinem und dem Klosterbesitz durch Albert vTepliwoda neu festlegen.

Rasco. Sohn des (Radozlaus?) Dremlic. 1281. Z: HIV.B: IV, 419.

Detco vBriese (CC119, 130). Bruder des Radozlaus. 1290. Graf. Z: Heinrich und Franz vSteine: V, 493; HV.LB: V, 469.

Peter gen. crinosus vBriese (CC612). 1285. Ritter. Es wird bestätigt, daß der v ihm zu leistende Zehnt der Kirche vWüstebriese zusteht: BTII.: V, †500.

Jakob (CC416). Nekr.Lubense, S. 50: 18. Aug. („Ob.Paulus, Jescko, Jacobus dicti Poduszka").

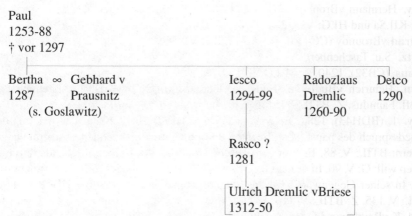

Paul
1253-88
† vor 1297

Bertha ∞ Gebhard v   Iesco   Radozlaus   Detco
1287   Prausnitz   1294-99   Dremlic   1290
          (s. Goslawitz)   1260-90

Rasco ?
1281

Ulrich Dremlic vBriese
1312-50

Brokotenstein. Andreas vBrokotenstein (?) (CC31). 1295. Er bestätigt einen Tausch zwischen BkI.J und Moico vBaitzen: Protonotar Siegfried u.a.: VI, 217.

Bromislaus (CC96). 1292. Dominus, K vHainau. Z: HI.G: VI, 76.

Bronisius. 1. 1234. Schatzmeister in Chon. Z: HI.S: II, 85. (Krakauer Adliger ?)
2. (CA5). 1149. Comes polonicus. Seine Schenkung des Dorfes Gurtsch (Kr. Strehlen) an das VinzenzKl. wird bestätigt. -: I, 19; P: I, 60.
3. Bruder des Sandivoi. 1234-41. Graf, vir nobilis. Es wird bestätigt, daß er das Dorf Paradies (n. Schwiebus) mit Zustimmung seines Bruders dem zu errichtenden Kl. Paradies geschenkt hat: HI.S und HII.S: II, 73. In zwei eigenen Urkunden (II, 118, 119) übergibt er dem Kl. Paradies den Teil seines Erbgutes Paradies, der zur Lokation vorgesehen war, bzw. eine Mühle in demselben Dorfe. Z: Ianusius (s. Adalbert 25): II, 223.

Sandivoi. Bruder des Bronisius. 1234. Er stimmt der Verschenkung des Dorfes Paradies durch seinen Bruder zu: HI.S und HII.S: II, 73.

Bronislaus. 1. Grunslaus. 1287. Graf, Truch. Z: KaII.CB: V, 324.
2. (CC96). Sohn des Budiuoy. 1295-97. Fidelis. Z: HI.G: VI, 244, 316.
3. (CC95). Bruder des Theoderich und des Nikolaus Bischof vPosen. 1251-73. Dominus, Graf, Ritter, UTruch. 1251-71, K vBeuthen a.d.O. 1273. Er gibt mit seinem Bruder Theoderich seine Zustimmung zur Übereignung des den 3 Brüdern gehörenden Dorfes Gawrony an die Breslauer Kirche für den Fall, daß Bischof Nikolaus vPosen ein ihm zu lebenslänglicher Nutznießung überlassenes Dorf der Breslauer Kirche nicht zurück-

B

geben kann: Bischof vPosen: IV, 33. Er vermittelt in einem Streit zwischen KI.G und BTII.: KI.G: IV, 197, †451. Z: KI.G: III, 20, 25, 249, 280, 299, 304, 324, 353, 359, 462, 467, 504, 547, IV, 19, 141, 142, 161, 194, 197, †451.

Theoderich (CC818). Bruder des Bronislaus. 1251-73. Graf, Ritter, Glogauer USchenk 1264, Palatin 1271-73. Er gibt mit seinem Bruder seine Zustimmung zur eventuellen Übereignung des Dorfes Gawrony: Bischof vPosen: IV, 33. Z: KI.G: III, 25, 280, 299, 304, 353, 359, 462, 467, 504, IV, 141, 142, 194.

4. (CB33). 1240. Z: MII.O: II, 192.

— S.u. Borgone.

Brotzke. 1217. In einer zeitlich unechten Urkunde wird er als zum Rat HI.S gehörend gen.: HI.S: I, 166.

Brounov. Hermann vBrounov (?) (CC304). 1285-91. Baron, Ritter. Z: PSt: V, 165, 282, 339; KII.Sa und HI.G: VI, 32.

Konrad vBrounov (CC446). 1298. Z: BkI.J: VI, 366.

Brukalitz. S.u. Taschenberg.

Brzetzlaus (CB32). 1240. Z: MII.O: II, 180.

Budissyn. Heinrich vBudissyn (Budissin/Oberlausitz) (CC284). 1291. Angeblicher bischöfl. Famulus. Z: BTII.: VI, †462.

Budiuoy. 1. (BDH43). 1284. Er wird beauftragt, HIV.B zur Zahlung der sich aus dem Schiedsspruch des päpstlichen Legaten Philipp vFermo ergebenden Geldstrafe aufzufordern: BTII.: V, 88. Er teilt dem Bischof mit, daß der Herzog die Geldstrafe nicht zahlen will: G: V, 90. In seiner Gegenwart wird ein bischöfl. Schreiben überreicht: -: V, 123. In seiner Gegenwart wird die Exkommunikationssentenz über HIV.B verlesen: BTII.: V, 135. Z: BTII.: V, 116, 132.

2. 1264. K vBeuthen a.d.Oder. Z: KI.G: III, 467.

3. Budiuoy Copassin (CC104). 1253-90. Graf, K vSandewalde 1282-88. Ihm wird Spoliierung vTrebnitzer Klosterbesitz vorgeworfen: P: III, 76. Z: KI.G: III, 299, 356; WB: IV, 107; HIV.B: V, 13, 362, 390, 400, 452; HV.LB: V, 473.

4. (CC101). 1257-63. Graf, Baron, Ritter, K vSteinau a.d.Oder 1257-62. Z: KI.G: III, 249, 260, 280, 353, 388, 442.

5. (CB34). (1246). Tribun v?. Z: MII.O: II, 311.

6. (CC103). 1272-79. Liegnitzer USchenk 1272, Schenk 1278. Z: BII.L: IV, 162, 336, 349; HV.LB: IV, 380.

7. (CC104). 1281. Schlesischer Ritter. Z: NI.T: IV, 424; HIV.B: IV, 426.

8. (CC103). Sohn des Stephan. 1239. Z: HII.S: II, 164.

9. (CC100). Bruder des Vincemir. 1202. Z: HI.S: I, 77, 83; BC: I, 82.

Vincemir (CC877). Bruder des Budiuoy, Vater des Budiuoy. 1202. Z: HI.S: I, 77, 83.

Budiuoy (CC101). Sohn des Vincemir. 1223. In einer eigenen Urkunde (I, 236) schenkt er zusammen mit den Brüdern **Jaroslaus** und **Bozdech** sowie Peter 39 dem Bartholomeuskloster zu Naumburg am Bober das Patronatsrecht der Marienkirche in der Burg Beuthen. Er schenkt zusammen mit den Brüdern Jaroslaus und Bozdech sowie Peter 39 dem Bartholomeuskloster zu Naumburg am Bober das Dorf Klopschen (Kr. Glogau): HI.S: I, †355.

10. 1220. Graf. Er und seine Söhne waren beim Verkauf eines Erbgutes Glewo (im Krakauer Gebiet) nicht anwesend und erheben nun Ansprüche gegenüber dem Käufer, der

nach einem Rechtsstreit Budiuoy mit 10 Mark reinen Silbers und dessen Söhne mit 12 Ellen (ulna) Brunettum abfindet: Markus Palatin vKrakau: I, 200.
— S.u. Pogarell.
Budsco (CC103). 1250. USchenk. Z: HIII.B: II, 391.
Budza (CC99). 1277-78. Dominus. Z: BII.L: IV, 319, 336, 349.
Bunkai. Wenzel vBunkai (Kr. Trebnitz). Vater des Sambor. 1295. Er und sein Sohn tauschen 6 Hufen in dem Dorf Bunkai (Kr. Trebnitz) ein gegen 5 Hufen in Scisserowe (wohl Teil vZweibrodt, Kr. Breslau) und 104 Mark Silber: Vinzenzkl.: VI, 228.
Sambor vBunkai. Sohn des Wenzel. 1295. Wird zusammen mit seinem Vater gen.: Vinzenzkl.: VI, 228.
Buntense. Friedrich vBuntense (Bunthensee bei Dresden). 1299-1300. Saganer Notar 1299-1300. Gen. als Datar: KII.Sa: VI, 390, 433, †472. Durch ihn ausgeführte Urkunde: KII.Sa: VI, 391.
Burkhard (CC106). 1273. Ritter, Richter. Z: HIV.B: IV, 212.
— S.u. Moschwitz, Stolchwitz, Theoderich 3, Weistritz.

C. (BDH28). 1218. Der P erklärt sich damit einverstanden, daß der aus der Ehe eines Diakons gebürtige C., der schon die niederen Weihen und das Beneficium erhalten hat, toleriert wird: P: I, 178.
Cäcilie. S.u. Pannwitz.
Calinowa. Jakob de Calinowa (?) (CC 344). 1295. Graf. Z: HV.LB: VI, †468.
Cancowe. Petrus de Cancowe (?) (CC646). 1289. Feodalis des Heinrich vWürben. Z: Heinrich vWürben: V, 420.
Cansor. Clemens de Cansor (?) (CB104). Schwiegervater des Hermann Herrn (?) vKreuzburg. 1292. Ritter. Z: PR: V, †512; BI.O: VI, 62.
Cechoslaus (CC108). Sohn des Stoclossa, Bruder des Martin. 1291. Das v den Brüdern widerrechtlich okkupierte Dorf Tschirne (sö. Breslau) wird dem rechtmäßigen Besitzer restituiert: HV.LB: VI, 29.
Martin (CC490). Sohn des Stoclossa. 1291. Wird mit seinem Bruder gen.: HV.LB: VI, 29.
Cechowe. Siegfried vChechowe (Zechau ö. Altenburg/Meißen). 1299. Ihm und seinen Nachfolgern ist ein Zins v 0,5 Mark durch einen Müller zu zahlen: Hospital zu Münsterberg: VI, 417. (Adliger?)
Ceseborius. Verwandter (cognatus) des Peter 11 Wlast. -. Es wird bestätigt, daß er dem Sandstift das Dorf Klein Oels (Kr. Ohlau) mit einer Familie ascriptici geschenkt hat: BI.S: I, 58, Er wird als ehemaliger Besitzer vJankau (Kr. Ohlau), das nun dem Sandstift gehört, erwähnt: HIII.B: III, 189. Lib.mor.Vincentii, S. 51: 2. Juni („Wesebor") oder S. 52: 7. Juni („Vsebor").
Cesenta (CC110). 1237-47.Graf, Breslauer Truch.1238, K vOels 1247. Z: HI.S: II, 137; VO: II, 156; BII.L: II, 323.
Ceslaus. 1. (CB37). 1241. K v?. Z: MII.O: II, 210. Lib.mor.Vincentii, S. 81: 28. Okt. („Ceslaus miles").
2. (CB37). 1234. Richter. Z: HI.S: II, 80. Lib.mor.Vincentii, S. 81: 28. Okt. („Ceslaus miles").
Cessko gen. Zayenchek (CC923). 1266. Z: KI.G: III, 547.

C

— S.u. Rätsch.

Chammer. Friedrich vChammer (?). 1213. Kanzler. Z: BI.S: I, †348.

Chansto. 1295. Der Zehnt v den Äckern des Chansto, der früher der Adalbertkirche zu Oppeln zustand, wird für eine neue Pfründe an der Kreuzkirche zu Oppeln durch BI.O gestiftet: BJIII.: VI, 225 (Adliger?)

Chanstobor. 1. (CC111). 1202-08. Baron. K vSandewalde 1202-03. Z: HI.S: I, 77, 83, †332, †334, †335, †338, †339, †340; Herzog vKalisch: I, 116, 117; BI.S: I, †331. Nekr.Lubense, S. 37: 5. Jan. („Item ob. ... Schnaztobor milites") oder 7. Jan. („Ob. Schaztobor ... milites").

2. 1208. K vCrossen. Z: HI.S: I, †340.

Charpenow. Przedwoy vCharpenow (?) (CC675). 1300. Z: HI.G: VI, †480.

Chazlaus. 1. (CC120). 1266-77. Graf, Baron, Ritter, Fidelis, Dominus, Richter 1267-72. Z: BII.L: III, 554, †563, †573, †578, IV, 37, 40, 42, 91, 162, 305. Lib.mor.Vincentii, S. 81: 28. Okt. („Ceslaus miles").

2. (CB37). 1224. Wird als Vorbesitzer eines ungen. Ortes erwähnt: HI.S: I, 247.

Chego (CC113). 1292. Z: Theoderich vBaruth: VI, 80.

Chelco (CC112). 1239. Hzl. Ritter. Z: HII.S: II, 164.

— S.u. Koitz.

Cherubin. S.u. Rosenov.

Chesseborius. S.u. Zesselwitz.

Chevlegius. S.u. Alardus.

Chila (CC115). 1291. Wlodar. Er wird mit der Untersuchung einer Klage wegen widerrechtlicher Okkupation eines Dorfes beauftragt und ist Z: HV.LB: VI, 29 (Adliger ?).

Chobena. Bartholomeus de Chobena (?). 1293. Z: HI.G: VI, 103.

Chomotouo. Gneomir de Chomotouo (?). 1285. Ritter. Es wird bestätigt, daß sein Zehnt der Kirche vWüstebriese (bei Ohlau) zusteht: BTII.: V, †500.

Chotco (CB35). Bruder des Jaroslaus. 1239-45/(46). Nobilis, Graf, Baron, USchenk 1239-41, UKäm. 1243, K vRatibor 1245-(46). Z: MII.O: II, 165, 166, 178, 180, 187, 192, 210, 242, 244, 284, 310, 311; VO: II, 243.

Jaroslaus (CC94). Bruder des Chotco. 1239-58. Nobilis, Graf, Baron, Ritter, UTruch. 1239-43, UKäm. 1244-45 und 1257-58. Er wird beauftragt, die Grenzen des Gutes Weißdorf (Kr. Falkenberg) festzulegen: MII.O: II, 166. Wird im Testament des Herzogs als familiaris gen.: MII.O: II, 295. Z: MII.O: II, 165, 178, 180, 210, 226, 242, 244, 277, 284, 310, †437; VO: II, 243; WI.O: III, 142, 213, 235, 269, 277.

Chozek (CC116). Um 1268. Schles.Ritter. Z: Konrad Swab: IV, 192.

Christanus. 1. Cristan gen.der Weise (CC450). 1290. Graf. In einer eigenen Urkunde (V, 494) verkauft er 1,5 Hufen und 7 Morgen Land bei Schweidnitz.

2. 1243. Dominus, Ritter des Johannes vWürben. Z: Johannes vWürben: II, 257.

— S.u. Jakobsdorf, Würben.

Christina. S.u. Pomerio, Pomikau.

Christinus. 1. (CB108). 1283-92. Graf, UKäm. 1283 und 1292, Käm. 1287. Z: KaII.CB: V, 77, 324, VI, 61.

2. (CC451). 1253. Truch. Z: KI.G: III, 103, †567.

3. (CB107). 1226. Schwertträger. Z: KaI.O: I, 271.

4. (CC451). Sohn des Nikolaus. 1239. Z: Paul vPoseritz: II, 170, †430.

C

5. (CC449). Schwager (gener) des Paul vPoseritz. 1239. Z: Paul vPoseritz: II, 170, †430.
6. (CA23). 1149. Seine Schenkung des heute unbekannten Dorfes Rudne bei Liegnitz an das Vinzenzkl. wird bestätigt: -: I, 19; P: I, 60.
— S.u. Rotemberg, Stentsch.
Christopher. 1. (CC452). 1256. Bischöfl. Ritter, UKäm. (nach III, †580). Z: BTI.: III, 178, †580.
2. Christopher Sczandez. 1252. Z: HIII.B: III, 32.
Chropaczow. Johannes vChropaczow (bei Beuthen OS) (CB87). 1295. Knappe. Z: KaII.CB: VI, 207.
Chwalisius (CB36). 1272. Hzl. Famulus. Er tauscht mit WI.O sein Erbgut Sohrau gegen das zins- und dienstfreie Erbgut Sciern (bei Pleß), zu dem auch Jagd, Fischerei, Vogelfang und Zeidlerei gehören: WI.O: IV, 164.
Chwalislaus (CC194). Zwischen 1186-1243. Käm.der hlg. Hedwig. Hedwig, S. 524: Es wird erwähnt, daß er drei prächtige silberne Becher verloren hat und später Laienbruder im Predigerorden wurde.
Cygelheim. Gunther vCygelheim (Ziegelheim nw. Waldenburg/Meißen) (CC226). 1254. Dominus. Es wird erwähnt, daß er den Zins verschiedener Besitzungen in Langenöls (s. Naumburg) zu Lehensrecht erhalten hat: Witigo vGreiffenstein: III, 135.
Cyrna. Lucolcus de Czyrna (CC479). 1290. Ritter. Z: KII.Sa: V, †510.
Bertradis vCyrna. Zwischen 1243-67. Hedwig, S. 617: Sie gelobt eine Pilgerfahrt zum Grabe der hlg. Hedwig, worauf ihr Blutfluß versiegt. (Adlige ?)
Clemens. 1. (BDH132). 1212. Z: BI: I, 129.
2. (CB102). Bruder des Johannes, Virbecha und Bischofs Andreas vPłock, Ehemann der Raslava, Vater der Wisenyga. 1228-38. Graf, Baron, Fidelis, Palatin vOppeln 1228, K vRitschen 1234, K vKrakau 1238-42. Ihm werden für die Übernahme der Hälfte der Kosten des Ausbaus der Mauern der Burg Oppeln als Entschädigung das ganze Gut Nemodlim (später Falkenberg OS) mit dem Patronat über die Ortskirche und das Dorf Roscouice (wohl Roßdorf, Kr. Falkenberg) sowie weitere Güter und Einkünfte in Polen überlassen: KaI.O: I, 291. Er erhält das Gut Szyce (im Krakauer Gebiet) zu Besitz und schenkt es seiner Frau: Herzog vSandomir: II, 79. Er tauscht sein Gut Mirów bei Tschenstochau und 45 Mark reinen Silbers gegen das Gut Łubnice (an der Prosna): HI.S: II, 85. Er gibt als K vKrakau seine Zustimmung zu einer Verleihung: HI.S: II, 145. VO erteilt seinen Besitzungen Łubice und Konarzewo (bei Krotoschin) deutsches Recht und gestattet die Gründung eines Marktes: II, 156. MII.O erteilt seiner Besitzung Łubnice das Recht vNeumarkt: II, 174. Es wird erwähnt, daß er mehrere Dörfer und Besitzungen - u.a. Czeladź (sö. Beuthen OS) - dem Kl. Staniątki, Nemodlim seiner Tochter geschenkt hat: Herzog vKrakau: II, 240. Seine Schenkungen an das Kl. Staniątki werden bestätigt: Herzog vKrakau: II, 247. Dem Kl. Staniątki werden die v ihm, dem Gründer des Kl., geschenkten Besitzungen - u.a. Nemodlim, Czeladź und Roßdorf - bestätigt: G: II, †428. Z: HI.S: II, 145; Sbroslaùs (s.Radozlaus 1): II, †424.
Raslava. Ehefrau des Clemens. 1234. Ihr Mann schenkt ihr das Gut Szyce: Herzog vSandomir: II, 79.
Wisenyga. Tochter des Clemens. 1242. Nonne. Es wird erwähnt, daß ihr Vater ihr Nemodlim geschenkt hat: Herzog vKrakau: II, 240.
Johannes (CB81). Bruder des Clemens. 1228-43. Graf, K vTeschen 1228 und 1239, K

C

vRauden 1228-33 und 1242. Er und seine Brüder Andreas und Virbecha vertauschen die Dörfer, die ihr Bruder Clemens dem Kl. Staniątki geschenkt hatte: Herzog vKrakau: II, 240. Seine Schenkung des Dorfes Roków (bei Wadowice) an das Kl. Staniątki wird bestätigt: Herzog vKrakau: II, 247. Auf seine Bitte werden dem Kl. Staniątki die diesem Kl. geschenkten Besitzungen bestätigt: G: II, †428. Z: KaI.O: I, 291, 298; Herzog vGroßpolen: II, 31; MII.O: II, 165.

Virbecha. Bruder des Clemens. 1228-42. Propst vStaniątki. Es wird erwähnt, daß er seinen Bruder Clemens dazu bewegte, die Hälfte der Kosten des Ausbaus der Mauern der Burg Oppeln zu übernehmen: KaI.O: I, 291. Er und seine Brüder Andreas und Johannes vertauschen die Dörfer, die ihr Bruder Clemens dem Kl. Staniątki geschenkt hatte: Herzog vKrakau: II, 240.

Andreas. Bruder des Clemens. 1242. Bischof vPłock (1238-49). Er und seine Brüder Johannes und Virbecha vertauschen die Dörfer, die ihr Bruder Clemens dem Kl. Staniątki geschenkt hatte: Herzog vKrakau: II, 240.

```
                    □
    ┌───────────┬───────────┬───────────┬───────────┐
Clemens  ∞   Raslava     Johannes   Virbecha    Andreas
1228-43      Tochter des 1228-43    Propst v    Bischof v
             Sbroslaus              Staniątki   Płock
             1234                   1228-42     1242
    │
Wisenyga
Nonne
1242
```

3. (CB103). Bruder des Theodor und Sulco. 1235-39. Graf, K vAuschwitz 1239. Sein Siegel wird angekündigt: Witwe des Krakauer Palatins Markus: II, 163. Z: HI.S: II, 106; G: II, †428.

    Theodor. Bruder des Clemens. 1232-38. Graf, Baron, Krakauer Käm. 1232, Palatin vKrakau 1234-38. Ihm wird gestattet, im Dunajetzgebiet Deutsche anzusiedeln zu dem gleichen Recht, zu dem die Deutschen in Schlesien angesiedelt werden: HI.S: II, 83. Ihm wird das Gut Mogilany (südl. Krakau) übertragen: HI.S: II, 84. Er und sein Neffe I. schließen einen Vertrag über den Verkauf des Dorfes Rogóźnik (in der Podhale, südl. Krakau), der bestätigt wird: HI.S: II, 137. Es wird bestätigt, daß er das Dorf Krzyszkowice (bei Krakau) gekauft hat: Levos und Crisek: II, 142. Seine Schenkung des Dunajetzgebietes an das Kl. Szczyrzyc wird bestätigt: Herzog vKrakau-Sandomir: III, 28. Z: HI.S: II, 24, 85, 106.

    Sulco. Bruder des Clemens. 1238. Z: G: II, †428.
4. (CC427). 1292. K vOels (zusammen mit Wolfberus). Z: HV.LB: VI, 48.
5. (CC427). 1290. UKäm. Z: HV.LB: V, 466.
6. Clemens Granouihc. 1261. Z: HIII.B: III, 349.
7. Bruder des Erzbischofes Johannes vGnesen. 1154. Z: Erzbischof vGnesen: I, 26. Lib.mor.Vincentii, S. 26: 12. März (dieser ?).
8. 1295. Der Garbenzehnt vom seinem Allod in Liebschütz (bei Freystadt) wird an die Kantorpräbende des Kollegiatstiftes zu Glogau überwiesen: BJIII: VI, 196, 202.

C

9. (CA20). 1149. Graf. Z: BRI.: I, 19. Lib.mor.Vincentii, S. 26: 12. März (dieser ?).
10. 1233. Graf. Z: G: II, 33.
11. 1241. Z: MII.O: II, 226.
— S.u. Andreas 24, Cansor, Nossen, Orinik.

Clementia. S.u. Radozlaus 1.

Cmanow. Peter vCmanov (CC627). 1252. Z: HIII.B: III, 45.

Colditz. Ulrich vColditz (sö. Grimma/Meißen) (CC850). 1258(-68). Dominus, Fidelis. Z: BII.L: III, 278, 464.

Colinus. 1264. Bischöfl.Serviens und Balistarius. Z: BTI.: III, 494.

Colonia. Lambinus (BDH152). Bruder des Jakob de Colonia (?). 1223-35. Entscheidet als einer der vom Bischof delegierten Richter einen Rechtsstreit: G: I, 295. Es wird erwähnt, daß er eine Besitzung in Gräbschen (heute Stadtteil vBreslau) gekauft und bis zu seinem Tode besessen hat: Vinzenzstift: III, 31. Z: BL: I, 226, 237, 285; BTI.: II, 61; G: II, 103. Lib.mor.Vincentii, S. 95: 26. Nov.

Agnes de Colonia. Ehefrau des Jakob. 1252? Ihr wird die Besitzung in Gräbschen zu erblichem Besitz verliehen, die vorher ihr verstorbener Schwager Lambinus besaß: Vinzenzstift: III, 31.

Comornik. Theoderich vComornik (CC144). 1283-85. Graf. Z: Iesco 12: V, 46; PSt: V, 165.

Concho (CC434). 1266. Käm. Z: BII.L: III, 554.
— S.u. Konrad 4.

Copatz. Arnold Copatz (aus Sachsen) (CC37). 1277. Dominus. Z: BII.L: IV, 319.
Wolfhard Kopatz (CC911). 1293. Ritter. Z: BkI.J: VI, 95.

Corentzk. Dersko de Corentzk (wohl Korsenz nw. Trachenberg) (CC161). Bruder des Heinrich und Doles. 1281. Dominus, Serviens. Die Gebrüder vOderbeltsch (sw. Guhrau), nämlich die domini de Corentzk, und Dirsco de Osetno vergleichen sich mit Nikolaus und Pasco vHerrnmotschelnitz bzgl. des Waldes Belewo bei Urschkau (sw. Guhrau): HI.G: IV, †466.

Heinrich de Corentzk (CC265). Bruder des Dersko und Doles. 1281. Dominus, Serviens. Wird wie Dersko gen.: HI.G: IV, †466.

Doles de Corentzk (CC162). Bruder des Dersko und Heinrich. 1281. Dominus, Serviens. Wird wie Dersko gen.: HI.G: IV, †466.

Corvin. (1235-44). Z: G: II, 281.

Cosanow. Nikolaus de Cosanow (BDH141). 1284-95. In seiner Gegenwart verweigert HIV.B die Auskunft über seine Appellationsschrift: G: V, 121. Für den Abwesenden erklärt ein Bevollmächtigter, daß Nikolaus der Exkommunikation HIV.B zustimmt: BTII.: V, 135. Z: Bogusca (s. Goslawitz): V, 429; BTII.: V, 470, 472; BJIII.: VI, 208.

Cosmas. 1. (CC448). Zwischen 1186-1243. Honestus miles. Hedwig, S. 537f.: Er, der der hlg. Hedwig eifrig diente, berichtet v der Innigkeit ihres Gebetes.
2. (CC448). 1255. Dominus, UKäm.der Herzogin Hedwig. Z: BII.L: III, †573.

Cotlou. Nikolaus de Cotlou (?). 1203. Z: BC: I, 85. (Geistlicher ?)

Cragec (CA22). 1149. Comes polonicus. Seine Schenkung vSorauin (Siedlungsgebiet an der Sarofke im Bereich vRothsürben, Kr. Breslau) an das VinzenzKl. wird bestätigt: -: I, 19; P: I, 60. Lib.mor.Vincentii, S. 78: 16. Okt.

Crayna. S.u. Adalbert 26.

C

Cran (CB106). 1297. UJäger. Z: BI.O: VI, 327.

Crapowa. Vnimir de Crapowa (?) (CC858). 1242-73. Graf, Baron, Ritter, Dominus, Richter der Herzogin Anna 1254. Er schenkt dem Vinzenzstift eine Wiese und 3 Äcker in Pöpelwitz (heute Stadtteil vBreslau): HIII.B: III, 315. In einer eigenen Urkunde (IV, 218) schenkt er dem Vinzenzstift je 12 Malter Dreikorn v16 Hufen in Pirschen (s. Neumarkt), was er besiegelt. Z: Herzogin Anna: II, 239, III, 163; HIII.B und WB: II, 60, 61; HIII.B: III, 140, 228; WB: IV, 32, 107, †442; Vnimir de Crapowa: IV, 218.

Crasicz. Michael de Crasicz (Kraßwitz südl. Strehlen) (CC511). 1250. Graf. Z: HIII.B: II, 410.

Crecoto. 1244. Wird als ehemaliger Besitzer des Gutes bei Klopschen gen.: BTI.: II, 279.

Crecowicz. Johannes de Crecowicz (?) (CC377). 1296. Fidelis. Z: HI.G: VI, 275.

Crenschicz. Werner de Crenschicz (?) (CC136). 1294. Er kauft für 140 Mark Breslauer Gewichtes 6 Hufen und 4 Morgen in Michelwitz (bei Brieg): HV.LB: VI, 171.

Cresslauus. Vermutlich Bruder des Sudo. 1235. Auf seine und seines Bruders Bitte, die ihr ererbtes Gut Prandocin (sö. Miechów) dem Kl. Mogiła geschenkt hatten, wird die Befreiung dieses Gutes v der Entrichtung der stroza verbrieft: HI.S: II, 106.

Sudo. Sohn des Dobeslaus, vermutlich Bruder des Cresslauus. 1235-39. Graf. Auf seine und seines Bruders Bitte wird die Befreiung des Gutes Prandocin v der Entrichtung der stroza verbrieft: HI.S: II, 106. Er schenkt dem Kl. Mogiła zum Heil seiner und seines Vetters (patruelis) Dobeslaus Seele das Dorf Wrocieryz (Bez. Krakau) mit allen Rechten, die sein Vater Dobeslaus und seine anderen Vorfahren besessen haben: HI.S: II, 168.

Crimasosna. Nikolaus de Crimasosna et de Lauinstein (Chursangwitz und Weisdorf bei Ohlau (oder Löwenstein, Kr. Frankenstein ?)). 1285. Ritter. Es wird bestätigt, daß sein Zehnt der Kirche vWüstebriese (bei Ohlau) zusteht: BTII.: V, †500.

Crimmitzschau. Heinrich vCrimmitzschau (Kr. Zwickau/Sachsen) (CC287). Bruder des Konrad. 1283-94. Ritter. Er bürgt mit HV.LB für die Einhaltung dieses Vertrages: HV.LB: VI, 144. Z: HIV.B: V, 44.

Konrad vCrimmitzschau. Bruder des Heinrich. 1283. Z: HIV.B: V, 44.

Crisanus. 1. (BDH145). 1223-41(44). Dominus (nur in †). Hzl. Notar 1223, hzl. Kaplan 1223, Kantor 1234-35, Dekan 1239-(44). In einer eigenen Urkunde (II, 9) überträgt er sein Gut Kryschanowitz (Kr. Trebnitz) dem Breslauer Domkapitel, was bestätigt wird: P: II, 287. Er wird beauftragt zu untersuchen, welcher der beiden Anwärter auf den Olmützer Bischofsstuhl rechtmäßig gewählt worden ist: P: II, 207. Z: HI.S: I, 227, †351, †358, †369; G: I, 230, 281, II, 103, 281; Jaroslaus, Bozdech, Peter und Budiuoy: I, 236; BTI.: II, 61, 159, 173, †426.

2. (CA24). 1149. Graf. Z: -: I, 19. Lib.mor.Vincentii, S. 37: 12. April.

3. (CB109). 1223-30. Oppelner Ritter. Gibt seinen Zehnt der Salvatorkirche zu Rybnik: BL: I, 226. Z: BL: I, 269; VO: I, 319.

Crisek. S.u. Crisko.

Crisko. Vater des Crisek und Levos. Lib.mor.Vincentii, S. 74: 3. Okt. (vielleicht dieser).

Crisek. Sohn des Crisko. 1238. In einer eigenen Urkunde (II, 142) bestätigen er und sein Bruder den Verkauf des Dorfes Krzyszkowice (bei Krakau).

Levos. Sohn des Crisko. 1238. Stellt zusammen mit seinem Bruder eine Urkunde (II, 142) aus.

C/D

Croscina. Pasco de Croscina (?) (CB153). 1292. Ritter. Z: BI.O: VI, 62.
Crzank. S.u. Debna.
Cuchingus (CC470). 1289. Ritter, Lehensmann des Heinrich vWürben. Z: Heinrich vWürben: V, 420.
Cunczilordus. 1284. Z: HIV.B: V, 129.
Cunczo. Bruder des Konrad und Peter. 1300. Bischöfl. Fidelis. Die 3 Brüder haben einige der Breslauer Kirche dienstpflichtige Güter, nämlich das Vorwerk (allodium) Proscow bei Krintsch (Kr. Neumarkt) und 2 Mühlen, gekauft und diese Güter werden vom Bischof v allen Diensten und Lasten befreit, wofür jedoch immer einer der Brüder nach der Gewohnheit der bischöfl. Diener am Hofe des Bischofs dienen soll; den Feldzehnt behält sich der Bischof vor: BJIII.: VI, 450.
Konrad. Bruder des Cunczo und Peter. 1300. Wird zusammen mit seinen Brüdern gen.: BJIII.: VI, 450.
Peter. Bruder des Cunczo und Konrad. 1300. Wird zusammen mit seinen Brüdern gen.: BJIII.: VI, 450. Lib.mor.Vincentii, S. 23: 2. März (dieser ?).
— S.u. Schaffgotsch.
Curov. Johannes de Curov (?) (CC365). 1266. Z: KI.G: III, 547.
Curow. S.u. Swab.
Cursicus. (CC118). 1267-71. Bischöfl. minister und serviens. Ihm wird das Dorf Buchelsdorf (bei Freiwaldau) verliehen, so lange er und seine Erben im Dienste des Bischofs bleiben: BTI.: IV, 34. Es wird erwähnt, daß er die Scholtisei in Buchelsdorf verkauft hat: BTII.: IV, 152.
Czemko. S.u. Strehlen.
Czezlaw. S.u. Mueyze.

Dahme. Richard vDahme (südl. Luckau/Lausitz) (CC718). 1249-78. Dominus, Nobilis, Ministeriale, Fidelis, K vGlatz 1278. Er wird beauftragt, die Franziskaner in Glatz gegen Anfechtungen zu schützen: König vBöhmen: IV, †459. Z: BII.L: II, 368, 371, 374, III, 26, 27.
Dalbert (CB39). 1289. Ritter. Z: MI.T.: V, 430.
— S.u. Berthold 13.
Daleborius. 1. (BDH46). 1257. Dominus. Z: BTI.: III, 252. Lib.mor.Vincentii, S. 27: 16. März.
2. (CC124). Sohn des Michael, Bruder des Miscigneus und Semianus, Vater des Michael. 1218. Er und seine beiden Brüder erhalten im Tausch mit dem Kl. Trebnitz die Orte Campassino (vielleicht Kapaschütz, Kr. Militsch), Dodanouo (unbekannt), Marabschino (vielleicht Marentschine, Kr. Militsch), Landovo (Teil eines nicht mehr vorhandenen Dorfes bei Groß Schwundnig, Kr. Trebnitz) und einen Teil vSkotschenine (Kr. Trebnitz): HI.S: I, 181.
Miscigneus (CC543). Sohn des Michael, Vater des Inwarius. 1218. Wird zusammen mit seinen beiden Brüdern gen.: HI.S: I, 181. Lib.mor.Vincentii, S. 43: 5. Mai.
Inwarius cognomine Daleborez (CC326). Sohn des Miscigneus. 1268. Er protestiert vergeblich gegen den Verkauf des Zinses und der Mahlfreiheit der Mühle an der Ohle (Schuhmüle bei Münsterberg) durch seinen Neffen Michael: HIII.B: III, †587. Er protestiert gegen den Verkauf des Grundstückes an der Ohle und der Rechte an der dorti-

D

gen Mühle, wird jedoch vDaleborius mit Geld abgefunden: WB: IV, 67.

Semianus (CC730). Sohn des Michael. 1218. Wird zusammen mit seinen beiden Brüdern gen.: HI.S: I, 181.

Michael (CC511). Sohn des Daleborius, Vater des Daleborius, Alzicus und Dobeslaus. 1243-69. Wird als Grenznachbar vReumen (Kr. Frankenstein) gen.: BII.L: II, 241. Er tauscht mit dem Kl. Heinrichau einen Teil seines an das Kl. grenzenden Erbgutes gegen einen gleich großen Teil vNiklawitz (ö. Heinrichau) sowie Zubehör: HIII.B: III, 124. Wie III, 124 jedoch wurde das Zubehör um eine Mühle ergänzt: HIII.B: III, 125. Wird als Prokurator gen.: HIII.B: III, 251. Auf seinem Erbe lag eine Mühle (Schuhmühle bei Münsterberg), die das Kl. Heinrichau gekauft hatte, und v der er 1, 5 Mark Zins erhielt und Mahlfreiheit besaß; den Zins und alle seine Rechte hatte das Kl. mit Geld abgelöst, was er und seine Verwandten bestätigen wollten; dagegen erhob jedoch Inwarius Einspruch, worauf Michaels Sohn Daleborius als näherer Verwandter sein Vorkaufsrecht geltend machte; Daleborius und seine beiden Brüder verzichten nun gegenüber dem Kl. auf den Zins und alle Rechte, und Daleborius gewährt dem Kl. einen Wassergraben durch alle seine Felder: HIII.B: III, †587. Er hatten den Bürgern vMünsterberg erlaubt, auf seinem Erbe an der Ohle eine Mühle gegen einen jährlichen Zins v 1,5 Mark Silber und Mahlfreiheit für ihn anzulegen; das Grundstück und seine Rechte an der Mühle verkaufte er dem Kl. Heinrichau gegen 120 Mark Silber, wogegen Inwarius Einspruch erhob; Michaels Sohn Daleborius findet nun Inwarius mit Geld ab und tritt das Grundstück und seine Rechte an der Mühle dem Kl. ab, wofür er 12 kleine Hufen, das Haus und die Mühle des Klosters in Millowitz (bei Beuthen OS) und - da das Land in Millowitz als unfruchtbar angesehen wird - 150 Mark Silber erhält: WB: IV, 67. Er stimmt - mit seinen Söhnen Alzicus und Dobeslaus (IV, 96) - der Vertauschung des Erbgutes an der Ohle zwischen Daleborius und dem Kl. Heinrichau zu: WB: IV, 95, 96. Z: HIII.B: III, 251 , 298. GB, S. 273f.: Er siedelte nö. v Alt-Heinrichau an der Grenze zum Kl. deutsche Siedler an, die durch ihre Tänze die Mönche in deren Abgeschiedenheit störten. Schließlich tauscht er mit seinen Söhnen diesen Besitz gegen das gesamte Erbe des Klosters in Niklawitz sowie einen Hof, Vieh, Saatgut und Gerätschaften (→ III, 125). GB, S. 358f.: Er hatte Besitz zwischen der Stadt Münsterberg und dem Kl.

Daleborius (CC125). Sohn des Michael, Vater des Michael und weiterer Söhne. 1264-1307. Tribun vNimptsch 1264. Er wird als Besitzer eines Dorfes bei Strehlen gen.: BTI.: III, 482. Er wird gen.in: HIII.B: III, †587; WB: IV, 67, 96. GB, S. 359-363: Er belästigte oft das Kl. Heinrichau. Da er einen Raub begangen hatte, mußte er fliehen. Gegen 2 Mark Gold wurde er v Landeshauptmann Hermann vBarboy auf Bitten des Klosters wieder in Gnaden aufgenommen. Er verkaufte seine 4,5 kleinen Hufen dem Kl. für 130 Mark Prager Groschen, erhielt jedoch viel mehr.

Michael. Sohn des Daleborius. - GB, S. 360: Daleborius' ehelicher Sohn erhält für seine Zustimmung zum Verkauf v 4,5 kleinen Hufen vom Kl. 33 Mark Prager Groschen.

Alzicus (CC21). Sohn des Michael. 1269-1307. Ritter. Er wird gen.in: HIII.B: III, †587; WB: IV, 96. GB, S. 334: Er kauft für 30 Mark Silber die Mühle zu Wiesenthal (n. Heinrichau) vPolco vSchnellewalde und verkauft sie später zu einem ähnlichen Preis an das Kl. GB, S. 359, 362f.: Er belästigte oft das Kl. Schließlich verkaufte dieser Anhänger des Herzogs vOppeln seinen 9 kleine Hufen umfassenden Anteil am Erbe den

Bürgern vMünsterberg.

Dobeslaus (CC131). Sohn des Michael. 1269. Er wird gen. in: HIII.S: III, †587; WB: IV, 96.

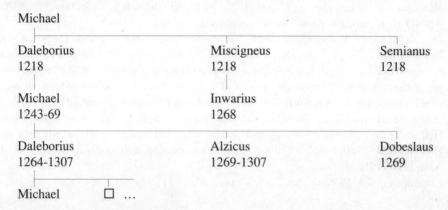

3. 1252. Z: Vinzenzstift: III, 31.

Dalimir (CC123). 1299. Landvogt in Sagan. Z: KII.Sa: VI, †474.

Damascyn. Bartholomeus de Damascyn (?) (CC47). 1281-1300. Graf, Ritter, Fidelis, Glogauer Hofrichter 1298. Z: HI.G: IV, †466, V, †507, †511, VI, 353, 357, 367, 397, 419, 435, Fürstenstein StA, Quart 39 pag. 30-33; Film Nr. 208/5-6.

Damassus (CC127). 1257. Minister. Z: HIII.B: III, 230.

Dambiscin. Benicus v Dambiscin (?) (CC52). Sohn des Woislaus, Bruder des Heinrich, Neffe des Ratibor und Wlostibor. 1253-62. Er hat seinen Anteil an dem Erbgut in Dambiscin, der ihm unter seinen Brüdern zustand, gegen den Erbteil des Peter vTaschenberg in Taschenberg (bei Heinrichau) eingetauscht und nach einiger Zeit diesen Teil für 50 Mark Silber an das Kl. Heinrichau verkauft, wozu seine Verwandten ihre Zustimmung geben: HIII.B: III, 424. Z: HIII.B: III, 97.

Heinrich vDambiscin (CC52). Sohn des Woislaus. 1262. Er gibt seine Zustimmung zum Verkauf eines Grundstückes durch seinen Bruder Benicus: HIII.B: III, 424.

Slauibor. Sohn des Ratibor, Vetter des Benicus. 1262. Er gibt seine Zustimmung zum Verkauf eines Grundstückes durch seinen Vetter Benicus: HIII.B: III, 424.

Nikolaus. Sohn des Wlostibor, Bruder des Siroslaus, Vetter des Benicus. 1262. Er gibt seine Zustimmung zum Verkauf eines Grundstückes durch seinen Vetter Benicus: HIII.B: III, 424.

Siroslaus. Sohn des Wlostibor, Bruder des Nikolaus, Vetter des Benicus. 1262. Er gibt seine Zustimmung zum Verkauf eines Grundstückes durch seinen Vetter Benicus: HIII.B: II, 424.

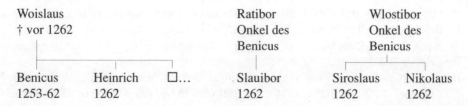

D

Damian s.u. Schmollen.
Daniel (CC128). Sohn des Luca, Bruder des Domaslaus, Vater des Heinrich. 1251-52. Graf. Z: HIII.B: III, 23, 45.
Heinrich (CC274). Sohn des Daniel. 1288. Ritter. Er verkauft 9 Zinshufen in Danielowiz (?) an HIV.B, die dieser für den Sakristan des Kreuzstiftes bestimmt: HIV.B: V, 367. Z: G: VI, †470. Nekr.Kamenz, S. 333: 8. Nov.("It.ob.Heynricus de Damilwicz").
Domaslaus (CC137). Sohn des Luca, Vater des Lucassius. Schwiegervater des Naczeslaus. 1252-82. Graf. Die Stiefkinder des Domaslaus und dessen Brüder prozessieren gegen die Beschlagnahmung des Dorfes Lucasseuici (Domslau bei Breslau oder abgekommen bei Schönbankwitz sw.Breslau) durch Johannes 45, der sie mit dem erblichen Besitz des Dorfes Jacubouo (vielleicht Jakobsdorf sö. Nimptsch) entschädigt: HIII.B: III, 137. Wird als Schwiegervater des Naczeslaus erwähnt: HIV.B: SR 1701. Z: HIII.B: III, 45, 189; Franz vWildschütz: V, 36; -: III, 255. Lib.mor.Vincentii, S. 34: 4. April und S. 91: 11. Dez.
Lucassius (CC475). Sohn des Domaslaus. 1295. Z: HV.LB: VI, †468.

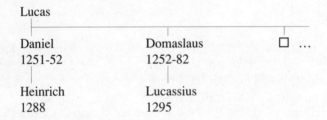

Debna. Nikolaus de Debna et de Crzank (?). Bruder des Simon. 1241 (eher um 1300). Z: BTI.: II, †434.
Simon de Debna et de Crzank. Bruder des Nikolaus. 1241 (eher um 1300). Z: BTI.: II, †434.
Delabar Flagdro (andere Lesart: Dalebor subagazo). 1234. Z: HI.S: II, 85.
Demetrius. 1. (BDH47). 1263-72. Dominus. Er erhält zu seiner Präbende 7 Hufen in einem Teil vBernstadt (?), 13 weitere Hufen und 18 Skot Silber: BTI.: IV, 65. Z: BTI.: III, 445, 448, 449, 475, 480, 494, 513, IV, 23, 47, 48, 55; BTII.: IV, 144, 169.
2. (CC140). Sohn des Barthosius. 1250. Dominus. Er verkauft dem BDH Leonhard 1 sein an Pohlanowitz (bei Breslau) angrenzendes Erbgut für 36 Mark Silber und verzichtet zugunsten der Breslauer Kirche auf alle Ansprüche auf das Gut, dessen Wert den Kaufpreis übersteigt: HIII.B: II, 404.
Dersco 1. (CC160). 1299. Ritter. Er wird als ehemaliger Besitzer v 12 Hufen in Langheinersdorf (Kr. Sprottau) gen.: HI.G: VI, 384.
2. (CC156). Bruder des Otezlaus. 1255. Z: KI.G: III, 166.
Otezlaus Sekirca (CC562). Bruder des Dersco. 1239-66. Nobilis, Graf. Z: Paul vPoseritz: II, 170; -: II, 375; KI.G: III, 166, 226, 434, 547.
— S.u. Corentzk, Kobelau.
Desprinus. S.u. Wansen.
Detco. 1. (CB40, 101). Vater v namentlich nicht gen. Söhnen. 1245-72. Graf, Ritter, K vBeuthen 1245, Hofrichter 1247, K vRatibor 1257-62. Z: MII.O: II, 284, 310, 311,

D

†437; WI.O: II, 328, III, 142, 235, 277, 340, 418, 419, IV, 164.
2. (CC130). 1272. Graf, K vTiefensee, Z: HIV.B: IV, 182.
3. (CC130). 1250-66. Graf, Baron, Ritter, UTruch.1250, USchenk 1251-66. Er hat ein Grundstück begrenzt: HIII.B: III, 485. Z: HIII.B: II, 410, III, 23, 137, 297, 298, 312, 313, 315, 318, 327, 343, 351, 365, 380, 433, 452, 468, 485, 539, 541.
4. (CC130). 1266-68. USchenk 1266. Z: BII.L: III, 554, IV, 70.
5. (CC130). Sohn des Lorenz. 1258. Graf. Z: HIII.B: III, 262.
6. (CC130). Bruder des Radozlaus. 1251. Graf. Z: HIII.B: III, 1.
Radozlaus (CC688). Bruder des Detco. 1251-52. Graf. Z: HIII.B: III, 1, 32.
7. Welcher ? (CC130). 1253-95. Graf, Ritter. Z: HIII.B: III, 55, 236, 411; NI.T: IV, 424, 425; HIV.B: IV, 426; Bogusco (s. Boguslaus 16): VI, 223.
— S.u. Briese.
Detrich. 1. Detrich Sirana. (1216-27). Z: HI.S.: I, 278.
2. (CC143). Sohn des Borutha, Bruder der Elisabeth, Schwager des Reinold vThemeriz, 1276-77. Er und seine Schwester geben ihre Zustimmung dazu, daß Reinold das Dorf Onerkwitz (sö. Neumarkt), das die Geschwister geerbt haben, dem Heiliggeisthospital zu Breslau für 200 Mark Silber verkauft, d.h. zur Hälfte des Wertes und damit auch zum Seelenheil der Genannten sowie ihrer Blutsverwandten, des weiland Ritter Hunarcus, dessen Gattin Zdislaa und deren Tochter Sophia: HIV.B: IV, 288. Er und sein Schwager Reinold verkaufen mit Zustimmung der Elisabeth das Dorf Onerkwitz für 200 Mark Silber gewöhnlichen Gewichts dem Heiliggeisthospital zu Breslau: BII.L: IV, 316.
Dyhrn. Theoderich gen. Crsicala vDyhrn (Dieŕa bei Meißen) (CC819). Bruder des Siban und Werner. 1281-92. Dominus, Graf, Baron, Ritter, K vGlogau 1281-92. Z: HI.G: IV, 402, V, 402, 416, 424, 438, 459, 491, VI, 9, 10, 17, 55, 76, †461.
Siban vDyhrn (CC732). Bruder des Theoderich und Werner. 1287 - nach 1300. Dominus, Graf, Baron, Ritter, Fidelis, Hofrichter 1300. Der Garbenzehnt sowie 0,5 Mark als Zehnt v seinem Allod wird an die Kantorpräbende am Kollegiatstift zu Glogau überwiesen: BJIII.: VI, 196, 202. In einer eigenen Urkunde (SR 2577) zeigt er an, daß er in dem speziellen Streit zwischen der Äbtissin vTrebnitz und dem Stribeslaus, Sohn des Gnomer, zum Hofrichter ernannt wurde und zitiert den Vertreter der Äbtissin zum dritten Termin, was er besiegelt. Z: HI.G: V, 330, 424, 438, 459, 487, 491, VI, 37, 55, 76, 118, 197, 244, 252, 272, 275, 294, 309, 384, Fürstenstein StA, Quart 39 pag. 30-33; Film Nr. 208/5-6, VI, 448, †480; KII.Sa und HI.G: VI, 32.
Werner vDyhrn (CC871). Bruder des Theoderich und Siban. 1299 - nach 1300. Ritter, Marschall 1300. Z: HI.G: VI, 384, 440; Rat vSprottau: SR 2600.
Dionisius (BDH o.Nr.). 1223. Scholaster. Z: BL: I, 231, 234.
Dirislaus. S.u. Baitzen.
Dirsco. 1. (CC152). 1222. Palatin vBreslau. Z: Herzog vMasowien: I, 216.
2. (CB46). 1258-62. Graf, K vSiewierz 1258, UKäm. 1260-62. Z: WI.O: III, 269, 317, 335, 340, 418, 419.
3. (CC155). Sohn des Abschatz. 1294. Ritter. Er bürgt mit HV.LB für die Einhaltung dieses Vertrages: HV.LB: VI, 144.
4. 1230. Graf. Z: HI.S: I, 314.
5. 1245. Z: BII.L: II, 296.

D

6. (CC152). 1230. Ehemann der Elisabeth. Graf, K vWartha. Z: HI.S: I, †372, †373, †421, †422. Nekr.Heinrichau, S. 286: 23. März („Item comes Dirsco de Bardo").
Elisabeth. Ehefrau des Dirsco. Nekr.Heinrichau, S. 293: 8. Aug. („It.d.Elysabeth uxor comitis Dirsconis de Bardo").
7. 1208. UTruch. Z: HI.S: I, †340.
— S.u. Adalbert 26, Baitzen, Domanze, Goslawitz, Osetno, Sdizlaus 1, Strupin.

Dirseg. Sohn des Pribislaus. 1208. Z: HI.S: I, †340.

Dirsicraiowitz. - Vom ältesten bekannten Vorfahren abgeleitete, zusammenfassende Familienbezeichnung (nach Cetwiński, Bd. II, S. 8).

Konrad (CA21). Sohn des Dirsicraus, Bruder des Moico und Stoygnew, Vater des Stoygnew, Werner und Seteh. 1175-1202. Er und sein Bruder Moico tauschen mit dem Kl. Leubus den circuitus Dirsicrai (Schlaup,Kr. Jauer) gegen die Dörfer Bogenau (Kr. Breslau) und Protzan (Kr. Frankenstein): Herzog vPolen: I, 49; HI.S: II, 77, †333. Z: BI.S: I, 45. Nekr.Lubense, S. 45: 23. Mai; S. 45: 26. Mai; S. 55: 19. Okt; S. 55: 20. Okt. (welcher Tag ?).

Stoygnew (CB204). Sohn des Konrad, Bruder des Werner, Halbbruder des Seteh, Vater namentlich nicht gen. Söhne. 1222 - vor 1230. Graf, vir nobilis, K vRatibor 1222. Sein Halbbruder Seteh vermacht ihm seinen Anteil am Erbgut Protzan, behält sich jedoch für den Fall seiner Heimkehr vom Kreuzzug sein Besitzrecht vor: Seteh: I, 248. Er behauptet sein alleiniges Recht auf das Dorf Makau (Kr. Ratibor) gegenüber seinem Vetter Dirsicraus, schenkt das Dorf aber dann den Johannitern, weil sein Halbbruder Seteh es diesen vermacht hat: KaI.O: I, 249. Es wird erwähnt, daß er das Dorf Kostenthal (Kr. Cosel) dem Kl. Leubus geschenkt hat: KaI.O: I, 254. Er wird v seinem Vetter Dirsicraus gezwungen, einen Eid bzgl. des Erbgutes Makau abzulegen, wobei er für sich, seine Söhne und seine Verwandten auf alle seine Erbgüter, die er der Kirche schenkt, und auf seine schlesischen Besitzungen, die er dem Kl. Leubus schenkt, verzichtet: KaI.O: I, 310. Bischof Lorenz vLebus, Stoygnews Mutter und seine Frau bestätigen, daß Stoygnew dem Kl. Leubus seine Güter Bogenau und die Hälfte vProtzan geschenkt hat: Bischof vLebus: I, 311. Wird als † erwähnt: Werner: I, 312. Es wird erwähnt, daß er dem Kl. Leubus 2 goldene Ringe und seinen Panzer geschenkt hat: HI.S: I, 314. Nekr.Lubense, S. 53: 30. Sep. („Ob. Stogneuus Castellanus de Legnicz, Zirsicrayus frater eius; hi dederunt Bogenow, Zwrocenam et Schlup, ecclesiam, curiam, Kolme montem cum sylva, Henrici, Hermanni, Polchowicz et Belewicz villarum.").

Werner (CB223). Sohn des Konrad, Bruder des Stoygnew, Halbbruder des Seteh, Vater des Peter. 1222-39. Graf, Oppelner Palatin 1222, K vAuschwitz 1228-32, K vCosel 1234-39. Wird als Besitzer einer Kirche in Slawikau (Kr. Ratibor) gen.: BL: I, 240. In einer eigenen Urkunde (I, 312) bezeugt er, daß sein verstorbener Bruder Stoygnew dem Kl. Leubus das Dorf Bogenau verliehen hat, das nach dem Tode vStoygnews Frau - falls sie nicht wieder heiratet - ganz in das Eigentum des Klosters übergeht; er bestätigt ferner, daß Stoygnew v seinem Vetter (in I, 312 fälschlich Bruder) Dirsicraus bzgl. Makau zu einem Eid gezwungen wurde. Z: KaI.O: I, 222, 291, 298; HI.S: II, 23, 80; MII.O: II, 165.

Peter vSlawetaw (CB163). Sohn des Werner. 1258-80. Graf, Serviens. In einer eigenen Urkunde (IV, 290) verkauft er sein Dorf Petersdorf (bei Gleiwitz) zur Aussetzung zu deutschen Recht, was zu besiegeln er ankündigt. Z: WI.O: III, 269, 335, IV, 388.

D

Seteh (CB186). Sohn des Konrad, Halbbruder des Stoygnew und Werner. 1224. In einer eigenen Urkunde (I, 248) vermacht er anläßlich seines Aufbruchs zum Kreuzzug seinen Anteil am Erbgut Protzan seinem Halbbruder Stoygnew und nach dessen erbenlosem Tode dem Kl. Trebnitz, behält sich jedoch für den Fall seiner Heimkehr sein Besitzrecht vor. Es wird erwähnt, daß er den Johannitern den Ort Makau geschenkt hat: KaI.O: I, 243. Nekr.Lubense, S. 56: 31. Okt. (dieser ?).

Moico (CA28). Sohn des Dirsicraus, Bruder des Konrad und Stoygnew. 1177. Er und sein Bruder Konrad tauschen mit dem Kl. Leubus Schlaup gegen Bogenau und Protzan: Herzog vPolen: I, 49; HI.S: I, 77, †333.

Stoygnew. Sohn des Dirsicraus, Bruder des Konrad und Moico. -. Wird als Bruder erwähnt: Herzog vPolen: I, 49.

Dirsicraus. Sohn des Moico oder des Stoygnew, Vater des Rosec, Dirsicraus und Stoygnew. -. Palatin vŁęczyca. Wird als Vater erwähnt: HI.S: I, 314, II, 5; Rosec: II, 36.

Rosec (CB182). Sohn des Dirsicraus. 1217-40. Graf, Baron. Er wird als zum Rat KaI.O gehörend gen.: KaI.O: I, 165. Er hat die Grenze eines Grundstückes begangen: KaI.O: I, 271. Er beansprucht die Leubuser Klostergüter Bogenau und halb Protzan, jedoch vergleicht sich der Abt mit ihm dahingehend, daß jener dem Rosec lediglich aus gutem Willen 20 Mark, 2 goldene Ringe, die dem Stoygnew gehörten, und dessen Panzer verspricht, jedoch erst dann, wenn Rosecs Vater diesem Vergleich zustimmt: HI.S: I, 314. Er verzichtet auf seine Ansprüche auf die Klostergüter Bogenau und halb Protzan und bestätigt die Schenkung der beiden Güter durch seinen Verwandten Stoygnew an das Kl.: HI.S: II, 5. In einer eigenen Urkunde (II, 36) schenkt er das Dorf Rzetnia in Großpolen dem Kl. Leubus zum Heile seiner Seele, seines Großvaters (avus) und seines Bruders Dirsicraus. Er und sein Bruder beanspruchen vergeblich das Dorf Makau: MII.O: II, 178. Miracula beati Verneri, S. 754. Er wird als Besitzer eines Dorfes in Großpolen gen.

Dirsicraus. Sohn des Dirsicraus. 1233. Wird als † erwähnt: Rosec: II, 36.

Stoygnew. Sohn des Dirsicraus. 1240. Er und sein Bruder Rosec beanspruchen vergeblich das Dorf Makau: MII.O: II, 178.

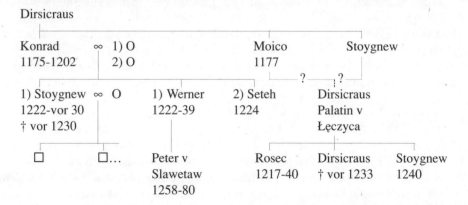

Dirsicraus. 1. (BDH50). 1260-78. Archidiakon vBreslau 1278. Dominus. Z: BTI.: III, 307, 445; BTII.: IV, 144, 169; G: IV, 334.

2. 1288. Z: MII.T und PR: V, 368.
— S.u. Dirsicraiowitz, Glinsk, Rogusna, Seitsch, Stropin.

Dirsislaus. 1. (CC153). Sohn des Moico, Bruder des Moico und Iavor.1251-72. Graf, Baron, Ritter, Truch. 1260, K vSandewalde 1265. Er und seine Brüder geben das v ihrem Vater dem Kl. Kamenz geschenkte und v ihnen dem Kl. entfremdete Dorf Wolmsdorf (sö. Frankenstein) dem Kl. zurück: HIII.B: III, 11. Er wird als Besitzer eines Grundstückes bei Strehlen gen.: BTI.: III, 482. Er wird als Grenznachbar der Schuhmühle bei Münsterberg gen.: HIII.B: III, †587; WB: IV, 67, 95, 96. Er wird zu einem hzl. Schiedsspruch herangezogen: HIV.B: IV, 154. Z: HIII.B: III, 97, 141, 262, 312, 313, 315, 318, 391, 421, 452, 521; WB: IV, 62, 63; Konrad Swab: IV, 192; HIV.B: IV, 120, 178.

Mocio (CC539). Sohn des Moico. 1251. Gibt zusammen mit seinen Brüdern Wolmsdorf dem Kl. Kamenz zurück: HIII.B: III, 11.

Iavor. Sohn des Moico. 1251. Gibt zusammen mit seinen Brüdern Wolmsdorf dem Kl. Kamenz zurück: HIII.B: III, 11. Sind sie Vorfahren der vBaitzen ?

```
Moico
  |
  ├─────────────────┬─────────────────┐
Dirsislaus        Moico             Iavor
1251-72           1251              1251
```

2. (CC153). 1272. K vBreslau. In einer eigenen Urkunde (IV, 166) bestätigt er, daß er bis zum 2. Feb. des folgenden Jahres vBTII. die Vogtei vNeisse erhalten hat und kündigt sein Siegel an.
— S.u. Rycem.

Dirzek. S.u. Goslawitz.

Disco. 1234. Z: HI.S: II, 80.

Dismus. 1264. Bischöfl.Serviens. Z: BTI.: III, 494.

Ditmannsdorf. Albert vDitmannsdorf (?) (CC9). 1283. Z: Stephan vWürben: V, 72.

Diui (CA9). 1149. Comes polonicus. Seine Schenkung des Dorfes Viehau (Kr. Neumarkt) an das Vinzenzstift wird bestätigt: BRI.: I, 19; P: I, 60. Lib.mor.Vincentii, S. 41: 28. April, S. 57: 4. Juli und S. 73: 28. Sep. (?).

Dlucomilus (CB41). Schwiegersohn oder -vater (gener) des Paul 5. 1247. Z: WI.O: II, 340.

Dobes. 1. Dobessius Copřziwnicza. † vor 1293. Graf, Ritter. Seine Witwe wird als Besitzerin des Dorfes Copriwniza (?) gen.: BJIII.: Acta Thomae; Film Nr. 350/6. Z: WI.O: III, †571.

2. Dobessius Vanda (CC132). 1252. Ritter. Z. HIII.B: III, 50.
3. (CB42). 1274. Ritter. Z: WI.O IV, 247.
4. (CC132). Schwiegersohn oder -vater des Ylicus vPoseritz. 1243. Z: BII.L: II, 252.
5. Vor 1159. CPP, S. 477f.: In einem scherzhaften Gespräch zwischen WI.S und Peter 11 Wlast antwortet letzterer auf eine Bemerkung des Herzogs, daß sich des Herzogs Frau mit ihrem Geliebten, einem deutschen Ritter, in ihres Mannes Abwesenheit vergnüge. Herzogin Agnes rächt sich, indem sie Peter und seine Familie durch ihren Geliebten Dobes, dem sie den Besitz Peters verspricht, gefangennehmen und Peter blenden läßt. Zapiski historyczne, S. 722f.: Der officialis Dobeck nimmt gegen viel Geld die Fami-

D

lie des Peter 11 Wlast gefangen. Cronica Petri comitis, S. 15-21: Dem marsalcus nomine Dobek wurde das Gut des Grafen Peter 11 Wlast versprochen, wenn er jenen gefangennähme, was ihm auch gelingt.
— S.u. Domanze.

Dobesius (BDH52). 1263-78. Dominus, Kantor 1276-78. Der namentlich nicht gen. Kantor wird beauftragt, einen Geistlichen in den Besitz seiner Pfründen einzuführen: P: IV, 298. Z: BTI.: III, 445; G: IV, 334.

Dobeslaus. 1. (CB42). Bruder des Radozlaus. 1239-62. Graf, K vTost 1247, K vBeuthen 1260-62. Z: MII.O: II, 174, 192, 210; WI.O: II, 340, III, 142, 317, 418, 419.
   Radozlaus. Bruder des Dobeslaus. 1254. Z: WI.O: III, 142.
2. (CC131). 1281. Ritter, Tribun v?. Er wird im Streit um die Oderfähre abschlägig beschieden: HIV.B: IV, 411.
3. (CA6). Um 1193. Seine Schenkung des heute unbekannten Dorfes Plumasou an das Vinzenzstift wird bestätigt: P: I, 60.
— S.u. Daleborius 2, Targowiz.

Dobirgast. S.u. Michelwitz.

Dobra. Boguslaus de Dobra (?). 1235. Z: G: II, 103.

Dobrica. S.u. Würben.

Dobrischau. Gron vDobrischau (Kr. Strehlen) (CC218). Bruder des Scarbimirus und Bogus. 1261-91. Er und sein Bruder Bogus vergleichen sich in einem Zehntstreit dahin, daß die Gebrüder v allen einst vBauern bearbeiteten Äckern den Garbenzehnt, v den v ihnen selbst bearbeiteten Äckern den Zehnt nach Ritterart entrichten werden: G: VI, 25. Z: HIII.B: III, 349.
   Scarbimirus vDobrischau (CC740). Bruder des Gron und Bogus. 1261-67. Dominus, Ritter. Z: HIII.B: III, 349; BII.L: IV, 40.
   Bogus vDobrischau (CC86). Bruder des Gron und Scarbimirus. 1291. Er und sein Bruder Gron vergleichen sich in einem Zehntstreit. G: VI, 25.

Dobrogost. 1. (CC134, 135). 1211. Tribun vBreslau. Z: Herzog vGroßpolen: I, 124.
2. Dobrogost Gaulou(ich) (CC135). 1203. Z: HI.S: I, 83.
3. Dobrogost Venmirou(ich) (CC134). Bruder des Predslaus und Ian. 1203. Z: HI.S: I, 83.
   Predslaus (CC667). Bruder des Dobrogost und Ian. 1203. Z: HI.S: I, 83.
   Ian (CC347). Bruder des Dobrogost und Predslaus. 1203. Z: HI.S: I, 83.
4. Sohn des Andreas, Bruder des Paul (1216-27). Z: HI.S: I, 278.
   Paul. Sohn des Andreas, Bruder des Dobrogost. (1216-27). Z: HI.S: I, 278.
5. Bruder des Janus. Vor 1222. Militellus. GB, S. 251f.: Er und sein Bruder werden als ehemalige Besitzer des Gutes Janusow (Teil vAlt-Heinrichau) gen. Der jüngere Bruder Dobrogost wird wegen Straßenraubes des Landes verwiesen, noch bevor er heiratet.
   Janus (CC389). Bruder des Dobrogost. Vor 1222. Militellus. GB, S. 251f.: Er und sein Bruder werden als ehemalige Besitzer v Janusow gen. Er starb, ohne Erben zu hinterlassen.
6. (1235). Die Söhne des Dobrogost werden im Testament des Johannes 21 als Erben seines Gutes bei Kostenblut (südl. Neumarkt) nach dem Tode seiner Schwester vorgesehen: Johannes 21: II, 281.

Dobromira. S.u. Jäschkittel.

Dobrosyfn. S.u. Poseritz.

D

Dobroslawa. S.u. Breulitz.

Doles. S.u. Corentzk.

Dolzk. Fritscho de Dolzk. 1295. Der Garbenzehnt v seinen Äckern wird an die Kantorpräbende am Kollegiatstift zu Glogau überwiesen: BJIII.: VI, 196, 202.

Domanze. Johannes vDomanze (nö. Schweidnitz) (CC385). Stiefvater des Dobes. 1247. Graf. Z: BII.L: II, 329.

Dobes vDomanze (CC132). Stiefsohn des Johannes. 1239-51. Graf, URichter 1247. Z: Paul vPoseritz: II, 170; BII.L: II, 329; BII.L und HIII.B: II, 339; -: II, 375; HIII.B: II, 391, III, 19, 22.

Dirsco vDomanze (CC158). 1267-81. Dominus, Ritter. Hat sein Dorf Puschwitz (sö. Neumarkt) verkauft: HV.LB: IV, 414; Z: BII.L: IV, 40.

Dobes vDomanze (CC133). 1299. Graf. Z: Heinrich vBaruth: VI, 421.

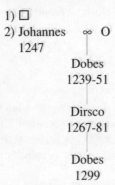

1) □
2) Johannes ∞ O
   1247

   Dobes
   1239-51

   Dirsco
   1267-81

   Dobes
   1299

Domarathus. 1. 1211. Z: Herzog vGroßpolen: I, 124.

2. 1233. Z: Rosec (s. Dirsicraiowitz): II, 36.

Domaslaus. 1. Sohn des Sibota, Bruder des Johannes. 1233. Johannes stellt testamentarisch fest, daß sein Bruder über Johannes' mährischen Besitz entschieden hat: Johannes: II, 32.

Johannes (CB38). Sohn des Sibota. 1228-33. Graf. In einer eigenen Urkunde (II, 32) trifft er testamentarische Verfügungen über seinen Besitz: seinen Vettern Otto 8 und Semianus (s.Otto 8) vermacht er zwei nicht näher bestimmte Dörfer für immer und spricht ihnen für die Lebenszeit seiner Schwiegermutter und seiner Frau die Dörfer Orese (wohl abgekommen, n. Neustadt OS), Pramsen (Groß Pramsen, nö. Neustadt), Zeiselwitz (nö. Neustadt) und weiteren Grundbesitz zu, was alles nach dem Tode der Frauen der Kirche gehören soll; dem Bischof und der Kirche vBreslau schenkt er unter Vorbehalt lebenslänglicher Nutznießung für sich, seine Schwiegermutter und seine Frau den Ort Simsdorf (nö. Neustadt), einen Teil seines Dorfes, den Ort Dürrgoy (Stadtbezirk vBreslau), Leuber (nö. Neustadt) und den Grundbesitz an der polnischmährischen Grenze; über seinen mährischen Besitz hat sein Bruder Domaslaus entschieden. Z: KaI.O: I, 298.

2. (CA7). 1175. Z: BI.S: I, 45, †325, †326, †327.
3. 1209. Angeblicher UNotar. Z: HI.S: I, †343.
4. Domaslaus Czapla. 1234. Wird als Grenznachbar gen.: HI.S: II, †422.

— S.u. Daniel.

Dombsen. Stephan vDombsen (Kr. Wohlau) (CC782). 1298. In einer eigenen Urkunde (VI, 333) weist er mit Zustimmung seiner Söhne dem Sandstift Äcker bei Kreidel (Kr. Wohlau), die er vorher umgesetzt hat und die zu seiner Herrschaft gehören, zu und erhält dafür 9 Mark Silber, was er besiegelt.

Dominik. 1. 1294-99. Hofnotar 1294-99, Lehrer der Kinder KaII.CB 1294-95. Gen. als Datar: KaII.CB: VI, 149, 156, 207. Z: KaII.CB: VI, 182, 230.

2. 1273 oder 1274. Er hat das Gut Zelniz (wohl Klein Sägewitz sö. Breslau) für 198 Mark Silber verkauft: HIV.B: IV, 219.

— S.u. Borech, Gallici.

Domitianus (BDH54). 1285. Er wird als akademischer Bürger vBologna gen.: SR 3, S. 57.

Donin. Heinrich vDonin (von Röda w. Altenburg/Thüringen nach Dohna sö. Dresden/Sachsen). (CC249). 1251-61. Dominus, Burggraf vDonin, vir nobilis. Er soll bischöfl. Besitzungen Schaden zugefügt haben: P: III, 369. Z: BII.L: III, 26, 27.

Otto vDonin (CC572). Bruder des Hermann und Gerascius. 1283. Es wird erwähnt, daß er und seine Brüder das Kl. Marienstern in der Oberlausitz bedrängen und dieser Streit entschieden werden soll: P: V, 67. Z: HI.G: VI, †480.

Hermann vDonin. Bruder des Otto und Gerascius. 1283. Er wird zusammen mit seinen Brüdern erwähnt: P: V, 67.

Gerascius vDonin. Bruder des Otto und Hermann. 1283. Er wird zusammen mit seinen Brüdern erwähnt: P: V, 67.

Dornheim. Johannes vDornheim (Mittelfranken) (CC380). 1299. Ritter. Z: Hermann vReichenbach: VI, †476.

Draco (CC436). 1253. Z: BII.L: III, 69.

Drehnow. Konrad vDrehnow (Kr. Grünberg) (BDH56). 1245-50. Lebuser Domherr, Pfarrer v Deutsch Lissa (Stadtbezirk vBreslau) 1248, hzl. Kaplan 1247, hzl. Notar 1250. In einer eigenen Urkunde (II, 394) überträgt er die ihm vBischof vBreslau zu lebenslänglicher Nutzung überlassenen Güter Niefnig und Hennersdorf (Kr. Ohlau) einem Schulzen zur Aussetzung nach deutschem Recht. In einer eigenen Urkunde (II, 414) bestätigt er, vom Abt des Sandstiftes das später in Marxdorf (sw. Breslau) aufgegangene Gut Garnczarszko lediglich zur lebenslänglichen Nutzung erhalten zu haben. Z: BII.L: II, 296, 300, 342, †438; BII.L und HIII.B: II, 339, 353, 413. Lib.mor.Vincentii, S. 55: 26. Juni (dieser ?). GB, S. 291f.: Er ist Fürsprecher des Klosters bei dessen Bemühen, die Wälder Rundo und Budsow zurückzugewinnen.

Dresco. 1261. Käm. Er kauft vHIII.B das Dorf Lobetinz (sö. Neumarkt) zur Aussetzung zu deutschem Recht: HIII.B: III, 351.

Drogomil (CC139). 1226-28. Angeblicher UKäm. 1226-28. Z: HI.S: I, †364, †367.

Druschowitz. Gerhard vDruschowitz (?) (CC202). Bruder des Lambert, Ehemann der Elisabeth. 1283. Ritter. Er schenkt mit hzl. Erlaubnis und dem Einverständnis seines Bruders und seiner Frau den Magdalenerinnen zu Naumburg a.Q. 3 Hufen in Paritz (Kr. Bunzlau): BeLö: V, 76. Wird 1292 als † erwähnt: HI.G: VI, 49.

Elisabeth vDruschowitz und Paritz (CC202). Ehefrau des Gerhard. 1283-92. Sie gibt ihr Einverständnis zur Verschenkung v 3 Hufen in Paritz: BeLö: V, 76. In einer eigenen Urkunde (SR 2098) schenkt sie den Magdalenerinnen zu Naumburg a.Q. einigen Zins und Getreide in Paritz zu Seelenmessen für ihren Gemahl und sich selbst. Sie schenkt

für das Seelenheil ihres † Gemahls den Magdalenerinnen zu Naumburg a.Q. 2 Pfund weniger einen Schilling und einen Malter Hafer als jährlichen Ertrag v 3 Hufen in Paritz: HI.G: VI, 49.
Lambert vDruschowitz (CC460). Bruder des Gerhard. 1283. Ritter. Er gibt sein Einverständnis zur Verschenkung v 3 Hufen in Paritz und ist Z: BeLö: V, 76.
Hermann vDruschowitz (CC302). 1283. Z: BeLö: V,76.
Werner vDruschowitz (CC869). 1283. Z: BeLö: V,76.

Eberhard. S.u. Gallici, Luczgersdorf, Rätsch, Reichenstein, Schildau, Tuchansdorf, Wisenburg.
Eberlin. 1299. Der Zehnt seiner 1 Hufe in Groß Wierau (ö. Schweidnitz) wird dem Kl. Grüssau geschenkt: BkI.J: VI, 418. (Adliger ?)
Ebersbach. Peter vEbersbach (südl. Döbeln oder sö. Großenhain/Meißen) (CC636). 1270-80. Nobilis. Z: HIV.B: IV, 332, 366, 387.
Friedrich vEbersbach (CC191). 1287. Z: HV.LB: V, 364.
Echstete. Heinrich vEchstete (?). 1295. Der Grabenzehnt v seinen Äckern wird an die Kantorpräbende am Kollegiatstift zu Glogau überwiesen: BJIII.: VI, 196, 202.
Eckehard. 1. Everhardus Cnur (CC177). 1254. Dominus. Z: Witigo vGreiffenstein: III, 135.
2. 1243. Dominus, Ritter des Johannes vWürben. Z: Johannes vWürben: II, 257.
— S.u. Kalkau, Mülbitz, Würben.
Eckrich. S.u. Füllstein.
Egidius. 1. (BDH5). 1200-26. Mag., Archidiakon vBreslau 1202-16, Scholaster 1217-23. Er ist einer der Schlichter im Zehntstreit zwischen den Klöstern Leubus und Trebnitz: G: I, 144. Er umgrenzt die Sprengel der Pfarreikirchen des Kl. Leubus: BL: I, 156. 157. Er wird beauftragt, den BvO nötigenfalls zur Erfüllung eines ihm vom P erteilten Auftrages zu zwingen: P: I, 167. Er wird beauftragt, für die Suspendierung des BvO zu sorgen: P: I, 168. Er war Schiedsmann in einem Rechtsstreit zwischen den Prämonstratensern und Benediktinern v St. Vinzenz: G: I, 188. Er stiftet dem Heiliggeisthospital zu Breslau Zehnten: BL: I, 209. Er wird beauftragt, den Verzicht des Bischofs vKrakau auf seine Würde entgegenzunehmen, für seine Ausstattung aus Gütern der Krakauer Kirche zu sorgen und dem Domkapitel die Wahl eines neuen Oberhirten aufzutragen: P: I, 224. Der P befiehlt ihm, die Resignation des Bischofs vKrakau nicht entgegenzunehmen: P: I, 232. Es wird erwähnt, daß er dem Pfarrer vCrossen Zehnten zugewiesen hat: BL: I, 257. Wird als Siegler v I, 152 gen.: BTI.: III, 275. Z: BJa: I, 69; HI.S: I, 77, 83, †332, †333, †334; BC: I, 82, 85; G: I, 100, 144, 190, 198; BL: I, 122, 129, 143, 171, 225, 226, 237, †350; Ivo, Kanzler vPolen: I, 135; Johannes vPogarell: I, 152; Herzog vPolen: I, 252; BI.S: I, †331. Hedwig, S. 529: Obwohl er sonst ein Mann v großer Strenge war, machte er einmal der hlg. Hedwig Vorhaltungen wegen ihres harten Fastens und ihrer unzureichenden Nahrung. GB, S. 240f.: Der Notar Nikolaus (s.u. Johannes 68) eröffnet ihm seinen Wunsch, ein Kl. zu stiften. Egidius schlägt die Gründung eines Zisterzienserstiftes vor. Später wird er Mönch in Leubus. Lib.mor.Vincentii, S. 39: 19. April oder S. 45: 9. Mai (dieser ?).
2. (BDH6). 1214-27. Kanzler 1214-27. Z: HI.S: I, 142; BL: I, 177, †350; G: I, 190, 198, 281, II, 103. Lib.mor.Vincentii, S. 39: 19. April oder S. 45: 9. Mai (dieser ?).

E

3. Egidius de Benevento (BDH29).1267. Mag. Z: G: IV, 11.
4. (BDH31). Sohn des Benicus. 1212. Z: BL: I, 129. Lib.mor.Vincentii, S. 39: 19. April oder S. 45: 9. Mai (dieser ?).
5. (BDH o.Nr.). Bruder des Censtoborius. 1212. Z: BL: I, 129.
6. Egidius de Vraz (Auras, Kr. Wohlau) (BDH20). 1203-08. Er bitten um den Zehnt v Yauichovo (abgekommen, bei Pawellau, Kr. Trebnitz): HI.S: I, 115, 181. Z: HI.S: I, 83. Lib.mor.Vincentii, S. 39: 19. April oder S. 45: 9. Mai (dieser ?).
7. (BDH7). 1234. Z: BTI.: II, 60, 61, †426. Lib.mor.Vincentii, S. 39: 19. April oder S. 45: 9. Mai (dieser ?).
8. (BDH o.Nr.). Bruder des Peter und Johannes. 1208. Er vertauscht mit seinen Brüdern Peter und Johannes sowie dessen Neffen Nikolaus den Ort Bentkau (Kr. Trebnitz), wofür er Ruppersdorf (Kr. Strehlen) und 5 Mark Silber erhält: HI.S: I, 115, 181.
   Peter (CC613). Bruder des Egidius und Johannes. 1208. Ritter. Er tauscht mit seinen Brüdern Egidius und Johannes sowie dessen Neffen Nikolaus den Ort Bentkau, wofür er zusammen mit Nikolaus den heute unbekannten Ort Indrichovo erhält: HI.S: I, 115, 181.
   Johannes (BDH5?). Bruder des Egidius und Peter, Onkel des Nikolaus. 1189-1212. Kantor. Er tauscht mit seinen Brüdern und seinem Neffen den Ort Bentkau, wofür er Weide (bei Breslau) erhält: HI.S: I, 115, 181. Im Jahre 1245 wird seine Schenkung eines Ortes bei Weide (entweder Bischwitz oder Pohlanowitz) an das Bistum Breslau bestätigt. P: II, 287. Z: BSII.: I, 57; HI.S: I, 77, †333, †334; BC: I, 82; BL: I, 122, 129; BI.S: I, †331.
   Nikolaus. Neffe des Johannes. 1208. Wird zusammen mit Peter gen.: HI.S: I, 115, 181.
9. (BDH welcher?). Dominus. 1226-28. Z: BL: I, 263, 270, 285.
10. Egidius Jucha (CC320). 1251-94. Ritter, Fidelis, Serviens, Jäger 1264, URichter 1290-92, Richter 1294. Vor dem Richter wurde ein Streit entschieden: HV.LB: VI, 148. Z: HIII.B: III, 1, 251; 349, 468; HIV.B: IV, 230; HV.LB: V, 469, VI, 29, 63, 82.
11. 1286. Ritter. Es wird erwähnt, daß er BTII. ein Schreiben vHIV.B überbrachte: BTII: V, 287.
12. (CC321). 1288. Ritter. Z: Richwin vObischau: V, 381.
13. Sohn des Konrad. 1244. Dominus. Er hat für 25 Mark 3 Hufen in Schmartsch (Kr. Breslau) gekauft: BII.L: II, 271.
14. (CB47). 1245-49. Z: MII.O: II, 284, 310, †437; -: II, 375.
— S.u. Boguslaus 18, Suchau.

Ehrenberg. Gunther vEhrenberg (aus der Gegend um Altenburg/Meißen) (CC223). 1253-55. Dominus. Z: BII.L: III, 69, 104, 161.

Eichelborn. Hermann vEichelborn (?) (CC303). 1284-97. Fidelis, Serviens, USchenk und Schenk 1288. Für seine treuen Dienste verleiht ihm HIV.B im Tausch gegen sein Erbgut Pilzen (bei Schweidnitz), das Hermann gekauft hatte, das Erbgut Polnisch Peterwitz (sw. Breslau): HIV.B: IV, 357. Er und Lutko erwerben 12 Hufen in Wiltschau (Kr. Breslau): BkI.J: SR 2458. Z: HIV.B: V, 370, 371, 395, 401, 444, †499; HV.LB: V, 489, VI, 43, 48, 50, 63, 73, 96, 171, 191, 210, 232.
   Lutko vEichelborn (CC478). 1297. Er und Hermann erwerben 12 Hufen in Wiltschau: BkI.J: VI, 295.

Eisdorf. Stanislaus vYsiksdorf (Eisdorf). 1293. Z: Herbord Quas: VI, 108. (Adliger ?)
Elgerus. S.u. Schindel.

E/F

Elias. 1. 1283. Notar. Urkunde wurde durch ihn ausgeführt: HIV.B: V, 52.
2. (BDH58). 1281-85. Dominus, Priester, Pfarrer zu Neisse 1282. Er stimmt einem bischöfl. Auftrag zu: BTII.: V, 120. In seiner Gegenwart wird ein bischöfl. Schreiben übergeben: -: V, 123. In seiner Gegenwart wird die Exkommunikationssentenz über HIV.B verlesen: BTII.: V, 135. Der zu HIV.B gesandte Elias erhält v ihm einen Geleitbrief für die Boten des Breslauer Bischofs: HIV.B: V, 236. Er überbringt HIV.B ein bischöfl. Schreiben: BTII.: V, 237. Es wird berichtet, daß Elias als bischöfl. Bote zu Verhandlungen bei HIV.B erschien, der ihn anhörte, freundlich behandelte und schließlich entließ; auf dem Rückweg wurden Elias und sein Gefolge v vielen Bewaffneten überfallen, wobei Elias getötet, sein Leichnam sogar mit Pfeilen gespickt und sein Herz mit einem spitzen Schwert durchbohrt wurde: BTII.: V, 238, 239. Z: BTII.: IV, 431, V, 7, 11, 48, 69, 81, 113, 114, 115, 116, 132, 184, 185, 209, 216; -: V, 86.
3. (CB48). Sohn des Boguslaus. 1240. Nobilis, Graf. Z: MII.O: II, 178.
4. (CC175). 1259. Graf. Z: Vinzenzstift: III, 283.
Elisabeth. S.u. Biberstein, Dirsco 6, Druschowitz, Goslawitz, Haugwitz, Pogarell, Themeriz.
Emcho. S.u. Pogarell.
Emisso (BDH59). 1239. Z: BTI.: II, 159.
Enymerus. 1252. Dominus. Z: BII.L: III, †563.
Eustachius. 1. (CB50). 1223. Gibt seinen Zehnt der Salvatorkirche zu Rybnik: BL: I, 226.
2. (CC178). Dominus. 1278. Z: BII.L: IV, 336.
Eva. S.u. Gallici, Goslawitz.

Fabian (CC179). 1239. Z: Paul vPoseritz: II, 170, †430.
Falco. 1. (CC180). Bruder des Stephan. 1214. Graf. Z: HI.S: I, 142, †342, †343.
    Stephan (CC755). Bruder des Falco. -. Z: HI.S: I, †342, †343.
2. (CB51). 1240-41. Vir nobilis. Auf Grund seiner Aussage wird ein Rechtsstreit entschieden: MII.O: II, 178. Z: MII.O: II, 226.
Falibozo (CC181). Sohn des Johannes. 1252. Z: HIII.B: III, 45.
Falkenberg. Hartmann vFalkenberg (ö. Torgau/Sachsen) (CC 235). 1249. Z: BII.L: II, 371, 374.
Falkenhain. Wolfker vFalkenhain (nö. Zeitz/Meißen) (CC912). 1287-1300. Ritter. Z: HV.LB: V, 352, VI, 241; HI.G: VI, 440.
Felix (BDH60). Vater des Johannes ? 1202-03. Dominus. Z: HI.S: I, 77, 83, †333; BC: I, 82; BI.S: I, †331. Lib.mor.Vincentii, S. 95: 26. Nov.
    Johannes (BDH110). Sohn des Felix. 1212. Z: BL: I, 129.
Filomena. 1234. Z: BTI.: II, 61.
Flemyngus. 1272. Gen.als Datar: HIV.B: IV, 182.
Florian. 1234. Schatzmeister. Z: HI.S: II, 85.
Flößberg. Heinrich de Wlogilsberk (Flößberg bei Colditz/Meißen) (CC251). 1251. Z: BII.L: III, 21.
    Albert de Vlugelsberk (Flößberg) (CC5). 1258-64. Fidelis. Z: BII.L: III, 278, 481.
Forst. Werner de Foresto (Forst/Lausitz) (CC868). 1249-51. Dominus. Z: BII.L: II, 382, II, 26, 27.
Francardus. 1252. Z: Vinzenzstift: III, 31.

Franco. 1. (BDH66). 1259-85. Dominus, Mag., Archidiakon vLiegnitz 1268, Archidiakon vOppeln 1268-85. Die Bischöfe vBreslau und Lebus transsumieren ihm eine Urkunde: Bischöfe vBreslau und Lebus: IV, 149. Er wird beauftragt, einen Geistlichen in den Besitz seiner Pfründe einzuführen: P: IV, 295. In einer eigenen Urkunde (V, 33) schenkt er dem Marienspital in Neisse 3 kleine Hufen in Nieder Hermsdorf (nö. Neisse) als Ausstattung für den Priester der Hospitalskapelle. In seiner Gegenwart wird die Exkommunikationssentenz über HIV.B verlesen: BTII.: V, 135. In einer eigenen Urkunde (V, 154) schenkt er dem Marienspital in Neisse seine aus eigenen Mitteln erworbenen Besitzungen (1,5 Hufen) in Bielau (s. Neisse) und Geld. In einer eigenen Urkunde (V, 155) schenkt er dem Marienspital in Neisse ein Gehöft und 3 Hufen in Bielau, deren Einkünfte als Unterhalt eines Priesters für die Kapelle beim Hospital, die er aus eigenen Mitteln errichtet hat, dienen sollen, wofür die Hospitalbrüder an jedem Todestage des Franco ein Anniversarium halten sollen. Für die dem Franco in Bielau weggenommenen Sachen wird Wiedergutmachung gefordert: BTII.: V, 176. Ihm wird befohlen, jeden Sonntag in jeder Kirche seines Sprengels die Exkommunikation über HIV.B verlesen zu lassen: BTII.: V, 213. Die Rechte des Oppelner Archidiakons an der Kirche vAltzülz (nö. Neustadt OS) werden bei der Bestätigung der Schenkung des Patronats dieser Kirche an die Johanniter vorbehalten: BTII.: V, 216. Wird ca. 1285 Juni 5 als † erwähnt (SR 3, S. 71). Es wird erwähnt, daß er einst die bei Neisse am Graben liegende Insel besessen hat: Johannes Erbvogt vNeisse: SR 2312. Z: BTI.: III, 290, 307, 309, 314, 358, 413, 432, 445, 448, 449, 482, IV, 18, 47, 48, 53, 55, 65; G: III, †582, IV, 11, 179; WB: IV, 59, 62; BTII.: IV, 139, 144, 159, 169, 265, †439, †456, V, 11, 48, 132, VI, †462. Nekr.Czarnowanz, S. 227: 5. Juni ("Franko Archidiaconus Oppoliensis").
2. (BDH65). 1202-28. Z: HI.S: I, 83; G: I, 100, 190, 281; BL: I, 129, 225, 226, 263, 285.
3. 1232. Z: Sandstift: II, 25.
— S.u. Jakob 16, Ulrich 3.
Frankenberg. S.u. Hake.
Frankenstein. Hermann vFrankenstein. 1290-92. Dominus, Ritter, Vogt und Erbrichter vFrankenstein 1290-92. In einer eigenen Urkunden (VI, 52) schenkt er für sich, seine Frau und seine Kinder dem Kl. Kamenz 2 Schuhbänke in Frankenstein, die zur Vogtei gehören, wofür ihm das Kl. den Jahreszins v 1 Vierung für einen vor der Stadt gelegenen Garten erläßt, was er besiegelt. Z: BkI.J: V, 488. Nekr.Kamenz, S. 328: 10. Aug. („It. ob. Hermannus advocatus de Frankensteyn").
Frankental. Hugolt vFrankental (CC317). 1294. Ritter. Er bürgt mit HV.LB für die Einhaltung dieses Vertrages: HV.LB: VI, 144.
Franz (CB52). 1286-88. Ratiborer Palatin 1286-88. Z: MI.T und PR: V 266, 368.
— S.u. Nupeth, Ulrich 3, Wildschütz, Würben.
Friedemann. S.u. Profen.
Friedrich. 1. 1252-57. Bischöfl. Notar in Neisse 1252-54, Kaplan 1264-67. Z: BTI.: III, 52, 112, 473, 475, 494, 513, IV, 18.
2. (BDH67). 1202-12. Dominus. Z: HI.S: I, 77, 83, †333; BL: I, 129, 134; BI.S: I, †331.
3. Friedrich Kyslink (CB53). Ehemann der Irmtraud, Schwiegersohn des Wilhelm einst Vogt vWeidenau. 1296. Ritter. In einer eigenen Urkunde (VI, 285) schenkt er für sein, seiner Ehefrau und seines Schwiegervaters Seelenheil das Erbgut Lentsch (Kr. Neisse), das seine Frau mit in die Ehe brachte, dem Marienspital zu Neisse, was er besiegelt.

F/G

Irmtraud. Tochter des Wilhelm einst Vogt vWeidenau, Ehefrau des Friedrich. Wird zusammen mit ihrem Vater und Mann gen.: Friedrich 3: VI, 285.
4. Friedrich M(B)odek (CC182). 1249. Vir nobilis (in †). Er verkauft sein Dorf Tarxdorf (Kr. Wohlau) dem Kl. Leubus: BI.S: I, †384. Z: BII.L: II, 371, 374.
5. 1298. Hzl. Diener. Er erhält vPR 2 Freihufen in Ottitz (Kr. Ratibor): PR: VI, 334. (Adliger ?)
6. 1178. K vSagan. Z: BI.S: I, †328.
— S.u. Bischofsheim, Bohrau, Buntense, Chammer, Dolzk, Ebersbach, Gorgowicz, Hake, Järischau, Landescron, Lobel, Loben, Lom, Maltitz, Nostitz, Schaffgotsch, Sulz, Waldow.

Fröbeln. Nikolaus vFröbeln (Stadtteil vLöwen sö. Brieg) (CB134). Sohn des Boguslaus. 1257. Oppelner Ritter. In einer eigenen Urkunde (III, 258) verkauft er den Johannitern zu Lossen (sö. Brieg) und dem Löwener Münzmeister eine Mühle, eine Wiese und das Fischereirecht, wobei er 2 Mark Silber jährlich für seine Bereitschaft erhält, die Mühle instandzuhalten und bei Feuer sowie Überschwemmung wiederherzustellen.

Füllstein. Eckrich vFüllstein (Fülme bei Minden/Westfalen) (CB49, CC172). Sohn des Herbord, Bruder des Johannes, Herbord, Theoderich, Henning, Konrad, Walter und Heinrich, Vater des Johannes. 1268-96. Graf, Ritter. Es wird erwähnt, daß er früher den dem Herzog zustehenden dritten Gerichtspfennig in der Vogtei Neisse eingesammelt hat: WB: IV, 59. Der BvO verleiht ihm das bischöfl. Dorf Deutsch Paulowitz (ö. Neustadt O.S.) und die bischöfl. Hälfte der Burg Füllstein gegen Dienst als Lehensmann und die Verpflichtung, die Burg im Kriegsfalle dem BvO zu öffnen; für das Versprechen des BvO, ihm und seinem Bruder Johannes die Burg nicht zu entfremden, zahlt er dem BvO 250 Mark Silber Troppauer Gewichts und tritt einige auf 50 Mark Silber geschätzte Lehensansprüche seines Vaters und seiner Brüder auf Hotzenplotz ab: BvO: IV, 266. Seine Belehnung mit der Burg Füllstein wird bestätigt: König vBöhmen: IV, 268. Siegelt diese Urkunde und wird in ihr als Ritter HI.G bezeichnet (sic !): Bauer Nikolaus: VI, 260. Z: NI.T: IV, 424, 425; HIV.B: V, 61; Herren Stange: V, 376; Konrad Vogt in Oberglogau: VI, 235; Bauer Nikolaus: VI, 260; Friedrich 3: VI, 285.
Johannes vFüllstein (BDH68). Sohn des Eckrich. 1289-1300. Dominus. Z: Bogusca (s. Goslawitz): V, 429; BTII.: V, 470, 472; BJIII.: VI, 122, 262, 416, 427, 445; Friedrich 3: VI, 285; -: VI, 431; G: VI, †470.
Andere Verwandten und Stammtafel s.S. 592f.
Funcho. S.u. Heinrich 30.

Gallici. Eberhard Gallicus (CC163). Bruder des Simon, Vater des Walter, Heinrich, Eberhard. 1250-77. Dominus, Graf, Baron, Ritter, Serviens, Fidelis, angeblicher Hofrichter 1272, hzl. Prokurator 1272 und 1276. Er und sein Bruder Simon kaufen v Johannes vWürben die zu deutschem Recht ausgesetzten Dörfer Kattern und Pleischwitz (sö. Breslau) für 200 Mark Silber: HIII.B: III, 327. Er wird zu einem hzl. Schiedsspruch hinzugezogen: HIV.B: IV, 154. Der hzl.Prokurator erhält vom Abt des Vinzenzstiftes das Gut Zatochove (?) gegen einen jährlichen Zins v 1,5 Vierdung pro Hufe bzw. 10 Freijahre für erst auszurodende Äcker: HIV.B: IV, 167. Wird als Onkel der Bozcacina gen.: HIV.B: IV, 309. Z: HIII.B: II, 404, III, 279, 312, 313, 318, 373, 374, 379, 380, 391, 412, 415, 436, 452, 468, 485, 490, 521, 525, 537, 539, 541, 553, †565, †584;

G

WB: III, †588 (Ebirhardo de Marszowicz), IV, 17; HIV.B: IV, 153, 165, 173, 174, 209, 212, 214, 215, 219, 229, 234, 245, 253, 256, 259, 274, 278, 282, 284, 289, 294, 297, 300, 307, 309, †448, †450, †452; Konrad Swab: IV, 192; Nikolaus Bürger vBeuthen: IV, 206.

Walter (BDH72). Sohn des Eberhard. 1288-1300. Dominus, bischöfl. Kanzler 1298-1300, Priester. In dem Rechtsstreit zwischen dem Vinzenzstift und der Witwe des Heinrich vWisenburg einigt man sich auf ihn als einen der 3 Schiedsrichter, was er besiegelt: G: VI, 431. Er entscheidet als einer der 3 Schiedsrichter den Rechtsstreit, was er besiegelt: G: VI, 441. Z: HIV.B: V, 367; BTII.: V, 399, 470, 472, VI, 19; Bogusca (s. Goslawitz): V, 429; KII.Sa: V, 471; Heinrich und Franz vSteine: V, 493; BJIII.: VI, 196, 200, 202, 225, 262, 368, 395, 413, 416, 427, 445; G: VI, †470. Nekr.Lubense, S. 41: 13. März (dieser ?).

Heinrich vMarschwitz (CC860). Sohn des Eberhard. 1290. Ritter. Z: Heinrich und Franz vSteine: V, 493; G: VI, †470.

Eberhard (CC168). Sohn des Eberhard. 1295. Er verkauft für 65 Mark die Mühle und den Fischteich bei Ohlau: HV.LB: VI, 191.

Simon Gallicus (CC800). Bruder des Eberhard, Ehemann der Eva, Vater des Johannes, Johannes, Martin, Eberhard, Simon. 1251-96. Graf, Baron, Ritter, Nobilis, Dominus, Fidelis, Serviens, K vSteinau 1278-80, Vormund (tutor) HIV.B 1272 (SR 1396), Palatin 1276-78, Kämmerer 1276, K vWieluń (Großpolen) 1280-83, K vNimptsch 1288-92. Er und sein Bruder kaufen die Dörfer Kattern und Pleischwitz: HIII.B: III, 327. Er wird bei einem hzl.Schiedsspruch hinzugezogen: HIV.B: IV, 154. Ihm wird vom Abt des Vinzenzstiftes der gesamte Klosteranteil an dem Gute Jascowici (wahrscheinlich Simsdorf n. Breslau) gegen einen jährlichen Zins v 0,5 Mark pro urbar gemachter Hufe verliehen, was er besiegelt: HIV.B: IV, 191. Ihm und dem Albert vSchmollen werden etwa 1000 Hufen im Kulmer Land zur Aussetzung zu deutschem Recht verliehen: Bischof vLeslau: IV, 283. Auf ihn als einen der 8 Schiedsrichter einigt man sich in dem großen Zehntstreit zwischen HIV.B und BTII.: HIV.B und BTII.: IV, 286. Er und die anderen 7 Schiedsrichter entscheiden den Zehntstreit zugunsten BTII.: IV, 287. Als einer der acht Schiedsrichter regelt er die strittigen Angelegenheiten des Zehntstreites für die kommenden 6 Jahre: IV, 288. Er und sein Bruder bezeugen, daß der Serviens des Simon namens Martin 1,5 Hufen in Zottwitz (bei Ohlau) gekauft hat: HIV.B: IV, 297. Wird als Onkel der Bozcacina gen.: HIV.B: IV, 309. Hat ein Rechtsgeschäft zwischen dem Matthiasstift zu Breslau und HIV.B vermittelt: HIV.B: IV, 341. Wird als Vorbesitzer vPolnisch Peterwitz (sw. Breslau) gen.: IV, 357. Er tauscht mit HIV.B sein Dorf Groß Peterwitz (sw. Trachenberg) und 350 Mark Breslauer Gewichts gegen das Dorf Wahren (sö. Ohlau): HIV.B: IV, 370. Er besiegelt: HIV.B: IV, †450. Es wird erwähnt, daß der hzl. Gesandte in Oppeln ankam, das Fernbleiben seines Herren beim Bischof entschuldigte und die Führung der Verhandlung in die Hände anderer legte: BTII.: V, 333. Er verkauft mit Zustimmung seiner Frau und aller seiner Söhne für 450 Mark sein 10 Hufen umfassendes Gut Kattern (bei Breslau) einschließlich der Gutsherrlichkeit: HV.LB: VI, 188. In einer eigenen Urkunde (VI, 266) verkauft er mit Zustimmung seiner Frau und seiner Söhne für 20 Mark die Fischerei in der Schalune an das Matthiasstift zu Breslau und verpflichtet sich, die Zustimmung seines zur Zeit abwesenden Sohnes Simon zu erlangen, was er besiegelt. Z: HIII.S: III, 1, 18, 147, 251, 267, 279, 281,

G

312, 313, 318, 351, 373, 374, 379, 380, 412, 415, 436, 452, 468, 485, 490, 521, 525, 537, 539, 541, 553, †565, †584, †587; BTI.: III, 264; Kl.G: III, †585; WB: III, †588, IV, 17, 95, 96; HIV.B: IV, 120, 153, 165, 167, 173, 174, 209, 212, 214, 215, 219, 229, 234, 245, 253, 256, 257, 258, 259, 267, 269, 274, 278, 282, 284, 289, 294, 299, 300, 302, 307, 309, 311, 320, 332, 337, 341, 342, 353, 357, 359, 363, 364, 366, 368, 387, 391, 396, †447, †448, †450, †452, V, 5, 20, 44, 73, 74, 75, 85, 129, 156, 196, 260, 320, 369, 370, 371, 401, 411, 412, 434, 443, 451, 452, †495, †501; Konrad Swab: IV, 192. Nikolaus Bürger vBeuthen: IV, 206; Pasco (s. Peter 42): IV, 350; Heinrich vWisenburg: IV, 355; HV.LB: V, 462, 467, 473, 489, VI, 8, 11, 34, 44, 54, 59, 63, 73, 96, 97, 121, 232.

Eva. Ehefrau des Simon. 1295-96. Sie stimmt dem Verkauf des Gutes Kattern zu: HV.LB: VI, 188. Sie stimmt dem Verkauf der Fischerei in der Schalune zu: Simon Gallicus: VI, 266.

Johannes (BDH 70). Sohn des Simon. 1289-1300. Priester, bischöfl. Offizial 1299-1300. Er stimmt dem Verkauf der Fischerei in der Schalune zu und verspricht, die Zustimmung seines abwesenden Bruders Simon zu erlangen: Simon Gallicus: VI, 266. In eigenen Urkunden entscheidet er einen Zehntstreit (VI, 379) urkundet eine Zehntverpflichtung (VI, 392) und entscheidet einen Besitzstreit (VI, 394). Er bezeugt eine Abschrift: Notar Adam vRatibor: VI, 400. In einer eigenen Urkunde (VI, 443) beurkundet der cancellarius (verschrieben für canonicus ?) und Offzial einen Vergleich. Er stiftet der Breslauer Domkirche einen Altar und zu dessen Erhaltung die Mühle, den Zins davon und die Malter v 2 Hufen in Simsdorf (n. Breslau): HV.LB: VI, †468. In einer eigenen Urkunde (VI, †470) weist der Erbherr vSimsdorf (n. Breslau) zur Unterhaltung des v ihm gestifteten Altars in der Breslauer Domkirche 12 Malter Mehl v seiner Mühle an der Weide, 2 Malter Dreikorn und den Zins v 2 Hufen an. Z: Bogusca (s. Goslawitz): V, 429; BTII.: V, 446, 470, 472; BJIII.: VI, 262, 264, 395, 416, 427, 445; -: VI, 431.

Johannes. Sohn des Eberhard. 1296. Er stimmt dem Verkauf der Fischerei in der Schalune zu: Simon Gallicus: VI, 266.

Martin. Sohn des Eberhard. 1296. Er stimmt dem Verkauf der Fischerei in der Schalune zu: Simon Gallicus: VI, 266.

Eberhard. Sohn des Eberhard. 1296. Er stimmt dem Verkauf der Fischerei in der Schalune zu: Simon Gallicus: VI, 266.

Simon. Sohn des Eberhard. 1296. Er ist während des Verkaufs der Fischerei in der Schalune abwesend, jedoch versprechen sein Vater und sein Bruder Johannes, seine Zustimmung zum Verkauf zu erlangen: Simon Gallicus: VI, 266.

Bozcacina. Nichte des Eberhard und Simon Gallicus, Mutter des Eberhard, Simon, Thomas. 1277. Sie verkauft mit ihren Söhnen für 15 Mark Silber dem Matthiasstift zu Breslau eine Wiese v 12 Morgen bei Tschechnitz (an der Schalune, sö. Breslau): HIV.B: IV, 309.

Eberhard vRorau (CC167). Sohn der Bozcacina. 1277-94. Ritter. Er stimmt dem Verkauf der Wiese bei Tschechnitz zu: HIV.B: IV, 309. Die 3 Brüder verzichten in einem Streit mit den Brüdern des Ordens vom Stern zu St. Matthias auf alle Ansprüche auf eine 12 Morgen umfassende Wiese bei Tschechnitz: HV.LB: VI, 148. Z: G: VI, †470.

Simon vRorau (CC807). Sohn der Bozcacina. 1277-94. Wird stets zusammen mit sei-

Gallici

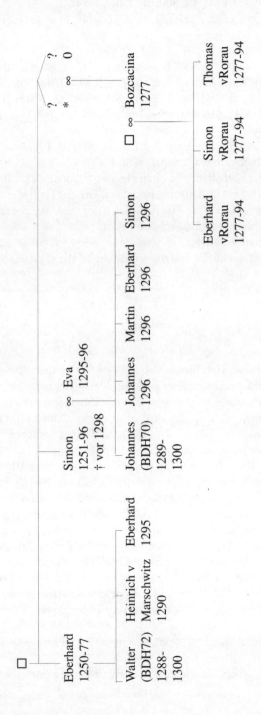

G

433

G

nem Bruder Eberhard gen.: HIV.B: IV, 309; HV.LB: VI, 148. Z: G: VI, †470.

Thomas vRorau (CC835). Sohn der Bozcacina. 1277-94. Wird stets zusammen mit seinem Bruder Eberhard gen.: HIV.B: IV, 309; HV.LB: VI, 148.

Dominicus Gallicus (CC138). 1286. Z: HIV.B: V, 269 (Gehört er zu dieser Familie ?). Stammtafel s. S. 433.

Gallus. 1. (BDH73). 1210-12. Kustos. Z: BL: I, 122, 129.

2. (CC194). Bruder des Preduogius. 1231-53. Baron, Käm. 1231, Schatzmeister 1234. Z: HI.S: I, †359, †361, †364, †372 , †373, II, 5, 85, 112; WB und HIII.B: III, 60, 61.

Preduogius (CC674). Bruder des Gallus. 1223-36. Schenk 1223, USchenk 1234. Z: HI.S: I, 227, †359, †361, II, 5, 112; Herzog vSandomir: II, 79. Lib.mor.Vincentii, S. 38: 17. April (dieser ?).

3. Gallau/Haulus (CC194). 1249-53. Dominus. Z: BII.L: II, 383, III, 104.

4. (CC194).(1201-03). Z: Hemerammus vPoseritz: I, 86.

Garisca. Albert de Garisca (?). 1296. Ritter. In einer eigenen Urkunde (VI, 280) verzichtet er auf den Wald bei Weißdorf (Kr. Falkenberg), einem Gut des Heiliggeistspitals zu Breslau, welchen er als zu seinem Gute Frohnau (Kr. Brieg) gehörig gegenüber dem Schulzen vWeißdorf beansprucht hatte, zugunsten des Stiftes.

Gasso (CB57). 1223. Gibt seinen Zehnt der Salvatorkirche zu Rybnik: BL: I, 226.

Gebhard (CC195). 1208. K vGlogau. Z: Herzog vKalisch: I, 116, 117; HI.S: I, †335, †337, †338, †339, †340.

— S.u. Goslawitz, Grabe, Wisenburg.

Gedko. 1234. Z: HI.S: II, 85.

Gelferat. S.u. Haugwitz.

Georg. S.u. Pogarell.

Gerascius. S.u. Donin.

Gerco/Geremus (CB54). 1294-98. Hzl. Prokurator 1294-96, Hofrichter 1295-96, Oberprokurator 1297-98. Es wird erwähnt, daß er eine Viehweide umgrenzt hat: BI.O: VI, 157. Ihm wird das Allod Thomnitz (s. Oberglogau) im Umfang v 6 pflugbaren und 3 bewaldeten Hufen verliehen mit dem Recht der Errichtung einer Mühle: BI.O: VI, 174. Ihm wird Thomnitz und das Allod Wronow im Oppelner Gebiet verliehen: BI.O: VI, 175. Der Zehnt v seinem Vorwerk (allodium), der früher der Adalbertkirche in Oppeln zustand, wird für eine neue Pfründe an der Kreuzkirche in Oppeln durch BI.O gestiftet: BJIII.: VI, 225. Er zahlt mit Rücksicht auf seine Bruderschaft mit dem Kl. Heinrichau 2 Mark Silber als Ablöse für die Ansprüche eines Dritten auf das Heinrichauer Stiftsgut Glambowitz (w. Heinrichau): Bauer Nikolaus: VI, 260. Ihm wird das Dorf Dembio (sö. Oppeln) im Umfang v 30 Hufen, das Himmelwitzer Wasser, Wald und anderes gegen Roßdienst verliehen: BI.O: VI, 328. Ihm wird zu freiem erblichen Besitz das Recht verliehen, am Ufer der Oder unterwärts der Stadt Oppeln ein Gehöft mit Garten im Umfang eines Morgens zu erbauen: BI.O: VI, 329. Er vermittelt in einem Rechtsstreit: Konrad Vogt vOberglogau: VI, 337. Er besiegelt: Konrad Vogt vOberglogau: VI, 235; Bauer Nikolaus: VI, 260. Z: BI.O: VI, 157; Konrad Vogt vOberglogau: VI, 235; Bauer Nikolaus: VI, 260.

Gerhard. 1299. Bischöfl. Notar, Kaplan, wohl Pfarrer vGroß Pluschnitz (sö. Groß Strehlitz). Z: BJIII.: VI, 407, 410.

2. (BDH74). 1200-28. Er entscheidet als einer der vom Bischof delegierten Richter einen

Rechtsstreit: G: I, 295. Z: BJa: I, 69; G: I, 100, 281; BL: I, 263.
3. Sohn des Lambert aurige. 1252. Er wird als ehemaliger Vorbesitzer einer Besitzung in Gräbschen (heute Stadtteil vBreslau) gen.: Vinzenzstift: III, 31.
4. 1233. Z: G: II, 33.
— S.u. Druschowitz, Knobelsdorf, Lapide, Liebenau, Schildau.
Gerlach. 1275. Hzl. Kaplan. Als Datar gen.: HV.LB: IV, 271.
— S.u. Pogarell.
Gerlachsheim. Grabisius vGerlachsheim (bei Lauban) (CC216). Bruder des Bernhard und Siegfried. 1251-61. Graf, Dominus. Er verkauft mit Einverständnis seiner Brüder 8,5 fränkische Hufen in Winzenberg (sö. Grottkau) für 130 Mark: HIII.B: III, 347. Z: BII.: III, 21; Witigo vGreiffenstein: III, 130.
Bernhard vGerlachsheim (CC55). Bruder des Grabisius und Siegfried. 1254-89. Dominus. Gibt sein Einverständnis zum Vekauf vHufen in Winzenberg: HIII.B: III, 347. Z: Witigo vGreiffenstein: III, 130; BkI.J: V, 437.
Siegfried vGerlachsheim (CC735). Bruder des Grabisius und Bernhard. 1254-61. Dominus. Gibt sein Einverständnis zum Verkauf vHufen in Winzenberg: HIII.B: III, 347. Z: Witigo vGreiffenstein: III, 130.
Gernod. 1283. Schreiber. Z: HV LB: V, 65.
Geroslaus. 1. 1251. UTruch. Z: MII.O: III, †561.
2. 1232. Z: HI.S: II, 23.
Gertrud. 1299. Der Zehnt ihrer Hufe in Groß Wierau (ö. Schweidnitz) wird dem Kl. Grüssau geschenkt: BkI.J: VI, 418. (Adlige ?)
— S.u. Adelungesbach, Knobelsdorf, Münsterberg, Schaffgotsch.
Gescho (CB98). 1289. Domicellus. Z: KaII.CB: V, 410.
Gevolko. S.u. Nostitz.
Gibert (BDH 75). Onkel des Gibert. † vor 1255. Mag. Die Pfründe des Verstorbenen soll an seinen Neffen übergehen und dieser den Domherrnplatz einnehmen: B: III, 154.
Gibert (BDH76). Sohn des Bürgers vParma Petrus Bertrami, Neffe des Gibert. 1255-57. Er ist, wenn er Kleriker geworden ist, kraft päpstlicher Autorität in die Pfründe seines Onkels oder eine andere der Breslauer Domkirche einzuweisen und als Domherr aufzunehmen: P: III, 154. In dem Streit zwischen ihm und dem BDH Ratibor 1 um die ehemalige Pfründe des Mag. Goswin wird ein Urteil zu seinen Gunsten gefällt: G: III, 244. Der Pfründenstreit wird erwähnt: G: III, 245. In einer an ihn gerichteten Urkunde bestätigt der P das im Pfründenstreit gefällte Urteil: P: III, 248.
Gallibertus (CC205). (1201-03). Z: Hemerammus vPoseritz: I, 86.
Giselher. 1. (KSH 40). 1288-99. Krakauer Domherr, Hofnotar 1288-90. Als Datar gen.: HIV.B: V, 369, 434, 451. Durch ihn ausgeführte Urkunde: HIV.B: V, 411. Z: HIV.B: V, 367, 443, 444; G: VI, 379; KII.Sa: VI, 390.
2. Giselher Colneri (Cölln sö. Meißen) (CC232). 1290-99. Ritter, Fidelis, Breslauer Hofrichter 1291-99. Er kauft für 32 Mark Silber die Gay gen. Gehölze vor Breslau zwischen Pilsnitz, Kosel und dem Vorwerk (allodium) des Bawarus zur Aussetzung zu deutschem Recht: HV.LB: VI, 63. Er wird als hzl. Kommissar in einem Grenzstreit gen.: HV.LB: VI, 220. Er kauft für 512 Mark Breslauer Münze das Dorf Jackschönau mit dem Kirchenpatronat und der Scholtisei: BkI.J: VI, 388. Er bestätigt den Augustinern auf dem Sande den rechtlichen Besitz der area seu curia libera ex antiquo sita con-

G

tra claustrum S. Marie in Arena: Vogt und Schöffen vBreslau: VI, 409. Z: HIV.B: V, 452; HV.LB: VI, 4, 5, 15, 54, 56, 68, 73, 96, 97, 114, 127, 140, 158, 171, 188, 191, 210, 216, 224, 242; BkI.J: VI, 355.

Glincz. Otto de Glincz (?) (CC571). 1283. Z: HIV.B: V, 44.

Glinsk. Dirsivvius/Dirsicraus de Glinsk (Leimnitz bei Schwiebus). 1236. Unter den Anwesenden: Bronisius 3: II, 118. Z: Bronisius 3: II, 119.

Glysso (CC428). † vor 1298. Es wird erwähnt, daß die Hinterlassenen des Glysso um den Zehnt vSchönbekirch (Kr. Neumarkt) streiten: BJIII.: VI, 332. Im Zehntstreit zwischen dem Pfarrer vKostenblut und der Witwe des Glysso sowie ihrem Sohne wird dem Pfarrer der Garbenzehnt vGerwichoue (vielleicht Teil vViehau s. Neumarkt) und Schönbekirch zugesprochen: G: VI, 338

Glubos. Siegfried vGlubos (?). Vater des Peter. 1287. Er und sein Sohn Peter kaufen v HV.LB das v allen Lasten befreite Dorf Zobel (sö. Liegnitz) für 160 Mark zu Lehnsrecht und gegen Roßdienst: HV.LB: V, 352.

Peter vGlubos. Sohn des Siegfried. 1287. Er und sein Vater kaufen das Dorf Zobel: HV.LB: V, 352.

Glussin. Heinmann/Heino de Glussin (CC240). 1287. Dominus. Z: HV.LB: V, 352, 364.

Gneomir. 1. (CB55). 1274. Graf. Er verkauft für 22 Mark einen Teil seines Erbgutes Deutsch Zernitz (s. Gleiwitz), das er v alters her besaß: WI.O: IV, 246.

2. (CC207). 1260. Serviens. Z: HIII.B: III, 327.

— S.u. Chomotouo, Poseritz, Zucklau.

Gneuco S.u .Rätsch.

Gobelo gen. de (Name ausgelassen). Vater des Tilmann. 1295. Z: Vinzenzstift: VI, 228.

Tilmann. Sohn des Gobelo. 1295. Z: Vinzenzstift: VI, 228.

Gobertus. 1234. Z: BTI.: II, 61.

Godek (CA10). 1202. Servicialis. Es wird bestätigt, daß der Servicialis BI.S das Dorf Guckelhausen (Kr. Neumarkt), das er für die ihm geleisteten Dienste v ihm erhalten hatte, mit Einverständnis BI.S dem Kl. Leubus geschenkt hat: HI.S: I, 77, †333. Nekr.Lubense, S. 41: 13. März („Ob. Godeck qui dedit Godcow.").

Godinus. 1. (CB56). 1239. Graf. Z: MII.O: II, 166. Lib.mor.Vincentii, S. 77: 11. Okt. (vielleicht dieser).

2. 1251. Wird als Vorbesitzer zweier Zinshufen in Bunzlau gen.: BII.L: III, 27.

Godislaus (CC211). Sohn des Wilhelm, Bruder des Albrecht. 1249-56. Ritter, bischöfl. Richter in Militsch vor 1249, bischöfl. Prokurator 1249. Er wird bei der Feststellung der Kastellansrechte als Zeuge gehört: -: II, 375. Ihm wird das Dorf Proschau (nö. Namslau) zur Aussetzung zu deutschem Recht verliehen: BTI.: III, 2. Er und die Söhne seines † Bruders Albrecht tauschen mit dem Bischof vBreslau ein ihnen vHI.S. verliehenes Grundstück im Reichenthaler Halt, dessen Grenzen genau beschrieben werden, gegen ein nicht näher bezeichnetes Dorf der Kirche vGuhrau: HIII.B: III, 204. Z: BTI.: III, 178; HIII.B: III, 204.

Albrecht. Sohn des Wilhelm, hat mindestens 2 Söhne. 1256. Wird als † erwähnt: HIII.B: III, 204.

Gotwin gen. vGuhrau (CC215). Vielleicht Sohn des Albrecht. 1288. Ritter. HI.G verleiht seinem Getreuen im Tausch für das Dorf Guhrau das Dorf Tschilesen (Kr. Guhrau): HI.G: V, †507.

G

Stephan vGuhrau (CC776). Vielleicht Sohn des Albrecht, Vater des Nikolaus oder Jakob. 1288-89. Ritter. Er und Nikolaus statten in einer eigenen Urkunde (V, †508) ihre Kirche in Alt Guhrau mit 4 Hufen aus. Z: HI.G: V, †507.

Nikolaus vGuhrau. Vater des Nikolaus oder Jakob. 1289. Er und Stephan statten in einer gemeinsamen Urkunde (V, †508) ihre Kirche in Alt Guhrau mit 4 Hufen aus.

Jakob vGuhrau. Sohn des Stephan oder Nikolaus. 1289. Z: Nikolaus und Stephan vGuhrau: V, †508.

Nikolaus vGuhrau. Sohn des Stephan oder Nikolaus. 1289. Z: Nikolaus und Stephan vGuhrau: V, †508.

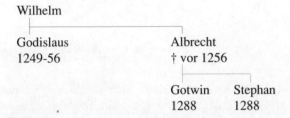

Godov. Peter vGodov (Göda w.Bautzen/Oberlausitz) (CC620). 1260. Graf. Z: HIII.B: III, 327.

Tizco vGodov (CC841). 1294. Ritter. Er bürgt mit HV.LB für die Einhaltung dieses Vertrages: HV.LB: VI, 144.

Golesha. S.u. Wildschütz.

Golost. Bruder des Vogen.1210. Er und sein Bruder werden als ehemalige Besitzer eines Dorfes beim Gorkauer Berg gen.: BL: I, 122.

Vogen. Bruder des Golost. 1210. Wird zusammen mit seinem Bruder gen.: BL: I, 122.

Gomizlaus. 1244. Z: MII.O: II, 277.

Goreslaus. 1259. Er hat Äcker v seinem Erbgut bei Machnitz (südl. Trebnitz) an den Grafen Paul 9 verkauft: Paul 9: III, 295.

Gorgowicz. Friedrich vGorgowicz (?) (CC186). Sohn des Damian. 1245-56. Balistarius 1245, Truch.1247-48. Er wird als Grenznachbar und Dorfbesitzer gen.: HIII.B: III, 204. Z: BII.L: II, 296; BII.L und HIII.B: II, 331, 353; HIII.B: III, †584.

Heinrich vGorgowicz (CC253). 1257-90. Graf, Ritter, Feodalis. Ihm wird Wüstendorf (ö. Breslau) verliehen: HIII.B: III, 254. Z: HIII.B: III, 267, 327, 490, †584; HIV.B: V, 271, 483.

Goriz. Wociech vGoriz (?) (CB235). 1278. Ritter. Z: WI.O: IV, 335.

Gorsebkowitz. Andreas vGorsebkowitz (Schriegwitz, Kr. Neumarkt) (CC30). Bruder des Peter. 1289-94. Fidelis. Z: HV LB: V, 419, VI, 167, 168, †466.

Peter vGorsebkowitz (CC653). Bruder des Andreas. 1289-94. Ritter, Fidelis, Dominus. Er bürgt mit HV.LB für die Einhaltung dieses Vertrages: HV.LB: VI, 144. Z: HV.LB: V, 419, VI, 68, 159, 167, 168, †466.

Goslaus. 1. 1299-1300. Mag., bischöfl. Kaplan und Notar. Z: BTII: IV, †468; BJIII.: VI, 410, 436, 438.

2. (CB58). 1280. K vBeuthen. Z: WI.O: IV, 388.

3. (CB57). 1222-28. UKäm. Z: KaI.O: I, 222, 291.

G

4. 1274. Ritter. Jäger. Z: WI.O: IV, 239.
5. Goslaus Clesire (andere Lesart: Clisiza) (CB57). 1247. Z: WI.O: II, 328.
6. Goslaus Wrona (CC211). 1264. Er hat ein Grundstück (sors) bei Prieborn (sö. Strehlen) verkauft: BTI.: III, 482.
7. (CC589). Vater des Pachoslaus und Hubertus, Schwiegervater der Adleyta. 1252. Er und seine Söhne hatten ein Landstück bei Buchwitz (sw.Breslau) für 12,5 Mark gekauft; die Hälfte des Landes schenkten er und **Hubertus** dem Sandstift, die andere Hälfte verkaufte **Adleyta** nach dem Tode ihres Mannes **Pachoslaus** für 6,25 Mark ebenfalls dem Sandstift: HIII.B: III, 45.
8. (CC211). 1260. Graf. Z: KI.G: III, 324.
9. 1228-30. Z: KaI.O. I, 298; VO: I, 319.
10. Bozlaus (CC94). 1288. Z: HV.LB: V, 396.
— S.u. Jedlownik, Nikolaus 54.

Goslawitz. - Vom ältesten bekannten Vorfahren abgeleitete, zusammenfassende Familienbezeichnung (nach Cetwiński, Bd. II, S.9).

Dirzek (CC152). Sohn des Goslaus, Bruder des Pribislaus, Vater des Pribico, Konrad, Peter, Dirsco. 1223. Es wird erwähnt, daß er den Ort Heidemühle (Gemeinde Kutschlau, Kr. Züllichau-Schwiebus) dem Posener Domdekan verkauft: HI.S: I, 227.

Pribico vPrerichim (Dirsdorf sö. Reichenbach) (CC677). Sohn des Dirzek. 1247-50. Graf, Ritter, K vAuras 1250. Z: BII.L: II, 329; HIII.B: II, 391, 396a, 409, 410. GB, S. 297: Er schiebt seinen Besitz in die Grenzen des Kl. vor. Holzfäller werfen die Ansiedler des Pribech mit Gewalt aus dem Klostergebiet heraus. Unter Leitung Alberts d.Ä. vTepliwoda, seinem Schwestermann, wird die Grenze zwischen Pribechs und dem Klosterbesitz neu festgelegt.

Konrad (BDH 137 und 138). Sohn des Dirzek, 1248-76. Dominus, Nobilis, Gnesener Dompropst, hzl. Notar 1248-52, Kantor 1253-76. Wird als zum Rat HIII.B gehörend gen.: HIII.B: II, 354. Vermutlich sein Siegel befindet sich an dieser Urkunde: BTI.: III, 275. Ihm wird gestattet, auch die Propstei der Gnesener Kirche anzunehmen: P: III, 469. Er wird beauftragt, der über den Herzog vKujawien verhängten Exkommunikation und dem über dessen Land verhängten Interdikt Geltung zu verschaffen: P: III, 526. Auf ihn als einen der 8 Schiedsrichter einigt man sich in dem großen Zehntstreit zwischen HIV.B: und BTII.: HIV.B und BTII.: IV, 286. Er und die anderen 7 Schiedsrichter entscheiden den Zehntstreit zugunsten BTII.: IV, 287. Als einer der 8 Schiedsrichter regelt er die strittigen Angelegenheiten des Zehntstreites für die kommenden 6 Jahre: IV, 288. Die Schenkung des Erbgutes „curia ad crucem" (abgekommen) an das Breslauer Domkapitel durch den † Konrad wird erwähnt: HIV.B: IV, 363. Z: HIII.B: II, 389, 390, 391, 396a, 409, 410, 411, †440, III, 8, 23, 24, 36, 37, 43, 50; HIII.B und BII.L: II, 413; G: III, 9, IV, 179; HIII.B und WB: III, 60, 61; BTI.: III, 307, 358, 413, 482, 498, IV, 47, 48, 55, 169; BII.L: III, 523; BTII.: IV, 139, 144, 265; BTII. und Bischof vLebus: IV, 149; Dirsislaus 2: IV, 166; KI.G: IV, 175. Lib.mor.Vincentii, S. 55: 26. Juni (dieser ?).

Peter (BDH215). Sohn des Dirzek. 1257-65. Dominus. Mag., bischöfl. Kanzler 1258-59, Pfarrer vBrieg 1265, Bischof vPassau 1265-80. Der Elekt wird zum Bischof vPassau ernannt: P: III, 529. Z: BTI.: III, 252, 275, 290, 307, 358, 445, 448, 449, 482, 525; KI.G: III, 320.

Dirsco vPrerichim (CC154, 159). Sohn des Dirzek, Ehemann der Bogusca, Vater des

G

Andreas und Philipp. 1264-76. Graf, Ritter. In einer eigenen Urkunde (III, 470) verkauft er mit Zustimmung seiner Mutter und aller seiner Brüder sein Erbgut (Polnisch-) Peterwitz (sw. Breslau) zur Aussetzung nach Neumarkter Recht, behält sich jedoch 5 Hufen vor und legt den an ihn zu zahlenden Zins fest. Besiegelt: Frau vMichelau: IV, 220. Wird als † erwähnt: Bogusca: V, 429. Z: HIII.B: III, 468; Frau vMichelau: IV, 220; Grafen vMichelau: IV, 281.

Bogusca. Ehefrau des Dirsco. 1273-89. In einer eigenen Urkunde (V, 429) legt sie, nachdem der Breslauer Bischof der Aussetzung ihres Gutes Legotha (Klein Ellguth, s. Dirsdorf) zu deutschem Recht zugestimmt hat, in ihrem Namen und dem ihrer Söhne die Zehntleistungen fest, wobei ihr das Zinsgetreide als besondere Gunst zustehen soll; da weder sie noch ihre Söhne ein Siegel haben, siegeln ihr Neffe (nepos) Peter 1 und ihr Verwandter Gunther vBiberstein. Z: Frau vMichelau: IV, 220. Lib.mor. Vincentii, S. 18: 20. Feb. oder S. 29: 23. März oder S. 39: 21. April.

Andreas. Sohn des Dirsco. 1289. Auch in seinem Namen legt seine Mutter die Zehntleistungen des Dorfes Legotha fest: Bogusca: V, 429.

Philipp. Sohn des Dirsco. 1289. Auch in seinem Namen legt seine Mutter die Zehntleistungen des Dorfes Legotha fest: Bogusca: V, 429.

Pribislaus (CC676). Sohn des Goslaus, Bruder des Dirzek, Vater des Sbilutus, Pribico, Thomas, Schwiegervater des Boguslaus d.Ä.vStrehlen, Schwager des Peter 6. 1202-42. Graf, Marschall 1202, K vSandewalde 1223, K vLebus 1236-42. Er schenkt eine Hälfte des Ortes Heidemühle dem Kl. Trebnitz, die andere Hälfte vertauscht er gegen Powitzko (Kr. Militsch): HI.S: I, 227. Z: HI.S: I, 83, †358, †367, II, 112, †429; G: I, 230; hlg. Hedwig: II, 234. GB, S. 374: Er ist verheiratet mit der Schwester des BDH Peter 6. Nekr.Lubense, S. 54: 12. Okt. oder S. 55: 16. Okt. oder S. 56: 27. Okt.

Sbilutus (CC926). Sohn des Pribislaus, Ehemann der Wenzeslawa, Vater des Gebhard, Ianusius, der Jagna, Eva, Sara, Beatrix. 1244-73. Graf, Baron, Ritter, K vSandewalde 1244, Breslauer Hofrichter 1250-56. Z: BII.L: II, 270, 272, 273; HIII.B: II, 396a, 404, †440, III, 19, 45, 51, 55, 137, 141, 189, 539; BII.L und HIII.B: II, 413; HIII.B und WB: III, 60, 61; WB: IV, 83; HIV.B: IV, 215. Lib.mor.Vincentii, S. 87: 24. Nov.

Wenzeslawa. Ehefrau des Sbilutus. Zwischen 1243-67. Hedwig, S. 613f.: Wird als Ehefrau des Sbilutus erwähnt.

Gebhard vPrausnitz (CC199). Sohn des Sbilutus, Ehemann der Bertha, Vater des Thymo und Iasco, Schwiegersohn des Paul vBriese. 1274-97. Graf, Ritter, Dominus. Er übereignet anläßlich seiner Hochzeit mit Bertha seinem Schwiegervater auf Lebenszeit die Villa Gerwici vor der Stadt (Gürkwitz), das Dorf Wrogusna (wohl Klein Krutschen) und die Mühle vor der Stadt in Richtung Trachenberg: HIV.B: V, 362. Er und sein Bruder Ianusius erhalten v ihren Schwestern Jagna, Eva und Sara deren Anteil an den Erbgütern in Prausnitz mit Ausnahme des vJagna besessenen Erbgutes Krakowahne (Kr. Trebnitz), wofür sie jeweils 15 Mark Silber an Eva zahlen sollen: HIV.B: V, 400. Er kauft für 600 Mark die Hälfte der Stadt Prausnitz und das Gehöft mit dem Baumgarten sowie die Dörfer Klein Krutschen und Dambitsch, was alles früher der Herzog im Tausch v seinem Bruder Ianusius erworben hatte, wofür er im Verteidigungsfalle mit einem gepanzerten Streitroß dem Herzog unter dessen Banner dienen soll, wenn er dazu aufgerufen wird: HI.G: VI, 272. Er verschreibt seiner Ehefrau, da sie

G

aus ihrem Erbe 200 Mark v der Kaufsumme v halb Prausnitz gezahlt hat, mit Zustimmung seiner Söhne den halben Zins in Prausnitz und verschiedene Güter auf Lebenszeit: HI.G: VI, 294. Z: HIV.B. IV, 230, 396.

Bertha. Tochter des Paul vBriese, Ehefrau des Gebhard. 1287-97. Ihre Hochzeit mit Gebhard wird erwähnt: HIV.B: V, 362. Sie zahlt anstelle der 200 Mark für die 600 Mark kostende Hälfte der Stadt Prausnitz 200 Schafe und 60 jumenta campestria, die sie v ihrem Vater geerbt hat, wofür ihr Mann ihr den halben Zins in Prausnitz und verschiedene Güter auf Lebenszeit verschreibt: HI.G: VI, 294.

Thymo vPrausnitz. Sohn des Gebhard. 1297. Er stimmt der Verschreibung des halben Zinses vPrausnitz durch seinen Vater an seine Mutter zu: HI.G: VI, 294.

Iasco vPrausnitz. Sohn des Gebhard. 1297. Er stimmt der Verschreibung des halben Zinses vPrausnitz durch seinen Vater an seine Mutter zu: HI.G: VI, 294.

Ianusius vPrausnitz (CC393). Sohn des Sbilutus. 1288-96. Er und sein Bruder Gebhard erhalten v ihren Schwestern Jagna, Eva und Sara deren Anteil an den Erbgütern in Prausnitz mit Ausnahme des v Jagna besessene Erbgutes Krakowahne, wofür sie jeweils 15 Mark Silber an Eva zahlen sollen: HIV.B: V, 400. Es wird erwähnt, daß er mit seinen Schwestern die Herrschaft in Trachenberg, nämlich Burg, Stadt und Distrikt, vom Herzog gegen die Hälfte der Stadt Prausnitz mit 2 Dörfer eingetauscht hat: HI.G: VI, 272. Z: HV.LB: VI, 159.

Jagna. Tochter des Sbilutus. 1288. Sie und ihre Schwestern Eva und Sara übergeben ihren Anteil an den Erbgütern in Prausnitz mit Ausnahme vJagnas Erbgut Krakowahne ihren beiden Brüdern, die dafür jeweils 15 Mark Silber an Eva zahlen sollen: HIV.B: V, 400.

Eva. Tochter des Sbilutus. 1288. Sie und ihre Schwestern Jagna und Sara übergeben ihren Anteil an den Erbgütern in Prausnitz ihren beiden Brüdern, die dafür jeweils 15 Mark Silber an Eva zahlen sollen: HIV.B: V, 400.

Sara. Tochter des Sbilutus. 1288. Sie und ihre Schwestern Jagna und Eva übergeben ihren Anteil an den Erbgütern in Prausnitz ihren beiden Brüdern, die dafür jeweils 15 Mark Silber an Eva zahlen sollen: HIV.B: V, 400.

Beatrix. Tochter des Sbilutus. Zwischen 1243-67. Hedwig, S. 613f.: Sie wird am Grab der hlg. Hedwig vom Leiden der Epilepsie befreit.

Pribico. Sohn des Pribislaus, Ehemann der Viszlaua, Vater des Sobeslaus und der Jaroslawa. † vor 1273. Wird als † erwähnt: Herzöge vPolen: SR 1428.

Viszlaua. Tocher des Iactor, Ehefrau des Pribico. 1273. Sie übergibt vorbehaltlich des Nießbrauches ein Cadce und ein villa parva gen.Dorf ihrer einzigen Tochter Jaroslawa bzw. deren Ehemann Gunther vBiberstein: Herzöge vPolen: SR 1428.

Sobeslaus (CC745). Sohn des Brebimil (= Pribico), Ehemann der Elisabeth, Vater des Iesco und Sobco, Schwager des Gunther vBiberstein. 1268-95. Graf. In einer eigenen Urkunde (IV, 87) verleiht er mit Zustimmung seines Schwagers (sororius) Gunther vBiberstein sein Gut Bertholdsdorf (nö. Striegau) zur Aussetzung zu deutschem Recht, was er besiegelt. Er wird als Vorbesitzer des Gutes Sasterhausen (Kr. Neumarkt) gen.: BkI.J: VI, 180. Es wird erwähnt, daß er Bertholdsdorf besaß: BkI.J: VI, 418.

Elisabeth (CC745). Ehefrau des Sobeslaus. 1298. Die Hinterlassenen des Sobeslaus streiten um den Zehnt vSchönbekirch (Kr. Neumarkt): BJIII.: VI, 332. Im Zehntstreit zwischen der Elisabeth und ihren Söhnen einerseits und dem Pfarrer vKostenblut an-

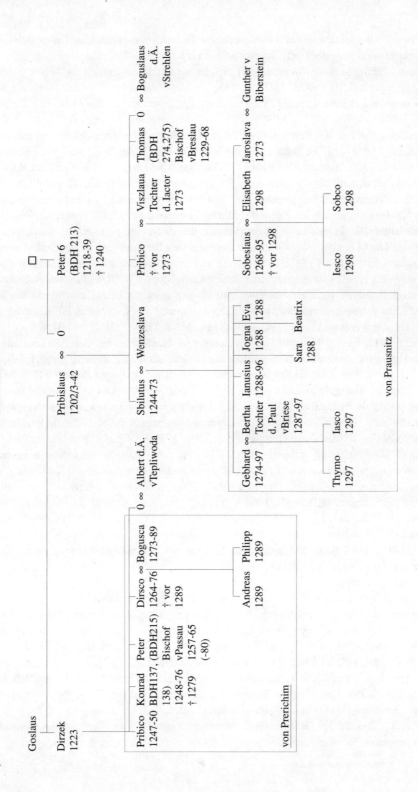

G

dererseits wird letzterem der Garbenzehnt v Gerwichove (vielleicht Teil vViehau s. Neumarkt) und Schönbekirch zugesprochen: G: VI, 338.

Iesco (CC366). Sohn des Sobeslaus. 1298. Er wird stets zusammen mit seiner Mutter Elisabeth gen.: BJIII.: VI, 332; G: VI, 338.

Sobco. Sohn des Sobeslaus. 1298. Er wird stets zusammen mit seiner Mutter Elisabeth gen.: BJIII.: VI, 332; G: VI, 338.

Jaroslawa. Tochter des Pribico, Ehefrau des Gunther vBiberstein. S. Biberstein.

Thomas (BDH274, 275). Sohn des Pribislaus. 1220-68. Mag., hzl. Kanzler 1230, Pfarrer zu Oels 1230, Bischof vBreslau 1232-68. Ihm wird gestattet, den Zehnt der Dörfer Zkzeuo (unbekannt, bei Steinau a. Oder), Dammer, Domnitz (beide Kr. Wohlau) und Karhouici (unbekannt, bei Krehlau, Kr. Wohlau), die zu seiner Präbende gehören, mit dem Kl. Trebnitz gegen den Zehnt der Dörfer Lahse und Perschnitz (beide Kr. Wohlau) zu tauschen: BL: I, 195. Es wird beurkundet, daß er das zur Ausstattung seiner Pfarre gehörige Dorf Leuchten (bei Oels) unter bestimmten Bedingungen zu deutschem Recht ausgesetzt hat: HI.S: I, 317. Er wird mit der Entscheidung eines außerschlesischen Zehntstreites (P: II, 4) und eines außerschlesischen Streites (P: II, 6) beauftragt. Es wird bestätigt, daß BTI. die Orte Kassawe und Powitzko (beide bei Militsch), die auf ihn gemäß Erbrecht gekommen waren, der Kirche schenkte: B: II, 287. Von BTII. wird der † BTI. als Vorgänger und Onkel (avunculus) gen.: -: SR 1356. Z: HI.S und BI: I, 308. GB, S. 265f.: BTI. weist 1233 dem Kl. den Zehnt vAlt-Heinrichau zu. GB, S. 373f., 381f.: Mag.Thomas stammt aus edlem schlesischem Geschlecht. Er förderte das Kl. Wurde 1232 geweiht. †30. Mai 1268. Mutterbruder (avunculus) ist Propst Peter. CPP, S. 547f. und Katalogi Biskupów Wrocławskich, S. 579: Thomas, „de nobili progenie Polonorum natus", wird als Bischof vBreslau gen. Katalogi Biskupów Wrocławskich, S. 563: † 29. Mai 1267 und S. 568f.: † 1. Juni 1267. Lib.mor.Vincentii, S. 50: 31. Mai. Nekr.Czarnowanz, S. 227: 30. Mai. Nekr.Heinrichau, S. 290: 11. Juni („Ob.pie memorie d. Thomas primus, Wrat.ep."). Nekr.Kamenz, S. 324: 30. Mai (Ob.Pie Memorie d.Thomas I.ep.Wrat.qui fuit precipuus et fidelis fundator et propugnator monasterij Kamenz.").

Peter vPrausnitz. (1250-66). Graf. Er hat die Grenze des Dorfes Berzdorf (nö. Münsterberg) begangen: HIII.B: III, 365.

Stammtafel s.S. 441.

Gostacho. S.u. Bobolitz.

Gostis (CA11). 1193. Seine Schenkung des heute unbekannten Dorfes Odrica an das Vinzenzstift wird bestätigt: B: I, 60.

Gostislaus. S.u. Naroci.

Goswin (BDH78). Ehemann der Gertrud, Vater des Johannes, Jakob, Peter, Gozco, der Katharina und Gertrud, Schwiegervater des Konrad vMünsterberg. 1235-63. Mag., Arzt HIII.B, Kantor vPosen. Er wird als ehemaliger Besitzer einer Pründe des Breslauer Domkapitels gen.: G: III, 244, 245; B: III, 248. Z: G: II, 103, III, 9; BTI.: II, 159; BII.L: II, 296, 342; HIII.B: II, 389, 390, 391, 410, †440, III, 8, 23, 24, 36, 37, 43, 127, 141, 150, 151, 204, 247, 251, 262, 281, 297, 306, 452, †587; Paul 10: III, 295; WB: III, †588. GB, S. 288: Er ist bei der Schenkung vSchreibendorf anwesend. Nekr.Heinrichau, S. 286: 30. März („Ob.magister Gozwinus.").

Gertrud. Ehefrau des Goswin. Nekr.Heinrichau, S. 283: 18. Jan. („Ob.d.Gertrudis uxor magistri Gozwini").

G

Johannes (BDH80). Sohn des Goswin. 1254-93. Mag., Dominus, Scholar 1254, Kantor 1284-93, Offizial 1291-92. Auf Bitten HIII.B wird dem Scholaren gestattet, die Pfarrei Domslau zu übernehmen, obwohl diese bis dahin sein Vater innehatte: P: III, 134. Er siegelt die Urkunde mit: G: V, 40. Er überbringt HIV.B ein Antwortschreiben vBTII.; in seiner Gegenwart wird ein bischöfl. Schreiben übergeben: BTII.: V, 123. Er gibt seine Zustimmung zu einem bischöfl. Auftrag: BTII.: V, 120. In seiner Gegenwart wird die Exkommunikationssentenz über HIV.B verlesen: BTII.: V, 135. Er wird beauftragt, eine Restitutionsforderung an HIV.B zu überbringen: BTII.: V, 176. Durch ihn als Gesandten übersendet BTII. die Forderung nach Restitution der vorherigen Zustände an HIV.B: BTII.: V, 283. Es wird erwähnt, daß er eine Antwort des Bischofs an HIV.B überbringen sollte; daß der Herzog vorgeschlagen hat, daß Johannes vorläufig die bischöfl. Burgen, Besitzungen und Zehnten verwalten soll; daß er BTII. die Antwort HIV.B auf die bischöfl. Restitutionsforderung überbracht hat: BTII.: V, 287. Er unterstützt seinen Bruder Jakob bei der Entscheidung einer Streitsache: G: V, 458. In einer eigenen Urkunde (VI, 25) beurkundet er den Vergleich in einem Zehntstreit. Der Dekan, er und der Kustos ernennen Johannes 11 Romka zum neuen Bischof vBreslau: SR 3, S. 168 (nach Długosz, Vitae ep. Vrat., S. 20). Er delegiert den Pfarrer Christian vFrankenstein zum Richter in einem Streit: G: VI, 69. Z: BTII.: IV, 169, V, 48, 116, 132, 184, 185, 209, 210, 216, 374, 399, 445, 470, 472, VI, 19; HIV.B: IV, 320, V, 367; Pasco (s. Peter 42): IV, 350; G: V, 43; Bogusca (s. Goslawitz): V, 429; KII.Sa: V, 471; BJIII.: Acta Thomae; Film Nr.350/6, VI, 89. Nekr.Lubense, S. 49: 2. Aug.("Ob. Magister Jacobus praepositus Wrat. Item Jo.Cantor ibidem, frater ipsius").

Jakob (BDH79, KSH 46). Sohn des Goswin. 1272-1300. Dominus, professor, doctor legum, Mag., Scholaster des Kreuzstiftes 1288-1300, bischöfl.Offizial 1289-91. In einer eigenen Urkunde (IV, 179) bestätigt er, daß ihm BTII. das Gut Ogen (nw. Neisse) auf Lebenszeit oder so lange, bis ihm ein besseres verliehen wird, verliehen hat, was er besiegelt. Er siegelt diese Urkunde: Iesco vMoschwitz: V 14. BTII. übersendet durch ihn, den hzl. Gesandten, die Forderung nach Restitution der vorherigen Zustände an HIV.B: BTII.: V, 283. Es wird erwähnt, daß der hzl. Gesandte bei BTII. zwecks Verhandlungen erschien, wobei er bestätigte, daß HIV.B auf alle Forderungen vBTII. eingehe und dafür die Aufhebung des Bannes erwarte: BTII.: V, 287. Es wird erwähnt, daß der hzl. Gesandte in Oppeln ankam, das Fernbleiben seines Herrn entschuldigte und die Führung der Verhandlung in die Hände Anderer legte: BTII.: V, 333. Ihm wird die Entscheidung in einem Zehntstreit angetragen: G: V, 457. In einer eigenen Urkunde (V, 458) entscheidet er mit Hilfe seines Bruders einen Streitfall. In einer eigenen Urkunde (VI, 21) verpflichtet er sich, das ihm vom Domkapitel verliehene Gut Kamnig zu deutschem Recht auszusetzen, mit dem dafür erhaltenen Gelde das Dorf Qwece (vielleicht Queitsch sw. Breslau) für die Breslauer Kirche zurückzukaufen und alle Ansprüche seiner Brüder auf das Kirchengut Ogen abzufinden, wofür ihm die Einkünfte aus diesen 3 Dörfern lebenslänglich zustehen. In einer eigenen Urkunde (VI, 314) entscheidet er einen Zehntstreit, die vBJIII. bestätigt wird: VI, 315. Es wird erwähnt, daß er einen Zehntstreit bearbeitete: G: VI, 338. Er und der Breslauer Scholaster Lorenz 5 entscheiden einen Zehntstreit, was er besiegelt: G: VI, 365. Er wird mit der Durchführung einer Untersuchung beauftragt: Erzbischof vGnesen: VI, 369. Er bestätigt in erzbischöfl. Auftrag ein Privileg: G: VI, 380. In dem Rechtsstreit zwischen dem Vinzenzstift und

G

der Witwe des Heinrich vWisenburg einigt man sich auf ihn als einen der 3 Schiedsrichter: -: VI, 431. Er entscheidet als einer der 3 Schiedsrichter diesen Rechtsstreit, was er besiegelt: 3 Schiedsrichter: VI, 441. Z: HIV.B: IV, 363, 364, 403, 409, V, 9, 26, 66, 75, 85, 320, 367, 411, 448, †499; HV.LB: IV, 403, VI, 218; BTII.: V, 7, 445, 446, 470, 472, 490, VI, 2, 19, 22, 28; Iesco vMoschwitz: V, 14; G: V, 281, VI, †470; Bogusca (s. Goslawitz): V, 429; Goswin vMünsterberg: VI, 67; BJIII.: Acta Thomae; Film Nr.350/6, VI, 89, 122, 153, 190, 196, 200, 202, 225, 262, 427, 445; BJIII. und der Bischof vLebus: VI, 248, 249, 250; KII.Sa: VI, 390. Nekr.Lubense, S. 49: 2. Aug. („Ob. Magister Jacobus praepositus Wrat. Item Jo.Cantor ibidem, frater ipsius").

Peter. Sohn des Goswin. 1286-92. Z: G: V, 281; Goswin vMünsterberg: VI, 24, 67.

Gozko. Sohn des Goswin. -. Nekr.Heinrichau, S. 288: 24. April („Ob. magister Gozco filius magistri Gozwini"). Nekr.Kamenz, S. 322: 24. April („Ob. Gozwinus filius magistri Gozwini de Monsterberg").

Katharina. Tochter des Goswin. -. Nekr.Heinrichau, S. 293: 27. Juli („Ob.Katherina filia magistri Gozwini").

Gertrud. Tochter des Goswin, Ehefrau des Konad vMünsterberg. S. Münsterberg.

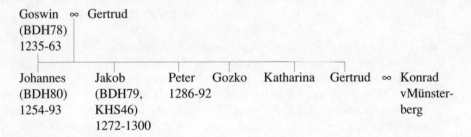

— S.u. Münsterberg.

Gotfalcus. 1234. URichter. Z: HI.S: II, 85.

Gottfried. 1. (BDH 81). 1189-1219. Z: BSII.: I, 57; BL: I, 129, 134, 143; G: I, 190. Lib. mor.Vincentii, S. 55: 24. Juni (dieser ?).

2. (BDH82). 1235-36. Es wird erwähnt, daß er vHI.S des Landes verwiesen wurde: P: II, 113. Z: P: II, 92. Lib.mor.Vincentii, S. 55: 24. Juni (dieser ?).

3. (CC213). 1259. Trib. v. ? Z: KI.G: III, 304.

4. Godfridus Bawarus (andere Lesarten: Balbar(t)us). 1233. Ritter. Z: HI.S: II, 49.

5. Gotfridus Haustralus (CC213). 1253. Z: BII.L: III, 104.

— S.u. Neunz, Sommerfeld.

Gotthard. 1. 1241-77. Dominus, Kanoniker am Oppelner Kollegiatstift, Notar 1241-77, Kanzler 1258, Protonotar 1274. Er wird als familiaris MII.O gen.: MII.O: II, 295. Als Datar gen.: WI.O: IV, †440; Z: MII.O: II, 226, 284, 295, †437; WI.O: II, 328, 340, III, 142, 213, 235, 269, 277, 317, 338, 340, IV, 239, 246, 321, †440.

2. (CC210). 1290. Richter. Er hat eine Grenze begangen: HV.LB: V, 466.

3. (CB58). 1290-93. Ritter, Bannerträger 1291. Z: PR: V, 468, VI, 30, 129, 131.

4. Gothardus Gisca (CB59). 1274. Z: WI.O: IV, 246.

5. (CC210). 1257. Ritter. Er und sein namentlich nicht gen. Bruder tauschen ihr 20 Hufen großes, namentlich nicht gen. Erbgut, das sie v ihrem Vater, Groß- und Urgroßvater

G

besitzen, wofür sie vHIII.B das ebenso große, vom Zehnt befreite Gut Koyacowizi (später Gottersdorf bei Kreuzburg) nebst einer freien Schenke erhalten: HIII.B: III, 230.
6. 1285. Ritter. Z: Adam 9: V, 215.
7. (CC209). 1202. Z: Herzog vSandomir: I, 82.
— S.u. Jassona, Schaffgotsch.
Gotwin. S.u. Godislaus.
Gozko. S.u. Aczemansdorf, Goswin, Münsterberg.
Gozyzlaus. 1233. Trib.v? Z: Rosec (s. Dirsicraiowitz): II, 36.
Grabe. Gebhard vGrabe (?) (CC198). 1281. Palatin. Z: HI.G: IV, 402.
Grabea. 1267. Graf. Z: WI.O: IV, 44.
Grabie. Jan de Grabie (?). 1287. Dominus. Der Erbherr in Nikolai und Borco de Laszka sowie Jeschicus, Pfarrer in Nikolai, ihr Vetter, schenken der Kirche des hlg. Adalbert zu Nikolai Güter; Jan schenkt eine Fleischbank, 2 Gärten, ein Gehölz und einen Wald: MI.T: V, †505.
Borco de Laszka (Lazik, südl. Nikolai). 1287. Dominus. Wie Jan de Grabie; Borco schenkt jedoch ein Feld, 1 Hufe und einen Acker: MI.T: V, †505.
Jeschicus. 1287. Dominus, Pfarrer in Nikolai. Wie Jan de Grabie; Jeschicus bittet jedoch den Herzog, den Pfarrbesitz der Nikolaikirche der Kirche des hlg. Adalbert zu übertragen: MI.T: V, †505.
Grabin. S.u. Jassona.
Grabisa (CC216). 1263. Marschall. Z: HIII.B: III, 452.
Grabisius (BDH83). 1293. Dominus. Z: BJIII.: VI, 122.
— S.u. Banow, Gerlachsheim.
Grán. 1218. Wird als Besitzer des Dorfes Preduchno (Gränowitz, Kr. Liegnitz) gen.: BL: I, 171. Seine Söhne werden als Besitzer eines ungen.Dorfes bei Liegnitz gen.: G: II, 281.
Gregor. 1. Gregorius Acordus (BDH84). 1235-56. Dominus. Z: G: II, 103; BTI.: II, 159, III, 190.
2. (BDH85). 1239-63. Mag., Propst vOppeln. Z: BTI.: II, 173, 352, III, 190, 358, 361, 413, 445, 448, 449; MII.O: II, 244; G: III, 9.
3. 1299. Ritter. Z: BJIII.: VI, 410.
4. Gregor Achilles (CC220). Bruder des Lascar. 1286-94. Ritter. Er bürgt mit HV.LB für die Einhaltung dieses Vertrages: HV.LB: VI, 144. Z: HIV.B: V, 260, 320; HV.B: VI, 159.
Lascar/Lascher (CC461). Bruder des Gregor. 1294. Er bürgt mit HV.LB für die Einhaltung dieses Vertrages: HV.LB: VI, 144.
5. Bruder des Starostca. 1278. Er und seine Kinder sowie sein Bruder werden im Besitz ihres Erbgutes Wohnwitz (nö. Neumarkt) bestätigt, allerdings sollen er und seine Kinder nach dem Tode des Starostca mit einem einfachen Pferde dienen: BII.L: IV, 336.
Starostca (CC749). Bruder des Gregor. 1278. Wird zusammen mit seinem Bruder gen.: BII.L: IV, 336.
6. (CC219). Hat einen namentlich nicht gen. Bruder. 1239. Er und sein Bruder Z: Paul vPoseritz: II, 170, †430.
7. Crecor. 1209. Z: HI.S: I, †342.

G

— S.u. Bozechna, Johannes 11, Reumen.

Greiffenstein. Witigo vGreiffenstein (Kr. Löwenberg oder Burg Greiffenstein bei Meißen) (CC894). 1254. In einer eigenen Urkunde (III, 130) schenkt er den Magdalenerinnen zu Naumburg am Queiß 4 Mark Zins v der Überschar in Seifersdorf (südl. Naumburg), was er besiegelt. In einer eigenen Urkunde (III, 135) verleiht er den Magdalenerinnen zu Naumburg am Queiß den Zins v 11 Fleischbänken, 3 Solidi v einem Garten sowie 1 Hufe in Langenöls (südl. Naumburg), wobei erwähnt wird, daß er Langenöls zu Lehensrecht dem Gunther vCygelheim gegeben hat.

Siegfried gen. vGreiffenstein. 1282-87. Hzl. Kaplan 1282, Pfarrer zu Lichtenberg 1282 und zu Protzan 1287. Er wird gebannt: BTII.: V, 354. Z: HIV.B: V, 6.

Grimislaus. 1. (CB64). 1289-95. Ritter, Vasall, Truch. 1289, K vCosel 1292-95. Z: KaII.CB: V, 410, VI, 61, 207.

2. (CB63,CC221). 1225-40. Graf, Nobilis, URichter 1225-26. Es wird erwähnt, daß er bei der Grenzbegehung des Dorfes Kostenthal (Kr. Cosel) 1221 anwesend war: KaII. O: I, 254, 259. Z: KaI.O: I, 254, 259; VO: I, 319; MII.O: II, 178.

3. (CC222). 1286. Ritter. Z: HIV.B: V, †501.

4. 1223. Gibt seinen Zehnt der Salvatorkirche zu Rybnik: BL: I, 226.

5. 1224. Richter. Z: HI.S: I, †360.

6. Sohn des Konrad. 1224. Z: HI.S: I, †359.

7. Sohn des Otto, Bruder des Stephan. 1224. Z: HI.S: I, †361.

Stephan. Sohn des Otto, Bruder des Grimislaus. 1224. Z: HI.S: I, †361.

8. (CB63, CC221). Sohn des Stephan. 1226. Z: HI.S: I, †364.

Grobizlon. S.u. Iaxa.

Grodis. Andreas de Grodis (Gröditz oder Graditz/Meißen) (CC25). 1253. Z: HIII.B: III, 97.

Grodizlaus. Sohn des Lupus. 1233. Z: Johannes (s. Domaslaus 1): II, 32.

Gron. S.u. Dobrischau.

Groschowitz. Iesco de Grosowicz (Groschwitz, Kr. Oppeln) (CB99). 1297. Z: BI.O: VI, 327.

Grossow. Johannes Grossow (BDH 86). 1288-96. Z: HIV.B: V, 367; BTII.: V, 470, 472; BJIII.: VI, 136, 190; BJIII. und der Bischof vLebus: VI, 248, 249, 250; G: VI, †470.

Groton (CB61). 1217. Graf, Baron. Er wird als zum Rat KaI.O gehörend gen.: KaI.O: I, 165.

Groza. Sohn des Johannes. (1216/27). Z: HI.S: I, 278.

Grozanow. Peter vGrozanow (Krausenau, Kr. Ohlau) (CC640). 1282-98. Siegelt (Siegelinschrift: Petri Burgravii Ohloav.): Iesco vMoschwitz: V, 14. Z: Iesco vMoschwitz: V, 14; HI.G: VI, 357.

Theoderich vGrozanow. 1294. Er und seine Brüder werden als ehemalige Vorbesitzer v 2 Freihufen in Groß Reichenau (bei Sagan) gen.: KII.Sa: VI, 164.

Grüssau. Ulyanus gen.de Griszow (CC85). 1286. Fidelis, Servitor. Ihm wird für seine treuen Dienste das Dorf Radomirowiz (abgekommen) mit allem Zubehör zu Erbrecht gegen die Verpflichtung zum Dienst mit einem Streitroß verliehen: HIV.B: V, 269.

Guhrau. S.u. Godislaus.

Gunotzino. Sebesnus vGunotzino (?) (CC727). 1288. Ritter. Z: HI.G: V, †507.

Gunther. 1. (CC224). 1243. K vGlogau. Z: BII.L: II, 252.

2. Gunther Bir. 1265. Dominus. Z: BII.L: III, †586.

— S.u. Biberstein, Blankenberg, Cygelheim, Ehrenberg, Predel, Reichenbach, Smelow, Woyniz.

Gunzlin. 1. (KSH o. Nr.). 1299. Mag., Kantor. Z: G: VI, 379.
2. Sohn des Bocho, Bruder des Hildebrand. 1286. Er und sein Bruder schenken der Marienkirche zu Sagan 1,5 Hufen in Luthröta (heute Stadtteil von Sagan): KII.Sa: V , 301.
Hildebrand (CC318). Sohn des Bocho, Bruder des Gunzlin. 1286. Wird zusammen mit seinem Bruder gen.: KII.Sa: V, 301.
— S.u. Prato, Seidlitz.

Gusik. Heinrich vGusik (Gaußig bei Bautzen/Oberlausitz) (CC245). 1249-64. Fidelis. Z: BII.L: II, 371, 374, III, 104, 481. Nekr.Lubense, S. 49: 12. Aug. („Ob.Henricus de Gutsch").
Peter vGusik (CC638). 1280-92. Dominus, Ritter, Fidelis. Er kauft ein Erbgut in Groß Tinz (ö. Liegnitz), nämlich etwa 8 Hufen Äcker, einen halben Fischteich, eine halbe Mühle und das halbe Kirchenpatronat: HV.LB: V, 425. Z: HV.LB: IV, 389, 394, 414, 421, V, 314, 364, 396, 397, 428, 440, VI, 11, 46, †464.
Wilrich vGusik (CC884). 1292-94. Ritter, Fidelis. Er bürgt für HV.LB und mit diesem für die Einhaltung dieses Vertrages: HV.LB: VI, 144. Z: HV.LB: VI, 66.

Gveso (CB65). 1292. Serviens. Z: MI.T: VI, 74.

Habendorf. S.u. Pogarell.

Hain. Albert de Hayn (?). 1278. Dominus, Ritter. Er verzichtet gegenüber dem Kl. Leubus auf alle Ansprüche auf Jägerndorf und auf 10 Hufen in Rudelstadt (beide nw. Landeshut): HV.LB: IV, 327.
Apetzko de Hayn. 1295. Ritter. Z: BkI.J: VI, 213.
S.u. Indagine.

Hake. Konrad Hake. 1261-87. Dominus, Fidelis, Datar 1261, hzl. Kaplan 1261-69, Pfarrer zu Goldberg 1268-77. Als Datar gen.: BII.L: III, 382. Zu seinen Händen werden ihm zum Zwecke eines Anniversars 3 Hufen übergeben: Bürger vGoldberg: IV, 82. Er übereignet ein ihm übergebenes Allod v 3 Hufen samt Überschar bei Goldberg der dortigen Marienkirche unter Vorbehalt lebenslänglicher Nutznießung: BII.L: IV, 91. Es wird erwähnt, daß er sich beim Heiligen Stuhl gegen die Bestätigung des Bannes gegen HIV.B gewandt hat: BTII.: V, 287. BTII. teilt durch ihn, den Gesandten HV.LB, demselben mit, unter welchen Bedingungen er bereit wäre, sich mit HIV.B zu vertragen: BTII.: V, 351. Diese Bedingungen hat er übermittelt: HV.LB: V, 355. Diese Bedingungen hat er falsch mündlich vorgetragen: BTII.: V, 356. Z: BII.L: IV, 316.
Heinrich Hake vFrankenberg (nö. Chemnitz oder Frankenberg, Kr. Frankenstein) (CC259). Schwiegersohn des Johannes de Scassow. 1273-nach 1300. Dominus, Ritter. Besieglung durch ihn wird angekündigt: Johannes vNossen: VI, 81. Ihm tritt sein Schwiegervater, nachdem diesem und Theoderich vFrankenberg sowie seinen Brüdern vHI.G das Dof Rosen (Kr. Kreuzburg) aufgelassen wurde, die Hälfte des Dorfes ab: HI.G: VI, 311. In seiner Gegenwart wird ein Gerichtstermin angesetzt, was er besiegelt: Siban vDyhrn: SR 2577. Z: HIV.B: IV, 217; Johannes vNossen: VI, 81.
Theoderich vFrankenberg (CC146). 1292(?)-97. Ritter. Es wird erwähnt, daß HI.G ihm und seinen Brüdern das Dorf Rosen aufgelassen hat: HI.G: VI, 311. Z: HI.G: V, †506.

H

Friedrich Hake (CC185). 1294. Ritter. Für die Einhaltung dieses Vertrages bürgt HV.LB mit der Burg Röchlitz, für die auch Friedrich gelobt; auch er bürgt mit HV.LB allgemein für die Einhaltung dieses Vertrages: HV.LB: VI, 144. Z: HV.LB: VI, 161.
Lutold Hake (CC480). 1294. Ritter. Er bürgt mit HV.LB für die Einhaltung dieses Vertrages: HV.LB: VI, 144.
Hakeborn. Ludwig vHakeborn (bei Halberstadt) (CC472). Schwager (sororius) BkI.J. 1293-99. Vir nobilis. Z: BkI.J: VI, 91, 123, 180, 211, 292, 343, 366, 418, †471; Bogus vPogarell: VI, 301.
Hako (CC259). 1272-77. Ritter. Z: BII.L: IV, 162; HIV.B: IV, 302.
Hancho (CC234). Sohn des Hebrardus. 1286. Z: HIV.B: V, 269.
Hannemann. 1274. Er wird als ehemaliger Vorbesitzer eines Allods (Schreibendorf oder Briegischdorf ?) gen.: HIV.B: IV, 245.
Hans. S.u. Scheitin.
Harceradus (CC237). 1288. Z: BkI:J: V, 388.
Hartmann. 1. 1260-73. Dominus, Notar 1260-63, 1276, Protonotar 1271-73. Z: KI.G: III, 320, 356, 442, 462, IV, 128, 141, 142, 194; G: IV, 291.
2. 1206. Angeblicher K vLähn. Z: HI.S: I, †335.
3. 1207-08. Angeblicher Trib. vBeuthen. Z: HI.S: I, †338, †339, †340.
— S.u. Falkenberg, Ronow.
Hartmut (BDH89). 1219-26. Archipresbyter und Dekan vGlogau. Er bestätigt als Vertreter des Breslauer Domkantos Jakob 4 den Vergleich zwischen den Benediktinern und den Prämonstratensern vSt. Vinzenz: G: I, 190. Er übermittelt die Einwilligung zu einer Zehntschenkung: BL: I, 257, Z: BL: I, 258.
Hartung. Sohn des Egidius in Striegau. 1278. Ihm werden einige käuflich erworbene Hufen in Thomaswaldau (bei Striegau) bestätigt: HV.LB: IV, †463. (Adliger ?)
— S.u. Knobelsdorf.
Hartwig (BDH90). 1263-64. Ein Streit zwischen ihm (?) und dem Pfarrer vMaria Magdalena zu Breslau um die Ausübung seelsorgerlicher Rechte wird entschieden: G: IV, 12. Z: BTI.: III, 445, 448, 449, 482.
Haugwitz. Andreas vHaugwitz (aus Meißen) (CC26). 1257. Er war Bevollmächtigter in dieser Angelegenheit: HIII.B: III, 251.
Rüdiger vHaugwitz (CC711). Ehemann der Katharina, Vater des Kilian, Otto, Schade, Rüdiger, Gelferat und vielleicht der Jutta. 1289-1305. Ritter. Er wird bei einem Kauf BkI.J als einer v dessen 3 Bürgen gen.: G: V, 423. Er verkauft sein Gut Vogelsdorf (bei Landeshut) und nimmt die darauf haftenden Dienste auf andere Güter, die er im Herzogtum besitzt: BkI.J: VI, 307. Z: König vBöhmen: V, 426; HV.LB: VI, 241, 242; BkI.J: V, 484; GB, S. 343-345: Er erhält als Ersatz dafür, daß sein Sohn Otto beim Kampf um die Stadt Ziesar (Provinz Sachsen) ein wertvolles Streitroß, andere Pferde und Rüstzeug verloren hat, vBkI.J das Lehen und den Roßdienst vRätsch für sich und seine Nachkommen zu Eigen. Er bestätigt mit dem Einverständnis seiner Söhne den Verkauf vRätsch durch die Erben vRätsch an das Kl. (→ Urkunde von 1305 Juli 13). Wird als † erwähnt in der Urkunde von 1309 September 29. Nekr.Heinrichau, S. 299: 22. Okt. („It. ob.Rudgerus antiquus de Hwgewicz") und S. 300: 18. Nov. („Ob.Rudgerus antiquus de Hugewicz").
Katharina vHaugwitz. Ehefrau des Rüdiger (welcher ?). Nekr.Heinrichau, S. 287: 9.

H

April („Ob.Katherina uxor Rudegeri de Hugewicz").

Kilian vHaugwitz (CC425). Sohn des Rüdiger. 1299(?)-1309. Ritter. Z: Hermann vReichenbach: VI, †476. GB, S. 345, 349: Er gibt mit seinen Brüdern sein Einverständnis zum Verkauf vRätsch durch die Erben vRätsch. Er erhält 6 Mark für Johannes vPeterswaldau von Iesco vRätsch. 1309 überläßt er Rätsch dem Kl. ganz (→ Urkunde von 1309 September 29). Nekr.Heinrichau, S. 283: 30. Jan. („Ob. Kilianus confrater et benefactor domus, de Huguicz") und S. 291: 22. Juni („It. secundum servicium de 4 marcis d.Kiliani de Hugwicz").

Otto vHaugwitz (CC579). Sohn des Rüdiger. 1290-1305. Ritter. GB, S. 343, 345: Er wird beim Kampf um die Stadt Ziesar gefangengenommen und verliert dabei ein wertvolles Streitroß, andere Pferde und Rüstzeug. Er gibt mit seinen Brüdern sein Einverständnis zum Verkauf vRätsch durch die Erben vRätsch. Nekr.Heinrichau, S. 293: 7. Aug. („It. Otto de Hugewiz, benefactor domus").

Elisabeth. Ehefrau des Otto. Nekr.Heinrichau, S. 299: 18. Okt. („It. d. Elizabeth uxor Ottonis de Hugewitz; servicium de marca").

Schade vHaugwitz (CC726). Sohn des Rüdiger. 1305. GB, 345: Er gibt mit seinen Brüdern sein Einverständnis zum Verkauf vRätsch durch die Erben vRätsch. Nekr. Heinrichau, S. 283: 21. Jan. („It. Albertus Shade de Huguicz").

Rüdiger vHaugwitz (CC712). Sohn des Rüdiger, vielleicht Vater der Jutta. 1305. GB, S. 345: Er gibt mit seinen Brüdern sein Einverständnis zum Verkauf vRätsch durch die Erben vRätsch. Nekr.Heinrichau, S. 290: 31. Mai („It. Rudgerus iuvenis de Hugewiz").

Gelferat vHaugwitz. Sohn des Rüdiger. 1305. GB, S. 345: Er gibt mit seinen Brüdern sein Einverständnis zum Verkauf vRätsch durch die Erben vRätsch.

Jutta vHaugwitz. Tochter des Rüdiger (welcher ?). Nekr.Heinrichau, S. 296: 9. Sep. („Ob.Jutta filia Rudgeri de Hugewiz").

Ienczo vHaugwitz (CC424). 1292(?)-1300. Ritter, Fidelis. Z: HI.G: V, †506, VI, 448.

Redlalin vHaugwitz (CC711). 1298. Z: HI.G: VI, 408.

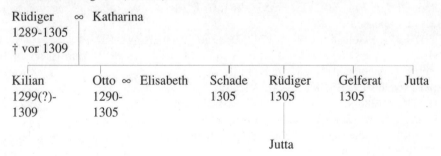

Hebrwynus. S.u. Jarischau.
Hedwig. S.u. Reichenbach, Sulz.
Heide. Stephan v der Heyde (?) (CC778). 1294. Ritter. Er bürgt mit HV.LB für die Einhaltung dieses Vertrages: HV.LB: VI, 144.
  Heinrich vHeyde (CC290). 1300. Fidelis. Z: HI.G: VI, 448.
Heidenreich. S.u. Mühlheim.
Heymandus. S.u. Zindel.
Heinmann. S.u. Adelungesbach, Baruth, Glussin, Talwiz, Winstirwalde.

H

Heinrich. 1. 1240-44. Dominus, Notar 1240-44. Wird als Datar gen.: MII.O: II, 188. Z: MII.O: II, 188, 242, 244, 277, III, †561.
2. 1284. Bischöfl. Notar. Z: BTII.: V, 81; -: V, 86.
3. 1290-93. Hofnotar 1290-93. Durch ihn ausgefertigte Urkunden: HI.G: V, 487, VI, 55. Als Datar gen.: HI.G: VI, 17, 49, 103.
4. Henricus Bernir. 1290-99. Mag., Hofnotar 1290-99. Durch ihn ausgefertigte Urkunden: BkI.J: V, 484. Als Datar gen.: BkI.J: V, 488, VI, 213, 284, 292, 305, 393.
5. 1257-63. Hofschreiber 1257-63. Als Datar gen.: KI.G: III, 226, 249, 280, 299, 324, 462.
6. 1284. Es wird erwähnt, daß der Schreiber HIV.B die Zehnten der Pfarrer im Gebiet vNeisse sperrt: BTII.: V, 117.
7. (BDH95). 1299. Kustos. Z: BJIII.: VI, 410, 416, †475.
8. (BDH93). 1290-96. Dominus, Priester, bischöfl. Prokurator 1290-96. Z: BTII.: V, 470, 472, VI, 2, 19, 28; Gemeinde vGlogau: VI, 45; BJIII.: Acta Thomae; Film Nr.350/6, VI, 89, 122, 136, 188, 196, 200, 202, 262.
9. Henricus ruffus (BDH91). 1267-78. Dominus. Z: WB: IV, 32, 84, †442; BTI.: IV, 47, 48; BTII.: IV, 144, 169 (oder BDH92 ?); G: IV, 334 (oder BDH92 ?).
10. (BDH92). 1268-84. Dominus. In seiner Gegenwart wird ein bischöfl. Schreiben übergeben: -: V, 123. Z: WB: IV, 84 (oder BDH91 ?); BTI.: IV, 47, 48; BTII.: IV, 144, 169 (oder BDH91 ?); G: IV, 334 (oder BDH91 ?). Lib.mor.Vincentii, S. 13: 31. Jan. (dieser ?).
11. (BDH94). 1297. Dominus, Propst vOppeln. Z: G: VI, 314; BJIII.: VI, 314.
12. (BDH96). 1299. Propst vLebus, hzl. Kaplan. Z: KII.Sa: VI, 404.
13. Henricus Bavarus (BDH150). 1217-35. Dominus, Pfarrer zu Lähn, Kaplan HI.S 1228. Er wird bei einem Tausch als Pfarrer zu Lähn erwähnt: BL: I, 164. Die zur Kirche vLähn (Kr. Löwenberg) gehörenden Zehnten werden gegen andere vertauscht, wobei er gen.wird: BL: I, 288. Den Tausch besiegelt er mit: HI.S: I, 287. Z: BL: I, 225, 231 (dieser ?), 263, 270 (dieser ?), †362, †363; Jaroslaus, Rozdech, Peter und Budiuoy: I, 236; HI.S: I, 246, 305, †351, †355, †364; G: I, 281, II, 103. Lib.mor.Vincentii, S. 13: 31. Jan. (dieser ?).
14. (BDH o.Nr.). Sohn des Gregor. 1293. Dominus. Z: BJIII.: VI, 122.
15. (BDH welcher ?). 1234-35. Wird im Testament des Johannes 21 zum Exekutor bestimmt: Johannes 21: II, 281. Z: BTI.: II, 60.
16. (BDH welcher ?). 1299. Z: BJIII.: VI, 395.
17. (KSH58). 1288-96. Z: HIV.B: V, 367, ; G: VI, 227.
18. (CA13). 1134. Markgraf (sic !) vGlogau. Z: Kaiser Lothar III.: I, 8.
19. (CC243). Bruder des BL. 1230-40. Graf, K vLiegnitz 1240. Z: BL: I, 314; HI.S: I, †351; HII.S: II, 181.
20. (CC255). 1259. Bischöfl. Ritter, Jäger. Z: BTI.: III, 290; Strescizlaua (s. Radozlaus 1): III, 294.
21. (CC269). 1283. Hzl. Bogenschütze (balistarius). Er sowie Walter 5 und Konrad 7 geloben, das Kl. Kamenz bei der Erhebung des Zehnts auf ihrem Gute Kittelau (bei Nimptsch) nicht zu behindern: BTII.: V, 69.
22. (CC279). 1288. Claviger. Z: BkI.J: V, 388.
23. (CB69). 1274. Ritter. Ihm wird wegen seiner treuen Dienste gestattet, sein Erbgut Chrosczinna (w. Oppeln) zu deutschem Recht auszusetzen: WI.O: IV, 247.

H

24. Henricus Barba (CC257). 1262-63. Ritter. Er wird als Besitzer eines namentlich nicht gen. Dorfes bei Cosassino (vielleicht ein Teil vAlthofnaß bei Breslau) erwähnt: BTI.: III, 425; Vinzenzstift: III, 426. Z: HIII.B: III, †584.
25. Heinrich Beben (CC257). 1282. Hzl. Amtmann. Z: BkI.J: V, 19.
26. Henricus Bohemus (CC268). 1283-95. Ritter. Er verkauft für 200 Mark Silber 25 Lehenshufen in Herrmannsdorf (bei Jauer): BkI.J: VI, 13. Z: BkI.J: V, 49, 360, 365, 388, 391, 392, VI, 180, 211.
27. Henricus Bohemus gen.Mymbicz (CB68). 1297. Ritter. Er erhält das Dorf Schoffschütz (Kr. Rosenberg) anstatt der 50 Mark, die ihm BI.O mit der alumpna seiner Gemahlin als dotalicium zu geben versprochen hatte: BI.O: VI, 327.
28. Heinrich gen. Bolzo (CC250). 1251. Er bittet BII.L, den Johannitern ein Dorf zu schenken: BII.L: III, 21.
    Rupert Bolz (CC717). 1251-78. Dominus, Fidelis. Er bittet BII.L, den Johannitern ein Dorf zu schenken: BII.L: III, 21. Z: HV.LB: IV, 238, 271, 327, 345, †463; BII.L: IV, 316.
    Hermann Bolcz (CC250). 1294. Ritter. Er bürgt mit HV.LB für die Einhaltung dieses Vertrages: HV.LB: VI, 144.
29. Henricus Cattus. Zwischen 1186-1238. Ritter. Hedwig, S. 555: Auf Befehl der hlg. Hedwig schneidet er einen am Galgen Hängenden ab.
30. Henricus Funko (CC283). 1291-97. Ritter, Fidelis. Er bürgt für HV.LB und mit diesem für die Einhaltung dieses Vertrages: HV.LB: VI, 144. Z: HV.LB: VI, 2, 66; BkI.J: VI, 290.
31. Henricus Geze. Vater des Nikolaus. 1260. Freund des Gottfried vNeunz; er kündigt sein Siegel an und ist Z: Gottfried vNeunz: III, 341.
    Nikolaus. Sohn des Heinrich. 1260. Freund des Gottfried vNeunz; er kündigt sein Siegel an und ist Z: Gottfried vNeunz: III, 341.
32. Henricus gen.Miculez. 1297. Graf. Z: MI.T: VI, 313.
33. Henricus gen.Otzeslik. (CC277). 1288. Ritter. Z: HI.G: V, †507.
34. Henricus Renhem (CC275). 1288. Z: BkI.J: V, 372.
35. Heinrich Spiegel (vom Niederrhein über Meißen nach Schlesien) (CC266). 1282-83. Graf. Z: HIV.B: V, 13; Iesco vMoschwitz: V, 14; Stephan vWürben: V, 72.
36. Heinrich Zechynb (CC261). 1274. Z: HV.LB: IV, 238.
37. Henricus Zobenius (CC261). 1297. Z: BkI.J: VI, 303.
38. (CC243). Bruder des Iascocel. 1202. Er und sein Bruder schenken für ihr Seelenheil das Dorf Wessig (Kr. Breslau) dem Heiliggeisthospital zu Breslau: HI.S: I, †364. Z: BC: I, 82.
    Iascocel (CC401). Bruder des Heinrich. 1202-28. Baron. Wird zusammen mit seinem Bruder gen.: HI.S: I, †364. Z: BC: I, 82, HI.S: I, 290.
39. 1241. Z: MII.O: II, 210.
40. 1292. Fidelis, einst Vogt vBreslau. Z: HV.LB: VI, 43. (Adliger ?).
41. 1208. Angeblicher Trib. vGlogau. Z: HI.S: I, †340.
— S.u. Apolda, Banz, Baruth, Berckow, Bertilsdorf, Betsow, Biberstein, Blesow, Bohrau, Bresin, Budissyn, Corentzk, Crimmitzschau, Daniel, Dambiscin, Donin, Echstete, Flößberg, Gallici, Glussin, Gorgowicz, Gusik, Hake, Heide, Hennersdorf, Hermann 7 (Corrigia), Hoberg, Hoendorf, Jarischau, Jassona, Ierissow, Kalkau, Kittzlitz, Lagow,

H

Ledelow, Liebau, Liebenthal, Lindenau, Melma, Mühlheim, Münsterberg, Oder, Oels, Peter 32, Poseritz, Poserne, Predel, Profen, Rechenberg, Rime, Royn, Ronow, Sagor, Schessici, Schildau, Schildberg, Schwenkenfeldt, Selup, Steinborn, Ulrich 3, Walter 6, Wansen, Wildschütz, Wisenburg, Würben, Zesselwitz.

Heinzko. 1297. Notar. Als Datar gen.: BkI.J: VI, 303.

Helene. S.u. Sdizlaus 1.

Helmboldt. S.u. Strigen.

Helwig. 1284-96. Protonotar 1284-87. Ihm wird das Notariat des ganzen Steinauer Landes erteilt mit Festsetzung des Gehaltes auf 12 Mark aus der hzl. Münze in Steinau, eine Fleischbank, 14 Malter zweierlei Getreides (7 Korn, 7 Weizen) in Thiemendorf und den freien Besitz eines Hofes in sowie eines Gartens vor der Stadt Steinau: PSt: V, 282. Durch ihn ausgeführte Urkunden: PSt: V, 80; KII.Sa.: VI, 270. Als Datar gen.: PSt: V, 87, 165, 339.

Hemerammus. 1. Sohn des Christinus, Bruder des Sulco. 1258. Z: WI.O: III, 269.

Sulco (CB210). Sohn des Christinus. 1258-68. Graf, K vChrzanów (Kleinpolen) 1260-68. Z: WI.O: III, 269, 340, 418, 419, IV, †440.

2. Imrammus (CB72). 1290-99. Ritter, Knappe: Z: PR: V, 468; KaII.CB: VI, 381.

3. 1226. Ritter. Z: HI.S: I, †365.

— S.u. Poseritz.

Hennersdorf. Henricus de villa Henrici. 1299. Graf. Z: Leonhard vMichelwitz: VI, 422.

Herbord. S.u. Quas.

Hermann. 1. 1257-73. Bischöfl. Notar 1258, Schreiber 1273, bischöfl. Kaplan 1258, Kaplan zu Gräditz 1259. Er wird in einem Streit um die Zugehörigkeit vDörfern zu Kirche vGräditz (sö. Schweidnitz) gen.: BTI.: III, 301. Als Datar gen.: HIII.B: III, 230. Z: BTI.: III, 275; Nikolaus Bürger vBeuthen: IV, 206. (Eine Person ?)

2. (KSH59). 1288. Z: HIV.B: V, 367.

3. Hermann Speher. 1297. Graf, K vOstrau. Z: MI.T: VI, 313.

4. 1233. Trib. vOttmachau. Z: Johannes (s. Domaslaus 1): II, 32.

5. Hermann Buch (sö. Leisnig/Meißen) (CC299). Bruder des Johannes. 1268-98. Dominus, Fidelis. Er und sein Bruder sind bei der Umgrenzung v2 Hufen anwesend: Sulislaus vKoitz: VI, 364. Z: BII.L: III, †559, †589, IV, 70, 181, 316, 319; HV. LB: IV, 394, 414.

Johannes Buch (CC378). Bruder des Hermann. 1298. Er und sein Bruder sind bei der Umgrenzung v2Hufen anwesend und er besiegelt die Urkunde: Sulislaus vKoitz: VI, 364.

6. Hermann Clawe (CB71). 1293-1300. Graf, Ritter HI.G. Er besiegelt: Bauer Nikolaus: VI, 260. Z: BI.O: VI, 124, 157; Bauer Nikolaus: VI, 260; Konrad Vogt in Oberglogau: VI, 337; BvO: VI, 425.

7. Hermann Corrigia (CC292). 1267-77. Dominus, Ritter. Z: BII.L: IV, 40, 162, 181, 305.

Heinrich Corrigia (CC292). 1277-93. Dominus, Ritter, Fidelis. Z: BII.L: IV, 319; BeLö: IV, 406, 407, †465; BkI.J: V, 365, 437, VI, 86; HV.LB: VI, 66.

8. Hermann Cul. 1265. Serviens. Er hat sein Dorf Birkenbrück (sw. Bunzlau) für 46 Mark Silber verkauft: KI.G: III, 517.

9. Hermann Thuringus (CC308). 1282-95. Ritter. Auf sein Bitten und das seiner Leute in Quickendorf (bei Frankenstein) darf zu Quickendorf Gottesdienst gehalten werden:

H

BJIII.: VI, 226. Z: Franz vWildschütz: V, 36. GB, S. 330: Er wird als Z in einer Urkunde von 1330 März 15 gen. Nekr.Kamenz, S. 325: 10. Juni („Ob. Hermannus miles dictus Thuringus").

10. 1280. Baron. Z: HIV.B: IV, 392.

— S.u. Barby, Betsow, Brounov, Donin, Druschowitz, Eichelborn, Frankenstein, Heinrich 28, Hirschfeld, Kittlitz, Mühlheim, Pesczen, Reichenbach, Rime, Royn, Ronberg, Sarow, Sunburch, Thuderow, Zedlitz.

Herold. 1. (BDH101). 1226-39. Mag., Propst vZeitz. Z: BL: I, 269; G: I, 281, II, 103; BTI.: II, 173.

2. (CC314). 1289. Ritter und Feodalis des Heinrich vWürben. Z: Heinrich vWürben: V, 420.

Herrnmotschelnitz. Nikolaus de Mocydlnitz/Motshidelnitz/Muczelnitz (Herrnmotschelnitz nw. Wohlau) (CC521). Bruder des Pasco und Paul. 1288. Ritter, Fidelis, Serviens. Er und sein Bruder Pasco, Erbherren in Urschkau (sw. Guhrau), vergleichen sich mit Dirsco vOsetno sowie den Herren vCorentzk, indem sie nachweisen, daß der Wald Belewo und die Wiesen am Oderufer zwischen Oderbeltsch und Rabenau (beide sw. Guhrau) erblich zu Urschkau gehören und beweisen ihre Rechte und Pflichten bzgl. Urschkau: HI.G: IV, †466. Ihm und seinem Bruder wird der Besitz des Gutes Urschkau bestätigt und ihnen die volle Jurisdiktion, das Fischerei- und Jagdrecht gewährt; im Falle eines feindlichen Einfalles soll einer der Brüder dem Herzog dienen: HI.G: V, †511. Z: Boguslaus vWohlau: V, 408.

Pasco vHerrnmotschelnitz (CC604). Bruder des Nikolaus und Paul, verlobt mit Sophia. 1288. Fidelis, Serviens. Er wird zusammen mit seinem Bruder Nikolaus gen.: HI.G: IV, †466, V, †511. Ihm hat HI.G die Jungfrau Sophia, die Dienerin seiner Gemahlin, anverlobt: HI.G: V, †511. Z: HI.G: V, 408.

Sophia. Verlobte des Pasco. 1290. HI.G verlobt die Jungfrau Sophia, Dienerin seiner Gemahlin, mit Pasco von Herrnmotschelnitz: HI.G: V, †511.

Paul vHerrnmotschelnitz. Bruder des Nikolaus und Pasco. 1288. Z: Boguslaus vWohlau: V, 408.

Hertelin. S.u. Hirschfeld.

Hertwig. S.u. Nostitz.

Heseler. Konrad vHeseler (aus Thüringen) (CC443). 1287-97. Glatzer Ritter, Dominus. Er hat der Naumburger Kirche den Zehnt eines Vorwerkes vorenthalten, das dem Reinold 1 gehörte: G: VI, 320. Z: Heinrich Vogt in Frankenstein: V, 306; KII.Sa: VI, 162.

Heslech. Peczco vHeslech (Häslicht bei Striegau) (CC608). 1290-1300. Ritter, K vSagan 1296. Z: Heinrich vKittlitz: V, 485; KII.Sa: V, 486, VI, 1, 162, 270, 391, 433.

Hycin. Bludo de Hycin (?). 1297. Graf. Z: MI.T: VI, 313.

Hieronymus. 1175. Kanzler. Rekognosziert die Urkunden: BI.S: I, 45, †325, †326, †327, †328.

— S.u. Bogus 3.

Hilarius. 1239. Er wird als Vorbesitzer v 6 Hufen bei Neumarkt gen.: BTI.: II, 159.

Hildebrand. S.u. Gunzlin 2.

Hinko. (CC260). 1266. USchenk. Z: HIII.B: III, 552.

— S.u. Pogarell.

Hirich. Sohn des Johannes. 1252. Z: Vinzenzstift: III, 31.

Hirschberg. Johannes vHirschberg (?). 1297. Z: BkI.J: VI, 303.
Hirschfeld. Hermann vHirschfeld (Kr. Sprottau) (CC306). Bruder des Hertelin. 1294. Z: KII.Sa: VI, 162.
  Hertelin vHirschfeld (CC307). Bruder des Hermann. 1294. Z: KII.Sa: VI, 162, 164.
Hoberg. Dietrich vHoberg (wohl aus Hohburg nö.Wurzen/Meißen) (CC141). 1258-93. Dominus, Ritter, Fidelis. Z: BII.L: III, 278, 362, IV, 70, 316; BeLö: IV, 406, 407, †465; BkI.J: VI, 86.
  Heinrich vHoberg (CC276). 1288. Z: BkI.J: V, 372, 391, 392.
Hoendorf. Heinrich vHoendorf. 13. oder 14. Jh. Nekr.Kamenz, S. 322: 23. April („It. ob. Heynricus miles de Hoendorf").
Hohenbüchen. Ulrich vHohenbüchen (sö. Hameln). 1242-62. Ritter. BII.L verleiht dem Schulzen vLichtenberg (bei Grottkau) die selben Rechte, die ihm Ulrich gegeben hatte; Ulrich wurde vBII.L wegen seiner Überheblichkeit (propter insolentiam) aus dem Lande verbannt: BII.L: II, 231. Er hat sein Dorf Liebenthal (sw. Hotzenplotz) verkauft: Domkapitel vOlmütz: III, 429.
Hoyger. S.u. Vermoldesdorf.
Honstein. Wolfrad vHonstein. 1265. Dominus. Z: BII.L: III, †586.
Hrambosch. 1247. Z: WI.O: II, 328.
Hualizlaus. 1239. UKäm. Z: Paul vPoseritz: II, 170.
Hubertus. S.u. Goslaus 7.
Huchselbach. Jakob vHuchselbach. 1268. Er wird als Besitzer eines allodium und als Grenznachbar gen.: Bürger vGoldberg: IV, 82.
Hugolt. S.u. Frankental.
Hurostlas. S.u. Mironowitz.

I. 1. 1244-(1242-48). Liegnitzer Käm. 1244, UKäm. (1242-48). BII.L macht seinem UKäm. eine Mitteilung. Z: BII.L: II, 272. (Eine Person ?)
2. Neffe des Theodor (s. Clemens 3). 1237. Er und sein Onkel schließen einen Vertrag über den Verkauf des Dorfes Rogóźnik (in der Podhale, südl. Krakau), der bestätigt wird: HI.S: II, 137.
Iacertus (CB74). 1217. Baron. Z: KaI.O: I, 165.
Jagna. S.u. Goslawitz.
Jakob. 1. 1283-84. Kanzler KII.Sa, Pfarrer zu Dieban 1284. Es wird erwähnt, daß er vHIV.B gefangengehalten worden war: BTII.: V, 101. Z: Iesco 12: V, 46.
2. Bruder des Nikolaus. 1298. Kanzler des Bischofs vPosen und HI.G. Z: HI.G: VI, 353.
  Nikolaus. Bruder des Jakob. 1298. Z: HI.G: VI, 353.
3. 1269. Hofnotar. Als Datar gen.: WB: IV, 95, 96.
4. (BDH103). 1219. Kantor, Archidiakon vRavenna. Ihm wird die Kantorei der Breslauer Kriche bestätigt: P: I, 183. Ihm wird die Einigung im Rechtsstreit zwischen den Prämonstratensern und den Benediktinern vSt. Vinzenz zur Bestätigung vorgelegt: G: I, 188. Er läßt sich bei der Bestätigung dieser Einigung vertreten: G: I, 190.
5. (BDH104). 1223-35. Z: BL: I, 234; Sandstift: II, 25; G: II, 103.
6. Jakob vSkarischau (Stadt südl. Radom) (BDH257). 1235. Doctor decretorum, Mag., Dekan vKrakau, Propst vGnesen, Kantor vLeslau, Scholaster vBreslau und Bamberg, Kanoniker vKrakau, Kaplan des Papstes und des Königs vBöhmen. Wird 1268 als † er-

wähnt: BTI.: IV, 65. Z: G: II, 103; BTI.: IV, 45, 47, 48. Annales Capituli Cracoviensis, S. 603f.: † am 21. April 1267; er war der Sohn vEltern, die hospites waren und stammt aus Skarischau; es folgt seine Personenbeschreibung und Lebenslauf. Annales Sanctae Crucis Polonici, S. 681, Rocznik Świętokrzyski, S. 72, Zdarzenia godne pamięci, S. 307 und Katalogi Biskupów Krakowskich, S. 359: 1253 wird er zur römischen Kurie zur Heiligsprechung des Stanislaus geschickt. Annales Capituli Cracoviensis, S. 599f., Annales Cracovienses Breves, S. 666 und Annales Mansionarium Cracoviensium, S. 892: 1251-53, 1243 bewirkte er bei der Kurie in Rom die Heiligsprechung des Stanislaus.

7. Jakob vTrebnitz (BDH280). 1235-68. Mag.? Er erhält zu seiner Präbende 12 Hufen vor der Stadt, 16 Hufen in vielleicht Kunersdorf (sw. Oels) oder Kunzendorf (bei Bernstadt) und 10 Hufen bei Bernstadt: BTI.: IV, 65. Z: G: II, 103.
8. (KSH64). 1288. Kustos. Z: HIV.B: V, 370.
9. (CH76). 1228. K vRatibor. Z: KaI.O: I, 291.
10. (CB76). 1222. K vTost. Z: KaI.O: I, 222.
11. (CB77). Vielleicht Ehemann der Pribislawa. 1284-94. Dominus, Ratiborer USchenk 1294. Z: PR: V, 161; KaII.CB: VI, 156.
    Pribislawa. Ehefrau des Oppelner Ritters Jakob (11 oder 20). 1289. Vita Sancti Hyacinthi, S. 885: Sie erklärt, durch ein Wunder des hlg. Hyazinth v einer tödlichen Krankheit genesen zu sein.
12. (CC336). (1201-03)-23). Bannerträger 1223. Z: Hemerammus vPoseritz: I, 86; HI.S: I, 227, †358.
13. (CC336). 1234-37. Jäger. Z: HI.S: II, 85, 137.
14. Jakob Brwni. 1256. Ritter. Z: BII.L: III, 192.
15. Jakob Glowaz (CC341). 1288. Z: BTII.: V, 374.
16. Jakob Mendla (CC343). Vater des Franko und weiterer Söhne. 1292. Ritter. Er, sein Sohn Franko und seine anderen Söhne vergleichen sich dahin, v der Errichtung einer Schenke in Raake (bei Oels) Abstand zu nehmen: HV.LB: VI, 82.
    Franko (CC343). Sohn des Jakob. 1292. Wird zusammen mit seinem Vater gen.: HV.LB: VI, 82.
17. Jacub Paluba. (1216-27). Z: HI.S: I, 278.
18. (CC339). Sohn des Lucwinus, Bruder des Johannes. 1266. Z: KI.G: III, 547.
    Johannes (CC340). Sohn des Lucwinus. 1266. Z: KI.G: III, 547.
19. (CC337). Sohn des Pantin. 1239. Z: HII.S: II, 164.
20. (CB77). Sohn des Sdizlaus, vielleicht Ehemann der Pribislawa (s. Jakob 11). 1258. Z: WI.O: III, 269.
21. Jacob Zebronouich (CB78). 1285. Ritter. Z: Adam 9: V, 215.
22. 1253. Er wird als ehemaliger Besitzer des Dorfes Domaniz (aufgegangen in Seiffersdorf bei Ohlau) erwähnt: HIII.B: III, 55.
— S.u. Adalbert 25, Berthold 4, Boguslaus 16, Briese, Calinowa, Godislaus, Goswin, Huchselbach, Johannes 29, Kunzendorf, Langa, Nossen, Reumen, Sdizlaus 1, Suloslouia, Taschenberg, Zajenko.

Jakobsdorf. Christanus vJakobsdorf (bei Namslau). 1293. Z: Herbord Quas: VI, 108. (Adliger?)

Jan. S.u. Dobrogost 3, Grabie, Leuchtinburg.

I

Ianic. S.u. Reumen.

Ianissius. Sohn des Gallus. 1208. HI.S bestätigt, daß er nach dem Tode des Ianissius, dem Kaplan BI.S, und dessen Söhnen den heute unbekannten Ort Indrichovo und ein Dorf bei Lohe (Kr. Breslau oder Trebnitz) oder Lau (Grünbühel, Kr. Breslau) oder an dem Fluß Lohe den beiden Töchtern des Ianissius gegeben hat, die in das Kl. Trebnitz eintraten und diesem die beiden Dörfer schenkten: I, 115, 181.

Janko (CB89). 1267-83. Graf, Ritter, USchatzmeister 1267, Schatzmeister 1274-83. Z: WI.O: IV, 44, 239; Stephan vZernitz: V, 53. Lib.mor.Vincentii, S. 18: 20. Feb.

— S.u. Blotnicza.

Janowitz. Adelheid vJanowitz (?). Witwe des Theoderich vJanowitz. Zwischen 1186-1238. Hedwig, S. 529: Sie war bei der Verwandlung vWasser in Wein anwesend und hat v dem Wein getrunken; sie ist zweimal nach Rom gepilgert.

Ianusius. 1. (BDH ?). 1288-90. Priester. Z: BTII.: V, 399, 470.

2. (CB92). 1272. Ritter, K vBeuthen. Z: WI.O: IV, 164.

3. (CB93). 1267. Graf, USchenk. Z: WI.O: IV, 44.

4. (CC390). 1243. UJäger. Z: BII.L: II, 255.

5. Ianus Luteric. (1216-27). Z: HI.S: I, 278.

6. Ianussius gen.Vlebogk (CC392). Vater des Ratibor. 1252-56. Z: HIII.B: III, 45, 189.
   Ratibor (CC684). Sohn des Ianusius. 1252. Z: HIII.B: III, 45.

7. Ianus Iancouich (CC387). 1203-08. Z: HI.S: I, 83; Herzog vKalisch: I, 116, 117.

8. 1241. Graf. Z: Ianusius (s. Adalbert 25): II, 223.

9. Ianus (CC346). 1202. Z: BC: I, 82.

10. Ianus (CA16, CC388). 1175-1203. Z: BI.S: I, 45, †325, †326, †327, †328; BC: I, 82; Hemerammus vPoseritz: I, 86.

11. Ianussius Lubeck. 1254. Graf. Z: WI.O: III, †571.

— S.u. Adalbert 26, Biberstein, Dobrogost 5, Goslawitz, Menka, Nalk, Nossen, Pogarell, Schmograu, Schnellewalde, Sdizlaus 1, Würben.

Iarachius. S.u. Pogarell.

Iarcordus. S.u. Quas.

Järischau. Friedrich vJärischau (bei Striegau) (BDH106). 1277-99. Dominus, Fidelis, Schreiber 1279-80, Notar 1280-92, Protonotar 1293-99. V ihm geschriebene Urkunden: HV.LB: IV, 380, V, 364, 396, 397, 425, 428, 462, 465, 466, 467, 469, 489, VI, 4, 5, 11, 15, 31, 43, 46, 48, 57, 59, 63, 66, 73, 82, 110, 111, 159, 161, 167, 168, 171, 216, †468; BkI.J: VI, 273, 290, 355, 388. Durch ihn ausgefertigte Urkunden: HV.LB: V, 419, 440, VI, 33, 218. Als Datar gen.: HV.LB: IV, 318, 327, 333, 345, 389, 394, 414, 421, †463, V, 65, 272, 274, 314, 474, 483, VI, 158, †466. Z: HV.LB: IV, 380, V, 352, 364, 396, 425, 428, 440, 462, 465, 466, 467, 469, 489, VI, 4, 5, 8, 11, 15, 31, 43, 46, 59, 63, 66, 68, 73, 82, 96, 97, 110, 111, 121, 127, 140, 148, 159, 161, 167, 168, 171 (Friczco de Parosch), 188, 190, 191, 210, 216, 232; BkI.J: VI, 273, 290, 305, 355, 388; Bogus vPogarell: VI, 301.

Heinrich vJärischau. 1276. Graf. Z: HIV.B: IV, 278.

Hebrwynus vJärischau. Sohn des Merthyngus. 1299. Er bestätigt, für seinen Garten in Järischau, den er in feodum besitzt und der bei dem Garten seines Vaters liegt, dem Breslauer Sandstift zu einem Jahreszins v 1 Vierdung verpflichtet zu sein: G: VI, 392. (Adliger ?)

Iaromir (CC395). 1262. Er wird als Besitzer des Dorfes Bartla (unbekannt, vielleicht im Gebiet vNamslau) erwähnt: BTI.: III, 425; Vinzenzstift: III, 426.

Jaroslaus. 1. (BDH107). 1293-1300. Dominus. Z: BJIII: Acta Thomae; Film Nr.350/6, VI, 122, 427.

2. (CC396). 1203. Truch. Z: HI.S: I, 83.

3. (CC397). 1228. Graf. Z: HI.S: I, 290, †371.

4. (CC396). (1201-03). Z: Hemerammus vPoseritz: I, 86.

5. (CC397). 1226. Hzl. Ritter. Z: HI.S: I, †365.

— S.u. Bozdech, Chotco, Pogarell, Puczlaus.

Jaroslawa. S.u. Biberstein.

Iarostius. 1241. Graf. Z: Ianusius (s. Adalbert 25): II, 223 (jedoch nur in einer der beiden Ausfertigungen).

Iarota. S.u. Witten.

Iasborn (CC400). 1251. Z: HIII.B: III, †558.

Jäschkittel. Dobromir[a] vJäschkittel (Kr. Strehlen). Tochter des Ritters Clemens vJäschkittel (CC426). Zwischen 1243-67. Hedwig, S. 614: Sie wird im Grabe der hlg. Hedwig vom Leiden der Epilepsie befreit.

Iasco. 1. 1274. Schreiber. Z: HV.LB: IV, 238.

2. (CC408). 1289. Graf, Hofrichter. Z: HI.G: V, 424, 438.

3. Iasco Zaba (CB95). 1274. Ritter. Z: WI.O: IV, 247.

4. (CC402). Sohn des Dirsco. 1254. Serviens. Z: HIII.B: III, 137.

5. Iasco Zlo (CB97). 1277. Z: WI.O: IV, 321.

6. (CC402). Sohn des Derzlaus, Bruder des Moico. 1290. Z: HV.LB: V, 466.

Moico. Sohn des Derzlaus. Z: HV.LB: V, 466.

— S.u. Goslawitz, Kornitz, Menka, Sebornio, Würben.

Iascocel. S.u. Heinrich 38.

Iasso. 1256. Der Ministeriale erhält die Scholtisei vKolbnitz (bei Jauer), das zu deutschem Recht ausgesetzt werden soll, muß aber der Kammer des Herzogs mit einem Pferd Dienst leisten: BII.L: III, 192.

— S.u. Swyn.

Jassona. Adeko v Jassona (?). Sohn des Grafen Adam (CB2), Bruder des Gotthard, Pridewoyus, Theoderich und Heinrich vGrabin. 1285. Graf. In einer eigenen Urkunde (V, 247) verzichten er und seine Brüder Gotthard, Pridewoyus und Theoderich in einem Streit mit dem Kl. Leubus auf ihre Ansprüche bzgl. einer Hufe (sors) an beider Grenze gegen eine Entschädigung v 2 Mark Gold, was sie besiegeln.

Gotthard vJassona (CB59). Sohn des Adam. 1285. Graf. Stellt zusammen mit seinen Brüdern eine eigene Urkunde aus: V, 247.

Pridewoyus vJassona (CB174). Sohn des Adam. 1285. Graf. Stellt zusammen mit seinen Brüdern eine eigene Urkunde aus: V, 247.

Theoderich vJassona (CB43). Sohn des Adam. 1285. Graf. Stellt zusammen mit seinen Brüdern eine eigene Urkunde aus: V, 247.

Heinrich vGrabin (Kr. Neustadt) (CB67). Sohn des Adam. 1279-85. Graf, K vZülz 1285. Er stellt als hzl. Abgesandter die Dispositionsfähigkeit der kranken Anastasia vMuchenitz fest: BI.O: IV, 382. Z: Grafen vJassona: V, 247.

Iavor. 1. 1233. Graf. Z: G: II, 33.

I

2. (CC414). 1228-39. Baron, Hofrichter 1237-39. Z: HI.S: I, 290, †359, †361; HII.S: II, 140, 164.
3. 1234. Z: HI.S: II, 80.
4. 1234. Angeblicher Baron. Wird als Grenznachbar erwähnt: HI.S: II, †422.
— S.u. Dirsislaus 1.

Iaxa (CA15). Ehemann der Beatrix, Vater des Peter, Schwiegersohn des Peter 11 Wlast. 1149-77. Graf, Nobilis, Ritter, Dominus, Palatin. Es wird bestätigt, daß er 3 kleinpolnische Dörfer zur Gründung des Kl. Miechów geschenkt hat: G: I, 65, 66. Er und seine Frau werden in die Gebetsverbrüderung der Auferstehungskirche zu Jerusalem aufgenommen: G: I, 66. Z: BJII.: I, 19; G: I, 26, 41, †323; Herzog vPolen: I, 34, 39, 40, 49. Vincentii Chronicon Polonorum, S. 386, 394: Um 1173 befanden sich er und Swentoslaus (s.u. Peter 11) gegen Ende der Herrschaft Herzog Boleslaws IV. vPolen in Oppositon zu diesem und schlugen Kasimir II. vor, die Macht zu übernehmen. Zapiski historyczne, S. 733: Der Palatin war bei der Konsekrierung des Vinzenzstiftes anwesend (zu 1149). KBGP, S. 520, 528: Während der Hochzeit des Iaxa dux Sorabie mit einer Tochter des Peter 11 Wlast wird Peter gefangengenommen. Annales Capituli Cracoviensis, S. 591 und Rocznik Miechowski, S. 882: Er geht nach Jerusalem (zu 1162). Cronica Petri comitis, S. 19, 30: Ritter Jason, auch Jaxsza gen., gener des Peter Wlast, Ehemann der Tochter des Peter, bot WI.S vergeblich ein Lösegeld für seine gefangenen Verwandten; er wird in der Grabinschrift des Peter Wlast gen. Annales Capituli Cracoviensis, S. 592: †1176. Lib.mor.Vincentii, S. 20: 24. Feb. („Obiit Jacko comes frater noster") (wohl dieser).

Bogumil (CC67). Enkel des Iaxa, Sohn des Peter, Bruder des Mlodey und Grobizlon. 1203-24. HI.S gibt ihm und seinem Bruder Mlodey das Dorf Perschnitz (Kr. Militsch) wieder zurück, wofür die Brüder dem Kl. Trebnitz zum Andenken an Iaxa den Ort Jackschönau (Kr. Oels) unter Vorbehalt lebenslänglicher Nutznießung durch Iaxas Witwe schenken: HI.S: I, 83. HI.S schenkt Perschnitz dem Kl. Trebnitz und entschädigt ihn und seinen Bruder Mlodey mit zwei Anteilen am Zehnt und einem dritten Anteil an dem Zehnt, den die narochnici bei Schweinbraten (Kr. Strehlen) oder bei Schmiegrode (Kr. Militsch) zahlen; außerdem erhalten die Brüder ein Dorf in Döberle (Ortsteil vKarlsburg, Kr. Oels) zurück: HI.S: I, 247.

Mlodey (CC537). Sohn des Peter. 1203-24/(27). Wird zusammen mit seinem Bruder Bogumil gen.: HI.S: I, 83, 247. Z: HI.S: I, 278. Lib.mor.Vincentii, S. 35: 8.April.

Grobizlon. Sohn des Peter. (1216-27). Z: HI.S: I, 278.

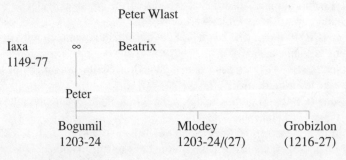

— S.u. Schnellewalde.
Ibana. S.u. Sluz.

I

Ycho. S.u. Mironowitz.
Ieczcico (CC415). 1292. Z: HV.LB: VI, 48.
Jedlownik. Goslaus vJedlownik (sö. Ratibor) (CB57). 1239-40. Graf, vir nobilis. Er schenkt zusammen mit seinen namentlich nicht gen. Söhnen das Dorf Czissek (sö. Cosel) den Johannitern zu Gröbnig: MII.O: II, 165. Z: MII.O: II, 178. Lib.mor.Vincentii, S. 75: 6. Okt.
Jeltsch. Bratumila vJeltsch (Kr. Ohlau). Ehefrau des Wenzelslaus vJeltsch. Zwischen 1243-67. Hedwig, S. 615f.: Sie wird am Grabe der hlg. Hedwig vom Dämon und ebenda 2 Jahre später v ihrer gelähmten Hand befreit.
Ienczo. S.u. Haugwitz, Palow.
Jerissow. Heinrich vJerissow (?) (CB70). 1260-81. Graf, Ritter, UKäm. vTeschen 1280. Z: WI.O: III, 335, 503, IV, 44, 388, 408; PR: V, †512.
Iermizlius. 1261. Ritter, Dominus. Z: BII.L: III, 382.
Jeschicus. S.u. Grabie.
Iesco. 1. 1293. Hzl. Kaplan, Pfarrer zu Loslau. Durch ihn ausgeführte Urkunden: PR: VI, 129, †473. (Identisch mit Johannes 2 ?)
2. Iesco/Johannes (CB92). 1289-99. Graf, Vasall, K vBeuthen 1289-99. Z: KaII.CB: V, 410, VI, 61, 149, 381.
3. (CB93). 1283. USchenk. Z: KaII.CB: V, 77.
4. Iesco/Johannes Sliz (CB89). 1292-99. Schatzmeister 1292-99. Z: KaII.CB: VI, 61, 156, 381.
5. Iesco Benka (CC410). 1289. Z: HV.LB: V, 419, VI, †466; MI.T: V, 442.
6. Iesche Beuche (CC412). 1294. Ritter. Er bürgt mit HV.LB für die Einhaltung dieses Vertrages: HV.LB: VI, 144.
7. Iesco Brytek (CC405). 1283. Graf. Z: Iesco 12: V, 46.
8. Iesco Chorseb. 1296. Z: HV.LB: VI, 243.
9. Iesco Thomicz. 1280. Er hat für 30 Mark Silber Breslauer Gewichts einen Anteil an dem Erbgut Couorcouo (unbekannt) gekauft: HIV.B: IV, 396.
10. Iesco Wisch. 1289. Er verkauft 2 Freihufen in Flämischdorf (heute Stadtteil vNeumarkt), die seit der ersten Aussetzung abgabenfrei sind: HV.LB: V, 419. (Adliger ?)
11. Sohn des Andreas Prosa. 1290. Er kauft das Erbgut Pischyz (nw. Ratibor): MI.T: V, 442.
12. (CC404). Sohn des Grafen Bogumil. 1283. In einer eigenen Urkunde (V, 46) verkauft er für 11 Mark Silber 12 Hufen zwischen Gleinau und Dombsen zur Aussetzung zu deutschem Recht, was, da er kein eigenes Siegel besitzt, sein Herr KII.Sa besiegelt.
— S.u. Baitzen, Benkwitz, Blesow, Briese, Goslawitz, Groschowitz, Moschwitz, Nossen, Pogarell, Pomerio, Psriley, Quilitz, Rätsch, Reumen, Schmograu, Sonburn, Steinborn, Zesselwitz.
Jesoro (CC423). Bruder des Paul und Peter. 1288-95. Ritter. Er wird als Vorbesitzer des Erbgutes Bunkai (nö. Breslau) gen.: HIV.B: VI, 210. Er und seine Brüder überlassen dem Wenzel vBunkai und dessen Sohn 6 Hufen in Bunkai gegen 5 Hufen in Scisserowe (wohl Teil vZweibrodt, Kr. Breslau) und 104 Mark Silber: Vinzenzstift: VI, 228. Z: HIV.B: V, 390, 444.
Paul. Bruder des Jesoro und Peter. 1295. Er wird zusammen mit seinen Brüdern gen.: Vinzenzstift: VI, 228.
Peter. Bruder des Jesoro und Paul. 1295. Er wird zusammen mit seinen Brüdern gen.:

I

Vinzenzstift: VI, 228.
Ihbinvg. 1234. USchenk. Z: HI.S: II, 85.
Yyken. S.u. Mironowitz.
Ylicus. S.u. Poseritz.
Imma. S.u. Radozlaus 1.
Inco (CB73). 1288. UKäm. Z: MI.T: V, 403.
Indagine. Volrad vIndagine (Hainspitz w. Eisenberg/Thüringen) (CC915). 1249-51. Dominus, Ministeriale. Z: BII.L: II, 368, 371, 374, III, 3, 26, 27.
  Johannes vIndagine. 1299. Notar. V ihm geschriebene Urkunde: HI.G: VI, 384. Z: HI.G: VI, 384.
Indrich. 1. (CC324). 1203. Lictor. Z: HI.S: I, 83.
2. Indrih Borizla(ui)ch (CC325). 1203. Z: HI.S: I, 83.
— S.u. Kittlitz.
Inwarius. S.u. Daleborius 2.
Ioad. 1234. Schenk. Z: HI.S: II, 85.
Johannes. 1. Johannes de Hirzberch. Schwestersohn des Konrad vReichenbach. 1288-99. Schreiber 1288-91, Protonotar 1292-99. Als Datar gen.: BkI.J: Fürstenstein StA Fol. 221 pag. 226-26b; Film Nr. 212/24 und 217/31, VI, 65, 418. Z: BkI.J: V, 388, VI, 6, 86; Konrad vReichenbach: VI, 39.
2. 1299. Protonotar. Durch ihn läßt PR eine Schenkung öffentlich bekannt machen: PR: SR 2566. (Identisch mit Iesco 1 ?)
3. 1289-97. Notar 1289-91, Protonotar 1296-97. Durch ihn ausgefertigte Urkunde: HI.G: VI, 294. Als Datar gen.: HI.G: V, 424, 438, 459, 491, VI, 37, 272.
4. 1295-98. Glogauer Kantor, Notar 1295-97, Protonotar 1297-98. V ihm geschriebene Urkunde: HI.G: VI, 197. Durch ihn ausgefertigte Urkunden: VI, 244, 252, 309, 357. Als Datar gen.: VI, 275, 316.
5. 1299-1300. Pfarrer zu Bernstadt, Notar. V ihm geschriebene Urkunden: HI.G: Fürstenstein StA, Quart 39 pag. 30-33; Film Nr. 208/5-6, VI, 440. Durch ihn ausgefertigte Urkunde: HI.G: VI, †480. Z: HI.G: VI, 397, 440, Fürstenstein StA, Quart 39 pag. 30-33; Film Nr. 208/5-6.
6. 1256-61. Bischöfl. Schreiber 1256, 1261, Notar 1256, Kaplan 1261-62. Z: BTI.: II, 2, 171, 178, 358, 361.
7. (BDH121). 1293-1300. Dominus, Bischöfl. Notar 1293-1300. Durch ihn ausgefertigte Urkunde: BJIII.: VI, 416. Z: BJIII.: VI, 116, 219, 264, 298, 314, 315, 358, 361, 368, 410, 413, 442, †475, †479 (zeitlich unecht: Magister Johannes de Strelen).
8. Johannes Bohemus. 1299-1300. Pfarrer zu Krintsch 1300, bischöfl. Notar und Kaplan 1299-1300. Z: BTII.: IV, †468; BJIII.: VI, 407, 436, 438, 450.
9. Johannes Corusco. 1299. Bischöfl. Notar und Kaplan. Z: BJIII.: VI, 407.
10. 1279. Schreiber. Z: BTII.: IV, 376.
11. Johannes Romka (BDH246). Bruder des Theoderich, Mathias und Gregor. 1267-1301. Mag., Dominus, bischöfl. Hofkaplan, bischöfl. Offizial 1281-82, Dekan vGlogau 1287-91, Prälat 1288, Bischof vBreslau 1292-1301. Als Datar gen.: BTI.: IV, 34, 45. Z: BTI.: IV, 18, 59, 65; WB: IV, 62; BTII.: IV, 431, V, 253, 374, 399, 404, 445, 446, 470, 472, VI, 2, 19; HIV.B: V, 364; Bogusca (s.Goslawitz): V, 429; KII.Sa: V, 471; -: V, 2. Rocznik Wielkopolski, S. 40: 1295 wird mit seiner Zustimmung Przemysł zum König

vPolen gekrönt. CPP, S. 549 und Katalogi Biskupów Wrocławskich, S. 564, 569, 579: Er wird als Bischof vBreslau gen. (1292-1301/2). Katalogi Biskupów Wrocławskich, S. 579: Ordiniert am 5. Aug.1292, † 19. Nov. 1301.

Theoderich (CC151). Bruder des Johannes, Mathias und Gregor. 1295-99. Ritter, K vKaldenstein 1299. Z: BJIII.: VI, 206, 358, 376, 410, †475. Nekr.Lubense, S. 52: 10. Sep. („Ob.Theodericus, Matthias, Gregorius, fratres d.Joannis Romke ep.Wrat. ").

Mathias (CC483). Bruder des Johannes, Theoderich und Gregor. 1298. Ritter. Z: BJIII.: VI, 358. Nekr.Lubense, S. 52: 10. Sep.

Gregor. Bruder des Johannes, Theoderich und Mathias. Nekr.Lubense, S. 52: 10. Sep.

Martin. Nepos des Johannes. 1300. Z: BJIII: SR 2613 (nur in SR, nicht jedoch im eingesehenen Urkundentext gen. !).

12. (BDH116). 1245-57. Archidiakon vBreslau 1248-54/7. Es wird bestätigt, daß er das Dorf Baben (Kr. Liegnitz) dem Bistum Breslau geschenkt hat: P: II, 287. Der Zehnt des Gutes Woischwitz (südl. Breslau), der ihm als Präbende zustand, wird vertauscht: G: II, 364; BTI.: II, 365. Auf seine Bitten gestattet HIII.B ihm, die Domkapitelsdörfer Tschauchelwitz und Reppline (südl. Breslau) zu deutschem Recht auszusetzen: HIII.B: III, 24. In einer eigenen Urkunde (III, 143) bestätigt er den Verkauf v 6 Hufen mitsamt den Häusern in Lossen (sö. Trebnitz), die er besessen hat, an das Vinzenzstift für 28 Mark. Er wird als Besitzer einer curia auf der Breslauer Dominsel und Grenznachbar gen.: HIII.B: III, 247. Er wird als Besitzer des Gutes Tschauchelwitz und vReppline gen., die er zu deutschem Recht ausgesetzt hat; auf 3 dortige Freihufen und ein Drittel der Gerichtsgefälle verzichtet er; der Zehnt ist an seine curia und nach seinem Tode an das Domkapitel zu zahlen: BTI.: III, †568. Er hat seine Besitzungen Reppline und Tschauchelwitz zu deutschem Recht ausgesetzt; die Scholtisei und den dritten Teil des Gerichtes besitzt er zur Hälfte; der Zins ist in sein Haus zu liefern; nach seinem Tode gehört alles dem Domkapitel: BTI.: III, †569. Z: BII.L: II, 342; G: III, 9; HIII.B: III, 34.

13. (BDH119). 1282-88. Archidiakon vGlogau 1282-85. Ihm wird befohlen, jeden Sonntag in jeder Kirche seines Sprengels die Exkommunikation HIV.B verlesen zu lassen: BTII.: V, 213. Z: BTII.: V, 11.

14. (BDH120). 1283-86. Dominus, Scholaster 1283-86, Kapitelsoffizial 1283. Er siegelt mit: G: V, 40. Ihm wird ein Streit vorgetragen: -: V, 59. Es wird erwähnt, daß ihm die curia des † Kantors Ulrich 1 zugewiesen wurde, die jedoch schon vLudwig 2 okkupiert worden war: BTII.: V, 101. Es wird erwähnt, daß auf ihn ein Attentat verübt werden sollte: BTII.: V, 104. Er gibt seine Zustimmung zu einem bischöfl. Auftrag: BTII.: V, 120. In seiner Gegenwart wird ein bischöfl. Schreiben übergeben: -: V, 123. In seiner Gegenwart wird die Exkommunikationssentenz über HIV.B verlesen: BTII.: V, 135. Z: G: V, 43; BTII.: V, 48, 81, 113, 114, 115, 116, 132, 184, 185, 209, 216, 253; -: V, 86.

15. Johannes Muscata (BDH181). 1275-1320. Archidiakon vŁęczyca 1275-95, Bischöfl. Prokurator 1283-84, Kaplan des Bischofs vOstia und Velletri 1284, Bischöfl. Nuntius 1284, Bischof vKrakau 1295-1320. BTII. klagt ihm die Ereignisse im Streit mit HIV.B nach Johannes' Abreise aus Schlesien: BTII.: V, 100. BTII. erklärt ihm, weshalb die Prokuratoren HIV.B nicht anzuhören sind: BTII.: V, 101. Er soll sich darum bemühen, daß der Streit zwischen HIV.B und BTII. noch vor Ankunft des hzl. Prokurators entschieden wird und stellt ihm Peter 8 als Helfer an seine Seite: BTII.: V, 102. Er wird als

I

Prokurator erwähnt: BTII.: V, 103. Er wird gebeten, unter Fürsprache hoher Geistlicher eine schnelle päpstliche Bestätigung des Schiedsspruches und die Ernennung bestimmter Geistlicher zu Exekutoren zu erlangen: BTII.: V, 104. Er soll die Fürsprache hoher Geistlicher zugunsten des Bischofs vBreslau erlangen: BTII.: V, 124. Er wird über die letzten Vorkommnisse informiert: BTII.: V, 125, 143. Er wird ermahnt, im Interesse BTII. tätig zu sein.: BTII.: V, 126. Es wird berichtet, daß er als bischöfl. Nuntius nach Rom gegangen ist: BTII.: V, 127. Ihm ist für den Bischof vFermo Geld überwiesen worden: BTII.: V, 128. Er wird beauftragt, die Prälaten, die mit dem Einsammeln des Peterpfennigs in Polen und Pommern beauftragt sind, zur Abführung der Gelder anzuhalten: P: V, 160, 228. Er wird mit der Erhebung des Peterpfennigs in Polen und Pommern beauftragt: P: V, 166, 227; dies wird erwähnt: P: V, 167; dazu wird dem Erzbischof vGnesen empfohlen: P: V, 168; dabei soll er v den Herzögen der Diözese Krakau unterstützt werden: P: V, 169, 230; dazu sind ihm Unterkunft, Tagegelder und sicheres Geleit zu gewähren: P: V, 179, 231, 232. Er wird aus Sparsamkeitsgründen aus Rom abberufen und soll seine Vollmacht dem Peter 8 übergeben: BTII.: V, 191. Er wird ermächtigt, einem Kardinal Geschenke zu machen: BTII.: V, 206. Es soll nachgefragt werden, ob er die Geschenke gemacht hat: BTII.: V, 207. Die Herzöge vPolen und Pommern sollen ihn bei der Eintreibung des Peterpfennigs unterstützen: P: V, 229. BTII. begründet, warum er ihn aus Rom abberufen hat und teilt mit, daß jener sich mit HIV.B gutstellte, Geschenke v diesem annahm und nach 3 Tagen Breslau heimlich verließ: BTII.: V, 254. BTII. übersendet durch ihn die Forderung nach Restitution der vorigen Zustände: BTII.: V, 283. Es wird erwähnt, daß er beauftragt wurde, eine Antwort BTII. an HIV.B zu überbringen und daß HIV.B vorgeschlagen hat, daß Johannes vorläufig die bischöfl. Burgen, Besitzungen und Zehnten verwalten soll: BTII.: V, 287. Es wird erwähnt, daß er BTII. ein Schreiben des Erzbischofs vGnesen überbracht hat: BTII.: V, 295. Es wird erwähnt, daß er, vHIV.B kommend, BTII. namens des Herzogs eine Zusammenkunft vorgeschlagen hat: BTII.: V, 333. Ihm wird befohlen, den eingesammelten Peterspfennig an einen bestimmten Geistlichen abzuliefern: P: V, 385. Es wird erwähnt, daß er bei der Entscheidung einer Streitsache nicht anwesend war: G: V, 458. Z: BTII.: IV, 376, †456, V, 399, 470, 472, 490, VI, 19, 22; HIV.B: V, 367, 448, 465; G: V, 480, 482, VI, 21; Ludwig 1: VI, 56; BJIII.: Acta Thomae; Film Nr.350/6, VI, 89, 122, 153, 200: -: V, 2. Annales Polonorum I, III, IV, S. 652f., Annales Mechoviensis, S. 668, Annales Sanctae Crucis Polonici, S. 683, Rocznik Sędziwoja, S. 879, Rocznik Miechowski, S. 883, Rocznik Swiętokrzyski, S. 77 und Rocznik Małopolski, S. 186f.: 1295/6 wird er Bischof vKrakau. Catalogus Episcoporum Cracoviensium, S. 608, Katalogi Biskupów Krakowskich, S. 329, Dopełnienia, S. 803 und Annales Mansionarium Cracoviensium, S. 893: Er wird als Bischof vKrakau gen. Rocznik Wielkopolski, S. 40: 1295 wird mit seiner Zustimmung Przemysł zum König vPolen gewählt. Katalogi Biskupów Krakowskich, S. 366: Bischof Johannes Muscata, vBreslauer Nation, liegt im Kl. Mogiła begraben. Er war vHerzog Władysław Łokietek gefangengenommen worden (zu 1296-1322). Nekr.Lubense, S. 39: 7. Feb. („Item ob.d.Joannes dictus Muscata ep.Cracoviensis").

16. (BDH32). Sohn des Benicus. 1170/89-1203/14. Er gibt mit BSII. den Zehnt vGleinitz (Kr. Reichenbach), der früher seine Präbende war, den Johannitern zu Groß Tinz (Kr. Breslau: BSII.: I, 56. Für den Zehnt vGleinitz erhält er den vWilkau (Kr. Namslau):

BSII.: I, 57; BC: I, 89. Z: BL: I, 143.
17. (BDH115). Sohn des Radomolus. 1239. Z: BTI.: II, 159.
18. (BDH114). Sohn des Wenzel. 1239. Z: BTI.: II, 159.
19. Johannes Dobe (BDH51). (1212-14). Z: BL: I, 143.
20. (BDH111). 1223-39. Dominus. Z: BL: I, 225, 226, 237, 263, 270; G: I, 281; BTI.: II, 61, 159.
21. (BDH112). 1235-(44). Gnesener Domherr, Propst vRuda. In seinem Testamente (II, 281) vermacht er sein Gut bei Kostenblut (südl. Neumarkt) seiner Schwester und nach deren Tod den Söhnen des Dobrogost 6 und Miroslaus 3; als BDH standen ihm die Zehnten eines ungen. Dorfes bei Glogau, vStrupina (vielleicht Stroppen nw.Trebnitz) und des Dorfes bei Liegnitz, das den Söhnen des Gran gehört, zu; auch als Gnesener Domherr hat er Zehnte erhalten; v den Söhnen des Splotovic und Woislaus 8 hatte er ein namentlich nicht gen. Dorf gekauft; auch gehörte ihm das Dorf Gana (unbekannt, bei Landsberg OS) und ein Anteil an Ztracecz (unbekannt, bei Landsberg OS). Z: G: II, 103.
22. (BDH118). 1272. Mag., Dominus, Archidiakon vOlmütz. Z: G: IV, 179.
23. (BDH113). 1235. Z: G: II, 103.
24. (BDH o.Nr.). 1235. Z: G: II, 103.
25. (BDH122). 1298. Pfarrer der Marienkirche zu Liegnitz. Er wird beauftragt, einen Zehntstreit zu entscheiden: BJIII.: VI, 332. In einer eigenen Urkunde (VI, 338) entscheidet er diesen Streit. Z: BJIII.: VI, 361.
26. (BDH o.Nr.). 1292-98. Dekan (versehentlich falscher Titel ?). In einem Zehntstreit einigen sich die beiden Parteien auf ihn als Schiedsrichter: G: VI, 42. Er wird mit der Durchführung einer Untersuchung beauftragt: G: VI, 369.
27. (BDH o.Nr.). 1291. Bischöfl. Prokurator. Z: BTII.: VI, 2, 19.
28. (KSH66). Sohn des Theoderich. 1288-1300. Dominus, Dekan 1288-1300. Er wird als Schiedsrichter in einem Zehntstreit gen.: G: VI, 42. Er stellt eine Urkunde aus: VI, 402. Er entscheidet den Rechtsstreit zwischen dem Vinzenzstift und der Witwe des Heinrich vWisenburg, was er besiegelt: G: VI, 441. Z: HIV.B: V, 367, 451. Nekr.Kamenz, S. 331: 25. Sep. („Ob.Theodericus pater de Johannis primi decani ecclesie s. Crucis, Adilheidis mater ipsius") und S. 318: 24. Jan. („Ob.d.Joh. primus decanus s. Crucis").
29. Enkel des Sdizlaus, Sohn des Boguphal, Bruder des Johannes, Onkel des Peter und Jakob. 1244. Subdiakon. In einer eigenen Urkunde (II, 261) schenkt er zusammen mit seinen Neffen dem Kl. Mogiła die Hälfte des Gutes Wachow (wohl Gemeinde Mühlendorf, südl. Rosenberg OS).

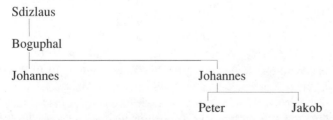

30. (CC385). 1254-64. Graf, K vAuras 1254-64. Z: BII.L: III, 138, 139; HIII.B: III, 376, 421, 452, 488; G: III, 377.

I

31. (1232-34). K vBeuthen. Z: HI.S: II, 23, 80.
32. (CC357). 1250. Nobilis, Graf, K vGröditzberg. Z: HIII.B: II, 411.
33. (CC386). 1259. Burggraf vLüben. Z: Paul 10: III, 295.
34. (CB84). Sohn des Werner, Vater des Bartholomeus. 1258-77. Graf, K vNikolai 1258-60. Z: WI.O: III, 269, 277, 317, IV, 321.
Bartholomeus/Bartos (CB20). Sohn des Johannes. 1258-77. Z: WI.O: III, 269, IV, 321.
35. (CB100). 1297. Graf, K vTeschen. Z: MI.T: VI, 313.
36. (CB81). 1226. K vTost. Z: KaI.O: I, 271.
37. 1230. K v? Z: VO: I, 319.
38. (CB80). Vater mehrerer Söhne. 1222-41. Trib. vOppeln 1222-41. Z: KaI.O: I, 222, 254; VO: I, 319; HI.S: II, 80; MII.O: II, 210.
39. (CB85). 1262-68. Graf, Hofrichter 1262-67. Z: WI.O: III, 418, 419, IV, 44, †440.
40. (CC350). 1223. UKäm. der hlg. Hedwig. Z: Jaroslaus, Bozdech, Peter 39 und Budiuoy: I, 236.
41. 1231. UTruch. Z: BL: II, 2.
42. 1261-67. Ritter, bischöfl. UTruch. Z: BTI.: III, 375, IV, 34, 45.
43. Johannes Brennich (CC365). 1258-72. Nuntius 1260 (III, 315), Breslauer claviger 1260-72. Z: HIII.B: III, 279, 315, 327, 351, 380, 415, 433, 525; WB: IV, 83; HIV.B: IV, 178, 191.
44. Johannis calvus. 1233. Z: Johannes (s. Domaslaus 1): II, 32.
45. Johannes Doyca (CC361). 1254. Graf. Er hat das Dorf Lucasseuic (Domslau bei Breslau oder abgekommen bei Schönbankwitz sw. Breslau) beschlagnahmt, wogegen die Stiefkinder des Domaslaus (s.u. Daniel) und dessen Brüder prozessiert haben; Johannes entschädigt sie mit dem erblichen Besitz des Dorfes Iacubouo (vielleicht Jakobsdorf sö. Nimptsch), das den Johannitern zu Groß Tinz gehörte, wofür diese v ihm als Ersatz 14 vHIII.B für 60 Mark abgekaufte Hufen in der Nähe ihres Hofes Glofenau (nw. Strehlen) erhalten: HIII.B: III, 137.
46. Johannes Engilgerus. 1297. Z: BkI.J: VI, 273.
47. Joanne Kescone. 1264. Bischöfl.Serviens. Z: BTI.: III, 494.
48. Johannes Kzelz. 1267. Z: BTI.: IV, 34.
49. Johannes Nosal (CC369). 1288. Ihm werden 5 kleine Hufen in Lozotiz (wohl Lassoth bei Neisse) verliehen: BTII.: V, 374.
50. Johannes Sarde. 1276. Dominus. Z: BTII. und HIV.B: IV, 286.
51. Johannes Sezka. 1297. Er verzichtet auf alle Ansprüche auf ein Drittel des Erbgutes Zesselwitz (Kr. Frankenstein): BkI.J: VI, 292.
52. Joanne Sowyoch. 1292. Z: BI.O: VI, 64.
53. Johannes Starcedel (CC384). 1300. Fidelis. Z: HI.G: VI, 448.
54. Johannes Unruh (aus der Lausitz) (CC383). 1300. Z: Rat vSprottau: SR 2600.
55. Johannes Voda (CC359). 1250-63. Brieger claviger 1263. Er besiegelt: HIII.B: II, 410. Z: HIII.B: II, 404, 410, III, 147, 365, 433.
56. Johannes Zaya (CB86, CC367). 1268-73. Ritter. In einer eigenen Urkunde (IV, 198) gibt er die Besitzungen, die er v der Breslauer Kirche erhalten und an seine Töchter, Schwiegersöhne und Enkel geschenkt hatte, unter Widerrufung dieser Schenkung der Breslauer Kirche zurück, was er besiegelt. Wird 1273/74 als † erwähnt: HIV.B: IV, 219.

Z: WB: IV, 95, 96; Konrad Swab: IV, 192.

Witwe des Johannes Zaya. 1273. Sie hat für 198 Mark Silber das Gut Zelniz (wohl Klein Sägewitz sö. Breslau) gekauft: HIV.B: IV, 219.

57. Johannes Zouca (CC363). 1259. Bischöfl. Ritter. Z: BTI.: III, 290.
58. (CC354). Sohn des Blazco, hat mehrere Brüder. 1239. Z: Paul vPoseritz: II, 170.
59. (CB82). Sohn des Clemens. 1228. Graf. Z: KaI.O: I, 298.
60. (CC352). Sohn des Cromole. 1237. Z: HI.S: II, 137.
61. Sohn des Dobrogast. 1233. Z: Rosec (s. Dirsicraiowitz): II, 36.
62. Johannes Eppo bzw. Sohn des Eppo (CC176, 374). 1289-94. Fidelis. Z: König vBöhmen: V, 426; HV.LB: VI, 140, 148.
63. (CC353). Sohn des Fabian Zdezlauezc. 1239. Z: Paul vPoseritz: II, 170.
64. Sohn des Florinus. 1235. Z: G: II, 103.
65. Sohn des Kantors. (1216-27). Z: HI.S: I, 278.
66. Sohn des Martin. 1223. Er tauscht sein Dorf Powitzko (Kr. Militsch) gegen eine Hälfte vHeidemühle (Teil vKutschlau, Kr. Züllichau-Schwiebus): HI.S: I, 227.
67. Sohn des Pachoslaus. 1297. Fidelis. Z: HI.G: VI, 316.
68. Sohn des Polaninus, Bruder des Nikolaus und des Bischofs Paul vPosen. 1220. Er und sein Bruder behaupten in einem Rechtsstreit das v ihrem Vater gekaufte Erbgut Glewo (im Krakauer Gebiet), finden den Kläger aber ab: Markus Palatin vKrakau: I, 200.

Nikolaus (BDH189). Sohn des Polaninus, Bruder des Johannes und des Bischofs Paul vPosen. 1220-27. Dominus, Breslauer Notar 1223, hzl. Kaplan (nur in † !). Er und sein Bruder behaupten sich in einem Rechtsstreit: Markus Palatin vKrakau: I, 200. Er wird als Gründer des Kl. Heinrichau gen.: Herzog vPolen: I, 252; G: I, 253, II, 124; P: IV, 78. Er hat das ihm vom Herzog vPolen übertragene Dorf Miłowice (sö. Beuthen OS) dem Kl. Heinrichau geschenkt: Herzog vKrakau: I, 286. Er hat dem Kl. Heinrichau die Dörfer Heinrichau (Kr. Frankenstein) mit dem Wald dabei, das Gut Nikolaiowitz, Ossig (Kr. Militsch) und 100 große Hufen im Wald vAltreichenau (Kr. Waldenburg) geschenkt: HI.S: I, 290. Er wird als Vorbesitzer des Waldes bei Heinrichau gen.: HI.S: I, †371. Weil das Kl. für die Schenkung v 100 Hufen bei Altreichenau durch ihn keine Urkunde mehr hatte, stellt BII.L eine neue Urkunde aus: BII.L: III, 437. Z: HI.S: I, 227, †342, †343, †351, †355; BL: I, 234, 263; Jaroslaus, Bozdech, Peter und Budiuoy: I, 236; G: I, 281. GB, S. 238-247, 250, 253f., 256, 259, 276, 278f., 287: Er ist ein Geistlicher aus der Krakauer Gegend, dessen Eltern nicht gerade hochadlig, auch nicht ganz gering, sondern v mittlerem Adel waren. Er ist BDH. Sein Bruder ist Bischof Paul vPosen. Ohne Grundbesitz kommt Nikolaus nach Schlesien. Er schließt sich an den Notar Lorenz 1 an, wird sein Schreiber, dann selbst Notar und ist hzl. Kaplan. Er erwirbt Besitzungen und möchte ein Kl. gründen. Es wird vorgeschlagen, daß er Propst des zu gründenden Kl. werden solle. V HI.S erhält er folgende Erbgüter geschenkt: Alt-Heinrichau, Niklawitz, Ossig, Altreichenau, Glewo und Glamboka im Krakauischen. Er tauscht einen Teil seines Besitzes, nämlich das Gebiet zwischen Kojanowitz und der Morina, mit Heinrich vZesselwitz gegen dessen Gebiet zwischen Morina und dem Bach v Alt-Heinrichau. CPP, S. 547: Er wird als Gründer des Kl. Heinrichau gen. (zwischen 1207-22). Lib.mor.Vincentii, S. 6: 7. Jan. (dieser ?). Nekr.Heinrichau, S. 302: 30. Nov. („A. d. M. ccxxvii. ob. Ven. mem. D. Nicolaus fundator huius loci" [Schrift des 17. Jh.]) und 2. Dez. („Agetur anniversarium fundatorum huius monasterij, scil. d. du-

I

cis Heynrici cum barba et filij eius necnon d. Nicolai" [Schrift des 14.Jh.]).
69. (CC366). Sohn des Sobeslaus. 1264. Er wird als ehemaliger Besitzer eines an ein bischöfl. Dorf bei Wansen (nö. Strehlen) grenzendes Grundstück gen.: HIII.B: III, 468.
70. (CC351). Sohn des Theoderich. 1223. Z: Jaroslaus, Bozdech, Peter und Budioy: I, 236.
71. 1245. Ihm wird ein Gut in Gabitz (bei Breslau) im Umfang v 3 Pflügen, das er gekauft hat, gegen Leistung des Garbenzehnten und Zahlung 1 Mark Silber jährlich übertragen: Sandstift: II, 301. (Adliger ?)
72. 1247. Graf. Er wird als Besitzer v Bertelsdorf (bei Lauban) gen.: G: II, 330.
73. (CC365). 1273. Ritter. Er hat sein Erbgut Bela (Bielow bei Crossen) an das Kl. Leubus zum Teil verkauft, zum Teil vermacht: KI.G: IV, 194.
74. 1223. Gibt seinen Zehnt der Salvatorkirche zu Rybnik: BL: I, 226.
75. (CC365). 1263. Nobilis, Graf. Z: KI.G: III, 434.
76. 1234. Z: BTI.: II, 61.
77. 1241. Z: MII.O: II, 210.
78. 1258. Z: HIII.B: III, 267.
79. (CC346). 1209. Graf, Tribun. Z: HI.S: I, †342, †343.
80. (CC346). 1226. URichter. Z: HI.S: I, †364.
81. Johannes Nequicia. 1228. Dominus. Z: BL: I, †368.
82. Johannes Struka de Mann. 1213. Z: BI.S: I, †348.
83. Johannes Torigia. 1252. Dominus. Z: BII.L: III, †563.
— S.u. Aceruo, Borsnitz, Brictius, Chropaczow, Clemens 2, Crecowicz, Curov, Domanze, Domaslaus 1, Dornheim, Egidius 8, Felix, Füllstein, Gallici, Goswin, Grossow, Hermann 5 (Buch), Hirschberg, Jakob 18, Iesco 2 und 4, Indagine, Lobendau, Lvben, Milo, Mironowitz, Münsterberg, Neisse, Nossen, Pack, Pannwitz, Pesczen, Poseritz, Rätsch, Reumen, Royn, Salesche, Scassow, Schmograu, Schweidnitz, Schwein, Serucha, Stephan 4, Stosso, Sussecz, Wiese, Würben, Zgorilcz, Zindel, Zolwitz.

Jordanus. 1. 1298. Notar 1298. V ihm geschriebene Urkunde: HI.G: IV, †466, VI, 367. Durch ihn ausgefertigte Urkunden: HI.G: V, †511. Z: HI.G: IV, †466, V, †511, VI, 367.
2. (CA18). 1149. Comes polonicus. Er schenkt ein namentlich nicht gen. Dorf dem Vinzenzstift: BR: I, 19; P: I, 60.
3. (CC424a). 1264. Er hat sein Dorf bei Strehlen verkauft: BTI.: III, 482.
Joseph. 1234. Z: BTI.: II, 61.
Yperamus (CC328). 1287. K vBreslau. Z: HIV.B: V, 320.
Irmtraud. S.u. Friedrich 3.
Ysaac (CC333). 1248. Bischöfl. Ritter. Z: BTI.: II, 352.
Jucha. S.u. Egidius 10.
Jutta. S.u. Biberstein, Haugwitz, Liebenthal.
Ivan. 1. Iuan Sechezlauich (CC329). 1208. Z: Herzog v Kalisch: I, 116, 117.
2. (CC330). 1270. Z: HIV.B: SR 1349.
— S.u. Kossow, Profen, Prorom.
Ivo. Bruder des Ivo. 1234. Ritter. Er vertauscht sein Gut Łubnice (an der Prosna) gegen das Gut Mirów (bei Tschenstochau) und 45 Mark reinen Silbers: HI.S: II, 85.
Ivo Ubislaus. Bruder des Ivo. 1234. Wird zusammen mit seinem Bruder gen.: HI.S: II, 85.

Kalkau. Eckehard vKalkau (BDH129). 1231-72. Mag., Dominus, Priester, bischöfl. Kaplan 1234, bischöfl. Prokurator 1252-56, Pfarrer vOttmachau 1261 (III, †580). Er wird beauftragt, Abt Ludwig und den Zisterzienserkonvent in den Besitz vKamenz zu restituieren: G: II, 348, 349. Es wird erwähnt, daß auch er bei der Gefangennahme BTI. durch BII.L in Gefangenschaft geriet: P: III, 196, 225. Des Bischofs und seine Gefangenschaft wird erwähnt und bestimmt, daß BII.L erst dann vom Bann gelöst werden soll, wenn er dem Eckehard und den Mitgefangenen Genugtuung geleistet hat: P: III, 366. Diese Genugtuung hat BII.L ihm geleistet: G: III, 377. Er wird mit der Untersuchung und Entscheidung eines Zehntstreites beauftragt: BTII.: IV, 118. In einer eigenen Urkunde (IV, 156) entscheidet er als delegierter Richter den Zehntstreit zwischen dem Abt vKamenz und dem Schulzen vAlt Grottkau. Z: BL: I, 308, II, 2; BTI.: II, 61, 173, 176, III, 52, 112, 171, 178, 190, 252, 264, 275, 290, 307, 309, 314, 358, 375, 387, 413, 432, 440, 445, 448, 449, 482, 487, 495, †576, †580, IV, 18, 47, 48, 55, 65, 66; G: II, 103, III, 9, IV, 179; BII.L: II, 342, 361, 412; HIII.B: III, 22, 40; WB: IV, 59, 62; BTII.: IV, 133, 139. KBGP, S. 577: Mit BTI. und dem Propst Bogufalus wird auch er gefangengenommen. Rocznik Wielkopolski, S. 30: Mit BTI. und dem Propst Boguslaus 1 wird auch er vBII.L zwecks Erpressung eines Lösegeldes gefangengenommen (zu 1256). GB, S. 377f., 381f.: Er förderte das Kl. † am 23. März 1273. Nekr.Heinrichau, S. 286: 23. März („Ob. d. Ekehardus canonicus Wrat."). Nekr.Kamenz, S. 319: 23. März („Ob. d. Ekkhardus dictus de Calcaw Can.Wrat.").
Heinrich vKalkau. 1282-83. Mag. Er fällt einen Schiedsspruch in einem Zehntstreit: BTII.: V, 7. Z: BTII.: V, 7; G: V, 43.
Kalkruth. Konrad vKalkruth (Kalkreuth sö. Großenhain/Meißen) (CC439). 1286. Z: Kl. Sa: V, 301.
Kamenz. Witigo vKamenz (aus dem Osterland über Kamenz/Oberlausitz nach Schlesien) (CC54). Bruder des Bernhard d.Ä. und d.J. 1249-51. Dominus, Ministeriale. Z: BII.L: II, 368, 371, 374, 382, III, 21, 26, 27.
Bernhard d.Ä. vKamenz. Bruder des Witigo und Bernhard. 1251-92. Mag., Dominus, Baron, Kleriker, hzl. Kaplan 1279, Pfarrer zu Brieg 1279-87, Propst vMeißen 1279-91, Breslauer Kanzler 1281-90, Prälat 1288, Bischof vMeißen 1293-1296. Er tauscht als Pfarrer zu Brieg mit HIV.B 2 Dörfer: HIV.B: IV, 368. Wird als Ordinator dieser Urkunde gen.: NI.T: IV, 424, 425. Er vertauscht als Pfarrer zu Brieg ein Dorf: HIV.B: V, 75. Er wird als Exekutor dieses Vertrages gen.: HIV.B: V, 52. BTII. schreibt ihm, daß er am Schiedsspruch des Legaten festhalte und Bernhard in seinem Sinne auf HIV.B einwirken soll: BTII.: V, 97. Er verliest ein Schreiben BTII., der HIV.B zur Einhaltung des Schiedsspruches ermahnt: SR 3, S. 44 (Acta Thomae fol. 58'). Er fällt einen Schiedsspruch: HIV.B: V, 129. Zu Händen ihres Onkels verkaufen die Brüder Bernhard und Otto vBernhardsdorf dem Kl. Marienstern in der Oberlausitz die Stadt Bernhardsdorf (Bernstadt bei Kamenz in der Oberlausitz): Bernhard und Otto vBernhardsdorf: V, 205. BTII. fordert, daß Bernhard für die Sicherheit des Bischofs, seiner Anhänger und des Kapitels bürge: BTII.: V, 283. Es wird erwähnt, daß Bernhard bestätigte, daß HIV.B seine Gesandten nicht bevollmächtigt hatte zuzustimmen, daß HIV.B erst den Breslauer Bischof restituiere und dieser ihn danach vom Bann löse: BTII.: V, 287. Es wird erwähnt, daß er der Bannsentenz den Gehorsam verweigert: G: V, 299. BTII. empfiehlt, dem Bernhard ein päpstliches Mandat zu schicken, damit er auf HIV.B einwirkte:

K

BTII.: V, 307. Er wird wegen Gemeinschaft mit dem gebannten HIV.B und Vornahme gottesdienstlicher Handlungen an Orten, die mit dem Interdikt belegt sind, gebannt: BTII.: V, 354. Es wird erwähnt, daß der Kanzler die Dörfer Mollwitz (bei Brieg), Jordansmühl, Langenöls (bei Nimptsch), Heidersdorf, Thomitz und Faulbrück (bei Reichenbach) auf Lebenszeit besitzt: HIV.B: V, 451. Es wird erwähnt, daß er bei der Entscheidung einer Streitsache abwesend war: G: V, 458. Er wird beauftragt, das Franziskanerhospital der Kreuzherren in Prag zu reformieren: P: SR 2191. Er gibt dem Orden der Kreuzherren Statuten: G: SR 2235. Z: BII.L: III, 21, 263; HIII.B: III, 412, 537, 539, 541, 553; WB: III, †588; HIV.B: IV, 392, 409, 411, 412, 419, 420, 426, 430, V, 1, 5, 6, 13, 20, 52, 57, 66, 73, 74, 118, 122, 196, 271, 320, 367, 401, 412, 448, 452, †495; NI.T: IV, 424, 425; -: V, 2. GB, S. 321: Die Schwester des Bernhard vKamenz war verheiratet mit Dirsislaus vBaitzen.

Bernhard d.J. vKamenz (CC54). Bruder des Witigo und Bernhard. 1251-66. Graf, Ritter. Z: BII.L: III, 21; Witigo vGreiffenstein: III, 130, 135; HIII.B: III, 412, 537, 539, 541, 553; WB: III, †588.

Kamien. Thomas de Camona (Kamien, Kr. Zülz) (CB217). 1279-88. Ritter. BTII. verurteilt ihn wegen Nichterscheinens und widerrechtlicher Aneigung des der Propstei Kasimir (Kr. Neustadt) zustehenden Zehnts v dem halben Dorf Thomnitz (Kr. Leobschütz) zur Restitution des Zehnts: BTII.: V, 389. Z: BI.O: IV, 378.

Kammelwitz. Pribco vCamblowo (Kammelwitz, Kr. Wohlau) (CC664). Sohn des Christobor. 1289. Ritter. Er vergleicht sich wegen Aussetzung des Dorfes Kammelwitz zu deutschem Recht bzgl. der Zehntleistung mit dem Pfarrer zu Queißen: BTII.: V, 422.

Karl. S.u. Bero.

Karsow. Thomas de Karsow (?). 1293. Z: BkI.J: VI, 94.

Karzen. Albert vKarzen (nw. Strehlen) (CC4). 1239-43. Graf. Z: HII.S: II, 167, 172; BII.L: II, 252.

Katharina. Enkelin des Grafen Armudus, Tochter des Bartos (CB21), Schwester des Nikolaus, Witoslaus und Matheg. 1298. Sie und ihre Brüder verkaufen ihr 1,5 Hufen umfassendes Erbgut Damasko (Kr. Leobschütz) für 15 Mark: KaII.CB: VI, 370.

Nikolaus. Sohn des Bartos. 1298. Wird zusammen mit seinen Brüdern und seiner Schwester gen.: KaII.CB: VI, 370.

Witoslaus. Sohn des Bartos. 1298. Wird zusammen mit seinen Brüdern und seiner Schwester gen.: KaII.CB: VI, 370.

Matheg. Sohn des Bartos. 1298. Wird zusammen mit seinen Brüdern und seiner Schwester gen.: KaII.CB: VI, 370.

— S.u. Haugwitz, Münsterberg, Radozlaus 1, Zedlitz.

Keinerdorf. Niclos v Keinerdorf (?) (CC527). 1294. Ritter. Er bürgt mit HV.LB für die Einhaltung dieses Vertrages: HV.LB: VI, 144.

Kemnitz. Wolfram vKemnitz (nö. Bautzen/Meißen) (CC913). 1286-95. Ritter, Fidelis, hzl. Diener, Käm. 1290. Er kauft für 150 Mark 2 zerstörte Mühlen an der Oder: HIV.B: V, 395. Er bürgt für HV.LB und mit diesem für die Einhaltung dieses Vertrages: HV.LB: VI, 144. Z: HIV.B: V, 271, 434, 443, 444; HV.LB: VI, 111, 171, 218.

Otto vKemnitz (CC583). 1297. Z: BkI.J: VI, 292.

Kersenus. 1292. Ritter. Z: BI.O: VI, 64.

Kilian. S.u. Haugwitz.

K

Kittlitz. Indrih Ketlich (Kittlitz/Oberlausitz) (CC323). 1203. Z: HI.S: I, 83.
Heinrich vKittlitz (BDH131). 1223-39. Dominus. Z: BL: I, 225, 231 (dieser ?), 258, 263, 270 (dieser ?); G: I, 281, II, 103: BTI.: II, 159. Lib.mor.Vincentii, S. 13: 31. Jan. (dieser ?).
Otto vKittlitz (CC569). 1255. Dominus. Z: BII.L: III, 161.
Hermann vKittlitz. 1277. Ritter. Z: HIV.B: IV, 307.
Witigo vKittlitz (CC895). 1289-99. Baron, Ritter. Z: BkI.J: V, 437, VI, 65, 86, 91, 123, 418.
Heinrich d.Ä. vKittlitz (CC293). Bruder Heinrichs d.J. 1281-99. Graf, edler Herr, Ritter. In einer eigenen Urkunde (V, 485) verkaufen die beiden Brüder für 100 Mark weißen Silbers Saganer Gewichts ihr Vorwerk vor der Stadt Sagan gegen einen jährlichen Zins, was sie besiegeln. Ihr Verkauf wird bestätigt: KII.Sa: V, 486. Z: HIV.B: IV, 419; KII.Sa: V, 413, VI, 270, 404; KII.Sa und HI.G: V, 416; HI.G: VI, 384.
Heinrich d.J. vKittlitz (CC294). Bruder Heinrichs d.Ä. 1290-99. Edler Herr, Ritter. In einer eigenen Urkunde (V, 485) verkaufen die beiden Brüder ihr Vorwerk, was sie besiegeln. Ihr Verkauf wird bestätigt: KII.Sa: V, 486. Z: KII.Sa: VI, 270, 404; HI.G: VI, 384.
Heinrich vKittlitz (CC293) (welcher ?). 1291-99. Z: HI.G: VI, 9, 10, †461; KII.Sa: VI, 390, 391.
Knobelsdorf. Gerhard vKnoblochsdorf (Knobelsdorf bei Döbeln/Meißen) (CC201). 1277. Dominus. Z: BII.L: IV, 319.
Siegfried vChloblowchyzdorf (CC201). 1284. Z: HIV.B: V, 129.
Hartung vKnoblauchsdorf (CC238). 1284-90. Er und Gertrud werden als Besitzer v 5 Hufen in Knoblochsdorf (Kr. Goldberg), die gegen eine jährliche Lieferung v 10 Malter Gerste v allen Diensten und Lasten befreit werden, gen.: HV.LB: V, 440. Z: HIV.B: V, 129.
Gertrud (vermutlich geb. vKnobelsdorf). Witwe des Konrad Weydener. 1290. Sie und Hartung vKnobelsdorf werden als Besitzer v 5 Hufen in Knoblochsdorf, die v allen Diensten und Lasten befreit werden, gen.: HV.LB: V, 440.
Otto de Cnobolochisdorp. 1299. Z: KII.Sa: VI, 375.
Kobelau. Stephan Cobilaglova (Kobelau, Kr. Frankenstein) (CC678). Hat Söhne. 1228-37. Ritter. HI.S bewirkt die Rückgabe einer Wiese und eines Waldes am Bach Morina, die er ihm widerrechtlich verliehen hatte: HI.S: I, †371. Es wird erwähnt, daß er einen Teil des Dorfes Buchwald (bei Moschwitz sw. Heinrichau) dem Kl. Heinrichau verkauft hat: BTI.: II, 138, III, 448. GB, S. 278-282: 1228 hetzt er einige Bauern auf zu behaupten, der klösterliche Wald Bukowina bei Glambowitz gehöre ihnen und tatsächlich erhalten sie ihn auch v HI.S. Stephan bietet nun HI.S ein Streitroß im Werte v 28 Mark Silber als Geschenk an und erhält dafür den Wald. 1229 verkauft er diesen Wald für 28 Mark Silber dem Kl., wobei HI.S jedoch feststellt, daß Stephan den Wald zwar auf Grund seiner Schenkung aber doch zu Unrecht besaß (→ I, †371). Er hat Söhne.
Stephan Kotka vKobelau (CC769). Vater des Paul und der Pauline, Neffe des Streziwoy und Dersco. 1278. In einer eigenen Urkunde (IV, 348) verkauf er für 30 Mark Silber 2,5 Hufen in Nethwiz (in Moschwitz aufgegangen, sw. Heinrichau), was er und sein Onkel (patruus) Streziwoy besiegeln. Der Verkauf dieser nunmehr 2 kleinen Hufen wird erwähnt: Peter vLiebenau: VI, 444. GB, S. 326-328: Er verkauft 1278 2 Hufen

K

v seinem 7 kleine Hufen umfassenden Erbgut Nethwitz an zwei Münsterberger Bürger für 30 Mark und einen bestimmten Zins, leistet aber den Dienst für diese 2 Hufen weiter (→ IV, 348). Er wird wegen Raubes enthauptet.

Paul Kotka vKobelau (CC605). Sohn des Stephan, Bruder der Pauline. 1300. Er und seine Schwester machen vergeblich ihre Ansprüche auf 2 kleine Hufen in Nethwitz durch Paulines Mann Peter 39 geltend: Peter vLiebenau: VI, 444. GB, S. 328f.: Er gibt seine Zustimmung dazu, daß sein Schwager die 2 Hufen, die den Münsterberger Bürgern gehören, gegen ein Streitroß eintauscht. Die restlichen 5 Hufen in Nethwitz verkaufen er und sein Schwager für 110 Mark.

Pauline vKobelau. Tochter des Stephan, Schwester des Paul, Ehefrau des Peter 39. 1300. Sie wird zusammen mit ihrem Bruder gen.: Peter vLiebenau: VI, 444. GB, S. 328f.: Sie heiratet einen Frankensteiner Jüngling namens Peter.

Streziwoy vKobelau (CC788). Bruder des Dersco, Onkel des Stephan. 1266-91. Dominus, Graf. Er besiegelt die Urkunde seines Neffen: Stephan vKobelau: IV, 348. Z: KI.G: III, 547; HI.G: IV, 402, VI, 9, 10, †461.

Dersco vKobelau (CC160). Bruder des Streziwoy. 1281-99. Ritter. Z: HI.G: IV, 402, V, †511, VI, 9, 10, †461; KII.Sa: V, 413, VI, 404.

Berthold vKobelau (CC59). 1262-69. Graf, Baron, Ritter. Er hat den Teil des Erbgutes Wüstebriese (sw. Ohlau), der verschenkt wird, abgegrenzt: WB: IV, 107. Z: HIII.B: III, 424.

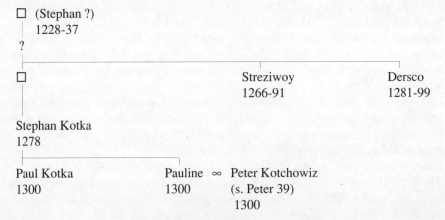

Kobershain. Apetzko vKobershain (Kr. Torgau/Meißen) (CC35). 1294-97. Ritter, Fidelis. Er bürgt für HV.LB und mit diesem für die Einhaltung dieses Vertrages: HV.LB: VI, 144. Z: HV.LB: VI, 241, 243; BkI.J: VI, 290.

Konrad vKobershain (CC447). 1300. Fidelis. Z: HI.G: VI, 448.

Koitz. Chelco/Kelzo (CC51, 112). Sohn des Sulislaus. 1261-77. Graf, Fidelis, Dominus, Richter 1261. Z: BII.L: III, 382, 481, 524, IV, 305.

Sulislaus vKoitz (Kr. Liegnitz) (CC793). Sohn des Kelzo, hat Söhne und Töchter. 1267-98. Dominus, Ritter. Er bürgt mit HV.LB für die Einhaltung dieses Vertrages: HV.LB: VI, 144. Er verkauft mit Zustimmung seiner Söhne und Töchter und aller seiner Kinder 2 Hufen v seinem allodium in dem Dorf Koitz an das Kl. Leubus, leistet aber den Herzogsdienst für diese 2 Hufen weiterhin: BkI.J: VI, 362. In einer eigenen Urkunde (VI,

364) verkauft er mit Zustimmung seiner Kinder dem Kl. Leubus für 43,5 Mark Silber 2 Freihufen v seinem Vorwerk (allodium) Koitz und übernimmt die Dienste v den 2 Hufen auf sein Gut, was er besiegelt. Z: BII.L: IV, 40, 336; HV.LB: V, 274.

Kokorz. Adam vKokorz. 1235. Ihm werden 2 Dörfer verliehen: WI.O: II, †423.

Komerow. Arnold vKomerow (Commerau nö. Kamenz/Sachsen) (CB18, CC43). 1293-95. Fidelis, hzl. Prokurator 1293. Z: BI.O: VI, 124, 174, 175; HV.LB: VI, 188.

Peter vKomerow (CC654). 1295. Z: HV.LB: VI, 188.

Konrad. 1. 1295-96. Notar HV.LB 1295-96 und BkI.J 1296. V ihm geschriebene Urkunde: HV.LB: VI, 224. Durch ihn ausgefertigte Urkunde: HV.LB: VI, 241. Z: HV.LB: VI, 242; BJIII.: VI, 264; Simon Gallicus: VI, 266.

2. 1249. Schreiber. Z: BII.L: II, 371, 374.
3. (KSH20). 1288. Kustos. Z: HIV.B: V, 367.
4. (CC429). Vater des Otto, Stephan, Concho. 1222-34. Graf, Baron, K vCrossen 1222-34. Er vermittelt in einem Rechtsstreit: HI.S: I, 314. Z: HI.S: I, 219, 227, 287, 290, 314, †358, †371, II, 24, †421, †422; Sebastian und Gregor (s.Bozechna): II, 1; HI.S und HII.S: II, 73.

   Otto (CC565). Sohn des Konrad. 1226-59. Graf, Dominus, UTruch. 1231-34, K vSagan 1257-58. Er schenkt das Dorf Messow (nw.Crossen) dem Kl. Leubus aus Dankbarkeit für die ihm in seiner Gefangenschaft erwiesenen Wohltaten und seine Auslösung durch das Kl.: HIII.B: III, 22. Er stimmt der Schenkung seines Bruders Stephan zu und bestätigt sie: KI.G: III, 299. Z: BL: I, 258; HI.S: II, 5, 85; Herzog vSandomir: II, 79; BII.L: II, 229, 252, 296, 371, 374, 382; KI.G: III, 226, 260, 299.

   Stephan (CC763). Sohn des Konrad. 1226-59. Graf, K vCrossen 1253-58. Er hat dem Kl. Leubus als Wiedergutmachung für die in dem Klosterbesitz Messow angerichteten Schäden seine beiden Dörfer Schönfeld und Schmachtenhagen (?), die schon sein Vater besessen hat, sowie 7 Lehnhufen in Messow (alle nw. Crossen) übertragen, wofür ihm das Kl. 27 Mark Silber geschenkt hat: KI.G: III, 299. Er und seine Brüder beschreiben auf Bitten des Abtes vLeubus die Grenzen ihrer ehemaligen Besitzungen Schönfeld und Szythnow, die sie dem Kl. geschenkt hatten: KI.G: III, †581. Z: BL: I, 258; HI.S: II, 5; BII.L: II, 229, 252; KI.G: III, 101, 102, 103, 166, 226, 260, †567.

   Concho. Sohn des Konrad. 1240. Z: HII.S: II, 181. Długosz, Historia. Bd.II, S. 276: gefallen 1241 bei Liegnitz.

5. (CC430). 1223. Liegnitzer Käm. Z: G: I, 230.
6. (CC431). 1277-83. Ritter, Schenk. Z: HIV.B: IV, 320, V, 61; -: V, 2.
7. (CC269). 1283. Hzl. Bogenschütze (balistarius). Er sowie Heinrich 21 und Walter 5 geloben, das Kl. Kamenz bei der Erhebung des Zehnts auf ihrem Gute Kittelau (bei Nimptsch) nicht zu behindern: BTII.: V, 69.
8. 1248. Bischöfl.Serviens. Z: BTI.: II, 352.
9. Cunsco (CC456). 1257. Graf, Vogt vKreuzburg OS. Er regelte diesen Tausch und war Z: HIII.B: III, 230.
10. Conradus auceps. 1284. Er verkauft für 15 Mark Silber eine Wiese v 16 Morgen in Schmartsch (bei Kattern): HIV.B: V, 118.
11. Konrad Zlauicus. 1228. Z: HI.S: I, 287.
12. Sohn des Alexander. 1264. Er wird als Besitzer v Äckern in Rosenthal (bei Reppline südl. Breslau) und als Grenznachbar gen.: HIII.B: III, 490. (Adliger ?)

K/L

13. (CC440). Sohn des Burkhard, Bruder des Otto. 1286. Z: KII.Sa: V, 301.
    Otto (CC577). Sohn des Burkhard. 1286. Z: KII.Sa: V, 301.
14. Sohn des Schenken. 1278. Graf. Z: Pasco (s. Peter 42): IV, 350.
15. 1222. Z: HI.S: I, 219.
16. 1228. Z: BI: I, 288.
17. (CC436). 1253. Z: BII.L: III, 69.
18. 1254. Hofnotar. Als Datar gen.: WI.O: III, †571.
19. 1254. Jäger. Z: HIII.B: III, †570.
— S.u. Bohrau, Borsnitz, Brounov, Crimmitzschau, Cuncso, Dirsicraiowitz, Drehnow, Goslawitz, Hake, Heseler, Kalkruth, Kobershain, Macviz, Mülbitz, Münsterberg, Nostitz, Oder, Petrikau, Radmeritz, Reichenbach, Röchlitz, Satezborn, Schaffgotsch, Schindel, Schmortsch, Schweidnitz, Sonberg, Strehla, Sulz, Swab, Verde, Vermoldesdorf, Zobten.

Kornitz. Iasco vKornitz (CB96). Bruder des Pribislaus und Stephan. 1274-97. Graf, Ritter, Teschener UKäm. 1283, Ratiborer UKäm. 1290-95. Z: WI.O: IV, 239, 321; Stephan vZernitz: V, 53; PR: V, 161, †512, VI, 119, 129, 131, 147, 209; MI.T und PR: V, 266, 368, 403; MI.T: V, 430, 443, VI, 17, 313.

Pribislaus (CB177). Bruder des Iasco und Stephan. 1284-89. Ritter. Z: PR: V, 161; MI.T und PR: V, 266, 368, 403; MI.T: V, 430.

Stephan. Bruder des Iasco und Pribislaus. 1285-88. Archidiakon vLiegnitz 1285, Archidiakon vOppeln 1286-88. Er soll HIV.B zur Rückgabe Ottmachaus und zur Aufhebung der Belagerung der Burg Edelstein auffordern: BTII.: V, 199. Diesen Auftrag hat er ausgeführt: BTII.: V, 202, 207. Ihm wird befohlen, jeden Sonntag in jeder Kirche seines Sprengels die Exkommunikation HIV.B verlesen zu lassen: BTII.: V, 213. Es wird erwähnt, daß der Archidiakon vOppeln (sicherlich er) die Bannsentenz gegen HIV.B in der Kirche zu Oppeln publiziert hat: BTII.: V, 287. Z: BTII.: V, 209; MI.T und PR: V, 403.

Kossow. Ivan vKossow (Kossendau, Kr. Liegnitz) (CC330). 1294-99. Ritter. Er bürgt mit HV.LB für die Einhaltung dieses Vertrages: HV.LB: VI, 144. Z: KII.Sa: VI, 412.

Krakau. Peter vKrakau. 1283. Breslauer Palatin. Z: HIV.B: V, 74.

Krampitz. Sdizlaus de Crampowicz (Krampitz, Kr. Neumarkt) (CC931). 1295. Fidelis. HV.LB hat ihn wegen Besitzes v 7 Hufen in Krampitz zu Unrecht gezwungen, Dienste zu leisten; diese Dienste reduziert er jetzt auf die Zahlung v 1 Mark jährlich: HV.LB: VI, †466.

Kunemann. S.u. Seidlitz.

Kunzendorf. Jakob vKunzendorf. 1295. Hzl. Notar. Z: BJIII.: VI, 206.

Kurzbach. Arnold vKurzbach (CC42). 1282-97. Ritter, Fidelis, hzl. Amtmann 1282. Er bürgt für HV.LB und mit diesem für die Einhaltung dieses Vertrages: HV.LB: VI, 144. Ihm wird wegen seiner treuen Dienste das Dorf Schlottnig (bei Liegnitz) verliehen: HV.LB: VI, 242. Z: BkI.J: V, 19, 49, Fürstenstein StA Fol. 221 pag. 226-26b; Film Nr. 212/24 und 217/31, VI, 290; HV.LB: SR 2219, 2242.

Peter vKurzbach (CC651). 1292-93. Getreuer. Z: HV.LB: VI, 57, 111.

Labant. Nawogius vLabant (Laband, Kr. Tost-Gleiwitz) (CB148, 195). 1298. Graf, Baron. Z: KaII.CB: V, †503, VI, 370.

Labil. Magnus vLabil (?) (CC484). 1290. Z: KII.Sa: V, †510.

Lagow. Heinrich vLagow (?) (CC273). 1287. Über ihn wird wegen Teilnahme an der Schleifung des Schlosses Ottmachau der Bann verhängt: BTII.: V, 354.

Lambert. 1. (BDH151). 1202-03. Kaplan. Der Präbendezehnt des Lambert wird mit dessen Einverständnis getauscht: HI.S: I, 83, 115, 181. Z: HI.S: I, 77; BI.S: I, †331. Lib.mor.Vincentii, S. 95: 26. Nov.

2. (CC458). 1202. Z: BC: I, 82.

3. (1235-44). Z: Johannes 21: II, 281.

— S.u. Druschowitz, Schwenkenfeldt, Seiffersdorf, Swoiniz.

Lambinus. S.u. Colonia.

Landescron. Peter vLandescron (Landeskrone bei Bautzen/Oberlausitz) (CC639). Bruder des Friedrich. 1281-99. Dominus, Baron. Z: BeLö: IV, 418; BkI.J: VI, 65, 418.

Friedrich vLandescron (CC192). Bruder des Peter. 1292-99. Baron, Ritter. Z: BkI.J: VI, 65, 213, 305, 418.

Langa. Jakob vLanga (?). 1299. Ritter. Z: PR: VI, †473.

Lapide. Gerhard vLapide/Stein (Stein sö. Zwickau/Meißen) (CC197). 1249-64. Fidelis. Er hat Trebnitzer Klostergut spoliiert und ist exkommuniziert worden: G: III, 42. Z: BII.L: II, 371, 374, III, 3, 21, 481.

Lascar. 1. (CB113). 1254-57. Graf, Richter. Z: WI.O: III, 142, 213.

2. (CB113). 1239-43. Baron. Z: MI. O: II, 166, 180, 244; VO: II, 243.

— S.u. Gregor 4.

Laskowitz. Sulco vLaskowitz (?) (CC796). 1290-98. Graf, Ritter. Der Garbenzehnt v seinen zwei Allodien in dem Dorf Lusna (Lippen oder Lessendorf bei Freystadt ?) wird an die Kantorpräbende am Kollegiatstift zu Glogau überwiesen: BJIII.: VI, 196, 202. Z: HI.G: V, 487, VI, 9, 10, 55, 272, 294, 353, 367, †461.

Lassota. 1. (CC463). Vater des Lassota und Jakob. 1242-54. Graf, Baron, K vLiegnitz 1242-45 und 1254. Z: BII.L: II, 229, 252, 272, 273, 297, 300, †438, III, 69; hlg. Hedwig: II, 234; KI.G: III, 20, †581; HIII.B: III, 137. Nekr.Lubense, S. 59: 30. Dez. („Ob.Lessota Castellanus de Legnicz. Item Lessota et Jacobus filij eius").

2. 1228. Z: HI.S: I, 287.

— S.u. Otto 9.

Laszka. S.u. Grabie.

Lazarus (BDH153). 1212-19. Z: BL: I, 129; G: I, 190.

Leckinstein. Alexius vLeckinstein (?) (CB9). 1294. Hzl. Ritter, Fidelis. Z: BI.O: VI, 157, 174, 175.

Lecsico (CC468). 1297. Ritter. Z: Bogus vPogarell: VI, 301.

Ledelow. Apetzko vLedelow (Lödla nw. Altenburg/Thüringen) (CC560). 1300. Ritter. Z: HI.G: VI, 435.

Heinrich vLedelow (CC289). 1300. Z: HI.G: VI, †480.

Leonhard. 1. (BDH155). 1249-72. Mag., Dominus, bischöfl. Prokurator 1249-72, Archidiakon vOppeln (nur III, †582). Als Prokurator gen.: BTI.: II, 361. Er hat das an Pohlanowitz (bei Breslau) angrenzende Erbgut des Demetrius 2 gekauft: HIII.B: II, 404. Er wird als Grenznachbar gen.: BTI.: III, 2. Sein Gut Pohlanowitz wird v allen Lasten befreit und die Aussetzung zu deutschem Recht gestattet, wofür er ein ewiges Licht in der Breslauer Kirche brennen lassen soll und er und seine Nachfolger verpflichtet sind,

L

dem Herzog und seinen Nachfolgern jährlich eine Wachskerze zu schenken: HIII.B: III, 18. Er wird als ehemaliger Besitzer 1 Hufe in Baucke (bei Neisse) gen.: BTI.: III, 309. Der BDH Bartholomeus 2 will gegenüber BTII. und dem Leonhard seine Ansprüche auf die ihm 7 Jahre lang vorenthaltenen Pfründeneinkünfte geltend machen, wobei Leonhard als sein ehemaliger Prokurator bezeichnet wird: G: IV, 132. Er hat zugegeben und zugesagt, die 4 Jahre hindurch vorbehaltenen Pfründeneinkünfte v 15 Mark Zins jährlich v dem Gut Peterswaldau (bei Reichenbach) zu zahlen, vorbehaltlich näherer Erkundigungen für das erste der 4 Jahre, für welches er glaubt, schon Zahlung geleistet zu haben: BTII.: IV, 139. Er haftet dem Bartholomeus 2 für die 4 Jahre lang nicht geleisteten Pfründeneinkünfte, versichert jedoch, einen Jahreszins schon gezahlt zu haben; BTII. bittet den Bartholomeus 2, wegen des Alters und der Schwachheit des Leonhard auf den Zins für die anderen 3 Jahre zu verzichten: BTII.: IV, 140. Er übereignet dem BDH Andreas 5 200 französische Schafe unter der Bedingung, daß Andreas 5 jährlich 5 Mark für den v ihm gestifteten Altar in der Domkirche zahlt; auf sein Bitten gibt BTII. das Gut Probotschine (sö. Breslau), das Andreas 5 schon vom Bischof erhalten hat, diesem zur freien Trift der Schafe auf ewige Zeiten: BTII.: IV, 144. Z: G: II, 394, III, 9; HIII.B: III, 8, 22, 24, 32, 40, 204, 521, †570; BTI.: III, 112, 171, 178, 275, 290, 314, 358, 375, 387, 432, 448, 449, 487, 494, 495, 513, †580, IV, 23, 34, 45, 47, 48, 55, 65; Strescizlaua (s. Radozlaus 1): III, 294; BTII.: IV, 180, †439. Unsicher, ob er oder Leonhard 2: Z: G: III, 377, †582; BTI.: III, 440, 445, 473, 475, 480, 482, 512, IV, 18, 66; HIII.B: III, 521. GB, S. 382: † am 2. April 1273. Nekr.Heinrichau, S. 286: 2. April. Nekr.Kamenz, S. 320: 3. April („Ob.Leonardus Can. Wrat. familiaris").

2. (BDH156). 1261-71. Priester, bischöfl. Kaplan, Archidiakon vOppeln (nur III, †582). Z: BTI.: III, 2, 361, 375, 387, 432, 448, 449, 487, 494, 495, IV, 23, 47, 48, 55; BTII.: IV, 139, 256. Unsicher ob er oder Leonhard 1: Z: G: III, 377, †582; BTI.: III, 440, 445, 473, 475, 480, 482, 512, IV, 18, 65; HIII.B: III, 521.

3. (BDH o. Nr.). 1282-88. Prälat, Dekan vOppeln. In seiner Gegenwart wird die Exkommunikationssentenz über HIV.B verlesen: BTII.: V, 135. Z: BTII.: V, 11, 48, 132; HIV.B: V, 367.

4. 1279-80. Dominus, bischöfl. Schreiber 1279, Kaplan 1280. Z: BTII.: IV, 376, †456; Bürger vNeisse: IV, 393.

5. (CB111). 1289. Adliger Junker (domicellus). Z: KaII.CB: V, 410.

6. Sohn des Witego. 1264-84. Vir nobilis. Er hat sein Dorf Eichberg (nw. Crossen) an das Kl. Leubus verkauft: KI.G: III, †585. Er verzichtet nach einem Schiedsspruch und gegen eine Abfindung v 2 Mark auf alle Ansprüche auf die 2 Hufen in Bela (wohl Bielow, Kr. Crossen), die er v einem Johannes gekauft zu haben vorgegeben hatte: HIV.B: V, 129.

7. Bruder des Naczwoyus. 1293. Die Brüder verkaufen ihr 34 Hufen umfassendes Dorf Klein Neudorf (bei Grottkau): HV.LB: VI, 111.

Naczewoyus. Bruder des Leonhard. 1293. Die Brüder verkaufen ihr Dorf: HV.LB: VI, 111.

8. (BDH o. Nr.) (welcher?). 1291. Z: BTII: VI, †462.

— S.u. Michelwitz, Zantoslaus.

Lerissius (CC466). 1296. Fidelis. Z: HI.G: VI, 275.
Lesco (CC467). 1277. Claviger. Z: BII.L: IV, 319.

Lessotho. S.u. Vnarcus.

Leubusch. Sandco vLeubusch (?) (CC725). Sohn des Johannes. 1284. Ritter. Er erhält für seine langen und treuen Dienste 2 Hufen in Groß Döbern (Kr. Brieg) im Werte v 40 Mark zur Erhaltung seines Streitrosses; die Hufen werden vDöbern getrennt und seinem Dorf Leubusch zugeschlagen: HIV.B: V, 156.

Leuchtinburg. Jan vLeuchtinburg gen.Crusschina. 1209. Hauptmann in den Fürstentümern Schweidnitz und Jauer. Er bestätigt eine Urkunde HI.S: I, †344.

Leuus (CC464). 1256. Bischöfl. Ritter. Z: HIII.B: III, 189.

Levos. S.u. Crisko.

Liebau. Heinrich vLiebau (?). Schwiegersohn (gener) des Konrad vReichenbach. 1290-93. Dominus, Ritter. Z: Konrad vReichenbach: V, 450, SR 2213; BkI.J: V, 488, VI, 78, 85, 94, 130.

Liebenau. Albert vLiebenau (nw. Schwiebus). 1276. Graf, K vBentschen (Großpolen). In einer eigenen Urkunde (IV, 292) bestätigt er, dem Ulrich die Scholtisei in Liebenau übertragen zu haben.

Peter vLiebenau (CC656). Sohn des Schulzen vLiebenau, Bruder des Gerhard. 1291-1300. Dominus, Fidelis, K vNeuhaus (bei Patschkau) 1295. Er bestätigt als K vNeuhaus einen Tausch: Protonotar Siegfried u.a.: VI, 217. In einer eigenen Urkunde (VI, 444) erkennt er im polnischen Landgericht dem Kl. Heinrichau den Besitz v 2 kleinen Hufen in Nethwitz (später zu Moschwitz) zu, die das Kl. für 24 Mark reinen Silbers gekauft hatte, und übernimmt gegen eine jährliche Abgabe v 5 Vierdungen und 2 rheinischen Stiefeln die hzl. Dienste für diese 2 Hufen, was er besiegelt. Z: Johannes vNossen: VI, 23; BkI.J: VI, 155, 284, 292, 307, 388, 393; Moico vBaitzen: VI, 163. GB, S. 328f.: Er, Sohn des Schulzen vLiebenau, war damals (nach 1278) Polenrichter in diesem Gebiet. Er tauscht vPeter 39 Herrschaft und Zins über die 2 Hufen, die den Münsterberger Bürgern gehören, gegen ein Streitroß ein und leistet für diese 2 Hufen den üblichen Dienst dem Landesfürsten. Später übergibt er diese Herrschaft für Schulden v 15 Mark dem Nikolaus vWatzenrode.

Gerhard vLiebenau. Sohn des Schulzen vLiebenau. 1299. Z: BkI.J: VI, 393.

Liebenthal. Heinrich Junior vLiebenthal (Kr. Löwenberg) (CC247). 1251. Z: BII.L: III, 3.

Jutta vLiebenthal. Mutter des Puscho und Reinsko. 1278-89. Domina nobila. Sie möchte in Liebenthal ein Kl. erbauen, was ihr gestattet wird: HV.LB: IV, 333. Sie und ihre Söhne schenken dem Kl. Liebenthal 40 Mark jährlichen Zins, den sie erkauft haben: BkI.J: V, 437.

Puscho vLiebenthal (CC683). Sohn der Jutta, Bruder des Reinsko und Wilrich. 1289-95. Ritter. Wird zusammen mit seiner Mutter gen.: BkI.J: V, 437. Z: BkI.J: VI, 180, 204.

Reinsko vLiebenthal (CC700). Sohn der Jutta, Bruder des Puscho und Wilrich. 1289-99. Baron. Wird zusammen mit seiner Mutter gen.: BkI.J: V, 437. Z: König vBöhmen: V, 426; BkI.J: VI, 65, 418.

Wilrich vLiebenthal. Bruder des Puscho und Reinsko. 1294. Bischöfl. Kaplan, Pfarrer zu Hohenposeritz (bei Schweidnitz). Er schenkt das Patronat der Kirch v Hohenposeritz, das er aus eigenem Vermögen gekauft hatte, sowie die Zehnten und Einkünfte der Kirche dem Kl. Liebenthal, das er und seine Brüder gegründet haben: BJIII.: VI, 153.

Liednitz. Peter vLiednitz (?). 1299. Graf. Z: Leonhard vMichelwitz: VI, 422.

L

Likowitz. Lorenz/Peter vLikowitz. Zwischen 1243-67. Hedwig, S. 605: Er wurde durch die Hilfe der hlg. Hedwig v einem Fußleiden befreit. Hedwig, S. 618: Er, ein alter Mann, pilgert zum Grab der hlg. Hedwig, wo die Lähmung seiner Füße zurückgeht und er die Fisteln verliert. (Adliger ?)

Lynauia. Otto vLynauia (?). Bruder des Ulrich. 1281. Er und seine Brüder (!) führen vSchloß Edelstein aus Fehde gegen den Bischof vBreslau; das Schloß mit der Vorstadt Zuckmantel treten die Brüder an NI.T ab, der es BTII. übergibt: NI.T: IV, 424, 425; HIV.B: IV, 426. Z: NI.T: IV, 428.

Ulrich vLynauia. Bruder des Otto. 1281. Z: NI.T: IV, 428.

Peter vLynauia. 1290. Er hat seinen Anteil an der Mühle und dem Fischteich bei Tinz an die Johanniter zu Groß Tinz verkauft: HV.LB: V, 489.

Lindenau. Heinrich vLindenau (Kr. Leipzig) (CC286). 1292. Z: Protonotar Ludwig: VI, 56.

Lobel. Friedrich vLobel (?). 1290-92. Dominus, Hofnotar 1292. Als Datar gen.: HI.G: VI, 76. Z: HI.G: V, 459, VI, 9, 10, 17, 76, †461.

Loben. Friedrich vLoben (?) (CC188). 1280-96. Dominus, Fidelis, K vNeumarkt 1286. Z: HV.LB: IV, 394, V, 274; HI.G: VI, 275.

Lobendau. Johannes vLobdaw (Lobendau ?) (CC370). 1290. Z: HV.LB: V, 440.

Locibor. 1283. Hzl. Richter. Er und sein Vermesser haben ein Gut vermessen: KII.Sa: V, 55.

Logimerus (CC469). 1259. Käm. der Herzogin Salome. Z: KI.G: III, 304.

Lom. Friedrich vLom. 1288-94. Dominus, Pfarrer zu Lom 1288, Pfarrer zu Frankenberg 1290, Notar 1290-92, hzl. Kaplan 1288-94, Lebuser Domherr 1294. Er wird auf Bitten HV.LB als Pfarrer zu Frankenberg investiert: BTII.: V, 445. Als Datar gen.: HV.LB: VI, 44. Z: HV.LB: V, 396, VI, 15, 54, 93, 97, 158, 171, †464.

Witigo vLom (CC894). 1273. Dominus, Ritter. Z: KI.G: IV, 197, †451.

Lonek. Sohn des Pisko, Bruder des Lutozat. 1256. Die beiden Brüder werden als Erbauer der Kirche des hlg. Paulus in Peiskretscham (bei Tost) gen., haben der Kirche den Zehnt der v ihnen bebauten und zu rodenden Felder und 8 Morgen v der Mühle zu Tost gegeben, können jedoch wegen ihres zu geringen Vermögens die Kirche nicht hinlänglich dotieren: BTI.: III, †576.

Lutozat. Sohn des Pisko. 1256. Wird zusammen mit seinem Bruder gen.: BTI.: III, †576.

Lorenz. 1. (BDH159). Vor 1222. Dominus, Notar. Als Datar gen.: HI.S: I, †355, †337, †338, †339, †358, †359, II, †422. Z: HI.S: I, †340, †360, †361; BL: I, †368. GB, S. 238: Er wird als Notar HI.S. gen. Er verwendet Nikolaus (s. Johannes 68) als Notar. Er wird später Bischof vLebus (1204-33).

2. 1256-59. Hzl. Kleriker 1256, Notar 1259. Als Datar gen.: BII.L: III, 192, †578.

3. (BDH164). 1249-53. Dominus, Dekan. Z: HIII.B: III, 34, 50; HIII.B und WB: III, 60, 61; BTI.: III, †568; -: II, 375.

4. (BDH163). 1244. Scholaster. Er beurkundet als delegierter Richter einen Verzicht: G: II, 280.

5. (BDH165). 1281-99. Mag., bischöfl. Offizial 1284, bischöfl. Nuntius 1284, Archidiakon vGlogau 1285-87, bischöfl. Prokurator 1285-87, Scholaster 1295-99, päpstl. Kaplan 1298. In einem Streit um die Zehnten des Dorfes Gesersco (vielleicht Groß Jeseritz

nw. Strehlen) wird zu seinen Ungunsten entschieden: G: V, 40. Er wird beauftragt, vPropst Sbroslaus vSchnellewalde eine Erklärung bzgl. der Gültigkeit des Schiedsspruches im Streit zwischen HIV.B und BTII. zu verlangen: BTII.: V, 98. In einer eigenen Urkunde (V, 108) entscheidet er einen Zehntstreit. Er wird beauftragt, HIV.B abermals zur Einhaltung des Schiedsspruches zu ermahnen: BTII.: V, 109. Es wird berichtet, daß er diesen Auftrag ausgeführt hat: -: SR 3, S. 44 (Acta Thomae fol. 58'). Er wird als bischöfl. Nuntius erwähnt: BTII.: V, 112. Er wird beauftragt, vHIV.B Kenntnis v dessen eventueller Appellationsschrift zu erlangen: BTII.: V, 120. In einer eigenen Urkunde (V, 121) berichtet er über die Ausführung dieses Auftrages, was erwähnt wird: BTII.: V, 125. Er erhält ein Schreiben BTII.: -: V, 123. Er kauft das bischöfl. Dorf Dobrischau (bei Oels) zurück und crhält genaue Bedingungen zum Wiederverkauf oder zur Verleihung: BTII.: V, 132. In seiner Gegenwart wird die Exkommunikationssentenz über HIV.B verlesen: BTII.: V, 135. Er bezeugt, daß gegen HIV.B Appellation eingelegt wurde: -: V, 149. In einer eigenen Urkunde (V, 157) bezeugt er, daß vor ihm ein Zehntstreit beigelegt wurde. Er überbringt dem P ein Schreiben der Bischöfe des Erzbistums Gnesen: G: V, 225. Es wird erwähnt, daß er nach Rom geschickt wurde: BTII.: V, 241. Er wird den Kardinälen Latinus, Bentivenga, Jeronimus und Matheus empfohlen: BTII.: V, 244. Ihm wird mitgeteilt, wie sich der Streit weiterentwickelt: BTII.: V, 287, 333. Er überbringt dem Erzbischof v Gnesen einen Brief BTII.: BTII.: V, 295. Ihm wird Geld geschickt und er wird ermahnt, damit sparsam umzugehen: BTII.: V, 334. Er wird dem Kardinal Latinus empfohlen: BTII.: V, 335 und dem Kardinal Philipp vFermo: V, 336. Ihm wird mitgeteilt, daß BTII. gegen die Forderungen des päpstlichen Legaten abermals Appellation eingelegt hat: BTII.: V, 345, 350. Er entscheidet einen Zehntstreit mit, was er besiegelt: G: VI, 365. Er bezeugt eine Abschrift: Notar Adam vRatibor: VI, 400. Z: BTII.: IV, 431, V, 48, 116, 184, 185; G: V, 43; -: V, 414; BJIII.: VI, 218, 262, 395, 416.

6. (BDH161). 1219-39. Kustos. Er gibt seine Zustimmung, daß der Zehnt der Umgebung vHeinrichau, der der Kustodie zusteht, gegen den (III, 448: auf 8 Mark Silber geschätzten) Zehnt der Dörfer Moschwitz, Zesselwitz und des abgekommenen Gutes Glambowitz (alle bei Heinrichau) getauscht wird: BTI.: II, 138, III, 448. Er hat sein Erbgut Pirschen (sö. Trebnitz) der Breslauer Kirche geschenkt: HIII.B: II, 164. Z: BL: I, 186, 225, 226, 237, 283, 285; G: I, 186, II, 103; BTI.: II, 60, 159, 173.
7. Laurentius Albus (BDH 160). 1203. Z: HI.S: I, 83.
8. (BDH162). 1235. Z: G: II, 103.
9. 1272. Schreiber. Z: BII.L: IV, 162.
10. (CB222). 1222-58. Graf, Baron, USchenk 1222-26, K vSiewierz 1243, K vAuschwitz 1258. Er wird als familiaris MII.O gen.: MII.O: II, 295. Z: KaI.O: I, 222, 249, 271, 298; VO: I, 319, II, 243; MII.O: II, 226, 244; WI.O: III, 277.
11. (CC865). Bruder des Stanislaus. 1250-81. Dominus, Graf, Baron, Ritter, Minister, Breslauer claviger 1250-59, Käm. 1255, UKäm. 1260-62 und 1267-72, URichter 1277-81. Er hat Grenzhügel errichtet: HIII.B: III, 127. Er erhält vHIII.B 19 Mark: HIII.B: III, 150. Er hat die Grenze eines Grundstückes begangen: HIII.B: III, 204. Er hat eine Schadensberechnung vorgenommen: HIII.B: III, 312. Er wird als Vermittler gen.: HIV.B: IV, 182. Z: HIII.B: II, 410, III, 8, 18, 23, 24, 34, 43, 50, 127, 147, 151, 204, 236, 297, 312, 313, 327, 343, 349, 415; WB: IV, 1, 107, 108; HIV.B: IV, 191, 310, 393, 411, 413, V, †496.

L

Stanislaus (CC747). Bruder des Lorenz. 1250-59. Graf, UKäm. 1250-59. Z: HIII.B: II, 391 (mit seinem namentlich nicht gen. Bruder), 410, †440, III, 8, 18, 124, 125, 147, 151, 204, 230, 251, 297, †557, †558. Nekr.Lubense, S. 37: 5. Jan.

12. 1251. Bischöfl.Serviens. Z: BTI.: III, 2.
13. (CC864). Sohn des Stanislaus. 1224. Er tauscht mit HI.S die Dörfer Ujeschütz (Kr. Trebnitz) und einen Teil vSessovo (wohl abgekommen bei Polnisch Hammer, Kr. Trebnitz), wofür er Perschütz (Kr. Militsch), den heute unbekannten Ort Chechi sowie das Dorf des Chazlaus 2 erhält: HI.S: I, 247.
14. (BDH165). 1246. Angeblicher Dekan. HIII.B schenkt ihm für die Dienste, die er im Notariat geleistet hat, die hzl. Äcker in Tschirne (bei Breslau): HIII.B: II, †440. Dies wird erwähnt: HV.LB: VI, 29.
15. (BDH o. Nr.). 1201. Z: BI.S: I, †331.

— S.u. Borsnitz, Likowitz, Plascota.

Losin. Bartholomeus vLosin (Lossen sö. Trebnitz). 1234. Z: BTI.: II, 61.

Lubin. Ulrich vLubin (Lübben nw. Cottbus oder Lüben/Schlesien) (CC851). 1281-99. Graf, Baron, Ritter, Fidelis. Z: HIV.B: IV, 430, V, 174; BI.O: V, 197, 204; HV.LB: V, 489; BkI.J: VI, 65, 91, 123, 418.

Lubnitz. Siegfried vLubnitz (Löbnitz nw. Düben/Anhalt) (CC737). 1290-94. Bürger vSagan. Ihm wird der Besitz v 2 Freihufen in Groß Reichenau (bei Sagan) bestätigt, die er gekauft hat: KII.Sa: VI, 164. Z: KII.Sa: V, 486, VI, 53. (Meißener Ministerialenfamilie)

Peter vLubnitz. 1300. Fidelis. Z: HI.G: Fürstenstein StA Quart 39 pag. 30-33; Film Nr. 208/5-6.

Lubno. Peter vLubno (?) (CC650). 1292-1300. Brauer, Ritter, hzl. claviger in Klein-Oels 1292-93, KvTschwirtschen (Kr. Guhrau) 1300. Ihm wird eine Hufe in dem zu rodenden Wald Laskowitz verliehen: HV.LB: VI, 93. Z: HV.LB: VI, 48, 82, 93, 435 (Ritter Lubno).

Lucassus. Die Söhne des Lucassus. Neffen des Michael 5. 1244. Sie verkaufen einen Teil ihres namentlich nicht gen. Erbgutes an ihren Onkel: BII.L: II, 273.

Lucassius. S.u. Daniel.

Luchow. Tilo vLuchow (CC824). 1287-94. Dominus, claviger in Röchlitz. Z: HV.LB: V, 352, 364, VI, 161, †464.

Lucolcus. S.u. Cyrna.

Luczgersdorf. Eberhard vLuczgersdorf (Leifersdorf, Kr. Goldberg) (CC165). 1294. Ritter. Er bürgt mit HV.LB für die Einhaltung dieses Vertrages: HV.LB: VI, 144.

Ludwig. 1. 1253-69. Arzt, Mag., Fidelis, Notar 1253-69, hzl. Kaplan 1256. Er hat BTI. im Auftrage BII.L Geld überbracht: BII.L: III, 523. Als Datar gen.: BII.L: III, 191, 362, 437, 523, IV, 91. Z: BII.L: III, 69, 104, 161, 263, 524, 554, †573, IV, 2.

2. Bruder des Werner, Schwager des Ratibor 5. 1270-94. Mag., Fidelis, Notar 1283-88, Protonotar 1287 und 1290-92, hzl. Prokurator 1284. Es wird erwähnt, daß er gebannt wurde, weil er eine einem anderen zugewiesene curia auf die Autorität des Herzogs hin okkupiert hatte: BTII.: V, 101. Es wird erwähnt, daß er als hzl. Prokurator nach Rom geschickt wurde: BTII.: V, 102. Er wird als hzl. Prokurator erwähnt: BTII.: V, 103, 104, 112. Es wird erwähnt, daß er bald nach Rom abreisen soll: BTII.: V, 124. Es wird erwähnt, daß er bestätigte, daß HIV.B seine Gesandten nicht bevollmächtigt hatte, daß

erst HIV.B den Bischof restituiere und dieser ihn danach vom Bann löse: BTII.: V, 287. Er wird wegen Gemeinschaft mit HIV.B selbst gebannt: BTII.: V, 354. Er und sein Bruder kaufen v der Kirche das Gut Pilsnitz (heute Teil Breslau) zur Aussetzung zu deutschem Recht gegen 10 Mark je Hufe und einen Jahreszins v 1 Vierdung je Hufe; der Zehnt ist an die Allerheiligenkirche zu Breslau zu leisten; die Kirche besitzt das Vorkaufsrecht: BTII.: VI, 28. In einer eigenen Urkunde (VI, 56) verkauft er sein Dorf Masselwitz (heute Teil Breslau) mit Ausnahme des Vorwerkes zur Aussetzung zu deutschem Recht. Er wird vHV.LB, der ihm seine Gefangennahme zur Last legt, amnestiert: HV.LB: VI, 144. Durch ihn ausgefertigte Urkunden: HIV.B: V, 174, 362, 367, 395, 400. Als Datar gen.: HIV.B: IV, †447, V, 61, 66, 74, 75, 85, 118, 156, 196, 260, 269, 271, 273, 348, 349, 370, 371, 390, 401, 452, †497. Z: Vinzenzstift: V, 217; HIV.B: V, 434, 443, 444, 448, 451; HV.LB: V, 461, 462, 465, 467, 473, 483, 489, VI, 46, 59, 73.

Werner auch Werner vLiegnitz. Bruder des Ludwig. 1284-92. Mag. Wird zusammen mit Ludwig gen.: BTII.: VI, 28. Z: HIV.B: V, 85, 413, 434, 444, 448, 452; Vinzenzstift: V, 281; Protonotar Ludwig: VI, 56.

3. Ludwig Lite (CC473). 1297. Z: BkI.J: VI, 307.
— S.u. Hakeborn, Stange.
Lupus (BDH305). 1212-27. Z: BL: I, 129, 143, 225, 226, 237; G: I, 281; HI.S: I, †351.
Lutherus. 1251. Dominus. Z: BII.L: III, †559.
Lutizlaus (CA26). 1155. Graf. Er hat der Breslauer Kirche ein Dorf bei dem Berg Ruzoua (vielleicht bei Biskupitz, Teil vHindenburg OS) geschenkt: P: I, 28.
Lutko. S.u. Eichelborn, Schessici.
Lutobor (CC476). 1261. Ritter, Schenk. Z: KI.G: III, 353, 359.
Lutogneus (CB112). 1238. Jäger. Z: VO: II, 156.
Lutold. S.u. Hake.
Lutozat. S.u. Lonek.
Lvben. Johannes de Lvben (oder Würben wie in SR ?) (?). 1272. Graf. Z: HIV.B: IV, †449.

M. S.u. Michael 5.
Macviz. Konrad vMacviz (?). 1284. Z: Bogus vPogarell: V, 159.
Macarius (CB 114). Sohn des Adalbert. 1233-40. Z: Johannes (s. Domaslaus 1): II, 32; MII.O: II, 180.
Maczejus. S.u. Rakschütz.
Magna. Schwiegermutter des Adam und B(G)islerus. 1250. Domina. Sie und ihre beiden Schwiegersöhne (generi) kaufen das (ritterliche) Gut Zaumgarten (sw. Breslau): BII.L und HIII.B: II, 413.

Adam. Schwiegersohn der Magna. 1250. Wird zusammen mit der Magna gen.: BII.L und HIII.B: II, 413.

B(G)islerus. Schwiegersohn der Magna. 1250. Wird zusammen mit der Magna gen.: BII.L und HIII.B: II, 413.

Magnus. Zwischen 1085-1109. Gallus Anonymus, S. 69f. und CPP, S. 453: Der comes (CPP: dux) Wratislaviensis (CPP: - hic tenuit Wratislaviense castrum cum tota Slesia) wird nach anfänglichem Zögern für eine Verschwörung der Rebellen um Zbigniew gegen Herzog Wladislaw Hermann vPolen gewonnen. Dabei wird darauf hingewiesen,

M

daß für Magnus der „nomen ducatus est plus dedecoris quam honoris". Herzog Wladislaw schickt einen Gesandten an Magnus und die Magnaten der Breslauer Region, um zu fragen, ob sie seine Untertanen oder Rebellen seien. Gallus Anonymus, S. 118f.: Ein Graf namens Magnus, der damals Masowien regierte, vertrieb die Pomeranen aus seinem Gebiet. CPP, S. 465: Graf Magnus, der nun Masowien regierte, vertrieb die Pomeranen aus seinem Gebiet. CPS, S. 560: Der Bischof (sic !) vBreslau Magnus gibt seine Zustimmung zum Einfall der Rebellen um Zbigniew nach Polen. Magistri Vincentii Chronicon Polonorum, S. 305f.: Der primus praeses der Provinz Schlesien Magnus wird nach anfänglichem Zögern v den Rebellen um Zbigniew zur Verschwörung gegen Herzog Wladislaw gewonnen. KBGP, S. 491f.: Der praefectus Slezanie provinciae nomine Magnus konspiriert mit Zbigniew gegen Herzog Wladislaw.

— S.u. Labil.

Maguscha. S.u. Michowitz.

Maynka. S.u. Vnarcus.

Malkwitz. Otto vMalkwitz (?) (CC575). 1285. Z: PSt: V, 165.

Maltitz. Friedrich vMaltitz (Maltitz ö.Döbeln/Meißen) (CC183). 1268. Dominus. Z: BII.L: IV, 70.

Mankarius. 1281. Ritter. Z: NI.T: IV, 424.

Manow. Predslaus vManow (?). 1298. Ritter. Er kauft alle Besitzungen des Konrad vSulz in Wüstendorf (ö. Breslau): BkI.J: VI, 355.

Marburg. Albert vMarburg. 1221. Z: Henricus de Mari: I, †353. (Adliger ?)

Margarete. S.u. Reichenbach.

Markus. 1. (CC492). 1294-99. Ritter, K vLüben 1298-99. Er bürgt mit HV.LB für die Einhaltung dieses Vertrages: HV.LB: VI, 144. Z: KII.Sa: VI, 359, 391, 412, †474.

2. (CB117). Bruder des Wislaus, Verwandter des Johannes (s. Domaslaus 1). 1233-47. Nobilis, Graf, Truch.1238, USchenk 1243-47, UTruch.1247. Z: Johannes (s. Domaslaus 1): II, 32; VO: II, 156, 243; MII.O: II, 165, 174, 178, 226, 242, 284, 310, 311, †437; WI.O: II, 328, 340.

   Wislaus (CB229). Bruder des Markus. 1239-40. UJäger. Z: MII.O: II, 165, 187.

3. (CB118). 1295. Ritter. Z: KaII.CB: VI, 207.

Maria. S.u. Peter 11.

Marschwitz. S.u. Gallici.

Martin. 1. (BDH168). 1189-1212. Mag., hzl. Kanzler. Z: BSII.: I, 57; BJa: I, 69; HI.S: I, 77, 83, †332, †333, †334; BC: I, 82; BL: I, 122, 129, 134, 143; BI.S: I, †331. Lib.mor.Vincentii, S. 11: 26. Jan. Liber fraternitatis Lubinensis, S. 7. Lib.Mor.Lubinense, S. 101: 9. Okt.

2. (BDH171). Sohn des Pribislaus. Ca. 1186-1263. Dominus, Hofkaplan der hlg. Hedwig. Er war an einem Schiedsspruch in einem Zehntstreit beteiligt: P: III, 157. Vor ihm ist ein Zehntstreit verhandelt worden: P: III, 158. Der „dominus Martinus Prechulconis" wird als Besitzer einer curia auf der Breslauer Dominsel und als Grenznachbar gen.: HIII.B: III, 247. Z: BTI.: II, 159, III, 448, 449; HII.S: II, 164; G: II, 280, 281; -: II, 375. Hedwig, S. 539: Der Hofkaplan der Heiligen, der später in Breslau Kanoniker wurde, holte zum Lesen der Messe einen Laienbruder anstelle eines Priesters.

3. (BDH170). Sohn des Stanislaus. 1212. Z: BL: I, 129.

4. (BDH172). 1284-96. Mag., Dominus, Arzt, Priester. In seiner Gegenwart wird die Ex-

kommunikationssentenz über HIV.B verlesen: BTII.: V, 135. Z: BTII.: IV, †456, V, 116, 132, 209, 216, 399, 404, 431, 470, 472, VI, 2, 19, 22; HIV.B: V, 367; BJIII.: VI, 89, 122, 196, 200, 202, 225, 262. Nekr.Kamenz, S. 309: 8. Feb. („Ob. Martinus medicus Canonicus Wrat. qui comparavit servitium de duabus marcis in die b. Georgij").

5. (BDH130). 1281-93. Mag., Dominus, Prälat, Priester, Pfarrer zu Groß Carlowitz (Kr. Grottkau) 1285-93. In seiner Gegenwart wird ein bischöfl. Schreiben übergeben: -: V, 123. In seiner Gegenwart wird die Exkommunikationssentenz über HIV.B verlesen: BTII.: V, 135. Er hinterlegt in Neisse 2 Mark Gold und 6 Mark Silber, die der hzl. K vAlt-Walde v ihm erpresste, indem er ihn einen ganzen Tag in seiner Kirche in Groß Carlowitz eingschlossen hielt: SR 3, S. 60. Es wird Wiedergutmachung für den ihm zugefügten Schaden gefordert: BTII.: V, 176. Z: BTII.: IV, 431, V, 48, 81, 116, 132, 184, 185, 399, 470, 472, VI, 19, Acta Thomae; Film Nr. 350/6; HIV.B: V, 367; Bogusca (s.Goslawitz): V, 429; -: V, 86; KII.Sa: V, 471.
6. (BDH welcher ?). 1203-28. Z: HI.S: I, 83, 287; BL: I, 129, 234.
7. (CC487). 1251-63. Nobilis, UKäm. 1251, Käm. 1263. Z: KI.G: III, 20, 434.
8. 1243. Dominus, Ritter des Johannes vWürben. Z: Johannes vWürben: II, 257.
9. Martin de Martini villa (Märzdorf, Kr. Ohlau ?) (CC491). 1291. Ritter. Z: HV.LB: VI, 33.
10. Martin Colomaz (CC488). 1255-66. Z: KI.G: III, 166, 299, 462, 547.
11. (CC487). Sohn des Berthold. 1223. Z: Jaroslaus, Bozdech, Peter und Budiuoy: I, 236.
12. (CC489). Sohn des Ritters Budiuoy. 1289-96. Fidelis, Serviens, Marschall 1295-96. Er wird als ehemaliger Besitzer v 4 Hufen in Beuthen a.d.Oder erwähnt: HI.G: V, 438. Z: HI.G: VI, 197, 244. Nekr.Lubense, S. 42: 3. April („Item ob.d.Martinus miles dictus Buzewoy", der dem Kl. Leubus Tarxdorf und 7 Mark jährlich v der Badestube an der Katzbach in Liegnitz geschenkt hat; seiner ist jährlich mit einem Konventsgottesdienst zu gedenken.)
13. Bruder des Sbilutus. 1259. Graf. Z: KI.G: III, 299.
14. Martin Borisich (CC486). 1203. Er verkauft seinen Anteil an Clissouo (abgekommen, bei Pflaumendorf, Kr. Trebnitz) HI.S für 12 Mark Silber: HI.S: I, 83, 115, 181.
    Stephan. Die Söhne des Stephan. 1203. Die Söhne des Stephan, die des Theodor und die anderen jener contribules (I, 115, 181: cognati) schenken dem Kl. Trebnitz den zweiten v drei Teilen des Dorfes Clissouo: HI.S: I, 83, 115, 181.
    Theodor. Die Söhne des Theodor. 1203. Die Söhne des Theodor, die des Stephan und die anderen jener contribules (I, 115, 181: cognati) schenken dem Kl. Trebnitz den zweiten v drei Teilen des Dorfes Clissouo: HI.S: I, 83, 115, 181.

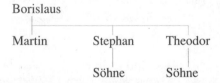

15. (CC487). 1242. Z: Herzogin Anna vSchlesien: II, 239.
16. (CC487). 1249. Z: -: II, 375.
17. (CB116). 1284. Prokurator. Z: PR: V, 161. (Adliger ?)
— S.u. Bozechna, Cechoslaus, Gallici, Johannes 11, Münsterberg, Ozegow.

M

Maslowiz. Mireslaus de Maslovicz (?) (CC536). 1283. Ritter. Z: HV.LB: V, 41.
Matheg. S.u. Katharina.
Mathias. 1. 1226-30. Notar. Z: KaI.O: I, 259; VO: I, 319.
2. 1279-81. Notar 1279-81, Schreiber 1281. Er tauscht 5,25 Hufen in Schmartsch (sö. Breslau) ein, die vom Herzog v allen Lasten und Diensten befreit werden, gegen 6 Hufen in Bancow (vermutlich Bunkai nö. Breslau) mit der auf 24 Mark geschätzten Sommer- und Winteraussaat und 60 Mark reinen Silbers Breslauer Gewichts: HIV.B: IV, 413. Ihm wird die Lokation v 4,25 Hufen in Schmartsch gestattet: BTII.: IV, 431. Er tauscht 5 Hufen in Schmartsch ein, die der Herzog v allen Zahlungen und Lasten befreit, gegen 6 Hufen in Bunkai (Kr. Trebnitz) und 50 Mark reinen Silbers: HIV.B: V, †496. Als Datar gen.: Heinrich vWisenburg: IV, 355.
3. (BDH173). 1202-12. Dominus, Kaplan vPreichau (Kr. Wohlau) 1210. Er wird als Prokurator des Krakauer Dekans gen.: BL: I, 122. Z: HI.S: I, 77, 83, †333; BC: I, 82; BL: I, 129, 134; BI.S: I, †331. Lib.mor.Vincentii, S. 28: 19. März.
4. 1203. Z: BC: I, 85.
5. (C485). 1237. Z: HI.S: II, 137.
— S.u. Johannes 11, Radozlaus 1, Velechow.
Matheus Lunen. 1203. Z: BC: I, 85
Mauritius (CB119). 1240. Vir nobilis. Auf Grund seiner Aussage wird ein Rechtsstreit entschieden: MII.O: II, 178.
Mechkowitz. Peter vMechkowitz (?) (CC648). 1291. Z: KII.Sa: VI, 12.
Melma. Heinrich vMelma (Malina, Kr. Oppeln) (?) (CB66). 1279. Z: BI.O: IV, 378.
Menka. Bogumil Menka. Vater des Ianusius und Peter. 1228. Wird als Grenznachbar gen.: HI.S: I, 290.
Ianusius Menka/Menchiz (CB91, CC358). Sohn des Bogumil. 1243-85. Dominus, Nobilis, Graf, Baron, Ritter, Marschall 1280 und 1285, K vBoleslawic (vielleicht Bunzlau) 1283. Er erhält das Gut Bela (vielleicht Langenbielau, südl. Reichenbach) zur Aussetzung zu beliebigem Recht: BII.L: II, 245. Es wird erwähnt, daß der namentlich nicht gen. Marschall Geistliche ausgeplündert und gefangengenommen hat: G: V, 225, 226. Z: HIII.B: II, 392, III, 55, 97, †558; HIII.B und WB: III, 60, 61; WI.O: III, 269, 340, 503, IV, 247; Heinrich vWisenburg: IV, 355; HIV.B: IV, 399, 413, V, 74, 129, 174. Annales Polonorum I, S. 648 und Rocznik Traski, S. 850: Johannes Menschicz wird mit Peter und Sbilutus 2 getötet (zu 1285).
Peter Menka/Menchiz (CC634). Sohn des Bogumil. 1238-85. Dominus, Nobilis, Graf. Z: HIII.S: II, 146; WB: IV, 107; Heinrich vWisenburg: IV, 355; HIV.B: IV, 399, V, 174; Stephan vSchmollen: V, 248. Annales Polonorum I, S. 648 und Rocznik Traski, S. 850: Johannes Menschicz wird mit Peter (wohl dieser) und Sbilutus 2 getötet (zu 1285).
Peter Menka (CB169). 1295. Ritter. Z: KaII.CB: VI, 207.
Merboto. 1233. Ritter. Z: HI.S: II, 49.
Mescenta (CB144). 1239-43. Graf, Baron, UJäger 1243. Z: MII.O: II, 174, 192, 242, 244.
Meschelin. Pribico de Meschelin (?). Sohn des Martin. 1296. Ihm werden 12 Zinshufen und die Scholtisei in dem Dorf Metschlau (Kr. Sprottau) zu Erbrecht verliehen: HI.G: VI, 244. (Adliger ?)
Metzwicz. Siegfried vMetzwicz (vielleicht Mertschütz sö. Liegnitz) (CC738). 1294. Ritter. Er bürgt mit HV.LB für die Einhaltung dieses Vertrages: HV.LB: VI, 144.

M

Michael. 1. 1295-1300. Bischöfl. Kaplan und Notar. Z: BJIII.: VI, 193, 410, 436, 438.
2. (CC498). 1269. Dominus, K vNeumarkt. Z: WB: IV, 108.
3. (CC496). 1261. K vOels. Z: HIII.B: III, 376; G: III, 377.
4. Michael Garchewych (CB129). 1286-92. Graf, Ritter, Hofrichter 1286-90. Z: MI.T und PR: V, 266; MI.T: V, 442, VI, 74.
5. (CC494). Onkel der Söhne des Lucassus. 1244. Graf, URichter. Er tauscht einen Teil seines namentlich nicht gen. Erbgutes, den er v seinen Neffen gekauft hatte, mit den Johannitern vGroß Tinz gegen das Gut Lampersdorf (Kr. Frankenstein): BII.L: II, 273. Z: BII.L: II, 272.
6. (CB123). 1293-98. Ritter, UKäm. Z: PR: VI, 129, 147, 334.
7. (CB125). 1289. Vasall, Marschall. Z: KaII.CB: V, 410.
8. (CB122). Sohn des Peter. 1239-41. UMarschall 1240. Z: MII.O: II, 174, 187, 210.
9. (CB124). 1285. Ritter, Jäger. Z: Adam 9: V, 215.
10. 1223. Ritter. Gibt seinen Zehnt der Salvatorkirche zu Rybnik: BL: I, 226.
11. (CB123). 1289. Ritter. Z: MI.T: V, 430.
12. (CB126). 1290. Knapp. Z: PR: V, 468.
13. Michael gen.Pelca (CC497). 1274. Hzl. Ministeriale. Er, der der hzl. Kammer vKindheit an diente („nostrae camerae a pueritia deserviens"), hat die Scholtisei in Pyscowitz (vielleicht Poischwitz bei Jauer) mit allen Rechten gekauft: HV.LB: IV, 238.
14. Michael monoculus (CC498). 1251. Z: HIII.B: III, 19.
15. Michael Sirokezlowo (CB123). 1286. Z: MI.T und PR: V, 266.
16. Michael Swyrni. 1256. Ritter. Z: BII.L: III, 192.
17. (CC498). Sohn des Micozlaus. 1250. Graf. Z: HIII.B: II, 391.
18. 1281. Graf. Z: KaII.CB: IV, 436.
19. 1248. Wird als ehemaliger Besitzer vKlein Tinz (bei Breslau) erwähnt: Sandstift: II, 357.
20. 1238. Z: HI.S: II, 145.
21. 1223. Marschall. Z: HI.S: I, †358.
— S.u. Adam 8, Berndorf, Boricz, Crasicz, Daleborius 2, Jakob 18, Michelwitz, Mironowitz, Varcosi, Wichanfeczt, Wildschütz.

Michalko. S.u. Beuthen.
Michelau. S.u. Pogarell.
Michelwitz. Michael vMichelwitz (Kr. Brieg) (BDH175). 1293-1300. Dominus. Z: BJIII.: VI, 116, 122, 136, 416, 427, 445.
Dobirgast vMichelwitz (CC136). 1294. Fidelis. Er verkauft mit seinen Söhnen 6 Hufen und 4 Morgen in seinem Dorf Michelwitz für 140 Mark Breslauer Gewichtes: HV.LB: VI, 171.
Leonhard vMichelwitz (CC465). 1299. Dominus. In einer eigenen Urkunde (VI, 422) verkauft er sein Erbgut Michelwitz zur Aussetzung zu deutschem Recht gegen Zins und die Verpflichtung des Schulzen, ihm bei einem Kriegszug des Herzogs mit einem Pferd im Wert v 2 Mark zu dienen.
Michora (CA27). 1149-54/75. Nobilis, Graf, Dominus. Es wird bestätigt, daß er dem Kl. Leubus geschenkt hat den Ort Sorauin (bei Breslau) mit dem Acker, 25 Pferde, 6 Rinder, 3 Kühe, einer Schenke, eine Brücke bei Weide (bei Breslau), seinen Besitz auf dem Elbing, einen Obstgarten und Hof, Wiesen, Äcker und vom See den Fischneunten so-

M

wie den Zins der Fleischer v 300 Denaren: BI.S: I, 45, †325, †326, †327; P: I, 74. Er schenkt dem Kl. Miechów den Ort Chelm mit der Kirche, dem Zehnten, dem Markt, der Schenke, das Dorf Nieszkowice (beide Kr. Pochnia, Wojewodschaft Krakau), das Salz vBochnia, Przebieczany (Kr. Wieleczka, Wojewodschaft Krakau), Sidzina (Kr. Krakau) und eine Schenke in Studenca (unbekannt): G: I, 65, 66. Er hat dem Kl. Leubus einen Besitzanteil (sors) in Sorauin gegeben: BL: I, 171. Der Besitz dessen, was er in Sorauin hatte, wird dem Kl. Leubus bestätigt: P: I, 279. Z: BJII.: I, 19; G: I, 26; BI.S: I, †323. Zapiski historyczne, S. 733: Der Palatin Graf Mykora war bei der Konsekrierung des Vinzenzstiftes anwesend (→ I, 19). Cronica comitis Petri, S. 23: „vir nobilis et potens in terra Cracouiensi capitaneus, cui nomen erat Nicolaus alias Mykora, qui sibi consanguinitate erat propinquus". Verwandter des Peter 11 Wlast. Liber Fraternitatis Lubinensis, S. 5 (dieser ?). Lib.mor.Vincentii, S. 81: 27. Okt. Nekr.Lubense, S. 56: 30. Okt. („Ob. Michora qui dotavit ecclesiam S. Petri Wrat. et ibidem dedit macellum"). Lib. Mor. Lubinense, S. 89: 11. Aug. (auf der Papierausgabe: 5. Sep.) („Comemoracio Mechora conversus, qui dedit villam Mechorino").

Michowitz. Maguscha vMichowicz (Michelwitz, Kr. Trebnitz ?). Ehefrau des Andreas. Zwischen 1243-67. Hedwig, S. 595f.: Sie erhält am Grabe der Heiligen die Sprache wieder. Hedwig, S. 605: Sie wurde durch die Hilfe der Heiligen v einem Fußleiden befreit.

Micus. (1216-27). Z: HI.S: I, 278.

Milegius (BDH176). Sohn des Grafen Michael. 1257-93. Dominus, bischöfl. Prokurator 1258, Archidiakon vLiegnitz 1262-67, Archidiakon vGlogau 1267-76, Kaplan des WB 1269, Dekan 1281-93, Kustos 1278. Er wird als Vorbesitzer eines Grundstückes auf der Breslauer Dominsel gen.: HIII.B: III, 247. Er hat, nachdem er sein Erbgut Wüstebriese (sw. Ohlau) mit seiner Nichte (neptis) geteilt hatte, seinen Anteil der Breslauer Kirche geschenkt: WB: IV, 107. Er hat dem BDH Bartholomeus 2 10 Mark und 3 Skot zur Rückerstattung eines Pfründeneinkommens gezahlt: BTII.: IV, 140. In dem großen Zehntstreit zwischen dem Breslauer Bischof und HIV.B einigt man sich auf ihn als einen der 8 Schiedsrichter: BTII. und HIV.B: IV, 286. Er und die 7 anderen Schiedsrichter entscheiden den Zehntstreit zugunsten BTII.: IV, 287. Als einer der 8 Schiedsrichter regelt er die strittigen Angelegenheiten des Zehntstreites für die kommenden 6 Jahre: IV, 288. Auf seine Bitte hin wird das Gut Kassawe (bei Militsch) ausgesetzt: G: IV, 334. Er wird ermahnt, im Streit zwischen Bischof und HIV.B standhaft zu bleiben: BTII.: V, 92. Er und das Domkapitel werden zur strengen Beachtung des Bannes gegen HIV.B ermahnt: BTII.: V, 112. In seiner Gegenwart verweigert HIV.B die Auskunft über seine Appellationsschrift: G: V, 121. In seiner Gegenwart wird ein bischöfl. Schreiben übergeben: -: V, 123. In seiner Gegenwart wird die Exkommunikationssentenz über HIV.B verlesen, wobei er als Bevollmächtigter dreier abwesender Domherren deren Zustimmung zur Exkommunikation HIV.B erklärt: BTII.: V, 135. Er verkauft das zur Dekanatspfründe gehörende, ca.40 Hufen umfassende Dorf Groß Mochbern (bei Breslau) zu 9 Mark je Hufe zur Aussetzung zu deutschem Recht: BTII.: VI, 2. Auf seine Klage über widerrechtliche Okkupation des Dorfes Tschirne wird es ihm restituiert: HV.LB: VI, 29. Er, der Kantor und der Kustos ernennen Johannes Romka 11 zum neuen Bischof vBreslau: SR 3, S. 168 (Długosz, Vitae ep.Vrat. p. 20). Z: BTI.: III, 275, 307, 358, 387, 413, 432, 445, 482, 487, 512, IV, 23, 45, 47, 48, 53, 55, 65; HIII.B:

M

III, 488, 521; BII.L: III, 523; G: III, †582, V, 18, 482; BTII.: IV, 139, 144, 169, 431, †439, †456, V, 11, 48, 116, 132, 209, 216, 374, 399, 445, 470, 472, VI, 19; BTII. und der Bischof vLebus: IV, 149; Dirsislaus 2: IV, 166; KI.G: IV, 175; G: IV, 179; Konrad Swab: IV, 192; HIV.B: IV, 179, V, 367; Bogusca (s.Goslawitz): V, 429; BJIII.: Acta Thomae; Film Nr. 350/6, VI, 89; -: V, 2.

Mylgow. Wygand Mylgow (?) (CC878). 1299. Dominus. Z: KII.Sa: VI, †474. (Adliger ?)

Milo (BDH177). Vater des Johannes ? 1252-72. Mag. WB überträgt ihm ein Erbgut in Protsch (nw. Breslau) und befreit es v allen Anforderungen und hzl. Diensten: WB: III, †588. Er wird als Vermittler gen.: HIV.B: IV, 182. Z: Vinzenzstift: III, 31.

Johannes (BDH117). Sohn des Milo (dieser ?). 1267-85. Dominus, Mag. Er wird gebeten, die Bemühungen der bischöfl. Prokuratoren zu unterstützen, unter Fürsprache hoher Geistlicher eine schnelle päpstliche Bestätigung des Schiedspruches und die Ernennung bestimmter Geistlicher zu Exekutoren zu erlangen sowie den Ausführungen des hzl. Notars Ludwig 2 kein Gehör zu schenken: BTII.: V, 103, 104. Er soll die Fürsprache hoher Geistlicher zugunsten des Breslauer Bischofs erreichen: BTII.: V, 124. Er wird ermahnt, im Interesse BTII. tätig zu sein: BTII.: V, 126. Ihm werden die neuesten Ereignisse mitgeteilt und sein Beistand erbeten: BTII.: V, 193. Z: G: IV, 11; Dirsislaus 2: IV, 166; BTII.: IV, 376.

Miloslaus. 1209. Graf. Z: HI.S: I, †343.

Miricus. 1264. Notar, Diener. 1264. Ihm wird 1 Hufe in Arnoldisdorf (wohl Arnsdorf bei Schweidnitz) verliehen: HIII.B: III, 502.

Mirkau. Albert vMierkowicz (Mirkau, Kr. Oels) (CC14). 1295. Z: Bogusco (s. Boguslaus 16): VI, 223.

Miro. S.u. Mironowitz.

Miron. 1241. Graf. Z: Ianusius (s. Adalbert 26): II, 223 (nur in einer Ausfertigung).

Mironcho. S.u. Mironowitz.

Mironowitz. - Vom ältesten bekannten Vorfahren abgeleitete, zusammenfassende Familienbezeichnung.

Miro (CC533). Vater des Michael und Ycho. 1248. Graf, K vGlogau. Z: BII.L und HIII.B: II, 353.

Ycho (CC319). Sohn des Miro, Vater des Hurostlas, Johannes und Miro, Schwiegersohn der Witwe des Stephan. 1247-83. Graf, Baron, Ritter, Fidelis, Dominus, Liegnitzer Käm. 1256, Liegnitzer Palatin 1259-61, 1264, 1267-69 und 1278, GroßKäm. 1263. In einer zeitlich unechten Urkunde wird er als zum Rat HI.S gehörend gen.: HI.S: I, 166. Er, sein Bruder und seine Schwiegermutter verkaufen ihr Gut Zaumgarten (bei Domslau): BII.L und HIII.B: II, 413. In einem Streit um das Gut Kielpin (in Großpolen) wird zu seinen und seines Bruders Gunsten entschieden: Herzog vGroßpolen: III, 300. Ihm werden für sämtliche Besitzungen die iura ducalia verliehen: BII.L: III, †573. Z: BII.L und HIII.B: II, 339, 353; BII.L: II, 371, 374, III, 192, 362, 382, 437, 481, 524, †578, IV, 37, 40, 91, 305, 336; HV.LB: IV, 327, 380, 389, 394, 414, 421, V, 41. Rocznik Wielkopolski, S. 17: Yco, Sohn des Miro, K vCrossen, ein angesehener Mann, der BII.L viel Geld geliehen hatte, wird 1251 v ihm zum Zwecke der Erpressung gefangengenommen und Deutschen zur Bewachung übergeben. (dieser ?)

Hurostlas. Sohn des Ycho. 1259. In einem Streit um das Gut Kielpin wird gegen die Brüder Hurostlas und Johannes entschieden: Herzog vGroßpolen: III, 300.

M

Johannes. Sohn des Ycho. 1259. In einem Streit um das Gut Kielpin wird gegen die Brüder Hurostlas und Johannes entschieden: Herzog vGroßpolen: III, 300.

Miro (Mynson). Sohn des Ycho. 1280. Dominus. Z: HV.LB: IV, 389.

Michael vSchosnitz (?) (CC498). Sohn des Miro, Vater des Mironcho, Schwiegersohn der Witwe des Stephan. 1248-84. Graf, Baron, Ritter, Fidelis, Richter 1255-59, Marschall 1260, Palatin 1261-62, K vNimptsch 1279, K vBreslau 1282-84. Er, sein Bruder und seine Schwiegermutter verkaufen ihr Gut Zaumgarten (bei Domslau): BII.L und HIII.B: II, 413. In einem Streit um das Gut Kielpin wird zu seinen und seines Bruders Gunsten entschieden: Herzog vGroßpolen: III, 300. Er wird bei einem hzl. Schiedsspruch hinzugezogen: HIV.B: IV, 154. Er entscheidet als einer von mehreren Schiedsrichtern einen Rechtsstreit: V, 86. Die Schenkung des Dorfes Kielpin an das Kl. Obra durch ihn und seinen Sohn wird bestätigt: Herzog vPolen: V, 319. Z: BII.L: II, 344; BII.L und HIII.B: II, 353; HIII.B: III, 23, 37, 43, 105, 137, 151, 251, 254, 267, 281, 298, 318, 376, 421, 424, 533, 539; G: III, 377; WB: IV, 54, 63, 98, 99; HIV. LB: IV, 163, 182, 284, 353, 368, 370, 409, †448, V, 9, 13, 66, 74, 75, 156; Konrad Swab: IV, 192; NI.T: IV, 424 (wohl dieser); Iesco vMoschwitz: V, 14; -: III, 255.

Mironcho vParchwitz (Stadt, Kr. Liegnitz) (CC534). Sohn des Michael. 1283-95. Ritter, Dominus, Fidelis, Palatin vLiegnitz 1286-88, K vBreslau 1292. Die Schenkung des Dorfes Kielpin an das Kl. Obra durch seinen Vater und ihn wird bestätigt: Herzog vPolen: V, 319. Er bürgt für HV.LB und mit diesem für die Einhaltung dieses Vertrages: HV.LB: VI, 144. Z: HV.LB: V, 65, 274, 364, 396, 425, 428, VI, 11, 31, 42, 46, 50, 66, 110, 216.

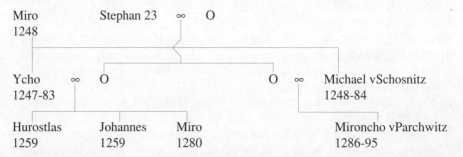

Miroslaus. 1. (BDH178). 1290-1300. Dominus, Mag., Priester, Bischöfl. Prokurator 1290, bischöfl. Richter 1292, Archidiakon vGlogau 1293-1300. Er trägt die beiden großen Privilegien HIV.B (seine Testamente) zugunsten der Breslauer Kirche auf der Provinzialsynode vor: G: V, 480. In zwei eigenen Urkunden (VI, 70, 430) entscheidet er eine Klage. In einer eigenen Urkunde (VI, 181) beurkundet er einen Vergleich, den er auch besiegelt. In einer eigenen Urkunde (VI, 192) beurkundet er eine Schenkung, die er auch besiegelt. In der inserierten Urkunde von 1293 April 12 wird mitgeteilt, daß er im Auftrage des Breslauer Bischofs die Gründung der Pfarrkirche in Schrom zelebriert hat: Protonotar Siegfried u.a.: VI, 217. Er ernennt seinen Vizearchidiakon zum Richter in einem Zehntstreit: G: VI, 320. Er wird mit der Untersuchung einer Klage beauftragt: BJIII.: SR 2563. Z: V, 446, 470, 472, VI, 2, 19, 22; G: VI, 21, 319; BJIII.: Acta Thomae; Film Nr. 350/6, VI, 89, 122, 153, 196, 202, 225, 226, 315, 445. Nekr.Heinrichau, S. 293: 6. Aug. („Item Meroslaus can. Glogoviensis").

M

2. (CC533). 1202. Trib. vCrossen. Er hat die Grenze eines Dorfes begangen: HI.S: I, 77, †333.
3. (CB141). 1238. Schenk. Z: VO: II, 156.

Die Söhne des Miroslaus (dieser ?). (1235/44). Die Söhne des Miroslaus werden im Testament des Johannes 21 als Erben seines Gutes bei Kostenblut (südl. Neumarkt) nach dem Tode seiner Schwester vorgesehen: Johannes 21: II, 281.

4. (CC535). Sohn des Ivan. 1266. Z: KI.G: III, 547.
5. 1206-07. Trib. vGlogau. Z: HI.S: I, †335, †338, †339.
6. (CC533). 1209. Graf. Z: HI.S: I, †342, †343.
— S.u. Maslowitz, Streso.

Miscigneus. 1. (CB145). Bruder des Archidiakons vKrakau Gumbert, hat Söhne. 1234-35. Graf, K vAuschwitz. Er und seine Söhne geben ihre Zustimmung zur Übertragung des Dorfes Błonie (bei Łęczyca) an das Kl. Wąchok durch Gumbert: Gumbert: II, 102. Z: HI.S: II, 80; Herzog vSandomir: II, 82.

2. (CB145). 1225-26. Ritter, Schenk. Z: KaI.O: I, 254, 271; BL: I, 269.
3. (CC543). 1230. Trib. vWartha. Z: HI.S: I, †372.
— S.u. Daleborius 2.

Miscislaus. 1. (CC548). 1251. Ritter. Z: BII.L: III, 27.
2. (CC544). 1208-09. Graf. Z: HI.S: I, †340, †342.
— S.u. Taschenberg.

Miscuyo. 1235. Z: HI.S: II, 106.
Misliborius (CC549). 1278. Dominus, UKäm. Z: BII.L: IV, 336.
Mithsizlaus. (CB146). Vor 1240. Serviens, Ministeriale. Z: MII.O: II, 187.
Mlodey. S.u. Iaxa.
Moczco. 1235. Z: HI.S: II, 106.
Modlik. 1248. Fidelis. Er begeht die Grenze eines Gutes und errichtet Grenzzeichen: BII.L: II, 344.
Mohnau. Thymo vMohnau (?) (CC831). 1290. Graf. Z: Christanus 1: V, 494.
Moico. 1. (CB142). 1274-94. Graf, Ritter, K vRosenberg. Z: WI.O: IV, 239, 246; KaII.CB: VI, 156.

2. (CC538). Sohn des Moico (welcher ?). 1203-28. Graf (nur in †), Baron, Truch.1223, K vSandewalde (nur in †). Z: HI.S: I, 83, 227, 290, †372, †373.
3. 1260. Ritter. Seine Schenkung des Dorfes Wolmsdorf (sö. Frankenstein) und der Zehnten dieses Dorfes an das Kl. Kamenz wird erwähnt: BTI.: III, 314.
4. 1234. K vBeuthen a.d.O. Z: HI.S: II, †421, †422.
5. 1239. Graf, Baron, K vGlogau. Z: HI.S: II, †429.
— S.u. Baitzen, Dirsicraiowitz, Dirsislaus 1, Iasco 6.

Moschwitz. - Es läßt sich nicht eindeutig feststellen, ob Nikossius vMoschwitz v Stephan, Franz oder Simon vWürben abstimmt.

Nikossius vMoschwitz (bei Heinrichau) (CC559). Ehemann der einzigen Tochter des Johannes vNossen, Vater des Burkhard und Iesco, Vetter (patruelis) des Johannes und Andreas vWürben. Zwischen 1186-1267. Graf. Z: Herzogin Anna: II, 239. Hedwig, S. 555: Nycolaus de Wirbina bezeugt in Rom, daß ein schon Gehängter auf Bitten der hlg. Hedwig vom Galgen losgeschnitten wurde und so überlebte. GB, S. 312: Nicossius de Muschowitz, ein Vetter (patruelis) des Johannes und Andreas vWürben, heiratet die

M

einzige Tochter des Johannes vNossen, der ihm eine Mitgift v 200 Mark zusagt und ihm dafür sein Gut Moschwitz verpfändet. Obwohl Johannes das Erbgut auslöst, hält es Nikossius mit Gewalt zurück. Er hat zwei Söhne: Burkhard und Iesco.

Burkhard vMoschwitz (CC107). Sohn des Nikossius. -. GB, S. 312f.: Er und sein Bruder werden wegen des Erbgutes Moschwitz vor Gericht geladen, das ihnen den Besitz des Gutes zugunsten ihres Großvaters Johannes vNossen abspricht. Die Brüder laufen zu BeLö über, stecken das Gut Moschwitz in Brand und verwüsten es. Wegen Raubes, Wegelagerei und Diebstahl werden sie geächtet. Burkhard wird gefangengenommen und geköpft.

Iesco vMoschwitz (CC406). Sohn des Nikossius, Ehemann der Tochter des Vinzenz vKühschmalz, Vater des Burkhard, Nikolaus, Predslaus, Iesco, der Katharina und Hanka. 1282. In einer eigenen Urkunde (V, 14) tritt er für die v HIV.B gewährte Verzeihung für seine Exzesse, die zu seiner Verbannung geführt hatten, diesem sein Erbgut Moschwitz ab, was HIV.B bestätigt: HIV.B: V, 15. GB, S. 312f., 317-319: Ihm und seinem Bruder wird das Erbgut Moschwitz abgesprochen. Sei laufen zu BeLö über, stecken das Gut in Brand und verwüsten es, woraufhin sie geächtet werden. 1282 bitten Iesco HIV.B, ihn wieder in Gnaden aufzunehmen, was auch geschieht. Darauf verzichtet er auf alle Ansprüche auf Moschwitz (→ V, 14). Nach kurzer Zeit übt er wieder Raub und Wegelagerei, wird aber gefangen und zum Tode verurteilt.

Burkhard vMoschwitz. Sohn des Iesco. 1302-03. GB, S. 319: Er steckt im Advent 1302 wahrscheinlich mit Zustimmung seiner Brüder einen Schafstall des Klosters mit 313 Edelschafen in Brand. Einen Monat später wird er vom Besitzer eines Pferdes, das er gestohlen hate, erschlagen.

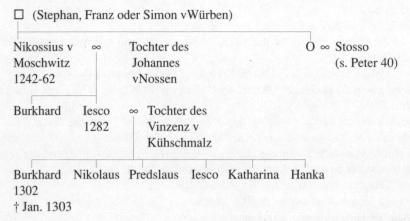

Mosurau. Stephan vMozorow (Mosurau nw.Ratibor) (CB199). 1274-78. Ritter. Z: WI.O: IV, 246, 335.

Mrococin. Andreas vMrococin (?) (CC29). 1293. Ritter. Z: Moico vBaitzen: VI, 120.

Mrosco. S.u. Pogarell, Wisenburg.

Mscyzlaus. S.u. Boguslaus 15.

Muchenitz. Anastasia vMuchenitz (Kr. Oppeln) (CB69). Tochter des Wratislaus (V, 21) bzw. Morislaus (Vita Sanctae Salomea), Ehefrau des Grafen Heinrich vMuchenitz. 1270-79. Gräfin, nobilis domina. Sie schenkt dem Kl. Czarnowanz ihre Güter Muchenitz und Wreske (beide bei Oppeln) jedoch erst nach dem Tode ihres Mannes und gegen Gewährung des Begräbnisses im Kl.; da sie krank ist, bestätigt Heinrich vGrabin (s.u. Jassona) ihr Dispositionsfähigkeit: BI.O: IV, 382. Ihre Schenkung wird erwähnt: G: V, 21. Vita Sanctae Salomea, S. 792: Sie wird 1270 durch das Aufsetzen der Kappe der hlg. Salomea v einer tödlichen Krankheit geheilt.

Muchina (CC547). 1249. Z: -: II, 375. Lib.mor.Vincentii, S. 76: 9. Okt. („Mutina") (dieser ?).

Mueyze. Czezlaw von der Mueyze (=Kumeise=Kamöse, Kr. Neumarkt) (CC121). 1294. Ritter. Er bürgt mit HV.LB für die Einhaltung dieses Vertrages: HV.LB: VI, 144.

Mühlheim. Heidenreich vMühlheim (?). 1274-95. Breslauer Bürger, Kaufmann. Er kauft vom Vinzenzstift für 120 Mark 11 Hufen (6 Ackerland, 5 Wiesen) in dem Stiftsgut Groß Tschansch (heute Teil vBreslau) und die freie Fischerei gegen einen jährlichen Zins v 6 Vierdung: Vinzenzstift: IV, 232, was bestätigt wird (hier 10 Hufen (6 bebaute, 4 Wiesen)): HIV.B: IV, 234. Er kauft vHIV.B das 8 Hufen umfassende Vorwerk Guckelwitz (sw. Breslau) für 200 Mark: HIV.B: V, 273. Er kauft für 12 Mark Silber je Hufe das Dorf Jäschgüttel (Kr. Breslau) zur Aussetzung zu deutschem Recht, womit ein Teil der bischöfl. Schulden bei ihm getilgt sind; der Zehnt wird festgelegt: BJIII.: VI, 89. Z: Kl. Kamenz: V, 259; HV.LB: VI, 43, 54, 73, 93, 191; Notar Ludwig: VI, 56.

Heinrich vMühlheim. 1285-93. Breslauer Bürger. Er kauft das Allod Baumgarten (bei Strehlen), das HV.LB v allen Lasten befeit und ihm zu erblichem Besitz bestätigt: HV.LB: VI, 114. Z: Vinzenzstift: V, 217.

Hermann vMühlheim. 1292. Er wird als Breslauer Schöffe und älterer Mitbürger gen.: Breslauer Konsuln: VI, 60. Lib.mor.Vincentii, S. 15: 9. Feb. („Hermannus de Mulnheim").

Mülbitz. Konrad vMülbitz (Ortsteil vGroßenhain/Sachsen) (CC434). 1251-71. Baron, Ritter, Fidelis, Dominus. Z: BII.L: III, 2, 21, 278, 362, 382, IV, 37; Gunther vBiberstein: III, 282; HV.LB: IV, 150.

Eckehard vMülbitz (CC171). 1251. Z: BII.L: III, 21.

Münsterberg. Konrad vMünsterberg. Sohn des Heinrich, Bruder des Martin, Ehemann der Gertrud und Schwiegersohn des Goswin, Vater des Gozko/Goswin, Nikolaus, der Anna und Gertrud. 1268-82. Dominus, Ritter, Vogt vMünsterberg und Neisse. Es wird erwähnt, daß ihm vom Breslauer Bischof die Vogtei vNeisse übertragen wurde: WB: IV, 59. Es wird erwähnt, daß er sowohl alleine als auch mit seinem Vater je eine Fleischbank in Münsterberg dem Kl. Heinrichau für das Seelenheil seiner Frau geschenkt hat: Gozko vMünsterberg: SR 2198: Z: HIII.B: III, †587; HIV.B: IV, 217, 420, V, 15, †497; Stephan vKobelau: IV, 348; Iesco vMoschwitz: V, 14. GB, S. 314: Konrad, Erbrichter vMünsterberg, Mitbruder und besonderer Freund des Kl., überbietet das Kl. um 100 Mark beim Kauf des Gutes Moschwitz, erhält es allerdings nicht, weil das Kl. 200 Mark mehr als vorgesehen, nämlich 700 Mark laufende Münze, bezahlt. Nekr.Heinrichau, S. 282: 13. Jan. („Ob. Conradus advocatus de Munstirberk"). Nekr.Kamenz, S. 314: 16. Jan. („Ob. Conradus de Monsterberg").

Gertrud vMünsterberg. Tochter des Goswin, Ehefrau des Konrad. Nekr.Heinrichau, S. 293: 6. Aug. („Ob. Gertrudis uxor Conradi advocati de Munsterberc").

Gozko/Goswin vMünsterberg (CC212). Sohn des Konrad, Ehemann der Sophia, Vater des Konrad, der Adelheid und Sophia, Schwager des Friedrich vSchaffgotsch, Vet-

M

ter des Heinrich Vogt vFrankenstein und Johannes Sohn des Martin. 1285-1300. Ritter, Fidelis, Dominus, Vogt und Erbrichter vMünsterberg 1291-1300, K in Münsterberg 1300. In einer eigenen Urkunde (VI, 24) bestätigt er auch im Namen seines Bruders Nikolaus die Schenkung einer Fleischbank an das Kl. Heinrichau, die schon sein Vater Konrad gemacht hat, für die Kapelle des hlg. Andreas, wo er einst ebenso wie seine Vorfahren begraben zu sein wünscht, sowie die ebenfalls noch v seinem Vater bzw. Großvater für das Seelenheil vKonrads Gemahlin gemachte Schenkung einer zweiten Fleischbank. In einer eigenen Urkunde (VI, 67) schenkt er dem Hospital zu Münsterberg eine Mühle ganz und 4 Brotbänke, wofür im Hospital 4 Krankenbetten erhalten und an dem von ihm erbauten Altar Montags und Samstags eine Messe gesungen werden sollen, was er besiegelt. In einer eigenen Urkunde (VI, 117) vereinbart und beurkundet er einen Vergleich. In einer eigenen Urkunde (VI, 214) verkauft er mit Zustimmung seines Bruders Nikolaus für 60 Mark zwei Fleischbänke in Münsterberg an das Kl. Kamenz, wird aber weiterhin die darauf lastenden Dienste für den Herzog leisten, was er besiegelt. In einer gemeinsamen Urkunde (VI, 257) beurkunden er und Johannes einen Verzicht, den sie auch besiegeln. Er besiegelt und ist Z: Hospital in Münsterberg: VI, 417. Er stellt eine Urkunde (VI, 437) in fremder Angelegenheit aus. Z: Bl.O: V, 197, 204; Johannes vNossen: VI, 23; BkI.J: VI, 78, 85, 91, 95, 123, 125, 130; Peter vLiebenau: VI, 444. GB, S. 339: Er wird 1293 im Streit um die Freihufe vWiesenthal als Z gen. Nekr.Heinrichau, S. 301: 30. Nov. („Servicium d.Gosconis de Munstirberc") und S. 302: 9. Dez. („Ob.donus Gozko de Munsterberk, benefactor domus").

Sophia vMünsterberg. Ehefrau des Gozko/Goswin. Nekr.Heinrichau, S. 299: 20. Okt. („Ob.Sophia uxor d. Gozkonis de Munsterberk").

Konrad vMünsterberg. Sohn des Gozko. Nekr.Heinrichau, S. 283: 2. Feb. („It. ob. Conradus filius d. Goskonis de Munsterberk").

Adelheid vMünsterberg. Tochter des Gozko. Nekr.Heinrichau, S. 295: 6. Sep. („Ob. Adilheidis filia Goschonis de Munsterberc").

Sophia vMünsterberg. Tochter des Gozko. Nekr.Heinrichau, S. 298: 14. Okt. („It. ob. Sophia filia Gozkonis de Munsterberg").

Nikolaus vMünsterberg (CC532). Sohn des Konrad. 1291-1310. Ritter, Hofrichter 1310. Er bestätigt die Schenkung zweier Fleischbänke in Münsterberg: Gozko vMünsterberg: VI, 24. Er gibt seine Zustimmung zum Verkauf zweier Fleischbänke in Münsterberg durch seinen Bruder: Gozko vMünsterberg: VI, 214. Z: Gozko vMünsterberg: VI, 67; Peter vLiebenau: VI, 444. GB, S. 363f.: Er wird in einer Herzogsurkunde v 1310 Dezember 13 als Hofrichter und Ritter gen.

Anna vMünsterberg. Tochter des Konrad. Nekr.Heinrichau, S. 289: 10. Mai („Ob. Anna f.Conradi advocati").

Gertrud vMünsterberg. Tochter des Konrad. Nekr.Heinrichau, S. 286: 20. März („Ob. Gerdrudis filia Conradi advocati de Munstirberk"). Nekr.Kamenz, S. 319: 20. März („Ob. Girdrudis filia advocati de Monsterberg").

Martin vMünsterberg. Sohn des Heinrich, wohl Ehemann der Katharina, Vater des Johannes, Martin und wohl auch Heinrich. 1278. Z: Stephan vKobelau: IV, 348; HIV.B: V, †497. Nekr.Heinrichau, S. 284: 20. Feb. („Ob. Martinus advocatus de Munsterberk") (wohl dieser).

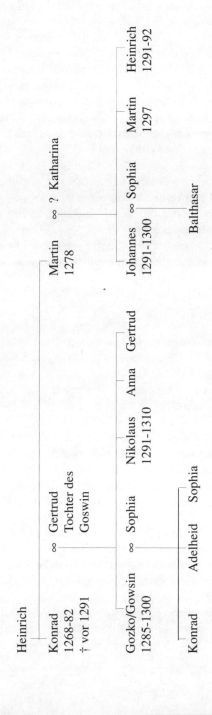

Sophia vMünsterberg. Ehefrau des Martin (wohl dieses). Nekr.Kamenz, S. 325: 11. Juni („Ob.Katherina uxor advocati de Monsterberk"). Nekr.Heinrichau, S. 290: 11. Juni („It. d.Katherina uxor Martini advocati de Munsterberc").

Johannes vMünsterberg (CC376). Sohn des Martin, Ehemann der Sophia, Vater des Balthasar. 1291-1300. Dominus, Vogt und Erbrichter vMünsterberg. In einer gemeinsamen Urkunde (VI, 257) beurkunden er und Goswin einen Verzicht, den sie auch besiegeln. In einer eigenen Urkunde (VI, 299) verleiht er mit Zustimmung seines Bruders Martin zu seinem und seiner Frau Seelenheil dem Kl. Heinrichau eine Fleischbank in Münsterberg gegen ein Jahrgedächtis. Z: WB: III, †588; Johannes vNossen: VI, 23; Gozko vMünsterberg: VI, 24, 67, 214; BkI.J: VI, 125; Peter vLiebenau: VI, 444. GB, S. 332, 339: Er kauft nach 1290 vPolco vSchnellewalde das Dorf Schlause. Er wird 1293 im Streit um die Freihufe vWiesenthal als Z gen. Nekr.Heinrichau, S. 288: 1. Mai („Servicium de 1,5 marca d.Johannis advocatis de Monstirberc") und S. 296: 8. Sep. („Johannes advocatus de Mstb., pater fratris Balthasar").

Sophia vMünsterberg. Ehefrau des Johannes. 1297. Für ihr Seelenheil wird eine Fleischbank verliehen: Johannes vMünsterberg: VI, 299. Nekr.Heinrichau, S. 293: 6. Aug. („It. Sophia uxor Johannis advocati de Munsterberch").

Balthasar vMünsterberg. Sohn des Johannes. Nekr.Heinrichau, S. 296: 8. Sep. („Johannes advocatus de Mstb., pater fratris Balthasar").

Martin vMünsterberg. Sohn des Martin. 1297. Er gibt seine Zustimmung zur Verschenkung einer Fleischbank in Münsterberg durch seinen Bruder: Johannes vMünsterberg: VI, 299.

Heinrich vMünsterberg. Vetter des Goswin vMünsterberg. 1291-92. Vogt vFrankenstein 1291. Z: Goswin vMünsterberg: VI, 24, 67. (Eine Person ?)
Stammtafel s. S. 491.

Murco (irrig statt Maro ?). 1244. Der Zehnt v dem, was ihm gewesen ist, wird der Magdalenenkirche in Groß Carlowitz (Kr. Grottkau) verliehen: BTI.: II, 278.

Mure. Polco de Mure (?) (CC856). 1290. Z: HI.G: V, 459.

Muschov. Theoderich vMuschov (wohl Muschau bei Döbeln/Sachsen) (CC820). 1245-58. Z: BII.L: II, 296, 371, 374, III, 21, 69, 278.

Albert vMuschov (CC900). 1262. Z: HIII.B: III, 412.

Nachesius (CC551). 1249. Graf, ehemaliger K vMilitsch. Seine Aussagen tragen zur Feststellung der Rechte des hzl. und bischöfl. K in Militsch bei: -: II, 375.

Naczeslaus (CC550). Schwiegersohn (gener) des Domaslaus (s.u. Daniel). 1282. Er verkauft für 35 Mark Silber 2 kleine Hufen bei Glofenau (Kr. Strehlen): HIV.B: V, 9.

Naczewoyus. S.u. Leonhard 7.

Nadsiuoy (CA29). Vater des Stephan. 1175. Z: BI.S: I, 45, †325, †326, †327.

Stehphan (CC752). Sohn des Nadsiuoy. 1203. Z: HI.S: I, 83.

Nagodo (CC552). 1273. Bischöfl. Fidelis und Minister. Ihm wird das Dorf Tschirne (sö. Breslau) zur Aussetzung nach deutschem Recht verliehen: BTII.: IV, 213. Lib.mor.Vincentii, S. 28: 19. März. (Adliger ?)

Nalk. Ianus de Nalk (?). Sohn des Heinrich. (1216-27)-37. Z: HI.S: I, 278, II, 137.

Nanker. 1. (BDH182). 1227-47. Dominus, Propst vLebus 1236-37, Kanzler HII.S 1240, Dekan 1244-47, Bischof vLebus 1247-52. In einer eigenen Urkunde (II, 280) beurkun-

det er als einer der beiden delegierten Richter einen Verzicht. Er wird beauftragt, einem Vertrag Geltung zu verschaffen: P: II, 286. Ihm wird die Entscheidung in einem Streit über die Grenzen zweier Diözesen übertragen: P: II, 316. Er wird beauftragt, eine Klage zu untersuchen und zu entscheiden: B: II, 317. Z: G: I, 281, II, 103, 122; HI.S und BL: I, 308; HI.S und HII.S: II, 73; HI.S: II, 140; HII.S: II, 181.
2. 1223. Kaplan HI.S. Z: HI.S: I, 227, 278, †358. (Identisch mit Nanker 1 ?)
3. (CC554). 1255-94. Nobilis, Graf, Baron, Ritter, Dominus, Fidelis, Serviens 1255-60, USchenk 1273-77, Palatin vBreslau 1278-79 und 1290-93. Er entscheidet als einer von mehreren Schiedsrichtern einen Rechtsstreit: V, 86. Z: HIII.B: III, 147, 318, 376, †584; HIV.B: IV, 120, 191, 209, 212, 214, 219, 258, 259, 267, 269, 274, 282, 289, 307, 311, 341, 363, 387, †447, †448, †452, V, 5, 320, 451, 452, †501; Konrad Swab; IV, 192; Christanus 1: V, 494; HV.LB: V, 462, 465, 467, 483, VI, 8, 29, 31, 50, 63, 96, 121, 140.
4. (CC553). 1202-03. Baron, K vBunzlau. Z: HI.S: I, 77, 83, †332, †333, †334; BI.S: I, †331.
5. (CC554). Schwiegersohn des Johannes Serucha. Vor 1293. Ritter. GB, S. 338: Er sitzt zu (Schön-) Johnsdorf (Kr. Strehlen). Er bemüht sich beim Herzog vergeblich um die Erlaubnis, die v Polco vSchnellewalde niedergebrannte Mühle seines Schwiegervaters wiedererrichten zu können.
6. (CC554). Neffe der Wislawa (s.u. Ulrich 3). Zwischen 1243-67. Hedwig, S. 606: Er wurde durch die Hilfe der hlg. Hedwig v einem Leiden an Händen und Füßen geheilt. Hedwig, S. 611: Er wird durch die Hilfe der hlg. Hedwig v der Gicht befreit.
7. 1206-08. Angeblicher K vBeuthen. Z: HI.S: I, †335, †337, †338, †339, †340.
8. Sohn des Peter. 1208. Z: HI.S: I, †340.

Naroci. Gostislaus de Naroci (?) (CB57). 1234. Graf. Z: HI.S: II, 80. Lib.mor.Vincentii, S. 51f.: 5. Juni (dieser ?).

Nassigneus (CC555). 1259-77. Graf. Z: BII.L: III, †578, IV, 305.

Nawogius. S.u. Labant.

Nazlaus. 1. (BDH184). 1223-36. Dominus, Kanzler 1234-36, Protonotar 1224 und 1231, Notar 1228, hzl. Kaplan 1223, Archidiakon vBreslau 1224-36. Er wird beauftragt, einen Streit zu entscheiden: P: II, 6. Ihm wird befohlen, HI.S wegen Bedrückung der Kirche zu ermahnen: P: II, 113. Z: HI.S: I, 227, 246, 287, 290, 308, †351, †364, †365, †367, †371, II, 5; BL: I, †368; Gregor und Sebastian (s. Bozechna): II, 1; BTI.: II, 60, 61, †426; HI.S und HII.S: II, 73; G: II, 103; Sbroslaus (s. Radozlaus 1): II, 120. GB, S. 287: Er stammt aus sehr edlem schlesischem Geschlecht. Er wird im Amt des Notars als Nachfolger des Nikolaus (s.u. Johannes 68) gen.
2. (CB147). 1222-30. Graf, Nobilis, K vCosel. Z: KaI.O: I, 222, 254, 259, 291, 298; VO: I, 319.
3. 1224. UKäm. Z: KaI.O: I, 249; HI.S: I, †366. (Eine Person ?)

Nebelschitz. Peter vNebelschitz (ö. Kamenz/Oberlausitz) (CC644). 1289-1300. Ritter. Z: KII.Sa: V, 413, VI, 433.

Nechern. Siegfried vNechern (?) (CC736). 1284-91. Ritter. Z: PSt: V, 80, 87; KII.Sa: V, 301, VI, 1.

Neisse. Johannes vNeisse. 1294. Erbvogt vNeisse. In einer eigenen Urkunde (VI, 141) überläßt er dem Spital der Kreuzherren zu Neisse tauschweise für die bei Neisse am Graben liegende Insel zwei andere Insel, die bei der Viehweidemühle und die bei Kon-

N

radsdorf (bei Neisse). (Adliger ?)
— S.u. Radozlaus 1.
Nemera (CC556). 1300. Ritter, K vHerrnstadt. Z: HI.G: VI, 435.
Nemezo. 1229. Ritter. Z: HI.S: I, 305
Nemil. S.u. Swab.
Nettschütz. Die Grafen vNettschütz (Kr. Freystadt). 1295. Der Garbenzehnt v den Äckern der Grafen in Nettschütz wird an die Kantorpräbende des Kollegiatstiftes zu Glogau überwiesen: BJIII.: VI, 196, 202.
Neudeck. Otto vNeudeck (nö. Torgau/Meißen) (CC570). 1249-64. Graf, Ritter, Fidelis, Dominus. Z: BII.L: II, 382, III, 481; Gunther vBiberstein: III, 282; KI.G: III, 320, 356.
Neunz. Gottfried vNeunz (bei Neisse). 1260. In einer eigenen Urkunde (III, 341) schenkt er der Marienkirche zu Neisse jährlich 0,5 Mark v dem ihm zustehenden Schenkenzins zu Neunz.
Nevardus (CB149). Sohn des Werner. 1258. Graf. Z: WI.O: III, 269.
Niborewald. Berold de Niborewald (andere Lesart: Inborewald) (?) (CC610). 1293. Ihm wird wegen des auf seinem Acker durch Überschwemmung entstandenen Schadens der Zehnt v 1,5 Mark erlassen, wofür das Hospital zu Bunzlau auf seinem Erbe zum Nutzen der Spitalsmühlen Schuppen bauen darf: G: VI, 134.
Nichus. S.u. Biscupitz.
Nicholayezo. 1252. Käm. Z: HIII.B: III, 45.
Niewodnik. Peter vNiewodnik (Kr. Falkenberg) (CB168, CC641). 1285. Ritter. Z: BI.O: V, 197, 204.
Nikolaus. 1. (BDH192). 1245-79. Dominus, bischöfl. Kanzler 1245-51, Dekan 1257-79. Er wird beauftragt, einen Streit zu entscheiden: P: III, 227, was später erwähnt wird: P: III, 371. Er wird als Intervenient zugunsten der Dispensierung eines gewissen N. (vielleicht Nikolaus vStrehlen) vom Alter für den Empfang v Weihen und Kirchenpfründen gen.: BTI.: III, 498. Er gibt seine Zustimmung zur Errichtung einer Schule innerhalb der Mauern Breslaus: G: IV, 7. V ihm, dem Propst und dem Domkapitel erhält der Bischof vPosen das Dorf Pohlanowitz (n. Breslau) zur lebenslänglichen Nutznießung: BTI.: IV, 33. BTI. erteilt dem Propst, ihm und dem Domkapitel vollkommene Jurisdiktion und das Recht, geistliche Zensuren anzuwenden, wenn Rechte des Kapitels betroffen sind: BTI.: IV, 60. Er erhält zu seiner Pfründe das Dorf Stuolna (wohl Schmollen sö. Oels): BTI.: IV, 65. Er wird als Siegler gen.: G: IV, 179. Ihm, dem Propst und dem Domkapitel wird zum Dank für erwiesene Wohltaten versprochen, das Zehntgeld auf den Stiftsgütern zu gleichen Teilen durch einen vom Kapitel gesandten und einen eigenen Boten einsammeln zu lassen: St. Mathias Hospital: IV, 208. Er wird als Mitsiegler gen.: G: IV, 233. Neben BTII., dem Propst und dem Domkapitel wird auch er als zur kirchlichen Partei im großen Zehntstreit zwischen BTII. und HIV.B gehörend gen.: BTII. und HIV.B: IV, 286. In einer eigenen Urkunde (IV, 334) übergeben er und das Domkapitel das Gut Kassawe (bei Militsch) unter bestimmten Bedingungen zur Aussetzung. Dem Propst, ihm und dem Domkapitel wird der Besitz des dem Kapitel v dem weiland Konrad (s.u. Goslawitz) vermachten Erbgutes bestätigt: HIV.B: IV, 363. Z: MII.O: II, 284, †437; BTI.: II, 352, III, 307, 358, 387, 413, 445, 448, 449, 482, 487, 495, †576, IV, 23, 47, 48, 55, 65; HIII.B: III, 22; G: III, 377; BII.L: III, 523; BTII.: IV, 144, 169, †439; Dirsislaus 2: IV, 166; KI.G: IV, 175, 197, †451.

N

2. 1257-88. Dominus, Glogauer Notar 1257-73 und 1284, Glogauer Scholaster 1273-88, Kanzler 1281. In einer eigenen Urkunde (III, 291) beurkundet und besiegelt er einen Ankauf. In seiner Gegenwart wird die Exkommunikationssentenz über HIV.B verlesen: BTII.: V, 135. Z: KI.G: III, 226, 249, 260, IV, 194; G: IV, 179; HI.G: IV, 402; BTII.: V, 48, 116, 132, 147, 399.
3. 1281. Hofnotar. Als Datar gen.: HI.G: IV, 402.
4. 1290-94. Notar 1292-93, Pfarrer vGroß Strehlitz, Pfarrer vSchurgast 1294. V ihm geschriebene Urkunde: BI.O: V, 441. Durch ihn ausgefertigte Urkunde: BI.O: VI, 157. Als Datar gen.: BI.O: VI, 64, 124.
5. 1256. Bischöfl. Schreiber. Z: BTI.: III, 171.
6. 1252-78. Mag., Notar 1277-78, Mag. der Söhne BII.L 1272. V ihm geschriebene Urkunde: BII.L: IV, 162. Als Datar gen.: BII.L: IV, 243, 316, 336. Z: BII.L: III, †563, IV, 319, 349.
7. 1300. Bischöfl. Notar, Pfarrer zu Queissen (bei Raudten). Z: BJIII.: VI, 432.
8. (BDH190). 1234-61. Mag., Arzt, Archidiakon vGlogau 1245-61, hzl. Kaplan 1254. Seine an Pohlanowitz (bei Breslau) grenzende Besitzung wird v allen Lasten befreit und die Aussetzung zu deutschem Recht gestattet: HIII.B: III, 18. Er erbittet die Aussetzung eines Kapitelgutes zu deutschem Recht: HIII.B: III, 36. Er kauft das Dorf Perciwonouo (wohl ein Teil vLeerbeutel, heute Stadtteil vBreslau) für 50 Mark Silber vHIII.B: HIII.B: III, 127. Z: BTI.: II, 61, III, 358, 375; MII.O: II, 284, †437; KI.G: III, 101; Strescizlaua (s. Radozlaus 1): II, 294; -: II, 375. Nekr.Kamenz, S. 320f.: 6. April („It. ob. d. Nycolaus archydiaconus Glogoviensis").
9. (BDH o. Nr.). 1276. Dominus, Mag., Archidiakon vKrakau. Auf ihn als einen der 8 Schiedsrichter einigt man sich in dem großen Zehntstreit zwischen HIV.B und BTII.: HIV.B und BTII.: IV, 286. Er und die anderen 7 Schiedsrichter entscheiden den Kirchenstreit zugunsten BTII.: IV, 287. Als einer der 8 Schiedsrichter regelt er die strittigen Angelegenheiten des Kirchenstreites für die kommenden 6 Jahre: IV, 288.
10. (BDH191). Sohn des Richard. 1239-49. Z: HII.S: II, 164; -: II, 375.
11. (BDH o. Nr.). 1235. Z: G: II, 103.
12. (BDH o. Nr.). 1235. Z: G: II, 103.
13. (BDH welcher ?). 1239-75. Er untersucht einen Anspruch auf einen Zehnten: BTI.: II, 350. Z: BTI.: II, 159, III, 448, 449; G: III, 9, 377; BTII.: IV, 265; BJIII.: VI, †462.
14. (CB132). Hat Söhne. 1241. Palatin. Z: MII.O: II, 210.
15. Nicolaus Lisignat (CB138). Nach 1292-97. Graf, Ritter, K v Auschwitz. Z: MI.T: VI, 74, 293, 313.
16. (CC516). Sohn des Grimislaus. 1261-85. Dominus, Nobilis, Graf, Baron, Ritter, K vBeuthen a.d.O. 1266-71, Richter 1278-80, K vSandewalde 1283. Er wird in einem Streitfall als Berater erwähnt: HIV.B: IV, 320. Er entscheidet als einer von mehreren Schiedsrichtern einen Rechtsstreit: V, 86. Z: KI.G: III, 353, 547, IV, 141, 142; HIV.B: IV, 269, 320, 341, 342, 353, 357, 359, 363, 368, 370, 391, V, 66, 74, 174, 196; Pasco (s. Peter 42): IV, 350; Heinrich v Wisenburg: IV, 355.
17. (CC508). 1243-45. Graf, K vBunzlau. Z: BII.L: II, 252, 255, 270, 297, 299.
18. (CB133). Hat zwei Söhne. 1239-47. Graf, Baron, K vCosel 1240-47. Er wird als familiaris MII.O gen.: MII.O: II, 295. Z: MII.O: II, 174, 188, 226, 242, 244, 284, 310, †437, III, †561; VO: II, 243; WI.O: II, 340.

N

19. Nikolaus Rufus (CB137, CC517). 1260-85. Dominus, Nobilis, Graf, Baron, Ritter, Serviens, K vLandsberg 1274. Z: HIII.B: III, 327; WB: IV, 1; HIV.B: IV, 229, 245, 267, 299, 309, 413, †447, †452, V, 57, †495, †496; Heinrich vWisenburg: IV, 355; BI.O: V, 197, 204.
20. (CC510). 1260. Graf, Baron, K vSandewalde. Z: HIII.B: III, 306, 311.
21. Nikolaus Boruta (CB139). 1292-98. Graf, Ritter, K vTost 1292-95. Z: KaII.CB: VI, 61, 207, 370.
22. (CC508). Richter. Z: Paul vPoseritz: II, 170, †430.
23. (CB132). 1240. Käm. Z: MII.O: II, 192.
24. (CC515). Sohn des Detco. 1261-66. Ritter, UKäm. der Herzogin 1266. Z: KI.G: III, 353, 547.
25. (CB136). 1276-90. Graf, UTruch. 1280-83, Truch.1290. Z: Peter vSlawetaw (s. Dirsicraiowitz): IV, 290; WI.O: IV, 388; Stephan vZernitz: V, 53; MI.T: V, 442.
26. (CB130). Sohn des Vasili. 1222-47. Graf, vir nobilis, UTruch.1222-30, Jäger 1232. Er bezeugt einen Verzicht durch einen Eid: KaI.O: I, 310. Durch seine Aussage wird ein Rechtsstreit entschieden: MII.O: II, 178. Z: KaI.O: I, 222, 249, 254, 271, 291; BL: I, 269; VO: I, 319; HI.S: II, 23; MII.O: II, 180; WI.O: II, 328.
27. 1266. Bischöfl. USchenk. Z: BTI.: III, 546.
28. (CC506). 1223. Marschall. Z: HI.S: I, 227.
29. (CC510). 1250. Marschall. Z: HIII.B: II, 391.
30. (CC509). 1256-58. Ritter, Fidelis, Liegnitzer claviger 1256. Z: BII.L: III, 192, 278.
31. (CB133). 1239. Ritter. Z: MII.O: II, 165.
32. (CB132). Vor 1240. Serviens. Z: MII.O: II, 187.
33. (CC513). Sohn des Wolfram. 1259-66. Serviens 1259. Z: KI.G: III, 299, 304, 359, 442, 509, 547.
34. 1251. Bischöfl.Serviens. Z: BTI.: III, 2.
35. 1254-55. Dominus, Prokurator und Notar der Herzogin Anna. Z: HIII.B: III, 140; Herzogin Anna: III, 163.
36. 1251. UKäm. des Grafen Mrosco vPogarell. Das Land, das er bei Reichenthal (nö. Namslau) besitzt, will der Herzog v ihm eintauschen: HIII.B: III, 8.
37. Nikolaus Bruz (CC519). Neffe des Sdizlaus 1. 1275. Graf, Vasall. Er verzichtet auf alle Ansprüche auf Wilkowitz (sö. Breslau), das sein Onkel (patruus) weiland Sdizlaus dem Breslauer Domkapitel geschenkt hat: HIV.B: IV, 269.
38. Nikolaus Celina/Zelma (CC514). 1261-67. Z: BTI.: III, †580, IV, 34.
39. Nikolaus Linke (CC528). 1296. Fidelis. Z: HI.G: VI, 275.
40. Nikolaus Longus (CC510). 1258-60. Graf (nur in †), Baron, Dominus. Z: HIII.B: III, 267, 318, †557.
41. Nikolaus Mlestco. 1263. Graf. Z: HIII.B: III, 436.
42. Nikolaus Sa(n)dca/Sacie (CB140). 1292-97. Fidelis. Z: BII.L: VI, 64, 174, 175, 328, 329.
43. Sohn des Alexander, Vater des Paul und Peter. 1274. Er kauft mit seinen beiden Söhnen das Dorf Simschütz (bei Fürstenau Kr. Breslau) für 130 Mark Silber: HIV:B: IV, 255. **Paul.** Sohn des Nikolaus. 1274. Wird zusammen mit seinem Vater gen.: HIV.B: IV, 255. **Peter.** Sohn des Nikolaus. 1274. Wird zusammen mit seinem Vater gen.: HIV.B: IV, 255.

N

44. (CC523). Sohn des Arnold Longus, Bruder des Theoderich. 1288. Er und sein Bruder verkaufen für 66 Mark 10 Hufen in Stannowitz (nw. Ohlau), nämlich 8 Zins- und 2 zur Scholtisei gehörende Freihufen: HIV.B: V, 390. (Adliger ?)
Theoderich. Sohn des Arnold Longus, Bruder des Nikolaus. 1288. Wird zusammen mit seinem Bruder gen.: HIV.B: V, 390. (Adliger ?)
45. Nikolaus Bedrichouich (CC504). 1203. Z: HI.S: I, 83.
46. Sohn des Berete. 1290. Er und Pribico (s.u. Prsibiboyus) tauschen ihr gemeinsames Erbgut Zachow (? bei Militsch) gegen das Gut Sharchow (? bei Militsch): HV.LB: V, 473.
47. (CC511). Sohn des Daleborius. 1248. Z: BII.L: II, 344.
48. (CB131). Sohn des Godisco. 1239-60. Ritter. Z: MII.O: II, 166, 311; WI.O: III, 335.
49. (CC505). Sohn des Gregor. 1203. Er vertauscht seinen Besitz, einen Teil des unbekannten Ortes Legche, gegen Gorschel (Vorwerk vMachnitz, Kr. Trebnitz): HI.S: I, 83, 115, 181.
50. (CC510). Sohn des Preduoius, Bruder des Peter. 1247. Z: BII.L und HIII.B: II, 339.
Peter (CC621). Sohn des Preduoius. 1247-73. Dominus, Graf, Ritter, K vSteinau 1251-57, K vSandewalde 1257, K vGlogau 1263-73. Z: BII.L und HIII.B: II, 339; KI.G: III, 20, 101, 102, 103, 226, 249, 462, 467, †567, IV, 141, 142, 194, 197, †451.
51. (CC517). Sohn des Segota. 1262. Graf. Z: HIII.B: III, 391.
52. (CC507). Sohn des Witoslaus, hat einen Bruder. 1218. Er und sein namentlich nicht gen. Bruder werden als Vorbesitzer des Ortes Gimmel (Kr. Guhrau) oder Jemielna (Kr. Oels) gen.: BL: I, 171.
53. (CC496). Bruder des Peter. 1267. Graf. Z: HIII.B: III, 230.
54. (CC512). Vater des Goslaus, Roszlaus und Vinzenz. 1259. Ritter. Er verkauft mit Einverständnis seiner Söhne 5 dem Vinzenzstift benachbarte Hufen in Lossen (bei Oels) an dieses für 20 Mark Silber: Vinzenzstift: III, 283.
Goslaus. Sohn des Nikolaus. 1259. Wird zusammen mit seinem Vater gen.: Vinzenzstift: III, 283. Lib.mor.Vincentii, S. 75: 6. Okt. („Goslaus miles") (dieser ?).
Roszlaus. Sohn des Nikolaus. 1259. Wird zusammen mit seinem Vater gen.: Vinzenzstift: III, 283.
Vinzenz. Sohn des Nikolaus. 1259. Wird zusammen mit seinem Vater gen.: Vinzenzstift: III, 283.
55. 1234-35. Z: BTI.: II, 61; G: II, 103.
56. 1234-35. Z: BTI.: II, 61; G: II, 103.
57. 1251. Hofnotar. Z: BII.L: III, †559.
58. (CC506). 1226. Schenk. Z: HI.S: I, †364.
— S.u. Andreas 5, Banz, Berthold 13, Borsnitz, Cosanow, Cotlou, Crimasosna, Debna, Dambiscin, Egidius 8, Fröbeln, Godislaus, Heinrich 31, Herrnmotschelnitz, Jakob 2, Johannes 68, Katharina, Keinersdorf, Münsterberg, Obisch, Obischau, Osla, Patschkau, Pescewicz, Pomerio, Quas, Rätsch, Reumen, Rosenbach, Ruprecht 1, Schmollen, Smolna, Steinau, Strehlen, Tepliwoda, Wederau, Wintzenberg, Würben, Zerem.

Nikossius. S.u. Moschwitz, Velechow.
Nossen. Sulislaus vNossen (südl. Münsterberg). Ehemann der Woislawa, Vater des Johannes, Andreas, Jakob. Nekr.Kamenz, S. 326: 22. Juni („Ob. Sulislaus pater Johannis comitis de Ossina et Woyslava mater eiusdem. Jacobus et Andreas fratres eiusdem").

N

Woislawa vNossen. Ehefrau des Sulislaus. Nekr.Kamenz, S. 326: 22. Juni (s. Sulislaus vNossen).

Johannes vNossen (CC355). Sohn des Sulislaus, Ehemann der Adelheid und Woicoslawa, Vater des Iesco, Andreas, Clemens und einer Tochter, Schwiegervater des Nikossius vMoschwitz, Verwandter des Berold 4. 1245-92. Graf, Baron, Ritter. Er bestätigt, daß er HIV.B sein Gut Moschwitz (bei Münsterberg) für 120 Mark schwarzen Silbers verkauft hat und widerruft frühere Äußerungen, daß er zum Verkauf gezwungen worden sei: HIV.B: V, 13. In einer eigenen Urkunde (VI, 23) beurkundet er den Verkauf der Scholtisei seines Dorfes Nossen und verpflichtet den neuen Schulzen, ihm, wenn nötig, mit einem Wallach im Werte v 3 Mark zu dienen, der dem Schulzen im Falle eines Unfalls im Dienste des Herren ersetzt werden soll, was er besiegelt. In einer eigenen Urkunde (VI, 81) schenkt er dem Kl. Kamenz sein Dorf und Gehöft oder Allod Nossen, was er zu besiegeln ankündigt und was bestätigt wird: BJIII.: VI, 88. BkI.J schenkt dem Kl. Kamenz die Güter, die einst sein Ritter Johannes vNossen besessen hat (hier das Allod Klein Nossen), und verzichtet für 320 Mark auf den bisher v den Gütern erblich gewesenen Roßdienst: BkI.J: VI, 95. Z: BII.L: II, 296, 299; HIII.B: II, 409, III, 18, 19, 22, 32, 36, 43, 97, 124, 125, 230, †558, †587; HII.B und WB: III, 60, 61; WI.O: III, 269, IV, 54, 83; Stephan vKobelau: IV, 348; Albert vTepliwoda: V, 317. GB, S. 311-315, 319f.: Er nennt sich nach seinem Dorf Nossen. Nach 1241 überragte er alle anderen Ritter HIII.B an Macht und erhielt vom Herzog wegen seiner großen Verdienste das Erbgut Moschwitz zu Erbrecht. Er vermählte seine einzige Tochter mit Nikossius vMoschwitz, dem er eine Mitgift v 200 Mark zusagte und dem er dafür sein Erbgut Moschwitz verpfändete. Johannes löste Moschwitz aus, erhielt es jedoch nicht zurück, da er schon sehr hochbetagt und Nikossius und seine Sippe recht mächtig waren. Er erhob deswegen bei HIV.B gegen seine Enkel Burkhard und Iesco vMoschwitz Klage und wurde wieder in sein altes Erbgut Moschwitz eingesetzt. Nach der Verwüstung dieses Gutes durch seine Enkel verkaufte er es dem Herzog für 120 Mark schwarzes Silber Breslauer Gewichtes (→ V, 13) und erhielt dazu als Gnadenerweis des Herzogs das Dorf Scheidelwitz (Kr. Brieg), daß Johannes schon früher besessen hatte, der Herzog ihm aber abgenommen hatte, da er meinte, Johannes hätte es ihm in seiner Kindheit zu Unrecht entzogen. 1282 verzichtet er auf alle Ansprüche auf Moschwitz. Nekr.Kamenz, S. 325: 6. Juni („Ob. Comes Johannes dictus de Nuzcin, qui dedit domui Camencz largam elemosinam scil. curiam suam et villam").

Adelheid vNossen. Ehefrau des Johannes. Nekr.Kamenz, S. 334: 12. Nov. („Ob. Adilheydis et Woycoslava uxores comitis Johannes de Ossina").

Woicoslawa vNossen. Ehefrau des Johannes. Nekr.Kamenz, S. 334: 12. Nov. (s. Adelheid vNossen).

Iesco/Ianusius vNossen (CC407). Sohn des Johannes. 1287. Z: Albert vTepliwoda: V, 317. GB, S. 319f.: Er und sein Bruder Andreas drohten dem Kl. wegen des Gutes Moschwitz. Nach der Ermordung dreier Münsterberger Bürger am Ostertage werden sie enthauptet. Nekr.Kamenz, S. 334: 25. Nov. („Ob. Andreas et Janusius filij comitis Johannis de Nuzzyn et Clemens frater eorum").

Andreas vNossen (CC27). Sohn des Johannes. GB, S. 319f.: s. Iesco vNossen. Nekr.Kamenz, S. 334: 25. Nov. (s. Iesco vNossen).

Clemens vNossen. Sohn des Johannes. Nekr.Kamenz, S. 334: 25. Nov. (s. Iesco vNossen).

Andreas vNossen. Sohn des Sulislaus. Nekr.Kamenz, S. 326: 22. Juni (s. Sulislaus vNossen).

Jakob vNossen. Sohn des Sulislaus. Nekr.Kamenz, S. 326: 22. Juni (s. Sulislaus vNossen).

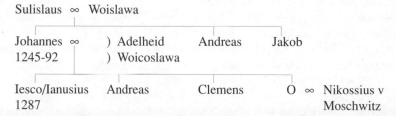

Nostitz. Hertwig vNostitz (Kr. Löbau/Lausitz) (CC316). Bruder des Friedrich. 1284-98. Graf, Baron, Ritter, Fidelis, K vSteinau 1286-87, K vHerrnstadt 1298. Ihm wird verliehen das Dorf Dammitsch (Kr. Wohlau) mit allem Zubehör, 2 Hufen zum Vorwerk in dem hzl. Dorf Geißendorf (bei Steinau), einen Hof in der Stadt Steinau, eine Fleischbank und zwei Fischer: PSt: V, 339. Z: PSt: V, 80, 165, 282; HI.G: V, 424, †506, VI, 49, 103, 118, 197; HI.G und KII.Sa: V, 416, VI, 32; KII.Sa: VI, 13; Stephan vDombsen: VI, 333.

Friedrich vNostitz (CC189). Bruder des Hertwig, vielleicht Vater des Konrad. 1286. Baron. Z: PSt: V, 282.

Konrad vNostitz. Vielleicht Sohn des Friedrich. Nekr.Kamenz, S. 320: 3. März („Ob. Conradus Frizcico de Nostiz").

Gevolko vNostitz (CC204). 1296. Z: HI.G: VI, 252.

Nosto. 1282. Hzl. Kanzler. Z: BkI.J: V, 19.

Nupeth. Franciscus de Nupeth (?). 1272. Ritter. Z: WI.O: IV, 188.

Obesanus. † vor 1276. Der weiland Obezanus wird als ehemaliger Vorbesitzer des Erbgutes Gaycouo (wohl Stein sw. Breslau) gen.: HIV.B: IV, 294.

Obeslaus (CA30). 1175-77. Truch. (nur in I, †328). Z: BI.S: I, 45, †325, †326, †327, †328; Herzog vPolen: I, 49.

Obisch. Nikolaus vObessow (Obisch bei Glogau) (CC932). Schwager des Sdizlaus 8. 1298. Er und sein Schwager erhalten das Dorf Kainzen (bei Guhrau) zu erblichem Besitz gegen Nikolaus' Besitzungen in Obisch, wofür sie mit einem Wallach (spado) und einer Armbrust (balista) dienen sollen: HI.G: VI, 357.

Obischau. Richwin vObischau (Kr. Namslau) (CC706). Sohn des Stephan, Bruder des Otezlaus, Stanislaus, Stephan und Nikolaus.1288. In einer eigenen Urkunde (V, 381) verkauft er mit Zustimmung seiner Mutter und seiner Brüder die Scholtisei vObischau zur Aussetzung zu deutschem Recht unter der Bedingung, daß der Schulze ihm bei Kriegszügen mit einem Pferd im Werte v 2 Mark dient, und setzt die Abgaben der Bauern fest.

Otezlaus vObischau. Sohn des Stephan. 1288. Wird zusammen mit seinen Brüdern gen.: Richwin vObischau: V, 381.

Stanislaus vObischau. Sohn des Stephan. 1288. Wird zusammen mit seinen Brüdern gen.: Richwin vObischau: V, 381.

O

Stephan vObischau. Sohn des Stephan. 1288. Wird zusammen mit seinen Brüdern gen.: Richwin vObischau: V, 381.

Nikolaus vObischau. Sohn des Stephan. 1288. Wird zusammen mit seinen Brüdern gen.: Richwin vObischau: V, 381.

Obrovo. Stephan vObrov(n)o (?). 1273. Graf, Ritter. Z: KI.G: IV, 194.

Ocicus. 1272. Graf, UTruch. Z: KI.G: IV, 161.

Oder. Konrad vOdra (?) (CB105). 1285-97. Ritter, Fidelis. Z: BI.O: V, 204, VI, 328.

Heinrich de Odra. 1298. Z: Stephan vDombsen: VI, 333. (Adliger ?)

Odo (BDH197). 1202-03. Mag. Er erhält als Präbende den Zehnt des Dorfes Kawallen (Kr. Trebnitz) und der villa Zuantossi (unbekannt): HI.S: I, 83, 115, 181. Z: HI.S: I, 77, †333; BC: I, 82; BI.S: I, †331. (Identisch mit Otto 2 ?)

Odoslaus. S.u. Unchristen.

Oels. Die Söhne des Heinrich vOels (CC243). 1245. Die Schenkung der Dörfer Domatschine (nö. Breslau), Palici (wohl Pawelwitz nö. Breslau), Rattwitz, Cotouici (vielleicht Kottwitz nw. Breslau), Malgost (abgekommen bei Zedlitz), Zedlitz, Dambroua (wohl Teil des späteren Peisterwitz), Meleschwitz (sö. Breslau), Jeltsch, Altottag, Bischwitz (wenn nicht anders angegeben immer bei Ohlau) durch die Söhne des Heinrich vOels an das Bistum Breslau wird bestätigt: P: II, 287.

Opaso. 1251. Bischöfl.Serviens. Z: BTI.: III, 2

Oppeln. Zlauosius vOppeln. Vater des Peter. 1203. Z: BC: I, 85.

Peter vOppeln. Sohn des Zlauosius. 1203. Z: BC: I, 85.

Oratius (BDH 196). 1227. Z: G: I, 287.

Orinik. Clemens de Orinico (?). Zwischen 1243-67. Hedwig, S. 588: Er bezeugt in Rom ein Wunder der hlg. Hedwig, obwohl er bei dem Wunder nicht anwesend war.

Ortonus. S.u. Schenkendorf.

Ortwein. 1252. Z: Vinzenzstift: III, 31.

Osetno. Otezlaus de Osetno (?) (CC562). 1259-81. Graf, Ritter, Fidelis. Z: KI.G: III, 229, 353; HI.G: IV, †466.

Dirsco vOsetna (CC156). 1273-98 Dominus, Ritter, Serviens. Er und die Herren vCorentzk vergleichen sich mit Nikolaus und Pasco vHerrnmotschelnitz bzgl. des Waldes Belewo bei Urschkau (sw. Guhrau): HI.G: IV, †466. Er verkauft sein Gut Noßwitz (bei Glogau): HI.G: VI, 408. Z: KI.G: IV, 197, †451; HI.G: V, †507, VI, †480.

Predslaus vOsetno (CC672). 1298. Z: HI.G: VI, 357, †480.

Osla. Nikolaus vOsla (?) (CC526). 1290-94. Dominus. Er verkauft sein Dorf Hirtendorf (Kr. Sprottau): KII.Sa: VI, 162. Z: Heinrich vKittlitz: V, 485.

Ostrosische. Sobeslaus vOstrosische (?) (CC745). 1271. Ritter. BTII. gewährt ihm auf dessen Erbgut Ellguth (nö. Guhrau) für Neubruch 12 Jahre Zehntfreiheit, verlangt nach dieser Frist aber den vollen Garbenzehnt, der für bereits urbar gemachte Äcker schon jetzt zu leisten ist: BTII.: IV, 134.

Otezlaus. 1. (CC562). 1251-53. Graf, Fidelis, K vBeuthen a.d.O. Z: KI.G: III, 20, 25, 102, 103, †567, †581, †585.

2. (CC562). 1279. Ritter, K vSandewalde. Z: HIV.B: IV, 368.

3. (CC562). 1271-73. Dominus, Graf, Baron, Ritter, Richter. Der Landesrichter (iudex terre) vermittelt in einem Streit zwischen KI.G und BTII.: KI.G: IV, 197, †451. Z: KI.G: IV, 141, 142, 161, 194, 197, †451.

4. Ocyslaus (CC563). Vater des Stephan. 1297. Dominus. Z: Lorenz Plascota: VI, 306.
   Stephan (CC781). Sohn des Otezlaus. 1297. Z: Lorenz Plascota: VI, 306.
5. (CC561). 1203. Z: HI.S: I, 83.
— S.u. Dersco 2, Obischau, Osten, Steinau.
Othmanth. S.u. Schnellewalde.
Otto. 1. 1296-97. Kanzler, Glogauer Scholaster. Z: HI.G: VI, 252, 272, 294.
2. (BDH199). 1212-35. Z: BL: I, 129, 225, 226, 237, 263; G: I, 281, II, 103; HI.S: I, 287; HI.S und BL: I, 308; BTI.: II, 60, †426. (Identisch mit Odo ?)
3. (CC565). 1248. K vLebus. Z: BII.L: II, 344.
4. (CC566). 1250-53. K vLiegnitz. Z: BII.L: II, 412, III, 3, 69.
5. (CC564). 1223. Trib. vGlogau. Z: Jaroslaus, Bozdech, Peter und Budiuoy 9: I, 236; HI.S: I, †355.
   Otto (BDH200). Sohn des Johannes, Enkel des Otto 5. 1250-84. Dominus, Scolaris HIII.B 1254, Schreiber 1257-61, Notar 1250-51, 1257-66 und 1272-73, hzl. Kaplan 1272, Diakon 1284. Ihm wird auf Lebenszeit eine curia auf der Breslauer Dominsel geschenkt: HIII.B: III, 247. Der Sohn des Johannes und Enkel des Otto Trib. vGlogau schenkt sein Erbgut Queißen (sö. Glogau) der Breslauer Kirche: KI.G: III, 504. V ihm geschriebene Urkunde: HIV.B: IV, 217. Der abwesende Diakon erklärt durch seine Bevollmächtigten, daß er der Exkommunikation HIV.B zustimmt: BTII.: V, 135. Wird als † erwähnt: BTII.: V, 254. Als Datar gen.: HIII.B: II, 404, †440, III, 18, 129, 137, 160, 236, 247, 251, 267, 279, 281, 292, 293, 297, 298, 312, 313, 315, 316, 343, 379, 391, 412, 415, 436, 452, 490, 521, 525, 537, 552, †565, †587; HIV.B: IV, 217. Z: BTI.: III, 264, 482, IV, 47, 48, 55; BTII.: IV, 169; HIV.B: IV, 173, 174, 178, 182, 217, †450; G: IV, 334.
6. (CB151). Bruder des Pribislaus. 1239-41. UKäm. 1239, Käm. 1239. Z: MII.O: II, 165, 166, 174, 226.
   Pribislaus (CB176). Bruder des Otto. 1223-69. Graf, UTruch.1239. Gibt seinen Zehnt der Salvatorkirche zu Rybnik: BL: I, 226. Z: MII.O: II, 165, 174, 192; Mrosco vPogarell: IV, 93.
7. (CC151). Verwandter des Johannes (s. Domaslaus 1). 1233. Jäger. Z: Johannes (s. Domaslaus 1): II, 32.
8. (CB151). Bruder des Streso und Semianus, Vetter des Johannes (s. Domaslaus 1). 1233. Johannes vermacht in seinem Testament seinen Vettern Otto und Semianus zwei nicht näher bestimmt Dörfer für immer und spricht ihnen für die Lebenszeit seiner Schwiegermutter und seiner Frau die Dörfer Orese (abgekommen, n. Neustadt OS), Pramsen (Groß Pramsen, nö. Neustadt), Zeiselwitz (nö. Neustadt) und weiteren Grundbesitz zu, was alles nach dem Tode der Frauen der Kirche gehören soll: Johannes (s. Domaslaus 1): II, 32.
   Streso (CB208). Bruder des Otto und Semianus. 1223-30. UKäm. der Herzogin 1226-28. Gibt seinen Zehnt der Salvatorkirche zu Rybnik: BL: I, 226. Z: KaI.O: I, 271, 291, 298; VO: I, 319.
   Semianus (CB187). Bruder des Otto und Streso, Vetter des Johannes (s. Domaslaus 1). 1228-39. Trib. v? 1228, K vRatibor 1239. Wird zusammen mit seinem Bruder Otto gen.: Johannes (s. Domaslaus 1): II, 32. Z: KaI.O: I, 291; VO: I, 319; MII.O: II, 165.
9. Otto/Lassota (CB151). Schwiegersohn des Sbroslaus (s. Radozlaus 1). 1230/31. Z: Se-

O/P

bastian und Gregor (s. Bozechna): II, 1 (Lassota); Sbroslaus (s. Radozlaus 1): II, †424 (Graf Otto).
10. 1258. Serviens. Z: HIII.B: III, 267.
11. (CB35). 1239. Z: MII.O: II, 174.
12. Bruder des Segota. 1270. Annales Sanctae Crucis Polonici, S. 682 und Rocznik Świętokrzyski, S. 75: Nach der Entführung und Einkerkerung des Bischofs Paul vKrakau durch die Adligen Otto und Segota vom Wappen Streitaxt (Topor) werden diese ebenfalls eingekerkert. Nach ihrer Freilassung verkaufen sie wegen ihres nun schlechten Rufes (propter infamiam) ihre Erbgüter im Herzogtum Krakau und wandern in das Herzogtum Oppeln ab. Katalogi Biskupów Krakowskich, S. 363f.: Otto und Segota vom Wappen Topor nehmen Bischof Paul Polukosza vKrakau in Cvnow gefangen und kerkern ihn in der Burg Sieradz ein.

Segota. Bruder des Otto.1270. Annales Sanctae Crucis Polonici, S. 682, Rocznik Świętokrzyski, S. 75 und Katalogi Biskupów Krakowskich, S. 363f.: Wird stets zusammen mit seinem Bruder gen.
13. 1245. K vRatibor. Z: MII.O: II, †437.
— S.u. Biberstein, Boleslaus 3, Donin, Glincz, Haugwitz, Kemnitz, Kittlitz, Konrad 4 und 13, Knobelsdorf, Lynauia, Malkwitz, Neudeck, Pannwitz, Schlewitz, Seidlitz, Sytin, Thur, Vermoldesdorf, Wilin, Zedlitz, Ziglizs, Zoblus.

Ozegow. Martin de Ozegow (Orzegow, Kr. Schwientochlowitz) (CB115). Nach 1290. Z: KaII.CB: SR 1694.

Ozemo (CC585). 1203. Z: HI.S: I, 83.

Pachoslaus. 1. Sohn des Lassota, Schwager des Thomas 8, hat Brüder. 1224-38. Graf, Palatin vSandomir 1224-34, Palatin vKrakau 1238. Er schenkt dem Kl. Miechów das Gut Udorz (Bez.Krakau); unter den Z seine namentlich nicht gen. Brüder: HI.S: II, 24. Er gibt seine Zustimmung zu einer Verleihung: HI.S: II, 145. Z: G: I, 245; Herzog vSandomir: II, 79; HI.S: II, 85, 106, 137, 145.
2. (CB31). 1149. Comes polonicus. Er schenkt dem Vinzenzstift in den Bergen einen Ort (laut I, 60 Totschen [Gemeinde Brockotschine, Kr. Trebnitz]) und die Mühle in Döberle (Ortsteil vKarlsburg, Kr. Oels): BRI.: I, 19; P: I, 60.
3. Sohn des Detco. 1290. Z: HV.LB: V, 465.
4. (CC588). Sohn des Heinrich. 1231. Z: Die Verwandten des Bischof Ivo vKrakau: II, 7.
5. Pachoslaus junior. 1232. Z: HI.S: II, 24.
6. (CC590). 1290-92. Dominus, Baron, Feodalis, Fidelis. Z: HIV.B: V, 451, 452 (in einer v 7 Varianten: Pacozlaus Idessicz); HV.LB: V, 461, 467, 483, 489, VI, 31, 43, 50.
— S.u. Goslaus 7, Schessici, Tinz, Turcz, Wildschütz.

Pack. Ulrich vPhac (Pack bei Torgau/Meißen) (CC852). 1284. Z: PSt: V, 87.

Johannes vPack (CC379). 1299. Vir nobilis. Er bittet, daß Christina vPomikau ihr Heiratsgut erhält, wobei er als tutor für das Gut bestellt wird: KII.Sa: VI, 375. Z: KII.Sa: VI, †472.

Palow. Ienczo vPalow (Pohla wendisch Palow nö. Bischofswerda/Oberlausitz) (CC422). 1293-99. Ritter, Fidelis. Für die Einhaltung dieses Vertrages bürgt HV.LB mit dem Schloß Brieg, für das auch Ienczo gelobt; auch er bürgt mit HV.LB allgemein für die Einhaltung dieses Vertrages: HV.LB: VI, 144. Z: HV.LB: VI, 111; BkI.J: VI, 388.

Palvus Morauo (CB158). 1298. Graf, Baron. Z: KaII.CB: VI, 370.
Pannwitz. Werner vPannwitz (bei Bischofswerda/Oberlausitz). Ehemann der Cäcilie. 1281. Ritter. Z: NI.T: IV, 424. Nekr.Kamenz, S. 322: 17. April („Ob.Wernerus miles dictus de Panewicz"; Gottesdienst im Konvent für ihn und Gebet).
Cäcilie vPannwitz. Ehefrau des Werner. Nekr.Kamenz, S. 327: 15. Juli („Eodem die ob. Cecilia uxor Wernheri de Panewicz").
Otto vPannwitz (CC573). Bruder des Wolfram, vielleicht Vater des Johannes. 1284. Z: PSt: V, 87.
Johannes vPannwitz. Sohn des Otto (vielleicht der vorige). Nekr.Kamenz, S. 319: 27. März („It. ob. Joh. filius Ottonis de Panewicz").
Wolfram vPannwitz (CC914). Bruder des Otto. 1284- nach 1300. Dominus, Baron, Ritter, K vSprottau 1296, Glogauer Hofrichter 1298. Z: PSt: V, 87, 165, 282, 339; HI.G: V, 491, VI, 309, 367, 419; KII.Sa: VI, 1, 12, 34, 53, 162, 164, 270, 390, 391, 404, 433, †472; KII.Sa und HI.G: VI, 32; Stephan vDombsen: VI, 333; Rat vSprottau: SR 2600.
Tycho vPannwitz (CC843). 1299. Z: KII.Sa: VI, †472.
Pantin. 1. (BDH205). 1226-42. Dominus, Rector der Herzogin Anna. Z: BL: I, 263; BTI.: II, 61; G: II, 103; Herzogin Anna: II, 239. Lib.mor.Vincentii, S. 57: 8. Juli („Pantinus canonicus").
2. (CC587). 1265-67. Ritter, Fidelis, UKäm. 1267. In einer zeitlich unechten Urkunde wird er als zum Rat HI.S gehörend gen.: HI.S: I, 166. Z: BII.L: III, 524, †563, †573, IV, 40, 42. Nekr.Lubense, S. 56: 1. Nov. („Ob. Pantinus, … milites").
Pantslaus. 1263. Ritter. Er wird als Vorbesitzer eines Grundstückes oder Schenker eines Zehnten gen.: BTI: III, 445.
— S.u. Rakschütz.
Parchwitz. S.u. Mironowitz.
Pardus (BDH207). 1268. Mag. Z: BTI.: IV, 47, 48.
Pasco. 1. (CB154). Sohn des Warmundus, Schwiegervater des Pasco de Premonchow (vermutlich Przemankow in Polen). 1288-97. Graf, Ritter. In einer eigenen Urkunde (VI, 319) verkauft der Erbherr vPetersdorf (bei Gleiwitz) sein Dorf Ellguth (bei Gleiwitz) zur Aussetzung zu deutschem Recht, was er besiegelt. Z: MI.T und PR: V, 368, 403; MI.T: V, 430, 442, VI, 74.
2. (CB154). 1295. Ritter. Z: KaII.CB: VI, 207.
— S.u. Croscina, Herrnmotschelnitz, Peter 40, Rheinbaben, Slupo.
Passieki. Stephan [de] Passieki (?) (CB200). 1285. Ritter. Z: Adam 9: V, 215.
Patschkau. Nikolaus de Pascov. 1280-94. Bischöfl.Serviens 1280, Konsul 1294. Z: Bürger vNeisse: IV, 393; Johannes vNeisse: VI, 141. (Adliger ?)
Paul. 1. 1299. Notar, bischöfl. Kaplan. Z: BJIII.: VI, 376.
2. 1292(?). Hzl. Notar. Z: HI.G: V, †506.
3. (BDH210 oder 271). 1300 (zeitlich unecht). Archidiakon vGlogau. Z: BJIII.: VI, †479.
4. (BDH209). Sohn des Johannes. 1203-08. Bischof vPosen 1211-42. Das Dorf Pawellau (Kr. Trebnitz), das ihm gehörte, wird gegen einen Teil des unbekannten Ortes Mocressovo getauscht: HI.S: I, 115, 181. Z: HI.S: I, 83.
5. (CB 155). Schwiegervater oder -sohn (gener) des Dlucomilus. 1240-47. Baron, Trib. vOppeln (?) 1241, URichter 1243-44, UTruch.1246. Er wird als gener des Dlucomilus

P

   gen.: WI.O: II, 340. Z: MII.O: II, 180, 210, 226, 242, 244, 277, 284, 310, 311, †437; VO: II, 243.
6. Paul gen. Colenda (CB156). 1289-98. Domicellus. Z: KaII.CB: V, 410, VI, 61, 230, 370.
7. Paul Conouich (CC597). 1261. Z: HIII.B: III, 349.
8. Paul Szopa. Bruder des Sdizlaus. 1251. Z: HIII.B: III, 23.
   Sdizlaus Coppa (CC933). Bruder des Paul. 1249-62. UKäm. 1260-62. Er hat die Grenze eines Waldes begangen: HIII.B: III, 421. Z: HIII.B: III, 23, 313, 351, 379; -: II, 375.
9. Paul Uglanda (CC596). 1252-59. Graf. Ihm wird für seine treuen Dienste das Gut Machnitz (südl. Trebnitz) übertragen: HIII.B: III, 32. In einer eigenen Urkunde (III, 295) vermacht er gemeinsam mit seiner Frau nach beider Tod das Dorf Machnitz mit allen Zugehörungen und den dazugekauften Äckern dem Kl. Trebnitz.
10. 1224. Wird als Vorbesitzer des Dorfes Krentsch (Kr. Strehlen) gen.: HI.S: I, 313.
11. 1257. Graf. Z: Boguslaus 18 und Egidius: III, 259.
12. Paul v (wohl aus) Glogau. 1292. Dominus, Ritter. Besieglung durch ihn wird angekündigt und Z: Johannes vNossen: VI, 81.
13. (CC593). 1202. Z: BC: I, 82.
14. 1224. Z: KaI.O: I, 249.
15. 1228. Z: BL: I, 288.
16. Paul Yezer (CC423). 1295. Graf. Z: HV.LB: VI, †468.
— S.u. Andreas 12, Briese, Dobrogost 4, Herrnmotschelnitz, Jesoro, Kobelau, Nikolaus 43, Pogarell, Poseritz, Reumen, Rheinbaben, Schweidnitz, Slupo, Taschenberg.

Pauline. S.u. Kobelau.
Pechmann (CC608). 1290. Ritter. Er wird, nachdem er zu dem in seiner Streitsache um das Patronat über die Kirche vEbersdorf (bei Sprottau) angesetzten Termin nicht erschienen ist, kontumaziert: BTII.: V, 446:
Peczco. S.u. Heslech, Schaffgotsch.
Pelaskowitz. Radik de Pelazcovicz (?). Zwischen 1243-67. Hedwig, S. 599f.: Er begleitet einen Verwandten zum Grabe der hlg. Hedwig.
Pelco. 1285. Graf. Es wird erwähnt, daß er ein hzl. Verbot in Neisse proklamiert hat: BTII.: V, 183.
Peregrin. 1. (CC152). † vor 1232. K vSchiedlo. Seine Schenkung namentlich nicht gen. Besitzungen an das Kl. Leubus werden bestätigt: P: II, 14.
2. (CC152). 1223. K vWartha. Z: HI.S: I, 227.
3. (CC611). 1223. Truch. Z: Jaroslaus, Bozdech, Peter und Budiuoy: I, 236; HI.S: I, †355.
4. (CB160). 1291. Ritter. Z: PR: VI, 30.
5. 1293. Fidelis, Bürger zu Münsterberg. Ihm wird ein 3,5 Hufen umfassendes Gut in Reumen (n. Münsterberg) unter der Verpflichtung, dem Herzog mit einem Streitroß zu dienen, verliehen: BkI.J: VI, 125.
6. Sohn des Gotthard. 1208. Z: HI.S: I, †340.
— S.u. Wisenburg.
Pescewicz. Nikolaus vPescewicz (?) (CC524). 1293. Ihm wird wegen des auf seinem Acker durch Überschwemmung entstandenen Schadens der Zehnt v 15 Skot erlassen, wofür das Hospital vBunzlau den Steinbruch und den Weg dahin für den Bau der neuen Mühle auf dem Kessil gen. Erbgute (in Bunzlau aufgegangen) haben soll: Elisabethhospital zu Breslau: VI, 134. (Adliger ?)

P

Pesczen. Hermann vPesczen (?) (CC311). Bruder des Johannes. 1290-98. Ritter. Z: BkI.J: V, 484, VI, 366.
Johannes vPesczen. Bruder des Hermann. Z: BkI.J: VI, 366.
Pesna. Theoderich vPesna (Pösna sö. Leipzig oder Peißen bei Halle ?) (CC 147). 1287-99. Dominus, Graf, Baron, Ritter, vir nobilis, K vFreystadt 1291-1300. Der Garbenzehnt v seinem Allod in Nieder Siegersdorf (bei Freystadt) wird an die Kantorpräbende am Kollegiatstift zu Glogau überwiesen: BJIII.: VI, 196, 202. Er gründet zum Wohle seiner, seiner Eltern und seiner Frau Seelen in der Marienkirche zu Freystadt einen Altar und stattet ihn mit Zustimmung seiner Kinder mit 3 Fleischbänken daselbst aus; zwei Söhne seines Bruders schenken der Kirche 1 Mark Silber, nämlich 0,5 Mark Zins v der Mühle in Dalkau (w. Glogau), 1 Vierdung v den Gärten ebenda und 1 Vierdung Zins v der Mühle in Nova Bresniz (vielleicht Kaltenbriesnitz oder Briesnitz, beide Kr. Sprottau): BJIII.: VI, 438. Z: HI.G: V, 330, VI, 9, 10, 55, †461; HI.G und KII.Sa: V, 416.
Peter vPesna. 1297. Seine Aussage trägt zur Klärung eines Zehntstreites bei: G: VI, 320.
Peter. 1. (BDH216). Neffe der Bogusca (s. Goslawitz). 1263-96. Dominus, Mag., bischöfl. Kanzler 1263, 1272, 1281-96, bischöfl. Prokurator 1284, bischöfl. Notar 1284. Er wird beauftragt, HIV.B abermals zur Einhaltung des Schiedsspruches zu ermahnen: BTII.: V, 109. Er wird als bischöfl. Prokurator erwähnt: BTII.: V, 112. Er erhält ein Schreiben v BTII.: -: V, 123. Es wird berichtet, daß er seinen obigen Auftrag ausgeführt habe: BTII.: V, 125, 126. Er wird bevollmächtigt, BTII. vor dem Hofgericht HIV.B zu vertreten: BTII.: V, 133. In seiner Gegenwart wird die Exkommunikationssentenz über HIV.B verlesen, wobei er als Bevollmächtigter dreier abwesender Domherren deren Zustimmung zur Exkommunikation HIV.B erklärt: BTII.: V, 135. Es wird berichtet, daß er vor dem Hofgericht erschien, die Bevollmächtigung vorlas und, nachdem er sich mehrmals geweigert hatte, das Original HIV.B zu übergeben, dieser sich auf ihn gestürzt, zur Erde geworfen und mit dem Messer bedroht habe, wobei die Vollmacht zu Boden gefallen sei und sich nun im Besitz HIV.B befinde; Peter flüchtete daraufhin in eine Kirche, in der er einen halben Tag lang vSoldaten bewacht worden sei: BTII.: V, 143, 144. Er siegelt für seine Tante Bogusca, die kein eigenes Siegel führt: Bogusca (s. Goslawitz): V, 429. In einer eigenen Urkunde (VI, 221) gründet er im Auftrag BJIII. eine Kirche in der Stadt Nimptsch, was er besiegelt. Die Kirchengründung durch ihn wird erwähnt: BJIII.: VI, 264. Z: BTI.: III, 448, 449, IV, 47, 48; BTII.: IV, 144, 159, 169, 431, V, 69, 132, 184, 185, 216, 399, 431, 470, 472, VI, 19, 22; -: V, 86; HIV.B: V, 367; Bogusca (s. Goslawitz): V, 429; BJIII.: VI, 89, 122, 136, 153 (dieser ?), 190, 196, 201, 202, 226, 253, 262, 264; BJIII. und der Bischof vLebus: VI, 248, 249, 250.
2. (BDH218, KSH103). 1267-1300. Mag., Dominus, Ritter und Baron (sic!), Pfarrer zu Oels, Breslauer Protonotar 1267-88, Propst vMariasaal in Kärnten 1268-73, Prager DH 1282, Propst des Kreuzstiftes 1288-1300. Er wird als Besitzer eines Hauses in Breslau gen.: WB: IV, 108. Er wird als Besitzer eines Weinberges in die Stadt Oels gen.: HIV.B: IV, 399. Er erhält das Recht, däs ihm vSandstift zu Breslau auf Lebenszeit überlassene Dorf Klein Oels (s. Ohlau) unter Hinzufügung des Waldes Lansona zu deutschem Recht umzusetzen: HIV.B: V, 85. BTII. fordert, daß er für die Sicherheit des Breslauer Bischofes, seiner Anhänger und des Kapitels bürge: BTII.: V, 283. Es wird erwähnt,

P

daß er der Bannsentenz gegen HIV.B den Gehorsam verweigert: G: V, 299. BTII. empfiehlt, dem Peter ein päpstliches Mandat zu schicken, damit dieser auf HIV.B einwirke: BTII.: V, 307. In einer eigenen Urkunde (V, 353) bestätigt er, vom Klarenstift zu Breslau auf Lebenszeit das Gut Oswitz (heute Teil vBreslau), einen Weinberg und die Teiche bei Ransern (nw. Breslau) gegen einen jährlichen Zins iure locationis erhalten zu haben. Er erhält auf Lebenszeit den Weinberg, die Hopfengärten und die Mühle zu Oels; die Erträge daraus stehen nach seinem Tode dem Breslauer Kreuzstift zu: HIV.B: V, 367. Als Datar gen.: WB: IV, 57. Z: WB: IV, 16, 62, 63, 67, 84, 95, 96, 99, 108; HIV.B: IV, 120, 153, 165, 173, 174, 209, 217, 253, 258, 267, 282, 284, 310, 320, 337, 392, 399, 403, 409, 411, 412, 420, 430, †448, †450, †452, V, 5, 26, 52, 66, 73, 74, 118, 196, 320, 367, 370, 371, 401, 451; Pasco (s. Peter 42): IV, 350; Notar Anthonius: V, 2; HV.LB: V, 465, VI, 97; BTII.: V, 470, 472, VI, 19; BJIII.: Acta Thomae; Film Nr. 350/6, VI, 89, 122, 153, 190, 196, 200, 202, 225, 262, 427, 445; G: VI, †470; Stephan vWürben: VI, 426. Nekr.Kamenz, S. 322: 25. April („It. ob. d. Petrus prepositus S. Crucis").

3. Nach 1290. Angeblicher hzl. Kaplan und Pfarrer zu Gleiwitz, Hofnotar. Durch ihn ausgefertigte Urkunde: KaII.CB: V, †503. Z: KaII.CB: SR 1694.

4. (BDH218?). 1293-94. Mag., Domherr vPrag, Breslau und Wyschehrad, königlicher Protonotar. Als Datar gen.: König vBöhmen: VI, 109, 143.

5. Peter vDomascino (Domatschine bei Oels). 1299. Bischöfl. Notar und Kaplan. Z: BJIII.: VI, 410.

6. (BDH213). 1218-39. Dominus, Propst vGlogau und Breslau. Er wird beauftragt, die ehemaligen Benediktiner des Vinzenzstiftes zum Eintritt in ein anderes Kl. zu zwingen: P: I, 170. Ihm wird die Einigung im Rechtsstreit zwischen den Prämonstratensern des Vinzenzstiftes und den Benediktinern zur Bestätigung vorgelegt: G: I, 188. Ihm wird mitgeteilt, daß der Abt des Vinzenzstiftes keinerlei Anspruch mehr auf St. Lorenz in Kalisch haben soll: G: I, 189. Er läßt sich bei der Bestätigung des Vergleiches zwischen den Benediktinern und den Prämonstratensern des Vinzenzstiftes vertreten: G: I, 190. Er wird beauftragt zu entscheiden, ob der Herzog vPolen sein Kreuzzugsgelübde durch einen Zug nach Preußen erfüllen könne: P: I, 205. Ihm wird gestattet, neben der Glogauer auch die Breslauer Propstei innezuhaben: P: I, 267. Er wird mit der Entscheidung eines nichtschlesischen Zehntstreites beauftragt: P: II, 4. Er entscheidet diesen Zehntstreit mit: G: II, 25. Er wird beauftragt, die polnischen Fürsten zum Frieden untereinander zu mahnen: P: II, 29. Z: BL: I, 186, 263, 270, 283, 285, †368; G: I, 281, II, 103; HI.S: I, 314, †351; BTI.: II, 60, 61, 159, 173, †426. GB, S. 240: 1222 eröffnet der Notar Nikolaus (s. Johannes 68) ihm seinen Wunsch, ein Kl. zu stiften. Er schlägt vor, daß Nikolaus Propst in dem zu gründenden Kl.werden soll. GB, S. 373f., 377: Er stammt aus edlem Geschlecht. Er ist ein Mutterbruder (avunculus) des BTI. Er förderte das Kl. †1240.

7. (BDH214). 1212-39/41. Mag. Er entscheidet einen nichtschlesischen Zehntstreit mit: G: II, 25. Z: BL: I, 129, 143, 285; G: II, 103; HII.S: II, 203.

8. Peter Lapis (BDH217). 1284-98. Mag., Priester, bischöfl. Prokurator 1284, Kaplan 1284, Notar 1284, Offizial 1296-98. Er wird als bischöfl. Prokurator erwähnt: BTII.: V, 102, 103. Er wird ermahnt, im Interesse des Breslauer Bischofs tätig zu sein: BTII.: V, 126. Ihm soll eine Vollmacht übergeben werden: BTII.: V, 191. Ihm werden die neuesten Ereignisse im Streit zwischen HIV.B und BTII. mitgeteilt: BTII.: V, 207. Ihm soll

der Krakauer Kanoniker Adam 3 beistehen: BTII.: V, 208. Es wird erwähnt, daß er im Auftrag des Breslauer Bischofs den Bischöfen vWladislaw und Posen das päpstliche Dekret vom 28. März 1286 überbracht hat und daß er BTII. eine Verordnung der päpstlichen Exekutoren übergeben hat: BTII.: V, 287. Es wird erwähnt, daß er ein vom Breslauer Bischof im Namen der Bischöfe vWladislaw und Posen aufgesetztes Schreiben letzteren überbracht hat: G: V, 300. Er überbringt dem Erzbischof vGnesen ein bischöfl. Schreiben: BTII.: V, 357. In eigenen Urkunden (VI, 271, 277, 278, 279, 297, 328, 339) entscheidet er Zehntstreite. Es wird erwähnt, daß BJIII. ihm aus gewissen Gründen einen Zehntstreit abgenommen hat: BTII.: VI, 332. Es wird erwähnt, daß er einen Zehntstreit bearbeitete: G: VI, 338. Z: HIV.B: V, 367, 404; BTII.: V, 422, 431, 470; G: V, 423; BJIII.: VI, 190, 268. Nekr.Lubense, S. 49: 8. Aug. („Ob. Petrus Lapis Canonicus Wrat. ").
9. (BDH o. Nr.). 1283. Z: BTII.: V, 48.
10. (BDH?). 1295. Kustos. Z: BJIII.: VI, 225.
11. Peter Wlast (CA32, 33, 49). - Die genealogischen Angaben der verschiedenen Quellen stimmen nicht überein. Die Stammtafel wurde nach den Angaben in den Urkunden erstellt. - Vielleicht Sohn des Wlast, Bruder des Boguslaus, Ehemann der Maria, Vater des Swentoslaus und der Beatrix, Schwiegervater des Iaxa. 1139-49/50. Graf vSchlesien, comes polonicus, vir nobilis, Palatin 1149/50. In einer gemeinsamen Urkunde (I, 11) beantworten er und Bischof Mattheus vKrakau eine Anfrage des Abtes vClairvaux über die Möglichkeit einer Bekehrung der Ruthenen. Es wird 1139 erwähnt, daß er das Kl. der hlg. Maria (später Vinzenzstift) erbaut und daß er 1149 dem Kl. die Dörfer Würben (Kr. Ohlau), Ottwitz (Stadtteil vBreslau), Crescenica (?) und Ohlau geschenkt hat: BRI.: I, 19; P: I, 60. Er, seine Frau und sein Sohn bitten BW um Ausstattung des Sandstiftes und der Marienkirche auf dem Zobten mit Zehnten: BW: I, 23. Es wird bestätigt, daß er dem Bistum Breslau die Dörfer Jelline und Striege (beide Kr. Strehlen) sowie ein Dorf bei Thauer (Kr. Breslau) geschenkt hat: P: I, 28. Es wird bestätigt, daß er dem Sandstift das Dorf Klein Tinz (bei Breslau), das er v Juden gekauft hatte, geschenkt, dem Stift Knechte gekauft und ihm vBI.S gegebene Knechte dem Stift übergeben hat: BI.S: I, 58. Es wird bestätigt, daß die Benediktiner des Vinzenzstiftes zu Breslau mit Einverständnis der viri nobiles BI.S, der Grafen Peter, Vlogimilus und Leonhard (s.u. Zantoslaus) - den Patronen des Stiftes - durch Prämonstratenser ersetzt wurden: P: I, 59. Es wird bestätigt, daß er den Zehnt v allen Besitzungen, die er v seinem Großvater und Vater nach Erbrecht erhalten hatte (ex parte avi et patris sui iure hereditario), und die Dienste seiner Bauern dem Sandstift geschenkt hat: P: I, 61. Dem Sandstift werden die v seinem Gründer, dem Peter und seinen Brüdern, geschenkten Besitzungen bestätigt: HI.S: I, †343. CPS, S. 561: Zu 1139 wird berichtet, daß Petrus Vloscides und Herzog Boleslaw III. vPolen gefangen wurden, Peter sich loskaufte, mit einem Heer zurückkam und die Stadt Kelcze zerstörte. Er hat 7 Klöster und 70 Steinkirchen errichtet. Bei einem scherzhaften Gespräch zwischen WI.S und ihm während der Jagd überlegen sie, was ihre Frauen wohl jetzt zu Hause machen. CPP, S. 476-478: Es wird v dem scherzhaften Gespräch zwischen Petrus Vlascides und WI.S berichtet, wobei erwähnt wird, daß Peter den russischen König entführt, die Stadt Kelcze zerstört, sowie 77 Kirchen und 7 Klöster errichtet hat. Wegen dieses Gespräches rächte sich Herzogin Agnes, indem sie Peter, seine Frau und seinen Sohn Egidius durch ihren Geliebten Do-

P

bes 5 gefangennehmen und Peter das Augenlicht rauben ließ, was zu Sturz und Vertreibung des Herzogs führte. Peter und seine Frau wurden später in dem v ihnen gegründeten Vinzenzstift begraben. Zapiski historyczne, S. 719-723: Graf Peter gen. Wlast wird als Vormund der Söhne Herzog Boleslaws III. gen.; das scherzhafte Gespräch wird erwähnt; er belagert mit den Herzögen Przemysł und Boleslaw Posen; er, seine Frau Maria und sein Sohn Aegidius werden v Dobeck gefangengenommen; Peter wird das Augenlicht genommen, die Zunge herausgerissen und verbannt; nach 2 Jahren kehrt er zurück; er gründet das Vinzenzstift, mit seiner Frau das Sandstift und 70 Kirchen in ganz Polen. † am 20. Feb.1153, ☐ Vinzenzstift mit seiner Frau. Cronica Petri comitis, passim: Petrus Vlascides kam aus Böhmen. Seine Frau hieß Maria, sein Sohn Egidius/Swentoslaus. Er und sein Sohn wurden gefangengenommen. Iaxa, sein Schwiegersohn (gener), bot für sie vergeblich Lösegeld an. Peter wurde geblendet und die Zunge herausgeschnitten; wurde mit seinem Sohn entlassen. Er hat 72 Steinkirchen und 77 Klöster errichtet. Das Vinzenzstift wurde vPetrus Graf Korek, Maria und Swentoslaus gegründet. Er wird bezeichnet als: Petrus Magnus, Graf v ganz Polen und Palatin vBreslau. † am 20. März 1153, ☐ Vinzenzstift mit seiner Frau. KBGP, S. 506-509: In dem Abschnitt „De Piotrkone de Dacia" wird berichtet, daß Peter aus dem Königreich Dacia (Dänemark) käme. Mit Hilfe Herzog Boleslaws gewinnt er den dänischen Königsschatz. Er heiratet die Tochter eines russischen Fürsten, die eine Verwandte v Boleslaws Frau ist. Graf Petrus Wlostides nimmt Herzog Volodar' gefangen. KBGP, S. 520f.: Graf Petrus magnus verheiratet seine Tochter mit Iaxa dux Scrabiae, wobei er v Agenten WI.S gefangen wird und ihm wegen des scherzhaften Gespräches die Zunge herausgeschnitten und die Augen ausgestochen werden. Er errichtet 7 Klöster (Sand-, Vinzenzstift; Abteien v Czirwensko und Sulejów; Propsteien St. Lorenz bei Kalisch und Mstów; Kl. Strzelno) sowie 70 Steinkirchen. Sein Sohn Constantin vollendet sie. Herbord, Vita Ottonis, S. 74f.: Um die Absicht des Königs der Ruthenen [d.i. Volodar' vPrzemyśl] auszukundschaften, flieht der ductor militiae und praefectus a duce super viros bellatores Petrus mit 30 Kriegern scheinbar zu diesem König, gewinnt dessen Vertrauen, nimmt ihn bei günstiger Gelegenheit gefangen und verschleppt ihn an den Hof seines Herren Herzog Boleslaw III. vPolen. Vincentii Chronicon Polonorum, S. 350-353: Um die Absichten des Fürsten vRußland Wlodar auszukundschaften, flieht Petrus Wlostides mit anderen scheinbar zu diesem, gewinnt dessen Vertrauen, nimmt ihn bei günstiger Gelegenheit gefangen und verschleppt ihn an den Hof seines Herren Herzog Boleslaw III. vPolen. Ortliebi Zwifaltensis Chronicon, S. 2f.: Der princeps Poloniorum Patricius, der 70 Kirchen und mehrere Klöster errichtete, tauscht die Hand des Märtyrers Stephan aus der Mitgift seiner Frau mit Herzog Boleslaw III. gegen 5000 Hufen bei Kostenblut, die er dem Vinzenzstift schenkt. Annales Magdeburgenses, S. 187: 1145 kommt der princeps Poloniae nomine Petrus, der in seinem principatus die katholische Religion fördern will, nach Magdeburg, erhält vom Erzbischof Reliquien und bittet den König um Intervention. Er erhält einen großen Teil vReliquien des hlg. Vinzenz. Am 8. Juni, dem Geburtstag des Heiligen, läßt er alle seine Gefangenen frei. CPS, S. 565: Es wird erwähnt, daß Petrus Vlosco geblendet wurde und sein Sturz zur Vertreibung WI.S führte. Annales Cracovienses Compilati, S. 590 und Rocznik Małopolski, S. 154f.: Es wird berichtet, daß Petrus, Sohn (sic!) des Swentoslaus/Swanthopelko, geblendet wurde; er hat das Kl. Breslau gegründet. Annales Polonorum IV, S.

627: Petrus, der das Vinzenzstift bei Breslau gegründet hatte, wurde geblendet. Rocznik Sędziwoja, S. 875: Petrus, Palatin vKrakau, wird geblendet. Er hatte in Polen viele Klöster errichtet und ausgestattet, darunter gemeinsam mit seiner Frau das Vinzenzstift zu Breslau. Zdarzenia godne pamięci, S. 304: Petrus Wlast, der 77 Kirchen und das Vinzenzstift zu Breslau gründete, wurde geblendet. Katalogi Biskupów Krakowskich, S. 348f.: Petrus de Skrzyn, Sohn des Swantoslaus, hat viele Kirchen sowie das Vinzenzstift zu Breslau und das Kl. Strzelno, in dem er und seine Frau begraben wurden, gegründet. Zapiski historyczne, S. 732f.: 1090 gründet Petrus Graf Corek das Sandstift, das in Anwesenheit seiner Frau und seines Sohnes konsekriert wird. Es wird erwähnt, daß Graf Petrus auf dem Zobten seine Burg hatte. Nekr.Czarnowanz, S. 227: 22. März („Petrus Comes"). Lib.mor.Vincentii, S. 38: 16. April („Petrus comes fundator loci"). Lib.Mor.Strzelnensis, S. 734: 17. April („Magnificus dominus Petrus Donin fundator noster"). Lib.Mor.Lubinensis, S. 56: 17. April („Petri comitis Wrat. ").

Wlast. Vielleicht identisch mit Peter Wlast, vielleicht sein Vater. (1110). Graf. Er wird als Gründer der Kirche der hlg. Maria (auf dem Breslauer Sande) gen.: HI.S: I, †322. Lib.mor.Vincentii, S. 22: 2. März („Uvlazt laicus; Kommentar des Kopisten vom Ende des 13. Jh.: Vlost heres huius loci"), S. 28: 21. März und S. 48: 20. Mai (dieser ?). Böhmisch-Schlesisches Nekrologium, S. 113: 30. Aug. („Comes Wlost").

Maria Vlostonissa. Ehefrau des Peter. 1149/50. Gräfin. Es wird 1149 erwähnt, daß sie dem Vinzenzstift ein Dorf in den Bergen geschenkt hat: BRI.: I, 19; P: I, 60. Sie, ihr Mann und ihr Sohn bitten BW um Ausstattung des Sandstiftes und der Marienkirche auf dem Zobten mit Zehnten: BW: I, 23. Zapiski historyczne, S. 721: Maria, Tochter des Herzogs der Ruthenen/Russen, wird als Ehefrau des Peter gen.; S. 732: In ihrer Gegenwart wird das Sandstift konsekriert. □ Vinzenzstift. Cronica Petri comitis, passim: Maria, Frau des Petrus und Mutter des Swentoslaus, war die Tochter des Königs der Ruthenen. Sie gründete mit ihrem Mann und ihrem Sohne das Vinzenzstift zu Breslau. □ Vinzenzstift mit ihrem Mann. Lib.mor.Vincentii, S. 35: 8. April („Obiit Maria comitissa").

Swentoslaus. Sohn des Peter. 1149/50. Nobilis. Er und seine Eltern bitten BW um Ausstattung des Sandstiftes und der Marienkirche auf dem Zobten mit Zehnten: BW: I, 23. CPP, S. 476-478: Der Sohn des Petrus Wlast, Egidius, wird mit seinen Eltern vom Geliebten der Herzogin Agnes, Dobes 5, gefangengenommen. Zapiski historyczne, S. 723: Aegidius wird mit seinen Eltern vDobek gefangengenommen. Cronica Petri comitis, S. 15, 18f., 21: Egidius /Swentoslaus, Sohn des Peter und der Maria, wird mit seinem Vater gefangengenommen und später mit ihm aus dem Kerker entlassen. Er hat mit seinen Eltern das Vinzenzstift gegründet. Zapiski historyczne, S. 732: In seiner Gegenwart wird das Sandstift konsekriert. KBGP, S. 520f.: Constantin, Sohn des Peter Wlast, vollendet die Kirchenbauten seines Vaters. Er wird Graf in Skrzyn. Vincenti Chronicon Polonorum, S. 386, 394: Iaxa und Swantoslaus befanden sich gegen Ende der Herrschaft Herzog Boleslaws IV. vPolen in Opposition zu diesem und schlugen Kasimir II. dem Gerechten vor, die Macht zu übernehmen. Liber Fraternitatis Lubinensis, S. 5: Constantinus. (Vgl. Zantoslaus).

Boguslaus. Bruder des Peter. (1180-1201). Er schenkt dem Sandstift die Kirche St. Adalbert zu Breslau mit dem Dorf Mochbern (Stadtteil vBreslau), mit den dazugehörigen ascriptici und ihren Zahlungen, was bestätigt wird: BI.S: I, 58.

P

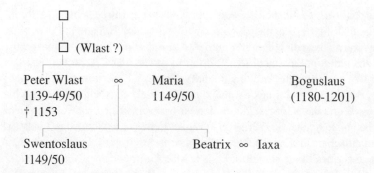

12. (CB162). Sohn des Solesse. 1238-39. Palatin. Z: VO: II, 156; MII.O: II, 166.
13. (CC632). 1257-65. Graf, Palatin. Z: KI.G: III, 226, 304, 359, 462, 467, 504.
14. (CC612). 1218-23. K vLiegnitz. Z: BL: I, 171; Herzog vMasowien: I, 216; G: I, 230.
15. 1260. Graf, K vNimptsch. Z: HIII.B: III, 315.
16. (CC620). 1249-54. Graf, K vOels 1250-54. Z: BII.L und HIII.B: II, 413; HIII.B: III, 24, †557; BII.L: III, 138, 139; -: II, 375.
17. (CB164). 1260. Graf, K vOppeln. Z: WI.O: III, 338.
18. 1248. K vSchweinhaus. Z: BII.L: II, 342.
19. (CC618). 1242-47. Graf, Hofrichter. Z: BII.L: II, 229, 241, 255, 270, 272, 297, 299, 323.
20. (CC632). 1253-58. Graf, Käm. Z: KI.G: III, 103, 260, †567.
21. (CC612). 1203. UKäm. Z: HI.S: I, 83.
22. 1245. UTruch. Z: BII.L: II, 296.
23. (CC622). 1248-49. USchenk. Z: BII.L: II, 344, 371, 374.
24. (CC619). 1253. Marschall. Z: HIII.B: III, 55.
25. Peter Golanta (CC642). 1288. Bischöfl. Marschall. Z: BTII.: V, 374. Vgl. Stephan 20.
26. 1261. Ritter. Z: KI.G: III, 353.
27. (CC617). 1262. Ritter. Er wird als ehemaliger Vorbesitzer des unbekannten Dorfes Colanouo gen.: KI.G: III, 388.
28. Peter vom Hospitale. 1287. Ritter. Z: PSt: V, 339.
29. Peter Jayco (CB165). 1278-87. Graf. Z: WI.O: IV, 335; KaII.CB: V, 324.
30. Peter Possepta (CC617). 1259. Er wird wegen Raubes und Plünderung zu 55 Mark reinen Silbers Geldstrafe verurteilt; als Ersatz dafür erhält die geschädigte Kirche vPürschen (sö. Glogau) das gleichnamige Erbgut des Peter, wobei jedoch ihm und seinen Erben das Wiederkaufsrecht zum Preise v 55 Mark reinen Silbers eingeräumt wird: KI.G: III, 304.
31. Peter Rogoz (CC628). 1274. Graf. Z: HIV.B: IV, 255.
32. Peter Santko. Vater des Heinrich. Nekr.Kamenz, S. 317: 2. März („It. ob. Petrus Santko miles, pater fr. Heynrici Santkonis de Kamencz").
    Heinrich Santko. Sohn des Peter. Nekr.Kamenz, S. 321: 6. April („It. ob. Heynricus Santkonis mon.et sac. in Kamencz").
33. Peter Zaps. 1297. Fidelis. Ihm wird das Allod Timendorf (abgekommen, bei Kanth) zu freiem Besitz, auch auf die Töchter vererbbar, verliehen: BkI.J: VI, 303.
34. Potrek Cesslauich (CC614). 1208. Z: Herzog vKalisch: I, 116, 117.

35. Peter Cichnouiz. 1256-62. Er wird als Vorbesitzer des Dorfes oder des Zehnts vSitzmannsdorf (sw. Ohlau) oder Zieserwitz (sw. Neumarkt) gen.: BTI.: III, 181. Er wird als Vorbesitzer eines namentlich nicht gen. Dorfes bei Cosassino (vielleicht ein Teil vAlthofnaß bei Breslau) erwähnt: BTI.: III, 425; Vinzenzstift: III, 426.
36. (CC613). Sohn des Dekans. 1211. Z: Herzog vPolen: I, 124.
37. (CC615). Sohn des Detlev. 1223. In einer eigenen Urkunde (I, 236) schenken er, Budiuoy 9 und die Brüder Jaroslaus und Bozdech dem Bartholomeuskl. zu Naumburg am Bober das Patronatsrecht der Marienkirche in der Burg Beuthen. Er, Budiuoy 9 und die Brüder Jaroslaus und Bozedech schenken dem Bartholomeuskl. zu Naumburg am Bober das Dorf Klopschen (Kr. Glogau): HI.S: I, †355.
38. (CB166). Sohn des Goslaus. Nach 1290. Er und ein anderer Pfandherr erhalten als Pfand für 140 Mark vKaII.CB das Dorf Orzech (im Beuthener Distrikt): KaII.CB: SR 1694.
39. Peter Kotchowiz (CC605). Ehemann der Pauline vKobelau. 1300. Er macht vergeblich die Ansprüche seiner Frau und seines Schwagers auf 2 kleine Hufen in Nethwitz (später zu Moschwitz) geltend: Peter vLiebenau: VI, 444. GB, S. 328f.: Der Frankensteiner Jüngling Peter, Ehemann der Pauline, Tochter des Stephan vKobelau und Schwester des Paul, nimmt den Beinamen seines Schwiegervaters und Schwagers an. Er nimmt einen Teil am Erbe vNethwitz v seiner Frau her rechtlich für sich in Anspruch. Mit Zustimmung seines Schwagers Paul tauscht er Herrschaft und Zins über die 2 Hufen, die den Münsterberger Bürgern gehören, mit Peter vLiebenau gegen ein Streitroß, wobei Peter vLiebenau für diese 2 Hufen den dem Landesfürsten üblichen Dienst leisten muß. Er verkauft mit seinem Schwager Paul die restlichen 5 Hufen in Nethwitz für 110 Mark an Chessoborius vZesselwitz.
40. (CC629). Sohn des Stosso, Vater des Pasco. 1216-54. Graf, Ritter. Er hat dem Kl. Heinrichau cine Mühle und 10 lozierte Hufen zwischen Peterwitz und Schönwalde (w. Frankenstein) mit allem Zubehör verkauft: HIII.B: III, 141. Der Verkauf der Hufen wird erwähnt: -: V, 59; G: V, 60. GB, S. 286, 290f., 293-295: Der Vater des Grafen Petrus de Petrowiz (Peterwitz) und sein Bruder, die mit Beinamen Scriwazona gen. werden, behindern die Anlage des Dorfes Bautze. Peter, Sohn des † Stosso, nimmt nach 1241 die klösterlichen Wälder Budsow und Rudno in seinen Besitz, weil sie an sein Dorf Peterwitz grenzen, und setzt da, wo die Wälder aneinandergrenzen, das Dorf Schönwalde aus. Nachdem der Herzog beim Landtag zu Breslau 1244 entschieden hatte, daß Peter die Wälder zurückgeben müsse, drohte Peter dem Kl., so daß der Abt ihm schließlich um des lieben Friedens willen 14 Hufen - je 7 v jedem Wald - abtrat. Dies geschah auch, weil Peter und seine Vorfahren sich im dichten Wald versteckt halten konnten.

Pasco (CC637). Sohn des Peter. 1277-78. Graf, Ritter. Ihm werden alle Ansprüche auf 10 Hufen in Schönwalde (w. Frankenstein) zugunsten des Kls. Heinrichau abgesprochen: HIV.B: IV, 320. In einer eigenen Urkunde (IV, 350) entsagt er allen Ansprüchen auf 10 Hufen in Schönwalde, die er während der Gefangenschaft HIV.B dem Kl. Heinrichau widerrechtlich entfremdet hatte, was er besiegelt. Dies wird bestätigt: HIV.B: IV, 351.

Stosso (CC785). Sohn des Leonhard, Vater des Peter. 1248-76. Graf, Baron, Ritter, Dominus, Glogauer Richter 1248, K vSandewalde 1251, K vSchweidnitz 1262, K vBreslau 1276. Er weist den Breslauer Bischof in das eingetauschte Dorf Babino (wohl im

P

Gebiet vSandewalde) ein: Kl.G: III, 25. Z: BII.L: II, 344; Kl.G: III, 20, 101, †567; HIII.B: III, 373, 374, 411, 421, 424, 488; WB: IV, 17, 54, 63, 67, 98, 99; HIV.B: IV, 190, 217, 256, 282, 300; Grafen vMichelau (s. Pogarell): IV, 281. GB, S. 293, 312: Stosso, Sohn des Leonhard, spricht beim Landtag zu Breslau 1244 im Streit um die Wälder Rudno und Budsow für Peter 40. Ritter Stoscho in Reichau (bei Tarchwitz), ∞ mit einer leiblichen Schwester des Nikossius vMoschwitz, übernimmt die Vormundschaft über dessen Söhne Burkhard und Iesco. Lib.mor.Vincentii, S. 76: 7. Okt. („Stoyzlaus miles") (dieser ?).

Peter (CC630). Sohn des Stosso. 1286-90. Ritter. Z: HIV.B: V, 260, 452. Nekr.Heinrichau, S. 285: 27. Feb. („It. ob. Petrus Sthosschonis miles").

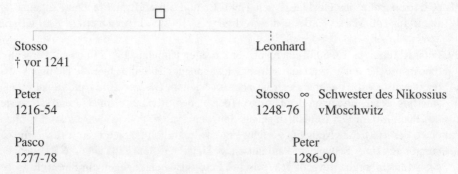

41. Sohn des Vinzenz. 1216/27. Z: HI.S: I, 278.
42. (CC612). Sohn des Woislaus. 1224. Das ihm vHI.S geschenkte Dorf Thomaskirch (Kr. Ohlau) schenken seine Freunde nach seinem Tode dem Kl. Trebnitz: HI.S: I, 247.
43. (CC633). Bruder des Bozco, Onkel des Woytech. 1266. Z: Kl.G: III, 547.
    Woytech (CC902). Sohn des Bozco, Neffe des Peter. 1266. Z: Kl.G: III, 547.
44. 1259. Graf. Z: Kl.G: III, 280.
45. Petrek. 1175. Z: BI.S: I, 45, †325, †326, †327.
46. (CC612). 1202-28. Z: BC: I, 82; Hemreammus vPoseritz: I, 86; Herzog vPolen: I, 124; KaI.O: I, 298. (Eine Person ?)
47. 1237. Z: HI.S: II, 137.
48. (BDH?). 1291. Prokurator in Ujest. Z: BTII.: VI, †462.
49. 1206-08. Angeblicher K vWartha. Z: HI.S: I, †335, †337, †338, †339, †340.
50. Peter Lonot. 1291. Bischöfl. Famulus. Z: BTII.: VI, †462.
51. (CC612). Sohn des Vlossatus. 1209. Schatzmeister. Z: HI.S: I, †342, †343.
52. Peter der Reiche. 1226-40. Er macht dem Hospital zu Neisse weitreichende aber unzeitgemäße Schenkungen: BL: I, †362, II, †418; BTI.: II, †433.
— S.u. Arnold 1 und 8, Bresin, Briese, Cancowe, Cmanow, Cuncz0, Curow=Swab, Dirsicraiowitz, Ebersbach, Egidius 8, Glubos, Godov, Gorsebkowitz, Goslawitz, Goswin, Grozanow, Gusik, Jesoro, Johannes 29, Komerow, Krakau, Kurzbach, Landescron, Liebenau, Liednitz, Likowitz, Lynauia, Lubnitz, Lubno, Mechkowitz, Menka, Niebelschütz, Niewodnik, Nikolaus 43 und 50, Oppeln, Pesna, Poppschütz, Poseritz, Prato, Prawtiz, Reumen, Royn, Schessici, Schmograu, Schosnitz, Schwenkenfeldt, Sdizlaus 1, Sobeliz, Sokolnitz, Strehlen, Swabisdorf, Taschenberg, Theoderich 3, Ujest, Vensil, Wohlau, Woyniz, Würben.

Petow. Tizco vPetow (?) (CC838). 1283. Z: HIV.B: V, 44.

Petrikau. Konrad vPetrikau (Kr. Reichenbach) (CC444). Schwager des Nikolaus vTepliwoda. 1297. Es wird erwähnt, daß er und sein Schwager 3 Hufen zwischen Manze, Roßwitz, Klein Tinz, Dürr Harthau und Glofenau (alle nw. Strehlen) bebauen: G: VI, 326.

Petzold (CC609). 1286. Marschall. Z: HIV.B: V, 260.

— S.u. Schenkendorf.

Phalizlaus (CB51). 1217. K vAuswitz. Z: Herzog vKrakau: I, 163.

Philipp (BDH o. Nr.). 1293. Dominus, Archidiakon vGnesen. Z: BJIII.: Acta Thomae; Film Nr. 350/6, VI, 122 (Peter).

— S.u. Goslawitz.

Picus. 1263. Ritter. Er wird als Vorbesitzer eines Grundstückes oder Schenker eines Zehnten gen.: BTI.: III, 445.

Pisco. 1254-57. Prokurator 1257. Er hat die Grenzen eines Dorfes begangen: WI.O: III, 213. Z: WI.O: III, 142, 213.

Plascota. Sulislaus Plascota (CC792). 1267-84. Ritter, bischöfl. Jäger 1267. Ihm und seinen natürlichen und legitimen Nachkommen wird das Dorf Dobrischau (nö. Breslau) gegen Ritterdienste (servicia militaria) verliehen: BTI.: IV, 23. Er verkauft unter Vorlage der Urkunde, in der ihm Dobrischau überlassen worden war (IV, 23), dieses sowie kleinere Grundstücke, die er v kleinen Rittern (militellis) v seinem eigenen Geld gekauft hatte, an den BDH Lorenz 5: BTI.I.: V, 132. Z: BTI.: IV, 45.

Lorenz Plascota (CC867). 1297. In einer eigenen Urkunde (VI, 306) setzt er die Abgaben seiner Bauern fest und gibt seinem Schulzen in Jenkwitz (südl. Neumarkt) 2 Hufen, wovon der Schulz bei Kriegszügen ein Roß im Werte v 1,5 Mark zu stellen hat, das ihm, wenn es während des Zuges zu Schaden kommt, ersetzt werden wird, was Lorenz besiegelt.

Plebanus. S.u. Schnellewalde.

Pogarell. Iarachius vPogarell (Kr. Brieg) (CC396, 397). Vater des Predslaus, Vinzenz, Ianusius und Jaroslaus. 1202. Es wird erwähnt, daß der Zehnt des Dorfes Grochau (Kr. Frankenstein), das den Söhnen des Iarachius gehört, dem Kl. Kamenz geschenkt wurde: BL: I, 122; BTI.: III, 314. Z: BC: I, 82; HI.S: I, †343, †366. Lib.mor.Vincentii, S. 87: 24. Nov. („Obiit Jaracius comes frater noster").

Predslaus vPogarell (CC668). Sohn des Iarachius, Vater des Gerlach und Mrosco. 1202-28. Graf, Ritter, Schenk 1203, K vGlogau 1218-23. Z: BC: I, 82; HI.S: I, 83, 227, 290, †343, †355, †358, †365, †366, †371; Hemreammus vPoseritz: I, 86; BL: I, 171; Jaroslaus, Bozdech, Peter und Budiuoy: I, 236; HII.S: II, †429.

Die Söhne des Predslaus. 1249. Die Söhne des Jaroslaus und Predslaus, die dem Kl. Kamenz verschiedene Güter schenkten, werden als Patronatsherren gen.: BTI.: II, 384.

Gerlach vPogarell (BDH221). Sohn des Predslaus. 1223-73/5. Dominus, Propst vLebus 1241-68, hzl. Notar 1242-43, Scholaster 1267, Propst vBreslau 1271-73, hzl. Kaplan (?) 1275. In einer gemeinsamen Urkunde (II, 88) übertragen er und sein Bruder Mrosco einem Lokator 100 Hufen in Alt und Neu Grottkau zur Aussetzung nach deutschem Recht. Er vollzieht die Übergabe eines Dorfes v BII.L an BTI.: BII.L: II, 255. In einer gemeinsamen Urkunde (II, 276) gibt er seinem Bruder Mrosco seine Einwilligung zum Verkauf v dessen Erbgut. Er und sein Bruder Mrosco, Neffen des † Ianusius, vergleichen sich mit dem Kl. Kamenz dahingehend, daß das Kl. anstelle des ihm vIa-

P

nusius unter Vorbehalt lebenslänglicher Nutznießung geschenkten Dorfes Panthenau (Kr. Reichenbach) die beiden Dörfer Kittelau (Kr. Reichenbach) und Vogelgesang (Ortsteil vNimptsch) erhält; bis zu seinem Tode erhält Gerlach jährlich 8 Mark Silber vom Kl. und besitzt das Dorf Grunau (Ortsteil vKamenz), das danach endgültig an das Kl. fällt, was beide Brüder besiegeln: HIII.B: III, 391. Er gibt seine Zustimmung zur Errichtung einer Schule innerhalb der Mauern Breslaus: G: IV, 7. Ihm, dem Dekan und dem Domkapitel verspricht der Magister des St. Mathias-Hospitals, zum Dank für erhaltene Wohltaten das Zehntgeld auf den Stiftsgütern zu gleichen Teilen durch einen vom Kapitel geschickten und einen eigenen Boten einsammeln zu lassen: St. Mathias-Hospital: IV, 208. Durch den hzl. Kaplan Gerlacus (dieser ?) ausgeführte Urkunde: HV.LB: IV, 271. Z: BL: I, 234; G: II, 103, 224, IV, 179; BII.L: II, 235, 252, 253, 255, 272; BTI.: III, 190, 358, 445, 448, 449, †576; HIII.B: III, 412; Konrad Swab: IV, 192; WB: IV, †442; BTII.: IV, 139, 144, 169; KI.G: IV, 175, 197, †451; HIV.B: IV, 265.
Mrosco vPogarell (CB143, CC541). Sohn des Predslaus, Vater des Jaroslaus, Predslaus, Vinzenz und Hinko. 1234-70. Nobilis, Graf, Baron, K vCrossen 1243, K vRitschen 1244-53, Palatin vOppeln 1258-68. In einer gemeinsamen Urkunde (II, 88) übertragen er und sein Bruder Gerlach einem Lokator 100 Hufen in Alt und Neu Grottkau zur Aussetzung nach deutschem Recht. Er wird als ehemaliger Besitzer des Waldes Rudno gen.: HII.S: II, 196, †429, †431; BII.L: II, 270. Ihm wird gestattet, Deutsche in Zielenzig (nö. Frankfurt/Oder) anzusiedeln: B vLebus: II, 224. In einer gemeinsamen Urkunde (II, 276) verkauft er mit Einwilligung seines Bruders Gerlach sein Erbgut Zielenzig. Wird als Mitglied des Rates HIII.B gen.: II, 354. In einer eigenen Urkunde (II, 388) bewilligt er mit Zustimmung seiner Kinder den Verkauf der villicatio vDroitzdorf (später Teil vAlt Grottkau) und überträgt diese dem Käufer zu dem gleichen Recht, zu dem die anderen Dörfer um Grottkau ausgesetzt sind. Er wird in Zusammenhang mit seinem UKäm. Nikolaus 36 erwähnt: HIII.B: III, 8. Es wird berichtet, daß über seine Befreiung eine Besprechung stattfand: HIII.B: III, 124, 125. Er und sein Bruder vergleichen sich mit den Kl. Kamenz, was beide besiegeln: HIII.B: III, 391. In einer eigenen Urkunde (III, 463) bestätigt er, vom Kl. Rauden das Klosterdorf Stanitz und 100 große Hufen im Wald Boycou (Schönwald, beide bei Gleiwitz) zur Aussetzung übernommen zu haben. In einer eigenen Urkunde (III, 499) verleiht Mrosco gen. Graf vGrottkau seinem Schulzen zu Droitzdorf eine weitere Hufe zu bestimmten Bedingungen. In einer eigenen Urkunde (IV, 93) gibt er einem Heinrich v dem Wald Boycovo (Schönwald bei Gleiwitz), den auszusetzen er sich dem Kl. Rauden gegenüber verpflichtet hatte und wofür ihm der lebenslängliche Nießbrauch zugestanden wurde, 50 große Hufen zur Aussetzung zu deutschem Recht, was zu besiegeln er ankündigt. Seine Schulzen und Bauern enthalten dem Abt vKamenz die Zehnten vor, was untersucht und entschieden werden soll: BTII.: IV, 118. Z: HII.L: II, 252, 272, 273, 297, 299, 323, 412; HIII.B: II, 392, 396a, 409, 410, 411, III, 11, 19, 22, 23, 37, 43, 51, 55, 97, 105, †557, †558; HII.L und HIII.B: II, 413; HII.B und WB: III, 60, 61; WI.O: III, 269, IV, †440. GB, S. 286f.: Er verkauft den Wald Rudno für 34 Mark Silber dem Notar Konrad vRöchlitz, der ihm vor 1241 30 Mark Silber zahlt. Die restlichen 4 Mark zahlt das Kl. nach 1241. KBGP, S. 572: 1254 fällt Herzog Przemysł vPosen in das Herzogtum Breslau ein, weil HIII.B das Lösegeld v 50 Mark Silber für einen seiner gefangenen Deutschen nicht gezahlt hat. (Dieser ?) Nekr.Kamenz, S. 325: 5. Juni („Ob. Comes Mrosco Castellanus de Reszcen").

Jaroslaus vHabendorf (Kr. Reichenbach) und Michelau (Kr. Brieg) (CC399). Sohn des Mrosco, Ehemann der Elisabeth. 1269-1300. Dominus, Graf, Ritter, K vWartenberg 1283. Besieglung durch ihn wird angekündigt: VI, 81. In einer eigenen Urkunde (Insert in VI, 257) fällt er als designierter Richter ein Urteil, was angeführt wird: Gozko und Johannes vMünsterberg: VI, 257. Ein Streit zwischen ihm und seiner Frau einerseits sowie BTII. andererseits um die Dörfer Steinkirche, Prieborn und Dobergast (alle bei Strehlen) wird entschieden: -: V, 86. Z: WB: IV, 95, 96; HIV.B: IV, 163, 426, V, 9, 52, 61, 320, 452 (Jaroslaus vHabendorf); Grafen vMichelau: IV, 281; NI.T: IV, 424; HV.LB: V, 465; Johannes vNossen: VI, 81; BkI.J: VI, 91, 123; Stephan vWürben: VI, 426 (Jaroslaus vMichelau). GB, S. 339: Ritter Jarozlaus de Haberdorf wird als Richter im Streit um 1 Freihufe in Wiesenthal gen. (→ Insert in VI, 257).
Elisabeth. Tochter des Boguslaus d. J. vStrehlen, Ehefrau des Jaroslaus, Nichte BTII. (s. u. Strehlen). 1284. Ein Streit zwischen ihr und ihrem Mann einerseits sowie BTII. andererseits um die Dörfer Steinkirche, Prieborn und Dobergast (alle bei Strehlen) wird entschieden: -: V, 86.
Predslaus vPogarell und Rosenbach (Kr. Reichenbach) (CC670). Sohn des Mrosco. 1270-92. Dominus, Ritter. Seine Schulzen und Bauern enthalten dem Abt vKamenz die Zehnten vor, was untersucht und entschieden werden soll: BTII.: IV, 118. Besieglung durch ihn wird angekündigt: VI, 81. Z: Johannes vNossen: VI, 81 (Predslaus de Rosomanca = Rosenbach). Nekr.Kamenz, S. 324: 25. Mai („A. d. MCCCVI ob. strenuus miles d. Preczlaus de Pogrella pater ven. patris ac domini d. Priczlay ep. Wrat. ").
Vinzenz vHabendorf. Sohn des Mrosco. Nekr.Kamenz, S. 319: 24. März („It. ob. Vincencius f.Jeroslay de Habirdorf").
Hinko vPogarell. Sohn des Mrosco. KBGP, S. 569: Hynko, Sohn des Crossener Kastellans Mirzo, wird v BII.L zum Zwecke der Gelderpressung gefangengenommen. [Einziger Crossener Kastellan mit ähnlichem Namen ist Mrosco vPogarell !].
Vinzenz vPogarell (BDH225). Sohn des Iarachius. 1210-50. Dompropst, Propst vKamenz, Abt des Sandstiftes 1244-50, hzl. Kaplan 1244. BL bestimmt Kamenz als Aufenthaltsort für ihn, der dort eine Augustinerpropstei gegründet hat: BL: I, 122. Er erbittet für die Dienstleute des Sandstiftes Befreiung v bestimmten Leistungen: BII.L: II, 268. Er erbittet für die hospites des Sandstiftes in Jankau (w. Ohlau) deutsches Recht: BII.L: II, 274. In einer eigenen Urkunde (II, 301) überträgt er als Abt ein Gut gegen Leistung des Garbenzehnten und Zahlung 1 Mark Silber jährlich. Er erbittet der Martinskapelle zu Glogau eine Schenke: BII.L: II, 329. Ihm wird gestattet, die Dörfer Klein Bielau (nw. Schweidnitz) und Strehlitz am Zobten mit Deutschen zu deutschem Recht auszusetzen: BII.L und HIII.B: II, 339. Die Äbte vLeubus, Kamenz und Sandstift unterwerfen sich im Streit um das Kl. Kamenz dem Schiedsspruch eines päpstlichen Legaten: G: II, 347. In diesem Zusammenhang wird er mehrmals gen.: G: II, 348, 349; BTI.: II, 384. Der Abt wandelt den Garbenzehnt in Rauske (nö. Striegau) in einen Malterzehnt um: Sandstift: II, 356. Der Abt erneuert den Lokationsvertrag für das Dorf Klein Tinz (bei Breslau): Sandstift: II, 357. Der Abt bestätigt die Zuweisung der Zehnten vPeterwitz (Kr. Frankenstein) durch BTI. an das Sandstift und seinen Verzicht auf alle Ansprüche auf das Kl. Kamenz: Sandstift: II, 366; BTI.: II, 367. Der Abt des Sandstiftes wird als Empfänger gen.: P: II, 397. Der Abt hat das Gut Garnczarsko (später in Marxdorf aufgegangen) dem Konrad vDrehnow zu lebenslänglicher Nutzung überlas-

P

sen: Konrad vDrehnow: II, 414. GB, S. 279f.: Dem vir nobilis Vincentius, Gründer und Propst des Kl. Kamenz, Onkel (patruus) des Grafen Mrosco, wird der Wald Bukowina bei Glambowitz zum Kauf angeboten. Er erklärt dem Abt vHeinrichau, was ein Vätererbe (patrimonium) ist.

Ianusius vPogarell (BDH223). Sohn des Iarachius. 1216-60. Dominus, Archidiakon vBreslau 1220-27. In einer eigenen Urkunde (I, 152) schenkt er der Marienkirche zu Kamenz die Dörfer Grunau (Ortsteil vKamenz) sowie unter Vorbehalt lebenslänglicher Nutznießung Panthenau (Kr. Reichenbach), Rogau (Gemeinde Wolmsdorf, Kr. Frankenstein) und Grochwitz (Kr. Frankenstein), was er besiegelt. Auf seine dringende Bitte verleiht BL der Kirche in Münchsdorf den Zehnten der Leubuser Stiftsdörfer Münchsdorf und Güntersberg (beide Kr. Crossen): BL: I, 257. Es wird bestätigt, daß er dem Kl. Kamenz seine Erbgüter geschenkt hat: BTI.: II, 384. Er wird als Siegler v I, 152 gen.: BTI.: III, 275. Die Schenkung des Dorfes Panthenau wird erwähnt: BTI.: III, 314. Er wird als † erwähnt: HIII.B: III, 391. Z: G: I, 198, 281, II, 103; BL: I, 225, 226, 234, 237, 240, 258, 263, 270, 283; HI.S: I, †343, †365, †366. Nekr.Kamenz, S. 330: 22. Sep. („Ob. Comes Janusius de Mychelaw, pius fundator et propugator de Camencz a iuuentute sua fideliter").

Jaroslaus vPogarell (CC397). Sohn des Iarachius, Vater des Boguslaus, Predslaus, Budiuoy, Ianusius, Jaroslaus und Heinrich. 1223-32. Nobilis, Graf, Baron, K vRitschen 1223, K vNimptsch 1230-32. Z: HI.S: I, 227, 314, †358, †372, †373, II, 24; G: I, 230.

Die Söhne des Jaroslaus. 1249. Die Söhne des Jaroslaus und Predslaus, die dem Kl. Kamenz Güter schenkten, werden als Patronatsherren des Klosters gen.: BTI.: II, 384.

Boguslaus vPogarell (CC72). Sohn des Jaroslaus, wahrscheinlich Vater des Simon. 1235-44. Dominus. Z: G: II, 103; Mrosco vPogarell: II, 276.

Simon vMichelau (CC803). Wahrscheinlich Sohn des Boguslaus. 1276. Vir nobilis. In einer eigenen Urkunde (IV, 281) schenken die Grafen vMichelau, Ianusius, Stephan, Simon vMichelau und Bogus, dem Kl. Kamenz ihre Kirche in Michelau (s. Brieg) mit den Äckern, Zehnten und dem Patronatsrecht unter der Bedingung, daß das Kl. ständig zwei Brüder und einen Weltgeistlichen für den Gottesdienst in Michelau unterhält und alle Klosterbrüder für das Geschlecht der Pogarell, dem das Kl. ja seinen Ursprung verdankt, beten, was sie besiegeln. Die Schenkung wird bestätigt: BTII.: IV, 285. Die Schenkung der Patronatsrechte der Kirche vMichelau an das Kl. Kamenz wird erwähnt: P: V, 71.

Predslaus vPogarell (CC669). Sohn des Jaroslaus, wahrscheinlich Vater des Bogus. 1237-62. Graf, Ritter, Bannerträger 1237. Z: HI.S: II, 137; HII.S: II, 164; BII.L: II, 245; Mrosco vPogarell: II, 276; HIII.B: III, 55, 376, 424; G: III, 377.

Frau vMichelau. Ehefrau des Predslaus (wohl dieser), Mutter des Bogus. 1273. In einer eigenen Urkunde (IV, 220) verleiht sie mit Zustimmung ihres Sohnes 2 Hufen in Pogarell, 2 Zinshufen in Guhlau (nö. Grottkau) und Naturalien an den Priester zu Pogarell. Die Schenkung wird erwähnt: BTII.: IV, 224.

Bogus vPogarell und Michelau (CC80). Sohn des Predslaus (wohl dieser). 1273-98. Graf, Ritter, vir nobilis, Fidelis. Er stimmt einer Verleihung durch seine Mutter zu: Frau vMichelau: IV, 220. In einer eigenen Urkunde (IV, 281) schenken die Grafen vMichelau, Ianusius, Stephan, Simon vMichelau und Bogus vPogarell, dem Kl. Kamenz ihre Kirche in Michelau zu bestimmten Bedingungen, was sie besiegeln. Die Schenkung wird bestätigt: BTII.: IV, 285. Die Schenkung der Patronatsrechte der Kirche vMichelau an das Kl. Kamenz wird erwähnt: P: V, 71. In einer eigenen Urkunde (V, 159) verkauft er 1,5 Hufen und 2 Morgen vor der Stadt Löwen gegen Zins. Er bürgt mit HV.LB für die Einhaltung dieses Vertrages: HV.LB: VI, 144. In einer eigenen Urkunde (VI, 301) verkauft er den Brüdern vLossen einen Jahreszins v 16 Skot samt der Gerichtsbarkeit und allem Recht an der Mühle der Johanniter in Fröbeln (Kr. Brieg), was er besiegelt. Z: HIV.B: V, 320, 451, 452; HV.LB: V, 465, 466, VI, 114, 158, 191, 232; BkI.J: VI, 355. Nekr.Kamenz, S. 316: 10. Feb. („It. ob. comes Bogusius de Michelaw").

Budiuoy vMichelau (CC102, 105). Sohn des Jaroslaus, Vater des Stephan und Paul. 1239-61, □ 24. April 1276. Graf, Ritter. Es wird erwähnt, daß er beerdigt wurde: Grafen vMichelau: IV, 281. Z: Paul vPoseritz: II, 170, †430; BII.L: II, 245, 344, III, †563; Mrosco vPogarell: II, 276; HIII.B: III, 376, 377; -: II, 375. Nekr.Kamenz, S. 322: 21. April („Ob. Budiwoius comes de Mychelaw").

Stephan vMichelau (CC772). Sohn des Budiuoy. 1276-87. Graf, vir nobilis. In einer eigenen Urkunde (IV, 281) schenken die Grafen vMichelau, Ianusius, Stephan, Simon vMichelau und Bogus vPogarell, dem Kl. Kamenz ihre Kirche in Michelau zu bestimmten Bedingungen, was sie besiegeln. Die Schenkung wird bestätigt: BTII.: IV, 285. Die Schenkung der Patronatsrechte der Kirche vMichelau an das Kl. Kamenz wird erwähnt: P: V, 71. Z: HIV.B: V, 156, 320, 362.

Paul vMichelau (CC602). Sohn des Budiuoy. 1288. Z: HIV.B: V, 400.

Ianusius vMichelau (CB90, CC391). Sohn des Jaroslaus. 1243-76. Dominus, Graf, Baron, Ritter, Fidelis, Breslauer Hofrichter 1260, K vNimptsch 1261-72. Ihm wird das Dorf Ponischowitz (bei Ujest) und ein Teil des Waldes vKottulin (bei Tost) zur Aussetzung zu deutschem Recht verliehen: WI.O: III, 213. Er wird bei einem hzl. Schiedsspruch hinzugezogen: HIV.B: IV, 154. In einer eigenen Urkunde (IV, 281) schenken die Grafen vMichelau, Ianusius, Stephan, Simon vMichelau und Bogus vPogarell, dem Kl. Kamenz ihre Kirche in Michelau zu bestimmten Bedingungen, was sie besiegeln. Die Schenkung wird bestätigt: BTII.: IV, 285. Auf ihn als einen der 8 Schiedsrichter einigt man sich in dem großen Zehntstreit zwischen HIV.B und BTII.: HIV.B und BTII.: IV, 286. Er und die anderen 7 Schiedsrichter entschieden den Zehntstreit zugunsten BTII.: IV, 287. Als einer der 8 Schiedsrichter regelt er die strittigen Angelegenheiten des Zehntstreites für die kommenden 6 Jahre: IV, 288. Die Schenkung der Patronatsrechte der Kirche vMichelau an das Kl. Kamenz wird erwähnt: P: V, 71. Z: BII.L: II, 245; Mrosco vPogarell: II, 276; HIII.B: II, 392, 396a, III, 11, 22, 55, 57, 311, 312, 313, 315, 318, 373, 374, 376, 411, 424, 433, 488, 502 (oder Johannes vWürben), 533, †584; G: III, 377; WB: IV, 16, 17, 62, 63, 67, 83, 107; HIV.B: SR 1349, IV, 120, 165, 182, 190, 209, 215, 217, 245, 256, 269, 282, †448, †449.

Jaroslaus vPogarell. Sohn des Jaroslaus. Nekr.Kamenz, S. 336: 18. Dez. („Ob. Jheroslaus filius Jerozlay fundatoris, et Heynricus frater eius").

Heinrich vPogarell. Sohn des Jaroslaus. Nekr.Kamenz, S. 336: 18. Dez. (s. Jaroslaus vPogarell).

Emcho vPogarell (CC457). 1284. Z: Bogus vPogarell und Michelau: V, 159.

Ianusius vMichelau (CC391). 1293. Z: BkI.J: VI, 130. (Identisch mit vorigem ?)

Bogus vPogarell (BDH220). 1295-1300. Z: BJIII.: VI, 196, 200, 202, 262, 427, 445.

Balthasar vPogarell. Nekr.Kamenz, S. 329: 7. Sep. („Ob. Balthasar et Jo. Bogrel de Lampersdorff dicti, fundatores de Camentz").

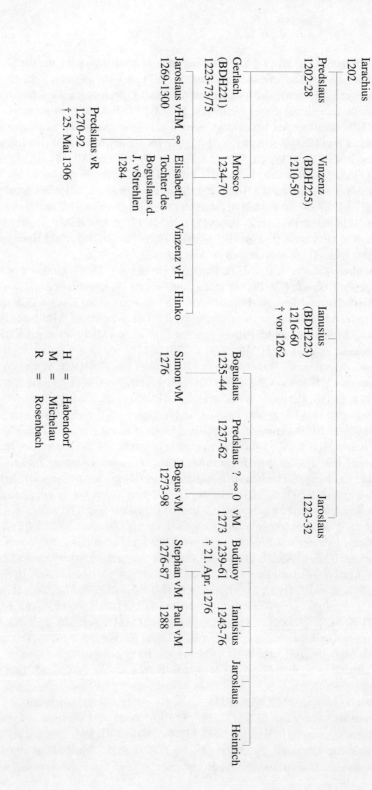

Iesco vPogarell. Nekr.Kamenz, S. 326: 7. Juli („It. ob. Jesko de Pogrella, filius Fundatorum monasterij"; schenkte 3 Mark).
Georg vPogarell. Nekr.Kamenz, S. 330: 9. Sep. („Ob. Georgius Bogrell de Haberdorff, Monasterij Cam. fundator")
Stammtafel s. S. : 518.
Polacho (CC661). Schwager oder Schwestersohn (sororius) des Franz vWildschütz. 1287. Graf. Z: Franz vWildschütz: V, 359.
Polco. 1. 1252. UKäm. Z: HIII.B: III, 45.
2. (CC662). 1214. UKäm. Z: HI.S: I, 142.
3. Sohn des Lassoto. 1298. Z: HI.G: VI, 353.
4. (CC662). 1209. Z: HI.S: I, †342, †343.
— S.u. Bartuschdorf, Mure, Schnellewalde.
Polcov. Arnold vPolcov (?) (CC40). 1262-81. Dominus, Baron, Ritter. Z: HIII.B: III, 412; HV.LB: IV, 318; HIV.B: IV, 413, V, †496.
Polew. Tilo vPolew (?) (CC825). 1290. Z: Heinrich vKittlitz: V, 485.
Polganouo. Bogdas de Polganouo (?). 1285. Ritter. Es wird bestätigt, daß der Zehnt des Ritters Bogdas de Polganouo sive Pelciz (Peltschütz, sw. Ohlau) der Kirche vWüstebriese zusteht: BTII.: V, †500.
Polonus und seine Brüder. 1252. Z: BII.L: III, †563.
Pomerio. Nikolaus de Pomerio (?). 1297. Walter und Nikolaus de Pomerio kaufen 12 Freihufen in dem Dorf Droschen im Trebnitzer Gebiet: HI.G: VI, 316. (Adliger ?)
Walter de Pomerio. 1297. Wird zusammen mit Nikolaus gen.: HI.G: VI, 316. (Adliger ?)
Iesco de Pomerio. 1299. Z: Hospital vMünsterberg: VI, 417. (Adliger ?)
Christina de Pomerio. Nekr.Kamenz, S. 317: 21. Feb. („It. ob. Cristina de Wrat. dicta de Pomerio"). (Adlige ?)
Pomikau. Christina vPomikau (?). Witwe des Fidelis Johannes de Ponecow. 1299. Ihr wird der Besitz ihres Heiratsgutes v 8 Hufen weniger 3 Ruten in Hirschfeld (Kr. Sagan) frei v allen Diensten bestätigt: KII.Sa: VI, 375.
Pomnem (CA35). 1155. Seine Schenkung v 4 namentlich nicht gen. Erbgütern an das Bistum Breslau wird bestätigt: P: I, 28. Lib.mor.Vincentii, S. 32: 1. Apr. („Pomnem comes").
Poppschütz. Peter vPoppschütz (Kr. Freystadt) (CC655). 1295-97. Fidelis. Z: HI.G: VI, 197, 244, 309.
Poseritz. Ylicus vPoseritz (Kr. Schweidnitz) (CA14). Vater des Wilschek, Peter, Hemerammus, Heinrich de Wifena, Gneomir. Nekr.Lubense, S. 37: 13. Jan. („Ob. Comes Ilick de Pazarische. Viltzek, Petrus, Yngrammus, Henricus de Wifena, Gnowmirus filij eius. It. Joannes de Wifena.")
Wilschek vPoseritz (CC879). Sohn des Ylicus, Vater des Ylicus. 1202. K vLebus, K vNimptsch (nur I, †332). Seine Schenkung eines Teiles des Gebietes der Dörfer Güntersberg und Münchsdorf (Kr. Crossen) an das Kl. Leubus wird bestätigt: HI.S: I, 77, †333. Z: HI.S: I, †332. Nekr.Lubense, S. 37: 10. Jan. („Ob. Wiltzek qui dedit Wilczinow"), S. 37: 13. Jan. (s. Ylicus) und S. 42: 2. Apr. („Ob. Wilschek qui dedit Güntersberg et Mönchedorff").
Ylicus vPoseritz (CC322). Sohn des Lupus (= Wolf=pln. wilk → Wilschek), Vater des Peter, Heinrich, Hemerammus und Wilcho. 1240. Er wird als ehemaliger Besitzer des

P

Waldes Rudno gen.: HII.S: II, 196, †429, †431. GB, S. 286: Um 1202 tauscht der Sohn des Lupus seinen Wald Schampa bei Tarnau mit HI.S gegen den Wald Rudno und das Dorf Jackschönau (Kr. Breslau). Er verkauft diesen Wald wenig später für 28 Mark Silber an Mrosco vPogarell. Lib.mor.Vincentii, S. 85: 13. Nov. („Hilicus").

Die Söhne des Ylicus. 1259. Sie haben v ihrem Erbgut bei Machnitz (südl. Trebnitz) Äcker an den Grafen Paul 9 verkauft: Paul 9: II, 295.

Peter vPoseritz (CC623). Sohn des Ylicus. 1248-55. Baron. Z: BII.L: II, 344; HIII.B: III, 45, 137, 147.

Heinrich vPoseritz (CC246). Sohn des Ylicus. 1250-75. Graf, Baron, Ritter, Serviens. Z: HIII.B: II, 404, III, 19, 251, 281, 376, 525; BII.L: III, 19; WB: IV, 99; HIV.B: IV, 269. Lib.mor.Vincentii, S. 42: 29. Apr. („Henzo").

Hemerammus vPoseritz (CC328). Sohn des Ylicus. 1250-65. Graf, Serviens. Z: HIII.B: II, 404, III, 19, 137, 147, 267, 281, 312, 313, 318, 327, 525, †584; BII.L: III, 104.

Wilcho vPoseritz (CC883). Sohn des Ylicus. 1253-57. Graf. In einer eigenen Urkunde (III, 256) verkauft er sein Gut Semyanouo (vielleicht Schimmelwitz sö. Neumarkt) zur Aussetzung zu deutschem Recht, was er besiegelt. Z: BII.L: III, 104. Nekr.Lubense, S. 37: 13. Jan. (s. Ylicus).

Peter vPoseritz. Sohn des Ylicus. Nekr.Lubense, S. 37: 13. Jan. (s. Ylicus).

Hemerammus vPoseritz. Sohn des Ylicus. Nekr.Lubense, S. 37: 13. Jan. (s. Ylicus).

Heinrich de Wifena. Wohl Vater des Johannes. Nekr.Lubense, S. 37: 13. Jan. (s. Ylicus).

Johannes de Wifena. Wohl Sohn des Heinrich. Nekr.Lubense, S. 37: 13. Jan. (s. Ylicus).

Gneomir vPoseritz (CA12). Sohn des Ylicus, Vater des Hemerammus und Paul. 1202. Graf. Es wird erwähnt, daß er die Grenze des Dorfes Mois (Kr. Neumarkt) begangen hatte: HI.S: I, 77, †333. Nekr.Lubense, S. 37: 13. Jan. (s. Ylicus) und S. 40: 6. März („Ob. Gneomirus de Pozariz qui dedit Vyazd. Yngrammus, Paulus filij eius").

Hemerammus vPoseritz (CC327). Sohn des Gneomir, Ehemann der Dobrosyfn, Vater des Paul. 1202-30. Graf, Baron, vir nobilis, K vRitschen 1202-03, K vBreslau (nur I, †331, †332). Er bestätigt, daß sein Vater die Grenze des Dorfes Mois begangen hat: HI.S: I, 77, †333. In einer eigenen Urkunde (I, 86) schenkt er den Johannitern die Kirche zu Striegau samt Zubehör, was er besiegelt. Diese Schenkung der Peterskirche zu Striegau (HI.S: I, 87), der Peterskirche zu Striegau samt Zubehör und dem Dorf Lüssen (Kr. Neumarkt) (BC: I, 88), des mit hzl. Zustimmung geschenkten Patronatsrechtes der Kirche zu Striegau (P: I, 98) wird bestätigt. Er wird als hzl. Bevollmächtigter (procurator) bei einer Schenkung an das Sandstift gen.: HI.S: I, 142. Er bezeugt eine Stiftung: G: I, 311. Seine Schenkung v 2 freien Hufen v dem Erbgut Zirlau (Kr. Schweidnitz) an die Kirche vPolsnitz (Kr. Breslau) wird bestätigt: HI.S: I, †367 und erwähnt: BL: I, †368. Er wird als † erwähnt: Paul vPoseritz: II, 171; P: II, 309. Z: HI.S: I, 219, †332; BI.S: I, †331. Als Graf vStriegau Z: HI.S: I, 290, †342, †343, †371. Lib.mor.Vincentii, S. 95: 28. Nov. („Hyngrammus comes"). Nekr.Lubense, S. 40: 6. März (s. Gneomir).

Dobrosyfn vPoseritz. Ehefrau des Hemerammus, Mutter des Paul. 1239. Domina. Sie gibt ihre Zustimmung zur Schenkung des Gutes Zedlitz (sö. Striegau) mit einer Mühle an die Johanniter durch ihren Sohn: Paul vPoseritz: II, 171.

Poseritz

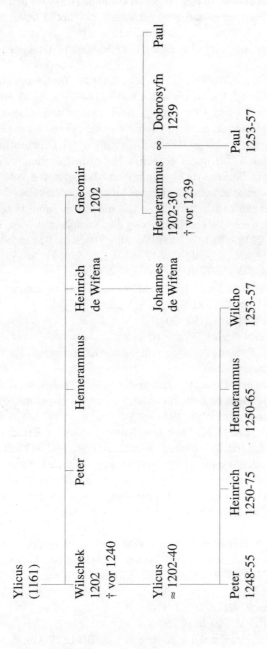

Paul vPoseritz (CC593). Sohn des Hemerammus. 1239. In einer eigenen Urkunde (II, 170) schenkt er den Johannitern das Gut Zedlitz (sö. Striegau), was er besiegelt. In einer eigenen Urkunde (II, 171) schenkt er mit Zustimmung seiner Mutter den Johannitern das Gut Zedlitz mit einer Mühle. In einer eigenen Urkunde (II, †430) befreit er die Johanniter zu Striegau v allen Lasten und gestattet ihnen, das Dorf Lüssen zu deutschem Recht auszusetzen.

Paul vPoseritz. Sohn des Gneomir. Nekr.Lubense, S. 40: 6. März (s. Gneomir). Stammtafel s. S. 521.

Poserne. Thymo vPoserne (Posern ö. Weißenfels/Meißen) (CC830). Bruder des Heinrich. 1274-95. Dominus, Ritter, Fidelis, Liegnitzer Marschall 1274-90 und 1294, Breslauer Schenk 1291-93, Truchseß 1293 und 1295. Ihm, seinen Söhnen und seinem Bruder schenkt HV.LB für die treuen Dienste, die ihm Thymo v seiner Jugend bis in sein Alter geleistet hat, das Gut Bienowitz (bei Liegnitz) mit allem Zubehör zu Lehenrecht, wofür Thymo dem Herzog 50 Mark Silber und Heinrich 4 Hufen in Dornbusch (Stadtteil vLiegnitz) und für die Hufe in Beckern (bei Liegnitz) 2,5 Mark gibt; die Imker sollen dem Thymo zinsen; Thymo braucht, solange er zum Hofstaat gehört, keinen weiteren Dienst zu leisten, scheidet er jedoch aus, hat er vom Gut mit einem Streitroß zu dienen wie auch die anderen Lehensleute; das geschenkte Gut darf veräußert werden: HV.LB: VI, 66. Z: HV.LB: IV, 238, 271, 318, 327, 345, 380, 389, 394, 414, 421, †463, V, 65, 272, 274, 314, 352, 396, 397, 408, 428, 440, 461, 462, VI, 4, 5, 8, 11, 31, 33, 44, 54, 57, 73, 93, 96, 110, 111, 148, 218, †464; BeLö: IV, 406, 407, †465.

Heinrich vPoserne (CC280). Bruder des Thymo. 1289-96. Er wird zusammen mit seinem Bruder gen.: HV.LB: VI, 66. Z: HV.LB: V, 425, VI, 243.

Potzco (CB170). 1285. Ritter. Z: BI.O: V, 197, 204.

Pouirgo (CC660). 1249. Z: HI.S: I, †342, †343; -: II, 375.

Poznanus. Sohn des Martin. 1220. Seine Aussagen tragen zur Klärung eines Rechtsstreites bei: Markus Palatin vKrakau: I, 200.

Pranzko. 1299. Die vier Brüder gen. Pranzko erhalten das Erbgut Pranzkovo (bei Mehltheuer, Kr. Strehlen; abgekommen) zu Erbrecht unter der Verpflichtung, mit 2 Pferden im Werte v je 2 Mark zu dienen: BkI.J: VI, 393.

Prato. Peter vPrato (?) (CC635). 1277-92. Dominus, Ritter, Fidelis. Z: BII.L: IV, 316, 319; BeLö: IV, 406, 407, 418, †465, V, 76; BkI.J: V, 360, 365, 391, 392; HV.LB: VI, 57.

Gunzlin vPrato. 1291. Er verkauft seine Mühle bei Jätschau: HI.G: VI, 37.

Pratzow. Walter vPraczov (?). Zwischen 1243-67. Hedwig, S. 621f.: Der Besitzer einer Mühle gelobt eine Wallfahrt zum Grabe der hlg. Hedwig, wenn der Junge, der vom Mühlrad eingequetscht war, am Leben bleibt.

Prausnitz. S.u. Goslawitz.

Pravota. 1. (BDH228). 1219-35. Pfarrer zu Militsch. Ihm wird als Pfarrer der Adalbertskirche zu Militsch ein Zehnttausch mit dem Kl. Trebnitz gestattet: BL: I, †357. Z: BL: I, 186, 263; BTI.: II, 60, †426; G: I, 281, II, 103. Lib.mor.Vincentii, S. 8: 14. Jan. („Prauota canonicus et sacerdos").

2. (CB170a). 1288. Domicellus. Z: KII. CB: VI, 370.

Prawtiz. Peter vPrawtiz (?). 1283. Z: BeLö: V, 76.

Predborius. 1. (CC673). 1247. Graf, K auf der Zobtenburg. Z: BII.L: II, 329.

2. (CB173). 1226-40. Graf, Ritter, HofURichter 1228, Hofrichter 1239-40. Z: KaI.O: I,

259, 291; VO: I, 319; MII.O: II, 165, 166, 187.
Predel. Heinrich vPredel (nö. Zeitz/Meißen). 1289. Dominus. Z: Witigo vAupa: V, 436.
  Gunther vPredel (CC231). 1297-1300. Ritter, Fidelis. Z: HI.G: VI, 316, 435.
Predslaus (CC666). Sohn des Prozimirius. 1202. Er hat einen Teil v Clissouo (abgekommen, bei Pflaumendorf, Kr. Trebnitz) - nach I, 115, 181 Zantirouo (Teil vClissouo) - v den Erben gekauft: HI.S: I, 83, 15, 181.
— S.u. Dobrogost 3, Manow, Osten, Pogarell, Sdizlaus 1.
Preduogius. S.u. Gallus 2.
Preduoyus. 1245. Ritter. Er und seine Brüder werden als Grenznachbarn gen.: BII.L: II, 299.
Prerichim. S.u. Goslawitz.
Presiwogius. 1274. Durch ihn ausgefertigte Urkunde: HV.LB: IV, 238.
Pretpelco. 1240. K vLiegnitz. Z: HII.S: II, †432.
Preudlin (CB171). 1240. Nobilis. Z: MII.O: II, 178.
Pribico. 1. (CC682). 1295-96. Fidelis, K vTarnau 1295-96. Z: HI.G: VI, 197, 244.
2. Pribico (nach III, †573: Beiname Sisnaua [andere Lesarten: Suava, Sprava]) (CC665). 1261-63. Dominus, Truch. 1261, UTruch.1263. Z: BII.L: III, 382, 437, †573.
3. 1279. Breslauer claviger. Z: HIV.B: IV, 357.
4. Pripco (CB175). 1299. Ritter. Z: KaII.CB: VI, 381.
— S.u. Goslawitz, Kammelwitz, Meschelin, Prsibiboyus.
Pribigneus. S.u. Bauchwitz.
Pribislaus. 1. (BDH230 und 231). 1203-40. Mag. Z: HI.S: I, 83; BL: I, 129; G: II, 25; BTI.: II, 159, 173, 176. Lib.mor.Vincentii, S. 58: 9. Juli („Pribizlaus archidiaconus") (Dieser ?).
2. (CC677). Sohn des Dirsco. 1237-45. Ritter, Tribun v? 1237-38. Er tauscht mit BTI. sein ihm vom Herzog gegebenes Gut Knischwitz (bei Wansen) gegen das Gut Rocouici (Rocksdorf oder Ruschkowitz nö. Frankenstein): BII.L: II, 299. Z: HI.S: II, 137, 145; HII.S: II, 146; BII.L: II, 252.
3. 1250. Graf. Z: BII.L und HIII.B: II, 413.
4. 1281. Graf. Z: KaII.CB: IV, 436.
5. (CC676). 1177-1202. Z: Herzog vPolen: I, 49; BC: I, 82.
6. 1208. UKäm. Z: HI.S: I, †340.
— S.u. Bobolitz, Goslawitz, Kornitz, Otto 6, Zesselwitz.
Pribislawa. S.u. Jakob 11.
Pridewoyus. S.u. Jassona.
Priedemost. S.u. Biberstein.
Prietzen. Wenzel vPrezow (Prietzen ?) (BDH232). 1300. Z: BJIII.: VI, 427, 445.
Priyasnic. Sohn des Matheus. (1216-27). Z: HI.S: I, 278.
Profen. Heinrich vProfen (n. Zeitz/Meißen) (CC248). Vater des Walwan und Ivan. 1251-82. Baron, Ritter, Fidelis, Dominus, Schulz vProbsthain (Kr. Goldberg) 1258/68 (III, 464). Z: HIII.B: III, 19; BII.L: III, 69, 104, 263, 278, 362, 382, 437, 464, 481, 522, 524, †559, IV, 2, 34, 40, 70, 91, 162, 301, 316, 336, 349; HV.LB: IV, 150, 271, 389, 394, 414, 421, V, 34. Nekr.Lubense, S. 50: 14. Aug. („Ob. Henricus de Proffen et Walwanus filius eius").
  Walwan vProfen (CC862). Sohn des Heinrich. 1289-99. Dominus, Ritter, Fidelis,

P/Q

Marschall 1296, Jauerer Marschall 1298. Er bürgt mit HV.LB für die Einhaltung dieses Vertrages: HV.LB: VI, 144. Er und seine Brüder erhalten für die 80 Mark Silber, die sie HV.LB geliehen hatten, die Scholtisei in Jakobsdorf (bei Liegnitz), 2 Malter Zinsgerste auf die Schenke daselbst und die Fischerei zu Breslau: HV.LB: VI, 243. Z: HV.LB: V, 425, VI, 241; BkI.J: VI, 284, 290, 303, 321, 343, 355, 362, 388, 415, †471. Nekr.Lubense, S. 50: 14. Aug. („Ob. Henricus de Proffen et Walwanus filius eius").

Ivan vProfen (CC331). Sohn des Heinrich. 1291-99. Dominus, Ritter, Fidelis, Marschall 1291-95, Hofrichter 1298. Z: BkI.J: VI, 13, 95, 180, 211, 213, 284, 290, 292, 303, 305, 321, 343, 362, 366, 415, †471.

Friedemann vProfen (BDH233, CC184). 1295. Z: BJIII.: VI, 190.

Prorom. Ivan vProrom (?) (CC373). 1293. Ritter. Z: BkI.J: VI, 86.

Pros (CA36). 1193. Seine Schenkung des heute unbekannten Dorfes Nascrenoue an das Vinzenzstift wird bestätigt: P: I, 60.

Proso. S.u. Rasicha.

Prothasius (BDH234). 1212-28. Z: BL: I, 129, 226, 263, 285; G: I, 190, 281.

Prsibiboyus (CC681). Vater des Pribico, Schwiegervater des Peter vRosental. 1290. Er verkauft für 15 Mark Buschwerk, Sumpf und Wiesen bei Hundsfeld (bei Breslau): HV.LB: V, 466.

Pribico (CC681). Sohn des Prsibiboyus. 1290. Er und Nikolaus 46 tauschen ihr gemeinsames Erbgut Zachow (? bei Militsch) gegen das Gut Sharchow (? bei Militsch): HV.LB: V, 473.

Prussin. Andreas vPrussin (Praus, Kr. Nimptsch) (CC32). 1295. Er verkauft seine Erbgüter in Praus (Kr. Nimptsch): HV.LB: VI, 232.

Przedwoy. S.u. Charpenow.

Psar mit seinen Söhnen. 1223. Z: HI.S: I, 235.

Psriley. Iesco vPsriley (?) (CC405). 1294. Herr. Er wird v HV.LB, der ihm seine Gefangennahme zur Last legte, amnestiert: HV.LB: VI, 144.

Puczlaus (CB161). Bruder des Jaroslaus. 1262. Ritter. Er hat für 8 Mark Silber einen Teil v Mileieuich (abgekommen, bei Beuthen OS) v den Brüdern Bogussa und Paul vTaschenberg gekauft und nach einiger Zeit zum selben Preis an den ursprünglichen Eigentümer, das Kl. Heinrichau, verkauft: WI.O: III, 418, 419.

Jaroslaus (CC94). Bruder des Puczlaus. 1262. K vAuschwitz. Er wird als Bruder des Puczlaus erwähnt: WI.O: III, 419.

Puscho. S.u. Liebenthal.

Pusewitz (?). Nach 1290. GB, S. 332: Die de Pusewitz kaufen nach 1290 v Polco v Schnellewalde das Dorf Bärwalde (Kr. Frankenstein).

Quas. Tammo Quas (aus Meißen) (CC813). 1278-95. Serviens. In einer eigenen Urkunde (IV, 330) hat er mit Zustimmung seiner Söhne 10,5 Hufen in Altstadt (bei Namslau) zu bestimmten Bedingungen ausgesetzt. Er tritt die Einkünfte aus der Erbvogtei in Namslau, die er früher gekauft hatte, der Stadt ab, wofür HIV.B ihm das Dorf Altstadt mit einer Mühle und ein Allod verleiht: HIV.B: IV, 337. Es wird erwähnt, daß der wegen seiner Gewalttätigkeit gegen die Minoriten gebannte Tammo (richter Wilhelm) mit Wissen des Bischofs in der Domkirche Messe las: HIV.B: V, 122. Z: HIV.B: V, 29, 269, 369; HV.LB: VI, 188, 210.

Wilhelm Quas (CC296). (Um 1284). Dem Dominikanermönch wird verboten, öffentlich zu predigen und er wird bestraft, weil er den bischöfl. Bann gegen HIV.B für ungültig erklärt hat: BTII.: V, 99.
Nikolaus Quas vPiscorowe (Peiskerau bei Ohlau) (CC524). 1288-97. Ritter. Z: HIV.B: V, 390; HV.LB: VI, 33, 224; Bogus vPogarell: VI, 301.
Herbord Quas (CC296). 1293. Ritter. In einer eigenen Urkunde (VI, 108) verkauft er einem Schmied 3 Freihufen, den dritten Pfennig vom Gericht in dem Dorfe Alt Namslau und anderes mehr gegen die Verpflichtung, mit einem Pferd im Wert v 2 Mark zu dienen, das im Falle eines Unfalls durch Herbord ersetzt werden soll.
Iacordus Quas (CC413). 1293. Bürger vBreslau. Z: HV.LB: VI, 127.
Simon Quas (CC806). 1294. Ritter. Er bürgt mit HV.LB für die Einhaltung dieses Vertrages: HV.LB: VI, 144.
Quilitz. Iesco vQuilitz (?) (CC403). Sohn des Paul. 1277-88. Graf, Ritter. Er verkauft für 10 Mark Silber gewöhnlichen Silbers dem Breslauer Matthiasstift eine Wiese in Niederhof (bei Breslau): HIV.B: IV, 310. Er tauscht vom Herzog vGroßpolen das Erbgut Łagiewniki (bei Kobylin in Großpolen) ein gegen das Gut Jäschgüttel (bei Breslau) (Herzog vGroßpolen: IV, 405), das er als Bevollmächtigter des Herzogs einem Breslauer Bürger übergibt (HIV.B: IV, 419). Das Vorwerk Jäschgüttel, das sonst dem Iesco gehörte, wird dem Kreuzstift zu Breslau geschenkt: HIV.B: V, 367.

Rabenswald. Albert vRabenswald (sö.Wiehe/Thüringen). 1249-52. Graf, vir nobilis. Ein Graf vRabenswald hat Trebnitzer Klostergut spoliiert und ist exkommuniziert worden: G: III, 42. Z: BII.L: II, 368, 371, 374.
Rachnow. Tammo vRachnow (Kr. Görlitz) (CC836). 1258-81. Dominus. Z: HIII.B: III, 267; BeLö: IV, 418.
Radaco (CC689). 1203-49. Ritter. Er wird als Besitzer des unbekannten Dorfes Chinino gen.: HI.S: I, 83, 115, 181. Z: -: II, 375.
— S.u. Rakschütz.
Radik. S.u. Pelaskowitz.
Radmeritz. Konrad vRadmeritz (bei Görlitz). (1250-66). Er erhält 4 Mark Silber vHIII.B: HIII.B: III, 365. (Adliger ?)
Radohlo (CC691). 1261. Claviger. Z: BTI.: III, †580.
Radomilus. 1218. Er wird als Besitzer einer sors, die an das Kl. Leubus zehntet, gen.: BL: I, 171; P: I, 279.
Radozlaus. 1. (CB178). Bruder des Sbroslaus und Mathias. 1222-36. Nobilis, Graf, Oppelner Richter 1223. Er wird als nuntius vKaI.O in dieser Angelegenheit gen.: BL: I, 226. Z: KaI.O: I, 222; BL: I, 226; Sbroslaus (s. Radozlaus 1): II, 120.
Sbroslaus (CB241). Bruder des Radozlaus und Mathias, Ehemann der Strescizlava, Vater der Raslava und zweier weiterer Töchter, Schwiegervater des Iaxa vSchnellewalde, Clemens 2 und Otto 9/Lassota, Großvater des Sbroslaus (s. Schnellewalde). 1222-46. Graf, Baron, K vOppeln 1222-36. In einer eigenen Urkunde (II, 120) schenkt er der Breslauer Kirche sein Erbgut Steinau (nw. Neustadt OS) unter Vorbehalt lebenslänglicher Nutznießung für seine Frau und sich, was er besiegelt. Diese Schenkung wird bestätigt: MII.O: II, 175, 226. Diese Schenkung wird erwähnt (Steinau soll ihm vKaI.O geschenkt worden sein): MII.O: II, 244; P: II, 287. In einer eigenen Urkunde (II, †424),

R

in der er sich als Graf in Schmietsch (n. Neustadt OS) bezeichnet, schenkt er abermals der Breslauer Kirche sein Erbgut Steinau. Ihm und seinem Bruder Mathias werden für ihre treuen Dienste 2 sortes in Deutsch Zernitz (Kr. Tost-Gleiwitz) zur Lokation geschenkt: MII.O: II, 311. Er hatte Bischof Wilhelm vLebus 6 Hufen in Kohlsdorf (n. Neustadt OS) geschenkt, was sein Enkel Sbroslaus bestätigt: Sbroslaus (s. u. Schnellewalde): IV, 226. Er hatte der Propstei Miechów 10 Ruten in Kohlsdorf geschenkt, was sein Enkel Sbroslaus bestätigt: Sbroslaus (s. Schnellewalde): IV, 328. Z: KaI.O: I, 222, 291, 298; VO: I, 319, II, 243; Sebastian und Gregor (s. Bozechna): II, 1: HI.S: II, 23, 80.

Strescizlava. Ehefrau des Sbroslaus. 1259. In einer eigenen Urkunde (III, 294) verzichtet sie gegen eine jährliche Zinszahlung v 10 Mark Silber auf den ihr testamentarisch eingeräumten, lebenslänglichen Nießbrauch an dem Dorf Kohlsdorf zugunsten des Kl. Trebnitz, was sie mit dem Siegel ihres Mannes besiegelt.

Raslava. S.u. Clemens 2.

Mathias (CB121). Bruder des Radozlaus und Sbroslaus, Vater des Smilo, Wilhelm und der Imma. (1246). Baron. Ihm und seinem Bruder Sbroslaus werden für ihre treuen Dienste 2 sortes in Deutsch Zernitz zur Lokation geschenkt: MII.O: II, 311.

Smilo (CB190, CC739). Sohn des Mathias, Ehemann der Clementia, Vater der Katharina. 1247-52. Bischöfl. Ritter, bischöfl. USchenk 1252. Er erhält einen Wald bei Ziegenhals zur Aussetzung zu deutschem Recht und die niedere Gerichtsbarkeit unter der Bedingung, daß er und seine Erben im Dienst des Bischofs verbleiben: BTI.: II, 380. Z: WI.O: II, 340; BTI.: III, 52.

Clementia. Ehefrau des Smilo. 1270. Vita Sanctae Salomeae, S. 789f.: Die nobilia domina Clemencia, Witwe des Grafen Smilo, aus dem Lande Oppeln - sie lebte in Croschina (nach SUb II Weißdorf bei Schurgast sö. Brieg) - bezeugt ein Wunder, das im Namen der hlg. Salomea geschah.

Katharina. Tochter des Smilo. 1268. Sie verzichtet auf alle v ihrem Vater ererbten Ansprüche auf Neuwalde und Ludwigsdorf (beide sw. Ziegenhals) und gibt dem Breslauer Bischof das Privileg zurück; dieser gibt ihr auf 2 Jahre verteilt als Mitgift 120 Mark Silber in der Form der Zinsen und Zehnten der Dörfer Altewalde, Neuwalde und Ludwigsdorf: Bischof Wilhelm vLebus: IV, 52.

Wilhelm vNeisse (BDH188 und 299). Sohn des Mathias. 1223-50. Mag., Bischof vLebus 1252-83. In einer eigenen Urkunde (II, 345) überträgt er dem Kl. des Hlg. Grabes zu Miechów 6 Hufen in Kohlsdorf. Er erhält lebenslänglich den Zehnt des Dorfes, das der bischöfl. Ritter Smilo gründen soll: BTI.: II, 380. Z: BL: I, 225, 263; G: II, 103; BTI.: II, 159, 352, †426; -: II, 375; BII.L: II, 412. (Nach III, 88 hat er v seinem Vater „zu Lehnrecht" ererbt die Dörfer Oppersdorf, Ritterswalde, Kaundorf (alle Kr. Neisse) und 12 Hufen Wald vor Neisse, was er alles vertauscht.) GB, S. 331: □ in Heinrichau. Nekr.Heinrichau, S. 297: 28. Sep. („Ob. venerabilis dominus Wilhelmus primus, Lubucensis episcopus. 1273).

Imma. Tochter des Mathias. Nekr.Kamenz, S. 328: 29. Aug. („It. ob.Imma soror d. Wylhelmi Lubucensis episcopi").

Stammtafel s. S. 527.

2. (CC687). Sohn des Latoniz. 1239. Z: HII.S: II, 164.
3. 1224. K vBunzlau. Z: HI.S: I, †359, †361.
— S.u. Briese, Detco 6, Dobeslaus 1, Strehlen, Taschenberg.

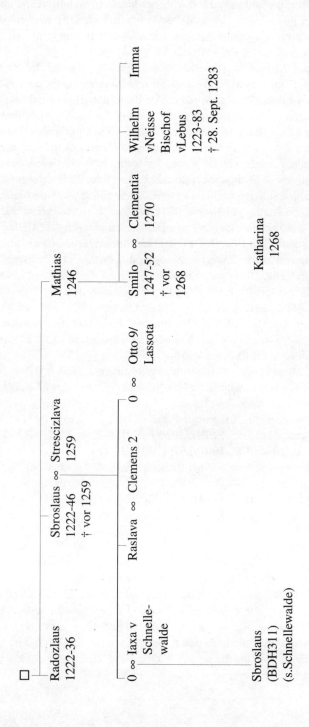

R

Radwan Zamb (nach III, †578: Radwan de Lasniconitz [?]) (CC692). 1249-72. Ritter, Fidelis, Dominus, hzl. Wlodar in Militsch 1249, UTruch.1266-72. Seine Aussagen tragen zur Klärung eines Rechtsstreites um die Rechte des hzl. und bischöfl. Kastellans in Militsch bei: -: II, 375. Ihm wird zu Erbrecht das Gericht in Liegnitz und über 100 Hufen im Umkreis mit weiteren Zugehörungen und Freiheiten verliehen: BII.L: III, †563. Z: BII.L: III, 382, 524, 554, †578, IV, 2, 40, 70, 162.

Rakschütz. Pantslaus vRackschütz (Kr. Neumarkt) (CC586). Bruder des Radaco und Maczejus. 1286-98. Dominus, Ritter, Fidelis. Er und Radaco raubten dem Pfarrer von Kostenblut den Zehnt ihres Dorfes, wurden vom Breslauer Bischof exkommuniziert, geben den Zehnt dann jedoch dem Pfarrer und wollen ihn künftig nicht mehr behindern, worauf ihnen Absolution erteilt wird: G: V, 288. BTII. entscheidet, daß die Ritter Radaco und Pantslaus, die sich weigerten, den Zehnt v ihren Äckern an den Pfarrer in Kostenblut zu entrichten, weil sie als Ritter den Zehnten, wohin sie wollen, zahlen könnten, gemäß einer Entscheidung des päpstlichen Legaten, nach welcher auch Ritter den Zehnt dahin zahlen sollen, wohin es v alten Zeiten üblich wäre, den Zehnt an den Pfarrer in Kostenblut zu entrichten haben: BTII.: V, 404. Es wird erwähnt, daß Radaco und Pantslaus um den Zehnt v Schönbekirch (Kr. Neumarkt) streiten: BJIII.: VI, 332. Im Zehntstreit zwischen dem Pfarrer v Kostenblut und Radaco sowie Pantslaus wird dem Pfarrer der Garbenzehnt vRackschütz zugesprochen: G: VI, 338. Z: HV.LB: V, 272, 419, VI, 68, 167, 168, †466. Nekr.Lubense, S. 56: 31. Okt.

Radaco vRackschütz (CC690). Bruder des Pantslaus und Maczejus. 1286-98. Dominus, Ritter, Fidelis. Wird zusammen mit seinem Bruder gen.: G: V, 288, VI, 338; BTII.: V, 404; BJIII.: VI, 332. Er bürgt für HV.LB und mit diesem für die Einhaltung dieses Vertrages: HV.LB: VI, 144. Z: HV.LB: V, 272, 419, 428, VI, 68, 158, 159, 167, 168, 210, †466; Bogusca (s. u. Goslawitz): V, 429.

Maczejus vRackschütz (CC482). Bruder des Pantslaus und Radaco. 1294. Ritter, Fidelis. Er bürgt mit HV.LB für die Einhaltung dieses Vertrages: HV.LB: VI, 144. Z: HV.LB: VI, 167, 168.

Ramoldus. 1. 1247-56. Dominus, Liegnitzer Kanzler 1247-49, Glogauer Kanzler 1251-56, Glogauer Scholaster 1253-56. Z: BII.L und HIII.B: II, 339; BII.L: II, 344, 361, III, 191; KI.G: III, 25, 101, 102, 103, 166, †567; HII.B: III, 124, 125.

2. (CB179). 1258-60. Graf, Schenk 1258, USchenk 1260. Z: WI.O: III, 269, 317, 335, 338, 340.

3. Ramolt Canstonoyeuic. (1216-27). Z: HI.S: I, 278.

4. 1244-45. Z: MII.O: II, 277, 284, †437.

5. 1249. Dominus. Z: BII.L: II, 383.

— S.u. Romolkwitz, Stolchwitz.

Ramwaldus. S.u. Saro.

Raphael Zaiencho (CC693). 1258-67. Graf. Z: KI.G: III, 260, IV, 19.

Raschau. Adam Tulecz vRaschau (Kr. Oppeln) (CB4). 1292-97. Der Erbherr vRaschau bittet BJIII. um die Weihe der Raschauer Kirche und schenkt ihr 2 Hufen ebenda, 2 in Dembio (sö. Oppeln) sowie eine Wiese, den zehnten Scheffel v allem Korn und Malz aus seiner Mühle und Mahlfreiheit für den Priester, der auch 0,5 Hufe v dem Feld nach Zbitzko (bei Oppeln) zu und einen Garten erhält: BJIII.: VI, 318. Z: BI.O: VI, 64.

Rasco. S.u. Briese, Strehlen.

R

Rasicha (CB180). Vater des Proso und Stephan. 1240-67. Graf, vir nobilis, Dominus, Schatzmeister 1245, UKäm. 1246-57, UKäm. der Herzogin 1260. Z: MII.O: II, 178, 210, 284, 310, 311, †437; WI.O: II, 328, III, 235, 317, IV, 44.
Proso (CB172). Sohn des Rasicha. 1247. Z: WI.O: II, 340.
Stephan (CB200). Sohn des Rasicha. 1274. Z: WI.O: IV, 246.
Raslava. S.u. Clemens 2, Thomaskirch.
Raten. Theoderich vRaten (?). 1261. Er soll bischöfl. Besitzungen Schaden zugefügt haben: P: III, 369.
Rathimirus (CA38). 1149. Comes polonicus. Es wird bestätigt, daß er das Dorf Stachau (Kr. Strehlen) dem Vinzenzstift geschenkt hat: BJII.: I, 19; P: I, 60. Lib.mor.Vincentii, S. 25: 10. März (dieser ?) und S. 52: 8. Juni (dieser ?).
Rathno. 1248. Bischöfl.Serviens. Z: BTI.: II, 352.
Ratibor. 1. (BDH239). Sohn des Nacenso. 1251-59. Dominus, bischöfl. Prokurator 1256. Er kauft die Wolfsmühle (nö. Breslau): Äbtissin vTrebnitz: III, 205. In dem Streit zwischen ihm und dem BDH Gibert um die ehemalige Pfründe des Mag. Goswin wird ein Urteil zu seinen Ungunsten gefällt: G: III, 244. Der Pfründenstreit wird erwähnt: G: III, 245; P: III, 248. Z: BTI.: III, 2, 178; Vinzenzstift: III, 31, 283; HIII.B: III, 204, †570.
2. 1264. Bischöfl.Serviens. Z: BTI.: III, 494.
3. (CA37). 1193. Seine Schenkung des unbekannten Dorfes Plagodina an das Vinzenzstift wird bestätigt: P: I, 60.
4. (CC684). Bruder des Vinzenz. 1252. Dominus. Z: HIII.B: III, 32.
   Vinzenz (CC88). Bruder des Ratibor. 1252. Z: HIII.B: III, 32.
5. (CC684). Schwager des Ludwig 2. 1292. Z: Ludwig 1: VI, 56.
— S.u. Ianusius 6, Wohlau.
Rätsch. Zupit vRätsch (Kr. Münsterberg) (CC936). Bruder des Johannes Rsesinik, Cessko, Gneuco Woda, Vater des Theoderich, Eberhard, Cezlaus, Iaschek und Crisanus. GB, S. 341f.: Er und seine Brüder sind Polen und hzl. Käm. Er nimmt ein Viertel des Erbgutes Rätsch für sich und haust für sich alleine. † in Nimptsch.
Theoderich vRätsch. Sohn des Zupit. 1290-1305. Ihm und seinem Bruder Eberhard sowie Wenzel und Nikolaus, Söhne des Gneuco Woda, wird der Besitz ihres Erbgutes Rätsch gerichtlich zugesprochen: HV.LB: V, 469. GB, S. 342, 344: Er wird v seinem Bruder Eberhard aus dem Erbe ausgekauft. 1305 verkaufen die Erben vRätsch - darunter auch er - ihr Erbe an das Kl. (→ Urkunde v 1305 Juli 13).
Eberhard vRätsch (CC169). Sohn des Zupit, Vater des Nikolaus. 1290-1305. Wird zusammen mit seinem Bruder Theoderich gen.: HV.LB: V, 469. GB, S. 342-344, 347: Er kauft alle seine Brüder aus und besitzt somit das väterliche Erbe (= ein Viertel vRätsch) alleine. Nach 1296 empfängt er seinen Anteil an Rätsch vBkI.J zusammen mit den anderen Besitzern gegen Roßdienst zu Lehen. 1305 verkaufen die Erben vRätsch - darunter auch er mit seinem Sohn Nikolaus - ihr Erbe an das Kl. (→ Urkunde v 1305 Juli 13).
Johannes Rsesinik vRätsch (CC381). Bruder des Zupit, Cessko und Gneuco Woda. GB, S. 341f.: Er stirbt plötzlich und ohne Kinder.
Cessko vRätsch. Bruder des Zupit, Johannes Rsesinik, Gneuco Woda. GB, S. 341f.: Er war aussätzig und starb ohne Kinder.
Gneuco Woda vRätsch (CC206). Bruder des Zupit, Johannes Rsesinik und Cessko, Kinder aus erster Ehe: Sulco, Wenzel und Nikolaus, aus zweiter Ehe: Stanko, Iesco.

R

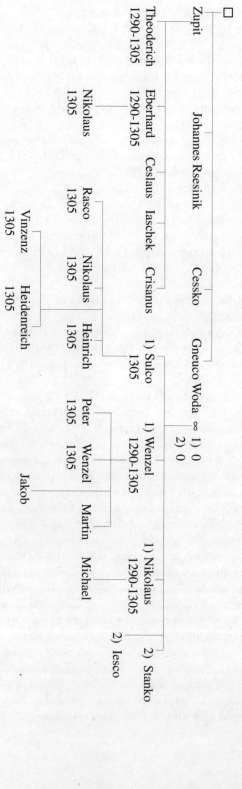

Rätsch

R

GB, S. 341f.: Er beerbt seine Brüder Johannes und Cessko, so daß er drei Viertel vRätsch besitzt.

Sulco vRätsch (CC797). Sohn des Gneuco Woda, Vater des Rasco, Nikolaus, Heinrich, Vinzenz, Heidenreich. GB, S. 343f., 347-349: Er und seine Brüder, die drei Viertel vRätsch besitzen, empfangen nach 1296 ihren Anteil an Rätsch vBkI.J gegen Roßdienst zu Lehen. 1305 verkaufen die Erben vRätsch - darunter auch er und seine Söhne - ihr Erbe an das Kl. (→ Urkunde v 1305 Juli 13).

Wenzel vRätsch (CC876). Sohn des Gneuco Woda, Vater des Peter, Wenzel, Martin, Jakob. 1290-1305. Wird zusammen mit Theoderich gen.: HV.LB: V, 469. GB, S. 343f., 347-349: s. Sulco vRätsch.

Nikolaus vRätsch. Sohn des Genuco Woda, Vater des Michael (CC503). 1290-1305. Wird zusammen mit Theoderich gen.: HV.LB: V, 469. GB, S. 343f., 347-349: s. Sulco vRätsch.

Stanko vRätsch (CC748). Sohn des Gneuco Woda. 1305. GB, S. 343f., 347-349: s. Sulco vRätsch.

Iesco vRätsch (CC419). Sohn des Gneuco Woda. 1305. GB, S. 343f., 347-349: s. Sulco vRätsch.

Stammtafel s. S. 530.

Raulinus (BDH242). 1206. Z: G: I, 100 (2 mal).

Razon. S.u. Bogdan 1.

Rechenberg. Heinrich vRechenberg (bei Goldberg) (CC278). 1290. Z: HI.G: V, 459.

Redern. Tilmann vRedern (?). 1287. Z: HV.LB: V, 352.

Redlalin. S.u. Haugwitz.

Redzivogius (CB238). Bruder des Wogyzlaus. 1258. Z: WI.O: III, 269.

Wogyzlaus (CB238). Bruder des Radzivogius. 1258. Graf, Bannerträger. Z: WI.O: III, 269.

Reichenbach. Konrad vReichenbach (CC438). Ehemann der Hedwig, Vater des Wilhelm, Hermann, Reinold, der Gertrud und einer weiteren Tochter, Schwiegervater des Heinmann vAdelungesbach und Heinrich vLiebau. 1282-97. Dominus, Ritter, Erbvogt 1282, Vogt 1286-98 und Landvogt 1290-91 vReichenbach, Hofrichter 1284-96. Er vergleicht sich mit dem Pfarrer vReichenbach auch im Namen seines Sohnes Wilhelm dahingehend, daß der Pfarrer einen Anteil an den Fleischbänken erhält: HIV.B: V, 20. In einer eigenen Urkunde (V, 164) bestätigt er mit den Schöffen vReichenbach einen Ehevertrag, wobei erwähnt wird, daß auf einer bestimmten Fleischbank ein jährlicher Zins v nur 2 Stein Unschlitt und 0,5 Skot an ihn haftet. In einer eigenen Urkunde (V, 347) beurkundet er einen Kaufvertrag. Er wird, da er im Auftrag HIV.B das bischöfl. Schloß Ottmachau geschleift hat, gebannt: BTII.: V, 354. In einer eigenen Urkunde (V, 450) übergibt er mit Einwilligung HIV.B und Zustimmung seiner Söhne Hermann und Reinold dem Hospital zu Schweidnitz 1 Mark jährlichen Zinses und allen Zins v der Hufe des Hospitals in Kroischwitz (bei Schweidnitz). In einer eigenen Urkunde (VI, 39) nimmt er eine Fleischbank des Kl. Heinrichau in Reichenbach in seinen Schutz. Z: HIV.B: V, 118, 349; Kl. Kamenz: V, 259; BkI.J: V, 484, 488, VI, 6, 78, 85, 94, 155, 204, 211, 273, 305. Nekr.Heinrichau, S. 303: 26. Dez. („Ob. Conradus advocatus de Richinbach"). Nekr. Kamenz, S. 333: 2. Nov. („Ob. Conradus advocatus de Reychinbach"; er hat 2 Mark geschenkt. „It. ob.Hedwigis uxor eius").

R

Hedwig vReichenbach. Ehefrau des Konrad. Nekr.Kamenz, S. 333: 2. Nov. (s. Konrad).

Wilhelm vReichenbach. Sohn des Konrad. 1282. Auch in seinem Namen vergleicht sich sein Vater mit dem Pfarrer vReichenbach: HIV.B: V, 20.

Hermann vReichenbach (CC313). Sohn des Konrad, Ehemann der Anna, Vater der Agnes und Margarete und vielleicht des Konrad. 1290-nach 1300. Angeblicher Erbvogt in Reichenbach und Frankenstein 1299. Er stimmt einer Schenkung seines Vaters zu: Konrad vReichenbach: V, 450. In einer eigenen Urkunde (VI, †476) verkauft er für ein geringes Entgeld seine Besitzung, den Burgberg über Wartha, an die Brüder vKamenz und die Marienkapelle in Wartha. GB, S. 359: Der damalige (zwischen 1302-1307) Hofrichter Hermann Vogt vReichenbach reduziert das Sühnegeld für Daleborius (s. u. Daleborius 2). Nekr.Kamenz, S. 328: 11. Aug. („Eodem die ob. d. Hermannus de Reychinbach") und S. 329: 25. Aug. („It. ob. Hermannus de Rychenbach, huius fautor Monasterij"). Nekr.Heinrichau, S. 294: 9. Aug. („Ob. d. Hermannus de Richinbach, benefactor domus").

Anna vReichenbach. Ehefrau des Hermann. Nekr.Heinrichau, S. 317: 25. Jan. („Item ob. Anna de Richinbach"). Nekr.Kamenz, S. 317: 22. Feb. („Ob. Agnes et Margaretha, filie Hermanni advocati de Reychinbach. It. Anna uxor eiusdem.").

Agnes vReichenbach. Tochter des Hermann. Nekr.Heinrichau, S. 284: 21. Feb. („Ob. Agnes f.Hermanni de Richinbach"). Nekr.Kamenz, S. 317: 22. Feb. („Ob. Agnes et Margaretha, filie Hermanni advocati de Reychinbach. ...").

Margarete vReichenbach. Tochter des Hermann. Nekr.Kamenz, S. 317: 22. Feb. („Ob. Agnes et Margaretha, filie Hermanni advocati de Reychinbach. ...").

Konrad vReichenbach. Vielleicht Sohn des Hermann. Nekr.Heinrichau, S. 303: 26. Dez. („Ob. Conradus advocatus de Richinbach").

Reinold vReichenbach. Sohn des Konrad. 1290. Er stimmt einer Schenkung seines Vaters zu: Konrad vReichenbach: V, 450.

Arnold vReichenbach (CC39). 1262-79. Serviens, Vogt und Richter in Reichenbach. Z: HIII.B: III, 412, 553; HIV.B: IV, 353.

Gunther vReichenbach. 1265. Dominus. Z: BII.L: III, †586.

Stammtafel s. S. 533.

Reichenstein. Eberhard vReichenstein (?). 1296. Er erhält für 2 lozierte Hufen bei dem Dorf Grosena (unbekannt) 9 Hufen wenig fruchtbarer Äcker gegen einen Zins v 2 Mark im Jahr sonst aber v allem frei: BkI.J: VI, 284. (Adliger ?)

Reymboldus Vulleschussel. 1268. Vogt vZiegenhals. WB überläßt ihm den dritten Pfennig in der Stadt Ziegenhals und in den Dörfern Langendorf, Ludwigsdorf, Kunzendorf, Lichenberg (abgekommen), Niklasdorf, Kohlsdorf (alle bei Ziegenhals), Endersdorf und Arnoldsdorf (beide Zuckmantel), gegen die Verpflichtung, mit einem gewappnetem Streitroß zu dienen; ferner dürfen er und seine Brüder die Landeskollekte v ihren Gütern selbst verwenden: WB: IV, 57.

Reinco. 1. 1292-96. Hzl. Notar 1292-96, hzl. Kaplan 1293, Pfarrer in Landeshut 1295. Durch ihn ausgefertigte Urkunde: BkI.J: VI, 211. Als Datar gen.: BkI.J: VI, 78, 85, 94, 130, 155, 245. Z: BkI.J: VI, 213.

2. (CC698). 1284. Armiger des Bogus vPograell. Z: Bogus vPogarell: V, 159.

Reiner. S.u. Sacco.

Reichenbach

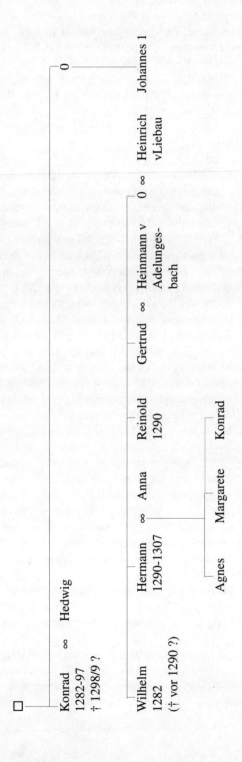

533

R

Reinhard (CC697). 1263. Nobilis, Graf. Z: KI.G: III, 434.
— S.u. Schaffgotsch.
Reinold. 1. 1297. K vNaumburg am Bober. Er wird als ehemaliger Besitzer des Vorwerkes (allodium), das er zu Erbrecht besessen hatte, gen.: G: VI, 320.
2. (CC701). 1279. Marschall. Z: HIV.B: IV, 357, †447.
3. Rainoldus Remgivon. 1247. Z. WI.O: II, 328.
4. Reinoldus Rinc (CC703). 1284-96. Ritter. Z: PSt: V, 87; KII.Sa: V, 413, VI, 164, 270.
5. 1235. Z: G: II, 103.
— S.u. Reichenbach, Themeriz.
Reinsko. S.u. Liebenthal, Schwenkenfeldt.
Retmorus (CB181). 1254. Z: WI.O: III, 142.
Reumen. Nikolaus de Skaliz (Reumen n.Münsterberg). Bruder des Stephan. 1239. Pfarrer vAlt-Heinrichau, ab 1235 Mönch im Kl. Kamenz. Er und sein Bruder schenken dem Kl. Heinrichau zwei Drittel ihres Erbteiles, der ihnen unter ihren anderen 'Brüdern' zukam: HII.S: II, 167. Diese Urkunde wird als Insert aufgeführt in: HIII.B: III, 281. Die Schenkung wird erwähnt: HIV.B: IV, 190. GB, S. 264-267: Er und sein Bruder besitzen ein Drittel vReumen, wovon dem Nikolaus als Pfarrer vAlt-Heinrichau der Zehnt zusteht. 1233 schenken beide zwei Anteile ihres Erbes, das ihnen unter ihren übrigen 'Brüdern' zustand, dem Kl. (keine Urkunde darüber). 1235 tritt Nikolaus in das Kl. Kamenz ein.
Stephan vReumen (CC757). Bruder des Nikolaus, Vater des Johannes. 1239. Er und sein Bruder schenken dem Kl. Heinrichau zwei Drittel ihres Erbteiles; das dritte Drittel verkauft er dem Kl. für 27 Mark Silber: HII.S: II, 167. Diese Urkunde wird als Insert aufgeführt in: HIII.B: III, 281. Die Schenkung wird erwähnt: HIV.B: SR 1416. GB, S. 264, 266f.: Er und sein Bruder besitzen ein Drittel vReumen. 1233 schenken beide zwei Anteile ihres Erbes, das ihnen unter ihren übrigen 'Brüdern' zustand, dem Kl. (keine Urkunde darüber). 1239 bestätigt Stephan die Schenkung und den Verkauf ihres gemeinsamen Drittels (→ II, 167). Er hat einen Sohn Johannes.
Johannes vReumen (CC362). Sohn des Stephan. 1259-72. Er stimmt für sich, seine Erben und Verwandten dem Verkauf eines Teiles vReumen an das Kl. Heinrichau durch seinen Vater zu, wofür ihm der Abt 2 Hufen anderswo gekauft hat (als sein Vater seinen Anteil verkaufte, d.h. 1239, war Johannes noch klein, jetzt ist er aber zu vollem Verstand gekommen und hat eine Frau heimgeführt): HIII.B: III, 281. Er verzichtet auf alle Gerichtsbarkeit über das Erbgut Reumen, das sein Vater und sein Onkel dem Kl. Heinrichau geschenkt hatten, wofür er 2 kleine, zins- und dienstfreie Hufen in Schönwalde (w. Frankenstein) zu Besitz nach deutschem Recht erhält: HIV.B: IV, 190. GB, S. 268: Er verzichtet 1259 auf den dritten Anteil an Reumen zugunsten des Kl., wofür er 2 Hufen anderswo erhält (→ III, 281).
Andreas, Benicus, Ianic, Johannes, Paul, Peter, **Ronbertus, Sdizlaus** und **Szanztowoy** vReumen. 1250. Alle gen. Erbherren vReumen verzichten für sich, ihre Erben und Verwandten auf ihr Erbgut und alle Gerichtsbarkeit darüber zugunsten des Kl. Heinrichau: HIII.S: II, 392.
Peter vReumen. Zwischen 1243-67. Auch er verzichtet auf das Erbgut: HIII.S: II, 392. Hedwig, S. 617: Der Böhme Petrus de Scassicz aus dem Gefolge des Herzogs gelobt eine Wallfahrt zum Grabe der hlg. Hedwig, woraufhin seine Halsentzündung zurückgeht.

Zobko vReumen (CC746). 1290-93. Z: HV.LB: V, 469; BkI.J: VI, 125.

Gregor vReumen. Bruder des Jakob. 1291. Er und sein Bruder einigen sich mit dem Kl. Heinrichau über den Zehnt zu Reumen: BTII.: aus dem ältesten Heinrichauer Kopialbuch (ZVGS 73 [1939], S. 62). (Adliger ?)

Jakob vReumen. Bruder des Gregor. 1291. Wird zusammen mit seinem Bruder gen.: BTII.: aus dem ältesten Heinrichauer Kopialbuch (ZVGS 73 [1939], S. 62). (Adliger ?)

Iesco vReumen. 1293. Z. BkI.J: VI, 125. (Adliger ?)

Ritter vReumen. 1250. Ein gewisser Ritter vReumen hat eine sors in Boriowizi (wohl Berzdorf nö. Münsterberg) okkupiert: HIII.B: II, 389.

Revelinus. S.u. Weistritz.

Rheinbaben. Pasco vRheinbaben (?) (CC599). 1268-77. Baron, Ritter. Z: Konrad Swab: IV, 192; HIV.B: IV, 289, 294, 311.

Paul vRheinbaben (CC599). 1272. Ritter. Z: HIV:B: IV, 178.

Woytech vRheinbaben (CC904). 1283-98. Graf, Ritter, Edler, Fidelis. Er bürgt für HV.LB und mit diesem für die Einhaltung dieses Vertrages: HV.LB: VI, 144. Sein Streit mit dem Pfarrer vKostenblut um den Zehnt vSchönbekirch (Kr. Neumarkt) wird erwähnt: BJIII.: VI, 332. Es wird erwähnt, daß er Zehntgetreide, das dem Pfarrer vKostenblut zusteht, geraubt hat: G: VI, 339. Z: HV.LB: V, 41, 425, 428, VI, 29, 66, 114, 158, 191, †466; HIV.B: V, 156; Bogusca (s. Goslawitz): V, 429; Bogus vPogrell: VI, 301.

Rycem. Dirsislaus vRycem (?). 1272. Graf. Z: HIV.B: IV, †450.

Richard (CC719). 1288. Ritter. Z: Richwin vObischau: V, 381.

— S.u. Dahme.

Richold. 1299. Ritter, UTruch. Z: PR: VI, †473.

Richwin. 1299. Er wird als Eigentümer v 2 Hufen in Groß Wierau (Kr. Schweidnitz) gen.: BkI.J: VI, 418. (Adliger ?)

— S.u. Obischau.

Rime. Hermann Rime (?) (CC297, 298). Bruder des Rulo. 1264-74. Dominus, Baron, Fidelis. Z: BII.L: III, 481, IV, 37, 91, 243.

Rulo (CC716). Bruder des Hermann. 1267. Baron. Z: BII.L: IV, 37.

Heinrich Rime (CC291). 1283-91. Dominus, Ritter. Z: BeLö: V, 76, 372; Witigo vAupa: V, 436; BkI.J: VI, 6, 13.

Tammo Rime (CC815). 1291-97. Dominus, Ritter, oberster Vogt des Herzogtums Glogau 1293. Z: HI.G: VI, 17, 49, 55, 76, 103, 118, 272, 294.

Ritzko (CC707). Sohn des Buchfalus. 1298. Z: HI.G: VI, 357.

Ryzo (CC708). 1256. Graf (nur in †), bischöfl.Serviens. Z: BTI.: III, 190, †580.

Robert (BDH244). 1226-27. Z: BL: I, 263; G: I, 281. Lib.mor.Vincentii, S. 43: 3. Mai.

Röchlitz. Konrad vRöchlitz (Kr. Goldberg) (BDH245). Onkel des Boguslaus 19. 1224-40. Dominus, Mag., Notar 1224 und Protonotar HII.S 1231. In einer eigenen Urkunde (II, 16) schenkt er dem Kl. Leubus sein Dorf Guhlau (Kr. Guhrau) zur Inbesitznahme nach seinem und seiner Mutter Tod. Er wollte ursprünglich sein Dorf Schreibendorf (nö. Münsterberg) dem Kl. Heinrichau nach seinem Tode vermachen, schenkte es dann jedoch dem Sohn seiner Schwester Boguslaus 19; als Entschädigung erhält das Kl. den Wald Rudno im Umfang v 50 Hufen: HII.S: II, 196. Dies wird bestätigt: BII.L: II, 270; HII.S: II, †429, †431. Er wird 1244 als † erwähnt: BII.L: II, 270. Z: HI.S: I, 246, II, 5;

R

G: I, 281, II, 103 (Conradus Polonus); HI.S und BL: I, 308; HI.S und HII.S: II, 73; HII.S: II, 146, 164. GB, S. 286f.: Der Notar Konrad, Nachfolger des Nazlaus 1, kaufte den Wald Rudno für 34 Mark Silber, wovon er 30 Mark vor 1241 und das Kl. 4 Mark nach 1241 bezahlten. Er hatte das Dorf Schreibendorf, v den Polen Jagilna gen., dem Kl. für den Fall seines Todes versprochen, überließ es jedoch auf dem Sterbebett seinem Schwestersohn Boguslaus 19 und entschädigte das Kl. mit dem Wald Rudno (→ II, 196). Lib.mor.Vincentii, S. 55: 26. Juni (dieser ?).

Rogusna. Dyrzicragius de Rogusna (?) (CB45). 1292. Ritter. Z: MI.T: VI, 74.

Royn. Hermann vRoyn (bei Liegnitz) (CC332). 1283. Ritter. Z: HV.LB: V, 41.

Peter vRoyn (CC652). Vater des Johannes und Heinrich. 1292-98. Fidelis, Liegnitzer claviger 1292-98. Er umgrenzte 2 verkaufte Hufen: BkI.J: VI, 362. Es wird erwähnt, daß er in Gegenwart seiner Söhne Johannes und Heinrich 2 verkaufte Hufen umgrenzt hat, was er besiegelt: Sulislaus vKoitz: VI, 364. Z: HV.LB: VI, 66; BkI.J: VI, 321, 362.

Johannes vRoyn. Sohn des Peter. 1298. Wird zusammen mit seinem Vater gen.: Sulislaus vKoitz: VI, 364.

Heinrich vRoyn. Sohn des Peter. 1298. Wird zusammen mit seinem Vater gen.: Sulislaus vKoitz: VI, 364.

Rolcow. Wislaus vRolcow (?) (CC890). 1292. Z: HV.LB: VI, 68.

Romolkwitz. Ramoldus vRomolkwitz (Kr. Neumarkt) (CC694). 1294. Ritter. Er bürgt mit HV.LB für die Einhaltung dieses Vertrages: HV.LB: VI, 144.

Ronberg. Theoderich vRonberg (Romberg, Kr. Breslau) (CC142, 839). Bruder des Hermann. 1274-95. Ritter, Fidelis, K vNeumarkt 1290. Ihm und seinem Bruder wird für die treuen Dienste, die sie HIII.B, WB und HIV.B geleistet haben, das Gut Romberg (w. Breslau) zu dem Recht verliehen, zu dem es WB verliehen hat: HIV.B: IV, 258. Er bürgt für HV.LB und mit diesem für die Einhaltung dieses Vertrages: HV.LB: VI, 144. Z: HV.LB: V, 419, 469, VI, 8, 140, 148, 158, 216.

Hermann vRonberg (CC301, 305). Bruder des Theoderich. 1274-95. Ritter, Fidelis. Wird zusammen mit seinem Bruder gen.: HIV.B: IV, 258. Es wird erwähnt, daß der familiaris HIV.B dem Breslauer Bischof einen hzl. Geleitbrief für dessen Boten anbot: BTII.: V, 238. Z: HIV.B: V, 29, 174, 348, †499; HV.LB: VI, 57, 114, 140, 148, 171, 216, 224.

Vgl. S. 596. Dieselbe Familie ?

Ronbertus. S.u. Reumen.

Ronow. Heinrich vRonow (Rohnau bei Landeshut oder aus dem Kr. Görlitz ?). 1255. Vogt. Z: BII.L: III, 161.

Hartmann vRonow (CC236). 1274-97. Dominus, Käm. 1274. Z: HV.LB: IV, 238, 318, 327, 345, 380, 389, 394, 414, 421, †463; BkI.J: VI, 273 (Hermann).

Tizco vRonow. 1294. Ritter. Er bürgt mit HV.LB für die Einhaltung dieses Vertrages: HV.LB: VI, 144.

Theoderich vRonow. 1297. Z: BkI.J: VI, 273.

Rorau. S.u. Gallici.

Rosec. Bruder des Stoygnew. 1277. Ritter. Z: HIV.B: IV, 307.

Stoygnew. Bruder des Rosec. 1277. Dominus, Ritter. Z: HIV.B: IV, 307, 310.

— S.u. Dirsicraiowitz.

Rosenbach. Nikolaus vRosenbach (?) (CC520). 1281. Ritter. Z: Bischof vLebus: SR

1659.
— S.u. Pogarell.

Rosenov. Cherubin vRosenov (?) (CC114). 1264-89. Graf, Ritter. Er wird als Besitzer der Dörfer Fedzka Bartholomei (unbekannt) und Illigota Sobeslawi (Roth-Neudorf, ö. Nimptsch) gen.: BTI.: IV, 27. Z: HIII.B: III, 468, 525; WB: IV, 1; Jakob und seine Brüder (s. Sdizlaus 1): V, 415.

Roszlaus. 1. (CC709). 1239. Ritter. Z: HII.S: II, 164.

2. Sohn des Hotemirus. (1216-27). Z: HI.S: I, 278.
— S.u. Nikolaus 54.

Rotemberg. Christinus vRotemberg (?) (CC450). 1256. Ritter. Er wird als Vorbesitzer des Dorfes oder des Zehnts vSitzmannsdorf (sw. Ohlau) oder Zieserwitz (sw. Neumarkt) gen.: BTI.: III, 181.

Rüdiger. S.u. Arnold 1, Haugwitz.

Rudinger. S.u. Strigen.

Rudolph. (BDH238). 1219-28. Dominus, Kantor 1223-28. Er gibt seine Zustimmung zur Vertauschung des Zehnten vKlein Tinz (bei Breslau), seiner Präbende: G: I, 198. Z: G: I, 190, 281; BL: I, 225, 226, 237, 263, 270, 285.
— S.u. Biberstein.

Rulo. S.u. Rime.

Ruprecht. 1. Rupertus/Robertus/Ropprachto (CB189). Vater des Nikolaus. 1238-60. Graf, K vTeschen 1238 und 1257-60. Z: VO: II, 156, 243; MII.O: II, 180, 284, 295 (familiaris MII.O), †437; WI.O: III, 141, 235, 277, 317.

Nikolaus (CB135). Sohn des Ruprecht. 1254-60. Graf, K vOppeln 1258. Z: WI.O: III, 141, 269, 317.

2. Ripertus (CC717). 1263-71. Dominus, Baron, UMarschall 1263. Z: BII.L: III, 437, IV, 37, 150.
3. Robrachtus (CC717). Schwager oder Schwiegersohn (gener) des Michael. 1261. Z: HIII.B: III, 349.
4. Rupertus (CB184). 1290. Graf. Z: MI.T: V, 442.
— S.u. Heinrich 28.

S. (1242-48). Graf, Truch. 1244, Käm. (1242-48). BII.L macht seinem Käm. eine Mitteilung: BII.L: II, 359. Z: BII.L: II, 272. (Eine Person ?)

Saalburg. Sidelmann vSaalburg (Saalburg a. d. Saale/Thüringen). 1263-90. Dominus. Die Bürger vGoldberg stellen 'cum magistro burgensium' in Goldberg, nämlich ihm, eine Urkunde aus: Bürger vGoldberg: IV, 82. Z: BII.L: III, 437, 464, †559, IV, 70, 91 (magister civium), 243; HV.LB: V, 440, VI, †464 (Bürger vGoldberg). (Adliger ?)

Sabestorco (oder Andreas Sabestorconis ?). 1224. Z: KaI.O: I, 249.

Sacco. Reiner vSacco (Sacka ö.Großenhain/Meißen) (CC699). 1290. Dominus, Ritter. Z: BkI.J: V, 488.

Sacio. Albert vSacio (= Sacco ?) (CB7). 1297. Fidelis. Z: BI.O: VI, 328.

Sagor. Heinrich vSagor (Zagorze bei Tschenstochau) (CC252). 1253-65. Dominus, Fidelis, USchenk 1253. Z: BII.L: III, 69, 481, 522, †559, IV, 181.

Salesche. Johannes vSalesche (Kr. Strehlen). 1284. Er verpflichtet sich, den strittigen Zehnt v der Hufe, die er in Salesche bebaut, dem Kl. Czarnowanz zu zahlen; die Nachzahlung des Zehnts der vergangenen 2 Jahre wird ihm erlassen, sofern er nur eidlich den Betrag des Zehnten angibt: G: V, 157. (Adliger ?)

Sambor. S.u. Bunkau, Schildberg, Swinar.

Samson (CC723). 1292. Hzl. Diener. Er kauft für 60 Mark das v allen Diensten freie Gut Alt Tschapel (w. Kreuzburg): HV.LB: VI, 68.

Sanda (CC724). 1209-26. Graf. Z: HI.S: I, †342, †343, †364.

Sandco. 1. Sandco/Sudec (CB185). 1240-43. Graf, Baron, Richter 1240-43. Z: MII.O: II, 188, 192, 210, 242, 244, III, †561; VO: II, 243.

2. 1299. Graf. Z: Leonhard vMichelwitz: VI, 422.

3. 1299. Ritter, URichter. Z: PR: VI, †473.

— S.u. Leubusch.

Sandivoi. 1. (CA39). 1149. Comes polonicus. Seine Schenkung des Dorfes Schwentnig (Kr. Breslau) an das Vinzenzstift wird bestätigt: BJII.: I, 19; P: I, 60. Lib.mor.Vincentii, S. 49: 29. Mai.

2. 1206-07. K vNimptsch. Z: HI.S: I, †335, †338, †339.

— S.u. Bronisius 3.

Santor. 1241. Graf. Z: Ianusius (s. Adalbert 25): II, 223 (nur in einer Fassung).

Sara. S.u. Goslawitz.

Saro. Ramwaldus vSaro (?) (CC705). 1263. Nobilis, Graf. Z: KI.G: III, 434.

Sarow. Hermann vSarow (?). 1290. Hofnotar. Durch ihn ausgeführte Urkunde: HIV.B: V, 444. Als Datar gen.: HIV:B: V, 443, 448.

Satezborn. Konrad vSatezborn (?). 1297. Z: BkI.J: VI, 273.

Sbilutus. 1. (CC926). 1259-60. Graf, Hofrichter. Z: KI.G: III, 299, 304, 324.

2. Sbilutus /Zbiluchelz (CC925). 1284-85. Es wird erwähnt, daß er mit Erlaubnis HIV.B ein Attentat auf den Scholaster Johannes 14 durchführen wollte, sich aber wegen Abwesenheit des Johannes mit Raub begnügen mußte: BTII.: V, 104. Annales Polonorum I, S. 648 und Rocznik Traski, S. 850: Johannes Menschicz wird mit Peter (s. Menka) und Sbilutus getötet (um 1285).

— S.u. Goslawitz, Wohlau.

Sborslaus. S.u. Radozlaus 1, Schnellewalde, Wildschütz.

Scarbimirus. S.u. Dobrischau.

Scarbnic. 1290. Ritter. Z: PR: V, 468.

Scassow. Johannes vScassow (?). Schwiegervater des Heinrich vFrankenberg. 1297. Er tritt, nachdem der Herzog ihm und Dietrich vFrankenberg mit seinen Söhnen das Dorf Rosen (Kr. Kreuzburg) aufgelassen hat, seine Hälfte seinem Schwiegersohn ab: HI.G: VI, 311.

Schade. S.u. Haugwitz.

Schaffgotsch. Siboto de nobili familia Ovium (Schaffgotsch) (CC733). 1242. K vKemnitz. Er erhält das Schloß Kemnitz (w. Hirschberg): BII.L: II, †436.

Peczco Schoff (Schaffgotsch aus der Gegend vMeißen) (CC606). Ehemann der Gertrud. 1278. Ritter. Er hat 4 Hufen in Thomaswaldau für 28 Mark, seine Frau 1,5 Hufen in Halbendorf (beide sw. Striegau) für 8 Mark verkauft: HV.LB: IV, †463.

Gertrud Schoff. Ehefrau des Peczco. 1278. Wird zusammen mit ihrem Mann gen.: HV.LB: IV, †463.

Konrad Schoff de monte Miconis (Mückenberg) (CC453). 1278. Z: HV.LB: IV, †463.

Gotthard Schaffgotsch. 1279. Er wird mit dem Schloß Kemnitz und drei Dörfern belehnt: BII.L: SR †1593a.
Reinhard Schaph (CC697). 1287-97. K vNeumarkt 1289. Z: HI.G: V, 330; HV.LB: V, 419; BkI.J: VI, 292.
Friedrich Scaph/Ovis. Schwager des Gozko vMünsterberg. 1291-92. Z: Gozko vMünsterberg: VI, 24, 67.
Bernhard Schof (CC58). 1299. Ritter. Z: Hermann vReichenbach: VI, †476.
Scheitin. Tammo vScheitin (Skeyden, Kr. Glogau) (CC814). 1280. Z: HV.LB: IV, 394.
Hans vScheitin (CC233). 1294. Ritter. Er bürgt mit HV.LB für die Einhaltung dieses Vertrages: HV.LB: VI, 144.
Schenkendorf. Petzold vSchenkendorf (Kr. Waldenburg) (CC607). 1297-1300. Ritter. Z: BkI.J: VI, 307; Heinrich vBaruth: VI, 421; Reinsko vSchwenkenfeldt: VI, 447.
Ortonus vSchenkendorf. Nach 1300. In seiner Gegenwart wird ein Gerichtstermin angesetzt: Siban vDyhrn: SR 2577.
Schessici. Sdessa vSchessici. Vater des Pachoslaus, Zessa, Heinrich und Peter. Um 1276. Schlesischer Ritter. Z: Konrad Swab: IV, 192. Lib.mor.Vincentii, S. 71: 18. Sep.
Pachoslaus vSchessici (CC590). Sohn des Sdessa, Vater des Lutko und Pachoslaus. 1257-88. Graf, Baron, Ritter, Dominus, Serviens, Marschall 1275/6-77, 1287-88. Ihm wird vorgeworfen, das Kl. Trebnitz in seinem Besitz des Gutes Gohlowo (bei Thauer s. Breslau) zu stören: P: IV, 227. Ihm werden als Dank für seine treuen Dienste die Erbgüter Gaycouo (wohl Stein sw. Breslau) und Rolawinki (wohl Lorankwitz sw. Breslau), dieses mit dem Kirchenpatronat, verliehen: HIV.B: IV, 294. Er bürgt für den Ritter Nikolaus vWintzenberg: G: V, 8. Z: HIII.B: III, 251, 281, 327, 349; HIV.B: IV, 165, 167, 173, 174, 191, 219, 234, 257, 259, 267, 274, 282, 302, 307, 332, 337, 357, 392, 411, V, 269, 271, 349, 362, 370, 371, 400, †495, †499, †501; Peter 2: V, 353. CPP, S. 503f.: Pachoslaus, einer der angesehensten Edelen am Hofe HV.LB, früher der Hofmarschall HIV.B, tötet unabsichtlich einen anderen Edelen. Auf die Klage der Verwandten verheißt HV.LB strenge Gerechtigkeit zu üben und läßt, da Pachoslaus auf seinen Anhang und die Gunst des Herzogs pochend, trotzig seine Schuld eingesteht ohne jedwede Entschuldigung, schließlich mit schwerem Herzen den Günstling, den er gern gerettet hätte, hinrichten. Siehe auch Lutko vSchessici. Lib.mor.Vincentii, S. 69: 11. Sep., S. 73: 29. Sep. und S. 82: 1. Nov. (wann und welcher ?).
Lutko vSchessici (CC477). Sohn des Pachoslaus. 1293-94. Er und sein Bruder verkaufen ihr Allod Baumgarten (bei Strehlen): HV.LB: VI, 114. Er und sein Bruder sowie alle ihre Freunde werden vHV.LB, der ihnen seine Gefangennahme zur Last legte, amnestiert: HV.LB: VI, 144. CPP, S. 504f.: Lutko, der bei der Hinrichtung seines Vaters etwa 18 Jahre alt war, wird vHV.LB vor die Wahl gestellt, entweder fortzuziehen oder, wenn er es fertigbrächte, ihm den Tod seines Vaters in keiner Weise nachzutragen, in seinem Dienst zu bleiben. Lutko entscheidet sich nach Ablauf der ihm vom Herzog gestellten zweimonatigen Frist für das Letztere und wird nun v diesem mit Gunst- und Ehrenbezeugungen überhäuft. Mit seinen Freunden überfällt er jedoch HV.LB beim Baden in der Oder und liefert ihn an HI.G aus. Annales Grissowienses Maiores, S. 541: Die Verschleppung HV.LB „a quodam tyranno dict Lutiko, filio quondam Pakozlay" wird zu 1293 erwähnt. Annales Wratlavienses Maiores, S. 532: Die Verschleppung HV.LB wird erwähnt, ohne daß Lutko gen. wird.

Sch

Pachoslaus vSchessici (CC591). Sohn des Pachoslaus. 1293-94. Wird zusammen mit seinem Bruder gen.: HV.LB: VI, 114, 144.
Zessa vSchessici (CC927). Sohn des Sdessa. 1272. Graf. Z: HIV.B: IV, 167.
Heinrich vSchessici (CC260). Sohn des Sdessa. 1272-1300. Dominus, Graf, Baron, Ritter, UKäm. 1275-77. Z: HIV.B: IV, 173, 174, 215, 234, 269, 289, 311, V, 260; HV.LB: V, 473; HI.G: VI, 440.
Peter vSchessici (CB167). Sohn des Sdessa. 1283. Z: KaII.CB: V, 77.

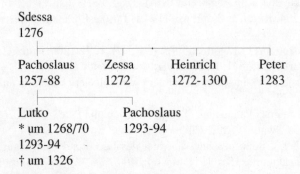

Schybco Grello (CC799). Nach 1300. Z. Rat vSprottau: SR 2600.
Schila. 1245. Ministeriale. Er und seine Brüder werden als ehemalige Grundbesitzer bei dem Gut Knischwitz (bei Wansen) gen.: BII.L: II, 299. (Adliger ?)
Schildau. Eberhard vSchildau (sw.Torgau/Meißen) (CC164). 1281-89. Dominus, Ritter. Z: BeLö: IV, 406, 407, 418, †465; KII.Sa: V, 413.
Heinrich vSchildau (CC272). 1286. Baron. Er gibt Zins und Zehnt v 4 kleinen Hufen dem Hospital zu Neisse: BL: II, †418. Seine Schenkung vZins und Zehnten in Schilde (bei Neisse) an das Kl. zum Heiligen Grabe zu Neisse wird bestätigt: BTl.: IV, †439. Z: BL: I, †362, †363; PSt: V, 282.
Gerhard vSchildau (CC203). 1289. Graf. Z: KII.Sa und HI.G: V, 416.
Schildberg. Sambor vSchildberg (Kr. Münsterberg) (CC720). Vielleicht Ehemann der Thekla, Vater des Sambor, Heinrich, Sdessa und einer Tochter, Schwiegervater des Albertus vTepliwoda. 1248. Ritter. Z: BII.L: II, 342.
Thekla vSchildberg. Vielleicht Ehefrau des Sambor, Mutter des Sambor. Nekr.Heinrichau, S. 294: 11. Aug. („Ob. Tecla mater Czamborij").
Sambor vSchildberg (CC721). Sohn des Sambor, vielleicht Ehemann der Adelheid. 1273-98. Graf, Baron, Ritter, Dominus, Fidelis, Feodalis, UTruch.1273-77, K vCrossen 1280-81. Er bürgt mit HV.LB für die Einhaltung dieses Vertrages: HV.LB: VI, 144. Er besiegelt diese Urkunde: Albertus vTepliwoda: VI, 282. Z: HIV.B: IV, 212, 214, 234, 245, 253, 256, 257, 258, 259, 269, 274, 278, 282, 284, 289, 294, 297, 299, 300, 302, 309, 311, 392, 399, 409, 411, 419, V, 85, 273, 320, 348, 349, 401, 411, 412, 443, 451, 452, 467, †501; Jakob und seine Brüder (s. Sdizlaus 1): V, 415 (Samborius de Gegelna); HV.LB: V, 483, VI, 8, 29, 54, 59, 63, 73, 96, 121, 158, 191, 210; Albert d. J. vTepliwoda: VI, 282; Bogus vPogarell: VI, 301; BkI.J: VI, 355. Nekr.Heinrichau, S. 293: 24. Juli („It. primum servicium d.Zcamborij de Schiltberg") und S. 299: 29. Okt. („Ob. d. Zamborius de Sciltberg, benefactor domus").

Sch

Adelheid vSchildberg. Vielleicht Ehefrau des Sambor. Nekr.Heinrichau, S. 283: 26. Jan. („It. ob. d. Adilheidis de Schiltberch").
Heinrich vSchildberg (CC262). Sohn des Sambor. 1274-97. Graf, Baron, Ritter. Er bestätigt einen Tausch: Siegfried 1: VI, 217. Es wird erwähnt, daß er in Z war: Goswin und Johannes vMünsterberg: VI, 257. Er besiegelt diese Urkunde: Albertus vTepliwoda: VI, 282. Z: HIV.B: IV, 253, 269, 289, 294, 300, 311, V, 61; BkI.J: VI, 91, 123, 180; Jaroslaus vHabendorf: Insert in VI, 257; Albertus vTepliwoda: VI, 282; Bogus vPogarell: VI, 301. GB, S. 339: 1293 wird er im Streit um die Freihufe vWiesenthal als Z gen. GB, S. 330: Er war anwesend, als Chesseborius vZesselwitz und seine Kinder dem Kl. Nethwitz vermachten.
Sdessa vSchildberg (CC927). Sohn des Sambor. 1286. Graf, Ritter. Z: HIV.B: V, †501; Albertus vTepliwoda: V, 317.

```
Sambor    (∞ Thekla ?)
1248
   |
   ├─────────────────┬──────────────┬─────────┬─────────────────────────
Sambor (∞ Adelheid ?)   Heinrich    Sdessa    O ∞ Albertus vTepliwoda
1273-98                  1274-97    1286
```

Schindel. Elgerus Schindel (CC174). 1272-80. Z: BII.L: III, †559, IV, 181; HV.LB: IV, 394.
Tizco Schindel (CC842). 1272-95. Ritter. Z: BII.L: IV, 181; BkI.J: VI, 13, 211, 213.
Konrad Schindel. Bruder des Barso. 1298. Er und sein Bruder sind bei der Umgrenzung v 2 Hufen anwesend: Sulislaus vKoitz: VI, 364.
Barso Schindel. Bruder des Konrad. 1298. Wird zusammen mit seinem Bruder gen.: Sulislaus vKoitz: VI, 364.
Schlewitz. Otto de Sliwin/Slewicz (Schleibitz bei Neisse oder Oels) (CC574). 1284-97. Ritter, Dominus, Fidelis. Es wird erwähnt, daß er dem Hospital der Kreuzherren mit dem roten Stern zu Liegnitz als Entschädigung für seine Exzesse 7 Vierdung vom Mühlzins in Konradsdorf (bei Haynau) überwiesen hat: HV.LB: V, 396. Er bürgt mit HV.LB für die Einhaltung dieses Vertrages: HV.LB: VI, 144. Z: Bogus vPogarell: V, 159; HV.LB: V, 314, 352, 396, 397, 428, VI, 66, 110, 216; BkI.J: VI, 290.
Albert vSchlewitz (CC10). 1287. Z: HV.LB: V, 314.
Schmartsch. Konrad vSchmartsch (sö. Breslau) (CC437). Sohn des Egidius. 1281. Er tauscht von Mathias 2 6 Hufen in Bancow (vermutlich Bunkai nö. Breslau) mit der auf 24 Mark Silber geschätzten Sommer- und Wintersaat sowie 60 Mark reinen Silbers Breslauer Gewichts ein gegen 5,25 Hufen in Schmartsch, und zwar mit Zustimmung seiner Söhne: HV.B: IV, 413. Er tauscht vMathais 2 6 Hufen in Bunkai (Kr. Trebnitz) und 50 Mark reinen Silbers ein gegen 5 Hufen in Schmartsch: HV.B: V, †496.
Schmograu. Iesco vSchmograu (Kr. Wohlau) (CC409). Bruder des Ianusius, Vater des Johannes und Peter. 1289-93. Ihm und seinem Bruder Ianusius wird im Austausch gegen das Gut des letzteren Schmograu unter Hinzufügung v 56 Mark vom Kl. Leubus das Gut Bogenau (s. Breslau) verliehen: HV.B: V, 411. Er verkauft mit seinen Söhnen 8 Hufen in Siebischau (sw. Breslau): HV.LB: VI, 127.
Johannes vSchmograu. Sohn des Iesco. 1293. Wird zusammen mit seinem Vater gen.: HV.LB: VI, 127.

Sch

Peter vSchmograu. Sohn des Iesco. 1293. Wird zusammen mit seinem Vater gen.: HV.LB: VI, 127.

Ianusius vSchmograu. Bruder des Iesco. 1289. Wird zusammen mit seinem Bruder gen.: HIV.B: V, 411.

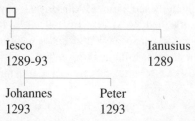

Schmollen. Stephan Ganscha vSchmollen (Kr. Oels) (CC765, 774). Hat mehrere Brüder, darunter Nikolaus. 1252-85. In einer eigenen Urkunde (V, 248) verkauft er die Scholtisei in dem ihm bei der Teilung des Erbgutes Schmollen unter ihm und seinen Brüdern zugefallenen Teiles unter Befreiung des Schulzen von allen Pflichten und Diensten mit Ausnahme der Zusammenrufung der Bauern; ausgestellt von Benedikt, seinem Kaplan in Słupia (bei Rawitsch). Z: HIII.B: III, 37, 349.

Nikolaus Ganzka vSchmollen (CC518). Hat mehrere Brüder, darunter Stephan. 1269-85. Hzl. Famulus. Ihm und den anderen Mühlenbesitzern wird die Aushebung eines Grabes zwischen Oder und Ohlau gestattet: WB: IV, 99. Z: Stephan vSchmollen: V, 248.

Albert/Woytech vSchmollen (CC903). 1273-85. Nobilis, Graf, Baron, Ritter, K vWartenburg 1276. Ihm und Simon Gallicus werden etwa 1000 Hufen im Kulmer Land zur Aussetzung zu deutschem Recht verliehen: Bischof vLeslau: IV, 283. Z: HIV.B: IV, 212, 255, 311, V, 85, 196; Stephan vSchmollen: V, 248.

Bogus vSchmollen (CC87). 1288-1300. Graf, Ritter, Fidelis. Der Zehnt v seinen 6 Hufen wird dem Kreuzstift zu Breslau zugewiesen: HIV.B: V, 367. Er wird als Grenznachbar des später Süßwinkel gen. Waldes nahe der Weide gen.: HI.G: VI, 440. Z: HI.G: IV, †466, V, †511, VI, 316, 440; HV.LB: VI, †468.

Damian vSchmollen (CC126). 1295. Graf. Z: HV.LB: VI, †468.

Schnellewalde. Iaxa vSchnellewalde (Kr. Neustadt OS) (CB79, CC334). Bruder des Stephan, Schwiegersohn des Sbroslaus und der Strescizlava (s. Radozlaus 1), Vater des Vinzenz, Sbroslaus, Polco und Ianusius. 1225-62. Graf, Baron, Ritter, Nobilis, K vSiewierz 1232-34, K vTost 1239, K vGlogau 1242, K vSchweinhaus 1244, K vNimptsch 1250, K vBreslau 1251-62. Er wird als Besitzer eines Dorfes bei Ziegenhals (wohl Schnellewalde) gen.: BTI.: II, 380. Er hat der Adalbertkirche zu Oppeln Äcker an der Oder auf Sczepanowitz zu geschenkt, deren Grenzen genau beschrieben werden: WI.O: III, †571. Z: KaI.O: I, 254, 259, 298; VO: I, 319; HI.S: II, 23, 80; MII.O: II, 165, 174; BII.L: II, 229, 271, III, 138, 139; HIII.B: II, 392, 409, III, 18, 22, 32, 36, 37, 43, 50, 97, 105, 127, 137, 147, 151, 297, 306, 311, 312, 313, 315, 343, 347, 374, 411; Sbroslaus (s. Radozlaus 1): II, †424; HIII.B und WB: III, 60, 61; WI.O: III, †571 (Graf Iaxa de Othmanth); -: II, 375, III, 255. GB, S. 331: Der recht berühmte Ritter Iaxa wird als Besitzer vWiesenthal (nach ihm auch Iakschitz gen.) erwähnt. Er verkauft dieses Dorf an den Bischof vLebus. Er hat zwei Söhne: Sbroslaus und Polco. † vor 1282.

Vinzenz vSchnellewalde (CB228). Sohn des Iaxa, Ehemann der Berchta, Vater des

Sch

Wilhelm. 1247-78. Ritter, UMarschall 1247. Er gibt seine Zustimmung zu einer Schenkung seines Bruders: Sbroslaus vSchnellewalde: IV, 328. Z: WI.O: II, 340, IV, 335; Mrosco vPogarell: IV, 93. Hedwig, S. 622f.: Vinzenz, K vRosenberg OS, gelobt, mit seiner Frau Berchta und ihrem Sohn Wilhelm zum Grabe der hlg. Hedwig zu pilgern, wenn ihr etwa 2 Jahre alter Sohn Wilhelm, der bei Othmant (Ottmuth, Kr. Groß Strehlitz) in die Oder gefallen war, am Leben bliebe (zwischen 1243-67).
Berchta vSchnellewalde. Ehefrau des Vinzenz. Zwischen 1243-67. Wird zusammen mit ihrem Ehemann gen.: Hedwig, S. 622f.
Wilhelm vSchnellewalde. Sohn des Vinzenz. Zwischen 1243-67. Wird zusammen mit seinem Vater gen.: Hedwig, S. 622f.
Sbroslaus vSchnellewalde (BDH311). Sohn des Iaxa. 1274-88. Dominus, Propst 1279-88, Krakauer Domherr. In einer eigenen Urkunde (IV, 226) bestätigt er als Erbe seines Großvaters (avus), des Grafen Sbroslaus, dem Kl. Miechów den Besitz v 6 Hufen in Kohlsdorf (Kr. Neustadt OS), die es bei einem Tausch mit Bischof Wilhelm vLebus erhielt, was er besiegelt. In einer eigenen Urkunde (IV, 328) schenkt er mit Zustimmung aller seiner Brüder der Propstei Miechów sein Dorf Szczepanowice (bei Krakau), bestätigt den Besitz der v seinem Großvater Sbroslaus geschenkten 10 Ruten Ackerland in Kohlsdorf, erläßt dem Stift alle Zinsen und Dienste für 5 Hufen und den Roßdienst für 7 Hufen ebenda, solange er Kohlsdorf besitzen wird und verzichtet auf Aufnahme und Verpflegung für sich und seine Leute, wofür ihm das Stift das Dorf Karniów (in der Krakauer Kastellanei) auf Lebenszeit überläßt, was er besiegelt. Ihm, dem Dekan und dem Kapitel wird der Besitz des dem Kapitel v dem weiland Dompropst Konrad (s. Goslawitz) vermachten Erbgutes bestätigt: HIV.B: IV, 363. Er fällt in einem Zehntstreit einen Schiedsspruch: BTII.: V, 7. In einer eigenen Urkunde (V, 40) fällt er in einem Zehntstreit einen Schiedsspruch. Der Propst erhält jährlich 1 Mark Zins als Ablöse für den Zehn des Stiftsgutes: BTII.: V, 48. Er, der sicherem Vernehmen nach die Gültigkeit des Schiedsspruches im Streit zwischen HIV.B und BTII. leugnet, wird aufgefordert zu erklären, ob er an der vor Bischof und Kapitel abgegebenen Meinung festhält oder nicht: BTII.: V, 98. Es wird erwähnt, daß er im Konflikt zwischen HIV.B und BTII. auf Seiten HIV.B steht: BTII.: V, 143, 144. Es wird erwähnt, daß entweder BTII. oder er die Bannsentenz gegen HIV.B erlassen habe: HIV.B: V, 287. Es wird erwähnt, daß er der Bannsentenz den Gehorsam verweigert: G: V, 299. BTII. erklärt Sbroslaus, weil er ein Gegner der Kirche sei, HIV.B Rat, Hilfe und Gunst erwiesen habe, v Bischof und Kapitel abtrünnig geworden sei und weil er wegen Nichtbeachtung des Bannes selbst dem Bann verfallen sei, seiner Propstei und aller damit verbundenen Einkünfte für verlustig: BTII.: V, 315. Es wird erwähnt, daß er seiner geistigen Würden für verlustig erklärt wurde: BTII.: V, 316. Er wird wegen Gemeinschaft mit dem gebannten HIV.B und Vornahme gottesdienstlicher Handlungen an Orten, die mit dem Interdikt belegt waren, gebannt: BTII.: V, 354. Z: NI.T: IV, 424; HIV.B: IV, 426, V, 122, 367; BTII.: V, 11; -: V, 2, 86. GB, S. 331: Es wird erwähnt, daß er Sohn des Iaxa, Bruder des Polco und Geistlicher war.
Polco vSchnellewalde (CC663). Sohn des Iaxa, Vater des Theoderich und Iaxa. 1278-99. Graf, Baron, Ritter, Fidelis. Er gibt seine Zustimmung zu einer Schenkung seines Bruders: Sbroslaus vSchnellewalde: IV, 328. Er verkauft sein Dorf Wiesenthal für 550 Mark Silber an BkI.J: BkI.J: VI, 91. Er verteidigt den Besitz des Kl. Heinrichau, näm-

lich das Dorf Wiesenthal, gegen den Anspruch eines Dritten: Jaroslaus vHabendorf: Insert in VI, 257. Z: HIV.B: V, 451, 452; HV.LB: V, 469; Bogus vPogarell: VI, 301; BkI.J: VI, 388. GB, S. 331-339: Ritter Polco, Sohn des Iaxa und Bruder des Sbroslaus, nennt sich de Snellewalde. Er erhält Wiesenthal, das sein Vater dem Bischof vLebus verkauft und dieser dem Kl. geschenkt hatte durch HIV.B wieder zurück. Er läßt die Mühle des Johannes Serucha in der Gemarkung Wiesenthal wegen Flurschäden niederreißen. Eine zweite Mühle daselbst, die einem Münsterberger Bürger gehörte, nahm Polco unter dem Vorwand weg, der Bürger habe die ihm schuldigen Dienste nicht geleistet. Kurz danach verkauft er sie für 30 Mark Silber einem Ritter Alzicus (s. Daleborius 2). Nach 1290 lehnte es Polco ab, BkI.J mit drei Streitrossen zu dienen, wozu er verpflichtet war. Darauf pfändete ihn der Herzog mit 10 Mark laufender Münze pro Roß: also mit 30 Mark. Nun verkaufte Polco alle seine Dörfer: Wiesenthal für 550 Mark an BkI.J: (→ VI, 91), Schlause an den Vogt Johannes vMünsterberg und Bärwalde denen vPusewitz und dem Kusching. 1293 sagt er in einem Rechtsstreit um die Freihufe vWiesenthal aus. Er hat zwei Söhne: Iaxa und Theoderich.

Theoderich vSchnellewalde. Sohn des Polco. Graf. Z: BTI.: II, †433. GB, S. 333: Er und sein Bruder Iaxa behaupten, ihr Vater sei zum Verkauf vWiesenthal gezwungen worden und beanspruchen die Gärten dieses Dorfes.

Iaxa/Tezco vSchnellewalde. Sohn des Polco, Ehemann der Sophia. 1271. Graf. Z: BTI.: II, †433. GB, S. 333: s. Theoderich vSchnellewalde. Vita Sanctae Salomea, S. 794: Die zweijährige Tochter des Grafen Iaxicho und seiner Ehefrau Sophia, die in Iamca im Herzogtum Oppeln leben, wird durch die hlg. Salomea zweimal vom Tode wiedererweckt.

Sophia vSchnellewalde. Ehefrau des Polco. 1271. Vita Sanctae Salomea, S. 794: s. Iaxa vSchnellewalde.

Ianusius vSchnellewalde (CB92). Sohn des Iaxa. 1278. Er gibt seine Zustimmung zu einer Schenkung seines Bruders: Sbroslaus vSchnellewalde: IV, 328.

Stephan vSchnellewalde (CC759). Bruder des Iaxa. 1223-44. Graf, Baron, Ritter, Trib.(vBreslau ?) 1223, Breslauer Palatin 1236-44. Z: Jaroslaus, Bozdech, Peter und Budiuoy 9: I, 236; HI.S: I, †355, †365, †369, II, 8, 112, 164; Johannes (s. Domaslaus 1): II, 32; Ianusius (s. Adalbert 25): II, 223; BII.L: II, 255, 271.

Plebanus vSchnellewalde (CB159). 1297. Z: BI.O: VI, 327 („domino plebano dicto Snelimwalt"). Plebanus als Vorname oder handelt es sich um einen Pfarrer? Stammtafel s. S. 545.

Schönbankwitz. Stephan de Stepancowicz (Schönbankwitz sw. Breslau) (CC775). 1286. Ihm wird erlaubt, seine Güter zu Neumarkter Recht auszusetzen, wofür er dem Herzog mit einem halben Streitroß dienen soll; da diese Erlaubnis sein Schulze Gerhard vermittelt hat, soll dieser ihm bei einem Kriegszug mit einem Pferde im Wert v 8 Mark „spadone et ioppa et lacta et ferreo pileo" dienen: HIV.B: V, †501.

Schosnitz. Peter vSchosnitz (Kr. Breslau) (BDH250). 1288-1300. Dominus, Pfarrer vSchosnitz 1293. Er vergleicht sich über den ihm wegen seiner Pfründe zustehenden Zehnt in Michelwitz (bei Brieg): BJIII.: VI, 208. Z: BTII.: V, 399; BJIII.: Acta Thomae; Film Nr. 350/6; VI, 89, 122, 262, 445.

— S.u. Mironowitz.

Schweidnitz. Paul vSchweidnitz (CC601). 1288. Z: BkI.J: V, 391, 392. (Adliger ?)

Sch

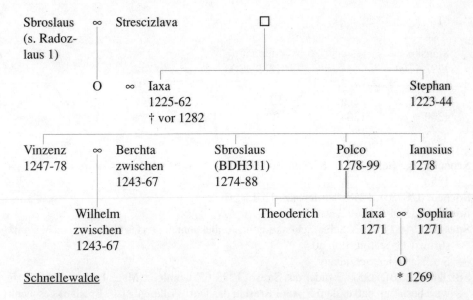

Schnellewalde

Johannes vSwentcza (CC372). 1290. Ritter. Z: KII.Sa: V, †510.
Konrad vSchweidnitz (CC438). 1295. Hofrichter (vSchweidnitz ?). Er bestätigt einen Tausch: Siegfried 1: VI, 217.
Lambert vSchweidnitz. 1296. In einer eigenen Urkunde (VI, 274) verkauft er dem Hospital zu Bunzlau eine Wiese in Tillendorf (Kr. Bunzlau) zur Erlangung der Brüderschaft des Stiftes für sich und seine Gemahlin; er sorgt für den freien Zugang zur Wiese, wofür er vom Hospital jährlich ein Pfund Pfeffer erhält. (Adliger ?)
Schwein. Johannes vSwyn. 1272-92. Dominus. Z: BII.L: IV, 181; Witigo vAupa: V, 436; BkI.J: Fürstenstein StA Fol. 221 pag. 226-26b; Film Nr. 212/24 und 217/31.
Schwenkenfeldt. Reinsko vSchwenkfeldt (Schwengfeld bei Schweidnitz) (CC702). Bruder des Stephan, Vater des Heinrich und Peter. 1292-1304. Baron, Ritter, K vHornschloß 1292-99. In einer eigenen Urkunde (VI, 447) schenkt er mit Zustimmung seiner Gemahlin und seiner Kinder dem Hospital bei Schweidnitz als Jahreszins 30 Scheffel Korn v der Mühle in Polnisch-Weistritz (Kr. Schweidnitz), den, wenn die Mühle ihn nicht leisten kann, der Schulz zahlen soll. Z: BkI.J: VI, 65, 307, 366, 418. GB, S. 330: Er und sein Sohn Peter waren anwesend, als Chesseborius vZesselwitz und seine Kinder dem Kl. Nethwitz vermachten (nach 1304).
Heinrich vSchwenkenfeldt (CC702). Sohn des Reinsko. 1300. Z: Reinsko vSchwenkenfeldt: VI, 447.
Peter vSchwenkenfeldt. Sohn des Reinsko. Nach 1304. GB, S. 330: s. Reinsko vSchwenkenfeldt.
Stephan vSchwenkenfeldt (CC771). Bruder des Reinsko. 1283-1300. Ritter. In einer eigenen Urkunde (V, 432) verkauft er mit Zustimmung seiner Söhne eine Freihufe in Baumgarten (s. Frankenstein) mit dem dritten Pfennig vom Gericht und einer freien Schafdrift für 29,5 Mark zu Erbrecht unter der Bedingung der Leistung des Herzogsdienstes. Z: HIV.B: V, 52; Stephan vWürben: V, 72; BkI.J: VI, 307; Reinsko vSchwenkenfeldt: VI, 447.

S

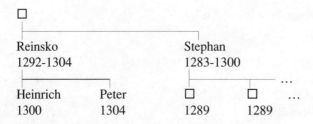

Sconenberg. Bernhard de Sconenberc (?) (CC55). 1254. Z: Witigo vGreiffenstein: III, 135.
Sdenco (CC783). 1258. Serviens. Z: HIII.B: III, 267.
Sdeslawa. S.u. Tinz.
Sdessa (CA 53). 1193. Seine Schenkung des unbekannten Dorfes Gorac an das Vinzenzstift wird bestätigt: P: I, 60.
— S.u. Schessici, Schildberg.
Sdizlaus. 1. (BDH251). Bruder des Streso. 1223-65. Dominus, Mag., Kustos 1244-65. Es wird bestätigt, daß er dem Bistum Breslau das Dorf Wilkowitz (sö. Breslau) geschenkt hat: P: II, 287. Dies wird 1275 erwähnt: HIV.B: IV, 269. Er vertritt das Domkapitel im Rechtsstreit um die Rechte des hzl.und bischöfl. K in Militsch: -: II, 375. HIII.B bestätigt, daß Sdizlaus das Dorf Wilkowitz und 6 Hufen bei diesem Dorfe, die er vom Herzog erhalten hatte, dem Breslauer Domkapitel geschenkt hat, womit sein Bruder einverstanden ist; wegen seiner Verdienste gestattet er die Aussetzung des Dorfes und der 6 Hufen zu deutschem Recht: HIII.B: III, 50. Es wird beurkundet, daß er für 25 Mark Silber Land bei Wilkowitz gekauft hat: HIII.B: III, 349. Die Schenkung des Gutes Wilkowitz durch den † Sdizlaus an das Domkapitel wird erwähnt: HIV.B: IV, 269. Z: BL: I, 225, 226, 237, 270; G: I, 281, II, 103, 280, III, 377; BTI.: II, 61, 159, 176, III, 358, 387, 413, 445; BII.L: II, 342, 412, III, 523; HIII.B: III, 22, 34.
Streso (CC787). Bruder des Sdizlaus, wahrscheinlich Vater des Vinzenz. 1234-52. Ritter. Er gibt seine Zustimmung zu einer Schenkung seines Bruders: HIII.B: III, 50. Z: BII.L: II, 79.
Helene. Ehefrau des Vinzenz Strsezowiz, Mutter des Jakob, Peter, Predslaus und Dirsco. 1289. Sie stimmt einem Verkauf ihrer Söhne zu: Jakob und seine Brüder: V, 415.
Jakob/Iacusius (CC342). Sohn der Helene. 1253-89. Nobilis, Graf. In einer gemeinsamen Urkunde (V, 415) verkaufen er und seine Brüder Peter, Predslaus und Dirsco mit Zustimmung ihrer Mutter 24 flämische Hufen in Prisselwitz (bei Breslau) zur Aussetzung zu deutschem Recht; bei einem Kriegszug haben die Bauern 4 Pferde für den herrschaftlichen Wagen zu stellen und der Schulz hat, wie dies in der Gegend üblich ist, Dienst zu leisten, was er besiegelt. Z: KI.G: III, 103, 166, 434 (Jacobus Glod), †567.
Peter (CC617). Sohn der Helene. 1255-89. Graf. In einer gemeinsamen Urkunde (V, 415) verkaufen er und alle seine Brüder 24 flämische Hufen in Prisselwitz. Z: KI.G: III, 166.
Predslaus (CC671). Sohn der Helene. 1289. Graf. In einer gemeinsamen Urkunde (V, 415) verkaufen er und alle seine Brüder 24 flämische Hufen in Prisselwitz, was er besiegelt.

S

Dirsco. Sohn der Helene. 1289. Graf. In einer gemeinsamen Urkunde (V, 415) verkaufen er und alle seine Brüder 24 flämische Hufen in Prisselwitz.

☐

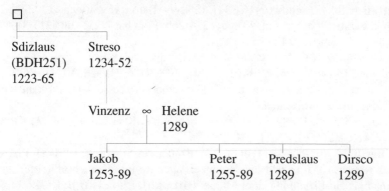

2. (BDH o. Nr.). 1223. Z: BL: I, 237.
3. Sdeslaus (CB243). 1224-30. Graf, Hofrichter. Er war bei der Erneuerung eines Privileges anwesend: KaI.O: I, 259. Z: KaI.O: I, 249, 291, 298; VO: I, 319.
4. Sdezlaus (CB243). (1246). Bannerträger. Z: MII.O: II, 311.
5. Sdislaus Noschic (CC929). 1267. Z: KI.G: IV, 19.
6. (CB243). Sohn des Goslaus. 1258. Z: WI.O: III, 269.
7. (CC930). Bruder des Woislaus. 1267. Z. KI.G: IV, 19.
   Woislaus (CC910). Bruder des Sdizlaus. 1267. Z: KI.G: IV, 19.
8. (CC932). Schwager des Nikolaus vObisch. 1298. Er und sein Schwager erhalten das Dorf Kainzen (bei Guhrau) zu erblichem Besitz gegen Nikolaus' Besitzungen in Obisch (bei Glogau), wofür sie mit einem Wallach (spado) und einer Armbrust (balista) dienen sollen: HI.G: VI, 357.
9. (1216-27). Z: HI.S: I, 278.
— S.u. Krampitz, Paul 8, Reumen.

Sebastian (BDH ?). 1189. Dominus. Z: BSII.: I, 57.
— S.u. Bozechna.

Sebesnus. S.u. Gunotzino.

Sebornio. Iasco vSebornio (vielleicht Steinborn, Kr. Freystadt) (CC420). Vater des Boguslaus. 1295. Ritter. Iasco, Erbherr vSebornio, schenkt mit seinem Sohne Boguslaus den Grund und Boden, auf dem die Peterskirche zu Beuthen OS gestanden hatte, sowie das Patronatsrecht dem Marienstift zu Sagan, wofür er und Boguslaus sowie seine anderen Söhne in die Brüderschaft des Ordens aufgenommen werden: G: VI, 192. (Identisch mit Iesco vSteinborn ?)

Boguslaus vSebornio. Sohn des Iasco. 1295. Wird zusammen mit seinem Vater gen.: G: VI, 192.

Secezlaus. S.u. Bobolitz.

Sedlon/Sodlosto (CC728). 1259-83. Dominus, Nobilis, Graf, Baron, Ritter, Fidelis, Serviens, Käm. 1270-80. Z: KI.G: III, 304 (Sedlon Tarchalla), 434; HIV.B: IV, 292, 302, 310, 332, 337, 341, 342, 353, 359, 366, 370, 391, 392, 399, 411, 413, V, 57, †496.

Segota. 1229. Graf. In einem Rechtsstreit um das Dorf Grodziec (im Krakauer Gebiet) wird zu seinen Ungunsten entschieden und seine Urkunde für gefälscht erklärt: HI.S: I,

S

†369.
— S.u. Andreas 25, Otto 12.

Seidlitz. Apetzko de Silicz (Seidlitz ?) (CC34). 1288-99. Baron, K vStriegau 1292-99. Z: BkI.J: V, 388, Fürstenstein StA Fol. 221 pag. 226-26b; Film Nr. 212/24 und 217/31, VI, 65, 418; König vBöhmen: V, 426.

Kunemann vSeidlitz (CC455). 1288-94. Er wird als Vorbesitzer eines Allods bei Löwenberg gen.: BkI.J: VI, 86. Z: BkI.J: V, 391, 392, VI, 6; HV.LB: VI, 167. GB, S. 330: Der Ritter war anwesend, als nach 1304 Chesseborius vZesselwitz und seine Kinder dem Kl. Nethwitz vermachten.

Otto vSeidlitz (CC578). 1289-97. Dominus, Graf, Ritter, K vHainau 1293. Z: KII.Sa und HI.G: V, 416; HI.G: VI, 76, 118, 309.

Seiffersdorf. Berthold vSeiffersdorf (bei Ohlau). Bruder des Siegfried. 1251-53. Pfarrer vOhlau, hzl. Kaplan 1253. Er und sein Bruder erhalten für ihre Verdienste Seiffersdorf und die Erlaubnis zur Errichtung einer Mühle: HIII.B: III, 55. Z: HIII.B: III, 22.

Siegfried vSeiffersdorf (CC735). Bruder des Berthold, Vater des Arnold und Lambert. 1253. Hzl. Famulus. Wird zusammen mit seinem Bruder gen.: HIII.B: III, 55.

Arnold vSeiffersdorf. Sohn des Siegfried. 1288. Er kauft für 66 Mark 10 Hufen in Stannowitz (nw. Ohlau), nämlich 8 Zins- und 2 zur Scholtisei gehörende Freihufen: HIV.B: V, 390.

Lambert vSeiffersdorf. Sohn des Siegfried. 1288. Er hat für 16,5 Mark Gold den Kreuzherren mit dem roten Stern sein Vorwerk (allodium) verkauft: HV.LB: V, 396.

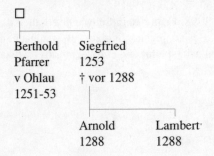

Berthold   Siegfried
Pfarrer   1253
v Ohlau   † vor 1288
1251-53

           Arnold   Lambert
           1288   1288

Seitsch. Dirsicraus de Ziche (Seitsch nw. Guhrau). 1289. Graf. Z: Nikolaus und Stephan vGuhrau: V, †508.

Sekirko. 1258. Fidelis. Z: BII.L: III, 278.

Selup. Heinrich vSelup (?). 1233. Z: Deutscher Orden: II, 33.

Semianus. 1. 1299. Hzl. Hofschreiber. Z: KII.Sa: VI, 412.

2. (BDH254). 1290-1300. Dominus, Priester, bischöfl. Prokurator 1290, Offizial 1292-93, Breslauer Archidiakon 1293-1300. Er wird unter den scholares vBologna erwähnt: SR 3, S. 133. Er trägt die beiden großen Privilegien HIV.B (seine Testamente) zugunsten der Breslauer Kirche auf der Provinzialsynode vor: G: V, 480. In einer eigenen Urkunde (VI, 77) beurkundet und bestätigt er einen Vergleich. Er bezeugt eine Abschrift: Notar Adam vRatibor: VI, 400. Z: BTI.: II, †434; BTII.: V, 470, 472, VI, 19; BJIII.: Acta Thomae; Film Nr. 350/6, VI, 89, 122, 153, 190, 395, 410, 413, 416, 427, 445, †475; G: VI, †470.

S

3. Symianus. (1251-59, 1267-69). Graf. Er wird als Besitzer eines an den Ort Opatów (nö. Namslau) grenzenden Dorfes gen.: Vinzenzstift: III, 284.
— S.u. Bichotow, Daleborius 2, Otto 8.
Senco. 1280. Baron. Z: HIV.B: IV, 392.
Sennov. Stanislaus vSennov (?). 1299. Hofnotar. Er hatte den Auftrag, die Urkunde zu bearbeiten und auszustellen: KII.Sa: VI, †474.
Serucha. Johannes Serucha (CC360). 1251-84. Graf, schlesischer Ritter, K vWartha 1269-76. Er hat die Grenze eines Grundstückes begangen: WB: IV, 67. Er entscheidet als einer von mehreren Schiedsrichtern einen Rechtsstreit: V, 86. Z: HIII.B: III, 22, 312, 313, 533; WB: IV, 54, 57, 63, 67, 98, 99, 107; Konrad Swab: IV, 192; HIV.B: IV, 182, 190, 209, 271; Grafen vMichelau (s. Pogarell): IV, 281. GB, S. 331f., 338: Ritter Johannes, Sohn des Serucha, sitzt zu (Schön-) Johnsdorf bei Wiesenthal und besitzt eine Mühle in der Feldmark zu Wiesenthal, für die er 1 Mark an Polco vSchnellewalde zinst. Wegen Flurschäden durch Stauungen des Wassers läßt Polco die Mühle niederbrennen. Er hat eine Tochter, die mit Nanker 5 verheiratet ist. Nekr.Heinrichau, S. 288: 23. April („Ob. Johannes dictus Seruch, confrater noster").
Stosso Serucha. 1272. Baron. Z: HIV.B: IV, †449.
Servatius (CC731). 1233-41. Graf, K vNakel (in Großpolen) 1233. Z: Herzog vPolen: II, 37; HI.S: II, 137; Ianusius (s. Adalbert 25): II, 223 (nur in Text B).
Seteh. S.u. Dirsicraiowitz.
Sezetmus. 1272. Graf, USchenk. Z: KI.G: IV, 161.
Siban. S.u. Dyhrn.
Sibin (CA40). 1155. Seine Schenkung des unbekannten Dorfes Hvzouici und eines Dorfes an der Weide an das Bistum Breslau wird gen.: P: I, 28.
Sybler (CC798). Sohn des Sybler, Bruder des Ulrich. 1294. Die Witwe des Sybler und ihre Söhne Sybler und Ulrich kaufen das Dorf Hirtendorf (Kr. Sprottau): KII.Sa: VI, 162.
Ulrich (CC798). Sohn des Sybler. 1294. Wird zusammen mit seinem Bruder gen.: KII.Sa: VI, 162.
Siboto. S.u. Schaffgotsch, Zindel.
Sidelmann. 1300. Hofnotar. V ihm geschriebene Urkunde: HI.G: VI, 448.
— S.u. Saalburg.
Siegfried. 1. 1287-99. Dominus, Schreiber 1287-88, Hofnotar 1290-91, Protonotar 1292-99. BkI.J befreit die vSiegfried gekauften 7 Hufen in Strehlitz (bei Schweidnitz) v allen Lasten: BkI.J: VI, 213. In einer eigenen Urkunde (VI, 217) bestätigt er einen Tausch. Als Datar gen.: BkI.J: VI, 13, 91, 95, 180, 307, 343, 366, †471. Z: BkI.J: V, 360, 365, 372, 388, 484, 488, VI, 6, 78, 85, 86, 91, 94, 123, 125, 130, 155, 204, 211, 273, 284, 292, 303, 321, 362, 393, 415; Witigo vAupa: V, 436. Nekr.Kamenz, S. 315: 31. Jan. („Ob. Syfridus prothonotarius ducis Bolkonis").
2. Sifridus Jawitz (andere Lesart: Ianicz) (CC735). 1252. Z: HIII.B: III, 32.
3. 1256. Graf. Ihm war vBL die Scholtisei (locatio) in Bela (vielleicht Langenbielau s. Reichenberg) und Preiland (s. Neisse) verliehen worden; nun verkauft er die Scholtisei vPreiland: BTI.: III, 190.
4. Siegfried gen.Rindfleisch. 1265. Schulz. Er verkauft seine Scholtisei in Altreichenau (nw. Waldenburg) an das Kl. Heinrichau, wobei der v ihm geleistete Roßdienst v dem

S

jeweiligen Schulzen weiterhin geleistet werden soll: BII.L: III, †586. GB, S. 337: Der Schulz in Altreichenau versuchte, sich über den Abt und die Bauern zu erheben; er erwies sich gegen die Ritter des Landes befliessen und diente BII.L aus eigenem Antrieb mit einem Streitroß. Schließlich (vor 1293) kaufte das Kl. ihn aus seiner Scholtisei aus.

— S.u. Baruth, Cechowe, Gerlachsheim, Glubos, Greiffenstein, Knobelsdorf, Lubnitz, Metzwicz, Nechern, Seiffersdorf, Swab.

Sighard. 1. (CB215). 1294. Fidelis, K vFalkenberg. Z: BI.O: VI, 174, 175.

2. (CC734). 1283. UJäger. Z: HI.V.B: V, 52, 61.

Sigrod (CC928). 1209. Graf. Z: HI.S: I, †342, †343. GB, S. 259: Er und seine Söhne gaben sich als Verwandte des Notars Nikolaus (s. Johannes 68) aus, um die Vogtei über das Kl. zu erlangen. Lib.mor.Vincentii, S. 36: 9. April.

— S.u. Tepliwoda.

Simanouiz. Simon de Simanouiz (Schimmelley, Kr. Ohlau) (s.u.CC600). 1285. Ritter. Es wird bestätigt, daß der Zehnt des Ritters der Kirche vWüstebriese (Kr. Ohlau) zusteht: BTII.: V, †500.

Simon. 1. (BDH256). 1276-82. Dominus, Mag., Propst vOppeln. Auf ihn als einen der 8 Schiedsrichter einigt man sich in dem großen Zehntstreit zwischen HIV.B und BTII.: HIV.B und BTII.: IV, 286. Er und die anderen 7 Schiedsrichter entscheiden den Zehntstreit zugunsten BTII.: IV, 287. Als einer der 8 Schiedsrichter regelt er die strittigen Angelegenheiten des Zehntstreites für die kommenden 6 Jahre: IV, 288. In seiner Gegenwart stellen die Bürger vNeisse BTII. eine Urkunde aus, die er besiegelt: Bürger vNeisse: IV, 393. Z: BTII.: IV, 376, V, 7, 11; G: und Herzog vPommern: V, 16; -: V, 2.

2. (BDH255). 1223-35. Z: BL: I, 225, 226, 234, 288; G: I, 281, II, 103; BTI.: II, 61.

3. (CB187). 1238. Marschall. Z: VO: II, 156.

4. (CC805). Vater des Arnold. 1294. Fidelis. Z: HV.LB: VI, 167, 168.

   Arnold (CC43). Sohn des Simon. 1294. Fidelis. Z: HV.LB: VI, 167, 168.

5. (CC802). Sohn des Maczey. 1283. Ritter. Z: HV.LB: V, 41.

— S.u. Arnold 8, Axleben, Debna, Gallici, Pogarell, Quas, Simanouiz, Steinau, Würben.

Siroslaus. S.u. Dambiscin.

Sytin. Werner de Syzen (Sitten n. Leisnig/Meißen) (CC870). 1288. Z: HV.LB: V, 396.

   Otto de Sythen/Sicen (CC581). 1295-98. Ritter. Z: BkI.J: VI, 213, 366.

Skalitz. S.u. Reumen.

Slauibor. S.u. Dambiscin.

Slawetaw. S.u. Dirsicraiowitz.

Slawikow. Peter vSlawikow (?). 1286. Z: MI.T: PR: V, 266. (Identisch mit Peter vSlawetaw [s.u. Dirsicraiowitz] ?)

Slupo. Slupo Domaslauez (CC741). Vielleicht Vater des Paul und Pasco. (1216-27). UKäm. Z: HI.S: I, 278 (Domaslauez), †342 (Slupo Domaslauez), †343 (Slupo).

   Paul Slupovic (CC595). Sohn vielleicht dieses Slupo, vielleicht Bruder oder Vater des Pasco. 1247-69. UKäm. 1250-59, Käm. 1260. Er hat einen Grenzhügel errichtet: HIII.B: III, 127. Er erhält vHIII.B 35 Mark: HIII.B: III, 150. Er hat in hzl. Auftrag den Umfang des Gutes Iaurowiz (Teil des späteren Reumen, Kr. Frankenstein) ausgemessen: HIII.B: III, 151. Er war der Ordinator dieser Angelegenheit: HIII.B: III, 236. Er rief die Erben und die Nachbarschaft zusammen, vor denen die Grenzen markiert wurden: HIII.B: III, 315. Z: BII.L und HIII.B: II, 339; HIII.B: II, 410, †440, III, 11, 18,

23, 34, 43, 45, 51, 57, 97, 124, 125, 127, 137, 150, 151, 189, 236, 297, 315, †557; WB: IV, 95, 96. GB, S. 293: Paulus de Slupouiz, der früher viele Grenzen umschritten hatte, sagt beim Landtag zu Breslau 1244 aus, daß die Wälder Rudno und Budsow dem Kl. gehören.

Pasco Slupovic (CC595). Sohn vielleicht des Slupo oder Paul. 1278-88. Dominus, Nobilis, Ritter, UTruch.1278-79. Z: HIV.B: IV, 341, 342, 359, 366, 370, 387, V, 390.

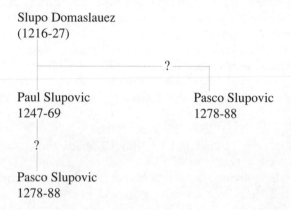

Slupo Domaslauez
(1216-27)

?

Paul Slupovic   Pasco Slupovic
1247-69   1278-88

?

Pasco Slupovic
1278-88

Sluz. Ibana (andere Lesart: Johanna) vSluz (?). Witwe des Hermann vSluz. 1292. Sie und ihre Kinder verkaufen das 5 kleine Hufen umfassende Vorwerk (allodium) Lohe (bei Domslau): HV.LB: VI, 43.
Smelow. Gunther vSmelow (?) (CC229). 1296. Z: Albert vTepliwoda: VI, 282.
Smilo. S.u. Radozlaus 1.
Smolna. Nikolaus de Smolna (?). 1213. Z: BI.S: I, †348.
Sobco Strela (CB193). 1297. Domicellus des Herzogs vOppeln. Z: MI.T: VI, 313.
— S.u. Goslawitz.
Sobeliz. Boguphal vSobeliz (Zöbelwitz sö. Beuthen a. d. Oder) (CC66). Vater des Peter. 1257. Ritter. Er wird als Besitzer eines Teiles vZöbelwitz gen.: KI.G: III, 226.
Peter vSobeliz (CC625). Sohn des Boguphal. 1266. Ritter. Er tauscht seinen gesamten Besitz in Zöbelwitz mit dem Abt vNaumburg am Bober gegen 2 Besitzanteile (sors) an Rehlau (sö. Freystadt) und 3 Mark Silber: KI.G: III, 547.
Sobeslaus. 1. (CC742). 1203-22. Graf, Baron, K vWartha 1203, K vBreslau 1214-22. Z: HI.S: I, 83, 142, †342, †343, †366; BL: I, 171; Herzog vMasowien: I, 216.
2. (CB192). 1287-95. Graf, Ritter, Landrichter 1287-89, URichter 1290, Richter 1295. Z: KaII.CB: V, 324, 410, VI, 182, 207.
3. (CC744). Sohn des Zobesius. 1245-47. Z: BII.L: II, 296; BII.L und HIII.B: II, 339.
4. (CC743). Bruder des Vnemir. 1203. Z: HI.S: I, 83.
   Vnemir (CC857). Bruder des Sobeslaus. 1203. Z: HI.S: I, 83.
5. 1224. Graf, K vCrossen. Z: HI.S: I, †359, †360, †361.
— S.u. Adalbert 22, Goslawitz, Ostrosische.
Sodlosto. S.u. Sedlon.
Sokolnitz. Peter vSokolnitz (Zaugwitz, Kr. Breslau). Zwischen 1243-67. Hedwig, S. 597: Er wird während der Pilgerfahrt nach Trebnitz und am Grabe der hlg. Hedwig v seinen

gelähmten und verkrampften Händen, die v einer Fischvergiftung herrührten, befreit.

Solnik. Wenzelslaus vSolnik (?). Sohn des Bratheco vSolnik, Enkel der Sulislava. Zwischen 1243-67. Hedwig, S. 592: Er erhält am Grabe der hlg. Hedwig die Sehkraft wieder.

Sommerfeld. Gottfried vSommerfeld (bei Crossen) (CC214). 1294. Ritter. Er bürgt mit HV.LB für die Einhaltung dieses Vertrages: HV.LB: VI, 144.

Sonberg. Konrad vSonberg (?) (CC433). 1268-74. Bürger und Vogt vGoldberg (1268), Provinzialrichter (1268). Vor ihm und den Bürgern vGoldberg wird ein Grundstück übertragen: Bürger vGoldberg: IV, 82. Z: BII.L: IV, 91, 243.

Sonburn. Iesco vSonburn (?). 1295. Sein Wein- und Hopfenzehnt wird an die Kantorpräbende am Kollegiatstift zu Glogau überwiesen: BJIII.: VI, 196. Sein Zehnt v dem Weingarten in Zölling und der v dem Hopfengarten in Döringau (beide Kr. Freystadt) werden an die Kantorpräbende am Kollegiatstift zu Glogau überwiesen: BJIII.: VI, 202.

Sophia. S.u. Herrnmotschelnitz, Münsterberg, Schnellewalde, Würben.

Sosno. Wilcho vSosno (?) (CC883). 1260-72. Graf, Ritter. HIII.B: III, 306, 376, 391, 421; HIV.B: IV, 182.

Splotovic. (1235-44). Die Söhne des Splotovic werden als Vorbesitzer eines namentlich unbekannten Dorfes gen.: G: II, 281.

Srzebko. S.u. Trzebeczsko.

Stachow. Bartholomeus vStachow (Stachau bei Nimptsch ?) (CC50). 1287. Graf. Albert vTepliwoda: V, 317.

Staickenberg. Walter vStaickenberg (Starkenberg/Sachsen) (CC861). 1295. Z: HV.LB: VI, 232.

Stange. Theoderich gen. Stange (aus der Gegend um Altenburg/Sachsen) (CB44, CC840). 1282-96. Graf, Ritter, Fidelis, Käm. vMähren 1282. In einer eigenen Urkunde (V, 376) huldigen Erkembert, Heinrich und Theoderich dem BvO und nehmen v ihm die Güter Vridberg, Swensir, Cunczendorf und Heynrichsdorf (bei Friedberg) zu Lehen, was er besiegelt. Z: NI.T: V, 31, 32; HV.LB: V, 489; BI.O: VI, 174, 175; Konrad Vogt vOberglogau: VI, 235; Bauer Nikolaus: VI, 260 (Ritter HI.G !!).

Ludwig Stange (CC471). 1292-93. Dominus. Z: BkI.J: VI, 78, 85.

Vgl. S.: 597.

Stanislaus. 1281-1300. Dominus, bischöfl. Notar 1299-1300 und Kaplan. Z: BTII.: IV, †468; BJIII.: VI, 410, 436, 438.

— S.u. Eisdorf, Lorenz 11, Obischau, Sennov.

Stanko. S.u. Rätsch.

Starostca. S.u. Gregor 5.

Stasch (CB194). 1241. Z: MII.O: II, 210.

Steinau. Simon vSteinau (Kr. Neustadt) (CB216). 1268-97. Nobilis, Graf, Ritter, K vOppeln 1279-97. Er besiegelt: Johannes 56: IV, 198. Er entscheidet als einer von mehreren Schiedsrichtern einen Rechtsstreit: V, 86. Er erneuert die alten Grenzen v Lobkowitz und Kerpen (beide Kr. Neustadt OS): Grafen vJassona: V, 247. Es wird erwähnt, daß er am 17. Sep. 1286 als hzl. Gesandter mit Vermittlungsvorschlägen bei BTII. erschien: BTII.: V, 286. Z: Johannes 56: IV, 198; BI.O: IV, 382, V, 197, 204, VI, 124, 327; NI.T: IV, 424; WI.O: IV, †440; Grafen vJassona: V, 247.

St

Bartholomeus vSteinau (CC49). 1298. Z: Stephan vDombsen: VI, 333.
Nikolaus vSteinau. 1290. Hzl. Kaplan. Durch ihn ausgefertigte Urkunde: KII.Sa: V, †510.
Otezlaus vSteinau. 1208. Z: HI.S: I, †340.
Steinborn. Heinrich vSteinborn (nw. Freystadt) (CC242). Bruder des Iesco. 1263-95. Nobilis, Graf, Dominus. Der Garbenzehnt v den Allodien der beiden Brüder wird an die Kantorpräbende am Kollegiatstift zu Glogau überwiesen: BJIII.: VI, 196. Z: KI.G: III, 434, 509.
Iesco vSteinborn (CC420). Bruder des Heinrich. 1292-98. Ritter, Fidelis. Wird zusammen mit seinem Bruder gen.: BJIII.: VI, 196. Sein Zehnt v etwa 3 Mark wird der Kantorpräbende am Kollegiatstift zu Glogau überwiesen: BJIII.: VI, 202. Z: HI.G: VI, 49, 244, 275, 367. (Identisch mit Iasco vSebornio ?)
Stentsch. Christinus de Stans (Stentsch nö. Schwiebus). Sohn des Bosathe. 1250. Graf. Seine Schenkung der unbekannten Wüstung Cholmen (in Großpolen) an das Kl. Paradies wird bestätigt: Herzog vGroßpolen: II, 393.
Stephan. 1. (BDH259). 1189-1200. Mag., Archidiakon v Breslau. Z: BSII.: I, 57; BJa: I, 69.
2. (BDH260). (Nach III, †582 Bruder des Virchoslaus.) 1250-73. Dominus, Mag., Archidiakon vOppeln 1260-63, päpstlicher Nuntius 1263, Architdiakon vBreslau 1264-73. Er wird als Nuntius erwähnt: P: III, 447. Der Papst providiert ihn für eine Pfründe an der Krakauer Domkirche: P: III, 491. Der Dekan und ein Domherr vOlmütz werden beauftragt, dafür Sorge zu tragen, daß Stephan in die Krakauer Kirche als Domherr aufgenommen wird: P: III, 492. Er wird als † erwähnt: Königin vBöhmen: SR 1438. Z: Herzog vKujawien: II, 405; BTI.: III, 2, 314, 413, IV, 34, 45, 47, 48, 53; G: III, 9, †582; WI.O: III, 338; KI.G: IV, 197, †451; BTII.: IV, 213, 265.
3. (BDH261). 1273-1300. Dominus, Mag., Priester. Er wird beauftragt, HIV.B zur Zahlung der sich aus dem Schiedsspruch des päpstlichen Legaten ergebenden Geldstrafe aufzufordern: BTII.: V, 88. Er teilt dem Bischof mit, daß der Herzog die Geldstrafe nicht zahlen will: G: V, 90. Er wird beauftragt, vPropst Sbroslaus vSchnellewalde eine Erklärung bzgl. der Gültigkeit des Schiedsspruches im Zehntstreit zwischen HIV.B und BTII. zu verlangen: BTII.: V, 98. Es wird berichtet, daß HIV.B in seiner Gegenwart die Auskunft über sein Appellationsschreiben verweigert; vor ihm werden HIV.B die 'apostoli' verweigert: G: V, 121. In seiner Gegenwart wird die Exkommunikationssentenz über HIV.B verlesen: BTII.: V, 135. Er bezeugt, daß gegen HIV.B Appellation eingelegt wurde: -: V, 149. Er wird angewiesen, KII.Sa als Propst einzuführen: BTII.: V, 316. Z: BTII.: IV, 213, 431, V, 11, 48, 116, 132, 399, 445, 470, 472, ; G: IV, 328, 334; HIV.B: V, 367; Bogusca (s. u. Goslawitz): V, 429; BJIII.: Acta Thomae; Film Nr. 350/6, VI, 89, 122, 190, 196, 202, 225, 262, 395, 416, 445.
4. Stephan Magnus (CC754). Sohn des Andreas, Vater des Johannes. 1208-37. Nobilis, Graf, Baron, K vBunzlau 1218-32. Z: Herzog vKalisch: I, 116, 117; BL: I, 171; Herzog vMasowien: I, 216; G: I, 230; Jaroslaus, Bozdech, Peter und Budiuoy 9: I, 236; HI.S: I, 314, †343, †355, †366, II, 8, 24, 137.
Johannes Magnus (CC356). Sohn des Stephan. 1236-50. Dilectus HI.S. Seine Schenkung der Dörfer Zambirsk und Latzkow (beide in Pommern) an das Kl. Kolbatz wird bestätigt: HI.S: II, 112. Z: HIII.B: II, 410.

St

5. (CC753). 1202-08. Baron, K vLiegnitz. Z: HI.S: I, 77, 83, †332, †333, †334, †335, †337, †338, †339, †340; Herzog v Kalisch: I, 116, 117; BI.S: I, †328, †331.
6. (CC761). 1250. K vMilitsch. Z: HIII.S: II, 391.
7. (CC767). 1277. Dominus, Fidelis, K vNeumarkt. Z: BII.L: IV, 316, 319.
8. (CC751). 1202. K vSagan. Z: HI.S: I, 77, †333, †335, †337, †338, †339.
9. (CC773). 1285-89. Baron, Ritter, Steinauer Hofrichter 1285-87, Richter vSteinau 1289. Er legt die Grenze eines Gutes neu fest: HI.G: V, 424. Z: PSt: V, 165, 282, 339.
10. (CB196). 1222. Truch. Z: KaI.O: I, 222.
11. 1222. Bannerträger. Z. KaI.O: I, 222.
12. (CC761). 1238. UJäger. Z: HII.S: II, 146.
13. Stephan Srodina (CB198). 1272. Ritter. Z: WI.O: IV, 164, 188.
14. 1286. Ritter, Dominus. Er kauft mit hzl. Zustimmung das Dorf Lampersdorf (ö. Neumarkt) zu gesamter Hand für 170 Mark Silber und der Verpflichtung zum Roßdienst für den Herzog: HV.LB: V, 272.
15. 1248-64. Bischöfl.Serviens. Z: BTI.: II, 352, III, 2, 375 (Stephanus pisinus), 494.
16. (CB198). Sohn des Gregor. 1260. Serviens. Z: WI.O: III, 335.
17. Stephan Clescibok. 1287. Graf. Z: KaII.CB: V, 324.
18. Stephan Cudiwoje (CB202). 1289. Domicellus. Z: KaII.CB: V, 410.
19. Stephan Curchc (CB766). 1261. Z: HIII.B: III, 349.
20. Stephan Golenta (CC777). 1288-96. Z: Boguslaus v Wohlau: V, 408; HV.LB: VI, 241. Vgl. Peter 25.
21. Stephan Luna. 1276. Er hat das ihm verliehene Gut Gaycouo (wohl Stein sw. Breslau) an HIV.B verkauft: HIV.B: IV, 294.
22. Sohn des Bogdassius. 1246. Er wird als ehemaliger Besitzer eines Grundstückes in Nieder Gorpe (Kr. Sprottau) gen.: BII.L: II, 312.
23. (CA42). Sohn des Martin. 1203. Er tauscht mit BI.S das Dorf Märtinau (Kr. Trebnitz) gegen das heute unbekannte Dorf Bliznino: HI.S: I, 83. Nach dem Tausch verließ er Schlesien und der Herzog gab Bliznino dem Bero; nach Stephans Rückkehr erstritt er es v Beros Sohn Karl, der Bliznino für 14 Mark zurückkaufte, wobei Stephan versprach, das Dorf nicht mehr zurückzufordern: HI.S: I, 115, 181.
24. Stephan Mezuadco (CC764). Sohn des Vinzenz. 1234-44. Graf, vir nobilis. In einem Streit zwischen dem Vinzenzstift und Stephan mit seinen Brüdern entscheidet BTI., daß das Vinzenzstift den Zehnt vKylianou (Teil vLandau sw. Breslau), die Kirche vSchosnitz die Zehnten der durch Stephan angelegten Dörfer Mrosouo (abgekommen, bei Kanth sw. Breslau) und Neudorf (bei Kanth) erhalten soll: BTI.: II, 266. Die Witwe des Stephan und ihre Schwiegersöhne (generi) Ycho und Michael (s.u. Mironowitz) verkaufen das Gut Zaumgarten (sw. Breslau): BII.L und HIII.B: II, 413.

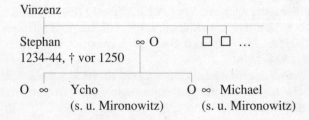

554

St

25. Die Söhne des Stephan. 1203. Ihre Schenkung eines Teiles des abgekommenen Ortes Clissouo (bei Pflaumendorf, Kr. Trebnitz) an das Kl. Trebnitz wird bestätigt: HI.S: I, 83, 115, 181.
26. (CC766). Bruder des Renczco. 1274. Graf. Z: HIV.B: IV, 257.
27. 1234. Er wird als Besitzer des Dorfes Grudina (wohl Grauden nw. Leobschütz) gen.: HI.S: II, 80.
28. (CB197). 1226. Graf. Er hat ein Grundstück begangen: KaI.O: I, 271. Lib.mor.Vincentii, S. 96: 31. Dez. (dieser ?), S. 49: 24. Mai („Obiit Stephanu[s] et uxor eius") (dieser ?) und S. 64: 16. Aug. („Stephanissa") (seine Frau ?).
29. (CB197). 1225-26. Nobilis. Er bezeugt eine Schenkung: KaI.O: I, 254, 259.
30. (CC775). 1298. Es wird erwähnt, daß er um den Zehnt vSchönbekirch (Kr. Neumarkt) streitet: BJIII.: VI, 332. Im Zehntstreit zwischen ihm und dem Pfarrer vKostenblut wird dem Pfarrer der Garbenzehnt vJakobsdorf zugesprochen: G: VI, 338.
31. (CC751, 753). 1202-03. Z: BC: I, 82; Hemerammus vPoseritz: I, 86.
32. (CC751). 1202. Z: BC: I, 82.
33. (CB203). 1289. Domicellus. Z: KaII.CB: V, 410.
34. 1224. K vGlogau. Z: HI.S: I, †359.
35. 1214. Graf. Z: HI.S: I, †351.
— S.u. Berndorf, Berthold 4, Bogus 1, Dombsen, Falco 1, Godislaus, Grimislaus 7, Heide, Kobelau, Konrad 4, Kornitz, Martin 14, Mozurau, Nadsiuoy, Obischau, Obrovo, Otezlaus 4, Passieki, Pogarell, Rasicha, Reumen, Schmollen, Schnellewalde, Schönbankwitz, Schwekenfeldt, Wandros, Würben, Zernitz.

Sternberg. Albert vSternberg (Sternberg in Mähren) (CB6). Sohn des Grafen Steslaus. 1283-95. Dominus. Er verzichtet auf alle Ansprüche auf den Wald Lubuscha (sw. Sternberg) zugunsten des Deutschen Ordens: Wokko vCrawar: V, 50. Der Verzicht auf seine Ansprüche auf den Wald und die Güter Lubuscha wird erwähnt: NI.T: V, 51. Er kauft das Erbgut Autischkau (Kr. Cosel), das er vorher an den Herzog verkauft hatte und davor seinem Vater vom Vorgänger des jetzigen Herzogs für treue Dienste verliehen worden war, nun vKaII.CB zurück und zwar mit dem Recht, Diebe hängen und Räuber enthaupten zu lassen: KaII.CB: VI, 207.

Stiborius. S.u. Zesselwitz.

Stoygnew. 1. (CC784). 1261-77. Graf, Dominus, Fidelis, K vLiegnitz 1261-69, Burggraf 1277. Er hat die Grenze eines Waldes bei Schlaup begangen: BII.L: IV, 43. Z: BII.L: III, 382, 437, 481, †573, IV, 91, 305. Nekr.Lubense, S. 51: 31. Aug. („Ob. Scowneuus Castellanus de Legnicz").
2. (CB205). Bruder des Wenzel. 1286-90. Graf, Ritter, K vRatibor. Z: MI.T und PR: V, 266; MI.T: V, 442; PR: V, †512, VI, †473.
   Wenzel (CB226). Bruder des Stoygnew. 1286. Z: MI.T und PR: V, 266.
3. (CC784). 1256. Er wird als Grenznachbar im Reichenthaler Halt gen.: HIII.B: III, 204.
4. (CB205). 1272. Ritter. Z: WI.O: IV, 164.
5. (CC784). 1253. Graf. Z: BII.L: III, 69.
— S.u. Dirsicraiowitz, Rosec.

Stoysa (CC786). Sohn des Stoyco. 1203. Er schenkt mit seiner Frau einen Teil eines an das Kl. Trebnitz grenzenden Dorfes diesem: HI.S: I, 83.

Stolchwitz. Burkhard gen. Stolchwitz (?). Bruder des Ramoldus. 1293. Z: BkI.J: VI, 130.

555

Ramoldus gen. Stolchwitz (CC694). Bruder des Burkhard. 1293. Z: BkI.J: VI, 130.
Stosso. Johannes de Stosso (?) (CC371). 1290. Ritter. Z: KII.Sa: V, †510.
— S.u. Peter 40, Serucha.
Strachota (CB206). 1294. Hzl. Ritter. Z: BI.O: VI, 157.
Strachwitz. Woislaus vStrachwitz. 1285. Es wird erwähnt, daß er für 24 Mark reinen Silbers 1 Hufe beim Vorwerk Cansgor (wohl Kentschkau bei Breslau) verkauft hatte: HIV.B: V, 174.
Strego. 1224. Praetor. Z: KaI.O: I, 249.
Strehla. Konrad vStrehla (Strehla a. d.Elbe) (CC432). 1249-51. Dominus. Z: BII.L: II, 371, 374, III, 3, 26, 27.
Bernhard vStrehla (CC57). 1292-99. Baron. Z: BkI.J: VI, 65, 418.
Strehlen. Boguslaus vStrehlen (CC70). Bruder des Radozlaus, Ehemann der Tochter des Pribislaus (s.u. Goslawitz), Vater des Boguslaus, Thomas, Radozlaus und der Boguchuala. 1228-64. Graf, Baron, Ritter, vir nobilis, K vRitschen 1232 und 1239, K vBreslau 1234 (?), K vNimptsch 1242-50. Er gibt seine Zustimmung zu einer Schenkung: BII.L: II, 329. Er tauscht mit Zustimmung seines Sohnes Radozlaus ein Grundstück, das an ein bischöfl. Dorf bei Wansen (nö. Strehlen) grenzt und das er vJohannes 69 gekauft hatte, gegen eines, das an seinen Besitz grenzt: HIII.B: III, 468. Es wird berichtet, daß der amicus BTI. eine Kirche im Kirchensprengel vStrehlen - in Steinkirche - errichtet hat; der Zehnt v dem Teil bei Prieborn (bei Strehlen), den Boguslaus gekauft hat, steht der neuen Kirche zu: BTI.: III, 482. Z: HI.S: I, 290, †359, †361, †371, II, 8, 24, †421, †422; Herzog vSandomir: II, 79; HII.S: II, 167, †429; BII.L: II, 229, 241, 245, 252, 270, 271, 273, 297, 323, 329, 342; Hedwig vSchlesien: II, 234; Mrosco vPogarell: II, 276; BII.L und HIII.B: II, 331; HIII.B: II, 410, III, 23 (senex), †557 (Boguslaus Suonus de Streliz); HIII.B und WB: III, 60 (Boguslaus Zvonus), 61 (Boguslaus Zwoin). GB, S. 283: Zwischen 1238 und 1241 umgeht Graf Boguzlaus de Strelin, K vRitschen, den Wald Bukowina bei Glambowitz und bestätigt die Grenzen.
Boguslaus d.J. vStreheln (CC74). Sohn des Boguslaus, Vater der Elisabeth. 1248-68. Ritter, Käm. 1252. Die adligen Brüder Radozlaus und Boguslaus werden als ehemalige Besitzer des Erbgutes Rasselwitz (nw. Neustadt OS) gen.: BTI.: IV, 55. Z: BII.L: II, 342; HIII.B: II, 409, III, 22, 37, 43, 50, †557.
Thomas vStrehlen (BDH275). Sohn des Boguslaus. 1250-1268. Dominus, Archidiakon vOppeln 1264-68, Kustos 1268, Bischof vBreslau 1270-92. Der Kustos erhält als lebenslängliche Präbende den Zehnt des Dorfes Rasselwitz, das das Erbgut seiner adligen Brüder Radozlaus und Boguslaus war: BTI.: IV, 55. Ein Streit zwischen ihm einerseits sowie seiner Nichte Elisabeth und deren Mann Jaroslaus vHabendorf und Michelau (s.u. Pogarell) andererseits um die Dörfer Steinkirche, Prieborn und Dobergast (alle bei Strehlen) wird entschieden: -: V, 86. BTII. erwähnt den † BTI. als seinen Vorgänger und Onkel (avunculus): -: IV, 157. BTII. vermacht das v seinem Vater ererbte Gut Prieborn (bei Strehlen) den Domvikaren zu Breslau: BTII.: VI, 47. Z: BII.L: II, 412, III, 523; BTI.: III, 2, 52, 314, 358, 413, 445, 448, 449, 473, 480, 487, 512, 513, IV, 47, 48, 53, 65; HIII.B: III, 488; BTII.: IV, †439. Zapiski historyczne, S. 727: BTII. de familia Zarembarum. Katalogi Biskupów Wrocławskich, S. 579: Thomas, „filius sororis" vBTI., wird als Bischof vBreslau gen. Ordiniert am 21. März 1271, † 11. März 1292. Katalogi Biskupów Wrocławskich, S. 563f. und CPP, S. 548f.: Thomes, „filius

sororis" vBTI., wird als Bischof vBreslau gen. Katalogi Biskupów Wrocławskich, S. 569: Er wird als Bischof vBreslau gen. Nekr.Lubense, S. 41: 15. März („1292 ob. Thomas II ep. Wrat. xxij"). Nekr.Heinrichau, S. 285: 15. März („Ob.pie memorie d.Thomas secundus, Wrat. episcopus"). Nekr.Czarnowanz, S. 226: 16. März („Thomas Episcopus Wratislaviensis").

Boguchuala vStrehlen. Tochter des Boguslaus. Nekr.Heinrichau, S. 286: 19. März („Ob. d. Boguchwala soror d.Thome secundi ep. Wrat. ").

Radozlaus vStrehlen (CC688). Sohn des Boguslaus. 1264-68. Er gibt seine Zustimmung zu einem Tausch seines Vaters: HIII.B: III, 468. Die adligen Brüder Radozlaus und Boguslaus werden als ehemalige Besitzer des Erbgutes Rasselwitz gen.: BTI.: IV, 55.

Radozlaus vStrehlen (CC686). Bruder des Boguslaus, Vater des Woytech. 1228-50. Nobilis, Graf, Baron, Dominus, Richter 1230-34, K vBreslau 1239-47. Z: HI.S: I, 290, 308, 314, †367, †369, II, 8, 24, 85, †421, †422; HII.S: II, 167, 168, †429; BII.L: II, 229, 245, 252, 255, 270, 271, 272, 273, 297, 323; Hedwig vSchlesien: II, 234; Mrosco vPogarell: II, 276; BII.L und HIII.B: II, 331; HIII.B: II, 396a (dieser?). GB, S. 262: 1247 übernimmt der vir nobilis Graf Razlaus de Strelin, K vBreslau, im Streit zwischen den Verwandten der Erben vBobolitz und dem Kl. Heinrichau den Vorsitz im Hofgericht (→ II, 323).

Woytech vStrehlen (CC899). Sohn des Radozlaus. 1239-53. Baron, K vMilitsch 1251. Z: HIII.B: II, 168, III, 22; HIII.B und WB: III, 60, 61. Nekr.Heinrichau, S. 303: 20. Dez. („Comes Albertus de Strelin").

Peter vStrehlen (BDH264). Sohn des Radozlaus (welcher ?). 1283-89. Dominus, Priester. In seiner Gegenwart wird die Exkommunikationssentenz über HIV.B verlesen: BTII.: V, 135. Es wird berichtet, daß er als bischöfl. Bote bei HIV.B erschien, der ihn anhörte, freundlich behandelte und entließ; auf dem Rückweg wurden seine zwei Begleiter überfallen: BTII.: V, 238. Z: BTII.: V, 74, 113, 114, 115, 116, 132 (Petrus de Strelin), 184, 185, 209, 216, 253; -: V, 86; Bogusca (s. u. Goslawitz): V, 429.

Nikolaus vStrehlen (BDH193). Neffe (nepos) BTII. (SR 1289). (vor 1264)-96. Dominus, Kustos 1281-96. Ein gewisser iuvenis N. (möglicherweise dieser) erhält Dispens vom Alter für den Empfang vWeihen und Kirchenpfründen: BTI.: III, 498. In seiner Gegenwart wird ein bischöfl. Schreiben übergeben: -: V, 123. Er gibt seine Zustimmung zu einem bischöfl. Schreiben: BTI.: V, 120. In seiner Gegenwart wird die Exkommunikationssentenz über HIV.B verlesen: BTII.: V, 135. BTII. fordert Wiedergutmachung für das für 20 Mark Silber verpfändete Koppendorf (s. Grottkau) des Kustos: BTII.: V, 176. Ihm wird zur Reise nach Oppeln freies Geleit erteilt: HIV.B: V, 320. Der Dekan, der Kantor und er ernennen Johannes Romka zum neuen Bischof vBreslau: SR 3, S. 168. Domkustos Nikolaus vStrehlen verzichtet auf 4, dem Kl. Heinrichau gehörende, strittige Malter Getreidezehnt zu Wiesenthal (Kr. Frankenstein): BJIII.: aus dem ältesten Heinrichauer Kopialbuch (ZVGS 73 [1939], S. 62). Z: BTI.: II, †434, IV, 47, 48; BTII.: IV, †456, V, 48, 116, 132, 147, 184, 185, 209, 216, 253, 367, 374, 399, 404, 470, 472, VI, 19, 22, 28; NI.T: IV, 424; HIV.B: IV, 426, V, 367; -: V, 86; G: VI, 21; BJIII.: Acta Thomae; Film Nr. 350/6, VI, 153, 196, 200, 202, 262.

Czemko vStrehlen (CC119). 1281-86. Ritter, Graf. Es wird erwähnt, daß er als hzl. Gesandter mit Vermittlungsvorschlägen bei BTII. erschien: BTII.: V, 286, 287. Z: HIV.B:

Strehlen

Boguslaus 1228-64 ⚭ Tochter des Pribislaus (s. Goslawitz)

- Boguslaus 1248-68 † vor 1284
  - Elisabeth (s.u. Pogarell) ⚭ Jaroslaus v Habendorf-Pogarell
- Thomas II. Bischof v Breslau (BDH275) 1250-92 † 11. März 1292
- Bouchuala
- Radozlaus 1264-68 —?— Peter (BDH264) 1283-89

Radozlaus 1228-50
- Woytech 1239-53 —?— Peter (BDH264) 1283-89

IV, 420, 426; NI.T: IV, 424, 425.

Thymo vStrehlen (CC119). 1284-87. Z: HIV.B: V, 85, 320.

Werner vStrehlen.1285. Er verkauft für 24 Mark reinen Silbers 1 Hufen bei seinem Vorwerk Cansgor (wohl Kentschkau bei Breslau), die er vorher zum selben Preis vWoislaus vStrachwitz erworben hatte: HIV.B: V, 174.

Rasco vStrehlen (CC695). 1287-97. Dominus, identisch mit dem Erbrichter in Strehlen 1297 (VI, 308). Z: HIV.B: V, 320, 362.

Stammtafel s. S. 558.

Strescizlava. S.u. Radozlaus 1.

Streso (CA43). Vater des Miroslaus. 1175. Z: BI.S: I, 45, †325, †326, †327.

Miroslaus Strezeuic. (1216-27). Z: HI.S: I, 278.

— S.u. Otto 8, Sdizlaus 1.

Streziwoy. S.u. Kobelau.

Strigen. Helmboldt v der Strigen (?) (CC241). 1282. Z: BkI.J: V, 19.

Rudinger v der Strigen. 1282. Z: BkI.J: V, 19.

Strizlaus (CB207). Nach 1290. Z: KaII.CB: SR 1694.

Stroppen. Dirsicraus vStrupin (Stroppen sw.Trachenberg) (CC157). 1267. Graf. Z: WB: IV, 16.

Dirsco vStrupin (CC157). 1281-90. Ritter, Fidelis. Z: HI.G: IV, †466, V, †511.

Subislaus. 1264. Bischöfl.Serviens. Z: BTI.: III, 494.

Suchau. Egidius vSuckau (bei Freystadt). 1281. Graf. Z: WI.O: III, †571; KaII.CB: IV, 436.

Grafen vSuckau. 1295. Der Garbenzehnt der Grafen zu Suckau wird an die Kantorpräbende am Kollegiatstift zu Glogau überwiesen: BJIII.: VI, 196, 202.

Sudec. S.u. Sandco 1.

Sudo. S.u. Cresslauus.

Suentossius (CB213). 1223. Gibt seinen Zehnt der Salvatorkirche zu Rybnik: BL: I, 226.

Sulco. S.u. Clemens 3, Hemerammus 1, Laskowitz, Rätsch, Zucklau.

Sulislaus. 1. (BDH267). 1212. Z: BL: I, 129.

2. (CC789). 1248-59. Graf, Käm. vGlogau 1248-51, K vBeuthen a. d.Oder 1257-58, K vGlogau 1259. Z: BII.L und HIII.B: II, 353; KI.G: III, 20 (wohl irrtümlich Palatin vGlogau), 166, 226, 260, 299, 304.

3. (CB209). 1225. Trib. v? Z: KaI.O: I, 254. Seine Aussagen tragen zur Klärung eines Rechtsstreites um die Rechte des hzl. und bischöfl. Kastellans in Militsch bei: -: II, 375.

4. Sulislaus Mandri (CC789). 1249. Baron. Z: -: II, 375.

5. Sulizlaus Rezek (CC791). Sohn des Bartholomeus. 1248-78. Dominus, Graf, bischöfl.Serviens. Er hat ein Grundstück (nach III, 125: ein Erbgut und eine Mühle) umgangen und den neuen Besitzer eingewiesen: HIII.B: III, 124, 125. Er war Prokurator in dieser Angelegenheit: HIII.B: III, 251. Z: BTI.: II, 352; HIII.B: III, 251, 281, 298, 349; BII.L: IV, 336.

6. (CC794). Sohn des Czezlaus. 1264. Er wird als Besitzer eines Grundstückes bei Strehlen gen.: BTI.: III, 482.

7. (CA44). 1149-55. Comes polonicus. Seine Schenkung des Dorfes Polsnitz (Kr. Breslau) an das Vinzenzstift wird bestätigt: BJII.: I, 19; P: I, 60. Seine Schenkung der Dörfer Zulizlauich (abgekommen, an der Wischawe, Kr. Trebnitz) und Bischofswalde

S

(heute Stadtteil vBreslau) an das Bistum Breslau wird bestätigt: P: I, 28. Lib.mor.Vincentii, S. 46: 13. Mai („Sulizlaus miles") (dieser ?).

8. **Sulizlaus** gen. Warcza de Suscouiz (Tschauschwitz, Kr. Grottkau) (CC790). 1261. Fidelis. Ihm werden 6 Hufen in Tschauschwitz zum Besitz nach Ritterrecht sowie Land zur Anlage einer Mühle verliehen: BTI.: III, †580.

— S.u. Koitz, Nossen, Plascota, Zesselwitz.

Sulos. 1285. Ritter. Es wird erwähnt, daß sein Zehnt der Kirche vWüstebriese zusteht: BTII.: V, †500.

Sulosouia. Jakob de Sulosouia (Sitzmannsdorf, Kr. Ohlau). 1285. Ritter. Es wird bestätigt, daß sein Zehnt der Kirche vWüstebriese zusteht: BTII.: V, †500

Sulz. Konrad vSulz (sw. Naumburg/Thüringen) (CC445). Ehemann der Hedwig. 1298. Ritter. Er verkauft mit Zustimmung seiner Frau alle seine Besitzungen in Wüstendorf (Kr. Breslau), auch die, die durch seine Frau an ihn gekommen sind: BkI.J: VI, 355.

Hedwig vSulz. Ehefrau des Konrad. 1298. Sie gibt ihre Zustimmung zu einem Verkauf ihres Mannes: BkI.J: VI, 355.

Friedrich vSulz. 1300. Z: G: VI, 441.

Sunburch. Hermann vSunburch (?) (CC312). 1299. Z: HI.G: VI, 419.

Sussecz. Johannes vSussecz (Sussetz nw. Pleß). 1254. Graf. Z: WI.O: III, †571.

Swab. Konrad Swab (CC431, 117). Sohn des Swab, Bruder des Ulrich, Vater des Konrad. 1243-82. Nobilis, Graf, Baron, Dominus, USchenk 1243-45 und 1250, Schenk 1247, 1251, 1254-55, 1261 und 1282. Z: BII.L: II, 245, 300, †438, III, 138 (oder sein Sohn ?), 139 (oder sein Sohn?); Mrosco vPogarell: II, 276; BII.L und HIII.B: II, 331, 413; Konrad vDrehnow: II, 394; HIII.B: II, 404, 409, 411, †440, III, 11, 22, 51, 55, 57, 140, 147, 151, 228 (oder sein Sohn ?), 247, 254, 279 (oder sein Sohn ?), 318 (oder sein Sohn ?), 365 (oder sein Sohn ?), 373 (oder sein Sohn ?), 374 (oder sein Sohn ?), 412, 539 (oder sein Sohn ?); HIII.B und WB: III, 60, 61; BTI.: III, 264; HIV.B: IV, 163, †449, V, 9, 26, 29 (oder sein Sohn ?); -: III, 255, (oder sein Sohn ?). Vnimir de Crapowa: IV, 218 (oder sein Sohn ?); NI.T: IV, 424, 425 (oder sein Sohn ?).

Konrad Swab (CC435, 117). Sohn des Konrad, Vater des Ulrich vNemil und Peter vCurow. 1253-90. Graf, Baron, Ritter, Dominus. In einer eigenen Urkunde (IV, 192) verkauft er seinen Anteil in einer bischöfl. Besitzung bei Wansen an BTI. Z: WB und HIII.B: III, 60, 61; BII.L: III, 138 (oder sein Vater ?), 139 (oder sein Vater ?); HIII.B: III, 228 (oder sein Vater ?), 254, 279 (oder sein Vater ?), 318 (oder sein Vater ?), 365 (oder sein Vater ?), 373 (oder sein Vater ?), 374 (oder sein Vater ?), 539 (oder sein Vater ?); BTI.: III, 264 (oder sein Vater ?); HIV.B: IV, 163 (oder sein Vater ?), V, 29 (oder sein Vater ?); Vnimir de Crapowa: IV, 218 (oder sein Vater ?); Heinrich und Franz vSteine: V, 493; -: III, 255; NI.T: IV, 424, 425 (oder sein Vater ?).

Die beiden Söhne des Konrad Swab. 1267. Den beiden Söhnen des Konrad Swab wird der zum bischöfl. Tisch gehörende Zehnt der Dörfer Fedzka Bartholomei und Illigota Sobeslawi für so lange verliehen, wie einer v ihnen Kleriker bleibt oder beiden oder dem Kleriker eine bessere Pfründe verliehen wird: BTI.: IV, 27.

Ulrich vNemil (Niehmen, Kr. Ohlau) (CC853). Sohn des Konrad. 1290-94. Er verkauft seinem Bruder Peter 10 Zinshufen in Niehmen (bei Ohlau) für 95 Mark Silber Breslauer Gewichtes: HV.LB: VI, 159. Z: Heinrich und Franz vSteine: V, 493.

Peter vCurow (?). Sohn des Konrad. 1294. Fidelis. Er kauft v seinem Bruder Ulrich 10

Zinshufen in Niehmen für 95 Mark Silber Breslauer Gewichtes: HV.LB: VI, 159.
Ulrich Swab vLiegnitz (CC847). Sohn des Swab. 1218-50. Graf. Er wird als ehemaliger Besitzer eines Zehntanteils in Zkalica (unbekannt, im Liegnitzer Gebiet) gen.: BL: I, 171; P: I, 279. Z: BII.L und HIII.B: III, 413.
Siegfried (CC735). Bruder des Ulrich. 1250. Serviens. Z: HIII.B: II, 404.

Swab

Konrad Swab	Ulrich Swab	Siegfried
1243-82	1218-50	1250

Konrad Swab
1253-90

Ulrich vNemil	Peter vCurow
1290-94	1294

Swabisdorf. Peter vSwabisdorf (Schwoosdorf w. Kamenz) (CC626). 1251-54. Z: BII.L: III, 21; Witigo vGreiffenstein: III, 130.
Swantopolk (CC809). 1290. Fidelis. Z: HV.LB: V, 489.
Swencza. 1300. Bischöfl. Diener. Z: BJIII.: SR 2613 (nur in SR).
Swentossius (CB212). Sohn des Duorisius. 1283. Z: KaII.CB: V, 77.
Swentoslaus. S.u. Peter 11.
Sweso (CB212). 1297. Graf, Truch. Z: MI.T: VI, 313.
Swetopelc (CB211). 1279. Graf, K vZülz. Z: BI.O: IV, 382.
Swyn. Iasso vSwyn. 1265. Dominus. Z: BII.L: III, †586.
Swinar. Sambor vSwinar (?) (CC722). 1296. Ritter. Z: BJIII.: VI, 253.
Swoiniz. Lambert vSwoiniz (?) (CC459). 1261-77. Dominus, Fidelis. Z: BII.L: III, 382, 522, †559, IV, 316.
Swoyssa (CB214). 1295. Ritter. Z: KaII.CB: VI, 207.
Szanztowoy. S.u. Reumen.
Szudec Voyborouizc (CB185). 1239. Z: Paul vPoseritz: II, 170.

Tader (CC810). 1230. K vSchweinhaus. Z: HI.S: I, 314.
Talwiz. Heinmann de Talwiz (Thallwitz nw.Wurzen/Sachsen) (CC288). 1296. Z: Albert vTepliwoda: VI, 282.
Tammo gen. Pruss (CC837). 1283. Z: HIV.B: V, 57.
— S.u. Quas, Rachnow, Rime, Scheitin, Tettau, Waldiz.
Targowiz. Dobeslaus de Targowitz (Tarchwitz, Kr. Frankenstein ?) (CC131). 1287-93. Graf, Ritter. Z: Albert vTepliwoda: V, 317; BkI.J: VI, 95.
Taschenberg. Bogvalus vTaschenberg (Kr. Münsterberg) (CC65). Verheiratet mit der Tochter eines Geistlichen, Vater des Radozlaus, Jakob und Miscislaus. Zwischen 1163-1201. GB, S. 299f.: Er kommt aus Böhmen und erhält v BI.S, der an Edle und Leute mittleren Standes Erbgüter und Grundstücke vergab, an der Stelle des späteren Brukalitz Land zu 4 Ochsen, v dem er etwa 3 große Hufen unter den Pflug nimmt. Er ist mit der Tochter eines Geistlichen verheiratet und hat drei Söhne.

T

Radozlaus vTaschenberg. Sohn des Bogvalus, Vater des Bogussa und Paul. GB, S. 300: Er erhält nach dem Tode seines Vaters ein Drittel vBrukalitz. † vor 31. Juli 1253 im Oppelner Land.

Bogussa vTaschenberg (CC85). Sohn des Radozlaus. 1253-62. Er und sein Bruder Paul tauschen ihren Erbanteil an Taschenberg mit dem Kl. Heinrichau gegen ebensoviel Land in Ochla (in Großpolen), wozu ihre Vettern Jakob und Peter ihre Zustimmung geben; zur Erleichterung des Umzuges erhalten Bogussa und Paul, ihre Mutter, ihre Frauen und Kinder weitere Gaben vom Kl.: HIII.B: III, 97. Der Verkauf einer zuvor gegen Brukalitz eingetauschten Besitzung in Ochla für 20 Mark durch die Brüder Bogussa und Paul aus der Verwandtschaft des Bischofs Paul vPosen an das Kl. Heinrichau wird bestätigt: Herzog vGroßpolen: III, 179. Bogussa und Paul haben ihren 3 Hufe umfassenden Erbanteil an Taschenberg mit dem Kl. Heinrichau gegen ebensoviele Hufen in Siracouo (in Großpolen; wohl Ochla) getauscht; diese Hufen in Siracouo haben sie nach einiger Zeit für 28 Mark Silber wieder an das Kl. verkauft, wobei Rückkaufrechte ihrer Verwandten an ihrem ehemaligen Besitz sowohl in Taschenberg als auch in Siracouo ausgeschlossen wurden: HIII.B: III, 251. Bogussa und Paul überlassen den Teil vTaschenberg, der an sie aus der Erbschaft ihres Vetters Jakob gefallen war, dem Kl. Heinrichau gegen eine doppelt so große Besitzung in Myleioviz (abgekommen, bei Beuthen OS) und weitere Gaben: HIII.B: III, 298. Es wird erwähnt, daß Bogussa und Paul den Teil des Erbgutes, der ihnen unter ihren anderen Brüdern zukam, mit dem Kl. Heinrichau gegen einen Teil vMileieuich getauscht und dann nach einiger Zeit diesen Teil für 8 Mark Silber weiterverkauft haben: WI.O: III, 418 (kürzere Fassung), 419. Sie geben ihre Zustimmung zum Tausch des Erbteiles des Peter in Taschenberg: HIII.B: III, 424. GB, S. 300-304, 306, 308: Bogussa und Paul tauschen ihr Drittel vBrukalitz mit dem Kl. gegen das Gut Ochla sowie Vieh, Stoffe und Wirtschaftsgeräte (→ III, 97). Die Brüder scheitern in Ochla und lassen sich vom Kl. für 20 Mark Silber loskaufen (→ III, 179, 251). Die Brüder erhalten beim Tode ihres Vetters Jakob die Hälfte v dessen Erbe (d.i. ein Sechstel vBrukalitz).

Paul vTaschenberg (CC603). Sohn des Radozlaus. 1253-62. Ritter. Er wird zusammen mit seinem Bruder gen.: HIII.B: III, 97, 251, 298, 424; Herzog vGroßpolen: III, 179; WI.O: III, 418, 419. GB, S. 300-304, 308: Wird zusammen mit seinem Bruder gen.

Peter. GB, S. 307: Er ist ein Sohn der Mutter des Bogussa und Paul, die in zweiter Ehe einen (anderen) Radozlaus heiratete.

Jakob vTaschenberg (CC335). Sohn des Bogvalus, Vater des Peter. GB, S. 300, 308: Er erhält nach dem Tod seines Vaters ein Drittel vBrukalitz.

Peter vTaschenberg (CC659). Sohn des Jakob. 1253-62. Er gibt seine Zustimmung zum Tausch des Erbteiles der Brüder Bogussa und Paul in Taschenberg: HIII.B: III, 97. Er hat seinen Anteil an dem Erbgut in Taschenberg, der ihm unter den Brüdern seiner Onkel zustand, gegen den Erbteil des Benicus vDambiscin eingetauscht, wozu seine Verwandten Bogussa und Paul ihre Zustimmung geben: HIII.B: III, 424. GB, S. 301, 308: Er gibt seine Zustimmung zum Tausch des Drittels des Radozlaus gegen das Gut Ochla (→ III, 97). Er erhält beim Tode seines Vetters Jakob die Hälfte v dessen Erbe (d.i. ein Sechstel vBrukalitz).

Miscislaus vTaschenberg (CC546). Sohn des Bogvalus, Vater des Jakob. GB, S. 300, 308: Er erhält nach dem Tode seines Vaters ein Drittel vBrukalitz. † 10 Jahre nach der

Geburt seines Sohnes Jakob.

Jakob vTaschenberg. Sohn des Miscislaus. 1253. Er gibt seine Zustimmung zum Tausch des Erbteiles der Brüder Bogussa und Paul in Taschenberg: HIII.B: III, 97. GB, S. 301, 308: Er verliert mit 10 Jahren seinen Vater. Seine Mutter heiratet in zweiter Ehe den Böhmen Myrzlaus, dem sie vier Söhne schenkt. Jakob gibt seine Zustimmung zum Tausch des Drittels des Radozlaus gegen das Gut Ochla (→ III, 97). Jakob stirbt unverheiratet; sein Erbe fällt zur Hälfte an seine Vettern.

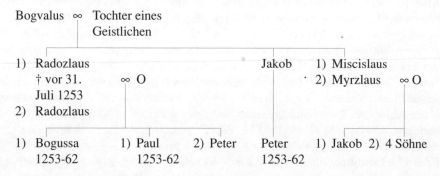

Tazzo. S.u. Wisenburg.

Tedleuus (CA45). 1155. Graf. Seine Schenkung eines Dorfes bei Kalisch an das Bistum Breslau wird bestätigt: P: I, 28.

Tepliwoda. Albert cum barba vTepliwoda (nö. Frankenstein) (CC4). Sohn des Bero, verheiratet in erster Ehe mit einer Tochter des Dirsco vPrerichim, in zweiter mit einer Deutschen, Vater einer Tochter aus erster Ehe, des Grabisius, mindestens eines weiteren Sohnes und v Töchtern aus zweiter Ehe. 1229-51. Graf, Baron, Ritter, Dominus, UTruch. 1238-40. Er wird als Mitglied des hzl. Rates gen.: HIII.B: II, 354. Z: HI.S: I, †342, †343, II, 49; HII.S: II, 146, 181; HIII.B: II, 396a, 409, †440, III, 18, 23, †557. GB, S. 256-260: Albert polnisch zubenannt Lyka vCeplowod gab sich als Verwandter des Nikolaus (s. Johannes 68) aus, um die Vogtei über das Kl. zu erhalten. Er stammt „ex parte patris de genere Czurbanorum a Thetonia", mütterlicherseits v den Wallonen in der Wallonengasse zu Breslau ab. Der ziemlich mächtige Ritter („miles satis potens") heiratete die Tochter eines Adligen Dirsco [vPrerichim]; bei der Geburt der Tochter starb die Mutter. Nach 1229 heiratete er eine Deutsche, mit der er Söhne und Töchter hatte. Er schenkte 1229 dem Kl. 2 Hufen v seinem Erbgut Tepliwoda. Vor einer Preußenfahrt 1229 versprach er dem Kl. für den Fall seines Todes das gesamte Erbgut, überlebte aber. Er erwarb nach 1241 die hzl.Erbgüter Zinkwitz und Kaubitz für 1 Mark Silber pro Hufe (bei 30 Hufen). Er legte alle drei Güter zusammen und nannte sie Tepliwoda. Bei der Ansiedlung vDeutschen in Tepliwoda waren die 2 Hufen des Kl. hinderlich, weshalb er sie gegen 2 Hufen in Zinkwitz eintauschte. Er zahlte 8 Skot Silber pro Hufe als Zehnt an die Breslauer Kirche, wobei das Kl. für seine 2,5 Hufen und 1 Morgen 21 Skot direkt an Albert zahlte. Nach Alberts Tod behaupteten seine Söhne, diese Zahlung sei ein Zins, aber auf dem Sterbebett erließ der älteste Sohn dem Kl. die Zahlung. GB, S. 269f.: Er schlägt BII.L vor, als Sühne für ein abzuhaltendes Turnier dem Kl. das Gut Jaurowitz (bei Heinrichau) zu schenken. GB, S. 293f., 297f.: Albert, der beim Herzog und im ganzen Land sehr viel vermochte, sprach beim Landtag zu Breslau 1244 im Streit um die Wälder Rudno und Budsow für das Kl. (→ II, 270). Nach dem Entscheid des Herzogs riet er dem Kl., 14 Hufen an Peter 40 um des lieben Friedens willen abzutreten. Albert, Schwestermann des Pribico vPrerechim, leitete die Festlegung der Grenzen des Kl. und der Nachbargüter in der Preseka.

Sohn des Albert cum barba. 1273. In einer eigenen Urkunde (IV, 221) bestätigt er der Kirche vKarzen (nw. Strehlen) die Schenkung eines Allods durch seine Eltern.

Albertus Barba vTepliwoda (CC12). Enkel des Albert, Sohn des Grabisius, Ehemann einer geb. vLichtenburg und einer geb. vSchildberg. 1287-98. Fidelis, Marschall 1289. In einer eigenen Urkunde (V, 317) bestätigt er als Besitzer des Dorfes Tepliwoda, das er v seinem Großvater Albertus cum barba und seinem Vater Grabisius als patrimonium legitimum geerbt hat, dem Abt v Heinrichau auf dessen Bitten das Gut Zinkwitz, das sein Großvater, der in Tepliwoda lebte und dessen Erbe Zinkwitz war, dem Kl. geschenkt hatte, was er besiegelt. In einer eigenen Urkunde (VI, 282) schenkt er einen 2 kleine Hufen und 3 Ruten umfassenden Teil eines Waldes dem Kl. Heinrichau, was er besiegelt. Z: HIV.B: V, 411, 412; BkI.J: VI, 355. Nekr.Heinrichau, S. 303: 10. Dez. („It. Albertus Barba benefactor domus").

Frau vLichtenburg. Ehefrau des Albert. Nekr.Heinrichau, S. 289: 19. Mai („Servicium domine de Luchtenburc, prime uxoris d. Alberti dicti Bart").

Sigrod vTepliwoda. 1239. Angeblicher Baron. Z: HII.S: II, 172, †429.

Nikolaus vTepliwoda (CC522). 1285-97. Graf, Fidelis. Er kauft für 210 Mark Silber das Allod Petricow (bei Petrigau nw. Strehlen): HIV.B: V, 260. Er und seine Kinder standen wegen einer Grenzstreitigkeit bzgl. ihres Gutes und dem Gut Schönfeld (Kr. Strehlen) des Leubuser Stiftes vor den hzl. Kommissaren vor Gericht: HV.LB: VI, 220. Es wird erwähnt, daß er zusammen mit seinem Schwager Konrad vPetrikau 3 Hufen zwischen Manze, Roßwitz, Klein Tinz, Dürr Hartau und Glofenau (alle nw. Strehlen) bebaut: G: VI, 326. Z: HV.LB: VI, 11, 15, 43, 93, 148, 224, †468. Nekr.Heinrichau, S. 286: 1. April („Ob.Nicolaus, Henricus, Johannes de Tepliwode, amici domus").

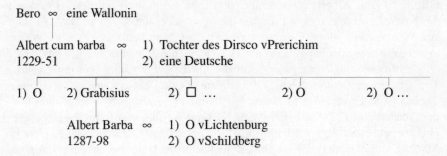

Tettau. Tammo vTettau (nw. Großenhain/Meißen) (CC812). 1261. Fidelis. Z: BII.L: III, 362.

Teczo. S.u. Schnellewalde.

Thartala (CC816). 1259-65. Serviens. Z: KI.G: III, 299, 304 (Sedlon Tarchala), 359, 509.

Thegerius. S.u. Unchristen.

Thekla. S.u. Schildberg.

Themeriz. Reinold vThemeriz (?) (CC701). Schwager des Detrich 2, Ehemann der Elisabeth. 1276-77. Ritter. Er verkauft mit Zustimmung seiner Frau und seines Schwagers das Gut Onerkwitz (sö. Neumarkt), das Elisabeth und Detrich geerbt haben, dem Heiliggeisthospital zu Breslau für 200 Mark Silber, d.h. zur Hälfte des Wertes und damit auch zum Seelenheil der Genannten sowie ihrer Blutsverwandten, des weiland Ritter Hunarcus, dessen Gattin Zdislaa und deren Tochter Sophia: HIV.B: IV, 289. Er und sein Schwager Detrich verkaufen mit Zustimmung der Elisabeth, Reinolds Frau, das Dorf Onerkwitz für 200 Mark dem Heiliggeisthospital zu Breslau: BII.L: IV, 316.

Elisabeth. Ehefrau des Reinold vThemeriz. Sie gibt zum Verkauf des Gutes und Dorfes Onkerwitz ihre Zustimmung: HIV.B: IV, 289; BII.L: IV, 316.

Themo. 1. Themo Grabca (CC829). 1269. Z: WB: IV, 107.

2. Themo gen. de villa Otolphy (nach SR: Crolphy). (?) 1277. Er verkauft für 84 Mark Silber das Erbgut Pollenzig (bei Crossen) dem Kl. Leubus: HIV.B: IV, 302.

3. (CC822). 1254. Glogauer Serviens. Z: HIII.B: III, 137.

Theobald. 1263. K in Crossen. Z: KI.G: III, 462 (Name wohl falsch in der Urkunde angegeben.).

— S.u. Boleslaus 3.

Theoderich. 1. (BDH48). 1223-44. Dominus, päpstlicher Subdiakon 1226, Archidiakon von Glogau 1228-30, Kantor 1239-44. Er wird beauftragt zu untersuchen, welcher der beiden Anwärter auf den Olmützer Bischofsstuhl rechtmäßig gewählt worden sei: P: II, 207. Z: BL: I, 231, 269, 288, †362, †363; G: I, 281; BL und HI.S: I, 308; BTI.: II, 173; HII.S: II, 181, 203; BII.L: II, 252, 255, 271, 272. Rocznik Wielkopolski, S. 11: 1244 wurde der Breslauer Kantor Theoderich in seinem Haus in Breslau v gewissen Polen ermordet. Lib.mor.Vincentii, S. 86: 22. Nov.

2. Theoderich de Bytom (BDH?). 1202. Z: HI.S: I, 77.

3. (CC817). Vater des Peter und Burkhard. 1230-63. Graf, Baron, K vSchiedlo 1240, K vRitschen 1242-43, K vGlogau 1251-58/63. Er bezeugt eine Testamentsänderung: HII.S: II, 196, †431. Z: HI.S: I, 308, †371; BII.L: II, 229, 252; KI.G: III, 25, 102, 103, 166, 260, 462 (andere Lesart: Theobald; wohl falsch), †567; -: II, 375.

Peter (CC624). Sohn des Theoderich. 1251-59. Graf. Ihm wird Spoliierung vTrebnitzer Klosterbesitz vorgeworfen: P: III, 76. Z: KI.G: III, 20, 25, 101, 102, 103, 166, 299, †567.

Burkhard (CC106). Sohn des Theoderich. 1251-57. Graf, Schenk 1257. Z: KI.G: III, 25, 101, 166, 226.

4. 1226. Bannerträger vCrossen. Z: BL: I, 258.

5. 1256. Ritter. Z: BII.L: III, 192.

6. (CB43). 1289. Ritter. Z: KaII.CB: V, 410.

7. Theoderich Capusch. 1296-97. Z: G: VI, 277, 279, 297. (Adliger ?)

8. Dietrich gen. Pheffircorn (CC148). 1291. Hzl. Diener. Er erhält einen halben Bauplatz für eine Mühle und die halbe Fischerei im Kanal bei Breslau, wofür er bei der Errichtung der Kanalbrücke mithelfen und eine jährliche Abgabe zahlen muß: HV.LB: VI, 4. (Adliger ?)

9. Bruder des Bosso. 1253. Ihm wird Spoliierung vTrebnitzer Klosterbesitz vorgeworfen: P: III, 76.

10. Thitrichus. 1248. Z: BTI.: II, 350.

T

— S.u. Baruth, Bronislaus 3, Comornik, Dyhrn, Grozanow, Hake, Hoberg, Jassona, Johannes 11, Muschov, Nikolaus 44, Pesna, Raten, Rätsch, Ronberg, Ronow, Schnellewalde, Stange, Zedlitz.

Theodor. 1. (CA46). 1149. Graf. Z: BJII.: I, 19.

2. Die Söhne des Theodor. 1203. Ihre Schenkung eines Teiles des abgekommenen Ortes Clissouo (bei Pflaumendorf, Kr. Trebnitz) an das Kl. Trebnitz wird bestätigt: HI.S: I, 83, 115, 181.

— S.u. Clemens 3, Martin 14.

Theslinus (BDH273). 1212-22/27. Mag., hzl. Kaplan. Z: BL: I, 129; HI.S: I, 219, 278. Lib.mor.Vincentii, S. 53: 10. Juni („Teszlaus sacerdos et canonicus frater noster").

Thiemendorf. Walter gen. de Thymonis villa (Thiemendorf sw. Steinau a.d. Oder). 1289. Fidelis. Ihm wird die Erbvogtei der Stadt Sprottau mit vielen Rechten und Freiheiten verkauft: KII.Sa: V, 413. (Adliger ?)

Thymo. S.u. Goslawitz, Mohnau, Poserne, Strehlen, Wisenburg.

Thomas. 1. 1295. Hzl. Notar. Z: BJIII.: VI, 206.

2. (KSH 157). 1280-88. Mag., Arzt. Z: HIV.B: IV, 391, V, 26, 367.

3. (CB217). 1293-97. Graf, K vZülz. Z: BI.O: VI, 124, 327.

4. (CB218). 1291-95. Graf, Ritter, Hofrichter. Z: PR: VI, 30, 119, 129, 131, 147, 209, †473.

5. 1252-56. Käm. Z: HIII.B: III, 45, 189.

6. Thomas calvus. 1242. Z: Herzogin Anna: II, 239.

7. Thomas Ocresych. 1237. Er wird als Besitzer eines Gutes (sors) bei Alt-Heinrichau, das an das Kl. Heinrichau zehntet, gen.: BTI.: II, 138, III, 448.

8. Thomas Potrcouic (CC832). Schwager (sororius) des Pachoslaus 1 Palatin vSandomir. 1224. Z: G: I, 245.

9. 1281. Graf. Z: KaII.CB: IV, 436.

10. (CC834). 1245. Z: BII.L: II, 296.

— S.u. Gallici, Goslawitz (BTI.), Kamien, Karsow, Strehlen (BTII.).

Thomaskirch. Raslava vThomaskirch (Kr. Ohlau). Tochter des Bogdan vThomaskirch. Zwischen 1243-67. Hedwig, S. 592: Sie erhält am Grabe der hlg. Hedwig die Sehkraft wieder.

Thomta (CB244). 1291. Ritter. Z: MI.T: VI, †463.

Thuderow Hermann vThuderow (Theuderau nw. Ohlau). 1297. Er kauft zu seinem Vorwerk (allodium) Theuderau das Gut Gallowitz (Kr. Breslau) für 12 Mark pro Hufe, wofür er mit einem Streitroß dienen soll: BkI.J: VI, 273.

Thur. Otto vThur (?) (CC584). 1295-99. Der Garbenzehnt v seinen Äckern in Wallwitz (Kr. Freystadt) wird an die Kantorpräbende am Kollegiatstift zu Glogau überwiesen: BJIII.: VI, 196, 202. Z: HI.G: VI, 397 (Otto de Chur).

Tycho. S.u. Pannwitz.

Tilmann. 1. 1267-71. Notar 1271. Von ihm geschriebene Urkunde: WB: IV, 16. Als Datar gen.: HIV.B: IV, 120.

2. 1299. Schreiber v BkI.J. Z: Heinrich vBaruth: VI, 421.

3. (CC821). 1299. Marschall. Z: Hermann vReichenbach: VI, †476.

— S.u. Gobelo, Redern.

Tilo. 1. 1273/4. Käm. des domicellus Heinrich. Z: Vnimir de Crapowa: IV, 218.

2. 1288. Ihm und dem Notar Arnold 1 wird in Anbetracht ihrer treuen Dienste u.a. gestattet, 2 Mühlen an der Oder bei Teschen gegen einen Jahreszins v 1 Mark zu erbauen: MI.T und PR: V, 368.
— S.u. Boncleibe, Luchow, Polew, Zindel.

Tinz. Berthold vTinz (?) (CC61). 1280. Bischöfl. Ritter. Z: Bürger vNeisse: IV, 393.

Bogusius gen. de Tinzia circa Ruyam sita (Groß Tinz bei Royn, Kr. Liegnitz) (CC81). 1289. Er und sein namentlich nicht gen. Bruder verkaufen mit Zustimmung des nächsten Erbberechtigten in demselben Groß Tinz, Pachoslaus, und aller seiner Miterben ihr Erbgut in Groß Tinz, nämlich etwa 8 Hufen Äcker, einen halben Fischteich, eine halbe Mühle und das halbe Kirchenpatronat: HV.LB: V, 425.

Pachoslaus vTinz (bei Liegnitz) (CC592). 1289. Er stimmt als nächster Erbberechtigter mit allen seinen Miterben dem Verkauf des Erbgutes in Groß Tinz durch Bogusius und seinen Bruder zu: HV.LB: V, 425.

Sdeslawa vTinz (Kr. Liegnitz). Ehefrau des Matheus. Zwischen 1243-67. Hedwig, S. 600: Sie wird durch die hlg. Hedwig v einem Handleiden befreit. Hedwig, S. 611f.: Sie wird durch die Hilfe der hlg. Hedwig v der Gicht befreit, die sie sich im Wochenbett zugezogen hatte. Auf der Fahrt nach Trebnitz begleiteten sie ihr Sohn, ihre Tochter und zwei Diener.

Tizco. Tyzcho Musscho (CC820). 1297. Ritter. Auf Fürbitte BkI.J darf Tizco v seinem 7 Hufen umfassenden Vorwerk (allodium) in Konradswaldau (Kr. Schweidnitz) anstatt des Malterzehnten 9,5 Skot öffentlicher Münze pro Hufe entrichten: BkI.J: VI, 321.
— S.u. Godov, Petow, Ronow, Schindel.

Tobias (BDH279). 1272. Dominus. Z: BTII.: IV, 169.

Tochter des Grafen Peter. Tochter des Peter, Nichte der/des Andreisse de Murancha. 1270. Domina nobilia. Vita Sanctae Salomeae, S. 791: Die Tochter des Grafen Peter aus dem Lande Oppeln wird durch ein Wunder der hlg. Salomea v ihrer Erblindung befreit.

Tomca. S.u. Würben.

Trebezlaus. Verwandter des Witzlaus. 1237. Er und Witzlaus schenken in einer gemeinsamen Urkunde (II, 126) dem Kl. Leubus den See Willeki (unbekannt, wohl bei Schiedlo) und ein Waldstück.

Tribco (CB219). 1295. Knappe. Z: KaII.CB: VI, 207.

Trsezka. S.u. Zesselwitz.

Trzebeczsko. Srzebko de Trzebeczsko (vielleicht Strebitzko nö. Militsch). 1241. Z: BTI.: II, †434.

Tuchansdorf. Albrecht vTuchansdorf (Tugendorf/Unterfranken) (CC18). 1294. Ritter, Herr. Er bürgt mit HV.LB für die Einhaltung dieses Vertrages: HV.LB: VI, 144. Z: HV.LB: VI, 161.

Eberhard vTuchansdorf (CC166). 1294. Ritter, Herr. Er bürgt mit HV.LB für die Einhaltung dieses Vertrages: HV.LB: VI, 144. Z: HV.LB: VI, 161.

Tuorianus (CC845). 1237. Schatzmeister. Z: HI.S: II, 137.

Turcz. Pachoslaus v dem Turcz (?) (CC592). 1294. Ritter. Er bürgt mit HV.LB für die Einhaltung dieses Vertrages: HV.LB: VI, 144.

Tvorimirus (CC844). (1201-03). Er wird als ehemaliger Vorbesitzer eines Landstückes bei Buchwitz (sw. Breslau) gen.: HIII.B: III, 45; Z: Hemerammus vPoseritz: I, 86.

U

Ujest. Peter vUjest (Kr. Groß Strehlitz) (CC647). 1289-95. Z: HV.LB: V, 425, VI, 159, 188.

Ulyanus. S.u. Grüssau.

Ullmann. 1293-98. Notar 1293-98, hzl. Kaplan 1295-96. V ihm geschriebene Urkunden: HV.LB: VI, 127, 188, 243, †464; BkI.J: VI, 321, 362. Durch ihn ausgefertigte Urkunden: HV.LB: VI, 93, 210. Als Datar gen.: HV.LB: VI, 97. Z: HV.LB: VI, 243, †464; BkI.J: VI, 321, 362.

Ulrich. 1. (BDH282). 1270-83. Dominus, Mag., Kantor 1281-83. Er wird als Vermittler in einer Streitsache gen.: HIV.B: IV, 182. Er fällt als einer der gewählten Schiedsrichter in einem Zehntstreit einen Schiedsspruch: G: V, 45. Er wird als † erwähnt: BTII.: V, 101. Er wird als ehemaliger Besitzer einer curia und des Dorfes Pleische (Kr. Breslau) erwähnt: BTII.: V, 117, 135. HIV.B stellt fest, daß Ulrich seine curia und das Dorf Pleische als Präkarie besessen habe und dieser Besitz deshalb nach seinem Tode an den Herzog zurückgefallen sei: HIV.B: V, 122. Z: HIV.B: IV, 153, 178, 230, 430, IV, 430; Dirsislaus 2: IV, 166; BTII.: IV, 169, 265, 431, V, 11, 48; KI.G: IV, 175; G: IV, 334; -: V, 2. Lib.mor.Vincentii, S. 6: 7. Jan.

2. (CC847). 1224. K vLüben. Z: HI.S: I, 246.

3. (CC849). Ehemann der Wislawa, Vater des Heinrich und Franco. 1245-72. Graf, Baron, Ritter, Dominus, UTruch. (gelegentlich auch als Truch.bezeichnet) 1245-72. Er erhält im Tausch mit HIII.B für die Schenke in Grüningen (bei Brieg) das Gut Otthoch (wohl Altschloß bei Brieg): HIII.B: III, 105. Er hat auf hzl. Befehl eine Burg mit Wall und Palisaden befestigt: HIII.B: III, 247. Er hat eine Schadensberechnung vorgenommen: HIII.B: III, 312. Z: BII.L: II, 300, †438; BII.L und HIII.B: II, 331; HIII.B: II, 391, 404, 410, †440, III, 8, 11, 22, 23, 43, 51, 55, 57, 137, 140, 147, 160, 228, 236, 247, 262, 267, 279, 312, 313, 315, 318, 327, 351, 365, 379, 380, 412, 415, 433, 452, 490, †570; HIII.B und WB: III, 60, 61; WB: IV, 99; HIV.B: IV, 178, 182.

Wislawa. Ehefrau des Ulrich. Zwischen 1243-67. Hedwig, S. 611: Sie wird als Tante des Nanker 6 gen.

Heinrich vSteine (Odersteine bei Ohlau) (BDH91 oder 92, 258). Sohn des Ulrich. 1267-1300. Dominus, Hofnotar 1273-77, Archidiakon vLiegnitz 1275 (†) und 1286-1300, Prokurator vNeisse 1296, Prokurator vOttmachau 1298. In seiner Gegenwart wird die Exkommunikationssentenz über HIV.B verlesen: BTII.: V, 135. BTII. übersendet durch ihn als Gesandten die Forderung nach Restitution der vorherigen Zustände an HIV.B: V, 283. Er wird beauftragt, an Sonn- und Festtagen HIV.B als gebannt und sein Land als mit dem Interdikt belegt zu proklamieren: G: V, 284. Es wird erwähnt, daß Heinrich beauftragt wurde, eine Antwort BTII. an HIV.B zu überbringen; daß der Herzog vorgeschlagen hat, Heinrich solle vorläufig die bischöfl. Burgen, Besitzungen und Zehnten verwalten; daß Heinrich die Antwort HIV.B auf die bischöfl. Restitutionsforderung BTII. überbracht hat; daß Heinrich sich beim heiligen Stuhl gegen die Bestätigung des Bannes gewandt habe: BTII.: V, 287. In einer gemeinsamen Urkunde (V, 493) überweisen er und sein Bruder der Kapelle in Odersteine 1 Freihufe daselbst, 1,5 Mark jährlichen Zins, den See Viszechov, eine Wiese in Groscino (unbekannt) bei dem Dornbusche, den ganzen Zehnt in denselbem Dorf, welches die Aussteller und ihre Vorfahren dem Kaplan der gedachten Kapelle zu polnischem Recht übertrugen, 1,5 Mark Zins in Neu-Steine und 2 Mark v der Mühle bei Ohlau, wofür in der Kapelle mindestens 3 Messen wöchentlich für die Aussteller zu lesen sind, was sie besiegeln. V ihm geschriebene Urkunde: HIV.B: IV, 255. Durch ihn ausgefertigte Urkunden: HIV.B: SR 1541. Als Datar gen.: HIV.B: IV, 212, 219, 230, 234, 236, 256, 257, 258, 259, 269, 274, 278, 282, 284, 289, 294, 299, 300, 307, 309. Z: WB: IV, 32; HIV.B: IV, 229, 255, 364, 431, V, 29, 367; BTII.: IV, †456, V, 11, 48, 116, 132, 399, 445, 470, 472; Bogusca (s. Goslawitz): V, 429; BJIII.: Acta Thomae; Film Nr. 350/6, VI, 122, 153, 196, 202, 208, 225, 262, 315, 358, 437; BTII. und der Bischof vLebus: VI, 248, 249, 250; G: VI, 271, 312, †470. Lib.mor.Vincentii, S. 13: 31. Jan. (dieser ?).

Franco vSteine (CB52). Sohn des Ulrich. 1279-90. Ritter, Domicellus. Er stellt zusammen mit seinem Bruder eine Urkunde (V, 493) aus, die er besiegelt. Z: HIV.B: IV, 357, V, 29, 390.

4. (CC854). 1288. Ritter. Z: Richwin vObischau: V, 381.
5. 1242-43. Serviens. Z: BII.L: II, 235, 245, 253.
6. 1289. Der Schütze (sagittarius) verkauft 2 Hufen in Flämischdorf (heute Stadtteil vNeumarkt), jedoch soll ihm auch ferner der Dienst daselbst obliegen: HV.LB: V, 418.
7. (CC849). Sohn des Burkhard. 1239. Z: HII.S: II, 164.
8. (CC853). Schestersohn/Schwager des Franz vWildschütz. 1287. Graf. Z: Franz vWildschütz: V, 359.
9. 1250. Graf. Z: G: II, 394.
— S.u. Biberstein, Colditz, Hohenbüchen, Lynauia, Lubin, Pack, Sybler, Swab.

Unchristen. Woytus vUnchristen (Ocresicz = Bismarcksfeld sö. Breslau, früher Unchristen) (CC906). Vater des Odoslaus und Thegerius. Ritter. Lib.mor.Vincentii, S. 54: 20. Juni („Voyca").

Odoslaus vUnchristen. Sohn des Woytus. 1261. Ritter. Er und sein Bruder verkaufen für 25 Mark Silber Land bei Wilkowitz (sö. Breslau): HIII.B: III, 349.

Thegerius vUnchristen. Sohn des Woytus. 1261. Ritter. Wird zusammen mit seinem Bruder gen.: HIII.B: III, 349.

Unruh. S. Johannes 54.

Urban. Nach 1290-95. Graf. Z: G: VI, 19, 198.

Uscho (undeutlich geschrieben). Die Witwe des Uscho. 1292. Sie und ihr Sohn verkaufen ihr Gut Alt Tschapel (w. Kreuzburg) für 60 Mark: HV.LB: VI, 68.

Uscor. Boguslaus vUscor (vielleicht Ausker bei Wohlau) (CC92). 1248. Z: BII.L: II, 344.

Valentin (BDH284). 1244-63. Dominus, hzl. Notar. 30 Hufen, die ihm zu lebenslänglicher Nutzung vorbehalten bleiben, werden verschenkt: BII.L: III, 191. Als Datar gen.: BII.L: III, 110. Z: BII.L: II, 271, 296, 299, 342, 361, 371, 374, 383, III, 69, 191; HIII.B: III, 127, 147, †557; BTI.: III, 448, 449.

Varcosi. Michael de Varcosi (Warkotsch, Kr. Strehlen) (CC499). 1280. Bischöfl. Ritter. Z: Bürger vNeisse: IV, 393.

Varmundus (CC863). 1202. Z: BC: I, 82.

Vasileus. 1240. Z: MII.O: II, 180.

Vasna und seine Söhne (CB221). 1240. Z: MII.O: II, 188.

Vbizlaus (CC846). 1237. Z: HI.S: II, 137. Liber Fraternitatis Lubinensis, S. 573: Vbizlaus. Lib.mor.Vincentii, S. 63: 15. Aug. und S. 83: 6. Nov.

Veit (BDH291). 1284-96. Dominus, Mag., Archidiakon vGlogau 1289-93, Kantor 1293-

96, bischöfl. Prokurator 1290, bischöfl. Offizial 1294-96. Er gibt seine Zustimmung zu einem bischöfl. Auftrag: BTII.: V, 120. Er verliest die Appellationsschrift HIV.B: -: SR 3, S. 49 (Acta Thomae fol. 64). In seiner Gegenwart wird die Exkommunikationssentenz über HIV.B verlesen: BTII.: V, 135. Er trägt die beiden großen Privilegien HIV.B (seine Testamente) zugunsten der Breslauer Kirche auf der Provinzialsynode vor: G: V, 480. Er dotiert einen Altar in der Breslauer Domkirche mit den Zinsen vSchiedlagwitz (Kr. Breslau) und Rackschütz (Kr. Neumarkt): BTII.: VI, 22. In einer eigenen Urkunde (VI, 165) beurkundet er einen Vergleich. Vor ihm wird ein Streitfall entschieden: G: VI, 183. Er erhält als eine Partei in einem Streit durch Vergleich 1 Hufe zum Kauf, 1 zur freien Verfügung und Zinsen in Bielau (bei Neisse): BJIII.: VI, 253. Z: BTII.: V, 113, 114, 115, 116, 132, 184, 185, 422, 445, 446, 470, 472, 490, VI, 2, 19; Bogusca (s. Goslawitz): V, 429; G: VI, 21, 271; BJIII.: Acta Thomae; Film NR. 350/6, VI, 89, 122, 153, 190, 196, 200, 202, 262; BJIII. und Bischof vLebus: VI, 248, 249, 250.

Velechow. Mathias vVelechow (?) (CC481). Bruder des Nikossius. 1277-81. Dominus, Ritter, Fidelis, K vLähn 1281. Z: BII.L: IV, 316, 349; HV.LB: IV, 380 (Matheus Mezynoge); BeLö: IV, 406, 407, 418, †465.

Nikossius vVolechow (CC557). Bruder des Mathias. 1277-83. Dominus, Graf, Fidelis. Z: BII.L: IV, 316, 349; Iesco 12: V, 46.

Velislaus (CB225). 1290. Graf. Er verkauft in seinem und seiner Söhne Namen sein Erbgut Pischyz (wohl abgekommen, nw. Ratibor): MI.T: V, 442.

— S.u. Brauchitsch.

Vensil. Peter vVensil (?) (CC645). 1289. Z: HV.LB: V, 419.

Verde. Konrad vVerde (?). Nach 1300. In seiner Gegenwart wird ein Gerichtstermin angesetzt: Siban vDyhrn: SR 2577.

Vermoldesdorf. Konrad vVermoldesdorf (?) (CC454). Bruder des Hoyger. 1271. Dominus. Z: KI.G: IV, 128.

Hoyger vVermoldesdorf. Bruder des Konrad. 1271. Dominus. Z: KI.G: IV, 128.

Otto vVermoldesdorf (CC582). 1296. Z: KII.Sa: VI, 270.

Vesil. Boguslaus vVesil (?) (CC76) 1277. Dominus, Fidelis. Z: BII.L: IV, 316.

Vibezlaus. 1272. Ritter. Z: WI.O: IV, 164.

Vikar (?). (1235-44). Z: G: II, 281.

Viktor. 1. (BDH298). 1212-45. Dominus, Dekan. Er wird beauftragt, den BvO nötigenfalls zur Erfüllung eines ihm vom P erteilten Auftrages zu zwingen: P: I, 167. Er wird beauftragt, für die Suspendierung des BvO zu sorgen: P: I, 168. Er und das Domkapitel bestätigen einen Zehnttausch: G: I, 198. In einem Schreiben an ihn werden die Breslauer Domherren zur Mitfeier des Gottesdienstes im Dom an hohen Kirchenfesten angehalten: P: I, 262. Er wird mit der Entscheidung eines außerschlesischen kirchlichen Streites beauftragt: P: II, 6. Er wird mit der Ausführung eines päpstlichen Mandates in einem außerschlesischen kirchlichen Streit für den Fall beauftragt, daß die als Richter bestimmten Geistlichen dem Mandat nicht nachkommen sollten: P: II, 11. Er wird als Vermittler eines Vertrages gen.: P: II, 286. Die Schenkung des Dorfes Pentsch (bei Strehlen) durch ihn an das Bistum Breslau wird bestätigt: P: II, 287. Der † Dekan wird als Gründer der St. Ägidienkirche zu Breslau gen.: G: III, †582. Z: BL: I, 129, 143, 171, 186, 225, 226, 237, 263, 270, 283, 285, †350; G: I, 190, 281, II, 103; BTI.: II, 60, 61, †426.

2. (1216-27). Z: HI.S: I, 278.
Vin. Alexander vVin (wohl Winzig, Kr. Wohlau). (1216-27). Z: HI.S: I, 278.
Vincemir. S.u. Budiuoy 9.
Vinzenz. 1. (BDH300). 1212-18. Der Zehnt, der zur Präbende des Vinzenz gehört, geht an den Breslauer Bischof, der dem Vinzenz und dem Kapitel den Zehnt der villa Grobica (vielleicht Grabhof oder Jüschemühle bei Wohlau) gelobt: BL: I, 171. Seine Schenkung eines Ortes bei Weide (entweder Bischwitz oder Pohlanowitz bei Breslau) an das Bistum Breslau wird bestätigt: P: II, 287. Z: BL: I, 129.
2. (CC888). 1283. Ritter. Ihm wird zu seinem Erbgut noch das hzl. Dorf Schlaupe (bei Neumarkt) unter der Bedingung des Roßdienstes innerhalb des Landes verliehen; außerhalb des Landes soll ihm Lohn gezahlt werden: HV.LB: V, 41.
3. (CC887). Sohn des Hermann. 1259. Bischöfl. Ritter. Z: BTI.: III, 290.
4. (CB227). 1223. Gibt seinen Zehnt der Salvatorkirche zu Rybnik: BL: I, 226.
5. (CB227). 1223. Er und seine Brüder geben ihren Zehnt der Salvatorkirche zu Rybnik: BL: I, 226.
6. (CC885). 1237. Z: HI.S: II, 137.
7. GB, S. 313: Eine Tochter des Ritters Vinzenz de Kusmaltz (Kühschmalz) ist mit Iesco vMoschwitz verheiratet.
8. 1209. Graf. Z: HI.S: I, †342, †343.
— S.u. Nikolaus 54, Pogarell, Ratibor 4, Schnellewalde.
Virbata. (CC873). (1201-03). Z: Hemerammus vPoseritz: I, 86.
Virbecha. S.u. Clemens 2.
Virchoslaus (BDH301). (Nach III, †582 Bruder des Stephan 2) 1251-72. Dominus, bischöfl. Hofkaplan 1252, Kustos 1271-72. Der angebliche Archidiakon vLiegnitz entscheidet in einer eigenen Urkunde (III, †582) als delegierter Richter einen kirchlichen Streit. Z: BTI.: III, 2, 52, 307, 445, 448, 449, 482; Strescizlava (s. Radozlaus 1): III, 294; BTII.: IV, 133, 139, 144, 159, 169, VI, †462; Dirsislaus 2: IV, 166; KI.G: IV, 175; G: IV, 179.
Virchouisce. Albert de Virchouisce (?) (CC8). 1271. Graf. Z: KI.G: IV, 128, 161.
Visemirus (CC917). 1237-41. Graf. Z: HI.S: II, 137; Ianusius (s. Adalbert 25): II, 223.
Viszlaua. S.u. Goslawitz.
Vitalis. 1202. Z: BC: I, 82.
Vituo. 1267. Ritter, UTruch. Z: WB: IV, 1.
Vnarcus. Vater der Alka. 1242-43. UKäm. der 'domine iunioris'. Z: BII.L: II, 235, 253. Lib.mor.Vincentii, S. 63: 10. Aug.
  Ehefrau des Vnarcus. Mutter der Alka. 1277. Die Ehefrau des Grafen Vnarcus schenkt ihrer Enkelin Maynka, Tochter ihrer Tochter Alka und des Lessetho, den dritten Teil ihres Erbgutes in Onerkwitz (sö. Neumarkt): BII.L: IV, 305.
  Alka. Tochter des Vnarcus, Ehefrau des Lessetho, Mutter der Maynka. 1277. Wird erwähnt: BII.L: IV, 305.
  Lessetho Barcuwirc. Ehemann der Alka, Vater der Maynka. 1277. Wird erwähnt: BII.L: IV, 305.
  Maynka. Tochter des Lessetho und der Alka. 1277. Ihr wird der dritte Teil des Erbgutes in Onerkwitz v ihrer Großmutter geschenkt: BII.L: IV, 305.

V/W

```
    Vnarcus    ∞    O
    1242-43         1277

Lessetho  ∞  Alka
Barcuwirc    1277
1277
        Maynka
        1277
```

Vneborus. 1281. Kleriker. Als Datar gen.: WI.O: IV, 408; KaI.O: IV, 436.
Vneius (CB220). Sohn des Sandco. 1260. Serviens. Z: WI.O: III, 335.
Vnemir. S.u. Sobeslaus 4.
Vnimir. S.u. Crapowa.
Vogen (CC907). 1253. Jäger. Z: HIII.B: III, 55.
— S.u. Golost.
Vogizlaus. S.u. Bobolitz.
Voyanus. 1228. Z: HI.S: I, 287.
Voyno (CB237). 1241. Z: MII.O: II, 226.
Voytesus. 1233. Schenk. Z: Johannes (s. Domaslaus 1): II, 32.
Volrad. S.u. Indagine.
Vrociwoyus (CC916). 1248. Bischöfl. Ritter. Er erhält für seine treuen Dienste, die er BTI. und seinem Vorgänger geleistet hat, 40 Hufen Wald am Wasser Vilchicha (vielleicht Kaltwasser, Bach zur Glatzer Neiße) zur Ansiedlung v Polen zu deutschem Recht; v großen Gerichtssachen erhalten er und seine Söhne ein Drittel, v kleinen alle Gerichtsgefälle; der Zins geht erblich an ihn, den Zehnt behält sich BTI. vor: BTI.: II, 352.
Vrotis (CA52). 1149. Graf. Z: BJII.: I, 19. Lib.mor.Vincentii, S. 38: 16. April („Vratis").
Vrozlaus. 1224. UKäm. Z: KaI.O: I, 249.

Waldiz. Tammo de Waldiz (?) (CC811). 1254-58. Fidelis. Z: Witigo vGreiffenstein: III, 135; BII.L: III, 278.
Waldow. Friedrich vWaldow/Thomaswalde (Walda nw. Großenhain/Meißen bzw. Thomaswaldau, Kr. Schweidnitz) (CC187). 1283-1300. Ritter, Dominus, Fidelis, K in Nimptsch 1295. Bei einem Kauf BkI.J wird er als einer v dessen drei Bürgen gen.: G: V, 423. Er bürgt mit HV.LB für die Einhaltung dieses Vertrages: HV.LB: VI, 144. Z: BkI.J: V, 49, 437, 484, VI, 13; HV.LB: V, 396, 397, VI, 158, 161, 210, 218, 232, 242; König vBöhmen: V, 426; G: VI, 221; HI.G: VI, 316, 419, 435, 440. Nekr.Kamenz, S. 318: 15. März („Eodem die ob.Fritscho de Waldaw").
Walter. 1. 1250-66. Mag., Schreiber 1250-57, Notar 1255, 1261-66. Er erhält 26 Mark vHIII.B: HIII.B: III, 150. Er wird in Groß Gohlau (w. Breslau) als Grenznachbar gen.: Herzogin Anna: III, 163. Der † Walter wird als ehemaliger Besitzer des Allods Romberg (w. Breslau) gen.: G: IV, 168. Durch ihn ausgefertigte Urkunde: HIII.B: III, 150. Als Datar gen.: HIII.B: II, 391, 396a, 409, III, 36, 37, 40, 43, 50, 51, 105, 147, 151, 228, 553, †557. Z: HIII.B: III, 339, 365, 373, 374, 380, 485, Urkunde v 1264 Aug.18 (Insert in VI, 46), III, 552. GB, S. 272: 1255 erhält er vom Kl. ein Pferd im Werte v 10

Mark für sein Einverständnis zum abermaligen Erwerb des Gutes Jaurowitz (→ III, 150).
2. 1282. Mag. Als Datar gen.: Franz vWildschütz: V, 36.
3. 1280. K vOttmachau. Z. Bürger vNeisse: IV, 393.
4. (CC860). 1251-73. Famulus, bischöfl.Serviens (1251-65) und UTruch. (1273). In einer eigenen Urkunde (IV, 222) gibt er eine Zusammenstellung seiner Einkünfte in Tannenberg (sw. Neisse). Z: BTI.: III, 2, 190, 512; BTII.: IV, 213, VI, †462.
5. (CC269). 1283. Hzl. Bogenschütze (balistarius). Er sowie Heinrich 21 und Konrad 7 geloben, das Kl. Kamenz bei der Erhebung des Zehnts auf ihrem Gute Kittelau (bei Nimptsch) nicht zu behindern: BTII.: V, 69.
6. Vater des Heinrich. 1289. Er und sein Sohn kaufen eine Freihufe in Baumgarten (s. Frankenstein) mit dem dritten Pfennig vom Gericht und einer freien Schafdrift für 29,5 Mark zu Erbrecht unter der Bedingung der Leistung des Herzogsdienst mit einem Pferd im Werte v 2 Mark und einem Knecht: Stephan vSchwenkenfeldt: V, 432.
Heinrich. Sohn des Walter. 1289. Er und sein Vater kaufen eine Freihufe: Stephan vSchwenkenfeldt: V, 432.
7. 1213. K vRitschen. Z: BI.S: I, †348.
— S.u. Barby, Gallici, Pomerio, Pratzow, Staickenberg, Thiemendorf.
Walwan. S.u. Profen.
Wandros. Stephan vWandros (Wandriß, Kr. Liegnitz) (CC780). 1294. Ritter. Er bürgt mit HV.LB für die Einhaltung dieses Vertrages: HV.LB: VI, 144.
Wansen. Heinrich vWansen (nö. Strehlen) (BDH288). 1275/91-1300. Z: BTII.: IV, †456; G: VI, 21, ; BJIII.: VI, 445.
Desprinus vWansen (CC129). 1244-72. Graf, Baron, Ritter, UKäm. der Herzogin Hedwig, URichter 1250-69. Er läd als hzl. Beauftragter (nuntius) für diesen Fall zur Feststellung der Rechte des hzl. und bischöfl. Kastellans in Militsch die Zeugen vor, leitet die Untersuchung und wird als Z gen.: -: II, 375. Er hat Grenzhügel errichtet: HIII.B: III, 127. Er hat für HIII.B Geld in Empfang genommen: HIII.B: III, 521. Er und seine Brüder werden als Vorbesitzer vGütern am Ufer des Flusses Bartsch (bei Trachenberg) gen.: HIII.B: III, †565. Er wird als Vermittler gen.: HIV.B: IV, 182. Z: BII.L: II, 271; HIII.B: II, 404, III, 18, 32, 34, 36, 45, 50, 51, 127, 137, 189, 236, 298, 312, 313, 315, 376, 424, 521, 525, †570; BTI.: II, 307; WB: IV, 16, 54, 107, 108; HIV.B: IV, 167, 178, 190, 191; Konrad Swab: IV, 192.
Warmundus. 1228. Z: HI.S: I, 287.
Waureciz. Waureta de Waureciz vel Polechouo (Bulchau, Kr. Ohlau). 1285. Ritter. Es wird bestätigt, daß der Zehnt des Ritters Waureta de Waureciz vel Polechouo der Kirche vWüstebriese zusteht: BTII.: V, †500.
Waureta. S.u. Waureciz.
Wecco (CC874). 1209. Z: HI.S: I, †342, †343.
Wederau. Nikolaus vWederau (?) (CC558). 1285-1300. Baron, Ritter, Saganer Marschall 1299. Z: PSt: V, 165, 282, 339; BkI.J: VI, 180, 204; KII.Sa: VI, 359, 390, 391, 404, 412, 433, †472, †474.
Weistritz. Burkhard vWeistritz (Nieder Weistritz, Kr. Schweidnitz) (CC106). 1279. Ritter. Er tauscht mit HIV.B das Dorf Nieder Giersdorf (bei Schweidnitz), wofür er das Dorf Pilzen (bei Schweidnitz) erhält: HIV.B: IV, 358.

W

Revelinus vWeistritz (CC704). 1300. Z: Reinsko vSchwenkenfeldt: VI, 447.
Wenczko. S.u. Boguslaus 16.
Wenzel. 1. 1289-99. Saganer Notar 1289-98, Glogauer Notar 1298-99. V ihm geschriebene Urkunde: KII.Sa und HI.G: VI, 32. Durch ihn ausgefertigte Urkunde: HI.G: VI, 419. Als Datar gen.: KII.Sa und HI.G: V, 416, VI, 32. Z: KII.Sa: V, 471, VI, 34, 53, 162, 164, 359; HI.G: VI, 408.
2. 1289. Feodalis Heinrichs vWürben, Notar. Z: Heinrich vWürben: V, 420.
3. 1300. Bischöfl. Schenk. Z: BJIII.: SUb VI, 450.
4. (BDH292). 1236. Z: BTI.: II, †426.
— S.u. Bunkau, Prietzen, Rätsch, Stoygnew 2.
Wenzelslaus. 1. (CB226). 1274. Marschall. Z: WI.O: IV, 246.
2. Wenzelslaus Celclalena (CC875). 1252. Bischöfl. Ritter. Z: HIII.B: III, 45.
3. Sohn der Walpurgis. 1283. Serviens. Er tauscht sein Erbgut Buccouina (wahrscheinlich Buckowine, Kr. Trebnitz), das die Mitgift seiner Mutter war, gegen die Überschar des hzl. Dorfes Ober Glauche (sö. Trebnitz) im Umfang v 3 Hufen und weil die Überschar v geringerem Wert ist, befreit HIV.B diese 3 Hufen v allen Lasten und Leistungen: HIV.B: V, 57.
4. (CC875). 1237. Z: HI.S: II, 137.
— S.u. Solnik.
Wenzeslawa. S.u. Goslawitz.
Werner. 1. 1294-97. Hofnotar. V ihm geschriebene Urkunde: BI.O: VI, 174. Als Datar gen.: BI.O: VI, 175, 327, 328, 329.
2. (CB224). 1289-92. Ritter, Teschener Palatin 1292. Z: MI.T: V, 430, VI, 74.
3. (CC868). 1276. Dominus, hzl. Ritter. Z: BTII. und HIV.B: IV, 286.
4. 1289. Z: HIV.B: V, 434.
— S.u. Crenschicz, Dyhrn, Dirsicraiowitz, Druschowitz, Forst, Ludwig 2, Pannwitz, Sytin, Strehlen.
Wesdecho. S.u. Witten.
Wicelo (BDH297). 1275. Mag. Er wird namens des Breslauer Domkapitels in den Besitz vWilkowitz (sö. Breslau) gesetzt: HIV.B: IV, 269.
Wichanfeczt. Michael de Wichanfeczt (?) (CC495). 1274. Z: HV.LB: IV, 238.
Widzim. Bozata vWidzim (bei Wollstein, Großpolen). Sohn des Ianusius. 1249. Graf. Das Kl. Paradies bestätigt, das Dorf Liebenau (nw. Schwiebus) für 40 Mark deutschen Silbers v ihm gekauft zu haben: Kl. Paradies: II, 385. In einer eigenen Urkunde (II, 386) bestätigt er, Liebenau an das Kl. Paradies verkauft zu haben. Es wird bestätigt, daß er sein Erbgut Liebenau dem Kl. Paradies geschenkt hat: Herzog vGroßpolen: II, †439. Nekr.Lubense, S. 37: 7. Jan. („Ob. ... Bozata ... milites").
Wyerzbyata. 1289. K vFraustadt. Z: H vGroßpolen: V, †509.
Wiese. Johannes vWiese (Kr. Trebnitz) (CC382). 1297-1300. Ritter, Fidelis. Er kauft vHI.G für 500 Mark Silber den später Süßwinkel gen. Wald, gelegen zwischen dem unbekannten Consca, Klein Peterwitz, Klein Oels und Kunersdorf (alle Kr. Oels) an dem Fluß Weide: HI.G: VI, 440. Z: Kl. Trebnitz: VI, 302; HI.G: VI, 435.
Wifena. S.u. Poseritz.
Wiffus (BDH295). 1251. Z: G: III, 9.
Wygand. S.u. Mylgow.

Wiglo. S.u. Bankau.
Wilandus. Vater des Wilandus. 1284. Mag. Er übergibt seinem Sohn sein Gut Kreika (s. Breslau): HIV.B: V, †499.
Wilandus. Sohn des Wilandus. 1284. Hzl. Famulus. Ihm wird v seinem Vater das Gut Kreika übergeben, was ihm HIV.B als Besitz nach dem ius feodum bestätigt: HIV.B: V, †499.
Wilcho. S.u. Poseritz, Sosno.
Wildschütz. Wilk (CC881). Sohn des Michael, Bruder des Heinrich, vielleicht Vater des Andreas. 1208. Er und sein Bruder tauschen mit HI.S das Dorf Panglouo (abgekommen, zwischen Brockotschine, Machnitz und Bentkau) gegen Gorkau (Kr. Strehlen), das neben dem Dorf liegt, das sie schon besitzen: HI.S: I, 115, 181.
Heinrich (CC243). Sohn des Michael. 1208. Wird zusammen mit seinem Bruder gen.: HI.S: I, 115, 181.
Sbroslaus (CB242). Sohn des Andreas, Bruder des Franz, Michael und Pachoslaus. 1258-90. Graf, Ritter, Vasallus, Oppelner Schatzmeister 1274, K vCosel 1287. Er und seine (oder Michaels) Söhne geben ihre Zustimmung zum Verkauf des Erbgutes in Groß Tinz (Kr. Breslau) durch Michael: HV.LB: V, 489. Z: WI.O: III, 269, IV, 44 (Zbroslaus Vilcher), 239, 247; KaII.CB: SR 1694 (Sbrozlaus de Golesha), V, 324; Franz vWildschütz: V, 36, 359; BI.O: V, 197, 204.
Franz gen. vWildschütz vTinz (CB52). Sohn des Andreas; Polacho und Ulrich 8 sind seine Schwestersöhne oder Schwager (sororii). 1282-88. Graf, Ritter. In einer eigenen Urkunde (V, 36) verkauft er 40 kleine Hufen zur Aussetzung des Dorfes Alt-Tinz nach Neumarkter Recht unter der Bedingung vZinszahlungen, was er besiegelt. Er gibt seine Zustimmung zum Verkauf des Allods Petricow (Petrigau nw. Strehlen) durch seinen Bruder Michael: HIV.B: V, 260. In einer eigenen Urkunde (V, 359) verleiht er zum Wohle seiner Seele und der seiner Ehefrau und seiner Kinder den Johannitern zu Groß Tinz 1 Mark Silber jährlich v seiner Schenke daselbst, was er besiegelt. Z: BI.O: V, 197, 204; HIV.B: V, 369.
Michael gen. vWildschütz vTinz (CB127, CC500). Sohn des Andreas. 1286-97. Graf, Fidelis, Teschener USchenk 1290, K vOberglogau 1297. Er verkauft mit Zustimmung seines Bruders Franz für 210 Mark Silber sein Allod Petricow: HIV.B: V, 260. Er hat mit Zustimmung seines Bruders Sbroslaus und seiner (oder Sbroslaus') Söhne den Johannitern in Groß Tinz sein Erbgut in Tinz im Umfang v 13 Hufen für 13 Mark Silber pro Hufe verkauft einschließlich des ihm zustehenden Anteils an der Mühle und dem Fischteich: HV.LB: V, 489. Z: Franz vWildschütz: V, 359; MI.T und PR: V, 403 (Michael Podchasse); MI.T: V, 442; BI.O: VI, 327, 328.
Pachoslaus (CB152). Bruder des Michael. 1288. Z: MI.T und PR: V, 403. Lib. mor.Vincentii, S. 69: 11. Sep., S. 73: 29. Sep. und S. 82: 1. Nov. (welcher ?). Stammtafel s. S. 576.
Wilhelm. 1. (CC880). 1261-68. Z: BTI.: III, †580 (Graf, K vOttmachau), SR 1282 (Wilhelm vOttmachau wird nach einem Schulzen gen.!). (Adliger ?)
2. 1228. Z: BL: I, 288.
3. 1234. Z: BTI.: II, 61.
4. Wilhelm Niger. 1226. Z: BL: I, †362, †363.
— S.u. Quas, Radozlaus 1, Reichenbach, Schnellewalde.

W

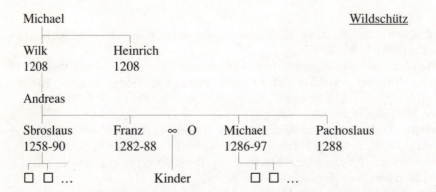

Wildschütz

Wilin. Otto vWilin (?) (CC568). 1251-58. Dominus, Fidelis. Auf Bitten des Otto vWilin, Herrn vPeterswaldau (bei Reichenbach), wird die Kapelle vPeterswaldau v der Kirche in Reichenbach getrennt, wofür Otto die Kirche in Reichenbach mit 2 Hufen bei Peterswaldau entschädigt, was er auch besiegelt: BTI.: III, 264. Es wird bestätigt, daß er die Schultisei vPeterswaldau verkauft hat: HIII.B: III, 267. Z: HIII.B: III, 19.
Die Söhne des Otto vWilin. 1263. Sie werden als Besitzer vPeterswaldau gen.: BTI.: III, 432.
Wilk. S.u. Wildschütz.
Wilrich. S.u. Gusik, Liebenthal.
Wilschek. S.u. Poseritz.
Winstirwalde. Heinmann vWinstirwalde (?). 1277. Ritter. Z: HIV.B: IV, 302.
Wintzenberg. Nikolaus vWintzenberg (bei Grottkau) (CC522). Bruder des † Ritters Albert gen. Barba. 1282. Nachdem Nikolaus - um seinem Bruder Albert trotz dessen Gewalttätigkeiten gegen das Kl. Kamenz und andere Kirchen ein ehrliches Begräbnis zu sichern - den Geschädigten Wiedergutmachung versprochen und Pachoslaus vSchessici für ihn gebürgt hat, wird Albert in einem kirchlichen Friedhof wieder beigesetzt: G: V, 8.
Wysa (CC918). 1267-78. Dominus, Ritter, Richter 1278-86. Z: BII.L: III, †578 (Wysa de Wangotho), IV, 40, 336; HV.LB: V, 271.
Wisenburg. Peregrin vWisenburg (n. Löbau/Lausitz) (CC611). Vater des Gebhard und Thymo. 1227. CPS, S. 564, 567 und CPP, S. 485: Der Fidelis und Ritter opfert sein Leben für HI.S, den er mit seinem Körper deckt, bei einem Attentat der Pomeranen auf den Herzog in Nakel bei Usch.
Gebhard vWisenburg (CC196). Sohn des Peregrin. 1239-64. Graf, Baron, K vSandewalde 1243-44 und 1253, K vGlogau 1260-61. In einer zeitlich unechten Urkunde wird er als zum Rat HI.S gehörend gen.: HI.S: I, 166. Er nimmt für HIII.B Geld entgegen: HIII.B: III, 32. Z: HII.S: II, 168; BII.L: II, 245, 252, 270, 412; BII.L und HIII.B: II, 413; HIII.B: III, 19, 32, 55; HIII.B und WB: III, 60, 61; KI.G: III, 280, 299, 324, 359, 442, 504, 509, †585. CPS, S. 567: Von Gebhard und Thymo wird berichtet, daß sie ihrem Vater Peregrin (allgemein) nicht nacheiferten. Lib.mor.Vincentii, S. 23: 3. März („Gerardus miles").
Thymo vWisenburg (CC828). Sohn des Peregrin, Vater des Heinrich. 1242-78. Graf, Baron, Ritter, Dominus, Fidelis, UKäm. der Herzogin 1242, Hofrichter 1265-78. Er

wird bei einem hzl. Schiedsspruch hinzugezogen: HIV.B: IV, 154. Auf ihn als einen der 8 Schiedsrichter einigt man sich in dem großen Zehntstreit zwischen HIV.B und BTII.: HIV.B und BTII.: IV, 286. Er und die anderen 7 Schiedsrichter entscheiden den Zehntstreit zugunsten BTII.: IV, 287. Als einer der 8 Schiedsrichter regelt er die strittigen Angelegenheiten des Zehntstreites für die kommenden 6 Jahre: IV, 288. Z: Herzogin Anna: II, 239; BII.L: II, 272; BII.L und HIII.B: II, 413; HIII.B und WB: III, 60, 61; HIII.B: III, 521, 525, 533, 537, 539, 541, †565; WB: III, †588, IV, 17, 54, 57, 59, 62, 63, 67, 83, 84, 98, 99, 107, 108; HIV.B: SR 1349, IV, 153, 165, 167, 173, 174, 191, 209, 212, 214, 215, 217, 219, 229, 234, 245, 253, 255, 256, 257, 258, 259, 269, 274, 278, 282, 284, 294, 297, 300, 302, 307, 309, 337, †448, †450, †452; WI.O.: IV, †442. CPS, S. 567: Von Gebhard und Thymo wird berichtet, daß sie ihrem Vater Peregrin (allgemein) nicht nacheiferten.

Heinrich vWisenburg (CC264). Sohn des Thymo. 1279-92. Graf, Baron, Ritter, Dominus, Fidelis, angeblicher K vLandsberg 1270, Truch.1284, Hofrichter 1286-92. Ihm wird die Aussetzung seines Dorfes Sakrau (nö. Breslau) zu deutschem Recht gestattet: HIV.B: IV, 354. In einer eigenen Urkunde (IV, 355) verkauft er sein 40 kleine Hufen umfassendes Dorf Sakrau zur Aussetzung zu deutschem Recht bei bestimmten Abgaben, was er besiegelt. Es wird erwähnt, daß der hzl. Gesandte in Oppeln ankam, das Fernbleiben seines Herrn entschuldigte und die Führung der Verhandlung in die Hände anderer legte: BTII.: V, 333. Wird 1300 als † erwähnt: -: VI, 431. Z: HIV.B: IV, †447, V, 118, 156, 174, 269, 271, 273, 320, 362, 400, 401, 434, 451, 452; G: V, 281; HI.G: V, 491; HV.LB: V, 461, 462, 465, 466, 467, VI, 8, 29, 31, 44, 46, 48, 50, 54, 59, 63, 82.

Witwe des Heinrich vWisenburg (CC264). 1300. Sie einigt sich mit dem Vinzenzstift in dem Rechtsstreit, ob sie v der ihr gehörenden oberen Mühle bei Sakrau dem Stift jährlich 1,5 Mark zu zahlen habe, auf mehrere Schiedsrichter: -: VI, 431. In dem Rechtsstreit wird entschieden, daß sie dem Stift jährlich 1,5 Mark zu zahlen hat: G: VI, 441.

Eberhard vWisenburg (CC170). 1258. Z. BII.L: III, 263.

Mrosco vWisenburg (CC542). 1272-98. Graf, Baron, Ritter, Marschall 1272-73, K vMilitsch 1291. Z: KI.G: IV, 161, 194; HI.G: IV, 402, V, 459, VI, 9, 10, 272, 294, 309, 367, 408, †461.

Boto vWisenburg (CC60). 1279. Dominus, Nobilis. Z: Heinrich vWisenburg: IV, 355.

Gebhard vWisenburg (CC196). 1288. Z: HIV.B: V, 369.

Tazzo vWisenburg. 1289. Z: König vBöhmen: SR 2114; in V, 426 unter den namentlich nicht genannten, nichtschlesischen Zeugen.

Bogus vWisenburg (CC83). 1290-1300. Dominus, Baron, Ritter, Herr, Fidelis, K vAuras 1291, K vCrossen 1293. „Herr Boguschen von Wisenburk und seine vründe" werden v HV.LB, der ihnen seine Gefangenschaft zur Last legte, amnestiert; eventuellen Besitz dürfen sie ungehindert verkaufen, wenn sie in das Land des Herzogs vGlogau auswandern wollen: HV.LB: VI, 144. Z: HI.G: V, 487, VI, 9, 10, 17, 118, 273, 294, 309, 316, 408, 419, 435, 440, †461.

Berthold vWisenburg (CC60). 1300. Ritter. Z: HI.G: VI, 435.

Andreas vWisenburg (BDH294). 1300. Z: BJIII.: VI, 427, 445; -: VI, 431.

Stammtafel s. S. 578.

Wisenyga. S.u. Clemens 2.

W

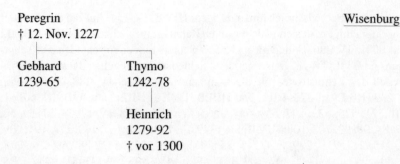

Wisenburg

Wisimirus (CB240). 1223. Gibt seinen Zehnt der Salvatorkirche zu Rybnik: BL: I, 226.
Wislaus. 1. (CC889). 1203. Baron, K vCrossen. Z: HI.S: I, 83.
2. (CC889). 1202. K vNaumburg am Bober. Z: HI.S: I, 77, †333, †334.
3. Sohn des Wislaus. (1216-27). Z: HI.S: I, 278.
4. 1263. Er und Woytech werden als Besitzer eines Dorfes (untergegangene Ortschaft bei Dyhernfurth oder Teil v Tschöplowitz nö. Brieg) gen.: HIII.B: III, 433.
Woytech. 1263. Wird zusammen mit Wislaus gen.: HIII.B: III, 433. (Verwandte ?)
— S.u. Andreas 20, Markus 2, Rolcow.
Wislawa. S.u. Ulrich 3.
Wissota. 1241. Graf. Z: Ianusius (s.u. Adalbert 26): II, 223.
Witigo. 1234-38. UKäm. 1234. Z: HI.S: II, 85, 145.
— S.u. Greiffenstein, Kamenz, Kittlitz, Lom.
Witoslaus. 1. (BDH o. Nr.). 1281. Dominus, Prokurator vOttmachau. Z: BTII.: IV, 431.
2. (CB230). Nach 1290. Hofrichter. Z: KaII.CB: SR 1694.
3. (CA47). 1149. Comes polonicus. Seine Schenkung des Dorfes Zazpe (abgekommen, bei Kampen, Kr. Strehlen) an das Vinzenzstift wird bestätigt: BJII.: I, 19; P: I, 60. Lib.mor.Vincentii, S. 39: 21. April, S. 52: 7. Juni, S. 67: 5. Sep. und S. 88: 29. Nov. (welcher ?).
4. (CC891). 1202. Z: BC: I, 82.
— S.u. Bobolitz, Borech, Katharina.
Witoslawa. Tochter des Ritters Clemens, Enkelin der Sulislawa. Zwischen 1243-67. Hedwig, S. 591: Sie wird bei einer Pilgerfahrt nach Trebnitz beim Anblick des Kl. v einem Augenleiden befreit. Hedwig, S. 623: Sie wird auf das Gebet ihrer Großmutter mütterlicherseits und der Verwandtschaft unter Anrufung der Verdienste der hlg. Hedwig hin vom Tode erweckt, um die Taufe zu erhalten; Witoslawa bleibt weiterhin am Leben.
Witten. Iarota vWitten (nö. Schwiebus). Bruder des Wesdecho und weiterer Brüder. 1236-41. Graf. Es wird bestätigt, daß er mit Zustimmung seines Bruders Wesdecho und seiner anderen Brüder einen Teil vWitten dem Kl. Paradies geschenkt hat: Herzog vGroßpolen: II, 399. Seine Schenkung des Dorfes Witten im Falle seines Todes an das Kl. Obra wird bestätigt: Herzog vGroßpolen: II: 400. Z: Bronisius 3: II, 118, 119; Ianusius (s. u. Adalbert 26): II, 223.
Wesdecho vWitten. Bruder des Iarota. 1250. Seine Zustimmung zu einer Schenkung seines Bruders wird erwähnt. Herzog vGroßpolen: II, 399.
Witzlaus (CC892). Verwandter des Trebezlaus. 1237. K vSchiedlo. Er und Trebezlaus schenken in einer gemeinsamen Urkunde (II, 126) dem Kl. Leubus den See Willeki

(unbekannt, wohl bei Schiedlo) und ein Waldstück.

Wlast. S.u. Peter 11.

Wlodimir. 1. (CB231). 1238. K vAuschwitz. Z. HI.S: II, 145.

2. 1250. K vSiewierz. Z: Herzog vKrakau: II, 396.

3. (CC897). 1251-61. Graf, Baron, Ritter, Hofrichter 1251-58. KI.G: III, 20, 166, 226, 260, 299, 353, HIII.B: III, 137.

4. Wlodzimirus gen.Kacza (CB232). 1297. Graf, UHofrichter. Z: MI.T: VI, 313.

5. (CC897). 1298. Graf. Z: HI.G: VI, 397.

6. 1235-37. Z: HI.S: II, 106, 137.

— S.u. Zantoslaus.

Wlost. 1. 1238. Richter. Z: VO: II, 156.

2. (CC896). 1237-41. Graf. Z: HI.S: II, 137; G: II, 224. Lib.mor.Vincentii, S. 22: 2. März, S. 28: 21. März und S. 48: 20. Mai (welcher ?).

Wlosteius. 1211. Z: Herzog vPolen: I, 124.

Wlostiborius (CB233). 1260-83. Graf, Ritter, K vSiewierz 1260, Oppelner Richter 1280, Ratiborer Hofrichter 1283. Z: WI.O: III, 335, IV, 188, 321, 388; Stephan vZernitz: V, 53.

Wlostonissa. S.u. Peter 11.

Wogyzlaus. S.u. Redzivogius.

Wohlau. Boguslaus vWohlau (CC77). Sohn des † Ritters Peter vWohlau, Bruder des Sbilutus, Ratibor, Peter. 1288. In einer eigenen Urkunde (V, 408) verkauft er mit Zustimmung seiner drei Brüder sein Dorf Alt Wohlau zur Aussetzung zu deutschem Recht gegen Zins und die Verpflichtung, im Falle einer Expedition mit einem Pferde im Wert v 1,5 Mark für den Wagen des Ausstellers zu dienen, wobei das Pferd, wenn es umkommt, ersetzt wird.

Sbilutus vWohlau (CC924). Sohn des Peter. 1288. Er gibt seine Zustimmung zu einem Verkauf seines Bruders: Boguslaus vWohlau: V, 408.

Ratibor vWohlau (CC685). Sohn des Peter. 1288. Er gibt seine Zustimmung zu einem Verkauf seines Bruders: Boguslaus vWohlau: V, 408.

Peter vWohlau (CC643). Sohn des Peter. 1288. Er gibt seine Zustimmung zu einem Verkauf seines Bruders: Boguslaus vWohlau: V, 408.

Woicoslawa. S.u. Nossen.

Woyniz. Gunther vWoyniz (Wuhnitz nö.Döbeln/Meißen) (CC230). Bruder des Peter. 1296. Z: Albert vTepliwoda: VI, 282.

Peter vWoyniz (CC230). Bruder des Gunther. 1296. Z: Albert vTepliwoda: VI, 282.

Woyski. 1290. Z: HV.LB: V, 469.

Woislaus. 1. (BDH304). 1251-85. Bischöfl. Kaplan 1251 und 1260, bischöfl. Notar 1258-59. Er gibt seine Zustimmung zu einem bischöfl. Auftrag: BTII.: V, 120. In seiner Gegenwart wird die Exkommunikationssentenz über HIV.B verlesen: BTII.: V, 135. Z: BTI.: III, 2, 275, 290, 314, 482, 494, 495; BTII.: V, 11, 116, 132, 184, 185.

2. 1267. Pfarrer zu Riemertsheide oder Rennersdorf bei Neisse. Als Datar gen.: BTI.: IV, 18.

3. (CC908). 1202. Hofrichter. Z: HI.S: I, 77, †332, †333, †334; BC: I, 82; Hemerammus vPoseritz: I, 86; BI.S: I, †331.

4. Woislaus Stobrava (CC909). 1290. Ministeriale, Fidelis. Er wird beauftragt, den Abt

W

des Sandstiftes in den Besitz eines Grundstückes zu setzen: HIV.B: V, 448.
5. (CC908). Sohn des Bogdan. 1239. Z: Paul vPoseritz: II, 170.
6. (CA50). 1155. Graf. Seine Schenkung eines Dorfes bei der Furt Schmiegrode (Kr. Militsch) mit den dazugehörigen Dörfern Karbitz (Kr. Militsch) und dem unbekannten Wseuilci an das Bistum Breslau wird bestätigt: P: I, 28. Liber Fraternitatis Lubinensis, S. 4f. („Voyzlauus cum uxore").

Woislaus (CA51). Bruder des Bischofs Gedko vKrakau. 1198. Seine Schenkung zweier Dörfer in der Breslauer Provinz an das Kl. des hlg. Grabes zu Miechów wird bestätigt: G: I, 65, 66.

Stammtafel nach Cetwiński, Bd. II, S. 20f.:

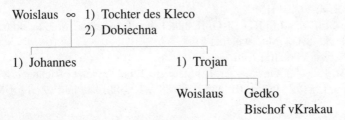

7. (CC909). 1261. Z: HIII.B: III, 351.
8. (1235-44). Die Söhne des Woislaus werden als Vorbesitzer eines namentlich unbekannten Dorfes gen.: G: II, 281.
— S.u. Bobolitz, Sdizlaus 7, Strachwitz.

Woislawa. S.u. Nossen.

Woytech. 1. (CC898). 1203. Trib. vNimptsch. Z: HI.S: I, 83. Nekr.Lubense, S. 37: 5. Jan. („ob. Woycech tribunus").
2. Voyceh Iezoro. 1264. Hzl. Käm. Er wird als ehemaliger Vorbesitzer eines Grundstücks bei Lobetinz (sö. Neumarkt) gen.: BTI.: III, 487.
3. Woytech/Adalbert (CB235). 1293/97-97. Graf, Teschener UKäm. Z: MI.T: VI, 293, 313.
4. Woytucho (CB236). 1292. Serviens. Z: MI.T: VI, 74.
5. 1248. Bischöfl.Serviens. Z: BTI.: II, 352.
6. Woytech Nosca (CC905). 1295. Der Garben- und Hopfenzehnt v seinem Allod (etwa 2 Mark) wird an die Kantorpräbende des Kollegiatstiftes zu Glogau überwiesen: BJIII.: VI, 196, 202.
7. (CB234). 1225. Nobilis. Er bezeugt eine Grenzbegehung: KaI.O: I, 254, 259.
8. 1280. Z: HIV.B: IV, 396.
— S.u. Goriz, Peter 43, Rheinbaben, Schmollen, Strehlen, Wislaus 4.

Woythco. 1300. Bischöfl. Diener. Z: BJIII.: SR 2613 (nur in SR gen.!).

Woytus. S.u. Unchristen.

Wolcherus. 1. (BDH306). 1248-88. Dominus, Priester. Auf Grund seiner Aussage wird ein Streitfall geklärt: BTI.: II, 350. Er erhält als Pfründe die Dörfer Katutsche, Pontwitz (beide nö. Oels) und Gimmel (nö. Bernstadt): BTI.: IV, 165. Vor ihm werden HIV.B die „apostoli" verweigert: G: V, 121. Der abwesende Priester erklärt durch seinen Bevollmächtigten, daß er der Exkommunikation HIV.B zustimmt: BTII.: V, 135. Er bezeugt, daß gegen HIV.B Appellation eingelegt wurde: -: V, 149. Er wird angewiesen, KII.Sa

W

als Propst einzuführen: BTII.: V, 316. Z: BTI.: II, 387, 413, 445, 448, 449, 482, 495, IV, 47, 48, 55; Dirsislaus 2: IV, 166; BTII.: IV, 169, 265, 431, V, 11, 48; KI.G: IV, 175; G: IV, 179, 334.
2. 1235. Z: G: II, 103.
Wolfberus. 1292. K vOels (zusammen mit Clemens 4). Z: HV.LB: VI, 48.
Wolfhard. S.u. Copatz.
Wolfker. S.u. Falkenhain.
Wolfrad. S.u. Honstein.
Wolfram. S.u. Kemnitz, Pannwitz.
Wolphard. 1281. Dominus. Z: BeLö: IV, 418.
Wonscho. 1213. K vMilitsch. Z: BI.S: I, †348.
Wrtizlaus (CB239). 1223. Gibt seinen Zehnt der Salvatorkirche zu Rybnik: BL: I, 226.
Würben. Nikolaus vWürben (Kr. Schweidnitz) (CC506). Bruder des Johannes und vielleicht des Stephan. 1209. Z: HI.S: I, †342, †343.
Johannes vWürben (CC349). Bruder des Nikolaus und vielleicht des Stephan. 1214. Graf. Z: HI.S: I, 142, †342, †343. Lib.mor.Vincentii, S. 23: 3. März („Johannes miles de Uerbno").
Stephan vWürben (CC756, 760). Vielleicht Bruder des Nikolaus und Johannes, Vater des Stephan, Andreas, Franz, Johannes und sehr wahrscheinlich des Johannes und Simon. 1226-40. Graf, K vNimptsch 1238-39. In einer zeitlich unechten Urkunde wird er als zum Rat HI.S gehörend gen.: HI.S: I, 166. Als Eigentümer vBrostau (Kr. Glogau), dessen Zehnt getauscht wird, besiegelt er nachträglich diese Urkunde: BL: I, 270. Er bezeugt eine Testamentsänderung: HII.S: II, 196. Z: HI.S: I, 290, †342, †343, †359, †360, †367, †371, II, 73, †421, †422; VO: II, 156; HII.S: II, 167, 172, †429, †431. Lib.mor.Vincentii, S. 49: 24. Mai („Obiit Stephanu[s] et uxor eius") und S. 96: 31. Dez. (dieser ?). Nekr.Kamenz, S. 313: 13. Jan. („Eodem die ob. Comes Stephanus de Wirbna") (dieser ?). Lib.mor.Vincentii, S. 64: 16. Aug. („Stephanissa") (die Frau dieses ?).
Stephan vWürben (CC761). Sohn des Stephan, vielleicht Vater des Nikossius vMoschwitz. 1234-51. Z: HI.S: II, 73; HIII.B: III, 19, †557. Nekr.Kamenz, S. 313: 13. Jan. („Eodem die ob. Comes Stephanus de Wirbna") (dieser ?).
Andreas vWürben (CC24). Sohn des Stephan. 1239. Z: Paul vPoseritz: II, 170, †430.
Franz vWürben. Sohn des Stephan, vielleicht Vater des Nikolaus vMoschwitz. Nach einer Marmortafel in der abgerissenen Franziskanerkirche zu Schweidnitz waren Stephan, Andreas, Stephan und Franz vWürben um 1220 die Stifter des Franziskanerkl. zu Schweidnitz (Radler, Würben, in: ASKG 17 [1959], S. 112).
Johannes vWürben. Sohn des Stephan. 1235-39. Mag. Z: G: II, 103; HII.S: II, 172.
Johannes vWürben (CC356). Sehr wahrscheinlich Sohn des Stephan, Vater des Johannes und Heinrich. 1243-66. Graf, Baron, Ritter, Dominus, K vRitschen 1254-64, hzl. Prokurator 1262 (III, 415). In einer eigenen Urkunde (II, 257) überträgt er seinem familiaris Arnold das Dorf Weizenrodau (bei Schweidnitz) zur Aussetzung zu deutschem Recht. Er kauft die Dörfer Kattern (mit dem Kirchenpatronat) und Pleischwitz (beide bei Breslau) für 100 Mark reinen Silbers: -: III, 255. Er verkauft für 200 Mark Silber das zu deutschem Recht ausgesetzte Dorf Kattern mit gewissen Teilen von Pleischwitz: HIII.B: III, 327. Er besiegelt die Stadtrechtsverleihungen an Breslau: HIII.B: III, 373, 374. Er wird als Intervenient einer Urkunde zugunsten des Kl. Hein-

richau gen.: HIII.B: III, 452. Z: HIII.B: II, 396a, 404, 409, †440, III, 11, 18, 37, 43, 50, 51, 55, 57, 105, 137, 141, 147 (K vNimptsch; andere Lesart: K vTeschen), 150, 151, 160, 204, 228, 230, 236, 247, 251, 254, 267, 279, 281, 297, 298, 306, 311, 312, 313, 315, 318, 343, 347, 351, 365, 373, 374, 376, 379, 380, 391, 411, 412, 415, 421, 424, 433, 436, 452, 485, 488, 490, 502 (oder Ianusius vMichelau), 525, 533, 552, 553, †584, †587; BII.L und HIII.B: II, 413; BII.L: III, 138, 139; BTI.: III, 264; Paul 10: III, 295; G: III, 377; HIV.B: IV, †449. GB, S. 272: 1255 erhält Graf Johannes de Wirbna ein Pferd im Werte v 10 Mark vom Kl. für sein Einverständnis zum abermaligen Erwerb des Gutes Jaurowitz (→ III, 150). Nekr.Lubense, S. 50: 15. Aug. („Ob. Jo. de Wirbna pater d.Henrici Wrat. 24. episcopi").

Johannes vWürben (BDH310). Sohn des Johannes. 1290-95. Z: BTII.: V, 472; BJIII.: Acta Thomae; Film Nr. 350/6, VI, 196, 200, 202.

Heinrich vWürben (BDH307). Sohn des Johannes. 1290-96. Priester, Bischof vBreslau 1302-19. Z: BTII.: V, 470, 472; BJIII.: Acta Thomae; Film Nr. 350/6, VI, 262; KII.Sa: VI, 164. Nekr.Kamenz, S. 330: 23. Sep. („Ob. d. Heynricus de Wirbna, ep. Wrat. ". Er schenkte seine Kirche in Würben.). Nekr.Lubense, S. 53: 23. Sep.1310 (sic !) („A.1310.decessit ex hac vita d. Henricus de Wirbna xxiiij^{us} ep. Wrat. ").

Simon vWürben (CC801). Sehr wahrscheinlich Sohn des Stephan, Vater des Stephan und wahrscheinlich des Heinrich, Iasco und Nikossius vMoschwitz. 1266-85. Graf, Dominus. In einer eigenen Urkunden (V, 251) verkaufen er und sein Sohn Stephan 1 Hufe in Nitschendorf (bei Schweidnitz) gegen einen Jahreszins v 0,5 Mark, was sie besiegeln. Z: HIII.B: III, 553, †587.

Stephan vWürben (CC770). Sohn des Simon. 1274-1300. Dominus, Graf, Ritter, UTruch. 1286. Die Patrone Stephan, Iasco und Heinrich, die die Äcker vGesersco (vielleicht Groß Jeseritz nw. Strehlen) auf eigene Kosten bebauen, und der Pfarrer vWürben gewinnen einen Streit um die Zehnten vGesersco: G: V, 40. In einer eigenen Urkunde (V, 72) verkauft er für 100 Mark Silber 9 kleine Hufen und die Scholtisei in seinem Gute Woischwitz (Kr. Breslau) unter Vorbehalt der Obergerichte, was er besiegelt. In einer eigenen Urkunde (V, 251) verkaufen er und sein Vater 1 Hufe in Nitschendorf gegen einen Jahreszins v 0,5 Mark, was sie besiegeln. In einer eigenen Urkunde (VI, 426) schenkt er der Vinzenzkirche zu Breslau, in der seine Vorfahren begraben sind, das Patronatsrecht der Kirche in Würben. Z: Andreas vWürben: IV, 260; BeLö: IV, 406, 407, 418, †465; HIV.B: V, 260, 320, 349; BkI.J: V, 365. Nekr.Kamenz, S. 313: 13. Jan. („Eodem die ob. Comes Stephanus de Wirbna") (dieser ?).

Heinrich vWürben (CC267). Wahrscheinlich Sohn des Simon. 1252-89. Graf. Die Patrone Stephan, Iasco und Heinrich sowie der Pfarrer vWürben gewinnen einen Streit um die Zehnten vGesersco: G: V, 40. In einer eigenen Urkunde (V, 420) verleiht er mit Zustimmung seiner namentlich nicht gen. Brüder dem Schulzen v Weizenrodau (bei Schweidnitz) 3 Hufen daselbst, der jedoch bei einem Zuge zur Verteidigung des Landes, nicht aber außerhalb der Landesgrenzen, mit einem Pferde im Werte v 1,5 Mark dienen soll, das ihm im Falle eines Unfalles zu ersetzen ist, was er besiegelt. Z: Vinzenzstift: III, 31.

Iasco vWürben (CC406). Wahrscheinlich Sohn des Simon. 1283. Die Patrone Stephan, Iasco und Heinrich sowie der Pfarrer vWürben gewinnen einen Streit um die Zehnten vGesersco: G: V, 40.

Würben

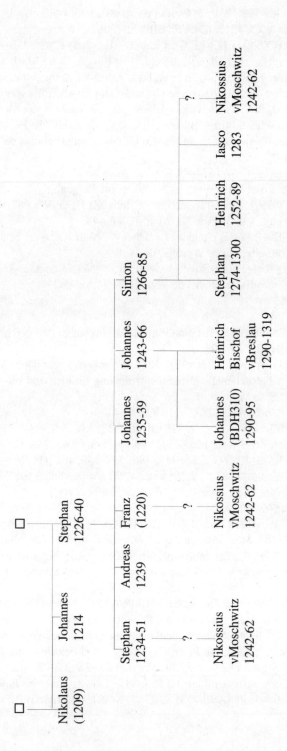

583

W/Z

Tomca vWürben (CC833). 1239. Z: Paul vPoseritz: II, 170, †430.
Christanus vWürben (CC451). 1245. Z: BII.L: II, 299.
Andreas vWürben (CC28). 1272-83. Graf, Baron, Marschall 1282-83. In einer eigenen Urkunde (IV, 260) verkauft er einem Schweidnitzer Bürger für 65 Mark 3,5 Hufen, für die er nach 4 Freijahren 1 Mark pro Hufe und den Zehnt-Vierdung erhalten soll, was zu besiegeln er ankündigt. Er besiegelt diese Urkunde: HIV.B: V, 13. Er verkauft den jährlichen Zins v 3,25 Mark v 4 Hufen einer Überschar vor Schweidnitz für 30 Mark reinen Silbers an zwei Schweidnitzer Bürger: HIV.B: V, 52. Z: HIV.B: IV, 163, 257, 392, 411, V, 9, 13. Lib.mor.Vincentii, S. 44: 8. Mai („Obiit Andreas comes de Zuerbna, qui dedit XXXa marcas").
Eckehard vWürben (CC173). 1274-85. Graf. Z: Andreas vWürben: IV, 260 (Ritter des Andreas); Simon und Stephan vWürben: V, 251. (Eine Person ?)
Peter vWürben (CC658). 1298-1300. Ritter, Fidelis. Z: HI.G: VI, 367, 419, Fürstenstein StA Quart 39 pag. 30-33; Film Nr. 208/5-6, VI, 448.
Sophia vWürben. Ehefrau des Stephan (welcher ?). Nekr.Kamenz, S. 335: 11. Dez. („It. ob. Sophia uxor Schepani de Wyrbna").
Dobrica vWürben. Tochter des Stephan (welcher ?). Nekr.Kamenz, S. 327: 27. Juli („Ob. Dobrica filia comitis Stephanis de Wyrbna").
Stammtafel s. S. 583.

Zabratus (CC919). 1254. Käm. Er hat ein Grundstück umgangen und den neuen Besitzer eingewiesen: HIII.B: III, 124, 125.
Zacharias. 1. (CC920). Sohn des Hartwig. 1217. Er schenkt sein Dorf Sachwitz (Kr. Breslau) unter Vorbehalt lebenslänglicher Nutznießung für sich und seine Söhne dem Bistum Breslau: HI.S: I, 159.
2. (CC921). Sohn des Zacharias. 1283. Z: HIV.B: V, 44.
Zagadlo (CC922). 1260-61. Serviens. Z: HIII.B: III, 327, 351.
Zajenko (CC923). Vater des Jakob. 1255-63. Dominus, hzl. Prokurator 1262-63, Kanoniker ? (III, 226). Z: KI.G: III, 166, 226, 249, 280, 359, 388, 462, IV, 19.
   Jakob. Sohn des Zajenko. 1281. Hzl. Protonotar 1281, angeblicher hzl. Notar 1288. Z: HI.G: IV, 402 (Jacobus Sagensconis), V, †507 (Jac.Sarnconis).
Zandouiz. 1274. Ritter. Z: WI.O: IV, 247.
Zantoslaus. Vater des Leonhard und Wlodimir. 1166/67-98. Dominus. Seine Schenkung des Dorfes Goszcza (Kr. Miechów) an das Kl. Miechów wird bestätigt: G: I, 41, 65, 66. Z: Herzog vPolen: I, 39, 40. Lib.mor.Vincentii, S. 3: 1. Jan. (Zuantoslaus, Sohn [sic !] des Leonhard, Erbe dieses Ortes.) (Identisch mit Swentoslaus Sohn des Peter 11 Wlast ?).
   Leonhard (CA25). Sohn des Zantoslaus. 1166/67-1203. Dominus, vir nobilis, Graf. Der Patronatsherr stimmt der Ersetzung der Benediktiner des Vinzenzstiftes durch Prämonstratenser zu: P: I, 59. Seine Schenkung des Dorfes bei Goszcza an das Kl. Miechów wird bestätigt: G: I, 66. Er erhält für das v ihm beanspruchte Pflaumendorf (bei Trebnitz) v HI.S zwei Dörfer (wohl Laskowitz und Deutsch Steine, beide Kr. Ohlau): HI.S: I, 83. Dies wird bestätigt: HI.S: I, 115, 181. Z: Herzog vPolen: I, 39, 40. Lib.mor.Vincentii, S. 41: 28. April und S. 83: 7. Nov. („Obierunt Wladimirus et Leonardus laici").

Wlodimir (CA 48). Sohn des Zantoslaus. 1177-93. Vir nobilis, Graf. Er wird in unklarem Zusammenhang gen.: BI.S: I, 58. Der Patronatsherr stimmt der Ersetzung der Benediktiner des Vinzenzstiftes durch Prämonstratenser zu: P: I, 59. Seine Schenkung des Dorfes Białowieża (Kr. Miechów) an das Kl. Miechów wird bestätigt: G: I, 66. Das v ihm geschenkte Dorf Schwentnig (Kr. Breslau) wird vertauscht: HI.S: I, 95. Z: Herzog vPolen: I, 49. Lib.mor.Vincentii, S. 83: 7. Nov. („Obierunt Wladimirus et Leonardus laicus").

Zbremir. S.u. Zernitz.

Zbron. S.u. Zernitz.

Zedlitz. Hermann vZedlitz (sö. Borna/Sachsen) (CC300). 1282. Z: BkI.J: V, 19.

  Otto vZedlitz (CC578). 1291. Dominus, Getreuer. HI.G verkauft ihm für 800 Mark seine Güter in Dieban (Kr. Wohlau) mit allen Herrschaftsrechten und frei v allen Steuern und Diensten: HI.G: V, †506. Z: HI.G: VI, 17, 37. Nekr.Lubense, S. 45: 25. Mai („Ob.Ottho de Czedlicz miles").

  Theoderich vZedlitz (CC150). 1298. Z: HI.G: VI, 408.

  Katharina vZedlitz. 1298. Die Äbtissin vLiebenthal errichtet die Kloster- und spätere Malzmühle: -: SR 2489.

Zemeta. S.u. Ziemiencicz.

Zemizlaus (CC934). 1251-61. Ritter, K vSagan 1251-53. Z: KI.G: III, 25, 103, 353, †567.

Zeogno (CB189). 1291. Bannerträger. Z: MI.T: VI, †463.

Zerem. Nikolaus vZerem (?). 1259. Graf. Z: KI.G: III, 299.

Zernitz. Stephan vZernitz (Kr. Tost) (CB201). Sohn des Zbron, Vater des Zbron, Zbremir und Bernhard. 1274-86. Graf, Ritter, UJäger 1274. Er hat für 22 Mark einen Teil des Erbgutes Deutsch Zernitz (s. Gleiwitz), das Gneomir 1 v alters her besaß, v diesem gekauft: WI.O: IV, 246. Ihm wird wegen seiner treuen Dienste gestattet, sein Gut Deutsch Zernitz zu deutschem Recht auszusetzen: WI.O: IV, 335. In einer eigenen Urkunde (IV, †464) verkauft er sein Dorf Deutsch Zernitz zur Aussetzung zu deutschem Recht gegen Zahlung vZins und Zehnt. In einer eigenen Urkunde (V, 53) tauscht er mit Zustimmung seiner drei Söhne v dem Kl. Rauden das Dorf Woiska (n. Gleiwitz) gegen sein Dorf Deutsch Zernitz, was er besiegelt. Dieser Tausch wird bestätigt, wobei das Dorf allerdings nun Wocsicz (Woschczytz bei Sohrau) gen. wird: G: V, 275.

  Zbron vZernitz. Sohn des Stephan. 1283. Er gibt seine Zustimmung zu dem Tausch seines Vaters: Stephan vZernitz: V, 53.

  Zbremir vZernitz. Sohn des Stephan. 1283. Er gibt seine Zustimmung zu dem Tausch seines Vaters: Stephan vZernitz: V, 53.

  Bernhard vZernitz. Sohn des Stephan. 1283. Er gibt seine Zustimmung zu dem Tausch seines Vaters: Stephan vZernitz: V, 53.

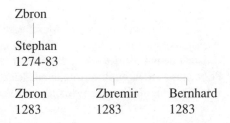

Z

Zessa. S.u. Schessici.

Zesselwitz. Heinrich vZesselwitz (bei Heinrichau) (CC244). Ahnherr der Zesselwitze. Vor 1222. GB, S. 252-254: Der Kleinadlige Heinricus de Czelawiz, der sich für einen Ritter hielt („habebat se pro milite"), wird als Besitzer des Gebietes zwischen der Morina und dem Bach v Alt-Heinrichau gen. Er tauscht sein Gebiet mit dem Notar Nikolaus (s.u. Johannes 68) gegen einen Teil v dessen Besitz in Alt-Heinrichau, nämlich das Gebiet zwischen Kojanowitz und der Morina.

Chesseborius vZesselwitz (CC122). Bruder des Sulislaus, Vater des Iesco, Albert, der Obeszka und Bogudarka. 1303. GB, S. 329f.: Der Ritter Chesseborius de Cezlawitz erwirbt für 110 Mark üblichen Geldes v Paul vKobelau und dessen Schwager Peter 39 5 Hufen in Nethwitz, die er wenige Jahre später (1303) dem Kl. zum selben Preis verkauft. Dabei erklärt er, daß er einen Anspruch gegen das Kl.wegen der 2 Hufen, die die Münsterberger Bürger besitzen, auf eigene Mühen und Ausgaben erfüllen wird. Da der Münsterberger Bürger Nikolaus vWatzenrode zum Herzogsdienst an diesen 2 Hufen nichts beisteuert, drängt das Kl. den Chesseborius, das Kl. vom Dienst freizukaufen. Chesseborius beteiligt sich daraufhin mit 5 Mark bei einer Gesamtsumme v 13 Mark laufender Münze am Auskauf des Nikolaus. Zusammen mit seinen beiden Söhnen und seinen beiden Töchtern vermacht er sein Erbe Nethwitz dem Kl. GB, S. 364: Er und sein Bruder teilen beim Tode ihres Vaters den 12 kleine Hufen umfassenden Besitz.

Sulislaus vZesselwitz (CC794). Bruder des Chesseborius, Vater des Iesco, Stiborius, Pribislaus und der Trsezka. GB, S. 364: Er und sein Bruder teilen beim Tode ihres Vaters den 12 kleine Hufen umfassenden Besitz.

Iesco vZesselwitz (CC418). Sohn des Sulislaus. GB, S. 365: Er und seine Geschwister nehmen nach dem Tode ihres Vaters ihr Erbe in Besitz und belästigen oft das Kl. Er stürtzt vom Pferd und stirbt.

Stiborius vZesselwitz (CC808). Sohn des Sulislaus. 1297-1301. Er wird als ehemaliger Besitzer eines Drittels des Erbgutes Zesselwitz gen.; bei einem Verkauf des neuen Besitzers an das Kl. verzichtet er auf alle früheren Ansprüche: BkI.J: VI, 292. GB, S. 365-368: Er und seine Geschwister nehmen nach dem Tode ihres Vaters ihr Erbe in Besitz und belästigen oft das Kl. Nach dem Tode des Iesco teilen sie den Besitz unter sich auf, wobei Stiborius sich v seinen Geschwistern trennt. Er leiht sich Geld bei einem Juden, das er aber nicht zurückzahlen kann, weshalb er ihm 1297 seinen Erbteil überlassen muß (→ VI, 292). Dem Verkauf der Anteile seiner Geschwister Pribislaus und Trsezka stimmt er 1301 zu (Urkunde v 1301 Sep. 1).

Pribislaus vZesselwitz (CC678). Sohn des Sulislaus. 1301. GB, S. 365, 367f.: Er und seine Geschwister nehmen nach dem Tode ihres Vaters ihr Erbe in Besitz und belästigen oft das Kl. Nach dem Tode des Iesco teilen sie den Besitz unter sich auf. Er und seine Schwester verkaufen ihre Anteile an Zesselwitz für 175 Mark an das Kl. (Urkunde v 1301 Sep. 1).

Trseszka vZesselwitz. Tochter des Sulislaus, Ehefrau des Herbord vMeinhausen. 1301. GB, S. 365, 367f.: Sie und ihre Geschwister nehmen nach dem Tode ihres Vaters ihr Erbe in Besitz und belästigen oft das Kl. Nach dem Tode des Iesco teilen sie ihren Besitz unter sich auf. Sie und ihr Bruder Pribislaus verkaufen ihre Anteile an Zesselwitz für 175 Mark an das Kl. (Urkunde v 1301 Sep. 1); ihr Ehemann stimmt dem Verkauf zu.

Z

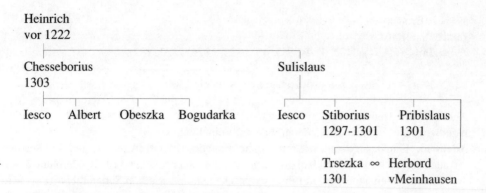

Zezcho. 1281. Schlesischer Ritter. Z: NI.T: IV, 424.

Zgorilcz. Johannes de Zgorilcz (vielleicht Görlitz, Kr. Oels). 1239. Er wird als Vorbesitzer der Dörfer Mertschütz (nö. Jauer) und Olsane (vielleicht Bischdorf sö. Liegnitz) gen.: BTI.: II, 159.

Zicezlaus (CC935). 1203. Baron. K vBeuthen a. d. Oder. Z: HI.S: I, 83.

Ziemiencicz. Zemeta de Ziemiencicz (Ziemientzitz, Kr. Tost ?) (CB244). Nach 1290. Truch.nach 1290. Z: KaII.CB: V, †503, SR 1694.

Ziglizs. Otto de Ziglizs (Seidlitz/Zedlitz ?). 1289. Z: HI.G: V, 438.

Zindel. Berthold vZindel (?). Bruder des Tilo. 1286-99. Breslauer Bürger, Fidelis, Konsul 1291, Schöffe 1292 und 1299. Er wird als Schöffe und älterer Mitbürger gen.: Konsuln vBreslau: VI, 60. Er wird als Schöffe gen.: Vogt und Schöffen vBreslau: VI, 409. Z: HIV.B: V, 273, 349; HV.LB: VI, 4, 5, 33, 54, 73, 191.

Tilo vZindel. Bruder des Berthold. 1286-99. Breslauer Bürger, Fidelis, Konsul 1291, Schöffe 1292. Er wird als Schöffe und älterer Mitbürger gen.: Konsuln vBreslau: VI, 60. Z: HIV.B: V, 273, 348, 349, 395; HV.LB: VI, 4, 5, 33, 54, 73, 121, 191.

Siboto vZindel. 1289. Er kauft vHIV.B für 100 Mark das Dorf Kroskow (Siebothschütz, heute Teil vJäschkowitz sö. Breslau): HIV.B: V, 434.

Heymandus Syndel. 1281. Ritter. Z: NI.T: IV, 424.

Johannes de Cyndal. 1300. Konventsbruder des Sandstiftes. Z: Sandstift: VI, 446.

Zlauomir (CA41). 1155. Graf. Seine Schenkung des unbekannten Dorfes Zlauno an das Bistum Breslau wird bestätigt: P: I, 28.

Zlauosius. S.u. Oppeln.

Zobko. S.u. Reumen.

Zoblus. Otto vZoblus (?) (CC580). 1292-99. Baron. Z: BkI.J: VI, 65, 418.

Zobten. Konrad vZobten. 1274. Er verkauft für 130 Mark Silber das Dorf Simschütz bei Fürstenau (sö. Neumarkt): HIV.B: IV, 255. (Adliger ?)

Zolwitz. Johannes vZolwitz (Zollewitz sö. Torgau/Meißen) (CC368). 1282. Z: BkI.J: V, 19.

Zucklau. Sulco vSuccolow (Zucklau nö. Oels) (CC795). Sohn des Onsmerius, Bruder des Gneomir. 1281-91. Ritter, Fidelis. Er und sein Bruder verkaufen für 70 Mark den Wald bei dem Dorfe Hundsfeld (heute Stadtteil vBreslau) und das dort fließende Wasser: HV.LB: VI, 8. Z: HI.G: IV, †466, V, 491, †511.

Gneomir vSucholow (CC207). Sohn des Onsmerius. 1291. Er wird zusammen mit sei-

nem Bruder gen.: HV.LB: VI, 8.
Zupit. S.u. Rätsch.
Zvinezlaus (CA54). 1175. Z: BI.S: I, 45, †325, †326, †327, †328.

VI. 2. Zum Adel des przemyslidischen Schlesien bis 1300

Achilles. S.u. Hemenhusen.
Adalbert. S.u. Freudenthal, Lessan, Stange, Vulnek.
Adelheid. Frau des Konrad. 1288. Adelheid, Frau des Konrad (Adelheid gen. Zollherrina, auch nach ihrem Gemahl Holzhinna gen.) verzichtet mit ihren 3 (2) Brüdern und deren Kindern (allen Miterben) auf ihre Ansprüche auf ein Erbgut in Schammerwitz sw. Ratibor; auf Schammerwitz und einige dazugehörige Hufen), was bestätigt wird: -: V, 373; NI.T: V, 384.
— S.u. Branitz.
Andreas. 1. 1288. Landrichter. Z: NI.T: V, 384.
2. 1267. Er verkauft einige ihm vom König vBöhmen verliehene Dörfer um Hotzenplotz für 120 Mark an den BvO: BvO: IV, 38.
Arnold. S.u. Pustimir.
Aupa. Witigo de Upa (Trautenau). 1289. In einer eigenen Urkunde (V, 436) verkauft er an BkI.J die Güter Blasdorf, Kratzbach (beide bei Landeshut) und Merkelsdorf (bei Friedland) was er besiegelt. Z: König vBöhmen: SR 2114; in V, 426 unter den namentlich nicht genannten, nichtschlesischen Zeugen.

Bartholomeus. 1282. Notar. Z: NI.T: V, 31, 32.
Bebra. Günther vBebra (Bibra bei Kahla/Thüringen). 1295. Z: Konrad vReno: VI, 184.
Benessius. S.u. Branitz, Crawar, Lobenstein, Schitin.
Beringen. Hermann vBeringen (Behringen bei Gotha/Thüringen). 1295. Ritter. Z: Konrad vReno: VI, 184.
Heinrich vBeringen. 1300. In einer eigenen Urkunde (VI, 429) stiftet er einen Altar in der Glatzer Pfarrkirche und überweist seine Güter in Werdeck (Kr. Glatz) unter der Verpflichtung, den Meßwein für die 4 Glatzer Kirchen zu liefern.
Berthold. 1251. Famulus. Ihm wird das Dorf Hertitz (sw.Troppau) als erbliches Lehen übertragen: BvO: III, 14.
— S.u. Emse, Ronberg.
Bystricz. Boruta de Bystricz (?). 1282. Z: NI.T: V, 31, 32.
Bladen. Unczich de Bladen (?). 1283. In einer eigenen Urkunde (V, 63) verkauft er gegen einen jährlichen Zins v 0,5 Mark 4 Hufen, nämlich 3 in Badewitz und 1 in Dobersdorf (beide bei Leobschütz), was er besiegelt.
Bludo. S.u. Freiburg, Ticzczin.
Blocko. S.u. Pernegg.
Bogus. Bogus barbatus. Bruder des Hermann, Lutobor, Ratibor, Vimika. 1183-89. Graf, K vGlatz 1183-89. Errichtete die Wenzelskirche zu Glatz: Bischof vPrag: I, 53; Herzog vBöhmen: I, †329. Z: Herzog vBöhmen: I, 50, 51, 54, 55.
Hermann. Bruder des Bogus. Z: Herzog vBöhmen: I, 55.
Lutobor. Bruder des Bogus. Z: Herzog vBöhmen: I, 55.

Ratibor. Bruder des Bogus. Z: Herzog vBöhmen: I, 54, 55.

Vimika. Bruder des Bogus. Z: Herzog vBöhmen: I, 55.

Bohus. 1293. Ritter des Ulrich vLichtenburg. Z: Ulrich vLichtenburg: VI, 92.

— S.u. Petrowicz.

Bohuscho. 1290. Nobilis. Z: NI.T: V, 492.

Bohuzlawitz. Johannes de Bohuzlawitz (?). Bruder des Sbislaus. 1288. Z: Benessius vBranitz: V, 380.

Sbislaus de Bohuzlawitz gen. de Benessow (?). Bruder des Johannes. 1288-93. Nobilis. Er kauft vNI.T drei Dörfer im Bezirk vPrerau (Mähren): NI.T: VI, 107. Z: Benessius vBranitz: V, 380; NI.T: V, 382, 384, 492.

Borsutha. S.u. Ceniz.

Boruta. S.u. Bystricz.

Branitz. Benessius vBranitz und Lobenstein. Sein Vater Benessius de Czwilin war Burggraf vZnaim. 1281-93. Schließt Frieden mit dem Abt vHradisch und gibt die v ihm spoliierten Güter zurück: BvO: V, 30. Gewährt dem BvO in seinem Dorf Pickau (bei Jägerndorf) einen jährlichen Zins v 12 Mark Silber gegen Aufhebung des über ihn verhängten Bannes, was er besiegelt: NI.T: V, 32. In zwei eigenen Urkunden überträgt er jeweils mit Zustimmung seiner Frau und seiner Kinder dem Kl. Hradisch das Patronatsrecht über die Kirche vBennisch und deren Tochterkirche Seitendorf und schenkt als Ersatz für angerichtete Schäden die Berkwerkserträge, Gerichtsgelder und die vollen Zehnten vBennisch, Schwarzen-, Seiten-, Wocken-, Milken- und Vabendorf, was er besiegelt (V, 380), sowie die Kirchen in Branitz und Lobenstein, deren Patron er ist, das Gut Boblowitz, den Feld- und Viehzehnt v Branitz, die Dörfer Pickau, Taubnitz und Dubnice und für das Seelenheil seines verstorbenen Bruders **Wokko** schenkt er 2 Hufen in Branitz und 1 Hufe in Lobenstein (alle im Gebiet Freudenthal-Troppau-Jägerndorf) (V, 417). Z: -: IV, 324; NI.T: IV, 428, 435, V, 51, 382, 387, VI, 107; Unczich vBladen: V, 63.

Elisabeth, seine Frau, und seine Kinder **Wokko, Adelheid** und **Obieska**. Alle 1288-89. Stimmen den Schenkungen des Benessius zu: Benessius vBraintz: V, 380, 417.

Hermann vLobenstein. 1280-97. Ritter. Z: BvO: IV, 390, VI, 312.

Benessius de Czwilin
† vor 1282

Benessius vBranitz ∞ Elisabeth   Wokko
und Lobenstein   1288-89   † vor 1289
1281-93

Wokko   Adelheid   Obieska
1288-89   1288-89   1288-89

Brocke. Theodericus de Broka (?). Bruder des Johannes. 1266. Der BvO verleiht seinem famulus für die v ihm und seinem Bruder Johannes geleisteten Dienste die v ihm erkauften 1,5 Hufen in Matzdorf (nw. Leobschütz) zu Lehnsrecht: BvO: III, †589.

Johannes de Broka. Bruder des Theodericus. 1266. Bischöfl. Ritter. Wird erwähnt und Z: BvO: III, †589.

Heinrich de Broka. 1266. Bischöfl. Ritter. Z: BvO: III, †589.

B/C/D

Bruno. 1. 1283. Käm. vTroppau. Z: Unczich vBladen: V, 63.
2. 1283. Provinzialrichter. Z: Wokko vCrawar: V, 50; NI.T: V, 51.
3. 1288. Kgl. Verwalter (villicus) und Troppauer Lehnsmann. Siegelt und Z: Adelheid: V, 373.
4. 1288. Dominus. Z: NI.T: V, 384.
Budislaus. 1256. Richter vTroppau. Z: König vBöhmen: III, 186.
— S.u. Laubias, Lodenitz.
Budiuoy. 1222. K vGlatz. Z: König vBöhmen: I, 218, 221.
Burkhard. 1235-38. Dominus, Troppauer Notar. Als Datar gen.: Henricus de Mari: I, †353. Z: Markgraf vMähren: II, 94, 148.

Ceniz. Borsutha de Ceniz (?). 1297. Ritter. Z: BvO: VI, 312.
Cethau. Milischo vCethau (?). 1293. In einer gemeinsamen Urkunde (VI, 138) verkaufen er und Ulrich vLichtenburg gegen einen Jahreszins v 1 Mark Silber 27 Hufen in Tyrn (bei Fulnek). Z: Ulrich vLichtenburg: VI, 92.
Cheliznicze. Sobierad de Cheliznicze (?). 1282. Wird als Schiedsrichter in einem Streit zwischen dem Abt vHradisch und einer Gruppe vAdligen gen.: BvO: V, 30.
Chononicz. Protiwecz de Chononicz (?). 1282. Wird als Schiedsrichter in einem Streit zwischen dem Abt vHradisch aus einer Gruppe vAdligen gen.: BvO: V, 30.
Chriko. S.u. Falbstein.
Chuth. S.u. Crawar.
Crawar. Mracota de Crawar (Deutsch Krawarn ö.Troppau). 1269. Ritter. Z: G: IV, 100.
  Wokko. Angebl. Sohn des Dirsislaus, Bruder des Sdislaus, Vater des Benessius. 1279-88. Dominus, Käm. vTroppau 1283. Er und sein Sohn Benessius schließen Frieden mit dem Abt vHradisch, wobei er lebenslang 5,5 Hufen in dem Dorf Budischowitz (sö. Troppau) besitzen soll, was er und sein Sohn besiegeln: BvO: V, 30. Der Freund des Benessius vSchitin besiegelt dessen Gelöbnis: NI.T: V, 31. Der Freund des Benessius vBranitz besiegelt dessen Zinsbewilligung: NI.T: V, 32. In einer eigenen Urkunde (V, 50) bestätigt er als Käm. vTroppau einen Verzicht, was er besiegelt. Z: Königin vBöhmen: IV, 367, 404. NI.T: IV, 428, 435, V, 31, 32, 51; König vBöhmen: IV, †445; Unczich vBladen: V, 63; Bürger vTroppau: V, 377.
  Benessius. Sohn des Wokko. 1282-83. Er und sein Vater schließen Frieden mit dem Abt vHradisch, was er besiegelt: BvO: V, 30. Z: NI.T: V, 51.
  Sbislaus de Chuth (?). Bruder des Wokko. 1281-83. Wird als Schiedsrichter in einem Streit zwischen dem Abt vHradisch und einer Gruppe vAdligen gen: BvO: V, 30. Der Freund des Benessius vSchitin besiegelt dessen Gelöbnis: NI.T: V, 51. Der Freund des Benessius vBranitz besiegelt dessen Zinsbewilligung: NI.T: V, 32. Z: NI.T IV, 435, V, 51; Unczich vBladen: V, 63.
  Stammtafel s. S. 591.
Crenovitz. Johannes de Crenovitz (?). 1283. Z: NI. T: V, 51.
Crizan. 1288. URichter, Troppauer Lehnsmann. Z: Adelheid: V, 373.

Dewiz. 1. Peter de Dewiz (?). 1300. Fidelis. Z: BvO: VI, 425.
2. 1228. KvGrätz. Z: Kaiser Friedrich I.: I, 292.
Dyedycz. Miloto de Dyedycz (?). 1293. Z: NI.T: VI, 107.

C/D/E/F

- Dirsco. S.u. Stynplow.
- Doubravnik. **Woytech** de Doubravnik (nw. Brünn). Schwiegersohn des Zemizlaus de Morcovice. 1238. Vir nobilis. Die Schenkung seines schlesischen Besitzes, des circuitus Szemizlav (südl. Troppau), den er bei der Hochzeit mit der weiland Tochter des Zemizlaus erhalten hatte, an das Kl. Doubravník wird vom Markgrafen vMähren bestätigt: II, 143.
  Zemizlaus de Morcovice (nö. Brünn). Schwiegervater des Woytech de Doubravnik. 1222-38. Wird als ehemaliger Besitzer des circuitus Szemizlav gen., den er seiner Tochter als Mitgift gab: Markgraf vMähren: II, 143. Z: Markgraf vMähren: I, 212; König vBöhmen: I, 250.
- Dubrawicz. Protina de Dubrawicz (?). 1293. Z: NI.T: VI, 107.

- Eckhard. Vater des Jakob. 1222. Er erhält zwei dem Markgrafen vMähren aufgelassene Hufen bei Troppau, die dieser dem Abt vVelehrad schenkt, vom Abt für sich und seinen Sohn **Jakob** als Lehen zurück: I, 212.
- Eckrich. S.u. Füllstein.
- Elisabeth. S.u. Branitz.
- Emse. **Berthold** vEmse (bei Osnabrück). Bruder des Gottfried und Heinrich. 1270. Den 3 Brüdern wird vBvO das Dorf Stolzmütz (bei Leobschütz) als Mannlehen nach Lehenrecht der Magdeburger Kirche verliehen, d. h. sie zinsen v den 15 Hufen des Dorfes, ausschließlich der 3 v ihnen selbst bearbeiteten Hufen, jeweils 1 Maß Weizen; bis zu 1/3 des Wertes des Kirchenlehens dürfen sie andere Güter kaufen, müssen diese jedoch v der Kirche zu Lehen nehmen; diese Güter werden zinsfrei und dürfen auch an die Töchter vererbt werden: BvO: IV, 110.
  Gottfried vEmse. Bruder des Berthold und Heinrich. 1270-80. Als Lehensempfänger mit seinen Brüdern gen.: BvO: IV, 110. Ihm und seinem Bruder Heinrich wird das Erbgut Liebenthal (sw. Hotzenplotz) überlassen: BvO: IV, 390.
  Heinrich vEmse. Bruder des Berthold und Gottfried. 1270-80. Als Lehensempfänger mit seinen Brüdern gen.: BvO: IV, 110. Ihm und seinem Bruder Gottfried wird das Erbgut Liebenthal überlassen: BvO: IV, 110.
- Engelsberg. Siegfried vEngelsberg (?). 1297-1300. Ritter. Z: BvO: VI, 312, 425.
- Erkembert. S.u. Stange.

- Falbstein. Chriko vFalbstein (Falbstein/Oberösterreich). 1288. Z: NI.T: V, 382.
- Franco. S.u. Hukeswagh, Modriz.
- Freiberg. Heroldus de Freomont (Freiberg bei Troppau). 1221. Z: Henricus de Mari: I, †353.

F

Freiburg. Bludo vFreiburg (?). 1297. Graf, Fidelis. Z: BvO: VI, 312.
Henomannus vFreiburg. 1297. Graf, Fidelis. Z: BvO: VI, 312.
Freudenthal. Albert de Urendendal (Freudenthal w.Troppau). 1238. Z: Markgraf vMähren: II, 148.
Friedrich. S.u. Lodenitz, Reno.
Füllstein. Herbord vFüllstein. Familie stammt aus Fülme bei Minden/Westfalen. (CC295). Vater des Johannes, Herbord Puso, Theoderich, Eckerich, Henning, Konrad, Walter, Heinrich. 1251-88. Dominus, Ritter, Truch.des BvO 1251-88. Ihm und seinen Erben werden vBvO die Dörfer Gläsen, Thomnitz, Roßwald, Füllstein (alle bei Füllstein) und Schlakau (bei Troppau), das ihm schon früher verliehen worden war, sowie die Hälfte der Burg Füllstein, die zum Amt des Truch. gehört, nach dem Recht der Magdeburger Kirche übertragen; seine Söhne Johannes, Herbord und Theoderich kauft er v dem Kloster Möllenbeck (bei Rinteln/Niedersachsen) frei: III, 162. Der König vBöhmen bestätigt ihm die volle Gerichtsbarkeit für seine Güter im Troppauer Gebiet und erlaubt die Erhebung des Dorfes Kranowitz (sw. Ratibor) zur Stadt mit dem Recht vLeobschütz: III, 505. Es wird erwähnt, daß ihm der BvO das Dorf Füllstein zu Lehenrecht verliehen und ihm erlaubt hatte, dort eine Burg zu bauen, die jedoch zur Hälfte bischöfl. sein sollte: BvO: IV, 266. Die Königin vBöhmen schenkt ihm (oder seinem Sohne ?) einige namentlich nicht gen. Dörfer: SR 1600. Z: HIII.B: III, 22; BvO: III, †589, IV, 216, 272, 375, 390; WB: IV, 16; Königin vBöhmen: IV, 367, 374; Adelheid: V, 373.
Johannes vFüllstein. Sohn des Herbord. 1255-81. Ritter. Wurde v seinem Vater v dem Kloster Möllenbeck freigekauft und v dieser entlassen, um Ministeriale des BvO zu werden: BvO: III, 162. Der BvO verspricht, die Burg Füllstein dem Eckerich und seinem Bruder Johannes nicht zu entfremden: IV, 266. Z: BvO: III, †589, IV, 216, 375, 390; NI.T: IV, 424.
Herbord Puso vFüllstein. Sohn des Herbord. 1255-81. Dominus. Wurde v seinem Vater v dem Kloster Möllenbeck freigekauft und v diesem entlassen, um Ministeriale des BvO zu werden: BvO: III, 162. Die Königin vBöhmen schenkt ihm (oder seinem Vater ?) einige namentlich nicht gen. Dörfer: SR 1600. Z: BvO: IV, 216, 272; Königin vBöhmen: IV, 367 (oder sein Vater ?); NI.T: IV, 428.
Theoderich vFüllstein. Sohn des Herbord. 1255-81. Olmützer Domherr, Pfarrer vBrünn. Wurde v seinem Vater v dem Kloster Möllenbeck freigekauft und v diesem entlassen, um Ministeriale des BvO zu werden: BvO: III, 160. Z: BvO: IV, 216, 231, 375; NI.T: IV, 428.
Henning vFüllstein. Sohn des Herbord. 1279-88. In einer eigenen Urkunde (V, 409) schenkt er von seinem bei Kranowitz (sw. Ratibor) gelegenen Vorwerk sowie von 3 Hufen bei Schammerwitz (sw. Ratibor) zu seinem und seiner Eltern Seelenheil die Zehnten der Kirche in Kranowitz, wofür Messen für seine Familie zu lesen sind. Z: Königin vBöhmen: IV, 374; NI.T: IV, 428; Unczich vBladen: V, 63; Adelheid: V, 373.
Konrad vFüllstein. Sohn des Herbord. 1279-81. Käm. des NI.T 1281. Z: HIV.B: IV, 375; NI.T: IV, 428, 435.
Walter vFüllstein. Sohn des Herbord. 1273. Z: BvO: IV, 216.
Heinrich vFüllstein. Sohn des Herbord. 1281. Kanzler, Protonotar vNI.T. Von ihm geschriebene Urkunde: NI.T: IV, 424. Gen. als Datar: NI.T: IV, 435. Z: NI.T: IV, 428.

F/G/H

Eckerich und **Johannes** vFüllstein s. S. 430.

Herbord   Füllstein
1251-88

Johannes	Herbord	Theoderich	Eckerich	Henning	Konrad	Walter	Heinrich
1255-81	Puso	Olmützer	1268-96	1279-88	1279-81	1273	1281
	1255-81	Domherr					
		1255-81					

Johannes
Breslauer
Domherr
1289-1300

Gebenstete. Gottfried de Gebenstete (?). 1297-1300. Ritter. Z: BvO: VI, 312, 425.
Gerhard. Gerhard Claow. 1300. Fidelis. Z: BvO: VI, 425.
— S.u. Medelec.
Gerlach. S.u. Hotzenplotz.
Gottfried. S.u. Emse, Gebenstete.
Groznata Crispus. Bruder des Miesco. 1169-89. Edler, K vGlatz 1169. Seine und seines Bruders Schenkung v ungen. Besitzungen an die Johanniter wird bestätigt: Herzog vBöhmen: I, 54. Seine testamentarische Schenkung an die Johanniter wird bestätigt: Herzog vBöhmen: I, 55. Z: König vBöhmen: I, 43; Herzog vOlmütz: I, 44.
Miesco. Bruder des Groznata. 1188. Seine und seines Bruders Schenkung v ungen. Besitzungen an die Johanniter wird bestätigt: Herzog vBöhmen: I, 54.
Günther. S.u. Bebra.

Heidenreich. S.u. Vridenlanth.
Heinrich. S.u. Beringen, Brocke, Emse, Füllstein, Kenesicz, Lobenstein, Stange.
Heynus. S.u. Ronberg.
Helmbert. S.u. Turm.
Hemenhusen. Achilles de Hemenhusen (?). 1274. Ritter. Ihm wird das Dorf Zottig sowie Teile vMatzdorf (beide nw. Leobschütz) zu Lehensrecht der Vasallen der Magdeburger Kirche verliehen: BvO: IV, 231.
Henning. S.u. Füllstein, Vrolus.
Henomannus. S.u. Freiburg.
Herbord. S.u. Füllstein, Leobschütz.
Hermann. Hermann Schacarius. 1275. Z: BvO: IV, 272.
— S.u. Beringen, Bogus, Branitz.
Heroldus. S.u. Freiberg.
Heroschidorf. Trutwin vHeroschidorf (?). 1288. Z: NI.T: V, 382.
Hodislaus. 1288. Troppauer Lehnsmann. Z: Adelheid: V, 373.
Holach. 1224. K vOlmütz. Z: König vBöhmen: I, 250.
Horka. Pardus de Horka (?). 1282. Wird als Schiedsrichter in einem Streit zwischen dem Abt vHradisch und einer Gruppe vAdligen gen.: BvO: V, 30. Z: NI.T: V, 31, 32.

H/J/K/L

Hotzenplotz. Gerlach vHotzenplotz (nw. Leobschütz). 1300. Fidelis. Z: BvO: VI, 425.
Hukeswagh. Franco de Hukeswagh (?). 1267. Graf. Wird als Vorbesitzer v 70 Hufen bei Brundeswerde (Bukau ?) gen.: BvO: SR 1279.

Jakob. 1288. Notar, Troppauer Lehnsmann. Z: Adelheid: V, 373.
— S.u. Eckhard.
Jaroslaus. S.u. Moravicz, Petrowicz, Schitin.
Ienzcho. 1256-61. K vGrätz 1256-61. Z: König vBöhmen: III, 186, 352, †572.
Ierozlava. Tochter des Sbislaus vMoriz. 1267. Wird als Vorbesitzerin v 2 Mühlen und 7 Hufen bei Wiscowe (?) gen. BvO: SR 1279.
Johannes. 1281. Truch. Z: NI.T: IV, 435.
— S.u. Bohuzlawitz, Brocke, Crenovitz, Füllstein, Ratkow, Stange, Vroleiwezen.

Kelzc. Nikolaus de Kelzc (?). 1297. Ritter. Z: BvO: VI, 312.
Kenesicz. Herich de Kenesicz (Knezice bei Iglau). 1222. Z: Markgraf vMähren: I, 212.
Kyselyngus. 1281. Ritter. Z: NI.T: IV, 424.
Kyselowic. Konrad de Kyselowic (oder Kylesowic) (?). 1288. Z: Adelheid: V, 373.
Konrad. Chvnrygerius (weitere Lesarten: Chvnryngld, Cunrymgerius) (CC117). 1281. Dominus, Ritter. Ordinator v IV, 424, 425. Z: NI.T: IV, 424, 425; HIV. B: IV, 426.
— S.u. Füllstein, Kyselowic, Mussin, Reno.
Kuno. 1279. Burggraf in Grätz. Z: Königin vBöhmen: IV, 374.

Laubias. Budislaus vLaubias (sö. Troppau). 1276. Ein Streit um die Kapelle in Laubias zwischen ihm und dem Kl. Hradisch (bei Olmütz) wird entschieden: G: IV, 279.
Leobschütz. Herbord vLeobschütz. 1294. Fidelis. Erbittet vNI.T die Erlaubnis, in Wanowitz (bei Leobschütz) eine Kirche zu gründen: NI.T: VI, 151.
Lessan. Albert vLessan (?). 1282. Z: NI.T: V, 31, 32.
Lichtenburg. Ulrich vLichtenburg (?). 1293. In einer gemeinsamen Urkunde (VI, 138) verkaufen er und Milischo vCethau gegen einen Jahreszins v 1 Mark Silber 27 Hufen in Tyrn (bei Fulnek). In einer eigenen Urkunde (VI, 92) verkauft er für 10 Mark seine Scholtisei in Eilowitz (bei Fulnek).
Liutcho. 1222. K vGrätz. Z: Markgraf vMähren: I, 217.
Lobenstein. **Heinrich** und **Thomas** vLobenstein (sö. Jägerndorf). In einer gemeinsamen Urkunde (II, 157) schenken sie dem Czysnek für seine treuen Dienste ein Stück Wald zur Rodung und zur Anlage des Dorfes Pickau (s. Jägerndorf) unter Angabe der Gerechtsame, die sich die Grundherren vorbehalten oder die sie dem Empfänger übertragen; dieser hat einen jährlichen Zins an Weizen, Gerste und Silber zu zahlen; die Gerichtsbarkeit über Totschlag, Unzucht und Ehebruch behalten die Herren vLobenstein sich vor.
— S.u. Branitz.
Lodenitz. Friedrich vLodenitz (nw.Troppau). Z: BvO: IV, 390.
  Budislaus. 1288-94. Z: NI.T: V, 382, VI, 107, 151.
Lossiz. Peter vLossiz (?). 1267. Wird als Vorbesitzer v 3 Äckern bei Mohelniz gen.: BvO: SR 1279.
Lublitz. Trutwin vLublitz (?). 1283. Z: NI.T: V, 51; Unczich vBladen: V, 63.

L/M/N/O/P

Lupus. S.u. Nassiedel.
Lutobor. S.u. Bogus.

Markward. S.u. Nassiedel.
Medelec. Gerhard vMedelec (?). 1294. Wird in den Besitz v 6 Hufen in der Gegend vHotzenplotz gegen Dienst zu Pferde mit Bogen und Lanze eingewiesen: BvO: VI, 139.
Miesco. S.u. Groznata.
Mileta. 1235. Richter vTroppau. Z: Markgraf vMähren: II, 94.
Milich. 1233. K vGrätz. Z: Markgraf vMähren: II, 47.
Milischo. S.u. Cethau.
Milito. S.u. Dyedycz.
Miroslaus. 1288. Zuderius. Z: NI.T: V, 384.
— S.u. Piess.
Modriz. Franco vModriz (?). 1300. Fidelis. Z: BvO: VI, 425.
Moravicz. Jaroslaus vMoravicz (?). 1288. Z. NI.T: V, 382.
Morcovice. S.u. Doubravnik.
Mracota. S.u. Crawar.
Mucare. 1267. Nobilis. Wird als Vorbesitzer v 13 Hufen in der villa de Willemslagh bei Plancek gen.: BvO: SR 1279.
Mussin. Konrad vMussin (?). 1295. Ritter. Z: Konrad v Reno: VI, 184.

Nassiedel. Markward vNasile (Nassiedel n.Troppau). 1269-94. Nobilis. Z: Mrosco vPogarell: IV, 93; BvO: IV, 390; NI.T: V, 51, 382, 492, VI, 151; Unczich vBladen: V, 63; Benessius vBranitz: V, 380.
  Zwirchs. 1269. Ritter, Zudar. Z: G: IV, 100.
  Lupus. 1280-97. Bischöfl. Ritter. Z: BvO: IV, 390, VI, 312; NI.T: V, 382.
Nikolaus. Nikolaus Beniko. 1293. Ritter des Ulrich vLichtenburg. Z: Ulrich vLichtenburg und Milischo vCethau: VI, 138.
— S.u. Kelzc, Schowenburg.
Niculcec. 1288. Richter, Troppauer Lehnsmann. Z: Adelheid: V, 373.

Obieska. S.u. Branitz.
Otto. 1222. Wird als Vorbesitzer v 2 Hufen bei Troppau gen.: Markgraf vMähren: I, 212.

Paczlavicz. Sulislaus de Paczlavicz (?). 1288. Z: Benessius vBranitz: V, 380.
Pardus. 1256. Käm. vOlmütz. In einer eigenen Urkunde (III, 187) schenkt er den Johannitern zu Gröbnig seinen Anteil an dem Dorf Dirschel (sö. Leobschütz). Der König vBöhmen bestätigt, daß ihm die Johanniter das Dorf Augezd (nw. Olmütz) auf Lebenszeit überlassen haben: III, 188.
— S.u. Horka.
Paul. 1300. Käm. Z: BvO: VI, 425.
Peregrin. Bruder des Rivinus. 1175-77. Z: Herzog vBöhmen: I, 46, 47.
  Rivinus. Bruder des Peregrin. 1175-77. K vGlatz. Z: Herzog vBöhmen: I, 46, 47.
Pernegg. Bocko vPernegg (?). 1255. Graf, K vZnaim. In einer eigenen Urkunde (III, 164) vermacht er dem Kl. Saar u.a. die Dörfer Milostowitz, Plesna und die Hälfte vPiltsch

P/R/S

(alle bei Troppau), was der BvO 1261 bestätigt (III, 344).
Peter. Peter Zub. 1282. Wird als Schiedsrichter in einem Streit zwischen dem Abt vHradisch und einer Gruppe vAdligen gen.: BvO: V, 30.
— S.u. Dewiz, Lossiz.
Petrowicz. Bohus de Petrowicz (?). 1280-94. Z: BvO: IV, 390; NI.T: V, 31, 32, VI, 107, 151.
    Jaroslaus de Petrowicz. 1280-94. Z: BvO: IV, 390; NI.T: V, 62, VI, 107, 151.
    Wolfram de Petrowicz. 1280. Z: BvO: IV, 390.
Piess. Miroslaus de Piess (vielleicht Pischyz s. Ratibor). 1269. Ritter. Z: G: IV, 100.
Plawz. Frau des Konrad de Plawz (?). 1267. Wird als Vorbesitzerin vBruneswerde (Bukau ?) gen.: BvO: SR 1279.
Polom. Wikard de Polom (?). 1288. Z: Benessius vBranitz: V, 380.
Pribislaus. Sohn des Pircos. 1234. K vGrätz. Z: Markgraf vMähren: II, 71.
Prothivo. S.u. Wilouwe.
Protina. S.u. Dubrawicz.
Protiwecz. S.u. Chononicz.
Pustimir. Arnold de Pustimir (?). Bruder des Theoderich. 1300. Fidelis. Z: BvO: VI, 425.
    Theoderich de Pustimir. Bruder des Arnold. Fidelis. Z: BvO: VI, 425.

Radozlaus. S.u. Selziz.
Rathimir. 1268. K vGlaz. Z: König vBöhmen: IV, 79.
Ratibor. 1240. K vGrätz. Z: König vBöhmen: II, 179.
— S.u. Bogus.
Ratkow. Johannes vRatkow (?). 1282. Wird als Schiedsrichter in einem Streit zwischen dem Abt vHradisch und einer Gruppe vAdligen gen.: BvO: V, 30.
Reno. Konrad vReno (Burg bei dem Dorf Reyny bei Dessau/Anhalt). Vater des Konrad. 1281-95. Dominus, Ritter, K vGlatz 1295. In einer eigenen Urkunde (VI, 184) legt er nach erfolgter Begehung die Grenze zwischen der Provinz Glatz und dem Gebiet des Kl. Kamenz fest. Z: NI.T: IV, 424, 425.
    Konrad vReno. Sohn des Konrad. 1295. Ritter. Z: Konrad vReno: VI, 184.
    Friedrich vReno. 1295. Ritter. Z: Konrad vReno: VI, 184.
Rivinus. S.u. Peregrin.
Rochza. 1222. K vGrätz. Z: Markgraf vMähren: I, 217.
Ronberg. Berthold vRonberg (?). Bruder des Heynus. 1300. Fidelis. Z: BvO: VI, 425.
    Heynus vRonberg. Bruder des Berthold. 1300. Fidelis. Z: BvO: VI, 425.
    Ulrich vRonberg. 1300. Ritter. Z: BvO: VI, 425.
    Vgl. S. 536. Dieselbe Familie ?
Rosenberg. Wokko vRosenberg. 1259-61. Seine Schenkung an das Kl. Hohenfurt, darunter das Dorf Kotzem (bei Neustadt OS), bestätigt der Bischof vPrag (III, 296) und in zwei eigenen Urkunden (III, 319, 355) er selbst. 1265 wird erwähnt, daß weiland Wokko und seine Söhne die volle Gerichtsbarkeit für ihre Besitzungen erhalten hatten: König vBöhmen: III, 505.

Sbislaus. 1213. K vGlatz. Z: König vBöhmen: I, †349.
— S.u. Bohuzlawitz, Crawar.

S/T

Schitin. Benessius vSchitin (?). Sohn des Dersislaus, Bruder des Wokko, Jaroslaus. 1282-88. Schließt Frieden mit dem Abt vHradisch: BvO: V, 30. Löst sich durch Gelöbnisse vom Bann und übergibt auch für seine Brüder das Dorf Gurtendorf (bei Prerau/Mähren) dem BvO: NI.T: V, 31. Z: Unczich vBladen: V, 63; NI.T: V, 384.
Wokko vSchitin. Sohn des Dersislaus. 1282-93. Nobilis. Gurtendorf wird auch in seinem Namen übergeben: NI.T: V, 31. Z: NI.T: V, 51, 382, 492, VI, 107.
Jaroslaus vSchitin. Sohn des Dersislaus. 1282-93. Gurtendorf wird auch in seinem Namen übergeben: NI.T: V, 31. Z: NI.T: V, 51, VI, 107.

Dersislaus
† vor 1282

Benessius	Wokko	Jaroslaus
1282-88	1282-93	1282-93

Schowenburg. Nikolaus vSchowenburg (?). 1275-82. Z: BvO: IV, 272; NI.T: V, 31, 32.
Scezssow. Tammo de Scezssow (Zöschau bei Oschatz/Sachsen). 1295. Ritter. Z: Konrad vReno: VI, 184.
Sdizlaus. 1268. K vGlatz. Z: König vBöhmen: IV, 79.
Selziz. Radozlaus de Selziz (?). 1267. Wird als Vorbesitzer der villa de Brennan bei Wiscowe (?) gen.: BvO: SR 1279.
Siegfried. S.u. Engelsberg.
Simon. 1249. Z: BvO: II, 363.
Smil. (Um 1211). K vGlatz. Z: Zobehird, UTruch. des Königs vBöhmen: I, †347.
Sobierad. S.u. Cheliznicze.
Stange. Albert Stange (aus der Gegend um Altenburg/Sachsen). Ritter. Wird 1273 als † erwähnt: BvO: IV, 216.
Ticzmann Stange. 1273. Marschall. Z: BvO: IV, 216.
Erkembert gen.Stange. 1288. In einer eigenen Urkunde (V, 376) huldigen Erkembert, Heinrich und Theoderich gen.Stange dem BvO und nehmen v ihm die Güter Vridberg, Swensir, Cunczendorf und Heynrichsdorf (bei Friedberg) zu Lehen, was er besiegelt.
Heinrich gen.Stange. 1288. In einer Urkunde (V, 376) huldigen Heinrich, Erkembert und Theoderich gen.Stange dem BvO und nehmen v ihm Güter zu Lehen.
Johannes Stange. 1300. Bischöfl. Fidelis. Er erhält im Tausch für seine Lehensgüter in Liebenthal das bischöfl. Gut Paskau in Nordmähren: BvO: VI, 425.
Theoderich und Ludwig s. S. 552.
Stiborius. 1262. K vGlatz. Z: König vBöhmen: III, 386.
Stynplow. Dirsco de Stynplow (?). 1283. Czudar. Z: Wokko vCrawar: V, 50; NI.T: V, 51.
Stonarius. 1282. Z: NI.T: V, 31, 32.
Strachota. 1288. K vGrätz. Z: Adelheid: V, 373.
Sulislaus. S.u. Paczlavicz.
Svatoslaus. 1288. Z: Adelheid: V, 373.
Szudek. 1222. K vGrätz. Z: Markgraf vMähren: I, 217.

Tammo. S.u. Scezssow.

T/U/V/W

Teyniz. Theoderich de Teyniz (Dehnitz bei Grimma/Sachsen). 1295. Ritter. Z: Konrad vReno: VI, 184.

Theoderich. S.u. Brocke, Füllstein, Pustimir, Teyniz.

Thomas. S.u. Lobenstein.

Ticzczin. Bludo de Ticzczin (?). Vater des Bludo. 1281-83. Z: NI.T: IV, 428, V, 31, 32; Unczich vBladen: V, 63.

Bludo de Ticzczin. Sohn des Bludo. 1288. Z: Benessius vBranitz: V, 380.

Ticzmann S.u. Stange.

Trutwin. Bruder des Witigo. 1288. Z: NI.T: V, 384.

Witigo. Bruder des Trutwin. 1288. Z: NI.T: V, 384.

— S.u. Heroschidorf, Lublitz.

Turm. Helmbert vTurm (benannt nach dem Turmhof des Kl. Möllenbeck ?). 1256. Er tauscht die ihm früher verliehenen Besitzungen - das Dorf Schönau (bei Leobschütz), 50 Hufen, die er auf Grund der Besiedlung der Dörfer Liebenthal und Röwersdorf (beide sw. Hotzenplotz) besaß, und 12 weitere Hufen - gegen ein Gebiet außerhalb Schlesiens: BvO: III, 180.

Ulrich. S.u. Lichtenburg, Ronberg.

Unczich. S.u. Bladen.

Vimika. S.u. Bogus.

Vridelanth. Heidenreich vVridelanth (?). 1300. Ritter. Z: BvO: VI, 425.

Vroleiwezen. Johannes de Vroleiwezen (abgekommenes Vrolevezzen bei Hameln). 1273. Fidelis und famulus des BvO. Er erhält 10 Hufen v dem bischöfl. Gute Katscher (nö. Troppau) zu Lehen: BvO: IV, 216.

Vrolus. Henning de Vrolus (?). 1300. Ritter. Z: BvO: VI, 425.

Vulnek. Albert de Vulnek (?). 1293. Hzl. Ritter. Z: Ulrich vLichtenburg und Milischo vCethau: VI, 138.

Walter. S.u. Füllstein.

Wartenau. Zacharias vWartenau (nw.Troppau). 1238. Z: Heinrich und Thomas vLobenstein: II, 157.

Wenzelslaus. 1282-85. Mag., Notar 1282, Protonotar 1285. Gen.als Datar: NI.T: V, 241. Z: NI.T: V, 32.

Wernhardus. 1222. Käm. Der Markgraf schenkt dem Käm. seiner Gemahlin für treue Dienste das Dorf Wernersdorf (bei Leobschütz): Markgraf vMähren: I, 217.

Wikard. S.u. Polom.

Wilhelm. 1213. K vGlatz. Z: König vBöhmen: I, †349.

Wilouwe. Prothivo de Wilouwe (?). 1281. Z: NI.T: IV, 428.

Witco. 1. 1177. K vGlatz. Z: Bischof vPrag: I, 48.

2. 1222-24. K vGrätz. Z: Markgraf vMähren: I, 217; König vBöhmen: I, 250.

Witigo. S.u. Aupa, Trutwin.

Woytech. S.u. Doubravnik.

Wokko. Sohn des Boruta. 1234-36. K vGrätz. Z: Markgraf vMähren: II, 67, 121.

— S.u. Branitz, Crawar, Rosenberg, Schitin.

W/Z

Wolfram. 1288. K vModericz. Besiegelt und Z: Herren Stange: V, 376.
— S.u. Petrowicz.

Zacharias. Zacharias Nuzerius. 1288. Z: Benessius vBranitz: V, 380.
— S.u. Wartenau.
Zawissius. 1281. K vGrätz. Z: Königin vBöhmen: IV, 404.
Zemizlaus. S.u. Doubravnik.
Zyghard. 1288. Königlicher Bogenschütze. Z: Adelheid: V, 373.
Zudiko. 1280. Ritter. Er wird als Vorbesitzer des Erbgutes Liebenthal (sw. Hotzenplotz) gen.: BvO: IV, 390.
Zwirchs. S.u. Nassiedel.

VII. Register

VII.1. Personenregister

Aufgenommen wurden alle Personen und Geschlechter, die im Darstellungsteil und in den Anmerkungen genannt werden, sofern es sich im letzten Fall nicht um rein bibliographische Angaben handelt. Im Personenverzeichnis wurden nur jene Personen erfaßt, die außerhalb der alphabetischen Namensfolge in den Textpassagen erwähnt werden. Nicht berücksichtigt wurden die Personenangaben in den Stammtafeln. Folgende Abkürzungen wurden verwandt: Bf. = Bischof, Fam. = Familie, Fst. = Fürst, gen. = genannt, Hist. = Historiker(in), Hl. = Heilige(r), Hz(in). = Herzog(in), Kg. = König, Ks. = Kaiser, P. = Papst, pln. = polnisch, (prz.) = przemyslidischer Adel, s.u. = siehe unter, unbek. = unbekannt, v. = von.

Aceruo, Johannes v. 83, 86, 92, 94
Aclam 106
Aczemansdorf, Gozko v. 83, 92
Adalbert [1] 207, 263 - [2] 125, 256 - [3] 259 - [6] 199; Boguslaus 199, 208 - [8] 77, 92-94 - [10] 274 - [11] 285 - [12] 275 - [13] 291 - [14] 125, 304 - [15] 323 - [16] 125, 149, 152f. - [25] 242 - [26] Dirsco 98, 219; Ianusius 98, 187, 223 - [28] 158 - [29] 142, 224
Adam [1] 216 - [2] 216 - [3] 211, 507 - [4] 314 - [5] 320 - [6] 324 - [9] 189
Adelheid 193
Adelungesbach, v., Fam. 84, 87; Gertrud 230; Heinmann 92, 94, 133, 166, 531
Adleyta s.u. Goslaus [7]
Agnes v. Österreich, Hzin v. Krakau und Schlesien 66, 422, 507, 509
Aiacota 291
Alardus 134, 187, 223, 241, 299, 303
Albertus, Richter v. Prausnitz 182
Albrecht s.u. Godislaus
Alexander II., P. 71
Alexander [1] 412, 224
Alzicus s.u. Daleborius [2]
Andreas, Bf. v. Płock, s.u. Clemens [2]
Andreas [1] 125, 203, 256 - [2] 125, 204, 256 - [3] 125, 205, 208, 215f., 255f. - [5] 203, 474 - [6] 269f. - [7] 269 - [8] 229, 274 - [9] 229, 277 - [10] 229, 280 - [11] 284 - [12] 74-76, 149, 167, 317, 333f.; Paul 74, 149, 167 - [13] 324 - [14] 326 - [18] 149 [19] 74f. - [20] 51, 114; Wislaus 114, 221 - [21] 245 - [24] Clemens 229 - [25] 70 - [26] 109, 158, 221 - [27] 237 - o. Nr. 169 - Andreas Zaręmba 169
Anna, Hzin., Frau Heinrichs II. v. Schlesien 265, 290, 296, 299, 303, 351, 414, 496, 503
Antonius 213, 216
Apolda, Schenk v., Fam. 64, 80, 119; Heinrich 92-94, 315
Appelt, Heinrich, Hist. 55
Arnold [1] 141, 175-177, 202f., 264, 567; Peter 175f.; Rüdiger 175f. - [2] 261 - [3] 125, 256 - [7] 189, 227 - [8] 242 - Schulze 126, 581
Arnold, S., Hist. 116
Aubin, Hermann, Hist. 49
Aulock, v., Apetzko 82, 92, 230; Gertrud 230; Hanka 230; Ludwig 230; Mechthild 230; Werner 230
Aupa, Witigo v. 92, 97, 193
Awdańce, Fam. 51
Axleben, Simon v. 82, 92-94

B. 99, 276
Baitzen, v., Fam 72, 174, 221, 231, 422; Benedikta 230; Dirsco 220, 224, 227, 230; Dirislaus 72, 133, 230, 468; Iesco

220, 223f.; Moico 154, 189, 191, 220, 222-224, 347, 407
Balduin [1] 261
Balzer, O., Hist. 105
Banch, Thilo gen. de 175, 177, 390
Bandtke, Georg Samuel, Hist. 49, 53
Banz, v., Fam. 79; Albert 92-94, 119f.; Heinrich 120, 224, 227, 230; Nikolaus 216
Barboy, Hermann v. 416
Barby, v., Fam. 78, 119; Walter 91f.
Bardach, J., Hist. 105
Bartholomeus [2] 213, 474, 484 - [3] 125 - [4] 296 - [5] 185, 313 - [6] 204, 401; Bogdan 240 - (prz.) 341
Bartos [1] 285 - [2] 300 - [3] 221
Bartuschdorf, Polco v. 85, 87, 92
Baruth, v., Fam. 78, 88, 94, 119, 130, 335; Heinrich (1247-51) 92; Heinrich (1283-99) 97, 131f., 153f., 166, 190; Siegfried 93f., 97, 275, 333-335; Theoderich 131, 230, 278, 333-335
Bauchwitz, Pribigneus v. 73, 75, 187, 191, 223
Bawarus 77, 82, 92f., 166, 238, 435
Beatrix s.u. Iaxa, Peter [11]
Benedikt, Kaplan 542
Benicus [1] 103, 199, 204f., 216
Benjamin 268
Bentivenga, Kardinal 388, 477
Berckow, Heinrich v. 84, 86, 92
Berndorf, v., Fam. 84, 87; Michael 92
Bernhard, Hz. v. Löwenberg 92, 130, 260, 330, 352, 488
Bernhardsdorf, v., Bernhard 467; Otto 467
Bero 554; Karl 554
Berold [1] 273 - [4] 229, 498
Berthold [1] 259 - [2] 277, 283, 290 - [3] 282 - [4] 111, 304; Jakob 319 - [5] 319 - [7] 106 - [8] 106 - [9] 85, 87, 92, 94, 223 - [10] 190, 223 - [12] 223; Witwe des Grafen Peter 110 - [14] 85f., 92, 94, 122, 175, 179, 240 - [15] 279
Bertolf 229
Bertilsdorf, Heinrich v. 84, 87, 92

Betsow, v., Heinrich 73; Hermann 73, 131
Bezelinus 109, 158
Biberstein, v., Fam. 77, 93, 95, 119, 131, 231, 241, 253, 335; Elisabeth 104, 110, 230; Gunther (1243-68) 92-94, 103f., 112, 114, 130, 133, 154, 166f., 188, 196, 220, 224, 230, 241, 252, 300, 333-335, 347; Gunther (1268-98) 230, 238, 323, 325, 333-335, 352, 439f., 442; Heinrich 166, 230; Jaroslawa 229; Jutta 114, 230; Otto (1249-92) 166, 230; Otto d. J. 230; Rudolph 99, 245; Ritter 238
Bichotow, Semianus v. 295
Bischofsheim, Friedrich v. 84, 86, 92, 230
Bladen, Unczich v. 193
Blankenberg, Gunther v. 83, 87, 92, 149
Blasius 304
Blättler, Regine 10
Blesow, v., Fam. 83, 87; Heinrich 92, 94, 228, 307, 310, 333f., 336; Iesco 166
Bobolitz, v., Fam. 73, 121, 220f., 344, 346, 557
Bobrzyński, Michał, Hist. 66
Boceporius 264
Bogdalus 150, 240
Bogdan [1] Fam. 74f. Bogdan 75f., 167, 221, 230; Razon 74, 167, 229, 394 - [2] 309
Boguchal [1] 260 - [2] 74 - [3] 74f. - [4] 276
Bogucki, Ambroży, Hist. 53f., 60, 109f., 289, 296, 298f., 305, 311, 315
Bogufalus, Propst 467
Bogumil [1] 323 - [2] 221 - [3] 74f. - [5] 325 - s.u. Iaxa
Boguphal, Chronist 135f.
Bogus [1] Stephan 273 - (prz.) 342
Bogusca s.u. Goslawitz
Bogusco s.u. Boguslaus [16]
Bogusius [2] 145
Boguslaus [1] 126, 216, 467 - [4] 273 - [5] 287 - [6] 290 - [7] 125, 304 - [8] 306 - [9] 312 - [10] 321 - [11] 322 - [13] 125 - [14] 125 - [15] 242; Bogusco 154, 189, 237f.; Wenczko 238 - [17] 74f. - [18]

188; Egidius 188 - [19] 535f. - s.u. Adalbert [6], Peter [11]
Boguta [1] 229, 324 - [2] 229, 324
Bohrau, v., Fam. 84, 86; Berthold 86, 94, 306, 333f.; Heinrich 92
Boleslaus II., Hz. v. Schlesien und Liegnitz 40, 61, 91-93, 97, 104, 127-129, 131, 134-136, 150, 154, 158f., 178, 207, 257-259, 267, 270, 290-292, 299, 303, 306f., 311-313, 323, 330, 336, 347, 350f., 358, 398, 401f., 451, 454, 465, 467, 478, 485, 495, 513, 515, 537, 550, 563
Boleslaus I., Hz. v. Oppeln 92, 130, 154, 158, 264, 269, 294, 317, 324, 331, 352, 397, 410, 434, 451
Boleslaus I., Hz. v. Schlesien 72f., 96, 134, 138, 158, 160, 238, 257, 306, 330, 396, 400, 436, 456, 507, 554, 561
Boleslaus [1] 292 - [2] 301
Boleslaw II., Kg. v. Polen 67
Boleslaw, Hz. v. Kalisch 135
Boleslaw III., Hz. v. Polen 66, 68f., 507f.
Boleslaw IV., Hz. v. Polen 134, 458, 509
Bolko I., Hz. v. Jauer, Löwenberg und Breslau 40, 92, 95, 123, 129-131, 141, 143, 153f., 158-160, 163, 234, 257-259, 291, 300, 316, 330, 347, 350, 352, 392f., 407, 448, 471, 498, 529, 531, 544, 549, 567, 572, 588
Borco 294, 296 - s. u. Grabie
Borech, Witoslaus de 39, 134, 231
Borsnitz, v., Fam. 82; Johannes 166; Konrad 92-94, 166, 316-318, 333f., 336; Lorenz 125; Nikolaus 123, 279, 333f.
Borsuta 149
Boruto 208, 262
Bozata [1] 230 - [2] 230, 277
Bozdech 187, 221, 224, 226, 237f., 511; Jaroslaus 187, 221, 224, 226, 237f., 511
Bozechna, Fam. 71, 184, 226; Bozechna 197, 221; Gregor 103, 183, 187, 223; Martin 197, 199, 202, 204; Sebastian 169, 183 187, 197, 199, 204, 206, 216, 263

Branitz, Benessius v. 193, 590
Bremco 225
Brenthco 287, 302
Bresin, Heinrich v. 131
Bretschneider, Paul, Hist. 72
Brezinchi, Arnold de 125
Brictius 229
Briese, v., Fam. 51, 53, 71, 231, 297, 335; Bertha 133; Iesco 230, 237; Jakob 230; Paul 230, 237, 439; Peter 224; Radozlaus Dremlic 114, 228, 252, 283, 292f., 297, 335, 337
Brokotenstein, Andreas v. 83, 87, 92
Bromislaus 278
Bronisius [1] 74f. - [2] 70, 109, 158, 221 - [3] Fam. 226; Bronisius 98, 187, 191, 221, 223, 225; Sandivoi 221
Bronislaus [1] 149, 309 - [3] 63, 219, 274, 308, 310; Nikolaus, Bf. v. Posen 63, 219, 407; Theoderich 63, 219, 268, 313
Brounov, v., Konrad 73; Hermann 73
Bruno v. Schauenburg, Bf. v. Olmütz 52, 89, 95, 97, 155
Bruno (prz.) [1] 341
Budislaus 341
Budissyn, Heinrich v. 82, 92, 125, 149
Budiuoy [2] 274 - [3] 245, 284 - [4] 112, 285 - [5] 287 - [6] 311f., 315 - [7] 106 - [9] 187, 221, 224, 226, 237f., 405, 511 - [10] 98 - (prz.) 342
Budsco 312
Bunkai, v., Sambor 73, 160; Wenzel 73, 160, 459
Buntense, Friedrich v. 83, 92-94, 119, 263, 333f.
Burkhard (prz.) 342 - Vogt 126 - s.u. Theoderich [3]

Cancowe, Peter 126, 149
Cechowe, Siegfried v. 83, 93, 119
Ceseborius 221, 229
Cesenta 281, 306
Ceslaus [1] 229, 287 - [2] 229, 291
Cethau, Milischo v. 594
Cetwiński, Marek, Hist. 9, 43f., 48f., 52,

57-62, 68-70, 116, 137, 156, 250, 315, 319, 322, 358
Chammer, Friedrich v. 257
Chanstobor [1] 99, 230, 283 - [2] 276
Chanstor 223
Chazlaus [1] 229, 291, 297 - [2] 478
Chevlegius 244, 246
Chomotouo 224
Chotco 282, 302, 313, 336; Jaroslaus 302, 308
Chozek 106
Chirsitianus [1] 189 - [2] 103, 126
Christian, Pfarrer v. Frankenstein 443
Christinus [1] 303 - [2] 308 - [3] 322 - [6] 158, 221
Christopher [1] 125, 304
Chropaczow, Johannes v. 149
Chwalisius 185
Chwalislaus 134, 149, 228, 303
Clemens IV., P. 241
Clemens [2] 226, 247, 335; Clemens 74f., 108, 133, 149, 160, 166f., 178f., 198, 221, 238, 268, 283, 333-335, 337, 525; Andreas, Bf. v. Płock 198, 212; Johannes 221, 228, 282, 286, 289; Virbecha 213; Wisenyga 197f. - [3] 99, 273; Sulco 99; Theodor 99, 177, 223, 454 - [4] 281, 581 - [5] 300 - [7] 98, 229 - [8] 224 - [9] 103, 109, 229 - o. Nr. 196 - s. u. Andreas [24]
Clementia s.u. Radozlaus [1]
Coelestin III., P. 70
Colditz, Ulrich v. 79, 92, 119
Colinus 125
Colonia, Lambinus 203, 216
Concho 300
Copatz, Fam. 80, 119; Arnold 92
Corentzk, Fam. 453, 500
Cosmas [1] 106, 134 - [2] 303
Cragec 70, 109, 158, 223, 229
Cran 324
Crapowa, Vnimir de 112, 188, 222f., 226, 296
Crawar, Wokko de 193, 341
Cresslauus 73, 75, 167, 228; Sudo 73, 167, 221, 228
Crimasosna, Nikolaus de 224
Crimmitzschau, v., Fam. 81, 119; Heinrich 92; Konrad 92
Crisanus [1] 204, 206 - [2] 109, 229 - [3] 142, 224
Crisek s.u. Crisko
Crisko 74f., 229; Crisek 74; Levos 74
Crizan 341
Cuchingus 126, 149
Cunczo 85, 87, 92, 94, 125, 166; Konrad 85, 166; Peter 85, 166
Curow, v., Fam. 64
Cursicus 125, 149, 153
Cygelheim, Gunther v. 79, 93f., 119, 127, 166, 446
Cyrna, Bertradis v. 231, 232
Czambor s.u. Schildberg
Czurban, Fam. 72
Czysnek 594

Dahme, Richard v. 78, 91f., 97, 119, 150, 342
Daleborius [1] 216 - [2] Fam. 64, 71, 219, 221; Daleborius (1218) 219; Alzicus 130, 220, 352, 544; Daleborius (1264-1307) 174, 219f., 532; Michael 219f.; Miscigneus 219, 229; Semianus 219
Damascyn, Bartholomeus v. 112, 294
Damassus 149
Dambiscin, v., Fam. 71; Benicus 160, 220, 562
Daniel; Domaslaus 229, 464, 492; Heinrich 230
Delabar 316
Demetrius [2] 220, 473
Deptula, E., Hist. 105
Detco [1] 274, 282, 294 - [2] 286 - [3] 312, 314 - [4] 312
Detrich [2] 220f., 565
Dewiz (prz.) [2] 342
Dirsco [1] 99, 267 - [2] 285, 302 - [6] 230, 287; Elisabeth 230 - [7] 306 - s.u. Adalbert [26], Sdizlaus [1]
Dirsicraiowitz, Fam. 71, 98f., 226, 231,

335; Dirsicraus 169; Konrad 219, 230; Moico 219; Rosec 108, 187, 221, 243, 346; Seteh 162, 187, 221, 230, 232; Stoygnew 162, 169, 221, 223-225, 230, 243, 282, 335; Werner 187, 237, 268, 273, 275, 335, 337; Peter v. Slawetaw 188, 550
Dirsislaus [1] 72, 108, 243, 284, 307; Iavor 243; Moico 243 - [2] 184, 188, 196
Dismus 125
Ditmannsdorf, Albert v. 84, 86, 92
Diui 70, 109, 158, 221, 229
Dlucomilus 503
Dobbertin, Hans, Hist. 57, 71
Dobes [5] 106, 507-509
Dobeslaus [1] 274, 286 - [2] 287 - [3] 158, 221
Dobrischau, v., Bogus 242; Gron 242
Dobrogost [1] 99, 275 - [5] 107; Janus 107 - [6] 463
Dolzk, Fritscho de 224
Domanze, Dobes v. 292
Domaslaus [1] 162, 169; Johannes 98, 162, 169, 181, 187, 221, 480, 501 - [3] 257 - s.u. Daniel
Dombsen, Stephan v. 190, 220
Dominik [1] 265
Domrathus [1] 74f.
Donin, v., Fam. 78, 88, 93, 119; Heinrich 91f., 245
Dornheim, Johannes v. 83, 92
Doroszewska, Anna, Hist. 56
Drehnow, Konrad v. 207, 211, 216, 260, 515
Dresco 177, 301
Drogomil 299
Druschowitz, v., Fam. 83, 87, 92; Elisabeth 167, 189, 224-226; Gerhard 94, 167, 222, 226
Dyhrn, v., Fam. 80, 335; Siban 112, 224, 290, 294, 333-335; Theoderich 92-94, 112, 277, 333-335; Werner 106, 317, 333-335

Eberlin 223

Ebersbach, v., Fam. 80; Peter 92
Echstete, Heinrich v. 224
Eckehard [2] 103, 126
Egidius [1] 99, 204, 210, 215f. - [3] 71 - [4] 199 - [8] 198f., 203; Johannes 199, 203f.; Peter 106 - [10] 292, 297, 323 - [13] 103 - s.u. Boguslaus [18]
Ehrenberg, Gunther v. 79, 92, 119
Ehrenkreutz, Stefan, Hist. 53
Eichelborn, v., Fam. 84, 87; Hermann 92, 94, 166, 312f., 333f., 336; Lutko 166
Eisdorf, Stanislaus v. 131
Eisler, Max, Hist. 52
Eistert, Karl, Hist. 51
Elisabeth, Hzin. v. Liegnitz 40
Elisabeth s.u. Dirsco [6]
Euphemia, Hzin. v. Oppeln 302, 304
Eustachius [1] 142, 224

Falkenberg, Hartmann v. 78, 89, 91f., 119
Falkenhain, Wolfker v. 81, 92, 106, 119
Felix 199, 216; Johannes 199
Fenske, Lutz, Hist. 37f.
Flemyngus 261
Florian 319
Flößberg, v., Fam. 79, 119; Heinrich 91f.
Forst, Werner v. 78, 91f.
Franco [1] 189, 191, 204f., 215-217, 391
Frankenberg, v., Heinrich 101 - s. u. Hake
Frankenstein, Hermann v. 85, 87, 92, 94, 167, 189, 191, 225, 230
Frankental, Hugolt v. 85, 87, 92
Franz 269 - s.u. Ulrich [3]
Friedberg, Marjan, Hist. 69
Friedrich I., Ks. 66
Friedrich [1] 125, 255 - [3] 190, 223 - [4] 220 - [6] 283
Fröbeln, Nikolaus v. 187
Füllstein, v., Fam. 51, 79, 89, 119; Eckrich 89, 92-94, 98; Heinrich 341; Henning 193; Herbord 89, 97, 341; Johannes 89, 98; Konrad 341

Galle, Fam. 71
Gallici, Fam. 50f., 57, 71, 198f., 335;

Bozcacina 167, 220; Eberhard 72, 114, 166f., 179, 240, 244, 252, 335; Johannes 125, 155, 190, 198f., 202, 204f., 215; Simon 59, 72, 114, 166f., 169, 175-177, 179, 189, 220, 240, 244, 252, 268, 281, 285, 288f., 301, 333-335, 337, 542; Thomas 244; Walter 125, 198f., 216, 255, 333-335

Gallus [2] 299, 319; Preduogius 99, 229, 311, 315

Gallus Anonymus, Chronist 68, 105, 108, 115, 355

Garisca, Albert v. 190, 244

Gasso 142, 224

Gebhard 99, 277

Gedko, Bf. v. Krakau 580

Gerco 223-225, 294, 296

Gerhard [1] 125, 256 - Schulze 122, 544

Gerlach 259

Gerlachsheim, v., Fam. 51, 84, 86; Grabisius 91f., 94, 166

Gernod 259

Geroslaus [1] 308

Gertrud 223 - s. u. Goswin

Gescho 149

Gibert 71, 529

Giselher [1] 99, 212, 261 - [2] 82, 92-93, 166, 177, 179, 238, 291, 296f.

Glysso 242

Gneomir [1] 585

Godek 222, 230

Godinus [1] 229

Godislaus 63, 85f., 92, 94, 125, 177, 179; Albrecht 63; Guhrau, v., Gotwin 186; Nikolaus 189; Stephan 189

Godov, v., Fam. 79, 119; Peter 92

Gorgowicz, v., Friedrich 306; Heinrich 149

Goslaus [1] 125, 256 - [2] 274 - [3] 301f. - [4] 324 - [7] 223; Adleyta 220; Hubertus 223 - s. u. Nikolaus [54]

Goslawitz, Fam. 64, 71, 131, 182, 184, 196, 198, 200, 217, 247, 297, 335; Beatrix 231f.; Bogusca 189, 191, 229, 240, 505; Dirzek 220; Elisabeth 242; Iesco 242; Jaroslawa 133; Konrad 99, 200, 204, 206, 211f., 216, 260, 335, 494; Peter, Bf. v. Passau 99, 125, 198, 200, 212, 255, 335; Pribico 99; Pribislaus 169, 222, 230, 278, 284, 315, 556; Sbilutus 229, 284, 292f., 297, 335; Sobco 242; Sobeslaus 188; Thomas I., Bf. v. Breslau 51, 111, 133, 152, 155, 158, 160, 163, 169, 178, 198, 200, 202, 204, 207, 215-217, 247, 255-257, 304, 306, 311, 323, 335, 347, 401f., 467, 478, 494, 506, 513, 515, 523, 554, 556f., 560, 572; Tochter des Pribislaus 133; Viszlava 99

Gostis 158, 222

Goswin, Fam. 231; Goswin 198f., 211f., 216, 435, 489, 529; Gertrud 230; Gozko 230; Jakob 125, 188f., 191, 199, 216; Johannes 125, 199, 216; Katharina 230

Gotfalcus 292

Gottfried [1] 216 - [2] 16 - [3] 287 - [4] 77, 92 - [5] 77, 79, 92

Gotthard [1] 206, 264 - [2] 292 - [3] 321 - [5] 161

Gozko s.u. Goswin

Gozyslaus 287

Grabe, Gebhard v. 268

Grabie, Jan de 183f., 223, 225, 239; Jeschicus 215

Grabin s.u. Jassona

Grabisa 316

Gran 463

Gregor s. u. Bozechna, Johannes [11]

Greiffenstein, v., Fam. 84, 86; Siegfried 129; Witigo 93f., 154, 159, 167, 169, 187, 191, 222, 224, 226

Grimislaus [1] 149, 275, 309 - [2] 295 - [4] 142, 224 - [5] 291

Grodecki, Roman, Hist. 66, 68

Grodis, Andreas v. 79, 92, 119

Größler, Hermann, Hist. 50

Groton 108

Groznata 342

Grüssau, Ulyanus v. 123, 145, 149

Guhrau s. u. Godislaus

Gumbert, Archidiakon v. Krakau 98, 487

Gumbertus s.u. Miscigneus [1]
Gunther [1] 277
Gunzlin [2] 222; Hildebrand 222
Gusik, v., Fam. 78, 91, 94; Heinrich 91f., 230; Peter 93, 166, 238

Habendorf s. u. Pogarell
Hain, Fam. 78
Hain, Albert v. 244
Hake, Heinrich Hake v. Frankenberg 101, 538; Theoderich v. Frankenberg 538; Konrad 204, 259
Hakeborn, Ludwig v. 40, 50f., 82, 92, 95, 119, 131
Hartmann [1] 262 - [2] 278 - [3] 274
Haugwitz, v., Fam. 79, 93, 119, 227, 229, 231; Andreas 92; Elisabeth 224, 227, 230; Jutta 230; Katharina 230; Kilian 224, 227-230; Otto 143, 229f.; Rüdiger (1289-1305) 93f., 166, 230; Rüdiger 230; Schade 230
Hedwig, Hl., Hzin v. Schlesien 92, 134, 228, 231f., 249, 299, 303, 305, 387, 404, 406, 411, 413, 426, 440, 451, 457, 459, 464, 476, 480, 484, 487, 493, 500, 504, 522, 534, 543, 551f., 566f., 573, 578
Hedwig, Hzin., Frau Hz. Boleslaus II. v. Schlesien und Liegnitz 303
Heinrich III., Ks. 67
Heinrich III., Hz. v. Breslau 92, 97, 106, 127f., 135f., 144, 154, 158-160, 169, 178, 206, 236, 254, 260f., 268, 292f., 300f., 306f., 311-313, 316, 323, 330, 336, 350, 438, 442f., 445, 461, 464, 477f., 495, 498, 501, 514, 536, 546, 568, 572f., 576
Heinrich IV., Hz. v. Breslau 56, 59, 92, 95, 97, 105, 122, 128-130, 151, 154, 158-160, 163, 165, 178, 207, 209, 228, 236, 246, 254, 260f., 268, 270, 291-293, 296, 299, 301, 306f., 311-313, 316f., 324, 330, 333, 336, 338, 346, 350-352, 357, 391, 399f., 406, 408, 413, 418, 427-429, 431, 438, 443, 447, 450, 454, 461f., 467f., 472, 474, 477-479, 481, 484, 486, 488f., 494f., 498, 501, 505f., 511, 517, 524f., 531, 536, 538f., 543f., 548, 550, 553f., 557, 568, 570, 573, 577, 579f., 587
Heinich I., Hz. v. Glogau und Steinau 59, 92, 99, 129, 154, 158-160, 182, 186, 254, 262, 268, 293, 317, 330, 351f., 430, 436, 447, 453f., 539, 574, 585
Heinrich V., Hz. v. Liegnitz - Breslau 53, 73, 92, 129f., 143, 151, 154, 158, 178, 254, 258f., 268, 270, 291-293, 296, 300, 306, 311, 316-318, 323, 330, 346, 350-352, 395, 399, 403f., 406, 414, 419, 429, 436f., 445, 447-449, 451, 459, 468, 470-472, 476, 478-480, 482, 486, 489, 502, 517, 522, 524f., 528, 535f., 539-541, 552, 567, 572f., 577
Heinrich I., Hz. v. Schlesien 56, 73f., 76, 91, 99, 106, 111, 117f., 142, 148, 158, 160, 163, 178, 207, 229, 236, 257, 259, 267, 270, 290, 292, 299, 303, 306, 311, 315f., 319-323, 327, 330, 338, 357, 394, 398, 400f., 406, 408, 436, 444, 456, 458, 465, 469, 478, 481, 485, 493, 503, 512, 520, 553, 575f., 581, 584
Heinrich II., Hz. v. Schlesien 73, 92, 127, 136, 207, 257f., 265, 267, 270, 290f., 299, 303, 306, 323, 330, 350f., 492, 535
Heinrich, Markgraf v. Meißen 135
Heinrich I., Bf. v. Breslau s.u. Würben
Heinrich [1] 264 - [2] 125, 255 - [3] 262 - [4] 258 - [5] 263 - [6] 261 - [8] 125 - [10] 216 - [12] 211f. - [13] 77, 92-94, 216 - [18] 276 - [19] 279 - [20] 125f., 323 - [21] 241, 471, 573 - [22] 326 - [23] 177 - [26] 73 - [27] 73 - [28] 228; Ruprecht 228 - [29] 77, 92, 106, 134 - [35] 80, 89, 92, 119, 131 - [38] 222; Iascocel 222 - [41] 277 - Kolmas 101 - Vogt v. Frankenstein 92, 490 - unbek. 514 - s. u. Daniel, Peter [34], Ulrich [3]
Heinzko 259
Helene, Hzin., Frau Hz. Kasimirs I. v. Cosel-Beuthen 304
Helwig 263, 266, 332

Hemerammus [1] Fam. 76; Hemerammus 74f.; Sulco 74, 288 - [2] 105, 149
Hermann [1] 125, 255, 260 - [3] 281 - [4] 282 - [5] 80, 92, 119 - [9] 77, 80, 92-94, 228 - Herr v. Kreuzburg 409
Herold [1] 213 - [2] 126, 149
Herrnmotschelnitz, v., Nikolaus 143, 147, 413, 500; Pasco 143, 147, 413, 500
Hertel, Jacek, Hist. 60
Heseler, Konrad v. 55, 81, 92, 242
Heslech, Peczco v. 283
Heydebrand und der Lasa, Fedor v., Hist. 51, 68, 109, 116
Heymandus s.u. Zindel
Hieronymus 257
Hildebrand s. u. Gunzlin [2]
Hinko 312
Hoberg, v., Fam. 79, 119; Dietrich 92
Hoenberg, Grafen v., Fam. 79
Hoendorf, Heinrich v. 230
Hohenbüchen, Ulrich v. 77, 92f., 95, 97, 119, 166
Holach 343
Honorius IV., P. 209
Hualizlaus 305
Hubertus s. u. Goslaus [7]
Hunarcus 565; Sophia 565; Zdislaa 565
Hyazinth, Hl. 455

I. [1] 299 - [2] 99
Iacertus 108
Ianissius 197
Ianusius [2] 274 - [3] 314 - [4] 323 - [7] 99 - s. u. Adalbert [26]
Iasco [1] 259 - [2] 293
Iascocel s.u. Heinrich [38]
Iasso 150, 175, 179
Iavor [2] 290, 297 - s. u. Dirsislaus [1]
Iaxa 52, 60, 70, 103, 106, 109, 111, 116, 158, 222, 228f., 232f., 507-509; Beatrix 158, 228; Bogumil 222; Mlodey 222, 229
Ienzcho 343
Iesco [1] 265 - [2] 149, 274 - [3] 314 - [4] 320 - [12] 188, 191

Ihbinvg 311
Imma s. u. Radozlaus [1]
Inco 302
Indagine, v., Fam. 78, 91, 94, 118f.; Johannes 94, 262, 333f.; Konrad 91; Volrad 92f., 150
Ioad 311
Irgang, Winfried, Hist. 10
Ivan [1] 74f.
Ivo 96, 160

Jakob [1] 263 - [2] 99, 262 - [3] 260 - [4] 99, 213, 448 - [6] 64, 83, 86, 92, 94, 210-214 - [9] 282 - [10] 286 - [11] 314, 455 - [12] 321 - [13] 323 - [20] 455 - (prz.) 341 - s. u. Berthold [5], Goswin, Lassota, Sdizlaus [1], Zajenko
Jakobsdorf, Christanus v. 131
Janko 229, 319f., 336
Janowitz, Adelheid v. 84, 86, 92, 232
Janus s. u. Dobrogost [5]
Järischau, v., Friedrich 131, 258f.; Hebrwynus 224
Jaroslaus, Hz. v. Schlesien, B. v. Breslau 198
Jaroslaus [2] 306 - s. u. Bozdech, Chotco
Jäschkittel, Dobromira v. 231f.
Jasso 85f., 92, 94
Jassona, v., Fam. 243; Adam 63; Adeko 63, 189; Gotthard 63, 189; Heinrich v. Grabin 63, 287, 489; Pridewoyus 63, 189; Theoderich 63, 189
Jedlownik, Goslaus v. 222, 229
Jeltsch, Bratumila v. 231f.
Jerissow, Heinrich v. 304
Jeronimus, Kardinal 388, 477
Jeschicus s. u. Grabie
Jesoro 160; Paul 160; Peter 160
Johannes, ErzBf. v. Gnesen 98
Johannes III., Bf. v. Breslau s. u. Johannes [11]
Johannes [1] 258f. - [2] 265 - [3] 262 - [4] 262 - [5] 262 - [6] 125, 256 - [7] 125, 256 - [8] 73, 125, 256, 333f. - [9] 125, 256 - [10] 125, 257 - [11] Fam. (Romka)

198; Bf. v. Breslau 125, 155, 169, 178, 198, 210, 217, 247, 255f., 311, 391, 406, 443, 484, 505, 528, 557; Gregor 230; Mathias 230; Theoderich 230, 278 - [12] 198, 204f., 246 - [14] 538 - [15] 125, 199, 209, 213, 216 - [21] 169, 187, 204f., 211f., 423, 450, 487 - [25] 243 - [27] 125 - [28] 216 - [29] 98, 187, 204 - [30] 273 - [31] 274 - [32] 277 - [33] 279 - [34] 280 - [35] 286 - [36] 286 - [37] 287 - [38] 281 - [40] 303 - [41] 305 - [42] 125f., 306, 310 - [43] 325 - [45] 245, 417 - [47] 125 - [54] 83, 93 - [5] 326 - [56] 106, 153f., 188, 244 - [57] 125 - [62] 73 - [68] 73, 75; Nikolaus 73, 76, 117, 160, 166f., 169, 202, 204, 216f., 245, 257, 259, 331-334, 426, 476, 493, 506f., 550, 563, 586 - [69] 556 - [73] 220, 222f. - [74] 142, 224 - [79] 288 - [80] 292 - o. Nr. 474 - (prz.) 341 - s. u. Clemens [2], Domaslaus [1], Egidius [8], Felix, Goswin, Milo, Stephan [4]

Jordanus [1] 262 - [2] 70, 109, 158, 222
Jungandreas, Wolfgang, Hist. 57
Jurek, Tomasz, Hist. 9f.
Jutta, Hzin., Frau Hz. Mieszkos II. v. Oppeln 304, 396

Kalkau, Eckehard v. 125, 208, 216f.
Kalkruth, Konrad v. 81, 92, 119
Kamenz, v., Fam. 50,78, 88, 91, 93f., 119, 127, 132, 138; Bernhard d. Ä. 93-95, 108, 129, 133, 166, 202f., 207, 212, 260, 333f.; Witigo 91f., 150
Kamien, Thomas v. 242
Kammelwitz, Pribco v. 241
Karl s. u. Bero
Karzen, Albert v. 84, 86, 92
Kasimir III., der Große, Kg. v. Polen 139
Kasimir II., Hz. v. Cosel-Beuthen 159, 163, 265, 296, 303f., 309, 314, 318, 320, 331, 425, 511, 555
Kasimir I., Hz. v. Oppeln 110, 183, 263f., 268, 294f., 301, 304, 308, 313, 321f., 324, 329, 331, 421, 446, 525

Kasimir I., Hz. v. Polen 67
Kasimir II., Hz. v. Polen 458, 509
Katharina s. u. Goswin, Radozlaus [1]
Keil, Gundolf, Hist. 10
Kemnitz, v., Fam. 119; Wolfram 81, 92-94, 166, 301, 333f.
Kittlitz, v., Fam. 77, 95; Heinrich d. Ä. 92, 166, 189; Heinrich 92-94, 189, 216
Knobelsdorf, v., Fam. 80; Gerhard 92; Gertrud 93; Hartung 93
Knothe, Hermann, Hist. 50
Kobelau, v., Paul 64, 511, 586; Pauline 64, 511; Stephan 64, 188, 220, 511; Streziwoy 114
Kobershain, v., Fam. 82; Apetzko 92
Koitz, v., Chelco 290f., 297; Sulislaus 154, 190, 220f.
Komerow, v., Fam. 82; Arnold 92-94
Konrad III., Ks. 66
Konrad I., Hz. v. Glogau 92, 135f., 154, 158, 236, 261-263, 268, 289, 293f., 301, 303f., 308, 313, 317, 324, 330, 336, 408, 500
Konrad, Hz. v. Masowien 156
Konrad II., Hz. v. Sagan 92, 159, 163, 263, 294, 317, 331, 459, 553, 580
Konrad, Hz. v. Schlesien 136
Konrad [1] 258 - [2] 259 - [4] Fam. 226; Konrad 109f., 276; Otto 99, 222, 224, 283, 306, 358; Stephan 169, 222, 239, 245, 276 - [5] 304 - [6] 312 - [7] 241, 450, 573 - [8] 125 - [9] 184, 196 - [18] 264 - [19] 323 - s. u. Cunczo
Köpenick, Jaxa v. 52, 70
Kornitz, v., Iasco 302f.; Stephan 211
Korta, Wacław, Hist. 55, 168f., 173, 195
Krakau, Peter v. 74f., 268, 333f.
Kramarek, Janusz, Hist. 59
Krampitz, Sdizlaus v. 152
Kremsier, Luthold, Breslauer Kreuzstiftsherr 42
Kuhn, Walter, Hist. 56, 60f., 180, 182f., 185f., 271
Kühschmalz, Vincenz v. 488
Kuno 343

Kunzendorf, Jakob v. 265
Kurzbach, v., Fam. 83, 86; Arnold 92, 94, 151, 166
Kusching 544
Kutrzeba, Stanisław, Hist. 66

Łabędzie (Schwäne), Fam. 51, 68f.
Lagow, Heinrich v. 83, 87, 92, 129, 246
Lambert [1] 216
Landescron, v., Fam. 80, 95; Peter 92
Lapide, Gerhard v. 78, 88, 91f., 119, 245f.
Lascar [1] 295
Laskowitz, Sulco v. 224
Lassota [1] 230, 279; Jakob 230; Lassota 230
Laszka, Borco de 183, 223
Latinus, Kardinal 388, 477
Leckinstein, Alexius v. 83, 87, 92
Ledelow, v., Fam. 83, 119; Apetzko 92; Heinrich 92
Leonhard [1] 125, 163, 177, 202f., 205, 216f., 220, 389, 394, 418 - [4] 125, 257 - [5] 149 - [6] 220 - s. u. Zantoslaus
Lesco 326
Leszek, Hz. v. Krakau 158
Leubusch, Sandco v. 151
Leuus 125
Levos s. u. Crisko
Lichtenburg, v., Ulrich 193 - s. u. Tepliwoda
Liebau, Heinrich v. 84, 87, 92, 133, 531
Liebenau, v., Albert 188; Peter 74-76, 123, 152, 154, 218, 280, 333f., 511
Liebenthal, v., Fam. 234f., 249; Jutta 104, 224, 234; Puscho 224; Reinsko 224; Wilrich 204, 216, 234
Ligęza, Elżbieta, Hist. 56, 128
Likowitz, Lorenz/Peter v. 231f.
Lindenau, Heinrich v. 82, 92, 119
Liuchto 342
Lobel, Friedrich v. 83, 87, 92, 94, 333f.
Loben, Friedrich v. 83, 86, 92, 94, 333f.
Lociborius 294
Loesch, Heinrich v., Hist. 49
Logimerus 303

Lom, Friedrich v. 208, 212, 258
Lonek 185, 222f., 235; Lutozat 185, 222f., 235
Lorenz, Bf. v. Breslau 142, 158, 198, 236f., 247, 305, 330, 515f., 549
Lorenz, Bf. v. Lebus 420
Lorenz [1] 198, 211f., 257, 465 - [2] 259 - [5] 125, 163, 203, 209, 213, 242, 443, 513 - [6] 204 - [9] 259 - [10] 149, 273, 285, 313 - [11] 293, 301, 325, 337; Stanislaus 300 - [12] 125 - [14] 203
Łowmiański, H., Hist. 116
Lubin, Ulrich v. 80, 92, 119
Lubnitz, v., Fam. 82, 119; Siegfried 92-94, 120, 166
Lubno, Peter v. 123, 177, 286, 326
Luchow, Tilo v. 326
Luczgersdorf, Eberhard v. 85, 87, 92
Ludat, Herbert, Hist. 52, 70
Ludwig, Abt v. Kamenz 385, 467
Ludwig [1] 92, 258 - [2] 129, 177, 189, 258, 261, 352, 461, 485, 529; Werner 177
Lutozat s. u. Lonek
Lutizlaus 109, 158, 222
Lutobor 313
Lutogneus 324
Lynauia, Peter v. 220

Magnus 35, 67-69, 109, 115-117, 349
Magnus Haraldson, Kg. v. Norwegen 68
Mainz, Heinrich v. 69
Malkwitz, Otto v. 84, 87, 92
Maltitz, Friedrich v. 80, 92, 119
Maria s. u. Peter [11]
Markus [1] 279, 283 - [2] 308, 310, 313-315; Wislaus 324
Martin IV., P. 209
Martin [1] 216f., 257 - [4] 205, 215f. - [7] 301 - [8] 103, 126 - [10] 101 - [12] 222, 224, 230, 317 - [14] Theodor 222; Stephan 222 - serviens 431 - s. u. Bozdech
Masław, pln. Mundschenk 67
Matheus, Kardinal 388, 477
Mathias [1] 263f. - [2] 160f., 261, 541 - [3]

216 - s. u. Johannes [11]
Mattheus, Bf. v. Krakau 507
Meinhausen, Herbord v. 586
Melma, Heinrich v. 84, 86, 92
Menka, Ianusius 129, 175, 177, 246, 274, 316f., 538; Peter 129, 538
Menzel, Josef Joachim, Hist. 10
Mescenta 324
Michael [1] 125, 256 - [2] 280 - [3] 281 - [4] 295 - [5] 219, 292 - [6] 303 - [7] 149, 318 - [8] 318 - [9] 325 - [10] 142, 224 - [12] 149 - [13] 150 - [21] 315 - o.Nr. 537
Michael, Edmund, Hist. 54, 239
Michelau s. u. Pogarell
Michelwitz, Leonhard v. 122, 154, 190
Michora 98, 103, 109, 111, 158, 169, 222, 225, 228-230, 233
Michowitz, Maguscha v. 231f.
Mieszko II., Hz. v. Oppeln 178, 206, 263f., 268-270, 294f., 301, 304, 308, 313f., 318f., 321f., 324, 331, 336, 411, 444, 477, 495
Mieszko I., Hz. v. Polen 65f.
Mieszko II., Hz. v. Polen 67, 154
Mieszko I., Hz. v. Teschen und Ratibor 134, 176, 178, 264, 269, 295, 302f., 308f., 314, 321, 331, 390, 401
Milegius 125, 179, 204, 208, 394
Mileta 341
Milich 343
Milo 199, 203; Johannes 199
Mironowitz, Fam. 71, 98, 269, 297, 335; Ycho 104, 114, 267, 269, 300, 335, 358, 554; Miro 277, 335; Parchwitz, v., Fam. 186; Mironcho 222, 268f., 275, 335; Michael 98, 222, 268-270, 275, 281, 292, 316, 335, 337, 554
Miroslaus [1] 125, 208, 216, 296 - [2] 276 - [3] 313, 463 - [5] 277
Miscigneus [1] 98f., 225, 273; Gumbertus 225 - [2] 313 - [3] 287
Misliborius 300
Mithsizlaus 150
Mlodey s. u. Iaxa
Modlik 149

Moepert, Adolph, Hist. 51, 56
Moico [1] 283, 289 - [2] 284, 306 - [3] 222f. - [4] 273 - [5] 277 - s. u. Dirsislaus [1]
Moraw, Peter, Hist. 366
Moriz, Sbrislaus v. 594
Mosch, v., Fam. 50
Moschwitz, v. Fam. 64, 71, 130; Burkhard 352, 498, 512; Burkhard (1302-03) 246; Iesco 188, 191, 345, 352, 498, 512, 571; Nikossius 39, 498, 512, 581f.,
Muchenitz, Anastasia v. 104, 110, 223, 226, 232, 387, 457
Muchina 229
Mühlheim, v., Fam. 83, 86, 120; Heidenreich 92, 94, 166, 177, 179, 218, 240; Heinrich 166; Hermann 120
Mularczyk, Jerzy, Hist. 54-56, 315
Mülbitz, v., Fam. 79, 119; Eckehard 92, Konrad 91f.
Müller, August, Hist. 57
Münsterberg, v., Fam. 85f., 94, 130f., 226, 229, 231; Adelheid 230; Anna 230; Balthasar 230; Gertrud (Tochter des Goswin) 230; Gertrud 230; Goswin 123, 133, 154, 166f., 189, 191, 196, 220f., 225-227, 229f.; Johannes 166f., 190, 224f., 227, 230, 544; Konrad 92, 167, 225, 228-230, 442, 444; Martin 225, 230; Nikolaus 220f.; Sophia (Frau des Goswin) 230; Sophia (Tochter des Goswin) 230; Sophia (Frau des Martin) 230; Sophia (Frau des Johannes) 230
Murancha, Andreisse de 567
Murco 223
Muschov, Theoderich v. 78, 92

Nachesius 279
Naczeslaus 418
Nagodo 125, 149, 175, 177, 229
Nałęcz-Jelen, Fam. 51
Nanker [1] Bf. v. Leubus 198, 207, 211f., 257 - [3] 112, 149, 268, 270, 313 - [4] 275 - [5] 549 - [6] 232, 568 - [7] 273
Naroci 229

Nassiedel, Zwirchs v. 341
Nazlaus [1] 257, 536 - [2] 275 - [3] 302
Nebelschitz, Peter v. 82, 92, 127
Nechern, Siegfried v. 84, 87, 92
Neisse, Johannes v. 85, 87, 93f., 189, 219
Nemera 278
Nemil s. u. Swab
Nettschütz, v., Fam. 224
Neudeck, Otto v. 78, 91f., 119
Neumann-Reppert, Rolf, Hist. 55
Neunz, Gottfried v. 84, 86, 93f., 167, 188, 224, 451
Niborewald, Nikolaus v. 241
Nicholayezo 300
Nichora 70
Niculec 341
Niessen, Paul, Hist. 66
Nikolaus, Bf. v. Posen s. u. Bronislaus [3]
Nikolaus I., Hz. v. Troppau 97, 106, 120, 476, 589, 594
Nikolaus [1] 125, 255 - [2] 262 - [3] 262 - [4] 264 - [5] 125, 256 - [6] 258 - [7] 125, 256 - [8] 177, 179, 202f., 215f. - [9] 213 - [14] 269 - [15] 273 - [16] 274, 284, 292 - [17] 275 - [18] 275 - [19] 113, 278 - [20] 284 - [21] 286 - [22] 291 - [23] 302 - [24] 303 - [25] 308-310, 336 - [26] 308, 310, 324 - [27] 125f., 311 - [28] 315 - [29] 316 - [30] 326 - [34] 125 - [35] 265 - [36] 126, 304, 514 - [37] 149, 244 - [46] 524 - [50] Peter 277, 284f., 289 - [53] 220 - [54] Goslaus 229 - [57] 258 - [58] 311 - s. u. Bronislaus [3], Johannes [68], Ruprecht [1]
Nossen, v., Fam. 71, 231; Adelheid 230; Andreas (Sohn des Johannes) 230, 245; Andreas 230; Clemens 230; Iesco 230, 245; Jakob 230; Johannes 122, 165, 169, 189, 191, 222, 230, 396, 487f., 498; Sulislaus 230; Woicoslawa 230; Woislawa 230
Nostitz, v., Fam. 81, 335; Hertwig 92-94, 159, 166, 278, 285, 333-335; Konrad 230
Nosto 257

Obeslaus 74f., 306, 333f.
Obisch, Nikolaus v. 85, 87, 92, 94, 547
Obischau, Richwin v. 122, 154, 189
Ocicus 308
Odo 501
Odrowons, Fam. 51
Oels, Heinrich v. 169, 222
Opaso 125
Orinik, Clemens v. 232
Orłowski, Tomasz Hubert, Hist. 60
Osetno, v., Fam. 239; Dirsco 149, 413, 453
Osla, Nikolaus v. 83, 87, 92, 94, 166
Otezlaus [1] 273 - [2] 284 - [3] 289, 293f., 297
Otto, Markgraf v. Brandenburg 128, 347
Otto [1] 262 - [2] 500 - [3] 278 - [4] 279 - [5] 277; Otto 204, 206, 260f. - [6] 302; Pribislaus 142, 224, 308 - [7] 325 - [8] 162, 424; Semianus 162, 282, 288, 424; Streso 142, 224, 302, 304 - [9] 525 - [12] Fam. 76; Otto 73, 75f., 121; Segota 73, 76, 121 - [13] 282 - s. u. Konrad [4]
Ottokar II. Przemysl, Kg. v. Böhmen 128, 347

Pachoslaus [1] 74f., 167, 223, 566 - [2] 70, 109, 158, 169, 222, 225 - [6] 108, 149
Pack, v., Fam. 81, 119; Ulrich 92
Palow, Ienczo v. 82
Palvus 71
Panic, Idzi, Hist. 56
Pannwitz, v., Fam. 52, 80, 89, 231; Cäcilie 230; Johannes 230; Werner 92, 229f.; Wolfram 93f., 285, 293, 333f.
Pantin [1] 216 - [2] 230, 300
Parchwitz s. u. Mironowitz
Pardus 193, 340
Pasco [1] 190 - s. u. Peter [40], Slupo
Patschkau, Nikolaus v. 125
Paul Polukosza, Bf. v. Krakau 502
Paul, Bf. v. Posen 562
Paul [1] 125, 256 - [2] 262 - [4] 185, 198 - [5] 281, 295, 297, 308, 422 - [6] 149 - [8] Sdizlaus 301 - [9] 169, 188, 222, 437, 520 - (prz.) 341 - s. u. Andreas [11],

Jesoto, Slupo
Pechmann 238
Pelaskowitz, Radik v. 231
Peregrin [1] 223, 284 - [2] 287 - [3] 309 - [5] 123 - (prz.) Rivinus 342
Pernegg, Bocko v. 193, 343
Pescewitz, Nikolaus v. 241
Pesna, v., Fam. 81, 119; Theoderich 92-94, 113, 167, 224, 227, 276, 333f.
Peter, Bf. v. Passau, s. u. Goslawitz
Peter, Propst vGlogau 388
Peter [1] 125, 255f., 439 - [2] 99, 108, 189, 210-213, 216, 260, 397 - [3] 265 - [4] 99, 212 - [5] 125, 256 - [6] 200, 215, 439 - [8] 125, 216, 256, 461f. - [11] Peter Wlast 39, 51f., 60, 66, 68-70, 103, 109, 111, 115-117, 138, 169, 187, 190, 216, 222f., 227-230, 232-234, 238, 249, 266, 349, 359, 409, 422f., 458, 484; Beatrix 116; Boguslaus 222, 224, 233, 237; Maria 109f., 116, 216, 222, 228f., 233; Swentoslaus 60, 111, 228, 233, 458, 584; Wlast 109, 229f. - [12] 269 - [13] 268 - [14] 99, 279 - [15] 280 - [16] 281 - [17] 281 - [18] 285 - [19] 290f., 297 - [20] 301 - [21] 299 - [22] 306 - [23] 312 - [24] 316 - [25] 125f., 315 - [30] 245 - [32] 230 - [33] 141 - [34] Heinrich 216 - [37] 187, 222, 224, 226, 237f. - [39] 64, 405, 408, 470, 475, 586 - [40] Fam. 71; Pasco 188; Peter (1216-54) 169, 220, 244, 564; Peter 230; Stosso 229, 275, 284, 294, 336 - [42] 222 - [46] 99 - [49] 287 - [50] 125, 149 - [51] 319 - [52] 225 - Frankensteiner Jüngling 470 - s. u. Arnold [1], Cunczo, Egidius [8], Jesoro, Peter [40], Sdizlaus [1], Theoderich[1]
Peterswaldau, Johannes v. 449
Petrikau, Konrad v. 564
Petzold 317
Pfeiffer, Gerhard, Hist. 55
Pfitzner, Josef, Hist. 53
Pfotenhauer, Paul, Hist. 53, 79, 85
Phalizlaus 99
Philipp, Kardinal, B. v. Ferno 242, 388, 408, 462, 477
Philipp 213
Piasten 40, 50, 56, 134, 158, 181, 198, 359
Piekosiński, Franciszek, Hist. 66, 68
Plascota, Lorenz 122, 154, 179, 190; Sulislaus 117, 125f., 323
Poduska s. u. Briese
Pogarell, v., Fam. 51, 64, 71, 114, 126, 130-132, 138, 174, 182, 184, 196, 198, 200, 217, 226, 231, 234, 247, 249, 253, 297, 335, 516; Balthasar 230; Bogus (1273-98) 126, 182, 188-191, 220, 224, 230, 234, 238f., 532; Bogus (1295-1300) 198; Boguslaus 103; Georg 230; Gerlach 99, 178, 187, 191, 200, 202f., 211f., 243f., 258, 335; Heinrich 230; Hynko 135; Ianusius (1216-60) 110, 187, 200, 204, 215-217, 234, 238; Ianusius (1243-76) 234, 280, 292; Iarachius 228f.; Iesco 224, 227, 230, 234; Jaroslaus (1223-32) 223, 234, 238, 280, 282, 335; Jaroslaus (1260-1300) 131, 133, 286; Jaroslaus 230; Mrosco 126, 144, 169, 177-179, 186-188, 191, 196f., 203, 230, 240f., 243, 252, 269f., 276, 283, 289, 304, 335f., 496, 520; Predslaus (1202-28) 223, 234, 238, 277, 311, 314, 335; Predslaus (1237-62) 321, 335; Predslaus (1270-92) 241; Predslaus, Bf. v. Breslau 198; Simon 234; Vinzenz 176, 200, 208, 210, 215f., 234, 238; Habendorf, v., Fam. 64; Vinzenz 230; Habendorf und Michelau, Elisabeth 556; Jaroslaus 64, 200, 335, 556; Michelau, v., Fam. 64; Budiuoy 130, 230; Frau 188, 191, 222; Ianusius 128, 177, 188, 224, 335, 350; Jaroslaus 64; Simon 188, 224, 239; Stephan 188, 224, 234, 238; Rosenbach, v., Predslaus 64, 200, 230
Polacho 575
Polco [1] 300 - [2] 299
Polganouo, Bogdas v. 224
Pomerio, Christina v. 230
Pomikau, Christina v. 502
Pomnem 169, 223, 229

Poseritz, v., Fam. 64, 71, 130, 226, 231, 335; Dobrosyfn 104; Gneomir 222, 230; Heinrich 229; Hemerammus (1202-30) 108, 130, 169, 187, 222, 224, 229f., 237, 249, 274, 282, 335; Hemerammus (1250-64) 230; Paul (1239) 104, 187, 191, 223, 225, 240; Paul 230; Peter 230; Wilcho 130, 169, 187, 230; Wilschek 158, 222f., 230, 278, 280, 335; Ylicus 229f., 422; Wifena, de, Heinrich 230; Johannes 230

Poserne, v., Fam. 80, 119; Heinrich 166, Thymo 92-94, 152, 166, 196, 306, 311, 314, 316, 318, 333-335

Powała, Fam. 68

Poznanus 74f.

Pranzko, Fam. 85, 87, 92, 94, 123, 166

Prato, v., Fam. 84, 86; Gunzlin 94, 166; Peter 92

Pratzow, Walter v. 231

Prausnitz, v., Fam. 64, 71, 239; Gebhard 133, 143, 147, 151, 182, 406; Ianusius 182, 184; Sbilutus 140, 182

Pravota [1] 216 - [2] 149

Prawda-Zaremba, Fam. 68

Predborius [1] 287 - [2] 294f., 297

Predel, v., Fam. 82, 119; Heinrich 92

Predslaus, Bf. v. Breslau, s. u. Pogarell

Predslaus s. u. Sdizlaus [1]

Preduogius s. u. Gallus [2]

Premonchow, Pasco de 503

Prerichim, v., Fam. 64, 71; Dirsco 133, 188, 563; Pribico 243, 273, 335, 564

Presiwogius 259

Pretpelco 279

Pribico [1] 282 - [2] 306f., 310 - [3] 325

Pribislaus [1] 216 - [2] 219, 288 - [5] 74f. - [6] 299 - (prz.) 343 - s. u. Otto [6]

Primislaus, Hz. v. Auschwitz 158, 387

Primislaus, Hz. v. Ratibor 158, 264f., 269, 295f., 302f., 308f., 314, 320f., 324, 331, 460

Primislaus, Hz. v. Steinau 92, 158, 263, 294, 331

Profen, v., Fam. 79, 119, 231, 335; Heinrich 92-94, 230; Iwan 291, 316, 333f.; Walwan 196, 230, 316, 333f.

Pros 158, 222

Prsibiboyus; Pribico 497

Przemysł, Kg. v. Polen 460f., 462

Przemysł I., Hz. v. Posen und Gnesen 135, 144, 270, 514

Przemysł, pln. Herzog 508

Psriley, Iesco v. 129, 352

Puczlaus 220; Jaroslaus 273

Pusewitz, v., Fam. 544

Quas, Fam. 80, 93, 130f.; Herbord 122, 154, 166, 189; Tammo 92-94, 166, 175, 179, 188

Quilitz, Iesco v. 96f., 220

Rabenswald, Albert v. 78, 91f., 245f.

Rachfahl, Felix, Hist. 66

Radaco 106

Radohlo 326

Radomilus 223

Radozlaus [1] Fam. 71, 98, 198, 247, 335; Radozlaus 294, 335; Clementia 104, 232; Imma 230; Katharina 153, 243; Mathias 169, 177; Raslava 133; Sbroslaus 98, 140, 169, 177, 181, 187, 191, 222f., 239, 281, 335, 501; Smilo 125f., 153, 175, 177, 181, 311, 335; Strescizlava 188, 240, 542; Wilhelm v. Neisse, Bf. v. Lebus 53, 155, 169, 198, 203f., 211f., 216, 526, 543 - [4] 275

Radwan 196, 307, 310

Rakschütz, v., Pantslaus 230, 242, 246; Radaco 242, 246

Ramoldus [1] 257, 261 - [2] 313-315

Raschau, Adam v. 237

Rasicha 302, 304, 319

Raten, Theoderich v. 84, 86, 93, 245

Rathimir (prz.) 342

Rathimirus 70, 109, 158, 222, 229

Rathno 125

Ratibor [1] 125, 203, 435 - [2] 125 - [3] 158, 222 - [5] 478 - (prz.) 343

Rätsch, v., Fam. 73, 75f., 153, 174, 449;

Cessko 162; Eberhard 166; Gneuco 162; Iesco 449; Johannes 162; Theoderich 167; Zupit 162

Rausch, Renate, Hist. 53f., 109, 298

Razon s. u. Bogdan [1]

Reiche, Friedrich, Hist. 52

Reichenbach, v. Fam. 85f., 94, 231; Agnes 230; Anna 230; Gertrud 133; Hedwig 230; Hermann 92, 166, 190, 220f., 229f.; Konrad 43, 92, 123, 129, 133, 167, 196, 224, 227, 230, 244, 246, 291, 293, 333f., 387, 460, 475; Margarete 230; Wilhelm 92

Reichenstein, Eberhard v. 85, 87, 92, 94

Reinco [1] 258 - [2] 126, 149

Reinold [1] 123, 279, 453 - [2] 316 - [4] 101

Rembotho, Lokator 178

Reno, Konrad v. 342

Reumen, v., Fam. 72; Gregor 241; Jakob 241; Johannes 221, 240; Nikolaus 72, 204, 220, 223; Peter 231f.; Stephan 220f., 223

Reymboldus Vulleschussel, Vogt v. Ziegenhals 123

Rheinbaben, Woytech v. 242f.

Richold 309

Richtsteig, Eberhard, Hist. 52

Rime, Hermann 92, 108; Tammo 85f., 94

Robert 216

Röchlitz, Konrad v. 159, 169, 187, 204, 216f., 257f., 403, 514

Rochza 342

Ronberg, v., Fam. 86; Hermann 85, 92, 94; Theoderich 85, 92, 94, 166, 280

Ronow, v., Fam. 85f.; Hartmann 300, 333f.; Heinrich 92, 94

Röpell, Richard, Hist. 66

Rosec s. u. Dirsicraiowitz

Rosenbach s. u. Pogarell

Rosenberg, Wokko v. 181, 193

Rosental, Peter v. 524

Royn, Peter v. 326

Rüdiger s. u. Arnold [1]

Rudolf v. Habsburg, dt. Kg. 128

Rupert s. u. Heinrich [28]

Ruprecht [1] 286; Nikolaus 281

Rutkowska-Płachcińska, Anna, Hist. 53, 109

Ryso 125

S. 299

Saalburg, Sidelmann v. 80, 92-94, 120

Sacco, Reiner v. 82, 92, 119

Sachsen, Peter v., Prior in Rom 394

Sagor, Heinrich v. 74-76, 312

Salesche, Johannes v. 242

Salome, Hzin., Frau Hz. Konrads I. v. Glogau 303, 476

Salomea, Hl. 232, 489, 526, 544, 567

Samson 149

Samulski, Robert, Hist. 199

Sandco [1] 294f., 297 - [3] 296

Sandivoi [1] 70, 109, 158, 222, 229 - [2] 280 - s. u. Bronisius [3]

Santifaller, Leo, Hist. 42, 55

Sarow, Hermann v. 261

Sbilutus [1] 293 - [2] 129, 246, 482

Sbislaus 342

Sbroslaus s. u. Radozlaus [1]

Scassow, Johannes v. 159, 447

Schaff, Fam. 50

Schaffgotsch, Fam. 50f., 81, 93, 134; Friedrich 133, 489; Gertrud 92-94; Konrad 92; Paczco 92-94; Reinhard 280, 333f.

Scheitin, v., Fam. 84, 86; Tammo 92

Schessici, v., Fam. 71, 114, 335; Heinrich 301, 335; Lutko 129, 351f.; Pachoslaus (1257-88) 113, 229, 238, 245, 316f., 335, 576; Pachoslaus (1293-94) 129, 352; Sdessa 229

Schila 150

Schildau, v., Fam. 80; Eberhard 92; Heinrich 93, 167, 223f.

Schildberg, v., Fam. 231, 335; Adelheid 230; Heinrich 131; Sambor (1248) 53; Sambor (1273-98) 113f., 131, 149, 229f., 252, 276, 307, 335, 347; Thekla 230

Schitin, Benessius v. 590
Schlewitz, v. Fam. 84, 87; Otto 92, 94, 245
Schmartsch, Konrad v. 160
Schmid, Heinrich Felix, Hist. 54, 66
Schmograu, v., Ianusius 219; Iesco 219
Schmollen, v., Albert/Woytech 63, 175-177, 286, 431; Bogus 223; Nikolaus 149; Stephan 189
Schnellewalde, v., Fam. 71, 114, 239, 335; Iaxa 52, 98, 127, 181, 220, 223, 275, 277, 280, 285f., 289, 335, 350, 525; Iaxa/Tezco 232; Polco 130f., 152, 227, 352, 416, 492f., 524, 549; Sbroslaus 98f., 129, 188, 191, 204, 211, 477, 526, 553; Stephan 267, 270, 275, 299, 335; Vinzenz 231, 283, 335; Wilhelm 231
Schönbankwitz, Stephan v. 122, 151, 177
Schosnitz, v., Lambert 220f. - s. u. Mironowitz
Schwäne, Fam., s. u. Łabędzie
Schweidnitz, Lambert v. 190
Schweinichen, v., Fam. 52
Schwenkenfeldt, v., Fam. 85, 87; Reinsko 94, 167, 190, 224, 278, 333f.; Stephan 92, 189
Sczaniecki, Michał, Hist. 53, 55
Sdessa 158, 222
Sdizlaus [1] 63, 169, 177, 203f., 496; Dirsco 63, 122, 189; Jakob 63, 151, 154, 189,; Peter 63, 189; Predslaus 63, 189; Streso 63; Vinzenz 63 - [3] 294f., 297 - [4] 321 - [8] 499 - (prz.) 342 - s. u. Paul [8]
Sebastian 103
Sebornio, v., Boguslaus 223, 225; Iasco 223, 225, 553
Sedlon 114, 301
Segota s. u. Otto [12]
Seidlitz, v., Fam. 83, 87; Apetzko 92, 94, 285, 333f.; Kunemann 92
Seiffersdorf, v., Fam. 84, 86; Arnold 166; Berthold 92, 94, 166; Lambert 164, 166, 220; Siegfried 149, 166
Seitsch, Stephan v. 239
Semianus [1] 263 - [2] 99, 125, 208

Semkowicz, Władysław, Hist. 68
Sennov, Stanislaus v. 263
Serucha, Johannes 128, 228, 230, 287, 350, 493, 544; Stosso 108
Servatius 74f., 288, 333f.
Seteh s. u. Dirsicraiowitz
Sibin 158, 169, 222
Sidelmann 262
Siecieh, pln. Palatin 67f., 115, 349, 358
Siegfried [1] 92, 230, 258f. - [3] 85f., 92, 94, 166f. - [4] Rindfleisch 85f., 92, 94, 121f., 167, 220 - Vogt v. Strehlen 123
Sighard [1] 276 - [2] 324
Sigrod 229, 245
Simanouiz, Simon de 224
Simon [3] 317
Sinapius, Johannes, Hist. 39
Siroslaus II., Bf. v. Breslau 103, 462
Skaryssow-Cechow, v., Fam. 69
Slawetaw s. u. Dirsicraiowitz
Śliwiński, Błażej, Hist. 52
Slupo 299; Paul 228, 300; Pasco 307
Smil 342
Smilo s. u. Radozlaus [1]
Smolka, Stanisław, Hist. 66
Sobco 149
Sobel, Friedrich v. 262
Sobelitz, Peter v. 219
Sobeslaus [1] 99, 274, 287 - [2] 296f. - [5] 276
Sokolnitz, Peter v. 231f.
Solnik, Wenzelslaus v. 231f.
Sommerfeld, Gottfried v. 85, 87, 92
Sonburn, Iesco v. 224
Sophia s. u. Hunarcus
Spiegel s. u. Heinrich [35]
Splotovic 463
Stadnicki, K., Hist. 69
Staickenberg, Walter v. 82, 92
Stange, Fam. 81, 89; Erkembert 193; Heinrich 193; Theoderich 92, 193, 342; Ticzmann 341
Stanislaus, Hl., B. v. Krakau 67f., 210, 455
Stanislaus 125, 256 - s. u. Lorenz [11]
Steinau, Simon v. 281, 289

Steinborn, v., Heinrich 224; Iesco 224
Steine, Heinrich v. 53
Stentsch, Christinus v. 98, 223
Stenzel, Gustav Adolph Harald, Hist. 49, 54, 66
Stephan, Märtyrer 508
Stephan [2] 99, 208, 213, 323 - [4] 99, 275, 289; Johannes Magnus 98, 149, 222 - [5] 99, 279 - [6] 279 - [7] 280 - [8] 283 - [9] 294 - [10] 308 - [11] 321 - [17] 149 - [20] 510 - [24] 239, 241 - [25] 222 - [28] 229 - [30] 242f. - [32] 149 - [33] 277 - s. u. Martin [14]
Stiborius 342
Stosso s. u. Peter [40]
Stoygnew [1] 104, 230
Stoysa 222
Stolchwitz, gen., Fam. 83, 87; Burkhard 92; Ramoldus 92
Stosch, Fam. 51
Stosso s. u. Serucha
Stoygnew [1] 279, 289 - [2] 282, 289 - s. u. Dirsicraiowitz
Strachota 343
Strachwitz, Woislaus v. 559
Strego 110
Strehla, v., Fam. 78, 89, 119; Konrad 91f.
Strehlen, v., Fam. 64, 71, 74f., 131 174, 183f., 196, 198, 253, 335; Boguchuala 74, 230; Boguslaus (1228-64) 74, 99, 133, 166, 169, 219, 235, 237, 252, 274, 280, 282f., 288f., 333-335, 439; Boguslaus d.J. (1248-68) 74, 133, 300, 333-335; Elisabeth 133, 200; Nikolaus 200, 494; Peter 74, 202, 209, 212; Radozlaus 74, 103, 133, 252, 274, 288, 291, 333-335; Rasco 196; Thomas II., Bf. v. Breslau 51, 74, 129, 133, 158f., 178, 198, 200, 202, 204, 209f., 216f., 242, 246f., 255, 257, 304, 306, 315, 400, 406, 408, 422, 427, 431, 438, 442f., 447, 461f., 467f., 474, 476f., 484f., 494f., 500, 505-507, 515, 517, 528, 543, 550, 552f., 556f., 568, 577; Werner 167; Woytech 74, 230, 279, 333f.

Strescizlava s. u. Radozlaus [1]
Streso s. u. Otto [8], Sdizlaus [1]
Stribeslaus 290 - Sohn des Gnomer 419
Strigen, v. der, Fam. 83, 86; Helmboldt 92; Rudinger 92
Strzygniew 169
Subislaus 125
Suchau, v., Fam. 224
Sudo s. u. Cresslauus
Suentossius 142, 224
Suevus, Rüdiger 83
Sulco s. u. Clemens [3], Hemerammus [1]
Sulislaus [2] 268, 273, 277, 304 - [3] 288 - [5] 125 - [7] 70, 109, 158, 169, 222, 229
Sulos 224
Sulosouia, Jakob de 224
Sulz, v., Fam. 83, 119; Hedwig 92f.; Konrad 92-94, 167, 480
Svjatoslav Davidovič, Fst. v. Černigov 52, 69
Swab, Fam. 51, 57, 64, 83, 86, 119, 335; Konrad (1243-82) 91, 94, 311-315, 333-335; Konrad (1253-90) 106, 167, 188, 220; Peter 166; Ulrich 167, 169; Nemil, Ulrich v. 64
Swabisdorf, Peter v. 79, 91-93, 127
Swencza 125
Swentoslaus s. u. Peter [11]
Sweso 309
Swetopelc 287
Syndel s. u. Zindel
Sytin, de, Fam. 82, 119; Werner 92
Szudek 342

Tader 285
Talwiz, Heinmann v. 82, 92, 119
Tammo 71
Taschenberg, v., Fam. 72, 92, 121, 174; Bogussa 97, 166, 219f., 524; Bogvalus 72; Jakob 97; Paul 97, 166, 219f., 524; Peter 160, 417
Tedleuus 70, 109, 158, 222
Tepliwoda, v., Fam. 229, 231, 335; Albert 63, 72, 103, 133f., 166, 169, 175, 179, 219, 222, 224, 227f., 290, 306, 333-335,

407, 438; Albertus 92, 189-191, 222f., 229f., 232, 317, 333-335, 540; Heinrich 229; Johannes 229; Nikolaus 229f., 243, 513; Sohn des Albert 188; Lichtenburg, v., Frau 229f.; Ulrich 590, 595
Tettau, Tammo v. 79, 92, 119
Themeriz, v., Fam. 83, 86; Elisabeth 92; Reinold 92, 94, 167, 220f., 419
Themo [2] 220
Theobald 276
Theoderich [1] 209, 213, 216 - [3] 277, 283f., 289; Burkhard 313; Peter 245 - [4] 321 - [8] 149 - [9] 245 - s. u. Johannes [11]
Theodor [1] 109 - [2] 222 - s. u. Clemens [3], Martin [14]
Theoderich s. u. Bronislaus [3]
Theslinus 216
Thomas I., Bf. v. Breslau, s. u. Goslawitz
Thomas II., Bf. v. Breslau, s. u. Strehlen
Thomas [3] 287 - [4] 295 - [5] 300f. - [7] 223 - [8] 98, 502
Thomaskirch, Raslava v. 231f.
Thuderow, Hermann v. 85, 87, 92, 94, 166
Thur, Otto v. 224
Tilmann [2] 259, 261 - [3] 316
Tilo [1] 304 - [2] 141, 390
Tinz, v., Berthold 125; Bogusius 238; Sdeslawa 231f.
Tizco [1] 241
Tochter des Grafen Peter 104, 232
Trebezlaus 223
Tribco 149
Tschammer, v., Fam. 51
Tuchansdorf, v., Fam. 82; Albrecht 92; Eberhard 92
Tuorianus 319
Tymieniecki, Kazimierz, Hist. 118

Uhtenwoldt, Hermann, Hist. 68, 271
Ulmann 258f.
Ulrich [1] 216, 461 - [2] 279 - [3] 239, 306f., 310; Franz 105, 149, 189, 222-224; Heinrich 189, 204, 216, 261; Wislawa 493 - [8] 575 - Schulze v. Liebenau 475
Unchristen, Woytus v. 229

Valentin 258, 260
Vaniček, Vratislav, Hist. 59f.
Varcosi, Michael de 125
Vbizlaus 228f.
Veit 125, 203-205, 208, 215
Velechow, Matthias v. 278
Vermoldesdorf, v., Fam. 83, 86, 119; Hoyger 92; Konrad 92
Viktor [1] 204, 216
Vin, Alexander de 185
Vinzenz, Hl. 116, 227, 508
Vinzenz [1] 204 - [2] 143, 151 - [3] 125 - [4] 142, 224 - [5] 142, 224 - s. u. Sdizlaus [1]
Viola, Hzin. v. Oppeln 178, 263f., 269f., 294f., 302, 304, 308, 313, 317, 324, 331, 411
Viszlaua s. u. Goslawitz
Vituo 307
Vlogimilus 507
Vnarcus 229, 303; dessen Ehefrau 159
Vneborus 264
Vogen 323
Volodar', Fst. v. Przemyśl 69, 508
Voytesus 314
Vrociwoyus 125, 175, 177
Vrotis 109, 229
Vrozlaus 302

Waldow, Friedrich v. 81, 92-94, 106, 113, 119, 230, 281, 333f.
Walter, Bf. v. Breslau 507, 509
Walter [1] 240, 260f. - [2] 265 - [3] 282 - [4] 125f., 149, 188, 266, 306, 310 - [5] 450, 471 - [6] 282 - [7] 241
Wansen, Desprinus v. 185, 293, 297, 303
Watzenrode, Nikolaus v. 475, 586
Waureciz 224
Wederau, Nikolaus v. 317
Weistritz, v., Fam. 84, 86; Burkhard 92, 94, 166
Wenczko s. u. Boguslaus [16]

Wenzel [1] 262f. - [2] 126, 149, 265 - [3] 125f., 311
Wenzelslaus [1] 317 - [2] 125 - [3] 346 - (prz.) 341
Werner [1] 264 - [2] 269 - Rinc 101
Weydener, Konrad 469
Widzim, Bozata v. 99, 187, 220, 230
Wihoda, Martin, Hist. 10
Wilandus 149, 159
Wilbrand, ErzBf. v. Magdeburg 91, 135, 150
Wildschütz, v., Fam. 71, 335; Franz 92, 178, 188f., 191, 224, 265, 519, 569; Michael 220, 281, 314, 335; Pachoslaus 230; Sbroslaus 149, 275, 319f., 335, 337
Wilhelm v. Neisse, Bf. v. Lebus s. u. Radozlaus [1]
Wilhelm [1] 282 - (prz.) 342 - Vogt v. Weidenau 429f.
Wilin, Otto v. 237
Wintzenberg, v., Albert 245; Nikolaus 245, 539
Wisenburg, v., Fam. 51, 77, 95, 114, 253, 297, 335; Bogus 129, 273, 276, 333-335, 352; Gebhard 63, 230, 277, 284, 289, 333-335; Heinrich 177, 179, 188, 244, 278, 291, 293, 296f., 307, 333-335, 431, 444, 463; Mrosco 279, 317, 333-335; Peregrin 39, 63, 93; Thymo 63, 93f., 128, 252, 292, 297, 303, 333-335, 350
Wisenyga s. u. Clemens [2]
Wisimirus 142, 224
Wislaus [1] 276 - [2] 279 - s. u. Andreas [13] und [19]
Witco [1] 342 - [2] 342
Witigo 299
Witkowska, A., Hist. 105
Witoslaus [2] 296 - [3] 70, 158, 222, 230
Witoslawa 231f.
Witten, v., Jarota 98, 222; Wesdecho 99
Witwe des Grafen Peter s. u. Berthold [12]
Witzlaus 187, 223, 284, 567
Wladislaus, Hz. v. Breslau, Administrator v. Breslau 92, 128, 154, 158, 202, 260f., 268, 292f., 299-301, 306f., 311-313, 316, 323, 330, 336, 350, 484f., 532, 536
Wladislaus II. (I.), Hz. v. Krakau und Schlesien 66, 69, 74, 134, 349, 400, 458, 507f.
Wladislaus I., Hz. v. Oppeln 56, 99, 158, 160f., 178, 185, 206, 240, 264, 269, 294f., 297, 302, 304, 308f., 313f., 317, 319f., 324, 327, 331, 390, 400, 411, 422
Wladislaw I. Łokietek, Kg. v. Polen 462
Wladislaw I. Herman, Hz. v. Polen 67, 115, 349, 479f.
Wladislaw Odonicz, Hz. v. Großpolen 135
Wlast [2] 230 - Graf 233 - s. u. Peter [11]
Wlodimir [1] 273 - [2] 74f., 285, 333f. - [3] 293 - [4] 295 - s. u. Zantoslaus
Wlost [1] 295
Wlostiborius 285, 295
Wohlau, v., Fam. 186; Bogus 189; Boguslaus 122, 154
Woislaus [1] 125, 255 - [2] 125, 256 - [3] 109, 290 - [4] 150 - [6] 70, 99, 109, 158, 169, 222, 228; Woislaus 99, 158, 222 - [8] 463
Wojciechowski, Zygmunt, Hist. 54, 139, 141-143
Wokko 343
Wolfberus 281, 412
Wolfram 343
Wonscho [1] 279
Woyko 126
Woyniz, v., Fam. 82, 119; Gunther 92, Peter 92
Woytech [1] 230, 281 - [2] 304 - [3] 303 - [5] 125 - [6] 224
Woythco 125
Wrtizlaus 142, 224
Würben, v., Fam. 50-52, 64, 71, 110, 114, 126, 130-132, 138, 149, 185f., 196, 198, 226, 231, 234, 247, 249, 253, 335; Andreas (1239) 130, 487; Andreas (1273-83) 126, 188, 224, 227, 234, 317, 335; Dobrica 230; Eckehard 126; Franz 234, 487; Heinrich I., Bf. v. Breslau 198f., 204, 216f.; Heinrich 122, 126, 154, 189,

238, 242, 265, 453, 574; Iasco 238, 242; Johannes (1214) 230; Johannes (1235-39) 487; Johannes (1243-66) 106, 126, 130, 169, 175, 179, 187, 228, 230, 238, 240, 252, 280, 283, 286, 335, 426, 430, 481, 487; Johannes (1290-95) 199; Simon 189, 191, 487; Sophia 230; Stephan (1226-40) 230, 234, 280, 335; Stephan (1234-51) 230, 234, 487; Stephan (1274-1300) 92, 97, 110, 131, 188-191, 224, 230, 238, 242, 252, 307, 335; Tomca 130
Wutke, Konrad, Hist. 50
Wyerzbyata 276
Wysa 291

Ycho s. u. Mironowitz
Yperamus 275
Ysaac 125
Ysenberc, Tydricus gen. de 196

Zabratus 300
Zacharias [1] 222, 239
Zajenko; Jakob 262
Zantoslaus, Fam. 73, 226, 231; Leonhard 103, 109, 111, 222, 230, 238, 507; Wlodimir 109, 111, 222, 230, 238; Zantoslaus 73, 75f., 103, 167, 222, 230
Zaremba, Fam. 51, 68
Zawissius 343
Zbigniew, Sohn v. Wladislaw I. Herman 67f., 115, 349, 479f.
Zdislaa s. u. Hunarcus
Zedlitz, v., Fam. 50, 81, 119, 198; Hermann 92, Katharina 197f., 210; Otto 93f., 145, 166, 230
Zemizlaus 283
Zeogno 321
Żerelik, Rościsław, Hist. 59
Zernitz, v., Fam. 64; Stephan 177, 188, 191, 219
Zesselwitz, v., Fam. 71, 174, 221; Chesseborius 174, 220, 222, 228, 511, 541, 545, 548; Heinrich 160, 465; Iesco 244; Pribislaus 174, 220, 244; Stiborius 174, 244; Sulislaus 174; Trsezka 174, 220, 244
Zicezlaus 273
Ziemiencicz, Zemeta v. 309
Zindel, v., Fam. 83, 87, 120; Berthold 92, 94, 120; Heymandus 120; Siboto 166; Tilo 92, 94, 120
Zlauomir 109, 158, 222
Zobel, Arthur, Hist. 57
Zoblus, Otto v. 83, 87, 92
Zobten, Konrad v. 84, 86, 92, 94, 167
Zolwitz, Johannes v. 81, 92, 119

VII.2. Ortsregister

Aufgenommen wurden alle geographischen Bezeichnungen, die im Text und in den Anmerkungen genannt werden, sofern es sich im letzten Fall nicht um rein bibliographische Angaben handelt. Unberücksichtigt blieben die Bezeichnungen Schlesien, Nieder- und Oberschlesien, ducatus Silesiae und ducatus Opoliensis. Bei Orten in Schlesien wurde die Kreiszugehörigkeit nach dem Stand 1. 9. 1939 angegeben, bei anderen Orten ohne besondere Systematik lediglich ein geographischer Bezug hergestellt. Folgende Abkürzungen wurden verwandt: abgek. = abgekommen, Fl. = Fluß, Gb. = Gebirge, Kl. = Kloster, Kr. = Kreis, n. = nördlich, ö. = östlich, Regbez. = Regierungsbezirk, s. = südlich, s. u. = siehe unter, unbek. = unbekannt, v. = von, viell. = vielleicht, w. = westlich.

Adelsbach, Kr. Waldenburg 84, 387
Altenburg bei Gera 81, 552, 597
Altewalde, Kr. Neisse 526
Altottag, Kr. Ohlau 500
Altreichenau, Kr. Waldenburg 122, 392, 465, 549f.
Altstadt, Kr. Namslau 524
Altzelle, Kl. 220, 398
Altzülz, Kr. Neustadt OS 429
Alt-Heinrichau n. Münsterberg 72, 416, 442, 465, 477, 534, 566, 586
Alt-Tinz, wohl Teil v. Groß Tinz, Kr. Breslau 178, 575
Alt Grottkau, Kr. Grottkau 178, 467, 513f.
Alt Guhrau, Kr. Guhrau 185, 436f.
Alt Namslau, Teil v. Namslau 525
Alt Tschapel, Kr. Kreuzburg OS 538, 569
Alt Wohlau, Kr. Wohlau 579
Anhalt 82, 88
Apolda bei Weimar 80, 390
Arnoldsdorf, Kr. Neisse 532
Arnsdorf, Kr. Schweidnitz 485
Augezd bei Olmütz 595
Auligk bei Borna 82, 391
Auras, Kr. Wohlau 273, 276, 427
Auschwitz 387; Gebiet 60; Kastellanei 99, 273, 275, 285, 337, 354
Ausker, Kr. Wohlau 569
Autischkau, Kr. Cosel 390, 555
Axleben in Schleswig-Holstein 82, 391
Azmannsdorf in Thüringen 83, 385

Baben, Kr. Liegnitz 461
Babino, Dorf, wohl bei Schnellewalde 511f.
Badewitz, Kr. Leobschütz 588
Bamberg 212
Bankau, Kr. Brieg 393
Bannewitz bei Dresden 80
Banz in Oberfranken, Kl. 79, 119, 393
Barby sö. Magdeburg 78, 393
Barschdorf, Kr. Liegnitz 85
Bartsch, Fl. 573
Bartuschdorf, Kr. Liegnitz 85
Baruth nö. Bautzen 78, 93, 394
Baruth ö. Wittenberg 78
Bärwalde, Kr. Frankenstein 524, 544
Batla, unbek. Dorf 457
Bauchwitz sö. Meseritz 395
Baucke, Kr. Neisse 474
Baumgarten, Kr. Frankenstein 545, 573 - Kr. Strehlen 489, 539
Bautze, Kr. Frankenstein 511
Bautzen (wendisch Budissin) 82, 408
Bayern 77, 82, 88
Beckern, Kr. Liegnitz 522
Behringen bei Gotha 588
Bela, Gut, viell. bei Langenbielau, Kr. Reichenbach 482
Belewo, Wald bei Urschkau, Kr. Wohlau 413, 453, 500
Benkwitz, Kr. Breslau 395
Bennisch bei Freudenthal 589
Bentkau, Kr. Trebnitz 427

Bentnitz n. Jena 83
Berghof, Kr. Frankenstein 84 - Kr. Schweidnitz 84
Berndorf, Kr. Liegnitz 84, 396
Bernstadt in Sachsen 467 - Kr. Oels 418, 455, 460
Bertelsdorf, Kr. Lauban 466 - Kr. Reichenbach 84
Bertholdsdorf, Kr. Neumarkt 84, 399, 440
Berzdorf, Kr. Strehlen 122, 397, 442, 535
Beskiden, Gb. 176
Beuthen a. d. O. 238, 273, 277, 405, 408, 481, 511
Beuthen OS 282, 325, 547; Gebiet 60; Kastellanei 274, 286
Białowieża bei Miechów 585
Biberstein im Bistum Fulda 77
Bibra bei Kahla 588
Bieberstein s. Nossen 77, 398
Bielau, Kr. Neisse 203, 429, 570
Bielow, Kr. Crossen 466, 474
Bienowitz, Kr. Liegnitz 522
Bierdzan, Kr. Oppeln 399
Birkenbrück, Kr. Bunzlau 452
Bischdorf in Schlesien 84 - Kr. Liegnitz 587
Bischofsheim im Elsaß 84 - bei Frankfurt a. M. 84 - in der Rhön 84
Bischofswalde, heute Stadtteil v. Breslau 559f.
Bischwitz, Kr. Breslau 427, 571 - Kr. Ohlau 500
Biskupitz in Schlesien 84 - heute Stadtteil v. Hindenburg OS 479
Bismarcksfeld, Kr. Breslau 569
Bistumsland s. u. Neisse-Ottmachau
Blankenberg a. d. Saale nw. Hof 83
Blasdorf, Kr. Landeshut 588
Bliznino, unbek. Dorf 396, 554
Błonie bei Łęczyca 487
Boblowitz bei Troppau 589
Bobolitz nw. Heinrichau 73, 400
Bochnia ö. Krakau 484
Bogenau, Kr. Breslau 420f., 541
Böhmen 35-37, 49, 66f., 69, 71-73, 95-98, 101f., 108f., 131, 133, 214, 340, 359, 362, 508, 561
Bohrau, Kr. Jauer 84 - Kr. Strehlen 84, 394, 400, 403
Boleslawic (viell. Bunzlau) 274
Bologna 99, 393, 425, 548
Boycou, Wald 179, 514
Brandenburg 95, 143
Branitz, Kr. Leobschütz 589
Brauchitschdorf, Kr. Lüben 406
Braunau in Böhmen 73
Breslau 42, 71f., 96, 116, 119f., 143, 147, 155, 163f., 176f., 205, 215, 220-223, 225f., 233, 244, 267-269, 274, 277, 279-285, 287f., 306, 309, 311, 323, 325, 336-339, 351, 355f., 363, 390, 395, 462, 480, 494, 505, 509, 511f., 514, 525, 551, 563-565, 570, 581; Bistum, Domkapitel 60, 65, 99, 132, 142, 158, 160, 162, 164, 197-200, 202, 205f., 211f., 222f., 226, 244, 305, 311, 315, 323, 330, 334, 424, 427, 438, 442f., 461, 464, 477, 479, 484, 486, 494, 496, 500f., 507, 519, 525f., 546, 549, 560, 563, 570f., 574, 580, 584, 587; Herzogtum 59, 91, 93, 96, 102, 122, 127f., 144, 260, 266, 268-270, 292, 296f., 300, 307, 312, 316, 318, 323, 330, 332, 334, 340, 347, 350-352, 354, 360, 514; Regbez. 239; Kr. 170f.; Archidiakonat 208; Allerheiligenkirche 479; Dominsel 484, 501; Elbing 483; Heiliggeisthospital 405, 419, 426, 434, 451, 565; Klarenstift 55, 197, 346, 506; Kreuzstift 55, 197, 223-225, 392, 406, 418, 506, 525, 542; Matthiasstift 397, 431f., 514, 525; Sandstift 163f., 176, 210, 220-224, 226, 228, 233, 237, 248f., 385, 397, 409, 425, 435, 438, 456, 505, 507-509, 515, 520, 580, 587; Vinzenzstift 42, 76, 159, 163f., 205, 216-218, 220-231, 233, 238, 240-242, 244, 248f., 388, 390, 407, 411, 413f., 422f., 426, 430f., 442f., 448, 454, 458f., 461, 463, 466, 484, 489, 497, 502, 506-509, 524, 529, 538, 546, 554, 559, 577f., 582,

584f.
Brieg 207, 325f., 438, 467, 502 - Kr. Glogau 239
Briegischdorf, unbek. 448
Briese, Kr. Ohlau 406
Briesnitz, Kr. Sprottau 505
Brietzen, Kr. Trebnitz 406
Brosewitz, Kr. Strehlen 398, 401
Brostau, Kr. Glogau 581
Brukalitz s. u. Taschenberg
Brundeswerde im Olmützischen 594, 596
Brünn 10, 592
Buch sö. Leisnig 80, 452
Buch in Nassau 80
Buchelsdorf, Kr. Neustadt OS 181, 415
Budischowitz bei Troppau 590
Bulchau, Kr. Ohlau 573
Buchwald bei Moschwitz, Kr. Frankenstein 469
Buchwitz, Kr. Breslau 438, 567
Buckowine, Kr. Trebnitz 574
Budissin s. u. Bautzen
Budsow, Wald 425, 511f., 551, 564
Bukowina, Wald 469, 516, 556
Bunkai, Kr. Trebnitz 161, 409, 459, 482, 541
Bunthensee bei Dresden 83, 409
Bunzlau 163, 220f., 241, 275, 289, 388, 436, 494, 504, 545; Kr. 170

Cadce, Dorf außerhalb Schlesiens 399, 440
Cansgor, wohl Kentschkau, Kr. Breslau 556, 559
Chechi, unbek. Dorf 478
Chelm, Kr. Pochina, im Krakauischen 484
Chinino, unbek. Dorf 525
Cholmen, unbek. Wüstung in Großpolen 553
Chon in Großpolen 74
Chropaczow bei Beuthen OS 411
Chrosczinna, Kr. Oppeln 450
Chrzanów in Kleinpolen 74, 288
Chudoba bei Kreuzburg OS 84
Chursangwitz, Kr. Ohlau 414

circuitus Szemizlav, unbek. Gebiet bei Troppau 591
Clissouo, abgek., wohl bei Pflaumendorf, Kr. Trebnitz 481, 523, 555, 566
Colanouo, unbek. Dorf 510
Colditz sö. Grimma 79, 413
Cölln sö. Meißen 82, 435
Commerau nö. Kamenz 82, 471
Consca, unbek., sö. Breslau 574
Copriwniza, unbek. Dorf 422
Cosassino, vielleicht Teil v. Althofnaß, Kr. Breslau 451, 511
Cosel 273, 275, 337
Cosel-Beuthen, Herzogtum 265, 290, 296, 303, 309f., 314, 318, 320, 330f.
Costin, unbek. Dorf 395
Couorcouo, unbek. Erbgut 385, 459
Crescenia, unbek. Dorf 507
Crimmitzschau bei Zwickau 81, 414
Crossen 128, 135, 321, 337, 347, 426; Kastellanei 99, 273, 276, 283, 321, 347
Cunczendorf bei Friedberg 552, 597
Cvnow im Krakauischen 502
Czarnowanz, Kl. 164, 217, 223, 226, 230, 242, 244, 387, 405, 488f., 537
Czeladź sö. Beuthen OS 411
Czerwentzütz, Kr. Ratibor 400
Czirwensko, Kl. 508
Czissek, Kr. Cosel 459

Dahme w. Luckau 78, 415
Dalkau, Kr. Glogau 505
Damasko, Kr. Leobschütz 468
Dambiscin, unbek. Dorf 417
Dambitsch, Kr. Militsch 439
Dammer, Kr. Wohlau 442
Dammitsch, Kr. Wohlau 159, 499
Dänemark 69, 508
Danielowiz, unbek. Dorf 418
Dębów bei Militsch 84
Dehnitz bei Grimma 598
Dehrn bei Limburg a. d. Lahn 80
Dembio, Kr. Oppeln 434, 528
Deutsch Krawarn bei Troppau 590
Deutsch Lissa, heute Stadtteil v. Breslau

185, 207, 425
Deutsch Paulowitz, ö. Neustadt OS 430
Deutsch Steine, Kr. Ohlau 584
Deutsch Wartenberg, Kr. Grünberg 182
Deutsch Zernitz, Kr. Tost-Gleiwitz 145, 436, 526, 585
Deutsches Reich 44, 64-66, 71, 77, 87, 90, 95-97, 101f., 118f., 133, 136f., 154, 166-168, 179, 333, 340, 354, 359-361
Deutschland 37, 66, 72, 80, 83, 87, 91, 101, 108, 131, 135, 298
Dieban, Kr. Wohlau 160, 454, 585
Diera n. Meißen 80, 419
Dirschel, Kr. Leobschütz 595
Dirsdorf, Kr. Reichenbach 438
Dittmannsdorf nö. Borna 84 - Kr. Frankenstein 84 - Kr. Neustadt OS 84, 181 - Kr. Waldenburg 84
Dobergast, Kr. Strehlen 515, 556
Döberle, heute Ortsteil v. Karlsburg, Kr. Oels 401, 458, 502
Dobersdorf, Kr. Leobschütz 588
Dobrischau, Kr. Oels 203, 477, 513 - Kr. Strehlen 423
Dodanouo, unbek. Dorf 415
Dohna sö. Dresden 78, 88, 425
Domaniz, aufgegangen in Seiffersdorf, Kr. Ohlau 455
Domanze, Kr. Schweidnitz 424
Domatschine, Kr. Oels 500, 506
Dombsen, Kr. Wohlau 425, 459
Domnitz, Kr. Wohlau 442
Domslau, Kr. Breslau 199, 418, 443, 464
Döringau, Kr. Freystadt 552
Dornbusch, heute Stadtteil v. Liegnitz 522
Dörndorf, Kr. Frankenstein 392
Dornheim in Mittelfranken 83, 425
Doubravník, Kl. 591; bei Brünn 591
Drehnow, Kr. Grünberg 425
Droitzdorf, Teil v. Alt Grottkau 514
Droschen, Kr. Trebnitz 519
Dubnice, abgek., bei Jägerndorf 589
Dunajetz, Fl. 177, 412
Dürrgoy, heute Stadtteil v. Breslau 424
Dürr Hartau, Kr. Strehlen 513, 564

Dyhernfurth, Kr. Wohlau 578

Ebersbach s. Döbeln 80, 426 - sö. Großenhain 80, 426
Ebersdorf, Kr. Sprottau 238, 504
Edelstein, Burg bei Zuckmantel 472, 476
Ehrenberg bei Altenburg 79, 427
Ehrenburg, Schloß a. d. Mosel 79
Eichberg, Kr. Crossen 474
Eichelborn bei Klettbach in Sachsen 84
Eilowitz bei Fulnek 594
Eisdorf, Kr. Namslau 403, 427
Elbe, Fl. 88
Ellguth, heute Stadtteil v. Gleiwitz 503 - Kr. Guhrau 500
Emse bei Osnabrück 591
Endersdorf bei Zuckmantel 532
Erzgebirge 79
Europa 35, 37, 366

Falbstein in Oberösterreich 591
Falkenberg OS 238, 276, 411 - ö. Torgau 78, 428
Falkenhain nö. Zeitz 81, 428
Faulbrück, Kr. Reichenbach 468
Fedzka Bartholomei, unbek. Dorf 537, 560
Fermo 213
Flämischdorf, heute Stadtteil v. Neumarkt 459, 569
Flößberg w. Colditz 79, 428
Flügelsberg in der Oberpfalz 79
Forst in der Niederlausitz 78, 428
Franken 82, 88
Frankenberg nö. Chemnitz 447 - Kr. Frankenstein 447, 476
Frankenreich 108
Frankenstein 170f., 429, 532
Frankental, Kr. Neumarkt 85
Frankfurt a. M. 80
Frauendorf, Kr. Oppeln 405
Fraustadt 276
Freiberg bei Troppau 591
Freudenthal bei Troppau 592
Freyburg a. d. Unstrut 81
Freystadt 164, 227, 276, 505; Kr. 170f.

Friedeberg sw. Ottmachau 182
Fröbeln, heute Stadtteil v. Löwen, Kr. Brieg 182, 430, 517
Frohnau, Kr. Brieg 434
Frömsdorf (auch Schirnitz gen.), Kr. Frankenstein 72, 391
Füllstein bei Hotzenplotz 592; Burg 430, 592
Fülme bei Minden 79, 430, 592

Gabitz, heute Stadtteil v. Breslau 391, 466
Gallowitz, Kr. Breslau 398, 566
Gana, unbek. Dorf bei Landsberg OS 463
Garesbach bei Meißen 83
Garnczarskko s. u. Marxdorf
Gaußig bei Bautzen 78, 447
Gawrony in Großpolen 407f.
Gay, Gehölze vor Breslau 435
Gaycouo, wohl Stein, Kr. Breslau 499, 539, 554
Geißendorf, heute Stadtteil v. Steinau 159, 499
Gerlachsheim, Kr. Lauban 84, 435 - bei Mosbach in Baden 84 - ö. Seidenberg 84
Giersdorf, Kr. Frankenstein 393
Gimmel, Kr. Guhrau 497 - Kr. Oels 580
Glamboka im Krakauischen 465
Glambowitz w. Heinrichau 434, 469, 477, 516, 556
Gläsen, Kr. Leobschütz 592
Glatz 415; Grafschaft 36, 60, 596; Kastellanei 97, 342; Pfarrkirche 588
Gleinau, Kr. Wohlau 459
Gleinig, Kr. Guhrau 397
Gleinitz, Kr. Reichenbach 462
Gleiwitz 207, 506
Glewo im Krakauischen 408, 465
Glofenau, Kr. Strehlen 464, 492, 513, 564
Glogau 120, 215, 268f., 276, 280, 283-286, 304, 309, 314, 326, 338, 356, 463, 504, 515; Herzogtum 85, 91-93, 102, 261, 265f., 268f., 290, 293, 301, 308, 313, 315, 317, 324f., 330, 334, 340, 352, 354, 358, 360, 535; Kastellanei 273, 275; Kr. 171; Archidiakonat 208; Kollegiatstift 224, 412, 419, 424, 426, 473, 494, 505, 552f., 559, 566, 580
Gnesen 99; Erzbistum, Domkapitel 65, 142, 163, 211f., 217, 248, 349, 388, 438, 477; Archidiakonat 213
Göda w. Bautzen 79, 437
Godov, abgek. Dorf im Herzogtum Liegnitz 79
Godow, Kr. Rybnik 79
Gogolin, Kr. Groß Strehlitz 390
Gohlowo, Gut bei Thauer, Kr. Breslau 539
Goldberg 120, 136, 164, 205, 447, 537, 552
Gorac, unbek. Dorf 546
Gorkau, Kr. Breslau 233 - Kr. Strehlen 575
Gorkauer Berg 437
Görlitz 135, 536; Kr. Oels 587
Goseck, Burg bei Querfurt in Sachsen 78
Goszcza, Kr. Miechów in Kleinpolen 584
Gottersdorf, Kr. Kreuzburg OS 445
Grabin, Kr. Neustadt OS 457
Gräbschen, heute Stadtteil v. Breslau 203, 413, 435
Graditz sö. Torgau 79, 446
Gräditz, Kr. Schweidnitz 452
Gränowitz, Kr. Liegnitz 445
Grätz s. Troppau 342
Greiffenstein, Burg bei Hohenstein in Hessen 84 - bei Löwenberg 84, 446 - bei Meißen 84, 446
Gröbnig, Kr. Leobschütz 222, 459, 595
Grochau, Kr. Frankenstein 513
Grochwitz, Kr. Frankenstein 516
Gröditz sw. Elsterwerda 79, 446
Gröditzberg, Kr. Goldberg 277
Grodziec im Krakauischen 547
Groschwitz, Kr. Oppeln 446
Groscino, unbek. Dorf 568
Grosena, unbek. Dorf 532
Großkauer, Kr. Glogau 239
Großpolen 73, 75-77, 96-101, 139, 141, 170-173, 217, 219, 228
Groß Bargen, Kr. Militsch 239
Groß Carlowitz, Kr. Grottkau 223, 481, 492

Groß Döbern, Kr. Brieg 151, 475
Groß Gohlau, Kr. Neumarkt 572
Groß Jeseritz, Kr. Reichenbach 476, 582
Groß Mochbern, Kr. Breslau 484
Groß Osten, Kr. Guhrau 239
Groß Peterwitz, Kr. Trebnitz 431
Groß Pluschnitz, Kr. Groß Strehlitz 434
Groß Pramsen, Kr. Neustadt OS 424, 501
Groß Reichenau, Kr. Freystadt 446, 478
Groß Strehlitz 495
Groß Tinz, Kr. Breslau 160, 163f., 219f., 223f., 241, 245, 387, 462, 464, 476, 483, 575 - Kr. Liegnitz 447, 567
Groß Tschansch, heute Teil v. Breslau 489
Groß Wierau, Kr. Schweidnitz 426, 435, 535
Grottkau 178, 185f., 203, 513f.
Grübnig, Kr. Leobschütz 164
Grudina, wohl Grauden nw. Leobschütz 555
Grunau, Ortsteil v. Kamenz 514, 516
Grüningen, Kr. Brieg 568
Grüssau, Kl. 163, 223, 397, 426, 435
Guckelhausen, Kr. Neumarkt 436
Guckelwitz, Kr. Breslau 489
Guhlau, Kr. Grottkau 516 - Kr. Guhrau 204, 535
Guhrau 185f.
Güntersberg, Kr. Crossen 516, 519
Gürkwitz, heute Teil v. Prausnitz 406, 439
Gurtendorf bei Prerau in Mähren 597
Gurtsch, Kr. Strehlen 407

Habendorf, Kr. Reichenbach 515
Hainspitz w. Eisenberg 78, 460
Hakeborn ö. Halberstadt 82, 448
Halbendorf, Kr. Schweidnitz 538
Halberstadt 40
Halle 80
Hameln 97
Häseler bei Eckartsberga in Thüringen 81
Häslicht, Kr. Schweidnitz 453
Haubnitz n. Borna 79
Hayn in Hessen 78
Haynau, Kr. Goldberg 278

Heidemühle, Teil v. Kutschlau, Kr. Züllichau-Schwiebus 438f., 465
Heidersdorf, Kr. Reichenbach 468
Heiliges Land 58, 162, 232, 249, 363
Heinrichau, Kl. 72f., 76, 97, 107, 117f., 122, 131, 152, 160, 162-164, 166, 205, 215-232, 240f., 243f., 246, 248, 290, 392, 396, 400, 406f., 416f., 425f., 434, 438, 442, 448f., 465, 469, 475, 488-490, 492, 498, 506, 511, 514, 516, 524, 526, 529, 531, 534-536, 541, 543-545, 548-551, 557, 562-564, 566, 572, 581f., 586
Hennersdorf, Kr. Ohlau 425
Herrmannsdorf, Kr. Jauer 73, 451
Herrnmotschelnitz, Kr. Wohlau 453
Herrnstadt, Kr. Guhrau 278, 285
Hertitz bei Troppau 588
Hesseler bei Eckartsberga in Thüringen 81
Hessen 77, 88
Heynrichsdorf bei Friedberg 552, 597
Hildesheim 57, 71
Himmelwitz, Kl. 42
Hirschfeld, Kr. Sagan 519 - Kr. Sprottau 454
Hirtendorf, Kr. Sprottau 500, 549
Hochberg in Oberbayern 79
Hochkretscham, Kr. Leobschütz 390
Hohenbocka bei Hoyerswerda 77
Hohenbach bei Wunsiedel in Oberfranken 77
Hohenbuch in Württemberg 77
Hohenbüchen sö. Hameln 77, 95, 454
Hohenfurt, Kl., in Böhmen 596
Hohenposeritz, Kr. Schweidnitz 475
Hohburg nö. Wurzen 79, 454
Hohenposeritz, Kr. Schweidnitz 204, 216, 234
Hornschloß, Kr. Waldenburg 278
Hotzenplotz nw. Leobschütz 430, 588, 594f.
Houmbouch bei Mersch in Luxemburg 77
Hoyerswerda, Kr. 239
Hradisch, Kl. in Mähren 589, 590, 593f., 596f.
Hundsfeld, heute Stadtteil v. Breslau 398,

524, 587
Hvzouici, unbek. Dorf 549

Iamca, Ort im Herzogtum Oppeln 544
Illigota Sobeslawi, unbek. Dorf 560
Indrichovo, unbek. Dorf 427, 456
Italien 71, 96, 214, 218, 248

Jackschönau, Kr. Breslau 238, 395, 435, 520 - Kr. Oels 458
Jägerndorf, heute Teil v. Rudelstadt, Kr. Landeshut 447
Jakobsdorf, Kr. Liegnitz 524 - Kr. Namslau 455 - Kr. Neumarkt 385f., 555 - Kr. Strehlen 418, 464
Jankau, Kr. Ohlau 409, 515
Janowitz, Kr. Ratibor 84
Janosow, Teil v. Alt-Heinrichau, Kr. Frankenstein 423
Järischau, Kr. Schweidnitz 385, 456
Jäschgüttel, Kr. Breslau 120, 489, 525
Jäschkittel, Kr. Strehlen 457
Jätschau, Kr. Glogau 163, 522
Jauer, Herzogtum 475
Javrowitz, Gut bei Heinrichau, Kr. Frankenstein 240, 563, 573, 582
Jedlownik, sö. Ratibor 459
Jelline, Kr. Strehlen 507
Jeltsch, Kr. Ohlau 459, 500
Jemielna, Kr. Oels 497
Jenkwitz, Kr. Neumarkt 513
Jerusalem 228, 232, 249, 458
Johnsdorf s. u. Schönjohnsdorf
Jordansmühl, Kr. Reichenbach 468

Kainzen, Kr. Guhrau 499, 547
Kaldenstein s. Weidenau 278
Kalisch 70, 388, 506, 508, 563
Kalkreuth sö. Großenhain 81, 467
Kaltenbriesnitz, Kr. Sprottau 505
Kaltwasser, Fl. 572
Kamenz, Kl. 72, 110, 118, 131, 151, 163f., 204f., 208, 210, 215-217, 220-227, 230f., 234, 238f., 241, 243, 245, 248f., 385, 391, 405, 422, 429, 450, 467, 471, 487, 490, 498, 513-517, 532, 534, 573, 576, 596
Kamenz in Sachsen 78, 467
Kamien, Kr. Zülz 468
Kammelwitz, Kr. Wohlau 468
Kamnig, Kr. Grottkau 443
Kamöse, Kr. Neumarkt 489
Kapaschütz, Kr. Militsch 415
Karbitz, Kr. Militsch 580
Karniów im Krakauischen 543
Kärnten 214
Karzen, Kr. Strehlen 84, 387, 468, 564
Kasimir, Propstei nö. Leobschütz 163, 242, 468
Kassawe, Kr. Militsch 179, 442, 484, 494
Katscher, Kr. Leobschütz 598
Kaltern, Kr. Breslau 179, 238, 430-432, 581
Katutsche, Kr. Oels 580
Katzbach, Fl. 481
Kaubitz, Kr. Frankenstein 563
Kaundorf, Kr. Neisse 526
Kawallen, Kr. Trebnitz 396, 500
Kelcze, Stadt in Polen 507
Kemnitz nö. Bautzen 81, 468 - in Brandenburg 81 - Kr. Hirschberg 81, 538f. - in Pommern 81
Kerpen, Kr. Neustadt OS 552
Kessil, Gut, in Bunzlau aufgegangen 504
Kęty ö. Bielitz 390
Kielpin, Gut in Großpolen 485f.
Kiev, Fürstentum 66
Kittelau, Kr. Reichenbach 450, 471, 514, 573
Kittlitz n. Löbau 77, 93, 469
Kleinpolen 70, 75-77, 96, 98, 100f., 118, 121, 139, 141, 170-173
Kleinpolnische Ebene 36
Klein Bielau, Kr. Schweidnitz 176, 515
Klein Ellguth, Kr. Reichenbach 240, 439
Klein Krutschen, Kr. Militsch 406, 439
Klein Nädlitz, Kr. Breslau 400
Klein Neudorf, Kr. Grottkau 387, 474
Klein Oels, Kr. Ohlau 409, 505, 574
Klein Peterwitz, Kr. Oels 574

Klein Sägewitz, Kr. Breslau 425, 465
Klein Tinz, Kr. Breslau 385, 483, 507, 513, 515, 537, 564
Klein Wierau, Kr. Schweidnitz 397
Klopschen, Kr. Glogau 405, 408, 414, 511
Klutschau, Kr. Groß Strehlitz 405
Knezice bei Iglau 594
Knischwitz, Kr. Strehlen 523, 540
Knobelsdorf sw. Döbeln 80, 469
Knoblochsdorf, Kr. Goldberg 469
Kobelau, Kr. Frankenstein 469
Kobershain, Kr. Torgau 82, 470
Kohlsdorf, Kr. Neisse 532 - Kr. Neustadt OS 98, 526, 543
Koitz, Kr. Liegnitz 470f.
Kojanowitz bei Heinrichau 465, 586
Kolbatz, Kl. in Pommern 98, 222, 553
Kolberg, Bistum 65
Kolbnitz, Kr. Jauer 457
Konarzewo bei Krotoschin 411
Konradsdorf, Kr. Goldberg 541 - Kr. Neisse 494
Konradswaldau, Kr. Schweidnitz 567
Kontschwitz, Kr. Ohlau 402
Koppendorf, Kr. Grottkau 557
Korsenz, Kr. Militsch 413
Kosel, heute Stadtteil v. Breslau 435
Koske, Kr. Cosel 405
Kossendau, Kr. Liegnitz 472
Kostenblut, Kr. Neumarkt 242, 385f., 391, 423, 436, 440, 463, 487, 508, 528, 535, 555
Kostenthal, Kr. Cosel 420, 446
Kottulin, Kr. Tost-Gleiwitz 517
Kottwitz, Kr. Trebnitz 500
Kotzem, Kr. Neustadt OS 596
Krakau 232, 249, 337; Bistum, Domkapitel 60, 65, 76, 211f., 426, 462; Herzogtum 66, 76, 99, 117, 349, 484, 502; Archidiakonat 213; Kastellanei 74, 283; Pallatinat 74
Krakowahne, Kr. Trebnitz 439f.
Krampitz, Kr. Neumarkt 472
Kranowitz, Kr. Ratibor 592
Kraßwitz, Kr. Strehlen 414

Kratzbach, Kr. Landeshut 588
Krausenau, Kr. Ohlau 446
Krehlau, Kr. Wohlau 442
Kreidel, Kr. Wohlau 425
Kreika, Kr. Breslau 575
Krelkau, Kr. Frankenstein 223, 391f.
Krentsch, Kr. Strehlen 504
Kreuzburg OS 184
Krintsch, Kr. Neumarkt 415, 460
Kroischwitz, Kr. Schweidnitz 531
Kryschanowitz, Kr. Trebnitz 414
Krzyszkowice bei Krakau 412, 414
Kujawien 170f.
Kulmer Land 175-177, 431, 542
Kunersdorf, Kr. Oels 455, 574
Kunzendorf, Kr. Neustadt OS 532 - Kr. Oels 455

Laband, Kr. Tost-Gleiwitz 472
Łagiewniki bei Kobylin in Großpolen 525
Lähn, Kr. Löwenberg 278, 450
Lahse, Kr. Wohlau 442
Lampersdorf, Kr. Frankenstein 483 - Kr. Neumarkt 554
Landau, Kr. Breslau 554
Landeshut 207, 532
Landeskrone bei Bautzen 80, 473
Landovo, Teil eines abgek. Dorfes bei Groß Schwundig, Kr. Trebnitz 415
Landsberg OS, Kr. Rosenberg 278
Landskron, Kr. Glogau 80
Langenbielau, Kr. Reichenbach 482, 549
Langendorf, Kr. Neisse 532
Langenöls, Kr. Lauban 411, 446 - Kr. Reichenbach 468
Langheinersdorf, Kr. Sprottau 418
Lansona, Wald 505
Laskowitz, Kr. Ohlau 584 - Wald 478
Lassoth, Kr. Neisse 464
Läst s. u. Parchwitz
Latzkow, Dorf in Pommern 553
Laubias bei Troppau 594
Lausche, Bach 310
Lausitz 58, 83, 88, 93, 359
Lausitzer Neiße, Fl. 88

Lebus 99, 134, 278, 284; Bistum, Domkapitel 98, 131, 163f., 178, 211f., 217, 222, 248; Land 150
Łęczyca in Kujawien 98, 213
Leerbeutel, heute Stadtteil v. Breslau 495
Legche villa, unbek. Dorf 406, 497
Leifersdorf, Kr. Goldberg 85, 478
Leimnitz, Kr. Züllichau-Schwiebus 436
Leipzig 78, 80, 88
Lemberg 51
Lentsch, Kr. Neisse 429
Leschdorf, Kr. Goldberg 85
Leschnitz, Kr. Groß Strehlitz 182f., 405
Leslau, Bistum 176, 178, 211f.
Lessendorf, Kr. Freystadt 473
Leuber, Kr. Neustadt OS 424
Leubus, Kl. 42, 160, 162-164, 204f., 210, 216f., 219-227, 229, 231, 239-241, 243f., 248, 346, 393f., 400, 420f., 426, 430, 436, 447, 457, 466, 470f., 474, 481, 483f., 504, 515, 519, 525, 535, 541, 565, 567, 578
Leubusch, Kr. Brieg 151, 475
Leuchten, Kr. Oels 442
Lichenberg, abgek., bei Ziegenhals 532
Lichtenberg, Kr. Grottkau 95, 446, 454
Liebau, Kr. Landeshut 84
Liebenau nw. Schwiebus 99, 475, 574
Liebenthal, Kl. 42, 164, 198, 204f., 210, 216, 224, 234, 475, 585 - Kr. Löwenberg 475 - bei Hotzenplotz 95, 454, 591, 597-599
Liebschütz, Kr. Freystadt 412
Liegnitz 136, 220, 245, 267-269, 279, 289, 299f., 304, 309, 326, 338, 356, 445, 463, 471, 481, 528, 561; Herzogtum 91-93, 96, 102, 127, 257, 267, 269, 290, 299, 306, 311, 315, 318f., 321-323, 325, 330, 332, 334, 339f., 347, 354, 357f., 360; Kr. 170f.; Regbez. 239; Archidiakonat 208; Hospital 541
Lindenau, w. Leipzig 82, 476 - Kr. Grottkau 82
Lippen, Kr. Freystadt 473
Lobenstein bei Jägerndorf 589, 594

Lobetinz, Kr. Neumarkt 425, 580
Lobkowitz, Kr. Neustadt OS 552
Löbnitz nw. Düben 82, 478
Lodenitz bei Troppau 594
Lödla nw. Altenburg 83, 473 - bei Rositz 83
Loffkowitz, Kr. Brieg 84
Lohe, Fl. 456 - Kr. Breslau 456, 551 - Kr. Trebnitz 456
Lom, Kr. Goldberg 208, 476
Loslau 207, 459
Lossen, Kr. Brieg 163, 220, 430, 517 - Kr. Trebnitz 205, 461, 478, 497
Löwen, Kr. Brieg 182, 517
Löwenberg 309, 548; Herzogtum 260, 305, 318, 330, 334
Löwenstein, Kr. Frankenstein 414
Lübben nw. Cottbus 80, 478
Lüben 80, 279, 283, 478
Lubetzko nw. Lublinitz 185
Lubiń, Kl. 39, 217, 222, 228, 230
Lublinitz 185
Łubnice, Gut an der Prosna 411, 466
Lubuscha sw. Sternberg, Güter bzw. Wald 555
Lucasseuici, abgek. Dorf bei Schönbankwitz, Kr. Breslau 417
Ludwigsdorf, Kr. Neisse 177, 181, 526, 532
Lüssen, Kr. Neumarkt 240, 520, 522
Luthröta, heute Stadtteil v. Sagan 447

Machnitz, Kr. Trebnitz 437, 497, 504, 520
Magdeburg 116, 508; Erzbistum 78, 134, 155
Mähren 36f., 89, 96-98, 181, 340, 342
Mainfranken 57, 77
Mainz 9f., 81
Makau, Kr. Ratibor 420f.
Malgost, abgek., bei Zedlitz, Kr. Ohlau 500
Malina, Kr. Oppeln 84, 482
Malkwitz, Kr. Breslau 84
Maltitz ö. Döbeln 80, 480
Manze, Kr. Strehlen 513, 564

Marburg/Lahn 10
Marentschine, Kr. Militsch 415
Margaret, Kr. Breslau 238
Mariasaal in Kärnten 99, 210, 213
Marienstern, Kl. in der Oberlausitz 425, 467
Markt Bohrau, Kr. Strehlen 185
Märtinau, Kr. Trebnitz 554
Marxdorf, Kr. Breslau 425, 515
Märzdorf, Kr. Ohlau 481
Masowien 99, 116, 139, 141, 146, 170f., 480
Masselwitz, heute Stadtteil v. Breslau 385, 479
Matzdorf bei Leobschütz 589, 593
Matzkirch, Kr. Cosel 237, 390
Mehlteuer, Kr. Strehlen 522
Meißen 80f., 538; Bistum, Domkapitel 212; Mark 58, 77-84, 88f., 93, 95, 101, 118f., 131, 212, 359, 448, 451, 524
Meleschwitz, Kr. Breslau 500
Merkelsdorf bei Friedland 588
Mertschütz, Kr. Liegnitz 482, 587
Merzdorf, Kr. Züllichau-Schwiebus 386
Messow, Kr. Crossen 471
Metschlau, Kr. Sprottau 482
Meuschau bei Merseburg/Sachsen 78
Michelau, Kr. Brieg 182, 234, 238, 515-517
Michelwitz, Kr. Brieg 414, 483, 544 - Kr. Trebnitz 484
Miechów, Kl. in Kleinpolen 98f., 164, 205, 222f., 226, 458, 484, 502, 526, 543, 580, 584f.
Mileieuich, abgek., bei Beuthen OS 524
Militsch 99, 272, 279, 492, 522, 528, 546, 559, 573
Milkendorf bei Freudenthal 589
Millowitz, abgek., bei Beuthen OS 416
Milostowitz bei Troppau 595
Miłowice sö. Beuthen OS 465
Mirkau, Kr. Oels 485
Mirów bei Tschenstochau 411, 466
Mitteldeutschland 96, 101, 214
Mittelfranken 83

Mittelmark 88
Mittelrhein 57, 77
Mochau nw. Dresden 398
Mochbern, heute Stadtteil v. Breslau 176, 203, 237, 390, 509
Mocressovo, unbek. 503
Modericz in Mähren 343
Mogiła, Kl. in Kleinpolen 98, 164, 205, 221, 228, 414, 462f.
Mogilany s. Krakau 412
Mohelniz im Olmützischen 594
Mois, Kr. Neumarkt 240, 394, 520
Möllenbeck, Kl. in Niedersachsen 89, 592, 598
Mollwitz, Kr. Brieg 122, 468
Morcovice bei Brünn 591
Morina, Bach 465, 469, 586
Moschwitz, Kr. Münsterberg 72, 110, 165, 245, 392, 477, 487-489, 498
Mosurau, Kr. Ratibor 488
Mrosouo, abgek. Dorf bei Kanth, Kr. Breslau 554
Mstów bei Tschenstochau 508
Muchenitz, Kr. Oppeln 387, 488f.
Mückenberg a. d. Elster 81, 538
Mühlhausen n. Eisenach 83
Mühlheim am Rhein 83 - a. d. Ruhr 83 - in Nassau 83
Mühnitz, Kr. Trebnitz 396
Mülbitz, Ortsteil v. Großenhain 79, 489
Müncheberg, Stadt ö. Berlin 148
Münchsdorf, Kr. Crossen 215, 516, 519
Münsterberg, Kr. Frankenstein 96, 164, 220, 225f., 415-417, 422, 489f., 492, 504; Herzogtum 153, 352
Muschau bei Döbeln 78, 492 - in Mähren 78
Myleioviz, abgek. Gut bei Beuthen OS 97, 562

Nakel w. Bromberg 74, 288, 576
Namslau 131, 524
Nascrenoue, unbek. Dorf 524
Nassiedel, Kr. Leobschütz 595
Naumburg am Bober 123, 226, 233, 279;

Kl. 219, 221f., 224, 238, 405, 408, 453, 511, 551
Naumburg am Queiß, Kl. 160, 163f., 222, 224-226, 248, 398, 425f., 446
Nebelschitz ö. Kamenz 82, 493
Neisse 84, 106, 164, 184, 204f., 215f., 219, 223-225, 227, 255, 391, 422, 428-430, 450, 481, 489, 493f., 504, 526; Hospital(kirche) 391, 429, 512, 540; Kl. 540
Neisse-Ottmachau, (Bistums)Land 40, 53, 124, 181, 202
Nemodlim s. u. Falkenberg OS
Nethwitz, Teil v. Moschwitz, Kr. Frankenstein 152, 174, 469f., 475, 511, 541, 545, 548, 586
Nettschütz, Kr. Freystadt 494
Neudeck, Kr. Reichenbach 78 - nö. Torgau 78, 494
Neudorf, Kr. Breslau 554
Neuhaus, Kr. Frankenstein 123, 280
Neumark 85
Neumarkt 85, 135, 280, 411, 453; Kr. 170f.
Neundorf, Kr. Bunzlau 398
Neunz, Kr. Neisse 84, 494
Neustadt OS 162, 181; Kr. 170
Neusteine, bei Odersteine (?), Kr. Ohlau 568
Neuwaldau, Kr. Freystadt 122
Neuwalde, Kr. Neisse 177, 181, 526
Neu Grottkau s. u. Grottkau
Nideggen, Burg am Niederrhein 78
Niechlin, Kr. Guhrau 84
Niedeck, Burg am Oberrhein 78
Niederhof, Kr. Breslau 525
Niederlausitz 78, 80, 88
Niederrhein 80, 89, 451
Niedersachsen 57
Nieder Giersdorf, Kr. Schweidnitz 573
Nieder Gorpe, Kr. Sprottau 554
Nieder Hermsdorf, Kr. Neisse 429
Nieder Siegersdorf, Kr. Freystadt 505
Nieder Weistritz, Kr. Schweidnitz 573
Niefnig, Kr. Ohlau 425
Niehmen, Kr. Ohlau 560f.
Nieszkowice, Kr. Pochnia, im Krakauischen 484
Niewodnik, Kr. Falkenberg OS 494
Niklasdorf bei Ziegenhals 532
Niklawitz ö. Heinrichau 416, 465
Nikolai sw. Kattowitz 164, 182-184, 215, 223, 225, 239, 280, 445
Nimptsch, Kr. Reichenbach 274f., 277, 280, 282f., 285f., 288, 336f., 339, 355, 392, 505, 529
Nitschendorf, Kr. Schweidnitz 582
Nossen, Kr. Frankenstein 151, 497f.
Noßwitz, Kr. Glogau 500
Nostitz n. Löbau 81, 499

Oberfranken 79, 119
Oberglogau, Kr. Neustadt OS 281
Oberlausitz 77-82, 88f., 95, 425, 467
Ober Glauche, Kr. Trebnitz 574
Obisch, Kr. Glogau 85, 499, 547
Obischau, Kr. Namslau 499
Obra, Kl. in Großpolen 98, 162, 164, 222, 486, 578
Ochla, Gut in Großpolen 97, 562f.
Oder, Fl. 36, 390, 468, 539, 542f., 567
Oderbeltsch, Kr. Guhrau 413, 453
Odersteine, Kr. Ohlau 568
Odrica, unbek. Dorf 442
Oels 84, 123, 164, 207, 210, 281, 326, 397, 442, 500, 505f.
Ogen, Kr. Grottkau 443
Ohlau 233, 431, 507, 542, 548, 568
Ohle, F. 415
Olmütz 343; Bistum 97, 155, 340
Olsa, Fl. 401
Olschwitz sö. Leipzig 398
Onerkwitz, Kr. Neumarkt 419, 565, 571
Opatów nö. Namslau 549
Oppeln 164, 183, 223, 269f., 281, 289, 314, 338, 356, 405, 411f., 431, 434, 443, 472, 557, 577; Herzogtum 60, 76, 92f., 100-102, 121, 181, 263, 268f., 294, 301, 308, 313, 317-322, 324, 330f., 334, 339, 352, 355, 357, 360, 502, 526, 562, 567; Archidiakonat 208-210; Adalbertkirche 410, 434, 542; Kollegiatstift 206;

Kreuzkirche 410, 434
Oppersdorf, Kr. Neisse 385, 526
Orese, abgek., n. Neustadt OS 424, 501
Orzech, Dorf im Beuthener Distrikt 511
Orzegow bei Schwientochlowitz 502
Ossig, Kr. Militsch 465
Osterland 467
Österreich 79, 88
Ostrau, Teil v. Mährisch Ostrau 281
Oswitz, heute Stadtteil v. Breslau 506
Otthoch, Gut, wohl Altschloß, Kr. Brieg 568
Ottmachau 282, 326, 467, 472; Gebiet 152; Schloß 129, 246, 472, 531
Ottmuth, Kr. Groß Strehlitz 239, 543
Ottwitz, heute Stadtteil v. Breslau 507 - Kr. Ratibor 430

Pack nw. Torgau 81, 502
Palow s. u. Pohla
Panglouo, abgek., im Kr. Trebnitz 575
Panitzsch in Sachsen 79
Pannwitz bei Bischofswerda 80, 503
Panthenau, Kr. Reichenbach 405, 514, 516
Paradies, Kl. in Großpolen 98f., 163f., 219-223, 225f., 386, 395, 407, 553, 574, 578, - Kr. Schwiebus-Züllichau 407
Parchwitz (auch Läst), Kr. Liegnitz 185f., 486
Paritz, Kr. Bunzlau 425f.
Parma 71, 435
Paskau in Nordmähren 597
Passau 212
Pawellau, Kr. Trebnitz 503
Pawelwitz, Kr. Trebnitz 500
Peiskerau, Kr. Ohlau 525
Peiskretscham, Kr. Tost-Gleiwitz 185, 222f., 235, 476
Peißen bei Halle 81, 505
Peisterwitz, Kr. Ohlau 500
Peiswitz, Kr. Goldberg 234
Peltschütz, Kr. Ohlau 519
Pentsch, Kr. Strehlen 570
Perschnitz, Kr. Militsch 458 - Kr. Wohlau 442

Perschütz, Kr. Militsch 478
Petersdorf, heute Stadtteil v. Gleiwitz 420, 503
Peterswaldau, Kr. Reichenbach 237, 394, 474, 576
Peterwitz, Kr. Frankenstein 511, 515
Petrigau, Kr. Strehlen 564, 575
Petrikau, Kr. Reichenbach 513
Petschau bei Eger 73, 397
Pflaumendorf, Kr. Trebnitz 481, 584
Pickau bei Jägerndorf 589, 594
Pilsnitz, heute Stadtteil v. Breslau 177, 435, 479
Piltsch bei Troppau 595
Pilzen, Kr. Schweidnitz 404, 427, 573
Pirschen, Kr. Neumarkt 414, 477
Pischyz, wohl abgek., nw. Ratibor 459, 570, 596
Plagodina, unbek. Dorf 529
Pleische, Kr. Breslau 568
Pleischwitz, Kr. Breslau 72, 179, 430f., 581
Pleißenland 78, 88
Plesna bei Troppau 595
Płock 156; Domkapitel 211f., 217, 248
Plumasou, unbek. Dorf 423
Pogarell, Kr. Brieg 164, 222, 226, 513, 516
Pohla (wendisch Palow) nö. Bischofswerda 82, 502
Pohlanowitz, Kr. Breslau 402, 418, 427, 473, 494, 495, 571
Poischwitz, Kr. Jauer 326, 483
Polen (Polonia) 35, 43, 49, 53, 55f., 59, 65-67, 69f., 73, 77, 90, 96-102, 104f., 108-110, 115-117, 121, 135, 139, 142f., 158, 167f., 172f., 179, 191, 209, 232, 266f., 269, 298, 333, 340, 349, 354, 359, 361, 411, 462, 508f.
Pollenzig, Kr. Crossen 565
Polnisch-Weistritz, Kr. Schweidnitz 545
Polnisch Hammer, Kr. Trebnitz 478
Polnisch Peterwitz, Kr. Breslau 427, 431, 439
Polnisch Steine, Kr. Groß Wartenberg 164, 205, 222-224, 239

631

Polnisch Tarnau, Kr. Glogau-Fraustadt 282
Polnischer Jura, Gb. 36
Polsnitz, Kr. Breslau 164, 222, 226, 520, 559
Ponischowitz, Kr. Tost-Gleiwitz 517
Pommerellen 139
Pommern 98, 141, 209, 462
Pontwitz, Kr. Oels 580
Pöpelwitz, heute Stadtteil v. Breslau 414
Poppschütz, Kr. Freystadt 519
Poręba Wielka s. Auschwitz 387
Porschnitz sw. Meißen 82, 404
Posen 10, 51, 508; Bistum, Domkapitel 65, 211f.
Poseritz, Kr. Schweidnitz 519
Poserne ö. Weißenfels 80, 522
Pösna sö. Leipzig 81, 505
Powitzko, Kr. Militsch 439, 442, 465
Prag 212, 468
Prandocin sö. Miechów 414
Pranzkovo, abgek., bei Mehlteuer, Kr. Strehlen 85
Prath n. Kaub am Rhein 84
Praus, Kr. Nimptsch 404, 524
Prausnitz, Kr. Militsch 151, 182, 406, 439f.
Predel nö. Zeitz 82, 523
Preichau, Kr. Wohlau 482
Preiland, Kr. Neisse 549
Prerau in Mähren 589
Preußen 58, 96, 249, 363, 506
Prieborn, Kr. Strehlen 182f., 438, 515, 556
Prietzen, Kr. Oels 237f., 402f., 523
Prisselwitz, Kr. Breslau 122, 546f.
Probotschine, Gut sö. Breslau 389, 474
Probsthain, Kr. Goldberg 523
Profen, Kr. Jauer 79 - n. Zeitz 79, 523
Proschau nö. Namslau 436
Protsch, Kr. Breslau 485
Protzan, Kr. Frankenstein 162, 420f., 446
Przebieczany, Kr. Wieleczka, im Krakauischen 484
Przemankow in Polen 503
Ptakowitz, Kr. Beuthen-Tarnowitz 387
Pürschen (Piersna), Kr. Glogau 245, 510

Puschwitz, Kr. Neumarkt 143, 424

Queißen, Kr. Lüben 241, 468, 495, 501
Queitsch, Kr. Breslau 443
Quickendorf, Kr. Frankenstein 228, 452

Raake, Kr. Oels 455
Rabenau, Kr. Guhrau 453
Rabenswald sö. Wiehe 78, 525
Rachnow, Kr. Görlitz 525
Rackschütz, Kr. Neumarkt 528, 570
Radmeritz, Kr. Görlitz 525
Radomirowitz, abgek., nw. Oppeln 446
Ransern, Kr. Breslau 385, 506
Raschau, Kr. Oppeln 164, 528
Rasselwitz, Kr. Neustadt OS 556f.
Rathen, Kr. Glatz 84 - Kr. Neumarkt 84 - Kr. Oels 84
Ratibor 183, 274, 282, 289, 336, 405; Herzogtum 263-265, 268f., 294f., 301-303, 308f., 313f., 317-322, 324, 330f., 334
Rätsch, Kr. Frankenstein 143, 153, 448f., 529, 531
Rattwitz, Kr. Ohlau 500
Rauden, Kl. im Kr. Ratbior 42, 160, 179, 219, 240, 514, 585 - sö. Landsberg/Warthe 282, 286
Rauske, Kr. Schweidnitz 515
Ravenna 99, 213, 454
Rechenberg, Kr. Goldberg 531
Rehlau, Kr. Freystadt 551
Reichau, Kr. Strehlen 512
Reichenbach 237, 244, 397, 531f., 576
Reichenthal nö. Namslau 496
Reichenthaler Halt 436, 555
Rennersdorf, Kr. Neisse 579
Reppline, Kr. Breslau 461
Reumen, Kr. Frankenstein 72, 240f., 416, 504, 534f., 550
Reyny bei Dessau 596
Rheingau 57
Riegersdorf, Kr. Neustadt OS 181
Riemertsheide, Kr. Neisse 579
Rinnersdorf, Kr. Züllichau-Schwiebus 395
Ritschen, Kr. Ohlau 270, 274, 276f., 280,

282-284, 286, 288, 335, 337, 339, 355
Ritterswalde, Kr. Neisse 385, 526
Röchlitz, Kr. Goldberg 326, 448, 535
Rocksdorf, Kr. Frankenstein 523
Röda w. Altenburg 88, 425
Rogau, Kr. Frankenstein 516
Rogóźnik s. Krakau 412, 454
Rohnau, Kr. Landeshut 85, 536 - nö. Zittau 85
Roków bei Wadowice 412
Rolawinki, wohl Lorankwitz, Kr. Breslau 539
Rom 208-210, 214, 232, 249, 388, 394, 455f., 462, 477f., 487, 500
Romberg, Kr. Breslau 85, 536, 572
Rommenau, Kr. Breslau 397
Romolkwitz, Kr. Neumarkt 536
Rosen, Kr. Kreuzburg OS 447, 538
Rosenbach, Kr. Reichenbach 515
Rosenberg OS 283, 289
Rosenthal, Kr. Breslau 471
Roßdorf, Kr. Falkenberg OS 411
Roßwald bei Leobschütz 592
Roßwitz, Kr. Strehlen 513, 564
Rothkirch, Kr. Liegnitz 136, 233
Rothsürben, Kr. Breslau 395, 401
Roth Neudorf, Kr. Strehlen 537
Röwersdorf bei Hotzenplotz 598
Royn, Kr. Liegnitz 536
Ruda 212
Rudelstadt, Kr. Landeshut 447
Rudne, unbek. Dorf bei Liegnitz 411
Rudno, Wald 425, 511f., 514, 520, 535f., 551, 564
Ruppersdorf, Kr. Strehlen 427
Ruschkowitz, Kr. Reichenbach 523
Rybnik 142, 224; Salvatorkirche 386f., 414, 428, 434, 446, 466, 483, 501, 559, 571, 578, 581
Rzetnia in Großpolen 421

Saalburg a. d. Saale 80, 537
Saale, Fl. 88
Saar, Kl. in Mähren 595
Sachsen 77f., 80-82, 88, 359, 413

Sachwitz, Kr. Breslau 239, 584
Sacka ö. Großenhain 82, 537
Sagan 120, 164, 222f., 279, 283, 309, 447, 469, 478; Herzogtum 263, 265f., 294, 305, 314, 317, 330, 334; Marienkl. 122, 242, 547
Sakrau, Kr. Oels 577
Salesche, Kr. Strehlen 537
Sandenwalde, Kr. Guhrau 274f., 277f., 283-285, 336
Sandomir 74, 98
Sarofke, Fl. 395, 413
Sasterhausen, Kr. Neumarkt 440
Schalune, Fl. 431f.
Schammerwitz, Kr. Ratibor 588, 592
Schampa, Wald 520
Scheidelwitz, Kr. Brieg 498
Schenkendorf, Kr. Waldenburg 539
Schiedlagwitz, Kr. Breslau 570
Schiedlo w. Crossen 283f.; Burg 389
Schildau sw. Torgau 80, 540
Schildberg, Kr. Münsterberg 540
Schilde, Vorwerk bei Neisse 80, 540
Schimmeley, Kr. Ohlau 550
Schimmelwitz, Kr. Breslau 520
Schirnitz s. u. Frömsdorf
Schlakau bei Troppau 592
Schlaup, Kr. Jauer 420f., 555
Schlaupe, Kr. Neumarkt 151, 571
Schlause, Kr. Frankenstein 492, 544
Schleibitz, Kr. Neisse 84, 541 - Kr. Oels 84, 541
Schleswig-Holstein 82, 88
Schlottnig, Kr. Liegnitz 151, 391, 472
Schmachtenhagen, Kr. Crossen 239, 471
Schmartsch, Kr. Breslau 161, 427, 471, 482, 541
Schmiegrode, Kr. Militsch 458, 580
Schmietsch, Kr. Neustadt OS 181, 526
Schmograu, Kr. Wohlau 541
Schmollen, Kr. Oels 494, 542
Schnellewalde, Kr. Neustadt OS 56, 181, 542
Schoffschütz, Kr. Rosenberg OS 451
Schönau, Kr. Leobschütz 598

Schönbankwitz, Kr. Breslau 418, 464, 544
Schönbekirch, Kr. Neumarkt 386, 391, 436, 440, 442, 528, 535, 555
Schönberg sö. Görlitz 81
Schönfeld, Kr. Crossen 239, 471 - Kr. Strehlen 394, 401, 564
Schönjohnsdorf, Kr. Strehlen 493, 549
Schönwald, Kr. Tost-Gleiwitz 514
Schönwalde, Kr. Frankenstein 511, 534
Schosnitz, Kr. Breslau 239, 544, 554
Schreibendorf, Kr. Brieg 448 - Kr. Strehlen 403, 442, 535f.
Schriegwitz, Kr. Neumarkt 437
Schrom, Kr. Frankenstein 164, 222, 224, 392, 486
Schurgast, Kr. Falkenberg 397, 495
Schwarze Elster, Fl. 88
Schwarzendorf, abgek., bei Freudenthal 589
Schwiednitz 185f., 207, 224, 234, 249, 275, 284, 336, 385, 410, 531, 544f., 581, 584; Herzogtum 129, 164, 315, 475
Schweinbraten, Kr. Strehlen 458
Schweinhaus, Kr. Jauer 275, 277, 280, 285f.
Schwengfeld, Kr. Schweidnitz 85, 545
Schwentnig, Kr. Breslau 538, 585
Schwoosdorf w. Kamenz 79, 561
Sciern bei Pleß 161, 185, 411
Scisserowe, wohl Teil v. Zweibrodt, Kr. Breslau 409, 459
Sczepanowitz, alt für Stefanshöh, Stadtteil v. Oppeln 542
Seidlitz, welches ? 548
Seifersdorf, Kr. Bunzlau 446
Seiffersdorf, Kr. Ohlau 84, 548
Seilitz bei Meißen 83
Seitendorf, Kr. Frankenstein 396 - bei Freudenthal 589
Seitsch, Kr. Guhrau 239, 548
Senditz, Kr. Trebnitz 203, 388
Seppau, Kr. Glogau 403
Scharchow, unbek. Gut bei Militsch 497, 524
Sidzina, Kr. Krakau 484

Siebischau, Kr. Breslau 541
Siebothschütz, heute Teil v. Jäschkowitz, Kr. Breslau 587
Sieradz 142, 502
Siewierz, Gebiet 60; Kastellanei 74, 273, 275, 277, 280, 285f.
Simschütz bei Füstenau, Kr. Breslau 496, 587
Simsdorf, Kr. Neustadt OS 424 - Kr. Trebnitz 202, 431f.
Sitten n. Leisnig 82, 550
Sitzmannsdorf, Kr. Ohlau 511, 537, 560
Skarischau s. Radom 64f., 210, 454f.
Skeyden, Kr. Glogau 84, 539
Skotschenine, Kr. Trebnitz 415
Skrzynno in Kleinpolen 70
Slawikau, Kr. Ratibor 237, 420
Słupia bei Rawitsch 542
Sohrau, Kr. Rybnik 161, 185, 411
Sommerfeld, Kr. Crossen 85, 552
Sorauin bei Rothsürben, Kr. Breslau 205, 395, 413, 483f.
Speyer 80f.
Sprottau 238, 285, 566
Stachau, Kr. Strehlen 529, 552
Stangegrün s. Zwickau 81
Staniątki, Kl. in Kleinpolen 164, 213, 221, 226, 228, 411f.
Stanitz, Kr. Ratibor 179, 240, 514
Stannowitz, Kr. Ohlau 497, 548
Starkenberg in Sachsen 82, 552
Stein in Nassau 78 - sö. Zwickau 78, 473
Steinau, Kr. Neustadt OS 181, 239, 309, 525f., 552 - a.O., Kr. Wohlau 159, 266, 277f., 281, 284f., 288, 337, 452, 499; Herzogtum 263, 294, 305, 314, 318, 330-332, 334, 452
Steinborn, Kr. Freystadt 547, 553
Steinkirche, Kr. Strehlen 235, 237, 515, 556
Stentsch, Kr. Züllichau-Schwiebus 553
Sternberg in Mähren 555
Stolz, Kr. Frankenstein 238, 241, 398f.
Stolzmütz, Kr. Leobschütz 591
Strebitzko, Kr. Militsch 567

Strehla a. d. Elbe 78, 556
Strehlen 182f., 235, 416, 422, 466, 556, 559; Kr. 170f.
Strehlitz am Zobten, Kr. Schweidnitz 176, 515, 549
Striegau, Kr. Schweidnitz 237, 240, 249, 285, 520, 522
Striege, Kr. Strehlen 507
Stroppen, Kr. Trebnitz 239, 463, 559
Strzelno, Kl. in Kujawien 230, 508f.
Studenca, unbek. Dorf 484
Suckau, Kr. Sprottau 559
Sudeten, Gb. 36
Sulejów, Kl. in Kujawien 508
Sulz sw. Naumburg 83, 560
Sussetz nw. Pleß 560
Süßwinkel, Wald 542, 574
Swensir bei Friedberg 552, 597
Szczepanowice bei Krakau 543
Szczyrzyc, Kl. in Kleinpolen 223, 412
Szyce, Gut im Krakauischen 411

Tannenberg, Kr. Neisse 310, 573
Tarchwitz, Kr. Frankenstein 561
Tarnau, Kr. Frankenstein 520
Tarnowitz 387
Tarxdorf, Kr. Wohlau 430, 481
Taschenberg, Kr. Münsterberg 72, 97, 121, 391f., 417, 561-563
Taubnitz bei Jägerndorf 589
Tepliwoda, Kr. Frankenstein 243, 387, 563f.
Teschen 177, 280, 282f., 286, 303f., 390, 401, 567; Herzogtum 264, 266, 269, 295, 302, 309, 314, 318, 312, 330f.
Tettau nw. Großenhain 79, 564 - w. Meerane 79 - ö. Weißenberg/OL 79
Thallwitz nw. Wurzen 82, 561
Thauer, Kr. Breslau 507
Thessin, Wald bei Brauchitschdorf 406
Theuderau, Kr. Ohlau 566
Thiemendorf, Kr. Wohlau 266, 452, 566
Thomaskirch, Kr. Ohlau 149, 512, 566
Thomaswaldau, Kr. Schweidnitz 81, 448, 538, 572

Thomitz, Kr. Reichenbach 468
Thomnitz, Kr. Leobschütz 434, 468, 592
Thuderow, Worwerk bei Ohlau 85
Thüringen 78-83, 88f., 120, 359, 453
Tiefensee, Kr. Grottkau 286
Tillendorf, Kr. Bunzlau 545
Timendorf, abgek., bei Kanth 141, 510
Tinzia, Erbgut in Groß Tinz, Kr. Breslau 238
Tost 235, 274f., 277, 280, 285f., 476
Totschen, Gemeinde Brockotschine, Kr. Trebnitz 502
Trachenberg, Kr. Militsch 182, 184f., 406, 439f., 573
Trautenau 588
Trebnitz Kl. 42, 149, 160, 162, 164, 219, 221f., 226, 231f., 240, 245, 249, 290, 299, 389, 397, 401, 415, 419, 421, 426, 439, 442, 456, 458, 481, 504, 512, 522, 526, 539, 551, 555, 566f., 578; Kr. 170f.
Troppau 591, 595; Herzogtum 89, 92, 341, 592
Troppau-Jägerndorf, Herzogtum 36
Tschansch, heute Stadtteil v. Breslau 218
Tschauchelwitz, Kr. Breslau 461
Tschauschwitz, Kr. Grottkau 560
Tschechnitz, Kr. Breslau 432
Tschilesen, Kr. Guhrau 436
Tschirne, Kr. Breslau 203, 409, 478, 484, 492
Tschöplowitz, Kr. Brieg 578
Tschwirtschen, Kr. Guhrau 123, 286, 326
Tugendorf in Unterfranken 82, 567
Tyrn bei Fulnek 590, 594

Udorz, Gut im Bezirk Krakau 502
Ujeschütz, Kr. Trebnitz 478
Ujest, Kr. Groß Strehlitz 568
Unchristen s. u. Bismarcksfeld
Unstrut, Fl. 88
Unterfranken 82
Urschkau, Kr. Wohlau 453

Vabendorf, abgek., bei Freudenthal 589
Velehrad, Kl. in Mähren 591

Vesta nw. Weißenfels 88
Viehau, Kr. Neumarkt 422, 436, 442
villa Arnoldi et fratrum suorum, viell. Schönbach, Kr. Neumarkt 391
villa de Brennan bei Wiscowe im Olmützischen 597
villa de Willemslagh bei Plancek im Olmützischen 595
villa Grobica, viell. Grabhof oder Jüschemühle, Kr. Wohlau 571
villa Otolphy, unbek. 565
villa parva, Dorf außerhalb Schlesiens 399, 440
Viszechov, See 568
Vridberg bei Friedberg 552, 597
Vogelgesang, Ortsteil v. Nimptsch 514
Vogelsdorf, Kr. Landeshut 448
Vrolevezzen, abgek., bei Hameln 598
Vteskwiz nw. Dresden 398

Wąchok, Kl. in Kleinpolen 98, 225, 487
Wachow, Kr. Rosenberg OS 463
Wahlstatt, Kr. Liegnitz 59, 127
Wahren, Kr. Wohlau 431
Walda nw. Großenhain 81, 572
Waldau, Kr. Schweidnitz 81
Wallonien 96
Wallwitz, Kr. Freystadt 566
Wandriß, Kr. Liegnitz 573
Wanowitz, Kr. Leobschütz 594
Wansen, Kr. Strehlen 242, 402, 466, 556, 560, 573
Warangowicz (?) in Polen 389
Warkotsch, Kr. Strehlen 569
Wartenau bei Troppau 598
Wartenberg 286
Wartha, Kr. Frankenstein 220, 274, 287, 393, 532
Wawrzeńczye a. d. Weichsel ö. Krakau 390
Weide, Fl. 542, 549 - Kr. Breslau 386, 427, 483, 571
Weigwitz, Kr. Ohlau 388
Weisdorf, Kr. Ohlau 414
Weißdorf, Kr. Falkenberg OS 410, 434, 526
Weißenberg n. Löbau 77
Weistritz, Kr. Strehlen 84
Weizenrodau, Kr. Schweidnitz 126, 395, 581f.
Werdeck, Kr. Glatz 588
Wermsdorf bei Oschatz 83
Wernersdorf, Kr. Leobschütz 598
Wessig, Kr. Breslau 451
Westfalen 77, 79, 88f., 97
Widzim bei Wollstein in Großpolen 99, 574
Wieluń in Großpolen 281, 285, 288, 337
Wiese in Schlesien 84 - Kr. Trebnitz 574
Wiesenthal, Kr. Frankenstein 98, 416, 490, 492, 515, 541-544, 549, 557
Wilkau, Kr. Namslau 238, 399, 462
Wilkowitz, Kr. Breslau 388, 496, 546, 569, 574
Willeki, unbek. See, wohl bei Schiedlo 567, 578f.
Wilschkowitz, Kr. Breslau 346
Wiltschau, Kr. Breslau 395, 427
Winzenberg, Kr. Grottkau 435, 576
Winzig, Kr. Wohlau 185, 571
Wischawe, Fl. 395, 559
Wiscowe im Olmützischen 594
Wisenburg n. Löbau 93, 576
Witten, Kr. Züllichau-Schwiebus 578
Wockendorf bei Troppau 589
Wohlau 185, 579
Wohnwitz, Kr. Neumarkt 445
Woischwitz, Kr. Breslau 461, 582
Woiska, Kr. Tost-Gleiwitz 585
Wolfsmühle, Mühle nö. Breslau 529
Wolmsdorf, Kr. Frankenstein 422, 487
Woschczytz nö. Sohrau 585
Wreske, Kr. Oppeln 387, 489
Wrocieryz im Krakauischen 414
Wronow, unbek. Allod im Oppelner Gebiet 434
Wseuilci, unbek. Dorf 580
Wuhnitz nö. Döbeln 82, 579
Würben, Kr. Ohlau 507 - Kr. Schweidnitz 50, 204, 242, 581f.

Würzburg 9f.
Wüstebriese, Kr. Ohlau 224, 237, 406f., 410, 414, 470, 484, 519, 550, 560, 573
Wüstendorf, Kr. Breslau 437, 480, 560
Wyschehrad, heute Teil v. Prag 99

Yauichova, abgek., bei Pawellau, Kr. Trebnitz 427

Zachow, unbek. Gut bei Militsch 497, 524
Zadel, Kr. Frankenstein 241, 398
Zagorze bei Tschenstochau 74, 537
Zambirsk, Dorf in Pommern 553
Zantirouo, Teil v. Clissouo 523
Zatochove, unbek. Dorf 430
Zator 176f., 203, 390
Zauche, Fl. 396
Zaugwitz, Kr. Breslau 551
Zaumgarten, Kr. Breslau 479, 485f., 554
Zazpe, abgek., bei Kampen, Kr. Strehlen 578
Zbitzko, Kr. Oppeln 528
Zcoriniche, Ortschaft bei Liegnitz 396
Zechau ö. Altenburg 83, 409
Zedlitz sö. Borna 81, 585 - Kr. Ohlau 500 - Kr. Schweidnitz 520, 522
Zeiselwitz, Kr. Neustadt OS 424, 501
Zeitz 213
Zesselwitz, Kr. Frankenstein 174, 464, 477, 586
Ziegelheim nw. Waldenburg bei Meerane 79, 411
Ziegenhals, Kr. Neisse 177, 526, 532, 542

Zielenzig, Stadt nö. Frankfurt/O 177, 514
Ziemientzitz, Kr. Tost-Gleiwitz 587
Ziesar in Sachsen 448f.
Zieserwitz, Kr. Neumarkt 511, 537
Zindel, Kr. Breslau 83 - Kr. Brieg 83 - Kr. Grottkau 83
Zinkwitz, Kr. Frankenstein 563f.
Zirkwitz, Kr. Trebnitz 389, 396
Zirlau, Kr. Schweidnitz 520
Zittau 135
Zkalica, unbek. Dorf im Liegnitzer Gebiet 561
Zkzeuo, unbek. Dorf bei Steinau a. O. 442
Zlauno, unbek. Dorf 587
Znaim 343, 589
Zobel, Kr. Liegnitz 436
Zöbelwitz, Kr. Glogau 551
Zobten, Berg 228, 233, 287, 507, 509 - Kr. Löwenberg 84
Zölling, Kr. Freystadt 552
Zollewitz sö. Torgau 81, 587
Zollwitz bei Rochlitz 81
Zöschau bei Oschatz 597
Zottig bei Hotzenplotz 593
Zottwitz, Kr. Ohlau 431
Ztracecz, unbek. Dorf bei Landsberg OS 463
Zuantossi, unbek. Dorf 396, 500
Zucklau, Kr. Oels 587
Zuckmantel 476
Zulizlauich, abgek. Dorf im Kr. Trebnitz 395, 559
Zülz, Kr. Neustadt OS 287

Einzelschriften des Vereins für Geschichte Schlesiens

Bd. 1 – Werner Bein, Ulrich Schmilewski (Hg.):

Wartha. Ein schlesischer Wallfahrtsort.
Würzburg 1994, 120 S., 39 Abb., 2 Ktn.

In sieben Aufsätzen wird der wichtigste Marienwallfahrtsort Schlesiens vorgestellt: Wartha, gelegen am Durchbruch der Glatzer Neiße durch die Sudeten und an einem Schnittpunkt religiösen Lebens, nämlich an der Grenze der Erzdiözesen Breslau und Prag. Neben der Entwicklung der Wallfahrt nach Wartha wird auch die Geschichte des Ortes im Laufe der Zeiten und in Ansichten aus vier Jahrhunderten dargestellt. Behandelt werden ferner die religiösen Kunstdenkmale Warthas und das Werk des Warthaer Künstlers Georg Poppe. Das Schicksal der Einwohner nach 1945 und die Fortführung der Wallfahrt nun in das münsterländisch Maria Veen beschließen den Band.

„Eine reich bebilderte und ansprechende Darstellung."

Deutsche Tagespost

Einzelschriften des Vereins für Geschichte Schlesiens

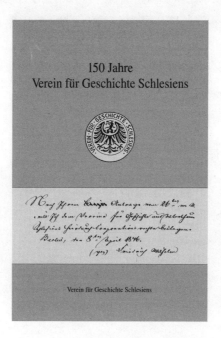

Bd. 2 – Johannes Schellakowsky, Ulrich Schmilewski (Hg.):

150 Jahre Verein für Geschichte Schlesiens.
Würzburg 1996, 112 S., 19 Abb. ISBN 3-931889-00-9

Anläßlich seiner 150-Jahr-Feier gedenkt der Verein in dieser Publikation seiner eigenen Geschichte mit ihren Höhen und Tiefen: der von Gustav Adolf Harald Stenzel initiierten Vereinsgründung 1846, seiner Glanzzeit unter dem Präses Colmar Grünhagen (1871-1905), den schwierigen Jahren zwischen den Kriegen, dessen letzter das Ende des deutschen Schlesien brachte, seiner verspäteten Wiederbegründung 1971 in der Bundesrepublik und dem Ausbau in den folgenden Jahren. Eine Liste der Vorstände und Ehrenmitglieder sowie eine bibliographische Arbeit runden das Bild ab.

In Vorbereitung: Bd. 3 – Achim von Loesch:

Kammerswaldau.
Die Geschichte eines schlesischen Dorfes,
seines Schlosses und seines Rittergutes

Wissenschaftliche Schriften des Vereins für Geschichte Schlesiens

Bd. 2 – Fritz Banke:

Geschichte der Neisser Presse bis zum Jahre 1870.

Ein Beitrag zur Geschichte des Neisser Landes.
Würzburg 1996, XIV, 94 S., 5 Abb., 2 Ktn. ISBN 3-931889-03-3

Die oberschlesische Kreisstadt Neisse, das „Schlesische Rom", zeichnete sich im 19. Jahrhundert durch ein reiches Angebot an unterschiedlichen Zeitungen und Zeitschriften aus. Wenngleich den periodisch erscheinenden Druckerzeugnissen aus unterschiedlichen Gründen auch meist nur eine kurze Lebensdauer beschieden war, so legen doch ihre Titel noch heute Zeugnis ab für die kulturelle Regsamkeit der mehrheitlich katholischen Bevölkerung dieser alten Stadt im ehemaligen Neisser Bistumsland. Der Autor blättert aus den Archiven schöpfend ein Kaleidoskop wissenswerter Einzelheiten und kulturgeschichtlicher Besonderheiten für jeden Leser auf, der an einem Kapitel deutscher Pressegeschichte und der Heimatgeschichte Oberschlesiens interessiert ist.

„Bankes Buch berichtet eingehend über das Neisser Pressewesen; die Auszüge aus den Zeitungen und Zeitschriften liefern interessante Einblicke in das Leben im 19. Jahrhundert in Neisse." *Neisser Heimatblatt*

„Eine verdienstvolle und bis heute nicht überholte Einzelstudie."
Deutsche Tagespost

Wissenschaftliche Schriften des Vereins für Geschichte Schlesiens

Bd. 3 – Peter Mainka:

Die Erziehung der adligen Jugend in Brandenburg-Preußen.

Curriculare Anweisungen Karl Abrahams von Zedlitz und Leipe für die Ritterakademie zu Liegnitz. Eine archivalische Studie zur Bildungsgeschichte der Aufklärungszeit. Würzburg 1997, 184 S., 5 Abb. ISBN 3-931889-01-7

Im Zusammenhang mit dem schulpolitischen Gesamtkonzept von Zedlitz' für die Erziehung der adligen Jugend beleuchtet diese Studie auf der Grundlage archivalischer Quellen das Wirken dieses „Aufklärers im Ministeramt" für die Liegnitzer Ritterakademie. Mit einer grundlegenden Reorganisation dieser Adelsschule gleich zu Beginn seiner Amtszeit verband von Zedlitz die Absicht, in Liegnitz eine leistungsfähige Schulanstalt für junge Edelleute aus Schlesien zu errichten, die in Bezug auf Lehrinhalte und Unterrichtsmethoden den Vergleich mit anderen höheren Schulen Brandenburg-Preußens nicht zu scheuen brauchte. Das so erreichte hohe Unterrichtsniveau suchte er durch kritische Anteilnahme und genaue Beaufsichtigung von Lehrern und Schülern abzusichern. Wieder abgedruckt wird die Zöglings-Matrikel der Schüler der Liegnitzer Ritterakademie der Jahre 1708 bis 1810.

Wissenschaftliche Schriften des Vereins für Geschichte Schlesiens

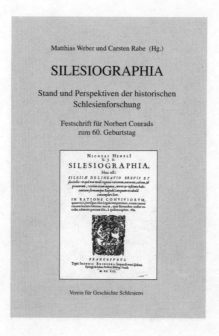

Bd. 4 – Matthias Weber, Carsten Rabe (Hg.):

Silesiographia.
Stand und Perspektiven der historischen Schlesienforschung.
Festschrift für Norbert Conrads zum 60. Geburtstag.
Würzburg 1998, 580 S., 5 Abb. ISBN 3-931889-02-5

Die historische Schlesienforschung steht heute vor neuen Herausforderungen. Ihre Aufgaben können nur in übernationaler Kooperation bewältigt werden, sie sind aktuell und weisen mehr denn je in die Zukunft. In diesem Band finden sich erstmals namhafte Vertreter der Geschichtswissenschaften aus Deutschland, Polen und Tschechien zusammen, um in 41 Beiträgen über die historische Schlesienforschung in ihren Ländern zu berichten, um den gegenwärtigen Stand der schlesischen Historiographie zu behandeln und um Perspektiven für die Zukunft aufzuzeigen. Abhandlungen über ausgewählte Aspekte der Geschichte und Kultur Schlesiens runden das Bild ab. - Das Buch ist dem Stuttgarter Historiker Norbert Conrads gewidmet, der einen wesentlichen Beitrag zur Erneuerung der schlesischen Geschichtsforschung in Deutschland geleistet und den internationalen Diskurs über die Geschichte Schlesiens vorangetrieben hat.

Abkürzungen

Nummern

BDH	=	Breslauer Domherr Nr. (nach Samulski)
CA, CB, CC	=	Cetwiński, Bd. II, Teil A, B, C Nr.
KSH	=	Kreuzstiftherr Nr.

Ämter

K	=	Kastellan
Käm.	=	Kämmerer
Trib.	=	Tribun
Truch.	=	Truchseß

Urkundenaussteller

BC	=	Cyprian	Bischof vBreslau
BJII.	=	Johann II.	Bischof vBreslau
BJIII.	=	Johann III.	Bischof vBreslau
BJa	=	Jaroslaus	Bischof vBreslau
BL	=	Lorenz	Bischof vBreslau
BRI.	=	Robert I.	Bischof vBreslau
BSII.	=	Siroslaus II.	Bischof vBreslau
BTI.	=	Thomas I.	Bischof vBreslau
BTII.	=	Thomas II.	Bischof vBreslau
BW	=	Walter	Bischof vBreslau
BvO	=	Bischof vOlmütz	

BI.O	=	Hz. Boleslaus I. vOppeln
BI.S	=	Hz. Boleslaus I. vSchlesien
BII.L	=	Hz. Boleslaus II. vLiegnitz
BeLö	=	Hz. Bernhard vLöwenberg
BkI.J	=	Hz. Bolko I. vJauer
G	=	andere geistliche Aussteller
HI.G.	=	Hz. Heinrich I. vGlogau
HI.S.	=	Hz. Heinrich I. vSchlesien
HII.S.	=	Hz. Heinrich II. vSchlesien
HIII.B.	=	Hz. Heinrich III. vBreslau
HIV.B.	=	Hz. Heinrich IV. vBreslau
HV.LB.	=	Hz. Heinrich V. vLiegnitz-Breslau
KI.G	=	Hz. Konrad I. vGlogau
KII.Sa	=	Hz. Konrad II. vSagan
KaI.O	=	Hz. Kasimir I. vOppeln
KaII.CB	=	Hz. Kasimir II. vCosel-Beuthen
MI.R	=	Hz. Mieszko I. vRatibor
MI.T	=	Hz. Mieszko I. vTeschen
MII.O	=	Hz. Mieszko II. vOppeln
NI.T	=	Hz. Nikolaus I. vTroppau
P	=	Papst
PR	=	Hz. Primislaus vRatibor
PSt	=	Hz. Primislaus vSteinau
VO	=	Hzn. Viola vOppeln
WB	=	Hz. Wladislaus vBreslau
WI.O	=	Hz. Wladislaus I. vOppeln
WI.S	=	Hz. Wladislaus I. vSchlesien

Quellen

CPP	=	Chronica principum Poloniae
CPS	=	Chronicon Polono-Silesiacum
GB	=	Gründungsbuch des Kl. Heinrichau (Ausgabe Grodecki)
Hedwig	=	Vita Sanctae Hedwigis
KBGP	=	Kronika Boguchwała i Godysława Paska
Lib.mor.Vincentii	=	Liber mortuorum Abbatiae S. Vincentii
Nekr.	=	Nekrolog
SR	=	Regesten zur schles. Geschichte
I, II, III, IV, V, VI	=	SUb Bd. I, II, III, IV, V, VI Nr.

Die genauen bibliographischen Angaben zu den Quellen finden sich in der Bibliographie.

Weitere Abkürzungen

bischöfl.	=	bischöflich
gen.	=	genannt
hzl.	=	herzoglich
kgl.	=	königlich
Kl.	=	Kloster
Kr.	=	Kreis
Mag.	=	Magister
S.	=	Seite
s.	=	siehe
schles.	=	schlesisch
U., u.	=	unter
v	=	von
Z	=	Zeuge
†	=	gefälschte Urkunde